No a la impunidad

No a la impunidad

Jurisdicción universal,
la última esperanza de las víctimas

BALTASAR GARZÓN

Prefacio de
Boaventura de Sousa Santos

Papel certificado por el Forest Stewardship Council®

Primera edición: marzo de 2019

© 2019, Baltasar Garzón Real
© 2019, Penguin Random House Grupo Editorial, S. A. U.
Travessera de Gràcia, 47-49. 08021 Barcelona
© 2019, Boaventura de Sousa Santos, por el prefacio

Printed in Spain – Impreso en España

ISBN: 978-84-9992-654-4
Depósito legal: B-22.972-2018

Compuesto en Pleca Digital, S. L. U.
Impreso en Liberdúplex
Sant Llorenç d'Hortons (Barcelona)

C 926544

Penguin
Random House
Grupo Editorial

A las víctimas de los crímenes que aquí se relatan y de todos los crímenes, no sólo por su valentía, sino también porque sin su ejemplo, su esfuerzo desinteresado, su ofrenda y sacrificio más allá de lo exigible y su tenacidad ante unas instituciones remisas siempre a otorgar respuestas, nunca hubiera existido la justicia universal. Y a quienes se quedaron en el camino en este combate frente a la impunidad, porque ellos son nuestra inspiración, nuestro norte y nuestra guía.

Índice

Agradecimientos

En la elaboración de este libro han intervenido muchas personas. Aquellas que me han contado sus historias, las que lo hicieron ante mi cuando declararon, o cuando nos hemos visto en los más diversos países del mundo. Asimismo, se incluyen referencias a procedimientos y resoluciones judiciales, algunas de las cuales tenía, y otras me han sido facilitadas por personas dispuestas a colaborar con este trabajo permitiendo su aparición en este libro.

Como el lector podrá fácilmente comprobar, algunos de los casos que aquí se narran han sido reconstruidos en base a muchos testimonios y otros han sido versionados o incluso ficcionados, pero con un contenido cierto y contrastable en las fuentes consultadas.

He procurado que las y los protagonistas de estas historias sean aquellos que las vivieron, o vivimos, y quienes, considero, han trabajado o intervenido en la tramitación de los casos; mi agradecimiento a los funcionarios y funcionarias de la administración de justicia y los y las activistas de derechos humanos de muchos países, que contaron sus vivencias, en algunos casos, con riesgo para su propia seguridad.

Doy las gracias a quienes me han ayudado a reconstruir los casos, todos ellos citados. Algunas de las personas ya no están para expresarles mi agradecimiento. Lo hago con un abrazo fraterno desde aquí para que llegue allá donde estén.

Finalmente, doy las gracias a la Fundación Internacional Baltasar Garzón (FIBGAR) en la persona de su directora, María Garzón que ha puesto sus archivos a mi disposición; a Manuel Vergara que inició con entusiasmo esta aventura junto a mí; a Rafael Adamuz, que la continuó; a Claudia Cano, de FIBGAR, por su labor de recopilación; a Aurora Moya y Beatriz Andrada por su labor de apoyo en parte de esta obra; a la editorial y en su nombre a Miguel Aguilar, por su paciencia.

Pero, muy especialmente, doy las gracias a Rodrigo Lledó, sin el cual esta obra no habría sido posible. Su trabajo ha sido fundamental, no sólo en la documentación, sino para lograr cohesión de este trabajo que espero sea del agrado de quienes se acerquen a esta historia que a ratos muestra lo peor del ser humano, en especial los crímenes atroces y su impunidad, pero que también es el relato valiente de quienes entregaron su vida, sus esfuerzos y convicciones en la lucha por un ideal, la Justicia, y por el instrumento para obtenerla: la jurisdicción universal; así como por la reparación de las victimas universales que estos crímenes internacionales producen. La lucha continúa y nunca la abandonaremos, porque, como reza el título de esta obra, la jurisdicción universal es la última esperanza de las víctimas. A ellas va dedicado este libro.

Y, cómo no agradecer el excelente prólogo del maestro Boaventura de Sousa, un icono de la defensa de los derechos humanos y un luchador incansable frente a quienes desconocen los derechos de los más vulnerables.

BALTASAR GARZÓN

Prefacio

Baltasar Garzón ocupa ya un lugar destacado en la historia contemporánea de la Justicia y en especial en la de la lucha por los derechos humanos. No tengo duda en afirmar que él es el más notable magistrado a escala mundial de la segunda mitad del siglo XX. Este libro es una elocuente demostración de su labor global en defensa de las víctimas de las barbaridades y atrocidades en un mundo de impunidades éticamente repugnantes. Setenta años después de la Declaración Universal de los Derechos Humanos, la hipocresía de los poderosos, la política de promoción activa de la pérdida de la memoria, con la complicidad de los grandes medios de comunicación y la consecuente apatía de los ciudadanos, siguen permitiendo que tanta injusticia quede impune.

Incapaz de resignarse frente a esta lamentable realidad, Garzón ha dedicado toda su vida a luchar contra la impunidad, sin amilanarse frente a los poderes políticos y económicos que la generan. Ha puesto su impecable preparación técnica y sus impresionantes coraje y disposición al servicio de la defensa de los derechos que poseen las víctimas de los más graves atropellos a la legalidad y a la dignidad humana, aun a costa de un elevado sacrificio personal, ya que ciertamente su causa es impopular para los poderes legales y fácticos de muchos países. Este libro es un ejemplo bastante revelador de lo que he llamado en mi trabajo epistemológico «la razón caliente», aquella rara capacidad para combinar la argumentación jurídica impecable con el sentimiento de repulsa hacia la impunidad de los poderosos y, a la vez, de solidaridad con las víctimas. Precisamente, este es el libro de un hombre de derecho que hace de su estudio un instrumento de lucha contra la injusticia y la impunidad, y que al mismo tiempo acoge y pretende confortar a las víctimas.

Como antes lo fueran los derechos humanos, y en buena medida todavía lo son, la jurisdicción universal es sin duda un asunto cont, rovertido. Contradice los principios clásicos de soberanía de los estados y la competencia territorial de sus sistemas de justicia. Presenta además numerosos desafíos incluso para los juristas más avezados, ya que implica la aplicación simultánea del derecho nacional y del internacional, cuya combinación coherente es muchas veces problemática, y tiene también que lidiar con leyes que, a pesar de ser formalmente válidas, persiguen favorecer la impunidad de los crímenes, como lo son las leyes de amnistía, Obediencia Debida y Punto Final, entre otras. Pero, por encima de todo, la jurisdicción universal se enfrenta a la peor de las maldiciones, la selectividad, el mayor de los dilemas, quizá más bien una aporía, pues estamos todavía muy lejos de que la Justicia sea en la práctica verdaderamente universal.

A pesar de todas estas dificultades, la gran fortaleza de la jurisdicción universal consiste en ser el instrumento que mejor simboliza la clara vertiente emancipadora de la trayectoria emprendida por la Declaración Universal de los Derechos Humanos, cuyos setenta años acabamos de celebrar. Más que cualquier otro instrumento jurídico, la jurisdicción universal reconoce el derecho de las víctimas a la verdad, a la justicia, a la reparación y a las garantías de no repetición, y proclama que todo ello forma parte de las obligaciones del cualquier Estado, no sólo de aquel en el que ocurrieron los hechos, sino de todo Estado que pretenda ser democrático, para con las víctimas de unos crímenes horribles independientemente del lugar y del tiempo en que hayan sido cometidos.

No es de extrañar que los poderes políticos hayan sido en general hostiles a la idea de la jurisdicción universal, no sólo cuando han sido ellos mismos los que han cometido los crímenes, sino también cuando éstos han sido perpetrados por otros países con los que tienen intereses políticos y económicos comunes, privando sin miramientos a la sociedad en su conjunto de su derecho a la verdad, a la justicia y a la memoria, a pesar de que desde hace tiempo sabemos que «un país sin memoria es un país sin futuro».

Tal y como se presenta el panorama actual de las relaciones internacionales, en que la rivalidad entre países se agrava cada vez más, especialmente entre Estados Unidos y China, es probable que la vida y vigencia de la jurisdicción universal sea todavía más difícil y turbulenta en las próximas décadas. Esta realidad evidencia aún más la especial importancia de este libro, sin duda único en el mundo, tanto por la forma en que se trata este tema como porque es también el fruto de la experiencia vivida por su autor.

Esta obra de Baltasar Garzón no es solamente un libro importante, innovador y oportuno, sino también el fiel testimonio de lo que debe ser una verdadera lucha por el derecho, un ejercicio de ciudadanía activa, humanitaria y democrática, sin muchos paralelos en nuestro tiempo. La incansable actividad de Garzón ennoblece el sistema judicial en su totalidad y, si éste ha sido tan ingrato para con uno de sus miembros más ilustres, nos revela lo mucho que todavía ha de hacerse para democratizar la Justicia e impregnarla de la filosofía de los derechos humanos. Si el mundo valorase la jurisdicción universal tanto como Baltasar Garzón, no sería sorprendente que le fuera concedido el Premio Nobel de la Paz. Lo merecería totalmente, más que muchos que lo han recibido en tiempos recientes.

BOAVENTURA DE SOUSA SANTOS
Coímbra, 31 de octubre de 2018

1

La Justicia frente al terror de la dictadura cívico-militar argentina

A pesar del frío, el 14 de enero de 2005 es un día agradable en los alrededores de la plaza Villa de París de la ciudad de Madrid. La sala de juicios está llena: mujeres con pañuelos blancos anudados a la cabeza, hombres con gesto adusto y jóvenes letrados esperan la constitución del tribunal. Todos atentos a lo que va a suceder.

La primera que toma asiento en estrados es la fiscal Dolores Delgado, en quien se percibe el nerviosismo que caracteriza a los que son conscientes del momento histórico que viven y de la trascendencia de sus actos. Sabe que se enfrenta a un gran desafío, uno que quizá marcará su carrera. Se enfrenta al primer juicio por delitos de genocidio, terrorismo y tortura que se celebra en España. Apenas lleva cuatro meses en el caso, desde que el nuevo fiscal general del Estado, Cándido Conde-Pumpido, le encargara que lo asumiera apoyando las tesis de la acusación y abandonando la postura obstruccionista que hasta ese momento había adoptado el Ministerio Fiscal.

Las abogadas y abogados de la acusación particular, que representan a las víctimas, y los que ejercitan la acusación popular en representación de todo el pueblo, un pueblo universal hermanado por los crímenes cometidos durante la dictadura cívico-militar que siguió al golpe de Estado del 24 de marzo de 1976 en Argentina, son también conscientes de la importancia de lo que está a punto de suceder. Después de haber luchado y trabajado con firmeza desde el principio de la causa, incoada al inicio de la primavera de 1996, cuando admití a trámite la denuncia de la Unión Progresista de Fiscales (UPF), les corresponde a ellos dar comienzo al juicio pues, aunque se ha dado orden de cambiar la calificación, en este momento el Ministerio Fiscal mantiene una posición absolutoria. La fiscal tendrá que esperar a que intervengan todos para escenificar el cambio de postura y sumarse a las acusaciones.

Las víctimas están atentas a todo lo que sucede: gracias a ellas se ha podido llegar hasta aquí. Cierto es que el juicio tiene lugar a miles de kilómetros de su tierra, pero también aquí, en España, ha habido víctimas, y sigue habiéndolas en todo el mundo. Son víctimas de ayer pero también de hoy, porque esta clase de delitos son permanentes, imprescriptibles y conciernen a todo el género humano. Ahí radica la grandeza de la jurisdicción universal. Es la compensación legítima que los legisladores ofrecen a las víctimas y a todos nosotros al hacer frente a la impunidad, aunque no siempre ha sido así. Por ejemplo, cuando en Argentina se adoptaron las leyes de Obediencia Debida y Punto Final, o cuando España se mostró sumisa a intereses económicos, políticos o diplomáticos y volvió la espalda a quienes sufrieron la represión cruel de los perpetradores. Pero eso vendrá más tarde.

Ahora, en enero de 2005, los tres magistrados que forman el Tribunal de la Sala de lo Penal de la Audiencia Nacional hacen su entrada con gesto decidido. El público se pone en pie, en señal de respeto. Los rituales judiciales son necesarios para solemnizar el acto mediante el cual la Justicia decidirá sobre la culpabilidad o inocencia de quien se enfrenta, en juicio oral y público, a sus presuntos crímenes. Estos tres jueces tienen en sus manos la difícil labor de juzgar los graves hechos que se imputan al acusado, presuntamente cometidos por él y por una serie de represores que, en nombre del pueblo argentino, habrían masacrado a ese mismo pueblo en un período concreto de su historia. Ha llegado la hora de rendir cuentas ante la Justicia, con todas las garantías, las mismas que ellos negaron a quienes secuestraron, mataron, torturaron o hicieron desaparecer.

Los jueces toman asiento. El presidente alza la voz: «Audiencia pública, que pase el acusado». El ponente, José Ricardo de Prada, mira por encima de sus gafas y siente un escalofrío. Han sido muchas horas estudiando la causa. Es consciente de su responsabilidad.

Adolfo Scilingo, el acusado, entra en la sala arrastrando los pies y con la cabeza gacha. Durante los últimos días ha intentado suspender el juicio, alegando estar enfermo y dejando claro, desde el primer momento, su negativa a participar en él. La posición procesal que mantuvo durante la instrucción ha cambiado radicalmente. De la colaboración inicial pasó a la negación y, más tarde, a la defensa de la represión. Como en muchos otros casos, los perpetradores se muestran incapaces de asumir que hay un momento en el que el verdadero valor radica en reconocer la traición a la patria y a quien le da sentido y contenido, el pueblo.

Se da inicio al juicio. Se informa al acusado de sus derechos y las acusaciones comienzan el interrogatorio. Las repuestas de Scilingo resultan estrambóticas e incoherentes. Frente a esta ignominia, este desprecio a las víctimas, no puedo sentir más que frustración. Me estremezco al escuchar las preguntas de las acusaciones. Veo a Carlos Slepoy, que tanto ha luchado durante la instrucción de esta causa, mirando severamente al acusado, que parece despreciar a aquellos que a su vez lo observan. Miro a los letrados Manuel Ollé, Jaime Sanz de Bremond, José Galán, Enrique Santiago, José Joaquín Puig de la Bellacasa, esperando que el valor que Scilingo mostró durante la instrucción del sumario reaparezca y comience a señalar a los máximos responsables de la represión y a describir los métodos de tortura, las actividades de los grupos de tareas, las «patotas». Pero en este momento decisivo Scilingo no habla, quién sabe si por cobardía o para mantener un silencio pactado en lo más profundo de las cloacas de la dictadura argentina. Sea como fuere, lo cierto es que en esta ocasión niega lo dicho en sus anteriores declaraciones, afirmando que se lo inventó todo.[1]

Después de varias sesiones, y según lo acordado con los abogados de la acusación, la fiscal Delgado se dirige al acusado con una firmeza glacial que transmite seguridad a las víctimas presentes en la sala. La tensión casi puede masticarse. Con la profesionalidad y las técnicas aprendidas tras cientos de interrogatorios en procesos contra el crimen organizado (también lo son estos que aquí se juzgan) y terrorismo, intenta abrir una brecha en la coraza de indiferencia del acusado. No lo conseguirá.

Es curioso, pero el cliché se reproduce en todos aquellos que han masacrado a inocentes. Casi nunca reconocen sus crímenes. Los disfrazan bajo grandes palabras y argumentaciones, pero en muy pocas ocasiones se les oye decir: «Sí los torturé... y los volví a torturar. Sí, los desaparecí arrojándolos al río». La cobardía ante la Justicia es su sello de identidad.

Adolfo Scilingo se enfrenta a varios cientos de años de prisión por los crímenes presuntamente cometidos cuando prestó servicios en la Escuela de Mecánica de la Armada (ESMA). El recinto, un complejo de numerosos edificios que se extienden a lo largo de diecisiete hectáreas en Buenos Aires, se convirtió en el mayor y más mortífero centro clandestino de detención (CCD) de la dictadura. El 24 de marzo de 2004, Néstor Kirchner dispuso que se convirtiera en el Espacio para la Memoria y para la Promoción y Defensa de los Derechos Humanos.[2] Ese día, en el acto de firma del convenio para su creación, señaló: «Como presidente de la nación argentina vengo a pedir perdón de parte del Estado nacional por la vergüenza de haber callado durante veinte años de democracia por tantas atrocidades».[3] Según la fiscal argentina de la megacausa de la ESMA, Mercedes Soiza Reilly, se estima que unas cinco mil personas (no hay cifra exacta) fueron detenidas e ingresadas en ese infierno, de las cuales sólo entre trescientas y quinientas salieron con vida.

Mientras el juicio continúa recuerdo a los miles de víctimas y sus declaraciones en diferentes espacios y lugares: radio, televisión, ante la ONU y otros organismos internacionales, ante la Justicia. Algunos de los rostros reflejan el paso del tiempo a la vez que emanan un aura luminosa, que les da fuerza y que logran transmitir a quienes desean creer que la justicia existe. Ante el olvido sufrido durante décadas sólo eso les ha quedado. Hablar, contar una y otra vez su historia, recrearla incluso como justa compensación al dolor desmedido que soportaron y aún soportan.

Una nueva pregunta de la fiscal me devuelve al presente. Scilingo está acusado de haber participado en dos «vuelos de la muerte», durante los cuales murieron treinta personas. A pesar de haber reconocido ante mí su participación durante la instrucción del sumario, ahora rehúsa contestar. «Que se le lean sus manifestaciones ante el juez instructor», insiste la fiscal. Tras la lectura por parte del secretario, el acusado mantiene su actitud ausente. «¿No tiene nada que decir?», espeta la fiscal. Scilingo ni la mira. Mantiene un silencio despectivo, humillante para las víctimas.

Los vuelos de la muerte

Adolfo Francisco Scilingo Manzorro, capitán de corbeta en la base naval de Puerto Belgrano, Argentina, se incorporó a su nuevo destino, la Escuela de Mecánica de la Armada, poco antes de las navidades de 1976. La ESMA estaba originalmente destinada al aprendizaje, la preparación física y el entrenamiento en todos los ámbitos relevantes del servicio de la armada. Pero todo cambió con el golpe de Estado y el comienzo del llamado Proceso de Reorganización Nacional, el «Proceso», eufemismo con el que se denominó formalmente la dictadura militar argentina. Esta escuela con vocación de instruir a los defensores del pueblo argentino se convirtió en el centro de detención y tortura más grande del régimen. No fue el único. Hubo más de seiscientos repartidos por todo el país. Pero la ESMA se convirtió en lúgubre escaparate de lo que el ser humano es capaz de hacer.

Allí Scilingo ocupó los cargos de jefe de electricidad y más tarde de automoción. Sus tareas no se limitaron a las propias de su posición y se extendieron a otro cometido mucho más execrable: su participación en dos de los denominados «vuelos de la muerte». No eran vuelos regulares, aunque las comitivas que llevaban a los detenidos salían regularmente del recinto con un destino cierto: la desaparición de sus víctimas. Los vuelos formaban parte de un plan de exterminio sistemático, fríamente calculado, contra opositores políticos o sin filiación alguna pero cuyo estilo de vida y forma de pensar no encajaba dentro del nuevo orden instaurado por el «Proceso».

Los vuelos de la muerte, llamados eufemísticamente «traslados» por los represores, tenían una fase previa. Un grupo de oficiales integrado por el director de la ESMA, el jefe del grupo de tareas (GT), los jefes de Inteligencia, Operaciones y Logística y algunos otros oficiales[4] seleccionaban a los detenidos y confeccionaban la lista de aquellos que debían ser incluidos en el traslado semanal. El día señalado, los «pedros» (como se denominaba coloquialmente a los que portaban las llaves de las celdas) llamaban por su número a los elegidos, los sacaban de las «cuchas» (celdas) en las que se encontraban recluidos y los «verdes» (guardas) los conducían al sótano del casino de oficiales.[5] Allí un médico les aplicaba una inyección de pentotal para adormecerlos, tras lo cual se los cargaba en camiones y eran conducidos al sector militar del aeroparque Jorge Newbery de la ciudad de Buenos Aires, donde los esperaban aviones militares.[6]

En junio de 1977 se asignó a Scilingo su primer vuelo. Se le ordenó presentarse en la ESMA vestido de civil a las cinco de la tarde. Dos horas después, le ordenaron bajar al sótano del casino de oficiales, donde se encontró con un grupo de unos veinticinco detenidos, que habían sufrido terribles tormentos. A los elegidos, lejos de revelarles su destino final, se les decía que iban a ser «trasladados» al sur de Argentina, donde pasarían a tener la condición de detenidos legales y ya no de desaparecidos, de modo que sus familias conocerían su paradero y hasta quizá podrían recibir visitas. La retahíla de falacias continuaba, añadiendo que, para evitar que enfermaran era conveniente preparar sus sistemas inmunológicos, por lo que un médico les inyectaría unas vacunas. Pero no eran vacunas sino pentotal («pentonaval» le llamaban sarcásticamente los propios militares), un fuerte tranquilizante que los adormecería e impediría que opusieran resistencia cuando se dieran cuenta de lo que realmente iba a suceder. Llenos de ilusión y ansiedad esperaban su turno para la inyección. Poco tiempo después ya no eran capaces de sostenerse por sí mismos. Scilingo, según indica la sentencia que lo condenó, contemplaba cómo perdían la energía hasta casi desvanecerse. Era entonces cuando los conducían al camión. Salían de la ESMA tras pasar semanas y semanas en cautiverio, encapuchados, recibiendo golpes, descargas eléctricas y trabajando como esclavos. Por fin salían de aquel infierno. Pero, a pesar del fuerte narcótico, les quedaba un ápice de consciencia para darse cuenta de que algo no iba bien. Nadie en la calle podía ver qué o quién había dentro de aquel vehículo, pues unas lonas cubrían los cristales. Ningún pariente que se cruzara por casualidad con aquel camión reconocería a un detenido ni gritaría hasta que se detuviera. Y así, semiinconscientes, eran conducidos al aeroparque. Allí los esperaba un pequeño avión Skyvan. Los agarraban uno a uno y como bultos los metían en el artefacto. Entonces el avión arrancaba el motor, tomaba posición en la pista y despegaba. En la aeronave viajaba también un médico, además de otros soldados. Él era el encargado de administrar una última dosis de calmante a los detenidos. Scilingo participó en dos de estos vuelos, uniéndose así a la ominosa lista de criminales contra la humanidad que participaron en este plan sistemático de exterminio. Según se estableció, el médico que iba en uno de estos vuelos no quiso presenciar lo que vendría a continuación y se refugió en la cabina. Su parte del trabajo estaba concluida. La de Scilingo y los demás soldados no había hecho más que comenzar. Uno a uno, desnudaban a cada detenido. Esta tarea era importante pues en las ocasiones en que se arrojó a los detenidos vestidos, cuando sus cadáveres aparecieron en las playas de Uruguay, sus documentos de identidad y las monedas argentinas en sus bolsillos ofrecían indicios de lo que estaba sucediendo en el país vecino.

Los detenidos, desnudos y casi inconscientes, eran incapaces de responder a estímulo alguno. Entonces, se abría la puerta trasera del avión y uno tras otro eran arrojados al río o al mar. Para no dejar rastro alguno, más tarde sus ropas se incineraban. Scilingo llegó a tirar hasta a trece individuos. En un momento determinado, perdió el equilibrio y estuvo a punto de caer al vacío, pero otro miembro de la tripulación lo sujetó y lo salvó. Tras el vuelo, los militares retomaban su rutina, se reportaban y volvían a la ESMA, donde, de nuevo, cargaban a otras víctimas y las «trasladaban» hacia un destino sin retorno. Mes y medio más tarde, Scilingo participó en otro vuelo.

La estrategia estaba cuidadosamente diseñada para que nunca se supiera cuál había sido el destino de los desaparecidos. Sin embargo, la verdad saldría a flote, de lo que se encargarían las propias aguas del Río de la Plata, como si no quisieran ser cómplices de esta macabra maquinaria de exterminio. En algunas ocasiones la marea arrastró los cuerpos inertes de las víctimas a la orilla uruguaya del estuario. De acuerdo con el Equipo Argentino de Antropología Forense, todos los cuerpos arrojados desde los aparatos tenían múltiples fracturas. Caer al agua desde esa altura es como hacerlo sobre cemento armado. Por algo les llamaban los «vuelos de la muerte». Una vez en el avión no había escapatoria. Ninguna de las víctimas de estos miles de vuelos pudo testimoniar en juicio alguno, porque nadie se salvó, a excepción de Adolfo Pérez Esquivel, que sobrevivió a su traslado porque el piloto recibió la orden de volver a tierra justo antes de que lo arrojaran al vacío. Pérez Esquivel recibiría en 1980 el premio Nobel de la Paz.

Sin embargo, la inmensa mayoría de los cuerpos jamás serían recuperados. Sólo el dolor inmenso de las familias y de quienes lloraban, bajo el yugo de la barbarie militar y de quienes les apoyaban, recordarían a las víctimas desaparecidas y exigirían Justicia durante años.

Iris Etelvina Pereyra, la madre de Floreal Edgardo Avellaneda, alias Negrito, hizo uso de la palabra en el juicio contra Scilingo, como ya hiciera durante el juicio a las Juntas Militares. Con voz emocionada y trémula, pero con la firmeza que da el dolor por la pérdida de un hijo de quince años, detenido, recluido en el centro clandestino de detención de Campo de Mayo, relató cómo lo habían torturado en una sala contigua a aquella donde ella misma estaba recluida y cómo murió empalado por el ano y fue más tarde lanzado al Río de la Plata. Su cuerpo, junto a otros siete cadáveres, apareció atado de pies y manos, lleno de fracturas, en la costa uruguaya. Por su asesinato serían condenados a cadena perpetua en 2009 los generales Santiago Omar Riveros y Fernando Verplaetsen, entre otros.

La coordinación represiva entre la armada, el ejército y la fuerza aérea se hacía extensiva a esta espantosa forma de exterminio. Como se detalla con toda precisión en la causa seguida en España, vehículos de la armada trasladaban a los prisioneros desde la ESMA hasta el aeroparque bajo el control de la fuerza aérea. Una vez allí, efectivos de la fuerza aérea ensombrecían una zona de las pistas. Así, ocultos a la vista de posibles intrusos, los secuestrados eran introducidos en los aviones o helicópteros y una vez en el aire eran arrojados al agua por personal de la armada, generalmente narcotizados, pero a veces plenamente conscientes.

Vuelvo a la realidad del juicio al escuchar la pregunta de la fiscal Delgado. «¿Qué era "Capucha" en la ESMA?» De nuevo una concatenación sistemática de noes por parte del acusado. La «Capucha» era la zona donde se hacinaban los detenidos, siempre encapuchados y engrilletados, y de donde salían tan sólo para ir al baño, para ser torturados o «trasladados». «De la Capucha se salía para ser torturado o para morir», recuerda un sobreviviente, aunque algunos pocos detenidos también fueron sacados de allí para trabajar como mano de obra esclava.[7]

Conocí a Adolfo Scilingo en 1997. Me resultó un tipo curioso o, más bien, extraño. Siempre pensé que había viajado a España porque su contrición era verdadera. Sólo así tenía sentido venir para entregarse ante el juez. Si bien es cierto que había hecho declaraciones públicas en Argentina, e incluso había colaborado en un libro de gran difusión escrito por Horacio Verbitsky,[8] lo hizo cuando en Argentina regían las leyes de Obediencia Debida y Punto Final, por lo que podía confiar en que sus declaraciones no le traerían consecuencias. En España, ante un juez, debía saber que no sería lo mismo. Durante la fase sumarial declaró con todo lujo de detalles y una aparente valentía acerca de su participación, y la de otros, en dos «vuelos de la muerte» y otros hechos delictivos ocurridos en la ESMA. Describió las torturas y explicó el funcionamiento de las «patotas», como se denominaba al grupo operativo que salía a la calle en busca de víctimas (actividad conocida como «chupe»).[9] En el juicio, en cambio, calló y negó.

Recuerdo aquel 4 de octubre de 1997 en que Adolfo Scilingo compareció ante mí. Era un día otoñal típico de Madrid, con un cielo rasgado por nubes que estrangulaban el sol que pretendía aparecer entre ellas. Estaban también los abogados de las acusaciones. Se respiraba ansiedad en un ambiente de tenso silencio por lo que estaba a punto de suceder en mi despacho de la planta segunda del edificio de la Audiencia Nacional, hasta que Scilingo comenzó a desgranar los hechos, que todos los presentes pudimos escuchar con estupor, horrorizados frente a la confesión que detallaba tanta barbarie. Los secuestros, los centros clandestinos de detención, los abusos sexuales y violaciones, otros mecanismos sistemáticos de torturas, el saqueo de bienes, los enterramientos en fosas comunes, las cremaciones de cadáveres, los «vuelos de la muerte». La maquinaria represiva era desvelada, por primera vez, en toda su crudeza en una sede judicial española. Era un momento único. Las víctimas comenzaban a vislumbrar una remota posibilidad de justicia. Se inauguraba un tiempo que daría lugar años después a numerosos juicios en Argentina, hasta el día de hoy. Una vez más, las víctimas habían conseguido mover los pesados goznes de las puertas de la justicia. Después de tales declaraciones, dispuse el ingreso de Scilingo en prisión provisional.

Pero algo, que sólo él debe de saber, o alguien, como tantas veces sucede, le hizo cambiar. En el juicio oral, donde su colaboración hubiera resultado de una verdadera relevancia, Scilingo enmudeció. De posible «héroe» volvió a ser el «villano» que todos habían conocido.

Con cierta frustración ante las evasivas del acusado, la fiscal insiste con preguntas sobre su conocimiento de las actividades criminales en la ESMA. Pero Scilingo ha perdido la memoria. Simula estar enfermo, demente y afirma que todo es un montaje. Las miradas de las víctimas que asisten al juicio, y que asistirán después a otros cientos de juicios en Argentina exigiendo justicia para los treinta mil desaparecidos, sólo expresan indignación, rabia, impotencia, dolor y el desprecio que les genera la cobardía de los perpetradores. Mientras fueron impunes cometieron los crímenes, incluso hablaron y reconocieron sus horrores; ahora que la justicia los interroga, sólo responden con silencio y negación.

Oigo una nueva pregunta de la fiscal: «¿Qué eran los grupos de tareas?», tratando de penetrar la coraza de silencio y mentiras del acusado, con la esperanza de que recupere el relato que había contado en el juzgado durante la instrucción. Nada. La fiscal pareciera repasar mentalmente las declaraciones prestadas por Scilingo en el sumario, acaso en busca de ese resquicio del que servirse para que la declaración discurra por un camino lógico y coherente. Todavía mantiene la esperanza de que, como en tantos otros juicios en los que ha intervenido, el acusado ceda y comprenda, quizá, que su opción más favorable es decir la verdad. La fiscal dispara su nueva pregunta: «¿Qué sabe usted del plan sistemático de desaparición, tortura, asesinatos de opositores políticos, creado previamente al golpe, dirigido y coordinado por los responsables de las Juntas Militares y ejecutado por todas las fuerzas armadas y de seguridad en Argentina para acabar con la denominada "subversión"?». Una vez más, el silencio como respuesta. La impaciencia se apodera de la sala. La fiscal insiste y pide, de nuevo, que se le lea la parte del sumario donde consta cómo se diseñó el plan para la eliminación de opositores políticos que se extendió como una mancha imparable de aceite en los tres cuerpos de las fuerzas armadas del país. Así quedó demostrado en la causa 13/84, un número preñado de simbolismo, pues identifica el primer juicio a los integrantes de las tres primeras Juntas Militares que se sucedieron tras el golpe de 1976. El acusado apenas se inmuta. Sólo se contorsiona y simula desmayos y dolores inexistentes con el ánimo de que el juicio se interrumpa, como ya había hecho antes de comenzar.

Mientras Adolfo Scilingo sigue con su incomprensible estrategia de defensa, completamente alejada de la colaboración que prestó durante la instrucción, mi mente se desplaza a fechas clave en este proceso: la admisión de las denuncias, el 28 de marzo de 1996; la primera comparecencia voluntaria de Scilingo y su confesión en mi juzgado, el 4 de octubre de 1997; el auto de la Sala de lo Penal en pleno de la Audiencia Nacional en que se declaraba la competencia de la jurisdicción española, de 4 de noviembre de 1998; y la sentencia del 15 de noviembre de 2004 de la Sala Segunda del Tribunal Supremo, en la que se confirmaba la jurisdicción y competencia para juzgar a Scilingo. Este largo camino recorrido había sido de gran trascendencia. Puso a la Justicia española en lo más alto de la lucha por los derechos humanos y la defensa de las víctimas universales de los crímenes más abyectos, lugar en el que permanecería todavía algunos años más.

La aceptación de la jurisdicción española en el caso de Argentina, mediante sentencia del Tribunal Supremo, siempre reacio a la aplicación del principio de jurisdicción universal, siguió la misma doctrina que ya había fijado en la sentencia del caso Guatemala del 25 de febrero de 2003, en la que restringía su ámbito de aplicación basándose, en cierto modo, en un criterio de razonabilidad. Es decir, que la jurisdicción universal sería aceptada siempre y cuando España mantuviera al menos algún vínculo con los hechos. Para el Alto Tribunal, estas circunstancias se daban en este proceso, pues en el caso Scilingo había víctimas españolas y el acusado se encontraba en España. Es evidente que esta postura desvirtúa el principio mismo de la jurisdicción universal, pues ésta se fundamenta no en los vínculos entre el juzgado que conoce el asunto y los hechos, sino en la misma naturaleza de los crímenes. Habría que esperar hasta el 26 de septiembre de 2005 para que el Tribunal Constitucional, también a propósito del caso Guatemala, devolviera las cosas a su sitio estableciendo que lo que regía en España era el principio de jurisdicción universal absoluto, por lo que se extendía a todas las víctimas de crímenes señalados en la propia ley.

La fiscal Delgado sigue formulando preguntas al acusado sin conseguir que reaccione y conteste con algo más que evasivas. La atención del público decae por momentos, y en algunos de los rostros de las víctimas puede observarse el dolor que producen las negativas del acusado. De pronto, concluye el interrogatorio. El acusado no ha aportado casi nada diferente a lo ya expuesto en la instrucción, ni tampoco ha logrado explicar el cambio de su versión de forma mínimamente convincente. Apenas unos leves gestos de los miembros del tribunal dejan entrever que, al parecer, no han creído a Scilingo, aunque la farsa se demostraría con el juicio más avanzado, una vez oídos los testigos y leídos los documentos incorporados a la causa.

La vista sigue adelante. Se recupera el pulso de la terrorífica realidad de lo vivido a través de las declaraciones de testigos y víctimas, que hacen aflorar el sufrimiento en los rostros de los presentes, y mediante los testimonios de aquellos que desde Argentina asisten por videoconferencia, gracias, ahora sí, a la cooperación judicial, desbloqueada por un decreto presidencial de Néstor Kirchner de 2003. Todas esas declaraciones, casi treinta años después, son descargas de reparación.

Una cortina de lágrimas amenaza con caer en cualquier momento cuando cada una de las víctimas comienza a hablar y me hace revivir las largas sesiones que tuvieron lugar durante varios años en el Juzgado Central de Instrucción n.º 5, en las que escuché sus relatos estremecedores. Las mismas pausas entre frase y frase que entonces se producían, como si un reloj interno recuperara primero cada recuerdo y lo escupiera después, se repetían ahora y golpeaban el rostro indiferente y adormecido de Scilingo.

«Me detuvieron, me golpearon en la casa, me arrastraron, me introdujeron en el suelo de un Falcon, boca abajo, sintiendo las botas militares sobre mi espalda mientras me conducían hasta un lugar desconocido. Después de la primera media hora, perdí el sentido de la orientación. Recuperé la conciencia en un habitáculo donde me tenían tabicado.» Un paréntesis de silencio, suspiros, mirada fija, casi tan largo como el relato que acaba de hacerse, quizá buscando la mejor forma de seguir contando lo inenarrable. «Me torturaron salvaje y permanentemente.» Tres segundos de respiración, acaso cuatro. «Pensé que moriría... No sé de dónde extraje fuerzas para seguir viva... Conocí el horror... la soledad... el miedo a no encontrar la diferencia entre la vida y la muerte.» Ella, a diferencia de otros miles de víctimas que no sobrevivieron, nos cuenta cómo temblaba hasta la locura por los efectos de la picana eléctrica sobre su cuerpo desnudo, mojado con agua a modo de conductor de la electricidad, las descargas sucesivas en los pezones, la lengua, las encías, los dedos de las manos y de los pies y los genitales. Los echaban en somieres desnudos o mesas manchadas por la sangre propia y de otros compañeros y compañeras. A estas últimas las hacían parir en condiciones insalubres para después robarles a sus hijos (unos 500 recién nacidos fueron alumbrados en cautividad y entregados a sus captores, de los cuales 128 se han recuperado hasta la fecha),[10] y tras el parto ser «trasladadas».

«Fui violada reiteradamente y aún siento el dolor y el asco que experimenté cuando los monstruos derramaban su semen sobre mi cuerpo dolorido e inerte... en esos momentos llegué a confundir la vida y la muerte, tan antagónicas y tan gemelas en tiempos de represión. En un momento, porque todo era tiniebla, porque todo eran pretensiones, porque todo era hostigamiento, porque todo eran insultos, pedí a un torturador que me diera la mano; era lo único que le pedía, que por favor me la tomara porque no... no... no lo podía soportar.» Ni siquiera eso le concedieron; buscaban la degradación más insoportable. Les exigían que hicieran las confesiones más inverosímiles, daba igual que fueran verdad o mentira, tan sólo querían que otras víctimas alimentaran la maquinaria de depravación y degradación humana que habían puesto en marcha, bebiendo en las fuentes de las represiones pasadas de la España franquista, de la Alemania nazi, de la dominación francesa en Argelia o de las checas estalinistas.

La historia previa al golpe

Mientras sigo atento al devenir del juicio, repaso por enésima vez los hechos que precedieron al Golpe del que tanto se habla en este juicio.

Juan Domingo Perón murió el 1 de julio de 1974 en Buenos Aires, durante su tercer mandato presidencial, conocido como el «tercer peronismo», al que accedió después de dieciocho años de exilio en España, residiendo en el madrileño barrio de Puerta de Hierro. Perón fue una de las figuras más influyentes en la historia argentina del siglo xx. A lo largo de sus tres mandatos consiguió crear todo un movimiento y con él una familia política, dispar y compleja, que incluía facciones tanto de izquierdas como de derechas. Un paro cardíaco le impidió cumplir su período presidencial en un momento en el que Argentina y, en general toda Sudamérica, atravesaba tiempos de inestabilidad política. A su muerte asumió el cargo su segunda esposa, que hasta entonces ocupaba la vicepresidencia, María Estela Martínez de Perón, *Isabelita*, como la llamaban cariñosamente en alusión al nombre artístico que había usado cuando se dedicaba a la danza años atrás.

Entre 1966 y 1973, Argentina ya había probado el amargo sabor de la dictadura militar durante la autodenominada «Revolución argentina». Durante este período, tres presidentes ilegítimos gobernaron el país. El general Juan Carlos Onganía derrocó al presidente constitucional Arturo Umberto Illia. A Onganía lo sucedió en 1970 el general Roberto Marcelo Levingston y en 1971 el general Alejandro Agustín Lanusse, hasta que, en 1973, asumió el cargo Héctor José Cámpora. Fue durante esta época cuando los «montoneros» empezaron a darse a conocer. Los montoneros se identificaban con el ala izquierda del peronismo que trataba de derrocar al régimen militar, traer de vuelta del exilio a Perón e instaurar un nuevo modelo de gobierno basado en un socialismo nacional. Finalmente, la dictadura cayó y, con la investidura del presidente Cámpora, se esperaba el regreso a la democracia. Su brevísimo mandato de cuarenta y cinco días dio paso al de Lastiri, y al fin a la llegada de Perón. Sin embargo, este último, dando un giro hacia la derecha, retiró su apoyo a los montoneros que, a pesar de ello, mantuvieron sus actividades. La violencia y la inestabilidad política eran notables en el país. Mientras tanto, la derecha más reaccionaria se estaba preparando. Como si de un cirujano de hierro se tratara, el conservadurismo argentino y el estamento militar buscaban sacar rédito político de la convulsa situación reforzando la percepción de inseguridad e inestabilidad política con la creación de su propio brazo terrorista y paramilitar, la Alianza Anticomunista Argentina o Triple A.

La Triple A estaba dirigida por José López Rega, antiguo policía y ministro de Bienestar Social con Perón. Como allegado de Perón y de su mujer, el ascenso político de éste fue meteórico. Representaba al peronismo de derechas, hostil con el socialismo y con la interpretación izquierdista de las veinte grandes verdades justicialistas que conformaban los postulados originales de Perón. Desde su cartera ministerial coordinó las acciones de la Triple A, al principio notoriamente caóticas. Esta organización ultraderechista eliminó a cientos de personas consideradas subversivas con un doble objetivo: la desaparición física de opositores y la instauración de una sensación palpable de terror e inquietud en las calles. La Triple A reveló el ingrediente secreto y esencial para un caldo de cultivo que desembocaría, irremediablemente, en el golpe de Estado de 1976. De hecho, la Triple A no desapareció con el nuevo régimen, sino que fue oficializada por el Gobierno; el terrorismo pasaba así a convertirse en terrorismo de Estado.

Con el ascenso al poder de Isabel Martínez de Perón en solitario, los militares vieron una oportunidad ideal para dirigir el Gobierno bajo cuerda, intensificar su acción violenta y llevar a la población a la conclusión de que la única vía para salvar a la República era el establecimiento de un régimen militar. Porque lo cierto es que antes de un golpe tiene que haber un caldo de cultivo, deben existir unos conspiradores en la sombra, un plan trazado con meticulosidad, una urdimbre empresarial que provea de financiación y un brazo ejecutor que, llegado el momento, iguale o supere en número, fuerza y rango a aquellos que pretenden derrocar. Para ello, además, resulta crucial un mínimo factor sorpresa, aunque paradójicamente en Argentina ya se cavilaba que, a causa del inmovilismo de un gobierno noqueado por los acontecimientos, un puñado de gerifaltes insurrectos asaltaría el poder y conduciría irremisiblemente a la ruptura del sistema. Sin embargo, para que una toma de poder sea exitosa —cuestión que pasa de forma inevitable por tumbar al Gobierno establecido de la forma en que haga falta— resulta preciso mantener en secreto el *modus operandi*: nada de lo que ha de acontecer más adelante debe ser revelado hasta el final. En el caso argentino, los planes golpistas se encubrieron bajo la apariencia de la lucha antiterrorista.

Las presiones a las que fue sometida Isabelita la obligaron, en febrero de 1975,[11] a firmar el Decreto 261/75, con el que se sentaba la base estructural para la creación de organismos de inteligencia para la represión y desaparición de sujetos subversivos en la provincia de Tucumán, en la que los montoneros gozaban de gran influencia. Se inauguraba así el «Operativo Independencia».

«Algunos de nosotros estábamos convencidos de que el golpe de Estado era inminente. Cuando yo renuncio al Ministerio de Economía y Carlos Ruckauf al Ministerio de Trabajo nos fuimos a ver juntos a la presidenta y le dijimos: "Señora, acá lo que hay que ver es la forma en la que vamos a caer, pero caer caemos"», recordó tiempo después Antonio Cafiero, exministro del Gobierno legítimo. Y, en efecto, cayeron.

A causa de unos problemas de salud, Isabelita de Perón cedió la presidencia a Ítalo Argentino Luder, y los militares no desaprovecharon la ocasión. El 6 de octubre de 1975, Luder, presidente en funciones, firmó tres decretos que darían cobertura a la represión que se avecinaba bajo la excusa de combatir el terrorismo. El Decreto 2770/75, por el que se constituía el Consejo de Seguridad Interior y Consejo de Defensa;[12] el 2771/75, por el que se disponían los medios necesarios para la lucha contra la subversión a través del Ministerio de Interior;[13] y el 2772/75, en el que se ordenaba la ejecución de operaciones militares y de seguridad a efectos de «aniquilar el accionar de los elementos subversivos en todo el territorio del país».[14] Con toda la razón estos decretos fueron popularmente conocidos con el elocuente nombre de «decretos de aniquilamiento».[15] Ello supuso el diseño de una cobertura legal para la Triple A, que seguía sembrando el terror y la sensación de desastre nacional en las calles.

Isabelita retomó la presidencia en octubre, pero la situación se fue haciendo cada vez más insostenible. En diciembre de 1975 hubo algunos conatos de sublevación. Finalmente, el 24 de marzo de 1976 sucedió lo que muchos vaticinaban como irremediable: el golpe militar derrocó el Gobierno legítimo y democrático de Isabelita e instauró el llamado «Proceso de Reorganización Nacional», una dictadura cívico-militar criminal, al mando, en un principio, del teniente general Jorge Rafael Videla.

El Proceso de Reorganización Nacional

Las numerosas y severísimas leyes represivas dictadas durante el año 1975 seguían pareciendo insuficientes a los militares. Aquellos decretos buscaban combatir supuestas actividades subversivas, agravar las penas, diseñar figuras delictivas a medida de sus planes y restringir la salida del país a la población. Toda la fuerza del Estado estaba dirigida hacia la aniquilación de los grupos revolucionarios violentos, que, en realidad, estaban ya notablemente desarticulados. Pero para los líderes militares de las tres armas seguía sin ser suficiente, a pesar de que, *de facto*, junto con los jefes de policía y de los servicios de inteligencia, ya ocupaban el poder. A Videla, primer presidente de la Junta Militar le siguieron, a partir de 1981, Viola, Galtieri y Bignone. Durante aquellos años se coordinaron para materializar el Proceso y la lucha contra la subversión, que tenía por objeto real la destrucción sistemática de aquellos que se opusiesen a su concepción de nación y no encajaran en su idea de «civilización occidental y cristiana».

Sus objetivos podían pertenecer a cualquier profesión e ideología, actividad sindical, artística, intelectual e incluso etnia o religión. Pero en su punto de mira también se encontraban estudiantes, obreros, amas de casa, niños, discapacitados, políticos, sindicalistas, abogados o judíos. Como en todos los regímenes sanguinarios, la paranoia subversiva señalaba a casi cualquiera como participante en actividades terroristas.

Para ejecutar su política represiva, las Juntas Militares se valieron de su estructura bien organizada (formando los grupos de tareas), del respeto a la jerarquía y a las órdenes secretas, de la división militar del país en seis zonas geográficas y del establecimiento de más de seiscientos centros de detención y torturas por todo el territorio nacional.

En nombre del Proceso de Reorganización Nacional, la dictadura dejó un reguero de víctimas, como si un tsunami hubiese cabalgado desde el océano y se hubiera adentrado por el Río de la Plata hasta sepultar la República entera; como si un terremoto hubiera devastado el país;

como si hubiesen arrastrado una guerra de cien años y fuera necesario levantar de nuevo edificios y carreteras. Pero nada de eso había ocurrido, no había nada que reconstruir. Se lo inventaron. Tramaron el ardid perfecto removiendo los sentimientos, las fobias a las ideologías y el fantasma del terrorismo, cuando estaba claro que el movimiento montonero ya no suponía un riesgo para el Estado. Implantaron la macabra e inconsistente «teoría de los dos demonios», que aún hoy defienden aquellos a quienes ni la fuerza de los centenares de condenas por crímenes de lesa humanidad consigue mover un ápice de su marmóreo inmovilismo, negando la evidencia histórica de una represión selectiva, pero sistemática, de los oponentes políticos. Excusas del pasado para reiniciar de cero a un país entero, como si pudiera construirse o moldearse algo tan etéreo y propio como el alma o el corazón de los seres humanos.

Así lo atestiguan los miles de víctimas que dejaron a su paso y cuyas identidades importan porque representan el dolor de todos, pero sobre todo el de quienes intentaron evitar aquella locura. Entre otras muchas, están Miriam Lewin, Ana Testa, Víctor Basterra, Azucena Villaflor, la familia Labrador, Chicha Mariani, la familia Carlotto, la familia Bonafini, los jóvenes de la noche de los lápices, los militares valientes que no se rindieron, los periodistas fieles a la libertad, las madres a las que les robaron a sus hijos, los hijos que perdieron su identidad, las abuelas a las que les robaron sus nietos... Ellos son los protagonistas de esta historia de dolor y de muerte, pero sobre todo de valentía y heroísmo frente a quienes quisieron eliminarlos como pueblo.

En todo lo que aquí se narra, una palabra, la de la víctima, irá adoptando decenas de rostros. Unas veces estos darán vida a relatos muy similares ante tormentos sufridos una y otra vez. Otras tendrán nombres y apellidos de personas que fueron capaces de compartir primero el testimonio de sus desgracias con un confidente en la intimidad; que después lo desvelaron ante un desconocido, tal vez un abogado, que se convertiría en su aliado y valedor; y que, por último, lo reprodujeron con todo lujo de detalles ante un juez, quizá a miles de kilómetros de donde habían ocurrido los hechos. Con todo ello, estos rostros tal vez tengan la sensación, al menos, de que las puertas de la Justicia, que se abrieron para juzgar a los responsables y después se cerraron de golpe, ahora se abren de forma irreversible para exigir que los perpetradores rindan cuenta de sus atrocidades.

Es verdaderamente impresionante, y he podido observarlo en numerosas ocasiones y lugares, que todas las víctimas hacen gala de unos mismos valores, como la necesidad de verdad, de justicia y de reparación, y buscan siempre que no vuelva a repetirse la misma ignominia que ellas sufrieron. No obstante, jamás he apreciado el menor ánimo de venganza, ni siquiera el interés crematístico que legítimamente les correspondería.

De no haber sido por esa valentía que demostraron las víctimas al contar su experiencia, ese mecanismo ignoto que de repente se activa en lo más profundo de su ser y les hace emprender un camino inextricable hacia la Justicia, poco o nada se habría conseguido en su derecho, reclamado o no, a la reparación. Por eso fue (y es) tan importante alzar la voz, cuando las heridas enmudecen los sentidos de quienes padecieron una y otra vez la ira de los verdugos. Sólo de esta forma se construye la memoria, con la fuerza del presente y la voluntad de permanecer en el futuro dando solidez a los cimientos de unas reivindicaciones justas y dando forma a una verdad secuestrada durante demasiado tiempo.

En toda esta historia falta la voz de los victimarios, cobardes hasta el final de los tiempos, envueltos en una especie de aura de legitimidad asesina, en una visión distorsionada de la realidad, para justificar sus acciones. Pero hay una cosa que jamás consiguieron: arrebatar la dignidad a las víctimas. El «Acta de Propósitos y Objetivos», aquel documento con pretensiones de ser constituyente, adoptado el 24 de marzo de 1976, los identifica y señala como lo que fueron. El acta aludía a la moralidad, la idoneidad y la eficiencia para reconstruir el contenido y la imagen de la nación, que sólo existía en el interior de sus mentes; para alcanzarla, debían erradicar la subversión, recuperar la vigencia de la moral cristiana y otras premisas igual de grandilocuentes. Es decir, el abecé de una concepción fascista promulgada por los comandantes del ejército, la armada y la fuerza aérea, integrantes de la Junta Militar. «Es como si cada uno de ellos pensase que es Dios y que puede definir qué hace con un ser humano, y a partir de ahí todo era válido y estaba permitido», rememoraba una víctima. Acaso pensaran que eran como Dios, cuando no Dios mismo, manifestó esta misma víctima en un juicio posterior. Y no andaba desencaminada en su afirmación, pues en este caso Dios sí gozó de hijos en la Tierra que actuaban en su nombre y afirmaban tenerlo de su lado: los políticos, empresarios y militares corrompidos que se unieron para poner en práctica un poderoso plan sistemático de eliminación contra todos aquellos que se oponían a sus objetivos. Este reclamo ya era conocido en España, pues la dictadura franquista entronizó su pervivencia con la bendición divina y la cobertura «bajo palio» del dictador Franco, Generalísimo y Caudillo por la gracia de Dios.

Tal era la subversión que tenía que ser erradicada de Argentina, la de víctimas cuyo único pecado era pensar diferente, ser demócratas, querer un mundo mejor, como el que había soñado unos años antes al otro lado de la cordillera de los Andes un tal Salvador Allende, un sueño que había sido cercenado por otro dictador de nuevo cuño, Augusto Pinochet, auspiciado por la Administración estadounidense de la época. Este era, para ellos, el peor de los crímenes; había que eliminar la peste de la izquierda, pues todos eran socialistas, comunistas o guerrilleros, y eso era inasumible para la paz y la concordia en el díscolo sur del continente americano. La Doctrina de Seguridad Nacional importada desde Europa y actualizada por Estados Unidos era el único credo político posible. Y, tal y como señala Kafka en *El proceso*, la represión, una vez iniciada, no puede detenerse, necesita seguir siendo alimentada; de modo que, una vez eliminadas las víctimas previstas, les toca el turno a quienes tan sólo pensaban diferente a los represores. Quien discrepara debía ser ejecutado o desaparecido sin importar la edad ni la filiación, pues todo era contaminante. Así tuvo lugar la represión, que se inauguró en la provincia de Tucumán, incluso antes del golpe militar, bajo el nombre de «Operativo Independencia», en una serie de acciones diseñadas por los militares.

En ese momento, el terrorismo de Estado se había extendido ya por todo el Cono Sur bajo el paraguas de Estados Unidos y sus servicios de inteligencia. Pero esto comenzó antes, durante la Segunda Guerra Mundial. El 7 de diciembre de 1941, el régimen nazi dictó el *Nacht-und-Nebel-Erlass* (Decreto Noche y Niebla), cuyo propósito fue la desaparición de miles de personas acusadas de pertenecer a movimientos de resistencia en los países ocupados, siendo éste uno de los precedentes mejor documentados de la desaparición forzada de personas. En el juicio de Núremberg se condenó al mariscal de campo Wilhelm Keitel por crímenes de guerra, dada su participación en la implementación del mencionado Decreto Noche y Niebla. Posteriormente, la tortura, el asesinato y la desaparición de adversarios continuó siendo utilizada como arma de guerra. Dos de los ejemplos más citados son, por una parte, las guerras de descolonización de Francia contra Indochina y Argelia, durante las que se aplicó la nueva doctrina francesa de contrainsurgencia (*guerre révolutionnaire*) y, por otra, la guerra de Estados Unidos contra Vietnam. La doctrina de contrainsurgencia francesa, que en Latinoamérica adoptó el nombre de «Doctrina de Seguridad Nacional», ofrecía un marco teórico para la legitimación del terrorismo de Estado y atendía a la necesidad de encubrir los crímenes del escrutinio internacional en materia de derechos humanos. Los militares franceses que actuaron en la contrainsurgencia argelina habían desarrollado un manual que enseñarían en la Escuela de las Américas a cientos de militares latinoamericanos.[16] Sin embargo, los represores argentinos fueron un paso más allá y enviaron soldados a Francia para que se formasen en la guerra antisubversiva. Más adelante, incluso hicieron viajar a personal francés para que impartirse cursos en Argentina.[17]

EL GOLPE DE ESTADO: EL DÍA CLAVE

El 24 de marzo de 1976 tres militares suben la escalera con decisión, sin alardes ni concesiones a quienes les observan, principalmente otros militares y algunos reporteros que fotografían o filman ese momento. Sólo los disparos de los fotógrafos, cuyas imágenes abrirán las portadas de todos los periódicos, resuenan en el entorno de una jornada que se intuye en calma. La grabación que inmortaliza esta escena deja entrever algunos tramos de la avenida por la que circulan coches y algún que otro ciclomotor, muestra inequívoca de cotidianeidad.

Nadie diría que esos tres hombres uniformados acaban de dar un golpe de Estado. Tampoco su actitud, sus cabezas gachas y la diligencia de sus andares revela, en el corto camino que recorren desde el vehículo blindado hasta el interior del edificio, los signos altivos de la recién inaugurada autoridad. Tal vez se deba a la relativa facilidad con que se ha gestado todo; a la falta de presencia real desde el octubre anterior de la presidenta Isabelita de Perón; a los ensayos previos, como la puesta en marcha del Operativo Independencia en febrero de 1975; o a la falta de resistencia de las últimas horas y la tranquilidad de saber que, tarde o temprano, esto iba a suceder y que nadie haría nada para impedirlo. Ni siquiera fue preciso blandir las armas para arrestar a la presidenta, retenida, indefensa e inoperante en la base militar del aeropuerto Metropolitano. Casualmente, el helicóptero que debía trasladarla desde la Casa de Gobierno a la quinta de Olivos había sufrido un problema mecánico y aterrizó en la base militar, cumpliéndose así la primera fase del plan.

Casi veintiún años después, el 3 de febrero de 1997, la expresidenta habló conmigo por primera vez en mi despacho del Juzgado Central de Instrucción n.º 5 de la Audiencia Nacional, en Madrid, al prestar declaración judicial: «Recuerdo que salí del palacio presidencial, la Casa Rosada, para dirigirme en helicóptero a la residencia oficial de Olivos; me vi sorprendida y el helicóptero no se dirigió a aquélla, sino a una base militar en donde me introdujeron en un avión con destino a Mesidor (Bariloche) sin más explicaciones que la de que una junta militar había asumido el poder y que estaba detenida». Todo ocurrió, pues, sin derramar una sola gota de sangre, limpiamente. Como todo golpe de Estado fue una maniobra por definición meditada, subrepticia, a traición y sucia. Pero volvamos a los tres protagonistas.

Después de subir la escalera, acceden al edificio uno a uno, sin alharacas ni muestra alguna de la solemnidad que suele comportar un instante así; de este modo ingresan los nuevos «amos» al lugar donde horas antes gobernaban otros. No obstante, como diría años después en su declaración judicial la expresidenta Isabelita de Perón, a partir de su reincorporación a finales de 1975 «el golpe de Estado era ya latente, manteniéndome los últimos meses de mi mandato como si no fuera presidenta, como una especie de figura decorativa... no sé quién regía el país en esos momentos... me sentía absolutamente sola, nadie me informaba de la marcha del país, ni de lo que se estaba haciendo o se iba a hacer».

Sólo el comandante Massera, segundo en cruzar la puerta, amaga un saludo militar ante un soldado de menor rango, que contesta cabizbajo con un gesto fugaz y carente de energía. Videla, el encargado de abrir camino, ni se ha dignado a mirar alrededor y Agosti, el último, ha pasado de largo sin levantar la mirada. Es imposible saber si esta llamativa indiferencia (o tribulación, quién sabe) se hubiera quebrado si una multitud exultante se hubiese agolpado profiriendo gritos de júbilo y proclamas de apoyo y ánimo a los advenedizos. Pero nada de eso sucede, ni desfiles apoteósicos o símbolos grandilocuentes que anuncien el nuevo orden. Únicamente sus uniformes revelan su identidad, marca inequívoca del movimiento militar iniciado.

Tres y diez de la madrugada del 24 de marzo de 1976. Comunicado número uno de la Junta de Comandantes Generales: «Se comunica a la población que, a partir de la fecha, el país se encuentra bajo el control operacional de la Junta Militar. Se recomienda a todos los habitantes el estricto acatamiento a las disposiciones y directivas que emanen de la autoridad militar, de seguridad o policial, así como extremar el cuidado en evitar acciones y actitudes individuales o de grupo que puedan exigir la intervención drástica del personal en operaciones. Firmado: Jorge Rafael Videla, teniente general, comandante general del ejército; Emilio Eduardo Massera, almirante, comandante general de la armada; Orlando Ramón Agosti, brigadier general, comandante general de la fuerza aérea». Una larga y oscura noche comenzaba en Argentina.

He aquí el principio del horror. Que esos nombres queden impresos en la mente de todos los argentinos, y que nunca los olviden. Tal es el inicio de toda dictadura militar, en Argentina y en cualquier parte del mundo, donde bastan cuatro sencillas líneas y la rúbrica de sus muñidores como aviso atemorizador para la población, a fin de someterla bajo la más efectiva de las armas, el miedo, que lleva a bajar la cabeza y a pedir al torturador que otorgue algo de humanidad.

En primer lugar, fueron ocupados hospitales, escuelas, sedes partidarias, edificios de prensa, dependencias públicas y la Casa de Gobierno. También fue prioritaria la captura y el apresamiento de líderes políticos, economistas y periodistas, guerrilleros y sindicalistas combativos. Les seguirían los colaboradores del Gobierno en vigor y sus simpatizantes y, por supuesto, se acordó la detención de la máxima responsable del país, Isabel Perón, aunque su neutralización era un secreto a voces desde hacía meses. A partir de ese momento, los tres comandantes asumieron efectivamente el gobierno de la República y activaron su propia maquinaria de poder: anularon los mandatos de Perón y disolvieron el Congreso de la Nación Argentina, las legislaturas provinciales y los concejos deliberantes de los municipios; removieron a los integrantes de la Corte Suprema de Justicia y de los tribunales superiores de las provincias y a sus funcionarios; suspendieron la actividad de los partidos políticos en todo el territorio nacional, así como, por supuesto, la de los sindicatos y empresas; y dictaron el Estatuto para el Proceso de Reorganización Nacional, que contenía el nuevo orden que regiría los destinos de Argentina durante los próximos años.[18] En síntesis, un golpe de Estado planeado al milímetro, cuyo régimen del terror se prolongaría hasta finales de 1983.

Lo que vino después responde también al patrón de toda dictadura que se precie, e incluso fue vaticinado por algunos en una fatal premonición. Éste fue el caso del médico y político Óscar Alende, que ya había atravesado experiencias similares en el pasado y que lanzó la advertencia por radio minutos antes de que la normalidad democrática saltara por los aires: «Los gobiernos militares que nos rodean más allá de las fronteras son gobiernos aliados con las corporaciones multinacionales y con la filosofía y la práctica de la dependencia. Y recuerdo que, desde una Alta Tribuna militar, un teniente general sostuvo, no hace mucho, que cada vez que los militares toman el poder en la Argentina resulta que no solucionan ningún problema y agravan los existentes».[19] Y así fue, aunque se quedó corto en su advertencia.

DE LA REPRESIÓN AL NUEVO MODELO DE SOCIEDAD

En Madrid, el juicio continúa con la declaración de Adolfo Pérez Esquivel, que relata la experiencia sufrida durante su detención y «traslado», preludio de una muerte segura, que se frustró sólo porque alguien ordenó el regreso del avión a la base. La fuerza de su testimonio sólo es comparable a la entereza que este hombre enjuto, de apariencia frágil y voz quebrada, demostró antes, durante y después de la dictadura, y que lo hizo acreedor del premio Nobel de la Paz, que, si bien es una buena recompensa, es mucho menor que la de haber contribuido a la acción de la Justicia y a la reconstrucción de la verdad y la memoria en beneficio de toda la humanidad.

Recuerdo mi auto de procesamiento de 2 de noviembre de 1999:

> De lo actuado se desprende que en la República Argentina, al menos durante todo el año 1975, se producen toda una serie de acontecimientos políticos, sociales y delictivos que determinan que los responsables militares de cada una de las armas del ejército, con la ayuda de las fuerzas policiales y los servicios de inteligencia y apoyo de grupos de civiles, tomen la decisión no sólo de derrocar a la presidenta constitucional María Estela Martínez de Perón, mediante el correspondiente golpe de Estado que se materializará el 24 de marzo de 1976, sino también de diseñar, desarrollar y ejecutar un plan criminal sistemático de desaparición y eliminación física de grupos de ciudadanos en función de su adscripción a determinados sectores, y por motivos ideológicos, políticos, étnicos y religiosos. [...]
>
> Entre el 24 de marzo de 1976 y el 10 de diciembre de 1983, principalmente en los cinco primeros años, se produce un exterminio masivo de ciudadanos y se impone un régimen de terror generalizado a través de la muerte, el secuestro, la desaparición forzada de personas y las torturas inferidas con métodos «científicos», reducción a servidumbre, apropiación y sustitución de identidad de niños, de los que son víctimas decenas de miles de personas a lo largo y ancho del territorio de la República Argentina y fuera del mismo, mediante la ayuda y colaboración de otros gobiernos afines que aplican o habían aplicado similares métodos de represión, como el liderado en Chile por Augusto Pinochet Ugarte, el de Paraguay, el de Uruguay o el de Bolivia. No faltan tampoco las acciones de los represores, dirigidas contra los bienes muebles e inmuebles de las

víctimas adjudicándoselos de forma arbitraria y continuada hasta sustraerlos totalmente del ámbito de disposición de sus legítimos propietarios o sus descendientes e incorporándolos a los propios patrimonios o a los de terceras personas. Para conseguir esta finalidad criminal proyectada desde la cúpula del poder militar, a lo largo de 1975 y los tres primeros meses de 1976, cuando todavía formalmente existía un régimen democrático constitucional, se desarrollan variadas acciones a través de organizaciones paramilitares como la «Triple A», que actúan con el apoyo de los responsables militares y coordinados con ellos, contra otras organizaciones revolucionarias violentas como Montoneros o ERP (Ejército Revolucionario del Pueblo) y contra ciudadanos en forma indiscriminada, dándoles muerte en plena calle o en cualquier sitio que sea idóneo para generar una sensación de desastre y terror generalizado que justifique el advenimiento del poder militar [...]

Los máximos responsables militares y los jefes de los correspondientes comandos van a aprovechar la propia estructura militar de la nación, dividida en seis zonas, a su vez divididas en subzonas y áreas.

En ellas se habilitaron dependencias militares y lugares idóneos para ser utilizados como centros clandestinos de detención en los que se recluía a los opositores y se les

... tortura, [para] obtener información, para posteriormente matarlos o mantenerlos secuestrados, consiguiendo con ello una limpieza familiar, social, intelectual, sindical, religiosa e incluso étnica parcial, que permita cumplir el plan trazado de construir una «Nueva Argentina» purificada de la «contaminación subversiva y atea» y, simultáneamente, dar la sensación de que la violencia en las calles había desaparecido por el accionar antisubversivo del ejército, ocultando la realidad a la comunidad internacional.

Un elevadísimo número de personas circuló por estos centros clandestinos. Los cambios periódicos de ubicación de los detenidos tenían por finalidad dificultar aún más la búsqueda de los desaparecidos por parte de sus familiares y de los organismos internacionales. Ni los ciudadanos ni la comunidad internacional debían conocer la realidad de lo que estaba sucediendo, para no dificultar las negociaciones o inspecciones que pudieran tener lugar.

Aun cuando no hay cifras definitivas, según las estimaciones oficiales de la Comisión Nacional sobre la Desaparición de Personas (CONADEP) el número total de desaparecidos en Argentina durante la dictadura asciende a unas diez mil personas, aunque las estimaciones realizadas por organizaciones de víctimas son de treinta mil. Un informe de Amnistía Internacional publicado en el año 1983 estimaba que durante los tres primeros años las estimaciones oscilaban entre seis mil y siete mil víctimas,[20] en tanto que los propios militares argentinos calculaban en veintidós mil la cifra de desaparecidos ya en julio de 1978.[21] Dentro de estas víctimas, se han contabilizado casi seiscientos españoles o descendientes de españoles.

Además de la práctica sistemática de la tortura, los abusos y agresiones sexuales, los enterramientos en fosas comunes, los vuelos de la muerte, las cremaciones de cuerpos, el saqueo de bienes y enseres, la dictadura argentina se caracterizó por la sustracción y consiguiente desaparición de niños y recién nacidos. Según algunos estudios estos podrían ascender a más de quinientos, arrebatados a sus madres y entregados a familias «de bien» previamente seleccionadas por su orientación política y su «moral occidental y cristiana», con el fin de educarlos lejos de la «ideología de sus entornos familiares naturales». Para ello alteraron el estado civil, facilitando adopciones irregulares, e incluso se recurrió a la simulación de embarazos y falsificación de partidas de nacimiento para hacerlos pasar como hijos propios. De este modo, los niños y recién nacidos perdieron su identidad familiar y la adscripción al grupo ideológico al que pertenecían sus padres biológicos.

El esquema represivo respondía a una estructura férrea y estrictamente militar, en la que incluso los miembros de las fuerzas de seguridad eran castigados cuando criticaban y se oponían a la masacre, o cuando algunos reclamaban por sus familiares desaparecidos, como es el caso, entre otros, del teniente Devoto, que fue arrojado en uno de los vuelos de la muerte. El auto de procesamiento de 2 de noviembre de 1999 añadía:

> En esta dinámica, nada se deja al azar ya [que] el sistema funciona verticalmente según la estructura jerárquica de las fuerzas armadas, de seguridad e inteligencia, y, horizontalmente por armas o clases, pero con rígida coordinación impuesta en última instancia por los componentes de las sucesivas Juntas Militares, estados mayores del ejército, armada, fuerza aérea y sus equivalentes en la policía y demás fuerzas de seguridad e inteligencia. [...]
>
> En el desarrollo del operativo general diseñado, los denominados Grupos de Tareas o Unidad de Tareas están integrados por personal militar, civil y de inteligencia y actúan organizadamente en el seno mismo de las fuerzas del orden, que aparecen como una especie de «nodriza» que va dando a luz grupos según la decisión de los responsables jerárquicos, y las necesidades de represión del momento.

La jerarquía militar se expresaba mediante órdenes secretas, verbales o escritas, directivas confidenciales o las denominadas «órdenes de batalla».[22] Una de las primeras y más claras fue la directiva 404/75, denominada «Lucha contra la subversión»,[23] promulgada por el comandante general del ejército y de la cual emanaron varias «órdenes de batalla» que especificaban las instrucciones de acción para cada una de las zonas jurisdiccionales.

La dictadura cívico–militar argentina, como vaticinaron Alende y otros tantos demócratas, dejaría no sólo un altísimo número de víctimas, sino también el legado de una gestión desastrosa a todos los niveles en un país que tardaría años en recuperarse. Según algunos expertos, durante el Proceso de Reorganización Nacional la concentración de la riqueza en unos grupos económicos determinados se llevó por delante a las organizaciones político-sociales. Además, los sindicatos fueron intervenidos y se dictaron leyes de «prescindibilidad» que amparaban el despido sin causa justificada ni indemnización a los trabajadores de la administración pública, incluso en contra del propio texto constitucional. Todo ello con el aval de una Corte Suprema compuesta por miembros designados por el propio régimen.[24] Se anuló, además, toda posibilidad de negociación entre trabajadores y empresarios, el Estado fijó los salarios, que cayeron un 40 por ciento, mientras los precios se disparaban un 75 por ciento. A causa de los préstamos del Tesoro Nacional de Estados Unidos y de compañías extranjeras, se estima que el país alcanzó una deuda pública externa de aproximadamente 45.000 millones de dólares. Se desmanteló el aparato industrial y productivo, se cercenó el patrimonio social y cultural, se destinó un bajísimo presupuesto para educación y se sumió en la pobreza, exiliados aparte, a millones de argentinos. Las consecuencias económicas de la dictadura aún se sienten hoy en el tejido económico y social del país, treinta y cinco años después de su final.[25]

Los mismos poderes económicos que patrocinaron los crímenes y el descalabro económico en beneficio propio, durante la dictadura, se opusieron después al examen necesario de la Justicia, y ejercieron su influencia no sólo para perpetuar un modelo económico y social que los favorecía, sino también para mantener el control de las altas esferas del poder judicial, impidiendo así una Justicia independiente. Este mismo comportamiento del poder económico es posible apreciarlo, lamentablemente, en otros muchos países ya democráticos, en los que ha desplegado toda su red de contactos formales e informales para garantizar la impunidad de aquellos que en el pasado destruyeron vidas y contaminaron el futuro de muchos ciudadanos. Esta transgresión de los límites de la legalidad, antes por la fuerza y ahora mediante tramas de corrupción, siempre se produce bajo el pretexto de defender valores como la libertad económica y el progreso, llegando incluso, en caso de ser necesario, a sembrar la inseguridad y el pánico social para justificar sus medidas.

Desde el establecimiento de la primera Junta Militar, la consideración de «elemento subversivo» se amplió a cualquier persona que manifestara la menor discrepancia con la idea de país sustentada por la Junta o con los medios utilizados para imponerla. Como se reflejaba en la denuncia de la Unión Progresista de Fiscales, de marzo de 1996, con la que se inició la causa judicial en España, se trataba de personas «cuyo único denominador común consistía en resultar opositores políticos de las doctrinas propugnadas por los golpistas». Esto incluía a militantes de partidos políticos y organizaciones sindicales, pero también a miembros de asociaciones ciudadanas y vecinales, escritores, intelectuales, profesionales, profesores y estudiantes universitarios, a quienes se fueron añadiendo familiares, amigos, conocidos o vecinos de los anteriores, víctimas todas de un plan de exterminio que, al momento de la denuncia, aún no había sido juzgado con toda la profundidad y contundencia requeridas.

En abril de 1977 la Junta emitió otra directiva para el período de 1977 y 1978 en la que podía advertirse claramente que su interés radicaba ahora, más que en el combate a la subversión, en la adopción de medidas para dominar a la población y sus recursos:

> 3) La acción militar directa ha producido un virtual aniquilamiento de las organizaciones subversivas, con un desgaste aproximado al 90 por ciento de su personal encuadrado, mientras la acción militar de apoyo a las estrategias sectoriales de cada Ministerio, actuando sin la conveniente orientación que le hubiera dado un planeamiento adecuado del sector gubernamental en lo que hace a la lucha contra la subversión, ha conseguido sólo una temporaria normalización de los ámbitos prioritarios, donde, precisamente ha reforzado su accionar el oponente. [...]

> 4) Este cambio de la delincuencia subversiva y la existencia de problemas económico-laborales que aún inciden negativamente sobre la población, exige de la acción de Gobierno una preferente atención para superar frustraciones que el oponente esgrime como causas de lucha, y de la acción militar, el mantenimiento de un ritmo constante de empleo, que otorgue el tiempo necesario para alcanzar los objetivos.

La degradación del ser humano

La tortura, en todos los tiempos y en todos los contextos, degrada al ser humano en lo más íntimo. Los represores argentinos la practicaron sistemáticamente sobre todos y cada uno de los detenidos, bien para extraer información o conseguir una confesión, para que acusaran a otros, alimentando así la siniestra maquinaria de la represión, para que revelaran sus bienes y así poder apropiárselos, o simplemente debido a una crueldad alentada por motivos ideológicos o religiosos. Aplicaron sobre los cuerpos y mentes de los detenidos una acción constante, empleando los más diversos métodos para conseguir su destrucción física, psíquica y psicológica, así como con el objetivo de causarles una desesperación tal que los llevara a desear la muerte para escapar de tanto sufrimiento.

Los detenidos permanecían siempre «tabicados» en sus cubículos, llamados «cuchas» por los represores, divididos entre sí por planchas de madera de dos metros de largo por setenta centímetros de alto. En el interior del cubículo sólo había sitio para una colchoneta sucia sobre la que yacían sin poder moverse ni hablar. En estos habitáculos en los que apenas cabía el cuerpo, los detenidos permanecían inmovilizados y sin posibilidad de cubrir sus mínimas necesidades vitales, encapuchados con el fin de perder toda noción de espacio y tiempo, sujetos con grilletes en manos y pies. El lugar se mantenía en penumbra, casi sin ventilación. Sólo la aparición ocasional de algunas ratas rompía la desesperante monotonía. La comida consistía en una infusión de mate por la mañana y por la tarde, y un pedazo de pan con carne al mediodía y por la noche.

Los gritos de dolor en las sesiones de la picana eléctrica se mezclaban con los ruidos de las cadenas sujetas a los tobillos que se arrastraban pesadamente durante el lento subir y bajar por las escaleras, ya fuera para ir a las sesiones de tortura o volver de ellas. Eran los gritos de agonía de unos jóvenes cuya única esperanza radicaba en la convicción de que en algún momento aquella locura terminaría y que Argentina dejaría de estar sometida por unos criminales regidos por teorías fascistas trasnochadas y por un ánimo predatorio insaciable.

Cuando en julio de 2005, en compañía de la entonces senadora y luego presidenta de la nación Cristina Fernández de Kirchner, entré en persona en la ESMA, apenas podía contener la emoción. Nos acompañaban algunas víctimas y miembros de organismos de derechos humanos, mi esposa y algunas personalidades internacionales. Recuerdo que una de las víctimas me agarró del brazo y, temblando, me dijo: «Señor juez, esta es la primera vez que entro en la ESMA después de que fui liberado en la dictadura»; y cuando entrábamos en la estancia que daba acceso a la zona de Capucha, añadió: «No puedo seguir. Aún retumban en mi cabeza los gritos de mis compañeras y los míos propios». Permaneció allí, llorando, consolado por la senadora. Esta visión arrancó las lágrimas de todos los presentes. Esas lágrimas y los escalofríos me acompañaron durante toda la visita. El fiscal Hugo Omar Cañón compartió conmigo su reflexión: «Todo fue un horror constante». Sí, allí en la ESMA y en los demás centros clandestinos de detención en los que he estado, como dijera Elie Wiesel[26] con respecto a Auschwitz, reafirmé la conclusión a la que ya había llegado a través de la lectura de miles de folios del sumario y que había plasmado en mis resoluciones judiciales: se negó al ser humano y a la idea de ser humano. El destino quiso que años después, en 2013, mi oficina como presidente del Centro de Promoción de Derechos Humanos se encontrara en ese preciso lugar. Cada día, hasta hoy, cuando seco mi cuerpo después de una agradable ducha, se me aparecen los cuerpos de las víctimas lacerados y deformados por los golpes y el tormento; cada día, hasta hoy, me parece estar oyendo aquellos gritos de dolor mientras trato de imaginar con qué fuerza y dignidad soportaron tanto sufrimiento, tantas agresiones.

«Ras, ras, ras; clinc, clanc.» Las cadenas resonaban cuando los detenidos subían o bajaban las escaleras para dirigirse a las sesiones de tortura o cuando se formaba el «trenecito», la fila para su «traslado». Momentos antes de iniciar aquellos vuelos de la muerte, los de la fila oían por última vez los quejidos de sus compañeros de cautiverio, los gritos de las detenidas embarazadas, los llantos de los niños recién nacidos, que robarían unos seres que formaban parte de una máquina de exterminio supuestamente inspirada en los principios de la sociedad occidental, en la moral universal, en la espiritualidad católica y en los más altos valores de la patria. Ellos se creían los redentores, los que hacían un trabajo sucio pero necesario por el bien del país, limpiándolo de personas que no merecían ser tratadas como tales.

«¡Dios dejó abandonadas a las víctimas de la dictadura!», me dijo en una ocasión una de ellas, y me hizo reflexionar sobre los millones de personas con convicciones religiosas que habrán experimentado ese abandono cada vez que alguien es atacado impunemente. Se colgaba a los detenidos de los pies y de las manos de las paredes con ganchos de hierro; se los ataba a camas o mesas metálicas para inmovilizarlos durante las sesiones de tortura; se los identificaba con un número; se los golpeaba sistemáticamente y con precisión durante horas, días y semanas; se les aplicaban las técnicas de tortura conocidas entonces como «submarino seco» (que consiste en introducir la cabeza de la víctima en una bolsa de plástico hasta que esta empiece a asfixiarse, para liberarla y comenzar de nuevo) y «submarino húmedo» (en el que la cabeza del detenido se introduce en un recipiente con líquido); se les obligaba a presenciar simulacros de fusilamiento de sus compañeros, que les hacía sentir la inminencia de la muerte; se les sometía a servidumbre o se les hacía objeto de múltiples y sistemáticas agresiones sexuales.

Las sesiones de tortura solían estar supervisadas por personal médico que, de acuerdo con la capacidad física y psíquica del sujeto, aconsejaba la intensidad del suplicio que podría soportar el detenido o detenida sin perder la vida. Uno de estos médicos fue Jorge Luis Magnacco, que, además, asistía a los partos clandestinos en la ESMA, como los de Cecilia Viñas, Susana Silver de Reinhold, Patricia Julia Roisimblit, Mirta Alonso de Hueravilo, Alicia Elena Alfonsín de Cabandié, Liliana Carmen Pereyra, María Graciela Tauro de Rochistein, Hilda Pérez de Donda y tantas otras a las que robaron sus hijos.

Los departamentos de inteligencia de las tres armas también recurrieron a la tortura para hacerse una idea de la condición del «enemigo» y su grado de peligrosidad. En realidad, la tortura se convirtió en el eje de la labor orgánica de los miembros de las fuerzas armadas para obtener información.

A veces me pregunto qué pensarían estos individuos, médicos, militares y funcionarios cuando llegaban a sus casas y acariciaban a sus hijos o se acostaban con sus parejas. ¿Sentirían en algún momento el sabor salado de la sangre que les salpicaba la cara en las sesiones de tortura?, ¿los gemidos de placer proferidos en sus relaciones íntimas les parecerían similares a los gritos de dolor de sus víctimas? Tal vez se tratase de lo que Eduardo Galeano me dijo en una ocasión, que aquellas personas eran «burócratas de la tortura». Como funcionarios, tenían ese oficio y esas horas de trabajo; una vez finalizada la jornada, no sentían el peso de las agresiones porque formaban parte de sus obligaciones diarias. Creo que nunca me recuperaré de las sensaciones que he experimentado a lo largo de los años por las acciones de quienes, desde lo más bajo de la degradación, han torturado, han humillado o han tratado de forma inhumana a aquellos que se encontraban bajo su responsabilidad.

Pero no nos equivoquemos, los degradados por la tortura nunca son las víctimas, sino los victimarios. Son ellos los que se han rebajado al nivel de tratar a otro ser humano como si no lo fuera, y eso los convierte, a ellos y no a las víctimas, en algo menos que humanos. La tortura y la impunidad son inasumibles humana y jurídicamente.

El componente étnico

Un porcentaje significativo de las víctimas de la dictadura argentina fueron ciudadanos de ascendencia judía que sufrieron, si cabe, una mayor dosis de represión y humillación, y estuvieron obligados a mostrar una mayor servidumbre. Padecieron ese añadido de sufrimiento por su condición de judíos, ya que el modelo de sociedad que preconizaba la dictadura se sustentaba sobre la religión cristiana occidental. Esto implicaba la exclusión de cualquier otro credo; incluso dentro del cristianismo miraban con recelo a otras confesiones que no se sometieran a la jerarquía oficial católica. Se produjeron numerosos atentados contra edificios, propiedades e instituciones hebreas. Se difundió literatura nazi y antisemita, proliferaron las amenazas anónimas, telefónicas y epistolares (delitos de odio por los que jamás se detuvo ni se procesó a nadie) y se produjeron también centenares de detenciones ilegales, seguidas en muchos casos de extorsiones o apoderamiento de bienes.

Desde el punto de vista cuantitativo, del total de personas ilegalmente detenidas durante el proceso, el 12,43 por ciento eran de ascendencia judía, lo que representa el 5 por ciento del total de los habitantes del país en aquella época, según datos oficiales de la CONADEP. Según las cifras de este mismo organismo, los judíos supusieron el 12,47 por ciento del total de víctimas de desapariciones forzadas y un 15,62 por ciento del total de muertos. Un ciudadano de origen judío, en aquella época, corría doce veces más riesgo de ser detenido que cualquier otro y, una vez cautivo, tenía menos posibilidades de sobrevivir.

Desde el punto de vista cualitativo, puede afirmarse que existió un «apriorismo antisemita». La razón principal para la detención de las víctimas era su origen judío, tener familia judía o relación con la vida institucional judía en Argentina. Así, por ejemplo, se detuvo a Jaime Pompas (expresidente de la Delegación de Asociaciones Israelitas Argentinas, DAIA, en Córdoba); en Córdoba se retuvo temporalmente a cinco israelíes sospechosos de subversión por haber participado en un seminario sobre sionismo; también allí se arrestó a otros dos israelíes, emisarios del Movimiento Juvenil Sionista, cuando buscaban a miembros de esta organización previamente detenidos; y se secuestró al hijo y a la hija, respectivamente, de los presidentes de la DAIA en Buenos Aires y Córdoba.

Son múltiples los testimonios que demuestran que los detenidos de origen judío fueron objeto de un «tratamiento especial», especialmente humillante y casi siempre traducido en un mayor maltrato físico. El descubrimiento de la condición de judío de un detenido lo abocaba de forma invariable a los tratos más crueles. Este trato especial hacia la población hebrea, según quedó acreditado en la investigación que dirigí en España, era manifiesto en los centros clandestinos de detención, cuyos responsables proferían consignas antisemitas, haciendo gala de su adoctrinamiento hitleriano, mientras aplicaban a los judíos sistemas de tortura especialmente inhumanos como el «rectoscopio», que consiste en la penetración del ano o la vagina de la víctima con un tubo metálico en el que se introduce un roedor que, al buscar la salida, muerde y destroza los órganos internos de la víctima. También se les sometía a tratos sumamente degradantes, como obligarlos a levantar la mano y repetir «yo amo a Hitler»; pintarles una esvástica con aerosol en la espalda como sistema de identificación más rápida para golpearlos; forzarlos a hacer el gato y maullar, o el perro y ladrar, y si no lo hacían al gusto del guardia se les golpeaba; se les obligaba a lamer las botas de sus captores; además de extorsionar a sus familias y sustraerles sus bienes.

En la ESMA, sobre todo, se aplicó la tortura de los dardos, que consistía en usar contra los objetivos de secuestro dardos paralizantes destinados a la caza mayor. Fue Antonio Pernías el diseñador de este tipo de tortura. Pernías experimentaba con distintas dosis para determinar la más adecuada para dejar a sus víctimas paralizadas durante una hora. También fue frecuente la tortura psicológica y la tortura de detenidos en presencia de miembros de su familia. Esther de Santi fue obligada a presenciar la tortura a su hijo Roberto, que a su vez fue amenazado con la tortura a su madre; o las torturas infligidas durante veinte días al señor Lordkipanidse junto a su hijo. Todos ellos eran confinados en el tercer piso de la ESMA, en el sector llamado «Capucha», o en un altillo, la «Capuchita».

INTENCIÓN GENOCIDA

El propósito real de los perpetradores no era otro que la destrucción parcial de la población argentina, de aquel grupo nacional que se oponía a sus proyectos, actuación que se enmarca en la definición internacional de genocidio recogida en la Convención de las Naciones Unidas de 1948.

Esta intención quedaba especialmente plasmada en el Reglamento RC-9-1, titulado «Operaciones contra elementos subversivos». En la página 86 del texto se lee:

> El concepto es prevenir y no «curar», impidiendo mediante la eliminación de los agitadores posibles acciones insurreccionales masivas. En tal sentido, la detención de los activistas o subversivos localizados deberá ser una preocupación permanente en todos los niveles del comando. Ellos deben ser capturados de inmediato en el lugar en que se encuentren, ya sea el domicilio, la vía pública o el trabajo (fábrica, oficina, establecimiento de enseñanza, etc.) [...] El ataque permite aniquilar la subversión en su inicio y mostrar a la población que las tropas son las que dominan la situación.

En el punto 1.003, se define lo que considera subversión clandestina, que es donde ubica a los «oponentes»:

> Subversión clandestina es la desarrollada por elementos encubiertos, que mimetizados en la población seguirán con su forma de vida habitual, accionando en la propia zona de residencia, en su ámbito de trabajo o trasladándose para actuar en otros lugares según la disponibilidad de medios.[27]

Siguiendo estas pautas, toda persona que continuara con su vida habitual y participara en cuestiones sociales de interés, propias de su zona de residencia o de su lugar de trabajo, podía ser calificada como «subversiva clandestina», y en consecuencia podía ser secuestrada, torturada, ejecutada o desaparecida. Fue así como muchas personas sin relación alguna entre ellas, que participaban en actividades barriales o gremiales fueron incluidas en el grupo de población que debía destruirse y, por ello, fueron secuestradas sin contemplación alguna y con escasas posibilidades de salvarse de la máquina de aniquilamiento y terror, pues los represores no admitían «rendiciones». No se trataba de una reeducación de los detenidos, sino de su eliminación sistemática.

En el Reglamento RC-9-1 se disponía también que aquellos que participaran en la subversión no tendrían protección legal derivada del derecho internacional público, se eliminaba la distinción entre combatientes y no combatientes y se disponía su «aniquilamiento» donde fuera que se encontraran.[28]

A las víctimas no les quedaba nada más que mantener la esperanza. ¿Qué habrán pensado y sentido en esos terribles momentos? Me lo puedo figurar, casi como si las estuviera escuchando:

—La única parte que te pueden quitar para dejar de ser tú es la memoria. Y es por ello por lo que debemos protegerla, porque mientras la tengamos no nos podrán vencer.

La víctima bisbiseaba, pues nunca se sabía quién podía estar oyendo detrás de la capucha con la que cubrían todos los rostros. Día tras día se iban conociendo a través de los ruidos, los tonos y las voces, y de esta forma sabían lo que se podía o no podía hablar. El ser humano, en condiciones extremas, es capaz de idear mecanismos de supervivencia inimaginables en situaciones más benévolas.

—Si morimos, también matan nuestra memoria —le reprochó su compañera, más joven, desde la cucha de al lado, ubicada en uno de los ángulos de la Capuchita desde donde casi podría haber visto, si la hubieran dejado, quién se acercaba por el estrecho pasillo con el cuerpo aún cargado de electricidad, como si flotara levemente, con los pezones irritados por el contacto de la picana.

La más adulta, acostumbrada ya a las descargas y con una energía impropia de los sesenta años que ya frisaba, rebatió:

—¡No! ¡Jamás! Podrán matarnos, hacernos desaparecer, pero no podrán hacerlo con todos. Son unos ilusos si creen eso. Vendrán otros y otros más que seguirán la lucha por la dignidad y por esos valores que nunca serán comprendidos por quienes hacen de la represión ideológica y política su bandera. Nunca podrán callar la esperanza de conseguir un país más igualitario, más justo. Mientras nos quede un hálito de vida y mientras que alguien, desde la Patagonia a Jujuy, resista a estos monstruos, tendremos la seguridad de que cambiaremos el destino que pretenden para nosotros. Resistiremos y venceremos. No lo dudes en ningún momento. Y cuanto más nos torturen, más nos aferraremos a esa convicción y a la de todas nuestras compañeras y compañeros y no podrán con todos.

La conversación se prolongó unos minutos más entre las tres:

—¿De qué nos servirá recordar si estamos muertas mañana?

—A nosotras no, pero a quienes queden sí, y especialmente a los que vengan después.

—Yo quiero olvidarme de todo esto cuando acabe, prefiero desterrarlo de mi cabeza.

—No puedes, no debes. Tenemos que proclamar el «nunca más», y para ello debemos resistir.

—Me volveré loca si no lo hago.

—No enloquecerás, la mente encuentra recovecos hasta en las peores encrucijadas, y esa esperanza te mantendrá viva y con ganas de volverte a levantar. No lo dudes, nosotros somos quienes tenemos la razón. Ellos son los monstruos inhumanos y nosotras las víctimas.

—Yo no, yo necesito borrarlo de mi mente para siempre, sólo así sobreviviré a todo esto...

Un sonido metálico cosió sus bocas de repente. No, no se trataba del ruido de llaves del oficial de turno. Al poco tiempo, pasados algunos segundos de cautela, descubrieron que provenía del roce de las cadenas en las escaleras de otros detenidos cercanos, separados de ellas por un fino tabique de madera.

—Lo que peor llevo es el submarino —prosiguió la de menor edad—. Es lo único que no puedo soportar, siento pánico al agua. Desde pequeña me aterroriza. Me pienso muerta cuando acaba —confesó.

El submarino era uno de los métodos de tortura preferido por uno de los guardias, un hombre seboso sin nombre ni alias que había perfeccionado la técnica hasta el punto de que muchos de los encerrados se echaban a llorar al oírle aparecer por la «Huevera», la conocida sala de torturas ubicada en el sótano. ¿Cómo podía, se preguntaban, mantener inmersas sus cabezas en el cubo rebosante de agua hasta el límite último de la resistencia humana? Sus gigantescas manos agarraban la nuca de los interrogados como si se tratara de un pollo y dejaba caer todo el peso de su cuerpo sobre ellos como un saco de cemento pegado a la espalda. Al poco tiempo, con precisión matemática, los sacaba del agua a punto de la extenuación y el ahogamiento. Y comenzaba otra vez: «¡Prepárate, perra, ahora te toca a ti! ¡El Río de la Plata te va a parecer que tiene poca agua!».

La más joven, al recordar a su torturador, profirió con la voz ahogada por el miedo:

—No puedo más, no podré superarlo.

—Lo harás —le animó la mayor.

—He pensado en inventarme algo, darles algún nombre falso —anunció.

—Será peor. Lo comprobarán, averiguarán que mientes y vendrán a por ti con más ganas —le advirtió la compañera más adulta, quien siguió con voz firme pero apenas audible—: El horror no es eterno. No lo ha sido en ningún lugar del mundo. Todo esto tendrá un fin, y cuando eso ocurra pagarán por lo que han hecho. Sólo por eso merece la pena seguir vivas o, por lo menos, intentarlo con todas nuestras fuerzas. Para que podamos ver cómo se hace justicia —zanjó, al fin.

La más joven, incrédula, pero queriendo creer en lo que había dicho su compañera, cerró los ojos, se hizo un ovillo:

—Seguir vivas, justicia, seguir vivas... —repitió para sí varias veces antes de rendirse al cansancio y entrar en duermevela.

La Pecera: procesos de recuperación de detenidos

Si bien el sistema represivo estaba orientado a eliminar a los elementos subversivos, también buscaron la adhesión ideológica de algunos detenidos que consideraron «recuperables». El Grupo de Tareas de la ESMA (GT 3.3.2) experimentaba con un grupo de prisioneros bajo el auspicio de un proyecto denominado «proceso de recuperación», a través del cual se pretendía adherirlos a los «valores occidentales y cristianos de la nueva nación argentina». La selección de aquellos que podían ser incluidos en este proyecto era una decisión exclusiva de los oficiales y obedecía a varios criterios de inteligencia. En el proceso de recuperación combinaban operaciones de carácter psicológico con la utilización de los prisioneros como mano de obra esclava para realizar ciertas tareas en el centro de detención, como mantenimiento y refacciones, electricidad, fontanería y carpintería; recopilar recortes de periódicos y redactar síntesis informativas; confeccionar y falsificar documentos; traducir y transcribir cintas magnetofónicas en las que se habían grabado conversaciones de los teléfonos intervenidos por el grupo de tareas; controlar y hacer un seguimiento de las noticias emitidas por un teletipo de la agencia de noticias France-Presse; clasificar y archivar información periodística nacional e internacional; y dactilografiar y confeccionar monografías sobre temas históricos, económicos y sociales que interesaban a las autoridades militares.

Como quedó demostrado en el sumario seguido en Madrid, la mayor parte de los que fueron sometidos a este «proceso de recuperación» participaron con el único objetivo de conservar su vida y evitaron en lo posible toda colaboración efectiva. Es elocuente el relato de Carlos Gregorio Lordkipanidse: «Durante 1980, el capitán Estrada nos exige a Víctor Basterra y a mí que confeccionemos diez mil pasaportes argentinos según el nuevo modelo, ya que su intención era venderlos en el mercado negro internacional. Para esto contaría con el apoyo logístico de la Logia P-2. Una gran cantidad de estos pasaportes llegó a ser impresa en la imprenta de la ESMA, pero no pudieron ser comercializados porque Basterra y yo ideamos una fórmula que inutilizaría, al cabo de un tiempo, uno de los sistemas de seguridad: la marca de agua de los pasaportes legítimos». Sin embargo, hubo un grupo de detenidos que, tras participar en el «proceso de recuperación», fueron efectivamente captados y reclutados para desarrollar actividades de inteligencia y represión para el servicio del GT 3.3.2.

Los represores de la dictadura argentina, incluidos los de la ESMA, también realizaron actividades criminales en el extranjero, algunas en el marco del Plan Cóndor (véase capítulo siguiente) y otras de forma independiente. Con los mismos objetivos definidos para el ámbito interno, en otros países procedieron a: secuestrar y dar muerte a quienes eran definidos como sus enemigos más allá de las fronteras nacionales; asesorar y colaborar con otros regímenes dictatoriales; abrir cuentas bancarias y hacer grandes ingresos de dinero; apropiarse de empresas, crear otras nuevas o invertir en las ya existentes con el producto de sus latrocinios; e intentar neutralizar la denuncia internacional de sus atrocidades a través de campañas de imagen en distintos medios de comunicación. Estas actividades se llevaron a cabo en Suiza (especialmente las actividades bancarias y financieras), Uruguay, Bolivia, Brasil, Paraguay, Perú, Venezuela, Guatemala, España, Francia y Bélgica, entre otros países.[29]

Dentro de estas actividades en el extranjero, mención aparte merece el denominado Centro Piloto de París,[30] cuya creación fue promovida por el almirante Massera, comandante en jefe de la armada, e implementado por el embajador Tomás de Anchorena, con el doble objetivo de mejorar la deteriorada imagen de la dictadura en Europa (debido a las denuncias internacionales de violaciones a los derechos humanos) y desarrollar actividades de infiltración en los grupos de exiliados. Se trataba de una suerte de embajada paralela, clandestina, en Europa, cuya existencia fue acreditada gracias al testimonio, entre otros, de Enrique Mario Fukman, detenido en la ESMA, quien al leer unas transcripciones tuvo conocimiento de las comunicaciones telefónicas entre el Centro Piloto de París y el represor Miguel Ángel Cavallo (que sería detenido por orden mía en México en 2000). La agregada cultural Elena Holmberg Lanusse también tuvo conocimiento de la existencia de este centro, lo que reportó al capitán de corbeta Jorge Perrén (a cargo del centro durante un tiempo), a raíz de lo cual fue trasladada a la Cancillería argentina en Buenos Aires, secuestrada en diciembre de 1978 y asesinada por el G.T.3.3.2. Su cadáver aparecería al mes siguiente en las aguas del río Luján, a treinta kilómetros al norte de Buenos Aires.[31]

Los lugares del horror

Si bien la ESMA fue el centro clandestino de detención más grande y el último en ser clausurado después del de Campo de Mayo, el informe *Nunca más* de la CONADEP identificó cerca de 340 repartidos por todo el país, aunque algunos estudios llegan a cifrarlos en unos 600 (la diferencia se justificaría por el carácter transitorio de muchos de ellos). Entre los otros centros de detención destacan los que desarrollaron sus actividades en las provincias de Tucumán, feudo del general y gobernador Domingo Bussi; en Córdoba, en la que dominó con mano de hierro Luciano Benjamín Menéndez y en Santa Fe, bajo el mando de Leopoldo Fortunato Galtieri cuando estaba al frente del comando en jefe del 2.º Cuerpo del ejército con sede en Rosario.

Por nombrar algunos, en San Miguel de Tucumán se encontraba el centro clandestino de detención La Escuelita de Famaillá, que fue el primero del país, construido en febrero de 1975 y en actividad hasta finales de 1976. En La Escuelita los detenidos permanecían esposados y vendados y se les obligaba a dormir en el suelo con tan solo una manta. Como instrumento de tortura se empleaba un teléfono de campaña, que generaba corriente eléctrica cuando se accionaba su manivela. El voltaje aumentaba o disminuía según la velocidad que se le imprimía. En ocasiones este método no producía efecto, como ocurrió con el detenido conocido como «capitán Puma», acusado de ser uno de los principales cabecillas de la guerrilla de Tucumán. Luego de aplicarle este método y no conseguir una confesión, lo golpearon hasta la muerte. En otra ocasión a un detenido, del que en mi investigación sólo logré establecer que se apellidaba Medina, le cortaron las dos piernas estando consciente, como escarmiento para el resto de los detenidos. Al poco tiempo falleció desangrado.

Una vez desmantelada La Escuelita, los detenidos fueron trasladados a la Compañía de Arsenales Miguel de Azcuénaga («El Arsenal» o «El Motel»), donde los detenidos recibían continuas sesiones de picana y se los obliga a rezar y a dar gracias a Dios por haber vivido un día más y para pedir que ése no fuera el último. También los obligaban a acostarse en el suelo sobre una sola manta, y sólo se podían bañar una vez cada cuatro días. Para secarse los obligaban a saltar y moverse. Los detenidos sufrían constantes palizas, y las prisioneras eran objeto de constantes agresiones sexuales, tanto durante el aislamiento como en el interrogatorio y la tortura. Como no se les permitía ir al baño cuando tenían necesidad, muchos prisioneros se orinaban o defecaban encima, lo que traía aparejado severos castigos. Los interrogadores se vanagloriaban de los métodos de tortura que empleaban, aprendidos de las fuerzas militares estadounidenses en Vietnam. Uno de los más notables era «el pozo», que consistía en enterrar hasta el cuello, en posición vertical y desnudo al prisionero, y a su alrededor apisonar un montón de tierra húmeda y compacta. La tortura se prolongaba hasta las 48 horas. Los efectos de este tormento sobre las víctimas eran devastadores: además de la enorme presión psicológica, pues seguían vendadas durante este proceso, sufrían fuertes calambres musculares y una gran presión sobre la caja torácica. Al ser desenterradas se encontraban con afecciones diversas en la piel. La finalidad de esta tortura era quebrar psicológicamente al detenido a través de un completo aislamiento. Otra de las «innovaciones» del Arsenal consistía en colgar con una soga al prisionero de una barra de metal a tres metros de altura. Se les colgaba en varias posiciones: cabeza abajo, con las manos esposadas detrás del cuerpo, sujetas por un gancho metálico y sin que sus pies rozasen el suelo, y con los brazos por encima de la cabeza, posición en la cual le descargaban golpes en el cuerpo. Otra de las variantes era colgar al prisionero desnudo mientras lo amenazaban con los perros de la guardia. Este tormento se aplicaba también en combinación con la picana, el «submarino» seco y mojado, las palizas y la aplicación simultánea de la picana y el «submarino mojado». Además, les obligaban a defecar en el campo y a limpiarse con la hierba o a tirarse al suelo mientras los guardias se colocaban encima haciendo los movimientos del coito. A diferencia de otros centros, en el Arsenal se realizaron múltiples fusilamientos.

No es posible dejar de mencionar el caso de Luis Maldonado, estudiante de San Miguel de Tucumán. El mismo día que llegó al Arsenal lo sometieron a torturas con picana eléctrica, lo apalearon y lo enterraron. Después lo colgaron con alambres mientras gritaba de dolor; así estuvo tres o cuatro horas. Luego lo arrastraron por un campo lleno de espinas y piedras y lo llevaron de vuelta a la celda cuando ya se encontraba inconsciente. Su aspecto era el de una masa informe cubierta de sangre. Después de que aparecieran síntomas del tétanos, y tras varias horas de agonía sin que se le hubiera prestado atención médica, irremediablemente falleció.

Tampoco puedo olvidar el caso del señor Rodríguez, de Santa Rosa de Monteros, internado en el Arsenal con su hijo de once años. Instantes después de bajarlo del coche lo trasladaron a una habitación donde lo torturaron con extrema brutalidad para que declarara. Cuando aseguró que no sabía nada, lo golpearon una y otra vez delante de su hijo, que, en medio del llanto, le suplicaba: «Papá, papá, contestá». Después de una hora de torturas le dispararon un balazo en la cabeza en presencia del niño que estuvo retenido allí más de un mes y luego fue trasladado a un lugar desconocido.

Según se estableció en la investigación en Madrid, las órdenes en el Arsenal eran impartidas presuntamente por el gobernador Bussi, y debían ser cumplidas estrictamente bajo el lema: «Es preferible asesinar a un inocente a que escape un subversivo».

La Jefatura Central de Policía de San Miguel de Tucumán también fue utilizada como centro de detención y tortura, desde donde además se organizaban operativos de seguimiento de los objetivos y secuestros en sus domicilios, generalmente de madrugada. En cada operativo intervenían unos doce agentes distribuidos en tres coches; llevaban los rostros tapados con capuchas, bufandas o pañuelos, armas cortas y largas, así como granadas. Los secuestrados era conducidos de inmediato a la jefatura de policía, para ser sometidos a interrogatorios bajo tortura durante 24 o 48 horas. Después de varios meses, eran trasladados y a menudo sus cuerpos acababan en los «pozos», que en realidad eran fosas comunes clandestinas. Las órdenes de traslado, tanto individuales como colectivas, provenían directamente del comando de la 5.ª Brigada de Infantería, es decir, del general y gobernador Domingo Bussi.

En el centro clandestino de detención conocido como «Ingenio Nueva Baviera» solía haber un número importante de niños en cautiverio.

La represión desatada en Tucumán estaba a cargo de las autoridades militares de la 5.ª Brigada de Infantería que estableció una serie de criterios represivos siguiendo los planes generales diseñados por las autoridades de la cúpula de las fuerzas armadas y del estado, gobernados por la Junta Militar. De acuerdo con ello, ordenaron la eliminación selectiva de los siguientes grupos: 1) Colectivos académicos, fundamentalmente de la Universidad Nacional de Tucumán. Los represores establecieron como uno de sus objetivos principales acabar con cualquier tendencia académica que no respetara los cánones doctrinales y educativos por ellos definidos como «occidentales y cristianos». Según el posterior informe de la Universidad, corroborado por la Comisión Bicameral de Tucumán, los desaparecidos universitarios alcanzaron el número de 140. 2) Colectivos de sindicalistas y trabajadores, que fueron los más duramente castigados. Entre ellos se cuenta el mayor número de víctimas de la represión tucumana. Aproximadamente el 50 por ciento del total de los desaparecidos en Tucumán formaban parte de sindicatos u organizaciones obreras.

3) Colectivos de activistas políticos considerados opositores y, entre ellos, los miembros de la Unión Cívica Radical, comunistas y los miembros de organizaciones de izquierdas. Estos supusieron un 10 por ciento de los desaparecidos en la provincia. 4) Defensores de los derechos humanos, especialmente abogados, periodistas y otros profesionales que supusieron otro 10 por ciento de los desaparecidos. 5) Legisladores y antiguos cargos públicos del régimen democrático. 6) Homosexuales. 7) Familias enteras por considerar la autoridad militar que uno o más de sus miembros no seguía la ideología oficial del régimen. Entre estos casos destacan las familias Rondoletto, Morales, Décima, Racedo y Danún. Toda la familia Alarcón fue secuestrada (padre, madre, hijas e hijos, una nuera y una nieta de un año y medio de edad)[32] el 26 de febrero de 1977 en su domicilio de San Miguel de Tucumán. Los secuestradores ocuparon la vivienda familiar durante tres meses, lapso que emplearon para desvalijarla.

Según los datos recopilados por la Comisión Bicameral de Tucumán, por la CONADEP y por diversos organismos de derechos humanos, desde el inicio del Operativo Independencia, en febrero de 1975, hasta 1979, desaparecieron en Tucumán no menos de 638 personas.

El 2.º Cuerpo del ejército ejercía jurisdicción sobre la zona 2, que comprende las provincias de: Santa Fe, Entre Ríos, Corrientes, Misiones, Chaco y Formosa. El número de centros clandestinos de detención según las investigaciones que se adelantaron en el procedimiento español ascendía a 22,[33] si bien es posible que funcionaran bastantes más. En Santa Fe desaparecieron 263 seres humanos. El sistema de represión y terror en esta zona fue idéntico al de otras: se produjeron detenciones arbitrarias e ilegales, secuestros, torturas, desaparición forzada de personas, ejecuciones, allanamientos y un largo etcétera. Todo ello siguiendo la misma dinámica de actuación jerarquizada, con conocimiento, dirección y órdenes del comandante en jefe y mandos inferiores. Los máximos responsables en la zona 2 fueron los generales Ramón Genaro Díaz Bessone, Leopoldo Fortunato Galtieri, Luciano Adolfo Jáuregui y Juan Carlos Trimarco.

En la provincia de Córdoba, que formaba parte de la zona 3, se encontraban 57 de los principales centros clandestinos de detención.[34] Según diversas estimaciones, el número de desaparecidos ascendió a 548, la mayoría de ellos antes del golpe de Estado del 24 de marzo de 1976.

Recuerdo que en el año 2012, con ocasión de uno de los juicios que se celebraban en Córdoba contra más de una decena de represores por crímenes de lesa humanidad, tuve ocasión de asistir a una de las sesiones acompañado por los fiscales Hugo Omar Cañón, Dolores Delgado y el secretario de Derechos Humanos Eduardo Luis Duhalde. Uno de los defensores de los acusados protestó por mi presencia entre las víctimas. Eduardo Luis Duhalde, después de sufrir las embestidas de quienes en la sala apoyaban a los acusados, se me acercó con una de las víctimas, cuyo hijo había sido asesinado y torturado y me dijo: «Gracias, juez Garzón. Por lo que usted hizo en España, hoy estamos juzgando a estos criminales». Al fundirnos en un prolongado abrazo no pude evitar que las lágrimas llenaran mis ojos tal como lo hicieran aquel lejano día de octubre de 1998, cuando el pleno de la Sala de lo Penal de la Audiencia Nacional dictaminó por unanimidad que era competente para investigar estos crímenes. Fue emotivo ver cómo lo que habíamos iniciado en Madrid en 1996 aplicando el principio de jurisdicción universal —en 1999, con el procesamiento de varios de los acusados, entre ellos Luciano Benjamín Menéndez o Jorge Rafael Videla, y en 2003, cuando solicitamos la extradición de Menéndez y Videla para juzgarlos en España—, seguía su curso, con los torturadores rindiendo cuentas ante un tribunal de justicia argentino en presencia de sus víctimas. El camino recorrido por las víctimas había sido muy duro, pero por fin se impartía justicia sanando las heridas injustamente proferidas desde el estado. La sentencia contra los acusados fue condenatoria.

Ahí reside la grandeza de la jurisdicción universal, cuya principal labor es erradicar la impunidad en los casos de crímenes internacionales más graves cuando es imposible aplicar la justicia en el país donde tuvieron lugar, bien sea por la existencia de leyes de impunidad —como en Argentina una vez acabada la dictadura con las leyes de Punto Final y de Obediencia Debida, cuya anulación definitiva fue convalidada por la Corte Suprema el 14 de junio de 2005—, bien porque sea materialmente imposible o porque el ejercicio de la Justicia sea un mero simulacro. Gracias a la jurisdicción universal se abrieron procesos en España que sirvieron no sólo para juzgar algunos de esos crímenes —como el caso Scilingo—, sino también para incentivar y cooperar con las autoridades judiciales y políticas nacionales para que activaran sus propios mecanismos de justicia, para así no sufrir la vergüenza y el descrédito internacional de que sea otro país el que imparta la justicia que ellos no se atrevieron o no fueron capaces de impartir, exponiéndose a ser retratados ante el mundo como protectores de dictadores y represores.

La familia Labrador[35]

Es difícil seleccionar un único caso ante la brutalidad que mostraron los represores durante la dictadura con miles de víctimas, como si el odio o quizá la indiferencia hacia la suerte de ellas hubiese sido la norma. En esta degradación de los represores, a lo largo de toda la cadena de mando, no consideraron a las víctimas como personas, cumpliendo sin reparos los planes, directivas y órdenes de la dictadura, torturándolas, asesinándolas y haciéndolas desaparecer.

Pero a veces, entre toda esa barbarie, aparecen personas que representan lo mejor de la condición humana, funcionarios públicos que ejercen como tales, defendiendo a quienes acuden a ellos en demanda de ayuda. Incapaces de ser cómplices de la indiferencia generalizada, se indignan, sienten que deben hacer algo, se rebelan y desafían al sistema imperante con astucia y valentía, aunque la norma sea mirar hacia otro lado, callar, esconderse y seguir la ruta marcada por las autoridades y considerar el genocidio como una cuestión interna en la cual un diplomático extranjero no debe inmiscuirse. Pasó ya antes, durante el Holocausto, cuando hubo personas de bien que, desde su posición, hicieron cuanto estuvo a su alcance en esas terribles circunstancias, como varios diplomáticos españoles que, sin contar con la autorización o protección de las autoridades franquistas, que siempre apoyaron a Hitler, se dedicaron a salvar vidas humanas, arriesgando su bienestar, sus carreras profesionales y aun su propia vida.

Esto es lo que sucedió con el cónsul de España en Rosario, Vicente Ramírez Montesinos, que dio la cara por muchos de sus conciudadanos y en especial por la familia Labrador.

Esperanza Pérez contrajo matrimonio con Víctor Labrador en tiempos de la posguerra española. Vivían en San Esteban de la Sierra, Salamanca. Tuvieron tres hijos: Palmiro, María Manuela (Manoli) y Tomás. En 1950, con un cuarto hijo ya en camino, la familia decidió emigrar a Argentina, y se instaló en la ciudad de Rosario, provincia de Santa Fe. Allí nacería Miguel Ángel, el más pequeño. Esperanza y Víctor, con gran esfuerzo, sacaron a sus cuatro hijos adelante. Trabajaron duro. Primero abrieron un bar y después probaron suerte con una pequeña fábrica textil, ya que Víctor conocía el oficio, pues en su juventud había trabajado en los telares de Béjar. Fue pasando el tiempo, los hijos crecieron y poco a poco, con sacrificio, lograron ahorrar lo suficiente para instalar una pequeña fábrica de calzado que dio empleo a toda la familia y a seis asalariados más. A pesar de los sacrificios, el matrimonio vivió momentos felices, pero también conoció tempranamente el mayor dolor que un padre y una madre pueden experimentar. Tomás falleció electrocutado en un accidente en la fábrica. Jamás pensaron que deberían lamentar nuevas pérdidas en la familia, y menos a cargo de los agentes de un estado que los había acogido y en el que con tanto esfuerzo habían logrado reiniciar su vida y salir adelante.

El hijo menor, Miguel Ángel, de 26 años, era el responsable de visitar a los clientes, pasar recibos, apuntar pedidos y cobrar las deudas pendientes. Combinaba el trabajo con su formación. Estudiaba de noche para no descuidar el negocio familiar. Al igual que su hermano Palmiro, era voluntario en una «villa miseria» (el nombre que reciben los barrios de chabolas en Argentina), donde enseñaba a leer y a escribir. Sí, también era peronista.

Desde el 10 de septiembre de 1976, la familia Labrador perdió todo contacto con Miguel Ángel. Había partido unos días antes a recorrer distintos lugares de la provincia para cobrar varias facturas. Cuando le tocaba viajar, siempre se reportaba con su padre por teléfono al finalizar la jornada para contar las novedades del día. La pérdida de Tomás los había hecho estar más unidos y mucho más pendientes el uno del otro. Pero ese día el teléfono no sonó.

Lo primero que lograron saber fue que Miguel Ángel no había llegado a su destino. Pasaron los días y no había noticias de él. Hicieron de todo para averiguar qué podría haber pasado. Hablaron con unos y otros en un lugar y en otro, hasta que, al fin, después de varias semanas, alguien, bajo reserva, les comentó que, al parecer, en Paraná, provincia de Entre Ríos, Miguel Ángel había sido detenido y conducido hasta la jefatura de policía de Rosario. Afligido, Víctor, su padre, acudió hasta el centro policial para corroborar lo que les habían dicho, o al menos para recibir algún tipo de noticia. Era el 2 de octubre de 1976. El comisario inspector, Antonio Ávila, ante las insistentes preguntas y súplicas de Víctor, le confesó que su hijo había sido detenido, y le reconoció que efectivamente había estado en la jefatura de policía, pero que había sido trasladado, y él no sabía dónde se lo habían llevado. Víctor temió lo peor; pero lo peor aún estaba por venir.

A la semana siguiente de esta impactante revelación, el 10 de octubre, en cumplimiento de las órdenes del entonces comandante en jefe del 2.º Cuerpo del ejército con sede en la ciudad de Rosario, Leopoldo Fortunato Galtieri, una «patota» conformada por cerca de veinte efectivos, militares y policías armados y encapuchados al mando de José Rubén Lofiego (alias El Ciego, también llamado Doctor Mortensen), saquearon la fábrica de zapatos e irrumpieron en el domicilio de Víctor y Esperanza. «No se asusten —les dijeron—, sabemos que son gente decente. Venimos de matar a su hijo Palmiro.» Añadieron que también habían asesinado a la mujer de Palmiro, Edith Graciela Koatz. Entre los miembros de la patota se encontraba el comisario inspector Antonio Ávila, el mismo que días atrás había reconocido la detención de Miguel Ángel, y un compañero de estudios de Palmiro, Alberto Vitantonio.

Sobresaltada, Esperanza espetó: «¡Asesinos! —gritó— ¡mátenme a mí también!». La patota cayó sobre ella. La golpearon; primero un culatazo seco en la sien, y luego por todo el cuerpo. Esperanza se desmayó. Al mismo tiempo, también a punta de culata, redujeron a Víctor y luego lo amordazaron. Cortaron la línea telefónica de la casa, agarraron la cartera de Víctor, documentación de la fábrica, talones de cheques firmados y dinero. Una vez que hubieron terminado, se marcharon, no sin antes llevarse las llaves de la camioneta.

Cuando Víctor y Esperanza lograron recuperarse llamaron por teléfono a casa de su hijo Palmiro, pero el teléfono no daba señal. Consternados por lo que había ocurrido y por la brutal noticia de la muerte de su hijo Palmiro y su nuera Graciela, Víctor decidió salir de casa en busca de noticias. Esperanza quiso acompañarlo, pero no se encontraba en condiciones a causa de la paliza recibida y de su estado emocional. Víctor se despidió de Esperanza y se marchó solo a casa de su hijo Palmiro para ver qué había sucedido. En ese momento Esperanza no lo sabía, pero sería la última vez que vería a su marido con vida. Eran las dos y media de la madrugada.

Pasaron las horas y Esperanza no había recibido noticias de Víctor, de Palmiro ni de su nuera. Al principio no dejaba de pensar que podía ser todo mentira, una broma macabra de unos vulgares asaltantes, y se aferró a ello. Pero pasaron los minutos y las horas. Sin teléfono, sin poder comunicarse, inundada de angustia, decidió salir también. Se dirigió a casa de su hija Manoli, que vivía con su esposo, Óscar. Tal vez ellos supieran algo, tal vez Víctor estuviera con ellos y se hubiera retrasado contándoles lo ocurrido. Eran las seis de la mañana.

Cuál sería la sorpresa de Esperanza al llegar a casa de su hija Manoli cuando ésta le reveló que la patota también había estado ahí y habían saqueado la casa. Después de varios golpes, ataron a Óscar a una silla y comenzaron a torturarlo. Ese tormento era una forma de extorsión para que firmara unos cheques con fechas de vencimiento posdatadas por importe de sesenta millones de pesos, que en efecto los perpetradores cobraron. Una vez enterada de todo esto, Esperanza y su hija llamaron por teléfono a casa de Palmiro, sin éxito. Con grandes precauciones se dirigieron a su domicilio. Al llegar se encontraron con miembros del operativo militar. Palmiro y su mujer Edith Graciela habían sido acribillados. Víctor, también.

Esa noche, por orden de Galtieri, quien años más tarde sería nombrado presidente de Argentina por el Proceso de Reorganización Nacional, la patota había llevado a término el operativo que acabó con la vida de Palmiro y Edith Graciela, y aunque Víctor, al parecer, no formaba parte de las órdenes originales, corrió el mismo destino por haberse dirigido a la casa de su hijo. Para ocultar esos asesinatos, la patota simuló un enfrentamiento con ellos, mecanismo frecuente para justificar las ejecuciones sumarias. Al día siguiente, en el periódico *La Capital* de Rosario, en vez de aparecer una noticia sobre los hechos escrita por un reportero, salió publicado un «comunicado» del 2.º Cuerpo del ejército, al mando del general Galtieri, dando cuenta de la muerte de tres peligrosos extremistas en un enfrentamiento con los militares. Sin embargo, al poco tiempo se sabría que ninguno de aquellos supuestos extremistas estaba armado, y quedó en evidencia que no hubo enfrentamiento y que, por tanto, el comunicado relataba hechos falsos. Manoli tuvo que cumplir con el doloroso trámite de identificar los cuerpos, que además de los balazos presentaban claros signos de tortura.

La familia española acudió a pedir auxilio al cónsul de España en Rosario, Ramírez Montesinos, para que intercediera ante aquel general, Galtieri, para obtener información de lo ocurrido, que les dijeran dónde estaba Miguel Ángel y lo liberaran, pues seguía desaparecido. También le pidieron protección para lo que quedaba de la diezmada familia Labrador, que también corría peligro. Después de varios intentos, el cónsul consiguió hablar con el general, a quien reprochó la muerte de aquellas tres personas y que se hubiesen inventado la farsa de un enfrentamiento armado. Galtieri adujo como justificación de su «operativo» que, además de zapatos, la familia Labrador se dedicaba a fabricar objetos de cuero sospechosos, como carteras, que incluían compartimentos disimulados en los que esconder documentos. En prueba de ello, Galtieri le mostró al cónsul la cartera del propio Víctor Labrador, que supuestamente tenía un doble fondo. Galtieri señaló además que, en una lista que se le había proporcionado y que descansaba sobre su mesa, figuraban los nombres de los hermanos Miguel Ángel y Palmiro Labrador. Sobre el nombre de Palmiro había trazada una cruz roja, que lo señalaba como objetivo militar, pero sobre el nombre de Miguel Ángel no se veía cruz alguna. No obstante, se encontraba desaparecido desde el 10 de septiembre de 1976, hecho del cual Galtieri no se hizo cargo. Con respecto a Víctor, Galtieri le dijo al cónsul: «Lo lamento, fue un error».

En ocasiones posteriores, el general Galtieri se justificaría de manera aún más explícita, y confesaría al diplomático español: «Señor cónsul, yo me limito a cumplir con mi deber para evitar que Argentina caiga en manos del comunismo y que esté pintada de rojo en los mapas». Ante la estupefacción del diplomático insistió con énfasis: «En toda operación militar, hay siempre daños colaterales, como en los bombardeos de Alemania». El cónsul no daba crédito a lo que oía; «daños colaterales», murmuró para sí mismo.

El diplomático se reunió entonces con lo que quedaba de la familia Labrador, y les dijo: «¡Escapen! ¡Váyanse a España!». Ramírez Montesinos tenía fundados temores de que Galtieri y sus hombres fueran capaces de exterminar a la familia al completo. En esos días, recuerda Esperanza, «yo dormía vestida». Si los militares se la tenían que llevar, «¡que no fuese en camisón!». El cónsul no sólo se limitó a hacer esta advertencia, sino que formó parte activa de la huida de la familia. «La embajada española me obligó a salir de Argentina por temor a que me matasen», diría años después Esperanza. No pasó una semana y ella, Manoli y su marido huyeron del país con los mínimos efectos personales. El cónsul hizo las gestiones necesarias en tiempo récord. No satisfecho con eso, y por seguridad, también arregló que viajaran en compañía del embajador de España.

Manoli y su esposo se radicaron en España. Esperanza, en cambio, no soportó estar mucho tiempo sin la posibilidad de seguir buscando a su hijo desaparecido. «Me vine a España, pero regresé rápido; quería buscar a mi hijo y hablar con los asesinos», reconocería años más tarde. Desde Rosario, junto con otra madre que también buscaba a su hijo sin descanso, Nelma Jalil, comenzó a viajar de forma periódica a Buenos Aires para asistir a las rondas de las Madres de Plaza de Mayo. Esperanza y Nelma lucían dignas su pañuelo blanco en la cabeza mientras exigían verdad y justicia. Esperanza no tenía miedo. «Si ya han matado a mi marido y a mis hijos, qué importa que me maten a mí», dijo en una ocasión. Acudía cada día a las oficinas de Galtieri, pidiendo una y otra vez que le diera audiencia, que necesitaba hablar con él, que diera la cara, que le dijera dónde estaba Miguel Ángel. Al fin, después de tanta insistencia, un buen día Galtieri la recibió. La muerte de su esposo fue «un error», le dijo, pero sentenció: «Sus hijos eran montoneros».

Los restos mortales de los miembros de la familia Labrador yacen hoy en España. Manoli, su esposo y sus hijas lograron rehacer su vida. Esperanza seguiría en Argentina por más de veinte años buscando a Miguel Ángel hasta recuperarlo, vivo o muerto. Haciendo honor a su nombre, nunca perdió la esperanza ni dejó de manifestarse con las Madres de Plaza de Mayo, enfrentándose a los militares, yendo y viniendo entre Argentina y España a pesar de su cada vez más avanzada edad.

¿Cómo puede medirse el dolor de una madre? La búsqueda infructuosa es la mayor crueldad de las desapariciones forzadas. El reproche penal de la desaparición forzada no prescribe hasta que no se dé razón cierta del paradero o se agoten todas las posibilidades de búsqueda e investigación sobre la desaparición. Pero esto no ocurrió en Argentina ni durante la dictadura ni durante los años que siguieron.

Mientras se encontraban vigentes las llamadas «leyes de impunidad», en 1996, a iniciativa de la Unión Progresista de Fiscales, se inició en Madrid el sumario para esclarecer las responsabilidades por la desaparición y el asesinato de la familia Labrador y de otros 293 españoles durante la dictadura militar argentina. Para Esperanza fue una sorpresa. Jamás se lo imaginó. «¿En España? ¿Una investigación por lo que ocurrió con mi familia en Argentina?», me dijo Esperanza cuando declaró en el proceso.

Estos crímenes no fueron los únicos que se le atribuían a Galtieri, pero al menos estaban lo bastante demostrados como para que me decidiera a emitir, en enero de 1997, la primera orden de detención internacional por genocidio, tortura y terrorismo contra este antiguo jefe de Estado y de Gobierno que, además, fue uno de los que decidió iniciar una guerra suicida, la de las Malvinas, en la que murieron centenares de argentinos, además de dejar casi 1.500 heridos y miles de prisioneros, que fueron sometidos a torturas y abandono por sus propios mandos; una guerra en la que, dicho sea de paso, las autoridades británicas ordenaron hundir el buque *General Belgrano* cuando se encontraba fuera de la zona de contienda, lo cual podría catalogarse como crimen de guerra.

La investigación en España había cobrado trascendencia internacional. Argentina no podía desentenderse ahora con tanta facilidad. En el año 2002, Galtieri fue sometido a proceso y quedó bajo arresto domiciliario. Sin embargo, la muerte, como en otros casos, impidió que se le juzgara y respondiera efectivamente por los crímenes cometidos en Rosario y en toda la zona jurisdiccional bajo su mando al frente del 2.º Cuerpo de ejército. Galtieri falleció en 2003. No obstante, sí fue condenado por la guerra de las Malvinas, aunque no había alcanzado a cumplir la mitad de la condena cuando fue indultado por el presidente Carlos Menem.

Argentina acusó el efecto de la jurisdicción universal y terminó anulando en 2005 las leyes de Punto Final y de Obediencia Debida. A partir de ese momento, se podía comenzar a hacer justicia en el mismo lugar donde habían ocurrido los hechos, aunque para ello tuvieron que pasar más de veinticinco años.

En una entrevista que Esperanza concedió en el año 2011, cuando le preguntaron sobre los perpetradores, aquellos que le habían causado tanto dolor, y qué debía hacerse con ellos, respondió: «Juzgarlos y condenarlos a cárcel hasta que mueran. Por eso adoro a Baltasar Garzón, gracias a él ha habido procesos a partir de mi demanda. Todo lo bueno que diga de Garzón es poco. Yo daría mi vida por él. Yo daría mi vida para que volviese a ser juez. ¿Por qué le habéis hecho esto en España?».[36]

Sobre ella, en alguna ocasión señalé: «Al recordarla no puedo evitar que las lágrimas me enturbien la vista y el recuerdo. No es posible sufrir tanto dolor y mantener la dignidad. Perder a su marido, tres hijos y una nuera, y presentarse firme exigiendo justicia, es algo que te reconforta y te hace avergonzarte por todas las veces que has tenido dudas o desinterés por la justicia».[37] Esperanza, para mí, ha sido un símbolo, como su hija Manuela. Durante todos estos años y hasta hoy han estado y están conmigo en todo momento, apoyando mis causas, en la calle y en los tribunales; formaron parte, por ejemplo, de la acusación en el juicio de Scilingo. He aprendido de su fortaleza y ellas me han considerado parte de su familia. Quizá en algún momento Esperanza proyectó en mí la imagen de su hijo Palmiro.

De Esperanza y de tantas otras madres, abuelas y familiares de desaparecidos he aprendido a lo largo de los años lo mejor de lo que es capaz el ser humano. Todas ellas, después de un sufrimiento inigualable y de una larguísima espera, han conseguido que por fin se haga justicia, aunque ésta no haya sido completa ni les haya devuelto a sus seres queridos.

El domingo 13 de noviembre de 2011, la plaza de Mayo perdió a otra de sus madres. Esperanza Pérez de Labrador falleció en Madrid a los 89 años sin haber encontrado a su hijo Miguel Ángel.

La lucha de las madres

El caso de Argentina se ha convertido en ejemplo mundial por la intensidad y el tesón de la lucha de las víctimas contra esa impunidad, por la búsqueda incansable de los desaparecidos y por la recuperación de los niños robados.

Lo verdaderamente heroico es que esta acción sostenida comenzó desde el principio con la presentación de *habeas corpus*, denuncias en organismos internacionales como Naciones Unidas y sus diferentes comités, el Sistema Interamericano de Derechos Humanos y la Cruz Roja, y con las manifestaciones y los actos de presencia en la plaza de Mayo, lugar emblemático en Argentina, presidido por la Casa Rosada, y que, a partir de la dictadura, se convertiría en un icono de la resistencia de las Madres y luego de las Abuelas, que lo tomarían en su nombre.

Los familiares y los organismos de derechos humanos, ante la ausencia de información oficial sobre los detenidos, los lugares de detención y la constante desaparición de personas, comenzaron a exigir respuestas sobre la suerte de las víctimas. Pronto se popularizaría la proclama que hasta hoy pervive: «Con vida los llevaron, con vida los queremos». La fuerza de los colectivos de víctimas radicaba en su unión, en su actuar conjunto, en la visibilización de sus miembros, aunque ello no impidiera que varios de ellos fueran secuestrados, torturados y asesinados o desaparecieran.

Las contradicciones sobre los motivos de las detenciones, las circunstancias nada ortodoxas en que se produjeron y, ante todo, el carpetazo oficial a todos aquellos casos no sólo incrementó las sospechas sobre la barbarie sin medida del régimen cívico-militar argentino, sino que disparó la indignación general, lo que terminó espoleando a un grupo de madres a plantar cara, en plena dictadura, a los captores y asesinos de sus hijos.

El 30 de abril de 1977, armadas del valor que les conferían las pérdidas sufridas, un grupo de madres se dirigió hacia plaza de Mayo.

—¿Qué creés que va a suceder cuando lleguemos? —le preguntaron algunas mujeres a Azucena Villaflor cuando apenas faltaban dos calles.

El Premio Nacional de Derechos Humanos de Argentina, que tuve el honor de recibir en 2010 de manos de la presidenta de la nación, Cristina Fernández de Kirchner, lleva el nombre de Azucena Villaflor, una de las fundadoras de Madres de la Plaza de Mayo. Pero ya antes había tenido ocasión de encontrarme con su nombre y su historia de valor y de coraje. Las reuniones de estas heroínas, que cambiaron el dolor por amor a sus seres queridos brutalmente desaparecidos, comenzaron en casa de Azucena en 1976, poco después de que su hijo Néstor, que había militado en la Juventud Peronista, y su novia Raquel fueran secuestrados por los militares en el mes de noviembre de 1975. No sería hasta finales de abril del año siguiente cuando salieron por primera vez, con sus pañuelos blancos anudados en la cabeza. Ese color las hacía más visibles, pero fue la enorme dignidad de sus rostros rotos por el dolor y la desesperación lo que les dio el esplendor de luchadoras contra el monstruo de la dictadura. A su lado, el color rosa de la Casa de Gobierno parecía ridículo, una mera guarida de represores que habían traicionado al pueblo argentino el 24 de marzo de 1976. Azucena no sabía, aunque lo intuía, que algún día esas manifestaciones, esa notoriedad que buscaban para que todo el país y el mundo entero conociera lo que estaba ocurriendo en Argentina, podría traerles consecuencias. Pero nunca dudó, al igual que todas las demás madres. Estaban unidas por el amor a sus hijos, se fortalecían unas a otras, y eso les permitía ejercer más presión contra las autoridades para recuperar a los desaparecidos. A pesar de sus temores, Azucena no quiso intranquilizar a las demás mujeres, y les dijo en voz baja: «No se preocupen, no va a pasar nada».

Pero los dictadores no soportan que se les diga la verdad a la cara, y mucho menos que lo haga un grupo de mujeres indefensas. Si bien era muy grosero y peligroso atacarlas en público (en eso llevaba razón Azucena) no iban a perdonar la afrenta de unas madres cuya reivindicación daría la vuelta al mundo. Por eso utilizaron estrategias menos evidentes.

Tensas por la emoción, una vez más sus compañeras la inquirieron:

—Y cuando estemos en la plaza, ¿qué pasará? ¿Qué vamos a hacer?

—Azucena les dirigió la mirada tranquila que la caracterizaba, y de forma casi inaudible pero firme les dijo, clavando su vista en los ojos de todas para tranquilizarlas—: Nada, nada especial. Nos sentaremos o andaremos en círculos alrededor de la plaza; y así vamos a hacerlo a partir de hoy. Y cada vez más —sentenció con firmeza.

Muchos años después me uní a ellas y, mientras dábamos vueltas por la inmensa plaza que tantas manifestaciones y protestas había acogido, escuché sus historias de vida y de dolor, de abusos y de justicia, de recuperación de la memoria y de las luchas políticas de unos jóvenes que quisieron cambiar el rumbo de un país, que aún hoy continúa sufriendo injusticias ancestrales, y que fueron brutalmente asesinados y desaparecidos por ello. De pronto se oye el grito: «¡Con vida los llevaron, con vida los queremos! ¡Treinta mil detenidos y desaparecidos! ¡Presente! ¡Presente! ¡Presente! ¡Ahora y siempre!». Esta proclama quedó grabada para siempre en mi mente. Puedo afirmar que pasear por aquella plaza, en la que luego he acompañado otras muchas luchas ciudadanas, hizo que me sintiera parte de lo que allí se recordaba y comprendiera la importancia de que la verdad y la justicia sean una realidad, pues sin ellas no puede haber reparación ni garantías de que no se repitan las mismas atrocidades.

A priori, la estrategia de estas madres pudo parecer inofensiva, pero sus consignas, sus pañuelos, su dignidad y su valentía, allí, en la plaza de Mayo, justo frente al palacio del Gobierno, pondría en evidencia a los artífices de tanta barbarie y, sin duda, no los dejaría indiferentes. En el momento en que se produjo la conversación entre esas madres, los militares pudieron observar a través de los ventanales de sus despachos la osadía de ese grupo de mujeres. Al verlas ahí, paradas como estatuas en mitad de la plaza, debieron de pensar que estaban locas. Pero Azucena y las demás madres no vacilaron, a pesar de que eran conscientes de lo que se jugaban enfrentándose a los represores golpistas. Azucena ya estaba cansada de ir de un despacho a otro preguntando por su hijo y su novia y recibir por respuesta la burla o el desprecio de los funcionarios. Así que no lo dudó y contactó con otras madres que vivían situaciones similares e iniciaron una gesta universal.

«¡No se detengan! ¡Circulen, circulen!», les ordenó el policía al comprobar que el grupo de mujeres, no superior a una quincena, seguía impertérrito y desafiante. Y circularon, sí, pero alrededor de la plaza. Era sábado, pero podría haber sido jueves. Después, y hasta hoy, sería todos los jueves.

Un jueves 11 de julio de 1977, tras mucha insistencia, les fue concedida una audiencia con Albano Harguindeguy, general y ministro del Interior de la dictadura,[38] considerado uno de los cerebros de la represión.[39] Era una oportunidad única, y habían puesto cautas esperanzas en ella. A la reunión asistieron Azucena Villaflor, Beatriz Aicardi de Neuhaus (Ketty), que era «la que más amigos milicos tenía», según años más tarde contaría una de las madres, y María del Rosario Carballido de Cerruti. Entraron en la Casa Rosada y más tarde al imponente despacho del ministro, que estaba vestido con su ropa de general. Nada más entrar las tres madres, se dirigió a Ketty, a la que, al parecer, reconoció, y le dijo:

—¡No me diga que todavía no sabe nada de su hija!

El cinismo del general puso en guardia a las madres. María del Rosario estalló:

—¡Ustedes son peor que Franco, porque él asesinó, pero dijo a quiénes fusilaba y ponía su firma, mientras que ustedes no reconocen nada! ¡Son unos asesinos y unos mentirosos!

El general negó las acusaciones; para él no existían los desaparecidos. Tal vez haciéndose el ofendido dijo:

—Señoras, nosotros somos padres de familia.

La reunión no fue bien. El general se alteraba cada vez más, hasta que en un momento profirió:

—Sus hijas se fueron del país y, ¿saben dónde están? En México, ejerciendo la prostitución.[40]

Al concluir la reunión, el ministro del Interior les advirtió que no podían seguir reuniéndose en la plaza porque era «peligroso» y además estaba declarado el estado de sitio. Por toda respuesta, Azucena, con firmeza, espetó:

—Se nos van a gastar las piernas, pero de la plaza no nos vamos a ir.

Cuando salieron de la Casa Rosada, al anochecer, las tres madres informaron a sus compañeras del resultado de la reunión. Nada. Eran muchas las que esperaban, unas sesenta. Lo único que quedó fue mucha tristeza e indignación, pues sintieron que seguían burlándose de ellas.[41]

CHICHA Y LAS ABUELAS[42]

Después de las madres se organizaron las abuelas, que buscaban con la misma insistencia a sus nietos, los bebés robados por la dictadura argentina.

María Isabel Chorobik de Mariani, o Chicha, como siempre la llamaron los suyos, era profesora de música y jefa del departamento de Estética del liceo Víctor Mercante de La Plata. Estaba casada con un solicitado director de orquesta. Acababa de cumplir 53 años y, al igual que otras tantas mujeres, vivía cómodamente ajena a la tragedia política de su país. En una ocasión, Chicha reconoció: «No me interesaba la política. Si hasta voté a Manrique porque estaba con los jubilados». Sin embargo, la realidad de lo que sucedía en aquellos años haría que su cómoda y placentera vida cambiara para siempre. Varios de sus alumnos comenzaron a faltar a las clases sin dar ninguna explicación. La respuesta la encontraría en la prensa: «Empezaron a matar a mis alumnos, lo leía en el diario y lloraba en aquella gran cocina de mi casa».

El orgullo de Chicha era su único hijo, Daniel Mariani. Se había licenciado en Economía con tanta brillantez que, en 1972, la Unesco lo contrató para trabajar en Chile. Daniel se había casado con Diana Teruggi, estudiante de Letras en la facultad de Humanidades de la Universidad de La Plata. Habían conocido juntos la trayectoria de la Unidad Popular en Chile, y se transformaron en militantes activos de la organización Montoneros, ella en la Juventud Universitaria Peronista y él en el Frente Villero Peronista. Diana y Daniel esperaban a su primer bebé, y eran felices a pesar de las dificultades del momento. Muchos años más tarde, el hermano de Diana diría que, con «su enorme vientre de embarazada, sus ojos hermosos y sus largos rulos rubios», seguramente le era fácil franquear todos los controles y pasar desapercibida en sus actividades políticas.

El bebé, una niña, nació el 12 de agosto de 1976, y le pusieron el nombre de Clara Anahí. Chicha se había convertido en abuela, y no cabía en sí de emoción e ilusión por su nieta. Con frecuencia le tocaba cuidar de ella debido a las numerosas actividades laborales, universitarias y políticas de su hijo y su nuera. En sus ratos libres le tejía ropa, con la paciencia y la ternura de una abuela que siente que la vida vuelve a florecer.

La militancia de este joven matrimonio era pública, por lo que, por su seguridad, les ofrecieron exiliarse, pero no quisieron. Tal vez fuera el legítimo deseo de que su bebé creciera en su tierra natal, o su compromiso por encontrar la forma de construir una sociedad más justa en Argentina. También debió de influir el que Diana aún no hubiera concluido sus estudios universitarios. Sea como fuere, lo cierto es que la joven pareja se implicó aún más en la resistencia a la dictadura, y cometió el atrevimiento, imperdonable para el régimen, de montar una imprenta en su propia casa de La Plata, ubicada en la calle 30 número 1.134, entre las calles 55 y 56. Según diría muchos años después el abogado y político Oscar Parrilli, la imprenta destacó por su labor de denuncia: «Se trataba de difundir ideas y denunciar hechos atroces que ocurrían en esos momentos». Allí se imprimía la revista *Evita Montonera*, en la que se denunciaron por primera vez las desapariciones, los vuelos de la muerte y la existencia de centros clandestinos de detención. Sin ir más lejos, en octubre de 1976 publicaron que en la ESMA había un campo de concentración, y que desde ahí se tiraban cadáveres al mar.

La dictadura se fijó entonces como objetivo localizar el lugar donde se imprimía *Evita Montonera*. La libertad de prensa había sido suprimida ya antes del golpe de Estado. La imprenta, por tanto, era clandestina ya que desafiaba la legalidad del régimen. Para evitar ser descubiertos, urdieron dos estratagemas. Por una parte, para justificar el movimiento que había en la casa, pues entraba y salía mucha gente para distribuir la revista, abrieron un negocio de venta de conejo escabechado. Por otra parte, la máquina de impresión debía estar lo más oculta posible, por lo que la escondieron detrás de una falsa medianera situada al fondo del patio. El espacio medía 1,2 metros de ancho, 10 de largo y 3,2 de altura. Estaba totalmente cerrado y no tenía ventanas, y sólo podía entrarse por un pedazo de pared ubicado en la parte inferior derecha, que se desplazaba sobre rieles mediante un mecanismo eléctrico, aunque también podía moverse a mano en caso de corte del suministro. Así pues, si un visitante curioso se adentraba en el patio de la casa, sólo veía jaulas para conejos.

La imprenta trabajaba sin cesar. Llegó a publicar unos cinco mil ejemplares de *Evita Montonera*, además de volantes y otros materiales. Los dueños de la casa, Daniel y Diana eran los encargados del transporte de los periódicos, que escondían en grandes paquetes envueltos con papel brillante y muchas cintas de colores.

La dictadura se empleó a fondo para dar con aquella imprenta. No podía permitir que se siguiera publicando la revista; las denuncias debían terminar, era necesario el silencio. Hasta que un día, gracias a los consabidos métodos de «inteligencia», que no eran otra cosa que detenciones, secuestros y torturas, dieron con su paradero.

El 24 de noviembre de 1976, se sobresaltó cuando escuchó grandes estruendos y detonaciones de fusiles. Eran bombas que una patrulla aérea del ejército dejaba caer sobre algún lugar de la ciudad de La Plata. «[M]e aterroricé, porque en esa época estaban matando mucha juventud», pero jamás sospechó lo que estaba ocurriendo. «Pensé: ¿a quién estarán matando ahora?». Chicha recordaba así aquel día: «Estaba en mi casa porque me la traían [a su nieta] para que la cuidara. Estaba tejiendo una batita cuando empecé a sentir como un bombardeo, pero creí que era en cualquier lugar». Y añadía: «Escuché durante cuatro horas el bombardeo y los autos, los tanques y helicópteros que pasaban. A las cuatro de la tarde pararon los ruidos y a las cinco me llamó mi madre para decirme que mi padre estaba enfermo y me pidió que fuera y le dejé una nota a mi hijo. Al otro día me enteré en casa de mis padres, escuchando la radio, de lo que había pasado. Volví a mi casa y me encontré a los vecinos en la puerta porque esa noche me la robaron, la ametrallaron, se llevaron todo menos un seguro de vida y el réquiem de Verdi que mi marido había dirigido en el Colón». «Los vecinos me dijeron que la noche anterior había pasado una patota de los represores. Ametrallaron la puerta y entraron, cargando todo en un camión. Me rompieron lo que no pudieron llevarse.» Pero Chicha aún no estaba plenamente enterada de lo ocurrido. Años después dijo que sólo lo supo escuchando radio Colonia, al otro día. En la radio no dieron «los nombres, pero por la descripción, me di cuenta». Cuando ya no tuvo dudas, indicaba Chicha, «me largué a La Plata desesperada». Fue a casa de los padres de Diana, «y los tres marchamos a la comisaría 5.ª, porque era la que correspondía a la casa de la calle 30».

«A los que están en la casa... salgan con las manos en alto. Están rodeados por efectivos de las fuerzas conjuntas.» Era pasado el mediodía, sobre la una y veinte de la tarde. Diana se encontraba almorzando junto a cuatro compañeros de militancia, con Clara Anahí en el carrito a su lado. Daniel no estaba en casa, pues había salido una media hora antes hacia Buenos Aires.

Frente a la puerta principal había una tanqueta, sobrevolaban la zona dos helicópteros, las calles aledañas habían sido previamente cortadas y en las ventanas y terrazas de los edificios colindantes se habían apostado más miembros de la patota en un operativo que contó con más de cien efectivos, integrado por agentes de las tres ramas de las fuerzas armadas, cuerpos especializados de la policía de la provincia de Buenos Aires, gendarmería y grupos de tareas. Las fuerzas militares y policiales estaban fuertemente armadas con pistolas, ametralladoras y fusiles automáticos, además de granadas ENERGA, blindados, artillería liviana y helicópteros. Participaron el Regimiento 7.º de infantería y la 10.ª Brigada de infantería y, de las fuerzas de la policía de la provincia, había representantes de la comisaría 5.ª, el regional IV, la división de investigaciones y el cuerpo de infantería motorizada. Además, había integrantes del Comando Táctico Operacional (COT), de gendarmería, paramilitares y del cuerpo de bomberos. Estaba previsto que el ataque fuera de tal magnitud que lo dirigieron personalmente el jefe de la policía, el coronel Ramón Camps, y su hombre de confianza, el comisario Miguel Etchecolatz, jefe de la división de investigaciones de la provincia. También participaron los más altos jefes militares de la región: los generales Carlos Guillermo Suárez Mason y Adolfo Sigwald y el coronel Carlos Alberto Presti. Por último, de entre los jefes policiales colaboraron, entre otros, el comisario Osvaldo Sertorio y el comisario mayor Miguel Ioppolo. Fue considerado el mayor operativo desplegado en La Plata.

Apenas se produjo el aviso, y sin dar tiempo para reaccionar, comenzó el tiroteo, que duraría más de tres horas y media. Los que estaban armados resistieron como pudieron, pero fueron acribillados. Casi al final de la operación se hizo un silencio, y de pronto se oyó que alguien gritaba:

«Tirale, negro, que no se nos escape. ¡Dale, rajala al medio!». Diana intentaba huir por el patio con su pequeña Clara Anahí en brazos. «¡Viva la patria!», alcanzó a gritar Diana, y cayó abatida. Después del último disparo, los jefes militares y policiales entraron a la casa, o a lo que quedaba de ella, momento en el cual unos vecinos vieron a un agente salir con un bulto envuelto en una manta. Este se dirigió a Camps, quien le dijo: «Ponela en ese coche». El bulto fue introducido en el asiento trasero de un automóvil. Más adelante se sabría que este se fue por la calle 30 hacia el Hospital Italiano.[43]

El hermano de Diana recordaría, años más tarde: «A las siete de la mañana sonó el teléfono. Ahí nos dicen que habían atacado la casa donde estaba mi hermana, y enseguida nos dimos cuenta de que los tiros que habíamos escuchado la noche anterior eran los de la casa. Mi padre fue a reconocer el cadáver, pero no se lo mostraron. Solamente le dieron el documento de identidad». Chicha también señalaría: «Yo conocía su militancia, pero no la intensidad de su compromiso. No sabía, por ejemplo, que en la casa había una imprenta en el fondo».

En un primer momento, Chicha pensó que su hijo había muerto. Sin embargo, después del ataque a su casa, Daniel vivió clandestinamente en La Plata. Cuando se sintió seguro, logró comunicarse con su madre, que recordaba que le explicó que no había estado en la casa durante el asalto, y que «lamentaba no haber muerto con Diana porque no quería la vida así, sin ella y su hija». Por entonces, Chicha también creía, porque eso le habían dicho, «que había muerto la nena». Así rememoraba los encuentros con su hijo: «Me gustaba tanto encontrarme con él... Le llevaba chocolatines, dinero que no quería aceptar, alguna vez le llevé un postrecito, otra vez un piloto [gabardina] (un Perramus de mi marido, porque andaba sin ropa)». Madre e hijo se veían de forma esporádica. Para evitar que los siguieran y reconocieran, no se miraban ni se tocaban, y Chicha se disfrazaba. Caminaban casi como si fueran dos extraños. Los policías de la comisaría 4.ª lo estaban buscando. En esos encuentros, Chicha comprendió por qué habían entrado en su casa y habían destrozado todo: buscaban a su hijo. Más adelante tuvo que vivir situaciones similares. Otra patota se presentó de nuevo en su hogar e, igual que la otra vez, lo destrozaron todo. Chicha se enfrentó a ellos diciéndoles: «Si me matan, no pasa nada, ya mataron a toda mi familia». A Daniel le ofrecieron de nuevo exiliarse, pero volvió a negarse: él y Chicha ya sabían que la niña estaba viva y tenían que encontrarla.

Pero la dictadura lo buscaba insistentemente, así que cada vez era más difícil para Daniel moverse dentro de La Plata. Chicha, años más tarde, lo contaría así: «No se había querido ir del país por su hijita, por Diana y por lealtad a sus compañeros militantes. Y se quedó hasta que lo mataron, en las calles 132 y 35». Habían pasado ya ocho meses desde el ataque que costara la vida a Diana y desde la desaparición de Clara Anahí. El 1 agosto de 1977, Daniel murió acribillado a tiros al ser emboscado por las fuerzas de la dictadura en una vivienda de La Plata. Su cuerpo, como el de Diana, fue llevado al osario del cementerio de la ciudad y luego a la fosa común como un sin nombre o «NN» (por sus iniciales en latín, *nomen nescio*, «desconozco el nombre»). Los militares y la policía sabían perfectamente quiénes eran los dos y dónde estaban enterrados, pero nunca revelaron su paradero.

Tuvieron que pasar casi cuarenta años para que un buen día, el 26 de marzo de 2015, el Juzgado Criminal y Correccional Federal de La Plata n.º 3 rectificara las actas de defunción de Diana Teruggi y Daniel Mariani, «manteniéndose la fecha y lugar de deceso» pero dejando claramente establecido que la muerte «se produjo a consecuencia del accionar del terrorismo de Estado». Chicha tenía 91 años. No obstante, los restos no fueron devueltos, ya que en el proceso se determinó que habían sido objeto de una incineración masiva en septiembre de 1982.[44] Al recibir la noticia, Chicha señaló: «Sí, dijeron que había sido muerto por un enfrentamiento y lo dieron como subversivo NN. Fue vilmente asesinado. Y eso es lo que se comprueba con esta resolución judicial. La justicia fue muy lenta. No puede ser que hayamos esperado tanto».

A Chicha le quedaba entonces afrontar la titánica tarea de buscar a su nieta, a lo que dedicó el resto de su vida. Recordaba que, tras el ataque a la casa de sus hijos (a su nuera la consideraba como una verdadera hija), «cargando en el alma ese padecimiento inimaginable» se marchó a casa de los Teruggi, donde se quedó unos días. Mario Teruggi, el padre de Diana, «que era un científico eminente, llamó al entonces rector de la Universidad, Guillermo Gallo, para que averiguara lo que había pasado con la nena. Gallo le encomendó al decano de Derecho, doctor Ves Lozada, que hablara con el entonces coronel Ramón Camps, jefe de la policía de la provincia, que además había comandado en persona el ataque a la casa de los chicos junto a su segundo, Etchecolatz. La respuesta que recibieron y que nos transmitieron fue que la nena había muerto. Y nos quedamos los tres con ese dolor enorme que compartimos. A los dos días pasé por la casa de la calle 30 y lo que encontré fue desolador. Todavía había policías, y me dejaron entrar. Se habían llevado todo y parecía un

basural. Me dijeron que habían muerto todos los que estaban en la casa.
Sin embargo, cuando me iba, aguantando el llanto, se acercó una chica del
barrio y me dijo que la nena estaba viva. Que una tía de ella había visto
cómo se la llevaban. Me ilusionó, pero después no pensé más en eso, temiendo que no fuera cierto».Al cabo de poco tiempo, «Camps me mandó decir por intermedio del rector de la Universidad de La Plata que no
la buscáramos, que había muerto, y así lo creímos los primeros días. Con
mis consuegros fuimos a pedir los cuerpos de todos y no nos dieron ninguno. En la comisaría 5.ª nos dijeron que no tenían noticias, decían que
no había ninguna nena, hasta que un día fue una chica a casa de mis
consuegros a decirnos que la tía de ella sabía que a la nena la habían sacado viva y tanto mi consuegra como yo le dijimos: "No, no, la nena murió,
estás equivocada"».

No obstante, había indicios de que Clara Anahí podía estar viva, que
podía haber sido parte del botín de aquella masacre. Chicha regresó a su
casa, tratando de acomodarla, de transformarla de nuevo en habitable, de
reparar lo roto o sustituirlo, de encontrar papeles, documentos y recortes
valiosos sobre su marido, reconocido director de orquesta que se encontraba trabajando en Italia. En ese momento de limpieza la llamó una colega docente «y me dijo que nos encontráramos. Fui a verla y me contó
casi en secreto que el comisario Sertorio, jefe de la comisaría 5.ª, le debía
grandes favores a su esposo. Que lo fuera a ver de parte de él, que por ahí
tenía novedades. Y le hice caso. Sertorio me recibió y me contó en privado, lamentablemente sin testigos, que Clarita vivía. Que tenía que ir
enseguida a la Unidad Regional y que preguntara por la nena, no por su
nombre, porque ya tendría otro, sino por la ropita que llevaba puesta. "Y
búsquela rápido —dijo Sertorio—, porque ha perdido demasiado tiempo." Lo hice, pero en la Regional negaron todo y dijeron que no sabían
nada».

Entre 1977 y 1978, Chicha consultó a varios obispos. Todos prome-
tían ayudarla, pero luego la evitaban. «En La Plata monseñor Montes y
Graselli en Buenos Aires me dijeron que era imposible sacarla de donde
estaba porque era un lugar intocable. Monseñor Emilio Graselli me dijo
que la nena estaba muy alto, que tendríamos que haber ido antes y que
era demasiado tarde, que ya no la podía conseguir. Lo volví a ver muchos
años después. Pensé que una vez retirado me diría lo que sabía. Me negó
todo y argumentó haberse olvidado.» Luego, Chicha contactó con monseñor Antonio Plaza, en la catedral. «Plaza me interrogó más que ayudarme», dijo Chicha, si bien hizo algo bueno: la derivó a monseñor Montes,

que trabajaba con él en la catedral. «La primera vez, Montes me atendió muy bien y me dijo: "Yo se la voy a conseguir"; pero la segunda vez estaba serio, muy enojado. Me dijo que me dejara de molestar, que no buscara, que me quedara quieta: "Déjela en manos de los que la tienen, no los ponga en peligro". Cuando le respondí que era mi nieta a la que estaba buscando, me señaló la puerta y me dijo: "Señora, le falta fe. Rece".»

Chicha recordaba que «entonces apareció Guillermo Patricio Kelly diciendo que los hijos de la señora de Noble eran desaparecidos. Un par de años después me llamó el propio Kelly para señalarme a Marcela Noble como Clara Anahí». Al conocerse las públicas denuncias de Chicha, rápidamente un medio de comunicación señaló que era «cronológicamente imposible que la hija de la directora del diario *Clarín*, Ernestina Herrera de Noble, tenga algún vínculo identitario con Clara Anahí Mariani Teruggi».

La casa de sus hijos de la calle 30 fue declarada en el 2004 patrimonio histórico nacional y su mantenimiento, de interés provincial y municipal. Allí se conservan todavía las terribles marcas de los disparos, y desde 1996 es la sede de la «Asociación Anahí», el nombre de la nieta de Chicha, a la que aún seguía buscando.

Después de la inauguración de la casa como espacio de memoria, Chicha señaló: «Esta reapertura significa varias cosas: para los demás, algo que va a perdurar en la memoria y que va a servir para que futuras generaciones recuerden lo que hay que cuidar: la democracia...; y, para mí, es una emoción inmensa porque la casa ha quedado como estaba cuando la habitaban mi hijo, mi nuera y mi nieta».

Tuve la oportunidad de conocer a María Isabel Chorobik de Mariani, *Chicha*, con ocasión del rodaje del documental asociado al libro *El alma de los verdugos*, que filmamos y escribimos en el año 2008 el periodista Vicente Romero y yo.[45] Antes de ese encuentro no nos conocíamos personalmente, pero por supuesto Chicha sabía quién era yo y yo quién era ella, nada menos que una de las fundadoras de las Abuelas de Plaza de Mayo y su primera presidenta. Nos conocimos en aquella ocasión, durante un café distendido en compañía de Vicente, Elsa Pavón y su nieta, Paula Logares, recuperada en 1984.

Empeñada en rescatar a su nieta, Chicha supo encontrar las fuerzas necesarias para hacer frente a amenazas y agresiones. Pero su empeño fue más allá: además de buscar incansablemente a Clara Anahí, quería reparar los destinos truncados de todos los niños secuestrados, por lo que llegó a convertirse en un referente de la dignidad nacional argentina y, a pesar de que dejó la organización que fundara y presidiera por tantos años, siguió siendo una de las figuras más representativas de la larga lucha de las Abuelas de Plaza de Mayo.

Nunca quiso referirse con demasiado detalle a las razones que la llevaron a hacerse a un lado y emprender su camino propio. Como decía ella, «para que no parezca que echo tierra encima de la institución, para no perjudicarla». Sólo admite que dimitió de la presidencia «por desencuentros, por falta de entendimiento». Chicha Mariani continuó su búsqueda, primero de forma independiente, aunque no sola, ya que la acompañaron otras abuelas, y más tarde a través de la «Asociación Anahí», fundada en 1996.[46] Su labor resultó fundamental para la aprobación de la Convención Internacional sobre la Desaparición Forzada de Personas.

Nos juntamos Vicente, Elsa, Paula, Chicha y yo en el restaurante La Puerto Rico, a espaldas de la plaza de Mayo. Fue realmente conmovedor ver a Elsa con su nieta ya recuperada, una muestra palpable de que el arduo trabajo realizado daba resultados tangibles y contribuía a la reparación de tanto dolor y angustia padecidos durante largos años. Paula había desaparecido junto a sus padres en el marco de la Operación Cóndor, a la edad de dos años, en Montevideo. Elsa y Chicha se habían conocido en un juzgado de menores de La Plata, hacía ya cuarenta, cuando se estaba formando la asociación Abuelas. Desde entonces las unió una amistad entrañable forjada en el amor y en el dolor. Elsa pudo recuperar a su nieta Paula en 1984, cuando ésta tenía ocho años. Su felicidad fue enorme, indescriptible, pero no completa. Todavía sigue buscando a su hija Mónica y a su yerno, Claudio.

Nuestra conversación se desarrolló de manera tranquila y natural no sólo porque cada uno sabía quién era el otro, sino también porque estas abuelas mantenían una profunda amistad con Vicente desde los tiempos en que la prensa extranjera resultó decisiva para su trabajo. «Nunca olvidaremos que la primera publicación de fotos de los niños que buscábamos, uno por uno, la hiciste vos»,[47] recordó Chicha. Entre aquellas fotografías se encontraba la de Paula, que escuchaba la conversación en silencio, sentada junto a las dos mujeres que tan importantes habían sido en su vida.

Recuerdo que le pregunté a Chicha de qué manera había surgido la idea de crear Abuelas e intentar localizar y recuperar a sus nietos, a pesar de las circunstancias tan difíciles que vivía el país al inicio de la dictadura. La respuesta fue sin duda sorprendente, pero a la vez completamente lógica: «Por supuesto que fue fruto de la desesperación, y en ningún momento nosotras tuvimos conciencia de lo que estábamos haciendo realmente al agruparnos. Todo comenzó porque yo buscaba a mi nieta Clara Anahí Mariani desesperadamente, en todos los lugares posibles: preguntaba en las comisarías, en los regimientos, en los juzgados, en los barrios, por la calle, a la gente... Y lo hacía sola, sola y llena de angustia, no de miedo, porque en momentos como esos uno no tiene miedo». Recordaba que en aquel momento nadie sabía por dónde empezar, así que comenzó «por donde pude». Entonces, afirmaba, «no sabía que había más chicos desaparecidos, como tampoco sabía que había personas mayores desaparecidas. Sí sabía que mataban gente, porque muchos de mis alumnos habían sido asesinados. Y yo sufría enormemente por eso. Hasta que cayeron mis hijos, digo "mis hijos" porque a mi nuera, Diana, la quise muchísimo. Salí a buscar a la nena y, al cabo de unos meses de andar sola por todos lados, una asesora de menores me contó que había una señora que buscaba a una nietita que habría nacido en cautiverio, porque su hija estaba embarazada cuando se la llevaron. Me dio la dirección y fui a verla. Se trataba de Alicia Licha de la Cuadra. Hablamos toda la tarde y decidimos trabajar juntas. Estábamos ya en noviembre de 1977. Alicia me contó que venía un enviado del presidente de los Estados Unidos, Jimmy Carter, a comprobar la situación de los derechos humanos en la Argentina. Y fuimos a la plaza donde Cyrus Vance[48] puso una corona en el monumento de la plaza San Martín. Allí vi por primera vez a las madres de los desaparecidos. Estaban todas sin los pañuelos, pero en un momento dado se los pusieron... [e]ntonces yo me asusté. La escena me impresionó mucho: los soldados, las armas, las mujeres que gritaban por sus hijos desaparecidos, aquellos pañuelos que tampoco los había visto antes... y me quedé con mi papel en la mano, el papel que me habían dicho que llevara con la historia de mis hijos y de la nena, para dárselo a Cyrus Vance. Entonces una señora vino corriendo y me dijo: "¿No entregaste tu papel?". "No", le dije. Me lo sacó, echó a correr entre los soldados, las armas y los perros, y se lo entregó a Cyrus Vance. Era Azucena Villaflor, la fundadora de Madres de Plaza de Mayo».

Fue en aquella ocasión en la que se reunieron las primeras doce abuelas, las fundadoras de la organización.[49] «A mí me llamó la atención la serenidad de las doce; porque las madres lloraban, pero las abuelas estaban serenas. Eso me causó mucho impacto y diría que me obligó a ser serena por el resto de mi búsqueda. De esas mujeres aprendí a no perder el control. El 21 de noviembre de 1977 fundamos Abuelas Argentinas con Nietitos Desaparecidos, que más adelante paso a llamarse Abuelas de

Plaza de Mayo. Desde entonces empezamos a reunirnos las abuelas, a escondidas, con muchos miedos, con mil precauciones y muchas veces seguidas por agentes de los servicios secretos.»

Pero ¿por qué crear Abuelas? ¿Por qué no unirse a las Madres de Plaza de Mayo, que también buscaban a sus seres queridos desaparecidos? Chicha lo explicaba con una sencillez y claridad elocuentes: «Nosotros no podíamos integrarnos en el mismo grupo que las madres. Y formamos el grupo de abuelas porque nuestra búsqueda era muy distinta y requería una forma de lucha muy diferente. Las madres preguntan, protestan, denuncian, esperan... mientras que nosotras debíamos hacer una labor de investigación que a veces era muy secreta, y casi siempre teníamos que trabajar con la Justicia». Elsa Pavón, que hasta entonces no había intervenido, también nos lo quiso contar, ya que ella misma tenía una hija y una nieta desaparecidas: «Yo me di cuenta de que tenía que separar la búsqueda de la nena y la de los adultos, porque con los adultos me puteaban en todas partes, mientras [que] con la nena por lo menos me escuchaban. Aparte, yo tenía la fantasía de que si encontraba a la nena después encontraría a los padres. Al principio nos reuníamos en el café Las Violetas. Sabíamos que los teléfonos estaban intervenidos, así que nos hablábamos como si fuéramos modistas y preparásemos pedidos. Para no decir "bebés" decíamos "baberitos"; cuando hablábamos de "vestiditos" nos referíamos a nenas más o menos grandecitas; "las viejas" éramos nosotras, y si decíamos: "Vamos a llevar un ramo de flores a una vieja", significaba que íbamos a Las Violetas; "llevar a los chicos al parque" quería decir ir a la plaza de Mayo... O sea que teníamos códigos para comunicarnos. Después empezamos a reunirnos en casas que ponían algunas señoras, aunque eso era más peligroso, hasta que pudimos tener la sede de Abuelas».

Comentó Chicha que una de las primeras cosas que hicieron fue enviar cartas: «La primera se la mandamos al Papa, tontamente. La pusimos en un buzón, muy ingenuamente... nunca llegó. Pero después intentamos verlo... Hasta catorce veces fuimos las Abuelas al Vaticano, ya organizadas... Nunca nos recibió... sentí mucha pena. Y desilusión, porque mi papá era polaco y sumamente parecido a Juan Pablo II. Yo sentía la necesidad de recibir una respuesta de ese hombre que tanto se parecía a mi papá, que era de un pueblo al lado de donde nació mi papá. Hasta no sé quién de una embajada en Bélgica le escribió una carta en polaco pidiéndole que me atendiera. Pero nunca le importamos nada».[50]

Otro frente de acción fueron los tribunales de Justicia. «Desde el primer momento, a partir de diciembre de 1977, trabajamos sobre todo con la Justicia. Revisábamos los juzgados, visitando tres cada semana por todo el país, pero más que nada en la capital y en la provincia de Buenos Aires.» Como juez, me sorprendió sobremanera escuchar de boca de esas valientes mujeres que en los juzgados las recibían con miedo. Chicha nos comentó que cuando iban a los tribunales eran recibidas «[c]on un susto, porque había jueces muy miedosos. A veces no decían ni una palabra; otros nos decían: "Bueno, voy a hacer lo que pueda, voy a buscar los expedientes". Fue una tarea muy dura la de convencer a los jueces de que tenían que trabajar en eso porque eso "era justicia". En ocasiones fuimos insultadas. Más de una vez nos insultó una famosa jueza, la doctora Pons, que nos dijo que sobre su cadáver íbamos a recobrar a los niños». No daba crédito a lo que me contaba Chicha, así que le pregunté: «¿Que "sobre su cadáver iban a recobrar a los niños"? ¿Eso le dijo la jueza?». Y Chicha, sin titubear, me respondió: «Sí, la doctora Pons, que murió un tiempo después. El caso es que empezamos a trabajar con un organigrama y en todos los ámbitos, pero sobre todo en el de la Justicia. También comenzamos a buscar en el exterior. Y precisamente fue en Chile donde se encontró a los primeros niños desaparecidos en Argentina». Aclara que fueron dos niños los recuperados, aunque no los encontraron ellas: «Anatole Julien Grisonas y su hermanita, que eran uruguayos, habían desaparecido en Argentina y aparecieron en una plaza de Valparaíso». Inmediatamente volvió a mi memoria el Plan Cóndor.

«A partir de ahí hicimos grandes salidas al exterior —prosiguió Chicha—. Nos ayudó muchísimo el Consejo Mundial de Iglesias, y ya tuvimos acceso a todo el panorama internacional.» Pregunté entonces por la cantidad de niños recuperados por Abuelas durante el tiempo en que Chicha presidió la organización. «Yo renuncié a Abuelas en noviembre de 1989 —me contestó Chicha mientras sacaba cuentas—. Hasta entonces habíamos recuperado [a] 59 niños y quedaron varios casos pendientes en la Justicia, que han ido saliendo hasta hoy.»[51] En la actualidad, según informa la página web de Abuelas, con su presidenta Estela de Carlotto ya son 128 niños recuperados de un total estimado de 500.[52]

Aunque se trata de un tema incómodo del que no se habla mucho, en la confianza que se generó en ese café me sentí legitimado para preguntar y así poder entender. «¿Ha habido casos de chicos localizados por Abuelas que no han querido volver con sus familias verdaderas y han preferido quedarse con sus apropiadores?». Elsa respondió: «Que yo sepa, cuatro: Vildoza, Zaffaroni y los mellizos Reggiardo Tolosa. Yo creo que, en esos chicos, criados donde se criaron, caló muy profundo el discurso de que los papás eran asesinos y sus familias eran comunistas. Además, es muy difícil elegir entre lo que se conoce y lo que no se conoce, y esos chicos estaban en una edad difícil». Chicha también respondió, con la claridad y la sabiduría propia de sus años: «Sí, tuvo que influir el lavado de cerebro que habían sufrido a lo largo de sus vidas, y los sentimientos de culpa que les habían instalado después de mucho tiempo de decirles: "Mirá lo que te doy, mirá lo que hago por vos". Quizá evolucionen cuando tengan sus propios hijos, porque al tener hijos se nos mueven a todos muchas cosas en el interior. Descubrir la verdadera identidad es el inicio de un proceso muy duro y difícil. Lo hemos visto muchas veces a lo largo de todo este tiempo. Siempre hay un momento en que empiezan a preguntarse cosas de sí mismos, de quiénes fueron sus padres, de sus verdaderas familias. Ha habido chicos que han venido a verme años después, que me han contado sus dudas, sus temores, sus incertidumbres. Desaparecen un tiempo y vuelven otra vez. Les cuesta mucho tomar posesión de esa tremenda verdad en sus vidas, les cuesta superar todo lo que les inculcaron. Otros no, pero son los menos. La verdad es que no hay dos casos similares, todos son distintos. Quién sabe qué recuerdos tiene cada uno de su vida, de la vida intrauterina incluso, y qué se les mueve dentro de sí».

A pesar de lo delicado del tema, no dejé de manifestarles mi opinión sobre que, como juez, mi compromiso es con la verdad, sea la que sea y nos lleve adonde nos lleve. Chicha lo reafirmó. «Sí. Es fundamental.» Les pregunté entonces, para provocarlas, si acaso no se habían planteado lo contrario, si tal vez no habían pensado en que algo de razón podían tener aquellos que sostenían que sería mejor que vivieran felices en la mentira... Chicha interrumpió mi frase y categóricamente señaló: «No, jamás. Siempre les quedaría adentro una inquietud que no sabemos dónde les podría conducir. Hace poco vino a vernos un chico pidiendo que lo ayudáramos. Cuando tenía dieciséis años se peleó con su hermana mayor y ella le dijo que era adoptado. Entonces apuró a su madre para que le dijera la verdad. Aunque la mujer lo hizo con buenas palabras, el chico se marchó inmediatamente de su casa, sin llevarse la ropa, y no volvió. Durante un tiempo se dedicó a la bebida y a la droga, hasta que conoció a un sacerdote evangélico que lo empujó a la "buena senda". Después, cuando ya vivía en pareja y tenía hijos, decidió volver a visitar a quien creía que era su madre. Yo pienso que de ninguna manera se puede justificar que esos chicos desconozcan la verdad. Porque, en el fondo, sienten que algo pasa, y los problemas acaban brotando siempre».

En este mismo viaje a Argentina pude visitar aquella casa de la calle 30, hoy convertida en un espacio de memoria. Pude ver los impactos de bala y los agujeros que dejaron las tanquetas y el armamento de guerra en aquella imprenta y en esos jóvenes que querían difundir sus ideas y denunciar las violaciones de derechos humanos que estaba cometiendo «el Proceso». Pude encontrarme con Chicha y Elsa de nuevo en otro viaje a Argentina, después de la inundación que sufrió la ciudad de La Plata el 2 de abril de 2013, que afectó seriamente el Archivo, que gracias al trabajo de varios voluntarios ha sido poco a poco restaurado.[53] Fui testigo de la incansable búsqueda de Chicha. Puedo dar fe de ella.

Por desgracia, cuando estaba concluyendo estas líneas sobre la importancia, la utilidad y la necesidad de la jurisdicción universal, me llegó una noticia, ampliamente difundida, que me provocó una serie de sentimientos difíciles de describir: agradecimiento, tristeza, impotencia, indignación, admiración, respeto y un profundo y fraternal cariño: María Isabel Chorobik de Mariani, *Chicha*, falleció el 20 de agosto de 2018 a los 94 años y tras más de cuarenta de búsqueda de su nieta. La Asociación Anahí, como siempre, continúa la búsqueda de Clara Anahí. Por su parte, las Abuelas de Plaza de Mayo, el mismo día del fallecimiento de Chicha, publicaron en su sitio web: «Querida Chicha, la seguiremos buscando, junto a todos los nietos y nietas que faltan».[54]

GUIDO CARLOTTO, UNO DE LOS QUINIENTOS

El 4 de agosto de 2014 fue tal vez uno de los días más felices en la vida de mi admirada y querida amiga Estela de Carlotto, presidenta actual de Abuelas de Plaza de Mayo. Recuerdo que, cuando recibí la noticia estando en Buenos Aires, llamé a Estela y a Remo Carlotto, hermano de Guido. Ignacio Guido Montoya Carlotto, era el nieto recuperado número 114.[55] La alegría de ambos y de los demás familiares era indescriptible. Como ellos, lloré de emoción, tal como lo he hecho con los 128 niños y niñas que estas heroínas grandes, frágiles en apariencia, pero enormemente fuertes, han recuperado. Las abuelas, de las que tanto he aprendido en los diferentes países y escenarios en los que he trabajado con ellas, pero sobre todo en Argentina, han sido una fuente de lecciones de vida que, como las que he recibido de todas y cada una de las víctimas con las que he tenido oportunidad de relacionarme, me han formado como ser humano y como jurista. Gracias a ellas he logrado comprender la lucha por la verdad y la justicia de quienes tanto han sufrido a causa de la incomprensión de los defensores de la impunidad.

Estela Barnes de Carlotto, que me ha honrado con su amistad desde hace mas de trece años hasta hoy, no cejó en la lucha por la búsqueda de su hija Laura Estela desde que esta fue secuestrada junto a su compañero en noviembre de 1977, y de su nieto nacido el 26 de junio de 1978 en el Hospital Militar bonaerense. La alegría y emoción fueron similares a las vividas en todos los actos de reconocimiento de un nuevo nieto recuperado. En el primer piso de la sede de Abuelas, sita en la calle Virrey Cevallos 592 de Buenos Aires, he tenido ocasión, entre los años 2012 y 2016, de asistir en persona y en varias ocasiones a ese momento mágico en el que Abuelas y otros organismos de derechos humanos anunciaban la recuperación de un nuevo nieto o nieta. Mi sensación en esas circunstancias en las que, entre decenas de personas y medios de comunicación apiñados por la falta de espacio, abrazándome y besándome con personas conocidas y desconocidas pero unidas por la misma lucha, y percibiendo el regocijo interno, era de dolor. Dolor por los desaparecidos que aún quedan por encontrar, cuarenta y dos años después de la agresión militar, y en especial por todos aquellos cuya recuperación ha sido imposible en Argentina y en otros muchos países —también en España con los denominados «niños robados del franquismo»—, cuyas identidades quedaron alteradas por la voluntad depredadora de los vencedores sobre quienes todo lo perdieron, incluso la historia, el futuro y la familia.

Para los militares estaba muy claro: se trataba de eliminar definitivamente a quienes consideraban «asesinos rechazados por Dios, por la Patria, por sus hogares y por el pueblo», en palabras del represor jefe de granaderos Rodolfo Wehner. Ello implicaba la desaparición no sólo de políticos, trabajadores o estudiantes, sino también de sus familiares y especialmente de sus hijos.

La obsesión del régimen militar argentino por limpiar a fondo una sociedad entera no tuvo límites. Tanto fue así que, no conformes con tratar de aniquilar a una parte concreta de la población, también buscaron la manera de reeducar en los nuevos valores a aquellos que aún no gozaban de la madurez necesaria para forjar su propio pensamiento: los niños. Para ello se instauró el sistema de alumbramientos clandestinos de las madres detenidas, a las que se mantenía con vida hasta el nacimiento de sus hijos, que eran entregados a familias afines al régimen o a los mismos militares, garantizando así su reeducación.

Es difícil imaginar qué sintieron esos quinientos niños y niñas, qué les contaron sus «padres»; qué valores les inculcaron; qué les dijeron sobre su nacimiento; qué les explicaron o no sobre su «adopción»; qué historia tuvieron que inventar para ocultarles la verdad; qué carga llevaron esos «padres» con la mentira permanente hacia quienes criaron, educaron y seguramente quisieron como hijos, pero de los que conocían su verdadero origen, que fueron brutalmente arrebatados de sus madres, a las que conservaron con vida mientras fueron útiles para este plan siniestro y de las que luego se deshicieron como si se tratara de restos humanos desechables; qué pensarán esos «padres», cómo se sentirán, qué angustia experimentarán ahora que saben que la verdadera familia de sus «hijos», a través de sus abuelas, los buscan incansablemente para que recuperen su identidad real y sepan la verdad. La responsabilidad de quienes urdieron este macabro plan, de quienes lo ejecutaron y de quienes se beneficiaron de él se extiende en el tiempo, y su culpa será difícilmente compensable con cualquier pena que la justicia pueda imponerles.

Entre las personas desaparecidas en la ESMA hay una larga lista de mujeres que fueron secuestradas cuando estaban embarazadas y que dieron a luz allí. Otras muchas fueron trasladadas a la ESMA desde otros centros tan sólo para parir. La mayoría de ellas fueron capturadas por el Grupo de Tareas 3.3.2. Como el resto de los secuestrados, en la mayoría de los casos estas mujeres fueron sometidas a tormentos físicos gravísimos, a los que se añade la constante tortura psíquica que implicaba advertirles de que inmediatamente después del parto serían separadas de su bebé.

Estas prisioneras, tras permanecer un tiempo en la Capucha, eran conducidas a uno de los cuartos conocidos como «pieza de las embarazadas». Allí permanecían unos días (no más de quince) después de dar a luz. Más tarde eran «trasladadas» y los bebés entregados a familias vinculadas al grupo de tareas, familias que compartían los «valores» de la nueva Argentina, aquella que se esmeraban en construir a sangre y fuego.

Durante los años 1976, 1977 y 1978, el prefecto Héctor Antonio Febres fue el oficial encargado de la gestión de las embarazadas. Si bien la mayoría de los partos tuvieron lugar en la ESMA, ya fuera en la enfermería o en la «pieza de las embarazadas», otros, seguramente por el mal estado de salud de las parturientas, se llevaron a cabo en el Hospital Naval, como el de Susana Silver de Reinhold, de modo que algunos médicos de este hospital también intervinieron en esos partos.

CARLA Y SACHA

Hubo muchos niños nacidos en cautiverio. Pero también hubo algunos otros ya nacidos, de corta edad, que fueron detenidos junto a sus madres y que, llegado el fatídico momento del «traslado», fueron dados en adopción.

Después de escuchar muchos relatos similares, tal vez pueda describir cómo fue la vida de una de esas niñas. Tenía cinco años y había recibido un nuevo nombre, Gina, aunque a él, su nuevo padre, le gustaba llamarla Gigí, un diminutivo que chirriaba en sus oídos tanto o más que ese otro pitido reciente, similar al del bocinazo de un tren, que la atormentaba sin saber por qué desde hacía meses. Cada noche, al llegar él a casa, ella agarraba en la oscuridad de su cuarto la crucecita que sus nuevos «padres» le habían regalado: «Quería creer en algo que me pudiera ayudar y me aferraba a la medallita pensando que esa noche pasaría de largo, que se iría para otro lado», se resignaba.

Era tan pequeña que ignoraba que su nuevo «papá» era Eduardo Alfredo Ruffo, agente de inteligencia del estado argentino y verdugo de su madre biológica, militante estudiantil de veinticuatro años detenida tras una huelga minera en Oruro, Bolivia. Desde ese país fue llevada a Argentina en el marco del Plan Cóndor. A pesar de su corta edad, nunca olvidó la última vez que pudo ver a su madre: yacía en el suelo junto a ella cuando irrumpió en ese cuarto oscuro y sucio un hombre que se la llevó. «Estaba harapienta, delgadita, tirada en el suelo, desnutrida, supongo que después de una sesión de tortura», recordó siempre Carla Rutila Artés, el verdadero nombre de Gina.

Ya adulta, sabría que aquel lugar lúgubre en el que estuvo junto a su madre era el centro clandestino de detención y tortura Automotores Orletti, ubicado en la calle Venancio Flores 3519-3521 del barrio de La Floresta de Buenos Aires. Ese antiguo taller de reparación de automóviles, sucio de tierra y grasa, fue alquilado por Ruffo en tiempos de la Triple A, siguiendo las instrucciones del coronel Rubén Víctor Visuara, y este a su vez del general René Otto Paladino, todos ellos miembros de dicha organización. Necesitaban un centro de operaciones que no llamara la atención. Alquilaron el taller a su dueño, Santiago Cortell, quien creía que allí se abriría una empresa de importación y exportación. Tras el golpe de Estado el centro funcionó tan solo entre el 11 de mayo y el 3 de noviembre de 1976.[56] Durante ese tiempo fue la base de Operaciones Tácticas 18 (OT18), que estaba bajo el control de la Secretaría de Inteligencia del

Estado (SIDE), cuya titularidad ostentaba el mismo general Otto Paladino, en colaboración con el Batallón de Inteligencia 601, perteneciente al 1.ᵉʳ Cuerpo de ejército.[57] Automotores Orletti se transformó en un centro de operaciones regional del Plan Cóndor, donde la denominada «banda de Gordon», a cargo de Aníbal Gordon, coordinaba sus tareas con los servicios de inteligencia de Chile, Paraguay, Brasil, Bolivia y Uruguay. Las víctimas allí retenidas fueron torturadas, extorsionadas, robadas y asesinadas para luego desaparecer.[58] El recinto dejó de utilizarse cuando dos secuestrados lograron huir, pues a partir de entonces podía ser identificado y se pondrían en riesgo las operaciones que allí se llevaban a cabo.[59] Se estima que en ese lugar, llamado «El Jardín» por los represores, estuvieron secuestrados alrededor de trescientos ciudadanos uruguayos, chilenos, bolivianos, paraguayos, cubanos y argentinos, la mayoría de los cuales continúan desaparecidos.[60] Allí trabajaba Ruffo, pero por supuesto, no actuaba solo; lo acompañaban en sus labores Eduardo Rodolfo Cabanillas, general de división del ejército argentino, que en aquella época se desempeñaba en comisión de la SIDE como segundo jefe de la división Operaciones Tácticas (OT) 18; Honorio Carlos Martínez Ruiz, exagente de la SIDE; y Raúl Antonio Guglielminetti, exagente civil del ejército argentino, además de personal militar uruguayo y de la DINA, la Dirección de Inteligencia Nacional de Chile.

Fue este sitio el causante del problema auditivo de Carla Rutila Artés, o Gina, pues se encontraba junto a la vía de un tren. Y fue ahí donde su verdadera madre fue sometida a tormentos y condiciones inhumanas de cautiverio, igual que los demás detenidos, recibiendo golpes y amenazas, durmiendo en un lugar frío y sucio sin el abrigo necesario, con agua y alimentos insuficientes, con los ojos vendados y la privación sensorial del tiempo y el espacio que ello comporta, con restricciones de movimiento y de contacto con los otros detenidos, sin recibir atención médica, sin poder atender adecuadamente sus necesidades fisiológicas y, en su caso, con la angustia e incertidumbre que le generaba estar allí con su hija y desconocer lo que ocurriría con ella.

Entregada a Ruffo y a su mujer Amanda Cordero tras un periplo por varios orfanatos, Carla Rutila Artés pasó con el matrimonio y sus hijos biológicos media década hasta que logró ser rescatada gracias a su abuela, la actriz Matilde Artés Company, también llamada «Sacha», la primera abuela que compareció ante mí en la Audiencia Nacional y que recibió el chivatazo sobre el secuestrador de su nieta en una de las rondas de los jueves en la plaza de Mayo. Con el tiempo, ella y otras abuelas habían aprendido que tenían que llevar bolsillos grandes, pues siempre se les acercaba alguien a dejarles un papelito con alguna pista sobre el paradero de sus descendientes.

«Encontré a una niña asustada, llena de magulladuras y arañazos, con pánico de verse desnuda para meterla en la ducha y muy desconfiada de todo», recordaría siempre Sacha. Fue al ver a su abuela por televisión cuando Carla se reconoció en la foto que aquélla mostraba a los periodistas: «Ruffo me pegó, me dijo que era una vieja bruja que me estaba buscando para sacársela y que no me dejara sacar sangre por esa vieja», relató tiempo después. La violencia era habitual en su nuevo hogar: «Yo, viviendo con estos señores, recibía patadas, palizas, me daban con el cinturón, pero no con el cinturón, con la hebilla, donde más daño hacía, con la escoba, con lo que fuera y, muchas veces, la más dura era ella en vez de él. Ella sabía lo que pasaba, no es que estuviera ajena, ella era consciente, y lo consentía», reveló tiempo después.

Ruffo ingresó en prisión por falsedad en documento público, el único delito por el que fue condenado tras el secuestro, pero tras dos años fue indultado. El temor a las represalias hizo que abuela y nieta abandonaran el país gracias a la ayuda de periodistas españoles que, tras burlar la custodia policial que les habían adjudicado, las hicieron llegar a Madrid vía Montevideo.

Fue en España donde, a mucha distancia de la sombra feroz del hombre que la raptó, terminó confesando a su abuela lo que Ruffo pretendía cada vez que se metía con ella en la cama: «Llegados los dieciocho años de mi nieta, estábamos juntas, habíamos dormido juntas ese día en la misma cama y estábamos preparando desde la mañana temprano qué íbamos a hacer, que teníamos que ir a buscar la tarta, y que esto y que lo otro, es cuando Carlita me dice —aquí emplea la abuela el verdadero nombre de su nieta, variado tan sólo por un cariñoso diminutivo—:

»—Abuela, yo te tengo que decir una cosa.

»—¿Qué cosa? —le pregunté. Me quedé un poco sorprendida, pero fue como un chip por la cara de mi nieta, y me agarró así la mano».

Muestra cómo su nieta le tomó la mano derecha con las suyas, y cómo ella puso la izquierda, ya arrugada por el paso de los años, pero transmitiéndole todo el calor de su amor, encima de aquéllas.

«—Qué pasa, mi niña, contáme —inquirió con expectación.

»—Prometéme que no te vas a enojar —le pidió su nieta Carla.

»—No, mi niña. —Contuvo la respiración y la tranquilizó—. ¿Por qué me iba a enojar? ¿Qué me querés contar?»

Carla, con una fuerza inusitada, con un estruendo similar al del agua que rompe el dique que la contiene, estalló y dio rienda suelta a los demonios que cada noche, durante casi toda una vida, la habían atormentado y atenazado en su silencio: «El hijo de puta de Ruffo, desde los cinco años, abusaba de mí sexualmente».

Ruffo la robó y la introdujo en su propia familia al mismo tiempo que asumía un papel relevante en aquel recinto clandestino, con quien la víctima, una niña con zumbidos en las orejas y una medallita en el pecho, compartiría tardes familiares de asados entre risas y confidencias, mientras por las noches abusaba sexualmente de ella.

La abuela Sacha la miró y se le escaparon unas lágrimas que se confundieron con las de su nieta. La abrazó, la acogió una vez más en su pecho como para que todo el dolor se lo transmitiera a ella y descansase de tanto sufrimiento. Carla, poco a poco, abandonó su llanto, y ambas se miraron con una sonrisa cómplice, sólo comprensible por quienes hayan sentido el verdadero amor y siguen adelante.

Cuando Argentina asumió como propio el deber de castigar los crímenes de lesa humanidad cometidos en su territorio, se inició un proceso judicial por las víctimas del centro clandestino Automotores Orletti. Eduardo Alfredo Ruffo, alias Zapato, había estado tres años prófugo, pero fue capturado en octubre de 2006.[61] La investigación avanzó lentamente, pero la hora del juicio por fin llegó. En 2010, después de veintitrés años viviendo en España, Carla volvió a Argentina para declarar contra su apropiador, maltratador y abusador: Ruffo. «No tenía dudas de que no aguantaría mi mirada», dijo después de prestar testimonio. Regresó a España, pero un tiempo después, con Ruffo entre rejas, decidió radicarse con sus tres hijos en Argentina.[62] Ruffo fue condenado en 2011 a veinticinco años de cárcel junto con otros agentes que se desempeñaban en Automotores Orletti,[63] sentencia que fue ratificada por la Cámara Federal de Casación Penal en 2013.[64]

Corolario de una vida de gran dureza, el 22 de febrero de 2017, a los 41 años, Carla falleció de cáncer.[65] Casi un año antes, en marzo de 2016, Ruffo salía de la cárcel después de que se le otorgara la prisión domiciliaria.[66] La abuela, Sacha, aún vive en España, al borde de la miseria, pues en abril de 2015 el Gobierno del Partido Popular revocó la pensión no contributiva que recibía.[67]

«Sólo pedimos la verdad»

«Sólo pedimos la verdad», decía la «solicitada» (así se llama a los anuncios pagados por los interesados que aparecen en los periódicos, a modo de publicidad, en Argentina) publicada el 5 de octubre de 1977 en el diario *La Prensa*.[68] Las Madres de Plaza de Mayo resumían de esta forma tan escueta como contundente su anhelo, agrupadas en torno a su naciente organización, tanto que ni siquiera la solicitada fue firmada con este nombre, sino tan solo como «Madres y esposas de desaparecidos». En letra más pequeña, se leía: «¿A quién debemos recurrir para saber la VERDAD sobre la suerte corrida por nuestros hijos? Somos la expresión del dolor de cientos de madres y esposas de desaparecidos». Más de la mitad del espacio de la publicación lo copaban los nombres completos de las firmantes, en letra lo bastante menuda como para dar cabida a más de doscientas rúbricas que planteaban preguntas directas al general Videla: «¿Cuáles han sido las víctimas del EXCESO DE REPRESIÓN al que se refirió el sr. Presidente?»; a continuación las mismas firmantes se daban ya una respuesta, que manifestaba una clara falta de confianza en el destinatario: «No soportamos ya la más cruel de las torturas para una madre, la INCERTIDUMBRE sobre el destino de sus hijos».[69] El texto fue impreso con algunas palabras clave en mayúsculas, como VERDAD, EXCESO DE REPRESIÓN, INCERTIDUMBRE O PAZ, e incluía una frase premonitoria: «La PAZ tiene que empezar por la VERDAD». La palabra «paz» fue empleada por las madres no porque realmente creyeran que había una guerra, sino porque los militares recurrían sin cesar a la idea de una supuesta guerra para justificar sus matanzas. No obstante, sí era verdad que las madres estaban librando una batalla, si bien no violenta, por conocer quién, cómo, dónde y cuándo habían matado a sus hijos, a sus nietos, a sus maridos; una batalla que requería, como cualquier contienda bélica, organización, fiereza, constancia, astucia y, por supuesto, no dar nunca la espalda a un poderoso adversario, encarnado en el propio estado argentino bajo dominio militar y su modelo maniqueo de Justicia.

Quizá por este miedo a las actitudes valerosas de madres y abuelas, o tal vez porque el régimen quedaba en evidencia y sin argumentos, la dictadura comenzó a considerar a madres como Hebe Pastor de Bonafini, Nora Morales de Cortiñas, Taty Almeida o Azucena Villaflor personas especialmente peligrosas, como si fueran miembros de una banda terrorista que perseguía la aniquilación del estado tal y como estaba concebido.

Hebe de Bonafini, que ha cumplido hace poco los noventa años, es una de las fundadoras de Madres de Plaza de Mayo y se la suele identificar como una de las caras más conocidas y aguerridas en las reivindicaciones contra la dictadura y los represores: «Con vida los llevaron, con vida los queremos» es uno de los lemas de la asociación.

Hebe de Bonafini nació en La Plata. De sus tres hijos, Jorge Omar, Raúl Alfredo y María Alejandra, los dos primeros fueron secuestrados y desaparecidos, el 8 de febrero y 6 de diciembre de 1977, respectivamente, al igual que lo fue su nuera, la esposa de Jorge Omar, María Elena Bugnone Cepeda, el 25 de mayo de ese mismo año. Hebe preside la asociación desde 1979. Su verbo enérgico contra el poder y el imperialismo y a favor de otras luchas sociales ha dado fuerza a sus reivindicaciones y la han situado muchas veces en el punto de mira, hasta el punto de ser señalada y perseguida judicialmente, de que hayan registrado la sede de Madres y golpeado a su hija. Sin embargo, a su edad sigue peleando e identificando a quienes se muestran sumisos con el poder y proclives a la impunidad. La última vez que la vi fue a finales de 2015, en compañía de otro de los referentes judiciales a escala nacional e internacional de Argentina y juez de la Corte Interamericana de Derechos Humanos, Raúl Zaffaroni, de cuya mano salió la letra y la firma de la sentencia que en 2005 anuló las leyes de Obediencia Debida y Punto Final. Su discurso seguía siendo vibrante y seguro que lo será siempre.

Nora Cortiñas es una de las cofundadoras de Madres de Plaza de Mayo, y más tarde, de Madres de Plaza de Mayo Línea Fundadora. Su hijo Carlos Gustavo Cortiñas, militante peronista, fue detenido en Buenos Aires el 15 de abril de 1977 y permanece desaparecido desde entonces. La figura menuda de esta psicóloga es conocida en los foros universitarios y de derechos humanos de los cinco continentes, en los que siempre ha demandado solidaridad con las víctimas argentinas de la dictadura y apoyo a los juicios contra los culpables.

Taty Almeida, integrante de Madres de Plaza de Mayo Línea Fundadora, sólo era una madre cuyo hijo fue asesinado el 17 de junio de 1975 por la Triple A. Ella, como tantas otras, enarboló la bandera de la defensa de los derechos humanos, de la reivindicación de la verdad y de la justicia y, a partir de ese momento pasó a ser objetivo militar. Siempre ha corregido a quienes afirman que la represión comenzó el 24 de marzo de 1976: «Yo siempre digo que había centros clandestinos de detención que funcionaban antes del 24 de marzo. En esa época, ya se practicaba el terrorismo desde el estado. A mi hijo lo secuestran en el 75, durante un Gobierno constitucional que no era democrático: Luder, la Triple A, López Rega empiezan a asolar la Argentina en esa época. Entre el 74 y el 75 hay miles de desaparecidos, detenidos y secuestrados. Y ahora, por fin, teniendo en cuenta este horror que ocurrió, que haya detenciones [de represores] es algo que reconforta y pienso que, por fin, se va a empezar a hacer justicia».[70] La última vez que estuve con ella y con Miriam Lewin fue presentando el libro de ésta *Skyvan. Aviones, pilotos y archivos secretos* sobre los vuelos de la muerte. Esto fue en julio de 2017, en Madrid, y puedo afirmar que Taty Almeida continúa con la misma energía de siempre a sus ochenta y ocho años.

La dictadura no podía permanecer inmóvil frente a la amenaza que representaban las Madres de Plaza de Mayo. Pero, siempre, de entre los villanos, tiene que haber uno que se signifique especialmente.

El infiltrado

El joven oficial Alfredo Astiz, un capitán de fragata adiestrado como espía, prestaba servicios en el Centro Piloto de París, donde se había infiltrado en el grupo de argentinos exiliados en Francia. Por su alto nivel de preparación y destacada labor, identificando y entregando «elementos subversivos» para alimentar con ellos la kafkiana maquinaria de matar, fue el elegido: el infiltrado.

Se acercó a Azucena Villaflor un Día de la Madre, que en Argentina se celebra el tercer domingo del mes de octubre, que en 1977 cayó el día 16. Las madres salían de la misa celebrada en la iglesia San Nicolás de Bari, en la avenida Santa Fe cuando, con un gesto timorato, llamó la atención de Azucena Villaflor tocándole el hombro. «Soy Gustavo Niño, necesito su ayuda», le dijo con voz temblorosa. Villaflor no dudó en prestársela. Nadie sospechó nada, ni siquiera su prima Lidia Moeremans, que fue testigo del saludo.[71] Acostumbradas ya a oír todo tipo de testimonios sobre pérdidas y desapariciones, la coartada del indigno oficial resultó verosímil para el grupo, que había crecido en número y no cesaba de ganar adeptos y simpatizantes a pesar de las amenazas, los golpes de la policía o los gases lacrimógenos.

Quienes se encontraban cerca de Azucena, pero no integrados en las estructuras de Abuelas y Madres, no sabían entonces quién era Azucena Villaflor, cómo había crecido su lucha y las consecuencias de ésta para esa mujer de cincuenta y tres años con vestido de manga corta que sólo quería encontrar a su hijo desaparecido y ayudar a otras compañeras y camaradas a dar con los suyos.

Podría decirse que el relato del infiltrado era uno más entre un millón: afirmaba ser de Mar del Plata; su hermano Horacio Eduardo había desaparecido el 25 de marzo de 1976 y su madre no podía acudir a las rondas porque se encontraba postrada, paralizada por la pérdida. Gustavo Niño se encontraba, por tanto, totalmente solo en Buenos Aires. Le creyeron, claro, y por un tiempo se convirtió en uno más, siempre cerca de Azucena, atento a sus movimientos, incluso paseando del brazo con ella, como si fuera su propia madre y él el hijo que andaba buscando.

«Lo llamábamos el "ángel rubio". Era muy bonito, muy agradable. Venía a las marchas y teníamos miedo de que lo llevaran. Nosotras pensábamos que a las madres nunca nos iban a hacer nada, porque éramos mujeres, pero él era hombre. Dos madres le acompañaban al colectivo [autobús] para protegerlo. Parecía un chico tan bueno», recordaría años más tarde María del Rosario Carballido de Cerruti. Gustavo Niño tenía veintiséis años, la edad de muchos de los hijos desaparecidos de esas madres. A veces acudía a las reuniones con una joven silenciosa y triste, supuestamente su hermana, que había venido a verlo desde Mar del Plata.[72]

Después de la primera solicitada de octubre, se publicaron otras. Pero costaban dinero y tenían que ingeniárselas para financiarlas. Se pusieron a trabajar y, para ser más efectivas, se repartieron las tareas. El 8 de diciembre de 1977 se conmemoraba, como en muchos otros países, el día de la Inmaculada Concepción, una festividad religiosa que, en un país como Argentina, donde «el Proceso» inculcaba los valores cristiano–occidentales, imponía que fuese día festivo. Era jueves, así que en vez de marchar en la plaza de Mayo aprovecharían para recaudar dinero y firmas para la siguiente solicitada. Un grupo de madres, familiares y voluntarios se juntaron en la puerta de la iglesia de la Santa Cruz, en el barrio de San Cristóbal. Entre ellos se encontraban María del Rosario Carballido de Cerruti, una de las abuelas que se había entrevistado con el ministro del Interior, la religiosa francesa Alice Domon y otras personas. Estaba allí también Gustavo Niño, que entró a la iglesia a «rezar» por su hermano desaparecido.[73]

Según la distribución de tareas, Azucena Villaflor no se encontraba en la iglesia sino en casa de Angélica «Chela» Sosa y Emilio Mignone, donde se centralizaba la recolección de dinero y firmas y se organizaba todo para la publicación de la siguiente solicitada, prevista para dos días después.[74] Los dueños de la casa, Chela y Emilio, buscaban a Mónica, su hija desaparecida. Chela participaba como Madre de la Plaza de Mayo desde los orígenes de la organización, y Emilio llegaría a ser vicepresidente de la Asamblea Permanente por los Derechos Humanos (APDH). En 1979 ambos fundarían el Centro de Estudios Legales y Sociales (CELS) junto a otras madres y otros padres de presos políticos y detenidos desaparecidos.[75] Mientras ultimaban los preparativos para la solicitada, irrumpió desesperada María del Rosario de Cerruti y contó, presa de la agitación, lo que acababa de ocurrir en la puerta de la iglesia de la Santa Cruz.[76] Ni que decir tiene que la manera de luchar de las Madres de Plaza de Mayo, que ellas mismas diseñaron con armas pacíficas como la tenacidad y la presión social, obtuvo la peor respuesta por parte de los señalados.

Las madres que se encontraban en la iglesia de la Santa Cruz estaban contentas, pues habían logrado juntar el dinero suficiente y una buena cantidad de firmas para la solicitada. El anuncio se publicaría esta vez en el diario *La Nación*, e incluiría los nombres de 804 desaparecidos.[77] Durante la ceremonia religiosa, Gustavo Niño besó a unas pocas madres y voluntarias, incluida la religiosa francesa Alice Domon, mientras sus compañeros de armas observaban la escena, ocultos entre los feligreses. Ese gesto, cual beso de Judas, era la señal. El capitán Astiz (Gustavo Niño) eligió a las que consideró más activas del movimiento. «Eran las ocho, ya estaba oscuro —recordaba María del Rosario—. Sale Esther Careaga, nos dice: "Ya tengo la plata, doce pesos". Yo iba detrás. Veo que un hombre la saca, a mí me tiran contra la pared. Gritan: "¡Sigan, sigan, es un operativo por droga!". ¡El terror que sentimos!»[78]

En ese momento fueron secuestradas siete personas: las madres Esther Ballestrino de Careaga y María Eugenia Ponce de Bianco, la monja francesa Alice Domon y los voluntarios Ángela Auad, Gabriel Horane, Raquel Bulit y Patricia Oviedo. Pero en la iglesia no estaban todos los elegidos por el capitán Alfredo Astiz. El operativo continuó. Ese mismo día, el Grupo de Tareas de la ESMA secuestró a tres personas más: Remo Berardo, Horacio Aníbal Elbert y José Julio Fondevila. La acción militar terminó el 10 de diciembre de 1977 con el secuestro de dos personas más, la monja francesa Léonie Duquet y Azucena Villaflor.[79]

Ese sábado 10 de diciembre, día de los Derechos Humanos, Azucena se levantó temprano a pesar de haber dormido mal por todo lo que había sucedido los días anteriores. Salió de casa y fue a comprar el periódico *La Nación*.[80] Ahí estaba la solicitada, publicada a pesar de todo, bajo el título: «Por una Navidad en paz, sólo pedimos la verdad».[81] Azucena regresó a su casa y luego volvió a salir para hacer la compra. «¿Qué querés almorzar, nena?», preguntó a su hija Cecilia. «Pescado», respondió esta, somnolienta todavía. Al llegar al mercado, los agentes la interceptaron.

Luchadora como era, Azucena se resistió con todo lo que tenía, gritó, se arrojó al suelo, forcejeó.[82] Pero de poco le valió todo eso cuando dos Ford Falcon le cerraron el paso y los secuestradores la emprendieron a golpes con ella y se la llevaron.[83] El trabajo de Alfredo Astiz se había completado.[84] La operación había sido un éxito: en apenas tres días habían secuestrado a doce personas del núcleo fundacional de Madres de Plaza de Mayo.[85]

La infiltración de Astiz había durado hasta el instante mismo de las detenciones, por lo que llegó incluso a firmar la solicitada que se publicó el 10 de diciembre en *La Nación*, que aparece suscrita también por Gustavo Niño, el cándido pseudónimo que había utilizado. Muchos años después, las madres sabrían también que aquella joven silenciosa de mirada triste que de tanto en tanto acompañaba a Astiz a las reuniones, y que éste hizo pasar por su hermana, era en realidad una detenida, cuyo hijo había nacido en la ESMA, donde permanecía retenido para forzarla a colaborar.[86]

Según muchos argentinos, este fue el crimen más terrible de la dictadura, pues ya no se trataba de supuestos guerrilleros, montoneros, elementos subversivos o militantes de izquierda; esta vez eran simples madres que buscaban a sus hijos, dos monjas francesas que las ayudaban y algunos voluntarios que se habían solidarizado con ellas.[87] Sin embargo, parecía que la intención era enviar un mensaje para todos aquellos que intentaran cuestionar «el Proceso», siquiera reivindicando conocer el paradero de los desaparecidos.

Azucena, las madres, las monjas y los demás detenidos fueron conducidos a la ESMA,[88] donde fueron nombrados por los represores como «el grupo de la iglesia de la Santa Cruz».[89] Allí estaba Azucena, en Capuchita, con su vestido de manga corta, atada y vendada. Al poco tiempo se dio cuenta de que había allí otros detenidos. Luchadora incansable hasta el final, les preguntó sus nombres, pensando que en algún momento la dejarían en libertad y podría entonces avisar a las familias de sus compañeros de cautiverio. Ella también explicó cómo se llamaba su hijo, por si alguno de ellos lo había visto o reconocía el nombre y podía darle algo de información.[90] De acuerdo con el relato de Lila Pastoriza, una superviviente de la ESMA, encargada de servir mate a los recién llegados, por lo que le permitían quitarse la capucha de la cabeza, le impresionó muchísimo ver que habían traído a ese lugar a gente mayor. «Llegó un grupo y una mujer me empezó a hablar de Dios y a preguntar por su hermana. ¡Era una monja! Después vi a Villaflor, entonces no sabía quién era. Me dijo que estaba ahí porque estaba buscando a sus hijos (su hijo y su novia). "No voy a dejar de hacerlo, voy a seguir luchando", decía. Era una mujer muy decidida.»[91] Al día siguiente, Azucena ya no era la misma. La habían torturado. «Me dijo que sólo quería dormir. Estaba muy mal.» Los acontecimientos se precipitaron rápidamente. Los secuestros se produjeron entre el jueves 8 y el sábado 10 de diciembre, y el miércoles de la semana siguiente ya habían sido todos «trasladados».[92] Siguiendo el protocolo de rigor, todos los miembros del «grupo de la iglesia de la Santa Cruz», como se les conocía, fueron lanzados al mar, vivos y drogados, desde un avión.

Sin embargo, como en otras ocasiones, la verdad saldría a la luz desde el fondo del océano. Cinco cuerpos aparecieron en las playas de Buenos Aires,[93] a la altura de los balnearios de Santa Teresita y Mar del Tuyú, y fueron encontrados por vecinos del lugar. Los exámenes forenses indicaron como causa de la muerte «choque contra objetos duros desde gran altura».[94] Las autoridades locales ordenaron que los cuerpos fueran enterrados en el cementerio de General Lavalle como NN, aunque no en una fosa común sino en tumbas individuales. Gracias a una investigación periodística de estudiantes de la Universidad de La Plata en 2003, la intendencia de General Lavalle informó sobre la existencia de estos cuerpos enterrados de aquella particular manera.[95] El 8 de julio de 2005, el Equipo Argentino de Antropología Forense (EAAF)[96] informó al juez instructor de la identificación de los cinco cuerpos. Correspondían a Azucena Villaflor, María Eugenia Ponce de Bianco y Esther Ballestrino de Careaga, las dirigentes de Madres de Plaza de Mayo desaparecidas. Con posterioridad, fueron identificados los cuerpos de la religiosa Léonie Duquet y de Ángela Auad.[97] El resto de las víctimas permanecen desaparecidas.[98] «Es mágico; las tres madres caminaban juntas, fueron llevadas juntas, las arrojaron al mar juntas. Pero ese mar es muy rebelde y las devolvió juntas, no quiso colaborar. Y juntas las enterraron», comentó años después, emocionada, Nora Cortiñas.[99]

En 2011, Alfredo Astiz y sus colaboradores del Grupo de Tareas 3.3.2 de la ESMA fueron condenados. En el juicio se recibió un testimonio según el cual Astiz habría llegado un día a la ESMA, después de haberse reunido con las madres en la iglesia de la Santa Cruz, con un volante en la mano, vociferando: «¡Hay que secuestrar a este grupo de familiares, y hay que matarlos a todos!».[100] En diciembre de 2017, cuarenta años después de los hechos, fueron condenados dos de los tres pilotos de ese vuelo de la muerte. El tercero ya había fallecido.[101]

Las cenizas de Azucena Villaflor yacen hoy en la plaza de Mayo, bajo azucenas blancas y claveles rojos, junto a la Pirámide y frente a la Casa de Gobierno.[102]

Y LA LUCHA CONTINUÓ

Aquellas mujeres no se rindieron. La dictadura no logró cumplir sus objetivos. Las Madres de Plaza de Mayo siguieron con la lucha, por sus propios hijos y ahora también por sus compañeras. Y, como ellas, se multiplicaron los frentes abiertos contra el silencio impuesto: familiares que se atrevían a alzar la voz, testimonios de supervivientes de centros clandestinos de detención, exiliados organizados en países como Francia, diversos organismos de derechos humanos como el Centro de Estudios Legales y Sociales. Todos ellos siguieron alzando sus voces hasta que los organismos internacionales se vieron obligados a escucharlos, imponiéndose la verdad frente al falso discurso de la subversión.

Fue el caso de la Comisión Interamericana de Derechos Humanos (CIDH), que visitó el país en septiembre de 1979, un año después de la celebración de la Copa Mundial de Fútbol en Argentina, durante la que algunos medios de comunicación extranjeros ya se hicieron eco de las denuncias de la plaza de Mayo, a pesar de los intentos de Videla y su régimen por aparentar normalidad. Durante su labor, la comisión recopiló información gracias a entrevistas con numerosas personalidades, autoridades e integrantes de la sociedad civil y de organismos de derechos humanos. Pero su acción no quedó ahí. A través de la prensa, invitó a presentar la denuncia correspondiente a todos aquellos que considerasen que se habían violado los derechos amparados en la Declaración Americana de los Derechos y Deberes del Hombre. En una semana, recibió 5.580 denuncias procedentes de varias ciudades del país.[103]

El estudio resultante reflejaba con claridad las graves violaciones cometidas en el país, motivo por el cual el Gobierno militar sólo permitió la publicación de sus conclusiones. Sin embargo, la mecha de la sociedad ya estaba prendida. El Centro de Estudios Legales y Sociales (CELS) logró distribuir clandestinamente algunos ejemplares del informe completo, que incluía los nombres de los entrevistados, así como otros aspectos relevantes, como la represión ejercida contra judíos, periodistas o embarazadas, por nombrar sólo algunos.[104]

LA CONTRIBUCIÓN DE LA CIENCIA

Como ha ocurrido en otras ocasiones, la inmensidad de la tragedia padecida por Argentina motivó a un grupo de expertos a poner sus conocimientos al servicio de las víctimas, colaborando en la identificación y recuperación de los bebés robados y de los cuerpos que yacían enterrados como NN. Este grupo de científicos comenzó a diseñar un plan para identificar a las víctimas, mediante el estudio del código genético, empleando técnicas médico-forenses que entonces eran del todo novedosas. Pero, una vez más, la iniciativa para realizar todo esto provino de las propias víctimas.

A principios de 1984, la CONADEP y las Abuelas de Plaza de Mayo solicitaron la ayuda de Eric Stover, entonces director del Programa de Ciencia y Derechos Humanos de la Asociación Americana para el Avance de la Ciencia (AAAS, por sus siglas en inglés). Stover organizó el viaje de una delegación de expertos forenses estadounidenses a Argentina para colaborar en las exhumaciones e identificaciones. Los expertos se encontraron con varios cientos de esqueletos exhumados sin identificar, almacenados en bolsas plásticas en los depósitos polvorientos de varios institutos médico-legales del país. Muchas de esas bolsas contenían los huesos de más de un individuo. La delegación estadounidense hizo entonces un llamamiento urgente en el que solicitaba la interrupción inmediata de estas exhumaciones acientíficas. Uno de los expertos de esta delegación, el doctor Clyde Snow, asumió el desafío de convocar, organizar y capacitar a arqueólogos, antropólogos y médicos argentinos, que terminaron conformando el Equipo Argentino de Antropología Forense (EAAF). Hoy este equipo está compuesto por trece especialistas formados en arqueología, antropología física y social, computación y derecho, además de contar con el apoyo de voluntarios y una red internacional de profesionales. El EAAF también ha colaborado en la formación de equipos forenses similares en otros países.[105]

Desde su creación, este equipo se encarga de establecer la identidad, la causa y el modo de la muerte de las víctimas, de identificar patrones de violaciones de los derechos humanos aplicando las ciencias forenses, de restituir los restos de las víctimas a sus familiares y comunidades, y de presentar los hallazgos y evidencias a las instancias judiciales. Desde 1984, el equipo ha trabajado en más de treinta países de Latinoamérica, Asia, África y Europa, y ha ayudado a esclarecer la suerte de varios miles de personas desaparecidas.[106]

En un seminario celebrado en 2017 en Argentina, en el que se conmemoraba el treinta aniversario de la creación del Banco Nacional de Datos Genéticos de Argentina, organismo clave en la identificación de las víctimas de la dictadura, Eric Stover, de la Universidad de California en

Berkeley, recordaría que el primer acercamiento fue iniciativa de las Abuelas. A principio de los años ochenta, Estela de Carlotto y Chicha Mariani viajaron hasta Estados Unidos para verlo y le hicieron la siguiente pregunta: «¿Cómo podemos identificar a nuestros nietos cuando vuelva la democracia?». Antes habían consultado también a Víctor Penchaszadeh, médico genetista y uno de los creadores del denominado «índice de abuelidad», que se había exiliado de Argentina después de un intento de secuestro. Dijo Stover: «Sentía que no sabía mucho de genética forense, entonces me contacté con otros genetistas y seis meses después, en junio de 1984, un grupo de científicos forenses viajamos a Buenos Aires, recorrimos morgues y meses después volvimos y comenzamos un entrenamiento en antropología forense». En aquella delegación se encontraba el estadounidense de origen chileno, y también profesor de la Universidad de California en Berkeley, Cristian Orrego Benavente, bioquímico y genetista forense. Orrego recordaría que, a raíz a este encuentro en 1984, por primera vez se comenzó a hablar del nexo entre derechos humanos y genética: «Después del viaje de nuestra delegación a Argentina, quedamos tan cautivados por la experiencia que todo *paper* que leíamos tenía que ver con cómo aplicar la ciencia a la búsqueda de personas desaparecidas». Por su parte, Luis Fondebrider, miembro fundador del EAAF, recordó las preguntas que les planteaban los familiares de los desaparecidos en 1984: «¿Los desaparecidos están vivos o muertos? ¿Cómo se recuperan? ¿Cómo se los identifica? ¿Quién los mató?». Reconoció expresamente que: «No estamos acá porque la ciencia decidió volcarse al tema, sino porque Madres y Abuelas nos lo exigieron».[107]

A lo largo de todos estos años, he coincidido con Estela Barnes de Carlotto en muchos países y un gran número de situaciones, pero una de las más emocionantes tuvo lugar en 2006, cuando la presenté a ella y a otras abuelas en la New School University de Nueva York, de la cual soy doctor *honoris causa*. Esta prestigiosa universidad neoyorquina, que nació con unas raíces claramente antifascistas en los años treinta, les otorgó también el mismo galardón. Su discurso fue vibrante y aleccionador para los cientos de estudiantes y el público que asistió ese día al evento. Las Abuelas también participaron en el primer congreso sobre jurisdicción universal que la fundación FIBGAR, que presido, celebró en Madrid y que el año siguiente tuvo lugar en Buenos Aires para dar vida a los nuevos Principios Madrid-Buenos Aires, a los que me referiré más adelante en otro capítulo.

Durante el tiempo que trabajé como presidente del Centro de Pro-

moción y Defensa de los Derechos Humanos en Argentina siempre
contamos con el apoyo de las Abuelas. Siempre fueron nuestras aliadas,
hasta el punto de que me considero parte de su familia.

LIBERTAD DE ACCIÓN

Los métodos fueron similares. A este militar se le solapan las palabras,
como si así acelerara sus recuerdos y pasara de puntillas sobre ellos, sin
detenerse más que un instante, menos que el resplandor de un relámpago
en el cielo en medio de la tormenta de la dictadura chilena: «Me tocó la
triste misión de un vuelo hacia la costa. Consistía en lanzar gente al mar,
y me encontré con dos bultos de personas tapadas con sacos y abajo se les
notaba el pedazo de riel, y en el costado izquierdo mío una niña a la que
se le veía una parte de la pierna, una niña joven. Yo sabía de estos vuelos
de antes, pero como a mí no me tocaba participar, moralmente no me
sentía afectado. Pensé que nunca me iba a tocar», contó en televisión.[108]
Juan Molina Herrera, mecánico militar, terminó abandonando el ejército
chileno tras un segundo vuelo desde el que lanzaron a ocho prisioneros.
Fue la muerte accidental de su bebé, de un año y siete meses, ahogado en
una piscina a causa de un descuido, lo que finalmente le hizo dar el paso:
«Lo tomé como un castigo de Dios», dijo. Al día siguiente de enterrar a
su hijo, Molina Herrera recibió una carta anónima con un mensaje escrito en papel de periódico: «Para que te des cuenta de qué es lo que se
siente cuando se ahoga un ser querido», rezaba el texto.

    «Nosotros no tomamos esa decisión antes del golpe sino cuando se
nos presentó el problema de qué hacer con esa gente, que no podía ser
fusilada públicamente ni tampoco podía ser condenada judicialmente.
Entramos a la guerra sin saber qué hacer con todas las personas que eran
el costo necesario para ganarla. La solución fue apareciendo de una manera espontánea, con los casos de desaparecidos que se fueron dando.
Casos espontáneos pero que, repito, no eran decididos por un joven oficial recién recibido; no, casos que eran ordenados por un capitán que, a su
vez, recibía la orden del jefe de la brigada, que a su vez recibía la orden
del comandante o jefe de zona.» El que hablaba era el propio Videla, en
el marco de una veintena de entrevistas realizadas por el periodista Ceferino Reato al exdictador, ya en la cárcel, entre finales de 2011 y principios de 2012.[109] Pero las palabras son traicioneras incluso en las confesiones carcelarias, y sirven para ocultar, bajo expresiones ambiguas tales

como «entramos en la guerra» o «esa gente» o «casos espontáneos», las barbaries, las realidades aplastantes y silenciadas durante años, las ejecuciones sumarias, las torturas, el robo de niños o los delitos contra la propiedad.

Así quedó reflejado en el informe que los propios militares dieron a conocer en abril de 1983. Ante un frontal rechazo hacia la Junta Militar tras la derrota en la guerra de las Malvinas y frente a la inminente celebración de elecciones democráticas, los militares elaboraron en cuatro meses un documento en el cual exponían su versión sobre lo sucedido durante «el Proceso». De alguna forma, buscaban justificarse ante sus conciudadanos. Lo llamaron «Documento final de la Junta Militar sobre la guerra contra la subversión y el terrorismo»,[110] y generó el rechazo no sólo del movimiento de derechos humanos, sino de buena parte de la clase política en ciernes, además de otros sectores importantes de la población argentina. En él, los autores reconocían, entre otros ultrajes, la utilización de métodos «inéditos» en su forma de operar. Los argumentos son conocidos: el pasado se presentaba como una contienda de consecuencias dolorosas pero inevitables en el que, como en todo conflicto bélico, se habían cometido algunos «errores» que «pudieron traspasar, a veces, los límites del respeto a los derechos humanos fundamentales».

No deja de ser llamativo cómo se reitera el mismo modelo en las diferentes dictaduras. Los tiranos y quienes forman parte de la represión sistemática contra sus oponentes políticos siempre buscan la justificación en lo «inevitable» de su conducta: «No había otro modo de combatir la subversión», «El país se hundía económicamente porque las fuerzas comunistas querían acabar con él», «Es cierto que cometimos algunos errores, pero todo fue en beneficio del pueblo», «Lo hicimos lo mejor que pudimos», «El honor militar nos impedía actuar de otra forma», «El golpe de Estado era inevitable». Siempre el mismo discurso cobarde. Sólo el uniforme les da seguridad; sólo la fuerza de las armas les dota de energía para justificar una degradación que llevan hasta las últimas consecuencias. De una u otra forma, los genocidas siempre se han servido del mismo discurso. Años después, George W. Bush daría la misma excusa para invadir Afganistán en 2001, y luego Irak en 2003 junto a quienes le acompañaban en la reunión de las Azores: Tony Blair, José María Aznar y Durão Barroso. La misma excusa dio Francisco Franco cuando se alzó en armas contra la República española y dio inicio a la dictadura más larga de Europa. La misma excusa de Hitler para comenzar la Segunda Guerra Mundial. Idéntico argumento para, décadas después, destruir Libia, o ahora

Siria, y antes Bosnia, Ruanda... Todo es vital, necesario, indispensable, imprescindible, inevitable... Pero, realmente, todas esas afirmaciones son burdas mentiras.

En el caso argentino, y como justificación, los militares presentaron un texto cargado de referencias a Dios y al espíritu cristiano, en el que se confirmaba lo que ya todos temían: aquellos que figuraban en las nóminas de desaparecidos se consideraban muertos.

¿Qué pensarían las víctimas al oír tan rocambolesca y ambigua justificación? ¿Por qué violaron, torturaron y asesinaron a tantas mujeres? ¿Por qué humillaron a más de 1.800 ciudadanos judíos por el mero hecho de serlo? ¿Por qué masacraron a estudiantes de secundaria de apenas catorce o quince años? ¿Resultaba un peligro potencial para los valores del régimen la pequeña Carla hasta el punto de que fuera necesario robarla y entregarla a una nueva familia? ¿Con qué finalidad intentaron hacer desaparecer para siempre miles de cuerpos arrojándolos al océano desde un helicóptero o un avión? ¿Las violaciones sexuales, eran necesarias, eran también «inevitables»?

Ninguno de estos interrogantes, comunes a muchos supervivientes y familiares de las víctimas, fueron contestados debidamente en aquel documento, ni lo han sido después en las diferentes causas judiciales. Siempre el silencio ominoso, sucio y culpable. Si, como parece, eran cristianos, ¿qué les espera en el más allá? ¿Qué sentía Videla cada vez que comulgaba? Y más aún, ¿qué sentía el sacerdote que le daba la comunión, consciente de los crímenes genocidas cometidos por aquél y los demás dirigentes y miembros de la dictadura cívico-militar argentina? ¿Aceptarán el juicio divino o lo rechazarán tan ardientemente como han rechazado los juicios en este mundo por sus delitos?

Cual Poncio Pilato, Videla llegaría a afirmar: «La responsabilidad de cada caso recayó en el comandante de la zona, que utilizó el método que creyó más apropiado». Según Videla, los comandantes tenían «libertad de acción». La autorización era una suerte de papel en blanco en el que sólo constaba escrita la palabra: «Aniquilación de los subversivos». «Cada comandante tuvo autonomía para encontrar el método más rápido y menos riesgoso. Nadie estuvo en contra de eso en el ejército ni en las fuerzas armadas [es decir, todos fueron responsables]; no generó ninguna discusión. Hubo problemas en algunos casos por la resonancia del personaje. A mí, los comandantes o jefes de zona no me pedían permiso para proceder: yo consentía por omisión. A veces me avisaban. Recuerdo el caso de una visita a Córdoba; el general Luciano Benjamín Menéndez me recibe con esta novedad: "El hijo de Escobar andaba en malas juntas y lo liquidamos anoche". Era el hijo de un coronel que había sido compañero nuestro de promoción; entonces yo ya sabía que si Escobar venía le tenía que decir: "De ese tema no quiero hablar". Pero el padre no me preguntó nada», recordó en una de las entrevistas concedidas.

Es decir, tenían vía libre para decidir sobre la vida o la muerte de los detenidos. No importaba cómo, aunque, curiosamente, los métodos se repetían en todas las zonas militares, y los detenidos terminaban siendo eliminados, desaparecidos, lanzados al vacío. La orden era limpiar de «basura comunista» las calles de la muy leal y católica Argentina, esa nueva Argentina que sólo existía en las mentes deformadas de unos matarifes vestidos de militar. Una vez más el uniforme servía para prostituir la noble función de defender el Estado de derecho y la democracia. Las palabras de Videla suponen la antítesis de lo que en estos últimos debe entenderse por la función militar. Cuando Néstor Kirchner, después de asumir la presidencia en 2003, hizo que descolgaran el cuadro de Videla de la galería de próceres de la Casa Rosada, no sólo hizo un acto de justicia sino de dignificación de la función militar, hundida en lo más profundo de la deshonra por unos indeseables uniformados.

Por fortuna, muchas víctimas tuvieron la posibilidad de expresarse años más tarde en una sala judicial: «[me preguntaron] sí, yo creía que todo lo que estos sujetos hacían respondía a órdenes precisas emanadas de arriba, pedí disculpas al tribunal y contesté que me parecía que ningún hombre podía tener una erección porque se lo mandase su superior», recordaría una de ellas tras los juicios.

El verdugo, como reflexionaría el gran escritor, periodista y amigo uruguayo Eduardo Galeano, no se hace de la noche a la mañana. «En el fondo los verdugos son burócratas del dolor —afirmó—, no les vamos a regalar la grandeza de creer que son monstruos extraordinarios. El verdugo más peligroso, el más despreciable, es el sistema que los hace necesarios, que los emplea. Hay mecanismos para estimular lo peor de nosotros, porque la condición humana es múltiple y estamos habitados por verdugos, locos, santos, héroes, miserables, canallas; tenemos de todo dentro».

Con motivo del reportaje que realicé junto al periodista Vicente Romero, titulado precisamente *El alma de los verdugos*, coincidí con Galeano y con los jueces argentinos que llevaron adelante las primeras causas contra el régimen militar, como Leopoldo Schiffrin y Juan Ramos Padilla, o el fiscal Hugo Omar Cañón. Todos coincidíamos en lo mismo:

fue la capacidad que les otorgó en su momento el poder lo que les permitió actuar de ese modo, y es la sensación de impunidad la que les permitió quebrar todos los límites.

A partir de ahí funcionaron en la clandestinidad y actuaron en «honor» a la patria y a la lucha contra la subversión, las excusas perfectas del régimen militar argentino para desarrollar una mecánica del terror, cuyo paradigma fue la Operación Cóndor. Una guerra contra la «subversión», dijeron y repitieron hasta la saciedad todos los diferentes dictadores latinoamericanos de la época (Stroessner en Paraguay; Pinochet en Chile; Videla y los demás miembros de las Juntas en Argentina; Hugo Banzer, García Meza y otros en Bolivia; Castelo Branco, João Figueiredo y otros en Brasil; Ríos Montt en Guatemala; Anastasio Somoza en Nicaragua, y un largo etcétera), invocando además la necesidad de garantizar la «Seguridad Nacional», como forma de justificar un plan de exterminio que, en cada uno de esos países y en la décadas de 1970 y 1980, dieron como resultado el asesinato de decenas e incluso cientos de miles de víctimas, a las que en Argentina se añadieron unos treinta mil desaparecidos.

El juicio a las Juntas

En sus alegatos, los responsables militares se aferraron en la causa 13 a la supuesta contienda bélica que se libraba en el país para justificar sus actos, circunstancias inevitables (repitieron hasta la saciedad) de toda «guerra». Pero, esta vez, la sempiterna excusa no les sirvió para evitar la condena.

El fiscal Strassera, al que acompañó en la acusación el fiscal Luis Moreno Ocampo, que después sería el primer fiscal de la Corte Penal Internacional, remató su acusación contra los dictadores, como años después lo haría la fiscal Delgado en una sala de juicios de la Audiencia Nacional de España y tras haber oído centenares de testimonios, entre ellos el del propio fiscal Strassera, con palabras que pasaron a la posteridad argentina: «Quiero utilizar una frase que no me pertenece, porque pertenece ya a todo el pueblo argentino. Señores jueces, ¡nunca más!».

La sentencia del juicio a las Juntas fue leída por León Arslanián, en su condición de presidente de la Cámara Federal, y condenó a Videla y Massera a reclusión perpetua y a Agosti a cuatro años y seis meses de prisión, los tres artífices del golpe e integrantes de la primera Junta Militar entre 1976 y 1980. Junto con ellos, resultaron condenados Roberto

Eduardo Viola y Armando Lambruschini, miembros de la segunda Junta Militar. Fueron absueltos Omar Domingo Rubens Graffigna (comandante en jefe de la fuerza aérea en la segunda Junta) y los tres componentes de la tercera Junta Militar (1981-1982), Leopoldo Fortunato Galtieri, Jorge Isaac Anaya y Basilio Lami Dozo. En 2005, en la Audiencia Nacional española, sería el magistrado ponente José Ricardo de Prada quien leería la condena a más de seiscientos años de cárcel a Adolfo Scilingo por su participación en dos vuelos de la muerte con treinta víctimas mortales, después ampliada por el Tribunal Supremo a más de mil años por los más de trescientos casos de tortura que se perpetraron en la ESMA durante su estancia entre 1976 y 1977.

En medio de un océano de despropósitos y vacíos, el juicio a las Juntas Militares, la causa 13, fue el único y relativo logro de un país que salía de una dictadura, pero, como era previsible, celebrar el juicio no equivalió a ejecutar la sentencia.

En 1985 las víctimas estaban de enhorabuena ya que, por primera vez, veían cumplida su sed de justicia, pero desde ese preciso momento comenzaron los problemas y se aprobaron las leyes de impunidad. En diciembre de 1986 y en junio de 1987, bajo la presidencia de Raúl Alfonsín, se promulgarían, respectivamente, las leyes de Punto Final y de Obediencia Debida, y en 1989 vieron la luz, de la mano del presidente Carlos Saúl Menem, los indultos generales por los que se exculpaba de forma «preventiva», a los militares autores de unos delitos por los que no habían sido juzgados ni, por tanto, condenados. Se pretendía que la impunidad fuera total, salvo en lo relativo al robo de niños y los delitos contra el patrimonio. La jurisdicción penal quedó paralizada.

Al final, en todas las dictaduras en países en los que se desconocen los derechos ciudadanos, emerge el fenómeno común de la corrupción para garantizar la ausencia de persecución y la consolidación del olvido y el perdón. Así ocurrió durante un tiempo en Argentina, donde los responsables del régimen militar no tuvieron que dar explicaciones sobre sus actos mientras se guarecieron bajo la protección de aquellas leyes, que resultaron ser las fórmulas legales del olvido.

Años más tarde, el propio presidente Alfonsín reconocería que impulsó aquellas leyes «con mucho dolor», que debió hacerlo «para salvar la democracia» del país y que tuvo que afrontar hasta tres levantamientos militares.

CUANDO SE CIERRA UNA PUERTA A LA JUSTICIA, DEBEMOS ABRIR OTRA

Las víctimas, condenadas, ellas sí, por estas leyes de impunidad, tomaron una valiente decisión. No sólo siguieron denunciando internacionalmente los hechos, sino que también intentaron llegar más allá: presentar acciones penales en otros países para que la Justicia se pronunciara ante este tipo de aberrantes crímenes. Pero eso no sería inmediato ni fácil, ni existía tampoco una senda clara sobre cómo hacerlo. Es cierto que algunas víctimas de nacionalidades diferentes a la argentina habían iniciado actuaciones en sus países de origen, pero no se había intentado ninguna acción penal más amplia.

Esta iniciativa obtuvo respuesta cuando en marzo de 1996 la Unión Progresista de Fiscales de España, a iniciativa del fiscal Carlos Castresana, presentó, de la mano de la fiscal Dolores Delgado, su denuncia por los crímenes de la dictadura argentina, entre cuyas víctimas se encontraban ciudadanos de origen español.

«Para una mente democrática y jurídica, la impunidad es un insulto», decía la denuncia de Carlos Castresana en representación de la Unión Progresista de Fiscales por los delitos de genocidio, terrorismo y torturas contra la Junta Militar argentina. Se sumarían después otras querellas, como las de la Asociación Libre de Abogados, de la Asociación Argentina Pro-Derechos Humanos de Madrid y de la formación política Izquierda Unida. Muy pocos o ninguno de los integrantes de estos organismos tenía fe en que realmente la causa prosperara debido a la previsible falta de cooperación de Argentina, cuyas autoridades ya habían calificado la iniciativa de «colonialista». De todas formas, este paso era valorado de forma positiva tanto en España como en Argentina por quienes creían que era necesario hacer justicia. El fiscal argentino del juicio a las Juntas, Julio César Strassera, mostró su disposición a testificar ante la Audiencia Nacional si se lo solicitaban, y aunque no se mostraba muy convencido sobre su resultado, la iniciativa le parecía jurídicamente «perfecta».[111]

El sistema de reparto quiso que aquella denuncia recayera en el Juzgado Central de Instrucción n.º 5 de la Audiencia Nacional, del que yo era titular entonces, y el 28 de marzo de 1996 dicté un auto de admisión. Cuando leí la valiente denuncia, lo tuve muy claro: era jurídicamente procedente. El momento era propicio y la Justicia no podía dar la espalda a las víctimas una vez más. Los crímenes denunciados eran de una gravedad máxima. Ante su trascendencia para todo el género humano, no debían quedar en el olvido y en la más absoluta impunidad, como ya había acontecido diez años antes en el país donde se habían cometido. Sabía que sería muy difícil, pero a pesar del alto riesgo de fracaso la decisión que debía tomar era indeclinable. No aceptar la causa habría sido como ser partícipe de aquellos hechos. El concepto de Justicia no puede ser local sino universal, para confrontar la tendencia de los gobernantes a ocultar los peores delitos cometidos desde el poder contra sus ciudadanos. A partir de aquí intentaría por todos los medios legales a mi alcance llevar adelante esta causa y poner no un «punto final», sino un punto y seguido a los años de plomo de la dictadura argentina.

LA JURISDICCIÓN UNIVERSAL

En España, la extraterritorialidad de la ley penal está reconocida ya desde el siglo XIX, con la Ley Orgánica del Poder Judicial de 1870, para delitos contra la seguridad exterior de la nación.[112] Sin embargo, no fue hasta 1985 cuando, tras la aprobación de la nueva Ley Orgánica del Poder Judicial, la jurisdicción universal se introdujo plenamente en el ordenamiento jurídico español. Este principio gozó de un despliegue teórico absoluto en la legislación española hasta que fue restringida a través de sucesivas reformas en 2009 y 2014 (véase capítulo 3). Para muchos no se trataba más que de una expresión de buena voluntad de cada estado para luchar contra las injusticias en el ámbito internacional, quizá una mera limpieza de conciencias de los gobernantes. Sin embargo, era mucho más que eso; la jurisdicción universal tenía un potencial que todavía quedaba por demostrar y para hacerlo debían ponerse en funcionamiento todos los requisitos técnicos necesarios.

La historia de la jurisdicción universal se remonta a los escritos de clásicos internacionalistas como Francisco de Vitoria, Diego de Covarrubias, Francisco Suárez o Hugo Grocio, que buscaron instrumentos para garantizar la justicia más allá de las simples fronteras de un reino o un imperio. La idea subyacente consistía en diseñar un mecanismo que permitiera que se respetaran las normas más básicas de convivencia de la humanidad, entre todos los hombres y mujeres que la integramos. De los escritos de los grandes pensadores y filósofos de la historia, se destila la existencia de una serie de límites insoslayables a la barbarie humana, una línea roja, un derecho natural, la convicción de que hay normas inseparables de la naturaleza humana que emanan de la propia dignidad de cada persona, sin importar el lugar o el tiempo en que ésta viva. Estas reglas de mínimos desembocaron en el convencimiento de que existen una serie de crímenes que rebasan todos los límites. Un pueblo no debería ser aniquilado. La población civil no tendría por qué sufrir torturas o ser sometida a la esclavitud. Hasta la crueldad natural de la guerra merecía ser restringida: no todo cabe, no todo vale. Estas ideas elementales gozaban de un acuerdo general entre sabios de todas las culturas. Los internacionalistas llamaron a estas reglas mínimas *ius cogens*, «derecho de gentes», normas de derecho imperativo, es decir, que poco importa que los estados quieran abrazarlas o rechazarlas, tienen que respetarlas porque afectan a toda la humanidad en su conjunto.

El problema es que una ley sin instrumentos que permitan aplicarla es yerma. Una bella declaración de derechos que no prevea mecanismos que los garantice es estéril. Por ello, el *ius cogens*, junto con las numerosas declaraciones y convenciones de derechos humanos, precisa de una estructura jurídica, de personal, presupuesto y reglamentos que contribuyan a materializar esa protección de los derechos más elementales de todos los hombres y mujeres. Conocedores de esta necesidad, los estados procedieron a la creación de esas herramientas. Primero fueron los Tribunales de Núremberg y Tokio, donde se juzgaron los crímenes de la Segunda Guerra Mundial; casi cincuenta años después, los tribunales *ad hoc* para juzgar los crímenes en Ruanda y la antigua Yugoslavia; y por último la creación en 1998 de la Corte Penal Internacional. A todo ello cabe agregar los diferentes comités de las Naciones Unidas, entre los que destaca el de Derechos Humanos, los órganos de protección regionales, y también, cómo no, la jurisdicción universal. Ninguno de estos instrumentos por separado es suficiente para hacer frente a toda la impunidad existente en el mundo ni para acabar con ella. Todos los organismos y legislaciones cuentan con límites de distinto género. La jurisdicción universal trata de aportar su pieza al gran rompecabezas de la lucha contra las injusticias y las vulneraciones a los derechos humanos.

La palabra «jurisdicción» tiene un sencillo origen latino: *iuris dictio*. Su significado es bastante intuitivo: «decir justicia, decir derecho». Esto es, la facultad de indicar lo que es derecho, juzgar, aplicar la norma y, en su caso, imponer una pena. La jurisdicción se convierte así en una de las manifestaciones primordiales de la soberanía de un estado. Así, cada país decide cómo han de ser juzgadas por sus tribunales las infracciones al derecho. La idea original es que un estado juzga aquello que le interesa, aquello con lo que está en contacto o hacia lo que tiene alguna responsabilidad. Surge así la llamada «jurisdicción clásica», la territorial. Un estado está llamado a poner orden dentro de sus fronteras. Así pues, todos los delitos y faltas cometidas dentro del mismo caen bajo su jurisdicción. Pero no es el único principio, pues al territorial se le unen otros tantos que prevén la aplicación extraterritorial de la ley penal: el de personalidad activa, si el criminal es de nacionalidad del estado con jurisdicción, aunque delinca fuera del país; el de personalidad pasiva, si la víctima ostenta la ciudadanía del estado que persigue el delito; o si el delito afecta a los intereses directos del país (falsificación de su moneda, atentado contra sus dirigentes, etc.). A estos principios hay que añadir otro más: el de la jurisdicción universal. En este caso, es irrelevante de dónde sea la víctima o el perpetrador, cuál sea el país en el que delinca o que su delito atente de manera directa a los intereses de un único estado. Aquí lo esencial es la propia naturaleza del crimen: el ataque a los pilares más básicos de la conciencia, crímenes que, por ser tan abominables, agreden a la humanidad en su conjunto. No se trata de un hurto o una pelea entre vecinos, sino de genocidio, de crímenes de lesa humanidad, de crímenes de guerra, de tortura o desapariciones forzadas, entre otras barbaries. Estas atrocidades, por atacar al mismo corazón del género humano y a los pilares en los que se apoyan sus derechos básicos, dejan de afectar a un individuo en concreto y pasan a perjudicar a la comunidad internacional en su conjunto. Ésta es la fuente que legitima, que invita y que da la responsabilidad a cada estado para activar la jurisdicción universal, para accionar sus mecanismos y perseguir a los grandes delincuentes internacionales y someterlos a la Justicia también en otros ámbitos delictivos, como la corrupción, el narcotráfico, la trata de personas, el terrorismo o la piratería, y evitar así la impunidad que reina en estos ámbitos, pues los delincuentes se aprovechan de las diferencias entre países y de sus fronteras para evadir la Justicia. Pero la jurisdicción universal sirve también para proteger a las víctimas, para hacer realidad su derecho a ser reparadas.

Víctimas universales

De este modo, las víctimas de este tipo de crímenes son universales, y por ello cualquier juez de cualquier país en el que esté reconocido el principio de la jurisdicción universal tiene la obligación de actuar para investigarlos y sancionarlos.

Como fácilmente puede colegirse, el instrumento de la jurisdicción universal es un arma judicial de primer orden. Los responsables políticos, democráticos, pronto se dieron cuenta de ello y comenzaron a dictar normas restrictivas para su aplicación, no tanto porque las diferentes realidades lo exigieran, sino por intereses diplomáticos y sobre todo económicos con los países de origen de los represores. Es decir, se protegía, una vez más, a los victimarios antes que a las víctimas. Pero, precisamente por ello, la acción de los organismos de derechos humanos, los colectivos de víctimas y los expertos debemos seguir apostando por un mecanismo que ha sido y sigue siendo muy eficaz contra la impunidad y el olvido.

Otra de las características de este principio es que su desarrollo reciente se ha producido fundamentalmente a raíz de las resoluciones judiciales de los tribunales españoles dictadas en los procesos que se pusieron en marcha en 1996, con los casos de los crímenes cometidos durante las dictaduras argentina y chilena, a los que seguirían el de Guatemala contra Ríos Montt por el genocidio maya; el del Tíbet contra altos responsables chinos por el genocidio tibetano; el iniciado por los crímenes en el Sáhara; las torturas en la base militar estadounidense de Guantánamo; los crímenes de guerra en Irak; los crímenes en El Salvador; el paradigmático juicio seguido en Senegal contra el dictador del Chad, Hissène Habré —conocido como «el Pinochet africano»—; otros casos en Argentina, como el de los crímenes de la dictadura stronista; los crímenes franquistas... Se ha conformado un acervo muy importante que ha ido dando forma a este instrumento jurídico que hunde sus raíces en varios siglos atrás, y en la conciencia de que los crímenes horrendos no deben quedar impunes.

El desarrollo de este principio también ha sido, en gran parte, judicial, a través de resoluciones de los tribunales constitucionales (en España en 2005 y 2007) o cortes supremas (Corte Suprema de Argentina o Tribunal Supremo español) e internacionales (Corte Internacional de Justicia en los casos Sharon, Yerodia Ndombasi...) o Corte Penal especial creada por la Unión Africana para juzgar el caso Habré en Senegal, entre otros.

LA SECUENCIA JUDICIAL

Ese derecho y ese deber de ejercer jurisdicción, en el caso de España, venía fundamentado además en la costumbre y en un gran número de tratados internacionales. La legislación interna lo avalaba. La jurisdicción universal podía activarse y había que hacerlo. Lejos de tomarme el caso de Argentina a la ligera, desde el primer momento procedí con determinación porque era mi obligación como juez instructor, y lo hice, como siempre, a fondo. Fue así como admití a trámite la denuncia de la Unión Progresista de Fiscales el mismo 28 de marzo de 1996, y después, a través del auto de 10 de junio de 1996, di curso a varias querellas formuladas por la Asociación Libre de Abogados, la Asociación Argentina Pro-Derechos Humanos de Madrid y la formación política Izquierda Unida. Poco tiempo después, a través de un auto de 28 de junio de ese mismo año, estimé que la Justicia española tenía jurisdicción y competencia para conocer de los hechos denunciados, porque en derecho correspondía.

La labor de un juez instructor es siempre ardua. Exige recopilar toda la información y los datos relevantes para dilucidar después la culpabilidad o inocencia sobre un hecho que reviste indicios de delito. Este trabajo, nunca sencillo, se complica de manera exponencial cuando gran parte de las pruebas se encuentran fuera del alcance de quien investiga, cuando casi todos los presuntos culpables, los testigos, las víctimas y las evidencias se localizan fueran del territorio desde donde se instruye la investigación, por lo que se hace especialmente necesaria la cooperación internacional de los órganos judiciales del país en el que se han cometido los hechos criminales. Pero, como es de prever, si las víctimas tienen que acudir a la Justicia de otros países es porque en el suyo propio les resulta imposible avanzar con sus causas, y, por ende, es más que probable que la cooperación tampoco tenga lugar, con lo cual la labor de investigación se vuelve aún más compleja.

Este era el escenario al que me enfrentaba como titular del Juzgado Central de Instrucción n.º 5 de la Audiencia Nacional. Sin embargo, había que intentarlo de todas formas. Envié sucesivas comisiones rogatorias a Argentina con el fin de obtener testimonios sobre los hechos denunciados. Ninguna recibió respuesta, lo que implicaba que Argentina estaba faltando a sus obligaciones, derivadas de los tratados internacionales ratificados con España. En enero de 1997, el presidente Menem dictó un decreto presidencial por el cual se prohibía cualquier tipo de colaboración en esta materia. En 2001 se emanaría otro, esta vez con la firma del presidente De la Rúa, en el mismo sentido.

A pesar de esa falta de cooperación, en sucesivas decisiones fui imputando a múltiples represores hasta llegar a 192 y emití un elevado número de órdenes internacionales de detención contra algunos de ellos con fines de extradición. Algún medio de comunicación español dijo, empleando un símil taurino, que aquello era «un brindis al sol», es decir, que no valdría para nada. Pero, como les dije un día a algunos de los abogados de las acusaciones, que trabajaron con gran intensidad durante todo el proceso, «sabemos cómo se inicia una causa judicial, pero no cómo y cuándo concluye».

Cuando comencé la tramitación de la causa, lo confieso ahora, ante el impacto de la noticia en los medios de comunicación y la previsible reacción negativa por parte de la Fiscalía General y el Ejecutivo decidí, como estrategia de comunicación, dar la apariencia de que eran sólo las víctimas españolas las que motivaban la acción judicial. Obviamente, no era ése el único objetivo, pues, desde el primer momento, tenía claro que la interpretación del principio de jurisdicción universal que se desprendía del artículo 23.4 de la Ley Orgánica del Poder Judicial era mucho más amplia. Pero para que se comprendiera el sentido y alcance de la resolución era necesario hacer pedagogía con el fin de que, por primera vez en España, se asumiera que delitos de esta envergadura y que no eran los clásicos, como el tráfico de drogas o el terrorismo de ETA, y que habían ocurrido a miles de kilómetros bajo una jurisdicción diferente, hacía veinte años y con leyes que garantizaban la impunidad, podían ser asumidos por la jurisdicción española. Desde el principio el Ministerio Fiscal se desentendió del caso y no recurrió la jurisdicción durante casi dos años. Sólo reaccionó tras la detención de Augusto Pinochet, el 16 de octubre de 1998. Es decir, el fiscal consideró que aquello era una «garzonada», como les gustaba a algunos denominar esta investigación que, a la larga, tendría importantes consecuencias.

A lo largo de 1996 y 1997, fui extendiendo el caso a diferentes represores por medio de imputaciones de hechos concretos que iban dando verosimilitud a las figuras penales (genocidio, terrorismo y torturas) por las cuales había admitido las denuncias y querellas. Las órdenes de prisión fueron cayendo a través de las sucesivas resoluciones que dictaba.

Mi estrategia de investigación era, en primer lugar, acotar, ante la inmensidad del caso, los diferentes ámbitos de la represión en los que tenía que demostrar los diversos elementos de los crímenes denunciados y, en especial, el plan sistemático de represión y las acciones que lo integraron, ejecutadas con carácter constante y selectivo contra sectores concretos de la población, con el fin de descabezar a cada uno de los movimientos a los que se reconocía como impulsores, organizadores o dinamizadores de la subversión.

En segundo lugar, y tras haber acotado los ámbitos de represión, tenía que acreditar las acciones terroristas, extorsivas y de depredación económica y patrimonial por parte de los verdugos. De esta forma, paso a paso logré probar que lo que existía de veras era una organización criminal integrada, en este caso, por gobernantes amparados en el uso fraudulento de unas instituciones puestas al servicio de sus crímenes y no de los ciudadanos.

El concepto de «genocidio»

En 1943, Rafael Lemkin acuñó el neologismo «genocidio», término que identificaba las atrocidades que los nazis estaban cometiendo sobre la población judía y que Winston Churchill, en 1941, ya había descrito como «un crimen sin nombre». Lemkin, como resalta Joaquín González en la presentación de su autobiografía, publicada por el Berg Institute en 2018, lo incluyó por primera vez en el capítulo 9 de su obra *El dominio del Eje en la Europa ocupada* de 1943.[113] El 9 de diciembre de 1948 se aprobaría la Convención para la Prevención y la Sanción del Delito de Genocidio.

En el caso de Argentina, califiqué los hechos como presuntos delitos de genocidio del artículo 607, 1, 1.°, 2.°, 3.°, 4.° y 5.° del Código Penal vigente, también tipificado en el artículo 137 bis del Código Penal derogado pero vigente en el momento de dictar la resolución de procesamiento (2 de noviembre de 1999). La calificación tuvo que superar las dificultades de la propia definición del delito prevista en la convención y la conceptualización de «grupo nacional» para incluir dentro del mismo la conducta de los exterminadores argentinos. En la época en que se dictaron estas resoluciones, los crímenes de lesa humanidad no estaban previstos en la legislación penal española, y sólo a partir de julio de 1998 se tipificaron en el artículo 7 del Estatuto de Roma, que fue ratificado por España en octubre del mismo año, y que entró en vigor en julio de 2002.

En aquella resolución defendí la conceptuación «grupo nacional» como «grupo perteneciente a una nación», es decir, «grupo de una nación» en sentido territorial, si bien en la legislación y práctica internacionales la expresión significaba ante todo «grupo de origen nacional común».[114] Así, se usa esta expresión, por ejemplo, en el párrafo 1 del artículo 1 de la Convención Internacional sobre la Eliminación de Todas las Formas de Discriminación Racial, de 21 de diciembre de 1965, el cual, al definir el concepto de «discriminación racial», se refiere a toda distinción, exclusión, restricción o preferencia basadas, entre otros, en motivos de linaje, origen nacional o étnico.

En las discusiones habidas en el proceso de elaboración de la Convención de 1948 se pretendió precisar «grupo nacional» como minorías nacionales dentro de un estado, lo que en realidad es restrictivo. Sin embargo, el concepto no tiene por qué excluir el genocidio de grupos nacionales claramente diferenciados dentro de una misma nación. Es evidente que existen grupos con identidad nacional propia dentro de una misma nación cuyo elemento diferenciador puede ser étnico, racial o religioso, que son los generalmente aceptados, pero no son ajenos otros elementos distintivos de carácter territorial, histórico o lingüístico. Destruir de forma total o parcial a los escoceses, catalanes, vascos o corsos por el mero hecho de serlo constituiría, sin duda, un genocidio de grupos nacionales, ya que son grupos cohesionados, con rasgos comunes diferenciadores de carácter permanente.

De la misma manera, la definición de «grupo nacional» no excluye los casos en que las víctimas son parte del propio grupo transgresor, es decir, los supuestos de «autogenocidio», como los asesinatos masivos de Kampuchea (Camboya). El informe Whitaker,[115] además de calificar el genocidio como «el peor de los crímenes y la violación más grave de los derechos humanos»,[116] resalta que: «El genocidio no implica necesariamente la destrucción de la totalidad de un grupo. La destrucción del grupo puede ser parcial y la expresión "en parte" parece implicar un número razonablemente importante en relación con la totalidad del grupo como conjunto, o también una parte importante del grupo, como, por ejemplo, sus dirigentes».[117] Y más adelante: «La definición de "genocidio" que recoge la convención [...] no excluye aquellos casos en que las víctimas son parte del propio grupo transgresor».[118]

En efecto, el ponente de las Naciones Unidas sobre los asesinatos en masa en Kampuchea perpetrados por los Jemeres Rojos (*khmers rouges* en francés, *khmer krahom* en camboyano) calificó esa matanza como «autogenocidio», término que implica una destrucción masiva interna de una parte importante de los miembros del propio grupo.[119] Como ha dicho Pieter Drost, «la más grave forma del crimen de genocidio es la destrucción deliberada de la vida física o psíquica de seres humanos tomados individualmente en razón de su pertenencia a una colectividad humana cualquiera en cuanto que tal».[120] Concluye el documento afirmando que «para ser caracterizados como "genocidio" los crímenes contra un número de individuos tienen que estar dirigidos contra su colectividad o contra esos individuos por su carácter o condición de integrantes de esa colectividad».[121]

La Carta del Tribunal Internacional Militar de Núremberg incluyó entre los crímenes contra la humanidad la «persecución por causas políticas, raciales o religiosas en ejecución o conexión con cualquier crimen bajo jurisdicción del Tribunal». Sin embargo, aunque está reconocido en la literatura internacional que históricamente la destrucción de grupos nacionales, étnicos, raciales o religiosos ha tenido una clara motivación política, y pese al antecedente de la Carta de Núremberg, del análisis de las actas y de los trabajos sobre la Convención de 1948 se deduce que la Sexta Comisión encargada de su elaboración excluyó deliberadamente, y después de un amplio debate, los grupos políticos como objeto del delito de genocidio debido, en esencia, a la oposición de la Unión Soviética. Sin duda la represión brutal de los propios nacionales bajo el mando de Stalin tuvo mucho que ver en que se impusiera esa posición restrictiva. Esto no significa necesariamente que quedara al margen del genocidio la destrucción de grupos por motivos políticos. De hecho, lo que ello implica es que esos motivos políticos tienen que concretarse en un grupo nacional, étnico, racial o religioso para que la conducta de su destrucción total o parcial pueda ser constitutiva de genocidio. Sin estas identidades añadidas, la destrucción de grupos ideológicos o políticos fue considerada ajena al delito de genocidio en la Convención de 1948.

Esta exclusión ha sido contestada una y otra vez por la doctrina científica más autorizada, sobre todo porque, como dice el profesor José Manuel Gómez Benítez, «la realidad, sobre todo, ha ido imponiendo una forma distinta de interpretar la convención. Los exterminios de grupos de personas por razones políticas han sido tan evidentes y atroces que cada vez ha sido más injustificable mantener que no caben en la definición jurídica del genocidio porque no coinciden con ninguno de los grupos aludidos en el texto de la convención».[122] Se podría añadir que el concepto de «genocidio» es un concepto vivo y que, necesariamente, debe incluir aquellos supuestos que de veras le dan sentido, a la luz de los acontecimientos que se han ido produciendo desde la entrada en vigor de la convención. «El ejemplo más contundente hasta ahora de que esta interpretación es ya una realidad y no una mera pretensión fue el reconocimiento internacional —y muy especialmente por parte de Estados Unidos de América en el año 1994— de que el exterminio llevado a cabo por una parte de los Jemeres Rojos en Camboya (Kampuchea Democrática) entre el 17 de abril de 1975 y el 7 de enero de 1979 fue real y jurídicamente un genocidio de grupos nacionales. Este caso es muy significativo, porque nunca nadie ha discutido que se trató de un exterminio por razones políticas, ya que llegó a afectar no sólo al propio grupo jemer de los aniquiladores, sino también a los propios Jemeres Rojos ideológicamente discrepante del grupo dirigente. Está ampliamente reconocido, en efecto, que los primeros grupos ejecutados fueron los cuerpos de policía, militares del ejército derrotado y altos funcionarios de los dos regímenes anteriores, en ocasiones junto a sus familias. Después, siguieron las minorías étnicas y, acto seguido, en el contexto de la pretensión ideológica de desaparición de las clases capitalistas, todos aquellos camboyanos que fueron considerados por los dirigentes de los Jemeres Rojos bajo el mando de Pol Pot como sospechosos de actitudes individualistas o favorables a la propiedad privada. Las masacres afectaron, entonces, a los propios cuadros de los Jemeres Rojos y campesinos jemer. Todo ello, sin contar miles de ejecuciones individuales, torturas y deportaciones.»[123] Tampoco debe olvidarse que el propio Congreso de los Estados Unidos aprobó en 1994 el Cambodian Genocide Justice Act, que perseguía poner a disposición de sus tribunales a los responsables de aquel genocidio.

Grupo nacional

He expuesto lo anterior para aclarar a continuación que el concepto de «grupo nacional» es ajeno al de «grupo político» e incluso «social», el cual ha desaparecido del artículo 607 del Código Penal español pero que, por otra parte, no excluye a los «grupos políticos» en la formación de ese concepto.

La doctrina, cuando habla del genocidio nazi, indica que no fue el resultado de una guerra internacional, sino de una política calculada de asesinato colectivo por parte de un estado y que supuso la «destrucción estructural y sistemática de personas inocentes por el aparato burocrático de ese Estado».[124]

Algo muy similar puede decirse sobre lo que ocurrió en Argentina y que nos permite calificarlo de «genocidio». Las Juntas Militares, a través del golpe de Estado, impusieron el 24 de marzo de 1976 un régimen de terror basado en la eliminación calculada, sistemática y violenta de miles de personas a lo largo de varios años, disfrazada bajo la denominación de «guerra contra la subversión», con el fin de romper la estructura misma del grupo nacional, eliminando toda posibilidad de liderazgo o de iniciativa ideológica en los sectores afectados.

El objetivo de dicha acción era conseguir la instauración de un nuevo orden (como pretendió Hitler en Alemania) en el que no cabían determinadas clases de personas, aquellas que no encajaran en el cliché establecido de nacionalidad, occidentalidad y moral cristiana. Es decir, todos aquellos que, obedeciendo a «consignas internacionales como el marxismo o el ateísmo», según la jerarquía dominante, no defendieran el concepto de ultranacionalismo de corte fascista de la nueva sociedad.

En función de este planteamiento elaboraron todo un plan de «eliminación selectiva» de población por sectores, de modo tal que la selección no se realizaba tanto en consideración de los individuos concretos sino por su integración en determinados colectivos, sectores o grupos de la nación Argentina (grupo nacional) a los que se consideraba contrarios al «Proceso». Ello explica que hicieran desaparecer o ejecutaran a miles de personas, muchas de ellas sin ningún tipo de inclinación política o ideológica, pero que pertenecían a alguno de los colectivos que no encajaban en los moldes de este nuevo orden. Los judíos son un ejemplo de ello: su religión, sus costumbres y sus valores eran contrarios a lo que el régimen pretendía instaurar.

Todo esto queda corroborado con sólo recordar el nombre que la misma dictadura le dio a este período para justificarlo: Proceso de Reorganización Nacional, es decir, la desaparición o muerte «necesaria» de determinada «cantidad» de personas ubicadas en los sectores que estorbaban a la configuración ideal de la nueva nación argentina. El robo de bebés obedecía a esta misma lógica genocida, pues pretendían evitar que fueran criados en el ámbito al que pertenecían sus madres, impedir que esos entornos se reprodujeran y, al mismo tiempo, ayudar al aumento de la población de los sectores sociales que recibían a estos bebés. A través de todas estas medidas se producía el exterminio progresivo de «los enemigos del alma argentina», como los denominaba uno de los principales represores, el general Luciano Benjamín Menéndez.

Así, no sólo eran enemigos los que pertenecían a los grupos armados (Montoneros o ERP) o determinados líderes sindicales, políticos o estudiantiles, lo que podría indicar que la represión era meramente política o ideológica, sino también todos aquellos que «cambian o deforman en los cuadernos de nuestros niños el verbo "amar"; los ideólogos que envenenan en nuestras universidades, el alma de nuestros jóvenes, los aprendices de políticos que sólo ven en sus semejantes el voto que les permitirá acceder a sus apetitos materiales, los pseudosindicalistas que reparten demagogia para mantener posiciones personales sin importarles los intereses futuros de sus representados ni de la nación».[125]

Manifestaciones como ésta del teniente coronel Moreno, se repetían desde la cúpula militar y la Presidencia de la República hasta los meros ejecutores del plan genocida. Así, se decía que «el teatro, el cine y la música constituyen un arma terrible del agresor subversivo»; de modo que «es necesario destruir las fuentes de la subversión que se sitúan en las universidades y en las escuelas secundarias». Lo subversivo, según el concepto que elaboró de ello la cúpula militar, se configuraba como todo aquello que era contrario a la doctrina oficial. El denominador común de los miles de desaparecidos era su pertenencia a un mismo grupo nacional: Argentina. Todos integraban ese grupo; todos eran argentinos, y a todos se los eliminó en función de su «prescindibilidad» (decidida por los represores) para «la nueva nación argentina».[126]

La teoría no es original, ya que hunde sus raíces en las doctrinas nazis, si bien con métodos más sofisticados y revestidos de cierta apariencia de contienda bélica para eludir eventuales responsabilidades internacionales. Por esta razón se enfocó la acción como una guerra interna contra la subversión y el terrorismo, pretendiendo con ello eliminar toda interferencia externa que pudiera descubrir la eliminación sistemática y selectiva de sectores determinados, el «autogenocidio», desconocido incluso para una gran parte de la población argentina. Como el fiscal Strassera afirmara, se aplicó el método del decreto nazi de 1941 *Nacht und Nebel* («Noche y Niebla»), por el cual se autorizaba la desaparición de miles de personas acusadas de pertenecer a movimientos de la resistencia en los países ocupados. Es decir, los represores buscaban que la familia, los amigos y el pueblo en general no conocieran el paradero de las personas secuestradas y eliminadas. Para ello, se sirvieron de la cremación en hornos o «parrillas» (como hacían en la ESMA, según el testimonio del procesado Scilingo) y de la inhumación en cementerios sin identificación o en cualquier lugar que no fuera posible hallar, con el fin de que nadie pudiera afirmar que los «subversivos» habían sido detenidos, sino que, más bien, huían de la Argentina como no patriotas. Lo propio ocurría con los «traslados». Es por esta razón que ningún *habeas corpus* prosperaba, y cuando al fin aparecían algunos cuerpos, se simulaba que habían muerto en un enfrentamiento armado, cuando en realidad se los había asesinado con total frialdad y de forma calculada.

El estilo de vida occidental y cristiano

La mayoría de los participantes en la discusión sobre los grupos objeto de genocidio en la Convención de 1948 sostuvo que los grupos ideológicos o políticos debían ser tratados igual que los religiosos, pues ambos tienen una idea común (ideología) que une a sus miembros. Así pues, los hechos ocurridos en Argentina entre los años 1976 y 1983 quedarían también subsumidos en la destrucción por motivos religiosos. Uno de los hilos conductores de la acción represiva se guiaba, por una parte, por la preservación de lo que ellos denominaban «moral occidental y cristiana» frente al internacionalismo y el marxismo, es decir, frente al ateísmo y por otra, más allá de las actitudes heroicas de algunos religiosos secuestrados y asesinados, por el sometimiento a la «doctrina oficial» de la jerarquía eclesiástica, que fue consentidora y alentadora de la situación que se vivía y de la que tenía conocimiento a causa de su estrecha convivencia con el poder constituido.

Para corroborar el sesgo religioso del genocidio argentino, basta con acudir a algunos de los testimonios recogidos en el informe de la CONADEP, confirmados por diversas víctimas que prestaron declaración ante la autoridad judicial: «Mientras se preconizaba aquello del "estilo de vida occidental y cristiano", el desprecio hacia la criatura humana fue constante».[127]

El almirante Mendía, en representación de la jerarquía militar, arengaba en marzo de 1976 a sus oficiales en Puerto Belgrano, y les advertía de que las órdenes de la cúpula eran: «Combatir todo lo que sea contrario a la ideología occidental y cristiana». Para ello, afirmaba, «contamos con el beneplácito de la Iglesia». El almirante Mendía aprovechó la ocasión y explicó a los oficiales el método que debería seguir la armada en la «lucha contra la subversión»: «Así, se actuará con ropa de civil, en operaciones rápidas, interrogatorios intensos, práctica de torturas y eliminación física a través de acciones en aviones desde los cuales, en vuelo, se arrojarán los cuerpos vivos y narcotizados de las víctimas al vacío, proporcionándoles de esta forma "una muerte cristiana"».[128] Del mismo modo, los niños que nacieran en cautiverio serían arrancados de sus familias de origen y entregados a otras que representaran y defendieran aquellos «valores occidentales y cristianos», recogidas en listas elaboradas por los represores. O el mecanismo al que se refería el general Viola cuando dio la orden de que «la evacuación de los detenidos se producirá con la mayor rapidez, previa separación por grupos: jefes, hombres, mujeres y niños, inmediatamente después de las capturas», y que se parecía bastante al instaurado por las órdenes del mariscal alemán Wilhelm Keitel en 1941 y 1942, en las que se imponía el ocultamiento del paradero de los detenidos y su muerte. Era imprescindible que «la familia del criminal y la población en su conjunto desconozcan la suerte que han corrido, de esa forma se conseguirá intimidar a aquéllas, al desaparecer y desvanecerse sin rastro los detenidos».[129]

En abril de 1976, el entonces coronel Juan Bautista Sasiaiñ, jefe de la policía federal, afirmó que «el ejército valora al hombre como tal, porque el ejército es cristiano».[130] Por su parte, el general Manuel Ibérico Saint Jean declaraba paladinamente que: «El Estado debe definirse como custodio del repertorio de valores fundantes de la civilización cristiana y de la nación argentina».[131] Y el almirante Emilio Massera no tenía reparo en afirmar: «Nosotros, cuando actuamos como poder político, seguimos siendo católicos, los sacerdotes católicos cuando actúan como poder espiritual siguen siendo ciudadanos. Sería pecado de la soberbia pretender que unos y otros son infalibles en sus juicios y en sus decisiones. Sin embargo, como todos obramos a partir del amor, que es el sustento de nuestra religión, no tenemos problemas y las relaciones son óptimas, tal como corresponde a cristianos».[132]

En 1978, uno de los textos oficiales de la Escuela Superior de Guerra argentina, titulado «Lo nacional. El Nacionalismo», elaborado por su director el general Juan Manuel Bayón y corregido por el general Jorge Rafael Videla, decía: «El populismo, el clasismo y el socialismo son tres ejemplos de ideologías cuya infiltración en el nacionalismo argentino lo distorsiona, lo confunde, lo extravía [...]. Argentina no debe esperar nada del mundo exterior, que sólo busca la entrega al marxismo de los países que confiesan a Cristo [...]. En nuestros días se ha consumado lo peor que podía ocurrir y de más funestas consecuencias: la infiltración de las ideologías marxistas en el sentido nacional, y más aún en el nacionalismo argentino y en la Iglesia católica, apostólica y romana».[133]

En abril de 1983, el general Videla se refirió al informe final sobre desaparecidos, dado a conocer por la última Junta Militar, como «un acto de amor». Este mismo general-presidente de Argentina durante la primera Junta Militar dijo también sin rubor: «El terrorista no sólo es considerado tal por matar con un arma o colocar una bomba, sino también por activar a través de ideas contrarias a nuestra civilización occidental y cristiana».[134]

Del análisis conjunto de estos elementos «se desprende [...] que una de las finalidades perseguidas por la jerarquía militar que propicia el golpe de Estado [...] con el apoyo, instigación y bendición de las jerarquías de la Iglesia Católica Oficial (Argentina), en especial de aquellas personas que desde puestos directivos impartieron la doctrina que posterior y simultáneamente fue sublimada y aplicada por los responsables militares como argumento de justificación para desencadenar una feroz represión contra lo "no occidental y cristiano", es la destrucción pura y simple, a través de la violencia, de todo lo que fuera contrario a la doctrina, y en esa contradicción se basa la definición de lo subversivo. Todo ello como un mal necesario para la "purificación de la nación argentina"».[135] En definitiva, se trataba de una verdadera filosofía que movía a la acción delictiva, de una «cruzada» contra todo aquel que se adscribiera a una ideología atea, no occidental o no cristiana.

Este último elemento fue el que realmente cohesionó a todos los que fueron víctimas de la represión, entre los que se incluyeron judíos, ateos, cristianos de base o no oficialistas, entre otros, y su eliminación selectiva dio sentido al hecho de que «el genocidio de un grupo religioso es la destrucción sistemática y organizada, total o parcial de un grupo por su ideología atea o no cristiana; es decir, para imponer una ideología religiosa cristiana determinada».[136]

Cuando la jerarquía militar comenzó su acción genocida, partió de la necesidad de defender esas creencias, y con ello justificaba su propio quebrantamiento; así, consentía el asesinato, la tortura, el secuestro o el robo como elementos necesarios para conseguir el fin: la destrucción de todo aquello que contradijera su ideario. Sólo partiendo de este punto los represores considerarían justificadas sus acciones y estarían en paz consigo mismos, pues estaban haciendo lo necesario para salvar unos valores cristianos y occidentales de los que la «nación argentina» se consideraba portadora.

De este modo, los Cursos de Guerra Contrarrevolucionaria se impartían con el beneplácito eclesiástico. Entre las ideas difundidas en estos cursos destacaba la de que una «democracia basada en el sufragio universal o soberanía popular es el medio eficaz para promover la subversión legal». Se insistía en que el militar debía asumir la doctrina católica ya que sin ella «no sabrá qué hacer con las armas que tiene en las manos».[137] Estas ideas no eran nuevas; ya habían sido acuñadas en 1966 cuando el primado de Argentina y vicario general castrense, Antonio Caggiano, en un acto público afirmó que: «La "represión" no es una mala palabra».[138] La jerarquía eclesiástica oficial continuó decantándose en los años sucesivos hacia posturas autoritarias, y así, en 1974, al concluir la 29.ª Asamblea Plenaria de la Conferencia Episcopal Argentina (CEA), se dio a conocer un documento en el que los obispos expresaban su preocupación por «la difusión de doctrinas e ideologías totalitarias y marxistas» y el avance de mentalidades proclives a un estado plenipotenciario, con el peligro que ello suponía para la nación.[139] Más adelante, en agosto de 1975, monseñor Tortolo, presidente de la CEA y vicario castrense entre 1976 y 1978, decía, en un documento pastoral sobre las desapariciones, torturas y muertes en la provincia de Tucumán, que la acción del ejército en el Operativo Independencia había sido «limpia y eficaz»; y el 29 de diciembre de ese mismo año, adelantaba que se avecinaba «un proceso de purificación».[140] Mientras tanto, el vicario y provicario general castrense de las fuerzas armadas argentinas Victorio Bonamín, el 23 de septiembre de 1975 y en presencia del general Viola, hizo una afirmación perturbadora: «Saludo a todos los hombres de armas aquí presentes purificados en el Jordán de la Sangre para ponerse al frente de todo el país. El ejército está expiando las impurezas de nuestro país. ¿No querrá Cristo que algún día las fuerzas armadas estén más allá de su función?». Y poco tiempo después, el 5 de enero de 1976, el mismo prelado afirmó de forma tajante y sin complejos: «La Patria rescató en Tucumán su grandeza mancillada en otros ambientes, renegada en muchos sitiales, y la grandeza se salvó gracias al ejército argentino. Estaba escrito en los planes de Dios que la Argentina no debía perder su grandeza y la salvó su natural custodio: el ejército».[141]

Una vez perpetrado el golpe de Estado el 24 de marzo de 1976, la Iglesia oficial, representada por los obispos Adolfo Servando Tortolo, vicario general de las fuerzas armadas, y el provicario castrense, Victorio Manuel Bonamín, mantuvo el apoyo al ejército y se realizaron sucesivos pronunciamientos reafirmando esa postura.

Monseñor Bonamín delineó la doctrina y la filosofía que guiarían todas las actuaciones represoras de las jerarquías militares. El día 10 de octubre de 1976 (así se publicó en el diario La Nación del día siguiente), frente al general Bussi en Tucumán, Bonamín afirmaba con contundencia que: «Esta lucha [las acciones de los grupos de tareas] es una lucha por la República Argentina, por su integridad, pero también por sus altares [...]. Esta lucha es una lucha en defensa de la moral, de la dignidad del hombre; en definitiva, es una lucha en defensa de Dios. Por ello pido la protección divina en esta guerra sucia en la que estamos empeñados».[142] En el mismo sentido, el 5 de diciembre de 1977, con ocasión de una conferencia pronunciada en la Universidad Nacional del Litoral, en Paraná, provincia de Entre Ríos, dijo: «El mundo está dividido por dos filosofías incompatibles, perfiladas por dos fronteras ideológicas: el materialismo ateo y el humanismo cristiano. Las fuerzas armadas, en representación de la civilización occidental y cristiana, deben utilizar todos los medios para combatir al enemigo».[143]

Después de estos párrafos, la cuestión que debe dilucidarse es la siguiente: ¿qué era para la dictadura cívico-militar argentina lo «occidental y cristiano» cuya promoción y protección fue la esencia de toda la represión? Existen documentos de la época que ofrecen una respuesta clara. Por ejemplo, la doctrina oficial de la Escuela Superior de Guerra del ejército argentino, redactada por su director, el general Juan Manuel Bayón, en 1978, y corregida por el presidente de la Junta Militar Jorge Videla, que venía a establecer que: «El pluralismo ideológico y la coexistencia pacífica con el Comunismo Marxista, que ha logrado un pleno conformismo en las democracias occidentales de índole más bien plutocrática, es la obra de una propaganda abrumadora financiada por el poder del dinero». Y remataba: «Una prueba en el hecho de la coincidencia entre Plutocracia y Comunismo es la coexistencia pacífica y el diálogo constructivo».[144]

Es decir, se repudia todo tipo de pluralismo y democracia y se ensalza un concepto de la sociedad clasista, intolerante y totalitaria propio de los estados fascistas, si bien a ello se le puede poner freno, exclusivamente, cuando por razones económicas interesa abrir el paso a las relaciones de este tipo. «Debemos pensar —decía en 1981, y en Córdoba, Cristino Nicolaides, jefe del 3.ᵉʳ Cuerpo del ejército— que hay una acción comunista-marxista internacional que desde quinientos años antes de Cristo tiene vigencia en el mundo y que gravita en él.»[145]

Esta visión de «lo occidental» y de la «civilización cristiana» permite la degradación personal hasta el punto de tolerar las mayores atrocidades en defensa de un supuesto Bien Absoluto frente a un supuesto Mal Total, representado por el comunismo o el ateísmo, o incluso por aquellas ideologías que favorezcan la defensa de los más pobres, o que se desvíen de alguna forma de la doctrina oficial construida por las mentes de los dictadores. Un ejemplo de ello quedó registrado en el testimonio de un sacerdote secuestrado ante la CONADEP. Éste recibió el siguiente aleccionamiento durante su cautiverio: «Cristo habla de los pobres de espíritu, y usted hizo una interpretación materialista de eso, y se ha ido a vivir con los materialmente pobres. En la Argentina, los pobres de espíritu son los ricos, y usted, en adelante, deberá dedicarse a ayudar más a los ricos que son los que realmente están necesitados espiritualmente».[146]

Este fanático adoctrinamiento antimarxista y antisemita halla su explicación en la siguiente máxima recogida por una de las víctimas, el periodista Jacobo Timerman, al que uno de sus torturadores le dijo: «Argentina tiene tres enemigos principales: Karl Marx, porque intentó destruir el concepto cristiano de la sociedad; Sigmund Freud, porque intentó destruir el concepto cristiano de la familia; y Albert Einstein, porque intentó destruir el concepto cristiano del tiempo y el espacio».[147]

De ahí que se impusiera la misa a los secuestrados, para «consolar» espiritualmente a los no creyentes. Sí, tal cual, en ocasiones llegaron a oficiarles misa, como lo hiciera Jorge Acosta en las navidades de 1977 en la ESMA, entre grilletes y ruidos de cadenas y gritos de los detenidos torturados en la Capucha.[148]

El 30 de abril de 1976, el general Luciano Benjamín Menéndez, entonces jefe del 3.er Cuerpo del ejército, afirmó que la diversidad de autores, épocas y géneros literarios tenían una característica común: «La de constituir un veneno para el alma de la nacionalidad argentina». Y añadía: «De la misma manera que destruimos por el fuego la documentación perniciosa que afecta al intelecto y a nuestra manera de ser cristiana, serán destruidos los enemigos del alma argentina».[149]

Se trataba, en realidad, de una auténtica «cruzada integrista». Elocuentes son las palabras del capitán de navío Horacio Mayorga: «Nuestra institución [la armada] es sana, no está contaminada con las lacras del extremismo ni con la sofisticación de un tercer mundo que no da vida al verdadero Cristo»; o las del general Juan Manuel Bayón en su calidad de director de la Escuela Superior de Guerra, en 1978: «El populismo es radicalmente subversivo, quebranta el orden natural y cristiano de la sociedad y del Estado: invierte la escala de todas las jerarquías sociales, encumbrando los escalones más bajos [...]. Como enseña la Iglesia al respecto [...] el poder o soberanía política viene de Dios: pero no desciende hacia quien no puede ejercerlo; por esto es que el pueblo materialmente considerado como multitud de individuos no es titular primero, ni segundo, del poder, por su ineptitud. [...] La ideología socialista, en su esquema de la Historia de la Salvación, exhibe una caricatura grotesca del mesianismo cristiano; su encarnación del Mesías en los pobres de pecunia no es más que una adulación servil y una siniestra mixtificación. [...] Hay una razón teológica que justifica la coincidencia de la Plutocracia y del Comunismo, y es que coinciden en el ateísmo, en la negación de Cristo y de su divina Redención». Y concluía: «La Argentina no debe esperar nada del mundo exterior, que sólo busca la entrega al marxismo de los países que confiesan a Cristo. [...] Cuando este Nacionalismo o reacción es puro, se traduce en una política de la Verdad, del Sacrificio y de la Jerarquía. [...] La Verdad exige el lenguaje de la definición; le repugna y rechaza la adulación y la demagogia. El Sacrificio, que es el extremo del amor, exige dar la vida para hacer la Verdad; la jerarquía exige restablecer el Orden de la Verdad en las almas de los ciudadanos y de las instituciones».[150]

Esta doctrina, que se enseñaba a quienes se formaban en la vida militar y que fue avalada y corregida por el mismo presidente Videla, fue llevada hasta sus últimas consecuencias, eliminando físicamente a los discrepantes según el plan trazado por la jerarquía militar incluso antes del golpe de Estado. A través de esa doctrina se manifestaron las mentes enfermas de quienes, a fin de cuentas, sólo fueron unos matarifes que arruinaron a su propio país y acabaron con lo mejor de la juventud y la intelectualidad de Argentina.

Para consolidar la equiparación jurídica entre destruir a un grupo por motivos religiosos y la destrucción de un grupo religioso, debo resaltar que está consolidado doctrinalmente que los términos «religión» o «creencia» comprenden las convicciones teístas, no teístas y ateas, según comentario al artículo 1.º del Borrador de la Convención Internacional para la Eliminación de Todas las Formas de Intolerancia y Discriminación Basadas en la Religión o Creencia, aprobado por el Comité de la Asamblea General de Naciones Unidas en 1967.

Históricamente esta vía fue aplicada a la deportación masiva de niños tibetanos a centros chinos de formación marxista para sustraerlos de toda formación religiosa.[151] Aunque en este supuesto se trataba claramente de un grupo nacional en el sentido tradicional de la expresión, con una identidad religiosa budista definida, no es menos cierto que la conducta se consideraba genocida, ya que perseguía la destrucción de un grupo por motivos ideológico-religiosos.

Existe un gran parecido entre esta depuración ideológica y religiosa de corte marxista oriental y la que, en sentido inverso, pretendían las Juntas Militares argentinas tras el golpe de Estado de marzo de 1976, que buscaban destruir «todo lo que fuera contrario a la ideología occidental y cristiana».

Por eso es oportuno insistir en que en Argentina se trató de terminar con aquellos que, al revés que los marxistas chinos y según el criterio de los genocidas, no es que no profesaran una ideología religiosa cristiana, sino que se manifestaban como no teístas o ateos.

Destruir a un grupo por su ateísmo o no cristianismo implica pues, según esto, aniquilar a un grupo religioso, en la medida en que se manifiesta técnicamente como el objeto de la motivación o elemento subjetivo de la conducta genocida.

Por último, y como veremos a continuación, importa tanto o más la identificación que hacen los perpetradores del colectivo que consideran enemigo que la que pueda guardar tal grupo respecto de sí mismo o la que podamos concluir nosotros como observadores externos en términos más objetivos.

La motivación político-ideológica

Hablamos de una motivación político-ideológica de la conducta genocida cuando el agresor no persigue a la víctima en ningún caso por motivos raciales, religiosos o étnicos abstraídos de cualquier otro componente ideológico, sino que se apoya esencialmente en el pensamiento político del agresor (ya sea fascista, comunista, capitalista...) que conlleva en él una concepción racial, étnica o religiosa determinada.

En el caso de las acciones criminales contra la comunidad judía argentina, nadie duda de que la destrucción parcial o total de un grupo, identificado de esta forma y atacado por un agresor a causa de esa identificación, constituye un delito de genocidio. Pues bien, tampoco debería vacilarse al otorgar tal calificación cuando se da el siguiente supuesto: cuando el agresor ataca a los componentes del propio grupo nacional (concepto esencialmente político) y en lo sustancial lo hace por motivaciones políticas, a las que también van unidas aquellas de índole racial, religiosa o ideológica, y que se concretan en una mayor agresividad, sadismo, violencia e intensidad en las torturas o vejaciones cuando la víctima es un indígena, un judío, un católico discrepante, un intelectual contrario al pensamiento oficial o un no teísta, los cuales se asimilan por el agresor al «comunista» o al «marxista».

No aceptar esta interpretación es desconocer la esencia viva del concepto de «genocidio», que no puede permanecer adscrito a una interpretación estática y contraria a la propia naturaleza de las cosas e inalterada por su anclaje en unas posiciones doctrinales, determinadas por el precedente inmediato de la Segunda Guerra Mundial. El concepto de genocidio ha ido evolucionado a medida que las agresiones contra la humanidad se han ido refinando, seleccionando y «acondicionando» a los contextos diferentes al que impulsó la convención del 9 de diciembre de 1948.

Esta interpretación del genocidio, que concuerda con las valoraciones antes esbozadas, es respetuosa con el artículo 25 de la Constitución española, con la Convención sobre la Prevención y Sanción del Genocidio, con el artículo 15.2 del Pacto Internacional de Derechos Civiles y Políticos del 19 de diciembre de 1966, a cuyo tenor nada de lo dispuesto en este artículo se opondrá «al juicio ni a la condena de una persona por actos u omisiones que en el momento de cometerse fueran delictivos según los principios generales del derecho, reconocidos por la Comunidad Internacional» y con el artículo 607 del Código Penal español, que integra la realidad actual de este tipo de delitos.

En conclusión, si no puede eliminarse la motivación política cuando la acción genocida sobre un grupo de personas lo es por razones étnicas o religiosas, con mayor razón no puede prescindirse de estas últimas razones cuando el objeto de la agresión pertenece a sectores ideológicos que forman un grupo nacional.

LOS ABOGADOS

«Aquí estamos las locas.» Así se presentaron las madres al abogado Manuel Ollé en su despacho de Madrid. Era septiembre, y sí (debió de pensar el joven letrado) tenían que estar muy locas para cruzar el Atlántico en busca de Justicia tan lejos de su país y a su edad. La mayoría eran septuagenarias, pero quién lo diría, pues conservaban el vigor y la ilusión desmedidos de unas niñas. «Están locas, no hay duda, pero bendita locura», se dijo Ollé para sus adentros.

Las madres llevaban semanas preparando su viaje a España y la forma de participación en el proceso judicial abierto a miles de kilómetros de donde ocurrieron los hechos. Hebe de Bonafini capitaneaba la expedición, con el pañuelo blanco cubriendo su pelo cano como una bandera prendida al cuerpo, los ojos verdes, claros y vivos, y sus finos labios color carmín rojo como la sangre. «A nuestros hijos no se los compra, la única reparación es la Justicia y vinimos hasta acá a buscarla», avisó a Ollé, al que habían recomendado a las madres varios periodistas españoles que habían seguido durante años su lucha heroica y su frustración tras la impunidad reinante en Argentina.

«Queremos a alguien joven como vos, combativo, que no se arredre y nos acompañe en esta lucha acá en España», le pidió a Ollé sin andarse por las ramas.

Durante la reunión, el letrado oyó de primera mano el relato pormenorizado de cada una de las madres sobre la pérdida de sus seres queridos; las rondas ininterrumpidas durante años en plaza de Mayo; los secuestros de algunas de sus integrantes y su desaparición; las amenazas y los ataques que siempre sufrieron; el silencio cómplice de los medios de comunicación argentinos, con alguna honrosa excepción; el apoyo exterior cada vez más explícito y numeroso; su desencanto por las leyes de impunidad y la humillación posterior tras los decretos que indultaban a los militares; la travesía por el desierto de las familias de miles de víctimas que ahora divisaban, tantos años después, un oasis de esperanza en España...

Tras el encuentro en el bufete, el abogado acudió por la noche a un acto organizado por las madres. Allí terminó de comprobar que aquellas mujeres iban en serio y estaban dispuestas a llegar hasta donde hiciera falta para lograr sus propósitos; y que, en efecto, había algo de locura en sus ideales. «Será un trabajo duro —les advirtió Ollé—; no existen precedentes sobre estos casos en materia de justicia universal. No puedo garantizarles que vayamos a ganar.» Hebe de Bonafini sonrió, lo miró a los ojos, le tomó las manos y le respondió: «Hijo, la única batalla que se pierde es la que se abandona».

Otro letrado que formó parte del equipo de abogados que ejercieron la acusación popular desde el comienzo fue Carlos Slepoy. Cuando lo conocí, me llamó la atención que un abogado argentino estuviera trabajando como letrado en España. Después conocí su historia y comprendí que, como tantos otros, tuvo que exiliarse de Argentina por la represión. Su actuación en el caso Scilingo fue fundamental. Su empuje y persistencia fueron determinantes. Era un hombre entusiasta y propositivo. Su sonrisa amable dejaba traslucir su enorme humanidad. Él fue uno de los baluartes de ese juicio histórico, como lo fueron también los letrados Puig de la Bellacasa, José Galán, Enrique de Santiago, y Jaime Sanz de Bremond en representación de la familia Labrador. Jaime era ya una leyenda en la lucha por los derechos humanos en nuestro país; en los primeros años de la transición y de la democracia ya era uno de los referentes de la izquierda. En lo personal, he de agradecerle siempre que me acompañara en momentos muy difíciles, haciendo gala de la más absoluta coherencia. Eso es lo que marca la diferencia entre las grandes personas, los grandes profesionales, y los demás.

Tal vez ninguno de esos letrados imaginara que llegaría el día del juicio en España. Pero llegó, tan seguro como que no sólo Adolfo Scilingo fue el único represor sometido a proceso en España. También lo fue Serpico, el alias de Ricardo Miguel Cavallo, otro de los miembros clave, como mando medio, en la ESMA y su actividad represora. En su detención en Cancún, bastante rocambolesca, por parte de la Procuraduría General de la República de México (PGR), tuvo mucho que ver el abogado Slepoy, que me telefoneó desde Argentina en los últimos días de agosto del 2000, estando yo de vacaciones en el Pirineo catalán.

De madrugada recibí su llamada y, después de decirle que estaba de vacaciones, me dijo con emoción:

—Han detenido a Cavallo.

—¿Dónde?

—En México, y lo van a poner en libertad si no hay una reclamación.

—Carlos —le dije—, estoy de vacaciones y no tengo la causa aquí. Espera a que sean las nueve de la mañana y hablaré con mi colega en funciones, el juez Ruiz Polanco.

Conseguí contactar con él no sin dificultades, a través de una comunicación vía satélite. Ruiz Polanco no tenía idea de qué iba el tema. Le indiqué que, en el auto de procesamiento, el sujeto en cuestión venía identificado como «Cavallo, Ricardo Miguel» y por sus alias como uno de los represores que había actuado en la ESMA, y por tanto con hechos similares a los que se le podían imputar a Scilingo. Con esos escasos elementos, fue imposible obtener algo más en aquel instante. Le pedí que cursara la orden de detención mientras yo cancelaba mis vacaciones y volvía a Madrid inmediatamente para cursar la petición de extradición y consolidar la orden, y así evitar sustos como el de Pinochet dos años atrás (véase capítulo siguiente).

Valiéndome de mis buenas relaciones con los miembros de la Procuraduría General de la República mexicana (PGR), conseguí que mantuvieran la detención de Cavallo hasta que llegara la demanda de extradición y una más exhaustiva relación de los hechos. Gracias a la labor de la PGR y de la presión de la prensa en México, sobre todo del diario *Reforma* y su director René Delgado, logramos que el procedimiento comenzara y se mantuviera la prisión a efectos de extradición, que se hizo efectiva tres años después, y constituyó el primer precedente de entrega de una persona desde un país (México) a otro (España) a petición de este último, por unos hechos (terrorismo de Estado, torturas y genocidio) que habían sucedido en un tercero (Argentina) donde existían leyes de impunidad. Es decir, el principio de la jurisdicción universal en estado puro.

128 NO A LA IMPUNIDAD

Poco tiempo después Cavallo llegó a Madrid. Parecía imposible, pero era el segundo represor que acababa en España para ser juzgado. Le notifiqué el auto de procesamiento y quedó en prisión provisional después de que las acusaciones (si bien no el fiscal) lo pidieran. Nuestro encuentro fue breve, tenso y gélido. Nunca habló. Recuerdo sus ojos azul claro, duros como el pedernal. En ese momento, teniéndolo frente a mí, pasaron en cámara rápida frente a mí todos y cada uno de los crímenes que se le imputaban, y por los cuales respondería más adelante, así como sus víctimas, con alguna de las cuales me reuniría años después en Entre Ríos (Argentina).

En el verano de 2003, tuvo lugar un hecho importante que cambiaría el curso de los acontecimientos para Cavallo y otros represores. Emití la orden de detención contra 39 militares y un civil, cursándola a las autoridades argentinas. El juez federal Canicoba Corral, a diferencia de lo que había sucedido en ocasiones anteriores, atendió mi petición y ordenó el arresto de todos ellos a efectos de extradición. Los siguientes días de julio fueron trepidantes para todos, sobre todo porque iban transcurriendo los cuarenta días previstos en la ley para remitir la documentación necesaria a las autoridades argentinas a fin de que éstas decidieran si enviaban los detenidos a España.

Poco antes había sucedido algo no sólo relevante sino definitivo en pro de la lucha contra la impunidad: Menem no concurrió a la segunda vuelta de las presidenciales y Néstor Kirchner ganó la presidencia y asumió la dirección del país. En ese ejercicio ya había impulsado la derogación, que después se convertiría en nulidad, de las leyes de Obediencia Debida y Punto Final, así como de los indultos generales otorgados por su predecesor. Néstor Kirchner dijo entonces: «O los jueces argentinos juzgan aquí a los represores o los meto a todos en un avión y los mando para España». Parecía que la decisión del juez federal estaba en línea con la de Kirchner, que en el estado español no era conocida.

Lo cierto es que en España el Gobierno de José María Aznar se negó a dar curso a la extradición. Tras leer un informe escrito por el fiscal jefe de la Audiencia Nacional, el señor Fungairiño, que no era precisamente favorable a estos juicios, el Consejo de Ministros no quiso cursar la petición, con lo cual se planteó la grave situación de que el juez argentino tuviera que poner en libertad a los detenidos. Para evitar esa circunstancia, activé el tratado bilateral España-Argentina de asistencia en materia penal, denuncié los hechos ante las autoridades argentinas y remití toda la documentación al juez para que él y otros con la competencia necesaria abrieran actuaciones penales o las reactivaran. De esta forma, con las decisiones del poder legislativo y de la Corte Suprema argentinos en 2005, y con la documentación y las denuncias remitidas, se cerraba la puerta de la Justicia en España para los nuevos casos, pero se abría en Argentina para todos. Mientras tanto, no faltaron los roces entre ambos gobiernos sobre quién y por qué había intentado bloquear la petición de extradición, pero las actuaciones continuaron en la Audiencia Nacional contra Scilingo y Cavallo.

Calificación y artículo de previo y especial pronunciamiento

Ricardo Miguel Cavallo (alias Marcelo o Serpico) se integró en el Grupo de Tareas 3.3.2 de la ESMA, después pasó a inteligencia y acabó dirigiendo el sector de la «Pecera». A Cavallo se le imputaron numerosos casos de tortura, asesinato y desaparición.

Recuerdo en especial el caso de Ana María Testa Álvarez, que fue secuestrada en la ciudad de Buenos Aires el 13 de noviembre de 1979 por un grupo operativo del GT 3.3.2. La introdujeron en un vehículo Ford Falcon y la arrojaron contra el suelo de la parte trasera coche. En determinado momento, le ataron las manos y le pusieron una capucha en la cabeza. La trasladaron a la ESMA, donde la hicieron desnudarse y la sometieron a apremios físicos y psíquicos atada de pies y manos. Tras las sesiones de tortura, que se prolongaron durante varios días, fue trasladada a la zona de la Capucha, donde permaneció con grilletes en los pies y esposas en las manos, tapados los ojos y tumbada en el suelo, sobre una colchoneta y entre paneles de conglomerado. A los diez días, Cavallo y otro oficial la llevaron hasta el domicilio de sus padres en San Jorge, provincia de Santa Fe para extorsionar a la familia y obtener más información. Al regresar a la ESMA, fue sometida nuevamente a torturas en las que también participó Cavallo. Durante su cautiverio, éste se convirtió en su responsable directo; él era quien decidía sobre su integridad y sobre su destino, sobre su vida o muerte. Este relato fue estremecedor, como lo fue el día en que me encontré con ella y otras víctimas en la provincia de Entre Ríos, en 2014. Entre lágrimas de dolor y sonrisas de alivio por la Justicia obtenida contra Cavallo, condenado a cadena perpetua en Argentina el día de mi 56 cumpleaños, el 26 de octubre de 2011, sentencia que fue confirmada en 2014, terminamos todos abrazados, en una cena imborrable en Paraná, en un restaurante, junto al río del mismo nombre, velada que concluimos a ritmo de tango.

Otro caso que me impresionó especialmente, de los muchos que se le imputaban, fue el de Juan Alberto Gasparini, secuestrado hacia el mediodía del 10 de enero de 1977, en el despacho del abogado Conrado Higinio Gómez, en Buenos Aires, y trasladado a la ESMA, donde lo ataron de pies y manos y lo torturaron con palizas y picana eléctrica, con el fin de extraerle información sobre otras personas. En la madrugada del 11 de enero, lo llevaron a las inmediaciones de su domicilio, donde se encontraban su esposa, Mónica Edith Jáuregui, sus dos hijos, Emiliano Miguel, de veinte meses, y Arturo Benigno, de cuatro meses, y la amiga de la familia Azucena Victorina Buono, a quien conocían como «Mariana». El operativo estaba formado por un grupo de militares armados, entre los que se encontraba Ricardo Miguel Cavallo. Mientras Gasparini permanecía encapuchado en el asiento trasero de un Ford Falcon, con cadenas en los pies y las manos atadas, los militares asaltaron la vivienda disparando en puertas y ventanas. Dieron muerte a las dos mujeres. Días después, uno de los militares que había participado en el asalto le dijo a Juan Gasparini que él mismo había rematado de un tiro en la cabeza a su mujer cuando ésta ya estaba en el suelo. Las víctimas no tuvieron posibilidad alguna de resistirse; por el contrario, en las autopsias se apreció que los dos cuerpos presentaban escoriaciones, equimosis y hematomas en distintas partes del cuerpo. Uno de ellos mostraba una lesión producida por arma de fuego en la región parietal derecha efectuada a menos de cincuenta centímetros, pues existían signos de deflagración de pólvora. La otra víctima también presentaba una lesión producida por arma de fuego en la región palatina con deflagración de pólvora, lo que indicaba que el disparo fue realizado con el arma introducida en la boca. El cuerpo de Mónica Jáuregui fue inhumado en el cementerio de la Chacarita. Los dos hijos de Juan Gasparini fueron asimismo secuestrados y utilizados por los militares contra él para obtener información, pero, al negarse, los agresores mantuvieron recluidos a los dos pequeños durante dos meses en un establecimiento pediátrico, la Casa Cuna de Buenos Aires, hasta que por fin permitieron que su abuela, Norma Campana, los recuperase. Transcurridos veinte meses, Juan Gasparini fue puesto en libertad. Durante los dos primeros meses de su cautiverio, fue torturado sin cesar y sufrió varios paros cardíacos, a lo que se sumó la tortura psicológica derivada de la detención de sus hijos. Mientras permaneció en la Capucha —un año—, estuvo esposado, engrilletado, encapuchado y tabicado, con luz artificial permanente y música a todo volumen, igual que las demás personas allí postradas. Durante el tiempo que permaneció en la Pecera, fue obligado a realizar trabajos forzados y sometido a todas aquellas órdenes y requerimientos que los represores decidían.

La defensa de Cavallo planteó un artículo de previo y especial pronunciamiento, mecanismo previsto en la ley para que el Tribunal Supremo decida si la competencia se queda o no en el órgano judicial donde se tramita el procedimiento, en este caso la Audiencia Nacional. De nuevo la fiscal Dolores Delgado defendió con éxito la competencia, siendo así reconocido por la Sala 2.ª del Alto Tribunal. No obstante, la Sala de lo Penal de la Audiencia Nacional, de la mano del magistrado Alfonso Guevara, decidió que debería ser Argentina quien juzgara a Cavallo, pues para ese entonces, el año 2007, las leyes de Obediencia Debida y Punto Final ya estaban anuladas. Se solicitó urgentemente la extradición desde Argentina, pero el represor estuvo a punto de escapar de la Justicia.

Como ya había transcurrido el plazo para presentar la documentación de respaldo a la extradición, el represor, en vez de huir, acudió a recoger su pasaporte para viajar a Suiza. Durante ese tiempo, el juez Fernando Andreu había estado realizando arduas gestiones para que la documentación necesaria llegara. Yo, por mi parte y extraprocesalmente, había estado hablando con jueces argentinos para que incidieran en la activación del proceso. Al fin conseguimos que la documentación llegara ese mismo día, cuando Cavallo ya se marchaba de la Audiencia Nacional. Fue detenido cuando salía por la puerta de la Audiencia misma y enviado ante la justicia argentina, donde tras varios juicios resultó condenado a cadena perpetua por los crímenes contra la humanidad cometidos durante la dictadura cívico-militar.

CONCLUSIONES

El juicio en Madrid contra Scilingo se acerca al momento final. El presidente del tribunal, con voz cansada, acostumbrado a pronunciar esta frase cientos de veces, pues el ritual debe mantenerse, dice: «¿Conclusiones de las partes?». Cada una de ellas, comenzando por las acusaciones populares y particulares, seguidas de la fiscal, modifican o elevan a definitivas sus conclusiones acusatorias, fijando definitivamente su postura. En varios de los casos se produce una novedad, y es que, al haberse tipificado en 2003 (después del inicio de esta causa) los delitos de lesa humanidad en el Código Penal español, califican los hechos de esta forma en vez de como genocidio, torturas y terrorismo, que era la tipificación inicial. Por su parte, la fiscal cambia la absolutoria por la condenatoria. La defensa es la única que permanece inamovible en su petición: «Elevamos las conclusiones provisionales a definitivas». Es decir, la absolución.

El presidente del tribunal, en el mismo tono y mirando a la representante del Ministerio Fiscal y a los abogados acusadores por encima de sus gafas de concha obscura, anuncia: «Las acusaciones pueden informar por su orden».

Después de decenas de jornadas de juicio, centenares de testigos y miles de folios, cada uno de los profesionales debe glosar en apenas una hora sus argumentos para intentar convencer de su razón al tribunal. Uno a uno van desgranando con emoción los hechos, las pruebas y sus argumentos jurídicos. Las víctimas están atentas, no se mueven; apenas una lágrima resbala por la mejilla de Esperanza Labrador, cuando el recuerdo del dolor por la pérdida de sus hijos y su marido se hace insoportable. Pero también son lágrimas reparadoras, porque sabe que ya sí, la Justicia debe pronunciarse sobre aquellos crímenes, y aunque jamás podrá devolverle a sus seres queridos, de alguna manera cauteriza las heridas de casi treinta años de impunidad. Todas las víctimas tienen la seguridad de que en España un tribunal va a establecer en una sentencia, pues tiene que ser así, que en Argentina se cometieron crímenes atroces y que la inhumanidad se adueñó de unas mentes perversas, que hundieron en lo más hondo de la abyección a miles de personas y a todo un país. Ese momento es ahora y aquí.

La fiscal Delgado desgrana sus argumentos y concluye su alegato diciendo: «Como dijo el fiscal Jackson ante el tribunal de Núremberg, se tienen que oír las voces, y aquí se han oído las voces de las acusaciones populares y particulares que han hecho un esfuerzo extraordinario durante ocho años; se ha oído la voz de la instrucción que ha sido valiente y la de las víctimas; y ahora se tiene que oír la voz de la razón y del derecho, porque estos crímenes atentan contra la esencia de la civilización». Y añade: «Como dijo Nora Morales el 16 de febrero de 2005 ante este tribunal, son crímenes que no tienen perdón y son crímenes que no tienen olvido, y no deben tenerlo para que no vuelvan a suceder. Este es mi informe, ilustrísimo señor».

Los demás abogados hacen lo propio de forma contundente. Las pruebas son abrumadoras.

El tribunal, y en especial el ponente José Ricardo de Prada, al que le espera un trabajo ímprobo, han permanecido atentos a los informes. Nadie se ha movido de su asiento, se percibe la tensión en toda la sala. Aún queda por escuchar el informe de la defensa. Se oye un leve cuchicheo entre los periodistas asistentes a la sesión: «Me han dicho que va a cambiar una vez más su versión y va a reconocer los hechos»; otro lo mira con gesto incrédulo y le dice con desparpajo: «¡Qué va!».

La defensa, fiel a sus planteamientos, argumenta el desconocimiento y la falta de participación en los hechos de los que se acusa a su patrocinado. El acusado, Adolfo Scilingo, de nuevo tiene la oportunidad, en el uso de la última palabra que le otorga el presidente del tribunal, de confesar su relato. Nuevamente se esconde en la negativa y en la ley de la *omertà* que un día quebrantó valientemente ante mí para ponerse del lado de las víctimas. Pero ahora todo vuelve a estar como suele ser por parte de los perpetradores.

Me parece increíble el camino recorrido desde aquel lejano 28 de marzo de 1996. El juicio ha llegado a su fin. Ni mucho menos ha sido un brindis al sol. Aquí ha habido Justicia, y eso se siente en la sala cuando, a continuación, el presidente del tribunal dice enfáticamente: «Visto para sentencia. El juicio ha terminado. Despejen la sala». Con estas palabras se cierra uno de los momentos más esplendorosos de la Justicia española. Por desgracia, después llegarían otros no tan dignos, que convergieron para cerrar las puertas a la jurisdicción universal que se habían abierto de par en par en nuestro país, pero ésa es otra historia. Ahora, cuando la sala se queda vacía, tengo la sensación del deber cumplido. Dentro, ya sólo queda el agente judicial recogiendo los papeles del tribunal y cerrando las puertas del espacio físico en el que se han conjugado dolor y alegría, pero sobre todo en el que se ha sentido la acción de una justicia garantista, con todos sus formalismos, pero próxima y tangible para quienes acudieron a ella desde miles de kilómetros porque no la encontraban en su país. Una justicia que nos hace creer en el Estado de derecho y en la ausencia de fronteras para la jurisdicción universal cuando se enfrenta a una barbarie que no puede someternos, y que se hace eco del grito que emerge de las gargantas de las víctimas en todo el mundo: «no a la impunidad».

LA SENTENCIA

La sentencia de la Sala de lo Penal de la Audiencia Nacional contra Scilingo se hizo pública el 19 de abril de 2005. No sólo tuvo una profunda trascendencia en la esfera nacional, sino que traspasó fronteras y marcaría la historia del derecho a escala internacional. Se trata de uno de los pocos casos de condena efectiva en aplicación de la jurisdicción universal. La sentencia tiene además un mérito colosal en términos legales. A lo largo de sus razonamientos jurídicos, los jueces tuvieron que enfrentarse a gigantescos retos que salvaron con profundos y sesudos análisis de la norma nacional e internacional, su alcance y sus excepciones. Sus autores fueron los magistrados Fernando García Nicolás como presidente, Jorge Campos Martínez y José Ricardo de Prada Solaesa, uno de los paladines de la lucha contra la impunidad, como ponente.

La mayor dificultad consistía en reinterpretar el principio de legalidad cuando era necesario combinar la norma interna con la internacional, que no siempre está escrita. El principio de legalidad se desarrolló para proteger al individuo de la arbitrariedad del poder del estado. Gracias a él no puede condenarse a alguien por un delito o con una pena que no sea previsible, esto es, que no esté escrita. De acuerdo con este principio, no cabe castigar a nadie por hechos cometidos en el pasado aplicando una ley nueva. Es decir, la ley nunca puede ser retroactiva.

Como ya he dicho, los crímenes internacionales tienen su origen en el *ius cogens* y en la costumbre internacional. Por tanto, no está escrita. Cuando algún país ha intentado codificarla, lo ha hecho siempre de manera parecida pero no idéntica a la codificación de otras naciones, incluyendo algún elemento diferenciador. Por ejemplo, la manera de tipificar el delito de lesa humanidad no es la misma en el Código Penal español (2003) que en el Estatuto de Roma de la Corte Penal Internacional (1998). Tampoco puede afirmarse que la descripción del «genocidio» haya sido constante en la legislación española. Y la costumbre internacional no señala una pena específica e inmutable para un delito como éste. Hay países en los que aún se aplica la pena de muerte, en otros la cadena perpetua, en algunos se contemplan mecanismos de reducción de la pena para favorecer la reinserción social, y en otros se asumen mecanismos de justicia restaurativa a través de una conjugación de verdad y justicia retributiva (penas de cárcel) disminuida, para posibilitar la reparación por medio de mecanismos de justicia transicional (justicia restaurativa) que nunca puede ser equiparada con la impunidad. Queda claro así por qué la costumbre internacional se ha visto incapaz de indicar cuál sería la consecuencia legal por la comisión de alguno de esos terribles crímenes.

Hasta ese momento, la aplicación de la jurisdicción universal había encarado complejidades, pero todas fueron salvadas con los argumentos que la sustentan por su naturaleza cuando se justifica la competencia. Nunca se había alcanzado este estadio. El tribunal era plenamente consciente de su competencia; tenía los hechos demostrados sobre la mesa, un acusado esperando el fallo y toda una doctrina internacional que especulaba sobre qué pasaría si se ponía en marcha la jurisdicción universal sin explicar cómo. ¿Ahora qué? ¿Cómo resolver todas esas complicaciones? ¿Cómo atribuir penas a delitos internacionales?

Los jueces hicieron una valoración: el principio de legalidad se acuñó para proteger al individuo, y su estricta interpretación no puede servir de escudo que ampare la impunidad de los grandes criminales del mundo. Es necesario conjugar las normas internacionales y nacionales para comprobar cuál es el alcance del principio de legalidad en estos casos. De no hacerlo así, se estaría dando un mensaje perverso: ninguna norma internacional surgida de grandes masacres, guerras o catástrofes será aplicada a no ser que esté tipificada en el derecho penal interno de un país. Es decir, que se dejaría sin contenido el ya citado artículo 15.2 del Pacto de Derechos Civiles y Políticos de 1966, ratificado por España en 1977, que después de establecer en su párrafo primero que nadie será condenado por actos u omisiones que en el momento de cometerse no fueran delictivos según el derecho nacional o internacional, afirma paladinamente que: «2. Nada de lo dispuesto en este artículo se opondrá al juicio ni a la condena de una persona por actos u omisiones que, en el momento de cometerse, fueran delictivos según los principios generales del derecho reconocidos por la comunidad internacional».

La responsabilidad penal internacional individual implica que una persona puede ser responsable de los crímenes internacionales que cometa, y esto tiene una naturaleza puramente internacional. Ahora bien, la única manera de hacer tangible esa responsabilidad es acudiendo al derecho interno: urge activar la norma del país en cuestión. Hay que aplicar el derecho de un estado, en este caso el español, porque para este tipo de crímenes no estaba previsto un tribunal penal internacional.

El siguiente paso que dio el tribunal fue buscar el delito del que se acusaba a Scilingo, tipificado en el derecho español, que mejor encajara con el tipo recogido por el derecho internacional. En este sentido, los actos podían calificarse como «crímenes de genocidio», pero puesto que esas conductas estaban definidas específicamente como «crímenes de lesa humanidad» desde 1998 y 2003, no era necesario el esfuerzo interpretativo que sí hubo que hacer en 1996. Las atrocidades que conforman el crimen de lesa humanidad han existido siempre. La población civil siempre ha sufrido a lo largo de la historia el yugo de los grandes malhechores que disponían de su vida y de su integridad física y psíquica como mejor convenía a sus intereses. Sin embargo, su cristalización y consolidación como delito internacional no se hizo patente hasta pasadas las dos guerras mundiales, y muy especialmente gracias a la labor codificadora del Estatuto del Tribunal Militar Internacional de Núremberg. No obstante, ya antes estaban perfilados en las convenciones de La Haya de 1907, el Tratado de Versalles de 1919, el de Sèvres de 1920 y otros antecedentes. A partir de la creación de los tribunales de Núremberg y Tokio, se extendió el reconocimiento general de ciertas definiciones para los crímenes contra la humanidad.

Para explicar esto, y con la intención de alejarnos de visiones localistas de la legislación de cada país, lo más correcto tal vez sea recurrir al Estatuto de Roma, que gobierna la Corte Penal Internacional. Su artículo 7 se refiere al delito de lesa humanidad como una serie de actos cometidos como parte de un ataque generalizado o sistemático contra una población civil y con conocimiento de dicho ataque. Esos actos son de lo más dispar: asesinato, exterminio, esclavitud, deportación o traslado forzoso de población, encarcelación u otra privación grave de la libertad física, tortura, violación, esclavitud sexual, prostitución forzada, embarazo forzado, esterilización forzada, desaparición forzada, *apartheid*, otros actos inhumanos de carácter similar; la persecución de un grupo o colectividad con identidad propia fundada en motivos políticos, raciales, nacionales, étnicos, culturales, religiosos, de género u otros fundamentos universalmente reconocidos como inaceptables. Es decir, que cualquiera de estos actos pasaría a convertirse de un delito común a un crimen internacional de lesa humanidad, si en lugar de ser un hecho aislado se trata de un ataque contra la población civil de alcance general o sistemático, esto es, con un patrón predeterminado y diseñado para asegurar su consecución. Es importante aclarar además que para que exista un delito de lesa humanidad es irrelevante que haya o no conflicto armado.

La lesa humanidad estaba prevista en el Código Penal español, si bien es cierto que había sido incorporada apenas un año antes de la sentencia. No obstante, como el juzgador comprendía que no era más que la declaración o codificación de un delito internacional bien consolidado que obligaba a España desde hacía décadas, la inclusión en la ley española no creaba el delito, sino que tan solo lo definía. Ese argumento era igualmente válido para corroborar que también era aplicable en Argentina.

Así pues, el tribunal tenía que decidir sobre una obligación internacional oponible a ambos estados. Pero ¿estaba lo bastante bien definida como para prever las consecuencias jurídicas, es decir, una pena consecuente con la comisión de esa clase de delitos? Para ello era necesario analizar la ley argentina en el momento en que ocurrieron los hechos. Los tres magistrados se plantaron en la Argentina de finales de la década de 1970 y en su Código Penal. Por aquel entonces, el crimen de lesa humanidad no estaba previsto en su legislación. La única solución era revisar cada delito subyacente, es decir, cada crimen que, realizado de manera sistemática o generalizada contra la población civil, lo catalogaría como «de lesa humanidad». Allí estaban los asesinatos, las lesiones y los secuestros. Todas esas conductas indeseables estaban tipificadas por el código argentino e imponían penas de una dureza y rigidez notables, mucho más que las aplicables en la España actual. Y todas ellas, repito, en el marco de un plan sistemático de eliminación. El tribunal llegó así a las siguientes conclusiones: 1) Existía una obligación internacional en el momento en que se ejecutaron aquellos terribles actos. 2) Esa obligación venía recogida en la legislación española y su ley procesal le permitía juzgarlos con base en la jurisdicción universal. 3) Los delitos que componen la lesa humanidad estaban recogidos en la ley argentina desde hacía décadas. 4) La ley española debía ser aplicada para cumplir con su obligación internacional y para materializar la responsabilidad penal internacional individual de Scilingo.

El fallo de la Audiencia Nacional declaró a Scilingo culpable y lo condenó como autor de un delito de lesa humanidad por causar treinta muertes. Debía, por tanto, hacer frente a una pena de prisión de veintiún años por cada asesinato. Además, también se le declaró culpable por su participación en una detención ilegal y en un episodio de torturas a una joven. La suma de todas las penas daba como resultado una condena de 640 años de privación de libertad. Toda una conquista en la historia del derecho y la lucha contra la impunidad.

Pero Adolfo Scilingo y una de las partes de la acusación particular, aunque por razones opuestas, no estaban satisfechos con el veredicto. Tanto es así que recurrieron en casación la sentencia ante la Sala 2.ª del Tribunal Supremo. El Alto Tribunal admitió a trámite ambos recursos y volvió a enfrentarse con las complejidades que entrañaba el principio de legalidad. El Tribunal Supremo, en su sentencia, en parte dio la razón a Scilingo, y resolvió que el delito de lesa humanidad no era de aplicación, porque no existía en la legislación española en el momento en que tuvieron lugar los hechos. Por ello, el tribunal había de condenarle por los delitos subyacentes (los asesinatos, las torturas, las desapariciones forzadas, etc.), porque se habían cometido en un contexto de crímenes contra la humanidad. Es decir, sí cabía alegar la lesa humanidad como requisito procesal para activar la jurisdicción universal en España. El Tribunal Supremo también atendió a las demandas de la acusación particular que exigía un aumento de la pena. Según aquélla, la participación necesaria de Scilingo en el mantenimiento del centro de detención ESMA lo convertía en cómplice de todos los secuestros y torturas que allí tuvieron lugar. El Tribunal Supremo dictó sentencia el 1 de octubre de 2007, exactamente diez años después de que Adolfo Scilingo llegara a Madrid y se presentara en mi juzgado para prestar declaración. El nuevo fallo elevaba su pena a 1084 años de prisión. La sentencia era firme. El hito histórico y jurídico se mostraba inamovible. El paso adelante en la lucha contra la impunidad era sólido.

En la actualidad, Adolfo Scilingo cumple su condena en la cárcel madrileña de Soto del Real. Desde mediados de 2018, disfruta de algunos permisos penitenciarios.

A partir de 2005, la Justicia al otro lado del Atlántico recuperó su pulso, y desde entonces no ha cesado de avanzar en su lucha contra la impunidad. Las sentencias y condenas se cuentan por centenares y los procesados son más de mil. Todo ello gracias a la constancia de las víctimas y de los organismos de derechos humanos, con los que me enorgullezco de haber trabajado, así como de los colegas argentinos que continúan haciendo frente a retos inmensos frente a enemigos no menores que a veces se alían con otros actores estatales y paraestatales para que vuelva a reinar la impunidad. El «Nunca más» sigue siendo un lema que jamás debemos olvidar.

El sociólogo y filósofo estadounidense Michael J. Sandel, en una entrevista publicada el 15 de mayo de 2010 en el periódico *La Vanguardia* decía algo muy cierto, que comparto en el caso de Argentina, en el de España, Chile y tantos otros países: «A menudo, al principio (después de una dictadura, de una guerra...) es imprescindible cierta amnesia para la convivencia, pero sólo podemos admitirla de forma pasajera, y la prueba es que, cuando una democracia se restablece, la siguiente generación siempre necesita asumir su pasado, esto es, enfrentarse a él para bien o para mal». La Justicia, en estos casos, trabaja para que sea posible ser ciudadanos con dignidad: «Un ciudadano consciente y responsable de las atrocidades de la historia de su país, un ciudadano que las esclarece, las afronta y después las repara. Sólo así puedes sentir la dignidad (y si quieres orgullo) de ser español [...]. Olvidar y perdonar son cosas diferentes. Sólo puede haber justicia y, por lo tanto, perdón si no hay olvido. No hay amnistía (leyes de impunidad) válida moralmente si va acompañada de olvido».

Hugo Omar Cañón, acompañando la vida

No puedo terminar este capítulo sin rendir un homenaje de admiración y de hermandad a una de las figuras más importantes para mí en la lucha contra la impunidad en Argentina: el fiscal Hugo Omar Cañón, fallecido trágicamente el 3 de enero de 2017. Valgan estas líneas, que constituyeron mi *laudatio* del doctorado *honoris causa* que a título póstumo le fue concedido por la Universidad de la Plata el 16 de junio de 2017,[152] la cual años antes me lo había otorgado a mí, en su presencia.

En el año 1958, Rodolfo Walsh escribió en su libro *Caso Satanowsky* y a propósito del homicidio impune de este abogado: «Sé que la sangre derramada nos mancha a todos. Y de algún modo hay que limpiarla». La violencia del estado contra los ciudadanos siempre ha sido una constante en todos los países, en algún momento de su historia. Frente a ellos siempre se han levantado hombres y mujeres valerosos, verdaderos héroes ciudadanos que han antepuesto el interés de los demás al suyo propio, su entrega al servicio público, con nobleza e independencia. Un buen ejemplo de ello fue Hugo Omar Cañón.

Siempre tuvo claro, después de la tremenda y bárbara dictadura cívico-militar que asoló Argentina entre los años 1976 y 1983, que «los desaparecidos, sus familiares, los niños apropiados merecían los máximos esfuerzos para saber qué había pasado y juzgar a los responsables de semejantes crímenes aberrantes». Siempre creyó en el efecto reparador de la Justicia cuando ésta actuaba de verdad, con independencia, ajena al interés político del poderoso.

Su trayectoria lo dice todo: se graduó de abogado en la Universidad Nacional de La Plata. Fue secretario del Juzgado Civil y Comercial de Tres Arroyos, secretario del Juzgado Penal 3 de Bahía Blanca y Defensor de Pobres y Ausentes de esa misma ciudad. Mientras ejerció de fiscal general federal de Bahía Blanca durante veintitrés años, inició la investigación por los crímenes de lesa humanidad cometidos en jurisdicción del 5.º Cuerpo de ejército y de la marina en Puerto Belgrano. Siempre del lado del oprimido.

Esta actitud le imprimió carácter y le impulsó a impugnar en solitario, en 1987, la llamada «ley de Obediencia Debida» por inconstitucional. Una vez que comenzó su sanción, no encontró solidaridad entre otros fiscales ni jueces. No lo saludaban algunos colegas a los que conocía desde hacía años. No encontró quien lo recibiera en la procuración. Aníbal Ibarra fue uno de los muy pocos que lo apoyó, e incluso hubo días en que siendo fiscal sancionado tenía que dormir en un sillón de la casa de Aníbal. Igual decisión tomó respecto de los indultos a procesados dispuesto por el presidente Menem.

Recordando sus propias palabras, publicadas en la revista *Cabal*: «Impugné la ley de Obediencia Debida y por mayoría los jueces me dieron la razón diciendo que era inconstitucional, pero luego la Corte, por cuatro votos a uno, dijo que era constitucional, con lo que se cerraba una gran cantidad de juzgamientos posibles, quedando limitado a los máximos jefes. Y así, con esas limitaciones, seguimos investigando, hasta que, en octubre de 1989, Menem dictó los indultos que pretendían clausurar todas las causas. También impugné esta decisión aberrantemente inconstitucional; la Cámara Federal —también por mayoría de dos a uno— me dio la razón, pero luego la Corte (ya ampliada por Menem), por cinco votos a dos dijo que los indultos eran constitucionales. Pasé el momento más duro de mi vida durante el gobierno de Menem cuando cuestioné el indulto. Primero trataron de ofrecerme algún cargo para que dejara mi función de fiscal, luego me abrieron un sumario para pedir mi cesantía. La presión, la descalificación y el desprecio fueron enormes».[153]

Hugo integró la comisión de fiscales denominada «Comisión de Derechos Humanos del Ministerio Público Fiscal», destinada a desarrollar trabajos de coordinación y colaboración en todas aquellas causas vinculadas a violaciones de los derechos humanos en el período 1976-1983, y particularmente actuó con fiscales italianos en el marco del Plan Cóndor.

En la inspección de las cárceles, hizo escuela. Les ordenó a todos los fiscales federales que inspeccionaran todos los lugares de encierro, ya fueran federales, provinciales, comisarías o cualquier otro, siendo una decisión que aún hoy no se ha replicado.

Desde la fiscalía de Bahía, fue también pionero en temas ambientales, especialmente en los que tenían que ver con el polo petroquímico.

Fue decisivo su aporte investigando lo que en Bahía Blanca era conocido como «Patronato de la Infancia», una institución nefasta donde se tramitaba la beneficencia de la oligarquía bahiense. Los investigó y demostró cómo la comisión directiva robaba la comida de los niños y usaba a los empleados para casamientos privados. Tras su intervención, los niños encontraron una verdadera razón para vivir.

Durante la dictadura, cobijó a mucha gente en su casa, y ocultó documentos que después fueron esenciales en las investigaciones.

Los premios que obtuvo fueron plenamente merecidos: el premio Justicia Universal otorgado en el año 2000 por la Asociación Argentina Pro-Derechos Humanos de España; en el 2006 recibió, por parte de la facultad de Ciencias Jurídicas y Sociales de la UNLP, el premio Reconocimiento a la Trayectoria y el Compromiso con la Defensa de los Derechos

Humanos; en 2007, la legislatura porteña lo distinguió por su impugnación a la Obediencia Debida.

Impulsó en 1999 la investigación en el marco de lo que se ha denominado «Juicio de la Verdad». Pero también destacó su papel en el marco de la Comisión Provincial de la Memoria de la Provincia de Buenos Aires, de la que yo también formé parte como asesor.

Y es que él, como nadie, comprendió que los derechos deben respetarse en cualquier tiempo y espacio, lo que le hizo luchar denodadamente por dignificar a quienes cumplían sus condenas o sufrían medidas de privación de libertad en los penales más inhóspitos, siendo implacable en su denuncia de prácticas de tortura y malos tratos.

En 1996 inicié la investigación, bajo la aplicación del principio de jurisdicción universal, de los crímenes de la dictadura argentina en Madrid. No tardaría mucho tiempo para que Hugo Cañón se hiciera presente en la Audiencia Nacional. Aún recuerdo su presencia en mi despacho aportando documentación importante y trascedente, que contribuyó a tener mucho más claro lo que fue un plan sistemático criminal de actuación en contra del pueblo argentino, durante la dictadura cívico-militar que intentó destruir su alma.

Su compromiso lo llevó a declarar en el juicio al represor Scilingo en 2005 en Madrid. Nuevamente su testimonio no sólo fue valiente, sino decisivo para formar el criterio del tribunal en su sentencia condenatoria contra el mencionado represor.

En más de una ocasión, en esta ciudad de La Plata, participé con él en la presentación de informes, en la denuncia de violaciones a los derechos humanos, en la reivindicación de los derechos de las víctimas. Siempre que vine a Argentina, Hugo fue mi guía; siempre estuvo a mi lado y yo al suyo. Desde aquel lejano, pero próximo, 1997, nuestra amistad y compromiso por la lucha contra la impunidad se acentuó y nos unió para siempre.

Él decía que yo era un gran contador de historias y me hacía repetir ante todos, cada vez que nos veíamos, el relato de cómo, coincidiendo con mis viajes a Latinoamérica, siempre acontecía un movimiento sísmico, estallaba un volcán o había tormentas o cualquier otro fenómeno natural grave allá donde iba, pero que, tal como me habían dicho los «mamos» y «chamanes» de los diferentes pueblos indígenas de los valles del Cauca en Colombia y los territorios ancestrales peruanos y ecuatorianos, ése era el abrazo de bienvenida de la «Madre Tierra», y que jamás me ocurriría nada, y que cuando consideraban que tenían que protegerme, se desplazaban a Madrid incluso para renovar la protección.

Algo de credibilidad debía darles, porque nunca le convencí para que me acompañara a esos territorios, aunque sí lo hizo a múltiples países, y siempre que venía a Argentina él era mi punto de referencia, como hoy aquí.

Recuerdo, en 2006, en un debate entre ambos en la facultad de Derecho de la Universidad de Nueva York, su valiente alegato contra el terrorismo de Estado y contra los abusos y las torturas en Guantánamo, ante un auditorio repleto de alumnos, ciudadanos y autoridades estadounidenses que seguían atentamente sus contundentes argumentos que después incluí en mi libro *La línea del horizonte*.

Años antes, en 2001, recuerdo otra anécdota que tuvo lugar en mi segunda visita a esta ciudad (la primera fue para recibir uno de mis primeros doctorados *honoris causa*) en la sede de la Comisión Provincial de la Memoria. Cuando nos mostraban los miles de documentos relativos a las víctimas de la dictadura, Hugo me tenía preparada una sorpresa. Yo le había contado que en 1999, mientras el dictador Augusto Pinochet permanecía detenido en Londres, la Corte Suprema de Chile había prohibido cualquier comunicación entre el juez Guzmán Tapia, que tramitaba la causa en su país contra aquel, y yo, so pena de recusación (algo similar a lo que aquí habían dispuesto los decretos ejecutivos de Menem y De la Rúa, con los jueces argentinos y yo, decretos que quebrantó Hugo trasladándose físicamente a Madrid y entregándome cientos de documentos fundamentales para afirmar el plan sistemático de eliminación de las víctimas durante la dictadura y el esclarecimiento de los hechos cometidos en la jurisdicción del 5.º Cuerpo de ejército). Unas fechas después, el presidente De la Rúa dimitió y Hugo me llamó para contarme la situación que se vivía aquí, y yo le dije: «Hugo, te juro que mi visita a La Plata no ha tenido nada que ver en este hecho».

Pues bien, frente a cualquier amenaza, decidió que, aquí, en La Plata, era el momento de romper aquel aislamiento, y me dijo: «Baltasar, alguien quiere saludarte». Frente a mí estaba el juez Guzmán. Los tres nos fundimos en un gran abrazo, dando comienzo una amistad que se mantuvo entre nosotros y que aún perdura en forma indestructible hasta hoy. Desafiamos a quienes perseguían la parálisis del miedo y la falta de comunicación.

También recuerdo nuestro viaje a Chubut y a Bahía Blanca, donde, a pesar de la oposición de todos aquellos que eran fieles a la dictadura, consiguió que me otorgaran un doctorado *honoris causa*. Tanto él como yo, como los demás compañeros, entre los que cito a Alejo Ramos Padilla, lo consideramos como un gran triunfo frente a las posiciones más reaccionarias que se oponían a ello. Serían inagotables las experiencias y las lecciones de vida que, comenzando en la sede de mi juzgado en la Audiencia Nacional en 1997, he recibido de Hugo, hasta pocos días antes de su muerte. Vi su rostro, tras los cristales, el 24 de diciembre, en horas previas a la Navidad, resistiendo, en la puerta de la AFCSA. Allí estaba, ahora como abogado de Martín Sabbatella, resistiendo a la arbitrariedad de la toma del organismo decidida por el gobierno de Mauricio Macri. Hablé con ambos y me dijeron que estaban tranquilos y que resistirían, porque la ley estaba de su parte. Como bien sabéis, queridos amigos, a veces, muchas veces no basta con contar con la ley, porque ésta puede ser aplicada inicuamente por jueces injustos y venales.

Ese día fue el último que supe de él, hasta que un golpe seco como un hachazo me hizo estallar en llanto el día 3 de enero de 2016 con la noticia de su muerte, de la que aún hoy sigo sin recuperarme. Su foto, como la de mi compañera fiscal, Carmen Tagle, asesinada por ETA en 1989, me acompaña en mi estudio.

Admito que no soy imparcial cuando hablo de Hugo Cañón. Ayer mismo, como hoy aquí, me emocionaba al oír su voz en la presentación a los medios de comunicación en Madrid del lanzamiento del próximo documental que la fundación que presido, en pro de los derechos humanos y de la jurisdicción universal, ha hecho para propagar los nuevos Principios Madrid-Buenos Aires, en cuya elaboración participó. Su voz firme resonó en septiembre de 2015 en el teatro Cervantes de Buenos Aires reivindicando la jurisdicción universal como un instrumento de la Justicia y de las víctimas contra la impunidad.

Tampoco soy imparcial cuando hablo de Estela de Carlotto, de Esperanza Labrador o de Sacha, de Chicha Mariani, de Abuelas y de Madres de Plaza de Mayo, de HIJOS, de ex presos, de las víctimas de la guerra de las Malvinas, cuyo 25.º aniversario se cumplió hace unos días y que aún está a la espera de una definitiva reparación por parte del Gobierno que, ahora, bajo la presidencia de Macri, antepone intereses económicos y comerciales a la exigencia de responsabilidades y a la dignificación de las víctimas.

Tampoco soy imparcial cuando hablo de Néstor Kirchner, de Cristina Fernández de Kirchner, de Ernesto Sábato, de Martín Sabbatella, de Raúl Zaffaroni, de Juan Gelman, de Horacio Verbitsky, de Justicia Legítima, a cuya presentación en esta ciudad asistí y me proclamé miembro de la misma, ni de los jueces y fiscales que están siendo objeto de persecución por continuar combatiendo la impunidad, ni de Milagro Sala, injustamente encarcelada. Estoy seguro de que si Hugo estuviera entre nosotros me acompañaría mañana a la cárcel de Jujuy a visitarla y a gritar por su libertad. Y no lo soy porque de todos ellos, de su dignidad, continuamos aprendiendo, y porque su memoria, su lucha y reivindicaciones respectivamente son las nuestras y así deberá ser, ahora y siempre.

Y, en este sentido, debemos seguir la senda que Hugo Cañón nos marcó: ser implacables en la denuncia y persecución de los genocidas, de los criminales de lesa humanidad y de guerra, de quienes les financian, encubren o se aprovechan de esa situación. En memoria de quienes, como Hugo, dieron o dedicaron su vida porque este mundo fuera mejor, no podemos ser indiferentes ni silentes ante el abuso y la arbitrariedad.

Como decía el poeta, «ningún reino se conquista para siempre», y mucho menos el de la democracia y la justicia. Las amenazas de los agresores y de quienes propugnan el olvido y el perdón, negando la verdad y olvidando la Justicia, siempre están alerta y dispuestas a actuar, por ello nunca debemos cejar en la defensa de lo logrado. El futuro de los que nos sigan está en juego.

En su otro afán, el de hacer más aún por la sociedad desde la propia sociedad tras su paso por el ámbito judicial, en el año 2009, se incorporó al partido Nuevo Encuentro. Recuerdo que lo explicaba así: «Hace cuarenta años que ingresé al poder judicial y asumí como fiscal el 8 de abril de 1986, por lo que voy a cumplir veintitrés años en el cargo, y en lo personal creo que tengo la edad suficiente para cerrar un ciclo. Es una etapa que se cierra, aunque desde ya les anuncio que no sólo seguiré trabajando junto a Martín Sabbatella (fundador del partido) desde la Mesa Nacional del Encuentro por la Democracia y la Equidad, sino que además seguiré en la Comisión Provincial por la Memoria, desde donde pensamos aportar pruebas documentales importantísimas para juzgar a los represores».

Fueron muchas las horas y los diálogos que tuvimos sobre el valor y la necesidad de la política en una sociedad democrática. Él pensaba que la política era un instrumento idóneo para cambiar la sociedad, pero también era consciente de que «lamentablemente está muy degradada». Su bandera se resumía en que «todos, ricos y pobres, debemos aportar a una sociedad más equitativa», y que él desde su experiencia podía hacer un aporte para que eso pudiera llegar a ocurrir. Algo más, y creo que muy importante, para entender el ideario de este hombre singular: siempre dejaba claro que lo que le interesaba era esa aportación estricta, pero que no deseaba vivir de la política. Coincidíamos en esto, aunque nunca dejamos de recordar que también en la política existen muchos que ni son servidores públicos, ni se sienten tales, ni defienden los intereses del pueblo sino los propios, y a estos hay que echarlos por corromper la democracia fuera de ese digno ámbito de la representación del pueblo. «En política —sentenciábamos— debe entrarse con ilusión y ganas de combatir por un mundo mejor, y salir ligero de equipaje, con la mochila llena de experiencia y honestidad y vacía de aprovechamiento personal.» Como bien sabéis, a veces lo que debería ser normal se convierte en heroico y excepcional.

En septiembre de 2015, se aprobaron los nuevos Principios de la Jurisdicción Universal, debatidos a lo largo de tres años por más de cien juristas de más de cincuenta nacionalidades en el escenario del teatro Cervantes de la capital bonaerense, abarrotado por un público atento. Hugo Cañón reivindicó una vez más el papel sanador de la Justicia y su necesidad para hacer frente con ella a los poderosos, sean políticos o grandes corporaciones económicas y financieras. Reivindicó la fuerza de países como Ecuador frente al despliegue de bases militares estadounidenses; de Bolivia, expulsando al embajador estadounidense por su incidencia en la explotación sojera del país; o de Argentina, cuando abordó los juicios contra la dictadura superando la desconfianza de muchos en la Justicia, porque acompañar los juicios era una apuesta por la vida frente a lo que hicieron los represores, que fue una apuesta por la muerte.

Nunca olvidaré sus palabras: «Creo que podemos conseguir apoyar a los más débiles en relación con los poderes centrales, podemos articular estos principios de jurisdicción universal para instalarlos con la finalidad de apuntar al invisible papel del poderoso, descorriendo el velo de las personas jurídicas, como dijo hace cuarenta años el juez argentino Salvador María Losada, para ver cómo detrás de una multinacional hay otra, y otra», y se extienden como las metástasis que hay que cercenar.

En ese último congreso, que compartimos y que ahora recuerdo con emoción, terminó su intervención así: «El mensaje que quiero dejar para quienes apostamos por la vida es que militemos fervientemente estos principios y los llevemos a la práctica en defensa de los vulnerables y confrontando ese poder real que quiere manejarnos».

A lo largo de su vida hizo gala de coherencia y convicción en su lucha en defensa de las víctimas. Su verbo fuerte, decidido y contundente se alzó siempre contra los represores y sus cómplices. Denunció y combatió el terrorismo de Estado con el firme propósito de que la Justicia actuara contra los que masacraron a su pueblo.

Tras su muerte escribí en un periódico español: «El dolor de la muerte siempre es intenso, profundo. Nos destruye cuando no es esperado. Mi amigo y hermano, Hugo Omar Cañón, de quien tanto aprendí, nos ha dejado. Su lucha incansable por la verdad, la memoria, la justicia, no nos abandonará. Argentina ha perdido hoy a uno de sus mejores ciudadanos».

Hugo siempre apostó por la vida enfrentando a los demonios que sembraron la muerte y cabalgaban con ella. Pienso que, por ello, la muerte le respeta. Su nombre ha quedado para siempre junto a las víctimas que defendió hasta el final y, allá donde esté, las sigue acompañando.

Así recuerdo a Hugo Omar Cañón, mi amigo, mi hermano, nuestro ejemplo.

En nombre de su familia, de su memoria y de los treinta mil desaparecidos, acepto en su nombre este título de doctor *honoris causa*.

Gracias.

2

Pinochet o la traición a la revolución

ACTO DE REIVINDICACIÓN

En nuestras vidas hay instantes que se nos graban de forma indeleble. En ocasiones actuamos de determinada manera porque hemos trazado un plan y tenemos al menos una idea de lo que puede ocurrirnos y en otras, simplemente, reaccionamos espontáneamente ante algo, como cuando realizamos un acto de rebeldía frente a una injusticia. Recordaremos siempre ese instante de heroísmo íntimo sin importar que los demás lo reconozcan o no; uno sabe que estuvo allí y que actuó de aquel modo. Y ese momento nos marcará para siempre.

¿Qué lleva a un hombre a escupir sobre el cadáver de otro? ¿Qué tipo de sentimiento anida en sus entrañas para hacer algo semejante? ¿Acaso guardaba importantes cuentas pendientes que salda de esa forma atávica, impulsiva y poco «educada»? ¿O será un gesto de repulsa hacia lo que la persona ahora inerte representó o hizo en vida?

La imagen de un hombre normal y corriente, sin signo distintivo o uniforme que lo identifique, haciendo ese gesto tan intenso vuelve frecuentemente a mi memoria desde aquel 12 de diciembre de 2006 en Santiago de Chile. No creo que, aunque pueda parecerlo, fuera un acto premeditado. La venganza y el odio son sentimientos que germinan poco a poco, mientras que la ira y la repulsa son emociones más espontáneas.

Ese hombre camina pausado entre la muchedumbre agolpada en una fila en la que unos lloran y otros se contienen. Ocupa su espacio, no habla con nadie, aguarda pacientemente, con aparente indiferencia y sin saber bien por qué se encuentra allí. La larga fila avanza despacio. Reina el silencio. Los sentimientos quedan ocultos, también los de nuestro protagonista. Así será hasta que se encuentre a escasos metros del féretro, y tal vez sea en ese momento cuando entienda, por fin, cómo debe reaccionar al tener delante el rostro inerte del dictador. Recorre el último tramo de la fila. Ya está frente a él. Lo mira, se posiciona y, con contundencia, firmeza y decisión lanza un salivazo que le sale de las entrañas, sube por la tráquea y desde el fondo del paladar lo lanza en perfecta parábola para impactar con certera precisión contra el rostro inmóvil del cuerpo inerte, sólo separado del líquido viscoso por el fino cristal que cubre el ataúd. El hombre se ha quedado a gusto, aunque resta importancia al hecho. «Me acerqué por allí a ver qué pasaba», relataría después.

Este episodio tiene que ver con que el hombre fallecido era Augusto Pinochet Ugarte, y con el hecho de que su cadáver estaba recibiendo un homenaje multitudinario en la capilla ardiente instalada en el vestíbulo central de la Escuela Militar de Santiago. Si bien el funeral no gozó de honores de Estado, sí contó con la debida parafernalia castrense, la misma que recibiera al volver de Londres tras un período de 503 días de detención por orden mía, luego de haber esquivado la Justicia que lo había requerido como genocida, torturador y responsable máximo del sistema de represión instaurado en Chile.

Lo castrense y sus ritos es algo que siempre me ha llamado la atención, y sobre todo cómo los ejércitos, en lugar de cumplir con la legalidad constitucional, suelen alzarse en armas siguiendo a los generales que atacan el Estado de derecho y la democracia, en este caso la República representada por el presidente Salvador Allende. La sumisión de la masa a las órdenes de mando es un fenómeno muy estudiado y que forma parte ya de los tratados de psicología de masas y las relaciones humanas. Pero no deja de sorprenderme que la historia se repita una y otra vez. Por naturaleza, siempre he estado de parte de las revoluciones y luchas ciudadanas y en contra de quienes traicionan al pueblo, sean de una ideología o de otra. Quizá por ello no me gusta el ejército, a pesar de una de las pocas concesiones que hice en mi niñez: puesto que mi padre tocaba la trompeta y se sabía todas las marchas militares, yo también las aprendí. Con el paso del tiempo, me he ido afirmando en mi idea de que los militares, si bien son necesarios para la protección de un país respecto de posibles agresiones externas, cuando se extralimitan de sus estrechos y precisos marcos institucionales se empoderan, usurpan ámbitos reservados a los ciudadanos y, so pretexto de salvar la «paz» y el «orden», se instalan en el poder para no dejarlo, aplicando recetas que, en la práctica totalidad de los casos, implican agresiones y ataques a las normas de solidaridad y hermandad por las que deberíamos regirnos. Estos «salvadores de las esencias patrias», que en general se adscriben a ideologías fascistas o autoritarias, han abundado a lo largo de la historia, y en el caso de Chile estuvieron auspiciados, apoyados y empoderados por la administración estadounidense bajo la aplicación de la doctrina de la Seguridad Nacional de la Escuela de las Américas, que devino en una sucesión de ataques a las democracias latinoamericanas con el fin de acabar con los movimientos socialistas y populares democráticos.

Aquella madrugada del 12 de diciembre de 2006,[1] muchos pensaron que aquel hombre había estornudado sobre la urna del dictador justo en el momento de pasar por delante. La mayoría de los que esperaban su turno para dar el último adiós al muerto ni siquiera se dieron cuenta de lo sucedido, y el incidente sólo fue un rumor que tardó horas en confirmarse. Pero sí, Francisco Cuadrado, artista plástico de profesión, había escupido sobre el cadáver del general, presidente y dictador Augusto Pinochet. Cuando se lo preguntaron no lo negó. Tampoco se inmutó cuando un grupo de personas lo siguió con indignación hasta la salida del recinto militar ni cuando los soldados lo salvaron de un linchamiento, ni siquiera cuando el mismísimo director de la Escuela Militar lo llevó hasta su despacho para preguntarle personalmente por lo sucedido. Allí se limitó a afirmar: «Era mi última oportunidad, hice lo que tenía que hacer». Fue una acción de reivindicación de sus abuelos, Sofía Cuthbert y el general Carlos Prats, militar demócrata, fiel a la Constitución republicana y a Salvador Allende, quien, paradójicamente, al dejar la comandancia en jefe del ejército chileno había recomendado a Pinochet para que lo sucediera en el cargo. Traicionando esta confianza, días después de ser nombrado, Pinochet encabezaría el golpe de Estado que sumió a Chile en uno de los episodios más oscuros de su historia y, unos años más tarde, dispondría el asesinato del propio general Prats, así como la detención, tortura, muerte y desaparición de miles de chilenos.

El general Prats

Fiel a la legalidad constitucional, tras el golpe de Estado, Carlos y su mujer, Sofía Cuthbert, se exiliaron en Argentina, en la ciudad de Buenos Aires, donde vivieron hasta que una bomba colocada en su vehículo acabó con la vida de ambos, el 30 de septiembre de 1974. El atentado fue perpetrado por un comando de ultraderecha infiltrado en los servicios secretos argentinos que fue instigado por Pinochet, que encomendó el operativo al entonces coronel Manuel Contreras, apodado el Mamo, temible jefe de la Dirección de Inteligencia Nacional (DINA). Años más tarde se sabría que se trató de una de las primeras acciones coordinadas entre los servicios secretos de Chile y Argentina, y que, poco después, daría paso a la Operación Cóndor, el plan de eliminación concebido por los regímenes militares del Cono Sur en el marco de la Doctrina de Seguridad Nacional diseñada por Estados Unidos durante la administración Nixon y la Guerra Fría, y cuyo principal artífice fue Henry Kissinger. A través de este operativo, se intercambiaba información y se perseguía a quienes estaban escondidos y refugiados, se los secuestraba, torturaba, trasladaba a través de fronteras sin ningún trámite legal y se los hacía desaparecer. Fue una época en la que reinó el terrorismo de Estado, el genocidio y los crímenes de lesa humanidad en toda Latinoamérica. Detrás de ello no sólo estaban los dictadores, sino también las grandes corporaciones, parte de la población civil y el gigante país del norte, que diseñó las políticas represiva y económica con el objetivo declarado de eliminar todo aquello que oliera a progresismo y socialismo.

Como tantos otros chilenos que se habían refugiado en Argentina, el general Prats había quedado expuesto a la amenaza creciente de la Triple A tras la muerte del presidente Perón. A Prats lo vigilaban informantes chilenos y agentes locales en coordinación con Chile. El asesinato del general y de su mujer auguraba los siniestros sucesos que acontecieron en los años venideros.

El nieto del general Prats fue escoltado hasta la salida de la Escuela Militar y conducido en coche hasta su casa. En medio de la solemnidad de la ceremonia, los responsos de cardenales, las colas interminables de plañideros, los himnos y los cánticos nostálgicos, el incidente pasó casi desapercibido. Más tarde, una vez finalizado el boato e incinerado el cuerpo del dictador, Cuadrado Prats se convertiría en héroe de muchos chilenos,[2] aunque perdería su puesto de trabajo en la Municipalidad (Ayuntamiento) de Las Condes, regido por un alcalde de un partido de derechas leal a Pinochet, aun cuando aquél se esforzó en señalar que el despido no tuvo «motivación política».[3] Aún en 2006, en Chile, las raíces tóxicas del pinochetismo seguían vivas.

LA SITUACIÓN PREVIA

La historia de un país no es impermeable al devenir político y social de sus vecinos y se escribe a un compás lleno de ritmos comunes. El relato de la historia del Cono Sur americano está plagado de inestabilidad institucional, choques de intereses, golpes de Estado, sed de libertad y mano dura para reprimirla. Durante los años sesenta y principios de los setenta fueron apareciendo grupos que creían en una manera distinta de hacer política, de gobernar las naciones y de repartir la riqueza. Estos brotes socialistas se hacían cada vez más fuertes y se convirtieron en una más que posible alternativa al *statu quo* político conservador, tradicional y clientelar. Sin embargo, estos sueños de cambio se disiparon a ritmo de golpes de Estado: Paraguay (1954), Brasil y Bolivia (1964), Chile y Uruguay (1973) y Argentina (1976). Ése fue el tiempo durante el cual tuvo que gobernar Salvador Allende, con el fantasma del golpe militar a su espalda desde el momento mismo de su elección.

Salvador Guillermo Allende Gossens accedió a la presidencia de Chile el 4 de noviembre de 1970, tras la victoria en las urnas de la Unidad Popular, la coalición de partidos en la que había confluido toda la izquierda chilena. La intención de la Unidad Popular consistía en introducir el socialismo revolucionario no a través de una vía violenta sino desde la propia democracia. Era la «vía chilena al socialismo», la «revolución con sabor a vino tinto y empanadas», como dijo el propio Allende.[4] El suyo fue el primer Gobierno socialista designado por sufragio universal. El escudo del Partido Socialista de Chile (el mapa de Sudamérica en rojo sobre un fondo blanco) evidenciaba sus ansias de extender esa experiencia por el resto del continente.

Antes incluso de comenzar su mandato, Allende se encontró con una dura oposición interna que pretendía deslegitimar, boicotear y desestabilizar el país a toda costa. Un proyecto político como el suyo, socialismo y democracia, debía ser abortado antes de nacer. La conspiración nació a la par que el triunfo en las urnas. Aunque Allende ganó las elecciones, al no obtener mayoría absoluta, su nombramiento requería de la ratificación del pleno del Congreso. Mientras se desarrollaban las negociaciones entre las diferentes fuerzas políticas, se fueron sucediendo una serie de atentados con explosivos, con el objetivo de infundir temor y crear confusión. No había tiempo que perder. Cuando ya era evidente que esa estrategia no daría resultado y todo hacía presagiar que, fiel a su tradición democrática, el Congreso ratificaría al candidato más votado, los conspiradores chilenos, apoyados por la CIA, pasaron de los atentados al intento de secuestro y asesinato del entonces comandante en jefe del ejército René Schneider, conocido por su apego a la Constitución, a la más estricta legalidad y a la no intervención política. Alguien así podía transformarse en un obstáculo para un futuro golpe de Estado. Debía ser eliminado; y cuanto antes, mejor. El 22 de octubre de 1970, se produjo un intento de secuestro hacia su persona. Schneider se defendió, pero, alcanzado por las balas, falleció el día 25. Allende fue ratificado el 24, y asumió la presidencia el 4 de noviembre. Su Gobierno no lo tendría fácil. Todos estaban advertidos de que tanto en Chile como en EEUU había fuerzas dispuestas a hacer lo que fuera necesario para que la aventura chilena del socialismo en democracia no acabara bien.

Nuevos intentos de desestabilización se sucederían hasta culminar en la quiebra de la democracia el 11 de septiembre de 1973. Pinochet, nombrado por el propio Salvador Allende como comandante en jefe del ejército hacía sólo unas semanas, fue de los pocos militares que estuvieron junto al presidente hasta unas horas antes del golpe. De hecho, Pinochet se había reunido con el ministro de Defensa, Orlando Letelier (quien años después sería asesinado con su asistente en Washington DC por activos de la Operación Cóndor), el día anterior y le había informado de que el ánimo de los militares estaba más tranquilo. Tal vez lo dijera para desorientar al Gobierno cuando era él quien estaba preparando el golpe; tal vez dudó en sumarse a la insurrección hasta última hora o, quizá, lo motivó a hacerlo el anuncio de Allende de la convocatoria de un referéndum para dar salida a la profunda crisis política y económica que atravesaba el país (dividiendo así el frente civil de la oposición y rebajando la tensión). Sea como fuere, lo cierto es que todo se precipitó y el plan de los golpistas, con Pinochet entre ellos, se adelantó tres días. Todo el Gobierno, salvo algunas excepciones, como el socialista Carlos Altamirano (que también terminaría siendo objetivo del Plan Cóndor durante su exilio) tenían plena confianza en Pinochet. Pero Pinochet era un hombre ambiguo, que siempre había trabajado para todos los bandos.

Sea como fuere, el Gobierno de Unidad Popular era observado muy de cerca por el de Estados Unidos, obsesionado con el avance progresista en Latinoamérica y con el temor de que Chile y su vía pacífica al socialismo se convirtieran en un ejemplo para el resto del continente.[5] Nada más acceder al Gobierno, Allende empezó a aplicar políticas revolucionarias encaminadas a mejorar la vida de la clase trabajadora y, con ello, atrajo la mirada amenazadora de la administración Nixon sobre el país. Medidas como el reparto gratuito de leche para los niños, el aumento del salario mínimo, la nacionalización del cobre, la profundización de la reforma agraria y la elevación del gasto público, entre otras medidas, fueron vistas como amenazas tanto por el Gobierno estadounidense como por los grandes empresarios chilenos que, desde el inicio mismo de la presidencia de Allende, antepusieron sus propios intereses a los de la nación. Nixon, guiado por su secretario de Estado Henry Kissinger y sus informantes de la CIA, volvió a intervenir en la política latinoamericana de la mano de la derecha chilena más radical y contraatacó aplicando un bloqueo económico al país. Las divisas empezaron a escasear y cayó el producto interior bruto, lo que llevó al presidente a intervenir empresas. El plan de derribo del Gobierno de Allende estaba en marcha.

Tras su catastrófica intervención en Cuba, la injerencia estadounidense en Chile se centró en el frente económico. Hacía ya tiempo que la CIA influía en el devenir político chileno subvencionando con grandes cantidades de dinero la campaña electoral del Partido Demócrata Cristiano, intromisión que fue calificada de «escandalosa» por un oficial de los propios servicios de inteligencia norteamericanos en misión en Chile, que hasta 1964 había financiado a Frei con veinte millones de dólares.

Pero los tentáculos estadounidenses siguieron extendiéndose. La ITT, un conglomerado empresarial asentado en el país después de hacerse con el 70 por ciento de la empresa telefónica chilena, llegó a solicitar formalmente la colaboración del Gobierno de Nixon para provocar la caída de Allende «antes de seis meses», proponiendo en 1971 los mecanismos que debía activar Estados Unidos para derrocar al Gobierno: continuar con las restricciones de préstamos de los bancos internacionales, provocar que los bancos privados estadounidenses hicieran lo mismo, aplazar las importaciones, emplear las reservas estadounidenses de cobre en lugar de comprarlo a Chile o establecer contacto con fuentes fiables entre los militares chilenos. La ITT proponía asfixiar al país y llevarlo a un callejón sin salida, de tal modo que fuera el propio Gobierno chileno el que, a ojos de la comunidad internacional, provocara a Estados Unidos, legitimando así otras acciones directas. Para alcanzar este objetivo, empezó a trabajarse de forma encubierta.

Durante 1970, la CIA entregó al menos setecientos mil dólares al movimiento fascista Patria y Libertad, subvencionó al diario afín *El Mercurio* y realizó contribuciones económicas a los partidos contrarios al Gobierno de Allende. Una de las primeras manifestaciones en contra de su mandato, a cargo de la volátil organización Poder Femenino después de la visita de Fidel Castro al país, fue financiada por los servicios de inteligencia estadounidenses.

Igual que sucedería en Argentina, el caldo de cultivo para derrocar al Gobierno estaba en ebullición y los militares permanecían al acecho, elemento indispensable para el asalto final, a pesar de que Chile había sido uno de los países sudamericanos con mayor tradición democrática. De poco valieron los últimos intentos de Allende para convocar un referéndum sobre su continuidad en el Gobierno. Esta consulta nunca se celebraría porque el día en que estaba prevista, el 11 de septiembre de 1973, a partir de las 6 de la mañana se puso en marcha un operativo militar cuya finalidad era derrocarle. «Nosotros hubiésemos actuado aun si Allende hubiera convocado un referéndum o hubiera logrado un compromiso con la opinión pública. Nada podía detener el golpe tras la dimisión del general Prats. Tan sólo estábamos dándole los últimos toques al plan», declaró días después del asalto uno de los oficiales responsables del golpe al periodista Jonathan Kandell, de *The New York Times*.

El golpe de Estado

El martes 11 de septiembre de 1973, Santiago de Chile amaneció con la noticia de que la marina se había sublevado. El presidente Allende acudió al Palacio de la Moneda (sede de la presidencia) para hacer frente a quienes atentaban contra la legitimidad democrática. En el interior del edificio lo acompañaban decenas de personas: dos de sus hijas, miembros del Gobierno, chóferes, escoltas, funcionarios, secretaria y asesores entre los que se encontraba un joven abogado valenciano, Joan Garcés, quien colaboraba como consejero político de Allende desde julio de 1970. Garcés acompañó al presidente durante el violento final de su mandato hasta que Allende lo convenció, como a los demás, de que tenía que abandonar el Palacio. «Cuéntele al mundo lo que aquí está ocurriendo», esa fue la última orden que Allende le dio, orden que ha cumplido con creces, al dedicar su vida a reivindicar la figura del presidente Allende, condenar la dictadura y a luchar por y con las víctimas, liderando su defensa ante diferentes tribunales, entre ellos los españoles. Gracias al testimonio de Garcés y a las fotografías que se han conservado, podemos ver a un Salvador Allende armado y con un casco ceñido en la cabeza caminando por los pasillos del palacio de la presidencia. El general Augusto Pinochet Ugarte, al que había nombrado comandante en jefe del ejército tan sólo diecinueve días antes y que en tantas ocasiones le había jurado lealtad, le traicionó a él y a la República.

Abandonar el país nunca fue una opción para Allende, que murió sin renunciar a sus convicciones, convirtiéndose en símbolo de dignidad política para las siguientes generaciones. Un ultimátum, tanques flanqueando la entrada y, por último, un bombardeo aéreo. La fuerza se impuso frente a la razón. Antes de acabar el día, ya se había constituido una junta militar dirigida por Augusto Pinochet. Se inauguraba un nuevo período de la historia de Chile, gris, represivo y lleno de terror. Pinochet extendió su brazo autoritario en distintas direcciones y en diferentes momentos: ejecuciones extrajudiciales, desapariciones forzadas, torturas generalizadas y sistemáticas de opositores fueron parte de su trágico legado.

Ya la noche anterior, cuando los rumores se multiplicaban y Allende, junto a algunos de sus colaboradores, analizaba la situación en la residencia presidencial, rodeado por los cuadros donados por amigos de la familia (Miró, Siqueiros, Matta, Portocarrero o Picasso), Letelier, ante el cariz que iban tomando los acontecimientos, le sugirió llamar a Pinochet, el comandante en jefe del ejército, pero el presidente contestó: «No, no llame a Pinochet. No hace falta. Son tantos los rumores... Hace meses que no dormiría si tuviera que atender cada rumor».

Pero Allende se equivocó, pues los rumores eran ciertos en esta ocasión y la conspiración ya estaba en marcha. Aquella madrugada la marinería se sublevó. En alta mar, a la altura de Coquimbo, se encontraba la escuadra estadounidense. Seis camiones con tropas de la marina avanzaban desde Valparaíso hasta Santiago. Ni Pinochet ni ningún otro de los comandantes en jefe dieron señales de vida y sólo los carabineros respondieron a la llamada de Allende y acudieron a proteger La Moneda. Allende siguió creyendo durante un tiempo que algunos militares le serían leales y que efectivos del ejército partirían desde Santiago hacia Valparaíso para controlar la ciudad y detener la sublevación, errando nuevamente en sus previsiones. Por supuesto, localizar a Pinochet resultó imposible.

Las horas previas al golpe fueron inciertas y llenas confusión; las informaciones tan pronto se confirmaban como se desmentían. Allende decidió ir al palacio presidencial, seguido de tres vehículos con su escolta personal, dos camionetas con armas y dos tanques de carabineros, un despliegue que, en vista de lo sucedido después, era militarmente insignificante. «El gran error del Partido Socialista, y mío, en consecuencia, fue el haber hecho creer que había un real movimiento guerrillero, que teníamos fuerzas armadas con capacidad de enfrentar a un sector por lo menos del ejército», reconocería años después Carlos Altamirano.

Algunas fuentes habían asegurado a Allende y a su equipo que la guarnición de Santiago se mantenía leal y que disponían de medios suficientes para controlar la capital. La información era falsa. La tarde del día diez, como pudo saberse después, unos cincuenta oficiales, sospechosos de ser partidarios del Gobierno, habían sido arrestados.

La imagen se ha convertido en un icono del siglo XX. Un presidente elegido democráticamente, fusil en mano, disparando junto a sus colaboradores más cercanos, en un palacio presidencial sitiado por fuerzas golpistas y a punto de ser asaltado. Era la dignidad frente la ignominia, la democracia frente a la dictadura, la defensa del pueblo frente a su sometimiento violento. Allende cayó, pero se convirtió en un referente insustituible de la lucha por la democracia. Esa fotografía se tomó poco antes de su muerte en uno de los ventanales superiores de La Moneda, en el que Allende se apostó para combatir el fuego enemigo con los disparos de su metralleta AK, la que le había regalado el presidente Fidel Castro y la que retiró de entre sus piernas el médico Patricio Gijón al descubrir su cadáver recostado en una silla bajo la ventana. En la empuñadura del arma aún podía leerse la leyenda grabada por Castro: «A Salvador Allende, de su compañero de armas».[6]

«Allende no se rinde, mierda»,[7] fue lo último que David Garrido, detective asignado a La Moneda, escuchó decir al presidente mientras el último grupo de leales abandonaba el edificio por orden expresa de Allende. Es posible que supiera que nada de lo que deparara una hipotética rendición sería mejor que su propia muerte en el interior de La Moneda, donde había ejercido su labor como presidente de la República frente a las más complejas adversidades, y donde había decidido confinarse con la esperanza de que la sublevación armada terminase encontrando resistencia tarde o temprano. De nuevo se equivocaba.

La primera oportunidad de Allende para abandonar el país hacia el exilio le fue ofrecida inmediatamente después de su primer mensaje por radio, poco antes de que los golpistas emitiesen su propio comunicado instando al presidente a entregar su cargo. Este comunicado iba firmado por una junta militar, entre cuyos miembros se encontraba Pinochet. Este estuvo informado en todo momento de cada paso que daban Allende y su reducido grupo de fieles. Fue Pinochet, precisamente, el que terminaría dando la razón a Allende cuando se negó a entregarse y salir del país. Basta con escuchar las comunicaciones por radio entre Patricio Carvajal (que sustituiría a Letelier al frente del Ministerio de Defensa) y Pinochet, que decía: «La opinión mía es que estos caballeros se toman, se mandan a dejar en cualquier parte y, por último, en el camino, los van tirando abajo».

«Yo bajaré el último», dijo Allende a su médico personal, el doctor

Óscar Soto, cuando la primera planta de La Moneda había sido ya tomada por los militares, parte de la segunda ardía como consecuencia del bombardeo del ejército del aire y los últimos resistentes habían mostrado su intención de rendirse improvisando una bandera blanca.

El almirante Patricio Carvajal dio la noticia por radio a Pinochet, en un improvisado inglés: «*Allende committed suicide and is dead now*. Eh... díganme si entienden». La respuesta de Pinochet fue lacónica: «Entendido perfectamente, cambio».

El golpe, cuya planificación se atribuiría hipócritamente más adelante Pinochet, concluía de esta forma perversamente absurda. Se sumó a última hora a la insurrección como un verdadero oportunista, cuyo éxito se explica porque no tuvo al frente una resistencia organizada con poder militar suficiente. Pero lo que Pinochet no pudo prever aquel día fue que, entre los fieles al presidente Allende, había una persona que con el tiempo se erigiría en elemento fundamental de su caída primero ante la Justicia española y británica, y más tarde ante la chilena.

Joan Garcés no sólo cumplió la orden de Allende y contó a Chile y al mundo lo sucedido aquel fatídico día, sino que fue uno de los artífices de que Pinochet, ya anciano, terminara compareciendo ante la Justicia veinticinco años después, por las atrocidades que había perpetrado en el pasado. Su arresto se produjo con todas las garantías, las mismas que él anuló durante su dictadura. Fue Garcés quien presentó, en nombre de las víctimas, la querella contra Pinochet ante la Audiencia Nacional en junio de 1996, un día después de que Miguel Miravet, presidente de la Unión Progresista de Fiscales (UPF) presentara en el juzgado de guardia una denuncia por genocidio, terrorismo y torturas en Chile, como ya había hecho esta asociación poco antes contra los represores de las Juntas Militares argentinas en marzo de ese mismo año. La UPF actuó para evitar la prescripción en España del asesinato de Carmelo Soria, español nacionalizado chileno, asesinado el 16 de julio de 1976.

Casi al mismo tiempo, se sumaron a la denuncia los familiares del sacerdote español Antoni Llidó, asesinado por la dictadura chilena tras haber acudido a la diócesis de Valparaíso para formar parte de una misión pastoral en la parroquia de Quillota e involucrarse con sus feligreses en diversas acciones cívicas. Llidó fue secuestrado en septiembre de 1974 y recluido en un centro de detención de la DINA, en el que lo torturaron mediante la aplicación de corriente eléctrica en genitales y zonas sensibles del cuerpo, le fracturaron varias costillas y le infligieron agresiones sádico-sexuales debido a su condición de sacerdote. A pesar de su intenso sufrimiento, el padre Llidó mantuvo una heroica resistencia que reconfortó a otros detenidos con los que compartía tormentos y los mendrugos y cáscaras de fruta que los agentes de la DINA les daban como alimento. En torno al 12 de octubre, fue trasladado al centro de detención Cuatro Álamos, desde donde desapareció sobre el día 26 con unas doce personas más, entre las que se encontraban Juan Alfredo Gajardo, los hermanos Andrónico Antequera y Antonio Salinas.

Fueron miles de víctimas, elegidas de forma selectiva y sistemática, en ejecución de un plan previamente concebido.

LA PLANIFICACIÓN DEL HORROR

Junto con el golpe de Estado, la violencia contra el pueblo chileno también fue perfectamente planeada. De la documentación que pudo obtenerse durante la causa penal española contra Pinochet, se estableció que antes del 11 de septiembre de 1973 ya se habían adquirido e instalado en los centros de detención los instrumentos de tortura, quedando así demostrado que el plan estaba urdido con minuciosidad, con la finalidad expresa de someter cualquier resistencia de la forma más expeditiva posible.[8]

Entre los antecedentes que constan en el proceso penal contra Pinochet en España, está el informe de la primera comisión de la verdad en Chile, la Comisión Nacional de Verdad y Reconciliación del año 1991, también conocida como «Comisión Rettig».[9] Según este informe, los asesinatos, las desapariciones forzadas y las torturas fueron premeditadas y planificadas. La Comisión Rettig también identificó tres períodos claramente diferenciados durante la dictadura: el primero, entre el 11 septiembre de 1973 y diciembre del mismo año; el segundo, entre el 1 de enero de 1974 y agosto de 1977; y el tercero, entre agosto de 1977 y marzo de 1990.

Durante la primera etapa, la represión fue masiva, generalizada e indiscriminada con el único objetivo de neutralizar al movimiento político y social del derrocado Gobierno de la Unidad Popular. Para ello se declaró el estado de guerra interna, de modo que pudieran aplicarse consejos de guerra a los detenidos en comisarías y regimientos, y también en recintos deportivos que se utilizaron como campos de prisioneros. Las víctimas eran dirigentes políticos, sindicales, poblacionales, militantes de partidos políticos, extranjeros que apoyaban a Allende o exiliados que se habían refugiado en Chile. Aplicando una política de limpieza social, también fueron eliminados delincuentes comunes, homosexuales, prostitutas o vagabundos, entre otros. En esta época, la represión estuvo a cargo de las fuerzas armadas y de seguridad, asistidas por los servicios de inteligencia.

En la segunda etapa, la represión fue más selectiva, pasó a la clandestinidad, y se centró en eliminar de forma sistemática a dirigentes y militantes de partidos políticos. Los agentes vestían de civil, utilizaban vehículos no oficiales sin matrícula visible y trasladaban a los detenidos a recintos clandestinos donde eran torturados y desaparecidos. La represión estaba a cargo fundamentalmente de la DINA, creada mediante Decreto-Ley 521 de 1974, y del denominado «comando conjunto», que funcionó entre 1975 y 1976 sin existencia legal formal. La misión de la DINA era «reunir información a nivel nacional e inteligencia para la formación de políticas que garantizaran la seguridad y desarrollo del país». Al mando estaba el coronel Manuel Contreras, el Mamo, que respondía directamente ante Pinochet. Sus agentes eran seleccionados en el seno de las fuerzas armadas, pero al no usar uniforme, ejercían de policía secreta del régimen.

La tercera etapa está marcada por importantes cambios políticos e institucionales. Debido a la creciente presión internacional, Pinochet se vio obligado a disolver la ya mundialmente famosa DINA y la reemplazó por la Central Nacional de Informaciones (CNI), que creó mediante el Decreto-Ley 1.876 de 13 de agosto de 1977. Al año siguiente se dictó el Decreto-Ley 2.191, que concedía la amnistía para los delitos ocurridos entre el 11 de septiembre de 1973 y el 10 de marzo de 1978, con algunas excepciones.[10] La CNI tenía existencia legal y pública, y cumplía órdenes administrativas o de las fiscalías militares para detener a los opositores, contra los que se formulaban cargos formales y eran condenados por tribunales castrenses. Por supuesto, de vez en cuando se saltaban su propio marco legal asesinando y desapareciendo a opositores. La tortura era sistemática, aunque lo negaban con rotundidad.[11]

Toda esta maquinaria represiva dejó miles de víctimas. Desde un punto de vista jurídico y conceptual, de acuerdo con la mayor o menor gravedad del tipo de ilícito, hablamos en general de personas ejecutadas, desterradas, desaparecidas, torturadas, exiliadas, detenidas ilegalmente o secuestradas, etc. La dinámica de la represión chilena habitualmente incluía varios de estos delitos. La mayor parte de las víctimas fueron detenidas y torturadas, tras lo cual algunas fueron puestas en libertad, otras desterradas, otras exiliadas, otras asesinadas, otras desaparecidas, siguiendo criterios de «inteligencia» y peligrosidad. Además, si bien hubo víctimas que fueron seleccionadas individualmente, en muchos casos la represión se dirigió en contra de grupos enteros de personas que compartían una característica común, como pertenecer a un sindicato, a un centro de alumnos, ser campesinos de una misma localidad, indígenas o dirigentes de un partido político.

Las agrupaciones de víctimas y de familiares de éstas, así como organismos de derechos humanos que trabajaron en Chile durante la dictadura en condiciones muy difíciles, clasificaron según diversos criterios tanto episodios represivos como grupos de personas para facilitar que su labor fuera registrada y preservada. Estos valiosos archivos, aunque se vieron amenazados varias veces, pudieron ser conservados y constituyeron un insumo inestimable tanto para las comisiones de la verdad como para todo el trabajo judicial posterior.

Tuve la oportunidad de revisar y conocer de primera mano mucha de esta documentación, tras ser aportada por las partes personadas en el caso Pinochet. Muchas víctimas sobrevivientes viajaron a Madrid y testificaron en el Juzgado Central de Instrucción n.º 6 y después en el n.º 5 de la Audiencia Nacional. Todo este horror, registrado y ordenado metódicamente por las organizaciones de derechos humanos, esconde miles de historias, algunas de las cuales quedan grabadas a fuego en la memoria de quien las conoce por primera vez; otras son más representativas de un patrón común, que como investigador debí reconocer y resaltar para configurar los tipos delictivos.

El Estadio Nacional

¿Cómo es posible que un recinto diseñado para practicar deporte pueda convertirse en un centro de detención, tortura y muerte? Dentro de la «lógica» de una maquinaria represiva es simple: ¡porque sirve!

El 11 de septiembre, después de la declaración del estado de sitio (prorrogado cada seis meses durante los años siguientes),[12] comenzaron las primeras detenciones. Comisarías y regimientos sirvieron de centros de detención en los que los recluidos eran interrogados y torturados para obtener información sobre supuestas armas, un supuesto «plan Z», pero sobre todo para obtener nombres de otras personas a las que detener. En Santiago de Chile, la ciudad más poblada del país, las comisarías y regimientos se vieron rápidamente desbordados con miles de detenidos, por lo que se habilitaron recintos deportivos como campos de prisioneros, como el Estadio Chile (hoy Estadio Víctor Jara) y el Estadio Nacional, el complejo deportivo más grande del país, donde se jugó la final del Mundial de fútbol del año 1962.

Durante el día, los prisioneros eran ubicados en las gradas, mientras que los interrogatorios bajo tortura se realizaban en el velódromo. Allí los detenidos sufrieron puntapiés y puñetazos reforzados con goma y hierro, torturas con electricidad, el submarino mojado y violaciones y vejaciones sexuales tanto mujeres como hombres. En algunos casos, además fueron colgados, se les aplicaron torturas como el «teléfono» (golpear las dos orejas a la vez con las palmas de las manos), quemaduras con cigarrillos, simulacros de fusilamiento y amenazas de muerte constantes. Cuando no estaban siendo interrogados, recibían el riguroso trato de prisioneros de guerra, aunque sin aplicárseles los derechos correspondientes a esa condición. Una vez registrados sus datos, se colocaba a los detenidos bajo la marquesina del estadio antes de trasladarlos a la zona de vestuarios donde pasaban las noches bajo custodia. En todos los pasillos había una ametralladora Browning M2 calibre 50, con el poder de fuego suficiente para cortar a una persona por la mitad. En los vestuarios, los prisioneros se hacinaban, incomunicados, sin asistencia legal ni familiar, sin prendas para combatir el frío y en precarias condiciones higiénicas. A las familias sólo se les permitió llevarles ropa y alimentos, pero no verlos. Hombres y mujeres estaban separados. Las mujeres permanecían en el sector de la piscina. Algunos testimonios afirman que había embarazadas entre las detenidas, que fueron igualmente torturadas y sufrieron abortos.

Según Cruz Roja Internacional, a 22 de septiembre de 1973 había en el Estadio Nacional siete mil personas detenidas,[13] aunque otros informes indican que llegó a alojar a más de quince mil prisioneros a la vez, y en total a unos cuarenta mil. Funcionó como recinto de detención entre septiembre y noviembre de 1973 y tuvo que ser desocupado debido a la celebración de un partido oficial de fútbol de repesca, para lograr la clasificación para el Mundial de fútbol de 1974.

Paradójicamente, la competición enfrentaba a la selección chilena y la soviética. El partido de ida se había celebrado en Moscú, el 26 de septiembre de 1973, en un ambiente ciertamente extraño, ya que varios jugadores habían sido seguidores de Allende, más de alguno tenía familiares o amigos presos, y uno de ellos tenía presa a su madre. El juego terminó con un empate a cero, por lo que todo se decidiría en el partido de vuelta que se jugaría el 21 de noviembre.[14] La FIFA envió una comisión para inspeccionar el Estadio Nacional, en el que aún había unos siete mil detenidos. Según el testimonio de Gregorio Mena Barrales, preso en aquel estadio, la comisión «visitó el campo, se paseó por la cancha, miró con ojos lejanos a los presos y se fue dejando un dictamen: en el estadio se podía jugar».[15] Por esta razón un gran número de detenidos fueron trasladados al campo de prisioneros de Chacabuco, en el norte del país, mientas otros fueron distribuidos en diversos recintos y una cantidad considerable recuperó la libertad.[16] La Unión Soviética decidió no jugar el partido, aduciendo en una carta que el Estadio Nacional se había convertido en un lugar de tortura. Pese a ello, la FIFA, presidida entonces por el británico Stanley Rous, insistió en que el partido se celebrara. Los soviéticos no se presentaron y como acto simbólico de la «victoria» de Chile, y por idea del propio Pinochet, los jugadores chilenos salieron al campo de juego y en poco más de treinta segundos marcaron un gol simbólico en una portería vacía.[17] Según algunos, el gol más fácil de marcar, pero también el más triste de la historia deportiva oficial. El *fair play* aquí estuvo ausente por parte de la FIFA al permitir que se jugara el partido y se obtuviera la clasificación de Chile en tales circunstancias.[18]

Muchos años después, tras la detención de Pinochet en Londres, se activaron varias causas judiciales por las violaciones de derechos humanos cometidas en el Estadio Nacional, el recinto fue declarado monumento histórico y se proclamaron como sitios protegidos ocho puntos concretos. Existen actualmente varios memoriales, pero sin duda el más llamativo son unas gradas restauradas con el aspecto que tenían en la época, cerradas al público para que permanezcan vacías en recuerdo de los que ya no están, pudiendo leerse atrás un cartel luminoso que dice: «Un pueblo sin memoria es un pueblo sin futuro». Este memorial fue iluminado por primera vez en la inauguración de la Copa América del año 2015, organizada por Chile. Por cierto, Chile salió campeón de América en dicho certamen, reconciliándose con su fútbol y su pasado.[19]

La Caravana de la Muerte

Semanas después del golpe, los mandos militares se dieron cuenta de que en algunas regiones los prisioneros habían sido tratados con menos rigor. Para solucionarlo, se decidió «uniformar criterios de administración de

Justicia y acelerar procesos». Con este objetivo, Pinochet designó al general Sergio Arellano Stark «oficial delegado del comandante en jefe del ejército y presidente de la Junta de Gobierno». En representación de la junta, una comitiva integrada por diez oficiales del ejército recorrió en helicóptero el país entre septiembre y octubre de 1973. La «unificación de criterios» dejó un saldo de 96 víctimas mortales (4 en Linares, 12 en Valdivia, 4 en Cauquenes, 2 en Curicó, 15 en La Serena, 16 en Copiapó, 14 en Antofagasta, 26 en Calama y 3 en Arica). Por esta razón se denominó a esta operación «la Caravana de la Muerte».

Muchos años más tarde, y aun después del proceso contra Pinochet en Madrid (en el que estaba incluido el general Arellano Stark, contra el que dicté una orden de captura internacional), uno de los abogados querellantes en Chile señaló que el objetivo real de la Caravana de la Muerte fue «crear la convicción entre los integrantes de las fuerzas armadas de que se estaba en guerra», por lo que, además de las ejecuciones de civiles, fueron sancionados los militares que habían impuesto penas bajas o dado un trato suave a los prisioneros. En Talca, el teniente coronel Efraín Jaña Girón, oficial constitucionalista, encargado del Regimiento de Montaña n.º 16 fue destituido por «incumplimiento de deberes militares»; el mayor Fernando Reveco Valenzuela fue relevado de su cargo por un tribunal militar por aplicar condenas demasiado «blandas», y fue torturado y encarcelado durante quince meses; pero el caso más elocuente fue el del general Joaquín Lagos, que comandaba la 1.ª División del ejército, que tras el golpe de Estado había sido designado intendente de la provincia de Antofagasta. Sabiendo que era muy posible que Lagos se opusiera a los asesinatos, en su jurisdicción las ejecuciones las realizaron hombres de Arellano, en colaboración con la inteligencia militar local y algunos oficiales subalternos, sin el conocimiento del general Lagos. En su jurisdicción se ejecutaron a 56 personas, en algunos casos, como en Copiapó, empleando una brutalidad inusitada, despedazando con picos de cuervos (corvos) a los prisioneros antes de fusilar o rematar a quienes aún seguían con vida. Una vez supo lo sucedido, Lagos pidió audiencia con Pinochet y presentó su renuncia. En esa audiencia, Pinochet telefoneó a Arellano y ordenó: «Díganle al general Arellano que no haga nada más». A cambio, Pinochet pidió a Lagos que cambiara su informe escrito, sustituyendo la frase «por orden del delegado del comandante en jefe» por su propia firma. De ese modo, Lagos pasaría a ser el responsable de los crímenes cometidos en su jurisdicción.

Cuando, tras la detención de Pinochet en Londres, los procesos judiciales en Chile comenzaron a dar sus frutos, el juez Juan Guzmán interrogó a Arellano en 1999 y, en 2001, a Pinochet. Ambos afirmaron que la responsabilidad de las matanzas era de los «jefes de guarnición», en clara alusión al general Lagos. Pese a esta acomodada versión, el juez Guzmán procesó a Arellano y a los demás miembros de la comitiva como autores de los delitos de secuestro y homicidio calificado, y a Pinochet como autor-inductor de estos. Sin embargo, la Sexta Sala de la Corte de Apelaciones ordenó el sobreseimiento temporal y parcial del entonces senador Pinochet, estimando que sufría demencia senil, algo que afectaba a su capacidad de defensa en el juicio. Más tarde se dictarían nuevos autos de procesamiento en contra de Pinochet por otros episodios de la Caravana de la Muerte, disponiendo su arresto domiciliario, atendida su avanzada edad. Pinochet, sin embargo, falleció el día 10 de diciembre de ese mismo año (paradójicamente el Día de los Derechos Humanos), estando procesado y con arresto domiciliario, pero sin llegar a ser condenado. Por su parte, Arellano fue condenado en octubre de 2008 por la Corte Suprema de Chile a tan sólo seis años de prisión por el episodio de la ciudad de San Javier (Linares), mientras los demás casos permanecían pendientes. Al mes siguiente, el Servicio Médico Legal dictaminó que Arellano sufría de demencia mixta o multifactorial (Alzheimer y vascular) de carácter progresiva e irreversible, lo que le impedía cumplir los seis años de condena, siendo por ello sobreseído en las demás causas judiciales. Sergio Arellano Stark falleció el 11 de julio de 2016, estando condenado, pero sin haber pasado tan sólo un día en la cárcel.

De los demás integrantes de la comitiva, así como de los oficiales de los regimientos que colaboraron en las ejecuciones, unos fueron procesados y condenados por sentencia ejecutoriada en algunos episodios, mientras otros se encuentran con sentencia de primera instancia y pendientes de recurso. Sólo un proceso seguía sin sentencia hacia finales de 2018: la causa correspondiente al episodio de La Serena, donde fueron asesinadas quince personas. Uno de los responsables de estas ejecuciones habría sido un joven teniente, destacado y eficiente ayudante del comandante del regimiento, que veintiocho años después de los hechos, ya con el rango de general, fue nombrado comandante en jefe del ejército: se trata de Juan Emilio Cheyre Espinosa, que realizó algunos gestos de reconciliación entre el mundo civil y el militar, al reconocer por primera vez la violación de los derechos humanos por parte del ejército en tiempos de Pinochet. La petición de procesamiento se presentó en junio de 2016 por el Programa de Derechos Humanos y generó cierto revuelo político y mediático. Cheyre fue por fin procesado y, un año después, acusado y condenado en noviembre de 2018.[20]

Una coincidencia en este caso, que no casualidad, es que todos los miembros de la comitiva que viajaba en el helicóptero, salvo Arellano, pasaron después a formar parte de la DINA, ocupando cargos relevantes.

El Plan Cóndor

El cóndor es un ave de rapiña de gran tamaño, plumas negras y cuello blanco, que habita en la cordillera de Los Andes. Tiene atrofiada su siringe por lo que es prácticamente mudo. No sabemos si fue esta peculiaridad de esa especie carroñera, que la hace ser especialmente sigilosa, la que inspiró a los muñidores de una de las más siniestras estrategias de exterminio. Tampoco sabemos si la alusión a un ave fue necesaria o casual, pero es sin duda una coincidencia que también un ave, aunque mitológica, el fénix, diera nombre a una operación ejecutada unos años antes en otro continente, pero auspiciada por los mismos arquitectos del terror. La Operación Fénix, llevada a cabo por la CIA en el sudeste asiático en 1965, constituye uno de los antecedentes más importantes de lo que después sería bautizado como el «Plan», «Operación» u «Operativo Cóndor»,[21] aquella coordinación de las distintas dictaduras sudamericanas destinada a la desaparición de sus adversarios políticos.

Como ya dije en el capítulo anterior, el precedente comúnmente aceptado como el más antiguo de la desaparición forzada de personas es el decreto *Nacht und Nebel* («Noche y Niebla») que dictó el régimen nazi en 1941, cuyo propósito era la desaparición de miles de individuos acusados de pertenecer a movimientos de resistencia en los países ocupados. Posteriormente esta práctica fue evidente durante las guerras de descolonización de Francia contra Indochina y Argelia, en las que además se aplicó la nueva doctrina francesa de contrainsurgencia (*guerre révolutionnaire*) y también durante la guerra de Estados Unidos contra Vietnam, donde tuvo lugar la Operación Fénix. La proliferación de las desapariciones forzadas en América Latina en la década de 1970, según sugieren algunos estudios, no habría sido un fenómeno casual, sino fruto de dos factores: la adopción de la doctrina de la contrainsurgencia francesa, conocida en Latinoamérica como «Doctrina de Seguridad Nacional», que ofrecía un marco teórico para la legitimación de esta práctica; y la necesidad de encubrir los crímenes ante el creciente escrutinio internacional en materia de derechos humanos. Los militares franceses que desarrollaron la doctrina de la contrainsurgencia en Argelia (*guerre révolutionnaire*) habrían desarrollado un manual que habrían enseñado en la Escuela de las Américas a cientos de militares latinoamericanos.[22]

El Plan Cóndor respondía a esta Doctrina de Seguridad Nacional, patrocinada por Estados Unidos durante la Guerra Fría, que constituía «una concepción militar del Estado y del funcionamiento de la sociedad» que «tomó cuerpo alrededor de una serie de principios que llevaron a considerar como manifestaciones subversivas a la mayor parte de los problemas sociales»,[23] así como a adoptar «el concepto de "defensa hemisférica", que estaba definida por fronteras ideológicas y que sustituía la doctrina más limitada de defensa territorial».[24] Un cambio importante que introdujo esta doctrina consistió en poner el foco de atención en el denominado «enemigo interno»: el comunismo. Su máximo exponente en el ámbito internacional era la Unión Soviética y en el regional, Cuba. De este modo, a Estados Unidos le correspondía dar cuenta de estos dos países, mientras que las naciones latinoamericanas debían lidiar con el enemigo interno, materializado en supuestos agentes locales del comunismo. Se consideraban tales no sólo a las guerrillas, sino a «cualquier persona, grupo o institución nacional que tuviera ideas opuestas a las de los gobiernos militares».[25] Se trataba, en definitiva, de una guerra ideológica, una guerra declarada contra las ideas, pero cuyas armas no fueron el debate, los argumentos y otras ideas, sino el fuego, la tortura, el asesinato y la desaparición. Y todo ello perpetrado por las fuerzas armadas y sus servicios de inteligencia regulares o creados *ad hoc* para la guerra sucia, desplegada contra civiles desarmados por el mero hecho de pensar diferente. Pinochet fue bastante elocuente a este respecto, cuando comparó su lucha anticomunista con el combate del Imperio romano a la religión cristiana. En 1995, cuando ya había dejado de ser presidente, pero se mantenía como comandante en jefe del ejército, dijo: «Roma cortaba las cabezas de los cristianos y éstos reaparecían una y otra vez. Es algo parecido lo que pasa con los marxistas».[26] Así pues, quien profesara ideas distintas a las hegemónicas era el enemigo interno y había que deshumanizarlo, hasta el punto de considerarlos como «humanoides», en palabras del jefe de la marina chilena, el almirante José Toribio Merino.[27]

Fue en este contexto que las distintas dictaduras del Cono Sur decidieron comenzar a colaborar entre ellas bajo el auspicio de Estados Unidos para hacer frente a un supuesto enemigo común. Las fronteras territoriales no eran relevantes en esta guerra; había que acabar con los marxistas allí donde estuvieran, y marxista era todo aquel que se opusiera el pensamiento dominante, a la disciplina y el orden establecido. Los contactos previos, la colaboración e incluso las acciones conjuntas por parte de los distintos servicios de inteligencia y las organizaciones paramilitares de ultraderecha de los países sudamericanos venían de antiguo, de lo cual el asesinato de Carlos Prats y su esposa en Buenos Aires en 1974 son un claro ejemplo. El terrorismo de Estado se había expandido por Sudamérica bajo el paraguas de Estados Unidos, con el decidido apoyo del presidente Richard Nixon y del secretario de Estado Henry Kissinger, que hicieron prevalecer sus intereses en la región por encima de cualquier otra consideración. Era la Guerra Fría y la superpotencia que impartía su doctrina e instrucción contra la subversión desde la Escuela de las Américas, situada esos años en Panamá, dispuesta a llegar donde hiciera falta para cumplir sus propósitos, temerosa de que el ejemplo cubano calara y que la aventura chilena de un socialismo en democracia fuera imitada.

La primera reunión formal que institucionalizó esta coordinación en el Cono Sur, y que inauguró oficialmente la Operación Cóndor, fue convocada por el director de la DINA, Manuel Contreras, para el día el 25 de noviembre de 1975 en Santiago de Chile, fecha que coincidió, casualidad o no, con el sesenta cumpleaños de Pinochet. La convocatoria para estas jornadas «de Trabajo de Inteligencia» se hizo mediante una carta en la que se explicitaba su carácter estrictamente secreto y se aludía al objetivo de sentar las bases de «una excelente coordinación y un mejor accionar en beneficio de la Seguridad Nacional de nuestros respectivos países».[28] Tres días más tarde se firmaba el acta de constitución oficial del Plan Cóndor por los responsables militares de los países implicados, Argentina, Bolivia, Chile, Paraguay y Uruguay.[29] Aunque Brasil también asistió a los encuentros, sólo lo hizo como observador,[30] por lo que no aparece firmando el acta fundacional en ese momento, sino tiempo después, en junio de 1976.[31] Si bien la participación de Brasil en las coordinaciones previas había sido crucial, organizando reuniones bilaterales y multilaterales,[32] e incluso capacitando a agentes de otros países en «tácticas no convencionales»,[33] el presidente del régimen militar de Brasil de aquel entonces, Ernesto Geisel, habría impartido órdenes estrictas de no firmar ningún documento que pudiera comprometer al país y de no implicarse en ningún plan colectivo, aun cuando debían mantenerse las relaciones bilaterales, dejando abierta la posibilidad de actuar cuando fuera necesario.[34]

En aquel encuentro, de acuerdo con el acta de la reunión y a propuesta de la delegación de Uruguay, encabezada por el coronel del ejército José A. Fons, el «organismo» recibió por unanimidad el nombre de «Cóndor» como «homenaje» al país anfitrión, ya que esta ave aparece en el escudo nacional de Chile, cuyo jefe de inteligencia, Manuel Contreras, había trabajado intensamente para que aquella cumbre fuera posible. En efecto, Contreras tenía gran preocupación por las denuncias de los exiliados sobre las violaciones de los derechos humanos y las consideraba una campaña de difamación y desprestigio intolerable. Había que ponerles fin. Contreras comenzó entonces a viajar por el continente buscando apoyos, convencido de que, al igual que Chile, los demás países se enfrentaban a una situación similar. Su primera parada fue en Washington DC, en 1974, donde se entrevistó con Vernon Walters, el director adjunto de la CIA. Las entrevistas con la CIA se repetirían a lo largo de 1975, incluso en las instalaciones centrales de la CIA en Langley.[35] Mientras recorría Latinoamérica, iba aunando voluntades y creando una estrategia común que luego se transformaría en el Plan Cóndor.[36]

Los primeros apartados del punto quinto del acta constitutiva adelantaban las «recomendaciones» para la primera etapa del plan: «Establecer un directorio completo con los nombres y direcciones de aquellas personas que trabajen en Inteligencia para solicitar directamente los antecedentes de personas y organizaciones conectadas directa o indirectamente con el marxismo», «que los Servicios de Seguridad atiendan con prioridad las peticiones de antecedentes de los Servicios involucrados en el sistema», «el contacto muy rápido e inmediato cuando se expulse del país a un individuo o viaje un sospechoso para alertar a los Servicios de Inteligencia» de los demás países, como también el uso de un sistema de criptografía para las comunicaciones, estudiar modelos de fichas o acreditar en las embajadas la presencia de miembros de los servicios de inteligencia para facilitar los enlaces directos y personales.[37]

La documentación sobre la fundación del Plan Cóndor apareció gracias al valiente impulso del profesor paraguayo Martín Almada, verdadero icono de la lucha contra la impunidad, y gracias a la decisión del joven juez Agustín Fernández, que con Almada, los familiares del desaparecido médico paraguayo Agustín Goiburú y algunos periodistas, ubicaron e hicieron públicos, en vísperas de la Navidad de 1992, una parte importante de los denominados «Archivos del Terror» en Asunción,[38] que también contienen gran número de documentos sobre la dictadura del general Alfredo Stroessner en Paraguay.[39]

Esta estructura criminal se creó y puso en marcha para enfrentar una «guerra psicopolítica [...] para la que se debía contar en el ámbito internacional no con un mando centralizado en su accionar interno, sino con una coordinación eficaz que permite un intercambio oportuno de informaciones y experiencias además de cierto grado de conocimiento personal entre los jefes responsables de la seguridad».[40] Sin embargo, esta excusa inicial ocultaba una realidad mucho más atroz: el diseño de un plan para el traslado y la entrega de opositores políticos con fines de tortura, asesinato y desaparición. Para ello se utilizó, como lugar de recepción y tránsito, el centro clandestino de detención Automotores Orletti, en Buenos Aires, Argentina.[41]

Como se ha sabido con posterioridad, en un principio el Plan Cóndor fue diseñado para «asesinar líderes políticos especialmente temidos por su potencial para movilizar la opinión pública mundial y organizar amplia oposición a los Estados militarizados».[42] Se trataba, por tanto, de una operación que ha sido calificada de selectiva o «elitista», pues estaba dirigida a librar a las dictaduras del Cono Sur de importantes figuras que en el exilio eran lo bastante reconocidas como para influenciar a la opinión pública y a los organismos regionales o internacionales en contra de los dictadores. Sin embargo, con el tiempo, el plan original terminó desplegando sus alas hasta límites inimaginables. Para justificar el mantenimiento y ampliación del plan, se buscó como excusa la necesidad de acabar con una organización guerrillera «supranacional», en referencia a una supuesta coordinadora revolucionaria que habrían organizado los movimientos guerrilleros más importantes del Cono Sur entre finales de los años sesenta y principios de los setenta.

Es innegable que existieron grupos que se sirvieron de la violencia revolucionaria como medio de lucha política contra el capitalismo, como los Tupamaros en Uruguay, el Ejército Revolucionario del Pueblo (ERP) y los Montoneros en Argentina, el movimiento campesino insurreccional en el sur de Perú, las organizaciones políticas que llamaron a la guerrilla en Brasil en los inicios de la década de 1970 o el Movimiento de Izquierda Revolucionaria (MIR) en Chile. Existió un tímido y fallido intento de coordinación entre todos estos movimientos con la creación de la Junta Coordinadora Revolucionaria (JCR), e incluso llegaron a reunirse en La Habana en julio de 1971. Esta Internacional revolucionaria latinoamericana en miniatura fue formada en Chile en enero de 1973, pero nunca tuvo un alcance importante.[43] También existieron grupos de ultraderecha que emplearon la lucha armada como medio de acción política, como la Alianza Anticomunista Argentina o Triple A,[44] o el Movimiento Nacionalista Patria y Libertad (MNPL) en Chile,[45] por nombrar sólo algunos. Todos estos movimientos debieron ser combatidos por el Estado de derecho, sancionando a aquellos que cometieran hechos delictivos con independencia de su signo político. Sin embargo, Pinochet primero y las Juntas Militares argentinas después libraron una verdadera «guerra santa» anticomunista, ejerciendo un terrorismo de Estado[46] que eliminaba a los adversarios e imponía su propio modelo de sociedad.

El Plan Cóndor también auspició el asesinato de líderes políticos y sociales en terceros países, ajenos a esta iniciativa. Como expuse en el auto de procesamiento dictado contra Augusto Pinochet Ugarte el 10 de diciembre de 1998, los servicios de inteligencia de los diferentes países que integraban el Plan Cóndor también actuaron directamente en terceros países «amigos» con la colaboración de los servicios locales para acabar con los «enemigos», como fue el asesinato del Orlando Letelier en Washington DC en 1976. Esta estrategia dirigida contra personas u organizaciones calificadas como «izquierdistas, comunistas y marxistas» quedaba claramente reflejada en un documento de fecha 28 de septiembre de 1976, desclasificado muchos años después por Estados Unidos. Éste dice en uno de sus apartados: «Una tercera y más secreta fase es la formación de grupos especiales de los países miembros que viajen a cualquier parte del mundo, a países exteriores al acuerdo, para llevar a cabo acciones que lleguen hasta el asesinato contra terroristas o sostenedores de organizaciones terroristas desde países miembros de la Operación Cóndor. Por ejemplo, si un terrorista o sostenedor de una organización terrorista de un país miembro de la Operación Cóndor fuera localizado en un país europeo, un equipo especial de la Operación Cóndor será enviado a ubicar y vigilar al blanco, un segundo grupo será enviado a llevar a cabo las acciones».[47]

Dentro de las víctimas del Plan Cóndor se cuentan decenas de chilenos, pero también brasileños y uruguayos que se habían refugiado en Chile huyendo de las dictaduras de sus países y que se vieron obligados a escapar hacia Argentina en una fuga desesperada cuando el golpe militar derrocó a Allende. Este nuevo éxodo doloroso pronto se convertiría en una trampa para ellos, pues fueron espiados y perseguidos por la Triple A y agentes de sus mismos países, que mantenían acuerdos en la sombra con sus pares argentinos.[48] Hoy no cabe duda de que la mano de Pinochet estuvo detrás de la formación de esta red criminal, cuya finalidad era mantener con vida a los detenidos el tiempo imprescindible para obtener información y luego asesinarlos. Esta red exportaba e importaba prisioneros, demostrando así que el Cono Sur estaba bajo control militar.

Se estima que la represión en Sudamérica dejó en conjunto unos 50.000 muertos, 30.000 desaparecidos y alrededor de 400.000 encarcelados,[49] muchos de ellos bajo el marco del Plan Cóndor. Una de estas víctimas, fue Orlando Letelier.

El caso Letelier[50]

Marcos Orlando Letelier del Solar nació el 13 de abril de 1932.[51] A los dieciséis años ingresó como cadete a la Escuela Militar, pero al poco tiempo la dejó para estudiar en la Escuela de Derecho de la Universidad de Chile. Inició su vida laboral en 1955, cuando se incorporó al recién creado Departamento del Cobre. Letelier enseguida destacó por su trabajo y sus logros, principalmente en lo referido a la comercialización internacional de este mineral. En 1959, el Gobierno de derechas del presidente Jorge Alessandri Rodríguez (1958-1964) lo expulsó de su puesto, hecho denunciado por el entonces senador Salvador Allende como una persecución política, pues ese mismo año Letelier había ingresado en el Partido Socialista. Poco después, Letelier se incorporó como asesor en proyectos relacionados con el cobre en Venezuela, hasta que se integró al recién creado Banco Interamericano de Desarrollo (BID), con sede en Washington DC. A finales de 1970, regresó a Chile para incorporarse al Gobierno de Salvador Allende, que en enero de 1971 lo nombró embajador extraordinario y plenipotenciario ante Estados Unidos, con la misión de representar al Gobierno chileno en las materias derivadas del proceso de nacionalización de la minería del cobre, que había sido aprobada con unanimidad por el Congreso Nacional en julio de 1971. En 1973, el presidente Allende lo designó sucesivamente ministro de Estado en las carteras de Relaciones Exteriores, Interior y Defensa Nacional, cargo que ejercía el 11 de septiembre de 1973.

Tras el golpe de Estado, Letelier fue detenido primero en el Regimiento Tacna, luego transferido a la Escuela Militar y, más tarde, al campo de prisioneros de isla Dawson, en el extremo austral del país, junto con otros altos funcionarios del Gobierno de Allende. Después, siempre en calidad de prisionero, lo trasladaron a la Academia de Guerra de la Fuerza Aérea y luego al campamento de Ritoque, en Valparaíso, donde fue puesto en libertad gracias a la presión internacional.

Su exilio comenzó en Venezuela en septiembre de 1974, desde donde, en 1975, viajó a Estados Unidos para incorporarse como investigador del Instituto de Estudios Políticos (IPS, por sus siglas en inglés), siendo además profesor en la American University, en Washington. Al mismo tiempo, fue nombrado director del Transnational Institute (TNI), con sede en Holanda. Estos importantes cargos le permitieron encabezar la oposición al régimen de Pinochet en Estados Unidos,[52] creando junto con otros exiliados chilenos la oficina Chile Democrático, que estableció un rápido vínculo con Naciones Unidas, donde hizo llegar cuantiosa información sobre las violaciones de los derechos humanos que estaban teniendo lugar en su país.

Además, Letelier comenzó a escribir artículos en los que criticaba la deriva neoliberal que había tomado la economía chilena, orquestada por economistas formados en la Universidad de Chicago, los llamados «Chicago Boys», seguidores de la doctrina establecida por Milton Friedman y Arnold Harberger, que promovían una economía de libre mercado. El 28 de agosto de 1976, *The Nation* publicó un extenso artículo de Letelier en el que criticaba el modelo económico ultraliberal que se estaba implantando en Chile, que generaba enormes desigualdades y estaba basado en la violación sistemática de los derechos humanos.[53] Letelier respondía así a quienes desde Estados Unidos alababan las políticas económicas adoptadas por la Junta Militar.

Letelier «tenía una buena amistad con el senador Ted Kennedy, también conocía muy bien a George McGovern y a Edmund Muskie y, en 1975, había promovido el viaje del senador Tom Harkin y el congresista George Miller a los centros carcelarios de Chile», recordaría muchos años después Juan Gabriel Valdés, colaborador y amigo personal, añadiendo: «Nuestras visitas al Congreso de Estados Unidos eran frecuentes y Letelier siempre era escuchado con respeto y atención. Eso era lo que Pinochet más temía».[54]

Pero tal vez la gota que colmó el vaso fue el boicot hacia los productos chilenos que Letelier comenzó a promover en Holanda, aprovechando sus frecuentes visitas para atender los asuntos del TNI. Allí se reunió con los dirigentes de los estibadores y los convenció para que no descargaran los productos chilenos en los puertos holandeses. Luego se citó con diversas autoridades para pedirles que se sumaran al boicot comercial y suspendieran las inversiones de las compañías privadas holandesas en Chile. Al poco tiempo, el Gobierno holandés cortó todo vínculo comercial con Chile. La campaña estaba dando resultado y estaba previsto que se extendiera a otros países europeos.

Fue así como Letelier se convirtió en un «enemigo interno» de la dictadura chilena más allá de sus fronteras, por lo que las primeras represalias no se hicieron esperar. «¿Es usted la señora Letelier?», escuchó Isabel Morel tras levantar el teléfono. «Sí, soy yo.» «Está equivocada. Usted es la viuda», respondió el desconocido, y colgó. Isabel Morel recibió llamadas similares tres veces durante 1975.

La prensa chilena, totalmente controlada por la dictadura, comenzó a difundir noticias infamantes contra Letelier. El diario *La Segunda* publicó el 7 de febrero de 1975 un artículo titulado «Orlando Letelier: un mentiroso. Pago del Marxista chileno». La semana siguiente el mismo medio publicó el artículo «Orlando Letelier. Filosofía de un mal nacido».

La planificación

A mediados de julio de 1976, con el Plan Cóndor ya en pleno funcionamiento, el teniente coronel Pedro Espinoza Bravo, director de operaciones de la DINA, citó al teniente Armando Fernández Larios para darle las instrucciones sobre una misión en el extranjero. Espinoza le transmitió la orden del coronel Manuel Contreras, jefe de la DINA, de viajar a Paraguay con Michael Townley, con el objetivo de obtener pasaportes falsos para entrar en Estados Unidos y «vigilar los pasos del exembajador de Chile en Washington y ver qué trama».[55] Los dos agentes viajaron a Paraguay con pasaportes falsos que les había proporcionado la DINA en coordinación con el Ministerio de Relaciones Exteriores de Chile. Cumplidos todos los trámites de rigor, Manuel Contreras contactó con el general Benito Guanes, jefe de Inteligencia de Paraguay, para avisarle de que dos de sus agentes viajaban a Asunción, y solicitaba su ayuda para obtener pasaportes oficiales paraguayos.

Armando Fernández Larios y Michael Townley viajaron con pasaporte chileno falso a Paraguay en julio de 1976. Una vez allí, se les informó de que el general Guanes no se encontraba en la capital paraguaya, por lo que tendrían que esperar. Más de una semana después, consiguieron entrevistarse con él, pero a esas alturas la misión había perdido buena parte de su carácter secreto, ya que demasiadas personas sabían de la presencia de los agentes chilenos en Paraguay. A pesar de todo, les entregaron los pasaportes paraguayos con las identidades de Juan Williams Rose y Alejandro Romeral Jara. Los agentes ahora debían conseguir los visados de entrada a Estados Unidos, tarea en la que los paraguayos no se implicarían.

Temiendo lo que pudieran hacer los agentes chilenos en Estados Unidos actuando bajo pasaporte paraguayo, un asesor de Stroessner informó al embajador de Estados Unidos en Paraguay, George Landau, de que el presidente paraguayo había recibido días atrás una extraña llamada de Pinochet sobre un supuesto viaje de dos agentes chilenos a Estados Unidos con pasaportes paraguayos. Landau los fotocopió junto con las solicitudes de visado y las envió al general Vernon Walters, el director adjunto de la CIA. Mientras tanto los visados fueron rechazados por defectos de forma, alegando que los formularios estaban incompletos e indicando a los solicitantes que debían acudir al consulado estadounidense para cumplimentarlos. Con este nuevo retraso, la presencia de los agentes chilenos en el país se iba filtrando a más personas poniendo en serio riesgo la misión. Los visados fueron finalmente concedidos, pero en un último contacto telefónico antes de emprender viaje a Estados Unidos los agentes recibieron la orden de regresar a Chile. La misión había sido cancelada. Esto dejó claro que, si bien la colaboración entre las agencias sudamericanas de inteligencia funcionaba, también entre ellas reinaba la desconfianza, máxime cuando se encontraron con lo que podría ser una misión especial en Estados Unidos de la que ni los paraguayos ni los estadounidenses habían sido informados. A los pocos días, Landau recibió la respuesta del general Walters, en la que afirmaba no estar al tanto de la misión de los agentes chilenos en Estados Unidos, por lo que los dos pasaportes debían ser anulados. El incidente desató la ira de Manuel Contreras.

Orlando Letelier estaba poniendo a mucha gente en contra de Pinochet en Estados Unidos y había conseguido numerosos apoyos que se habían concretado en acciones específicas contra Chile, por lo que era necesario eliminarlo.

No se sabe quién concibió la idea, pero sí que se puso en marcha. Había que blanquear el operativo anterior y por tanto usar esas identidades falsas, pero en una misión del todo inocua. Se decidió entonces que fueran otros agentes de la DINA, jóvenes e inexpertos, los que viajaran a Estados Unidos bajo las identidades de Williams Rose y Romeral Jara, aunque en vez de los pasaportes paraguayos (que ya habían sido anulados), se utilizarían pasaportes chilenos, pero con esos mismos nombres. En el peor de los casos, si el FBI conectaba esas identidades con los pasaportes paraguayos terminarían siguiendo una pista falsa, que los conduciría a una misión de la DINA absolutamente inofensiva. Esta misión sería contactar al general Vernon Walters y solicitarle una «nómina de senadores y personajes públicos estadounidenses favorables al Gobierno militar».

Parecía un plan perfecto, pero esta simple misión también se complicaría. Al ser una misión falsa, se descuidaron varios detalles. Una vez en Washington, los jóvenes e inexpertos agentes se dieron cuenta de que no tenían contactos para llegar al general Walters, por lo que se dirigieron a la embajada de Chile y pidieron hablar con el jefe de la delegación militar, el general Nilo Floody. Los agentes se identificaron abiertamente como miembros de la DINA y pidieron ayuda para reunirse con el general estadounidense. «¿Y cómo quieren que lo haga si el general Walters renunció a su cargo en la CIA y no tengo la menor idea de dónde se encuentra? ¿Acaso la DINA no lo sabía?», preguntó Floody que, a pesar de todo, los ayudó. No se sabe exactamente qué hizo, si llamó a Santiago o qué instrucciones recibió, pero lo cierto es que ya no se haría ningún otro intento serio para encontrar al exjefe de la CIA. En realidad, no era necesario, pues la misión de encubrimiento ya estaba cumplida con el sólo hecho del viaje y la utilización de los pasaportes. Se ordenó entonces el regreso de los agentes a Chile.

Culminada esta fase, la DINA se dispuso a diseñar una vez más el operativo contra Orlando Letelier. Armando Fernández Larios y Michael Townley viajarían directamente desde Chile, pero lo harían por separado y por diferentes motivos. Eso sí, esta vez el viaje sería estrictamente secreto; nadie, ni siquiera la propia DINA, debería conocer la misión real. Fernández Larios viajó junto a Luisa Mónica Lagos Aguirre, una agente femenina». Los agentes fingirían ser un matrimonio.

Una vez en Washington DC, la pareja se alojó en un hotel casi enfrente de la Casa Blanca. Sin embargo, los agentes no se llevaron bien; Fernández Larios consideraba a Luisa Lagos absolutamente inepta para la misión, por lo que decidió actuar solo. Cogió una maleta y se marchó a casa de una hermana que vivía en Virginia. «Durante una semana permanecí sola en el hotel y me limité a recorrer y a vitrinear por la ciudad», declaró ante la Justicia años más tarde Lagos Aguirre.

Durante los días siguientes, Fernández Larios se dedicó a vigilar y estudiar la casa y las oficinas de Letelier, la rutina que seguían los dos coches, las matrículas, el color y el modelo, quién los conducía, e incluso confeccionó un plano del lugar, alternando estas labores con actividades sociales con su familia. Después de diez días, dio por concluido su trabajo.

Mientras tanto, en Chile, Michael Townley ultimaba con Espinoza los detalles de su parte de la misión. Townley debía reunirse con Fernández Larios, recoger la información que éste le proporcionara y proceder. Pero no lo haría él directamente, sino mediante unos amigos, cubanos anticastristas y miembros del Movimiento Nacionalista Cubano (MNC), a quienes explicaría la misión y encomendaría su ejecución. No debía haber participación directa de agentes de la DINA. Es más, en la medida de lo posible, Townley debería abandonar Estados Unidos antes de que los cubanos dieran inicio al operativo. El atentado debía parecer un atraco callejero o, mejor todavía, un accidente de tráfico. En conversación con Espinoza, Townley preguntó: «Si eso no es posible, ¿prohíbe el uso de explosivos?». Espinoza tras dudar brevemente respondió: «Si tiene que hacerlo, hágalo. Pero, si emplea explosivos, es mejor que se prepare para convencerme de que fue completamente necesario». «Sí, mi coronel», contestó Townley. Tras la reunión comenzaron los preparativos: diez detonadores eléctricos fabricados por él mismo, más pequeños y efectivos que los normales; una dosis de gas sarín, preparado por el químico de la DINA Eugenio Berríos, almacenado en un frasco de perfume Chanel n.º 5, y trinitrato de plomo, para potenciar la carga explosiva. Luego se dirigió al cuartel general de la DINA, donde recogió un pasaporte falso y el billete de avión. Townley confiaba en que el cubano Virgilio Paz le ayudaría. Paz era miembro de la MNC y él y Townley eran amigos desde 1975.

Una vez en Estados Unidos, en el aeropuerto JFK, Fernández Larios, en voz baja, transmitió verbalmente a Townley su informe. «Le di la dirección de la casa, de la oficina, el modelo y la patente del auto de Letelier», declaró años más tarde en el proceso judicial. Fernández Larios regresó a Santiago con Mónica Lagos y Townley se quedó en Estados Unidos.

El viernes 10 de septiembre, el Diario Oficial chileno publicó el Decreto Supremo n.º 588, fechado el 7 de junio de 1976, que decretaba: «Prívese de la nacionalidad chilena a Orlando Letelier del Solar, por haber incurrido en la causal contemplada en el artículo 6 n.º 4, de la Constitución Política del Estado». El decreto estaba firmado por Augusto Pinochet Ugarte y todo su gabinete.

Es curioso, los mismos que habían quebrantado la Constitución y se habían tomado el poder por las armas, ahora la invocaban para quitarle la nacionalidad al que fuera embajador de Chile ante Estados Unidos, ministro de Exteriores, de Interior y Defensa Nacional. Tampoco deja de extrañarme que, por más que se revise el texto constitucional chileno vigente entonces,[56] no es posible encontrar el artículo 6 n.º 4, ya que el artículo 6 sólo tenía tres numerales. En fin. Da exactamente igual. Las decisiones de aquella época se imponían por las armas, no por su corrección jurídica, demostrando que una cosa es tener el poder, la potestad o *potestas* y otra muy distinta es tener *auctoritas*, el conocimiento, la sabiduría.

Según contaron sus más cercanos, a Letelier le «costaba contener las lágrimas». ¿Qué habrá sentido realmente? Probablemente una mezcla de imponencia, rabia, indignación. Sabía que, desde el punto de vista político y racional, no debía dar ninguna importancia a este hecho. Se lo decían todos. Pero estaba abatido.

Esa misma noche estaba programada una manifestación de repudio a la dictadura en el Madison Square Garden, en Manhattan, Nueva York. La música corrió a cargo de Joan Baez, una conocida cantante norteamericana. El orador principal era Orlando Letelier. En medio de su discurso hizo una pausa. Emocionado, se salió del libreto y no pudo evitar exclamar: «Hoy Pinochet ha firmado un decreto en el que se dice que he sido privado de mi nacionalidad». Y allí, tras algunas reflexiones personales, exclamó: «¡Nací chileno, soy chileno y moriré como chileno! ¡Ellos, los fascistas, nacieron traidores, viven como traidores y serán recordados por siempre como traidores fascistas!».[57] En aquel momento, Letelier pensó que, si bien ese trago era bastante amargo, era lo peor que le podría ocurrir. De alguna manera se sentía a salvo de eventuales consecuencias mayores. El 20 de septiembre, cenando en su casa con su mujer y el matrimonio Moffitt, Michael y Ronni, les dijo: «Me han contado que en Chile ha habido una discusión sobre lo que ellos iban a hacer conmigo. Había dos tendencias. Un grupo, más extremista, quería matarme; pero el otro opinó que eso sería muy drástico, que lo que yo he hecho no da para tanto, que mejor sería quitarme la nacionalidad. Eso incluye calumniarme en Chile y en Estados Unidos. Bueno, soy afortunado de que los moderados hayan ganado, así que por un año puedo estar seguro de que no me va a pasar nada...».[58] Esa tarde el coche de los Moffitt se había averiado. Terminada la cena, Letelier les ofreció: «Llévense mi auto y mañana me pasan a recoger». Al día siguiente, irían los tres en el mismo vehículo al trabajo. Sí, los tres, en el coche de Orlando Letelier.

La ejecución

Cuando Townley explicó la misión a Virgilio Paz y los demás miembros de la MNC, los cubanos no se mostraron muy convencidos. Finalmente aceptaron colaborar con la DINA, pero con condiciones. La primera, que la misión debía retrasarse unos días, pues estaban «ocupados en otra cosa». La segunda era que alguien de la DINA debía participar con ellos. No, no lo harían solos. Tenía que implicarse un agente de la DINA. Si era el propio Townley, tanto mejor, pues lo conocían y confiaban en él. Ante aquellas condiciones, Townley contactó con Chile. La orden de la DINA fue proseguir con la misión.

Durante los días siguientes, Paz y Townley hicieron seguimientos, guiados por las indicaciones y el mapa de Fernández Larios, localizaron la casa, observaron los dos coches e identificaron el que conducía Letelier. En una ocasión esperaron a que Letelier saliera y le siguieron en su ruta habitual hasta el IPS. Esa mañana Letelier bajó con sus amigos Juan Gabriel Valdés y Waldo Fortín al Café Rondo. Valdés se percató de que en las inmediaciones había dos sujetos que no les quitaban la vista de encima. Fortín también lo notó, pero Letelier les dijo: «Ya déjense, huevones. Si me van a matar, no va a ser aquí en Washington. Ésa sería una completa locura».

Esa misma noche, Townley y los cubanos regresaron a la casa de Letelier. Los cubanos se negaron a poner la bomba. Debía hacerlo Townley. El coche estaba afuera del garaje. Townley se tendió bajo el vehículo y puso el artefacto explosivo, justo debajo del asiento del conductor. A la mañana siguiente, los Moffitt pasaron a recoger a Letelier, como habían acordado en la cena de la noche anterior. Como siempre se dirigieron al IPS. Orlando conducía, Ronni Moffitt ocupó el asiento del copiloto, seguramente para ir despachando algunos asuntos de camino al trabajo y Michael Moffitt se sentó detrás de su mujer. Ese día comenzaba la primavera en Chile, en Estados Unidos el otoño. Pasadas las nueve y media, el vehículo de Letelier entraba a Sheridan Circle. Se sintió un zumbido e inmediatamente después la explosión, el horror, el espanto.

Sucedió en pleno barrio diplomático de la capital de Estados Unidos, a pocas calles de la Casa Blanca. La fuerte explosión desestabilizó a un vehículo que venía detrás, en el cual viajaban dos diplomáticos israelíes. El coche de Letelier continuó unos metros sin control, impactando en un Volkswagen anaranjado estacionado frente a la embajada de Irlanda.

Esa misma tarde, Townley viajó a Miami donde se reunió con los anticastristas. Comieron. Celebraron.

Michael Moffitt sobrevivió al atentado. Aún en el hospital, días después, declaró ante las cámaras de los medios de televisión: «El Gobierno de Estados Unidos ayudó a derrocar el Gobierno de Allende y a colocar en el poder a estos dictadores. Ellos son los responsables de la muerte de mi esposa».[59]

En España, la portada del diario *El País* del día siguiente titulaba: «Asesinado en Washington el exministro chileno Orlando Letelier». La noticia no dejaba lugar a dudas y dirigía la mirada hacia el dictador chileno: «Un nuevo oponente del general Pinochet, el exministro chileno de Defensa y Asuntos Exteriores Orlando Letelier, fue asesinado ayer en Washington».[60]

La investigación

Aun cuando en un inicio el FBI no descartó ninguna posibilidad, la vinculación del atentado con Pinochet y la DINA era la hipótesis más probable. Si esto era así, sería conveniente pedir la colaboración de la CIA. Hubo que vencer reticencias iniciales, ya que la CIA tenía vínculos con la DINA y había realizado operaciones en Sudamérica, lo cual podría quedar al descubierto en la investigación. Se llegó entonces a un acuerdo: la CIA investigaría y entregaría información, pero no podría usarse en un juicio.

La investigación pronto daría con la pista de los cubanos anticastristas del MNC, quienes habían atentado con bombas anteriormente y en condiciones similares, ubicando los explosivos justo debajo del asiento del conductor. Era el mismo *modus operandi*. ¿Pero qué interés podrían tener ellos en eliminar a Orlando Letelier?

Gracias a la colaboración de la CIA se detectó una extraña coincidencia con los pasaportes paraguayos de unos agentes chilenos de la DINA que querían entrar en Estados Unidos. Tiempo después, las fotografías de esos pasaportes serían difundidas por los norteamericanos, a la espera de que en algún momento fueran reconocidos.

Paralelamente, Juan Gabriel Valdés, amigo de Orlando Letelier, fue alertado de que figuraba en una lista de la DINA como un objetivo a «neutralizar». Tras denunciarlo, el FBI le ofreció protección, pues Valdés había asumido las funciones de Letelier en el TNI. Más tarde se supo de otros intentos de eliminar a políticos chilenos exiliados en el extranjero, como Carlos Altamirano, Volodia Teitelboim, Andrés Pascal Allende y su esposa, Mary Ann Beausire.

Dada la más que probable conexión de Chile con el atentado de Washington DC, se encomendó al agregado del FBI para Sudamérica, Robert Scherrer, reunir todos los antecedentes que pudiera acerca del crimen de Letelier. Scherrer elaboró un informe secreto para el FBI, cuyo contenido no se conocería hasta muchos años después. Tras describir con detalle la Operación Cóndor, el documento informaba de la existencia de una tercera fase dentro del operativo que contemplaba «la formación de escuadrones especiales de los países miembros para que viajen a países no miembros para llevar a cabo sanciones hasta el asesinato contra terroristas o patrocinadores de organizaciones terroristas que actúen en los países miembros de la Operación Cóndor»; informaba también de que estos escuadrones especiales «podrían ser provistos de documentación falsa proveniente de los países miembros de Operación Cóndor». Según el reporte, no había información sobre operativos planificados en Estados Unidos, pero no podía descartarse, pues era perfectamente posible que «el reciente asesinato de Orlando Letelier en Washington pueda haber sido ejecutado como parte de la tercera fase de acción de la Operación Cóndor».

Debido al rápido avance de la investigación en Estados Unidos, en Chile se tomaron «medidas preventivas» para evitar que la DINA se viera involucrada. Había que eliminar los rastros, y se haría de la manera en que la DINA mejor sabía hacerlo. Carlos Guillermo Osorio Mardones, jefe de protocolo de la Cancillería, el encargado de confeccionar los pasaportes falsos de la DINA y cuya firma aparecía en ellos, supuestamente se suicidó; Guillermo Jorquera Gutiérrez, exagente de la DINA, destinado en el departamento de seguridad del Ministerio de Relaciones Exteriores a la fecha del asesinato de Letelier, «desapareció de la faz de la Tierra» después de haberse reunido con el director del servicio de inteligencia del ejército, y de haber intentado asilarse en la embajada de Venezuela; José María Lyon, funcionario del subdepartamento de pasaportes de la Dirección Consular del Ministerio de Relaciones Exteriores, murió atropellado; Iván Moya Concha, funcionario municipal que entregó licencias de conducir falsas a Michael Townley también se «suicidó».

Casualidad o no, el antiguo embajador de Estados Unidos en Paraguay en el momento en que se produjo el incidente de los pasaportes, George Landau, dejó dicho cargo y le fue asignado un nuevo destino, Chile. Por tales motivos, Landau asumió un compromiso personal en el esclarecimiento del caso Letelier. Estados Unidos a través de su nuevo embajador entregó una comisión rogatoria con 55 preguntas dirigidas a los titulares de los pasaportes con los nombres de Juan Williams Rose y Alejandro Romeral Jara. A través del conducto regular, Landau entregó la petición al canciller, el almirante Patricio Carvajal. El régimen de Pinochet, siguiendo con la tramitación oficial, lo entregó a los tribunales de

Justicia. Tratando de esquivar posibles consecuencias políticas, el ejército emitió un comunicado en el que destacaba que se trataba de un asunto estrictamente judicial, y que Juan Williams Rose y Alejandro Romeral Jara (los nombres de los pasaportes falsos) no pertenecían al ejército, algo técnicamente cierto.

En marzo de 1978, Michael Townley y su esposa Mariana Callejas, ambos exagentes de la DINA, fueron llamados a reunirse con Manuel Contreras, que todavía mantenía cierto poder e influencia. El encuentro, no obstante, fue sólo entre Townley y Contreras. Al término de la reunión, Townley habló con su mujer. La difusión de las fotografías de los pasaportes por los norteamericanos daría resultado de un momento a otro. Era probable que en pocas horas alguien en Chile lo reconociera a él y a Fernández Larios. Contreras le había ordenado que negara el viaje a Estados Unidos, y que por ahora debía irse inmediatamente al sur de Chile y pasar una larga temporada allá. «Tú no te mueves de aquí por nada del mundo —le dijo su mujer—. Sabes que eso de ir al sur significa ir a Colonia Dignidad. —Y, preocupada, añadió—: Nada les costaría eliminarte.»

Esa misma noche, Townley recibió una llamada: «Gringo, te identificaron. Ya saben que tú usaste el nombre de Williams Rose. Tienes que esconderte y si te encuentran debes negar absolutamente todo». Al poco tiempo también sería identificado Armando Fernández Larios.

El cerco se estrecha

La comisión rogatoria norteamericana inició su tramitación judicial en el Juzgado del Crimen n.º 1 de Santiago, mientras, por otra parte, y por expresas instrucciones de Pinochet, el almirante Patricio Carvajal denunció a la Justicia la falsificación de pasaportes oficiales a nombre de Juan Williams Rose y Alejandro Romeral Jara. Había que mostrar indignación y disposición a colaborar con la Justicia. Se iniciaba así el que fuera conocido como el «caso pasaportes». Pinochet en tanto, declaraba a la prensa que su Gobierno no había tenido nada que ver con los hechos. Para él era «una campaña muy bien montada, como todas las que montan los comunistas para desprestigiar al Gobierno, pero después se comprueba que aquí hay pureza», dijo.[61]

Townley hizo caso a su mujer. No viajó al sur. Se ocultó en Santiago, en casa de un exagente de la DINA. Poco después se trasladó a la casa de los suegros de otro agente. La CNI, dirigida entonces por Odlanier Mena, intentaba darle caza. Los exagentes de la DINA leales a Contreras protegían a Townley, pero esa situación no podía sostenerse mucho tiempo. Mientras tanto la tramitación del exhorto seguía su curso, y correspondía que prestaran declaración los agentes que habían adoptado las identidades falsas de Juan Williams Rose y Alejandro Romeral Jara. Se presentaron ante el Juzgado del Crimen n.° 1 de Santiago dos oficiales del ejército, los jóvenes exagentes de la DINA que habían viajado a Estados Unidos con esas identidades, pero usando pasaportes chilenos. Cuando iban a declarar, el abogado chileno, contratado por Estados Unidos para que representara sus intereses en sede judicial, impugnó la declaración.

Alfredo Etcheberry, uno de los más destacados abogados penalistas del país, era entonces profesor de la Universidad de Chile, había estudiado en la misma casa de estudios y también derecho comparado en Estados Unidos en la Universidad de Columbia, y varias generaciones de abogados chilenos habían estudiado con su manual de *Derecho Penal* de cuatro tomos, y muchos jueces y fiscales hasta hoy no dejan de consultar otros cuatro tomos sobre el *Derecho Penal en la Jurisprudencia*.[62] En 1973, Etcheberry había sido abogado del general de la fuerza aérea Alberto Bachelet, cuando fue sometido a consejo de guerra después del golpe de Estado, acusado de haber sido leal a Allende. Sin embargo, Etcheberry finalmente no tuvo ocasión de defender al general Bachelet, ya que este último falleció a causa de las torturas que sufrió, antes de que comenzara el juicio.[63] La hija y la mujer del general Bachelet también serían detenidas después y llevadas al centro de tortura de Villa Grimaldi, tras lo cual partirían al exilio. La hija del general Bachelet, muchos años más tarde, llegaría a ser presidenta de Chile en dos ocasiones y la primera directora ejecutiva de la Entidad de la ONU para la Igualdad de Género y el Empoderamiento de la Mujer (conocida como «ONU Mujeres»).[64] Actualmente es la alta comisionada de Naciones Unidas para los Derechos Humanos.[65]

Con todos esos méritos, Estados Unidos designó a Alfredo Etcheberry como su abogado, y no se equivocaron, pues de inmediato se dio cuenta de la maniobra del ejército al presentar a declarar a los dos agentes de la DINA que habían viajado a Estados Unidos para blanquear el incidente en Paraguay. «No, no son ellos los requeridos por mi representado, a pesar de sus identidades, ellos no son, sino estos, cuyas fotografías exhibo a Su Señoría.» En una breve pero certera exposición, el abogado explicó que, al tratarse de un procedimiento judicial donde se investigaban identidades falsas, más que guiarse por los nombres había que buscar e identificar a las personas que usaron esos nombres; de ese modo, el interés de su cliente recaía en quienes aparecían en las fotografías de los pasaportes paraguayos (Michael Townley y Armando Fernández Larios). El tribunal acogió la argumentación. Pero aquellos a quienes buscaba la Justicia no habían sido aún localizados. La estrategia de Estados Unidos fue, entonces, hablar directamente con el régimen. El almirante Carvajal se reunió con los representantes del Gobierno estadounidense. La reunión fue tensa. Estados Unidos rebatió con sólidos argumentos una a una las excusas de Chile, que quedaba en evidencia a cada minuto. Los estadounidenses tuvieron así vía libre para quejarse de la falta de resultados y de esfuerzos serios para encontrar a los requeridos, en especial a Townley.[66]

Poco después de esta reunión, el régimen decidió finalmente entregar a Townley a la Justicia estadounidense. Pero quedaba un trámite antes de entregar al agente. Ese mismo día se suscribió un acuerdo entre los dos gobiernos que garantizaba que la información que proporcionara Townley sería utilizada con fines estrictamente judiciales y no políticos, y debía declararse públicamente que Chile había colaborado con la Justicia estadounidense. No obstante, el objetivo real de ese acuerdo era «la entrega de Townley a cambio de la garantía de que sólo se le interrogaría en torno al caso Letelier». Ahora sí, todo estaba listo. Habían convencido a Townley para que se entregara, lo que sin duda no era bueno para él, pero al menos su vida no correría peligro. Una vez detenido, dada su condición de extranjero, fue legalmente «expulsado» del país, y materialmente entregado a los agentes del FBI.[67]

Al poco tiempo, Pinochet, consultado sobre el tema, dijo: «En este asunto se ha querido culpar a muchos. Yo les he dicho: Señores, primero juzguen. Si sale alguien culpable en este asunto, no hay ningún problema para sancionarlo. Yo sitúo todo en un marco estrictamente judicial, porque si lo aceptara en otra forma, se transformaría en un problema político que es lo que quieren los señores enemigos del Gobierno».[68]

Desde que Jimmy Carter había asumido la nueva administración, Estados Unidos había intensificado la presión sobre Chile. Cuando faltaba poco para conmemorar un año del asesinato de Letelier, Pinochet viajó a Estados Unidos y se entrevistó con el presidente Carter. Al año siguiente tuvieron lugar acontecimientos significativos acordes con la hoja de ruta que Pinochet había presentado a Carter. El general Manuel Contreras pidió su baja «voluntaria» del ejército;[69] Pinochet anunció que a todos los condenados por tribunales militares pasarían al exilio; y el toque de queda (la prohibición de circular en la calle por las noches dentro de un cierto horario), que había estado vigente desde el mismo 11 de septiembre de 1973, fue eliminado. Pero, sin duda, lo más trascendente fue la aprobación del Decreto-Ley 2.191 de Amnistía.[70] Si bien esta norma benefició a algunos opositores que seguían prisioneros por orden de las fiscalías militares, lo cierto es que su verdadero objetivo era garantizar la impunidad de las violaciones a los derechos humanos. La técnica legislativa empleada consistió en promulgar una amnistía general y luego efectuar algunas exclusiones, la mayoría por delitos comunes mencionados con ambigüedad.[71] Sin embargo, el decreto-ley, en su artículo 4, excluía expresamente de la amnistía un proceso concreto: El proceso rol n.° 192-78 del Juzgado Militar de Santiago, Fiscalía *Ad Hoc*». Este proceso correspondía al caso Letelier, que fue expresamente excluido debido a la «insistencia de los Estados Unidos».[72]

Avanzada la investigación en Estados Unidos, el Departamento de Estado envió una nota diplomática a Chile pidiendo la inmediata detención de Manuel Contreras Sepúlveda, Pedro Espinoza y Armando Fernández Larios por su presunta participación en el asesinato de Letelier.[73] Al poco tiempo se realizaría la petición de extradición. En esos días además ocurrió un hecho curioso. Una vez en Washington DC Townley no declaró. Ante la extrañeza de todos, pidió hablar con Héctor Orozco, director del servicio de inteligencia del ejército y a cargo del caso de los pasaportes, solicitando ser relevado del «juramento de silencio» que había efectuado cuando ingresó a la DINA, pues de otro modo no podría hablar. Viajaron a Estados Unidos Orozco, un asistente y el subdirector de la CNI, que lo liberó de su juramento. Orozco aprovechó su viaje a Estados Unidos para entrevistar a Townley, que le contó todo sobre el asesinato de Orlando Letelier. Fue en ese momento cuando Orozco se dio cuenta de que le habían ocultado información.

De vuelta en Chile y tras haber entrevistado a Townley, el general Héctor Orozco estaba molesto, pues se había dado cuenta de que le habían enmascarado la verdad y que el caso Letelier era un asunto delicado que comprometía las relaciones con los estadounidenses. Había acordado con el Departamento de Justicia que podría evitarse la extradición si se condenaba a los involucrados en Chile. Citó a declarar a Fernández Larios, quien, ante la confesión de Townley, se vio obligado a su vez a confesar. Luego llegó el turno de Pedro Espinoza y de Manuel Contreras. Según una versión de la prensa, la declaración de Contreras habría sido del siguiente tenor:

—¿Ordenaste asesinar a Letelier? —preguntó Orozco.

—Sí —dijo Contreras.

—¿Por qué lo hiciste?

—Porque me lo ordenaron.

—¿Quién te lo ordenó? —preguntó Orozco exaltado.

—¡Pregúntale al jefe! —respondió Contreras irritado.[74]

Una vez verificada esta información no había mucho más que hacer. Cuando llegó la solicitud de extradición desde Estados Unidos, Contreras, Espinoza y Fernández Larios fueron detenidos. En el proceso de extradición se restó valor probatorio a la confesión de Townley en Estados Unidos y se desestimaron las declaraciones de testigos y agentes del FBI presentados por la Justicia estadounidense, por lo que la extradición fue rechazada. El 1 de octubre de 1979, la Sala Primera de la Corte Suprema ratificó esta decisión. Contreras, Espinoza y Fernández Larios quedaron en libertad. En cuanto a la investigación en Chile, a cargo de la Justicia militar, el caso permanecería formalmente abierto por un tiempo más, pero había que ralentizarlo, como así se hizo.

El embajador George Landau fue entonces llamado a consultas con urgencia a Estados Unidos y se anunciaron sanciones diplomáticas contra Chile en señal de protesta por el rechazo a la extradición y el nulo avance de la Justicia chilena.[75] Pero, poco tiempo después, las presiones se relajaron hasta desaparecer. La pesadilla judicial para la dictadura había terminado, al menos de momento. Pero otra estaba a punto de comenzar, esta vez para Armando Fernández Larios.

Fernández Larios había quedado en libertad incondicional, sin cargo alguno. No obstante, el exagente fue marginado de la vida militar. No podía reincorporarse a la DINA, pues había sido disuelta. Su sucesora, la CNI, que siempre había sido una opción viable para los exagentes, no quería en su seno a los que habían sido hombres de confianza de Contreras. La alta jerarquía militar también se resistía a ofrecerle un destino en el ejército regular. Pese a no ser ya perseguido judicialmente y estar en libertad, no conseguía sentirse tranquilo, y notaba cómo el ejército le daba la espalda. Solicitó una audiencia con Pinochet en la que le expuso, según afirmó en declaración judicial posterior, que se consideraba inocente pues sólo había cumplido órdenes, pero que se sentía incómodo e incluso molesto porque estaba cargando con toda la culpa mientras sus superiores no asumían ninguna responsabilidad. Por todo ello, pidió ser dado de baja y abandonar el ejército. «Eso ya pasó, eso pertenece al pasado y no se repetirá —le dijo Pinochet, y añadió—: Ya resolveremos eso más adelante, pero por ningún motivo usted saldrá del ejército.»[76] El dictador no podía dejar suelto a Armando Fernández Larios, que, además de haber sido un agente de la DINA y, por ello, «saber demasiado», también había formado parte de la comitiva de la Caravana de la Muerte como escolta del general Sergio Arellano Stark, quien lo seleccionó cuando era un subteniente de 23 años de la Escuela de Infantería, debido a su reputación adquirida por el «valor» demostrado en el asalto al Palacio de La Moneda el día del golpe de Estado. Alguien con semejante currículum no podía bajo ningún concepto abandonar el ejército.

Como resultado de aquella entrevista, se le renovó el permiso del que disfrutaba. Cuando éste venció, solicitó nuevamente la baja, que de nuevo se le denegó otorgándosele en su lugar una licencia por tiempo indefinido. No era necesario que prestara funciones y cobraría todo su sueldo. A pesar de todo, Fernández Larios no podía olvidar que Estados Unidos había pedido su extradición, que allí le habían procesado, por lo que no podía por tanto moverse libremente por el mundo, y aunque en Chile estuviera seguro se sentía marginado. De alguna manera, quería limpiar su nombre y honrar la memoria de su padre, quien, por esas coincidencias del destino, había fallecido poco después del asesinato de Orlando Letelier. El padre de Armando Fernández Larios había sido coronel de la fuerza aérea, y también, coincidentemente, había prestado servicios en Washington DC, cuando fue nombrado agregado militar en la embajada de Chile. Si bien su padre se sentía orgulloso de que su hijo hiciera carrera militar, no estaba para nada de acuerdo en que formara parte de la DINA. De alguna forma, Fernández Larios tenía que cambiar de rumbo y honrar la memoria de su padre.

No sabemos cuántas veces dudó, cuántas veces se decidió y luego se arrepintió. Tenía mucho que perder, o tal vez mucho que ganar, o ambas cosas a la vez. Lo que sí sabemos es que se produjo un primer contacto telefónico con la embajada de Estados Unidos, en el cual Fernández Larios propuso un trato. Lo contaría todo a cambio de que garantizaran su seguridad. Fue citado a una reunión en la embajada para tratar en persona el tema, pero Fernández Larios no acudió. Tuvieron que pasar casi dos años para que realizara un nuevo intento. En enero de 1987, volvió a llamar y esta vez su decisión era definitiva. Fernández Larios se reunió con el ayudante del fiscal federal a cargo del caso Letelier, un agente del FBI, un funcionario del Departamento de Estado y con un abogado defensor. La reunión duró unas diez horas. Luego de la reunión firmó una extensa carta solicitando su «baja» indeclinable al ejército de Chile, en la que explicaba sus razones, con estrictas instrucciones de que fuera presentada una vez que el avión hubiese despegado del aeropuerto. Fernández Larios partió solo a Brasil, donde lo esperaban los agentes del FBI que lo trasladaron a Estados Unidos. Una vez allí se declaró culpable de la preparación del atentado contra Letelier, pero no por la muerte de Ronni Moffitt. Tanto el fiscal como su abogado defensor le recomendaron que se acogiera al sistema federal de protección de testigos, tal y como había hecho Michael Townley años atrás, pero Fernández Larios rechazó la oferta, pues no quería tener que adoptar una nueva identidad y perder todo contacto con sus amigos y familiares. A pesar de ello, cuando la noticia se difundió en Chile, la prensa local señaló que Fernández Larios se había acogido al programa de protección de testigos, lo que Estados Unidos no desmintió. Ante la noticia, el ejército reconoció los hechos en un escueto comunicado en el que señalaba que Fernández Larios había pedido su baja indeclinable. Más elocuente fue Pinochet: «Armando Fernández Larios es, a mi modo de ver, un desertor. La información que yo tengo es que este caballero se fue creyendo que estaba suelto, en circunstancias que estaba todavía en el ejército».

En Estados Unidos, Fernández Larios permaneció oculto hasta la celebración del juicio en mayo de 1987. Para él todo había terminado, se había reconciliado consigo mismo y con la memoria de su padre. Para la familia de Orlando Letelier, en cambio, quedaba todavía un largo periplo judicial por recorrer hasta obtener Justicia.

El juicio en Chile

El 11 de marzo de 1990 terminó la dictadura en Chile y empezó la transición con un presidente elegido democráticamente. Sin embargo, Pinochet se mantendría durante ocho años más como comandante en jefe del ejército. Aun cuando Fabiola Letelier, hermana de Orlando y abogada de la Vicaría de la Solidaridad, desde hacía más de una década intentaba la reapertura del caso, la Corte Marcial rechazaba cada recurso, sin que en la práctica existiera posibilidad de avance alguno. Sin embargo, en abril de 1990, lo que no hicieron los tribunales en aquella época, lo hizo la prensa independiente. El diario *La Época* logró identificar y localizar a la agente que había viajado a Estados Unidos con Armando Fernández Larios, Luisa Mónica Lagos Aguirre, cuyo testimonio vertido en la prensa permitiría reabrir el caso, después de varios recursos. Pero, como la causa seguía radicada en la Justicia castrense, no extrañó que se ordenara de nuevo el cierre de la misma, provocando la presentación de nuevos recursos.

El avance real de la investigación se produjo únicamente cuando el caso pudo ser finalmente traspasado a la jurisdicción civil, gracias a las denominadas «leyes Cumplido», que disponían que los procesos judiciales, cuando afectaran a las relaciones de Chile con otros estados, debían ser seguidas por la justicia ordinaria. Fue en este marco que se designó un juez de la Corte Suprema para el caso Soria y lo propio ocurrió con el caso Letelier. Aun cuando la Justicia militar intentó retenerlo por todos los medios, éste fue reabierto por la Justicia civil. También en esos días el nuevo Congreso restituyó, con carácter retroactivo, la nacionalidad chilena a Orlando Letelier.

Con el caso reabierto, Fabiola Letelier pidió el procesamiento de Manuel Contreras, Pedro Espinoza y todos los demás responsables del asesinato de su hermano. Lo mismo hizo el abogado de la viuda y los hijos de Orlando Letelier. Se trataba de un letrado chileno que había tenido que exiliarse en Argentina, donde fue víctima de la Operación Cóndor, siendo detenido, torturado y desaparecido durante un tiempo, salvando su vida gracias a la presión ejercida por académicos y políticos alemanes, desde el país donde había hecho su segundo doctorado bajo la dirección de Hans Welzel; el primero lo había realizado en la Universidad Complutense de Madrid. Este abogado, al ser liberado partió al exilio a Alemania y tras un tiempo se radicó en España, donde hizo carrera académica llegando a ser decano de la Facultad de Derecho de la Universidad Autónoma de Barcelona. Su nombre era Juan Bustos Ramírez. La historia de este abogado y académico, sobreviviente del Plan Cóndor, inspiró al escritor uruguayo Eduardo Galeano, quien le dedicó un cuento titulado «Lluvia», al ver la tristeza que embargaba a Juan y el milagro que representaba que estuviera vivo.[77] «Lleva meses así, de pena en pena, avergonzado de sobrevivir», reza el texto, hasta que de pronto se produce un fenómeno que, de tanto en tanto, ocurre en Yoro, un pueblo de Honduras donde se encontraba. Los peces saltan del mar a la playa y pareciera que éstos llovieran del cielo. «"¡Llueven peces!", grita Juan, manoteando los peces vivos que caen en picada desde las nubes y brincan y centellean a su alrededor para que a Juan nunca más se le ocurra maldecir el milagro de estar vivo y para que nunca más olvide que él ha tenido la suerte de nacer en América: "Y sí", le dice un vecino, tranquilamente, como si nada, "Aquí en Yoro, llueven peces".»[78] En cuanto le fue permitido, hacia el final de la dictadura y el inicio de la transición, Juan Bustos regresó a

Chile, y comenzó una actividad frenética, incansable, tanto en lo académico como en lo político y lo profesional.

Desde 1990, el caso Letelier discurrió por diversos avatares hasta llegar a su momento culminante en enero de 1995. Muchos de los alumnos de Juan Bustos en Chile siguieron con atención los alegatos del caso Letelier ante la Corte Suprema, que, en un hecho inédito, fueron televisados. Por primera vez la Justicia chilena, tan oscura e ininteligible durante tantos y tantos años, abría sus puertas y el país entero pudo conocer por boca de los abogados los antecedentes del caso Letelier, de la DINA, de Manuel Contreras y Pedro Espinoza, de Townley y Fernández Larios, los cubanos anticastristas, en fin, de la dictadura y del propio Pinochet. Las alegaciones estuvieron a cargo de Fabiola Letelier, la hermana de Orlando, Luis Bates por el Consejo de Defensa del Estado y Juan Bustos Ramírez por la viuda y los hijos. Para todos, el alegato de Juan Bustos fue una verdadera clase magistral, describiendo los hechos con vehemencia, pero sin apasionamiento, explicando con una claridad impresionante complejas instituciones penales y procesales, citando a diversos tratadistas, haciendo también referencia a Aristóteles, Santo Tomás e incluso a *Macbeth* de William Shakespeare.[79]

Aun cuando las acusaciones pidieron presidio perpetuo, las condenas fueron bajas. Siete años para Manuel Contreras, seis años para Pedro Espinoza.[80] A pesar de ello, fue celebrado como un juicio histórico. Por primera vez después de tantos años, se hacía Justicia en Chile; por primera vez los tribunales habían establecido judicialmente lo que allí había ocurrido. El antiguo jefe de la DINA había sido condenado. No obstante, su entrada en prisión no sería sencilla. Desafió al Gobierno y a la Justicia durante unos largos y tensos cinco meses. Hubo reuniones entre políticos y mandos del ejército, y hasta se llegó a construir una cárcel especial para militares en la localidad de Punta Peuco.[81] Pero, como quiera que fuere, el primer gran paso, el más difícil, ya se había dado.

Townley, Fernández Larios y los cubanos anticastristas del MNC fueron condenados en Estados Unidos; en Chile, como ya se ha dicho, también fueron condenados Manuel Contreras y Pedro Espinoza. Pero aún faltaba algo.

En aquel entonces, con Pinochet ostentando el cargo de comandante en jefe del ejército era inviable llevar adelante un juicio en su contra en Chile. En 1998, de acuerdo con la hoja de ruta de la transición chilena establecida en la Constitución, que los nuevos gobiernos democráticos aceptaron o se vieron obligados a aceptar, juzgue cada cual, se estableció que Pinochet fuera senador vitalicio luego de pasar a retiro, garantizándole inmunidad, poder y la posibilidad de mantenerse como figura política activa. Todo esto cambió cuando fue detenido en Londres por mi orden como titular del Juzgado Central de Instrucción n.° 5 de la Audiencia Nacional de España. Pinochet debía responder por los crímenes del Plan Cóndor y, entre ellos, por el asesinato de Orlando Letelier. La detención de Pinochet despertó también interés en la Justicia norteamericana, por lo que una delegación estadounidense viajó a Madrid para entrevistarse conmigo e instruirse en los antecedentes de la investigación. A cambio, se me permitiría (aunque finalmente no fue así) entrevistarme con Michael Townley y se desclasificarían muchos documentos de la CIA que darían mayor claridad a la participación de Pinochet.

Es notorio que el dictador chileno no fue extraditado desde el Reino Unido a España y tampoco llegó a ser juzgado en Chile por sus crímenes, aunque sí fue procesado por algunos casos, particularmente por algunos episodios del caso Caravana de la Muerte.

En el 2015, veinte años después de la condena en Chile a Manuel Contreras y Pedro Espinoza, como un gesto del presidente Barack Obama hacia Chile y la familia Letelier, se desclasificaron nuevos documentos de la CIA en los que aparecía establecida con meridiana claridad la participación de Pinochet en el asesinato de Orlando Letelier. El secretario de Estado John Kerry entregó personalmente a la presidenta Michelle Bachelet aquellos documentos, entre los que se encontraba el «Informe Shultz», que, según afirmó Juan Gabriel Valdés, amigo de Letelier «nos han permitido reconstituir parcialmente la tormentosa relación de nuestros gobiernos de la época, y delinear sobre bases factuales las responsabilidades históricas de cada cual».[82] Hubo también opiniones más críticas que afirmaban que ese gesto había tenido lugar «demasiado tarde»,[83] lo que tal vez se debiera a que estos documentos demostraban que Henry Kissinger, el secretario de Estado del presidente Richard Nixon, sabía que Pinochet había ordenado un acto de terrorismo en suelo estadounidense, y que no sólo no hizo nada para evitarlo sino que incluso lo permitió y desactivó las alertas sobre el posible atentado.[84]

Las viejas y las nuevas operaciones Cóndor

Casualidad o no, pero es sin duda otra coincidencia; el 4 de junio de 1976, es decir, unos cuatro meses antes del atentado contra Letelier y sólo dos días antes de la desaparición del expresidente de Bolivia, el general Juan

José Torres, en Buenos Aires, donde se había exiliado, el periodista británico Richard Gott escribió en el periódico londinense *The Guardian*, un artículo que anunciaba lo que vendría: «Los especialistas que siguen de cerca la vida política de dicho continente [América del Sur] afirman que se lleva a cabo allí algo semejante a la Operación Fénix», que la CIA llevó a cabo en el Sudeste Asiático en 1965.[85] Otros periodistas estadounidenses, como Jack Andersen, del *Washington Post*, ya entonces pudieron acceder a los informes del FBI en los que se explicitaba mediante cablegrama despachado desde la embajada de Estados Unidos en Buenos Aires qué era la Operación Cóndor y cómo funcionaba.[86]

Aquello afortunadamente hoy ha terminado. ¿Ha terminado? Tal vez sólo se haya transformado. Es verdad que ya no se desaparece a adversarios políticos ni se aplica la tortura como una política de Estado en el Cono Sur. Sin embargo, todavía hay quienes se creen dueños absolutos de la verdad y pretenden imponer a los demás su propio modelo de sociedad, con otros métodos, es verdad, aunque a veces no tan distintos. Todas las operaciones Cóndor del mundo, de antes y ahora, han sido diseñadas por manos tenebrosas que siempre han entendido la seguridad nacional como una excusa para eliminar a las personas que resultaban incómodas o perturbadoras en un espacio en el que tan sólo aceptaban una visión unipolar del mundo. Ahora, mediante drones inteligentes, se destruye científicamente a inocentes y «culpables», así declarados sin juicio alguno. En estos temas, la Justicia no debe ser cómplice del poder. Cuando la Justicia calla o consiente, se abren las puertas al desastre del abuso y la impunidad. Por ello, quienes, de una u otra forma, formamos parte de la Justicia tenemos la obligación de no permanecer indiferentes.

CARMELO SORIA[87]

Si los sucesos del Estadio Nacional y los distintos episodios de la Caravana de la Muerte son exponentes del primer período represivo de la dictadura, el Plan Cóndor, el caso Letelier y el de Carmelo Soria son un fiel reflejo del actuar de la DINA en el segundo período, el de la clandestinidad.

Muchos represaliados por la dictadura chilena fueron extranjeros. Este fue el caso de Carmelo Soria Espinoza. Nieto del gran urbanista madrileño Arturo Soria —creador de la Ciudad Lineal— y hermano del intelectual y editor del mismo nombre, Carmelo Soria había nacido en

Madrid, donde militó en el Partido Comunista de España. Sobrevivió a la Guerra Civil, pero en la posguerra intentó reorganizar la Federación Universitaria de Estudiantes (FUE) y debió huir y exiliarse en 1947. Eligió Chile como país de refugio, y en 1965 se acogió al convenio de doble nacionalidad entre Chile y España. Poco después, comenzó a trabajar como funcionario de Naciones Unidas, en la Comisión Económica para América Latina (CEPAL), con sede en Santiago, llegando a ocupar la jefatura del departamento editorial del Centro Latinoamericano de Demografía (CELADE). En 1970, durante el Gobierno de Salvador Allende, integró el equipo directivo de la editorial Quimantú, de propiedad estatal. Tras el golpe de Estado en 1973, se reincorporó al CELADE.

Carmelo Soria tenía doble nacionalidad, pero tanto España como Chile lo trataron mal. Viendo todo lo que sucedía en su país de acogida, Soria no pudo permanecer indiferente y aprovechó su inmunidad diplomática para ayudar a varias personas a asilarse en distintas embajadas. Esto lo convirtió en objetivo militar para la DINA.

El 14 de julio de 1976, Soria se dirigía hacia su casa después del trabajo. Su coche era fácilmente identificable por su matrícula diplomática. Sobre las cinco y media de la tarde, dos miembros de la DINA vestidos de carabineros le hicieron señales para que se detuviera. Soria atendió a sus indicaciones y detuvo el coche. Los oficiales alegaron que había cometido una infracción de tráfico. Incrédulo y sin poder oponer resistencia fue detenido y conducido hasta una vivienda de la DINA que hacía las veces de centro clandestino de detención. Lo introdujeron sin contemplaciones en la casa, en cuyo interior aguardaban al menos cuatro miembros más de la DINA, que formaban la temible brigada Mulchén, conocida por la brutalidad de sus actos y lo despiadado de sus acciones. Sin escapatoria alguna ni posibilidad de resistencia, le maniataron y le cubrieron el rostro. Comenzó entonces un interrogatorio bajo tortura que se prolongó durante horas, con el único objetivo de obtener información sobre su hipotética relación con el Partido Comunista de Chile y su supuesta misión en el país. El capitán Jaime Lepe dirigía el interrogatorio marcando los tiempos. Entre pregunta y pregunta lo golpeaban de forma sistemática, hasta que le fracturaron las costillas en ambos lados de la caja torácica.

Es difícil imaginar la degradación del ser humano y hasta dónde puede llegar el nivel de sadismo aplicado a un semejante. ¿Dónde está el punto de contención? ¿Cómo se desciende al abismo de la negación de la condición humana y se sigue viviendo después normalmente? Es cierto que esta situación se nos ha representado miles de veces y que, sin duda, se volverá a hacer presente otras tantas, tal es la realidad; pero siempre me he preguntado qué puede pensar en ese momento el torturador, cuando aplica la picana en los genitales o las encías o rompe en mil astillas las costillas o revienta el hígado o el bazo de su víctima, y sigue golpeando sistemáticamente hasta acabar con su vida o dejarla irremediablemente maltrecha. ¿En qué lugar recóndito de su mente guarda esas dosis de maldad y odio? ¿En qué pensará la víctima para no abandonarse desde el primer momento de dolor y no perder la razón cuando sobrevive o soporta la agresión hasta que fenece? Frente a la bajeza moral y el mesianismo del torturador, sólo la fortaleza del espíritu y la integridad de las convicciones que defiende la víctima pueden hacerla sobreponerse a la angustia y el tormento o morir dignamente mirando a los ojos de su agresor.

No sé exactamente cómo concluyó la digna existencia de Carmelo Soria, pero sí sé que las únicas palabras que le extrajeron en medio de tanto tormento fueron: «...pobre Chile...».

Cuando tomaron la decisión de asesinarlo, le obligaron a ingerir la mitad de una botella de pisco. La alta graduación alcohólica de esa bebida le dejó inconsciente y, con ello, simularon burdamente un accidente de tráfico, como causa probable de su muerte. Los preparativos para construir esta «muerte accidental» incluían la redacción *in situ* de una nota escrita a máquina en que una supuesta amistad de Soria le revelaba las presuntas infidelidades de su mujer. Todo estaba orientado a dar sentido a una irresponsable borrachera con final suicida, y además a producir más dolor en todo el entorno de la víctima. Antes de dar las diez de la noche de ese mismo día, el capitán Guillermo Salinas se acercó a él. El interrogatorio había finalizado. Sin más dilación, le agarró del cuello y le estranguló rompiéndole el hueso hioides y, consecuentemente, le causó la muerte. Otros miembros de la infame brigada le ayudaron en esta tarea. Otra versión indica que, como el estrangulamiento con las manos no diera buen resultado, le partieron el cuello haciendo palanca con el peldaño de una escalera. Como quiera que fuera, Carmelo Soria perdió la vida inevitablemente.

De madrugada, trasladaron el vehículo y el cadáver hasta el canal El Carmen, en el sector de La Pirámide. Allí arrancaron el motor y lo precipitaron al vacío dejando la botella de pisco en el interior. El coche apareció al día siguiente. Los cristales habían sido quebrados deliberadamente, las llaves estaban puestas y faltaban la radio y los asientos, salvo el del conductor. El cuerpo de Carmelo Soria fue arrojado al mismo canal, pero no se encontraría hasta dos jornadas más tarde, después de proceder al dragado del canal. Soria tenía las manos crispadas, signo de agonía poco común en alguien que fallece en un accidente de tráfico.

Poco después de su muerte se hizo evidente que el accidente no había sido más que un burdo intento de encubrir su asesinato. Las puertas del coche estaban totalmente cerradas y, aunque las ventanas estaban rotas, era físicamente imposible que el cuerpo hubiera salido despedido del vehículo, debiendo haber quedado atrapado entre los cristales rotos. Vecinos de la zona relataron a los agentes de tráfico que habían oído el ruido del coche cayendo al barranco sobre las dos de la madrugada, es decir, una hora después del comienzo del toque de queda, que prohibía la circulación de particulares durante la noche. Entre sus ropas faltaban varios efectos personales, como su chequera, su cartera, el reloj y también dinero. A la vera del camino desde donde cayó el vehículo no había huellas de frenada de neumáticos, pero sí se encontró una bufanda ensangrentada. Carmelo Soria era alérgico al polen, por lo que evitaba visitar lugares con vegetación frondosa, como aquel en el cual fue despeñado el coche. Además, a causa de un problema de salud y por prescripción médica, Carmelo Soria no podía beber alcohol. Antes de su muerte, en el domicilio familiar se recibieron llamadas anónimas con amenazas, que continuaron después de su muerte, haciendo alusión a que esto les había pasado por ser izquierdistas.

Por tratarse de un supuesto accidente de tráfico, debía necesariamente seguirse el protocolo establecido y realizarse una autopsia, la que reveló que la muerte se había producido antes del ingreso del cuerpo al agua, y que el cuerpo había permanecido sumergido menos de doce horas, mientras que el automóvil fue encontrado por lo menos veintidós horas antes de que apareciera el cadáver. Las heridas que presentaba el cuerpo no eran compatibles con un accidente automovilístico sino con golpes deliberados y estrangulamiento. Los forenses certificaron que la muerte se produjo a causa de lesiones en la zona cervical y en la columna vertebral, además de presentar masivas hemorragias cerebrales, es decir que Carmelo Soria fue golpeado en la cabeza y el pecho, estrangulado lentamente y que murió de varios golpes en la nuca.

En opinión del abogado de la familia, Alfonso Insunza, el asesinato de Carmelo representó una advertencia, un mensaje de la DINA a los comunistas y a quienes colaborasen con ellos: «Nadie, ni siquiera alguien con estatus diplomático, está a salvo».

Ante lo que claramente parecía un asesinato, la CEPAL pidió una investigación judicial. Lo mismo hicieron varias personalidades españolas como María Isabel Pérez Serrano, María Sala, Joaquín Ruiz-Giménez, José Antonio Sorzano, Alberto Cercós, Eduardo Moreno, José María Riaza, Gonzalo Casado Herce, Armando Benito, Jaime Cortezo, Francisco Fernández Ordóñez, José Ramón Lasuén y Ventura Olaguibel. El caso comenzó a ser investigado por la brigada de homicidios de la policía civil chilena.

Ese mismo año, un pariente de Soria pasó a engrosar las listas de desaparecidos en tanto que la familia seguía siendo amedrentada, por lo que, en septiembre de 1976, decidieron abandonar el país y emigrar a España.

La investigación policial dio sus frutos. El 14 de diciembre de 1976, *The Washington Post* publicó una nota de prensa según la cual, de acuerdo con informaciones de Naciones Unidas, Carmelo Soria había sido interrogado hasta morir por agentes de la dictadura chilena. La investigación judicial continuó, y pronto apareció en ella el nombre del agente de la DINA Michael Townley. Sin embargo, en 1979 la justicia chilena cerró el caso ya que, pese a estar acreditado el homicidio —se dijo— no pudo establecerse quiénes habrían participado en él.

Una vez terminada la dictadura, la Comisión Rettig incluyó a Carmelo Soria en su informe. Su condición de víctima se había establecido fehacientemente gracias a la declaración de una excolaboradora de la DINA que aseguró haber oído a dos agentes jactarse de su muerte. En abril de 1991, su hija, Carmen Soria, emprendió acciones legales solicitando que se iniciara una investigación independiente sobre la muerte de su padre. La Justicia chilena, dado el carácter de funcionario de Naciones Unidas de la víctima, designó como jueza especial a Violeta Guzmán. En agosto de 1993, un exagente de la DINA confesó su participación en el homicidio de Soria. Se trataba del ciudadano estadounidense Michael Townley, al que la Justicia de Estados Unidos había condenado a una pena menor por el asesinato en Washington de Orlando Letelier y Ronni Moffitt. La confesión de Townley sobre la muerte de Soria se produjo en Estados Unidos, en el marco de una larga entrevista, transmitida en todo Chile por el canal estatal de televisión. Ante el revuelo causado por estas declaraciones, el jefe del Estado Mayor del ejército se apresuró a comunicar al país que la DINA había sido una entidad, diferente al ejército, que nada tenía que ver con el estamento armado. Sin embargo, poco después, el titular del Segundo Juzgado Militar de Santiago solicitó a la jueza especial Violeta Guzmán que se declarase incompetente y transfiriese la causa a la Justicia militar. Esta solicitud suponía una contradicción evidente: si la DINA y el ejército eran entidades diferentes que «nada tenían que ver», ¿por qué la Justicia militar reclamaba el caso argumentando la incompetencia de la Justicia civil? La jueza negó formalmente la petición, reafirmó su competencia y prohibió informar sobre el proceso, al que habían sido llamados a declarar altos oficiales del ejército. Tres meses más tarde, al pronunciarse sobre los recursos, la Tercera Sala de la Corte Suprema resolvió traspasar a la Justicia militar el proceso. A los pocos días, por vía diplomática, el Gobierno español solicitó formalmente a Chile que se personara en el caso, que solicitara el retorno del proceso al cauce civil y se designara un juez especial perteneciente a la Corte Suprema chilena. La familia, a través de su abogado Alfonso Insunza, recurrió el fallo e hizo la misma petición. Un mes después, la Corte Suprema rechazó la solicitud ratificando el traspaso del caso a la Justicia militar. Como protesta, el Ministerio de Asuntos Exteriores llamó a consultas al embajador de España en Chile. En una acción decidida y valiente, Carmen Soria reveló parte del sumario (que estaba bajo secreto) exponiéndose a ser sancionada incluso penalmente. Era necesario. Debía saberse qué era lo que había detrás de todo esto. Carmen reveló que, entre otros implicados, se encontraban tres coroneles del ejército chileno en servicio activo, uno de los cuales era Jaime Lepe, en aquel momento secretario de la comandancia en jefe del ejército, que seguía encabezada por Pinochet. El dictador había dejado de ser presidente en marzo de 1990, pero se mantenía en el cargo de comandante en jefe y, según la Constitución Política lo sería durante ocho años más, hasta 1998. Así pues, uno de los asesinos de Carmelo Soria era el secretario de Pinochet y en esa época aún sonaban muy recientes las declaraciones del dictador vertidas en 1989, poco antes de abandonar la presidencia: «Yo no amenazo, no acostumbro a amenazar. Sólo advierto una vez. El día que me toquen alguno de mis hombres se acabó el Estado de derecho».[88]

El Gobierno español pidió entonces al de Chile que solicitara a la Corte Suprema «la urgente reconsideración» de su decisión de denegar un juez especial. Días después de esta petición, el Cuerpo de Generales y Almirantes emitió un comunicado criticando «la presión» española para lograr la designación de un juez civil, denunciando un supuesto intento de comprometer el honor de las fuerzas armadas y del jefe del ejército, el general Augusto Pinochet. Indicaban que se trataba de «un problema de jurisdicción, cuya resolución es facultad exclusiva y excluyente de la Corte Suprema de Justicia». Justificándose, señalaban: «Nos ha parecido necesario ilustrar al Gobierno español sobre el particular». Para empeorar las cosas, cuatro días más tarde, la exmujer de Michael Townley, Mariana Callejas, contó en una entrevista cómo la DINA de Pinochet había utilizado el domicilio de los Townley para matar a Soria. La casa era una residencia particular y, a la vez, recinto de la DINA. Los agentes «trabajaban» en las plantas bajas, mientras que en la parte superior vivían la pareja y sus hijos pequeños.

Habían hablado los militares, había hablado la familia a través de la hija de la víctima, había hablado el Gobierno de España y el chileno había interpuesto los recursos correspondientes. Todas las miradas estaban puestas ahora en la Corte Suprema. En esta ocasión, sería el Pleno de la Corte Suprema el que resolviese. La decisión no se hizo esperar y dos días más tarde, el 10 de diciembre de 1993, el pleno emitió su veredicto. Por diez votos contra dos, se dejó sin efecto la decisión de trasladar el caso a la jurisdicción militar debiendo volver la causa a la civil. Además, el pleno accedió a designar a uno de sus magistrados para llevar a cabo la investigación. Se nombró a Marcos Libedinsky.

La amnistía

¿Quién era? ¿Qué se sabe de él? Llamadas telefónicas y conversaciones de pasillo iban y venían, tratando de averiguar. Libedinsky gozaba de prestigio por su entereza e independencia de criterio. Había sido nombrado ya en democracia y se le consideraba próximo a los sectores demócratas. No era uno de los jueces antiguos, designados en la época de Pinochet. El mismo día del fallo del pleno y la designación de Libedinsky, el ministro español de Asuntos Exteriores, Javier Solana, comentó: «Hemos ganado», la presión diplomática «ha dado resultado». Nada entonces hacía presagiar lo que sucedería a continuación.

Apenas dos semanas después de su designación para investigar el caso, Libedinsky decidió el sobreseimiento definitivo en aplicación del decreto-ley de amnistía. No sólo era sorprendente, era inconcebible. Toda la alegría y las esperanzas de Justicia se derrumbaron nuevamente. En su resolución, Libedinsky indicaba que la Justicia militar se había apresurado a decretar la amnistía y sobreseer el caso, por lo que cuando éste se traspasó a la Justicia civil, él recibió el caso ya cerrado y amnistiado, sin poder, según su criterio jurídico, hacer otra cosa que constatar y ratificar esa decisión.

El abogado de la familia Soria anunció que apelaría. El Gobierno español expresó su decepción y afirmó que agotaría todas las vías «para que se haga justicia». La reacción de la familia fue más lacónica. La viuda de Soria, Laura González-Vera, dijo en Madrid: «Me parece normal», y explicaba que los responsables del secuestro, tortura y muerte de su marido «fueron ascendidos y, a la hora de pedir Justicia, nos enfrentamos a las mismas caras». Se dedujeron los recursos respectivos. De nuevo la atención estaba puesta en la Corte Suprema, pero en esta ocasión el fallo se haría esperar. Con el paso del tiempo, la familia y su abogado comenzaron a considerar seriamente acudir a instancias internacionales. Por lo pronto, pidieron al secretario general de Naciones Unidas que, puesto que Carmelo Soria había sido funcionario de la ONU, solicitara a Chile un informe sobre el resultado de la investigación y lo diera a conocer a los estados miembros. En marzo de 1994, el Gobierno español denegó la entrada en el país a uno de los militares chilenos implicados en el caso Soria, el coronel Jaime Lepe, otrora secretario de la comandancia en jefe, que pretendía asistir a la ceremonia de cambio del agregado militar chileno en Madrid. En abril de 1994, en una resolución sin mayor impacto mediático (al parecer deliberadamente), la Corte Suprema aceptó la apelación y dejó sin efecto el sobreseimiento definitivo y la aplicación de la amnistía, reabriendo nuevamente el caso. La familia decidió recusar al juez Marcos Libedinsky, que ya había emitido opinión sobre el fondo del asunto. Se designó como instructor a otro miembro de la Corte Suprema, el juez Eleodoro Ortiz.

Unos días más tarde, el secretario general de Naciones Unidas, Boutros-Boutros Ghali, anunció que se le había informado de una inminente resolución de la Corte Suprema chilena sobre el caso. Sin embargo, pasaron varios meses sin novedades concretas. Por el contrario, el juez Eleodoro Ortiz había rechazado las peticiones del abogado de la familia de procesar a los exagentes de la DINA, incluidos Manuel Contreras y Pedro Espinoza, y había denegado una petición de extradición de Townley desde Estados Unidos. El abogado de la familia, Alfonso Insunza, anunció que apelaría todas esas decisiones señalando que los responsables habían quedado plenamente identificados durante la investigación de la jueza Violeta Guzmán, por lo que no se trataba de un problema jurídico, sino que la desestimación obedecía a que los asesinos seguían en servicio activo, en puestos de responsabilidad y gozaban de la protección de Pinochet. Acogiendo parcialmente el recurso, la Sala Segunda de la Corte Suprema resolvió procesar a Guillermo Salinas Torres, coronel retirado, y a José Ríos

San Martín, suboficial del ejército, miembros ambos de la brigada Mulchén, como autor y cómplice respectivamente del asesinato de Carmelo Soria. La corte denegó el procesamiento de los oficiales en servicio activo. Seis meses más tarde, a principios de noviembre de 1995, el juez Eleodoro Ortiz declaró concluida la investigación, lo que le abocaba o bien a acusar a los procesados o bien a sobreseer y aplicar nuevamente el decreto-ley de amnistía, como solicitaba con insistencia la defensa de los militares.

Por su parte, la política chilena seguía enviando mensajes contradictorios, ya que, si bien el Gobierno se mostraba en público a favor de la investigación, los militares implicados continuaban ocupando puestos de alta responsabilidad. De hecho, intentó sacarse del país a uno de ellos enviándolo a Ecuador como agregado militar. Con respecto a España, en una extensa carta, un grupo de juristas pidió a las autoridades chilenas que se hiciera Justicia en el caso de Carmelo Soria. La petición estaba firmada por Joaquín Ruiz-Giménez, ex Defensor del Pueblo y presidente honorario de la Comisión Internacional de Juristas; José Antonio Martín Pallín, magistrado del Tribunal Supremo; Francisco Tomás y Valiente, expresidente del Tribunal Constitucional y catedrático de historia del derecho; Francisco Rubio Llorente, exmagistrado del Tribunal Constitucional y catedrático de derecho constitucional; Gregorio Peces Barba, expresidente del Congreso de los Diputados y rector de la Universidad Carlos III de Madrid; y Enrique Gimbernat Ordeig, catedrático de derecho penal y exdecano de la facultad de Derecho de la Universidad de Alcalá de Henares.[89]

Por aquellos días, también en España, se puso en marcha otra iniciativa cuya enorme trascendencia no se pudo prever. En julio de 1996, Miguel Miravet, en su condición de presidente de la Unión Progresista de Fiscales (UPF), interpuso una denuncia por los presuntos crímenes de genocidio y terrorismo cometidos entre 1973 y 1990 por Augusto Pinochet, Gustavo Leigh y otros. La denuncia identificaba a los ciudadanos españoles asesinados o desaparecidos: Joan Alsina Hurtos, Antoni Llidó Mengual, Michelle Peña Herreros, Antonio Elizondo Ormaechea, Carmelo Luis Soria Espinoza y Enrique López Olmedo.[90] Más tarde, la Fundación Presidente Allende, ejercitando la acusación popular, también interpuso una querella en la que identificaba a más de tres mil personas asesinadas y/o desaparecidas de una decena de nacionalidades, entre las que había españoles y descendientes de españoles. El caso fue admitido a trámite, y correspondió al Juzgado Central de Instrucción n.º 6 de la Audiencia Nacional, que abrió diligencias previas y, tras el informe favorable del Ministerio Fiscal, declaró su competencia para conocer sobre los delitos imputados.[91] El momento elegido para iniciar la causa contra Pinochet en España estuvo precisamente motivado porque faltaba poco para que se cumplieran veinte años del asesinato de Carmelo Soria, con lo cual podría haberse considerado que el caso estaba prescrito.[92]

Mientras tanto, en Chile, el juez Eleodoro Ortiz adoptó una decisión respecto de los dos procesados. Según dicha resolución judicial, los convenios internacionales sobre derechos humanos habían sido incorporados al derecho interno durante la transición a la democracia, mediante la modificación constitucional del año 1989. En consecuencia, no estaban vigentes en el momento de los hechos, por lo que no podían ser aplicados retroactivamente. En cuanto al convenio que sí estaba vigente en 1976, la Convención sobre la Prevención y Castigo de los Delitos contra Personas Internacionalmente Protegidas, en el fallo señaló que «no basta con ser funcionario, personalidad oficial o agente de una organización intergubernamental para ser persona internacionalmente protegida, sino que es necesario, además, que tenga derecho, conforme al derecho internacional, a una protección especial contra todo atentado a su persona y libertad o dignidad». De este modo, según el criterio del juez, era procedente aplicar el decreto-ley de amnistía, con lo cual absolvió de responsabilidad penal a los únicos dos procesados por el crimen. Por los mismos argumentos, el juez además decretó también el cierre del proceso en su totalidad.

En los días siguientes al fallo, el abogado de la familia anunció que apelaría y que, además, solicitaría del Pleno de la Corte Suprema la declaración de inconstitucionalidad de la ley de amnistía. Carmen Soria pidió audiencia con el presidente de la República, Eduardo Frei Ruiz-Tagle, quien se negó a recibirla, derivando los antecedentes del caso a la ministra de Justicia. En Madrid, la viuda de Carmelo Soria pidió ser recibida por el presidente del Gobierno español, que atendió la petición. Ese mismo mes, la Comisión de Asuntos Exteriores del Congreso de los Diputados en España emitió un pronunciamiento en el que señalaba que «lamenta profundamente» la decisión del juez Ortiz. Incluso el Parlamento Europeo aprobó una resolución en la que «deplora que la autoridad judicial chilena no haya estado a la altura de sus compromisos internacionales». Por su parte, Pinochet, en una inusual conferencia de prensa señaló: «Yo no intervengo en ese aspecto, es de la Justicia. No debe intervenir nadie, ni el poder ejecutivo ni el legislativo». Así quedó demostrada la debilidad de la democracia chilena ante sus ciudadanos y la comunidad internacional, y quedó claro que Chile aún era una «democracia tutelada».

De nuevo se presentaron recursos; de nuevo a esperar la resolución de la Corte Suprema. En agosto de 1996, la Sala Segunda de la Corte Suprema de Justicia de Chile finalmente resolvió la apelación interpuesta por la familia: era procedente aplicar el decreto-ley de amnistía y confirmar la absolución de los dos únicos procesados. Argumentaba que no existían pruebas para acreditar la calidad de diplomático de Soria, y que por ello no era aplicable la Convención sobre la Prevención y Castigo de los Delitos contra Personas Internacionalmente Protegidas.

Inmunidad diplomática

Con toda razón, la argumentación de la Corte Suprema fue tildada de «torticera». Gracias a una investigación periodística, en España se supo que el juez instructor, Eleodoro Ortiz, había requerido información sobre la situación de Soria en el momento de su asesinato al Ministerio de Exteriores chileno. Desde el ministerio contestaron que, al ser jefe de planta, estaba cubierto por la Convención sobre la Prevención y Castigo de los Delitos contra Personas Internacionalmente Protegidas, información que el magistrado ignoró al emitir su veredicto. Adicionalmente, la CEPAL había emitido un comunicado reiterando que Soria «gozaba en el momento de su muerte de las inmunidades establecidas en el artículo VII del Convenio suscrito entre la CEPAL y el Gobierno de Chile» en 1954.[93] ¿Qué había ocurrido entonces?

La familia no cejó en su empeño por hacer Justicia. En España, pidió el apoyo del Gobierno de José María Aznar para llevar el caso ante el Tribunal Internacional de Justicia de La Haya. En Chile, solicitaron la presentación de una acusación constitucional contra los jueces de la Corte Suprema que aplicaron la amnistía. Ninguna de estas iniciativas prosperó, aunque los gobiernos de ambos países sí iniciaron conversaciones para buscar una solución amistosa. Chile ofreció entonces una compensación económica, que fue rechazada por la familia, que decidió presentar el caso ante la Comisión Interamericana de Derechos Humanos (CIDH), a comienzos de 1997.

Carmen Soria, asistida por su abogado Alfonso Insunza, presentó ante la CIDH una petición en la que denunciaba la violación por parte de Chile del derecho al acceso a la justicia, y solicitaba que se declarase la incompatibilidad del decreto-ley de amnistía con la Convención Americana. El trámite ante la CIDH estaba iniciado. Ahora tocaba nuevamente esperar.

En esos días, sin esperarlo, sin pedirlo, la familia recibió un apoyo que nunca imaginaron. En abril de 1997, la viuda de Carmelo Soria, Laura González-Vera, fue citada en Madrid por la Audiencia Nacional a prestar declaración ante el juez Manuel García-Castellón por la muerte de su marido. Se trataba de la causa contra Pinochet, en ejercicio de la denominada «jurisdicción universal». Ciertamente, nadie o muy pocos pensaban que este caso terminaría en algo concreto, pero la causa estaba allí y avanzaba.

El 16 de octubre de 1998, se produjo un acontecimiento tan impensado como esperanzador para la familia Soria y para otras miles de víctimas que habían buscado infructuosamente verdad y Justicia por tantos y tantos años. Sí, era cierto, Pinochet estaba detenido. En Londres. Por orden de la Justicia española. Aquel juicio en Madrid, que todos consideraban más bien «testimonial», era un juicio real que comenzaba a dar frutos.

A fines de 1998, tras regresar a Chile de un viaje a Londres y Madrid para colaborar con la investigación en contra de Pinochet, la hija de Salvador Allende y la hija de Carmelo Soria, Isabel y Carmen, recibieron amenazas de muerte. «Vamos a matarte lentamente, cerda comunista», les dijo una voz por teléfono. En esos días, Carmen había compartido con los medios de prensa la siguiente reflexión acerca de la inmunidad diplomática: «La inmunidad es más fácil de reconocer a los verdugos que a sus víctimas». Se refería a que el Gobierno de Chile se esmeraba en defender en Londres la supuesta inmunidad diplomática de Pinochet, mientras que, en el caso de su padre, que sí gozaba de esa inmunidad, ni siquiera se consideraron los antecedentes incorporados en el proceso.

Con Pinochet todavía detenido en Londres, la CIDH hizo público el informe sobre el caso de Carmelo Soria, con recomendaciones para Chile.[94] El informe de la CIDH era muy elocuente respecto de la actitud del Gobierno. Señalaba que el estado de Chile argumentó que «el pueblo chileno optó por una vía para recuperar su democracia que implicó aceptar las reglas institucionales impuestas por el régimen autoritario». Por ello, Chile solicitaba a la CIDH que tuviera en cuenta «el contexto histórico y la especial situación de retorno del país al régimen democrático» indicando que, si bien «comparten las críticas a la amnistía de 1978 que formulan los peticionarios, no es posible anular ni derogar esa normativa». La CIDH respondió a Chile en el informe señalando que se estaba en presencia «de un típico supuesto de crimen internacional de lesa humanidad, donde el estado si no quiere o no puede cumplir con su obligación de sancionar a los responsables debe en consecuencia aceptar la habilitación de la jurisdicción universal para tales fines».

La CIDH concluyó que el estado chileno había violado sus obligaciones internacionales, al haber aplicado el decreto-ley de amnistía, afirmando de forma categórica que Soria era una persona internacionalmente protegida, «de acuerdo con la constancia emitida por la CEPAL el 8 de septiembre de 1994 a solicitud de la Cancillería chilena» y recomendaba al estado chileno que si no podía sancionar a los responsables debía «aceptar la habilitación de la jurisdicción universal para tales fines». Ello significaba, aunque la CIDH no lo dijo expresamente, que el caso podía ser juzgado en España, y que en tal eventualidad Chile debía colaborar con dicho proceso.

Casi dos años después del informe de la CIDH, en mayo de 2001, la familia Soria pidió la reapertura del proceso judicial en Chile, solicitud que fue rechazada sin más por la Corte Suprema.[95]

El proceso en Madrid

Pinochet fue finalmente liberado por razones de salud por el Gobierno británico, regresando a Chile —curiosamente— en perfecto estado de salud, al punto de llegar a levantarse de su silla de ruedas, caminar y saludar a las principales autoridades del ejército que le rendían honores, para vergüenza del Gobierno británico e indignación de la comunidad internacional. A pesar de ello, el proceso en Madrid contra Pinochet siguió adelante. En octubre de 2000, Joan Garcés, que ejercía la acusación particular y popular, presentó un escrito en el que solicitaba el procesamiento de los asesinos de Carmelo Soria y de los responsables de la desaparición del sacerdote Antoni Llidó, también español. El 14 de mayo de 2001, atendiendo a los hechos y los argumentos expuestos en la acusación, dicté un auto de prisión y la correspondiente orden de busca y captura internacional del general chileno Herman Julio Brady Roche, de ochenta años, ministro de Defensa en julio de 1976. Esta orden se emitió basándose en informaciones que indicaban que Brady podía encontrarse en Hamburgo, Alemania, en el domicilio de su hijo. Sin embargo, el general estaba en Santiago de Chile, desde donde señaló, en una entrevista de radio, que no tenía nada que ver con el caso, que «Garzón» estaba «profundamente equivocado» y, dándome lecciones, me recomendó: «que se dedique a perseguir a ETA».

A las pocas semanas, precisamente a propósito de ETA, el caso Pinochet sufriría un serio revés. La fiscalía de la Audiencia Nacional, dirigida por Eduardo Fungairiño, decidió recurrir la orden de detención interna-

cional dictada contra Brady, estimando que España no era competente
para investigar el caso Soria. El recurso estaba motivado por una resolución dictada esos mismos días en un caso totalmente diferente: la investigación por parte de la Audiencia Nacional contra Arnaldo Otegi, quien
había gritado en Francia «viva ETA», lo que podía constituir en España un
delito de enaltecimiento del terrorismo. Ahora bien, como en el caso de
Otegi se había resuelto que el delito no era perseguible en España, la
fiscalía aprovechó y argumentó que, entonces, tampoco lo eran el caso
Pinochet y el de la dictadura argentina, que versaban también sobre terrorismo (aunque terrorismo de Estado). Como bien se dijo entonces
por la prensa mejor informada, «aprovechando que el Pisuerga pasa por
Valladolid»,[96] se intentaba impedir la aplicación de la jurisdicción universal, a pesar de que el Pleno de la Sala de lo Penal había establecido categóricamente en noviembre de 1998 la jurisdicción de España en los casos
Pinochet y Scilingo (Argentina). En junio de 2002, la Sala de lo Penal del
Tribunal Supremo ratificó el archivo de la querella del fiscal contra Arnaldo Otegi, señalando que esa resolución sólo afectaba a ese caso y carecía de incidencia sobre los delitos objeto de la jurisdicción universal.

El caso Soria siguió su devenir en Madrid y en marzo de 2004 el
Tribunal Supremo resolvió definitivamente que el principio de no intervención en cuestiones internas de otros estados admite limitaciones en lo
que respecta a los derechos humanos y que, según el artículo 23.4 de la
Ley Orgánica del Poder Judicial, la jurisdicción española era competente
para conocer de hechos cometidos fuera del territorio nacional cuando,
según los tratados y convenios internacionales, se tratase de delitos perseguibles en España. El Supremo argumentó también que la Audiencia
Nacional no había tenido en cuenta la doctrina del alto tribunal para el
caso Guatemala en el que quedaron establecidos los requisitos para que la
jurisdicción española pudiera investigar los delitos de genocidio, terrorismo y torturas cometidos fuera de España. La viuda de Soria, Laura González-Vera, calificó de «excelente» la resolución del Tribunal Supremo, y
señaló que constituía «un avance en la defensa de los derechos humanos».

La exhumación

Mientras tanto, en Chile la familia Soria, igual que otras muchas familias,
tuvo que pasar por el doloroso pero necesario trámite de una exhumación para identificar los restos mortales de Carmelo Soria. En 1983, los

restos fueron trasladados en un ataúd cerrado dentro del mismo cementerio, tras las amenazas recibidas por los dueños del mausoleo donde había sido inhumado originariamente. Cuando, acabada la dictadura, el caso se reactivó a principios de la década de 1990, Carmen recibió varias amenazas anónimas, una de las cuales señalaba que no sacaría nada con investigar la muerte de su padre, pues «sus restos no estaban en el cementerio». Muchos cuerpos de los ejecutados fueron entregados a sus familias en una urna sellada, en algunos casos con la prohibición expresa de abrirla y de celebrar un funeral y un velatorio público; en otros casos se ordenaba que el entierro se realizase sin acompañamiento, llegando al exceso incluso de imponer que éste fuera en un cementerio de otra ciudad.[97] Por ello, las familias tenían legítimas dudas. ¿Cómo saber si el cuerpo que les habían entregado era el de su ser querido? ¿Cómo saber si no hubo algún error y los cuerpos habían sido cambiados o si la urna estaba vacía o llena de piedras? En estas circunstancias, la exhumación se hacía necesaria para acabar con la incertidumbre. En cambio, en el caso de la familia Soria, al haber existido autopsia y por tanto identificación, este doloroso trámite no hubiese sido necesario de no ser porque, con la única finalidad de sembrar desasosiego y más dolor, un exagente de la dictadura, escudándose en el anonimato, le dijo a Carmen que los restos de su padre no estaban en el cementerio, con el antecedente adicional de presiones y amenazas a los dueños del mausoleo, lo que obligó al traslado en plena dictadura. Practicada la exhumación, los exámenes de ADN confirmaron la identidad de Carmelo Soria, tras lo cual la familia realizó una breve ceremonia en el crematorio del cementerio general de Santiago.

El compromiso

Cuatro años después del informe de la CIDH, Chile envió a la OEA un compromiso firmado para el cumplimiento de las recomendaciones y la aceptación de dicho compromiso por parte de la familia Soria. Las medidas de reparación incluían, además de una compensación económica, el reconocimiento público de la responsabilidad del estado en la muerte de Carmelo Soria y la construcción de un memorial en el lugar de Santiago designado por la familia. Chile se comprometía además a presentar ante los tribunales de Justicia «una solicitud para reabrir el proceso criminal incoado para perseguir la responsabilidad de quienes dieron muerte a don Carmelo Soria Espinoza».

No obstante, Chile retrasó el cumplimiento del acuerdo: el caso Soria volvió de nuevo a los tribunales, merced a una querella presentada por la familia contra Augusto Pinochet, de la que el estado se hizo parte a través del Programa de Derechos Humanos. Sin embargo, tras varios recursos, el Alto Tribunal de Chile rechazó de nuevo la reapertura. El decreto-ley de amnistía seguía vigente y continuaba aplicándose. Los demás compromisos adoptados por el Gobierno tampoco se habían cumplido, por lo que Carmen y su infatigable abogado acudieron de nuevo a la CIDH para la reclamación.

En 2007, ocho años después de la firma del acuerdo, por fin vio la luz la ley para hacer efectivas las reparaciones pactadas. En noviembre de ese mismo año, en el marco de la decimoséptima Cumbre Iberoamericana de Jefes de Estado y de Gobierno, se celebró en la sede de la CEPAL el acto de descubrimiento de una placa en memoria de Carmelo Soria, en el que participaron, además de la familia, la presidenta de Chile, Michelle Bachelet, el presidente del Gobierno de España, José Luis Rodríguez Zapatero, el secretario general de Naciones Unidas, Ban Ki-moon y el secretario ejecutivo de la CEPAL, José Luis Machinea.[98] Al año siguiente, la CEPAL inauguraría en sus instalaciones la plaza Carmelo Soria.[99] En 2016, con motivo de los cuarenta años de su fallecimiento, la CEPAL le rindió un nuevo homenaje.[100]

A pesar de que el Gobierno chileno había cumplido con su acuerdo, había quedado muy claro que era más fácil indemnizar y erigir memoriales que hacer Justicia en Chile. El Gobierno chileno había vuelto a intentar reabrir la causa, pero ésta fue cerrada al poco tiempo por haber «cosa juzgada» es decir, porque la Justicia ya había emitido su veredicto, y no podía volver a juzgar por los mismos hechos a los mismos responsables, que ya habían sido absueltos en aplicación del decreto-ley de amnistía.

Se descubre el encubrimiento

Pero la familia y su tenaz abogado no se iban a contentar con gestos simbólicos ni iban a darse por vencidos en su batalla por obtener Justicia. Una vez más la familia, sin esperarlo, recibió el impulso de un juez comprometido con la verdad, desde el seno del Poder Judicial en Chile. Se trataba del juez Alejandro Madrid, que investigaba el asesinato del expresidente Eduardo Frei Montalva. Durante un interrogatorio a Michael Townley, el juez Madrid recabó informaciones que le permitieron descubrir que durante la investigación judicial del caso Soria se habían falseado pruebas y testimonios en una trama de encubrimiento para lograr el cierre de la causa. Este hallazgo abría nuevas posibilidades. Aunque según la opinión jurídica dominante el asesinato ya no podía ser juzgado, la trama de encubrimiento constituía un nuevo delito, que no estaba cubierto por la ley de amnistía, pues, además, se había cometido después de acabada la dictadura. Así pudo abrirse una causa por los delitos de asociación ilícita y obstrucción a la Justicia contra algunos miembros de la brigada Mulchén, entre ellos el brigadier retirado Jaime Lepe. Según lo establecido por el juez Madrid, se trató de una operación concertada entre la inteligencia y la Justicia militar, en la que se produjeron varios falsos testimonios bajo amenazas y prebendas.[101] La investigación avanzó lentamente hasta que, en 2011, el juez Alejandro Madrid condenó a Jaime Lepe Orellana y a otros tres agentes de la brigada Mulchén de la DINA como autores del delito de asociación ilícita. Sin embargo, en marzo de 2015 la Sexta Sala de la Corte de Apelaciones de Santiago revocó las condenas y absolvió a los acusados.[102] Tras los recursos presentados, en agosto de 2015 la Corte Suprema revocó la absolución y dispuso la reapertura de la investigación por el encubrimiento, ordenando que fuera acumulada a la investigación por el asesinato de Carmelo Soria, que había sido reabierta una vez más.[103]

La reapertura forzada

En 2009 se había intentado una nueva reapertura del caso, con una novedosa argumentación, tan simple como brillante. Hasta el momento, los procesados y amnistiados habían sido sólo dos agentes de los numerosos integrantes de la brigada Mulchén. La investigación no se había dirigido en contra de los demás miembros, por lo que la institución de la «cosa juzgada» no les beneficiaba. Se presentó entonces la solicitud de reapertura por parte de la familia y también del Programa de Derechos Humanos (entonces dirigido por el abogado Francisco Ugás). La causa fue reabierta, pero volvió a cerrarse al poco tiempo. Tanto la familia como el Programa de Derechos Humanos apelaron.[104] La Corte Suprema indicó que no era posible reabrir el sumario, argumentando que «las diligencias solicitadas no se especifican de manera adecuada», lo que le impedía efectuar un adecuado análisis sobre la procedencia de la petición.[105] Mediante la presentación de un nuevo escrito en el que se insistía en la misma argumentación, pero cuidando esta vez de solicitar diligencias concretas, el caso fue finalmente reabierto en 2013.[106] No sabemos si el motivo de la reapertura fueron únicamente los argumentos del abogado de la familia, sumados a los aportados por el Programa de Derechos Humanos, o si, tal vez, influyó la amenaza de la familia de acudir otra vez a la CIDH, o quizá también contribuyera el avance en la investigación que se desarrollaba en España en aplicación del principio de jurisdicción universal, ya que en septiembre de 2007 pedí a la Justicia chilena que me informara sobre si existían procedimientos penales abiertos en Chile por el asesinato de Carmelo Soria. Asimismo, en noviembre de 2009 imputé a trece militares y políticos chilenos, cursando además una comisión rogatoria para interrogar a los imputados. En octubre de 2012, el Juzgado Central de Instrucción n.° 5, ya a cargo del juez Pablo Ruz, procesó en calidad de autores del secuestro y asesinato del español Carmelo Soria a Manuel Contreras y a los integrantes de la brigada Mulchén, a los que sumó al estadounidense Michael Townley. El juez Ruz señalaba en su resolución que en Chile «no ha existido una investigación y persecución realmente efectiva de los hechos».[107] España solicitó entonces la extradición de los procesados, que fue rechazada por Chile en 2013, argumentando que los hechos estaban siendo investigados por sus propios tribunales, algo que en ese momento era técnicamente cierto, pues la causa se había reabierto precisamente ese mismo año 2013. En 2015, llegaría el rechazo de la petición de extradición de Michael Townley que se había solicitado a Estados Unidos, país que decidió ratificar la protección legal de Townley concedida por su colaboración en el caso Letelier. En mayo de ese mismo año, el mismo juzgado español, pero con un tercer juez, José de la Mata, decidió persistir en la investigación pese a las negativas de Chile y de Estados Unidos, argumentando en un auto que «no ha existido en ningún momento ni todavía existe una investigación diligente y eficaz sobre lo ocurrido», por lo que debía ser España quien realizara las pesquisas en virtud del principio de jurisdicción universal. El auto añadía además como fundamento que las recomendaciones de la CIDH que instaban a Chile a reabrir la causa habían sido ignoradas durante más de catorce años, tiempo durante el cual sólo se había producido «una ligera actividad investigadora». El auto también dejaba en evidencia que Chile «reaccionaba» a las presiones internacionales con avances mínimos, sin que se percibiera nunca la intención real de hacer Justicia. Tras el auto del juez De la Mata, tal vez como reacción al mismo, la Corte Suprema de Chile decidió procesar a quince exagentes de la dictadura por la muerte de

Carmelo Soria, en agosto de 2015.[108] Sin perjuicio de todo ello, en noviembre del mismo año el Tribunal Supremo español ratificó la decisión del juez De la Mata de continuar con la investigación, haciendo suyos sus argumentos. Carmen Soria declaró sobre estos avances: «Confío más en el tribunal español que en el de Chile».[109]

En mayo de 2016 la Corte Suprema de Chile dispuso por unanimidad solicitar a Estados Unidos la extradición del chileno Armando Fernández Larios, el estadounidense Michael Townley y el cubano Virgilio Paz.[110] En diciembre del mismo año, el juez Lamberto Cisternas dictó acusación por los delitos de homicidio calificado, asociación ilícita, falsificación de instrumento público y falso testimonio (la operación de encubrimiento).[111] Los acusados por homicidio calificado fueron Pedro Espinoza Bravo, Raúl Iturriaga Neumann, Guillermo Salinas Torres, Jaime Lepe Orellana, René Patricio Quilhot Palma, Pablo Belmar Labbé y Juan Morales Salgado. Manuel Contreras ya había fallecido en 2015.

Una batalla inconclusa

En estas páginas he intentado resumir de la mejor manera que he podido los cuarenta años de batalla judicial de esta familia, que no es en nada distinta a la que han tenido que enfrentar miles de víctimas de la dictadura de Pinochet, de las Juntas Militares argentinas y de los demás casos que se relatan en los siguientes capítulos de este libro. Estas familias no sólo tuvieron que sufrir la pérdida de un padre, una madre, un hermano o un hijo, sino además esta extenuante búsqueda de Justicia a la cual, en muchos casos, han dedicado hasta su último aliento.

La lucha por la Justicia de la familia Soria no ha terminado. En cambio, para su infatigable abogado, sí. Alfonso Insunza Bascuñán falleció el 21 de julio de 2016.[112] Además del caso Soria, Alfonso llevó el caso Riggs y defendió más de 250 causas de derechos humanos. Insunza además era hermano del detenido desaparecido Iván Insunza, médico cirujano cuyo paradero no ha sido ubicado desde 1976 tras ser detenido por la DINA.[113] La viuda de Carmelo Soria, Laura González-Vera sigue adelante con sus hijos buscando Justicia en Chile y en España, y recientemente ha interpuesto una demanda en Estados Unidos en contra de Henry Kissinger.[114]

Institucionalizar la represión

La presión internacional sobre el régimen militar chileno comenzó tan pronto como empezaron a conocerse las gravísimas violaciones de los derechos humanos que se estaban cometiendo y se intensificó significativamente tras el asesinato de Orlando Letelier y Ronni Moffitt en Washington DC. Si bien hasta ese momento Estados Unidos había mantenido una actitud ambivalente, con la entrada de la administración Carter esta actitud empezó a cambiar. Además de algunas sanciones económicas y la suspensión de la venta de armas, el secretario de Estado, Cyrus Vance, pidió en 1977 al ministro de Relaciones Exteriores de Chile que el régimen levantara el «estado de sitio», disolviera la DINA y reinstituyera el Estado de derecho.[115] En respuesta a la presión y petición directa de Estados Unidos, Pinochet disolvió la DINA.[116] La decisión fue adoptada coincidiendo con la visita a Chile del secretario adjunto del Departamento de Estado para Asuntos Latinoamericanos de Estados Unidos, Terence Todman, que hizo un hueco en su agenda para visitar la Vicaría de la Solidaridad,[117] bastión de la defensa y promoción de los derechos humanos en Chile.[118] Sin embargo, el mismo día en que se decretó la disolución de la DINA se publicó en el Diario Oficial el Decreto-Ley 1.878, que creó la Central Nacional de Informaciones (CNI), atendiendo a la necesidad del Gobierno de contar con «la colaboración inmediata y permanente de un Organismo especializado que le reúna todas las informaciones a nivel nacional que requiera para la adopción de las medidas más convenientes, especialmente en resguardo de la Seguridad Nacional».[119] No se trataba más que de un burdo lavado de imagen, pues el primer director de la CNI fue Manuel Contreras. No obstante, poco tiempo después fue removido de su cargo y se hizo cargo de la CNI el general Odlanier Mena[120] y Contreras fue destinado a la dirección de la Escuela de Ingenieros de San Antonio y, después de un año fue dado de baja, aunque para guardar las apariencias se le pidió que presentara su renuncia voluntaria.

Se conmutaron penas de cárcel por condenas de exilio, se levantó el toque de queda, se reemplazó el estado de sitio por el de emergencia, se dictó el decreto-ley de amnistía, entre otras medidas.

En agosto de 1977, se promulgó el Decreto-Ley 1.877,[121] que establecía un nuevo marco regulatorio a la ley de seguridad interior del estado, otorgando mayores facultades al presidente de la República a la hora de decretar el «estado de emergencia», similares, aunque no idénticas a las del «estado de sitio». La detención administrativa podía ahora durar sólo cinco días,[122] tras los cuales los detenidos eran puestos a disposición de fiscalías militares, donde se formulaban en su contra cargos por delitos terroristas, por supuestas violaciones de la ley de control de armas y de la ley de seguridad interior del estado, y más tarde, para evitar toda connotación política, incluso se les imputaban delitos comunes, a pesar de que eran juzgados por tribunales militares.

En septiembre de 1977, Pinochet viajó a Estados Unidos y se entrevistó con el presidente Carter. Pinochet trató de justificar su política con respecto a los derechos humanos mientras frente a la Casa Blanca se sucedían las manifestaciones contrarias a su Gobierno.[123] Preguntado al término de la reunión, Carter reconoció que, entre otras cosas, se había hablado de la situación de los derechos humanos, señaló que la entrevista había sido «muy franca» y que Pinochet «reconoció que han tenido problemas en el pasado. Afirmó [Pinochet] que se habían realizado progresos en los últimos meses y me dijo que sus planes eran aumentar las libertades humanas en el futuro». Sin referirse explícitamente al caso Letelier, reconoció que también hablaron sobre «la expedición del sistema judicial, que, según admitió [Pinochet], se ha retrasado en algunos casos».[124] Al año siguiente, en marzo de 1978, finalmente se levantó el «estado de sitio» y en su lugar se estableció el de «emergencia».[125]

A partir de entonces y con estas modificaciones, la dinámica de la represión se hizo mucho más selectiva e institucionalizada. El principal grupo represor sería a partir de ahora la CNI, aunque existieron otros, como la Dirección de Comunicaciones de Carabineros de Chile (DICOMCAR) o el Comando de Vengadores de Mártires (COVEMA), sin respaldo legal. Los opositores políticos y posibles adversarios del régimen eran detenidos y llevados a recintos de detención oficiales de la CNI, donde eran sistemáticamente torturados como en tiempos de la DINA, aunque ahora se intentaba que, en lo posible, las torturas no dejaran huellas visibles, lo que permitía negarla sistemáticamente. En muchos casos, los detenidos eran enjuiciados y condenados empleando las confesiones obtenidas bajo tortura.

A pesar de todo, nada impedía que, de vez en cuando, el régimen se saltara su propia legalidad ejecutando y desapareciendo a personas, aunque durante esta época las desapariciones eran hechos más bien excepcionales. Las ejecuciones, a diferencia de en el período anterior, no se realizaron de forma clandestina, sino que se disfrazaban de «enfrentamientos» entre los «terroristas» y la CNI. Muchos de los individuos que perdieron la vida en esa época fueron víctimas de estos falsos enfrentamientos, difundidos ampliamente por los medios de comunicación, a través del departamento de comunicación DINACOS o bien de periodistas afectos al régimen.[126]

Otra estrategia a la que recurrió el Estado fueron las explosiones. La prensa informaba que los terroristas habían tratado de poner una bomba pero que por accidente el artefacto les había explotado en las manos y habían muerto en el acto. El Informe Rettig documentó varios casos de víctimas ejecutadas mediante explosión, que pudieron ser acreditadas con antecedentes fidedignos.[127] Sin embargo, muchas otras circunstancias no pudieron ser verificadas por las comisiones de la verdad, al contar con pocos elementos de convicción y debido a las limitadas facultades administrativas de investigación de estas comisiones.[128] Es a la Justicia a la que corresponde establecer lo ocurrido con esas víctimas, algo que hasta hoy no ha ocurrido; en muchos casos, todavía prevalece la versión oficial.[129]

Hubo también en este período episodios represivos que causaron especial conmoción pública. Uno de ellos fue el caso Degollados,[130] como se denominó a los asesinatos de Santiago Nattino, José Manuel Parada y Manuel Guerrero en 1985, perpetrado por agentes de la DICOMCAR, ligada directamente al general director de carabineros y miembro de la Junta Militar, César Mendoza. El hecho tuvo enorme repercusión nacional e internacional y fue recogido en un informe de la CIDH.[131] Debido a ello, se dispuso que un juez especial (ministro en visita) investigara los hechos. Tras establecer lo sucedido y habiendo responsabilidad de funcionarios de carabineros, el juez se declaró incompetente. Sin embargo, dadas las implicancias del caso, la Justicia militar rechazó hacerse cargo de la investigación, regresando a la Justicia ordinaria. La causa prosiguió y se dictó sentencia en el año 1995, condenando a dieciséis agentes, cinco de ellos a presidio perpetuo.[132] Se trata de uno de los pocos casos en los cuales se dictó sentencia condenatoria entre 1990 y 1998, esto es, después de que Pinochet dejara de ser presidente y antes de su detención en Londres por orden de la Justicia española.

Otro episodio que causó gran conmoción por su especial crudeza fue el conocido como «caso Quemados».[133] A partir de 1983, comenzaron a desarrollarse jornadas de protesta masivas en todo el país exigiendo el fin de la dictadura. En ellas murieron muchas personas en distintas circunstancias.[134] Según el informe de la primera comisión de la verdad, en una de estas protestas, el 2 de julio de 1986, una patrulla militar detuvo a dos jóvenes y «en un confuso incidente que se ha controvertido judicialmente, se produjo la inflamación de los dos detenidos».[135] Las víctimas eran

Carmen Gloria Quintana, quien quedó con visibles quemaduras en todo su cuerpo, de las que tiene secuelas hasta el día de hoy, y Rodrigo Rojas de Negri, quien perdió la vida a causa de las quemaduras. Al momento de emitirse el Informe Rettig, la causa todavía se encontraba en tramitación, a cargo de la Justicia militar, la cual dictaminó que los jóvenes se quemaron a sí mismos, producto de la errónea manipulación de una bomba incendiaria. Tuvieron que pasar casi tres décadas para que una nueva investigación judicial, a cargo de la Justicia civil, estableciera lo que verdaderamente había ocurrido. Según el auto de procesamiento dictado en 2015 por el juez especial Mario Carroza Espinosa, los jóvenes fueron detenidos y reducidos por una patrulla militar y, estando bajo custodia de sus aprehensores, los cuerpos de los jóvenes fueron rociados con combustible e incendiados, tras lo cual los tres oficiales al mando adoptaron la decisión de trasladar los cuerpos quemados hasta un sitio yermo, abandonándolos a su suerte. De regreso en el cuartel central, los miembros de la patrulla acordaron guardar estricto silencio sobre los hechos.[136] Además de la evidencia reunida por el juez instructor, fue fundamental el testimonio de uno de los soldados reclutas que rompió este «pacto de silencio» y declaró lo que realmente había pasado. Unos días después, un segundo recluta se decidió a hablar, lo que permitió someter a proceso a otros militares. El 22 de septiembre de 2017, se dictó acusación en contra de trece militares.[137]

LAS AGRUPACIONES EN DEFENSA DE LOS DERECHOS HUMANOS

A finales de 1974, a los pocos meses del inicio de las desapariciones masivas, un grupo de familiares se organizó con el objetivo de encontrar a sus seres queridos, pensando que aún podrían estar vivos en algún recinto clandestino de detención.[138] Así se formó la Agrupación de Familiares de Detenidos Desaparecidos, la AFDD, cuya lucha continúa hoy. Como otras organizaciones de víctimas, la AFDD nació para enfrentarse al negacionismo del régimen militar y denunciar la aplicación sistemática de la amnistía durante la dictadura y la transición, así como los intentos incluso en democracia de dejar impunes los crímenes cometidos. Hoy su objetivo es la lucha contra el indulto y la libertad condicional de los condenados, que, además, han cumplido sus penas de cárcel en recintos especiales, en los que disfrutaban de todo tipo de comodidades, incluso pistas de tenis.[139] Su intención es desmontar de una vez por todas el discurso que aboga por olvidar el pasado, muy común entre aquellos que rechazan la necesidad de hacer justicia y de que la verdad salga a la luz. En 1995, Pinochet declaró: «La única solución para el problema de los derechos humanos es el olvido»[140] y en 1997, refiriéndose a los desaparecidos, insistía: «Siempre he dicho que esto debe terminar, dar vuelta la hoja y seguir adelante».[141] En 1991, tras algunos hallazgos de los restos mortales de algunos desaparecidos, Pinochet señaló con desprecio: «Felicito a los buscadores de cadáveres».[142] Ese fue el discurso dominante en Chile entre 1990 y 1998, con un Pinochet vigilando la incipiente democracia. Pero las incansables madres, padres, esposas y esposos, hijas e hijos, hermanas y hermanos que crearon la AFDD siguieron adelante. «Verdad y justicia, nada más, pero nada menos», reza uno de sus lemas.[143] ¿Cómo olvidar? ¿Cómo poder olvidar la Caravana de la Muerte? ¿Cómo olvidar el Plan Cóndor? ¿Cómo olvidar a tantos desaparecidos, ejecutados, presos políticos y torturados, a los que partieron al exilio? ¿Cómo se le puede pedir a una madre, a un hijo, a una esposa, que olvide lo que ocurrió con su ser amado? ¿Cómo puede pedírsele que deje de preguntar dónde está, qué pasó, quiénes fueron, por qué?

La actividad de la AFDD se inició durante la dictadura. En junio de 1977, tuvo lugar la primera huelga de hambre en la Comisión Económica para América Latina y el Caribe (CEPAL). Los huelguistas eran 26 familiares de 36 detenidos desaparecidos. La huelga duró nueve días y despertó la solidaridad mundial. Kurt Waldheim, el secretario general de Naciones Unidas de entonces, recogió sus peticiones.[144] Durante la huelga se popularizó el uso de pancartas con las fotos en blanco y negro de los desaparecidos, sus nombres y la consigna que se hizo conocida internacionalmente: «¿Dónde están?». En mayo de 1978, 65 familiares de detenidos desaparecidos iniciaron una nueva huelga de hambre que duraría 17 días en distintas parroquias y en las sedes de la CEPAL y de la Cruz Roja chilena, exigiendo información sobre más de 617 chilenos desaparecidos.[145] En noviembre, 15 mujeres se encadenaron en las puertas del edificio de la CEPAL en Santiago, reclamando respuestas sobre la situación de sus seres queridos. En abril, 62 familiares de desaparecidos, en su gran mayoría mujeres, fueron detenidos tras encadenarse a las rejas del Congreso Nacional, solicitar la libertad de sus familiares y la derogación del decreto-ley de amnistía.[146] Entre estas mujeres estaba Matilde Urrutia, viuda del poeta y premio Nobel chileno Pablo Neruda,[147] cuyo sobrino-nieto David Urrutia se encuentra desaparecido desde 1975.[148] El Congreso chileno era el símbolo de la quiebra de la democracia, cerrado por Pinochet el día del golpe[149] y situado justo enfrente de la sede de los tribunales. El Ministerio del Interior acusó a aquellas mujeres de infringir la ley de seguridad interior del estado.[150] Sin embargo, la AFDD siguió llevando a cabo una actividad tras otra en demanda de verdad y Justicia hasta hoy.[151]

En 1976, fue creada la Agrupación de Familiares de Ejecutados Políticos (AFEP),[152] constituida por familiares directos de los asesinados por la dictadura militar, todas mujeres. Según su presidenta actual, Alicia Lira: «Nos juntamos para solidarizar, acompañarnos en el dolor y para luchar por terminar con la cultura de la muerte que se había instaurado en nuestra patria». Recuerda Alicia que: «Desde principio a fin, la dictadura gobernó ejecutando a sus opositores. Se llenaron estadios, regimientos y cárceles secretas con detenidos y torturados, muchos de los cuales fueron ejecutados». A algunos de los detenidos «se les aplicaba la ley de fuga o eran torturados hasta la muerte, algunos fueron dinamitados, quemados vivos o degollados». Y todo ello con el objetivo de «paralizar a los chilenos por el terror. Detener a sangre y fuego el proceso revolucionario del Gobierno del presidente Salvador Allende». Con el tiempo, fueron incorporándose hombres a la AFEP. Desde hace algunos años cuenta con un equipo de abogadas y abogados voluntarios para llevar adelante las causas judiciales, pedir Justicia en Chile y lograr que se establezca la verdad.[153]

En todo este recorrido, un aliado imprescindible de los familiares fueron las organizaciones de derechos humanos creadas durante la dictadura, entre las cuales estaban la Vicaría de la Solidaridad, dependiente de la Iglesia católica, la mayor y mejor equipada; la Fundación de Ayuda Social de las Iglesias Cristianas (FASIC); el Comité de Defensa de los Derechos del Pueblo (CODEPU); la Comisión Chilena de los Derechos Humanos, y una serie de organizaciones de base, comunitarias, y locales dispersas a lo largo del país.[154]

La lucha de estas organizaciones, en su vertiente judicial, se daría de bruces una y otra vez con el entramado legal urdido por la dictadura, y con el auxilio de un poder judicial que desde muy temprano manifestó su más «íntima complacencia» con las nuevas autoridades militares, cuando éstas declararon que respetarían la legalidad vigente «en la medida en que la actual situación del país lo permita».[155] Esta connivencia supuso que desde el inicio de la dictadura y hasta muy avanzada la década de 1980, los *habeas corpus* presentados en favor de personas detenidas por motivos políticos fueran siempre rechazados. A partir de entonces y hasta el fin de la dictadura el rechazo general se mantuvo, pero hubo unos pocos votos disidentes de algunos jueces encargados de resolverlos, y sólo muy excepcionalmente se acogió algún recurso.[156] El tratamiento de las denuncias y querellas por la detención ilegal y las posteriores desapariciones o ejecuciones del detenido no fue muy distinto. Como el país se encontraba en estado de sitio, la Corte Suprema rápidamente estableció jurisprudencia según la cual correspondía sólo a los tribunales militares involucrarse en estos asuntos, dando a entender que ni la Justicia civil ni la misma Corte Suprema eran competentes en ese tipo de causas.[157] Este criterio quedó expresamente consagrado en la Constitución del 1980.[158] Una vez levantado el estado de sitio, los tribunales militares en tiempo de paz reclamaron siempre para sí la competencia de las causas en las que estuviera involucrado un militar, «lo que fue causa habitual de impunidad».[159]

LA TRANSICIÓN

A poco más de un mes de que el primer Gobierno de transición asumiese el poder, se creó la primera comisión de la verdad en Chile, la Comisión Nacional de Verdad y Reconciliación, la Comisión Rettig. Su mandato consistía en «contribuir al esclarecimiento global de la verdad sobre las más graves violaciones a los derechos humanos» cometidas durante la dictadura, entendiendo por tales sólo la situación de las personas que se encontraban desaparecidas o que habían perdido la vida.[160] En principio, la comisión dispuso de un breve plazo de seis meses, extensible a otros tres,[161] para llevar a cabo su investigación. Durante esos nueve meses la comisión escuchó testimonios, documentó casos y elaboró un informe final que fue entregado al presidente de la República el 8 de febrero de 1991, aunque no fue hecho público hasta el mes de marzo. El texto se conoce también como «Informe Rettig» por el nombre de su presidente, Raúl Rettig.[162] Para que la labor de la comisión pudiera dar frutos en tan breve lapso, fueron fundamentales las tareas de registro y archivo de las organizaciones de defensa de los derechos humanos, en especial los archivos de la Vicaría de la Solidaridad.[163]

Aun cuando la comisión no mencionaba el nombre de los perpetradores, sí documentó centenares de centros clandestinos de detención y tortura, analizó las estructuras y *modus operandi* de los servicios de inteligencia regulares e irregulares del régimen y cuantificó las víctimas en algo más de dos mil personas, lo que representó un paso significativo en el reconocimiento y difusión de la verdad.[164] Según las cifras recogidas por el informe, se recibieron un total de 3.550 denuncias, de las cuales 2.296 se consideraron casos calificados de violaciones a los derechos humanos.

A pesar de la composición «equilibrada» de la comisión, que incluía a personas de todas las tendencias políticas, el informe no fue bien recibido por las fuerzas armadas y de orden, aún bajo el mando de Pinochet.[165] La Corte Suprema respondió con mucha dureza al texto[166] acusando a la Comisión de cometer un «flagrante atentado a las normas que regulan las instituciones claves del Estado» y de efectuar críticas «teñidas de pasión política».[167]

Debido a su corta duración, hubo muchas personas que no testimoniaron ante la Comisión Rettig para denunciar la desaparición o la muerte de su ser amado. Tampoco ésta pudo hacerse una idea exacta de muchos casos, pues no dispuso del tiempo necesario para buscar y procesar toda la información. Ante la insistencia de los familiares y agrupaciones de derechos humanos, el 8 de febrero de 1992 fue creada la Corporación Nacional de Reparación y Reconciliación, cuyo objeto era continuar con la documentación de los casos, además de coordinar, ejecutar y promover las acciones necesarias, en cumplimiento de las recomendaciones contenidas en el Informe Rettig.[168] Esta corporación recibió otras 1.200 denuncias, de las cuales 899 fueron consideradas como «casos calificados», que, sumados a los recogidos por la Comisión Rettig, dan cuenta de un total de 3.195 víctimas de ejecución política y desaparición forzada.[169]

En 2003, mucho después de la detención de Pinochet en Londres y, de nuevo, debido a la insistencia de las asociaciones de víctimas y agrupaciones de derechos humanos, se creó la Comisión Nacional sobre Prisión Política y Tortura, presidida por monseñor Sergio Valech. La Comisión Valech escuchó el testimonio de más de 35.000 supervivientes que o bien fueron liberados o bien se vieron obligados a partir al exilio. La labor de dicha comisión permitió documentar nuevos recintos de detención y tortura, y dio cuenta de la práctica sistemática e impune de la tortura durante toda la dictadura.[170]

En 2010 comenzó a funcionar la Comisión Asesora Presidencial para la Calificación de Detenidos Desaparecidos y Ejecutados Políticos y Víctimas de Prisión Política y Tortura, conocida como «Comisión Valech 2», que añadió treinta nuevas víctimas de ejecución política y desaparición forzada, y documentó miles de nuevos casos de tortura.[171]

El resultado del trabajo de estas comisiones de la verdad, tras algunas rectificaciones posteriores, arroja como resultado oficial 3.216 víctimas de desaparición forzada y ejecución sumaria, y 38.254 víctimas de prisión política y tortura.[172]

Durante los primeros años de la transición, si bien se produjeron estos avances en el establecimiento de la verdad y se adoptaron algunas medidas de reparación, «absolutamente nada cambió» en cuanto a hacer Justicia.[173] Como hemos visto, la reacción de la Corte Suprema al Informe Rettig fue muy negativa. La jurisdicción militar siguió reclamando para sí todos los procesos concernientes a violaciones de los derechos humanos y las cuestiones de competencia fueron resueltas por la Corte Suprema a favor de la Justicia castrense, en cuyos tribunales las causas se cerraban argumentando falta de pruebas o se sobreseían en virtud del decreto-ley de amnistía.[174]

Por parte del Gobierno también se lanzaba un mensaje ambiguo, cuyo significado no quedaría claro hasta mucho después. El presidente Patricio Aylwin declaró que lo importante era establecer la verdad de lo ocurrido durante la dictadura, pero que la Justicia solo podría aplicarse «en la medida de lo posible». Ello parecía reafirmar la tesis que ya comenzaban a sostener con timidez los tribunales de Justicia: una vez esclarecidos los hechos y sus responsables, procedía aplicar el decreto-ley de amnistía. Se trataba de un paso intermedio, en el que se admitía la investigación y el establecimiento judicial de la verdad, pero sin condenas.[175] Pese a ello, se dictaron las denominadas «Leyes Cumplido», que facilitaban el traspaso de causas desde la jurisdicción militar a la civil, pero el resultado terminó siendo prácticamente el mismo en la jurisdicción ordinaria, cerrándose las causas por falta de pruebas o bien estableciendo la verdad judicial de lo ocurrido y amnistiando a los responsables cuando éstos eran identificados.[176] Ello ocurrió así, salvo en relevantes excepciones, como el caso Degollados (posterior al decreto-ley de amnistía), y el caso Letelier, nominativamente exceptuado de ese decreto-ley, que fueron «arrebatados» a la Justicia militar.[177]

De las miles de víctimas cuya ejecución o desaparición estaban cubiertas por la amnistía, sólo en el caso de Pedro Poblete, visto en 1998 por la Corte Suprema, se dictaminó «que el desaparecimiento, en julio de 1974, de Pedro Poblete Córdova, ocurrió mientras se encontraba en vigor el estado de guerra, por lo que procedía aplicar los Convenios de Ginebra de 1949, que no admiten amnistías para sus infracciones graves» (crímenes de guerra). Pero esta sentencia fue una excepción puntual que no significó un cambio de criterio, pues la tesis dominante, de vigencia y aplicación del decreto-ley de amnistía, volvió a ser aplicada inmediatamente por la corte.[178]

Muchos años después, en 2015, Carmen Gloria Quintana, la joven que fue quemada y logró sobrevivir a aquel macabro crimen, cuando volvió a Chile para declarar en la investigación, reveló a los medios la entrevista que había mantenido con Enrique Correa, ministro de Patricio Aylwin, que le habría dicho que se harían esfuerzos por establecer la verdad, pero que se haría Justicia tan sólo en tres casos emblemáticos: el caso Prats, el caso Degollados y el caso Letelier y que, lamentablemente, el suyo había quedado fuera.[179] Al parecer, ése era el diseño original, ésa era la Justicia «en la medida de lo posible», el gran pacto entre el mundo político y el militar fraguado en la transición. De manera absolutamente coincidente, la prensa española informaba en esos años, a propósito del caso Soria, que Patricio Aylwin había afirmado: «La experiencia de algunos países latinoamericanos revela cómo el empeño por obtener una plena sanción del pasado pone en peligro la estabilidad del sistema institucional». La misma noticia indicaba que, según fuentes del Gobierno chileno, «habrá Justicia en los casos más connotados», pero que aún era muy pronto para ello.[180]

Eran años difíciles, Pinochet seguía al mando del ejército, y en dos ocasiones amenazó seriamente con un nuevo golpe de Estado,[181] mientras resonaban frescas las palabras del dictador, que ya hemos citado: «El día que me toquen a alguno de mis hombres se acabó el Estado de derecho».[182]

Redactado por Mónica Madariaga, exministra de Justicia del régimen, el decreto-ley de amnistía chilena, era intocable, al constituir una piedra angular del frágil Estado de derecho y la naciente democracia. Igual que en Argentina con las leyes de Obediencia Debida y Punto Final, se había diseñado un escudo legislativo y judicial para blindar a los criminales. Así sucedió con miles de casos, como el de Ana González Barraza, cuyo hijo había desaparecido en 1973, a pesar de la astucia de sus abogados, que invocaron que el secuestro de un menor de edad estaba excluido expresamente de la amnistía, no obstante lo cual la Corte Suprema derivó el asunto a un tribunal militar, que lo sobreseyó.

Pero estos pocos casos en los que hubo Justicia en ese tiempo, llamados «emblemáticos», fruto de este eventual pacto secreto fraguado en la transición chilena, tampoco lo tuvieron fácil. Recorrieron un largo camino y libraron una dura batalla judicial que tuvo su momento álgido tras la primera condena en Chile en contra de Manuel Contreras y Pedro Espinoza. Cuando estaba a punto de hacerse pública la sentencia de la Corte Suprema, contra la que no cabía recurso, el presidente Eduardo

Frei Ruiz-Tagle, en su discurso anual al país, señaló: «Nuestro pasado debe dejar de constituir un lastre, debe convertirse en una sana memoria histórica que nos oriente acerca de los comportamientos que nunca deben repetirse». Sin referirse explícitamente al caso Letelier o a la condena de Manuel Contreras, hizo alusión a «un caso que preocupa a todos los chilenos», indicando que «la forma en que el país asimile los resultados de este fallo constituirá una prueba para la madurez de nuestra nación, de sus líderes y de sus instituciones. Los invito a reflexionar en esta dirección», dijo a los presentes en el salón de actos del Congreso.[183]

Durante esos días, los generales del ejército «se reunieron dos veces» para expresar su malestar, pues según ellos se había «convertido un hecho jurídico en un hecho político», añadiendo su preocupación por los «alcances de la resolución», pues no querían que se desatara «un juicio histórico al Gobierno de Pinochet». Finalmente, tras una reunión de tres horas en la Academia de Guerra, anunciaron que el ejército acataba la sentencia.[184]

LA QUERELLA DE GLADYS MARÍN

En medio de ese océano de impunidad, en enero de 1998 Gladys Marín Millie, secretaria general del Partido Comunista de Chile, presentó la primera querella contra Pinochet. En ese momento, ni ella ni sus abogados, encabezados por Eduardo Contreras, sabían si esta iniciativa daría resultado, pero lo que sí sabían es que era algo que debían hacer. En marzo de ese año, Pinochet dejaría de ser comandante en jefe del ejército para convertirse en senador vitalicio. La querella se presentó por el secuestro de la calle Conferencia de Santiago, y el asesinato de los miembros de la dirección clandestina del partido en 1976, que incluía al marido de Gladys Marín, Jorge Muñoz, e iba dirigida contra «todos los autores, cómplices y encubridores», nombrando entre estos posibles responsables a una sola persona, Augusto Pinochet Ugarte.

Hubo incluso burlas hacia Gladys Marín, a quien algunos tacharon de loca.[185] Los tribunales designaron al juez de la Corte de Apelaciones de Santiago, Juan Guzmán Tapia, que, para gran sorpresa de quienes se habían mofado de la iniciativa, acogió la querella a trámite.[186]

Cuando Guzmán Tapia estudió la querella de Gladys Marín, se enfrentó al dilema de qué infracción penal podía aplicar si no era posible localizar los cadáveres de las víctimas, lo que parecía excluir la calificación de «homicidio». Sin embargo, esos desaparecidos habían sido ilegítimamente privados de libertad, a menudo ante testigos, antes de ser trasladados a un lugar desconocido. En el derecho chileno esa figura penal se denomina «secuestro». Como recordó el juez, este delito es continuado, y se prolongaba hasta la actualidad, al no poder establecerse con certeza el hecho de la muerte y si ésta eventualmente se había dado en el lapso que cubría el decreto-ley de amnistía. Por todo ello, el juez concluyó que no cabía aplicar la ley de amnistía respecto de las personas desaparecidas. Esta interpretación abrió la veda a otras querellas ante la Corte de Apelaciones de Santiago, que, al dirigirse contra Pinochet, ex jefe de Estado y senador vitalicio, con inmunidad parlamentaria, se fueron acumulando en un único magistrado de la corte. Ese magistrado era el mismo Juan Guzmán Tapia, que tuvo que emplearse a fondo y en exclusiva a las querellas que le llegaban y a los expedientes que se iban formando por prácticamente todas las desapariciones forzadas cometidas durante la dictadura.[187] En todo el país, la sed de Justicia avanzaba como un huracán derribándolo todo a su paso. El decreto-ley de amnistía, la connivencia de la alta magistratura y el temor a un nuevo golpe ya no podían contener el avance de la Justicia. Ya no podía volverse atrás, destacó después el juez, que tuvo que soportar ataques de la prensa conservadora, la falta de consideración pública de partidarios y amigos del régimen militar, fotógrafos al acecho hasta en el jardín de su casa, presiones, amenazas y exposición permanente a sanciones de la jerarquía judicial bajo cualquier pretexto.

LA DENUNCIA Y LA QUERELLA EN ESPAÑA

Las investigaciones contra Pinochet tomaron el mismo rumbo a ambos lados del Atlántico casi en paralelo. La denuncia de la Unión Progresista de Fiscales (UPF) y la querella de Joan Garcés en España, integradas en lo que se conocería como el «caso Pinochet», se adjudicaron al Juzgado de Instrucción n.º 6. En julio de 1996, su titular, Manuel García Castellón, dictó un auto por el que iniciaba la investigación para determinar si los hechos relatados en el escrito inicial eran delictivos. El fiscal Javier Balaguer, informó favorablemente a la competencia, al contrario de lo que otro fiscal había hecho en el caso de Argentina. La guerra judicial vino después, con el nombramiento de Eduardo Fungairiño como fiscal jefe de la Audiencia Nacional. Fungairiño justificó a las dictaduras argentina y chilena en un informe en el que tildaba al Gobierno constitucional de

Allende de «régimen» y subrayaba que los golpes militares en ambos países sólo se habían propuesto una interrupción «temporal» del orden constitucional, cuestionando incluso la jurisdicción española ante los medios. El fiscal general del Estado, Jesús Cardenal, le apoyó.[188]

Pese a ello, el proceso contra Pinochet era ya imparable y alcanzó relevancia internacional. Las víctimas enarbolaron de nuevo la bandera de la jurisdicción universal y acudieron por centenares desde Chile, Argentina y otros países para aportar datos y declarar en España ante el juez García Castellón. Joan Garcés explicó después la importancia del reconocimiento de la competencia judicial para que los hechos fueran juzgados fuera de las fronteras chilenas. El golpe de 1973 en Chile acabó con un sistema constitucional en el que las libertades eran efectivas. No se trataba de un enfrentamiento entre estados, sino entre aquellas personas que, cualquiera que fuera su ideología, entendían que un crimen es un crimen y que no puede ser justificado por motivos políticos, y otras que lo justificaban bajo un pretexto u otro. Con todo, los adversarios del procedimiento contra Pinochet en España siempre lo consideraron testimonial, un viaje a ninguna parte.

Al proceso en España se sumó más tarde una nueva querella, interpuesta por la Agrupación de Familiares de Detenidos Desaparecidos de Chile. El caso estuvo tramitándose durante más de dos años en el Juzgado Central de Instrucción n.º 6 de la Audiencia Nacional. Durante ese tiempo, de mano de las acusaciones se acumularon decenas de testimonios de víctimas de la dictadura. El caso estuvo activo mientras actuó como fiscal Javier Balaguer. Cuando Ignacio Peláez asumió la representación del Ministerio Fiscal, la causa empezó a avanzar muy lentamente. Peláez se opuso a la petición de procesamiento de Pinochet y de otros 38 ex altos cargos por los crímenes cometidos entre 1973 y 1990. De acuerdo con las directrices del fiscal Fungairiño, Peláez solicitó al juez que no resolviera sobre la petición de actuar contra el expresidente chileno porque existían decisiones previas de la jurisdicción chilena en los casos de Llidó y Soria, sobreseyéndolos por haberse extinguido la responsabilidad penal en aplicación del decreto-ley de amnistía chileno. En su informe, el fiscal señalaba que los únicos delitos que podían motivar la competencia de la jurisdicción española eran los de genocidio y terrorismo y que, según la fiscalía, no concurrían en el presente caso. El juez concluyó el sumario y lo elevó a la Sala de lo Penal para que ésta decidiera, haciéndolo ésta en sentido contrario a lo pretendido por el fiscal y ordenando la reapertura de la causa hasta que se agotara la investigación.

La pieza separada

Mientras tanto, la causa por los crímenes de la represión de las Juntas Militares argentinas había continuado su andadura en el Juzgado Central de Instrucción n.º 5, del cual en ese momento yo era titular, hasta el punto de que, desde octubre de 1997, el capitán de corbeta Adolfo Scilingo, uno de los imputados, se encontraba en España sujeto a medidas cautelares. Ya se habían producido, además, diferentes actuaciones para la investigación de los crímenes cometidos bajo el Plan Cóndor, por lo que se formó una pieza separada, a lo que el fiscal, por supuesto, se opuso. En el auto de 5 de junio de 1998, mucho antes de la detención de Pinochet, yo afirmaba:

> En efecto, el representante del ministerio público afirma que: «como consecuencia de los recursos interpuestos por el fiscal se han ido dictando los correspondientes autos resolutivos a dichos recursos, los cuales han servido no sólo para desestimar las peticiones del fiscal, sino además para ir ampliando el objeto de la investigación judicial hasta los siguientes extremos: imputar a la Iglesia católica argentina su connivencia con las Juntas Militares argentinas en la cuestión de los asesinatos, torturas, malos tratos, así como el investigar un pretendido orden internacional formado para destruir o eliminar a ciudadanos argentinos, chilenos, uruguayos, bolivianos, paraguayos, italianos, franceses, alemanes, españoles...».
>
> Esta afirmación del fiscal no era correcta por cuanto con bastantes meses de por medio se estaba investigando todo lo relacionado con el denominado «Operativo Cóndor» dentro de este sumario (19/97) desde el mismo momento del inicio de las actuaciones, y más concretamente desde el 16.1.97, fecha en la que se ordenó el libramiento de comisiones rogatorias internacionales a tal efecto. Por tanto, sorprende que el ministerio fiscal omita esta circunstancia.
>
> El hecho de que el 27.4.98 se ordenara la formación de varias piezas separadas tiene el único sentido de facilitar la tramitación y resolución de cuestiones que, enmarcadas en el sumario, podían ser objeto de investigación independiente.
>
> El ministerio fiscal se equivocaba nuevamente cuando afirmaba que la meritada pieza —Operación Cóndor— se formó con testimonios del sumario 1/98 del Juzgado Central de Instrucción n.º 6. Ningún testimonio se aportó, hasta ese momento, por este juzgado. Los testimonios a los que se refería la resolución son los que obraban es la causa del JCI5 —sumario 19/97—, es decir, los que se habían obtenido en la instrucción propia.

La investigación sobre el Operativo Cóndor u Operación Cóndor en ningún momento había sido objeto de investigación por el Juzgado Central de Instrucción n.º 6 sino en el Juzgado Central de Instrucción n.º 5. La confusión del señor fiscal, desafortunadamente procedía del hecho de no haberse leído ni estudiado el sumario que se tramitaba en el JCI5.

Los días 8 de mayo y 16 de junio de 1998, prestaron testimonio en esa pieza separada, mediante comparecencia, Gladys Marín Millie y Eugenio Schwember Fernández, que aportaron datos relativos al Plan Cóndor, como ya había sucedido en la causa contra Automotores Orletti. Poco después, se cursaron comisiones rogatorias a Uruguay y Paraguay demandando información sobre dicho plan (auto de 27 de octubre de 1998). En otra comisión rogatoria, enviada a Estados Unidos, se solicitaba investigar en los archivos estadounidenses cualquier dato relativo a los países afectados por el Plan Cóndor, comisión que obtuvo resultados positivos un tiempo después.

Los trámites previos

En los primeros días de octubre de 1998, el abogado Joan Garcés solicitó verme y pude atenderle en torno al día 8. Le pregunté por el objeto de su visita, y me dijo: «Señor juez, he tenido conocimiento de que Augusto Pinochet está en Londres, adonde ha viajado para someterse a una intervención quirúrgica. Quizá podríamos aprovechar para tomarle una declaración a través de una comisión rogatoria». La noticia me sorprendió y recuerdo que contesté con una pregunta: «¿Y por qué me cuenta usted esto? ¿No sería más lógico informar al juez competente, el señor García Castellón, que ya tiene causa abierta contra él?». Con su habitual y exquisita formalidad, Garcés respondió: «Ya sabe que es difícil que su compañero lo acuerde y se perdería la oportunidad». Yo insistí: «Pero ¿tenemos margen para practicar esa diligencia?». Y, como si lo tuviera todo pensado, Joan remató: «Tiene usted la pieza separada sobre el Plan Cóndor». En efecto, yo había incoado esta pieza separada y, en ella, podía adoptar alguna resolución dirigida a obtener la cooperación de las autoridades judiciales para tomar una eventual declaración a Pinochet. Inmediatamente después, dije a Garcés que si quería que mi colega activara la causa contra Pinochet debía bajar a la primera planta del edificio (estábamos en la segunda) y decirle a García Castellón que su compañero del central 5, es decir yo, iba a iniciar los trámites para tomar declaración al dictador chileno. Conociendo a mi colega, estaba seguro de que esto le serviría de acicate para actuar. Mientras tanto, informé a Garcés: «Yo seguiré dando los pasos necesarios para saber dónde está Pinochet y en qué condiciones, pero voy a actuar de forma reservada para evitar que pueda sentirse perturbado y se marche».

Joan Garcés pidió audiencia al juez García Castellón, que lo recibió. Tras ser puesto en antecedentes sobre la primera parte de nuestra conversación, García Castellón confirmó a Garcés que haría las diligencias y cursaría la comisión rogatoria. El abogado, con sagacidad, pidió permiso para anunciarlo a la prensa y el juez se lo concedió. Poco después, Garcés informó a los medios de que el juez español García Castellón estaba preparando una comisión rogatoria dirigida a las autoridades judiciales británicas competentes para tomar declaración a Augusto Pinochet. La noticia se difundió con rapidez.

La primera parte de mi estrategia ya estaba asegurada: la discreción. Para lo que pondría en marcha a partir de ese momento necesitaba el mayor sigilo. Mientras los focos de información se centraban en otro juez, tocaba recabar con reserva toda la información posible sobre el paradero de Augusto Pinochet. Para lograrlo, remití un oficio vía fax a la Interpol de Londres, con el fin de que la policía británica me informara sobre el lugar donde se hallaba. Me contestaron inmediatamente, de forma un tanto agria, afirmando que no darían información alguna. Su actitud me desconcertó, pues lo normal es que estas peticiones se atiendan sin problema, pero, al parecer, éste no iba a ser el caso. Pese a la negativa decidí insistir y cuando estaba preparando una respuesta contundente para exigir el cumplimiento de la cooperación policial recibí una llamada muy interesante.

Un año antes, en 1997, había dado una conferencia en la que criticaba con dureza la falta de cooperación de las autoridades británicas en los asuntos de blanqueo de dinero que tenían relación con Gibraltar, en el que una comisión rogatoria había tardado varios años en ser respondida. Tras la conferencia, John Dew, consejero legal de la embajada del Reino Unido en ese momento, llamó por teléfono a la secretaría del juzgado. Me pasaron su llamada sin más explicaciones. Dew trató de aclararme que el Reino Unido cumplía con la cooperación judicial y me pedía una reunión. Accedí y, a partir de ese momento, se fraguó una buena relación entre ambos.

En octubre de 1998, tras la agria contestación de Scotland Yard, y cuando me disponía a responder, la secretaria judicial, Natalia Reus, me informó de que tenía una llamada del embajador del Reino Unido. Cual fue mi sorpresa cuando me di cuenta de que se trataba de John Dew, que, en esos momentos, estaba ejerciendo como embajador en funciones. Después de los saludos de rigor, Dew me dijo:

—Baltasar, al parecer desde Londres se ha contestado incorrectamente a una petición hecha por usted.

—Sí —le dije confuso—. De hecho, ahora me disponía a contestar.

—No lo haga —me sugirió—. Va a recibir una contestación a su petición de información más adecuada. Ya hablaremos.

Nos despedimos, y al punto me dirigí a secretaría a preguntar si habían recibido alguna comunicación de Londres. El funcionario me dijo:

—Sí, hace un momento llegó este oficio, pero está sin traducir.

—No importa, ¡pásemelo! —respondí.

Recogí el papel de las manos del funcionario y lo leí con mi deficiente inglés, pero entendí que se me pedía que disculpara la anterior contestación y que ampliara los datos y las causas por los cuales solicitaba aquella información. Hasta ese momento, toda la aproximación por mi parte estaba centrada en la posibilidad de enviar una comisión rogatoria antes de que Pinochet se marchara del Reino Unido, como se estaba rumoreando en los medios de comunicación que podría ocurrir en los próximos días. Elaboré la contestación y la remití. Era verdaderamente increíble que dos días después de que hubiera aparecido la noticia de las posibles acciones del juez García Castellón no se hubiera publicado nada con respecto a mis actuaciones. Pero era esencial que siguiera siendo así. Los británicos lo sabían, la reserva era esencial y lo tuvieron en cuenta. Al día siguiente, la respuesta estaba sobre mi mesa. Se me informaba de que Pinochet se encontraba en una clínica de Londres y me pedían que les remitiera la petición a la que aludía en mi escrito. Casi al mismo tiempo me llamó John Dew para preguntarme si todo estaba correcto, y le contesté: «Sí. Gracias por su apoyo, John». En este punto, comuniqué a Joan Garcés que, en representación de sus patrocinados, podía formular las preguntas que considerara de interés para la declaración de Pinochet, a las cuales uniría las mías, ya elaboradas y dispuestas para ser enviadas. Debo reconocer que estaba emocionado, porque estábamos consiguiendo que nadie supiera nada de nuestros avances con la ayuda de la policía británica. Cada vez estaba más cerca una posible toma de declaración a Pinochet, lo que supondría un increíble hito en el caso y un acontecimiento memorable para las víctimas.

La detención

El 16 de octubre de 1998 era viernes. Nunca lo olvidaré. Había proyectado un fin de semana en Jaén, la provincia en la que está mi pueblo natal: Torres. Eran las fiestas patronales de la capital y tenía previsto asistir a dos corridas de toros, además de disfrutar del descanso. Sin embargo, los acontecimientos de ese día y los siguientes alterarían en parte lo que hubiera sido un fin de semana familiar. El viernes llegué al juzgado un poco antes de lo habitual, a las ocho y media de la mañana. La noche anterior, en casa, había terminado el interrogatorio, y dado instrucciones para que se tradujera. Sobre las diez, el letrado de Izquierda Unida, Enrique Santiago, presentó una ampliación de querella contra Pinochet y otros, y solicitaba la toma de declaración y medidas contra él. Ordené que la registraran y que se admitiera a trámite, con lo que quedó unida a la de Joan Garcés. Los medios habían informado de que el juez García Castellón había enviado la comisión rogatoria a Londres y que se desplazaría a tomarle declaración, lo que no era cierto, porque nunca se produjeron esos actos judiciales en tal sentido. Justo cuando me disponía a llamar a John Dew, me dijeron que tenía una llamada suya. Hablando en forma críptica, como siempre, me dijo: «En un rato recibirá un documento de Londres, informándole sobre hechos de trascendencia para su causa». No dijo más y, después de darle las gracias, me dispuse a esperar un rato, ya era más de la una y media de la tarde y, al ser viernes, los funcionarios se marchaban antes y yo mismo tenía que salir para Jaén. Poco después, el funcionario me pasó el fax de Interpol en el que se me informaba de que «la persona de mi interés» (Pinochet) había pedido el alta médica y se marchaba del país al día siguiente en un vuelo especial, por lo que no podrían cumplimentar la comisión, a menos que se expidiera una orden de detención que les permitiera actuar e impedir su huida. La noticia me impactó sobremanera y durante un momento me sentí inerme ante el desafío que se me planteaba. Me hallaba frente a una causa en la que aún no se había decidido por el tribunal si teníamos jurisdicción y competencia, con una pieza separada sin andadura alguna más allá de las actuaciones de los últimos meses, con la certeza de que Pinochet se marchaba de regreso a Chile y que, por ello, nunca más tendríamos opción para hacer algo en defensa de las víctimas y la incertidumbre de que la orden de detención se cumpliera, porque una cosa era indicar que ésa era la única forma de avanzar y otra que, una vez emitida la orden, las autoridades requeridas la cumplieran. El ridículo era más que probable e, incluso, dada la postura de la fiscalía, podían llegar a exigírseme responsabilidades.

Dicen que en un instante la mente humana puede procesar cientos o miles de alternativas simultáneamente, hasta que una de ellas se impone en lo que dura un simple parpadeo. Es cierto. Salí de mi despacho y le dije a Jesús, el único funcionario que quedaba a esa hora: «Jesús, espere que tengo que minutar una resolución urgente». Jesús rumió algo así como «ya me ha tocado a mí otra vez», pero se mostró dispuesto a cumplir la orden. Regresé a mi despacho, cerré la puerta y me puse a pensar en la resolución que tenía que dictar, con los escasos datos de que disponía en ese momento. Eran suficientes para una comisión rogatoria, pero insuficientes para fundamentar una orden de detención internacional. Una vez comencé a escribir, no me detuve hasta terminar el texto. No tenía la causa al alcance de la mano, porque el sumario estaba guardado y el funcionario responsable ya se había marchado. Ante esta dificultad y la urgencia del caso, incluso con algún error, referí con la mayor concreción posible los hechos que se investigaban, en especial aquellos a los que se había extendido la acción del Plan Cóndor. Mencioné 79 casos (que después se extenderían a 94 en el auto ampliando la prisión de Pinochet de 18 de octubre, cuya lista se seguiría engrosando en la demanda de extradición, en el auto de procesamiento y en sus ampliaciones posteriores, hasta un total de 1.198), si bien sólo cité el primero de ellos, Edgardo Enríquez Espinosa, dirigente del MIR, secuestrado el 10 de abril de 1976, ingresado en varios centros de detención clandestinos de Argentina (Olimpo, ESMA y Campo de Mayo) y desde uno de éstos trasladado a Villa Grimaldi, en Santiago de Chile, sin que se volviera a tener noticias del mismo. La calificación jurídica era la de «terrorismo, tortura y genocidio», en este caso. Una vez redactada la minuta, salí del despacho y se la pasé a Jesús, que esperaba para transcribirla. Recuerdo que, casi al instante, el funcionario entró a mi despacho con la cara demudada y me dijo, mirando la minuta y después a mí: «¿Está usted seguro de lo que hace?». Lo miré y le dije con gesto duro: «Usted limítese a transcribir el auto de prisión y páselo para la firma». Unos veinte minutos después, firmé el auto de prisión y di curso a la orden internacional de detención contra Augusto Pinochet Ugarte, expresidente de Chile. Para ello, llamé al responsable de Interpol en la policía española y le informé de que le enviábamos una orden muy delicada, que precisaba sigilo y discreción, en especial hacia sus superiores. Le pregunté si necesitaba que se lo hiciera constar por escrito, pero, sin dudarlo, mi interlocutor contestó: «Las órdenes de su señoría están claras y el telefonema registrado, no es necesario el escrito, puede usted confiar en mi discreción». Acto seguido se le envió la resolución, la tradujo y, sin interrumpir la comunicación, me informó de que la orden de detención estaba cursada a la Interpol de Londres. ¡La suerte estaba echada! ¡Ya no había vuelta atrás!

Para evitar la confrontación con la fiscalía, algo que sin duda se produciría, intenté que se notificara al fiscal la resolución, pero fue imposible, porque ya no se encontraba en el edificio, como certificó la secretaria judicial. Mi temor a una filtración antes de que se remitiera la orden, y la posibilidad de que el objetivo saliera del alcance de las autoridades británicas antes de que éstas decidieran sobre mi petición, estaba controlado. Como ya nada podía hacer, sino esperar los acontecimientos, me marché a Jaén.

Cuando iba de camino, John Dew me llamó y me dijo que la petición había tenido entrada en la policía británica y que iban a darle trámite. Al oír esta noticia sólo acerté a decir: «Gracias, John». Ya en Jaén, cuando estaba asistiendo al espectáculo taurino, recibí una nueva llamada de Dew en la que me informaba de que la policía británica iba camino de la casa del juez de guardia (era fin de semana) para que decidiera si debía dar o no curso a la orden de detención. Mi nerviosismo era palpable. No hay peor sensación que la de esperar que suceda algo en cuyo curso no puedes influir de ninguna manera. La espera fue angustiosa. Me marché hacia el hotel. Mi mujer me preguntó qué me ocurría, y le dije algo así como que estaba «esperando noticias de un asunto importante».

Sobre las ocho y media de la tarde, John Dew me informó de que el juez había firmado la detención de Pinochet y que la policía se dirigía hacia la clínica a comunicarle la misma. «¡Enhorabuena, señor juez!» No sabría describir mi estado de ánimo en ese momento, pues era tal el cúmulo de sensaciones que quedé paralizado durante unos momentos. De nuevo, mi mujer me preguntó qué me sucedía y, ahora sí, le dije: «He ordenado la detención de Augusto Pinochet y el juez inglés ha aceptado la orden. En este momento están yendo a cumplir la decisión». A lo que ella contestó: «¡Está bien, hemos salido de situaciones peores!». Un par de horas después, John Dew, a quien se debe en buena parte el éxito de esta empresa, y por lo que creo que debe ser recordado en el lugar privilegiado de la historia que merece y que nunca ha reclamado, me llamó y me confirmó que Pinochet había sido detenido en la clínica en la que estaba internado.

Aunque más adelante hablé varias veces con John, no volvimos a

comentar aquellos días ni volvimos a vernos, salvo en algún acto proto-
colario, hasta 2011, cuando me encontraba trabajando en Bogotá como
asesor de la Misión de Apoyo al Proceso de Paz de la OEA en Colombia
y me llamaron desde la embajada del Reino Unido para fijar un almuer-
zo con el embajador. Unos días después, al entrar en el restaurante, indiqué que me esperaba el embajador inglés, y me llevaron hasta la mesa. Mi
sorpresa fue mayúscula cuando vi que John Dew se levantaba y, con una
sonrisa, me saludaba con un «¡Cuánto tiempo!». Sólo en esa ocasión volvimos a hablar de aquellos acontecimientos y de cómo, gracias a aquella
concatenación de circunstancias personales y políticas, fue posible la detención.

El día después

Ahora la cuestión era cómo informar de lo sucedido al presidente de la
Audiencia Nacional, el magistrado Clemente Auger. Aquella misma noche le llamé a su teléfono personal sin obtener respuesta, por lo que di
por hecho que se enteraría por la prensa cuando los medios de comunicación se hicieran eco de la noticia. Así sucedió. Debido a la diferencia
horaria, la noticia irrumpió en la opinión pública durante la tarde chilena
y la madrugada española.

En la mañana del día 17 tenía que hacer dos cosas: una, hablar con el
presidente Auger, y otra, hablar con el ministro del Interior, Jaime Mayor
Oreja, con el que había estado reunido en la mañana del 16 para analizar
una serie de temas sobre terrorismo y a quien no había comentado nada,
debido al sigilo mantenido hasta ese momento. Pero ahora, por lealtad
institucional, debía comunicarle la situación, pues el presidente del Gobierno español, José María Aznar, iba camino de la cumbre de jefes de
estado de Iberoamérica que se celebraba en Oporto (Portugal), y debía
estar informado para que pudiera responder la pregunta que con seguridad le iban a formular: «¿Qué opina de la detención de Augusto Pinochet
por un juez español?». El ministro de Interior me dio las gracias y me
confesó que le parecía bien la decisión.

Por otra parte, el presidente Auger me llamó por teléfono y, un poco
incrédulo, preguntó: «Baltasar, me dicen que está saliendo la noticia de que
has ordenado la detención de Pinochet y que los ingleses han dicho que sí...
Pero yo les he dicho que no era posible, porque tendría que ser el juez
García Castellón, que además iba a ir a Londres». Así siguió un rato más sin

permitirme intervenir. En un momento, intenté interrumpir diciendo: «Es verdad, Clemente...», pero parecía no haber escuchado. Cuando detuvo su monólogo, me preguntó: «¿Entonces has sido tú? Muy bien, estoy tranquilo, seguro que está muy bien fundamentado; tendremos que preparar la Audiencia, medidas de seguridad, en fin, tengo que hablar con Interior...». Cuando parecía que no le quedaba más que decir, le expliqué que no tenía de qué preocuparse aún, porque ahora comenzaba el proceso de extradición y tendríamos meses, e incluso años, hasta que se materializara. Pareció descansar, y me preguntó:

—¿Qué ruido se oye por ahí? ¿Están anunciando una corrida de toros?

—Sí —le contesté—. Estoy en Jaén.

—¡Aaah! No dejas de sorprenderme. Infórmame en cuanto llegues el lunes.

Pese a todo, no estaba muy seguro de lo que estaría aconteciendo en Londres. Se había superado la barrera de lo imposible, pero ahora los obstáculos, tanto políticos como jurídicos, serían superlativos. No se me olvidaba que el auto de prisión del día 16 había sido muy genérico y que tenía varios flancos débiles, por lo que decidí regresar a Madrid de inmediato y llamé a Joan Garcés, porque necesitaba que, en su posición de parte acusadora, me ayudara a reunir la documentación necesaria y a compendiar más casos, en los que la responsabilidad de Pinochet fuese más clara y directa que aquellos que había incluido en mi primera resolución, además de pedirle que me proporcionara traductores suficientes para que la ampliación del auto de prisión pudiera estar listo el lunes 19.

El domingo, funcionarios del juzgado, la secretaria judicial, abogados y voluntarios, algunos de ellos querellantes, pasaron a formar parte del equipo de apoyo al juzgado, y durante las veinticuatro horas de aquel día, dormitando en turnos rigurosos en sillones y en el sofá de mi despacho, y comiendo los bocadillos que mandaba pedir, me suministraron los antecedentes y documentos necesarios para que pudiera dictar el auto de ampliación de prisión en el que incluí los 94 casos de desaparición forzada de víctimas de diferentes nacionalidades, con el perfil de haber sido secuestradas a través del dispositivo creado por el Plan Cóndor, al que se extendía mi competencia en ese momento. De este modo, respetaba la competencia propia del Juzgado Central de Instrucción n.º 6. A la postre, la ampliación de la prisión y la consecuente orden de detención internacional resultó ser un acierto, por cuanto la High Court británica anuló la primera emanada por el juez inglés, que se equivocó en la identificación del tipo penal aplicable según la legislación interna. La nueva orden mantuvo el proceso en marcha y permitió el primer pronunciamiento de aquel tribunal, que fue adverso a nuestras pretensiones, pues consideró que Pinochet, a pesar de no ser ya presidente, estaba aún protegido por la inmunidad soberana.

Los días que siguieron

El recurso del fiscal español no se hizo esperar. Se oponía a la ampliación de la prisión y a la orden de detención internacional con argumentos que, sin rubor, conducían a la impunidad de los victimarios y a la total desprotección de las víctimas. Como simple botón de muestra, además de pedir que elevara exposición razonada a la Sala Segunda del Tribunal Supremo para que se pronunciara sobre la inmunidad de senador Pinochet (petición fuera de lugar), en el escrito se llegaba a afirmar que el «recurso que se plantea no valdrá para revocar el auto que se recurre, pero espero valga para que las víctimas de las dictaduras continúen instando en todas las instancias judiciales, inclusive en el Tribunal Penal Internacional, su derecho a la Justicia, para que los ciudadanos de estos países conozcan que el Estado de derecho, consagrado en el artículo 1 de nuestra Constitución, se aplica a todos los ciudadanos por igual, ya sean ciudadanos, ya sean exsecretarios de Estado, exministros, etarras *(sic)* [...]; para que los gobernantes de todas las naciones demócratas desarrollen con ilusión el Tribunal Penal Internacional; para que los Césares sepan que sus atrocidades no quedarán impunes». Ni más ni menos. En pocas palabras, pretendía cerrar la única instancia judicial abierta en ese momento (ante la Justicia española) y la remitía a un Tribunal Penal Internacional que sólo existía en la norma del Estatuto de Roma, aprobado en julio de 1998, que no estaba en vigor todavía lo que se produciría mucho después, el 1 de julio de 2002 y que además excluía expresamente los crímenes cometidos antes de su futura entrada en vigencia.

Durante más de dos años pendió, cual espada de Damocles, sobre las investigaciones de Chile y Argentina en los Juzgados Centrales de Instrucción n.º 5 y 6, la cuestión de si teníamos jurisdicción y competencia, como sosteníamos ambos jueces y las acusaciones populares y particulares, o si tenía razón el fiscal al negarla. Mientras se creía que estas causas eran testimoniales, la fiscalía nunca impugnó la jurisdicción ni la competencia de estas investigaciones, hasta que comencé a adoptar las primeras medidas efectivas contra Scilingo y, por supuesto, contra Pinochet (aunque, en este último caso, el fiscal se había mostrado inicialmente favorable a la investigación, no había sido así en el caso contra las Juntas Militares de Argentina, que siempre contó con la oposición del fiscal jefe de la Audiencia Nacional, que se negaba a identificarla como dictadura). La decisión sobre la jurisdicción y competencia de España en estos procesos sólo fue resuelta después de la detención de Pinochet.

A pesar del contexto de incertidumbre, Pinochet estaba detenido y había que tomar decisiones. Habida cuenta de que el sumario 19/97 en el que se hallaba la pieza separada de la Operación Cóndor, de mi juzgado, se había incoado antes (en marzo de 1996) que la investigación del Juzgado n.º 6 (junio de 1996) sobre Pinochet, reclamé a éste la inhibición del sumario por el tramitado, a fin de que se investigasen juntos y recayera sobre ellos una sola decisión de jurisdicción y competencia. Aunque era jurídicamente procedente, la jugada procesal también era muy arriesgada, pues tenía que salvar la decisión del juez del Juzgado n.º 6 y la del fiscal. El primero se pronunció a favor de la inhibición, y aceptó mi competencia sin reparos. El segundo la recurrió.

Con el sumario de Chile en mi juzgado, tenía todas las bazas para que la Sala de lo Penal de la Audiencia Nacional decidiera con unidad de criterio. De su decisión dependía o bien que se colapsara todo lo hecho y se archivaran las actuaciones, o bien que se continuara por estimar que la actuación procesal previa había sido correcta. Que Pinochet estuviera ya detenido en Londres desde hacía apenas dos semanas podía facilitar las cosas, pero también podía determinar una reacción totalmente contraria. No había término medio, como tampoco había indicio alguno que nos indicara cómo iba a proceder y decidir la sala, al margen de la euforia generalizada por la detención. En resoluciones previas, y en algunas que en aquel momento se estaban sometiendo al criterio del tribunal, había expuesto los argumentos jurídicos que avalaban mi decisión favorable a considerar que España tenía jurisdicción y competencia para investigar y juzgar estos crímenes, al amparo del principio de la jurisdicción universal y del principio de la universalidad de las víctimas. Ambos se imponían por sobre cualquier consideración en pro de la territorialidad y la soberanía, consideración que en ningún caso podía emplearse para propiciar y consolidar la impunidad existente allí donde se habían cometido los crímenes que, además, no sólo se habían extendido a Chile y Argentina, sino también a otros países debido a la acción criminal organizada que constituyó el Plan Cóndor. Finalmente, la Sala de lo Penal de la Audiencia Nacional aceptó y ratificó, por unanimidad de sus once miembros, la competencia de la Justicia española para perseguir delitos de genocidio, tortura y terrorismo cometidos en Chile. El auto es de fecha 5 de noviembre de 1998, un día después de cumplirse 28 años de aquel día en que Salvador Allende (4 de noviembre de 1970) asumiera el cargo de presidente constitucional de Chile. Aquella jornada abrió un camino inexplorado a favor de las víctimas. Ese día fuimos capaces de vencer, por un momento, a la impunidad. Ese día, la Justicia no sólo fue legal en su proceder, sino que fue esencialmente justa. Se profirió un grito que se sumaba al «¡Nunca Más!» que tantas veces se había pronunciado con dolor y frustración, y al «¡No a la impunidad!» que tantas veces había recorrido y recorrería todo el continente latinoamericano y el mundo entero. Pero no sería un camino fácil, sino lleno de obstáculos y trampas, hasta el día de hoy. Luchar contra los poderosos siempre tiene un coste elevado. ¡Pero merece la pena intentarlo!

Ese día recordé las palabras el presidente Allende en su último discurso al país, poco antes de morir, el 11 de septiembre de 1973, transmitido a través de Radio Magallanes: «Superarán otros hombres este momento gris y amargo donde la traición pretende imponerse. Sigan ustedes sabiendo que, mucho más temprano que tarde, de nuevo [se] abrirán las grandes alamedas por donde pase el hombre libre para construir una sociedad mejor».

Al escribir estas páginas, veinte años después de la detención, recuerdo aquellos días. Recuerdo los acontecimientos procesales, personales, sociales y políticos que se sucedieron de forma vertiginosa en el caso Pinochet. A veces parecía una especie de thriller cinematográfico, con diferentes escenarios desarrollándose simultáneamente: la orden de detención desde España, los hechos en el Reino Unido, las manifestaciones de las víctimas, que se organizaron para viajar a Londres, la ácida respuesta del Gobierno chileno, en manos de Concertación de Partidos por la Democracia, que había recuperado la democracia y gobernado el país desde que el dictador había dejado de ser presidente. Esta plataforma se movía en un terreno muy incómodo, pues estaba formada por una amplia coalición de fuerzas políticas que iba desde la democracia cristiana, los liberales, los radicales y otras formaciones hasta el Partido Socialista, el partido de Salvador Allende, que ahora parecía defender la soberanía del país contra viento y marea, en lugar de ponerse al lado de las víctimas, de los derechos humanos y de la Justicia universal. La situación se les había escapado de las manos, se cuestionaba la impunidad reinante tras ocho años de democracia frágil y condescendiente con el antiguo régimen. Parecía que todo se había conjurado en una especie de tormenta perfecta.

Pocos políticos alcanzaban a comprender el alcance de la aplicación del principio de jurisdicción universal. Los legisladores españoles, desde luego, al parecer no eran conscientes de lo que habían aprobado en 1985, o nunca imaginaron el alcance del artículo 23.4 de la Ley Orgánica del Poder Judicial, que establecía el principio de jurisdicción universal sin restricciones. Para su vergüenza, después de que este principio hubiera demostrado su relevancia, PSOE y PP lo restringieron sin contemplaciones, primero en 2009, y el PP apoyándose en su mayoría absoluta en 2014, hasta prácticamente fusionarlo con los principios de jurisdicción activa y pasiva, y, ahora, parece que, de nuevo se producirá el acuerdo para volver a la ley de 2009 y no a la que permitió la detención de Pinochet. Por su parte, las autoridades chilenas no sabían qué hacer frente a una orden de prisión dictada por un juez español contra su antiguo dictador, privado de libertad en Londres en el marco de un proceso de extradición. Esa inmovilidad era desesperante para ellos, notoria en sus declaraciones públicas llenas de retórica vacía. Por su parte, el Gobierno español tomó la única actitud posible: respetar el principio de separación de poderes propio de las democracias occidentales, aunque finalmente, en cuanto dispusieron de margen legal suficiente, favorecieron la vuelta del dictador a Chile. Tampoco debe olvidarse la presión de diversos jueces europeos que, desde Francia, Bélgica y Suiza, solicitaron posteriormente la captura de Pinochet. Si la extradición a España no prosperaba, ellos se mostraban dispuestos a ejercer la jurisdicción universal y acabar con la impunidad. Mientras tanto, la Justicia británica seguía adelante con su ritual ceremonioso, sereno e imperturbable ante los efectos y consecuencias de esa situación. La presión internacional, la de las organizaciones de derechos humanos y de víctimas en defensa de sus derechos era palpable en el mundo entero y su clamor se hacía sentir con fuerza. El ministro del Interior inglés, Jack Straw, parecía estar a favor de otorgar la autorización para proceder a la extradición mientras la Cámara de los Lores dejara margen para hacerlo. En fin, una coyuntura histórica, a la que se sumaba el 50 aniversario de la Declaración Universal de los Derechos Humanos y la reciente aprobación del Estatuto de Roma, que daba a luz a la futura Corte Penal Internacional.

La interacción entre el Home Office, el Crown Prosecution Service y mi juzgado fue intensa y extensa. Existía un interés real en hacer Justicia. Esto quedó constatado en la decisión del Comité de Justicia de la Cámara de los Lores del 25 de noviembre en la que, por tres votos contra dos, se decidió que el expresidente no tenía inmunidad soberana, y se dio vía libre al ministro Straw para que ordenara proceder al inicio del proceso de extradición demandada por España.

Las actuaciones judiciales seguían produciéndose tanto en el Reino Unido como en España. El Reino Unido se centraba en la extradición y sus incidencias, y España, atendiendo a la tramitación ordinaria de la causa, tomando declaración a las víctimas en el juzgado, con el fin de conocer sus testimonios y acopiar cuantos más antecedentes mejor para dictar el correspondiente auto de procesamiento. La Justicia británica tendría todos los antecedentes que necesitara, aunque hubiera que buscarlos debajo de las piedras, como así sucedió, pues algunos los conseguimos y enviamos *in extremis*. Pero sobre todo fueron las víctimas, comandadas por sus abogados y en especial por Joan Garcés, quienes aportaron los elementos necesarios para que los indicios se hicieran más firmes y la causa más robusta. Realmente era estimulante observar cómo esos abogados trabajaban con la fuerza y el empuje de quienes son conscientes de que esa era su oportunidad para que las puertas de la Justicia no volvieran a cerrarse en falso, como tantas otras veces había ocurrido. Todos empezamos a ver cómo los espacios de impunidad se volvían cada vez más angostos para los perpetradores.

El procesamiento de Pinochet

El resultado de todos aquellos desvelos fueron las 285 páginas del auto de procesamiento contra Augusto Pinochet Ugarte por los delitos de genocidio, terrorismo y torturas, que firmé un día emblemático para los derechos humanos, el 10 de diciembre, en el quincuagésimo aniversario de su declaración (1948-1998).

El hecho primero de esta importante resolución decía:

> Augusto Pinochet Ugarte, nacido en Valparaíso (Chile) el 25 de noviembre de 1915, con cédula de identidad chilena n.° 1.128.923, a la sazón comandante en jefe del Ejército de Tierra, puesto de acuerdo con otros responsables militares, y para dar cumplimiento al plan previo y clandestinamente organizado de acabar con el Gobierno constitucional de Chile y con la vida del propio presidente de la República, Salvador Allende Gossens e instaurar un Gobierno de facto militar, encabeza un «golpe» militar el día 11 (once) de septiembre de 1973 que da como resultado el derrocamiento y muerte del presidente Allende en el Palacio de la Moneda, después de que éste, fiel a la legalidad vigente, rechace las falsas

propuestas de salvoconducto que le ofrece Augusto Pinochet, y que, en realidad, persiguen acabar igualmente con su vida una vez se halle en el aire el avión que se le ofrece, el cual sería saboteado tal como consta en un documento grabado.

Ese mismo día, y sin solución de continuidad, se da vía libre por orden del Sr. Pinochet Ugarte y de los que con él dirigen la acción, a una feroz represión contra la vida, seguridad y libertad de las personas y sus patrimonios, que se extenderá entre esa fecha (11.9.73) hasta 1990 —año en el que abandona el poder el imputado— y que alcanzará su punto álgido durante los años 1974 y 1975, tanto dentro como fuera de las fronteras de Chile.

El auto continuaba describiendo cómo, desde la prevalencia de su posición de mando, Pinochet, junto con los demás militares, diseñó y ejecutó un plan criminal y sistemático que consistió en la detención, secuestro seguido de asesinato, torturas y desaparición forzada de personas dentro y fuera de Chile, a través de la creación de una serie de estructuras de represión como la DINA o el denominado «Plan Cóndor» y/o utilizando y aprovechando las estructuras del Ejecutivo. Los hechos de la resolución se dedicaron a enumerar personalmente a cada una de las víctimas, tanto por sectores como por la distribución de los centros de detención donde fueron secuestradas. Cada una de ellas tenía derecho a ser identificada como parte, tal vez mínima, de la necesaria reparación. Entre muchos otros, recuerdo a Carmelo Soria, Irma del Carmen Parada González, el sacerdote valenciano Antoni Llidó, Lumi Videla Moya, el matrimonio de José Liberio Poblete Roa y Marta Gertrudis Hlaczik, el sacerdote Miguel Woodward, Adriana Luz Pino Vidal, Pedro Millalén Huenchuñir, Juan Segundo López Torres, Einar Enrique Tenorio Fuentes, Cecilia Gabriela Castro Salvadores, Miguel Ángel Catalán Febrero, José Héctor Dávila Rodríguez, Luis Uberlindo Espinoza Villalobos o Mario Eduardo Calderón Tapia. Son sólo algunos nombres de la lista interminable de casos que incluí en el auto de procesamiento de Augusto Pinochet, donde las más de dos mil quinientas víctimas fueron agrupadas bajo epígrafes en función de su perfil: estudiantes, alcaldes y concejales, funcionarios, intelectuales y artistas, militares, parlamentarios, miembros de partidos políticos, quienes estaban en torno al presidente Allende, escoltas, religiosos, médicos, sindicalistas, los cristianos por el socialismo. A ellos añadí a los extranjeros latinoamericanos, gracias a los datos que nos facilitó la Asociación Latinoamericana para los Derechos Humanos, que incluía a víctimas de Argentina, Ecuador, México, Perú, Uruguay y Bolivia. Tam-

bién se incluyeron los datos recopilados por la Corporación Nacional de
Reparación y Reconciliación y por la Comisión Rettig. El auto recordaba los objetivos de los conspiradores: la destrucción parcial del grupo
nacional integrado por todos aquellos que se les oponían ideológicamente, a través de la eliminación selectiva de sus líderes y la destrucción parcial del grupo nacional contrario al planteamiento religioso oficial de la
Junta de Gobierno o cuyas creencias eran no teístas, con lo que se los
identificaba como miembros del marxismo internacional. Se perseguía,
también, la eliminación parcial de los indígenas mapuches. Según las estimaciones que se manejaron en aquel momento de la causa, más de
300.000 personas fueron privadas de libertad, más de 100.000 fueron
expulsadas o se vieron obligadas a exiliarse; los muertos y/o desaparecidos ascendían a casi 5.000, aunque sólo se enumeraban los casos de los
que había constancia cierta de la muerte o desaparición y más de 50.000
personas fueron sometidas a tortura. Todo ello, sostenía en el auto, podía
y debía englobarse bajo el delito de genocidio, perpetrado como resultado no de una guerra sino de una política calculada de muerte colectiva
llevada a cabo por un estado. En Chile, como más tarde en Argentina, los
responsables militares impusieron desde septiembre de 1973 un régimen
de terror basado en la eliminación violenta, calculada y sistemática de
miles de personas que ejercían la función de liderazgo o iniciativa ideológica de grupos contrarios al régimen a lo largo de varios años, disfrazada bajo la denominación de «guerra contra la subversión», con el fin de
romper la estructura del grupo nacional. Pero la reflexión iba mucho más
allá. Cuando la víctima era perseguida por motivos raciales, religiosos o
étnicos (gitanos, judíos, indígenas), el agresor no estaba motivado en
ningún caso por cuestiones raciales puras, abstraídas de cualquier otro
componente ideológico, sino que se apoyaba esencialmente en una base
política, en tanto que un planteamiento de este tipo, ya sea fascista, comunista, capitalista o cualquier otro, trae aparejada una concepción racial
determinada, que determina la actuación. La motivación político-ideológica fue el elemento esencial de impulso de la conducta delictiva. En
este caso, nadie puede dudar de que la destrucción parcial o total de un
grupo así identificado y atacado por un agresor movido por estos motivos constituye un delito de genocidio.

        Las torturas fueron igualmente sistemáticas y se aplicaron los más
variados métodos para inferirlas, «desde los simples golpes violentos y
continuados hasta producir fracturas y derramamiento de sangre, mantener tendidos boca abajo a los detenidos en el suelo, o de pie, desnudos,

bajo luz constante, con la cabeza cubierta con capuchas, amarrados ("ta-bicados") o en nichos, negación de alimentos, agua, abrigo, colgamiento por los brazos suspendiéndolos en el aire, procesos de semiaxfisia me-diante inmersión en agua, sustancias malolientes y excrementos, aplicación de electricidad en los testículos, lengua y vagina, violaciones sistemáticas, simulacros de fusilamientos y otros métodos refinados de tortura como el conocido como "Pau de Arará" o colgamiento del cuerpo por las corvas, suspendido de un palo o barra de hierro quedando la cabeza a escasos centímetros de suelo, posición en la que se practicaban a la víctima otras torturas», indicaba el auto.

Entre los centros clandestinos en los que se practicaron con mayor insistencia las torturas, destacaban: el antiguo aeropuerto de Cerro Mo-reno en Antofagasta; barcos de la armada o bajo su control, en Valparaíso; la Academia de Guerra Naval de Valparaíso y la Escuela de Infantería de Marina de Viña del Mar; la isla Mariquina y el Fuerte Borgoño, en Con-cepción; la base aérea de Maquehue, en Temuco; diversos regimientos y comisarías, retenes y centros aéreos y aeronaves de todo el país; el Estadio Nacional; el Estadio de Chile y la Academia de Guerra Aérea de Santia-go; la tercera comisaría de Rahue en Osorno; y el campamento de pri-sioneros de Pisagua. Otros centros de detención y tortura controlados por la DINA fueron Tejas Verdes, Cuatro Álamos, Londres 38, José Domingo Cañas, Villa Grimaldi, La Discothèque o la Venda Sexy, Implacante, Cuartel Venecia, Cuartel General, La Rinconada Maipú, Colonia Digni-dad, La Casa de Parral, Hospital Militar, y un largo etcétera. En estos recin-tos, la forma más habitual de tortura era la «parrilla», que consistía en una mesa metálica sobre la que se tumbaba a la víctima desnuda y atada por las extremidades y en la que se le aplicaban descargas eléctricas en geni-tales, labios, heridas o prótesis metálicas. Junto a ella, los agentes especia-lizados en torturas colocaban a dos personas, parientes o amigos en dos cajones metálicos superpuestos, de modo que cuando se torturaba al de arriba, el de abajo percibía el impacto físico y psicológico de aquella práctica sobre el otro. También era común el uso de drogas, el «submari-no seco» o el lanzamiento de agua hirviendo como prolegómeno del asesinato del detenido. Aunque no fue incluido en el auto de procesa-miento, ya que la existencia de este centro fue revelada mucho después, no puedo dejar de mencionar el cuartel Simón Bolívar, literalmente un centro de exterminio del cual ningún prisionero salió con vida, donde los agentes de la DINA robaban las fundas de oro de las víctimas con un alicate o un cuchillo, además de quemar sus huellas dactilares y su rostro para evitar que fuesen identificados. Después lanzaban los cuerpos a los piques de minas abandonadas, para hacerlos desaparecer, y después los arrojaron directamente al mar, atados a un raíl para asegurarse de que los cuerpos no flotaran y fueran devueltos por el mar.

Al frente de todo este organigrama de terror estaba Augusto Pinochet, que, si bien no participó en la ejecución material de los hechos, sí ideó el plan, financiado con fondos públicos del mismo Estado que él, junto con los demás responsables militares, usurparon el 11 de septiembre de 1973.

A la hora de dictar el auto de procesamiento aquel 10 de diciembre de 1998, no tuve duda alguna de la participación de Pinochet en toda aquella trama criminal desde su comienzo. Las detenciones ilegales, los asesinatos, las desapariciones y torturas fueron directamente ejercidas sobre personas determinadas, con nombre y apellido. Desde su lugar en la cúspide del mando militar y desde el mismo momento del golpe, podía haber ordenado el cese de la represión y, sin embargo, hizo exactamente lo contrario: la generalizó incitando, animando y dando las órdenes oportunas a los mandos inferiores para que actuaran sobre víctimas perfectamente identificadas, premiando con promociones, ascensos y condecoraciones a los ejecutores directos y a los mandos intermedios. Augusto Pinochet, en su papel de director del plan delictivo previamente establecido, realizó una serie de actos necesarios, insustituibles e imprescindibles, sin los cuales no se habría producido la comisión, persistencia y permanencia de la acción delictiva, en la que cada uno de los partícipes desempeñaba un papel determinado y en la que todos resultaban difícilmente sustituibles, de acuerdo con la teoría de los «bienes escasos»,[189] según la cual la contribución al delito puede valorarse en función de la escasez o abundancia del medio o instrumento suministrado o de la facilidad o dificultad para conseguir la colaboración prestada. Porque los miembros de la Junta de Gobierno y los mandos militares implicados, especialmente quienes estaban al frente de los servicios de inteligencia o aquellos que cumplieron órdenes obedeciendo a la jerarquía, difícilmente podían escapar a la acusación de coautores.

Así quedó fijado en el auto, en el que se acordaron medidas cautelares contra el procesado, además de múltiples diligencias que pretendían aportar más elementos a la causa. Para ello dependíamos de la actitud de la Justicia chilena. Y si bien la Justicia británica se había mostrado concernida, no tenía demasiadas esperanzas de que la chilena fuese capaz de colaborar, pues ya antes había enarbolado el argumento de la inmunidad de jurisdicción, esto es, que sólo la Justicia chilena podía conocer esos hechos.

Pero el tema es que ni lo hacía ni lo había hecho. En los casos de jurisdicción universal, la tesis de la soberanía absoluta hace aguas cuando se considera la existencia de una verdadera cesión de soberanía que se transforma en una soberanía compartida para el ejercicio de la jurisdicción frente a crímenes internacionales que afectan a la humanidad en su conjunto. Los países que firmaron y ratificaron los convenios y convenciones internacionales que reconocían este principio asumieron el ejercicio de la jurisdicción universal si en el país donde se hubieran cometido esos delitos no se actuaba judicialmente de la forma debida.

La Justicia en Londres

El 25 de noviembre de 1998, los lores, uno a uno, dieron a conocer al mundo su veredicto. El Ministerio Fiscal y mi defensa, ejercitada por el abogado Alun Jones (que prestó un altísimo servicio a las víctimas), habían apelado al Comité Judicial de la Cámara de los Lores que, para la ocasión, ejercía como órgano supremo de Justicia. Los cinco lores jueces fueron comunicando su decisión con la solemnidad y parquedad propias de las grandes deliberaciones. «Yo desestimo la apelación.» El primero de ellos confirmó lo que la mayoría esperaba, que la Cámara británica rechazaría nuestra petición de no reconocer la inmunidad soberana otorgada por la High Court a Pinochet, recluido bajo custodia policial en el hospital Grovelands Priory, el deprimente psiquiátrico al que había sido trasladado tras la presión exterior a la que estaba sometida la London Clinic. Esta última, ubicada en pleno corazón de Londres y cuya fachada se había convertido ya en un plató de televisión, era, además, el lugar donde grupos de exiliados chilenos se pertrechaban de cacerolas y otros utensilios que aporreaban sin cesar para escenificar a diario su alegría por la orden de detención del exdictador. «Mi voto es para desestimar la petición.» Dos de dos. Nunca un pronunciamiento judicial había acaparado tantas miradas internacionales, aunque el entorno del exdictador se hallaba tranquilo y confiado de abandonar el Reino Unido en cuanto la justicia inglesa terminara de proclamar su blindaje judicial. Recuerdo que me encontraba comiendo en un restaurante madrileño cuando conectaron en directo, pero en el local no había televisión. El dueño era un amigo y me avisó, pasé a las oficinas, y allí, entre facturas y albaranes, asistí con el corazón en un puño al desarrollo de esa histórica votación. Pasó ante mí el recuerdo de las declaraciones de las víctimas, llorando cuando relataban su caso, sufriendo al hacerlo, pero felices de haberlo conseguido; celebrando con alegría los logros judiciales alcanzados hasta ese momento. Tal era la confianza del entorno de Pinochet en que el trámite sería superado que las maletas estaban hechas y dispuestas junto a otros enseres de viaje en una sala contigua, y el propio Pinochet vestido de calle, con su bastón cerca, para no perder ni un instante en su regreso a Chile. Puesto a punto, con los motores rugiendo, un avión de la fuerza aérea chilena aguardaba en la base de Norfolk. Todo, pues, estaba previsto para su marcha. Turno para el tercer lord: «El senador Pinochet no es inmune». Saltaba la sorpresa, aunque algunos, en los mentideros políticos y judiciales londinenses, hubieran sopesado ya la posibilidad de que algún miembro de la Cámara se negara a apoyar los intereses de Pinochet. Cuarto voto: «El general Pinochet no tiene inmunidad». Fuera, decenas de familiares de víctimas, agolpadas en los aledaños del palacio de Westminster, casi conteniendo la respiración, entrelazadas las manos, en tensión, asistían al resultado de la votación. Durante semanas, habían recordado al mundo que aquel anciano en apariencia inofensivo que había venido a Europa a operarse de una hernia discal era el responsable último de la muerte de miles de chilenos. El quinto lord se dispuso a tomar la palabra. Se levantó lentamente de su asiento, uno de los sillones de cuero rojo característicos del *gothic revival* con el que fue decorado el imponente salón. Vestía traje gris a rayas, camisa lila y corbata estampada a juego. Y, sin temblarle la voz, dijo: «El senador Pinochet no tiene inmunidad para ser extraditado, por lo que yo también acojo la apelación».

Se escuchó un respingo generalizado en la Cámara que hizo desviar la mirada al magistrado mientras ofrecía su veredicto, pero fuera nadie se contuvo: los medios retransmitieron en directo los abrazos emocionados y gritos de júbilo de familiares de las víctimas, no sólo en Londres, también en Chile, en España, en Francia... «Es inconcebible —explicó Nichols, el lord cuya decisión decantó el resultado— que la tortura de los propios súbditos y de ciudadanos extranjeros pueda ser interpretada por el derecho internacional como la función normal de un jefe de Estado.»

En el Priory, los familiares de Pinochet se sintieron traicionados y sus abogados, engañados. La intérprete asignada por Scotland Yard, Jean Pateras, que minutos antes había compartido la tarta del 83.º cumpleaños de Pinochet, fue la encargada de comunicar formalmente el resultado y explicarle que no podría marcharse. «¿Entiende lo que le estoy diciendo?», inquirió la traductora. «Sí», respondió lacónico el dictador, rompiendo a llorar, aunque después uno de sus escoltas, Juan Gana, lo pusiera en duda bajo el argumento castrense de que un soldado no llora en público.

Como tantos otros estallé en un «¡Bien!», y, emocionado, me abracé a quienes se encontraban conmigo. Fue impresionante: a pesar de la hora, al salir a la calle, todo el mundo me daba la enhorabuena, las llamadas telefónicas no cesaban. Fui consciente de que habíamos dado otro paso en favor de la extradición y de la Justicia para las víctimas. Estaba claro que en el proceso se iba a suceder obstáculo tras obstáculo, pero los dos primeros se habían salvado.

La alegría duró poco...

Avances y retrocesos

Durante los primeros días de arresto, el círculo más cercano de Pinochet había llegado a plantear un plan de evasión, según reconoció a la televisión nacional chilena Juan Gana. Tras el dictamen de los lores y una vez puestos todos los focos sobre el exdictador, el devenir londinense de Pinochet se convirtió en una montaña rusa repleta de curvas judiciales y diplomáticas, con recursos imprevisibles que fueron prolongando su estancia en Londres. El dictamen se había celebrado en Londres, Estados Unidos, México, Costa Rica, Canadá, Suecia, Noruega, Francia, Italia, Suiza y Chile, entre otros países. «Es un triunfo de los vencidos sobre los vencedores», proclamaron en Madrid, donde miembros del comité de apoyo al proceso se habían concentrado en la Puerta del Sol para asistir a la deliberación. Sin embargo, el mazazo judicial al exdictador activó nuevas estrategias en pos de su regreso a Chile, como la derivada de la supuesta vinculación de uno de los lores que había votado en contra de la inmunidad, lord Hoffman, y la mujer de éste, con Amnistía Internacional, la ONG que había procurado en varias ocasiones sin éxito la detención de Pinochet, con motivo de los periplos al extranjero del general. Quién filtró aquella información que abría una fisura en el dictamen de la Cámara fue una incógnita, aunque hubo quien afirmó que pudo ser una llamada anónima. Al ser preguntado por el propio Pinochet sobre las posibilidades de que aquella vía fructificara a modo de recurso, su abogado, Miguel Álex Schweitzer, respondió que tenían poco que perder. Pero Hoffman quedó finalmente descalificado por conducta impropia al no haber informado de su relación con la organización proderechos humanos.

El 17 de diciembre, la Comisión Jurídica de la Cámara de los Lores tomó una decisión sin precedentes en la Justicia británica: anular por unanimidad la sentencia pronunciada el 25 de noviembre y, con ello, dejar en el aire la extradición. Sería un nuevo tribunal el que decidiese sobre la inmunidad soberana del dictador.

Por aquel entonces, se habían multiplicado las denuncias contra Pinochet y, con ellas, las iniciativas judiciales en cadena llegadas desde otros países. Fue el caso de Francia, donde la fiscalía de París envió a Londres una petición de detención provisional dictada con anterioridad por el juez Roger Le Loire por secuestros y torturas, previa a una demanda oficial de extradición. Fue también el caso de Suiza, que reclamó su detención por delitos de secuestro, asesinato y confiscación en los casos de Alexis Jaccard, víctima de doble nacionalidad desaparecida en Buenos Aires en mayo de 1977, y del matrimonio chileno judío Stoulman-Pessa, al que incautaron todos sus bienes en beneficio de una empresa de la DINA. También Alemania, cuyo Tribunal Supremo había admitido a trámite las denuncias presentadas —entre ellas la del sacerdote católico Willi Kohlings— al considerar que Pinochet carecía de inmunidad y que, por tanto, no existían obstáculos que impidieran su procesamiento. Apenas un día después, el Comité contra la Tortura de Naciones Unidas pidió que se le juzgara y lanzó una advertencia al Reino Unido: en caso de no hacerlo, podría incurrir en la violación de algunos tratados internacionales. Paralelamente también hubo gestos en favor de Pinochet. Tal fue el caso de la ex primera ministra británica Margaret Thatcher, que visitó al dictador y aprovechó la ocasión para agradecerle la ayuda prestada en la guerra de las Malvinas (o Falkland Islands).[190] «Sé cuánto le debemos por su ayuda durante el conflicto de las Falkland, por la información que nos proporcionó, la comunicación y acogida que dio a nuestras fuerzas armadas y el refugio que prestó a algunos de nuestros soldados que naufragaron y fueron acogidos en Chile», señaló. Y siguió sin empacho: «Soy muy consciente de que usted trajo de regreso la democracia en Chile».[191] El respaldo al dictador y el mensaje para las autoridades británicas era claro. Misiones diplomáticas y de políticos de derechas cruzaron el Atlántico desde Chile para escenificar su apoyo *in situ* al expresidente. También se fraguaron sonadas estrategias parlamentarias, como la que provino del propio Senado chileno, que aprobó por 24 votos contra 23 enviar una protesta enérgica a España y al Reino Unido por la detención de su senador vitalicio. Tampoco se quedó atrás el presidente chileno, Eduardo Frei Ruiz-Tagle, que en un mensaje al país dijo entender la situación «humanitaria» del dictador y su familia, al tiempo que reconocía que en su propio gabinete había ministros que habían sido víctimas de torturas o del exilio. Años más tarde, el propio Frei, que me recibió en su casa con ocasión de mi asistencia a un congreso organizado por el Senado chileno, reivindicaría el papel de la Justicia chilena a la hora de dilucidar la verdad sobre la muerte en extrañas circunstancias de su padre, el expresidente Frei Montalva, un caso que hoy está en manos de los tribunales chilenos y por el que hay seis acusados de asesinato, entre ellos un exagente de la DINA. «Lo único que pedimos es que se sepa la verdad, que después de 31 años, se aclare de una vez por todas y se pueda saber en definitiva qué fue exactamente lo que sucedió, ya no en la versión de terceros o de la familia, sino en la versión de la Justicia chilena», dijo Frei, que aseguró no haberse arrepentido de su gestión en el caso Pinochet. Pero, a la vez, me dio las gracias por el empuje que supuso mi acción para el avance de la democracia en Chile, lo mismo que me dijeron ese día los presidentes Patricio Aylwin y Ricardo Lagos. A la lista de apoyos que recibió el ex-dictador en Londres se sumaron las misivas vaticanas o los mensajes remitidos por otros nombres propios de la política internacional, como el del expresidente estadounidense George Bush, director de la CIA cuando Pinochet lideraba su país con la marca imborrable del régimen militar. A todos ellos, las familias de las víctimas respondían en la calle con testimonios de indignación y rabia, recordando el sufrimiento de sus seres queridos. Tenaces, no cesaban en sus ruidosas protestas, conscientes de la trascendencia de cada giro que tomaba un caso cuyas aristas se multiplicaban con el paso de las semanas. Durante esos días, los familiares pudieron narrar a los lores sus historias personales, una opción que la Cámara asumió al estudiar el recurso contra el fallo que otorgaba inmunidad al general. La iniciativa llegó a movilizar en Chile a familiares de ejecutados y desaparecidos, entre los que se encontraba Isabel Allende Bussi hija del presidente derrocado por el golpe de Estado de Pinochet y sus adláteres.

Las navidades de 1998 fueron especiales, pues mantuve varias reuniones con los fiscales y mi abogado británico. La decisión de anular la sentencia de los lores nos dejó a todos perplejos. Pese a ello había que reaccionar inmediatamente para alegar los argumentos necesarios que sirvieran de base a las impugnaciones de la defensa de Pinochet, tanto en Londres como en España, donde el período de tregua entre el Gobierno y mi juzgado había terminado y las trampas y obstáculos en la tramitación eran cuestiones cotidianas que había que sortear con el apoyo de Joan Garcés, Enrique de Santiago, Carlos Slepoy, Manuel Ollé, José Joaquín Puig de la Bellacasa, Jaime Sanz de Bremond, José Luis Galán y los demás abogados personados en la causa que, en la medida de sus posibilidades, aportaban la ayuda necesaria. No obstante, era Joan Garcés el que tomaba las iniciativas más audaces, como las que se suscitarían cuando la controversia entre Abel Matutes, ministro de Asuntos Exteriores, y yo se volvió agria. Fue muy importante la labor de varios juristas y algunos fiscales como Carlos Castresana, que había estado en el origen de la denuncia de la UPF; la de los medios, en especial la de Ernesto Ekaizer, que siguió el proceso y profundizó en él de forma exhaustiva.

Alun Jones quería asegurar todos los resquicios y variables posibles que la defensa de Pinochet pudiera aprovechar, y por ello me sugirió que sería importante que me trasladara a Londres y asistiera junto a él a las sesiones del Comité de Justicia de los Lores, para que el tribunal fuera consciente de la importancia que se daba al proceso y para que si surgía la necesidad de tomar decisiones o contestar algún requerimiento del tribunal estuviera ya allí. Viajé a la capital británica el día 18, tras superar la burocracia del Consejo General del Poder Judicial, que no sabía cómo tramitar esa autorización, pues no se trataba de una comisión rogatoria ni me requerían directamente ni el tribunal ni la fiscalía. Me alojé en el hotel que me aconsejó el secretario de la embajada española, que más bien era una casa con una dueña muy mayor. El 19 de enero de 1999, el consejero de Interior se encargó de darme cobertura y ayudarme a llegar hasta la sede del Crown Prosecution Service y, desde allí, al Parlamento. Una llovizna incómoda me acompañó mientras estuve en la calle junto a las víctimas que, impertérritas, aguardaban frente al Parlamento el inicio de las sesiones. El grito de «Garzón, amigo, el pueblo está contigo» me emocionó. Continué, sujetándome con una mano las solapas del abrigo para protegerme de aquella llovizna y con mi maletín verde en la otra. Entré en las sesiones acompañado de los abogados de mi defensa, como juez español en ejercicio, autorizado por el Comité Judicial de los Lores para asistir en el Parlamento británico, por primera y única vez, a defender el trabajo que hasta ese momento había hecho. No puedo ocultar el orgullo que sentí al representar a la Justicia española en ese trance procesal tan especial.

Las sesiones del Comité Judicial de los Lores

El sistema de *common law* que rige en los países anglosajones es oral, más ágil y totalmente diferente a los procedimientos continentales, en los que las formas son esenciales. Aquel día, una vez dentro, además de percibir la mirada nada amigable del hijo de Pinochet, pude comprobar con asombro el nivel de preparación que debían tener los abogados británicos para enfrentarse a cinco lores en funciones judiciales que podían preguntar cualquier cosa, por difícil o elemental que fuera, de la forma más inopinada y sobre la marcha, a lo que debía responderse de forma perentoria. Eso sucedió con las preguntas que los lores formularon sobre la prescripción de los crímenes sometidos a escrutinio, en especial, del de tortura. La doctrina del delito permanente referido a la desaparición forzada de personas, considerado a su vez delito de tortura en consonancia con la jurisprudencia del Tribunal Europeo de Derechos Humanos, no acababa de convencer a los lores. De hecho, como se vería después en su sentencia, a excepción del juez Ronald Bartle en su decisión sobre la extradición, los lores no acogieron esta tesis.

En la primera sesión, Alun Jones se mostró implacable: «Estas torturas fueron contra hombres, mujeres, niños y adolescentes e incluían violaciones y varias formas de asaltos sexuales y humillación», dijo ante el Comité, y recordó que la conspiración de Pinochet no sólo se produjo en Chile, sino que se extendió a otros países como Argentina, Paraguay, Uruguay y Bolivia.[192] En la vista, que se prolongó durante varios días, tuvieron oportunidad de comparecer siete organizaciones de derechos humanos y de víctimas de la dictadura chilena, además del propio Gobierno de Chile, que por primera vez participaba del proceso judicial. Había abandonado su estrategia de la inmunidad soberana para defender la primacía de Chile a la hora de juzgar a Pinochet con base en los principios de territorialidad e igualdad entre estados, un argumento que había sido rebatido por Amnistía Internacional: «Los crímenes contra la humanidad deberían poder ser juzgados en cualquier parte. No debería existir ningún escondite, ninguna escapatoria para quien es responsable de torturas, secuestros o asesinatos de la magnitud que se le reprocha al general Pinochet», declaró a la BBC Geoffrey Bindman, uno de los abogados de la ONG.[193]

Para dar forma al delito de conspiración para la tortura y asegurar el caso, trabajamos en la sede de la fiscalía británica. Esta figura delictiva es distinta a la conspiración tipificada en el Código Penal español, ya que incluye una descripción mucho más amplia que nos permitía adelantar la fecha de inicio de la investigación a los días previos al golpe del 11 de septiembre de 1973, demostrando al tribunal la trama anterior, ya que las torturas, asesinatos y desapariciones se habían planeado hasta el punto de que antes del golpe ya contaban con instrumentos de tortura. De nuevo, resultó fundamental el aporte documental de Joan Garcés. Para ultimar el envío, volví a Madrid el 20 de enero, donde pude preparar la resolución correspondiente y enviarla con la documentación pertinente para que, en la siguiente sesión en la Cámara de los Lores, el 21 de enero, los jueces dispusieran de ella debidamente traducida.

El caso Riggs

El presidente argentino Menem y, después, los presidentes De la Rúa y Duhalde decretaron la prohibición de cumplir los requerimientos cursados por mi parte, a través de las correspondientes comisiones rogatorias en el caso Scilingo y demás represores de la dictadura. Lo mismo ocurría ahora con la Corte Suprema chilena, que rechazó el requerimiento cursado para dar cumplimiento a las medidas de embargo y bloqueo de cuentas corrientes, depósitos bancarios y cualesquiera bienes de los que dispusieran Pinochet, su familia y allegados, con el fin de proteger los intereses de las víctimas. Rechazó igualmente otras veintiún diligencias de prueba que solicité. Con esta decisión, la Corte Suprema sería responsable de que Pinochet, su familia y quienes les ayudaron se deshicieran de las sumas millonarias (en torno a 27 millones de dólares) que tenían depositadas en el banco Riggs, y que si se hubiera impuesto el embargo decretado el 10 de diciembre se hubieran bloqueado y hubieran quedado a disposición de las víctimas para contribuir a su reparación, al menos parcial, e intervenir la fortuna mal habida de Pinochet y familia. Fue la falta de cooperación de la Justicia chilena la que produjo este desafortunado resultado. Pero la resolución del Juzgado Central n.º 5 sí sirvió para que se abriera una investigación en el Senado de Estados Unidos contra el banco Riggs, que culminó en la imposición de una multa a la entidad bancaria de más de 17 millones de dólares. Por mi parte, previa presentación de querella del abogado Joan Garcés, incoé unas diligencias previas dirigiendo la acción de nuevo contra los Pinochet, sus abogados, el banco Riggs y Banchile y sus cúpulas directivas, por los delitos de blanqueo de activos y alzamiento de bienes procedentes de los crímenes internacionales imputados a Augusto Pinochet. De nuevo demandé la cooperación chilena, que ahora sí contestó, expresando que ya había abierto una investigación en Chile. Remití todos los antecedentes del caso al juez competente para que pudiera emplearlos en su investigación. Éste es y debe ser el sentido de la cooperación judicial.

A pesar de todos los contratiempos, continué con la tramitación de estas diligencias con el apoyo del Ministerio Fiscal, en concreto de la fiscal Dolores Delgado. En aquel momento tomé una decisión relevante: imputar a los dirigentes del banco Riggs y dictar contra ellos una orden de detención. Los abogados del banco plantearon la posibilidad de un acuerdo. Si bien es cierto que este tipo de acuerdos no era posible en España, también lo era que, al ser de nacionalidad estadounidense, nunca podríamos obtener la extradición de los responsables, de modo que autoricé el acuerdo, que culminó con la consignación de siete millones de dólares. Dicté un auto para que, con ellos, se constituyera un fondo que administraría la Fundación Salvador Allende, defendida por Joan Garcés, para que fuera entregando las cantidades que correspondieran a las víctimas. Así se hizo durante años, hasta que se ejecutó el total de las cantidades depositadas. Ésta ha sido la mayor suma que se ha hecho llegar a las víctimas como consecuencia de los procesos contra Pinochet.

Después de la andadura procesal del caso en Chile, y de que el juez Carlos Cerda procesara a 23 familiares y colaboradores del dictador (que había fallecido el 10 de diciembre de 2006), la Corte Suprema eliminó del caso a quince de ellos (entre otros, a la viuda de Pinochet, Lucía Hiriart, sus cinco hijos, su albacea y su contable). En 2008, la Corte Suprema relevó nuevamente al juez encargado sustituyéndolo por otro, el juez Manuel Valderrama, que cerró en 2013 la parte del caso correspondiente al supuesto tráfico de armas como vía de enriquecimiento y confirmó el procesamiento de otros cinco militares, entre los que se encontraban los dos generales (Ramón Castro y Jorge Ballerino) que habían abierto la cuenta bancaria para Pinochet en 2007. Después de catorce años, el 25 de agosto de 2018, se hacía pública la noticia de que la Corte Suprema había condenado a los militares retirados Gabriel Vergara Cifuentes, Juan Ricardo Mac-Lean Vergara y Eugenio Castillo Cádiz a penas de cuatro años de cárcel, sustituible por libertad vigilada. La sentencia confirmó también el decomiso de los bienes intervenidos a la familia Pinochet por valor de 1,6 millones de dólares. (La fortuna de Pinochet ascendía a 17,86 millones de dólares sin justificación contable, según un estudio de la Universidad de Chile de 2010.)

Podría afirmarse, con toda la razón, que la lentitud de la Justicia chilena permitió que la fortuna de Pinochet quedara en manos del presunto autor de estos hechos criminales de máxima gravedad y de sus allegados. No obstante, por lo que a la Justicia española se refiere, no fue así, ya que actuamos con celeridad contra los bienes ocultos en el banco Riggs.

La última vez que estuve en Chile, en 2017, una mujer se me acercó y me dijo que era una de las víctimas torturadas de la dictadura. Me dio las gracias por esa disposición de fondos, que, aunque pocos, habían sido el único gesto desde la Justicia hacia las víctimas. Me emocioné, y aún más cuando me vi envuelto, sin querer, en medio de una gran manifestación que reclamaba pensiones dignas y fui reconocido y personas mayores y jóvenes comenzaron a abrazarme. El semanario chileno *The Clinic* me estaba haciendo una entrevista y, al concluir, el fotógrafo me pidió que me mezclara entre la gente para tomar unas imágenes. Para estupor del fotógrafo, antes de darme cuenta estaba en el centro de la manifestación con la presidenta de una de las centrales sindicales convocantes. Aquel fotógrafo me regaló uno de los momentos más gratificantes de ese viaje.

24 de marzo de 1999

De nuevo coincidieron las fechas: el 24 de marzo de 1999 era el vigésimo tercer aniversario del golpe militar en Argentina. A última hora de la mañana y sintiendo la misma tensión que el 25 de noviembre anterior, el Comité Judicial de la Cámara de los Lores, por seis votos contra uno, decidió que Pinochet podía ser sometido al proceso de extradición instado por España, si bien sólo por los delitos de tortura y conspiración para la tortura, cometidos después del 8 de diciembre de 1988 (algunos de los jueces indicaron la fecha de 29 de septiembre de ese año). En aquella fecha, la Convención contra la Tortura y Otros Tratos o Penas Crueles, Inhumanos o Degradantes estaba vigente en los tres países afectados, España, Chile y Reino Unido.

Desde mi vuelta de Londres, se había hecho más que previsible que los lores optarían por una drástica reducción de los casos sobre los que se sustentaba la demanda de extradición. Así me lo había anunciado Alun Jones. Consciente de ello pedí a las acusaciones, y especialmente a Joan Garcés, que aportaran el máximo número posible de casos de torturas cometidos entre los años 1988 y 1989. Así, cuando el 24 de marzo se emitió la decisión, ésta fue bien recibida, aunque con preocupación por las maniobras y presiones políticas que pudieran realizar Chile y sus valedores, apoyándose en que sólo un caso había sobrevivido. El 25 de marzo, dicté un auto en el que se ampliaba la querella a otros 85 casos de torturas producidas entre octubre de 1988 y diciembre de 1989; el 26 de marzo, añadí 9 casos más de torturas y otros delitos conexos y, el 5 de abril, otros 13. Habíamos acertado, pero nunca hubiéramos podido avanzar sin la colaboración total de las víctimas. Era una carrera contrarreloj. Algunas de las víctimas fueron pasando por mi juzgado, otras por los consulados y embajadas de los países en los que residían. Todas ellas estaban entusiasmadas con este momento histórico que estábamos viviendo. El esfuerzo fue titánico. Al final, de nuevo, todo dependía de ellas. Les pedí un esfuerzo más; un último empujón para llegar a tiempo con nuevos casos. Todas respondieron y lo conseguimos. Se sumaban ahora 107 casos más que cumplían con todas las exigencias del Comité de los Lores. Había más víctimas, pero había que traducir todo aquel material y enviarlo, de modo que opté por el 5 de abril como fecha tope para recibir las ampliaciones de la querella. ¡Todo un récord! Era consciente, por las noticias que recibía de Londres, de que la situación era difícil, pero aun así confiábamos en que estos nuevos casos indujeran al ministro del Interior Straw a dar de nuevo la autorización para actuar y que el proceso de extradición se iniciara por fin.

Sin embargo, la incertidumbre por la decisión de los lores no sólo se había apoderado de nosotros, sino también del Crown Prosecution Service, que el 25 de marzo remitió un aviso en el que me hacía notar la limitación temporal de los casos y me informaba de la sugerencia que los lores harían al Ministerio del Interior: iban a aconsejar la reconsideración de la autorización para proceder pronunciada el 10 de diciembre, vista la considerable reducción de los cargos. El fiscal jefe Brian Gibbins me notificó que los abogados de Pinochet habían solicitado una autorización de la High Court para solicitar la revisión de aquella autorización. El tribunal se había tomado hasta el 29 de marzo para decidir, por lo que era urgente que, en muy poco tiempo, se aportasen más casos que le sirvieran de apoyo al ministro del Interior en su nueva decisión y también para fundamentar los cargos por el delito de *conspiracy* recogido en el sistema penal británico.

Las dificultades aparecían por todas partes. En esa época, ya empezaba a resultar complicado contactar con Alun Jones, debido a las trabas que me ponía el Ministerio de Asuntos Exteriores, con el ministro Abel Matutes al frente. El contacto se volvió casi clandestino, a través de terceras personas, de mi teléfono privado y el de mi domicilio familiar, lo que dificultaba la tramitación de la causa que, además, se veía presionada por los cortos plazos de la Justicia inglesa y la inmediatez con la que se nos requerían las contestaciones. Para evitar estas trampas, tuve que idear mecanismos con el objetivo de superar lo que claramente era ya una guerra soterrada para hacer zozobrar el proceso.

Cualquier medida de prevención es buena

Todo eran rumores y comentarios: aviones a punto de despegar, supuestas influencias en el ministro Straw, presiones cada vez menos larvadas en España, donde la cordialidad daba paso a manifestaciones políticas en contra de la extradición y a extrañas mediaciones. En ese contexto, el día 26 de marzo, el fiscal Brian Gibbins me escribió una larga carta que decía:

> Estimado juez Garzón:
> Como ya sabrá, la prensa ha hecho especulaciones hoy respecto de que puede que el senador Pinochet sea puesto en libertad el lunes. No sé si hay algo de cierto en lo que se está diciendo, o si simplemente se trata de un intento de aumentar las presiones sobre el ministro del Interior a lo largo del fin de semana.
> Con independencia de lo que haya de cierto detrás de todo esto, debemos estar preparados para la posibilidad (aunque sea remota) de que el expediente de extradición se anule. Como ya sabe, en estas circunstancias el Reino Unido se vería en la obligación de remitir las imputaciones de España a las autoridades competentes a fin de establecer si se procesa al senador Pinochet aquí [...] para ver si hay suficientes pruebas para incoar un procedimiento penal.

A renglón seguido me pedía autorización para pasar toda la documentación a la policía para que comenzara a estudiarla, pues de otro modo no habría tiempo antes de que Pinochet abandonara la jurisdicción británica. Debo decir que, a pesar de ser consciente de que debíamos agotar todas las alternativas posibles, lo que yo mismo había sugerido a los fiscales ingleses, la posibilidad real de que allí se acabara el proceso de extradición me dio un poco de vértigo. Pero el último párrafo de la carta me tranquilizó:

> Por consiguiente, le escribo para solicitarle formalmente permiso para entregar copias de la documentación a la policía a fin de que tenga suficiente tiempo para considerar si hay material suficiente en el que basar la investigación y, lo que es más importante, detener al senador Pinochet antes de que abandone nuestra jurisdicción.

Aunque nos encontrábamos en una situación de absoluto estrés, conocer la buena disposición de las autoridades británicas para perseguir los delitos referidos a Pinochet era un espaldarazo para avanzar. Sin perder tiempo, dicté un auto y ordené que se facilitara el acceso a la documentación a la policía londinense. El 29 del mismo mes, de forma preventiva, libré un oficio al Crown Prosecution Service en el que le incitaba a agotar todos los recursos legales para continuar con la extradición y llevarla a buen término. Por supuesto, esta estrategia de excitación de celo estaba pactada y, con ella, se buscaba dejar constancia del interés judicial ante los posibles manejos políticos que pudieran estar produciéndose para impedir que el procedimiento continuara. El 6 de abril, me reuní en mi despacho con Alun Jones, Brian Gibbins y la intérprete Jane Pateras, la misma que había asistido a Pinochet y que la noche del 16 de octubre, según ella misma me contó, le comunicó a Pinochet en la clínica: «Está usted detenido por una orden internacional». El dictador le espetó entonces: «¿Quién se atreve a detenerme a mí?». «Un juez español», le respondió ella. Y el dictador remató: «¡Ah, Garzón, ¡ese comunista de mierda!». Aunque yo creo que lo que dijo fue «Ah, Garcés, ¡ese comunista de mierda!», pues Pinochet no podía saber que yo estaba investigando el caso y que había emitido la orden. ¿O sí?

Nuestra preocupación era grande, pero precisamente por eso necesitábamos desarrollar una estrategia conjunta de contingencia y de fondo. Para ello entregué por escrito mis valoraciones sobre los argumentos de la extradición: la continuidad delictiva del plan criminal diseñado no sólo en el marco de la tortura, como después expresaría en el auto de 30 de abril —en el que amplié el procesamiento del 10 de diciembre del año anterior—, sino también en el de las desapariciones forzadas de personas como «instrumento continuador de violencia institucionalizada y al margen de la ley contra los contradictores políticos o miembros de organizaciones violentas», así como todos los datos necesarios para emplearlos en la defensa de nuestra posición. La decisión del ministro Straw estaba a punto de emitirse y teníamos que estar preparados.

Comienza la extradición

Hasta el día 13 de abril de 1999, no comenzó realmente el proceso de extradición de Augusto Pinochet desde el Reino Unido a España. Ese día, y sin más «contaminaciones» por parte de los lores, Jack Straw dio por segunda vez su autorización para actuar, por lo que había vía libre para que comenzara el proceso en los tribunales de Bow Street. El camino no iba a ser nada fácil, como auguraban el anuncio y la presentación de sucesivas impugnaciones, recursos, quejas contra la jurisdicción española, intentos de cuestionamiento del proceso en España y argucias de enfermedades, reales o supuestas, que buscaban la incomparecencia del procesado Pinochet en un adelanto de lo que sería el desenlace político final de esta historia. Pero, en aquel momento, el espaldarazo del Gobierno británico a la extradición tuvo su reflejo en las calles. Cada paso a favor de las víctimas se festejaba por todo lo alto. Uno de los hechos que las víctimas más saborearon fue la citación de Pinochet ante el tribunal de Belmarsh. Por primera vez desde su detención, el dictador se enfrentaba cara a cara a un juez. No estaba previsto que interviniera en una audiencia preliminar en la que se le notificaría la decisión del Gobierno británico de iniciar el proceso de extradición, pero, una vez más, su arrogancia sobrepasó las expectativas de sus allegados cuando interrumpió la alocución del juez Graham Parkinson para afirmar que no reconocía más jurisdicción que la de los tribunales chilenos para juzgarlo por lo que calificó de «embustes» de los tribunales españoles. Andrew McEntee, entonces director de Amnistía Internacional, consideró aquel episodio como el más relevante de la estancia de Pinochet en Londres, más incluso que su propio arresto: «Era la primera vez en la historia en la que un ex jefe de Estado estaba en esas circunstancias frente a un juez. Para mí fue el momento legal más importante de los dieciséis meses», reflexionó años después. Viviana Díaz, hija de desaparecido y una de las fundadoras de la Agrupación de Familiares de Detenidos Desaparecidos, resumió así la sensación que les invadía: «Ha comparecido ante un tribunal como tendrían que haber comparecido todos nuestros familiares, ha ido acompañado de su propia familia, cosa que, a nuestros familiares, cuando fueron detenidos, no se les permitió, estuvieron con la vista vendada, las manos amarradas y torturados brutalmente».[194]

En todo caso, desde mi juzgado no había tiempo para hacer valoraciones, y debíamos tener muy en cuenta lo que estaba ocurriendo, como los intentos del Gobierno chileno de someter la cuestión a un arbitraje internacional, a lo que me opuse y así transmití con toda contundencia. Ello hubiera supuesto desvirtuar la naturaleza de la extradición y la aplicación de la Justicia penal respecto de un procesado por crímenes de genocidio, terrorismo de Estado y tortura. En esta línea, el 27 de abril dicté un auto en el que ampliaba la causa con otros doce casos de tortura incluidos en el período temporal fijado, *prima facie*, por la Cámara de los Lores. Tres días después, el 30 de abril, dicté un nuevo auto, en esta ocasión para ampliar el procesamiento a nuevos casos y cargos contra Augusto Pinochet, mediante los cuales se comprobaba con nitidez el curso de la represión en Chile durante la dictadura. Así, a los casos identificados en el auto de procesamiento inicial, la investigación pudo aportar otros nuevos, correspondientes al período comprendido entre 1980 y 1986, demostrando que todo formaba parte de un mismo plan urdido desde el comienzo.

Ya que la decisión de los lores se centró en el período que iba desde el 29 de septiembre de 1988 hasta el 10 de marzo 1990 (el final del mandato de Pinochet), el trabajo se centró en esos nuevos casos, sobre los cuales ya había informado a Londres, y que ahora se plasmaban en el nuevo auto de procesamiento: «A partir del día 29 de septiembre de 1988, el sistema de actuación de la CNI, Cuerpos Policiales, Central de Investigaciones y otros, en el ámbito de la práctica de la tortura, fue exactamente el mismo que con anterioridad y respondiendo a la misma política de estado patrocinada, auspiciada, dirigida y consentida por Augusto Pinochet Ugarte». Sólo es necesario relatar un par de casos para tomar conciencia de ello: siempre las mismas técnicas brutales en la aplicación de la tortura. Wilson Fernando Valdebenito Juica, de 28 años, fue torturado hasta su muerte el 15 de diciembre de 1988. Ésta se produjo después de que recibiera descargas eléctricas y golpes que le ocasionaron extensas quemaduras en diferentes partes del cuerpo, contusiones, traumatismo raquimedular de la quinta vértebra cervical y luxo-fracturas sacroilíacas bilaterales. Andrea Fabiola Oyarzun Alvarado y su madre Hilda Oriana Alvarado Jara fueron detenidas el 20 de agosto de 1989 por quince miembros de la CNI. Tras irrumpir en su casa y destrozarla, desnudaron a la madre y la amarraron en cruz en la cama. Le envolvieron la cabeza con una sábana dificultando su respiración, y le pasaron un objeto duro vibrante por las piernas, interrogándola sin cesar. La amenazaron de muerte para que identificara qué hombres habían participado en el asesinato de un militar esa noche, haciendo sonar el percutor de la pistola simulando que le disparaban. A la hija la interrogaron sobre los mismos hechos, la golpearon y la amenazaron con insistencia. Fueron ingresadas en una unidad policial, donde personal masculino las desnudó de nuevo y las introdujo en una celda con excrementos y aguas sucias por el suelo. Las volvieron a interrogar durante cinco días con los ojos vendados, desnudas y con las manos atadas en la espalda. No se les permitió lavarse en

ningún momento, a pesar de que ambas estaban menstruando. Transcurridos cinco días, fueron trasladadas a instalaciones de la gendarmería,
donde permanecieron incomunicadas doce días, sin luz, en celdas de 1,5
por 2 metros y sin aseo personal, expresamente prohibido por las funcionarias que las custodiaban.

No había duda de la participación de Augusto Pinochet en el diseño
del plan criminal, en su desarrollo y su mantenimiento a lo largo de todos
los años que permaneció en el poder, específicamente respecto de la tortura, en su doble vertiente literal y de desaparición forzada de personas, de
acuerdo con la jurisprudencia internacional de las diferentes cortes y de
los dictámenes y resoluciones de comités internacionales. En ese sentido,
expresé en el auto del 30 de abril de 1999, abriendo de nuevo la puerta a
que se incluyeran en la extradición aquellos 1.198 casos, que la Convención de 1984 (contra la Tortura y Otros Tratos o Penas Crueles, Inhumanos o Degradantes) no podía ser interpretada de modo que sólo brindase
protección a las víctimas frente a los ataques instantáneos contra sus derechos, esto es, aquellos que se agotan en la realización del acto y que, de ese
modo, no protegiese frente a las violaciones de derechos sostenidas en el
tiempo, que en efecto son conductas más graves. En mi escrito solicitaba
que se acogiese tanto la «situación» de tortura como el «acto» de tortura:

> El detenido-desaparecido es un torturado, su situación es permanen-
> te, y la violación de sus derechos también, como lo es la de los derechos
> de sus familiares, sin que pueda operar presunción en contra de que, por
> el tiempo transcurrido, la víctima debe estar muerta, porque ello sería ac-
> tuar en contra de la propia esencia del derecho penal que impone la obli-
> gación de dar razón del paradero a quien resulta responsable de la desapa-
> rición.
>
> No se trata de una ficción. Se trata de una equiparación jurídica que
> ha operado ya la jurisprudencia internacional: primero porque responde
> a una innegable realidad de violación compleja de diferentes derechos
> sostenida en el tiempo; y segundo porque mediante la adopción de esta
> posición jurídica la comunidad internacional pretende forzar a los res-
> ponsables de los crímenes a poner fin a esa situación terrible mediante el
> restablecimiento de la verdad.

La declaración de la ONU de diciembre de 1992 sobre desapariciones forzadas y también la convención de 2006 recogen expresamente el
principio que afirma que «mientras se desconozca el destino de los desaparecidos, el delito no prescribe y se reputa permanente». Sólo el responsa-

ble de los crímenes está en condiciones de terminar con la incertidumbre, y sólo la exigencia de responsabilidades penales a las que se reconozcan el mismo carácter de permanencia que a los crímenes es capaz de procurar la averiguación de la verdad sobre los desaparecidos y atribuir al derecho penal internacional un mínimo de carácter disuasorio.

La inclusión de los 1.198 casos de desaparecidos en Chile, insistía en el auto, «es obligada [...] porque no hacerlo así constituiría una violación del derecho a la tutela judicial efectiva. El estado de Chile, que ha establecido que tales personas fueron detenidas por funcionarios del mismo, sigue teniendo la obligación vigente de dar razón de su paradero. Mientras no lo haga, el delito se continúa cometiendo y, por ende, se considera un tipo penal de ejecución permanente, pero, además, permanece vigente el derecho de los familiares a conocer el destino de la víctima» y es preciso que se desarrolle una investigación exhaustiva e independiente para ello.

El texto de la convención contra la tortura que procedía aplicar en ese momento sólo podía ser interpretado en el sentido de considerar comprendidos dentro del mismo, y por lo tanto sometidos al principio de jurisdicción forzosa y universal, no sólo los casos de tortura individual cometidos después del 8 de diciembre de 1988 (que había sido el punto de partida escogido por los lores británicos), sino también todos los casos de detención-desaparición en los que se hubiera producido la privación de libertad antes o después de aquella fecha y se hubiera mantenido con posterioridad, en tanto no se produjese la liberación de las personas secuestradas o los imputados dieran razón de su paradero o destino (o el estado lo acreditase en una investigación verdadera, exhaustiva, efectiva e independiente con esa misma finalidad).

Me he detenido un poco más de lo conveniente en este punto no sólo porque constituyó uno de los pilares en el proceso de extradición de Pinochet, sino porque esa interpretación es la que se impuso, al asumirla el juez Ronald Bartle en contra de la visión individual de los casos aceptada por los lores. Y también, porque, diez años después, sería la que yo mantendría en la investigación de los crímenes franquistas. No obstante, la Sala de lo Penal de la Audiencia Nacional, que había considerado esta teoría acorde con los tratados y la normativa internacional y que la había asumido por unanimidad, cambió su postura cuando se trató de los crímenes cometidos durante la dictadura franquista (con la excepción de los magistrados José Ricardo de Prada, Ramón Sáez y Clara Bayarri) y optó por la tesis contraria para archivar el asunto en diciembre de 2008, en lugar de proceder a investigarlo tal y como yo había propuesto en los autos del 16 de octubre y 18 de noviembre de ese mismo año. Desde luego, la doctrina adoptada en este caso, además de incongruente con su posición anterior, era contraria al derecho de las víctimas a la justicia, la verdad, la reparación y las garantías de no repetición. Lamentablemente, ésa es la interpretación que se ha impuesto en España, y que no sólo ha perjudicado a las víctimas, sino que también les valió para suspenderme durante dos años de mis funciones jurisdiccionales y juzgarme (aunque fui absuelto) por investigar esos crímenes. La lucha contra la impunidad no es fácil en ninguna parte del mundo, tampoco en España, pero continúa.

Juzgados de Bow Street

El 30 de abril, la fiscalía presentó 35 nuevos casos de tortura, y ese mismo día el tribunal de Bow Street fijó la celebración de la vista preliminar para la extradición para el 4 de junio, después de que el tribunal rechazara el derecho a apelar la orden de Straw. No obstante, la vista se retrasaría por razones médicas, hasta el 27 septiembre, cuando Pinochet finalmente compareció ante el juez en Bow Street. El 10 de octubre, el juez adoptaría su decisión, previa interferencia de Margaret Thatcher, que dos días antes exigió la puesta en libertad de forma inmediata de su amigo Pinochet, aduciendo que había sido tratado de forma cruel e injusta por el Gobierno británico. La intención de Thatcher era evidente. A pesar de las presiones, el juez Ronald Bartle autorizó la extradición del dictador a España. Se iniciaba por fin el proceso de extracción que, a la postre, finalizaría judicialmente con la resolución de fondo en la que se daba vía libre a la extradición por los delitos de tortura y conspiración para la tortura por los 1.198 casos reclamados.

Pero tras la decisión del juez Bartle las interferencias no sólo no desaparecieron, sino que se acentuaron y comenzaron los tejemanejes políticos para liberar al dictador: el 14 de octubre, el Gobierno chileno solicitó su liberación por razones humanitarias; España rechazó el arbitraje amistoso propuesto por Chile y, como respuesta, su embajador en Madrid fue llamado a consultas; un grupo de juristas chilenos anunciaron que estaban estudiando el caso para llevar a España ante la Corte Internacional de Justicia e incluso hubo una petición de *habeas corpus*. Finalmente, el 3 de diciembre de 1999, el Tribunal Superior de Londres fijó para el 20 de marzo del 2000 la vista de apelación de la extradición de Pinochet, que no llegaría a celebrarse, por lo que la extradición quedó firme y ganada, aunque el procesado Pinochet fuera finalmente devuelto a Chile por unas razones humanitarias más que discutibles.

En España, la actividad continuaba siendo frenética merced a los recursos a favor de Pinochet del Ministerio Fiscal, casi hasta el punto de transformarse en un representante de la defensa de Pinochet en nuestro país, con su incansable labor de recurrir todas y cada una de mis decisiones. Incluso solicitó que se alzaran los embargos y bloqueos de las cuentas, aunque la Sala de lo Penal lo rechazó.

Pero, como se intuía desde hacía un tiempo, la fiscalía pudo contar con un valedor desde el Ejecutivo cuando el ministro de Asuntos Exteriores Abel Matutes entró en acción.

La diplomacia amañada

Es normal que existan fricciones entre los diferentes poderes del estado, y es bueno que eso suceda porque así se confrontan dos o más puntos de vista sobre un problema común. Cuando uno de esos poderes es el judicial la cosa se complica, pues la confrontación es asimétrica. Es decir, no existe paridad entre el político que habla sin contención, opina o filtra una noticia y el juez que, en el ejercicio de su función, se rige por los parámetros de sigilo, prudencia, reserva y secreto, cuyo quebranto puede traerle graves consecuencias. Esto es lo que ocurrió durante los años 1999 y 2000 entre el Juzgado Central de Instrucción n.° 5 de la Audiencia Nacional y el Ministerio de Asuntos Exteriores, a cuyo frente se hallaba Abel Matutes. Tras la detención de Pinochet en Londres, el Gobierno español encabezado por José María Aznar mantuvo una posición discreta, tal vez porque, en mi opinión, estaban seguros de que no iba a prosperar la iniciativa. Su actitud comenzó a cambiar cuando el proceso de extradición se encarriló con la segunda autorización de Jack Straw para proceder. En ese momento, se empezó a percibir un nerviosismo que fue en aumento. En un proceso de este tipo la legislación británica autoriza que el país requirente, en este caso el Reino de España, aporte un abogado designado por el Crown Prosecution Service para reforzar a la fiscalía y defender los derechos del demandante (en aquel momento nadie reivindicó esa posición). Por ello, el abogado designado, Alun Jones, atendía a las instrucciones del juez de la causa, que nos abrían un panorama muy positivo para tener libertad de acción y total independencia a la hora de impulsar el procedimiento. Si desde un principio el Ministerio de Asuntos Exteriores hubiera tomado las riendas de esta relación, visto lo que ocurrió después, tal vez nunca habríamos avanzado tanto con la extradición. Esto demuestra que, mientras más lejos esté la política de la Justicia, mejor. El 20 de octubre de 1999, el ministro Matutes, a escasos diez días de la decisión del juez Bartle sobre la extradición, no pudo resistirse y, con unas dotes adivinatorias poco frecuentes y unos conocimientos médicos insospechados, afirmó categóricamente que el proceso contra el general Augusto Pinochet podría concluir de forma inminente, y que en el caso de que el ministro Straw decidiera devolver a Chile al general por razones humanitarias España no apelaría. La razón de esta contundencia venía avalada, entre otras cosas, por la decisión de la Sala Segunda del Tribunal Supremo, que había rechazado una querella presentada por Joan Garcés afirmando que la representación de España en el exterior, para decidir qué hacer en temas judiciales, no estaba en manos de los jueces y que el criterio que prevalecería en caso de discrepancia sería el del Gobierno. Esto implicaba que las relaciones con nuestra defensa en Londres tendrían que producirse bajo una especie de tutela gubernamental que, desde luego, era absolutamente contraria a la independencia del poder judicial. A partir de entonces, mis contactos con el ministerio empezaron a enrarecerse, más cuando constaté que había una filtración constante de documentos antes de que llegaran a nuestro abogado, al cual, a partir de un determinado momento, se le prohibió comunicarse conmigo. Fue el tiempo en el que pude comprobar que los despachos (la correspondencia) solían llegar desde el ministerio fuera de las horas de audiencia, es decir, cuando ya no había funcionarios, de modo que no podían leerse hasta el día siguiente y, como a veces el plazo era tan perentorio, era imposible contestar a tiempo. Para superar estas dificultades, compré un teléfono fax que instalé en mi domicilio, y pedí que, por las tardes, derivaran allí la línea del juzgado por si llegaba algún oficio o despacho. Cuando así sucedía, aprovechaba que mi hija mayor, María, con dieciséis años entonces, ya hablaba inglés con la suficiente fluidez como para leérmelo y así podía preparar la resolución pertinente, que enviaba por fax al traductor oficial y cuando éste me la devolvía, la disponía en formato oficial y, a la mañana siguiente, estaba preparada para salir con la apostilla de La Haya (un sello preceptivo oficial para documentos internacionales) y tener entrada antes de las once de la mañana de Madrid, una hora menos en Londres. Al mismo tiempo, enviaba vía fax la resolución, y ésta producía efectos. En los últimos tiempos, se prohibió también el uso del fax y toda la comunicación quedó controlada por el ministerio, salvo las llamadas furtivas de teléfono, en cuya realización fue imprescindible la traductora Jane Pateras, que me transmitía las necesidades de Alun Jones a las que yo contestaba para que él pudiera exponerlas como propias. En el último tramo del proceso, en enero, se llegó al esperpento cuando el embajador español en Londres afirmó que no se recurriría una resolución determinada mientras que yo, como juez, afirmaba lo contrario y lo remitía por vía diplomática y por fax, de modo que existían órdenes contradictorias. Hasta tal punto llegó el enfrentamiento que tuvo que ser Bélgica la que recurriera los dictámenes médicos en los que se fundamentaría la decisión de entregar o no a Pinochet. España, que había sido la que inició el procedimiento, permanecería pasiva mientras eran otros los que continuaban el trabajo. En definitiva, lo que demostró el Gobierno español, y que reiteraría dos años después en el caso Argentina, negándose a dar trámite a la extradición de 39 militares y un civil después de que ya estuvieran detenidos y a mi disposición para la extradición (en agosto de 2003), es que la salida estaba ya pactada o que, cuando menos, no iban a hacer nada para que Pinochet fuera juzgado en España.

Los dictámenes médicos

Dicen algunos que le conocieron, que Augusto Pinochet era un maestro de la mentira y un encantador de serpientes. No olvidemos que el propio Salvador Allende esperó hasta el último momento que se posicionara a su favor cuando se produjo el golpe militar, aunque en realidad lo estaba encabezando él. Así, poco le habría supuesto simular unas dolencias que, conjugadas con su avanzada edad, pudieran engañar hasta a los profesionales más avezados o, al menos, hacerlos dudar hasta decantar el dictamen a su favor. Eso fue lo que ocurrió en los primeros días de enero del 2000. El 5 de enero del 2000, una neuropsicóloga, dos geriatras y un neurólogo examinaron a Pinochet durante siete horas en el Northwick Park Hospital de Londres. Días después, el ministro de Interior británico, Jack Straw, anticipaba su decisión de no extraditar al dictador. Extrañamente, aunque no se daba a conocer el contenido de los informes médicos, se afirmaba con contundencia que «la conclusión inequívoca y unánime de los tres médicos y la neuropsicóloga es que, tras el reciente deterioro en el estado de salud del senador Pinochet», éste era «incapaz de soportar un juicio».[195] A pesar del secretismo, la expectación era tal que, de una forma u otra, trascendió a la opinión pública que algo no encajaba del todo. Según se supo después, durante los exámenes en el Northwick Park Hospital el exdictador se encontraba en condiciones de caminar solo con la ayuda de un bastón, se mostró afable y hasta regaló bombones a una de las enfermeras que lo asistieron.[196] La decisión de Straw no estaba tomada, sino apenas anunciada, por lo que para conocer el contenido de los informes médicos y poder impugnarlos se interpusieron de inmediato los recursos pertinentes por parte del Gobierno de Bélgica, Amnistía Internacional y otras cinco organizaciones de derechos humanos. No obstante, el juez Maurice Kay del Tribunal Supremo británico se pronunció «totalmente en contra» de la solicitud de divulgación de los resultados médicos. La pregunta ya no era si Pinochet iba a regresar a Chile o no, sino cuándo.[197]

Mientras se anunciaba públicamente la decisión de liberar al dictador, un avión de la fuerza aérea chilena se aprestaba a emprender el vuelo rumbo a Chile. Straw dio siete días a las partes interesadas para que alegaran lo que tuvieran por conveniente. Lo verdaderamente llamativo es que yo no pude hacer llegar mis alegaciones, pues Abel Matutes había cerrado la vía diplomática y el Crown Prosecution Service tenía órdenes estrictas de la embajada española de ni siquiera hablar conmigo. Por tanto, la decisión, como ya anunciara en su día el ministro Matutes, era cruzarse de brazos.

Ante el secretismo general (se pidió que las alegaciones se redactaran sin conocer el contenido de los dictámenes), las organizaciones de víctimas y de derechos humanos reclamaron que se hiciera público el contenido de los informes para comprobar el alcance de las dolencias y ver si le impedían ser sometido a juicio. Por mi parte, para salir del bucle en el que nos habían encerrado a todos, el 14 de enero dicté una resolución en la que exigía que se practicara un nuevo informe médico por especialistas españoles, ya que era aquí donde el procesado tendría que enfrentarse al juicio. La verdad es que todo olía a un apaño urdido tras bambalinas entre los tres gobiernos mediante los respectivos ministros de Asuntos Exteriores. Estaba seguro de que, si se practicaba un nuevo examen o se tenía oportunidad de revisar esos informes, se descubriría el engaño.

El Gobierno español se enfrentaba a un grave dilema, ya que si no atendía el requerimiento judicial sin una justificación suficiente estaría incumpliendo una orden judicial expresa en el ámbito de su propia jurisdicción, y si lo cursaba podía desencadenar, de nuevo, la continuidad del proceso. Para hacerlo todo más complicado, dio curso, pero anunciando otra vez que España no recurriría la decisión, lo que reflejaba el conflicto de jurisdicción entre el ministerio y el juzgado. El 17 de enero, al fin, se tramitó mi petición.

Lo que sucedió a continuación entrará en la historia de los despropósitos judiciales en materia de extradiciones, aunque al menos conseguimos que se descubriera la urdimbre que se había tejido para proteger a Pinochet. Bélgica y algunas organizaciones expresaron la necesidad de que se hicieran públicos los informes y plantearon recursos que en un principio fueron negados, pero que al final, el 8 de febrero, a través del juez que presidía el Tribunal Superior de Londres, Simon Brown, permitieron que pudiera solicitarse la revisión judicial del proceso. Por mi parte, me puse en contacto con mis colegas europeos con acceso a los recursos, acceso que el Gobierno español había vetado para la jurisdicción española. El tribunal anunció que informaría de su decisión el día 15 de febrero. Mientras tanto, la intensidad de la confrontación entre el ministro de Asuntos Exteriores y yo mismo iba en aumento. El 8 de febrero, remití el correspondiente oficio al ministerio para que se recurriera la decisión de Straw. El ministro argumentaba que se trataba de una decisión política y que, si cambiaba su postura, el Gobierno español «haría el ridículo». Pero no explicaba cómo no íbamos a hacerlo siendo nosotros quienes habíamos impulsado la extradición. Creo que el concepto de ridículo del ministro era bien distinto al mío. El 9 del mismo mes, el ministerio comunicó al juzgado su negativa a presentar recurso, apoyándose en la decisión del Tribunal Supremo del 1 de febrero, en la que se decía: «la responsabilidad de agotar o no agotar todos los trámites administrativos o eventualmente judiciales posteriores a la decisión del ministro del Interior británico recae sobre las autoridades político-administrativas españolas». Concluía su misiva invitándome a que planteara un conflicto de jurisdicción, posibilidad fuera de toda lógica, y que en todo caso no podría oponerse a las autoridades judiciales británicas. Para todos los que estábamos inmersos en la tramitación de la causa aún no se había agotado el tiempo judicial, en contra del pronunciamiento de la Sala Segunda del Tribunal Supremo español, que, por la fecha de su resolución, el 1 de febrero, no pudo conocer ni tener en cuenta la resolución del juez Brown del 8 de febrero, que a buen seguro la habría hecho resolver de forma diferente.

Las acciones del ministerio y sus estrategias para entorpecer el desarrollo de la causa quedaban expuestas en tiempo real. El ministerio comenzó a acusar al juzgado de filtrar los documentos del caso a la prensa, cuando era evidente que eran públicos, ya que no se había decretado secreto y todas las partes podían disponer de ellos desde el momento de su notificación, como ordena la ley. Lo que quedó en evidencia fue quién filtró parte de los dictámenes médicos británicos sobre Pinochet, pues cuando llegaron a España, y antes de que se enviaran al juzgado, ya habían aparecido en la prensa. Estaba claro que había un «topo» en el ministerio, y así me fue confirmado tiempo después.

El Tribunal Superior de Londres, por unanimidad de sus tres miembros, ordenó al ministro de Interior británico entregar a todos los interesados los dictámenes médicos para que pudieran hacer alegaciones. El mismo día, antes de que los informes llegaran al juzgado, violentando la privacidad del propio Pinochet y la confidencialidad de los documentos judiciales, el Gobierno español filtró parte de esa documentación a los periódicos *ABC* y *El Mundo*, al parecer porque supuestamente beneficiaban su postura frente al caso. En efecto, se filtró sólo aquello que convenía al Gobierno.[198] Más allá de esta filtración, que demostraba el talante de la Administración de la época, lo importante para mí era que un doctor por cada una de las especialidades que se citaban en el informe analizaría en España, y con libertad de criterio, los diferentes análisis practicados en Londres y emitirían su opinión. Era también deseable un dictamen conjunto en el que se evaluara la capacidad o incapacidad de Pinochet para asistir a un juicio prolongado y soportar sus sesiones. La contundencia de los dictámenes de los especialistas españoles me dejó anonadado. Todos convinieron en lo elementales que eran los análisis elaborados en Londres y la inconsistencia de algunos de ellos. Todos sin excepción coincidieron en que era posible la celebración de un juicio contra Pinochet sin riesgo alguno para su salud. Tan sólo recuerdo que, como precaución, señalaban la conveniencia de que las sesiones no fueran muy largas y que se interrumpieran cada dos horas para evitar que la posición sedente afectara a la tromboflebitis que padecía Augusto Pinochet. Después de leer y releer los informes, traducirlos y enviarlos a Londres, adonde llegaron el 22 de febrero, y a raíz de los cuales se pidió un nuevo examen con la participación de doctores procedentes de los países afectados, quedé convencido de que la devolución de Pinochet a Chile era inminente.

La devolución del dictador

Estaba claro que el acuerdo político entre gobiernos podía derrumbarse si estos informes salían a la luz, por lo que, el 2 de marzo del 2000, Jack

Straw ordenó la salida de Pinochet hacia Santiago, con la conciencia de que no había actuado conforme a las reglas de la buena fe y había olvidado del todo a las víctimas en el momento en el que dio más valor a la política que a la Justicia. Desde luego, si hubiese sido enviado a España se habría sometido a un juicio sin las dilaciones que hubo en su país y que determinaron que no se le pudiera enjuiciar antes de su muerte (producida el 10 de diciembre de 2006).

A las ocho de la mañana del jueves 2 de marzo del año 2000, se anunciaba la liberación de Pinochet y el cese de todo proceso de extradición en su contra. A las pocas horas, el exdictador se encontraba en un vuelo rumbo a Chile.[199] La rapidez con que se realizaron estos trámites revelaba una coordinación previa y contrastaba con la lentitud con la que se habían efectuado las diligencias de extradición desde el arresto del dictador en octubre de 1998.[200] Tras el despegue del avión chileno, pudo oírse un suspiro de alivio en los círculos de poder de Londres, Santiago, Madrid y Washington DC. El arresto de Pinochet había caído como un jarro de agua fría y su enjuiciamiento habría desenmascarado ante el público mundial la colaboración que los gobiernos de Estados Unidos y el Reino Unido habían brindado a Pinochet durante la dictadura.[201]

El mundo entero fue testigo. Pinochet llegó a Chile y se mostró firme y desenvuelto en el aeropuerto, mientras recibía honores militares. Dejó su silla de ruedas, caminó, levantó su bastón para saludar a los asistentes y, tras unas pocas horas en el Hospital Militar para el chequeo médico de rigor, regresó a su casa.[202] Como Lázaro, se levantó con ímpetu y avanzó por sus propios medios para saludar uno a uno a los comandantes en jefe de las fuerzas armadas y sus familiares.[203] Para bochorno del Gobierno chileno, que quedaba en una incómoda posición, Pinochet había sido recibido como un héroe por los suyos.[204] Mucho después, en 2016, Jack Straw revelaría las «presiones» que recibió el Gobierno británico para liberar a Augusto Pinochet durante su arresto en Londres.[205] «Me indignó ver la escena», reconoció. Y añadió: «Sentí que el general Pinochet había puesto una venda en los ojos de los médicos y que se salió con la suya de forma impropia, con un diagnóstico que no era el correcto. Me arrepiento de no haber continuado con el proceso de extradición hasta el punto de que el general Pinochet fuera puesto en un avión rumbo a España». A pesar de todo, Straw justificaba su decisión porque «hubo razones para ello y tomé la única decisión que podía sobre la base de la evidencia disponible».[206] En todo caso, la vitalidad de Pinochet a su regreso a Santiago arrojó dudas razonables sobre su estado de salud real en unas circunstancias en que lo esperaban no menos de sesenta querellas por los crímenes cometidos.[207] Había ganado la batalla judicial en Londres, pero la que se libraría en Santiago de Chile acababa de comenzar.

EL CASO PINOCHET EN CHILE

A pesar de las numerosas querellas, las organizaciones de derechos humanos chilenas temían que la liberación de Pinochet significara «un pasaporte de impunidad».[208] Sin embargo, tras la detención de su dictador el 16 de octubre de 1998, Chile había cambiado. Los jueces chilenos acusaron recibo de lo que se denominó el «efecto Garzón». Estaban deseosos de recuperar el crédito perdido por su condescendencia y docilidad ante la dictadura, y comenzaron a encausar a militares comprometidos en crímenes de lesa humanidad. Brotaron los argumentos para dejar de aplicar el decreto-ley de amnistía de 1978. Cuando Pinochet regresó al país, los tribunales chilenos alzaron la inmunidad parlamentaria de la que gozaba como senador vitalicio.[209]

En el ámbito político también hubo iniciativas, como la creación de una Mesa de Diálogo entre el ejército y abogados de derechos humanos, con la finalidad de, al menos, encontrar los restos de los desaparecidos. La sola existencia de esa iniciativa supuso un mensaje directo y positivo para los jueces y produjo resultados notables: «Mientras la Mesa sesionaba, el número de militares procesados por crímenes contra la humanidad casi se dobló (de 45 que había al inicio de las sesiones, en diez meses se llegó a 79, incluyendo a 7 generales)».[210]

De Juan Guzmán Tapia, el juez del caso Pinochet en Chile, sólo había oído su voz a través del teléfono, sin hablar con él directamente, sino por medio del catedrático de derecho penal Hernán Hormazábal, pues la Corte Suprema chilena le tenía prohibido cualquier contacto conmigo. El abrazo fraterno entre nosotros tuvo lugar con un testigo de excepción, mi amigo y hermano, ya fallecido, el fiscal argentino Hugo Omar Cañón, en la Comisión de la Memoria de la ciudad de La Plata en 2003. El juez Guzmán había iniciado en solitario, antes de la detención de Pinochet en Londres, una larga travesía que lo había llevado a investigar durante tres años y a practicar más de mil diligencias que incluyeron declaraciones de testigos, pruebas periciales, oficios, órdenes de averiguación y reconstrucción de escenas. Con razón, fue apodado «Juan Sin Miedo», apelativo que se ganó a raíz de las numerosas presiones que tuvo que soportar. Fue él quien comenzó a investigar al dictador en su país y, sin pretenderlo, se convirtió en el gran referente ético chileno en esta historia de confrontación de la Justicia frente a la impunidad de los crímenes de lesa humanidad, genocidio y terrorismo.

Guzmán Tapia no sólo no se arredró, sino que se implicó en el sumario hasta tal punto que volvió a recorrer, por etapas, el mismo camino que realizara años atrás la Caravana de la Muerte. Llevó a cabo excavaciones en busca de osamentas o fragmentos de tejido de los desaparecidos y hasta llegó a reconstruir la ejecución de varias personas cuyos cuerpos se habían arrojado posteriormente en un lago o en un río, dando cuenta siempre a los familiares, con los que se sentía en deuda como representante de la Justicia chilena. «Recorrimos el país en todas las direcciones, de ciudad en ciudad, reconstruimos un puzle macabro, todavía vivían testigos que sólo esperaban una cosa desde siempre, que la Justicia se interesara finalmente en sus palabras», recordaba el juez. En una segunda fase de la investigación, centrada en identificar a los autores de las atrocidades narradas por los familiares de las víctimas, pudo interrogar a numerosos militares de alto rango ya retirados, algunos de los cuales terminaron reconociendo los hechos tras los careos entre ellos mismos y los principales testigos. Mientras Pinochet todavía se encontraba detenido en Londres, Juan Guzmán avanzaba con paso firme. El 8 de junio de 1999, sometió a proceso y ordenó prisión preventiva, como coautores de secuestro permanente, para cinco oficiales en retiro, entre los que se encontraba el general Sergio Arellano Stark, el líder de la Caravana de la Muerte, que recibía órdenes directas de Pinochet. Fue él quien mandó realizar varios fusilamientos masivos en distintas prisiones, como la de Antofagasta o la de La Serena. Tras una de esas ejecuciones, Arellano Stark llegó a exhibir ante otro militar, el general Lagos, un documento firmado por Pinochet por el cual le nombraba su delegado especial para revisar y «acelerar» los procesos que se estaban llevando a cabo ante los tribunales militares. Los procesados no se quedaron de brazos cruzados e interpusieron los pertinentes recursos ante la Corte de Apelaciones, que los rechazó, tras lo cual apelaron ante la Corte Suprema, que terminó dando la razón a Guzmán Tapia, entendiendo que el crimen seguía teniendo efectos en el presente y por ello escapaba a la amnistía. «Había nacido una jurisprudencia preñada de consecuencias», resaltaba tiempo después el magistrado, que siguió trabajando mientras se multiplicaban las querellas y las partes personadas en el proceso solicitaban numerosas nuevas inculpaciones de militares, entre ellas la del propio Pinochet.

El 2 de marzo, el dictador llegó a Chile; el 5 de junio, la Corte de Apelaciones de Santiago lo desaforó como senador vitalicio[211] y, el 8 de agosto, esa resolución fue ratificada por la Corte Suprema, acogiéndose a la tesis de la ejecución permanente del delito de secuestro, así como a la necesidad previa de agotar la investigación antes de proceder al análisis de la posible aplicación o no del decreto-ley de amnistía. En cuanto a la acreditación de los hechos y la participación del dictador, el Supremo Tribunal tuvo en consideración que, en el caso Caravana de la Muerte, ya había otros militares imputados por los hechos, sometidos jerárquicamente a Pinochet.[212]

Juan Guzmán Tapia imputó a Pinochet el 29 de enero de 2001, decretó su prisión provisional en forma de arresto domiciliario y rechazó el sobreseimiento que la defensa pedía apoyándose en razones de salud y deterioro mental por su avanzada edad, tras habérsele practicado varios peritajes sobre el particular.[213] No obstante, el 9 de julio de 2001, a la vista de nuevos análisis médicos y psiquiátricos, se acordó el archivo provisional de la causa contra Pinochet, y el caso Caravana de la Muerte fue sobreseído definitivamente el año siguiente.[214] Sin embargo, nuevos procesos judiciales acompañarían al dictador hasta su muerte. En julio de 2004, se inició una investigación por las cuentas secretas de Pinochet y su familia en el banco Riggs. El 26 de agosto del mismo año, la Corte Suprema ratificó el desafuero de Pinochet por la Operación Cóndor, por la que fue procesado unos meses después, el día 13 de diciembre. En el turbulento año judicial de 2005, el caso contra Pinochet por el asesinato de Carlos Prats, el comandante en jefe del ejército que lo precedió, fue sobreseído. También, por su situación mental, fue exonerado de responsabilidad por la Operación Cóndor. Sin embargo, gracias a unos nuevos exámenes médicos y psiquiátricos, Pinochet fue declarado nuevamente apto para enfrentarse a un juicio, fue desaforado y procesado por las cuentas secretas del caso Riggs y por la denominada «Operación Colombo», también conocida como «el caso de los 119». Ese mismo año, respondiendo a un interrogatorio en el cual fue preguntado sobre si él era realmente el jefe máximo de la DINA, Pinochet respondía, siguiendo seguramente las instrucciones de su abogado: «No me acuerdo, pero no es cierto. No es cierto, y si fuera cierto, no me acuerdo».[215] La tramitación de estas causas proseguiría durante el año 2006, cuando se añadieron nuevos episodios de la Caravana de la Muerte en ciudades distintas a las anteriores y por los cuales sería desaforado y procesado. Lo propio sucedió con la causa que investigaba el recinto de detención clandestino de la DINA, Villa Grimaldi. Ese mismo año, se localizaron en un banco de Hong Kong nueve mil kilos de oro pertenecientes al parecer a Pinochet o a personas relacionadas con él. Fue también desaforado por las torturas y la desaparición del sacerdote español Antoni Llidó.[216]

Pinochet falleció el 10 de diciembre de 2006, día del 58.º aniversario de la aprobación de la Declaración Universal de los Derechos Humanos.

El efecto Pinochet

El «caso Pinochet» en España «marcó un antes y un después en la evolución del derecho internacional de los derechos humanos» y del derecho penal internacional. Según el abogado chileno Roberto Garretón, «derribó el miedo de los jueces a hacer Justicia» e incrementó exponencialmente una tímida tendencia nacional hacia mayores cuotas de Justicia. Cuando se cumplieron quince años de la detención de Pinochet en Londres y cuarenta del golpe de Estado, el balance ascendía a unas 1.350 causas abiertas por violaciones a los derechos humanos cometidas durante la dictadura, en las cuales se investigaba la responsabilidad penal de más de 800 represores. La Corte Suprema había resuelto 153 causas criminales, 140 de ellas con sentencias condenatorias. Aplicando argumentos de derecho internacional, la interpretación dominante era que en este tipo de causas no es aplicable la amnistía, la prescripción ni los indultos, por tratarse de crímenes de lesa humanidad o de guerra. Las principales debilidades en este balance han sido la lentitud del proceso judicial, las bajas penas, la falta de transparencia sobre la concesión de beneficios penitenciarios y la rebaja de penas atendiendo al tiempo transcurrido (denominada «media prescripción» o «prescripción gradual»), a lo que se suma el desamparo jurídico de los sobrevivientes de prisión política y tortura y la persistente negativa de los poderes ejecutivos y legislativos de anular y expulsar definitivamente del ordenamiento jurídico el decreto-ley de amnistía de 1978, ya que, aun cuando no se aplica por una interpretación jurisprudencial, sigue formalmente vigente.[217]

Con toda seguridad, la historia habría sido del todo diferente si Pinochet no hubiese sido detenido en Londres y se hubiese consagrado la transición pactada en los términos originalmente acordados, que eran: verdad, sí, Justicia en la medida de lo posible y sólo para unos pocos casos emblemáticos. Estoy firmemente convencido de que la aplicación de la jurisdicción universal en casos como el de Argentina y Chile contribuyó de forma muy importante a la consolidación de la defensa de los derechos humanos en el mundo y que esto ha sido posible gracias al esfuerzo de miles de víctimas, de defensores de derechos humanos, políticos, ciudadanos, jueces y fiscales que entendimos que había que interpretar el derecho como un instrumento de defensa de aquellos que más han sufrido y como arma legal contra la impunidad, respetando siempre los estándares del juicio justo. Pero nada está consolidado para siempre. En cualquier momento y lugar, la violencia, el terror y la barbarie pueden prender y causar miles de víctimas. Para hacer frente a esas eventualidades, debemos contar con los instrumentos que otorga el Estado de derecho entre los cuales la jurisdicción universal es irrenunciable.

3

Guatemala. El genocidio maya

UNA PREMIO NOBEL EN LA AUDIENCIA NACIONAL

El huipil multicolor[1] acaparó las miradas de los funcionarios de guardia en el juzgado. Un rostro familiar la acompañaba. Era Antonio Gutiérrez, al que algún empleado identificó de inmediato por su pasado sindicalista, y se dispararon las especulaciones en los corrillos. Entonces ella tomó la palabra y su voz, melosa como el maíz cocido de las tortillas que de niña preparaba de madrugada, resonó como un trueno en las dependencias judiciales: «Vengo a presentar una demanda como víctima, como Nobel de la Paz y, sobre todo, como mujer indígena».[2] No es la primera vez que me refiero a ella en un escrito y estoy seguro que no será la última. Rigoberta Menchú representa el tesón, la fuerza, la resistencia y la lucha por el enaltecimiento de la dignidad de los pueblos originarios. Le tocó sufrir décadas de conflicto como mujer guatemalteca, como mujer indígena del pueblo maya, diana de los planes de exterminio de los gobiernos militares, y como hija y hermana sufrió, además, la pérdida de varios miembros de su familia.

Recuerdo que, en mayo de 2006, en la Universidad de Nueva York, dijo, ante un auditorio repleto: «Pertenezco a la cultura milenaria de los mayas. Muchas personas valoran a los mayas muertos porque engrandecen la gran civilización de nuestros ancestros, pero no valoran a los hijos de ellos, a los que las autoridades consideran malos. Éstos son los que no salen adelante, los pobres, los que viven en la miseria. Yo pertenezco a esa civilización y practico parte de la espiritualidad maya».[3] Con sus palabras daba una lección a aquellos que ni entienden ni se esfuerzan por comprender. Evidenciaba la existencia de órdenes sociales distintos al occidental que, desprendido de sus raíces, pisotea pueblos y culturas en su afán globalizador, que desconoce la realidad indígena que ha sobrevivido a pesar de todos los intentos por hacerla desaparecer, que ha mantenido su cultura, su lengua y sus cimientos. Es la historia de un éxito de supervivencia que debe ser reconocido, respetado y preservado. No hace bien quien mira a su pueblo como un turista frente a una pintura rupestre. La producción artística, el acervo de conocimientos y la civilización pertenecen a esta comunidad viva que habita hoy día la tierra, la Pachamama (la «Madre Tierra»), llevando consigo la herencia milenaria de sus ancestros. Es el patrimonio cultural y la idiosincrasia de un pueblo que, generación tras generación, preserva ese legado como su tesoro más preciado, a pesar del menosprecio, la explotación, la humillación y las agresiones neocoloniales.

Los mayas no son una civilización extinta, son un pueblo vivo, milenario y depositario de una asombrosa historia y una cultura ancestral, cuya cosmovisión, completamente diferente a la occidental, sigue existiendo. El pueblo maya defiende sus raíces y su derecho a existir, a pesar de los intentos de exterminio que ha sufrido a lo largo de siglos. Si antes fueron los colonizadores españoles, hace tan sólo unos años fueron las cúpulas hegemónicas de Guatemala en colusión con militares, paramilitares y grandes corporaciones transnacionales.

Rigoberta Menchú vio en España una luz de esperanza, una puerta abierta a la posibilidad de que en nuestro país pudiera iniciarse una investigación por los delitos cometidos durante las dictaduras que devastaron su país. «En algún rincón del mundo tiene que haber Justicia», dijo a la prensa. La frase no era baladí. Cuando aseguraba esperanzada que creía haber encontrado el lugar en el que cumplir sus expectativas y las de todos aquellos a quienes representaba, afirmaba también que, hasta aquel momento, para el pueblo maya, la posibilidad de Justicia en Guatemala parecía truncada para siempre, a pesar de los avances logrados a escala internacional. Cuando presentó la querella, Rigoberta aseguró que hasta ese momento no había hallado en su país más que «negación de la Justicia».[4]

No le faltaba razón, según varios analistas, cuando presentó su querella en los tribunales españoles, el 2 de diciembre de 1999, no se había cumplido ni el 30 por ciento de las metas fijadas en los Acuerdos de Paz[5] alcanzados en diciembre de 1996, tras un período de negociación que se prolongó durante catorce años. Sí, catorce años.

La búsqueda incesante de Justicia la trajo finalmente a nuestro país. Menchú, varias asociaciones de derechos humanos[6] y algunos familiares de víctimas conocían los precedentes argentinos y chilenos. Al momento de presentar la querella, Pinochet todavía permanecía detenido en Londres y la causa sobre Argentina y el Plan Cóndor se encontraba en plena tramitación. «Creo en la Justicia universal, creo que las víctimas hemos cargado nuestro dolor y tiene que haber Justicia», dijo minutos antes de presentar la querella.[7] Quienes la acompañaron en esta empresa habían trabajado arduamente, preparando y fundamentando una estudiada querella que incluía una sesuda compilación de denuncias escrupulosamente documentadas y ancladas en el informe realizado durante 1998 y 1999 por la Comisión para el Esclarecimiento Histórico (CEH) que, bajo el auspicio de Naciones Unidas, investigó los violentos hechos acaecidos durante el conflicto armado guatemalteco que se inició en 1962 y se prolongó durante treinta y seis años. Sí, treinta y seis años.

A pesar de que hacía referencia a todo el conflicto, la querella se centraba básicamente en tres episodios paradigmáticos e ilustrativos de lo sucedido en Guatemala durante esos largos años, a fin de configurar los delitos de genocidio, terrorismo y torturas en el país, cometidos por las sucesivas dictaduras durante la década de 1980. Estos casos fueron: el asalto a la embajada de España en la ciudad de Guatemala, la persecución de la familia de Rigoberta Menchú y el asesinato de cuatro sacerdotes españoles: Faustino Villanueva, José María Gran Cirera, Juan Alonso Fernández y Carlos Pérez Alonzo.[8]

La querella, en el apartado dedicado a las raíces históricas del enfrentamiento, recordaba las conclusiones de la Comisión para el Esclarecimiento Histórico: «La CEH concluye que la estructura y la naturaleza de las relaciones económicas, culturales y sociales en Guatemala han sido profundamente excluyentes, antagónicas y conflictivas, reflejo de su historia colonial. Desde la independencia proclamada en 1821, acontecimiento impulsado por las élites del país, se configuró un estado autoritario y excluyente de las mayorías, racista en sus preceptos y en su práctica que sirvió para proteger los intereses de los restringidos sectores privilegiados. Las evidencias a lo largo de la historia guatemalteca, y con toda crudeza durante el enfrentamiento armado, radican en que la violencia fue dirigida fundamentalmente desde el estado en contra de los excluidos, los pobres y, sobre todo, la población maya, así como en contra de los que lucharon a favor de la Justicia y de una mayor igualdad social».[9]

La querella no sólo incluía el saldo de víctimas (unas 200.000 estimadas), sino también el análisis de una realidad que evidenciaba la corrupción de un sistema que, con ayuda militar, favoreció y amparó el dominio de las clases hegemónicas, el rechazo a la multiculturalidad y el racismo como expresión ideológica y cultural, lo que supuso desplazamientos masivos de población fruto de la «estrategia contrainsurgente» llevada a cabo particularmente por el general Efraín Ríos Montt, uno de los señalados en la querella.

«En este momento, hemos visto el fortalecimiento de esa esperanza aquí y por eso acudimos a la Audiencia Nacional»,[10] dijo Rigoberta. El camino no sería fácil ni tampoco sería expedito, pero el primer paso ya estaba dado. La querella se presentó en el juzgado de guardia de la Audiencia Nacional, que ese día correspondía al Juzgado Central de Instrucción n.º 5, en el que entonces yo ejercía como juez, aunque la investigación quedó finalmente radicada en el Juzgado Central de Instrucción n.º 1. Tres meses después, el juez Guillermo Ruiz-Polanco, tras estudiar los antecedentes, admitió a trámite la querella y se declaró competente para llevar a cabo la instrucción.[11] Sin embargo, la fiscalía recurrió iniciando una batalla judicial que duraría varios años.

La situación previa

Hablar del sufrimiento del pueblo maya de Guatemala exigiría remontarse a su huida hacia el sur ante la violenta llegada de los aztecas; a la conquista y matanzas españolas perpetradas desde el siglo XVI en adelante; y a su devenir desde la independencia de Guatemala, en 1821, incluyendo su breve paso por la federación de Provincias Unidas del Centro de América. No obstante, me centraré en lo que vivieron los contemporáneos de Rigoberta Menchú y que la llevaron a buscar, más allá de las fronteras, la Justicia que no encontraba en su país, a través de la jurisdicción universal.

El conflicto armado interno que asoló Guatemala durante varias décadas suele considerarse desde 1960, extendiéndose hasta 1996 con la firma el denominado «Acuerdo de Paz Firme y Duradera». Para entender las raíces de este conflicto, es necesario exponer, siquiera someramente, la estructura social guatemalteca que presenta una división de clases claramente definidas, basada en la organización social importada por los españoles hace más de quinientos años y que ha sobrevivido casi sin cambios hasta hoy. La población indígena comparte el estamento trabajador, humilde y unido a la labranza de la tierra, que habla su idioma nativo y, algunos de ellos, castellano con dificultad. Junto a ellos se encuentran los ladinos, es decir, mestizos que, sin ser criollos, beben de la cultura española, son hispanohablantes y controlan la tierra. En la cúspide del sistema están la cúpula militar y una oligarquía que se ha mantenido casi intacta durante siglos. En ese contexto polarizado, de poderosos y subordinados, irrumpieron a finales del siglo XIX los intereses comerciales estadounidenses, particularmente la United Fruit Company que, con una mínima tributación, gozaba de amplias concesiones para explotar y exportar los frutos del sector agrícola guatemalteco. Las indignas condiciones de vida de los indígenas empujaron a muchos de ellos a protestar, manifestarse y, en última instancia, a tomar las armas.

Este régimen cuasi-feudal derivó en el llamado «estado finquero», nacido del desarrollo de la finca cafetalera agroexportadora. Era la servidumbre de los trabajadores bajo los patronos la que sostenía la sociedad guatemalteca, claramente dividida tras el proceso de «ladinización» que se había llevado a cabo. Para entender el completo sometimiento de los indígenas agricultores a sus patronos mestizos, basta con acudir a alguno de los recuerdos de infancia de Rigoberta Menchú. Era la primera vez que veía al terrateniente de la finca en la que trabajaba su familia al completo: «Iban como quince soldados y buscaron un lugar bien arreglado para el terrateniente. [...] Nadie se animó ni siquiera a acercarse al terrateniente porque venía muy cuidado, hasta con arma en la cintura. Cuando llegó el terrateniente, empezó a hablar en español. Mi mamá lo entendía un poquito, un poquito de español y después nos decía, está hablando de elecciones. [...] que existe un gobierno de los ladinos. O sea, el presidente que ha estado en este tiempo en el poder, para mis papás, para nosotros, era un gobierno de los ladinos. No era el gobierno del país [...]. Entonces habló el terrateniente. Vienen los caporales, nos empiezan a traducir lo que el terrateniente dijo y lo que decía el terrateniente es que todos nosotros teníamos que ir a rayar un papel. O sea, serían los votos, me imagino que serían los votos. Todos nosotros teníamos que ir a rayar un papel y le dio un papel a mi papá, a mi mamá, de una vez indicado el lugar donde rayar el papel. Me recuerdo que venía el papel con unos cuadros con tres o cuatro dibujos. Entonces mi papá, como mis hermanos que eran ya mayores de edad, fueron a rayar el papel donde les enseñó el terrateniente. De una vez advirtió el terrateniente que el que no fuera a rayar el papel, iba a ser despojado de su trabajo después del mes. O sea, que de una vez lo echaba del trabajo y no le iba a pagar».[12]

Esta relación de sumisión política, económica y social absoluta al patrono, de marcado carácter racista, fue evolucionando y adaptándose a las circunstancias de cada época. Así lo constata Carlos Amézquita, sociólogo guatemalteco que formó parte del equipo de investigadores que elaboró el informe de la CEH: «Uno de los elementos esenciales de esta forma de relación social fue el racismo contra los pueblos mayas. Manipulando el miedo mutuo con que se gestaron las relaciones de poder entre el pueblo maya y el pueblo criollo o ladino, el estado finquero fue desarrollando diferentes formas de represión legales e ilegales que se basaban en el elemento subjetivo del miedo. Para conseguir la mano de obra que necesitaban las fincas cafetaleras el estado obligó a los campesinos a alterar sus ciclos de vida, empujándolos a migrar anualmente a las cosechas de café y despojándoles de tierras comunales que les pertenecieron incluso en los tiempos de la colonia española».[13]

En su discurso durante la ceremonia de entrega del premio Nobel, Rigoberta Menchú resumió a la perfección la situación históricamente vivida en un país cuya población indígena se vio sometida al patrono ladino durante siglos: «El mundo conoce que el pueblo guatemalteco, mediante su lucha, logró conquistar en octubre de 1944 un período de democracia, en que la institucionalidad y los derechos humanos fueron su filosofía esencial. En esa época, Guatemala fue excepcional en el continente americano en su lucha por alcanzar la plena soberanía nacional. Pero en 1954, en una confabulación que unió a los tradicionales centros de poder nacionales, herederos del coloniaje, con poderosos intereses extranjeros, el régimen democrático fue derrocado a través de una invasión armada e impuso de nuevo el viejo sistema de opresión que ha caracterizado la historia de mi país».[14]

El conflicto armado interno comenzó en 1960, durante el mandato del presidente electo Miguel Ydígoras Fuentes, que gobernaba desde 1958 y que, después de un intento fallido de golpe de Estado, fue finalmente derrocado en 1963 por otro pronunciamiento militar. A partir de entonces, se sucedieron una larga lista de gobiernos provisionales y dictaduras militares. Sólo en contadas ocasiones el poder estuvo formalmente en manos de un civil, que no era más que un títere de los militares.

Los actores del conflicto armado guatemalteco estaban perfectamente definidos e identificados. Por un lado, la guerrilla, organizada en varios grupos y que se nutría de la base social pobre y obrera. Por otro lado, las fuerzas estatales y paraestatales, constituidas por el ejército, los comisionados militares y los paramilitares, formados por las Patrullas de Autodefensa Civil (PAC).

El Alto Mando del ejército, que definía la línea de acción, estaba formado por tres miembros: el comandante general del ejército, es decir, el presidente de la República, el ministro de Defensa y el jefe del Estado Mayor General del ejército.[15] Este triunvirato tomaba las decisiones más importantes y fue el responsable de todos y cada uno de los abusos cometidos por el ejército.

Los comisionados militares eran agentes de la autoridad militar en las distintas demarcaciones territoriales. A partir de la década de 1980, los comisionados comenzaron a intervenir de manera activa en las operaciones militares contrainsurgentes. En el «cumplimiento de sus funciones», gozaban de una extensa impunidad y solían aprovechar su posición para colmar sus propios intereses personales y económicos, sin miedo a ser perseguidos por ello.[16]

A partir de 1981, el ejército desplegó su tercer brazo ejecutor: el paramilitar. De este modo, las Patrullas de Autodefensa Civil (PAC) comenzaron a organizarse y a recibir formación y armas por parte del ejército. Sus miembros provenían de la población civil y eran reclutados en ocasiones a la fuerza, bajo amenazas de tortura o muerte. Las PAC fueron las responsables de numerosas matanzas a lo largo y ancho de todo el país.[17]

El conflicto armado en Guatemala fue ciertamente desigual y desproporcionado. Mientras los distintos grupos guerrilleros estaban constituidos principalmente por indígenas pobres, el estado financiaba a las fuerzas estatales y paraestatales (ejército, comisionados militares y paramilitares), especialmente al ejército, ya que controlaba políticamente el poder legislativo y ejecutivo. En este sentido, basta con remitirse a las conclusiones de la CEH. Si bien el total de víctimas estimadas son 200.000 (muertos y desaparecidos), la CEH logró identificar plenamente y documentar a 42.275 víctimas, incluyendo hombres, mujeres y niños. De las víctimas plenamente identificadas, el 83 por ciento eran mayas y el 17 por ciento eran ladinos. El informe logró documentar además 626 masacres, así como cerca de 400 aldeas arrasadas, siendo el caso más notable el de la región ixil, donde entre el 70 y 90 por ciento de las aldeas fueron arrasadas. En cuanto a los perpetradores, los «hechos de violencia atribuibles a la guerrilla representan el 3 por ciento de las violaciones registradas por la CEH», lo que contrasta con el 93 por ciento de violaciones de derechos humanos atribuibles al estado (existe un 4 por ciento restante sin atribuir de manera fidedigna), con un 85 por ciento de acciones directas del ejército y un 18 por ciento de las PAC.[18]

LOS GOBIERNOS DEL TERROR

El punto más álgido de la violencia y la represión en Guatemala coincidió con los gobiernos de los generales Fernando Romeo Lucas García, Efraín Ríos Montt y Óscar Humberto Mejía Víctores, entre 1978 y 1986.

Fernando Romeo Lucas García

El general Lucas García llegó al poder en 1978 mediante unas elecciones en las que la abstención, característica de la débil tradición democrática del país, fue superior al 60 por ciento,[19] y tras trece días de incertidumbre, debido a la supuesta manipulación del escrutinio,[20] en un contexto de persecución de la oposición. A todo ello hay que sumar su condición de exmilitar. Durante su mandato, que se prolongó hasta 1982, ocurrieron algunos de los sucesos más sangrientos que llevaron a cabo las fuerzas armadas guatemaltecas y que sirvieron de prólogo al posterior genocidio. Lucas García nombró a su hermano Benedicto jefe del Estado Mayor del ejército, asegurándose, junto al ministro de Defensa, el control del Alto Mando. Lucas García tuvo el nefasto honor de propiciar la organización de las PAC y la generalización de matanzas colectivas en el departamento de El Quiché, al noroeste del país, cuyo punto más meridional alcanza el corazón de Guatemala y por el norte colinda con México. Fue uno de los territorios que más sufrió el azote de la guerra civil, especialmente el denominado «Triángulo Ixil» y el municipio de Ixcán. El Triángulo Ixil tiene una extensión de 2.300 kilómetros cuadrados que da cobijo a los pueblos de Santa María Nebaj, San Juan Cotzal y San Gaspar Chajul. Esta área está poblada por una mayoría maya y su tierra es muy fértil, apta para una gran variedad de cultivos. Fue durante el Gobierno de Lucas García cuando, en 1980, un grupo de campesinos ocupó la embajada española, ocupación que terminó cuando las fuerzas de seguridad asaltaron el recinto. Pese a todo ello, Lucas García gozó de total impunidad hasta su muerte en Venezuela, el 27 de mayo de 2006, sin enfrentarse a tribunal de Justicia alguno ni menos a la reparación de sus miles de víctimas.[21]

José Efraín Ríos Montt

El 7 de marzo de 1982 se celebraron unas nuevas elecciones que, en un clima enrarecido por las acusaciones de fraude, dieron la victoria al candidato oficialista, el general Aníbal Guevara. Sin embargo, Lucas García no pudo transferir el poder a Guevara, pues el 23 de marzo el general Efraín Ríos Montt encabezó un golpe de Estado.[22] Éste contó con el beneplácito de Estados Unidos, que veía con buenos ojos que Guatemala fuera gobernada por un hombre fuerte que hiciera frente a las acciones de la guerrilla, ya que la administración estadounidense no quería que se extendiera por Centroamérica el proceso que vivía entonces Nicaragua. Nada más asumir el poder, Ríos Montt, en un discurso cargado de referencias religiosas, aseguró enfáticamente que derrotaría a la guerrilla. Miembro de una facción pentecostal denominada «Iglesia del Verbo», Ríos Montt tenía un sentido mesiánico y se consideraba a sí mismo el elegido para dirigir Guatemala y liberarla de la amenaza comunista.[23] En una ocasión, aseguró que el «buen cristiano» era aquel que se desenvolvía «con la Biblia y la metralleta». En otra oportunidad, uno de sus portavoces explicó el razonamiento de Montt, según el cual, si la guerrilla contaba con colaboradores indígenas, entonces, en una especie de socialización étnica de la culpa, todos los indígenas eran subversivos en potencia y, por ello, lo mejor que podía hacerse era «matar a los indios».[24] Durante los primeros meses de Gobierno lideró una junta militar para después autoproclamarse presidente de la República. Su mandato representó el momento más sanguinario del genocidio indígena. Fijó como principales puntos de conflicto El Quiché, Huehuetenango y Chimaltenango y utilizó todos los mecanismos y la fuerza del ejército, los comisionados militares y los paramilitares para combatir y exterminar a la guerrilla y a quien se le pusiera por delante. Definió su estrategia militar con un símil repugnante: si el pez representaba a la guerrilla y el agua al pueblo, no había otra opción que «quitarle el agua al pez». Creía que la población era la fuente de recursos y apoyo que mantenía activa a la guerrilla, por lo que la única solución para acabar con la guerrilla era aniquilar al pueblo. Sobre esa base, las masacres se multiplicaron y se aplicó una política de tierra arrasada, forzando el desplazamiento de comunidades enteras. Se cometieron ejecuciones, torturas, desapariciones, se dio rienda suelta a la comisión de innumerables crímenes de género (violaciones y abusos sexuales de todo tipo) y se sometió a la población a condiciones extremas que amenazaban su subsistencia. También fue la época de las «aldeas modelo», que supusieron el confinamiento masivo y forzoso de miles de personas de diferentes comunidades. Allí eran sometidas a trabajo esclavo y a una especie de «reeducación»; esos lugares pueden ser considerados auténticos campos de concentración. Pese a que Ríos Montt estuvo en el poder poco menos de un año y medio, las atrocidades cometidas durante su mandato se saldaron con más de 29.000 mayas ixiles desplazados y 1.771 personas asesinadas en once de las 626 masacres documentadas, lo que supuso una destrucción significativa del grupo étnico. Ríos Montt fue derrocado el 8 agosto de 1983 por un golpe de Estado orquestado por su propio ministro de Defensa, el general Óscar Humberto Mejía Víctores.[25]

Óscar Humberto Mejía Víctores

En un primer momento, tras hacerse con la jefatura de la República, Mejía Víctores llevó a cabo algunos cambios significativos, como restaurar libertades, poner fin a los tribunales especiales, conceder una amnistía de la cual se beneficiaron 700 guerrilleros, y anunciar la disolución del Consejo de Estado. Sin embargo, poco tiempo después intensificó la represión contra sus opositores[26] y mantuvo las políticas genocidas de Ríos Montt, convirtiéndolas en política nacional.

En septiembre de 1983, un grupo de hombres armados secuestraron a la hermana de Mejía Víctores, Celeste, y en 1984 frustró un intento de golpe de Estado organizado por varios generales retirados. Como consecuencia de ello, Mejía Víctores decidió concentrar en su persona los poderes ejecutivo y legislativo hasta mediados de 1985, y en noviembre convocó unas elecciones. En ellas resultó elegido Marco Vinicio Cerezo, que asumió el cargo en enero de 1986. En diciembre de 1987, Mejía Víctores encabezó un intento frustrado de golpe de Estado contra el presidente Cerezo.

Entre 1978 y 1986, durante los gobiernos de estos tres generales, se organizaron e hicieron realidad los planes de exterminio del pueblo maya, un genocidio que incluía desplazamientos forzosos, torturas, crímenes de género y la matanza de todos aquellos que estuvieran dispuestos a prestar asistencia a las víctimas, como los misioneros españoles o la propia embajada de España.[27] Estos fatídicos años supusieron la triste y macabra entrada de Guatemala en la historia de los crímenes contra la humanidad.

El conflicto armado en Guatemala se prolongó durante diez años más, hasta la firma del Acuerdo de Paz Firme y Duradera entre el Gobierno de Guatemala y la Unidad Revolucionaria Nacional Guatemalteca (representando a todos los grupos guerrilleros) en 1996.[28]

LA IDEOLOGÍA

En este contexto, de una sociedad racista y discriminatoria contra sus poblaciones indígenas y en el marco de la creación de un estado finquero que expulsaba a los mayas de sus tierras, los desplazaba o los sometía a un régimen de semiesclavitud en los grandes cultivos de café y otros productos que las empresas extranjeras —que controlaban el sector agrícola— exportaban al resto del mundo, surgió el conflicto armado en Guatemala. En lugar de afrontarlo con las armas del Estado de derecho, se le hizo frente con la represión y el crimen. En vez de fortalecer las estructuras legales del Estado, poner orden, paz y atender las legítimas demandas y reivindicaciones sociales en un país en el que se vivía una profunda desigualdad, «desembocó en la conformación de una intrincada red de aparatos paralelos de represión que suplantaron la acción judicial de los tribunales usurpando sus funciones y prerrogativas. Se instauró de hecho un sistema punitivo ilegal y subterráneo, orquestado y dirigido por las estructuras de inteligencia militar. Este sistema fue utilizado como la principal forma de control social por parte del estado a lo largo del enfrentamiento armado interno, complementado por la colaboración directa o indirecta de sectores económicos y políticos dominantes».[29] Así lo recordaba la querella, basándose en las argumentaciones de la CEH, presentada en España por Rigoberta Menchú.

Ríos Montt redefinió la estrategia contrainsurgente, guiada por los lineamientos del «Plan Nacional de Seguridad y Desarrollo», eufemismo empleado para bautizar una campaña militar enfocada en acabar de raíz y a cualquier precio con el más mínimo atisbo de apoyo a los grupos contrarios al régimen. «Los militares no hicieron distinción alguna entre simpatizantes, colaboradores y combatientes activos en sus programas contrainsurgentes. La estrategia se convirtió en política de estado, y se hicieron frecuentes los hasta entonces casos aislados de masacres, quema de cosechas, aniquilamiento de animales, violaciones de mujeres, maltrato de niños y ancianos, así como el ajusticiamiento de líderes y de personas prominentes dentro de las comunidades como mecanismo de intimidación. Estos hechos se enmarcaron en las sucesivas políticas de "tierra arrasada"», esgrimía la querella.

La expresión tan explícita como elocuente «quitar el agua al pez» resumía una política que provocó despiadadas acciones contra las comunidades campesinas como herramienta efectiva para «eliminar cualquier base social de apoyo activa o potencial a la insurgencia». Pero la estrategia iba más allá y establecía mecanismos y redes de control social mediante sistemas de espionaje, vigilancia e información a la usanza de las guerras de baja intensidad. Los militares encontraron la clave para resolver el conflicto, que consistió en confinar a una población mermada y amenazada en lo que denominaron «polos de desarrollo» y «aldeas modelo». «En ellos se reubicaron poblaciones desplazadas de las zonas de conflicto y se les sometió a programas de "reeducación", además de restringir y controlar tanto sus desplazamientos como todo tipo de actividades. En todo ello se hizo evidente el apoyo extranjero, principalmente del Gobierno norteamericano [...]», rezaba uno de los párrafos de la querella. Nuevamente, la sombra de Estados Unidos cubría de oscuridad un país devastado cuya población asistía inerme al dominio cada vez más cruento de los poderosos.

Según el informe de la CEH, se violó especialmente el derecho a la identidad étnica o cultural del pueblo maya, de modo tal que el ejército «destruyó centros ceremoniales, lugares sagrados y símbolos culturales. El idioma y el vestido, así como otros elementos identitarios fueron objeto de represión. Mediante la militarización de las comunidades, la implantación de las PAC y los comisionados militares, se desestructuró el sistema de autoridad legítimo de las comunidades, se impidió el uso de sus propias normas y procedimientos para regular la vida social y resolver conflictos; se dificultó, impidió o reprimió el ejercicio de la espiritualidad maya...». En la mayoría de las masacres contra los mayas, se produjeron todo tipo de actos brutales, como el «asesinato de niños y niñas indefensos, a quienes se dio muerte en muchas ocasiones golpeándolos contra paredes o tirándolos vivos a fosas sobre las cuales se lanzaron más tarde los cadáveres de los adultos; la amputación o extracción traumática de miembros; los empalamientos; el asesinato de personas rociadas con gasolina y quemadas vivas; la extracción de vísceras de víctimas todavía vivas en presencia de otras; la reclusión de personas ya mortalmente torturadas, manteniéndolas durante días en estado agónico; la abertura de los vientres de mujeres embarazadas y otras acciones igualmente atroces».[30]

De nuevo, no sólo se repetía la historia en América Latina, sino que las víctimas, ávidas de Justicia, solo encontraban impunidad, frustración y silencio. Igual que en Argentina y Chile, según el informe de la CEH, el fundamento teórico de la barbarie fue la Doctrina de la Seguridad Nacional, patrocinada por Estados Unidos a toda Latinoamérica: «en nombre del anticomunismo, se cometieron crímenes como el secuestro y asesinato de todo tipo de activistas políticos, estudiantiles, sindicalistas o de derechos humanos, todos ellos catalogados como "subversivos"; la desaparición forzada de dirigentes políticos y sociales y de campesinos pobres; y la aplicación sistemática de la tortura». Quienes buscaban proteger a las víctimas, reclamaban verdad y Justicia, fueron también víctimas del estado. Según el mismo informe, «los intentos de formar organizaciones de defensa de los derechos humanos tuvieron como resultado la eliminación de sus dirigentes. En los años ochenta, la aparición de nuevos grupos de defensores en diversas áreas fue recibida por el estado con una intensa acción represiva, que dio lugar al asesinato o la desaparición de muchos de sus miembros. Las campañas dirigidas a desacreditar a este tipo de organizaciones, presentándolas como "subversivas", fue una de las constantes de la represión».[31]

LA EMBAJADA

«No nos ha quedado otra alternativa que permanecer aquí como única manera de hacer llegar nuestras denuncias al pueblo de Guatemala y a todo el mundo.» Así resumieron su desesperación al embajador español, Máximo Cajal, los veintisiete ocupantes de la embajada. Eran las 11 de la mañana y el embajador estaba reunido con el excanciller Adolfo Molina Orantes, el exvicepresidente Eduardo Cáceres Lehnhoff y el catedrático de la Universidad Nacional de San Carlos Mario Aguirre Godoy, todos ellos guatemaltecos.[32] La sede diplomática era un chalé modesto,[33] en cuya primera planta se agruparon los campesinos solicitando hablar con el embajador, mientras cerraban las puertas de la embajada que, desde ese momento, pasó a estar «ocupada». Tras ser informado de la toma, el embajador interrumpió su reunión y bajó a encontrarse con los campesinos. «Venimos a denunciar toda esta injusticia, toda esta maldad, aunque aquí también fuimos perseguidos y amenazados por las fuerzas represivas. Los periódicos y las radios no han querido publicar nada...»,[34] dijeron. Se trataba de la organización campesina Comité de Unidad Campesina (CUC) y un grupo de estudiantes miembros del Frente Estudiantil Robin García (FERG) que se habían decidido finalmente a ocupar la embajada para llamar la atención sobre las masacres que se sucedían en los poblados del altiplano.[35] Los campesinos del CUC llevaban varios días en la capital intentando denunciar la grave situación en que se hallaban sus comunidades ante la indiferencia institucional y de los medios de comunicación. Años más tarde, Óscar Clemente Marroquín, entonces director del diario *El Impacto*, declararía en sede judicial que, si bien recibió a la comitiva, no pudo publicar nada debido a la censura de la época. Nadie quería saber sobre masacres de comunidades enteras. El único apoyo provino de organizaciones urbanas, principalmente de los estudiantes universitarios del FERG, quienes los acompañaron en sus visitas a distintas instituciones, los alojaron en las aulas de la Universidad Nacional y, finalmente, se les unieron en la toma de la embajada.[36]

Entre ellos se encontraba el padre de Rigoberta, Vicente Menchú, a esas alturas ya un líder indígena con un pasado lleno de detenciones, palizas y persecuciones desde que comenzara su lucha por la tierra, tras presenciar cómo varias familias de su comunidad se habían visto despojadas de todo; una comunidad cada vez más empobrecida debido a la rueda temporera impuesta por los ladinos, los desplazamientos a la costa sur para trabajar en las grandes fincas de café, algodón y caña de azúcar en condiciones de mera subsistencia. Menchú no dudó en organizar a los campesinos y emprender una recogida de firmas para exigir la propiedad de la tierra al Instituto Nacional de Transformación Agraria (INTA), que el Gobierno negaba hasta la saciedad. Fue ahí donde comenzó a convertirse en un líder y referente, buscando incansablemente el apoyo de abogados, instituciones gubernamentales y sindicatos, que no sólo no lograron el resultado deseado, sino que trajeron más violencia a su comunidad, que fue expulsada de sus casas y de la tierra en la que trabajaban. Así recuerda Rigoberta aquella época: «El Gobierno dice que la tierra es nacional. Esa tierra me corresponde a mí, y yo se las doy para que ustedes la cultiven. Y cuando tenemos ya nuestros cultivos es cuando aparecen los terratenientes. Pero no quiero decir que los terratenientes aparecen solos, sino que están ligados con la serie de autoridades para poder hacer sus maniobras. Ante esto, enfrentábamos a los Martínez, a los García y llegó un momento en que también a los Brol. Quiere decir que nosotros o nos quedábamos de mozos o nos íbamos de la tierra. No había otra solución. Entonces, ante esto, mi papá viajaba, viajaba; pedía consejos. No nos dábamos cuenta, pues, que era lo mismo ir con la autoridad que ir con el terrateniente. Eran lo mismo. Mi papá no se quedaba en paz y trataba de pedir ayuda a otros sectores, como por ejemplo a los sindicatos de los obreros. Mi papá acudió a ellos, ante la necesidad de que ya nos echaban».[37]

Ya implicado en la Federación Autónoma Sindical de Guatemala,

Vicente Menchú fue detenido y encarcelado durante más de un año, acusado de atentar contra la soberanía nacional. Poco después fue secuestrado y torturado, por lo que pasó varios meses hospitalizado. Rigoberta recuerda la evolución personal de su padre, su sólido papel al frente de la comunidad y cómo ello terminó afectando a su familia: «Mi padre decía muchas veces, "no pude dedicarme a ustedes porque tuve que alimentar al INTA, porque el INTA me quitó todas mis fuerzas, porque los terratenientes nos tenían amenazados..." [...] y con justa razón nosotros tenemos que contarle a nuestro pueblo todo esto para que sea una pequeña contribución».[38]

La cárcel no acobardó a Vicente Menchú. «La cárcel es un castigo para los pobres, pero no come gente, por eso tengo que seguir luchando», llegó a decir a su hija.[39] A pesar de las amenazas, de las secuelas de las torturas y del riesgo que afrontaba su familia, siguió adelante en su afán por legalizar las tierras comunales. Sufrió un nuevo secuestro, esta vez a cargo de los paramilitares, organizados en cada municipio por el ejército. Fue acusado de subversión y de ser un enemigo político del estado. En esa época, Menchú ya era apreciado por las diferentes comunidades. La semilla del movimiento campesino ya estaba sembrada, y fue brotando y creciendo hasta convertirse en el Comité de Unidad Campesina (CUC), cuyo lema era «Cabeza clara, corazón solidario y puño combativo de los trabajadores del campo».

La movilización social crecía a la par que las demandas de los braceros, que pedían aumentos salariales, el fin del fraude en el pesaje de las cosechas y de las fumigaciones aéreas, que habían provocado varias intoxicaciones mortales, entre ellas de miembros de la propia familia Menchú. La tensión se disparó con la convocatoria de una huelga general y una respuesta represiva que duró más de un año y que afectó incluso a la Iglesia católica que se había solidarizado con los campesinos. Muchos religiosos, catequistas y sacerdotes fueron asesinados o exiliados, entre ellos varios clérigos españoles. La tensión era tal que el embajador de España, Máximo Cajal, incapaz de mantenerse al margen, viajó a El Quiché en enero de 1980 para visitar a los sacerdotes y religiosas de la zona norte, en su mayoría compatriotas. Según el informe de la CEH, les ofreció protección e incluso ayuda para salir del país si se sentían amenazados.

A pesar de sus esfuerzos, los líderes de las comunidades no lograban dar a conocer sus denuncias a las instituciones estatales y los medios de prensa, que les recibieron siempre con indiferencia. Así quedó consignado en la querella presentada en España: «Tal vez sea oportuno recordar que el

Gobierno había impuesto un férreo control informativo, que en los hechos constituyó por mucho tiempo una especie de "cortina" infranqueable que cortó todo contacto de los de afuera hacia adentro, como en el caso inverso, de aquellos que querían contar lo que sucedía. Por lo tanto, para estos familiares angustiados era muy importante modificar esa situación y con ese propósito visitaron la Organización de Estados Americanos, el Consejo Superior Universitario, oficinas de periódicos, radios e instalaciones de la Iglesia católica».[40] Por eso, tras barajar varias opciones, eligieron finalmente la toma pacífica de la embajada española.

«Hijos, tienen que aprender por dónde me muevo, porque si me matan a mí van a quitarle la tierra a la comunidad.» Fue así como uno de los hijos mayores de Vicente Menchú comenzó a viajar con su padre y a aprender castellano.[41] Rigoberta recordaría esta advertencia aquel jueves 31 de enero de 1980. Ese día Vicente Menchú entró en la embajada española junto a otros veintiséis compañeros, indígenas de El Quiché, estudiantes y obreros del Frente Democrático contra la Represión. Así lo habían decidido tras hacer público un comunicado dos semanas antes, que finalizaba así: «A todos les pedimos que nos den su ayuda pues ya no aguantamos la represión del ejército nacional».[42]

Una vez dentro, los campesinos pidieron al embajador que se comunicara con la Cruz Roja y acordaron que salieran algunas personas de la embajada.[43] De acuerdo con la querella en España, los ocupantes manifestaron que la ocupación sería «pacífica» y que su intención era permanecer allí hasta que se formase una comisión investigadora de los sucesos represivos que venían denunciando sin éxito. Sus pretensiones tenían por destinatarias a varias personalidades relevantes del país, algunas de ellas congresistas, religiosos o corresponsales de medios extranjeros, enumerados en una lista que dejaba claro que no se trataba de una acción «sigilosa», sino de un reclamo que pretendía llegar al público más amplio posible.[44] Los ocupantes llevaban varias bolsas de comida, decididos a permanecer en la embajada el tiempo que fuera necesario hasta cumplir su principal objetivo, ser escuchados. Como no sabían qué podría ocurrir ni de qué serían capaces los militares, llevaron consigo, como únicas armas, unas hondas artesanales de madera y hule, para hacer frente a un eventual desalojo. Seguramente, en esos momentos, muchos recordaron que en 1978 los indígenas ya habían ocupado una embajada, la de Suiza, y aunque se habían vivido momentos de tensión, todo se había resuelto de forma pacífica.[45] Estaba claro que los ocupantes pretendían llamar la atención nacional e internacional de forma pacífica, lo que hacía pensar que la situación, aunque tensa, se resolvería pronto, y era de esperar que, con la mediación del embajador, se llegara a algún tipo de acuerdo para que las demandas de los campesinos fueran atendidas.

La actitud del embajador, según el informe de la CEH, fue conciliadora. Conocía la situación que enfrentaban esos hombres. Él mismo había viajado hasta allí, apenas el día anterior, para ofrecer ayuda a los sacerdotes españoles. Máximo Cajal era un diplomático de carrera con experiencia. Licenciado en Derecho, había ingresado a la carrera diplomática en 1965. Se había desempeñado en las embajadas de Bangkok y París, en la dirección general de África del Norte y Oriente Medio y la Oficina de Información Diplomática hasta junio de 1979, cuando fue nombrado embajador de España en Guatemala.[46]

Fiel a su deber, el embajador informó a Madrid de lo sucedido, desde donde le brindaron inmediato apoyo. Intentó entonces comunicarse con el Gobierno guatemalteco llamando a distintas autoridades, pero sus esfuerzos fueron infructuosos. No pudo contactar con el canciller, el jefe de protocolo no estaba en su despacho y el ministro de Gobernación se negó a atenderle el teléfono. Sólo pudo comunicarse con el viceministro de Relaciones Exteriores, al que pidió urgentemente la retirada de la policía que ya rodeaba la embajada.[47] Mejor suerte tuvo el ministro de Asuntos Exteriores español, Marcelino Oreja, al que, en conferencia desde Madrid, se le aseguró que las fuerzas policiales no ingresarían a la embajada.[48] Sin embargo, con el paso de los minutos y las horas se perdió el escaso contacto que había habido con las autoridades guatemaltecas.

Bajo las órdenes del jefe del Comando 6 de la Policía Nacional, Pedro García Arredondo, las fuerzas de asalto rodearon la embajada, cortaron las comunicaciones y la luz y se negaron a entablar cualquier tipo de negociación, buscando entrar por la fuerza.[49] La CEH es clara en señalar que el Gobierno guatemalteco dejó de atender las llamadas que llegaban desde Madrid. Lo mismo le sucedió al embajador que, ante la creciente situación de tensión, al ver que la policía y agentes especiales rodeaban la embajada, empleó un megáfono para solicitar que se retiraran y llegó a informarles de que los ocupantes estaban dispuestos a abandonar pacíficamente la embajada.

Un año después, Máximo Cajal concedió una entrevista a la prensa española en la que se refirió así a estos tensos momentos: «Desatendiendo mis reiteradas peticiones de que se retirara la fuerza pública, desoyendo una gestión expresa del ministro Oreja apoyando mi solicitud, ignorando llamamientos semejantes formulados por Molina Orantes y

Cáceres Lehnhoff, en flagrante violación del derecho internacional, las fuerzas de seguridad, cumpliendo instrucciones muy precisas, violaron una sede diplomática en un acto que, por sus consecuencias, no tiene precedentes».[50]

Alrededor del mediodía, en el Palacio Nacional, se encontraban reunidos el presidente Lucas García, su canciller, el coronel Rafael Castillo, su ministro de Gobernación, Donaldo Álvarez Ruiz, y el jefe de la Policía Nacional, el coronel Germán Chupina, para analizar y decidir qué hacer con respecto a la toma de la embajada de España. El Gobierno ya se había enfrentado a otras tomas de embajadas, pero esta vez era diferente, debido al crecimiento de las organizaciones campesinas y guerrillas en el altiplano y, sobre todo, por la victoria de los sandinistas en Nicaragua en 1979. La decisión de las máximas autoridades del país fue tajante. El coronel Germán Chupina transmitió por radio la orden a García Arredondo: «¡Sáquenlos de ahí a como dé lugar!».[51]

«En absoluto», respondió Máximo Cajal a la fiscalía cuando fue preguntado, muchos años después, si autorizó a las fuerzas guatemaltecas a que entraran en la embajada.[52]

Pero entraron, armados con metralletas, fusiles, pistolas y revólveres.[53] No encontraron resistencia: «De hecho, la policía encontró quien le facilitara las llaves de la entrada principal al lugar y transitaron sin problemas para ubicarse en la planta baja de la casa, sin sufrir agresiones de ninguna índole. Hay suficientes evidencias, incluyendo fotografías y filmaciones, que muestran a la policía ocupando el lugar, junto con especialistas del ejército, además de un grupo de elite tipo Swat», relataba la querella interpuesta por Rigoberta Menchú en España.

Una vez allí, el embajador Cajal y el excanciller Molina Orantes no dejaron de pedirles que se retiraran, que no estaban autorizados a entrar, que su presencia no era necesaria y que todo podía resolverse pacíficamente. Ante la irrupción de policías y militares, los ocupantes corrieron a refugiarse en el despacho del embajador, en el segundo piso, en el que se encerraron y atrancaron la puerta. Exponiéndose más de lo que la prudencia aconsejaba en esos momentos, el embajador se mantuvo en la entrada de su despacho, frente a la puerta, bloqueando el paso de los agentes mientras seguía pidiendo a gritos que se retiraran.

Uno de los funcionarios de la embajada que estaba en el exterior de la casa vio subir las escaleras, en dirección al despacho del embajador, a un policía cargando un artefacto. Hasta la fecha no se sabe con certeza de qué tipo de dispositivo se trataba, pero, según técnicos españoles, debió de ser un expulsor de gas inerte, un lanzador de niebla paralizante e irritante de la piel y los ojos o incluso podría haber sido un lanzallamas. Lo cierto es que la puerta del despacho del embajador fue derribada a golpes y repentinamente se produjo una enorme llamarada seguida de una explosión. El embajador logró escapar del lugar, aunque con las manos quemadas.[54] Las llamas envolvieron los cuerpos de los ocupantes refugiados en el despacho del embajador, mientras se desataba un voraz incendio que pronto se extendió por toda la casa. Eran las 15.20 horas.

De acuerdo con la sentencia dictada muchos años más tarde, fue imposible establecer con exactitud cómo empezó el fuego, aunque quedó plenamente acreditado que todos los ocupantes estaban quemados sólo desde las rodillas hacia arriba, mientras que sus pies estaban intactos.[55] Pero, con independencia de cómo se hubiera iniciado el fuego, lo que siguió después fue una auténtica matanza.

Son numerosos los testimonios, fotografías y filmaciones que atestiguan que los policías y militares que habían cercado la embajada impidieron deliberadamente la entrada de los bomberos y de la Cruz Roja, que ya se encontraban en el lugar. Vecinos y transeúntes asediaron a los policías y militares, preguntándoles por qué no hacían nada para salvar a las víctimas de las llamas, ante el rostro inmutable de los miembros de las fuerzas de seguridad, mientras se oían los gritos de agonía, alaridos desesperados de quienes se quemaban vivos e imploraban que les dejaran salir. Los bomberos buscaban desesperadamente la forma de romper el cerco que mantenían las fuerzas de seguridad, según relató uno de los bomberos y una enfermera de la Cruz Roja en el juicio,[56] pero el ingreso sólo fue autorizado cuando ya estaba todo consumido, cuando ya no había nada que hacer.[57] Muchos años después se sabría que la orden del presidente Lucas García en aquella reunión en el Palacio Nacional había sido clara y terminante. Había que terminar la toma de la embajada «sin dejar una sola persona viva», según indicó la sentencia del tribunal.[58] De acuerdo con el testimonio del embajador, prestado en el mismo juicio, la mitad de las víctimas murieron calcinadas y el resto por heridas de bala.[59]

En la embajada murieron 37 personas, entre ellas el cónsul español, Jaime Ruiz del Árbol, y los funcionarios de la embajada Luis Felipe Sáenz y María Teresa Vázquez, todos de nacionalidad española.[60] También fallecieron el exvicepresidente de Guatemala Eduardo Cáceres y el excanciller Adolfo Molina[61] junto a los campesinos, estudiantes y obreros que habían ocupado el edificio, entre los cuales estaba Vicente Menchú.[62]

«Fueron quemados y lo único que se pudo sacar fueron sus cenizas.

[...] De mi parte no era lamentar la vida de mi padre. Para mí era algo fácil que mi padre muriera porque le tocó una vida tan salvaje y tan criminal como nos ha tocado a todos. Mi padre estaba dispuesto, estaba claro que su vida tenía que darla [...]. Pero sí me dolía mucho, mucho, la vida de muchos compañeros, buenos compañeros que ni siquiera ambicionaban un pedazo de poder. Querían lo suficiente, lo necesario para su pueblo. Eso me hizo confirmar más mi decisión de lucha»,[63] recordó tiempo después Rigoberta.

Los únicos supervivientes del incendio fueron el embajador Máximo Cajal y el campesino Gregorio Yujá[64] (Mario Aguirre Godoy, jurista y catedrático, había logrado escabullirse momentos antes de la embajada).[65] Mientras Gregorio Yujá se recuperaba en el hospital, fue secuestrado, torturado y su cadáver arrojado en el campus de la Universidad de San Carlos.[66] En los días siguientes, las fuerzas de seguridad amenazaron con secuestrar al embajador Cajal,[67] pero logró salvarse gracias a la protección de los embajadores de Costa Rica, Venezuela y Estados Unidos.[68]

Tras estos dramáticos hechos y su impacto internacional, el régimen debía orquestar una versión oficial, apoyada desde el estado, la prensa local y algunos conservadores influyentes y leales a la dictadura. Se dijo entonces que «los terroristas se habían inmolado»[69] en un acto de protesta en el que nada tuvieron que ver el estado y sus fuerzas de seguridad. Esta versión fue apoyada por uno de los más prestigiosos historiadores de Guatemala, Jorge Luján Muñoz, que durante años mantuvo esta versión, llegando a plasmarla en sus libros y, más tarde, al declarar como testigo de la defensa en el juicio. En los días posteriores a la matanza de la embajada, Luján señaló: «saber quién puso fuego ahí».[70] Adicionalmente, el Gobierno impuso la censura previa a los medios de comunicación y amedrentó a los periodistas utilizando amenazas.[71]

Preguntado en una entrevista sobre esta versión oficial, Máximo Cajal declaró que la cantidad de alimentos que llevaban consigo los campesinos y estudiantes «si algo demuestran es que no integraban un comando suicida, que pretendían una estancia prolongada, y a ser posible pacífica, en la embajada».[72]

Para que la versión oficial prosperara, había que entorpecer y controlar la investigación judicial que necesariamente debía realizarse. La querella de Rigoberta Menchú denuncia una serie de irregularidades en el proceso, que asumió desde su inicio la tesis de la autoinmolación, avalada primero por parte del juez y luego por la policía y el Ministerio Público. Pero las irregularidades eran patentes y no pudieron hacer creíble la versión oficial. El acta de reconocimiento judicial del lugar de los hechos que obraba en el proceso no respetaba las formalidades mínimas requeridas por la ley.[73] Desde el punto de vista forense, los cadáveres se encontraban ya en el patio exterior de la residencia, cuando los hechos sucedieron en el segundo piso, lo que muestra la manipulación de la escena del crimen en contra de todas las normas técnicas mínimas de la actuación judicial. También hubo una descripción «errónea» del estado en que se encontraban los cuerpos, se destruyeron algunas evidencias y otras se ocultaron al propio juez, se obvió toda investigación, no se presentaron testigos, y el único que estaba localizable, ya que fue evacuado al hospital a consecuencia de sus heridas, Gregorio Yujá, fue torturado y luego asesinado. «Tampoco se analizaron los cadáveres que mostraban una implosión importante de órganos y vísceras [...] efecto que bien podría ser la consecuencia del rociado con fósforo blanco. Todo se ocultó y resulta claro que a la luz de la criminalística debieron ordenarse este tipo de estudios y peritajes.»[74]

La querella pone también de manifiesto que ningún familiar de las víctimas dio nunca un solo paso por solicitar una explicación o pedir responsabilidades judiciales: «Hay también un elemento importante que considerar y es el hecho de que ninguno de los familiares de los afectados formuló querella. Esto solo lo explica el miedo frente al terror que se había desatado en Guatemala. [...] La situación es una evidencia palpable de la negativa de jurisdicción y una prestación del servicio de Justicia que no respeta los mínimos estándares exigibles».

Se había manipulado el proceso, censurado a la prensa local y asesinado al testigo sobreviviente. Sin embargo, esta operación de encubrimiento no sería efectiva mientras hubiese un testigo sobreviviente, que además se encontraba fuera del alcance y control de la dictadura y podía contar de primera mano cómo había ocurrido todo: el embajador Máximo Cajal.

Éste fue el motivo de la campaña de desprestigio que el régimen guatemalteco lanzó contra el embajador de España.[75] El Gobierno de Guatemala, para justificar el comportamiento de la policía, aludió a una supuesta politización de la embajada debido a la visita del embajador a El Quiché, señalando además que la presencia de tres personalidades guatemaltecas en la cancillería, reconocidos políticos y juristas, tenía por finalidad usarlos como rehenes o escudos humanos para evitar que la policía actuara y así los ocupantes pudieran hacer desde allí sus proclamas en contra del Gobierno. También se difundió el rumor de que uno de los propios miembros de la legación diplomática española había acusado al embajador de comunista.[76]

En una entrevista concedida a medios españoles, el embajador respondía a estas acusaciones: «En ningún caso el comportamiento de la policía tendría justificación, pues violó normas muy precisas de derecho internacional. Con independencia de ello, quiero dejar muy firmemente establecido que, como no podía ser menos, la actuación de la embajada y de su titular fue en todo momento escrupulosamente respetuosa de los asuntos internos de aquel país. Lo que sí hubo fue una celosa preocupación, que yo compartía con el hombre ejemplar que era Jaime Ruiz del Árbol, por la seguridad de nuestros connacionales. A esa preocupación respondió nuestra breve estancia en El Quiché, donde prácticamente la totalidad de los religiosos que ejercían su misión eran españoles. Sobre muchos de ellos pesaban graves amenazas anónimas, cuyo origen, sin embargo, no nos era desconocido. Aquel viaje fue planeado y realizado con la expresa autorización del Palacio de Santa Cruz. Yo mismo lo anticipé a la Cancillería guatemalteca, en conversación con su jefe de protocolo, embajador Chocano. No había, pues, clandestinidad alguna en la visita. En ningún momento mantuvimos contacto con nadie que no fueran aquellos sacerdotes y monjas, a quienes queríamos testimoniar personalmente que la embajada velaba por ellos en las difíciles circunstancias en que se encontraban. Dormimos en sus parroquias y compartimos su pan. Nuestros temores no eran infundados. Hoy, la diócesis de El Quiché carece de asistencia religiosa. Nuestros compatriotas se han visto forzados a abandonarla, regresando en su mayoría a España, so pena de ser asesinados. Dos de ellos, los padres Gran y Villanueva, tuvieron menos suerte. Quedaron para siempre en Guatemala, víctimas de la represión. En cuanto a la última parte de su pregunta, estoy seguro de que comprenderá que, ni siquiera a título de hipótesis, pueda hacerme eco de ella. Me resulta imposible creer que nadie pueda ser tan abyecto...».[77]

La masacre provocó reacciones tanto de la sociedad civil guatemalteca como del Gobierno de España. Dos días después del asalto a la embajada, miles de estudiantes universitarios se reunieron en el Paraninfo Universitario, en el centro de la Ciudad, para realizar un sepelio a las víctimas, desde donde marcharon al Cementerio General, donde fueron recibidos por el mismo Pedro García Arredondo y su Comando 6, encuentro que se saldó con dos de los dirigentes estudiantiles asesinados.[78] Además de existir testimonios y documentos del Archivo Histórico de la Policía Nacional que así lo acreditan, la querella de Menchú en España también se refirió a estos hechos, incluyendo como víctimas de las repercusiones de la masacre a Gustavo Adolfo Hernández González y Jesús Alberto España Valle (asesinados en los funerales) y también a Liliana Negreros (secuestrada el día de los funerales y cuyo cadáver apareció posteriormente con evidentes signos de tortura).

Por su parte, el Gobierno de España, presidido entonces por Adolfo Suárez, rompió relaciones diplomáticas con Guatemala, decisión que fue apoyada por el Parlamento en pleno.[79] Ésta se adoptó no sólo por el asalto a la embajada de las fuerzas de seguridad contra la expresa voluntad del embajador, sino también por la maniobra que el Gobierno de Lucas García emprendió contra el embajador, en un intento de excusar y encubrir su decisión mediante una campaña calumniosa contra Máximo Cajal, haciéndolo responsable de haber organizado la toma de la legación por campesinos y estudiantes. España no tuvo otra opción que tomar la difícil y dolorosa medida de, por primera vez en su historia, romper relaciones diplomáticas con un país latinoamericano, un vínculo que tardaría cinco años en restablecerse.[80]

Después de recibir el apoyo del Gobierno y del Congreso de España, Máximo Cajal habló con libertad de lo vivido en la embajada aquel fatídico día: «Cuando la violencia deja de ser un tema académico; cuando sus víctimas no son seres anónimos o configuran abstractos datos estadísticos; cuando se sufre la represión en la propia carne, la serenidad se quiebra. No puedo recordar el 31 de enero de 1980 sin los mismos sentimientos de rabia y de impotencia que me dominaron a lo largo de aquellas horas. [...] murieron porque así lo quiso el Gobierno de Guatemala. Reitero ahora cuanto entonces dije. Todos pudieron haber salido con vida si se me hubiera permitido negociar con los ocupantes, si a éstos la policía no los hubiese acosado hasta la desesperación y, en última instancia, si se hubiera permitido a los bomberos y a la Cruz Roja rescatar a todos del fuego. Si entonces afirmé que la policía había actuado "brutal e irresponsablemente", hoy añadiría que también lo hizo "deliberadamente". No hubo precipitación por su parte, como a modo de excusa alegara el canciller guatemalteco. Las autoridades de Guatemala, que no podían permitir que se investigaran las presuntas atrocidades del ejército en El Quiché, como exigían los ocupantes, perseguían que estos últimos se entregaran sin condiciones, negándoles las garantías mínimas para su integridad, o que nadie, sin excepción, saliera de allí con vida».[81]

En el año 2000, Cajal publicó sus memorias sobre el asalto. Tituló el libro tomando prestada la frase del historiador Jorge Luján, que había apoyado y sostenido la versión oficial. *¡Saber quién puso fuego ahí! Masacre en la Embajada de España* constituye el testimonio fiel del único sobreviviente de aquel nefasto suceso.[82]

Máximo Cajal López falleció en Madrid el 3 de abril de 2014.[83] Pero dos años antes, en abril de 2012, tuvo la satisfacción de declarar por videoconferencia en el juicio que se siguió en Guatemala por la matanza de la embajada de España, aunque no alcanzó a conocer su resultado.

Unos años después de querellarse en España en virtud del principio de jurisdicción universal, Rigoberta Menchú hizo lo propio en su país, en 2001. El camino no fue fácil. Durante años, el sistema de Justicia guatemalteco impidió el avance de la causa.[84] La querella se presentó contra una decena de antiguos altos cargos.[85] Once años más tarde, el 25 de abril de 2012, a los 77 años, en dependencias de la Audiencia Nacional, físicamente ante el juez español Santiago Pedraz y telemáticamente ante el juez guatemalteco Eduardo Cojulún del Juzgado Undécimo Penal de Guatemala, el embajador Máximo Cajal narró los hechos ocurridos 32 años atrás. Fue como «una película de horror», dijo. Cuando logró salir de la embajada, la policía lo mantuvo retenido en un furgón durante 20 minutos, y desde allí pudo escuchar los gritos de las víctimas mientras eran consumidas por las llamas «y nadie las auxilió, ya que ni a los bomberos dejaron ingresar», puntualizó. La investigación estaba próxima a concluir, pero debido a su avanzada edad, su testimonio se recibió como declaración anticipada, lo que fue una decisión acertada, pues el embajador falleció en abril y el juicio no comenzaría hasta octubre de 2014.[86] Además del general Lucas García, hubo otros responsables, pero ya habían fallecido o se encontraban prófugos de la Justicia, por lo que sólo fue acusado Pedro García Arredondo.[87]

Las pruebas eran contundentes; además de los testimonios existían fotografías y vídeos que dejaban claro que, independientemente de cómo se hubiese iniciado el incendio, las fuerzas de seguridad negaron deliberadamente todo auxilio e impidieron que alguien escapara con vida. La sentencia fue dictada el 19 de enero de 2015, casi 35 años después de los hechos.[88] En el juicio, García Arredondo estuvo solo, sin un familiar o amigo cercano que lo acompañase. El único apoyo que recibió fue el de una siniestra organización de ultraderecha, la Fundación contra el Terrorismo.[89] La sentencia, impuesta por unanimidad de los jueces, lo condenó a noventa años de prisión.[90]

«He cumplido con mis difuntos», dijo Rigoberta Menchú. «Estamos agotados, con audiencia tras audiencia; es algo muy difícil. Sin embargo, estamos muy contentos. Éste es un ejemplo de que debemos acudir a la Justicia y debemos trabajar para ello. Los años [de la condena] no son los más importantes para nosotros; la importancia grande es la acreditación de la verdad».[91]

Por su parte, España manifestó: «Satisfacción por el grado de madurez alcanzado por las instituciones y la sociedad guatemalteca. Celebración porque, 35 años después, ha sido posible romper la impunidad por aquellos hechos y porque las víctimas y sus familiares hayan obtenido una justa dignificación. Esta sentencia ayuda a cerrar las heridas del pasado, pero es también una oportunidad para constatar las excelentes relaciones actuales entre España y Guatemala y la voluntad mutua de seguir trabajando en un marco de confianza». También hubo palabras de reconocimiento para el ya fallecido embajador Cajal «quien nunca dudó en colaborar activamente con la Justicia de Guatemala hasta su fallecimiento».[92]

El DIFÍCIL CAMINO HACIA LA PAZ Y LA VERDAD

La «matanza de la embajada» marcó el comienzo de un trienio especialmente represivo en Guatemala. La tensión y la violencia se multiplicaron, especialmente en El Quiché. Sólo a modo de ejemplo, en marzo de 1980, los escuadrones de la muerte colgaron en las rejas de la sede de la radio local de El Quiché los cadáveres mutilados de dos catequistas. Más tarde el ejército asesinó a trece mujeres y varios sacerdotes.[93]

Lejos de amilanarse, la Iglesia continuó con su labor de defensa de los campesinos e indígenas. Respondiendo a las peticiones de las víctimas, la archidiócesis de Guatemala creó la Oficina de Derechos Humanos del Arzobispado de Guatemala (ODHAG), a cargo de monseñor Juan Gerardi. A pesar de varias críticas internas, éste incorporó a laicos a la oficina, formando así un equipo de abogados, investigadores y educadores. Gerardi también colaboró activamente en la preparación y desarrollo del proceso de negociación que culminaría con los Acuerdos de Paz. Cuando la anhelada paz se vislumbraba como posible, monseñor propuso llevar a cabo el Proyecto para la Recuperación de la Memoria Histórica (REMHI) con el que pretendía recuperar la memoria y la dignidad de las víctimas y evitar que la impunidad fuera la moneda de cambio de la paz y la reconciliación del país. Durante tres años de intenso trabajo, se recibieron cerca de cinco mil testimonios, tanto de víctimas sobrevivientes como de responsables materiales de los hechos. Con ellos se construyó una base de datos y un enorme tesauro, se consultaron fuentes secundarias, archivos internacionales y locales. Con todo este material pudieron obtenerse conclusiones, interpretaciones y resultados, que dieron como fruto el informe *Guatemala, Nunca Más*, que fue presentado el 24 de abril de 1998 por monseñor Gerardi en la catedral metropolitana.[94]

A diferencia de otros informes de comisiones de la verdad, de carácter estatal y transversal, el documento *Guatemala, Nunca Más*, también conocido como «Informe REMHI», no sólo describía las estructuras represivas, de inteligencia e impunidad, sino que ponía nombre y apellido a algunos de los responsables. Además de militares y policías, el informe señalaba como cómplices de la impunidad y del silencio a algunos sectores de la Iglesia católica y evangélica, a la prensa y a grupos empresariales que justificaron la violencia. De las cerca de 600 masacres ocurridas, la prensa sólo informó de 43. Los empresarios habían ofrecido sesenta millones de dólares al Gobierno de Ríos Montt para colaborar con la contrainsurgencia, coincidiendo con el período de mayor represión.[95]

El día de la presentación del Informe REMHI, monseñor Gerardi señaló: «Abrimos la verdad, porque encarar nuestra realidad personal y colectiva no es una opción que se pueda aceptar o dejar, es una exigencia inapelable para todo ser humano, para toda sociedad que pretenda humanizarse y ser libre».[96] El 26 de abril de 1998, apenas 48 horas después de pronunciar este discurso, monseñor Gerardi fue asesinado. Al llegar a su casa. A golpes.[97]

El otro informe de la verdad de Guatemala fue fruto del trabajo de la Comisión para el Esclarecimiento Histórico (CEH), establecida en el marco del proceso de paz de Guatemala mediante el acuerdo firmado en Oslo el 23 de junio de 1994. En dicho acuerdo se establecieron el mandato y otros elementos de funcionamiento de la CEH. Sin acotar fechas, el acuerdo estableció el mandato temporal de la comisión «a partir del inicio del enfrentamiento armado hasta que se suscriba el Acuerdo de Paz Firme y Duradera».[98] Después de firmado el acuerdo, el secretario general de las Naciones Unidas tomó las acciones necesarias para preparar el buen funcionamiento de la comisión, cuya integración y puesta en marcha quedó pendiente de la firma del Acuerdo de Paz Firme y Duradera, que tuvo lugar el 29 de diciembre de 1996.[99] La CEH realizó un exhaustivo estudio y análisis en el que se recopilaron datos, documentación y testimonios con el objetivo de descubrir la verdad de lo sucedido en Guatemala durante la segunda mitad del siglo XX.

Como parte del proceso de paz, se promulgó la Ley de Reconciliación Nacional, que estableció la amnistía para las partes actoras de la guerra, aunque excluyendo de manera explícita los crímenes de genocidio, tortura y crímenes de lesa humanidad. Pese a ello, la ley dio cobertura legal a la pasividad de jueces y fiscales respecto a los hechos acaecidos durante el conflicto, sirviendo como pretexto para la impunidad y para dar de nuevo la espalda a las víctimas, en lugar de buscar Justicia y reparación para ellas, tal y como recogía la ley de manera expresa.[100]

LA JURISDICCIÓN ESPAÑOLA

Rigoberta Menchú tenía muchas razones para presentar su querella en España. Su nación, su comunidad y su familia eran víctimas directas del conflicto, concretamente de los gobiernos de Lucas García, Ríos Montt y Mejía Víctores. En su escrito denunciaba los delitos de genocidio, tortura, terrorismo de Estado, además de delitos de desaparición forzada, detención ilegal, tortura y ejecución extrajudicial sufridos por su madre y sus hermanos.

A pesar de los enormes avances logrados con los acuerdos de paz y la CEH, bien es sabido que la situación de un país no cambia de la noche a la mañana, de modo que la posibilidad de obtener Justicia en Guatemala sería muy escasa durante largos años. Prueba de ello era la ya mencionada Ley de Reconciliación Nacional, que fue utilizada en los hechos como una ley de impunidad, aunque su texto dijera todo lo contrario. Sin embargo, formalmente no existía una norma que impidiera investigar y juzgar, a diferencia de lo que había acontecido por largos años en Chile y Argentina, y además había pasado muy poco tiempo desde los acuerdos de paz, el informe de la CEH y la fecha de interposición de la querella en España. Éstos fueron los argumentos centrales, dichos de manera muy simple y sucinta, para la férrea oposición del Ministerio Fiscal a la querella de Rigoberta Menchú en España. Había que darle una oportunidad a Guatemala, había que esperar. Por ello, el Ministerio Fiscal interpuso recurso de reforma contra el auto de 27 de marzo de 2000 que había acordado declarar la competencia para el conocimiento de los hechos, en virtud del cual, además, el Juzgado Central de Instrucción n.º 1 de la Audiencia Nacional ya había ordenado practicar algunas diligencias. Entre ellas, había un requerimiento a las autoridades de Guatemala para que manifestasen si en ese momento existía algún proceso penal contra los denunciados por los mismo hechos, especialmente por el asalto a la embajada de España, «con expresión, en su caso, de las suspensiones o paralizaciones de los procesos y sus causas y fechas» y «de las resoluciones judiciales decretando el archivo o sobreseimiento».[101] Desestimado el recurso de reforma, el Ministerio Público interpuso recurso de apelación en mayo de ese mismo año.

En los mencionados autos que declararon la competencia para conocer de los hechos objetos de la querella, el instructor se centró en el delito de genocidio, conceptuando los delitos de terrorismo y torturas como conexos a éste. Teniendo por tanto el genocidio como tipo delictivo rector, el juez aplicó el principio de jurisdicción universal previsto en el artículo 23.4 a) de la Ley Orgánica del Poder Judicial (LOPJ) y, a la luz del Convenio sobre Prevención y Sanción del Delito de Genocidio, entendió que los tribunales españoles tenían competencia porque «los órganos judiciales del estado en cuyo territorio se ha cometido el presente delito de genocidio no han actuado y tampoco existe un Tribunal Internacional previsto en el art. 6 del convenio sobre genocidio».[102]

En el caso de Guatemala, el juez instructor utilizó la misma fundamentación empleada en los casos de Argentina y Chile. En aquellas ocasiones, el Pleno de la Sala de lo Penal de la Audiencia Nacional (autos de 4 y 5 de noviembre de 1998) ya había afirmado la «subsidiariedad de actuación de la jurisdicción penal española para el delito de genocidio cuando los hechos son extraterritoriales».[103] Por tanto, la cuestión clave para el caso de Guatemala era argumentar la inactividad de la Justicia guatemalteca, dado que, como señaló el auto del pleno, el material en que se basaba la querella, el informe de la CEH, se había entregado en febrero de 1999 y la querella en España se presentó tan sólo unos meses después, en diciembre del mismo año. Por ello el auto señalaba que no se estaba ante varios años de inacción judicial, como en los casos de Argentina y Chile, sino ante un período más corto de tiempo, por lo que era imposible deducir inactividad judicial. Además, la Audiencia Nacional consideró que no existía una legislación que impidiera actuar a los jueces locales, pues el artículo 8 de la Ley de Reconciliación Nacional excluía expresamente la extinción de responsabilidad penal respecto, entre otros, del delito de genocidio, y la CEH había recomendado expresamente el cumplimiento de dicho artículo para perseguir y enjuiciar dichos crímenes. En conclusión, el auto afirmaba que no estaba acreditada la necesidad de la jurisdicción española en detrimento del criterio de territorialidad proclamado en el Convenio sobre Prevención y Sanción del Delito de Genocidio y por ello la sala acordó estimar el recurso de apelación interpuesto por el Ministerio Fiscal y declarar que no procedía el ejercicio, «en ese momento», de la jurisdicción penal española para la persecución de los hechos referidos en la querella, ordenando el archivo de las diligencias previas. Aunque podía entreverse que el procedimiento guatemalteco no era efectivo, las apariencias formales pesaron en los magistrados de la Sala de lo Penal de la Audiencia Nacional.

Contra esta resolución, las acusaciones popular y particular interpusieron un recurso de casación ante el Tribunal Supremo por infracción de ley y precepto constitucional, al considerar que se había vulnerado el derecho a la tutela judicial efectiva reconocido en la Constitución Española, dando lugar a indefensión, debido a error de hecho en la apreciación de la prueba y, finalmente, por la infracción de ley del artículo 849.1.º de la Ley de Enjuiciamiento Criminal, de la cual se derivaban diversas cuestiones relacionadas con la indebida aplicación del principio de subsidiariedad, lo que, a su vez, derivaba en una infracción del artículo 23.4 de la LOPJ. Las partes sostuvieron ante el Supremo que «el Convenio para la Prevención y Sanción del Delito de Genocidio no establece un principio de subsidiariedad, sino el principio de Delito de Jurisdicción universal, o que, de acuerdo con lo dispuesto en el artículo 23.4 de la LOPJ, determina la jurisdicción de los tribunales españoles para conocer de los hechos denunciados en cuanto que constituyen un delito de genocidio».[104]

Es importante señalar que España ya había incorporado a su legislación el delito de genocidio, mediante la Ley 44/1971 de 15 noviembre, que lo incluyó en el Código Penal entonces vigente, como delito contra el derecho de gentes. Sin embargo, no se modificaron las normas que regulaban los supuestos de extraterritorialidad para incluir expresamente en ellas el principio de jurisdicción universal respecto al delito de genocidio.

La Sala Segunda del Tribunal Supremo dictó la sentencia núm. 327/2003, de 25 de febrero de 2003, que requiere una explicación un poco más detallada. El Tribunal Supremo señaló primeramente que el objeto de la sentencia era determinar la existencia de la jurisdicción extraterritorial de los tribunales españoles sobre los hechos denunciados. Para el Tribunal Supremo, la clave de la cuestión residía en que la Convención para la Prevención y Sanción del Delito de Genocidio establece el principio de subsidiariedad, pero no el de jurisdicción universal, aunque tampoco lo excluye.

La sentencia desestimó las alegaciones de infracción del derecho a la tutela judicial efectiva y de error de hecho en la apreciación de la prueba, para lo cual se basó en que «no le corresponde a ningún estado en particular ocuparse unilateralmente de estabilizar el orden, recurriendo al derecho penal, contra todos y en todo el mundo», encontrando necesaria la existencia de «un punto de conexión que legitime la extensión extraterritorial de su jurisdicción»,[105] lo que permite evitar «el ejercicio abusivo de la jurisdicción» y «un efecto excesivamente expansivo de este tipo de procedimientos».[106]

Con respecto al delito de genocidio, la sentencia señaló que no podía extraerse de la convención, ni de ningún otro convenio o tratado suscrito por España, la jurisdicción de los tribunales españoles, porque no constaba que ninguno de los presuntos culpables se encontrara en territorio español ni que España hubiera denegado su extradición. Tampoco apreciaba la existencia de una «conexión» con un «interés nacional español» en relación directa con el delito de genocidio, al no haber víctimas españolas de dicho delito. Con respecto al delito de terrorismo, el Tribunal Supremo llegó a la misma conclusión.

Sin embargo, con respecto al delito de tortura, el Tribunal Supremo, acudiendo a lo establecido en la Convención contra la Tortura y Otros Tratos o Penas Crueles, Inhumanos o Degradantes de 1984, que tanto España como Guatemala habían ratificado, señaló que la convención define otros criterios de atribución de jurisdicción, entre los que se encuentra el de personalidad pasiva, que consiste en la posibilidad de perseguir los hechos cuando la víctima sea de la nacionalidad de un estado (España), aunque se hayan cometido en el territorio de otro (Guatemala). Como ya se ha explicado con anterioridad, entre las víctimas mencionadas en la querella de Rigoberta Menchú se hacía referencia a ciudadanos españoles, incluyendo no sólo lo sucedido durante el asalto a la embajada de España en Guatemala, en el que fallecieron tres españoles, y uno más resultó herido, sino también los asesinatos de sacerdotes españoles cometidos durante distintos momentos del conflicto. Esto dio lugar a que el Tribunal Supremo autorizara mantener la jurisdicción de los tribunales españoles respecto del delito de tortura sobre las víctimas españolas, con base en el artículo 23.4.g) de la LOPJ y las disposiciones de la Convención contra la Tortura.[107] La sala afirmó por tanto que, «en los casos del asesinato de los sacerdotes españoles antes citados, así como en el caso del asalto a la embajada española en Guatemala, respecto de las víctimas de nacionalidad española, una vez comprobados debidamente los extremos que requiere el artículo 5 del Convenio contra la Tortura, los tribunales españoles tienen jurisdicción para la investigación y enjuiciamiento de los presuntos culpables».[108]

En conclusión, y simplificando, el fallo del Tribunal Supremo acogió parcialmente el recurso de casación, estimando que los tribunales españoles tenían jurisdicción, pero única y exclusivamente para el enjuiciamiento de los hechos denunciados contra ciudadanos españoles, en aplicación del principio de personalidad pasiva y desechando de forma categórica y definitiva toda aplicación del principio de jurisdicción universal, a diferencia de lo establecido en el auto de la Audiencia Nacional que no autorizaba la aplicación de la jurisdicción universal «en ese momento», sin cerrar la posibilidad a su aplicación futura si se verificaba la inacción posterior de la Justicia guatemalteca. Consecuentemente, el Tribunal Supremo ordenó revocar parcialmente el auto de la Audiencia Nacional de 13 de diciembre de 2000 y declaró la jurisdicción de los tribunales españoles para la investigación y enjuiciamiento de los hechos cometidos contra ciudadanos españoles en la embajada española y los cometidos en perjuicio de los sacerdotes españoles.

Es interesante destacar aquí una contradicción del Tribunal Supremo en su fundamentación, que puede haber pasado inadvertida. Si antes se había dicho que si bien la convención contra el genocidio no contemplaba expresamente el principio de jurisdicción universal, pero que tampoco la prohibía, nada impedía a la legislación española, entonces, incluirla en su ordenamiento jurídico, por encima de las obligaciones de mínimo que establece dicha convención, al ser precisamente el genocidio un crimen internacional que afecta a la humanidad entera, pues lo único que no puede asumirse como jurídicamente válido es la impunidad del mismo.

En suma, tanto la Audiencia Nacional como el Tribunal Supremo, aunque empleando fundamentos diferentes, coincidieron en la interpretación restrictiva del artículo 23.4 de la LOPJ y del criterio de competencia jurisdiccional en él establecido.

Pero no todos los jueces del Tribunal Supremo pensaban igual. Fue un fallo ciertamente dividido. Si bien la mayoría estuvo de acuerdo en ejercer jurisdicción sólo respecto de los españoles, siete magistrados emitieron un voto particular en el que manifestaron su discrepancia con la resolución dictada por la mayoría de ocho magistrados, estimando que la posición mayoritaria restringía excesivamente la aplicación del principio de Justicia universal, infringiendo lo establecido por el legislador para la persecución penal extraterritorial del delito de genocidio en el artículo 23.4, a) de la LOPJ. Suscribieron un voto particular conjunto los magistrados Joaquín Delgado García, José Antonio Martín Pallín, Cándido Conde-Pumpido (que en 2015 cambiaría de criterio en el caso Tíbet, tras la reforma del año 2014), José Antonio Marañón Chavarri, Joaquín Giménez García, Andrés Martínez Arrieta y Perfecto Andrés Ibáñez.

Los argumentos elaborados por estos magistrados en este voto particular sirvieron posteriormente de base a las demandas de amparo ante el Tribunal Constitucional interpuestas por las acusaciones popular y particular. Especialmente relevante fue el concepto que desarrollaron los magistrados, según el cual la jurisdicción universal «no se rige por el principio de subsidiariedad, sino por el de concurrencia, pues precisamente su finalidad es evitar la impunidad».[109] En el voto particular, se remitieron además a las decisiones del Tribunal Constitucional alemán que habían avalado el principio de jurisdicción universal sin necesidad de vínculos con intereses nacionales (como en la sentencia de 12 de diciembre de 2000, en la que se ratificó la condena por el delito de genocidio dictada por los tribunales alemanes a ciudadanos serbios por crímenes cometidos en Bosnia-Herzegovina contra víctimas bosnias). Con base en estos argumentos y otros más, la sentencia del Tribunal Supremo fue recurrida ante el Tribunal Constitucional.[110]

LA HISTORIA DE UNA HISTÓRICA RESOLUCIÓN

Las partes que interpusieron el recurso de amparo argumentaron nuevamente que había existido una vulneración del derecho fundamental a la tutela judicial efectiva por parte de jueces y tribunales (art. 24.1 CE), así como la vulneración del derecho al juez ordinario predeterminado por la ley y a un proceso con todas las garantías (art. 24.2 CE), además de una infracción del principio procesal conocido como «prohibición *reformatio in peius*», que impide que el tribunal superior que conoce de un recurso «reforme a peor» o en «perjuicio» de los recurrentes, por cuanto el Tribunal Supremo, al resolver la casación, estaba restringiendo aún más la competencia de los tribunales españoles yendo más allá que la Audiencia Nacional, ya que mientras que esta última había negado la jurisdicción penal española «por el momento», la sentencia del Tribunal Supremo la negó de manera definitiva y categórica.

En esta ocasión, el Ministerio Público cambió su posición por la que se oponía tajantemente al ejercicio de la jurisdicción universal por parte de los tribunales españoles, por la postura contraria, posicionándose a favor del otorgamiento del amparo, atendiendo a la vulneración del derecho a la tutela judicial efectiva en que habría incurrido tanto el auto de la Audiencia Nacional como la sentencia del Tribunal Supremo, al restringir el acceso al proceso con una interpretación excesivamente rigurosa del artículo 23.4 de la LOPJ. Este cambio no tiene otra explicación que el cambio de Gobierno en España. Ahora era presidente José Luis Rodríguez Zapatero y había nombrado a un nuevo fiscal general del Estado, Cándido Conde-Pumpido, en principio más favorable al fundamento de la jurisdicción universal.

Dos años después de la interposición del recurso, a través de la sentencia n.º 237/2005, de 26 de septiembre (Sala Segunda), el Tribunal Constitucional dictó su sentencia. En primer término, tal y como había hecho antes, éste constató que «el legislador ha atribuido un alcance universal a la jurisdicción española para conocer de estos delitos concretos, en correspondencia tanto con su gravedad como con su proyección internacional», siendo el fundamento último de la jurisdicción universal precisamente la universalización de la jurisdicción debido al interés de todos los estados en la persecución de estos delitos, «de forma que su lógica consecuencia es la concurrencia de competencias o, dicho de otro modo, la concurrencia de estados competentes». Así, el Tribunal Constitucional tomaba nota de que el auto de la Audiencia Nacional había fundado la ausencia de jurisdicción de los tribunales españoles en el principio de subsidiariedad, considerando que sólo en caso de verificarse la inactividad de los tribunales guatemaltecos o de que su acción fuera imposible debido a alguna ley que favoreciese la impunidad, podrían los tribunales españoles ejercer la jurisdicción universal. Sin embargo, la jurisdicción universal se basa en el principio de concurrencia y no en el de subsidiariedad. El de concurrencia encuentra como único límite el de la cosa juzgada, esto es, que no pueden juzgarse dos veces los mismos hechos. No obstante, aun cuando existe un compromiso común de todos los estados en la persecución de crímenes tan atroces que afectan a la comunidad internacional, ello no impide que, por criterios de razonabilidad procesal y política criminal, se otorgue prioridad a la jurisdicción del estado donde se cometió el delito. Pero esta prioridad, otorgada por razones prácticas, no significa lo mismo que la subsidiariedad. El Tribunal Constitucional estimó que el auto de la Audiencia Nacional había efectuado una «interpretación enormemente restrictiva» al exigir que los denunciantes acreditasen la plena «imposibilidad legal» o una «prolongada inactividad judicial», hasta el punto de exigir que fuera probado «el rechazo efectivo de la denuncia por los tribunales guatemaltecos». Esta interpretación tan restrictiva frustraba el objetivo de la convención contra el genocidio y de la jurisdicción universal, que es la lucha contra la impunidad, al exigir la verificación y acreditación de la impunidad (en Guatemala) como requisito previo para el ejercicio de la jurisdicción universal (en España), requiriendo además una prueba de hechos negativos (imposibilidad, inactividad) que constituye una «tarea de imposible cumplimiento», que en derecho se conoce como *probatio diabolica*. Por todo ello, el Tribunal Constitucional estimó que se había vulnerado «el derecho a acceder a la jurisdicción reconocido en el art. 24.1 CE como expresión primera del derecho a la tutela efectiva de jueces y tribunales».

En cuanto a la sentencia del Tribunal Supremo, el Constitucional constató que hacía depender la jurisdicción universal de la existencia de un convenio internacional que la consagrase expresamente y del que España fuera parte, de modo que, como el convenio contra el genocidio no consagra expresamente la jurisdicción universal, sino que prevé otra forma de reacción (la creación de un tribunal internacional), España no estaría autorizada a ejercer la jurisdicción universal, por el delito de genocidio. El Tribunal Constitucional constató además que el Tribunal Supremo se contradecía en su fundamentación, ya que partía argumentando que el convenio contra el genocidio si bien «no establece expresamente la jurisdicción universal, tampoco la prohíbe», más adelante «termina por afirmar lo contrario». Por ello, el Constitucional estableció que el Tribunal Supremo había efectuado una «interpretación en extremo rigorista» al deducir del silencio del convenio sobre el principio de jurisdicción universal «una prohibición dirigida a los estados». Lo cierto es que el «convenio no incorpora una prohibición, sino que deja abierta a los estados firmantes la posibilidad de establecer ulteriores mecanismos de persecución del genocidio». Por ello, dijo el Tribunal Constitucional, con toda razón, que la interpretación del Tribunal Supremo «no se aviene con el principio de persecución universal y de evitación de la impunidad de tal crimen de derecho internacional, que, como ha sido afirmado, preside el espíritu del convenio y que forma parte del derecho consuetudinario internacional (e incluso del *ius cogens*, según ha venido manifestando la mejor doctrina) sino que, antes bien, entra en franca colisión con él».

Con respecto a las restricciones que imponía el Tribunal Supremo al exigir un «vínculo de conexión» con España, como la nacionalidad española de las víctimas, que el imputado se encontrase en territorio español o que se viera afectado algún interés nacional español, el Constitucional señaló que tales limitaciones no se desprendían ni del derecho internacional ni de la propia jurisprudencia citada por el Supremo al fundamentar su tesis. Antes bien, de esa jurisprudencia se desprendía todo lo contrario. Llama la atención de que tales citas son parciales, incompletas. Por otra parte, el Tribunal Constitucional contradijo al Supremo también al señalar que «la ley española no es la única legislación nacional que incorpora un principio de jurisdicción universal sin vinculación a intereses nacionales», citando a modo de ejemplo la legislación de Bélgica, Dinamarca, Suecia, Italia y Alemania.

En definitiva, el Tribunal Constitucional, tras realizar una dura crítica a la sentencia del Tribunal Supremo en la que apreció incluso errores metodológicos, concluyó que la jurisdicción universal se rige por el principio de concurrencia y no por el de subsidiariedad, que el Convenio para la Prevención y Sanción del Delito de Genocidio de 1948 no excluye la jurisdicción universal, rechazando las restricciones a ésta basadas en la exigencia, no prevista (en aquel momento) ni en la ley española ni en el derecho internacional, de un punto de conexión con España, como la nacionalidad española de la víctima, vínculos con intereses españoles o la presencia del acusado en territorio español, requisitos que son *contra legem* y contrarios al fundamento y fines del principio de jurisdicción universal y que, además de desnaturalizarlo, implican una derogación de facto de la norma que lo consagra, esto es, el art. 23.4 de la LOPJ. El Tribunal Constitucional afirmó que el principio de Justicia universal se basa exclusivamente en las características particulares de los delitos sometidos a ella, cuya lesividad (especialmente el delito de genocidio) trasciende la de las víctimas concretas alcanzando a la comunidad internacional en su conjunto. En consecuencia, su persecución y sanción constituyen no sólo un compromiso, sino también un interés compartido de todos los estados cuya legitimidad no depende de sus ulteriores intereses.

Por todo lo anterior, el Tribunal Constitucional otorgó el amparo por vulneración del derecho a la tutela judicial efectiva, anulando el auto de la Sala de lo Penal de la Audiencia Nacional de 13 de diciembre de 2000 y la sentencia 327/2003 del Tribunal Supremo, retrotrayendo las actuaciones al momento inmediatamente anterior al pronunciamiento del mencionado auto del año 2000 y con ello, volviendo al momento en el que el auto del Juzgado Central de Instrucción n.º 1 de 27 de abril de 2000 declaraba la competencia de los tribunales españoles en el caso Guatemala.[111]

Esta decisión del Tribunal Constitucional supuso un hito en la consolidación, comprensión y extensión de la jurisdicción universal en España, al resolver a favor de la jurisdicción y competencia española en el caso de Guatemala. El rechazo por el tribunal del requisito de puntos de conexión con España devolvía la jurisdicción universal a su esencia, dado que la persecución internacional y transfronteriza que pretende introducir este principio se basa exclusivamente en las características particulares de los delitos sometidos a ella.

Fue toda una reivindicación de los derechos de las víctimas (principio *pro actione*) y, por ende, del esfuerzo de los que habíamos apostado por esta interpretación. Sin embargo, no pasaría mucho tiempo para que se volvieran las tornas en contra de esta visión vanguardista y províctimas que definía perfectamente la esencia de la jurisdicción universal y se volviera a un concepto reducido y pacato, carente de la visión universalista e integral que debe guiar a este principio.

Como consecuencia de esta sentencia del Tribunal Constitucional y mediante un acuerdo del pleno celebrado el 3 de noviembre de 2005 (conforme al art. 264 de la LOPJ), de carácter no jurisdiccional y con el fin de unificar criterios, la Audiencia Nacional decidió que, en lo sucesivo y en cumplimiento de la sentencia del Constitucional, examinaría de oficio su propia jurisdicción, en particular la inactividad de los tribunales del territorio y de los tribunales internacionales y aceptaría la jurisdicción «salvo que se aprecie exceso o abuso de derecho por la absoluta ajenidad del asunto, por tratarse de delitos y lugares totalmente extraños y/o alejados y no acreditar el denunciante o querellante interés directo o relación con ellos». Este añadido del pleno, que recibió varios votos particulares, era claramente contrario al espíritu de la resolución del Tribunal Constitucional y sería años después utilizado para cargar contra la misma (véase el caso del Tíbet).

Pero, volviendo a la histórica sentencia del Constitucional, Carlos Slepoy, el destacado abogado argentino radicado en Madrid, impulsor de la jurisdicción universal en España por las causas por violaciones a los derechos humanos en su país, en Chile, en Guatemala y tantos otros lugares, calificó la sentencia del Tribunal Constitucional como un «punto de inflexión» hacia una «verdadera Justicia internacional». Lejos de significar que un país se meta con otro u otros, la sentencia «lo que está estableciendo es un llamado a los estados para que persigan el genocidio, entendiendo que no hay territorio para el genocidio, sino que el mundo es el territorio donde se comete el genocidio», lo que puede permitir «romper el círculo vicioso de la impunidad».[112]

El primer «No al racismo» en Guatemala

Ese año 2005, además de la histórica decisión adoptada por el Tribunal Constitucional español, Rigoberta Menchú celebró otro éxito judicial, esta vez ante los tribunales de su país. El 9 de octubre de 2003, Menchú había acudido a la Corte de Constitucionalidad para emprender acciones legales contra la inscripción de Ríos Montt como candidato a la presidencia de Guatemala, pues la Constitución del país impide la candidatura de aquellos que hayan participado en un golpe de Estado.[113] Concluida la diligencia, al abandonar la sala del tribunal, una turba de seguidores de Ríos Montt agredió a Menchú, primero verbalmente con gritos alusivos a su condición de indígena, que la mandaban a «vender tortillas». Sus acompañantes lograron salvarla además de los empujones y escupitajos, ante la inacción de los vigilantes de la sala,[114] mientras le gritaban: «¡Andá a vender tomates a la terminal, india!».[115] El lunes 4 de abril, cinco activistas del Frente Republicano Guatemalteco (FRG), el partido de Efraín Ríos Montt, fueron condenados a tres años y dos meses de cárcel, por las agresiones verbales y físicas.[116] Se trató del primer juicio por racismo que se celebraba en el país, siendo los acusados condenados por discriminación y alteración del orden público.[117]

Aun cuando las condenas podrían no parecer gran cosa, tres años y dos meses redimibles con una multa de 75 quetzales (unos 7,5 euros por cada día de prisión), Menchú calificó el juicio y la condena como algo «maravilloso», pues sentaba un precedente histórico, dado que la exclusión del indígena era cotidiana y generalmente pasaba inadvertida.[118]

«Es la primera vez en la historia de Guatemala que se castiga la discriminación y se la coloca como un delito», dijo visiblemente emocionada al salir de la sala del tribunal.[119]

«Nosotros [los indígenas] vivimos a diario la humillación y el desprecio, a pesar de que la Constitución y las leyes ordinarias hablan de igualdad», dijo.[120] «Hoy tenemos una gran experiencia que podemos comunicar a nuestros jóvenes: que nadie debe de discriminar a nadie, que nadie debe ofender la dignidad de nadie sólo porque pertenezca a un idioma o a un área del país.»[121]

El viaje

Más allá de algunas diligencias preliminares, hasta ese momento la causa había girado durante años en torno al debate sobre la jurisdicción universal en España. Ahora que este tema ya estaba despejado y la causa había sido formalmente reabierta, comenzaría una investigación judicial intensa, con altos y bajos, logros y sinsabores, en el mismo Juzgado Central de Instrucción n.º 1, a cargo del juez Santiago Pedraz desde mayo de 2005.

¿Cómo investigar un genocidio? ¿Cómo pueden investigarse hechos que ocurrieron hace décadas, en otro país, en otro continente? Para las pesquisas de Argentina y Chile que me correspondió llevar a cabo, recibí el apoyo de diversas organizaciones de derechos humanos que permitieron que víctimas y testigos pudieran viajar y aportar su testimonio y antecedentes en España. Aunque las comisiones rogatorias para interrogar a los imputados siempre fueron denegadas, logró extraditarse a Ricardo Miguel Cavallo desde México y pudo solicitarse la extradición de Pinochet al Reino Unido. El caso de Guatemala era más complejo. Los imputados y las víctimas estaban en Guatemala, difícilmente podrían viajar a España y muchas de estas últimas ni siquiera hablaban castellano o lo hacían con dificultad.

Antes de que se incorporara el nuevo juez instructor, me tocó sustituir al anterior durante un tiempo y decidí impulsar el procedimiento ante la paralización *de facto* que sufría sin razón alguna aparente. Ordené que se cursaran comisiones rogatorias para que las autoridades guatemaltecas o bien cooperaran en la investigación o la realizaran ellas mismas. En Guatemala, había varios jueces que querían avanzar en la persecución de estos crímenes y que necesitaban el impulso que, en otros momentos, había dado a los colegas de Argentina y Chile. La cooperación es también una función de la jurisdicción universal.

El juez Santiago Pedraz, ya como titular del juzgado, asumió las diferentes comisiones rogatorias a Guatemala y se decidió viajar a hasta allí para practicar sin dilación las diligencias solicitadas, junto con el fiscal, Jesús Alonso, encabezando una comisión judicial que tomaría declaraciones a testigos e imputados, autorizados por Saúl Álvarez Ruiz, juez undécimo de Primera Instancia Penal Narcoactividad y Delitos contra el Ambiente de Guatemala, que fijó para ello el período comprendido entre el día 26 de junio y el 4 de julio de 2006.[122] La idea era interrogar tanto a Ríos Montt como a los otros imputados (el general golpista Óscar Mejía Víctores, Germán Chupina, exdirector de la ya desaparecida Policía Nacional, los generales Benedicto Lucas y Ángel Guevara, y el exoficial a cargo del asalto a la embajada de España, Pedro García Arredondo) sobre los hechos que se les imputaban. El expresidente Lucas García había fallecido recientemente y el exministro de Interior Donaldo Álvarez se encontraba prófugo de la Justicia desde 2004.[123]

Según lo acordado y dispuesto por el juez guatemalteco, la toma de declaraciones comenzaría el 26 de junio de 2006. Sin embargo, tres días antes, el secretario de la Corte Suprema de Justicia, Jorge Arauz, informaba a la prensa: «las diligencias fueron suspendidas indefinidamente debido a que el Tribunal de Conflictos de Jurisdicción aceptó un recurso interpuesto por uno de los procesados».[124] La comisión judicial se encontraba en pleno vuelo cuando se hizo este anuncio y llegó a Guatemala el día 24. Al día siguiente, representantes de organizaciones humanitarias de Guatemala se manifestaron ante la embajada de España. Decenas de activistas, supervivientes y familiares de las víctimas y representantes de 102 organizaciones locales se manifestaron con claveles rojos y pancartas, y leyeron un comunicado en el que expresaron su apoyo a las autoridades judiciales españolas, solicitando que Pedraz, ante la imposibilidad de hacerlo en los tribunales locales, tomara declaración a los testigos en la legación de España en Guatemala.[125] El 26 de junio, según estaba originalmente previsto, la comisión judicial se presentó en el despacho del juez Saúl Álvarez Ruiz. En la puerta de acceso al tribunal, un centenar de indígenas y miembros de asociaciones de derechos humanos vitorearon al juez Pedraz y a la comisión judicial al grito de «¡El pueblo unido, jamás será vencido!» y «¡Juicio y castigo para los genocidas!».[126] Una vez en el tribunal, la comisión judicial fue informada oficialmente de la suspensión de la diligencia, debido a que estaba pendiente de resolución ante el Tribunal de Conflictos de Jurisdicción un recurso interpuesto por la defensa de uno de los imputados, y que había otros recursos más en el mismo sentido.[127] El recurso había sido interpuesto por Germán Chupina. Por su parte, Ríos Montt también había interpuesto un recurso de inconstitucionalidad para evitar el interrogatorio. Sin embargo, a diferencia de lo que había declarado el secretario de la Corte Suprema, oficialmente se informó a la comisión de que los recursos se resolverían en los próximos días.[128] Ante este anuncio, la comisión acordó esperar un tiempo prudencial.[129] Mientras se esperaba el veredicto de la Justicia guatemalteca, nada impedía que la comisión interrogara a los testigos.[130] No obstante, cuando al día siguiente la comisión intentó constituirse en la embajada, el embajador Juan López Dóriga les explicó que sus pretensiones eran «inviables», porque no lo permitía el derecho internacional. En efecto, las embajadas gozan de inmunidad diplomática, pero sólo pueden realizar las funciones que les atribuye el Convenio de Viena, entre las que no está el ejercicio de funciones jurisdiccionales en un país extranjero. Ello provocó la lógica desazón de las organizaciones de víctimas que habían visto en el proceso que instruía Pedraz la única vía para acabar con la impunidad. El viaje de la comisión judicial a Guatemala era una oportunidad única para aportar su testimonio, pues la mayoría de los testigos no disponían de recursos para viajar a España. Por ello organizaron una vigilia frente a la Corte Suprema y el Tribunal de Conflictos de Jurisdicción a la espera del veredicto.[131] Pero la decisión no provino de ninguno de estos tribunales sino de la Corte de Constitucionalidad de Guatemala. El recurso de Ríos Montt alegaba que la investigación de los tribunales españoles era contraria a la Constitución. Aunque la decisión definitiva se haría esperar un tiempo, ahora se resolvía la petición de suspensión en Guatemala de las actuaciones de Pedraz y la comisión. El 28 de junio, la corte adoptó su decisión por cuatro votos a favor y uno en contra: de acuerdo con la mayoría de la corte, el juez Saúl Álvarez debió haber suspendido toda colaboración con la comisión judicial española apenas tuvo noticia de la interposición del amparo por parte de Ríos Montt, y que, al haber continuado con sus actuaciones, había obrado de forma contraria a derecho. Ahora sí, las diligencias de la comisión judicial española quedaban suspendidas «indefinidamente» en tanto no se resolviera el fondo del asunto debatido, es decir, si esas diligencias eran o no contrarias a la Constitución.[132] «Somos juzgadores constitucionales y debemos quitarles el rostro a las resoluciones. Esto no es de fondo, sino de forma», dijo uno de los jueces para justificar su postura. Por contra, Francisco Flores, el único juez que emitió un voto discrepante, declaró que no había existido vulneración de normas constitucionales en las que pudiera fundamentarse el amparo provisional de Ríos Montt.[133]

El exdictador había encontrado su baluarte en la Corte de Constitucionalidad y así sería hasta el final de sus días. Rigoberta Menchú había participado en la vigilia en apoyo a las víctimas frente a los tribunales guatemaltecos, y a propósito de la decisión del Constitucional afirmó que, si los tribunales no asumen su responsabilidad, la Justicia no funciona. Otros dirigentes calificaron la decisión judicial de «vergonzosa».[134] El 29 de junio, ante la falta de comunicación oficial, la comisión judicial acordó su regreso a España.[135]

CONTINUAR, A PESAR DE TODO

De regreso en Madrid, y a pesar de no haber conseguido el propósito del viaje a Guatemala, el juez Pedraz dictó orden internacional de detención con fines de extradición el 7 de julio de 2006,[136] contra siete implicados que ejercían las más altas responsabilidades en la cadena de mando. Además, se decretó el embargo de todos sus bienes y el bloqueo de sus cuentas. Las órdenes de detención internacional fueron reiteradas en noviembre de 2006 ante la falta de respuesta.[137] Las órdenes tenían como base el Tratado de Extradición firmado entre España y Guatemala, del 7 de noviembre de 1895. En lo que parecía ser ya una constante, los tribunales inferiores de Guatemala se mostraron dispuestos a colaborar, mientras que los tribunales de mayor jerarquía, principalmente la Corte de Constitucionalidad, no estaban por la labor. En aplicación de estas órdenes, la Justicia guatemalteca detuvo a Ángel Aníbal Guevara, que había sido ministro de Defensa durante el Gobierno de Lucas García. Sin embargo, las órdenes quedaron sin efecto en diciembre de 2007, al estimar la Corte de Constitucionalidad de Guatemala los recursos interpuestos por dos de los reclamados.[138]

La resolución de la Corte de Constitucionalidad de Guatemala se basaba en que la judicatura española no observó aspectos fundamentales de los Acuerdos de Esquipulas II de 1987 y de los Acuerdos de Paz Firme y Duradera firmados en 1996, argumentando incluso que se había incumplido el artículo 97 de la Constitución española. La resolución sostenía que «esta corte, sin emitir criterio respecto de cuestiones de orden político interno del país requirente de la extradición en comento, estimaría que el acompañamiento del Gobierno del Reino de España durante el proceso de negociación hasta la firma del último Acuerdo de Paz Firme y Duradera [...] implicaba que el estado que representaba este poder ante la comunidad universal, reconocía la validez íntegra de los mencionados acuerdos. Además, entendería que, en cuanto a deberes internacionales legítimamente asumidos por dicho Gobierno, su Poder Judicial quedaba supeditado a los compromisos de estado, basándose en principios jurídicos de validez universal, como el que, dentro de su unidad, impone la buena fe guardada».

Recuerdo que fui muy crítico con este razonamiento que confundía las esferas del poder ejecutivo y el judicial y, al hacerlo, ponía en riesgo e ignoraba el principio de separación de poderes, fundamental en un Estado de derecho. La corte, en su afán por proteger a los implicados en el genocidio, aprovechaba cualquier interpretación, por peregrina que fuera.

El fallo continuaba señalando que: «En este orden, [...] se desprende que el Poder Judicial de ese Reino ha inobservado, respecto de Guatemala, aspectos fundamentales de los Acuerdos de Paz Firme y Duradera. [...]

De suerte que el Poder Judicial del Reino de España, al no tener en cuenta las limitaciones impuestas por el acuerdo [...] no observó lo contemplado en el artículo 97 de la Constitución española, que atribuye al Gobierno de ese país la dirección de la política exterior, pues no existe, hasta el momento, ninguna evidencia de que el mismo desconozca la validez de los Acuerdos de Paz Firme y Duradera suscritos el 29 de diciembre de 1996 [...] y con el previo acompañamiento amistoso y continuado de España en su negociación».[139] La corte consideró también que el Poder Judicial español estaba ignorando los deberes de España derivados del comunicado firmado por los jefes de la diplomacia de ambos países a raíz de los sucesos en la embajada de España en 1980.

Refiriéndose al principio de Justicia universal, tras un exhaustivo análisis de la sentencia 237/2005 del Tribunal Constitucional español, proclamaba: «no puede ser reconocido por esta corte guatemalteca, dado que de ninguna manera se ha demostrado que la llamada "jurisdicción universal unilateral" le haya sido encomendada a España por decisión "universal" para que le represente [a Guatemala] en los poderes sustantivos de juzgar y ejecutar lo juzgado».[140] En el mismo fundamento, la resolución añadía que, respetando la soberanía de los tribunales españoles para tomar sus decisiones, estimaba que debía oponerse a su pretensión de extender su competencia al territorio de Guatemala. Así, la corte afirma que «[...] esta sentencia ya ha hecho consideración acerca de que, en el caso concreto, no es admisible reconocerle competencia al Reino de España que para el mismo, no se sustenta en ninguna regla de derecho internacional que obligue a un estado soberano a someter a sus ciudadanos a tribunales extranjeros, cuando los hechos hayan ocurrido en su territorio ni cuando los sujetos pasivos de los supuestos delitos sean de la nacionalidad del requirente, si los hechos están vinculados a delitos políticos o si los tribunales del país han actuado o pueden actuar con apoyo en la regla *aut dedere aut iudicare*».[141]

Ante esta situación, el juez Santiago Pedraz en un auto de 16 de enero de 2008 resolvió dejar sin efecto todas las comisiones rogatorias libradas a Guatemala y, en su lugar, recurrir a otras fuentes de investigación. En este contundente auto, Pedraz resaltaba la falta de cooperación por parte de las autoridades guatemaltecas, recordando que el principio *aut dedere aut iudicare* se hallaba ya recogido en el derecho internacional, como en la Convención contra la Tortura y Otros Tratos o Penas Crueles, Inhumanos o Degradantes, donde se exige y reitera la obligación de extraditar o juzgar. Recordaba además el juez que «el genocidio es un crimen de derecho internacional y, por lo tanto, su persecución deviene obligatoria para todos los miembros de la comunidad internacional. La Corte de Constitucionalidad de Guatemala en su decisión viene a considerar lo acontecido contra el pueblo maya como un delito político, así como el resto de crímenes investigados. Con ello, Guatemala como estado incurre en una violación de la obligación asumida por todas las naciones civilizadas de prevenir y sancionar tal delito según lo establecido por el Convenio para la Prevención y Sanción del Delito de Genocidio»[142] y concluía que, ante esa situación, era su deber seguir investigando los hechos.

Tratando a toda costa de recabar todo tipo de pruebas,[143] Pedraz decidió publicar «una nota» en los medios guatemaltecos y de los países limítrofes como México, Belice, Honduras, Nicaragua, El Salvador y los Estados Unidos de América, a fin de hacer saber a víctimas, perjudicados, testigos, investigadores o cualesquiera otras personas interesadas que pudieran aportar información sobre los delitos cometidos contra el pueblo maya, que la pusieran en conocimiento del Juzgado Central de Instrucción n.º 1 de la Audiencia Nacional, siguiendo los canales legales previstos en la legislación española.

Uno de los grandes impulsores de la jurisdicción universal en España, el letrado Manuel Ollé, en ese entonces presidente de la Asociación Pro Derechos Humanos de España, abogado de las Madres de la Plaza de Mayo en el caso Scilingo y parte también en los casos de los vuelos de la CIA, Guantánamo, Sáhara, El Salvador y también en el de Guatemala, se refería «sin pelos en la lengua», como acostumbra, a la iniciativa del juez Pedraz de publicar una «nota» de alcance internacional: «Yo creo que es una resolución inédita en el ámbito del derecho internacional. Nunca jamás se había acordado una medida que tienda a evitar la impunidad. ¿Por qué no, ante la imposibilidad de poder enjuiciar a los responsables de esos crímenes, no se va a publicitar en países limítrofes, donde, no nos olvidemos, hay muchos refugiados, muchos guatemaltecos, que pueden poner a disposición de la Justicia española todos los elementos que tengan para la mejor instrucción e investigación de los hechos?». En cuanto al rechazo de la Corte de Constitucionalidad a la solicitud de extradición, añadía: «Guatemala ha dicho "no" a la colaboración judicial, pero también ha incumplido una obligación de derecho internacional: si no entregas a las personas que han sido objeto de ese pedido de extradición, por lo menos debes juzgarlas en tu país... yo creo que no sólo no es un último intento, sino todo lo contrario. Es un punto y seguido, pero dentro del punto y seguido de las dificultades que conlleva toda lucha contra la impunidad».[144]

En ese mismo mes de enero de 2008, la Alta Comisionada de Naciones Unidas para los Derechos Humanos publicó un informe sobre las actividades de su oficina en Guatemala, contundente en cuanto a la situación de impunidad en ese país y sobre la Justicia universal: «Sigue siendo un reto superar los obstáculos que dificultan la investigación y sanción de los presuntos responsables de graves violaciones cometidas durante el conflicto armado interno. En la decisión sobre la solicitud de España de la detención provisional con fines de extradición de varias personas, la Corte de Constitucionalidad desaprovechó una oportunidad valiosa para resaltar las obligaciones del estado de investigar, enjuiciar y castigar a los responsables de graves violaciones cometidas hace más de 25 años, así como para adoptar medidas prontas orientadas a garantizar el derecho a la Justicia y responder al interés legítimo que tienen tanto España como la comunidad internacional en que estos crímenes no queden impunes».[145]

Por su parte, el Parlamento Europeo, en diferentes resoluciones, como la de 26 de octubre de 2006, ya había criticado la impunidad en Guatemala y apoyado e instado a sus autoridades a que dispensaran la colaboración internacional necesaria para hacer efectivas las siete órdenes internacionales de detención emitidas contra Ríos Montt y los demás acusados de genocidio, torturas y terrorismo por los tribunales españoles.

Pero, a pesar de todo, la investigación en España siguió adelante, con la comparecencia de testigos y peritos, intentando superar las dificultades derivadas de la falta de colaboración de la República de Guatemala. Así, en marzo de 2008, el Juzgado Central de Instrucción n.º 1 acordó la prisión provisional de los imputados, ordenando además que se libraran las oportunas órdenes nacionales e internacionales de busca y captura para que fueran «aprehendidos y puestos a disposición de la autoridad judicial española».[146]

La lucha contra la impunidad en Guatemala

Aunque la primera denuncia por genocidio interpuesta ante la fiscalía guatemalteca fue presentada en el 2000 por el Centro de Acción Legal en Derechos Humanos (CALDH), en nombre de un grupo de supervivientes del genocidio agrupado en la legendaria Asociación de Justicia y Reconciliación (AJR),[147] todo parecía indicar que el viaje del juez Pedraz y la comisión judicial, sumado a la orden internacional de detención en contra de los altos cargos responsables del genocidio, la nota publicada en los medios de comunicación pidiendo colaboración y los apoyos de la Oficina del Alto Comisionado de Naciones Unidas y el Parlamento Europeo, no dejaría indiferentes a quienes podían hacer algo más por la verdad y la Justicia en Guatemala.

En agosto de 2007, el Congreso de Guatemala votó a favor de la creación de la Comisión Internacional Contra la Impunidad en Guatemala (CICIG), una entidad mixta creada por Naciones Unidas y el Gobierno de Guatemala, que sería la encargada de investigar los crímenes perpetrados por grupos ilegales y clandestinos de seguridad. El fiscal español Carlos Castresana fue su primer director e impulsó la lucha contra la impunidad de los delitos cometidos durante el conflicto armado interno. Entre las primeras medidas adoptadas por la CICIG, estuvo exigir el nombramiento de un fiscal general competente e independiente.

En febrero de 2008, Álvaro Colom, entonces presidente de Guatemala, anunció que ordenaría al ejército abrir los archivos relativos al período de guerra civil y que los enviara al procurador de Derechos Humanos de Guatemala (Defensor del Pueblo). En un gesto sorprendente, el juez guatemalteco a cargo del caso decidió atender las peticiones del juez Pedraz relativas a una segunda comisión rogatoria, para tomar declaración a testigos.[148] Tras 27 años de impunidad, en septiembre de 2009, se dictó en Guatemala la primera sentencia condenatoria por desaparición forzada de personas, en la que fue condenado un exintegrante de las Patrullas de Autodefensa Civil (PAC) y, en diciembre del mismo año, se condenó a un excoronel del ejército, Marco Antonio Sánchez Samayoa. En 2011, cuatro exintegrantes del grupo de élite del ejército guatemalteco fueron condenados por la masacre, en diciembre de 1982, de más de doscientas personas en el departamento del Petén.

En el año 2010, Claudia Paz y Paz fue elegida fiscal general de Guatemala. Paz incluyó entre sus prioridades procesar a los responsables del genocidio. Para ello, lo actuado en España iba a ser crucial. En enero de 2012, la fiscal acusó al exdictador general Efraín Ríos Montt por genocidio y por su papel en la campaña de «tierra arrasada» durante la guerra civil.[149]

En marzo de 2013, dio comienzo el juicio contra Ríos Montt. Días antes, la autodenominada «Fundación contra el Terrorismo» publicó un libelo titulado *La farsa del genocidio* en el que sostenía que el juicio contra Ríos Montt era una «conspiración marxista desde la Iglesia católica».[150]

En el juicio, el exdictador, con una voz firme que no revelaba sus 86 años, dijo: «Soy y me declaro inocente. [...] Nunca autoricé, nunca firmé, nunca ordené que se atentara contra una raza, etnia o grupo religioso».[151] Sin embargo, el 10 de mayo,[152] tras haber escuchado a más de cien testigos, diferentes peritos y haber analizado todas las pruebas, el tribunal condenó a José Efraín Ríos Montt a la pena de cincuenta años de prisión inconmutables, como autor del delito de genocidio «cometido en contra de la vida e integridad de los pobladores civiles de las aldeas y caseríos ubicados en Santa María Nebaj, San Juan Cotzal y San Gaspar Chajul» y a treinta años de prisión inconmutables[153] como autor de «delitos contra los deberes de humanidad», cometidos en contra de la vida e integridad de los pobladores civiles de las mismas aldeas y caseríos. Finalmente se hacía realidad. Ríos Montt había sido condenado a ochenta años de prisión por genocidio y crímenes contra la humanidad.

La sentencia dio por establecido que existió desplazamiento compulsivo de niños o adultos de un grupo étnico a otro, sometimiento del grupo étnico maya ixil a condiciones de existencia que acarrearon su destrucción parcial, lesiones y muertes de miembros del grupo, medidas destinadas a impedir la reproducción de miembros del grupo, violaciones sexuales masivas o indiscriminadas y públicas. Sólo considerando las personas que perdieron la vida a consecuencia de todo esto, la sentencia tuvo por establecida la «muerte de aproximadamente 5.270 personas del grupo étnico maya ixil», de las cuales 1.771 murieron a consecuencia de asesinatos directos. Según la sentencia, esta última cifra «representa, aproximadamente, el 33,61 por ciento del total de personas ejecutadas por miembros del ejército de Guatemala, comisionados militares y patrulleros de autodefensa civil durante todo el conflicto armado; es decir, durante su Gobierno, que tuvo una duración de 16 meses y 15 días, se dio muerte a una tercera parte del total de personas de este grupo que fueron ejecutadas durante los 34 años del conflicto armado interno que reporta la Comisión de Esclarecimiento Histórico».[154]

La ideología que sustentó estos hechos fue, como en Argentina y Chile, la Doctrina de la Seguridad Nacional, que, en el caso de Guatemala y según la sentencia: «se focalizó en los grupos mayas como *enemigo interno* por considerar que prestaban apoyo a los grupos guerrilleros; y, dentro de ellos, se identificó, por parte del ejército de Guatemala, al 100 por ciento de los miembros de la etnia ixil, aun cuando se tratara de población civil no combatiente». Según la sentencia, fue Ríos Mont quien ejecutó actos precisos que determinaron el resultado criminal, mediante:

(1) la aprobación del Plan Nacional de Seguridad y Desarrollo y del Estatuto Fundamental de Gobierno que estableció el marco para la organización, planificación y ejecución de las operaciones para la lucha contrainsurgente que provocó, entre otras cosas, la eliminación de población civil no combatiente perteneciente al grupo étnico maya ixil; (2) la orden para la reorganización de las entidades del estado para la lucha contrainsurgente, dentro de las cuales se delimitaron niveles de acción y de responsabilidad, así como las áreas de operaciones de las fuerzas de seguridad, entre ellas, aquellas que debían operar en la región ixil; (3) la promoción de una política nacionalista que quebrantó la base cultural de los distintos pueblos que conformaban la sociedad guatemalteca como mecanismo de lucha contrainsurgente, para lo cual se aprobaron, implementaron y ejecutaron acciones para las operaciones psicológicas que rompieron el tejido social y los valores culturales, cuyo daño aún persiste; (4) el establecimiento de una política de control poblacional y territorial que incluía la creación de campamentos de amnistiados, refugiados y desplazados, en los que se modificaron las prácticas culturales propias de los integrantes de los diferentes pueblos de origen maya, entre ellos, a los ixil, para eliminar o neutralizar a los grupos subversivos, por considerar a aquéllos base social de la guerrilla, aunque fueran población civil no combatiente.[155]

El veredicto llegaba treinta años después de la comisión de los crímenes y trece años después de que los supervivientes presentaran la denuncia ante el Ministerio Público. Eran días de júbilo. Parecía un sueño hecho realidad. Por fin se había hecho Justicia.

Entrevistada por Televisión Española, Rigoberta Menchú enfatizó lo impensable de una sentencia así años atrás: «Supone un precedente para toda la humanidad. Me pregunto por qué no se crearon antes tribunales especiales de alto impacto en países donde se cometieron crímenes y genocidios». Aclaraba que en este juicio se había juzgado «la matanza del pueblo maya de etnia ixil durante un período de 17 meses, pero... ¿cuántos genocidios más se han cometido contra los indígenas que han quedado silenciados?... Ojalá sirva para que todos los pueblos indígenas, allá donde estén, no sean más víctimas». Destacó también el «valor de las mujeres que han compartido sus testimonios. Mujeres que han cargado un dolor de décadas siendo negadas, acusadas, insultadas. Esta sentencia me hace sentir que nos hemos quitado un peso de encima». Añadió que fueron más de treinta años buscando «la verdad y soñando con que alguien nos dijera formalmente: "Vosotros tenéis la razón". Es una dignificación personal». Resaltó también la valentía de la jueza Yassmín Barrios, presidenta del tribunal, que «no tiene precedentes», pues recibió «todo tipo de insultos y amenazas, pero siguió. E igual que ella la fiscal general, Claudia Paz y Paz». Agradeció además «la gran labor de la Comisión Internacional Contra la Impunidad de Guatemala (CICIG), llevada adelante por el señor Carlos Castresana [...]. La CICIG tuvo un impacto muy fuerte ya que fortaleció al Ministerio Público que, aunque todavía frágil y con muchos desafíos en el tema de la impunidad, ha afianzado ciertos procesos». En cuanto a la defensa de Ríos Montt, Rigoberta indicó que sus abogados: «Jamás defendieron al general. Patalearon, gritaron, insultaron, pusieron recursos y obstáculos para retrasar. Pero nunca dijeron: "Este señor es inocente"». Pese a todo, su experiencia pasada la invitaba a ser cauta. Era público que los principales empresarios del país habían pedido la anulación de la condena a Ríos Montt. Sobre este punto, afirmó: «La guerra en el área ixil no fue sólo por razones de odio, racismo o una mente enfermiza de anticomunismo, sino que también hubo razones económicas. Ésa es una región minera muy importante. El poder económico está detrás de esta zona por la minería. Y, tras los acuerdos de paz, en lugar de resarcir a las víctimas, se construyó la mayor hidroeléctrica que hoy abastece Centroamérica. El poder económico no estuvo ausente en el genocidio». Menchú lo tenía muy claro: «No van a descansar. No sólo en desacreditar la resolución, sino que van a lanzar una guerra de recursos... No creo que ahora en Guatemala vayan a dormir tranquilos varios oficiales y responsables del pasado, porque saben que esto no se termina con 17 meses, saben que hay otras evidencias y pruebas fehacientes de los últimos diez años de genocidio que son impresionantes». En efecto, esta causa sólo había tratado el genocidio ixil, de ahí la importancia de seguir con otras investigaciones, con otros casos. La «Audiencia Nacional española tiene un expediente que abarca diez años de genocidio. Es mucho más global, ésa es la diferencia. Y no sólo hay una demanda por genocidio, sino también por terrorismo de Estado, por desaparición forzosa, por tortura... El 90 por ciento de las víctimas fueron mayas, pero también están incluidos casos de sindicalistas, estudiantes, sacerdotes. Queremos que el genocidio se juzgue en su totalidad y no sólo de manera parcial».[156]

Pero, como sucede con todas las historias que se relatan en este libro, éstas representan la lucha de las convicciones frente al poder de los más fuertes. La mayoría de las veces son momentos de gran frustración los que se viven y cuentan, pero otras, las menos, se triunfa frente a la bestia, y se hace, no con las armas o la tortura o la desaparición forzada, sino a través del derecho y la Justicia. Estos momentos son de plenitud y contribuyen decisivamente a la reparación de las víctimas. Pero, normalmente, duran poco. De nuevo la apisonadora del poder, escenificado en las más altas cortes, se torna injusta y desampara a quienes sufrieron la pérdida o el desconocimiento masivo de sus derechos. Pero, como en el mito de Sísifo, hay que continuar cargando la roca, subirla a la cima de la montaña y cuando rueda y cae, volverla a levantar y comenzar de nuevo. Es cierto que el poder de los perpetradores es inmenso, y el de la ley para hacer Justicia, muy angosto en estos casos, pero la voluntad de las víctimas y sus defensores es inquebrantable.

Una anécdota muestra el sentimiento reparatorio que otorga la Justicia frente a la barbarie. Inmediatamente después de dictar la condena a Ríos Montt, la jueza Yassmín Barrios, presidenta del tribunal se retiró a su despacho, y al llegar, vio un sobre en su escritorio. En él encontró una poesía escrita por una niña indígena de unos 10 o 12 años que, según los responsables de seguridad, se las había ingeniado para acceder al despacho de la magistrada.

> *¡Hoy, el cielo se viste de blanco, de blanco justicia y de azul dignidad!*
> *¡Hoy, podemos izar la bandera al viento con libertad!*
> *¡Ochenta años de condena no compensan miles y miles de almas, pero ¡sí*
> *[cuentan!*
> *¡Sí valen!*
> *¡Al fin, a alguien se juzga responsable, se le condena, al mayor ángel negro de*
> *[Lucifer!*
> *¡Quizá verá frente al espejo del infierno su rostro bestial, sus caballos rojos y*
> *[negros demonios jineteando en el fango de su alma!*
> *¡Hoy el cielo se llena de lluvia, con lágrimas de los muertos, de los desapare-*
> *[cidos, de los desterrados, de los exiliados...!*
> *¡Agua fresca con olor a justicia, a respeto, a dignidad, aunque sea unas go-*
> *[tas...!*
> *¡Hoy, 10 de mayo, muchas madres dormirán finalmente en paz, aunque sea*
> *[por una noche, entre ellas la mía!*
> *¡Hoy, este laurel ha sido su mayor regalo!*
> *¡Hoy sólo por hoy, pues en este país no se puede ver el mañana, pues aún no*
> *[se sabe lo que el mal nos depara...!*
> *¡Hoy, la letra de nuestros himnos se canta en libertad!*
> (Autora anónima)

Una de las abogadas de la causa en la Audiencia Nacional, y también impulsora de varias otras en Guatemala, Almudena Bernabéu, entonces abogada del Center for Justice and Accountability (CJA), junto con la celebración de la condena a Ríos Montt, y la constatación de la importancia de la palabra «genocidio» en la condena, ya intuía que aquello podría no durar mucho, temiendo que el país centroamericano regresara pronto a la impunidad habitual. «La Corte de Constitucionalidad de Guatemala se ha plegado en hacer algo que no le corresponde como corte interfiriendo en el proceso para que se anulara. En estos días existe una gran tensión porque la corte está resolviendo algunos de los amparos interpuestos por Montt y podría finalmente cancelar o anular el proceso. Hasta el lunes (hoy) viviremos esa tensión.»[157]

En efecto, la alegría duraría poco. El 20 de mayo de 2013, la Corte de Constitucionalidad de Guatemala, apenas diez días después de la lectura de la sentencia que condenó a Ríos Montt, la anuló y dispuso que debía repetirse parte del juicio, dejando la sentencia sin efectos jurídicos. La corte basó la nulidad, eufemísticamente, en «errores de procedimiento».[158]

La decisión cayó como un jarro de agua fría. ¿Qué clase de Justicia era ésta? ¿Qué terrible burla del destino? Fue una resolución severamente cuestionada por juristas, académicos, la comunidad internacional y la sociedad civil, que evidenciaba las debilidades del sistema judicial guatemalteco. El dolor que sentí era compartido con todas y todos, pero especialmente por mi amiga Rigoberta Menchú. Lejos quedaba aquella primera reunión en mi despacho en 1999 y muy cerca las muchas veces en las que, hasta ahora, hemos trabajado juntos. Por eso el dolor era más potente. Desde FIBGAR reaccionamos con dureza, aunque desde ese mismo momento, comenzamos a recuperar la cordura y a trabajar para conseguir que se impusiera la Justicia.

La decisión de la Corte de Constitucionalidad también fue contestada por la fiscal general, Claudia Paz, que había liderado la acusación ante la Corte Suprema. En septiembre de 2014, vino a Madrid a dar una conferencia sobre las tragedias del conflicto guatemalteco y sus repercusiones judiciales. Allí habló sobre el genocidio, sobre las agresiones sexuales y lamentó el desenlace del proceso contra Ríos Montt.

El nuevo juicio en contra del dictador no comenzó hasta dos años más tarde, en enero de 2015, ante un tribunal que habría de enfrentarse a la estrategia de obstrucción diseñada por su defensa. Su gran triunfo llegó antes de comenzar el juicio, ya que, según dictaminó el perito Walter Rinze, Ríos Montt si bien podría afrontar un nuevo juicio no recibiría una condena de cárcel en caso de ser nuevamente condenado, debido a una «demencia vascular mixta cortical y subcortical».[159]

La muerte, a veces, puede semejar una victoria. Tal paradoja no resulta descabellada para alguien que llevaba años puesta sobre sí la lupa de la Justicia y cuya mayor forma de conseguir la impunidad definitiva de sus crímenes puede pasar perfectamente por su adiós definitivo. Fue el caso de Pinochet, pues los suyos pueden celebrar que murió sin ser nunca condenado. Es el caso también de Efraín Ríos Montt, el dictador y presidente guatemalteco al que la Comisión para el Esclarecimiento Histórico, aquella creada *ad hoc* para investigar la masacre contra el pueblo maya, atribuyó buena parte de las más de 40.000 víctimas registradas durante su mandato y que murió a los 91 años el 1 de abril de 2018.

Ríos Montt se zafó hábilmente de las consecuencias últimas de los procesos judiciales que se abrieron en su contra. Aunque llegó a ser condenado a ochenta años de prisión, sus abogados lograron primero anular la condena para después blindarlo frente a posibles nuevas causas. El pretexto último de sus abogados, igual que en el caso de Pinochet, fue la demencia senil. Nunca sabremos si el señalado dictador, al que miles de sus conciudadanos querrían haber visto encerrado, sintió o no alivio en el momento de su muerte. Pero sí sabemos que sus partidarios no sólo celebraron haber esquivado a la Justicia hasta su último día, sino que los adeptos de Ríos Montt fueron todavía más allá, reafirmando el sentido mesiánico que el dictador en vida siempre se atribuyó. Tras su muerte, el abogado de la familia, Luis Rosales, dijo a la prensa que falleció «en paz, con su conciencia sana, limpia y rodeado de mucho amor».[160] No osaré dudar sobre esto último. De lo demás, sólo él lo sabe. La conciencia no deja de ser un lugar íntimo y personal, al cual los demás no tienen acceso. Pero lo cierto es que sus crímenes quedaron acreditados por el Informe REMHI, el informe de la CEH, los organismos internacionales e interamericanos de derechos humanos, por la Justicia española que lo imputó, lo sometió a proceso y dictó contra él una orden internacional de detención con fines de extradición, y por los tribunales de su país que lo condenaron, aunque la sentencia fuera anulada por la cúpula judicial guatemalteca, la Corte de Constitucionalidad, la misma que señaló que el genocidio era un «delito político» y que esgrimió el acompañamiento de España durante el proceso de paz para reprocharle que ahora quisiera hacer Justicia, como si aquellos acuerdos hubiesen sido un pacto de impunidad que ahora se pretendiese ignorar. Pero sus partidarios fueron todavía más lejos. Además de Rosales, que apostilló que: «nunca hubo genocidio y [Ríos Montt] fue inocente de lo que se le acusa»,[161] una de las amigas del dictador, Marroquín Palomo, afirmó que para ella era «muy representativo» que Ríos Montt hubiera fallecido precisamente el mismo día en el que, según la religión cristiana, resucitó Jesús: «Al igual que Cristo, que lo acusaron sin fundamentos, él padeció también durante todos estos años una traición de algunos del pueblo guatemalteco mientras que otros lo reconocimos en silencio», afirmó.

UNA AMPLIACIÓN NECESARIA

En mayo de 2011, Women's Link Worldwide y el CJA presentaron una petición para ampliar la querella instada en España por Rigoberta Menchú, para incluir por primera vez en un caso de jurisdicción universal en curso la violencia de género en el marco del derecho penal internacional y garantizar el derecho a la verdad en lo relativo al papel que dicha violencia jugó en el genocidio guatemalteco.[162]

Acompañando al escrito de solicitud de ampliación, se presentaron dos informes periciales elaborados por Patricia Sellers y María Eugenia Solís, para aportar al tribunal las claves necesarias para comprender el impacto que tuvo la violencia contra mujeres y niñas y, en consecuencia, para sus familias y comunidades, y por qué los estados están obligados a perseguir y condenar esta violencia. En junio, ambas acudieron a ratificar y exponer su peritaje ante el tribunal.[163] Mediante auto de 26 de julio de 2011, el juez Pedraz admitió la ampliación de la investigación a los crímenes de género. Según el juez, la ampliación era necesaria en aras de cumplir satisfactoriamente con el deber de investigar, juzgar y sancionar estos graves delitos. Dice el auto: «Las conductas criminales descritas fueron generalizadas y sistemáticas y pretendían acabar con la población maya, no sólo a través del exterminio físico sino también del quebrantamiento de la estructura social, por lo que significa atentar contra las mujeres mayas».[164]

Con la sentencia de la Corte Interamericana de Derechos Humanos del caso Masacre Plan de Sánchez contra Guatemala de 2004, la sentencia del caso de la Masacre de las Dos Erres contra Guatemala de 2009, y a través de las labores del Tribunal Penal Internacional para la ex Yugoslavia en 1993 y del Tribunal Penal Internacional para Ruanda en 1994, los tribunales internacionales y nacionales habían comenzado a tomar conciencia de la importancia de añadir la perspectiva de género a la investigación y persecución de los delitos internacionales. La fiscalía del tribunal de la antigua Yugoslavia, por ejemplo, había admitido que la violencia sexual no sólo puede adscribirse a los delitos internacionales como crímenes de guerra y de lesa humanidad, sino que además puede constituir también tortura, esclavitud, graves lesiones corporales y otros delitos. Por su parte, el Tribunal Penal Internacional para Ruanda había formulado numerosas acusaciones que contemplaban la violencia sexual, como en el caso Akayesu, en cuyo fallo se reconoce por primera vez la pertinencia de formular cargos por actos de violencia sexual por ser elementos constitutivos de una campaña de genocidio. En 2008 y 2009, el Consejo de Seguridad de Naciones Unidas había emitido las Resoluciones 1820 y 1889 en las que afirmaba que los estados son responsables de poner fin a la impunidad y enjuiciar a los culpables por los actos de violencia cometidos contra mujeres y niñas en conflictos armados, de crimen de guerra, crímenes contra la humanidad y genocidio.[165] Por su parte, el Comité para la Eliminación de la Discriminación contra la Mujer había instado a los estados a que, incluso en situaciones de conflicto armado y posconflicto: «Luchen contra la impunidad de las violaciones de los derechos de la mujer y garanticen que todas ellas se investiguen, juzguen y sancionen de manera adecuada llevando a los perpetradores ante la justicia».[166]

Entre 1979 y 1986, en Guatemala se incrementaron las agresiones sexuales contra las mujeres mayas. Los perpetradores eran miembros del estado y paramilitares que, entre otras tácticas de persecución violenta, recurrieron al uso masivo de la violación y la esclavitud sexual. La CEH logró documentar hasta 1.465 violaciones,[167] en su práctica totalidad contra mujeres de ascendencia maya, de las que un 35 por ciento fueron posteriormente ejecutadas. En su informe, la CEH afirmó que «según la información de contexto recogida y los testimonios presentados, la Comisión pudo establecer que la violación sexual constituyó una práctica sistemática en las estrategias que violaron los derechos humanos de la población guatemalteca».[168]

Desde el punto de vista jurídico, el caso Guatemala introdujo un cariz muy particular que daba un paso más en la lucha integral contra la impunidad. Es una faceta en ocasiones minusvalorada y que, sin embargo, afecta a las bases de la dignidad de las víctimas y, muy especialmente, a la estructura social del grupo. Las lesiones que las guatemaltecas padecieron revestían la máxima crueldad: mutilaciones, brutales actos sexuales contra embarazadas y niñas, violaciones múltiples perpetradas por militares y paramilitares, incluso ante los familiares de las víctimas y otros miembros de la comunidad. Estas atrocidades solían significar la reducción o la total anulación de su capacidad reproductora. Muchas ni siquiera vivieron para comprobarlo. Las agresiones no fueron aisladas o fruto del salvajismo de una tropa en concreto, sino que respondieron a una línea de acción planificada ya desde el entrenamiento militar. Era una práctica habitual y, en ocasiones, formaba parte de las órdenes de los superiores jerárquicos. Su propósito era la demostración y ejercicio del poder como estrategia de terror, implantando así los roles de dominante y subordinado, reduciendo al adversario de este modo. No obstante, su objetivo último era aún más repugnante: garantizar el fin de la trasmisión de la cultura maya y la desaparición del grupo, ocasionando muertes, abortos, feticidios (abertura de vientres), embarazos forzosos o uniones forzadas, provocando el alejamiento de las mujeres mayas, rupturas de los lazos conyugales y sociales, el aislamiento social, la vergüenza comunitaria, el veto de matrimonios y de nacimientos dentro del grupo, entre otras desgraciadas consecuencias.[169]

El resultado de ello fue «que comunidades enteras se vieran obligadas a abandonar sus asentamientos, teniéndose que refugiar primero en otras comunidades y luego en la montaña». Se calcula que medio millón de personas sufrieron este desplazamiento forzoso, en su mayoría mujeres y niños, muchos de los cuales murieron por falta de alimentos, frío o enfermedades. Esto supuso modificaciones del tejido social y, en algunos casos, la extinción total de grupos sociales de la etnia maya.[170]

De acuerdo con el auto que acogió la ampliación de la querella, estos crímenes deben ser visibilizados aun cuando puedan quedar subsumidos en los crímenes internacionales objeto de la investigación. «Obviamente, los hechos referidos quedan integrados en los delitos señalados de genocidio, torturas y lesa humanidad; pero no basta la mera integración como tal, sino que es preciso definirlos dentro de los mismos, pues de otra forma podría conducirse a la impunidad de los crímenes sexuales denunciados.» El auto continuaba subsumiendo y considerando expresamente las circunstancias de cada una de las agresiones sexuales denunciadas dentro de los crímenes bajo investigación en la causa de Guatemala. De este modo, el auto concluía que la violencia sexual descrita constituía un acto de tortura, al someterse a las víctimas a sufrimientos físicos o mentales por razón basada en algún tipo de discriminación, ostentando los agresores la condición de funcionarios públicos, por lo que los hechos se enmarcaban dentro del art. 24 del Código Penal. Los actos constituían además graves atentados contra la integridad física y/o mental en contra de los miembros del grupo que se pretendía destruir, considerando a las mujeres miembros del colectivo, por lo que las conductas constituían actos de genocidio, sancionados en el art. 607.1.2.° de nuestro Código Penal. Los desplazamientos forzosos se enmarcaron dentro del tipo penal del art. 607.1.4.°, tanto por tratarse de desplazamientos obligados como por intentar con ellos impedir el género de vida y reproducción de un grupo determinado. Por todo lo expuesto, el juez admitió a trámite la ampliación de la querella por crímenes de género: contra la libertad e indemnidad sexual como tortura; contra la libertad e indemnidad sexual como genocidio; por desplazamiento forzoso como genocidio, y por impedir el género de vida y reproducción como genocidio.

SEPUR ZARCO

La apropiación de tierras indígenas viene de antiguo. Proviene de la época colonial y continuó tras la independencia de Guatemala cuando hicieron su entrada las grandes corporaciones cafetaleras. Hacia finales del siglo XIX y comienzos del XX, los campesinos comenzaron a organizarse y exigir la devolución de tierras. Durante la Revolución de 1944, se aplicó un proceso de reforma agraria a través del Decreto 900. En Panzós, los comités agrícolas lograron la adjudicación a las comunidades indígenas de unas 2.300 hectáreas de tierra. Este éxito duraría poco. En 1954, se inició la contrarrevolución que devolvió las tierras a los latifundistas aliados con el poder político y militar. Los comités de campesinos y los líderes comunitarios fueron perseguidos, como ocurrió con las Ligas Agrarias de Paraguay, y sus miembros fueron detenidos, torturados, asesinados y desaparecidos. Entre finales de la década de 1970 y principios de la de 1980, las comunidades indígenas comenzaron a organizarse de nuevo para legalizar sus tierras a través de los comités de tierra. Los comités se encargaban de ir a Panzós para realizar ante el Instituto Nacional de Transformación Agraria (INTA) los trámites de regularización que les permitirían recuperar la propiedad de sus tierras de acuerdo con la legislación guatemalteca. Los terratenientes finqueros de la región se percataron pronto de ello.[171]

El 29 de mayo de 1978, los campesinos marcharon a Panzós para presentar al alcalde los avances del proceso de regularización de tierras, como medida de presión a las autoridades. El ejército los estaba esperando. Murieron 53 personas en lo que hoy se conoce como «la Masacre de Panzós». Después, y ya con Ríos Montt en el Gobierno, en respuesta a las peticiones de los terratenientes, se instalaron en la zona varios destacamentos militares, concretamente en Panzós, Telemán, finca Tinajas, finca Sa'quiha', Sepur Zarco, finca Panacté y finca Pataxte. En agosto de 1982, se erigió el destacamento de Sepur Zarco como centro de «descanso de la tropa», construido por los propios lugareños «a punta de fusil».[172] A finales de ese mes comenzó el operativo, al mando de Esteelmer Francisco Reyes Girón. Los hombres que habían presentado las solicitudes para legalizar las tierras fueron detenidos, unos asesinados y otros desaparecidos. Las mujeres y también algunas niñas fueron violadas en sus casas, en algunos casos delante de sus familias.[173]

«Llegaron a mi casa como a las seis de la mañana; [mi esposo] estaba enchamarrado en su hamaca, lo levantaron y se lo llevaron. A los detenidos los juntaron en la escuela; no nos dejaban entrar, sólo pudimos ver que estaban sufriendo, no les daban comida, sólo orina y popó. A las cuatro de la tarde se los llevaron [de la escuela]. No sabemos si [al destacamento en] la Finca Tinaja o a otro lugar. Después no supimos nada. Yo sólo esperaba su regreso, pero ya no llegó... Cuando los soldados se llevaron a nuestros esposos, también quemaron las casas; nos quedamos sin nada. A mí me llevaron al destacamento de Sepur Zarco para hacer tareas». Así lo contó muchos años después en una entrevista Carmen Xol Ical en su propio idioma, el q'eqchi', con la ayuda de la traductora Vilma Chub.[174]

Más de treinta años después, en el proceso judicial, Matilde Sub declaró: «Tenían uniformes de militares. Del mismo color de los zapatos y la ropa, los zapatos llegan a la rodilla y son amarrados. Llevaban armas, eran grandes. Eso fue en el año ochenta y dos... Era el tiempo de cosecha de arroz... Mi casa estaba en aldea San Marcos. Los militares entraron en mi casa, me preguntaron dónde estaba mi esposo, yo les dije que ahí está, entonces pasaron y me empujaron, sin decir nada... No sé para dónde se lo llevaron, solo vi que le amarraron las manos y se lo llevaron... Fue en mi casa que me violaron. Me agarraron a la fuerza, me pusieron el arma en el pecho y yo no quería y me tiraron. Me tiraron en mi cama. Sacaron a mis hijos de la casa, solo los soldados en mi casa, igual con mi mamá. A mi suegra, la llevaron a la iglesia y a mi cuñada allí fue donde las violaron también...».[175]

Irma Alicia Velásquez, doctora en antropología social y una de las encargadas de realizar un informe pericial sobre el caso, ha dicho recientemente: «Un grupo de mujeres huyó a la montaña porque algunas de ellas ven a sus esposos ser asesinados enfrente de ellas y allí mismo empiezan a ser violadas, otras están amamantando a sus bebés, les quitan a sus bebés y las empiezan a violar, otras están embarazadas y las violan aun así», añadiendo que muchos menores no pudieron sobrevivir en esas condiciones.

«Una vez que me perseguían los soldados llevaba en la espalda a mi hijo. Se estaba muriendo. Lo tenía en mis brazos cuando murió y no pude enterrarlo. Lo dejé debajo de una piedra. Volví sin ninguno de mis hijos, prácticamente desnuda, sin nada», recuerda Rosario Xo.[176]

Matilde Sub declaró en el proceso: «Yo tenía miedo, nos decían que nos iban a matar, por eso me fui a la montaña. Mi mamá se fue conmigo, también mis hijos, no teníamos comida, sólo frutos de los árboles comíamos. Dos hijos se me murieron en la montaña... Había más personas allí... Seis años viví debajo de la montaña. Nos estaban siguiendo los soldados... Yo decidí regresar porque nos avisaron de que podíamos regresar...».[177]

Pero otras mujeres no podían huir. Si en la montaña la supervivencia fue una pesadilla, la vida en las aldeas era un infierno. Los militares tomaron el control y esclavizaron a las mujeres de los muertos y desaparecidos. Los verdugos de sus maridos las esclavizaron, una esclavitud doméstica y también sexual. Las mujeres no tenían posibilidad alguna de resistirse a las violaciones ni de escapar, pues además de estar amenazadas de muerte, estaban permanentemente vigiladas y tenían prohibido salir de la comunidad. «A veces nos hacían en la casa o en el destacamento. Siempre nos ponían el arma en el pecho», indicó una de las víctimas.[178] Las mujeres y niñas de Sepur Zarco fueron sometidas a continuas violaciones sexuales, habitualmente perpetradas por varios soldados consecutivamente. Las obligaron a cocinar y lavar para la tropa, para sus violadores y los verdugos de sus maridos, que llegaron al extremo de exigirles que trajesen con ellas sus propios utensilios de limpieza y sus alimentos.[179] Sin casa e indefensa, Carmen Xol se mudó a Sepur Zarco para buscar a su marido e intentar sobrevivir, pero allí se prolongó el infierno: «Ahí, los soldados nos obligaron a limpiar, a hacer la comida, a lavar ropa. No nos pagaban. Yo me quedé con mis ocho hijos, los dejaba en una casita de techo de nailon, se quedaban solitos todo el día... No sólo eso. También me violaron», recuerda. Lo mismo sufrieron decenas de mujeres, forzadas a complacer a quienes las dejaron viudas.[180]

En su peritaje, Karen Denisse Peña Juárez indicó: «No era una violación fortuita, sino que era sistematizada, refieren ellas mismas que se les daban incluso pastillas anticonceptivas o inyecciones para que no resultaran embarazadas».[181] Esto demuestra planificación militar, dirigida por los altos mandos del ejército de la región,[182] y el hecho de que la esclavitud sexual fue utilizada como arma de guerra contra las mujeres y como estrategia de control sobre la población civil.[183] Si las mujeres que huyeron a la montaña perdieron a hijas e hijos, también las que fueron sometidas a esclavitud sexual y doméstica en el destacamento de Sepur Zarco, debido a la falta de atención. «Siete de las quince mujeres víctimas perdieron a sus hijas e hijos producto de las condiciones inhumanas a las que fueron expuestas», señaló en su peritaje Mónica Pinzón González.[184] En algunos casos la situación de esclavitud se prolongó hasta seis años, durante los cuales no sólo tuvieron que soportar los constantes abusos y unas dramáticas condiciones de vida, sino también el desprecio y maltrato de su propia comunidad, viéndose doblemente victimizadas. «Nos señalaban, decían que éramos caseras de los militares, que nos gustaba lo que nos hacían. Nos criticaban porque alimentábamos a los soldados. Nos dolía mucho y llorábamos cuando escuchábamos sus agresiones.»[185]

Algunas mujeres murieron. En su testimonio durante el proceso, Margarita Chub Choc declaró que vio «cuando mataron a una mujer, quien estuvo tres semanas encerrada con los militares, cada día la violaban y allí la mataron quien tenía dos nenas».[186]

De acuerdo con el informe pericial de Paloma Soria Montañez, recogido en la sentencia, el derecho penal internacional es claro sobre este asunto. «El derecho penal internacional señala que existe el crimen de violación siempre que la víctima no haya dado su consentimiento como resultado de su libre voluntad evaluada en el contexto concreto en que se producen los hechos. Para la consideración del consentimiento dado voluntariamente se tendrán en cuenta circunstancias coercitivas que van más allá de la fuerza física. En este sentido, la jurisprudencia afirma que no podrá suponerse o inferirse que existe consentimiento cuando la víctima se mantiene en silencio o no pone resistencia a la violencia sexual. [...] Los crímenes de esclavitud y esclavitud sexual se producen cuando se ejercen atributos del derecho de propiedad sobre una o más personas y puede constituir crimen de lesa humanidad y crimen de guerra.» En el caso de Sepur Zarco, el informe pericial basado en las declaraciones de las mujeres indica que: «eran población civil no combatiente. Está muy claro que las mujeres no tenían carácter de combatiente, eran personas civiles y estaban protegidas por los convenios de Ginebra... las mujeres, antes de ser sometidas, habían visto cómo sus convivientes fueron detenidos, torturados y desaparecidos, lo cual constituye circunstancias coercitivas... puede establecerse que existían circunstancias coercitivas que anulaban cualquier tipo de voluntad de las mujeres. [...] Uno de los testimonios de

María Bá establece que a los pocos días que se llevaran a su esposo fue amenazada de muerte junto con sus hijos, y que además a ella la sacaron de su casa, la golpearon, la tiraron al suelo y luego la violaron».[187]

Una muestra de la importancia de las organizaciones defensoras de derechos humanos, que tan perseguidas han estado y siguen estándolo en Guatemala y toda Centroamérica, es el trabajo con las víctimas supervivientes de Sepur Zarco de las ONG que comenzó tan pronto como se firmaron los acuerdos de paz. El Equipo de Estudios Comunitarios y Acción Psicosocial (ECAP) y la Unión Nacional de Mujeres Guatemaltecas (UNAMG) realizaron primero un trabajo psicosocial y de formación en derechos con las supervivientes de la violencia sexual. Tras largos años de trabajo, fue publicado en 2009 con el título *Tejidos que lleva el alma, Memoria de las mujeres mayas sobrevivientes de violencia sexual durante el conflicto armado interno*. Dando un paso más en la reparación y búsqueda de Justicia, en marzo de 2010 se constituyó un tribunal ético, el Tribunal de Conciencia contra la violencia sexual hacia las mujeres durante el Conflicto Armado Interno, en el que participaron mujeres supervivientes de violencia sexual provenientes de distintos lugares del país. Este acto simbólico empujó a quince mujeres de Sepur Zarco a buscar la Justicia formal. Fue así como ECAP, UNAMG y Mujeres Transformando el Mundo (MTM) formaron la Alianza Rompiendo el Silencio y la Impunidad, para acompañar a las sobrevivientes de violencia sexual de Sepur Zarco en su camino a la Justicia, desde el litigio estratégico. En septiembre de 2011, se presentó una querella ante el Juzgado de Primera Instancia Penal, Narcoactividad y Delitos contra el Ambiente del municipio de Puerto Barrios, Izabal, con MTM y UNAMG como querellantes. El caso fue asignado a la fiscalía de Derechos Humanos.[188] La investigación daría rápidamente sus primeros frutos. En diciembre de 2011, se encontraron siete osamentas en el destacamento de Sepur Zarco. En marzo de 2012, se realizó otra exhumación en la finca Tinajas, donde aparecieron más de cincuenta osamentas. Con estos antecedentes, a mediados de 2012 se solicitó ante la cámara penal de la Corte Suprema la ampliación de competencia y el caso fue transferido al Juzgado de Mayor Riesgo grupo «A», de Ciudad de Guatemala. En septiembre de 2012, las víctimas y testigos prestaron declaración ante el juez Miguel Ángel Gálvez como anticipo de prueba.[189] En mayo de 2014, mujeres sobrevivientes conformaron el Colectivo «Jalok U» (que en q'eqchi' significa «transformación» o «cambio») y se personaron como querellantes, adhiriéndose al proceso.[190] En junio fueron detenidos Esteelmer Francisco Reyes Girón y Heriberto Valdez

Asij.[191] El 1 de febrero de 2016, empezó el juicio. Componían el tribunal las juezas Yassmín Barrios y Patricia Bustamante y el juez Gervi Sical. Entretanto, la defensa de los acusados y algunos sectores políticos y sociales que se oponían al juicio utilizaron los medios de comunicación y las redes sociales para descalificar el proceso y a las mujeres.[192] De nuevo la Fundación contra el Terrorismo, la misma que se había opuesto al juicio por el asalto a la embajada de España y al juicio contra Ríos Montt cuando calificó el genocidio de «farsa» montada por una «conspiración marxista», empezó a publicar artículos contra el proceso, llamándolo «Sepur Zirco», calificativo que haría suyo el abogado defensor Moisés Galindo hacia el final del debate en la audiencia. Desde el primer debate oral, el abogado de la defensa aludió a la supuesta falta de imparcialidad de las juezas Yassmín Barrios y Patricia Bustamante, lo que fue utilizado por personajes y organizaciones promilitares para calificar el proceso de ilegítimo y de ser una venganza de los «comunistas» en contra de los militares, tildando a las organizaciones feministas que apoyaban la causa de «feminazis». Durante el juicio, se cuestionó la validez de los testimonios y de los informes periciales, llegando a afirmarse que las mujeres se habían prostituido voluntariamente debido a la disminución de sus ingresos provocada por la crisis del café.[193] En el proceso se presentaron 18 informes periciales elaborados por 26 expertas y expertos de distintas disciplinas científicas que dieron contexto, profundidad y veracidad a los testimonios de las sobrevivientes. Con este material probatorio, el 26 de febrero del 2016, el Tribunal de Mayor Riesgo «A» concluyó que los dos acusados, Esteelmer Reyes Girón y Heriberto Valdez Asij, eran culpables de la comisión de delitos contra los deberes de humanidad en sus formas de violencia sexual, servidumbre sexual y doméstica y tratos humillantes y degradantes además de los delitos de asesinato y desaparición forzada, por los que fueron sentenciados a 120 y 240 años de prisión, respectivamente.[194] Además de las penas de cárcel, el tribunal ordenó a los condenados a pagar compensaciones a las mujeres abusadas y a las víctimas de desapariciones forzadas, en tanto que encomendó al Ministerio Público la continuación de la investigación sobre el paradero de los desaparecidos. También dispuso la construcción de un centro de salud y la mejora de las escuelas de la región, que se educara a los militares en materia de derechos humanos y prevención de la violencia contra las mujeres, que la sentencia fuese traducida a los 24 dialectos de la etnia maya, y que la lucha de las mujeres de Sepur Zarco fuese incluida en adelante en textos escolares, documentales y monumentos.[195]

Al concluir el juicio, una de las sobrevivientes, Demecia Yat, relató así lo que sintió al escuchar la sentencia: «En ese momento yo me sentí tranquila y a la vez lloré también del esfuerzo... Donde nos alegramos más fue cuando la jueza dictó la sentencia, porque ahí nos dimos cuenta de nuestra lucha y también me sentí más tranquila porque ya escuché de cuántos años fueron sentenciados los culpables. Porque cuando todavía no estaban ahí sentenciados nosotras no estábamos tranquilas, pero cuando nosotras escuchamos o cuando yo escuché me sentí más tranquila para que ellos también paguen por lo que nos hicieron». Por su parte, Rigoberta Menchú, afirmó: «Cuando las mujeres sí denuncian el crimen de violencia sexual, las llaman mentirosas. Una victoria en este caso mostrará al mundo que estas mujeres no sólo están diciendo la verdad, sino que también están valientemente defendiendo derechos humanos».[196]

RECORTAR Y VOLVER A RECORTAR

Lo que no se había conseguido por vía jurisprudencial se lograría después por vía legislativa, esto es, restringir, limitar, la jurisdicción universal. Tras la histórica sentencia del Tribunal Constitucional en los casos de Guatemala y Falun Gong (véase capítulo siguiente), que establecían claramente que la jurisdicción universal se regía por el principio de concurrencia y no por el de subsidiariedad, siendo jurídicamente inadmisible restringirla y exigir requisitos a través de la mera interpretación judicial, hubo ciertamente preocupación en el mundo político, pues la Audiencia Nacional abrió varias causas más (a las que me referiré más adelante), algunas de las cuales comprometían las relaciones diplomáticas y también comerciales con países tan poderosos como China, Estados Unidos e Israel, entre otros. Así se gestó, en 2009, el primer consenso entre las dos principales fuerzas políticas españolas (PSOE y PP) para limitar la aplicación del principio de jurisdicción universal.

El texto original de la norma que contempla la jurisdicción universal, el art. 23 de la LOPJ de 1985, establecía una jurisdicción universal en términos amplios y, como ya hemos visto, así lo entendió el Tribunal Constitucional. Sin embargo, la Ley Orgánica 1/2009, de 3 de noviembre, promovida por los socialistas e inmediatamente apoyada por el Partido Popular, introdujo las mismas limitaciones y requisitos que tanto la Audiencia Nacional como el Tribunal Supremo habían exigido antes por vía interpretativa en el caso Guatemala, según las cuales, para que los tribunales españoles pudieran conocer sobre genocidio, crímenes contra la humanidad, terrorismo y otros delitos señalados en la norma, debía «quedar acreditado que sus presuntos responsables se encuentran en España o que existen víctimas de nacionalidad española, o constatarse algún vínculo de conexión relevante con España» (éste fue el criterio sostenido por el Supremo). La nueva ley señalaba que, además, debía acreditarse también que no se había iniciado una «investigación y una persecución efectiva» en «otro país competente» para conocer de los hechos o «en el seno de un tribunal internacional» (éste era el criterio de la Audiencia Nacional).[197]

Afortunadamente, la misma ley señalaba que todo ello era aplicable «sin perjuicio de lo que pudieran disponer los tratados y convenios internacionales suscritos por España», lo que dejaba un margen interpretativo para mantener abiertas la mayoría de las investigaciones en curso, aunque se ponían serias restricciones para iniciar otras nuevas. En definitiva, admitía una interpretación propositiva, según dijo el Defensor del Pueblo en enero de 2010 respecto a la Ley 1/2009, razón por la cual declinó plantear un recurso de inconstitucionalidad contra la misma.

Pero el golpe definitivo vendría en 2014, esta vez de la mano solitaria, pero mayoritaria, del Partido Popular. El Congreso aprobó la Ley Orgánica 1/2014, de 13 de marzo,[198] en virtud de la cual se realizó una modificación mucho más restrictiva, hasta el punto de prácticamente hacer desaparecer la jurisdicción universal. En su exposición de motivos, la ley señala que, pasados cuatro años de la modificación anterior, era necesario cambiar nuevamente la norma, por cuanto la jurisdicción universal «no puede concebirse sino desde los límites y exigencias propias del derecho internacional», lo que exige que «debe venir legitimada y justificada por la existencia de un tratado internacional que lo prevea o autorice», debiendo además quedar definido «con claridad el principio de subsidiariedad». En lo que nos interesa, respecto de los delitos de genocidio, crímenes contra la humanidad y crímenes de guerra, para que hoy pueda ejercerse la jurisdicción universal en España, el imputado debe ser español o extranjero residente en España o que mientras se encontrare en España se haya pedido su extradición y ésta haya sido denegada por las autoridades españolas. Únicamente. En realidad, esto equivale a consagrar una cosa distinta: por una parte, el principio de personalidad activa (cuando el imputado es español o extranjero con residencia habitual en España) y, por otra, el principio *aut dedere aut iudicare*, de modo que, si el imputado se encuentra casualmente en España y nuestros tribunales rechazan la extradición pedida por otro país, entonces y sólo entonces, el requerido de extradición podrá ser juzgado. Sólo en estos casos. Así se puso prácticamente fin a la jurisdicción universal en España.

Tras la modificación, varios narcotraficantes pudieron salir en libertad y en los casos abiertos por violaciones de los derechos humanos se generó confusión y disparidad de criterio entre los distintos jueces instructores de la Audiencia Nacional.[199] Sin embargo, tanto varios catedráticos de derecho penal y derecho internacional, como yo mismo y otros abogados de derechos humanos, lo teníamos claro, e impulsamos una interpretación que nos pareció más adecuada. La nueva ley era inconstitucional, porque iba en contra de los tratados internacionales de derechos humanos vigentes en España.[200]

Por lo que respecta al caso de Guatemala, el juez Santiago Pedraz adoptó una decisión ingeniosa que recordaba a la adoptada por el juez chileno Juan Guzmán en el caso Pinochet para evitar la aplicación del decreto-ley de amnistía. En auto del 20 de mayo de 2014, Santiago Pedraz señaló que, si bien era cierto que la ley que restringía la jurisdicción universal podía estar viciada de inconstitucionalidad por diversos motivos, explicitados en el auto, no cabía plantear cuestión de inconstitucionalidad debido a la falta de presupuestos procesales para ello, entre otros, porque en su investigación no sólo se perseguían los delitos de genocidio y crímenes contra la humanidad, sino también delitos de terrorismo perpetrados por el estado (terrorismo de Estado), en los cuales basta con que la víctima sea de nacionalidad española. En el caso Guatemala, había efectivamente víctimas españolas, tanto las del asalto a la embajada como varios sacerdotes. De este modo, proseguía el auto, la jurisdicción universal debía extenderse «al resto de los delitos; porque de otra forma se rompería la denominada "continencia de la causa" (es imposible juzgarlos por separado)», añadiendo que los demás delitos (genocidio, incluidos el feminicidio y los crímenes de género, lesa humanidad, torturas, asesinato y detenciones ilegales) eran delitos conexos.[201]

El auto remataba así sus razonamientos: «En resumen, España tiene jurisdicción sobre los hechos porque son delitos de terrorismo. Como estos hechos pueden ser también constitutivos de los otros delitos, los cuales, además, serían conexos a los delitos de terrorismo, resulta incuestionable, al menos en esta fase de investigación, que la jurisdicción española es competente para conocer de todos los delitos citados».[202]

Se salvaba así la continuidad de la investigación, al menos de momento.

Un imputado español

A pesar de las restricciones impuestas por la nueva ley, quedaba abierta la posibilidad de que los tribunales españoles ejercieran jurisdicción en algunos casos, especialmente si el imputado era de nacionalidad española. Éste fue el caso de Carlos Roberto Vielmann Montes, de doble nacionalidad, guatemalteca y española, esta última debida al origen español de sus abuelos,[203] que le permitió en 2009 obtener la segunda nacionalidad.[204]

Carlos Vielmann, político guatemalteco, había desempeñado el cargo de comisionado presidencial para la Transparencia y contra la Corrupción, en virtud del cual actuó como representante de Guatemala ante el comité de expertos de la OEA, bajo la autoridad del presidente del país, además de ejercer funciones de asesor presidencial en materia de lucha contra la corrupción y promoción de la transparencia en el ejecutivo. Más tarde, durante el Gobierno de Óscar Berger, ejerció el cargo de ministro de Gobernación, cargo al que renunció voluntariamente.[205]

En 2005, el ministro de Gobernación, Vielmann, publicó en el diario oficial y en varios medios las fotografías de diecinueve reos fugados el 22 de octubre de la cárcel de máxima seguridad «El Infiernito», ubicada en el departamento de Escuintla, ofreciendo una recompensa de 50.000 quetzales (unos 5.670 euros) a quien proporcionara información para su captura. Además, y con la misma finalidad, elaboró el Plan Gavilán, cuya ejecución quedó a cargo del Ministerio Público y de la Policía Nacional Civil.[206] Dos semanas más tarde, el 3 noviembre, se consiguió localizar a Edwin Santacruz Rodríguez, uno de los reclusos fugados, gracias a la información de un confidente. Santacruz murió a consecuencia de los disparos efectuados por efectivos de las fuerzas de seguridad. Al mes siguiente, los fugados Julián Morales Blanco y José María Maldonado Sosa fueron localizados y también resultaron muertos a manos de las fuerzas de seguridad. El resto de los reclusos fueron capturados e ingresados nuevamente en prisión.[207]

Debido a los crecientes problemas de seguridad en varios recintos penitenciarios, el gabinete de seguridad del estado, constituido por el presidente de la República, el vicepresidente, el ministro de Gobernación (Vielmann), el ministro de Defensa, y el fiscal general del Estado, elaboró un plan de seguridad que contemplaba un proyecto específico para un recinto carcelario especialmente conflictivo, la Granja Penal Pavón. El plan, bautizado «Plan operativo Pavo Real», contemplaba tres fases: el posicionamiento, control y traslado de los reclusos desde Pavón al centro

Pavoncito, situado en las inmediaciones; el registro del interior del centro, y la reorganización del centro penitenciario Pavón. El operativo tuvo lugar el día 25 de septiembre de 2006 a cargo de fuerzas combinadas de la Policía Nacional Civil y del ejército guatemalteco, con la intervención del Ministerio Público. El gabinete de seguridad, integrado, entre otros, por el ministro de Gobernación (Vielmann), estuvo en todo momento informado de los preparativos del plan, al que dio su aprobación. Sobre las seis de la mañana, Vielmann llegó al centro penitenciario, y se instaló en un puesto de mando junto al ministro de Defensa y otras autoridades policiales, penitenciarias y militares, informando por teléfono al vicepresidente de la República. En el curso del operativo, siete internos murieron debido a los disparos de miembros de las fuerzas de seguridad y sus «colaboradores», cuando los reclusos ya habían sido asegurados y no representaban ninguna amenaza para los efectivos ni el operativo. La versión oficial, un supuesto enfrentamiento, resultó rápidamente desacreditada.[208]

Philip Alston,[209] relator especial de Naciones Unidas sobre las ejecuciones extrajudiciales, sumarias o arbitrarias, publicó un informe en el que daba cuenta de varios sucesos que parecían constituir actos de «limpieza social», que no estaban siendo investigados eficazmente por el estado,[210] hechos que coincidían con el mandato de Vielmann en el Ministerio de Gobernación.[211] Diversas ONG atribuyeron a policías incontrolados los asesinatos de cientos de marginados y delincuentes.[212] Poco más de un mes después del informe, Vielmann presentó su renuncia voluntaria a su cargo.

En agosto de 2010, la Comisión Internacional contra la Impunidad en Guatemala (CICIG) ordenó la captura de Vielmann y la del excandidato presidencial Alejandro Giammattei, por formar parte del grupo parapolicial que había presuntamente asesinado a siete reos en el centro penitenciario Granja Modelo de Rehabilitación Pavón. En un comunicado, la CICIG afirmó: «Las personas señaladas integraban parte de una organización criminal conformada desde el Ministerio de Gobernación y la Policía Nacional Civil desde 2004 y estaban dedicadas a ejecuciones extrajudiciales. [...] Esta estructura prosiguió con una actividad criminal continuada de asesinatos, tráfico de drogas, lavado de dinero, secuestros, extorsiones y robos de droga, entre otros». Carlos Castresana dirigió las investigaciones de la CICIG, que consideraba a Vielmann responsable del diseño de esas «ejecuciones», en las que habría estado presente, hecho avalado por no menos de doce testigos protegidos, entre los que se encontraban reclusos, policías y funcionarios de prisiones.[213]

Sin embargo, para entonces y tras obtener su nacionalidad española, Vielmann ya había abandonado Guatemala.[214] Dos meses después de que la CICIG dispusiera su captura, el 13 de octubre de 2010, Vielmann fue detenido en Madrid.[215] Interrogado por el juez Santiago Pedraz, aseguró que no tenía nada que ver con los asesinatos y que se consideraba víctima de una persecución política, aunque reconoció que era posible la existencia de un grupo parapolicial responsable de los crímenes, algo que a él no le constaba.[216]

En mayo de 2011, España decidió acceder a la solicitud de extradición de Guatemala para que Vielmann fuera juzgado allí por las ejecuciones extrajudiciales. Sin embargo, en noviembre la Justicia guatemalteca desistió de la extradición.[217] Desde varias instancias se manifestó preferencia porque el juicio contra Vielmann se desarrollase en España. Entre esas voces, se encontraba la del nuevo comisionado de la CICIG, Francisco Dall'Anese, pues en su opinión en España existían mayores garantías e independencia, dada la condición de Vielmann de antiguo miembro del Gobierno, que además poseía una de las principales fortunas de Guatemala y cuyo hermanastro, Rafael Espada, era, en ese momento, vicepresidente del país. El abogado de Vielmann, Enrique Molina, también había señalado su preferencia por España, estimando que, de volver a su país, su defendido se encontraría «en peligro de muerte».[218]

Con estos antecedentes, en febrero de 2012 la Audiencia Nacional anuló la extradición de Vielmann y acordó su procesamiento en España en virtud de la querella interpuesta por la fiscalía y atendida su condición de español. En junio de 2013, el fiscal de la Audiencia Nacional, Pedro Martínez Torrijos, solicitó el procesamiento de Carlos Vielmann al juez instructor, Javier Gómez Bermúdez. Se le imputaba la creación, con otros altos mandos, de «una estructura criminal paralela» y clandestina de seguridad, para realizar acciones delictivas contra las personas designadas «como objetivo que eliminar» y se le atribuían diez ejecuciones extrajudiciales: las de siete presos de la Granja Penal de Pavón, el 25 de septiembre de 2006, y la de otros tres de la cárcel de máxima seguridad El Infiernito, entre noviembre y diciembre de 2005. Con respecto a los sucesos de la cárcel Pavón, se señalaba que, para simular los enfrentamientos, se había alterado «la escena del crimen, colocando a los ejecutados granadas de mano y un fusil sin capacidad de disparo».[219] El 4 de noviembre, Carlos Vielmann fue procesado. Gómez Bermúdez afirmó en su auto de procesamiento que Vielmann había cometido las diez «ejecuciones extrajudiciales». Detallaba que el cuerpo clandestino responsable de los hechos fue creado en respuesta a la fuga de 19 presos de la cárcel de El Infiernito, considerando indiciariamente probado que un grupo de oficiales asignados al Plan Gavilán había capturado a uno de los presos fugados de El Infiernito, lo había llevado a una carretera para interrogarlo y después lo introdujeron en un coche y le dispararon en la parte posterior de la cabeza, para simular un enfrentamiento con un retén judicial. El auto afirmaba que Vielmann había elaborado el Plan Pavo Real en 2006 para lograr que las fuerzas del orden recuperaran el control de la Granja Modelo de Rehabilitación Pavón, plan que habría tenido el «objetivo paralelo y oculto» de «matar a los reos que dirigían *de facto* el penal». El plan habría sido presentado al presidente de la República Óscar Berger, que habría dado su aprobación.[220]

La fiscalía solicitó una condena de 160 años de cárcel por ocho delitos de asesinato y 300.000 euros de indemnización para cada uno de los fallecidos.[221] Por su parte, el abogado Manuel Ollé, que ejercía las acusaciones popular y particular en nombre de la Asociación Pro-Derechos Humanos de España y de dos de las víctimas, elevó su petición de pena a 300 años, al entender que los hechos debían castigarse como diez crímenes de lesa humanidad.[222] Las acusaciones intentaron demostrar en el juicio la responsabilidad de Vielmann basándose en la «responsabilidad del superior».

La sentencia, dictada en marzo de 2017, por la Sección Segunda de la Sala Penal, consideró en sus hechos probados que no había quedado acreditado que el acusado Carlos Vielmann tuviera conocimiento de las circunstancias reales en que se produjo la captura y muerte de los presos huidos, más allá de la información que iba recibiendo sobre los acontecimientos a través de los canales oficiales. La sala consideró que «la existencia de una relación de dependencia jerárquica respecto de los autores materiales de un hecho delictivo no determina en sí misma que el superior ordene, autorice o tenga conocimiento de las actuaciones llevadas a cabo por el inferior en la escala jerárquica. Si fuera así, habría que entender que todos los integrantes del gabinete de seguridad que aprobó el operativo para la toma de control del centro penitenciario, incluidos el presidente y vicepresidente de la República, serían tan responsables de los hechos delictivos cometidos en el desarrollo de la operación como el propio ministro de la Gobernación, pues la relación de jerarquía y subordinación, incluso, la relación de confianza presenta idénticos caracteres». La sala también rechazó el carácter de crimen de lesa humanidad de los posibles actos de «limpieza social», ya que, en su opinión: «Nos encontramos ante hechos muy graves, pero aislados y en los que se aprecia una importante dosis de improvisación».[223]

En su voto particular, el magistrado José Ricardo de Prada mostró su discrepancia, pues en su opinión había quedado acreditada la participación delictiva del acusado, considerando poco verosímil que no fuera consciente de lo que estaba ocurriendo en un recinto cerrado: «cuyo interior estuvo recorriendo a pie y lo sobrevoló y en el que se llevaron a cabo acciones parapoliciales evidentes por personas disfrazadas de *swat*, con pasamontañas y armas espectaculares que nada tenían que ver con el armamento oficial». Rechazó, además, la «minimización» del valor de los testimonios de expertos sobre los sucesos, así como el nulo valor que se había dado a los testimonios anticipados documentados, previstos en el derecho guatemalteco, y señalaba la indefensión causada a la fiscalía y a las acusaciones, que intentaron sin éxito conseguir la declaración de un testigo presencial relevante localizado en Canadá, pues el tribunal no articuló forma alguna de obtener la declaración de esta persona, que tenía conocimiento de primera mano de los hechos juzgados. Para De Prada, quedó demostrado que el ministro de Gobernación, Carlos Vielmann, formaba parte de una estructura policial paralela: «que, si no comandada directamente por el ministro, su actuación sí era admitida o consentida por él, sin poner ningún medio para su erradicación, en lo que era un claro acto de limpieza social».[224]

El 26 de julio de 2018, el Tribunal Supremo, mediante Sentencia núm. 392/2018, rechazó el recurso de casación y confirmó la absolución de Carlos Vielmann.[225] Esta sentencia ha sido recurrida en amparo ante el Tribunal Constitucional por las acusaciones popular y particular.

¿HA SERVIDO?

En septiembre de 2014, la entonces fiscal general de Guatemala, Claudia Paz y Paz, en la conferencia que impartió en Madrid sobre la tragedia del conflicto guatemalteco y su repercusión judicial, ya mencionada, fue consultada sobre si había servido para algo el proceso en España: «¿Ha servido para algo la apertura del proceso en España con base a la jurisdicción universal?». La respuesta a esa pregunta fue categórica: «Sí, mucho. El proceso en España tuvo un gran impacto a la hora de romper con la impunidad y replantear la necesidad de juzgar los crímenes en Guatemala dando impulso a las causas».

También la juez Yassmín Barrios, al final de una conferencia pronunciada en el Ateneo de Madrid, dijo, respondiendo a uno de los asistentes: «El procedimiento de Guatemala tramitado por la Justicia española fue muy importante por lo que generó, para poder juzgar a Ríos Montt en su país».

Éste es uno de los grandes valores de la jurisdicción universal, que no sólo tiene la capacidad de poner al culpable entre rejas, sino también la de remover la conciencia y las entrañas de los funcionarios del estado que tienen la facultad y la capacidad de evitar que la impunidad se perpetúe, animándolos a impulsar sus propias causas judiciales para obtener verdad y Justicia y cooperar con la judicatura, facilitando los medios de prueba y cualesquiera apoyos que precisen. Y, siempre, eso es cierto, que jueces, juezas y fiscales valientes hayan tomado el testigo y hayan hecho lo necesario para continuar. Así sucedió en Argentina y en Chile, donde la acción española tuvo una honda repercusión en la Justicia nacional, y también ha comenzado a suceder así en Guatemala, a pesar de que haya habido en este proceso avances y retrocesos.

Por su parte, Rigoberta Menchú, no dudó en afirmar que, para ella, la Justicia internacional había tenido: «una importancia enorme. Para nosotros la ventana fundamental para iniciar el proceso fue la detención del dictador chileno, Augusto Pinochet, en Inglaterra, en 1998, por orden de la Audiencia Nacional de España. Al año siguiente presenté allí un expediente, se había agotado toda esperanza en mi país. La paz duradera que se firmó en Guatemala (1996) negaba la verdad de las víctimas y estaba lejos de juzgar los delitos de lesa humanidad. Creo que, si no hubiésemos acudido a la Audiencia Nacional, nunca se hubiera podido celebrar este juicio».[226]

4

Asia: Armenia, Tíbet, Falun Gong y Ashraf

I. Genocidio armenio

Un poco de historia

La milenaria historia de Armenia se remonta al surgimiento del reino de Urartu[1] en torno al lago Van entre los años 900 y 600 a.n.e.[2] Durante siglos Armenia sobrevivió a ataques, invasiones y mermas de su territorio. Bajo la dominación de Roma, fue la primera nación en hacer del cristianismo su religión oficial, una fe que, aún hoy, constituye uno de los rasgos principales de la identidad del pueblo armenio, que resistió la imparable expansión del islam a su alrededor, al que fueron convirtiéndose poco a poco todos sus países vecinos, a excepción de la ortodoxa Georgia.

Entre el siglo VII y el XIX Armenia estuvo sometida a diferentes imperios (bizantino, otomano, persa y ruso) y vio su territorio dividido entre los diferentes poderes en conflicto. En el siglo XV, Armenia fue anexionada por el Imperio otomano. Desde entonces la población armenia, en la que había cristianos, ortodoxos griegos o judíos, tomó forma como comunidad no musulmana. Gozaban de ciertas facultades de autogobierno siempre y cuando mantuviesen su fidelidad al sultán, pagaran sus impuestos, aceptaran ciertas desigualdades y no trataran de superponer su condición de armenios a la de otomanos. En la segunda mitad del siglo XIX, los armenios empezaron a reclamar mayor igualdad, desatando la desconfianza del sultán y provocando las primeras represiones en la década de 1890, que serían el triste precedente de lo que sucedería no mucho después.

En los albores del siglo XX, un nuevo movimiento, Jön Türkler («Jóvenes Turcos»), irrumpió con fuerza en la escena política del Imperio otomano. Se trataba de un partido reformista que obligó al sultán a aceptar el parlamentarismo, exigió una constitución e inició una marcha ininterrumpida hacia el progreso. Desgraciadamente, esos valores tan típicamente tachados de occidentales venían de la mano de un nacionalismo exacerbado. Las sucesivas derrotas militares que hicieron perder al Imperio otomano gran parte de su presencia en Europa aumentaron la ira chovinista otomana contra las comunidades cristianas que habían conseguido emanciparse de la Sublime Puerta al otro lado del Bósforo. También se produjeron protestas y conatos de rebelión de los armenios en contra de los elevados impuestos o las injustas leyes turcas. La desconfianza creciente del pueblo turco musulmán cada vez más desconfiado y celoso de su soberanía fue el caldo de cultivo ideal para aquellos que deseaban exterminar a los armenios.

Aunque tras la Primera Guerra Mundial Armenia recuperó nominalmente su independencia, Turquía recobró su hegemonía en parte del país mientras la recién nacida URSS creaba la República Socialista de Armenia, en 1929. Un desolador ejemplo de este desmembramiento es la ciudad abandonada de Ani, un enclave medieval atravesado por un pequeño río y que fue la capital del reino armenio durante los siglos X y XI. Sobre Ani, a un lado del río, ondea hoy la bandera turca y al otro, la bandera armenia junto a la rusa. En esa zona se encuentra el mítico monte Ararat, donde, según la tradición judeocristiana encalló el Arca de Noé, que supone para los armenios el corazón de su estado, de su historia y es fuente de orgullo patrio aun cuando el Ararat, a pesar de las reivindicaciones armenias, sigue estando en territorio turco.

Este breve esbozo de historia tal vez pueda ayudarnos a comprender la actual tensión entre los gobiernos de Estambul y Eriván que hunde sus raíces en viejas luchas nacionalistas, aspiraciones territoriales y la desconfianza interreligiosa, pero, sobre todo, se remonta al genocidio armenio. La actual Turquía es el resultado de las labores de ingeniería política del estadista laico Mustafá Kemal Atatürk. Pero, aunque haya un antes y un después tras la caída definitiva de la Sublime Puerta en 1924, es innegable que Turquía es sucesora y heredera del Imperio otomano y, con ello, de las luces y sombras de siglos de historia como potencia hegemónica del este del Mediterráneo, entre cuyas vergüenzas del pasado se encuentra la masacre sistemática de gran parte de la población cristiana del imperio, formada principalmente por armenios.

El genocidio armenio

«... ¡Estimado Sr. Cónsul! Resumen: He visto con mis propios ojos unos cien cadáveres y unas otras tantas fosas recién abiertas en el tramo de Der Zor − Meskene... El informe oficial llama "evacuación" a esta forma de muerte, ¡la más cruel de todas!... "¿Qué será de ellos?", le pregunté en el trayecto a algunos turcos. La respuesta fue:"Morirán".» Este es un fragmento del informe del agente consular Wilhelm Litten al cónsul alemán en Turquía, desde Alepo, el 6 de febrero del año 1916.[3] ¿Cómo se llegó a esto?

La Primera Guerra Mundial obligó al Imperio otomano a alinearse con alguno de los bandos en pugna. Cuando se decantó por Alemania, se convirtió automáticamente en enemigo de la vecina Rusia. Con un dudoso cálculo de su fuerza y haciendo gala de una pésima estrategia militar, los otomanos cruzaron la frontera invadiendo territorio ruso. La derrota fue estrepitosa y los turcos volvieron a casa con la moral hundida. La contraofensiva llegó pocos meses después con un ejército ruso nutrido en parte por armenios, principalmente armenios rusos. Encontrar súbditos otomanos armenios desertando y apoyando al enemigo avivó el odio de los turcos musulmanes. Según éstos, los armenios se habían convertido en un «enemigo interno» y en una amenaza para el imperio. El genocidio era inminente.

El 20 de abril de 1915 se desencadenaron los actos criminales. Primero vinieron las purgas contra los soldados armenios integrados en el ejército otomano, a las que siguió la destrucción de la clase intelectual y culta armenia. El día 24 de abril se aprobó una legislación ejecutiva que exigía la detención y expulsión de todos armenios del imperio, dando comienzo al éxodo, la deportación masiva de armenios desde todos los puntos del país hacia la actual Siria. Se les obligó a caminar durante semanas a través de desiertos, valles y montañas hasta que morían de agotamiento, hambre o sed.[4] Los habitantes de las zonas por la que cruzaban aquellas caravanas de la muerte se unían a la matanza y robaban las escasas pertenencias de los escuálidos y agonizantes caminantes, en respuesta a los mensajes de incitación al odio de algunas autoridades civiles y religiosas. Sus cadáveres decoraron de forma siniestra los senderos. Los historiadores hablan de un plan sistemático y organizado de exterminio que se llevó por delante la vida de hasta un millón y medio de personas.

Un «Informe secreto sobre la deportación de los armenios», de la embajada del Imperio alemán en Constantinopla, misión militar J. n.º 384, firmado por el teniente coronel Stange, expresa: «... En vista de todos estos acontecimientos, puede considerarse como seguro: la deportación y la destrucción de los armenios había sido resuelta y bien organizada por el Comité de los Jóvenes Turcos de Constantinopla y con el apoyo de los miembros del ejército y de bandas de voluntarios».[5]

Otro documento consular titulado «La expulsión de los armenios de Anatolia del Este, n.° 372», dirigido al canciller del Imperio alemán, señala: «Es evidente que la expulsión de los armenios no solo es motivada por consideraciones militares. El ministro del Interior, Talaat Bey [...] recientemente se refirió a esto [...] la Sublime Puerta tiene la intención de aprovecharse de la Primera Guerra Mundial con el fin de hacer tabla rasa con los enemigos internos —los cristianos locales— sin interferencias diplomáticas de otros países. [...] el patriarca armenio manifestó ante el mismo funcionario que las medidas de la Sublime Puerta [...] estaban destinadas a su expulsión del territorio de Turquía o más bien a su exterminio completo».[6]

Una carta dirigida desde el consulado alemán en Alepo, al canciller imperial Von Bethmann Hollweg, el 20 de diciembre de 1915, daba cuenta: «... El comisario de deportaciones enviado por el Ministerio de Asuntos Interiores declaró aquí abiertamente: "Deseamos una Armenia sin armenios". Ese es el principio que ha aplicado y que todavía aplica el Gobierno, y su implementación ha llevado a la deportación —en la mayoría de los casos a pie— de cuatro quintas partes del pueblo armenio, incluyendo mujeres y niños, desde sus lugares de residencia en Asia Menor a la Mesopotamia y a Siria. [...] gran parte de los deportados ha muerto de hambre, de agotamiento y de enfermedades, y continúan falleciendo día a día [...]. En la parte oriental ha muerto durante las numerosas deportaciones el 75 por ciento, a no ser que las mujeres y niñas hayan sido deportadas a los harenes musulmanes [...]».[7]

Un manuscrito elevado a la embajada del Imperio alemán, fechado en 21 de julio de 1918, expresaba crudamente que: «... Las persecuciones de armenios en las provincias del este habían llegado a su fase final. El Gobierno turco, en la ejecución de su programa Resolución del problema armenio mediante la destrucción de la raza armenia, no se dejó influenciar ni por nuestras advertencias ni por las advertencias de la embajada americana y del delegado papal, ni por las intimidaciones por parte de las fuerzas aliadas, pero menos aún por la consideración hacia la opinión pública de Occidente; se encuentra ahora a punto de disolver y dispersar los últimos grupos de armenios que han resistido la primera deportación...».[8]

Sucedió a la luz del día, ante los ojos de nacionales y extranjeros, entre ellos miembros del cuerpo diplomático de varios estados. Fue el gran genocidio de la Primera Guerra Mundial.

Reconocimiento y negación del genocidio cien años después

No deja de ser sorprendente que la resistencia a reconocer las atrocidades perpetradas se prolongue durante años, décadas o, como en el caso del genocidio armenio, incluso más de un siglo. Son muchos los que siguen negando el genocidio. En ello radica el valor que tiene que los hechos se establezcan de forma imparcial y objetiva por un tribunal de Justicia, aunque los responsables de los crímenes hayan fallecido. De ahí la enorme importancia de la investigación que se inició en Argentina por los sucesos que afectaron al pueblo armenio en Turquía durante la Primera Guerra Mundial que, si bien tiene un valor histórico indudable, sobre todo tiene un carácter reparador para los descendientes de las víctimas de aquel episodio. La verdad es siempre reparadora.

Mi primera aproximación al genocidio armenio fue casual. Mi amigo Federico Soria, un abogado almeriense, me pidió que escribiera el prólogo a la novela de un conocido suyo, Gonzalo Hernández Guarch, que trataba sobre la masacre de este pueblo. La obra, titulada *El árbol armenio*, me impactó. Más tarde introduje este espinoso tema en el marco de los cursos de verano de la Universidad Complutense y, desde entonces, siempre he defendido la necesidad de llegar a la verdad y lograr que se reconozca que lo ocurrido con el pueblo armenio fue un auténtico genocidio.

En 1965, Uruguay fue el primer país en reconocerlo. Después le siguieron Argentina, Austria, Bélgica, Bolivia, Canadá, Chile, Chipre, Francia, Grecia, Italia, Líbano, Lituania, Holanda, Polonia, Rusia, Eslovaquia, Suecia, Suiza, el Vaticano y Venezuela. Varias resoluciones del Congreso de Estados Unidos se han referido a la tragedia armenia, pero hasta el momento no lo han calificado como genocidio. Otros países que no utilizan el término «genocidio» para referirse a las matanzas contra los armenios son además de Estados Unidos, Israel, Reino Unido, Alemania o España.[9]

El reconocimiento del genocidio armenio, ya sea más o menos explícito, ha supuesto el enfado y un persistente negacionismo de Turquía, cuyo Código Penal, hasta 2010, condenaba a quienes afirmaran que tal acción criminal había ocurrido, considerándolo como «agravio público a la identidad nacional turca».[10]

En Turquía la polémica del genocidio armenio no es solamente judicial. En 2007 fue asesinado en Estambul Hrant Dink, periodista turco de origen armenio, frente a las oficinas del semanario bilingüe turco-armenio *Agos*, que él mismo había fundado y del cual era jefe de redacción. Hrant fue muy activo en su denuncia de las injusticias cometidas contra los armenios por parte de los turcos y siempre subrayó la necesidad de que el estado turco reconociera el genocidio sistemático de un millón y medio de armenios.[11]

Por ello, para mí fue muy emocionante que en 2010 la Fundación Hrant Dink me otorgara en Estambul el premio Derechos Humanos que lleva el nombre del periodista asesinado,[12] ocasión que aproveché para reivindicar la existencia y denunciar la impunidad del genocidio armenio. Aunque esto me supuso posteriormente alguna que otra dificultad, también me granjeó el apoyo del pueblo armenio, que el 24 de abril de 2015, conmemoró el 100.º aniversario de aquella masacre.

Con ocasión de esa efeméride escribí un artículo en el diario *El País*,[13] en el que afirmaba:

> 100 años después del comienzo de la matanza, Turquía sigue negando el genocidio y los familiares de las víctimas sufren un luto incompleto. Y lo que es más grave, no se trata sólo de una postura oficial estatal, sino que está respaldada por la extraordinaria convicción de casi la totalidad de la ciudadanía que afirma que lo que el resto del mundo llama «genocidio» no fue más que una «catástrofe» o un «desastre», conceptos que intentan eludir la responsabilidad que el estado turco —como heredero del Imperio otomano— tuvo como perpetrador, instigador y autor de los crímenes y violaciones que se cometieron contra más de un millón de personas con el fin último de llevar a cabo una limpieza étnica que terminara con las reivindicaciones nacionalistas de esta minoría.
>
> El 24 de abril de 1915, las fuerzas otomanas decapitaron a la cúpula intelectual de los armenios —235 personas— en un movimiento encaminado a desestructurar a su población mediante la eliminación de sus líderes. Tras estas matanzas, la ley otorgó la legitimación al Gobierno para arrestar y deportar armenios aldea por aldea, informándoles de que se les reubicaría en localidades del interior del país.
>
> La palabra oficial usada por el Gobierno fue «exilio», pero en la práctica fue «viaje de la muerte», para la exterminación. A una parte de los armenios se les obligó a caminar a pie —a veces en círculos— bajo un calor asfixiante, en unas condiciones en las que cualquier hombre sano perecería. No se les permitía beber ni descansar. Y si no se les deportaba a pie, se les embarcaba en el ferrocarril de Anatolia o el que une Berlín con Bagdad

—obligándoles a comprar sus billetes de tren, una práctica repetida por los nazis durante el Holocausto— y en ellos perecían por asfixia. Obviamente, los más débiles —ancianos, niños, mujeres embarazadas— morían y aquellos que no podían seguir, eran sacrificados. A los pocos supervivientes de las eternas marchas les abandonaron en el desierto de Der Zor.

Sólo en 1915 *The New York Times* publicó 145 artículos recogiendo los acontecimientos, que calificó como un «exterminio racial planeado y organizado por el Gobierno». Las noticias fueron confirmadas por fuentes consulares, que describieron cómo cientos de cuerpos y huesos se amontonaban en los caminos de Anatolia. En estas 4.000 páginas de declaraciones se recoge cómo el Éufrates se tiñó de rojo transportando los cuerpos de personas a quienes se había arrebatado la vida o que, en plena desesperación, se arrojaron para acabar con una existencia marcada por el horror. Por todas partes había mujeres desnudas y no se sabía si estaban vivas o muertas.

Además de la persecución oficial, una unidad secreta paramilitar del CUP [el Comité de Unión y Progreso] dirigida por un médico, Behadin Shakir, organizó escuadrones de la muerte que golpeaban a los armenios en su marcha o durante sus escasos descansos. Asimismo, se propagó la idea de que si se mataba a un armenio, se abrirían las puertas del cielo, por lo que los lugareños acabaron participando en las matanzas.

Las violaciones de mujeres fueron un componente esencial del genocidio y se cometieron contra niñas y ancianas. Aurora Mardiganian fue testigo de la muerte de los miembros de su familia, obligados a caminar más de 2.250 kilómetros. Fue secuestrada y vendida en los mercados de esclavos para un harén. Entre todos los horrores relata cómo 16 jóvenes muchachas armenias fueron desnudadas, violadas y empaladas por sus torturadores otomanos al no cumplir con sus deseos.

Casi todos los armenios (11 a 12 millones) han sufrido en sus familias el zarpazo del terror. Y si bien es cierto que el nuevo estado turco que se constituyó en 1923 se aleja radicalmente del CUP, dedica considerables esfuerzos y dinero a defender que estos crímenes fueron cometidos en un período de guerra y no como actos genocidas. Esta política pone en cuestión el avance del estado turco que se apoya en una memoria en gran medida construida, fabricada y manipulada. Turquía debe reconocer el genocidio en beneficio no sólo de las víctimas, sino de su propia subsistencia y la de toda la humanidad. La verdad y la reparación tienen un lugar necesario como medida de Justicia para el pueblo armenio. Por el contrario, la impunidad y la negación del genocidio armenio avergüenzan a quienes las defienden.

Los esfuerzos por hacer Justicia

Concluida la Gran Guerra, los aliados consideraron que urgía dar una solución jurídica a la barbarie. Así lo recogen tanto el Tratado de Sèvres de 1920,[14] como los de Versalles o Leipzig. La idea de que el genocidio armenio no podía quedar impune se desprendía de la declaración conjunta de 1915 en la que Francia, Rusia y Gran Bretaña acusaban a Turquía de cometer crímenes contra la humanidad y la civilización. Ésta sería una de las primeras referencias a los crímenes contra la humanidad en el contexto del derecho internacional.[15]

Pero en lugar de crear un tribunal internacional se impuso la celebración de un proceso penal en los tribunales turcos con sede en Estambul en su gran mayoría, los que aplicaron la legislación interna. Los tres grandes responsables del genocidio, el primer ministro, el ministro de Guerra y el ministro de la Marina, fueron juzgados *in absentia* y condenados a muerte. Habían escapado a Alemania, Tayikistán y la actual Georgia, respectivamente. Entre 1921 y 1922, los tres fueron asesinados.[16]

Después del genocidio la población armenia quedó marcada y herida, incluso hasta hoy. Los supervivientes que lograron escapar del país se esparcieron por el mundo. Fue la diáspora armenia. Muchos se refugiaron en Estados Unidos, otros tantos en Francia y algunos otros en Argentina. Allí buscaron paz, seguridad y prosperidad. Pero hubo algunos que, además, buscaron Justicia. En Argentina, los hermanos Gregorio y Federico Hairabedian, descendientes de armenios, presentaron una querella en diciembre de 2000 mediante la cual se inició el proceso judicial n.° 2.610/2001. En el escrito, demandaban verdad y el derecho al duelo. Varios miembros de su familia habían sido víctimas directas de aquella barbarie. La causa fue a parar al Juzgado Nacional Criminal y Correccional Federal n.° 5, a cargo del juez Norberto Oyarbide.

Después de apelar las resoluciones que en primera instancia se mostraron contrarias a la admisión a trámite, la Cámara Nacional de lo Criminal y Correccional Federal de Argentina ordenó el inicio de investigaciones. Sin duda se trataba de un proceso novedoso, pues con la muerte de los últimos dirigentes turcos presuntamente responsables del genocidio la responsabilidad penal había quedado formalmente extinguida. Sin embargo, se trataba de ver la Justicia como algo más que un instrumento para encarcelar culpables, de defender a personas que no vieron reconocido su dolor por el país que prácticamente las exterminó. Se trataba de poner a las víctimas en el centro del proceso (Justicia anamnética) y, partiendo de su memoria, exigir reparación y, especialmente, verdad. La finalidad era que se reconocieran jurídicamente los hechos. Ése sería el mayor consuelo para las víctimas. Por lo menos diez supervivientes e hijos de víctimas directas del genocidio prestaron declaración como testigos. El juez requirió, con mayor o menor suerte, información y documentación a los gobiernos de Turquía, Estados Unidos, Gran Bretaña, Francia, Bélgica, Alemania y el Vaticano, entre otros. Más tarde se añadieron a la lista de países requeridos Jordania, Egipto, Palestina, Siria, Irán o el Líbano.[17]

Finalmente, el 1 abril de 2011, el juez Oyarbide dictó la resolución declarativa de los sucesos históricos conocidos como «el genocidio del pueblo armenio».[18] Si bien no es una sentencia firme al uso, se trata de un documento con vocación jurídica que sigue el esquema clásico de investigación, recopilación y exposición de pruebas y fundamentación jurídica.[19] El Gobierno turco, después de un siglo, sigue manteniendo su política de negacionismo y difamación contra las víctimas armenias, pero al menos las víctimas argentinas de origen armenio han obtenido una verdad judicial y están hoy más cerca de obtener Justicia para su pueblo.

II. Genocidio tibetano

Como en Turquía, en España y en otros países, el negacionismo de los crímenes contra la humanidad y el genocidio va de la mano de la política y de otros intereses, no sólo económicos. Como he mencionado en capítulos previos, fue precisamente el caso del genocidio tibetano abierto en la Audiencia Nacional el que motivó que, en 2014, el Partido Popular llevara a cabo, por la vía de urgencia, una reforma de la LOPJ de tal calado que acabó prácticamente con la jurisdicción universal en España, cediendo así a las quejas y presiones del Gobierno chino que veía con estupefacción cómo varios de sus dirigentes, entre ellos el expresidente Jiang Zemin y el ex primer ministro Li Peng, habían sido imputados por crímenes contra la humanidad y se habían dictado para ellos órdenes de búsqueda y captura.

Breve historia del Tíbet

A finales del siglo VI, el rey Nam-ri consiguió someter bajo su autoridad la multiplicidad de principados que conformaban en aquel tiempo el puzle tibetano. Aunque la unificación no fue definitiva, durante esta época la religión budista fue penetrando en todos los estratos sociales hasta convertirse en el sello de identidad del pueblo tibetano. La rápida expansión del Imperio mongol en el siglo XIII absorbió los territorios de las actuales China y el Tíbet. En 1279, cuando la obra de Gengis Kan se descompuso en cuatro *kanatos*, quedaron ambos unificados bajo un único gran imperio. Este imperio, heredero del mongol, quedó en manos de la dinastía Yuan, que en menos de cien años acumuló vastos territorios, entre ellos las actuales Coreas, Mongolia, China y también el Tíbet. Ya en aquella época muchos trataban de convertir aquel imperio en el antecedente directo de la actual China, surgiendo así las primeras reclamaciones de la soberanía china sobre el Tíbet. Esta postura cristalizó con la llegada a Pekín, en 1253, de Phags-pa, el monje superior de un monasterio tibetano que logró convertirse en consejero del emperador y finalmente atribuirse el título de virrey del Tíbet bajo la autoridad de la dinastía Yuan. Ésta fue reemplazada en 1368 por la dinastía Ming que, si bien se consideraba soberana sobre el Tíbet, se abstuvo de intervenir en su territorio. De esa forma, a lo largo de los siglos, el Tíbet fue poco a poco acuñando su independencia.[20] En el siglo XVI, el superior del monasterio de Tashilhunpo tomó el título de IV panchen lama, figura política a la que se accede por reencarnación, y terminó encumbrándose como número dos del reino tibetano. No mucho antes, en 1578, el príncipe mongol Altan Kan había otorgado el título de dalái lama, u «océano de sabiduría», a otro monje budista; figura que, reencarnación tras reencarnación, se fue consolidando como guía espiritual y, finalmente, como jefe del estado tibetano. En un principio, los panchen lamas eran simplemente abades de algún monasterio importante, pero gradualmente se convirtieron en gobernadores provinciales en nombre del dalái lama. Esta posición les trajo riqueza y prestigio político hasta que, en los siglos posteriores, se los vio a menudo como rivales de aquél. El paso de los siglos fue materializando en el Tíbet una forma singular de entender la vida y el Gobierno. El dalái lama y los panchen lama formaban la cúspide de un estado que giraba en torno a la espiritualidad y los principios budistas. Las clases aristocráticas controlaban el Gobierno y ocupaban los cargos funcionariales.[21]

Lhasa, la capital del Tíbet, era el epicentro de un enorme reino aislado y muy poco poblado. En 1644, la dinastía Ming fue reemplazada por la dinastía Qing, que pretendía controlar el Gobierno mediante dos delegados del emperador, llamados «amba», asumiendo el papel que antes desempeñaban los mongoles, proporcionando protección al dalái lama y restableciendo el orden interno cuando fuera necesario, pero otorgando al Tíbet un amplio autogobierno. La relación de entonces entre el Tíbet y China se ha comparado con la de un soberano feudal en la Europa medieval,[22] o con una suerte de protectorado en la época de colonización europea.[23]

Precisamente en esta época colonial, los ingleses, que ya controlaban la India, invadieron el Tíbet por temor a que se les adelantaran los rusos. En agosto de 1904, los británicos entraron en la ciudad sagrada de Lhasa, donde firmaron un tratado conocido como «Acuerdo de Lhasa».[24] Sin embargo, en 1906 el Gobierno chino enmendó dicho acuerdo, impidiendo el control británico y reclamando su soberanía sobre el Tíbet al declarar depuesto al dalái lama, que viajó hasta Pekín para discutir la situación con el emperador, sin resultados positivos. En 1909, China envió una fuerza de 6.000 soldados al Tíbet y el dalái lama huyó a Darjeeling, en la India. En 1911, estalló la Revolución china, que arrasó con la dinastía Qing, lo que fue aprovechado por los tibetanos para expulsar a todas las tropas chinas del Tíbet, que volvió a ser gobernado por el dalái lama en 1912.[25]

Desde entonces y hasta la fundación de la República Popular China, ningún Gobierno chino ejerció soberanía sobre el Tíbet, manteniéndose éste únicamente bajo la autoridad última del dalái lama hasta 1951.[26] Durante todo ese tiempo el Tíbet fue un país soberano e independiente, con moneda y sellos de correos propios, un servicio telegráfico, un ejército, controles de fronteras y un sistema tributario burocratizado. El dalái lama era asistido por un consejero personal y un consejo de ministros o Kashag, que ejercían el control administrativo sobre todo el territorio a través de unos comisarios de distrito. En situaciones de importancia nacional, el Kashag convocaba una Asamblea Nacional, integrada por funcionarios civiles y los máximos representantes del sector monástico. El Tíbet era una suerte de estado teocrático similar a una monarquía feudal. En el ámbito exterior, tenía contactos diplomáticos con países como Gran Bretaña, India, Estados Unidos y Nepal, y su capacidad para obligarse internacionalmente quedó demostrada al tomar por sí mismo la decisión de mantenerse neutral durante la Segunda Guerra Mundial. En suma, el Tíbet poseía todos los requisitos de un estado.[27]

La invasión

A partir de 1950, aquel *annus horribilis*, el devenir del Tíbet se convirtió en trágico, dando paso a media centuria de devastación, degradación colectiva, sometimiento político, cultural y económico y, sobre todo, de sufrimiento del pueblo tibetano, víctima de los peores crímenes internacionales.

Tras vencer la guerra civil y una vez creada la República Popular China en octubre de 1949, el presidente Mao Zedong (Mao Tse Tung) anunció la reunificación de los pueblos de toda la madre patria. En septiembre del año siguiente, el Ejército de Liberación Popular (ELP) de China invadió la frontera occidental del Tíbet y, en cuestión de semanas, llegó hasta su capital, Lhasa, diezmando el frágil ejército tibetano. Deng Xiao Ping presentó entonces el Programa Común al Tíbet, documento con ocho propuestas, que serían la base del posterior acuerdo para la liberación pacífica.[28]

En noviembre de 1950, el Tíbet apeló a las recién creadas Naciones Unidas. Al no ser un estado miembro, canalizó sus quejas a través de la delegación de El Salvador, que propuso un proyecto de resolución condenando al Gobierno de Pekín. Durante el debate, Héctor Castro, representante de El Salvador, puntualizó que, a pesar de que el Tíbet no era miembro de Naciones Unidas, la carta de la organización la obligaba a mantener la paz y la seguridad internacionales en todo el mundo, siendo procedente condenar la agresión china sobre el Tíbet. Pero el proyecto de resolución, sin apoyos importantes, se pospuso *sine die*. Tanto Gran Bretaña como la India temían que China les acusara de intervencionismo imperialista y, por lo demás, ya habían logrado un acuerdo con la nueva administración china para mantener todos sus privilegios comerciales en el Tíbet. Estados Unidos, por su parte, si bien sostenía el derecho de autodeterminación del pueblo tibetano también se opuso a la resolución para no perjudicar sus intereses en la guerra de Corea. También fue desatendida la petición directa del Kashag (consejo de ministros del Tíbet) al secretario general de que se enviase una comisión investigadora de Naciones Unidas. Ante este escenario, sin el apoyo de la comunidad internacional y con el el este del país bajo la ocupación militar de China, el Tíbet se vio forzado a «negociar».[29]

Las negociaciones se desarrollaron bajo la amenaza de ocupación militar de todo el territorio si el acuerdo no se aceptaba sin condiciones. Además, éste se firmó en circunstancias anómalas, pues fue suscrito por un representante del Tíbet sin plenos poderes y se estampó en él un sello tibetano improvisado (o falsificado) por China para la ocasión. A pesar de estas irregularidades, el acuerdo fue presentado por China como el fruto de «negociaciones amistosas».[30] Este «acuerdo», denominado «Acuerdo del Gobierno Popular Central y el gobierno local del Tíbet sobre las Medidas para la Liberación Pacífica del Tíbet», también conocido como «Acuerdo de 17 puntos»,[31] recoge la visión de China sobre el conflicto, cuya «resolución» califica de «liberación» y de regreso a la madre patria. A través del acuerdo, el Tíbet cedía su soberanía a China, pero a cambio preservaría su autonomía política y religiosa, garantizada por una comisión militar y administrativa. Las diecisiete cláusulas dejaban intactos los poderes del dalái lama y su Gobierno, excepto en los asuntos relativos a la defensa y a las relaciones exteriores.[32]

Sin embargo, tras la firma del acuerdo, el hambre, la propaganda antirreligiosa y las imposiciones chinas para acabar con el sistema monástico fueron constantes, desencadenando pocos años después una revuelta generalizada, que fue aprovechada por China como excusa para disolver el Gobierno del Tíbet, acusado de «actos de traición a la madre patria», y dejar sin efecto el Acuerdo de 17 puntos, consolidándose así el dominio chino sobre la región.[33]

Alán Cantos, José Esteve y el crimen de agresión

Alán Cantos, nómada y viajero, oceanógrafo-físico de profesión, ha dedicado muchos años a luchar por el Tíbet, incluso desde antes de convertirse en director del Comité de Apoyo al Tíbet (CAT) en España. Después de la muerte de su madre encontró consuelo y respuestas en la tradición budista, especialmente en *El libro tibetano de la vida y de la muerte* de Sogyal Rimpoché. Viajó primero a la India y Nepal y más adelante al Tíbet, donde comenzó a estudiar la filosofía budista. Sus maestros nunca le obligaron a definirse como seguidor o simpatizante de aquellas enseñanzas, simplemente le presentaron una nutrida caja de herramientas con las que saciar su sed espiritual. En ese set también había un primer acercamiento palpable a la tragedia de aquel pueblo. Cuando Cantos volvió a occidente sintió el deseo de colaborar. Comenzó a ayudar a las ONG y otras asociaciones que tenían el propósito de luchar por los derechos humanos de la comunidad tibetana. Su implicación se convirtió en pasión. Organizó la visita del dalái lama a España en 2003, ocasión en la que me reencontré con el líder político y religioso del Tíbet en el exilio, unos años después de haberlo conocido en Oporto junto con Rosario Molina, mi mujer, en una entrevista de una hora que resultó ser de paz absoluta. Por supuesto, Alán Cantos es el germen de la querella que, junto con José

Esteve, se terminaría por presentar en la Audiencia Nacional en contra de dirigentes chinos por el genocidio del Tíbet.

No recuerdo exactamente cuándo conocí a Alán Cantos, pero sí puedo decir que nuestra amistad se fue fraguando poco a poco durante sucesivos cursos de verano de El Escorial auspiciados por la Universidad Complutense. Era sensacional ver cómo aquel experto en mares, edición tras edición, se iba empapando de conceptos de derecho internacional. Su obsesión se verbalizaba en una sola frase: «¿Y qué pasa con el Tíbet?». El caso del Tíbet es un ejemplo paradigmático, de libro de texto (como expresé en el auto de procesamiento de Pinochet), de lo que es un genocidio. Resulta de la sucesión de hechos planificados y orquestados por una autoridad ocupante dirigidos a un único fin: liquidar en todo o en parte a una comunidad que, por presentar una identidad cultural y religiosa común, se convierte en obstáculo para las imposiciones políticas del opresor. Después de los casos de Argentina, Chile y Guatemala, parecía que España también podía abrir las puertas de sus tribunales a aquellos que ansiaban encontrar Justicia para el Tíbet. Sólo hacía falta un impulso jurídico.

En el año 2001, cuando Cantos comenzaba a preparar la venida del dalái lama a España, viajó a Dharamsala, en el noroeste de la India, donde reside la comunidad tibetana más grande en el exilio, medita su líder espiritual y cumple con su responsabilidad el desterrado Gobierno tibetano. En sus conversaciones con monjes, Cantos insistía en que era necesario añadir a la denuncia social una vía jurídica, urgía buscar Justicia. Sus interlocutores no se mostraron sorprendidos al escuchar esa idea, que ya habían oído de boca del joven abogado José Esteve, vinculado a una universidad valenciana que reclamaba lo mismo.

Un día sonó el teléfono de Cantos. Era José Esteve. Alguien le dio su número. La llamada dejó conmocionado a Cantos. Tenían la misma idea. Se completaba así el tándem perfecto entre activismo y derecho.

José Esteve, licenciado en derecho, en aquella época ya era un experto en relaciones internacionales y disfrutaba de la satisfacción que siente el que está a punto de concluir su tesis doctoral. Era una investigación y análisis de más de seiscientas páginas que versaban sobre el Tíbet. Todo aquel esfuerzo le había hecho llegar a una conclusión: las víctimas tibetanas no podían ser un mero objeto de estudio. La recopilación de las evidencias, pruebas y hechos merecían ser conducidas por la vía judicial. Había que presentar una querella.

Alán Cantos no salía de su asombro. En esa llamada, Cantos y Esteve organizaron su primer encuentro frente a frente y comenzaron a trabajar juntos con un objetivo común. Uno pondría la técnica jurídica y el otro prestaría toda la estructura de activismo, contactos con víctimas, testigos y representantes tibetanos, entre ellos, Thubten Wangchen, monje budista residente en Barcelona y víctima del genocidio.

José Esteve, igual que Cantos, había quedado cautivado cuando hizo su primer viaje al Tíbet siendo un joven mochilero de segundo de carrera de derecho de la Universidad de Valencia. Cruzó la legendaria cadena montañosa para saciar dos de sus grandes pasiones: el alpinismo y la filosofía oriental. A su regreso a España, había decidido que su aventura no se resumiría simplemente en fotos y anécdotas escritas en un diario, sino que se convertiría en un experto sobre el Tíbet. Desde que comenzó su tesis doctoral, tuvo muy claro que el fin natural sería una querella, siguiendo los precedentes del caso Pinochet. Además, era la mejor de las excusas para viajar cada año a la India y Nepal: era preciso documentarse, recabar testimonios, datos y pruebas. Thubten Wangchen le ayudó en toda esta andadura. Le facilitó sus contactos en Dharamsala e incluso firmó cartas de recomendación para allanar su investigación.

Sí soy capaz de recordar cuándo conocí a José Esteve. Fue durante uno de los cursos de verano de El Escorial, que yo dirigía, al final de un panel organizado por Cantos, y protagonizado por representantes del Gobierno del Tíbet en el exilio, en el que él participó. Cantos y Esteve ya se conocían. Cantos nos presentó. Recuerdo que José Esteve estaba finalizando su tesis doctoral. En ese momento contuvo sus ganas de hablarme de la querella que estaba preparando con Cantos. Sin duda alguna, no era prudente que ninguno de ellos me comentara nada. Por aquel entonces, por el turno de reparto, me podía haber correspondido instruir la causa y un contacto previo con el asunto podría haber motivado mi abstención. Entre los pasillos y salas de conferencias que acogían aquellos cursos, volví a cruzarme con Esteve. Recuerdo que estaba hablando con Vahakn Dadrian, una eminencia en lo referido al genocidio armenio, y ponente de otra conferencia de aquella mañana. Apoyado en el borde de una mesa y aprovechando los distendidos minutos de receso entre un panel y otro, Esteve le pidió que le dedicara su libro: *Genocidio armenio. Un estudio de distorsión y falsificación*. Al verlos, comprobé que Esteve era mucho más que un buen estudiante interesado en los cursos. Se estaba documentando para hacer algo, aunque en ese momento no sabía qué era.

Esteve siguió nutriendo día tras día su querella hasta que llegó a la última etapa: la calificación jurídica. Después de exponer semejante retahíla de atrocidades, necesitaba reconocer todos los elementos que conformaban cada acción y así poder definirlos como uno u otro delito. Concluyó que había suficientes indicios para acusar a las autoridades chinas de los delitos de genocidio, tortura, terrorismo, lesa humanidad y crímenes de guerra. Pero también había otro delito flagrante que no podría incluir, pues no está contemplado en la legislación española, aunque sí en la internacional. Se trataba del crimen de agresión.

La guerra, es decir, el enfrentamiento armado entre dos o más bandos siempre ha existido. El detonante último de dicho enfrentamiento es la agresión de uno contra el otro. Lo que no está tan claro es que la agresión siempre haya sido un crimen internacional. Si bien los romanos ya hablaron del *bellum iustum* o «guerra justa» y uno de los doctores de la Iglesia, san Agustín, acotaba la idea medieval de que una guerra es justa si se basa en la legítima defensa, no sería hasta finales del siglo XIX y principios del XX cuando la comunidad internacional reparase en los horrores desmesurados de la guerra y comenzase a buscar soluciones pacíficas a los conflictos internacionales. Nacieron así las Convenciones de La Haya. Sea como fuere, seguían siendo movimientos encaminados a evitar las contiendas bélicas, pero aún no existía una configuración clara de la guerra de agresión como un crimen internacional, y mucho menos una responsabilidad penal individual de los dirigentes de un país por desencadenarla. Es decir, aunque iba creciendo el repudio general a la violencia armada entre estados, aún quedaba un largo camino hasta que pudieran pedirse cuentas en el ámbito internacional a los líderes de un país por provocar una guerra. Un precedente interesante en este sentido fue el intento de juzgar al káiser alemán Guillermo II por considerarlo uno de los mayores responsables del inicio de la Primera Guerra Mundial. La iniciativa estuvo a cargo de las potencias vencedoras y fue incluso recogida en el Tratado de Versalles.[34] En cualquier caso, el juicio nunca llegó a celebrarse porque el Reino de los Países Bajos, donde murió exiliado, se negó a extraditarlo. El fin de la Segunda Guerra Mundial brindó una nueva oportunidad. Una vez más, Núremberg representó un gran avance en la evolución del derecho penal internacional; asimismo en la concreción y castigo del crimen de agresión, también llamado «crimen contra la paz». Fue decisión de las potencias aliadas incluir los crímenes contra la paz en el Estatuto del Tribunal Internacional de Núremberg de 1945.[35] Tan sólo un año más tarde se decidió replicar el modelo de Núremberg en Japón, con el fin de juzgar a los responsables nipones de los delitos internacionales cometidos a lo largo de sus años de hegemonía y ocupación de gran parte de Asia oriental. El Estatuto del Tribunal Militar Internacional para el Lejano Oriente de 1946 también incluyó los crímenes contra la paz.[36] Aquella corte internacional estaba formada por once jueces de diferentes nacionalidades, entre los cuales se encontraba el juez chino Ju-ao Mei. Mei había nacido en 1904 y cursó derecho en Estados Unidos. A su regreso a China, tomó posesión de un escaño en el Yuan Legislativo, el órgano legislativo chino. Sus conocimientos de derecho, de inglés y de relaciones internacionales le acreditaban para ser elegido miembro del Tribunal de Tokio. Mientras sus artículos de doctrina desgranan con cierto romanticismo los conceptos más abstractos del derecho, la moralidad y la ley natural,[37] el cine lo ha dibujado como un juez fuerte, nacionalista y testarudo, ansioso por convencer al resto de magistrados de que los 28 responsables japoneses de la invasión de sus países vecinos, incluida China, debían ser castigados con la pena capital,[38] como así fue. Después de veinticuatro meses de proceso, el veredicto concluyó que los culpables del terrible crimen internacional de agresión merecían ser ejecutados. Sólo dos años más tarde, China dio el paso y dejó de ser víctima para convertirse en verdugo.

En 1950, las autoridades de Pekín cometieron un crimen de agresión internacional disfrazado como «regreso a la madre patria del pueblo tibetano». Enviaron a su ejército, cruzaron la frontera natural que separaba ambas naciones y aplastaron al disminuido ejército tibetano. Tomaron el poder de forma efectiva, expandieron su control e influencia en todos los estratos sociales hasta mellar toda potestad del jefe de Estado, el dalái lama, y reprimieron de forma extrema cada levantamiento y protesta civil contraria al invasor. Pero en 1950 el mundo estaba mucho más preocupado por la Guerra Fría y fue testigo mudo del crimen de agresión cometido al otro lado del Himalaya.

La historia no debería olvidar aquel grave error de la comunidad internacional que, aunque trató de enmendar su inacción posteriormente, a través de diversas resoluciones de la Asamblea General de Naciones Unidas que confirmaban el derecho de libre determinación del pueblo tibetano, lo hizo demasiado tarde. No obstante, la semilla jurídica sembrada por los tribunales de Núremberg y Tokio no pudo ser aplacada y una creciente demanda de Justicia se extendió por toda la tierra, desde las víctimas hasta los estadistas pasando por los profesores de universidad. Aunque aquella semilla tardaría en germinar, finalmente terminó brotando, dando como resultado la creación de la Corte Penal Internacional a través del Estatuto de Roma de 1998. Ese estatuto regula la organización de la corte, las penas y, por supuesto, los delitos; y en el mismo se incluyeron los crímenes internacionales más clásicos: el genocidio, la lesa humanidad, los de guerra y el de agresión.[39] Sin embargo, sólo se definieron los tres primeros, posponiendo para el futuro la plena inclusión del crimen de agresión. Era en ese momento un asunto demasiado complicado. Hubo que esperar hasta 2010 para que los estados firmantes se reunieran en la Conferencia de Kampala para ponerse finalmente de acuerdo en torno a aquella incómoda cuestión. Así fue como, siguiendo las normas del propio estatuto, se enmendó el texto añadiendo una serie de párrafos que regulan de manera integral el crimen de agresión que tendrá plenos efectos cuando el texto de la Conferencia de Kampala sea ratificado por treinta estados y entre así en vigor. Hasta que esto suceda no puede minusvalorarse el éxito de dar una definición al crimen de agresión. En adelante, y para la jurisdicción de la corte, quedaría definido como: «el uso de la fuerza armada por un estado contra la soberanía, la integridad territorial o la independencia política de otro estado, o en cualquier otra forma incompatible con la Carta de las Naciones Unidas».[40] Su lectura ofrece una descripción exacta de los actos cometidos por China contra el Tíbet allá por 1950 y que se perpetúan hasta hoy.

La querella

José Esteve no ignoraba el crimen de agresión de China, pero la ley española ni lo contemplaba entonces ni ahora, por lo que tuvo que limitarse a acusar a los dirigentes chinos del resto de delitos cometidos. La querella del Comité de Apoyo al Tíbet como principal actor estaba lista, sólo hacía falta encontrar el momento adecuado para presentarla. Nuevamente los cursos de verano de El Escorial fueron los que marcaron un nuevo hito en el devenir del caso. En el verano de 2005, volví a invitar a Alán Cantos a colaborar en la organización de una mesa redonda, lo que gentilmente realizó con tres generaciones de víctimas tibetanas, que en su mayoría habían sido encarceladas durante años por su condición de enemigos políticos y, aunque tuvieron que soportar condiciones infrahumanas durante su cautiverio, vivieron para contarlo.

Yo aún no sabía que la querella estaba impresa y firmada y las notas de prensa del CAT ya preparadas. Mientras yo me ocupaba de la jornada del día siguiente de estos cursos, Esteve, Cantos y las víctimas madrugaron para ir a la Audiencia Nacional. Entre las víctimas estaban Palden

Gyatso, Takna Jigme Sangpo, Kalsang Phuntsok y, por supuesto, Thubten Wangchen. Durante los largos años en los que vivieron en condiciones indignas y fueron torturados en prisiones administradas por el Gobierno chino, nunca pudieron imaginarse que todo su dolor se expondría en una querella y que algún país podría interesarse ni siquiera en aceptarla. Llegaron a la Audiencia Nacional acompañados de la procuradora y siguieron todos los trámites burocráticos para presentar la querella. A su salida, numerosos medios de comunicación aguardaban expectantes sus declaraciones. Casi al mismo tiempo me llegó el mensaje de que se había presentado una querella por el genocidio tibetano. Con una mueca de sonrisa hice un repaso mental a todos estos días y años en los que me había cruzado con Alán y con José. Ahora lo entendía todo. Poco más tarde, Alán recibió una llamada de la procuradora de la causa: «Ya se ha hecho el reparto, Alán. Le ha tocado al juez Ismael Moreno, del Juzgado Central n.º 2».

La querella se presentó el 28 de junio de 2005; el CAT y la fundación Casa del Tíbet ejercían la acción popular y Thubten Wangchen la acusación particular. Los abogados querellantes eran uno de los más brillantes catedráticos de derecho penal, José Manuel Gómez Benítez, y los abogados José Elías Esteve, Manuel Ollé y Maite Parejo. Se acusaba de crímenes de genocidio, tortura, terrorismo de Estado y crímenes contra la humanidad en el Tíbet a distintos líderes chinos, entre ellos, Jiang Zemin, anterior presidente de China, secretario general del Partido Comunista Chino y máxima autoridad del Ejército Popular de Liberación hasta 2003, y Li Peng, que fuera primer ministro durante la represión tibetana entre las décadas de 1980 y 1990.

Era mi turno para exponer mi visión sobre la Justicia, las torturas y terrorismo en el siguiente panel. Era imposible empezar mi conferencia sin hacer una referencia a aquel evento que se llevaba todo el protagonismo de la jornada: «Sabiendo que se ha presentado una querella y que no me ha tocado a mí instruirla por turno de reparto, he de decir que coincido plenamente en la cualificación de tan horrendos crímenes como genocidio y lesa humanidad». Mientras tanto, la noticia difundida por la emisora Radio Free Asia se colaba por entre las rejas de una remota prisión del Tíbet y llegaba hasta algunos presos políticos que habían sido compañeros de las víctimas que ahora presentaban la querella. La esperanza de Justicia cruzó aquel día la cordillera del Himalaya y dio fuerza y alegría a los que todavía hoy sufren el cautiverio y las torturas.

El genocidio

De acuerdo con la querella, el 7 de octubre de 1950, con la llegada de 40.000 efectivos militares del Ejército de Liberación Popular de China, se hizo efectiva la ocupación y el fin del Gobierno soberano e independiente del Tíbet. De nada sirvieron los esfuerzos por denunciar esta agresión ante la Asamblea General de las Naciones Unidas,[41] ya que en pocos meses se consumó la ocupación militar de todo el país y se firmó el Acuerdo de 17 Puntos, cuya nulidad *ab initio* es a todas luces manifiesta. La República Popular China comenzó de inmediato a imponer una serie de medidas encaminadas a la transformación atea y maoísta de una sociedad entregada a la religión budista, cuya fe era un obstáculo que debía suprimirse para alcanzar la utopía comunista.

Con el tiempo, la ocupación se fue haciendo más severa: la difusión de propaganda sobre el idílico regreso del Tíbet a la madre patria china, la desmitificación del dalái lama, la paulatina remoción de los tibetanos de los puestos de Gobierno y su sustitución por funcionarios enviados desde Pekín, la expropiación de terrenos de los monasterios o las rígidas cortapisas a las manifestaciones religiosas son sólo algunos ejemplos. Ello avivó una incipiente resistencia contra la ocupación que se topó con una beligerante reacción de las autoridades chinas. A medida que la resistencia abierta a la ocupación china aumentaba, particularmente en el este del Tíbet, la represión se volvía más agresiva, llegando incluso a la destrucción de edificios religiosos y al encarcelamiento de monjes y otros líderes de la comunidad. En 1959, los levantamientos populares culminaron en manifestaciones masivas en Lhasa, que fueron aplastadas por China y que dejaron un saldo de 87.000 tibetanos asesinados tan sólo en la región de Lhasa,[42] según datos de un informe secreto chino del Departamento Político del distrito militar del Tíbet del Ejército de Liberación Popular de 1960.[43] El dalái lama, Tenzin Gyatso, un adolescente en la década de los cincuenta y que para los creyentes era la decimocuarta reencarnación, condenó repetidamente cualquier uso de la fuerza, poniéndose en una posición cada vez más delicada. La noche del 17 de marzo de 1959, siguiendo los consejos de quienes le recomendaban abandonar el Tíbet, se refugió en la India, iniciando un exilio que se prolonga hasta hoy.

La querella indicaba que la violencia continuó, hecho que constató la Comisión Internacional de Juristas, cuyo informe recogió cientos de testimonios que daban cuenta de que: «las fuerzas de la República Popular China en el Tíbet han intentado destruir, como tal, la parte que del grupo budista existía en el país. Han puesto en práctica muchos métodos para eliminar la fe y la práctica de la religión, y entre éstos el dar muerte a sus dirigentes más representativos, en particular los lamas, con el fin de inducir a los demás creyentes a abandonar sus creencias y prácticas religiosas, en prosecución de un designio de destruir el grupo religioso como tal». Por todo ello, la comisión calificaba las matanzas como «genocidio».[44] Según los datos aportados por el Gobierno tibetano en el exilio, recogidos en un anexo documental de la querella,[45] entre 1950 y 1979, los tibetanos muertos a consecuencia directa de la nueva dominación china ascendían a 1.207.387; de los cuales 173.221 murieron torturados en prisión, 156.758 ejecutados, 432.705 asesinados en combate, 342.970 muertos por hambre, 9.002 conducidos al suicidio y 92.731 muertos como consecuencia de las purgas o sesiones públicas de degradación.

Cuando hablamos de «genocidio» y «etnocidio» en el Tíbet nos referimos a todos los actos de violencia organizada perpetrados por las autoridades chinas, que buscaban consolidar su proyecto comunista para la región aniquilando su religión, su cultura, su modelo económico y su repudio a la sumisión al poder de Pekín. Ante esta situación, el Gobierno chino optó por la ejecución de opositores e insurgentes, la eliminación de monjes budistas y miembros de la aristocracia; recurrió a la tortura, a los trabajos forzados y a los desplazamientos de población, a la revolución del sistema económico y de cultivo, a la destrucción de su legado cultural (con el derribo de más de 6.000 templos y quema de libros), con campañas de difamación del dalái lama y forzando la asimilación del pueblo tibetano al chino, provocando un desequilibrio demográfico mediante políticas incentivadoras de colonización con la llegada masiva de ciudadanos chinos al Tíbet. A la represión de la resistencia tibetana se sumaron las masacres de la Revolución cultural impulsada por Mao, que fue especialmente devastadora en esa región. Las muertes de monjes y civiles tibetanos superaron el millón de personas y más de 130.000 tuvieron que abandonar su país.

LAS VÍCTIMAS

Un monje tibetano en Barcelona

Thubten Wangchen, la víctima que se presentó como acusación particular en la querella, nació en 1954 en el pueblo tibetano de Kyirong. Con tan sólo cinco años, después de haber perdido a su madre debido a la represión china, no tuvo más remedio que marchar al exilio. Cruzó el Himalaya con su padre y sus dos hermanos. Huyeron junto con un grupo más grande de refugiados, arropados por la oscuridad de la noche, para evitar que la luz del día los delatara y fueran descubiertos por soldados chinos. Consiguieron llegar a Nepal donde, como tantos otros niños y adultos tibetanos, sobrevivió mendigando y durmiendo en las calles de Katmandú. Tuvo después la oportunidad de llegar a la India y entrar en una escuela para refugiados. Allí conoció al dalái lama, en cuyo monasterio privado aprendió durante 11 años. Con 16 años decidió consagrarse a la vida monacal. En 1981 visitó por primera vez España para traducir e interpretar al inglés los discursos de un maestro lama tibetano. Años después, el dalái lama le encomendó crear la Casa del Tíbet de Barcelona para favorecer la divulgación y conocimiento de la cultura tibetana.

Las tres monjas

Tres monjas testificaron sobre lo que sufrieron durante su confinamiento. Fueron detenidas por manifestarse en Lhasa y gritar consignas por la libertad del Tíbet, y condenadas a prisión. Tras su puesta en libertad, Nyima, Nydrol y Drolma intentaron subsistir montando un pequeño restaurante cerca de la terminal de taxis y autobuses en la capital. Sin embargo, el Departamento de Seguridad Pública comenzó a interrogar y acosar a sus clientes y las monjas fueron acusadas de llevar «una asociación» y les dieron dos días para cerrar. Escaparon a la India en 2004, donde estudiaron idiomas e informática en el Tibetan Transit School de Dharamsala, gracias al Movimiento Guchusum de antiguos presos políticos. Las tres residen hoy en la India.

Nyima

Nació en 1973 y a los 14 años ingresó en el convento de Poto Gon en el condado de Lhundrub en el Tíbet Central. «Aunque decían que teníamos libertad religiosa, en realidad no la teníamos. Hablábamos de los problemas y la falta de libertad en el convento. Luego decidimos ir a Lhasa a manifestarnos. Fuimos las primeras de nuestro convento en hacer eso.» Como consecuencia de su participación en una manifestación en

1994, fue condenada a cinco años de cárcel y tres años de privación de sus derechos políticos una vez cumplida su condena. Fue recluida primero en la cárcel de Gutsa, donde pasó 20 meses en situación de aislamiento. Posteriormente fue trasladada a la cárcel de Drapchi, donde las internas eran obligadas a recibir instrucción militar. Su mayor confrontación con las autoridades de Drapchi tuvo lugar el tercer día de Losar (el Año Nuevo lunar tibetano) de 1997: las habían obligado a aprenderse canciones y bailes que debían realizar ante unos invitados de alto rango para simular la celebración de una fiesta. «Primero, las presas comunes cantaron dos canciones; la segunda era en chino y alababa a Mao Zedong. A continuación, dos de nosotras nos levantamos y cantamos una canción que habíamos escrito alabando al dalái lama. La letra decía: "Nuestro lama más importante es Tenzin Gyatso. Tuvo que abandonar su patria por otro país", etc. Cuando empezamos a cantar nos arrestaron, pero yo seguí cantando mientras me llevaban a rastras. Oímos a las demás presas gritar: "¡Dejen libre a nuestra gente! ¡Nos estamos divirtiendo tal y como nos mandaron!"» Los guardias las condujeron de vuelta a sus celdas. En los interrogatorios que siguieron, Nyima recibió bofetadas, patadas y golpes con porras eléctricas y fue lanzada repetidamente contra la pared y aporreada con un trozo de madera que terminó por romperse. Le preguntaban continuamente sobre el significado de su canción. «Tras la paliza me metieron en una celda de aislamiento, sin una manta. No podía dejar de gritar. Sentía dolor en todo el cuerpo. A partir del día siguiente me dieron sólo una pequeña cantidad de arroz y una taza de agua caliente al día. Durante cuatro días no pude tragar nada. Me dolía tanto la boca que no podía abrirla. Tenía todo el cuerpo hinchado y amoratado.» Nyima estuvo confinada en aislamiento durante 20 meses hasta que faltaban cuatro para cumplir su condena. «Cuando salimos era como si estuviéramos sordas y nos resultaba difícil hablar mucho. Tras la manifestación de 1998, que pude oír desde mi celda, me trasladaron a una celda aislada sin agua [...] Debido a haber estado tanto tiempo sin suficiente comida, cuando me alimentaba me venían vómitos. No sentía dolor, simplemente no me bajaba el alimento al estómago.»

Nyma Drolkar (Nyidrol)

Nació en 1976 e ingresó en el convento de Poto Gon cuando tenía 15 años. La historia de Nydrol es paralela a la de Nyma. También se manifestó en

Lhasa, donde consiguió gritar con sus compañeras durante 15 minutos antes de ser arrestadas: «¡Tíbet libre!», «¡Nos hacen falta derechos humanos!» y «¡China fuera del Tíbet!». Tras 17 meses de interrogatorios y torturas en Gutsa, fue trasladada a la cárcel de Drapchi, donde recibió severos castigos físicos por negarse a memorizar un libro sobre ideología comunista, y la obligaron a permanecer de pie a pleno sol durante unos tres meses. Nyidrol fue testigo de los disparos y asaltos contra los presos en el patio de la cárcel de Drapchi, el 1.º de Mayo de 1998 (véase el testimonio de Damchoe Drolma) y tras este incidente participó durante 17 días en una nueva huelga de hambre. La tensión aumentó cuando las presas políticas escupieron sobre una bandera nacional china que apareció en la televisión. Las seis supuestas cabecillas, entre ellas, Nyidrol, quien señala: «fuimos llevadas a la habitación donde pegaban a las presas. Nos obligaron a arrodillarnos y nos golpearon una y otra vez. Nos obligaron a quitarnos toda la ropa excepto la interior... Las patadas fueron tan violentas que dábamos con la cabeza contra la pared. Cuando nos caíamos nos obligaban a incorporarnos, una y otra vez... Nos aplicaron porras eléctricas en los pies, la boca, las orejas... Nos pellizcaron la piel con cizallas. Con ellas me golpearon la boca, rompiéndome la dentadura inferior. Cuando escupí sangre de mi boca lesionada sobre la cara de uno de los soldados se enfurecieron de verdad y nos apalearon terriblemente. Cuando perdimos el conocimiento dijeron que estábamos fingiendo y nos tiraron agua y nos dieron patadas para que nos incorporásemos... Al volver en mí, vi a mis amigas. Fue espantoso. Las palizas habían sido tan terribles que no podían tenerse en pie. Las sujetaban los soldados, pero la manera en que les colgaban las cabezas indicaba que ya estaban muertas. En ese momento me dieron tal golpe que fui a dar con la cabeza contra la pared y quedé de nuevo inconsciente». Cuando Nyidrol volvió en sí, siete días más tarde, estaba en la clínica de la cárcel de Drapchi, gravemente lesionada. En cuanto se hubo recuperado lo suficiente para poder ser trasladada, la encerraron en régimen de aislamiento durante los 11 meses que le quedaban de condena. No sobrevivió ninguna de las otras cinco monjas. A sus familias se les dijo que se habían suicidado y nunca pudieron ver sus cadáveres. Cuando la pusieron en libertad en 1999, las autoridades penitenciarias la amenazaron para que nunca hablara de este incidente y se le prohibió regresar a su convento.

Damchoe Drolma

Nació en 1975 e ingresó en el convento de Sharbumpa cuando tenía 17 años. Fue detenida en 1995 por manifestarse a favor de la libertad del Tíbet en Lhasa junto con otras ocho monjas y condenada a seis años de prisión. En la cárcel de Drapchi la obligaron, al igual que a las otras reclusas, a aprenderse el himno nacional chino y otras canciones alabando al Partido Comunista y denunciando al dalái lama para entretener a unos visitantes durante las ceremonias del 1.º de Mayo. El día de la ceremonia gritaron eslóganes como «¡Tíbet libre!» y «¡Larga vida al dalái lama!» y lanzaron al aire cartas de protesta escritas por ellas. Hubo un tiroteo en el patio de la cárcel y unos guardias asaltaron a las presas. Más tarde, Damchoe fue llevada a una habitación donde la interrogaron y la torturaron con una porra eléctrica. «Primero, me lo aplicaron a los brazos... no dolía mucho. Luego me lo aplicaron a la cabeza. Luego me metieron la porra en la boca y me lo aplicaron a los pechos, y fue como si estuvieran cortando en pedazos todos mis órganos: corazón, pulmones e hígado.» Cayó inconsciente y cuando volvió en sí la amenazaron con ampliar su condena por instigar a las demás presas políticas. Cuando se negó a confesar, reanudaron las torturas. «...Me aplicaron la porra eléctrica de nuevo. Comencé a sangrar por la nariz... A continuación me colocaron sobre el suelo, boca abajo, con las manos atadas en la espalda y me quitaron los zapatos y me pegaron con la porra en las plantas de los pies. Luego utilizaron una porra de goma y cuando me golpearon el cuerpo con ella parecía como si toda la sangre se me concentraba en la carne. Pensé que me iba a morir... Así que les dije: "Tanto si desean matarme como encerrarme para siempre, háganlo".» Después de esto la pusieron en aislamiento, sin colchón ni mantas durante seis meses. «Un buen día apareció un oficial y dijo: "[...] El Tíbet libre sobre el que tanto gritas nunca se hará realidad, incluso cuando te hayas hecho vieja y te llegue el pelo hasta los tobillos. No es más que una fantasía". Les dije: "Ocurra lo que ocurra, en mi imaginación el Tíbet será libre algún día".»

El coraje del monje Gyatso

Palden Gyatso nació en Panam en 1931 y se hizo monje del monasterio de Drepung. En 1959, le detuvieron por liderar a un grupo de monjes en la revuelta popular y pasó los siguientes 33 años encarcelado. Durante su confinamiento, fue testigo de la muerte de muchos de sus compañeros como consecuencia de los trabajos forzados y de las condiciones de los presidios. En 1962 escapó de la cárcel, pero fue detenido en la frontera por una patrulla militar, lo cual agravó su condena y las torturas. En 1966 fue trasladado a la prisión de Outridu, en el valle de Sangyip, donde, como consecuencia de la Revolución cultural, la represión se volvió aún más virulenta. Se obligó a muchos prisioneros políticos a firmar confesiones en las que debían reconocer su culpabilidad por participar en actividades contrarrevolucionarias, con lo que aceptaban voluntariamente su ejecución. A pesar de que su condena debía haber finalizado en 1975, ese mismo año le trasladaron al campo de trabajo de Nyethang, donde estuvo sometido a trabajos forzados en duras condiciones de vida durante ocho años. Los cuerpos de los prisioneros muertos se arrojaban al río. Después lo trasladaron a una fábrica de alfombras, donde continuó el trabajo forzado. A principios de 1983, quedó en libertad y pudo regresar al monasterio de Drepung, aunque fue nuevamente detenido el 26 de agosto del mismo año, acusado de actividades contrarrevolucionarias por haber distribuido unos pasquines exigiendo la liberación de su país de la dominación china. En su celda se encontró una carta escrita al dalái lama, hecho utilizado en el juicio como prueba de su culpabilidad. Por todo ello fue condenado a otros ocho años de prisión. Comenzó a cumplir su nueva condena en el complejo de Sangyip. Una vez más fue sometido a trabajos forzados, a interrogatorios y torturas. El 13 de octubre de 1990, fue trasladado a la prisión de Drapchi. Nada más llegar al recinto, Paljor, funcionario de prisiones célebre por su extrema crueldad (y que figura como querellado en la causa), recibió a Palden Gyatso en la celda de interrogatorios y, tras reprocharle que reclamase la liberación del Tíbet, le introdujo una porra eléctrica en la boca. Las descargas le hicieron perder la consciencia. Al despertar se encontró tendido en el suelo en un charco de sangre, vómito y orina y sin su dentadura. Un mes antes de cumplir su condena, sobornó a un funcionario chino para que le vendiera alguno de los instrumentos de tortura que se empleaban en la prisión y, una vez puesto en libertad, el 7 de octubre de 1992 huyó y se exilió en la India llevando todas estas pruebas de la tortura. Palden Gyatso escribió el libro *Fuego bajo la nieve*, en el que detalla décadas de torturas en las prisiones. En mayo de 2008, poco antes de declarar en la Audiencia Nacional, Gyatso exclamó: «Es la primera vez que puedo contar a un juez cómo fui torturado».[46] En abril de 2011, alguien le preguntó cómo pudo sobrevivir a tanta tortura, y él respondió: «No lo sé. No sé cómo he sobrevivido. [...]

pensaba que todo eso pasaría, que seguiría adelante y que podría explicárselo al resto del mundo».[47]

La valerosa Ngawang Sangdrol

Nació en Lhasa en 1978. Su padre, Namgyal Tashi, y su madre, Jampa Choezom, la llevaron muy joven al convento de Garu. Cuando Sangdrol tenía 13 años, en mayo de 1990, se suprimió la ley marcial en Lhasa después de catorce meses en vigor. En agosto participó en una manifestación pacífica con otras monjas. Las autoridades chinas la consideraron demasiado joven para ser juzgada, aunque de todas formas permaneció detenida durante nueve meses y, cuando fue puesta en libertad, se le prohibió regresar a su convento. En junio de 1991, detuvieron a su padre y a su hermano tras un incidente en el monasterio de Samye, en el que se izó una bandera tibetana. Su hermano estuvo dos años detenido y su padre fue condenado a ocho años, cumpliendo condena en la cárcel de Drapchi. Poco después del arresto de su padre, su madre murió por problemas de corazón a los 52 años. En junio de 1991, aún con 13 años, Sangdrol fue detenida por organizar, con otras monjas de Garu y los monjes del monasterio de Gaden, una manifestación pacífica a favor de la independencia en Lhasa. A pesar de su edad, esta vez fue condenada a tres años, siendo recluida en la cárcel de Drapchi, donde también cumplía condena su padre. Poco después de su ingreso en prisión, junto con otras 13 presas grabaron unas canciones y poemas sobre la independencia en un casete que lograron sacar a escondidas de la cárcel. Con esta acción las monjas adquirieron fama internacional, llegando a ser conocidas como las «monjas cantantes de Drapchi». Esto hizo que su condena se alargara seis años más, hasta los nueve años.

Ella lo recuerda así: «Sólo tenía 13 años y era muy pequeña en comparación con aquellos hombres. Me lanzaban como un juguete de un lado de la habitación al otro. No les importaba lo jóvenes que éramos o que fuéramos chicas. Torturaban a los niños igual que a los adultos. También intentaban asustarnos mostrándonos fotos de un horrible lugar oscuro. Decían: "Si os resistís, os meteremos aquí"».[48] Continúa el relato señalando: «Desde la primera vez que me detuvieron los oficiales chinos usaron distintos instrumentos de tortura para doblegar mi espíritu. Me sometieron a torturas tanto físicas como psicológicas para que me autoinculpara por mi lealtad a su santidad el dalái lama y a las aspiraciones de mi pueblo. A mí y a las demás presas políticas nos sometían a descargas eléctricas con distintos tipos de porras y picanas en las partes sensibles de nuestros cuerpos, como la boca, los sobacos y la palma de las manos. Nos golpeaban con tubos, cañas y palos de distinta longitud, con fuertes cinturones de piel con grandes hebillas de metal, y con las manos y los pies por parte de funcionarios que estaban entrenados en artes marciales... Estas torturas y maltratos comenzaron cuando sólo era una niña y continuaron a lo largo de la mayor parte de mi vida en la cárcel».[49]

Cinco años después, en 1996, las presas se negaron a ponerse de pie cuando unos miembros del partido visitaban un taller de la cárcel de Drapchi. Poco después varias monjas, incluyendo Sangdrol, recibieron una fuerte paliza tras ser acusadas en falso de doblar unas mantas de forma incorrecta. Sangdrol y otras dos monjas estuvieron en celdas incomunicadas durante seis meses. Unas 90 presas iniciaron una huelga de hambre como protesta por los golpes y en solidaridad con las monjas castigadas. El 31 de julio su condena aumentó otros ocho años. La pena ya sumaba 17 años. Los días 1 y 4 de mayo de 1998, Sangdrol participó en unas protestas en la cárcel en contra de las ceremonias de izado de la bandera china. En octubre, su pena de prisión se alargó seis años más. En 2000, cuando tenía 23 años vio cómo se reanudaban gradualmente las visitas a la cárcel, suprimidas en 1998. En mayo se le redujo la condena un año por «signos de arrepentimiento». Ese mismo año, Sangdrol fue nominada por los eurodiputados para el premio Sájarov de Derechos Humanos del Parlamento Europeo.[50] Ngawang Sangdrol finalmente fue puesta en libertad el 17 de octubre de 2002, en un intento de las autoridades chinas por desviar las críticas durante el encuentro del presidente Bush y Jiang Zemin en Texas, que se celebraría una semana más tarde. Sangdrol había pasado más de 11 años en la cárcel tras una condena inicial de tres años que fue incrementándose hasta los 23 años. Tras su liberación viajó a Washington DC bajo la tutela del Departamento de Estado norteamericano, donde empezó a trabajar como analista de derechos humanos para la International Campaign for Tibet. Entre otros galardones, fue nominada para el premio de la Mujer Internacional del Año por el gobierno regional del Valle d'Aosta en Italia.[51]

Sobre su resistencia, afirmaba: «Hice lo que hubiera hecho cualquiera a cuya comunidad le hubieran privado de su dignidad y respeto. En nuestros corazones ningún tibetano puede tolerar la condena pública de nuestro líder sin par, su santidad el dalái lama, ni aceptar la negación de nuestros derechos fundamentales. Sin embargo, la situación política en el

Tíbet y el régimen represivo ahí no permiten que el pueblo tibetano exprese libremente sus verdaderos sentimientos. Llevamos fuego en el cuerpo, pero no nos atrevemos a dejar escapar el humo».[52] Sobre las acciones de la comunidad internacional opina que «tienen un efecto concreto sobre el bienestar de los presos en el Tíbet. Desde mi propia experiencia puedo decir que la actitud china hacia mí cambió cuando la comunidad internacional fijó su atención en mi situación».[53]

La postura de Naciones Unidas

Después de los errores cometidos por una joven e inexperta Organización de las Naciones Unidas, que hizo caso omiso a las denuncias que se efectuaron en la década de 1950, años después sus órganos de derechos humanos sí denunciarían y documentarían las graves, masivas y sistemáticas violaciones a los mismos hasta nuestros días. La querella presentada en la Audiencia Nacional basaba varias de sus afirmaciones en los informes del relator especial sobre la tortura de 1995,[54] en los que exponía el caso de varios tibetanos, insistiendo en que el trato que recibían era «especialmente brutal». En 1996, el relator informó nuevamente que la tortura seguía siendo una práctica común en el Tíbet y manifestaba su preocupación por la indiferencia de China hacia su solicitud de visitar el país y su petición de información sobre el destino de los afectados citados en un informe anterior.[55] La querella también hacía notar que, aunque la tortura era práctica común en toda China (lo cual es motivo de preocupación para el Comité sobre la tortura de Naciones Unidas),[56] las torturas aplicadas a los prisioneros políticos tibetanos lo eran de una forma «particularmente perversa», como recogía el informe de 1996 del relator especial.[57] Este ensañamiento, unido a otros hechos, como la dependencia del sistema penitenciario en el Tíbet del Ministerio de Seguridad Pública y no de Justicia, el hecho de que las víctimas eran en su mayoría monjes o monjas budistas, la participación de agentes dependientes del ejército y de la seguridad pública en los centros de detención en los actos delictivos así como su papel activo en los juicios, eran antecedentes que parecían apuntar a una estrategia planificada desde los máximos estamentos del Partido Comunista Chino en la estrategia de represión sobre el Tíbet.

NO A LA IMPUNIDAD

El proceso en el caso Tíbet

Desde el principio, José Esteve y Alán Cantos se enfrentaron con la férrea oposición del Ministerio Fiscal de la Audiencia Nacional, que se opuso a la admisión de la querella alegando no sólo que no había ninguna conexión con nuestro país, sino que además se trataba de un ejemplo de injerencia interna en los asuntos de China.

En julio de 2005, el fiscal emitió un informe en el que, de acuerdo con la sentencia del Tribunal Supremo del 8 de marzo de 2004 (caso Guatemala), concluía: «a ningún estado corresponde ocuparse unilateralmente de estabilizar el orden, recurriendo al derecho penal, contra todos y en todo el mundo, sino que más bien hace falta un punto de conexión que legitime la extensión extraterritorial de su jurisdicción», a lo que añadió que una concepción de la Justicia universal amplia como la pretendida conducía a «una interpretación desmesurada de la soberanía nacional» y podía desencadenar una serie de «consecuencias no siempre deseables desde la perspectiva de la seguridad jurídica».[58] El juez, siguiendo esta argumentación, concluyó que la jurisdicción española no era competente ya que ninguno de los presuntos culpables era de nacionalidad española ni se encontraba en territorio nacional ni España había denegado su extradición y, de otra parte, no se apreciaba la existencia de una conexión con un interés nacional español en relación directa con estos delitos.[59] A pesar de ese informe inicial de la fiscalía, en el que se apoyó el juez en su auto de inadmisión, Esteve y Cantos apelaron la inadmisión ante la Sala de lo Penal de la Audiencia Nacional. La Sección Cuarta de la Sala, que debía resolver el asunto, señaló la vista para el 13 de octubre de 2005, pero el día 26 de septiembre de ese mismo año, el Tribunal Constitucional dictó una sentencia histórica al resolver el recurso de amparo en el caso del genocidio de Guatemala, en la que se optó por un criterio de atribución de jurisdicción puro o *pro actione* en los casos de jurisdicción universal, sin necesidad de que existiera punto de conexión alguno. La vista de la apelación en la Audiencia Nacional se retrasó hasta el 14 de diciembre y, el 10 de enero de 2006, la Sección Cuarta de la Sala Penal de la Audiencia dictó un auto por el cual declaró la competencia de la jurisdicción española según la doctrina marcada por la sentencia del Tribunal Constitucional en el caso Guatemala. La resolución judicial afirmaba que los hechos denunciados podrían ser «constitutivos de delito de genocidio al amparo de lo dispuesto en el art. 2 c) y d) del Convenio sobre la Prevención y Sanción del Delito de Genocidio relativos, respectivamente, al sometimiento intencional del grupo a condiciones de existencia que puedan acarrear su destrucción física, total o parcial y, el segundo, a la adopción de medidas destinadas a impedir los nacimientos en el seno del grupo». El auto concluía que, como los tribunales chinos jamás habían mostrado capacidad o interés en la atención del caso y que, debido al tiempo de comisión de los hechos y la no ratificación del Estatuto de Roma, estos delitos no podrían ser juzgados por la Corte Penal Internacional, consideraba que los tribunales españoles eran competentes.[60]

Es importante recordar lo dicho en el capítulo relativo a Guatemala en cuanto a que, después del histórico fallo del Tribunal Constitucional, el pleno de la Sala Penal de la Audiencia Nacional adoptó el acuerdo no jurisdiccional del 3 noviembre de 2005 que, interpretando la resolución del Constitucional de manera restrictiva, invocó la razonabilidad como argumento para unificar criterios en materia de jurisdicción universal. La intención de aquella decisión era clara: «constatado que se cumplen los requisitos exigidos por el ordenamiento jurídico interno y descartada la actuación de la jurisdicción del lugar de comisión del presunto delito y de la comunidad internacional deberá, como regla, aceptarse la jurisdicción salvo que se aprecie exceso o abuso de derecho por la absoluta ajenidad del asunto por tratarse de delitos y lugares totalmente extraños y/o alejados y no acreditar el denunciante o querellante interés directo o relación con ellos». Este pleno fue muy polémico porque claramente se convocó para reducir el ámbito de la decisión del Tribunal Constitucional (que había sido muy claro a favor de la jurisdicción universal pura) y así resucitar de cierta forma el criterio del Tribunal Supremo, que había sido mayoritario pero que fue posteriormente modificado en el Constitucional tras la petición de amparo de las defensas de las víctimas del genocidio guatemalteco.

Ningún crimen de genocidio puede ser «ajeno» ni a la comunidad internacional, ni a un estado, aunque se cometa en el lugar más recóndito de la tierra. Pero de alguna forma y en todo momento, se ha producido una confrontación entre dos posturas con respecto a la jurisdicción universal entre los juzgados centrales de instrucción españoles, los tribunales y la fiscalía. Entre la postura restrictiva y más conservadora acogida por el Tribunal Supremo, la Sala Penal de la Audiencia Nacional, la fiscalía y el legislador, con una vocación mucho más localista y restrictiva con intención de reducir al mínimo, cuando no anular, su ámbito de aplicación; y la más amplia y protectora defendida por jueces centrales de instrucción, el Tribunal Constitucional (hasta 2018, pues ha cambiado su posición en favor de la ley de 2014 que reduce el ámbito de la jurisdicción universal) y las víctimas de los crímenes, que es universalista y más acorde con la propia naturaleza de la institución. Esta confrontación sigue produciéndose, también en el ámbito internacional, como veremos más adelante. Valga por ahora decir que la jurisdicción universal es, de hecho, uno de los principios e instrumentos de equilibrio y cooperación judicial más efectivos que existen, siempre que no se opte por la defensa de la impunidad. En definitiva, este instrumento debe ser lo más amplio posible, precisamente porque es el último bastión contra la impunidad, debiendo ser el criterio judicial el que establezca límites y no controles «preventivos» como lo hizo la Audiencia Nacional en el caso que nos ocupa y, posteriormente, el legislador que se atrevió, abusando el Partido Popular de su mayoría parlamentaria, a ordenar en la propia ley el sobreseimiento inmediato de varias causas judiciales, invadiendo así el ámbito de decisión de los propios jueces y tribunales.

Afortunadamente en aquel momento (año 2005), en la primera ocasión que tuvo la Sección Cuarta de la Audiencia Nacional para pronunciarse jurisdiccionalmente e interpretar el criterio de razonabilidad, apostó por decir no a la impunidad y combatirla en el caso del Tíbet, estimando el recurso de apelación y concluyendo que «dados los hechos que se describen detalladamente en la querella presentada junto con la importante documentación acompañada, se desprende, no sólo la existencia de que los hechos denunciados presentan caracteres de un delito de genocidio que deben ser investigados por la jurisdicción española según lo razonado anteriormente, sino la competencia de este órgano jurisdiccional para admitir y tramitar la querella en su día denegada, atendiendo a los postulados y principios establecidos por la sentencia del Tribunal Constitucional del 26 de septiembre de 2005».

Con el caso ya abierto ante la Audiencia Nacional, Esteve y Cantos empezaron a presentar las solicitudes de diligencias probatorias y testigos ante el juez Ismael Moreno, que se vio abocado a instruir el caso. No obstante, la oposición de la fiscalía siguió siendo obstructiva, ejecutando lo que ellos mismos calificaron como «prácticas dilatorias». Pese a esto, Thubten Wangchen, que había firmado la querella, fue la primera víctima que pudo prestar declaración ante el juez Ismael Moreno en junio de 2006. A la salida del juzgado, entrevistado por la prensa, Thubten señaló que era un día histórico, indicando que no esperaba tanto la extradición de los responsables como que «se hable de lo ocurrido en el Tíbet a nivel internacional [para que] el Gobierno chino reconozca sus errores y empiece a respetar los derechos humanos [...] sólo se conoce a los lamas o la espiritualidad [...] la gente desconoce el sufrimiento del pueblo tibetano».[61]

La reacción del Gobierno chino no se hizo esperar. El mismo día de la declaración Thubten Wangchen, fue convocado José Pedro Sebastián de Erice, embajador español en China, para recibir las quejas por las imputaciones de genocidio. Tres días antes el portavoz del Ministerio de Exteriores chino, Liu Jianchao, había declarado: «Las denuncias del llamado "genocidio" en Tíbet son una difamación total, una absoluta mentira»,[62] al tiempo que advertía que Pekín estaba en contra de cualquier interferencia en sus asuntos internos, incluidos los relacionados con el Tíbet.[63] Además China emitió un comunicado en el que instaba a España a «gestionar de forma apropiada este problema, para que las relaciones chino-españolas puedan, con el esfuerzo de ambas partes, seguir desarrollándose de forma saludable».[64] No sabemos qué dijo el Gobierno chino al embajador español, pero lo que sí sabemos es que al salir de esa reunión calificó la situación de «delicada».[65]

A partir de aquello, para evitar la publicidad, el juez instructor tomó la decisión de evitar las declaraciones presenciales de víctimas y testigos y, en su lugar, remitir comisiones rogatorias. Durante dos años se enviaron peticiones de búsqueda de exiliados tibetanos a Estados Unidos, Canadá, Suiza, Suecia, Bélgica, Países Bajos, Francia y, por supuesto, a la India. A finales de 2007, llegó la respuesta del Gobierno indio denegando la comisión rogatoria alegando que la India no reconocía el principio de la jurisdicción universal. Teniendo en cuenta que la inmensa mayoría de los refugiados se hallan en la India, en Darhamsala, esto suponía dejar de recoger toda una serie de testimonios de gran peso.

El 9 de abril de 2009, se publicó la solicitud del juez de la Audiencia Nacional Ismael Moreno a las autoridades de la República Popular China para que se interrogara al expresidente Jiang Zemin y a otros seis altos cargos como supuestos autores de delitos de lesa humanidad, genocidio, torturas y terrorismo. Entre otros presuntos responsables, se encontraba el primer ministro entre 1998 y 2003, Li Peng, quien fuera el jefe de la seguridad china y responsable de la Policía Armada Popular durante la represión de finales de 1980. El juez cursó una comisión rogatoria, pidiendo la remisión «urgente» de las respuestas.[66]

La segunda querella

El 30 de julio de 2008 se presentó una nueva querella por crímenes contra la humanidad consistentes en la matanza sistemática y generalizada de tibetanos, lesiones graves, torturas y detenciones contrarias al derecho internacional y desapariciones forzadas, debido a la persecución política desatada contra la población tibetana a partir del 10 de marzo de 2008. Según consta en la querella, varias protestas pacíficas en el Tíbet provocaron una represión que, entre marzo y abril 2008, tuvo como resultado la muerte confirmada de 203 tibetanos, un número de heridos superior al millar, y había 5.972 personas que seguían detenidas y desaparecidas. Distintas fuentes, como el Centro Tibetano para los Derechos Humanos y la Democracia, el Tibetan Information Network y el Gobierno tibetano en el exilio, así como otras organizaciones de derechos humanos como Human Rights Watch y Amnistía Internacional, fueron haciendo públicas las cifras de la represión china. Además de la represión militar, la querella denunciaba la censura total de lo sucedido en China y Tíbet, así como la expulsión de todos los periodistas y turistas del territorio tibetano con la intención de no dejar testigos, ni imágenes de lo acontecido, según denunciaba un informe de Reporteros Sin Fronteras. En la querella se acusaba a siete políticos y militares chinos en activo: el ministro de Defensa, Lian Guanglie, el ministro de Seguridad del Estado, Geng Huichang, el secretario del Partido Comunista Chino en la región autónoma del Tíbet, Zhang Qingli, y el miembro del Politburó en Pekín, Wang Lequan.

La querella fue admitida a trámite nueve días antes de la celebración de los Juegos Olímpicos en Pekín, mediante auto del 5 de agosto de 2008, dictado por el juez Santiago Pedraz, titular del Juzgado Central de Instrucción n.º 1 de la Audiencia Nacional, a quien correspondió el conocimiento del caso.[67] El 5 de mayo de 2009 el juez envió una comisión rogatoria a China solicitando permiso al Gobierno para interrogar a tres de sus ministros contra los que encontraba indicios de comisión del delito de crímenes contra la humanidad.[68] Dos días más tarde, de forma fulminante, el Gobierno chino exigió formalmente a España que se tomasen medidas «inmediatas y efectivas» para que «la falsa querella» por el genocidio tibetano se retirase, con el fin de «evitar posibles estorbos y daños en las relaciones bilaterales entre China y España».[69] Inmediatamente después, Carlos Dívar, presidente del Tribunal Supremo y del Consejo General del Poder Judicial, aseguraba públicamente que los tribunales españoles no podían convertirse en los «gendarmes judiciales del mundo». Unos días más tarde, el 19 de mayo de 2009, los dos principales partidos españoles, el Partido Popular y el Partido Socialista Obrero Español, presentaron conjuntamente un proyecto de ley para reformar la LOPJ y con ello la aplicación de la jurisdicción universal en España.[70]

El 8 de julio de 2009, se trasladó a la parte querellante la comunicación de la embajada china a la Subdirección General de Cooperación Jurídica Internacional del Ministerio de Justicia y de Cooperación de España, en la que expresamente se decía que: «la tramitación de la Audiencia Nacional de España de dicha falsa querella ha violado los principios básicos de jurisdicción e inmunidad de estado que el derecho internacional establece y no pertenece a la cobertura del Tratado sobre asistencia judicial en materia penal entre España y China».[71]

Unos meses más tarde, terminaba la tramitación del proyecto de ley, y la Ley Orgánica 1/2009 entró en vigor el día 4 de noviembre de 2009, introduciendo en nuestro ordenamiento jurídico la primera restricción a la jurisdicción universal. En lo sucesivo debería seguirse el principio de conexión para que los tribunales españoles pudieran conocer de los delitos de genocidio, crímenes contra la humanidad, terrorismo y otros señalados en la norma, debiendo además acreditarse que no se ha iniciado una «investigación y una persecución efectiva» en «otro país competente» para conocer de los hechos o «en el seno de un tribunal internacional».[72]

El caso del Tíbet fue el primero en padecer las consecuencias de la enmienda del artículo 23.4 de la LOPJ. De acuerdo con la legislación entonces vigente, el juez Santiago Pedraz, mediante auto del 26 de febrero de 2010, consideró que el asunto no reunía los requisitos exigidos por la reforma, pues no existía nexo de conexión nacional entre España y Tíbet.[73]

Ampliaciones de la querella

Previamente, en el Juzgado Central de Instrucción n.° 2, se había presentado una primera ampliación de la querella denunciando nuevos hechos constitutivos de crímenes de guerra, que fue admitida a trámite el 14 de julio de 2009, aunque sin detallar la calificación jurídica.[74] Los querellantes ampliaron de nuevo la querella el 1 de septiembre de 2010, por advertir infracciones graves de las Convenciones de Ginebra. Mediante auto del 30 de marzo de 2011, se admitió a trámite la ampliación de la calificación jurídica de la denuncia relativa al traslado de población china a territorio tibetano, es decir, por el traslado de la potencia ocupante a territorio ocupado, como crimen de guerra, que supone una grave violación del artículo 49 de la IV Convención de Ginebra, que en su último párrafo dispone que: «La potencia ocupante no podrá proceder a la evacuación o transferencia de una parte de su propia población civil al territorio por ella ocupado».[75]

Con ocasión de la admisión a trámite de esta ampliación, unos días más tarde la prensa oficial china afirmaba que la entrada de fuerzas armadas al Tíbet era un asunto interno de China y que la decisión del juzgado era «errónea», añadiendo que todo obedecía a las «tácticas de algunas fuerzas occidentales en su intento de desequilibrar el desarrollo económico de China» y que, en consecuencia, «el caso debería cerrarse».[76]

La querella se amplió nuevamente el 20 de marzo de 2013, esta vez contra Hu Jintao, presidente de la República Popular China hasta marzo de 2013. La Sección Cuarta de la Sala de lo Penal de la Audiencia Nacional, mediante auto del 9 de octubre de 2013, acordó dar por ampliada la causa contra el exmandatario chino, ya que había «finalizado su inmunidad diplomática».[77]

Comisiones rogatorias

La Sección Cuarta de la Sala de lo Penal de la Audiencia Nacional, mediante resolución con fecha del 18 de noviembre de 2013, ordenó que se dictaran órdenes internacionales de detención con fines de extradición contra los imputados.[78]

La medida provocó la inmediata reacción de las autoridades chinas. Zhu Weiqun, presidente del Comité de Asuntos Religiosos y Étnicos de China, afirmó que el caso era absurdo y añadió: «Si el tribunal de algún país asume este asunto, hará caer sobre sí mismo una enorme vergüenza», a lo que añadió: «¡Que vayan adelante si se atreven!».[79] El portavoz del Ministerio del Exterior de China, Hong Lei, manifestó la firme oposición de Pekín a la decisión del tribunal, afirmando: «Exhortamos a España a enfrentar la seria postura de China, modificar su decisión incorrecta, reparar el daño severo y abstenerse de enviar señales erróneas a las fuerzas de independencia tibetanas y afectar las relaciones China-España».[80] Wu Jingjie, diputado del Congreso Nacional y vicesecretario de la región autónoma, que encabezaba una misión china ante el Congreso de los Diputados, no sólo mostró perplejidad, sino que exigió una «solución política» inmediata y definitiva.[81]

Pero la Justicia española siguió adelante. El 8 de enero de 2014 se dictó otra providencia en la que se acordaba librar una comisión rogatoria a las autoridades de la República Popular China a fin de que se notificara la querella a Hu Jintao y se le tomara declaración en calidad de impu-tado.[82]

El 3 de febrero de 2014, publiqué un artículo en el diario *El País* en el que afirmaba que España corría el riesgo de convertirse en un oasis de impunidad. Lo peor que puede hacer un gobierno es mentir a los ciuda-danos, pretextando que con ello garantiza sus derechos.[83] Eso es lo que sucedió en este caso con la reforma a la jurisdicción universal, que se justificó en el intento de lograr «que la lucha contra la impunidad fuera más efectiva», cuando su objetivo era poner fin, como así fue, a la práctica totalidad de los casos de jurisdicción universal. Mientras el debate sobre un nuevo proyecto de ley que la restringía aún más estaba en la palestra, el Juzgado Central de Instrucción n.º 2 continuaba con su investigación. Mediante resoluciones de fecha 10 de febrero de 2014, ordenó tomar declaración a los imputados, decretando para ello las oportunas órdenes internacionales de detención con fines de extradición.[84]

Más amenazas y exigencias de China

En ningún caso como en el del Tíbet se han ejercido tantas presiones sobre las instituciones españolas por la tramitación de un procedimiento judicial. La reacción del gigante asiático esta vez no se limitó a expresar su «fuerte malestar» o a calificar de «vergüenza» las órdenes de arresto, sino que las amenazas directas a España no dejaron lugar a la ambigüe-dad. El Gobierno chino advirtió al embajador de España en China, Ma-nuel Valencia, sobre posibles represalias económicas.[85] La prensa nacio-nal e internacional se hizo eco de ello. El profesor Javier de Lucas lo resumía así: «El 12 de diciembre de 2013, una delegación de la Asamblea Nacional Popular china se reunió a puerta cerrada con miembros de la Comisión de Exteriores del Congreso y reiteró la "perplejidad" e "in-comprensión" de su Gobierno por la actuación de los tribunales espa-ñoles en relación con el Tíbet, un "asunto doméstico", interno, propio de la soberanía china. Nada nuevo en la vieja lógica contra la que trata de luchar precisamente el principio de jurisdicción universal. Dando mues-tra de una celeridad que para nosotros los ciudadanos españoles querría-mos, el Gobierno, en menos de un mes, ha preparado el cambio legal requerido».[86]

La Reforma de 2014

Como consecuencia de esta presión diplomática, la Ley 1/2014,[87] del 13 de marzo, modificó por segunda vez el artículo 23.4 de la LOPJ. La presión y las amenazas fueron públicas y la prensa lo hizo notar en sus titulares: «El PP fuerza una reforma para archivar la causa contra la cúpula china».[88]

En su exposición de motivos, la ley señala que, después de cuatro años de la anterior modificación, era necesario volver a reformar la norma, por cuanto la jurisdicción universal «no puede concebirse sino desde los límites y exigencias propias del derecho internacional», por lo que ella debiera «venir legitimada y justificada por la existencia de un tratado internacional que lo prevea o autorice», debiendo además quedar definido «con claridad el principio de subsidiariedad». Desde entonces y hasta hoy, con respecto a los delitos de genocidio, crímenes contra la humanidad y crímenes de guerra, para que nuestros tribunales puedan ejercer la jurisdicción universal, el imputado debe ser español o extranjero que resida habitualmente en España o del cual se haya pedido su extradición mientras se encontrase en España y ésta haya sido denegada por las autoridades españolas. Con ello se puso prácticamente fin a la jurisdicción universal en nuestro país.

Al mes siguiente, el ministro de Asuntos Exteriores, García Margallo, preguntado en una entrevista televisiva por la reforma de la LOPJ reconoció que, como China era propietaria del 20 por ciento de la deuda española, estos casos son peligrosos desde el punto de vista de las relaciones internacionales. Afirmó también, con cierto desdén, que a algún juez se le había «ocurrido» dictar órdenes internacionales de detención contra autoridades chinas, y que España no podía convertirse en «*sheriff* universal», afirmando para concluir que estos procedimientos no eran investigaciones eficaces, sino «un brindis al sol que no acaba con la impunidad» y sugirió: «los jueces harán bien en archivar y mejorar la rapidez de la Justicia».[89]

El primer juez en posicionarse frente a la reforma de 2014 fue el titular del Juzgado Central de Instrucción n.º 1, Santiago Pedraz, quien mediante auto del 17 de marzo de 2014, y en contra del informe de la fiscalía exigiendo la conclusión del sumario, decidió continuar con las diligencias del caso Couso, argumentando que las disposiciones de la nueva ley orgánica atentaban directamente contra el derecho internacional, en concreto, contra las obligaciones emanadas del IV Convenio de Ginebra (véase en detalle el capítulo 8). Este auto constituye un grito que resuena todavía en los oídos de los defensores de derechos humanos y lo seguirá haciendo a pesar de las embestidas que reciba la independencia judicial cuando no se defienda a quienes la ejercen con valentía. De poco sirvieron los intentos de los jueces que clamaban por la necesidad de continuar las investigaciones, aunque les honra. El Tribunal Supremo determinó que ya no era posible. No se hizo gala, en este caso, al principio de que el poder judicial debe actuar sujeto al imperio de la ley, tanto nacional como internacional, impidiendo injerencias políticas en asuntos judiciales.

La fiscalía contraataca

Volviendo al caso del Tíbet, apenas una semana después de publicada la ley que aprobó la segunda y definitiva restricción a la jurisdicción universal, mediante escrito del 20 de marzo de 2014 el Ministerio Fiscal solicitó la conclusión del sumario y la elevación de la presente causa a la Sala de lo Penal de la Audiencia Nacional para que se pronunciara «sobre la concurrencia de los nuevos requisitos» impuestos por la reforma legislativa.[90] Como consecuencia de ello, el Juzgado Central de Instrucción n.º 2, por auto del 25 de marzo de 2014, ordenó la conclusión del sumario y la elevación de la causa a la Sala de lo Penal de la Audiencia Nacional. Como respuesta, la parte querellante presentó un escrito el 18 de mayo de 2014, ofreciendo los argumentos pertinentes para que se revocara la conclusión del sumario y se procediese a su devolución al juzgado instructor, al no haberse practicado las diligencias indispensables; subsidiariamente, solicitó que se decretara la apertura del juicio oral y, de acuerdo con las dos peticiones anteriores, pidió que la Sala plantease cuestión de constitucionalidad.[91] Aunque la Sala no procedió a elevar esta cuestión, el Grupo Parlamentario Socialista disputó la constitucionalidad de la reforma y presentó recurso de inconstitucionalidad, que fue admitido a trámite por el Tribunal Constitucional el 23 de julio de 2014 y resuelto negativamente por el Tribunal Constitucional el 19 de diciembre de 2018.[92]

Crónica de una muerte anunciada

El procedimiento contra China por el caso del Tíbet se archivó en junio de 2014, a expensas del recurso presentado por los querellantes, que fue admitido a trámite y remitido a la Sección Segunda de la Sala de lo Penal de la Audiencia Nacional para su sustanciación en pleno. Mediante auto del 2 de julio de 2014, el pleno acordó por mayoría, aunque con dos votos particulares, «el sobreseimiento y archivo de la presente causa».[93] Se presentó un recurso de casación ante el Tribunal Supremo que, mediante sentencia n.° 296/2015 del 6 de mayo de 2015, declaró «no haber lugar al recurso de casación por infracción de precepto constitucional e infracción de ley». Este veredicto fue recurrido en amparo ante el Tribunal Constitucional, y se encuentra aún pendiente.[94]

Este resultado era ciertamente previsible, pero no deja de sorprender el cambio de postura del magistrado ponente Cándido Conde-Pumpido en este caso del genocidio tibetano, si se lo compara con el que mantuvo en 2003 en el caso de Guatemala, en el que reclamó en un voto particular la competencia de la Justicia española. Entre los argumentos principales de la resolución, señala que el modelo de jurisdicción universal limitado introducido en España por la reforma de 2014 no es inconstitucional ni arbitrario.

Esta resolución del Tribunal Supremo supuso la estocada definitiva a la Justicia universal en España y vino a ratificar en todos sus postulados la fatídica reforma legal impulsada por el Gobierno del Partido Popular a través de la Ley Orgánica 1/2014. La decisión del Tribunal Supremo aplicó el criterio más restrictivo posible y atacó desmesurada y contradictoriamente a la jurisdicción universal llegando incluso a afirmar que es de «carácter especialmente lesivo para los intereses esenciales de la comunidad internacional» ya que precisamente «consiste en el ejercicio de jurisdicción penal por los tribunales de un determinado país en crímenes internacionales de especial gravedad, sobre la base de la naturaleza del delito sin tomar en consideración ni el lugar donde fue cometido, ni la nacionalidad de su autor».

Es evidente la contradicción en que se incurre. Por una parte, se reconoce que la jurisdicción universal es un remedio para combatir crímenes especialmente lesivos para la comunidad internacional, pero afirma también que su utilización lesiona a la misma comunidad internacional. La resolución no tiene en cuenta la esencia de la jurisdicción universal como mecanismo de protección a las víctimas, a las cuales desconoce como parte especialmente afectada cuando opta, a sabiendas de la excepcionalidad de este mecanismo y su uso residual, por la defensa de la impunidad existente en el país de referencia.

Es grave confirmar la aversión de la Sala Segunda al derecho penal internacional, a los derechos humanos y al derecho humanitario, cuando afirma, como en esta resolución, que no existe ninguna obligación convencional para que deban perseguirse estos horrendos crímenes internacionales. Al adoptar esta postura, contradice la esencia de la jurisdicción universal y olvida la vigencia de numerosos tratados internacionales que establecen esa obligatoriedad, primando la protección de los intereses de los estados sobre los de los perjudicados. La «lucha contra la impunidad en el derecho internacional penal no puede hacerse a costa de las garantías esenciales del Estado de derecho», afirma esta resolución. Es duro para cualquier víctima leer una afirmación de este calibre tan cruel e indiferente de la mano de quienes deberían defenderlos, de unos jueces especialmente insensibles a la lucha contra la impunidad; una aserción que, además, no es cierta. Por supuesto que en ningún caso debe violentarse ninguna garantía. Lo que sucede es que con este tipo de afirmaciones, es el propio Tribunal Supremo el que pone en tela de juicio esas garantías que dice defender y en entredicho la propia función del derecho penal internacional, del cual es parte el principio de jurisdicción universal, construido para proteger a la humanidad de los crímenes más atroces. De modo que si no existe un mecanismo explícito debe buscarse, porque a eso responde el principio de legalidad internacional al que se refiere el artículo 15.2 del Pacto de Derechos Civiles y Políticos. Por ello, a pesar de que esta ley haya sido declarada constitucional, consuma la indefensión más absoluta de las víctimas, a las que deja sin posibilidad de reclamar justicia frente a la impunidad de estos crímenes.

Recurso de amparo

Después de la decisión del Tribunal Supremo, el Comité de Apoyo al Tíbet, la fundación privada Casa del Tíbet y el ciudadano español Thubten Wangchen interpusieron recurso de amparo ante el Tribunal Constitucional, planteado por los abogados Manuel Ollé y Domingo José Collado. El 20 de marzo de 2017, los letrados presentaron las alegaciones finales ante el Tribunal Constitucional haciendo mención en ellas a las sentencias de este tribunal del 26 de septiembre de 2005 y del 22 de octubre de 2007 (casos Guatemala y Falun Gong, respectivamente). Ello a pesar de que la legislación sobre la que se pronunciaban había sido derogada en 2009 y 2014. Pero incluso después de las sucesivas reformas de la LOPJ, la esencia de la jurisdicción universal quedaba contenida en esas resoluciones que deberían ser tenidas en cuenta frente a las interpretaciones restrictivas del Tribunal Supremo y los espacios de impunidad que han generado, como en el caso del Tíbet.

La primera resolución judicial, de septiembre de 2005, explicaba que para este tipo de normas no puede admitirse una interpretación «excesivamente formalista o desproporcionada en relación con los fines que preserva y los intereses que se sacrifican» (SSTC 122/1999, de 28 de junio). Y que asimismo, en la STC 87/2000, del 27 de marzo, FJ 4, se manifiesta que «el fundamento último de esta norma atributiva de competencia radica en la universalización, así como los que después se efectúan, de la competencia jurisdiccional de los estados y sus órganos para el conocimiento de ciertos hechos sobre cuya persecución y enjuiciamiento tienen interés todos los estados, de forma que su lógica consecuencia es la concurrencia de competencias, o dicho de otro modo, la concurrencia de estados competentes». Y añadía:

> De este modo, la conclusión a la que llega el Tribunal Supremo sería que, sólo cuando viniera expresamente autorizado en el derecho convencional el recurso a la jurisdicción universal unilateral, resultaría ésta legítima y aplicable en virtud tanto del art. 96 CE como del art. 27 del Convenio sobre el Derecho de los tratados, según el cual lo acordado en los tratados internacionales no puede ser incumplido por la legislación interna de cada estado. Resulta una interpretación en extremo rigorista, así como, además, carente de sostén argumental [...] máxime cuando de la finalidad que inspira el Convenio sobre genocidio se desprendería antes una obligación de intervención que, por el contrario, una prohibición de intervención. En efecto, dicha falta de autorización que el Tribunal Supremo halla en el Convenio sobre genocidio para la activación de la jurisdicción internacional de modo unilateral por un estado no se aviene con el principio de persecución universal y de evitación de la impunidad de tal crimen de derecho internacional, que, como ha sido afirmado, preside el espíritu del convenio y que forma parte del derecho consuetudinario internacional (e incluso del *ius cogens*, según ha venido manifestando la mejor doctrina) sino que, antes bien, entra en franca colisión con él. En efecto, resulta contradictorio con la propia existencia del convenio sobre genocidio, y con el objeto y fin que lo inspiran, que las partes firmantes pacten la renuncia a un mecanismo de persecución del delito, máxime teniendo en cuenta que el criterio prioritario de competencia (el territorial) quedará en multitud de ocasiones mermado en sus posibilidades de ejercicio efectivo por las circunstancias que puedan entrar en juego en los diferentes casos. De igual modo que ha de resultar contradictorio con el espíritu del con-

venio que formar parte del mismo conlleve una limitación en las posibilidades de combatir el delito que estados que no lo hubieran firmado no
tendrían, en tanto en cuanto no quedarían constreñidos por esa supuesta
y cuestionable prohibición.

El Tribunal Constitucional ya había establecido de forma sólida la
doctrina que obliga a interpretar las normas sobre Justicia universal con
el fin de impedir la impunidad. Y aún más importante: que lo establecido
en los tratados internacionales, como las Convenciones de Ginebra de
1949, es una obligación de persecución absoluta. Pero la reforma de 2014
del artículo 23.4 de la LOPJ, al establecer amplias trabas y límites a la
jurisdicción universal da alas a la impunidad. Sólo el caso de los jesuitas
de El Salvador y el caso Boko Haram, y sólo por el delito de terrorismo,
han sobrevivido a la reforma. Las demás causas se han sobreseído infringiendo el Convenio de Viena sobre el Derecho de los Tratados, la costumbre internacional, el *ius cogens* y los principales tratados en materia de
derechos humanos ratificados por España.

Si «la jurisdicción universal consiste en el ejercicio de jurisdicción
penal por los tribunales de un determinado país en crímenes internacionales de especial gravedad, sobre la base de la naturaleza del delito sin
tomar en consideración ni el lugar donde fue cometido, ni la nacionalidad de su autor» y su fin es evitar la impunidad, no se comprende cómo
puede afirmarse la constitucionalidad de la reforma de la LOPJ como
hace el Tribunal Supremo, cuando mantienen una interpretación del
artículo 146 del IV Convenio de Ginebra de 12 de agosto de 1949, que
niega su propia esencia.

> Las altas partes contratantes se comprometen a tomar todas las opor-
> tunas medidas legislativas para determinar las adecuadas sanciones penales
> que se han de aplicar a las personas que hayan cometido, o dado orden de
> cometer, una cualquiera de las infracciones graves contra el presente con-
> venio definidas en el artículo siguiente.
>
> Cada una de las partes contratantes tendrá la obligación de buscar a
> las personas acusadas de haber cometido, u ordenado cometer, una cual-
> quiera de las infracciones graves, y deberá hacerlas comparecer ante los
> propios tribunales, sea cual fuere su nacionalidad. Podrá también, si lo pre-
> fiere, y según las condiciones previstas en la propia legislación, entregarlas
> para que sean juzgadas por otra parte contratante interesada, si ésta ha for-
> mulado contra ella cargos suficientes.

Una mera lectura apresurada de esta norma permite apreciar que «las partes se comprometen a tomar todas las medidas legislativas» aplicables a los autores de estos crímenes. Es decir, que la norma internacional se refiere a un deber, no a una opción, sino a la obligación de evitar la impunidad de los autores a través de medidas efectivas que la impidan. Si una norma estatal sostiene lo contrario, vulnera este tratado y, en el caso español infringe el artículo 96 de la Constitución española y lo dispuesto en el artículo 10.2 de la misma, al establecer que «las normas relativas a los derechos fundamentales y a las libertades que la Constitución reconoce se interpretarán de conformidad con la Declaración de Derechos Humanos y los tratados y acuerdos internacionales sobre las mismas materias ratificados por España». España, que no ha denunciado ninguna de esas convenciones, está incumpliendo una normativa internacional que forma parte de nuestro ordenamiento jurídico interno.

Es posible que para algunos estén muy lejanos los principios de Núremberg, pero, a riesgo de volver a incomodar a los poderes políticos y económicos, es necesario recuperar, mejor dicho, mantener aquella tendencia que, contrariamente a lo afirmado en la sentencia del Tribunal Supremo en el caso del Tíbet, sí ha demostrado su eficacia tanto judicial como de contención de los perpetradores.

Como argumentaron las acusaciones ante el Tribunal Constitucional: «La búsqueda de la plena salvaguardia y prevalencia de los derechos inherentes al ser humano, en todas y cualesquiera circunstancias, corresponde al nuevo *ethos* de la actualidad, en una clara manifestación, en nuestra parte del mundo, de la conciencia jurídica universal, en este inicio del siglo XXI. El despertar de esta conciencia, fuente material de todo derecho, conlleva al reconocimiento inequívoco de que ningún estado puede considerarse por encima del derecho, cuyas normas tienen por destinatarios últimos a los seres humanos».[95]

La afirmación del ponente y de los demás magistrados del Tribunal Supremo que firmaron la resolución es lapidaria sobre este asunto: «La reforma de 2014 no es inconstitucional, pues no vulnera el principio de igualdad, ni la interdicción de la arbitrariedad, ni el derecho fundamental a la tutela judicial efectiva». Esta postura queda muy lejos de los planteamientos que el ponente, hoy magistrado del TC, mantuvo en su voto particular y firmó con otros seis magistrados de la Sala Segunda del Supremo, en el caso del genocidio en Guatemala. En él, defendía la jurisdicción universal, que tanto reconfortó a las víctimas y abrió una puerta a la sentencia del Tribunal Constitucional de 2005 en la que éste dio carta de naturaleza al principio de jurisdicción universal, en su más amplio sentido, y que ahora cierra, esperemos que temporalmente.

EL CASO FALUN GONG

Señor presidente, ¿los miembros de este consejo respetan la Declaración de Viena, que prohíbe la violencia basada en la religión o las creencias? El 19 de febrero de 2017, una ciudadana canadiense fue arrestada en Pekín. La policía irrumpió en su casa sin orden judicial, le vendó los ojos y la llevó a un centro de detención. Según los informes, la rociaron con espray pimienta en la cara y los ojos. La encerraron en una habitación pequeña y oscura, en un intento por aplastar su voluntad. Su nombre es Sun Qian. Ella no ha cometido ningún delito. La única razón de su arresto y persecución es su fe: Sun Qian es practicante de Falun Gong, una práctica espiritual que enseña los principios de la verdad, la compasión y la tolerancia. En 1999, después de que decenas de millones de personas iniciaran la práctica de Falun Gong, el Partido Comunista de China lanzó una campaña sin precedentes para erradicarla. Cientos de miles han sido encarcelados. Los practicantes de Falun Gong son torturados rutinariamente, para obligarlos a renunciar a sus creencias. Miles han muerto. Este año, la ONG Freedom House reportó evidencias fidedignas que sugieren que, a principios de la década de 2000, los detenidos de Falun Gong fueron «asesinados por sus órganos en gran escala». Señor presidente, como activista china de derechos humanos, le pregunto: ¿Las Naciones Unidas harán la vista gorda ante tales crímenes contra la humanidad? ¿Cuándo investigará este consejo el asesinato sistemático de presos de conciencia con fines de lucro? Finalmente, las víctimas chinas quieren saber: ¿cómo puede Estados Unidos haber elegido a China para este Consejo de Derechos Humanos? Gracias.

Este fue el alegato de Anastasia Lin, ciudadana canadiense nacida en China y activista por los derechos humanos, ante el Consejo de Derechos Humanos de Naciones Unidas, en junio de 2017.[96]

La respuesta china, enérgica y concisa, no se hizo esperar: «China expresa una fuerte indignación y una oposición resuelta a las afirmaciones infundadas de algunas ONG. Falun Gong no es una religión, sino un culto maligno y también una organización antichina. El jefe del culto sigue haciendo teorías perversas y ejerce control sobre sus súbditos. Sus actividades violan la ley y causan graves daños físicos y psicológicos a sus prac-

ticantes y sus familias. El Gobierno de China ha prohibido legítimamente
a Falun Gong como organización para proteger a sus ciudadanos. El Gobierno de China ha organizado ayuda para los engañados que practican el
Falun Gong».[97]

EL ORIGEN DE LA PERSECUCIÓN

Según sus seguidores, Falun Dafa (conocida como «Falun Gong») es
una disciplina de autoeducación espiritual basada en la escuela Fo (bu-
dismo), cuyo fundamento es la asimilación en el individuo de las características esenciales del universo: verdad, benevolencia y tolerancia
(Zhen, Shan, Ren).[98] Aunque sus raíces son ancestrales, Falun Dafa, «la
rueda de la vida», fue fundada en 1991 por Li Hongzhi, un antiguo
guardia de seguridad chino exiliado en Nueva York. Hasta el año 1999,
contó con el apoyo del Gobierno chino, lo que, unido a su gratuidad,
provocó que obtuviera un creciente número de seguidores. El 25 de
abril de 1999, decenas de miles de personas se congregaron en Pekín
para pedir el reconocimiento legal de Falun Dafa, en la que fue la segunda manifestación ilegal más importante después de la de Tianan-
men en 1989.

«Había un movimiento libre que no controlaba, una amenaza para el
régimen», afirmó Carlos Iglesias, abogado especializado en derechos humanos. En esa fecha, según fuentes propias, había entre setenta y cien
millones de seguidores de Falun Gong en China, mientras que los afilia-
dos al Partido Comunista apenas superaban los sesenta millones.[99] A todo
lo anterior debe agregarse la alta moralidad que propugnan las enseñanzas de Falun Gong; con valores morales y éticos promueven que las personas mejoren en sus actitudes frente a sí mismas y frente a los demás, lo
que sin duda chocaba frontalmente con el pensamiento vertical del ateo
Partido Comunista Chino, que persigue hasta la muerte a quienes ejercen
o detentan cualquier tipo de creencias espirituales, que ven como una
amenaza a su poder.[100]

En julio de 1999, el Partido Comunista Chino, liderado por Jiang
Zemin, decidió, ilegalmente y en contra de la propia Constitución china,
iniciar la persecución contra los millones de ciudadanos chinos practicantes de Falun Gong.[101] El hostigamiento comenzó siguiendo tres pautas dictadas por el Politburó chino y que marcaron la estrategia que se
seguiría contra Falun Gong: «Difámenlos, arruínenlos económicamente

y elimínenlos físicamente».[102] Estas consignas obran en las querellas interpuestas ante la Audiencia Nacional de España y son la base de las denuncias de genocidio.

Una de las formas que utiliza el Gobierno chino para controlar a los practicantes de Falun Gong fuera de China es mediante las solicitudes de renovación del pasaporte que se presentan en sus embajadas. «Les dicen que tienen que ir a China a renovarlo, con lo que consiguen dos cosas: si van a China, son detenidos y metidos en un campo de trabajo, mientras que, si no vuelven, les retienen en el país en el que estén y les mantienen controlados», explica Carlos Iglesias. Éste fue el problema que afrontaron Jiambao Xao y Jie Pan, dos ciudadanos chinos que consiguieron asilo político en España, no sin dificultades.[103]

Organizaciones no gubernamentales como Amnistía Internacional[104] o Human Rights Watch[105] han denunciado la persecución que sufren los seguidores de Falun Gong, y otras fuentes, como la ONG creada para la investigación de la persecución a Falun Gong (WOIPFG),[106] hablan de decenas de miles de desaparecidos, torturados y asesinados. Las cifras que manejan son de más de 300.000 practicantes de Falun Gong asesinados y más de 100.000 encerrados en campos de trabajos forzados en los que son sometidos a todo tipo de torturas. Según las querellas presentadas en España, las torturas incluirían la extirpación de órganos internos (hígado, riñones, corazón, córnea de los ojos), para ser vendidos e implantados a occidentales que viajan a operarse a China. Un equipo canadiense de derechos humanos encabezado por David Kilgour acreditó en varios informes estas prácticas.[107] Una resolución del Parlamento Europeo del 12 de diciembre de 2013[108] y la declaración escrita 48/2016 del Parlamento Europeo[109] condenan estas prácticas sobre personas vivas, entre ellas practicantes de Falun Gong, que se convirtieron en un banco de órganos vivos para trasplantes ilegales. Uno de los abogados que encabezan las querellas en España, David Matas, lo explicaba de forma tan breve como contundente: «Existe una sustracción masiva de órganos de prisioneros de Falun Gong vivos en China para venderlos en el extranjero».[110] Este sistema criminal de tráfico de órganos representa la máxima expresión de la perversidad del régimen que se fundamenta en multitud de testimonios, pruebas y evidencias, reflejados en varios documentales e informes independientes.[111]

Desarrollo procesal en España

En España se han presentado cuatro querellas en nombre de 15 víctimas y familiares de víctimas de diferentes nacionalidades, mayoritariamente chinos, pero también dos ciudadanos españoles que viajaron a China y, siendo practicantes de Falun Gong, fueron presuntamente torturados. Se acusaba de los delitos de genocidio y torturas a cinco dirigentes del Partido Comunista Chino, a los que se señala como responsables y coordinadores directos de los hechos: Jiang Zemin, expresidente del Partido Comunista Chino; Luo Gan, coordinador de la Oficina de Control de Falun Gong denominada 6/10 (conocida como la «Gestapo China», creada al margen de la ley para perseguir masivamente y sin garantías judiciales a miembros de Falun Gong); Jia Qinglin, secretario del Comité Municipal del Partido Comunista Chino de Pekín; Bo Xilai, exministro de Comercio de China, alcalde de la ciudad de Dalian y gobernador de la provincia de Laoning, directamente responsable de las mayores atrocidades cometidas en los campos de trabajos forzados de su jurisdicción; y, Wu Guanzheng, secretario de la Comisión Central para la Inspección de Disciplina del Partido Comunista Chino.[112]

Las querellas se interpusieron en fechas diferentes: la primera se presentó el 15 de octubre de 2003 y la última en abril de 2007, en función de las visitas planeadas y la presencia prevista en España de los diferentes querellados. Todas fueron sustanciadas ante el Juzgado Central de Instrucción n.º 2 de la Audiencia Nacional como consecuencia del reparto inicial llevado a cabo con la primera querella presentada.[113]

Todas ellas fueron inicialmente desestimadas por falta de jurisdicción, con base en los criterios que sostenía entonces la Audiencia Nacional, que se mantuvieron hasta la sentencia del Tribunal Constitucional sobre el caso Guatemala, dictada el 26 de septiembre de 2005. Tras presentar los recursos pertinentes ante el Pleno de la Sala de lo Penal de la Audiencia Nacional y luego recursos de casación ante el Tribunal Supremo e incluso recurso de amparo ante el Tribunal Constitucional, se obtuvieron sentencias a favor de tramitarlas, puntualmente en el recurso de casación sobre la querella interpuesta contra Jia Qinling, de acuerdo con la sentencia del Tribunal Supremo n.º 645/2006, del 20 de junio de 2006, y, de nuevo, en amparo en sentencia del Tribunal Constitucional n.º 227/2007 del 22 de octubre de 2007, sobre la querella contra Jiang Zemin y Luo Gan. Las sentencias estimatorias tanto del Supremo como del Constitucional provocaron que el Juzgado Central de Instrucción n.º 2 de la Audiencia

Nacional incoara un único sumario (el n.º 70/2009) en el que se acumularon todas las causas, al tratarse de los mismos hechos con diferentes querellados y responsables.[114]

En el sumario se practicaron diversas diligencias de investigación: se recabaron informes de la Comisión sobre Derechos Humanos de Naciones Unidas sobre las detenciones ilegales, torturas o asesinatos de practicantes de Falun Gong en China, informes anuales de Amnistía Internacional con datos concretos sobre dicha persecución, informes anuales de Human Rights Watch con datos concretos sobre el mismo caso, informes del Ministerio de Asuntos Exteriores español sobre el nivel de conocimiento en España o en organismos internacionales del hostigamiento a los seguidores de dicha doctrina y la declaración y el testimonio directo ante el juez de siete víctimas y familiares de víctimas acreditando tanto las torturas como el genocidio contra Falun Gong en China. Entre ellas se encontraba Wei Jinsheng, exiliado y conocido como «padre de la democracia en China», quien prestó testimonio y contestó a las preguntas del juez, el fiscal y el abogado de la parte querellante sobre el acoso a Falun Gong en China, sus creencias espirituales y la falta de libertades impuesta por el Partido Comunista Chino. También se recabaron los informes emitidos por la abogada estadounidense y directora ejecutiva de la Human Rights Law Foundation, Terri Marsh, acerca de extirpaciones masivas de órganos a practicantes de Falun Gong en hospitales chinos y el informe conjunto de David Kilgour y David Matas que acreditaba las extirpaciones y los asesinatos a los practicantes de Falun Gong para el tráfico ilegal de órganos. Mientras se practicaba la diligencia de ratificación del informe Kilgour/Matas y se tomaba testimonio a los querellantes de nacionalidad española, entró en vigor la modificación de la LOPJ.[115]

La reforma de la ley[116]

Tras la entrada en vigor de la Ley Orgánica 1/2014 que modificó el artículo 23.4 de la LOPJ reduciendo la jurisdicción universal a su mínima expresión como consecuencia de las presiones del Gobierno chino, el Juzgado Central de Instrucción n.º 2 de la Audiencia Nacional solicitó, mediante auto del 15 de abril de 2014, la conclusión del sumario y su elevación al Pleno de la Sala de lo Penal de la Audiencia Nacional para que se pronunciara «sobre la concurrencia de los nuevos requisitos» impuestos por la reforma legislativa o que adoptase la correspondiente decisión sobre la constitucionalidad de la normativa. El pleno acordó por mayoría, a través del auto del 15 de julio de 2014, el sobreseimiento y archivo de la causa, aunque se formuló un voto particular firmado por cuatro de los magistrados integrantes de la sala resaltando diversas cuestiones que denotaban su disconformidad con la fundamentación jurídica y el fallo del pleno.

Los querellantes interpusieron un recurso de casación ante la Sala Segunda del Tribunal Supremo, que fue desestimado mediante sentencia número 297/2015, de 8 de mayo. Ante el dictamen del Supremo, formularon recurso de amparo ante el Tribunal Constitucional el 29 de julio de 2015, por vulneración del artículo 24.1 de la Constitución en su vertiente de acceso a la jurisdicción, en consonancia con los artículos 9.3, 53.1 y 164.1, incluyendo la vulneración del derecho de amparo que previamente se les había concedido por los mismos hechos —a través de la sentencia del 22 de octubre de 2007, por aplicación indebida de tratados internacionales y conflicto de normas y por aplicación de retroactividad en la reforma legal—, que había sido admitido a trámite y que, en esos momentos, estaba pendiente de sentencia.

Un hecho sorprendente

Carlos Iglesias, representante legal de las víctimas desde el principio, me comentó un hecho que él calificaba de sorprendente e insólito: «Ante la posible actuación futura en el Tribunal Europeo de Derechos Humanos, se debe tener en cuenta especialmente, y como elemento diferenciador de cualquier otro caso de jurisdicción universal actualmente "vivo" en actuaciones judiciales, que, en este asunto concreto, ya fue otorgado amparo previo por el Tribunal Constitucional, y que ahora se obliga, de manera sorprendente, a la parte querellante y a las víctimas, a acudir y a solicitar por segunda vez el amparo por los mismos hechos por los cuales ya fue previamente otorgado».

Se refería al recurso de amparo n.º 3382/2005 interpuesto ante el Tribunal Constitucional el 11 de mayo de 2005 contra la sentencia 345/2005 del 18 de marzo de 2005 dictada por la Sala Segunda del Tribunal Supremo en el recurso de casación 1351/2004, correspondiente a las querellas contra Jiang Zemin y Luo Gan. Ese recurso fue tramitado y se otorgó el amparo, mediante sentencia n.º 227/2007, del 22 de octubre, que ordenaba retrotraer las actuaciones al juzgado y la admisión de la querella que había sido rechazada. En su fallo, el Tribunal Constitucional indica literalmente que resolvió:

> 1.° Declarar vulnerado el derecho de los demandantes de amparo a la tutela judicial efectiva, en su vertiente de derecho de acceso a la jurisdicción (art. 24.1 CE). 2.° Restablecerlos en su derecho y, a tal fin, declarar la nulidad de los autos del Juzgado Central de Instrucción n.° 2 del 20 de noviembre y 17 de diciembre de 2003, recaídos en las diligencias previas de procedimiento abreviado n.° 318-2003, así como la del auto del Pleno de la Sala de lo Penal de la Audiencia Nacional del 11 de mayo de 2004 y la de la sentencia n.° 345/2005, del 18 de marzo, de la Sala de lo Penal del Tribunal Supremo, recaídos, respectivamente, en el recurso de apelación n.° 16-2004 y en el recurso de casación n.° 1351-2004, debiendo retrotraerse las actuaciones al momento inmediatamente anterior al de haberse dictado la primera de las resoluciones judiciales citadas, a fin de que se dicte una nueva resolución respetuosa con el derecho fundamental vulnerado.

Es decir, la propia sentencia del Tribunal Constitucional, sobre los mismos hechos y con los mismos querellados y mismos querellantes que de nuevo se ven obligados a pedir amparo, afirmaba en su fundamentación jurídica n.° 5:

> Se ha dejado constancia antes de la alegación de los recurrentes sobre la imposibilidad de acudir a la Corte Penal Internacional, elemento singular en este caso respecto del resuelto por la STC 237/2005, del 26 de septiembre, la aplicación de cuya doctrina al caso actual constituye el núcleo esencial del recurso... Pues bien, debe empezarse afirmando la corrección del planteamiento de los recurrentes respecto a la imposibilidad de acceso a la Corte Penal Internacional por las razones que indican, lo que en consecuencia no deja otra salida, como sostienen, para el posible enjuiciamiento de los delitos denunciados que la que han elegido, situando así la clave de la decisión en el alcance del art. 23.4 LOPJ en relación con el derecho de acceso a la jurisdicción, que es precisamente la cuestión decidida en nuestra STC 237/2005.

Para concluir, me remito al resumen del letrado Carlos Iglesias:

> Hoy, once años después de la sentencia, el amparo solicitado y concedido no ha sido realmente satisfecho de manera eficaz, y se da un flagrante portazo a la resolución del más alto tribunal en materia constitucional, obligando a pedir por segunda vez amparo y, todo ello, a pesar de

que subsisten las mismas razones jurídicas de entonces, la misma imposibilidad material de acudir a la Corte Penal Internacional reconocida por el Tribunal Constitucional [...]. Y la misma imposibilidad fáctica y jurídica de poder hacer Justicia de ninguna otra manera con este genocidio y torturas cometidos contra millones de ciudadanos chinos inocentes y contra dos españoles que, presuntamente, sufrieron torturas en China, lo que trae como conclusión final que, de no acogerse al principio de jurisdicción universal, estos crímenes execrables quedarán absolutamente impunes.

Y por desgracia así es y así podría seguir siendo si España continúa primando los intereses diplomáticos y político-económicos sobre los derechos de las víctimas y frente a la impunidad.

La Justicia argentina[117]

Encontrándose Luo Gan en Buenos Aires, invitado por el Gobierno argentino y, por tanto, en visita oficial, el 13 de diciembre de 2005, la ciudadana china residente en Argentina Liwei Fu, como presidenta de la Asociación Civil Estudio de Falun Dafa, presentó una denuncia criminal en su contra que recayó en el Juzgado Nacional en lo Criminal y Correccional Federal n.º 9 de Buenos Aires. Luo Gan era entonces el secretario del Comité Central del Partido Comunista de China, director de la Comisión de Políticos y de la Ley, y vicedirector y coordinador directo de la Oficina de Control de Falun Gong 6/10 (la agencia creada expresamente para la persecución de esta doctrina). La denunciante solicitaba su detención de conformidad con lo establecido en el art. 6.1 de la Convención contra la Tortura. La denuncia fue recibida y ratificada el mismo día, pero, debido a errores de impresión, tuvo que ser subsanada al día siguiente. El 15 de diciembre, la denuncia se remitió a la Fiscalía n.º 3, en turno con ese tribunal. Apercibidos de dicha denuncia, el mismo día 15, y mientras el sumario se encontraba ante la fiscalía, personal de la Cancillería argentina hizo saber al juzgado que el imputado Luo Gan poseía inmunidad diplomática. La fiscalía tardó en pronunciarse (lo hizo el 26 de diciembre) y en contra de la admisión de la denuncia, por lo que no pudo concretarse la detención de Luo Gan en territorio argentino. El fiscal se posicionó totalmente en contra de la aplicación de la jurisdicción universal, argumentando que en Argentina regía el principio de territorialidad, por lo que no era posible juzgar hechos cometidos en el territorio de un estado extranjero por ciudadanos de ese estado. A pesar de ello, la causa siguió su curso. Mediante auto del 12 de enero de 2006, el Juzgado Nacional en lo Criminal y Correccional Federal n.° 9 de Buenos Aires admitió a trámite la denuncia y, al mismo tiempo, se declaró incompetente para conocerla, remitiendo los antecedentes a la Corte Suprema, habida cuenta de la inmunidad diplomática declarada sobre el denunciado por la Cancillería. Es interesante constatar cómo se defiende la jurisdicción universal en este auto del Juzgado Federal n.° 9, recordando al fiscal que lo denunciado eran delitos internacionales tales como crímenes de lesa humanidad, genocidio y torturas.

> El llamado «principio universal, mundial o cosmopolita» se aplica [...] en los casos de los llamados *delicta iuris gentium* (a los cuales se refiere el actual «derecho internacional penal») [...] Tienen como particularidad, que pueden ser castigados por cualquier estado que capture al delincuente, no importando el lugar en donde el delito se hubiera cometido [...] no puede existir duda alguna sobre la facultad de aplicar la ley penal argentina a un hecho ocurrido en el extranjero y cometidos por extranjeros, cuando el mismo puede ser calificado como un delito de lesa humanidad que afecta, por tanto, al «derecho de gentes», cuando su autor es apresado, aunque sea fortuitamente, en nuestro país (o cuando estábamos en condiciones de hacerlo, como en este caso).

Después de este fallo, la investigación avanzó notablemente, se practicaron una serie de diligencias y se recabaron pruebas acreditativas de los hechos hasta que, el 17 de diciembre de 2009, el juez decidió citar a declarar en calidad de imputados a Jiang Zemin y Luo Gan como máximos responsables del genocidio y libró contra ellos una orden de detención nacional e internacional. La resolución indicaba que:

> en base a la prueba obtenida, principalmente los testimonios de víctimas directas de los crímenes de lesa humanidad denunciados y los diferentes informes de organismos internacionales que se adentraron en el tema, me encuentro en condiciones de afirmar que a partir del año 1999, a instancias del entonces presidente de la República Popular China, JIANG ZE-MIN, se habría puesto en marcha un plan totalmente organizado y sistemáticamente planificado para perseguir y erradicar a Falun Gong y sus seguidores [...]. Para tal tarea, autorizó la creación de la Oficina de Control de Falun Gong, denominada «6/10», que quedó bajo el control, la dirección, la supervisión y la coordinación de LUO GAN [...]. De tal ma-

nera, la estrategia genocida que se habría diseñado abarcó toda una gama de acciones pergeñadas con un total desprecio por la vida y dignidad humanas. Los fines trazados (la erradicación de Falun Gong) justificaron todos los medios utilizados. Así, tormentos, torturas, desapariciones, muertes, lavado de cerebro, tortura psicológica fueron moneda corriente en la persecución de sus practicantes.

Sin demasiada sorpresa tuvo que agregarse casi inmediatamente al expediente una «nota verbal» de la embajada china exigiendo el «cierre [de] todas las causas» relacionadas con Falun Gong. Sólo unos días después, un juez, «interino» durante el feriado judicial, revocó aquel auto quedando sin efecto las órdenes de captura internacional. Dos meses después, esta vez un juez «subrogante» archivó la causa citando la nota verbal de la embajada y fundamentándose en la falta de impulso de la fiscalía en un caso que podría afectar a las «relaciones» políticas. El fallo fue apelado, y la corte, en sentencia del 21 de diciembre de 2010, invalidó el archivo, reconociendo la aplicación en la causa de la jurisdicción universal. Ello no obstante, la corte decidió mantener el archivo de la causa con base en el principio *non bis in ídem* (que impide juzgar dos veces los mismos hechos), argumentando que en España ya existía una causa similar, afirmación que la corte realizó sin verificación previa alguna. Deducidos los pertinentes recursos, en abril de 2013 la Sala Tercera de la Cámara de Casación Penal resolvió reabrir la causa, señalando que: «La mera invocación de una garantía (el principio de *non bis in ídem*) no es suficiente para decidir una investigación y menos para paralizarla». Una vez la causa volvió al Juzgado Federal n.º 9, en julio de 2013, un nuevo juez, esta vez un «titular», exhortó vía diplomática a la Justicia española, solicitando copia de las actuaciones más relevantes del expediente seguido en España. El 11 de abril de 2014 se recibió el expediente completo digitalizado que contenía las actuaciones realizadas hasta julio del año anterior, lo que motivó el nuevo archivo de la causa. Al parecer había tanta prisa por archivar el caso que el juez no reparó en el estado de la investigación en España, de su paralización y archivo como consecuencia de la reforma de la LOPJ que redujo la jurisdicción universal a su mínima expresión. La Sala I de la Cámara Nacional de Apelaciones en lo Criminal y Correccional reabrió la investigación en Argentina el 28 de octubre de 2014.

Hasta donde he podido actualizar la documentación para la redacción de este libro, la causa se encontraba nuevamente en la Cámara de Apelaciones, pendiente de la resolución de una solicitud de nulidad, que persigue la revocación de la orden de captura internacional del que fuera presidente del Partido Comunista Chino, Jiang Zemin, y de su brazo ejecutor, Luo Gan.

V. Ashraf

Iraníes en Irak

La Organización de Muyahidines del Pueblo de Irán (OMPI), también conocida como Mujahedin-e Khalq (MEK), marxistas y laicos, lucharon en su día contra la instauración del régimen islámico en su país. Con el triunfo de la Revolución de 1979 en Irán, los componentes de la OMPI fueron acogidos por el régimen iraquí de Sadam Hussein, acérrimo enemigo de Irán, para que continuaran su lucha armada desde el país vecino. Para que pudieran asentarse allí, les cedió una extensión de 36 kilómetros cuadrados de terreno en medio del desierto, en la provincia oriental de Diyala, fronteriza con Irán, a unos 100 kilómetros al norte de Bagdad, en el que se fundó Ashraf.[118] Nacida en 1986, hace mucho que Ashraf se transformó en algo más que un campo de refugiados, si es que alguna vez lo fue, y llegó a contar con su propia universidad, un pequeño hospital, parques, un complejo de carreteras y edificios con instalaciones sociales y deportivas e incluso con un Museo de la Resistencia Iraní, convirtiéndose en el principal enclave de la OMPI en Irak.[119] *De facto*, Ashraf no estaba bajo la autoridad iraquí, sino que era administrada por sus habitantes y los líderes de la OMPI, hecho constatado por el Comité Internacional de la Cruz Roja (CICR) en la década de 1990, y, en 1998, por una misión de Naciones Unidas a Irak.[120]

La OMPI figuró durante años en las listas de organizaciones terroristas de la Unión Europea y de Estados Unidos. En 2001, renunció a la vía armada, abandonando las actividades bélicas, por lo que conseguiría ser eliminada de estas listas.[121]

Tras la segunda guerra de Irak y la caída de Sadam Hussein, la administración de Ashraf quedó en manos de las fuerzas de ocupación de Estados Unidos, desde marzo de 2003 y hasta 2009, cuando los estadounidenses la transfirieron a manos iraquíes. Desde entonces, los habitantes de Ashraf han denunciado agresiones de las nuevas autoridades iraquíes contra su comunidad.[122]

La querella

El 7 de septiembre de 2009, Seyed Morteza Komarizadehasl y Moham-
mad Reza Mohade, ambos iraníes, el primero residente en el Reino
Unido y el segundo en Francia, interpusieron una querella en España
contra Abdol Hossein Al Shemmari, por lo sucedido en Ashraf los días
28 y 29 de julio de 2009.

Según la querella, tras la invasión de Irak el 20 de marzo de 2003 por
la coalición encabezada por Estados Unidos, la OMPI se declaró neutral
en el conflicto. Tras ocupar el país y una vez logrado el control de las
instituciones estatales, en mayo de 2003 Estados Unidos negoció con la
OMPI la entrega voluntaria de todas las armas que hubiera en Ashraf, que
pasó a ser una zona desmilitarizada y protegida de acuerdo con el derecho internacional humanitario. Además, todos los habitantes de la ciudad
fueron interrogados por funcionarios del Departamento de Estado norteamericano y el FBI, sin que se encontrase motivo alguno para imputar
a ninguno de ellos algún ilícito. Asimismo, Estados Unidos comunicó a
la Secretaría General de la OMPI que los habitantes de Ashraf tenían la
condición de personas protegidas, según las disposiciones del IV Convenio de Ginebra de 1949 y su Protocolo Adicional I de 1977.

La situación se mantuvo estable durante los años de ocupación norteamericana. Entre los días 9 y 11 de agosto de 2008, cuando las fuerzas
de ocupación hacían los preparativos para hacer entrega de la administración del país a las nuevas autoridades iraquíes, los habitantes de Ashraf
fueron censados y se les preguntó a todos, en una entrevista individual
privada, si deseaban ser repatriados a Irán o quedarse en Irak. La respuesta unánime fue permanecer en Ashraf, por miedo a sufrir persecuciones
y represalias si volvían a Irán. Según el calendario previsto, a partir del
1 de enero de 2009 los iraquíes recuperaron la administración del país.
Unos días antes, el 28 de diciembre, la embajada de Estados Unidos difundió una nota de prensa en la que señalaba que el nuevo Gobierno de
Irak había dado garantías por escrito de «tratar con humanidad a los residentes del campo de Ashraf de acuerdo con la Constitución de Irak, las
leyes y las obligaciones internacionales».[123]

Lo sucedido los días 28 y 29 de julio de 2009, según la querella firmada por el abogado Joan Garcés, constituían crímenes de guerra, particularmente una infracción grave al artículo 3, común a las cuatro Convenciones de Ginebra de 1949, en relación con el artículo 85 del
Protocolo Adicional I de 1977, citando además otras normas nacionales

e internacionales aplicables, al haber hecho objeto de ataque a la población civil residente en Ashraf.

Los hechos

«Era previsible que esto iba a ocurrir», opinaba Waleed Saleh, profesor de origen iraquí de la Universidad Autónoma de Madrid. «El Gobierno de Bagdad está formado por una alianza de partidos chiíes con algunos miembros que fueron refugiados políticos, acogidos por la República Islámica iraní, era lógico que no iban a aceptar en su propio territorio a los opositores a un régimen con el que mantienen unas relaciones tan fluidas.» Y añadía que, aunque la proximidad de las elecciones en Irak podía acelerar el desenlace en Ashraf, era incluso más determinante el desarrollo de los acontecimientos en Irán. Los muyahidines habían sido el principal grupo opositor de la República Islámica iraní en 1979, habían sido acogidos por Sadam Hussein, con quien colaboraron durante la guerra Irán-Irak. Saleh lamentaba la falta de reacción internacional, pero la explicaba porque el problema de Ashraf parece menor comparado con los graves problemas que sufre Oriente Próximo.[124]

Poco después de que Estados Unidos devolviera a los iraquíes la administración del país, el consejero de Seguridad Nacional, Muwaffaq al-Rubaie, declaró respecto a Ashraf: «Les haremos insoportable su presencia en Irak. Comenzaremos por establecer puestos de control, patrullas, registros y por último les atacaremos».[125]

Según la querella presentada en España, el 28 de julio de 2009, unos 2.000 soldados pertenecientes a la 9.ª Brigada de Badr, a las fuerzas especiales de la Brigada «Scorpion» de Bagdad y a los Batallones 2.º y 3.º de la policía y policías antidisturbios, en una acción deliberada y planificada bajo el mando del teniente general Abdol Hossein Al Shemmari, equipados con vehículos blindados, palas mecánicas, armas de fuego, hachas, bastones metálicos y de madera, cadenas, gases pimienta y lacrimógenos, granadas sónicas, tanques lanza-agua y otros vehículos, lanzaron un asalto contra los 3.500 civiles desarmados residentes en Ashraf y les dispararon indiscriminadamente. El ataque se prolongó hasta el día siguiente y en él murieron once personas, más de 480 resultaron heridas de gravedad y se detuvo a 36 personas, algunas muy malheridas. Los propios residentes de Ashraf grabaron y difundieron las imágenes de la agresión a través de internet. En ellas se observa cómo la policía iraquí intenta atropellar deliberadamente a la multitud mientras se escuchan ráfagas de disparos.[126] La querella iba acompañada de fotografías y filmaciones de lo sucedido, como evidencia. Algunos fallecieron por heridas de bala en el pecho, en el estómago o en la espalda. Dos personas fueron asesinadas a golpes, con barras de hierro. Otros no murieron inmediatamente, sino debido a la falta de atención médica, pues desde el inicio del ataque y hasta el día siguiente no se permitió la entrada de personal médico ni el traslado de los heridos a hospitales más especializados fuera de Ashraf. Por todo ello, la querella indicaba que existía responsabilidad no sólo por los asesinatos directos, sino también porque habían dejado morir a los heridos. Hasta la tarde del 30 de julio no se permitió entrar en Ashraf a un equipo médico de las fuerzas armadas de Estados Unidos, que pudo finalmente ingresar, atender y trasladar al hospital americano de Balad a varios heridos. La reacción norteamericana fue producto de la presión ejercida por varios congresistas estadounidenses, por parlamentarios del Reino Unido y por otros países.

El proceso en España

Según el reparto, la querella recayó en el Juzgado Central de Instrucción n.º 4 de la Audiencia Nacional, a cargo, en ese momento, del magistrado Fernando Andreu Merelles. Se trasladó la querella al Ministerio Fiscal que sostuvo que procedía rechazar la jurisdicción y competencia de los tribunales españoles y, por lo tanto, aconsejaba el archivo de las diligencias previas. De acuerdo con el informe del fiscal, tras la reforma de la LOPJ por la Ley Orgánica 1/2009, del 3 de noviembre, la jurisdicción universal española sólo podía ser ejercida si los presuntos responsables se encontraban en España o existían víctimas de nacionalidad española, o si concurría algún vínculo de conexión relevante con España, algo que no se apreciaba en éste caso. Además, añadía que la Justicia iraquí ya había intervenido respecto a las personas detenidas en el campo de refugiados de Ashraf, y que Amnistía Internacional había solicitado una investigación al presidente iraquí. Lo cierto es que la investigación a la que se refería la fiscalía y que realizaba Irak era en contra de los 36 habitantes de Ashraf detenidos tras el ataque. Los detenidos se encontraban en mal estado de salud y permanecían en huelga de hambre, según informaba Amnistía Internacional. Respecto de los detenidos, aunque el juez de instrucción de la localidad de Al Khalis ordenó su liberación, pues no había cargos pendientes contra ellos, al haberse desestimado el cargo de residencia ilegal en Irak, Amnistía Internacional denunciaba que, a pesar de esta decisión judicial, la policía local de Al Khalis seguía negándose a dejarlos en libertad.[127]

Mediante resolución de 26 de noviembre de 2009, se remitió una comisión rogatoria internacional a las autoridades judiciales iraquíes, a fin de que informaran sobre si existía o había existido un procedimiento judicial de investigación de los hechos denunciados en la querella y, en su caso, de su resultado. La contestación se recibió el 31 de mayo de 2010 y en ella el Ministerio de Asuntos Exteriores iraquí exponía que: «Irak ya ha iniciado una investigación sobre el asunto y se compromete a encontrar una solución para los residentes del campo de Ashraf conforme al derecho internacional».

Como señalaron los querellantes, a pesar de esta respuesta no había constancia de que en Irak se hubiese efectuado una investigación efectiva sobre los hechos denunciados, por lo que el procedimiento podía proseguir. Modificando su posición inicial, el fiscal recogió las alegaciones de la parte querellante y, mediante escrito del 15 de diciembre de 2010, concluyó que era pertinente continuar con dicha tramitación. La querella fue admitida a trámite el día 27 de diciembre de 2010.

Mientras tanto, la situación en Ashraf seguía siendo delicada. Como bien se había dicho en alguna ocasión: «Irak quiere expulsarles a pesar de que llevan más de 20 años en el país y su estrecho aliado, Irán, les reclama para ajusticiarles».[128]

La parte querellante presentó una petición de ampliación de querella, denunciando nuevos hechos ocurridos en la castigada Ashraf. Desde febrero de 2010, sus habitantes venían siendo objeto de tortura psicológica, pues la población entera estaba siendo sometida al sonido ensordecedor de potentes altavoces que, durante todo el día y gran parte de la noche, emitían amenazas de torturas y muerte. Asimismo, se habían dispuesto severas restricciones en el suministro de medicinas, equipos médicos y sanitarios, alimentos, energía y combustible, material educativo y un bloqueo absoluto de la libre entrada y salida de Ashraf.

El magistrado Fernando Andreu citó al general Abdol Hossein Al Shemmari para que compareciese ante él el 8 de marzo de 2011. Desde Irak, el general Al Shemmari aseguró que no tenía nada que ver con los «enfrentamientos» entre fuerzas del orden iraquíes y los habitantes del campo de Ashraf.[129]

En 2014, como reiteradamente he mencionado, tuvo lugar la segunda restricción a la jurisdicción universal en España, con la entrada en vigor de la Ley Orgánica 1/2014, de 13 de marzo. A pesar de ello, el 2 de septiembre de 2014 el Juzgado Central de Instrucción n.° 4 decidió abrir el sumario contra Abdol Hossein Al Shemmari y otros, ordenando además la remisión de una «nueva comisión rogatoria internacional a la República de Irak a fin de que se informe sobre si existe o ha existido procedimiento judicial abierto para la investigación de los hechos denunciados en el escrito de querella, y en su caso, del resultado del mismo», tras lo cual, en cumplimiento de la nueva normativa, se dispuso a elevar una exposición razonada a la Sala Segunda del Tribunal Supremo para que resolviera sobre la continuidad del procedimiento. El fiscal interpuso un recurso de reforma contra esta decisión, solicitando el cierre del sumario y su elevación a la Sala de lo Penal de la Audiencia Nacional, a fin de que fuera ésta la que resolviera sobre el trámite previsto en la Disposición Transitoria Única de la Ley Orgánica 1/2014, es decir, su sobreseimiento hasta que no se acreditara el cumplimiento de los nuevos requisitos establecidos en la ley. La petición fue acogida. El 22 de junio de 2015, las acusaciones particulares apelaron ante la Sala Penal de la Audiencia Nacional, denunciando formalmente la vulneración de sus garantías constitucionales, apelación que fue rechazada. El 12 de febrero de 2016, el Ministerio Fiscal solicitó a la Sección Tercera de la Sala Penal de la Audiencia Nacional «el sobreseimiento de la causa conforme lo previsto en la disposición transitoria de la Ley Orgánica 1/2014, del 13 de marzo». La parte querellante reiteró sus alegaciones respecto de la vulneración de garantías constitucionales al acordarse la conclusión y sobreseimiento del sumario. Mediante auto del 7 de abril de 2016, la Sección Tercera de la Sala Penal de la Audiencia Nacional, omitiendo cualquier consideración de la denuncia de vulneración de garantías constitucionales, confirmó el sobreseimiento de la causa. El 19 de mayo de 2016 los querellantes interpusieron un recurso de amparo ante el Tribunal Constitucional, que fue admitido a trámite el 22 de diciembre del mismo año. El amparo fue solicitado por el abogado Joan Garcés, el mismo que años atrás presentara la querella por el caso Pinochet.

En cuanto a la situación en Ashraf, en 2013 se produjo una nueva masacre en la que murieron 52 personas. Las condiciones de vida siguen deteriorándose, mientras Naciones Unidas busca una solución duradera para quienes ni pueden seguir en Irak ni pueden regresar a Irán.[130]

5

El caso de los jesuitas de El Salvador. El costo de la paz

Los asesinos actuaron durante la madrugada del 16 de noviembre de 1989, tal y como les había ordenado el Alto Mando salvadoreño que lo había decidido previamente. El sacerdote jesuita español Ignacio Ellacuría debía ser eliminado sin dejar pruebas ni testigos vivos. Entraron en la Universidad Centroamericana José Simeón Cañas (UCA) y dispararon primero contra una imagen de monseñor Romero, asesinado varios años antes. Después fueron a buscar a Ellacuría y lo llevaron al jardín de la residencia junto a sus cinco compañeros jesuitas. Allí los masacraron. También asesinaron a una empleada y a su hija de 15 años. De esta forma quitaron la vida a los que luchaban para erradicar la miseria en El Salvador y buscaban una salida pacífica y negociada al conflicto armado interno que vivía el país. Los asesinos se sabían impunes y así sería durante mucho tiempo, pero los hechos no podrían ser silenciados para siempre.

El sumario 97/2010 del Juzgado Central de Instrucción n.º 6 de la Audiencia Nacional nació gracias a la interposición de una querella firmada por el letrado Manuel Ollé, en representación de la Asociación Pro-Derechos Humanos de España (APDHE) y por la abogada Almudena Bernabeu, en representación del Center for Justice and Accountability (CJA). Denunciaban los asesinatos de los sacerdotes jesuitas de origen español y nacionalizados salvadoreños Ignacio Ellacuría Beascoechea, Ignacio Martín Baró, Segundo Montes Mozo, Amando López Quintana, Juan Ramón Moreno Pardo, el sacerdote salvadoreño Joaquín López y López, la empleada doméstica Julia Elba Ramos y su hija Celina Mariceth Ramos.

LA TANDONA

En 1966 se constituyó la Tandona, una asociación político-militar de ultraderecha, opaca y cerrada, integrada por unos veinte oficiales formados en la Escuela Militar de El Salvador que ocupaban puestos claves en el ejército y el Gobierno salvadoreños y que tenían ambiciones comunes. La Tandona era temida por anteponer sus intereses y los de sus miembros a los del Gobierno o el ejército. El liderazgo del grupo estaba en manos de ocho militares, conocidos como los «compadres», que controlaban el Estado Mayor y todos los puestos del Alto Mando, y desde junio de 1988 también el Ministerio de Defensa.

Un sondeo realizado en enero de 1989 bajo la dirección del jesuita Ignacio Martín Baró concluyó que el 68 por ciento de los salvadoreños querían negociar la paz con el Frente Farabundo Martí para la Liberación Nacional (FMLN), «tan pronto como fuera posible» y solo un 11 por ciento prefería intensificar la guerra para derrotar a los rebeldes.

Sin embargo, la Tandona se resistía a todos los intentos de diálogo. Un año antes, en 1988, el general Humberto Larios, entonces ministro de Defensa y el coronel René Emilio Ponce, que ocupaba el cargo de jefe del Estado Mayor, habían amenazado públicamente con dar un golpe de Estado, oponiéndose a las negociaciones de paz. Pero, debido a la presión de Estados Unidos, la Tandona tuvo que renunciar a sus intenciones golpistas y aceptar la convocatoria de elecciones para elegir a un presidente civil. No obstante, no transigirían en nada más e insistirían en su estrategia para derrotar militarmente al FMLN. Conocida como «guerra total», ésta se había llevado a cabo entre 1979 y 1982 y consistía en la eliminación de enemigos, reales o potenciales, y en la destrucción de cualquier resistencia u oposición, entre las que se incluía la labor de los jesuitas que, desde la UCA, promovían la finalización pacífica y negociada del conflicto.

Éste era el trasfondo de las elecciones presidenciales de 1989, que llevaron tanto a la izquierda (excluida de las elecciones) como a la derecha (que intentaba ganarlas por primera vez) a maniobrar para imponer una u otra estrategia para conseguir extender «el manto de la paz». En enero de ese año, unos meses antes de los comicios, el FMLN anunció una iniciativa de paz, que fue rechazada en espera de la votación presidencial.

Los resultados de las elecciones celebradas en marzo de 1989 revelaron la polarización que se vivía en El Salvador. Por un lado, Alfredo Cristiani, candidato del partido conservador, la Alianza Republicana Nacionalista (ARENA), había logrado el 53 por ciento de los votos. ARENA estaba aliada con la Tandona, tanto económica como ideológicamente, por lo que esta victoria parecía dar un renovado impulso a la «línea dura». Sin embargo, en dichos comicios se produjo la abstención del 50 por ciento del electorado con derecho a voto (a pesar de que votar era una obligación legal) lo que suponía un apoyo claro al llamamiento del FMLN a favor de la abstención o del voto nulo, como protesta por la exclusión de la izquierda de las elecciones.

El nuevo Gobierno de Alfredo Cristiani tenía ahora que decidir entre avanzar hacia un acuerdo de paz negociado entre la administración y el FMLN o regresar a la estrategia militar de «guerra total», como pretendía la Tandona, que tantas matanzas de civiles había provocado en los primeros años del conflicto y en las que tuvo un papel destacado el Batallón Atlacatl, que poco después asesinaría a los jesuitas, y que había actuado como telón de fondo ideológico para varios asesinatos selectivos, como el del arzobispo Óscar Romero.

Como era de esperar, los principales líderes de la Tandona —especialmente el viceministro de Defensa, Juan Orlando Zepeda, el jefe del Estado Mayor, Emilio Ponce, y su aliado, el general de las fuerzas aéreas Juan Bustillo (el más veterano de la «tanda» y también el de mayor rango)— apoyaron la vuelta a la guerra total, oponiéndose a las negociaciones de paz. No iban a permitir que éstas fructificasen provocando su marginación de los ámbitos de poder. Aliados con la línea dura de las filas de ARENA, presionaron al presidente Cristiani para que se decantara hacia el conflicto. Sin embargo, por primera vez surgían en el seno de ARENA algunos elementos que parecían abiertos a lo que el rector de la UCA definió como una «nueva fase».

El rector de la UCA, el padre Ignacio Ellacuría, conocido por ser el analista político más importante de El Salvador, no creía que fuese posible una victoria militar ni de las fuerzas armadas ni del FMLN. Durante años había argumentado que la única salida posible a la guerra civil vendría a través del diálogo. Desde su punto de vista, tanto ARENA como el FMLN habían avanzado lentamente hacia el centro, por lo que Ellacuría había decidido apoyar la creación de una «tercera fuerza», formada por civiles, que ayudara a lograr un acuerdo negociado. En su papel de mediador entre el Gobierno y el FMLN, Ellacuría tuvo éxito alentando al comandante militar del FMLN, partidario de la línea dura, a declarar públicamente y por primera vez su disposición a plantear una negociación. Ellacuría también se había reunido e influido en Cristiani para que el diálogo se hiciera realidad, de modo que cuando ARENA accedió al poder en marzo de 1989, Ellacuría se mostró optimista. Creía que la idea de una «tercera fuerza» civil podría poner freno a los partidarios de la línea dura en ambas partes.

Lo que Ellacuría había visto como una oportunidad precipitó la crisis interna de ARENA. Por primera vez el partido estaba dividido. Había empresarios influyentes que querían que el presidente Cristiani avanzara hacia el diálogo y la negociación. Para los miembros menos extremistas del partido, los líderes de las fuerzas armadas se habían convertido en un problema. Sin embargo, otro sector se mostraba a favor de volver a la guerra agresiva, posición que era defendida por Roberto D'Aubuisson, el «presidente honorífico vitalicio» y fundador del partido ARENA.

A diferencia de otros países, en El Salvador el ejército era en sí mismo un actor económico de enorme importancia. Los fondos de la seguridad social del ejército constituían la mayor fuente de capital líquido del país, lo que le permitía tener su propio banco comercial, poseer sectores de producción enteros y un significativo porcentaje de los bienes inmuebles del país, compitiendo con las élites empresariales.

Un factor aún más inoportuno para ARENA fue la creación de una banda criminal dedicada al secuestro con fines lucrativos, cuyo objetivo eran los hijos de personas adineradas. Esta banda estaba dirigida por un oficial de la Tandona que operaba con total impunidad al contar con la protección del jefe del Estado Mayor, Emilio Ponce. La facción de D'Aubuisson conservaba su propio aparato paramilitar, controlaba numerosos archivos de inteligencia y contaba con la total lealtad de los miembros más violentos y nacionalistas del partido, así como de parte de los cuerpos de oficiales veteranos, lo que le permitió seguir siendo «el político más importante de ARENA» y «el poder tras el trono» después de las elecciones de marzo de 1989. Que D'Aubuisson ejercía el poder por encima del presidente Cristiani era algo evidente. Sin consultar con él, D'Aubuisson eligió para el cargo de vicepresidente a uno de sus más cercanos colaboradores y financiador de los escuadrones de la muerte, Francisco «Chico» Merino, para poder influir directamente en el Gobierno de Cristiani. El vicepresidente Merino mantenía estrechos lazos con los miembros más extremistas de la Tandona, especialmente con el viceministro de Defensa Juan Orlando Zepeda. Tanto Merino como Zepeda pertenecían a «Los Maneques», un pequeño círculo civil y militar que aglutinaba a los extremistas más virulentos de El Salvador con conexiones en el ejército y ARENA. La relación que se forjó entre los altos cargos civiles y los miembros de la Tandona y, sobre todo, el nexo entre Merino y Zepeda fue vital para hacer posible el asesinato de los jesuitas, pues facilitaba la cooperación entre los organismos militares y civiles a fin de perpetrar asesinatos. El propio Ellacuría reconoció que esta dinámica no presagiaba nada bueno para la tan esperada «nueva fase».

Los jesuitas, especialmente Ignacio Ellacuría, habían asumido el liderazgo para hacer posible que la negociación de paz se llevase a cabo. Este fue el motivo fundamental de su asesinato. Ellacuría era el único respetado por todas las partes y con todas ellas se reunió. De hecho, constituía la más firme esperanza para terminar la guerra civil. Los jesuitas, y también los religiosos de otras órdenes, habían sido durante mucho tiempo el objetivo de los militantes de extrema derecha. Esto quedó patente en los aproximadamente 250 incidentes de amenazas, atentados, expulsiones y asesinatos que se llevaron a cabo en El Salvador, culpando a la Iglesia de «incitar» a los campesinos y de formar parte de una conspiración comunista internacional «al servicio del Kremlin». Como teólogos de la liberación, a los jesuitas se les reprochaba sobre todo que enseñaran la «opción preferencial por los pobres» en los colegios más elitistas del país, «envenenando con ello la mente de los jóvenes». También se habían ganado la enemistad de los terratenientes por su histórico apoyo a la reforma agraria. Era evidente que los militares más extremistas no iban a consentir que se siguiera avanzando en el camino de la pacificación. Las amenazas, especialmente dirigidas contra Ellacuría, se venían sucediendo desde hacía casi una década. Sólo era cuestión de tiempo que esas amenazas se concretaran en una acción violenta contra él.

Juan Orlando Zepeda, viceministro de Defensa y líder de la Tandona, lo había advertido públicamente: «El enemigo está entre nosotros. Debe ser identificado y denunciado. Por tanto, pedimos a la gente que confíe en nosotros, porque vamos a tomar la decisión final para resolver esta situación». Esta expresión, «decisión final», me evoca aquella otra, fatídicamente acuñada por los nazis, «solución final», con la que se pretendió resolver de una vez y para siempre, a cualquier costo, lo que consideraban la causa de todos sus males.

En este escenario, no era de extrañar que las negociaciones de paz entre el estado y el FMLN, que avanzaban con buenas perspectivas, produjeran una reacción violenta de la Tandona. A mediados de septiembre de 1989, Ellacuría había realizado declaraciones cada vez más favorables sobre el Gobierno de Cristiani, al tiempo que hacía un llamamiento público al FMLN para que renunciase a algunas de sus demandas y se alejara de la vía armada. La exigencia planteada por el FMLN el 25 de octubre de 1989 presionó aún más a la Tandona: «Sin la purga de las fuerzas armadas de sus miembros asesinos y corruptos, no hay ninguna posibilidad para la democracia y sin democracia no puede haber paz». Se acusó a los jesuitas de estar detrás de unas negociaciones cuyo objetivo era expulsar a la Tandona de los centros de poder. Al hilo de esta escalada de tensión, el 31 de octubre se produjo un atentado contra la Federación Nacional Sindical de Trabajadores Salvadoreños (FENASTRAS) en el que murieron nueve líderes sindicales y más de 40 resultaron heridos. Este sangriento episodio se consideró el primer golpe de una nueva oleada de «guerra contra las masas» e hizo que el FMLN abandonara las negociaciones y desplegara en San Salvador su mayor ofensiva contra el ejército.

Era evidente que había varios interesados en el fracaso del proceso de paz. A pesar de todo, se reanudaron los esfuerzos por lograr un acuerdo. El 15 de noviembre de 1989, unos jóvenes oficiales del ejército comunicaron a Ellacuría que aprobaban las negociaciones y, posteriormente, informaron al FMLN que «los preparativos iban por buen camino». Ese mismo día, miembros del ejército dieron la orden de asesinar a Ellacuría y a los demás jesuitas, sin dejar testigos.

El operativo[1]

Una vez más las armas se oponían a las ideas, como había sucedido en Argentina, en Chile o en Guatemala. Ahora era el turno de El Salvador. Llegaba la hora de asesinar a los sacerdotes jesuitas por el imperdonable pecado de promover un acuerdo de paz, una solución concertada que evitase más derramamiento de sangre, que pusiera fin a ese largo conflicto que había asolado a un país que ellos habían adoptado como propio. El costo de la paz lo pagarían con su propia vida.

Según describe el auto de procesamiento emitido por el juez Eloy Velasco, a cargo de la causa en España, los asesinatos fueron fruto de una operación decidida y planificada con bastante antelación. Sólo el Alto Mando podía decidir las ejecuciones, al ser el único que tenía capacidad para coordinar y movilizar a todos los efectivos y rodear la UCA, a la vez que también de acosarlos, presionarlos y descalificarlos permanentemente en los medios de prensa en los días previos a la masacre.

Los preparativos comenzaron por lo menos unos diez días antes de los asesinatos. El 6 de noviembre de 1989, «al encontrarse Avilés brevemente con Benavides y varios oficiales más en la Escuela Militar, éste le dijo que estaba allí "para ultimar una cosa", ya que quería hacer algo con el tema de los sacerdotes y lo que venía de la UCA», porque Ellacuría se había convertido en un problema y había que «gestionarlo a la antigua usanza», aprovechando la última ofensiva de la guerrilla como una «cobertura apropiada». La ejecución del plan se inició el 11 de noviembre, aunque la acción se puso plenamente en marcha el 13, día a partir del cual: «los ataques contra las iglesias y personas religiosas aumentaron exponencialmente [...] incluyendo el bombardeo y tiroteo de la parroquia de San Antonio de Padua, los disparos y amenazas contra los trabajadores de la iglesia María Madre de los Pobres, las amenazas de muerte anónimas contra dos de los pastores estadounidenses que vivían en Soyapango y el registro de la parroquia de San Antonio de Padua donde los soldados robaron dinero en efectivo, comida, todas las medicinas y equipo clínico, muebles y un televisor». Durante el día siguiente se mantuvo un férreo control de los accesos a la UCA, de modo que «nadie pudo entrar ni salir sin permiso». Ese mismo día, en algún momento entre las 18.30 y las 19.45, la unidad de comando Atlacatl salió de la Escuela Militar por su puerta sur y marchó hacia la universidad para registrar la residencia de los jesuitas y el Centro de Reflexión Teológica, que se ubicaban en el mismo edificio. Dos patrullas de aproximadamente veinte hombres cada una entraron en el campus. Una vez dentro, varios soldados se encaramaron para entrar por una ventana y, una vez dentro, derribaron a patadas las puertas cerradas de las oficinas que querían registrar. El padre Juan Ramón Moreno abrió las puertas para que no las destruyesen. El rector Ellacuría se presentó y cuestionó que el ejército penetrara en el edificio sin una orden de registro. Sugirió que volviesen al día siguiente, con la luz del día, porque así sería más fácil encontrar lo que estaban buscando. La sugerencia fue rechazada. El teniente Espinoza le dijo al rector que estaba resuelto a llevar a cabo su misión de registrar la residencia de los sacerdotes. Ellacuría insistió en su negativa, argumentando que era una propiedad privada. Espinoza procedió de todas formas al registro de la residencia.

Probablemente esperaban encontrar algo que vinculara a Ellacuría y los demás jesuitas con la guerrilla, ya fueran armas, panfletos, manuales o literatura subversiva con la cual poder incriminarlos. Sin embargo, el resultado del registro fue negativo. Se informó al Estado Mayor del resultado del operativo. En aquel momento, «en el Estado Mayor estaban presentes el coronel Cerna Flores, el coronel Ponce, el general Zepeda y otros oficiales» que, desde ese momento, tuvieron conocimiento de la falta de activos del FMLN en la UCA y del regreso del padre Ellacuría desde España, ya que había viajado a Barcelona a recoger el Premio Internacional Alfonso Comín, concedido a la UCA y a su rector.[2] Pero, a pesar de que el registro había sido infructuoso, la decisión de asesinar a los jesuitas ya había sido tomada, por lo que siguieron adelante, aunque antes de hacerlo debían encontrar la manera de no verse implicados.

El 15 de noviembre fue un día de constantes reuniones en el Estado Mayor, la Escuela Militar y el Congreso salvadoreño. Una de las reuniones clave, que desencadenaría los sucesos, tuvo lugar en la Escuela Militar cerca de las diez de la mañana, en la que participaron «el jefe del Estado Mayor, Ponce, el general de las fuerzas aéreas, Bustillo, el viceministro de Defensa, Zepeda, y el coronel Benavides». Unas horas más tarde, tuvo lugar otra reunión en la que intervinieron, además de los anteriores, «civiles miembros del poderoso grupo ultraderechista "Los Maneques", que agrupaba a varios miembros de la clase desde 1966, como los coroneles Zepeda, Inocente Montano y Roberto Mauricio Staben y cuyas actividades contaban con el apoyo de algunas de las familias más ricas y ultraderechistas de El Salvador. Este encuentro se celebró con la finalidad de «presionar al presidente Cristiani en pos de una "guerra total" para retomar la iniciativa militar sobre el FMLN». A última hora de la tarde de ese mismo día, el líder de la mayoría de la Asamblea Nacional y presidente vitalicio de ARENA, Roberto D'Aubuisson, mantuvo reuniones separadas en la Asamblea Nacional y el Comité Ejecutivo Nacional del partido ARENA. De acuerdo con un informe desclasificado de la CIA sobre este último cónclave: «D'Aubuisson les aseguró a los máximos dirigentes del partido que no se preocuparan que al día siguiente, es decir, el 16 de noviembre, todo quedaría "arreglado"». En dicha reunión, ante los suyos, acusó a los jesuitas de inventar mentiras, de «lavar el cerebro de los estudiantes» y de «ser responsables de que se afiliasen al FMLN». Asimismo, mencionó específicamente, con nombre y apellidos, a los sacerdotes Ignacio Ellacuría, Ignacio Martín Baró y Segundo Montes como los máximos responsables de la guerrilla, acusándolos de venir a El Salvador para tomar el poder, pues eran «los cerebros que estaban detrás de las guerrillas».

En la Escuela Militar, a las 14.00 horas del mismo día 15 de noviembre, tuvo lugar otro encuentro más en el que se ajustaron los preparativos. En él estuvieron presentes los oficiales de mayor rango del país. Además de Bustillo, Larios, Zepeda, Montano y Ponce, asistieron el vicejefe del Estado Mayor, Rubio, y los dirigentes de todas las fuerzas operativas de San Salvador que eran a su vez los líderes de la Tandona: los coroneles y comandantes en jefe, Elena Fuentes (1.ª Brigada de Infantería), Machuca (Policía Nacional), Heriberto Hernández (Policía Fiscal), Carrillo Schlenker (Guardia Nacional y jefe de plaza) y Guzmán Aguilar (DNI).

Debido a que todos ellos ostentaban posiciones de alto mando y eran «los compadres», su aquiescencia era necesaria. Estuvo presente, además, el líder del Batallón Atlacatl, León Linares.

Poco después de esta reunión, cerca de las 15.00 horas, efectivos del Batallón Atlacatl entraron en el Centro Loyola de los jesuitas, donde permanecieron toda la tarde esperando instrucciones. Ignorante de lo que iba a acontecer, los militares fueron bien recibidos por el ama de llaves del Centro Loyola, que les sirvió café y pasteles.

Mientras los efectivos se dirigían a la universidad, un oficial señaló: «Sí, vamos a buscar a Ellacuría y a todos los jesuitas. No queremos extranjeros. Esto debe terminar». Otro dijo: «Vamos a buscar a Ellacuría y, si lo encontramos, ¡le vamos a dar un premio!». Seguramente el oficial ironizaba con el premio que había recibido Ellacuría en Barcelona días atrás, pero refiriéndose a su muerte.

El jefe del Estado Mayor Emilio Ponce había puesto al mando de la unidad Atlacatl al coronel Benavides y éste, llegada la hora, informó al grupo a su cargo: «Luz verde». Daba así la orden directa de matar a los que calificó de «líderes intelectuales» de las guerrillas en la UCA. Dirigiéndose a Espinoza, cerca de las 23.00 horas Benavides señaló: «Usted realizó el registro y sus hombres conocen el lugar. Use el mismo procedimiento que el día del registro. Tiene mi apoyo. Son ellos o nosotros. Han estado desangrando nuestro país y debemos destrozarlos. Ellacuría es uno de ellos y debe morir. No quiero testigos [...]. Es una orden y deben cumplirla».

El presidente Cristiani siguió el curso de los acontecimientos desde el cuartel general del comando conjunto, acompañado por algunos consejeros militares estadounidenses también presentes. El presidente llegó a medianoche y estuvo allí hasta las dos de la madrugada. Se esperó hasta el último momento su beneplácito, aunque la decisión ya era irrenunciable. Prueba de ello es que el general Bustillo, al regresar a la base en el aeropuerto de Ilopango, dijo a los oficiales de alto rango de la fuerza aérea que se había tomado la decisión de matar a los dirigentes del FMLN, señalando expresamente a Ellacuría, agregando que el operativo se realizaría «tanto si el presidente lo aprueba o no».

Pasada la medianoche, Hernández Barahona entregó a Yusshy Mendoza un AK-47 de fabricación rusa, muy utilizado por el FMLN. Mendoza se llevó el arma y se dirigió al comando preguntando: «¿Quién de ustedes conoce y sabe disparar esta arma?». Los hombres gritaron «Pilijay», señalando a Óscar Mariano Amaya Grimaldi, al que se le entregó el fusil diciéndole que él sería el «hombre clave», ya que el AK-47 desviaría la responsabilidad del operativo hacia la guerrilla. Con la misma finalidad, se ordenó dejar en el lugar propaganda del FMLN.

El comando se dividió en dos, y Antonio Ramiro Ávalos Vargas, apodado «Satán» por las tropas, quedó al mando de la segunda patrulla de los comandos Atlacatl. En su confesión, declaró que le habían explicado que iba a una «misión delicada» ordenada por el Alto Mando: «debían encontrar y matar a los curas de la UCA, porque eran líderes de "delincuentes terroristas" y los cerebros detrás de los ataques contra el ejército». Al llegar a la UCA, a los comandos se unieron otros 20 hombres, incluyendo el resto de la unidad y algunos refuerzos adicionales. Reunidos alrededor de su comandante, se les informó de que sus objetivos reales eran los sacerdotes de la UCA y que «Pilijay» sería el encargado de matarlos. Se les ordenó además que, una vez que los sacerdotes estuviesen muertos, debían escenificar una confrontación militar para dar la impresión de que habían sido asesinados por el FMLN. Aproximadamente a la una de la madrugada, al mando de Espinoza, toda la unidad salió hacia la UCA y esperó media hora en el aparcamiento. Un vigilante nocturno de un edificio cercano contó más tarde que oyó dos frases: «No vayas allí» y «Ahora es el momento para ir a matar a los jesuitas».

La operación se desplegó en tres círculos concéntricos: un grupo permaneció en el área adyacente; otro, rodeó el edificio y un grupo selecto fue el encargado de perpetrar los asesinatos. Mientras este último se acercaba a la residencia de los sacerdotes en el interior de la UCA, se encontraron a dos mujeres sentadas en un diván en una de las habitaciones. Eran el ama de llaves Julia Elba y su hija Celina. Aterrorizadas al no poder volver a su hogar, habían buscado la protección de los jesuitas con los que pensaron que estarían más seguras. El subsargento Tomás Zarpate Castillo se quedó custodiando a las dos mujeres. El resto del comando rodeó la residencia. Alertados por el ruido, algunos sacerdotes salieron del edificio, el subsargento Ávalos («Satán») les ordenó que se tirasen al suelo. En su confesión, prestada muchos años más tarde, Ávalos declaró que los sacerdotes no parecían peligrosos, algunos eran bastante mayores, estaban desarmados y otros llevaban pijamas. Frente a esta escena, tuvo que recordarse a sí mismo lo que le habían dicho: que eran «delincuentes terroristas» y que eran sus «cerebros lo que importaba». Esos breves instantes de duda fueron interrumpidos por el grito de Espinoza: «¿A qué estás esperando?». Amaya Grimaldi, «Pilijay», empezó entonces a disparar a los religiosos que yacían en el suelo justo enfrente de él, intentando apuntarles a la cabeza con el AK-47. Así fue como fueron ejecutados los padres

Ellacuría, Martín Baró y Montes. El subsargento Ávalos, que ya había salido de su estupor, empezó también a disparar y mató a otros dos jesuitas, los padres Amando López y Juan Ramón Moreno. Espinoza, el único que llevaba la cara cubierta durante la operación militar, confesó que tuvo que darse la vuelta con los ojos llenos de lágrimas. El padre Segundo Montes, que yacía muerto en el suelo, había sido el director de su escuela cuando era estudiante en el Colegio Externado de San José.

La orden había sido bien clara: no debía haber testigos. Por ello el sargento Tomás Zarpate, que se había quedado custodiando a Julia Elba y a su hija Celina, comenzó a dispararles mientras se abrazaban la una a la otra. Cuando el subsargento Ávalos Vargas descubrió que las dos mujeres seguían vivas en el suelo, abrazadas, ordenó al soldado Jorge Alberto Sierra Ascensio que se asegurase de su muerte y éste descargó su M-16 hasta acabar con ellas. Inmediatamente después, otro de los militares, Guevara Cerritos, siguiendo instrucciones de Hernández Barahona escribió en la pared: «El FMLN ejecutó a los enemigos espías. Victoria o muerte, FMLN». El comando regresó a la Escuela Militar a las tres de la madrugada. Fueron recibidos en la puerta por el coronel Benavides. Momentos después, bebiendo una taza de café, uno de los soldados contó a sus compañeros: «Acabamos de asesinar a los cabecillas del FMLN. Creo que la guerra va a terminar, porque mi coronel dijo que estos asesinatos lo harían».

La idea original de culpar al FMLN y guardar estricto silencio sobre lo ocurrido en realidad se resquebrajó rápidamente, tal vez debido a la importancia del acontecimiento. Antes de las seis de la mañana, el comando responsable del crimen se reunió con el resto del Batallón Atlacatl en la sede de la 1.ª Brigada de Infantería, dirigida por el coronel Elena Fuentes. Allí relataron a sus compañeros lo sucedido y las novedades se difundieron rápidamente por toda la brigada. La mañana de ese mismo día tuvo lugar la reunión diaria de la Dirección Nacional de Inteligencia (DNI) en el Estado Mayor. El capitán Carlos Fernando Herrera Carranza interrumpió la sesión para anunciar que el padre Ellacuría había sido eliminado cuando se resistía al arresto. Los presentes expresaron su júbilo y aplaudieron. Alrededor de las nueve, el coronel Benavides se reunió con los soldados que habían estado de guardia en la Escuela Militar durante los dos últimos días y les ordenó guardar completo silencio sobre los asesinatos de los sacerdotes, su ama de llaves y su hija. Se les informó de que la versión oficial era que el FMLN había ultimado a los sacerdotes. Benavides les advirtió repetidamente que «no debían hablar con nadie acerca de los asesinatos» porque de hacerlo «todos moriríamos». Sin embargo, durante la tarde del 16 de noviembre, el arzobispo Rivera y Damas y el obispo auxiliar Rosa Chávez contaron que habían escuchado un camión militar que anunciaba a través de un megáfono: «Ellacuría y Martín Baró han caído.Vamos a continuar matando comunistas». El mismo megáfono anunció: «Somos de la 1.ª Brigada». Esto sucedió antes de que se hicieran públicos los asesinatos. A pesar de ello, el coronel Elena Fuentes continuó insistiendo durante varios días en que el responsable de la muerte de los jesuitas era el FMLN.

La comunidad jesuita se enteró de lo sucedido casi al mismo tiempo que los agentes de la DNI que recibieron la noticia con aplausos. Obdulio Ramos, esposo de Elba y padre de Celina, jardinero de la universidad, cuando llegó el comando se había escondido en la estación de guardia de la entrada principal de la residencia de los jesuitas. Estuvo allí oculto durante tres horas, hasta las seis de la mañana, cuando terminaba el toque de queda. Se dirigió al patio interior a buscar a su mujer y su hija. Durante la noche lo había escuchado todo. Cuando vio los cuerpos de los sacerdotes, no pudo continuar con la búsqueda de Elba y Celina. Corrió a la residencia jesuita más cercana y llevó las noticias a los que se habían reunido allí: «Los sacerdotes han sido asesinados. ¡Oh, Dios! ¡Oh, Dios!». Se desmayó. Antes de las 7.45, el arzobispo Rivera y Damas y otros jesuitas se reunieron alrededor de los cuerpos de los sacerdotes asesinados que yacían sobre el césped. Estaban tumbados boca abajo y sus manos tenían el puño cerrado, como para mostrar que eran comunistas. Cuando los sacerdotes revisaron las habitaciones para comprender qué había sucedido, encontraron a Elba y Celina que «todavía permanecían abrazadas». Allí, acurrucado junto a ellas, se encontraba Obdulio acostado en posición fetal. Las había encontrado.

Estos son los hechos recogidos en el auto de procesamiento emitido por el juez Eloy Velasco el 30 de mayo de 2011, en el sumario 97/10, del Juzgado Central de Instrucción n.º 6 de la Audiencia Nacional, en España. Pero, para llegar hasta aquí, hubo antes un largo recorrido judicial que se inició en El Salvador y que hoy sigue avanzando gracias, como siempre, al impulso de los familiares de las víctimas que, en este caso, cuentan con el apoyo del Ministerio Fiscal, representado por Teresa Sandoval.

EL PROCESO EN EL SALVADOR

En contra de lo planeado, la labor de encubrimiento no fue fácil. Además de los comentarios entre los militares, tampoco habían previsto el revuelo y la conmoción que provocaría esta acción en el ámbito internacional, la retirada del apoyo de Estados Unidos y también de una parte de las propias filas del ejército.

La primera reacción fue seguir con el plan inicial. El Gobierno y la cúpula militar acusaron al FMLN, pero a esas alturas la verdad de la autoría era ya un secreto a voces difícil de ocultar. Aun así, eliminaron pruebas y promovieron una campaña de desinformación, aunque estos esfuerzos no dieron resultado. La importancia de los jesuitas traspasaba fronteras y la comunidad internacional no iba a cejar en su exigencia de una investigación exhaustiva e imparcial. Un mes más tarde, debido a las presiones de Estados Unidos, que supeditaba la mitad de su ayuda económica al desenlace del caso, se creó un grupo de tareas para esclarecer la verdad sobre la masacre. No sería fácil. El ejército, el único involucrado en los hechos, se ufanaba de ser la institución más poderosa de El Salvador. Y era tan vigorosa como corrupta. Hermanada con la élite económica del país, de un modo u otro había controlado el destino de la nación durante décadas. En aquel ambiente de impunidad absoluta, la Tandona se jactaba de encabezar una de las dictaduras militares más longevas y constantes de Hispanoamérica.

El impulso a las investigaciones llegó en enero de 1990 de la mano de un oficial del ejército de Estados Unidos, que comunicó a sus superiores que el coronel Carlos Camilo Hernández Barahona, director de la Escuela Militar y miembro de la Tandona, había sido el que había dado la orden de ejecutar a los religiosos. Las presiones ejercidas sobre la Tandona les obligaron a reaccionar. Para salvar a uno de sus miembros decidieron crear una comisión de investigación a la que llamaron «Comisión del Honor» que relevó a la Unidad de Investigaciones Especiales originalmente constituida. Esta comisión estableció su sede en la Dirección General de la Policía Nacional, donde, con la obsesión de encubrirlo todo, algunos de los jóvenes oficiales implicados en la masacre fueron amenazados y obligados a autoinculparse. Se garantizó que se excluyera de la investigación y de las confesiones cualquier referencia a órdenes superiores. El informe de la Comisión del Honor también guardó silencio sobre el coronel Carlos Camilo Hernández Barahona. Uno de los militares implicados se negó a convertirse en «chivo expiatorio» de los oficiales más veteranos, pero las amenazas de muerte a su familia y un posterior intento de asesinato aseguraron su colaboración. Esta estrategia enrareció el ambiente entre los oficiales más jóvenes y los veteranos. Era cada vez más evidente que los militares de rango inferior eran prescindibles y, por tanto, bien valdrían como «cabeza de turco». En 1991 se celebró un juicio contra nueve militares. El proceso judicial fue inmediatamente desestimado por la comunidad internacional, llegando a ser catalogado de «parodia de Justicia» por Estados Unidos. España presentó cargos por la presunta manipulación de los miembros del jurado. Esta desconfianza no era infundada. El juicio terminó con sólo dos condenas y la absolución los otros siete acusados, entre los que había asesinos confesos. Fue una auténtica farsa judicial, un fraude. Los condenados fueron el coronel Hernández Barahona y el subteniente Gonzalo Guevara Cerritos. Si bien se intentó, no hubo forma de evitar la condena del coronel Hernández Barahona, cuya sentencia le responsabilizaba de los ochos asesinatos. El subteniente Guevara Cerritos tuvo que cargar con la culpa de asesinar a Celina, aunque habían sido otros quienes habían disparado.

Cuando se hizo público el informe de la Comisión de la Verdad en el que se acusaba a los miembros del Alto Mando como autores de los asesinatos, la Asamblea Legislativa de El Salvador no tardó en reaccionar, aprobando una ley de amnistía general que supuso, además, la puesta en libertad de los dos únicos condenados. El coronel y el subteniente, sentenciados a más de treinta años de prisión, fueron amnistiados después de apenas quince meses de cárcel. Nueve años más tarde, en el 2000, el Tribunal Supremo de El Salvador rehusó reabrir la instrucción del caso, rechazando la petición de los familiares de las víctimas.

La CIDH

Tras la escenificación de aquella farsa judicial, la ONG Americas Watch presentó ante la Comisión Interamericana de Derechos Humanos (CIDH) una denuncia contra la República de El Salvador por la ejecución extrajudicial por agentes del estado de los seis sacerdotes, el ama de llaves y su hija.

La CIDH concluyó que la investigación realizada en El Salvador «no fue emprendida con seriedad ni buena fe y estuvo orientada a encubrir a algunos de los autores materiales y a todos los autores intelectuales del delito». La creación de la Comisión del Honor que realizó la investigación, compuesta principalmente por militares, la inconsistencia de la sentencia a tenor de las pruebas testificales, tras la confesión detallada de ocho de los encausados y la posterior absolución de siete, así como la falta de acusaciones contra los autores intelectuales, llevaron a la CIDH a esa conclusión y a considerar vulnerados el derecho a la vida, a las garantías judiciales y a la tutela judicial efectiva. Por ello, recomendó a El Salvador que realizara una investigación completa, imparcial y efectiva, de acuerdo con los estándares internacionales, a fin de identificar y juzgar a los autores materiales e intelectuales. Reclamó también la reparación integral y una indemnización para las víctimas y la adecuación de la legislación interna a los preceptos de la Convención Americana, a fin de dejar sin efecto la ley de amnistía.[3]

El proceso en España

Como ya se ha dicho, el 13 de noviembre de 2008 la Asociación Pro-Derechos Humanos de España (APDHE) y la organización estadounidense Center for Justice and Accountability (CJA) presentaron en el estado español una querella contra el expresidente Alfredo Cristiani, el general René Emilio Ponce, el teniente José Ricardo Espinoza Guerra, el coronel Carlos Camilo Hernández Barahona, el subteniente Gonzalo Guevara Cerritos y otros diez militares. Mediante auto judicial del 12 de enero de 2009, el Juzgado Central de Instrucción n.º 6, dirigido por el juez Eloy Velasco, admitió a trámite la querella por presuntos delitos de asesinatos terroristas y contra el derecho de gentes, contra todos los acusados salvo Alfredo Cristiani, al entender que no había base indiciaria suficiente.

Aunque el juez admitió la querella de la APDHE, se presentaba una cuestión procesal que resolver: la inadmisibilidad de una acción popular promovida por una organización extranjera, en este caso, la estadounidense CJA. Por ello, decidió plantear al Tribunal Constitucional si la referencia a la nacionalidad española de las normas que se acogían a la acción popular podría ser inconstitucional. Para el juez, ya que en los casos de jurisdicción universal el interés individual de las víctimas convive con el de la comunidad internacional en su conjunto, no cabía dicha restricción por nacionalidad. Las dudas del juez no fueron nunca resueltas con profundidad, ya que la respuesta del Tribunal Constitucional se ciñó a un auto de inadmisión a trámite de la querella del CJA. Sólo quedaba la APDHE como parte acusadora.

Comenzado el procedimiento, se personaron como acusación particular los familiares españoles del asesinado Ignacio Ellacuría y los de Martín Baró, bajo la dirección letrada de José Antonio Martín Pallín. Como acusación popular se adhirieron a la causa la Asociación de Antiguos Alumnos del Colegio San José, y la Asociación de Antiguos Alumnos de la Compañía de Jesús de Valencia, representados por los abogados Manuel Ollé y Almudena Bernabeu.

El juez de instrucción dictó el 30 de mayo de 2011 un auto de procesamiento por estos hechos contra: Humberto Larios (ministro de Defensa Nacional en el momento del asesinato), René Emilio Ponce (coronel y jefe del Estado Mayor Conjunto de la fuerza armada de El Salvador), Juan Rafael Bustillo (general y comandante de la fuerza aérea salvadoreña), Juan Orlando Zepeda (coronel y viceministro de Defensa Nacional), Inocente Orlando Montalvo (coronel y viceministro de Seguridad Pública), Gonzalo Guevara Cerritos (subteniente del Batallón Atlacatl), Guillermo Alfredo Benavides (coronel del ejército y director de la Escuela Militar Capitán General Gerardo Barrios), Óscar Alberto León Linares (coronel de la fuerza armada salvadoreña y comandante del Atlacatl), Carlos Camilo Hernández Barahona (comandante y director adjunto de la Escuela Militar) y once mandos militares más.

Esta decisión daba credibilidad a un proceso que en El Salvador había carecido de ella. Pero con ella también comenzaron las dificultades, agravadas con la entrada en vigor de la ley de 2014 que modificó la Ley Orgánica del Poder Judicial (LOPJ) y restringió severamente el principio de jurisdicción universal.

Las consecuencias de la Ley Orgánica 1/2014

La ley que reformó el artículo 23 de la LOPJ, aprobada gracias a la mayoría absoluta del Partido Popular, en su afán de limitar el ejercicio de la jurisdicción universal, como se ha visto en los capítulos anteriores, afirma en su exposición de motivos que: «[...] la extensión de la jurisdicción española más allá de los límites territoriales españoles debe venir legitimada y justificada por la existencia de un tratado internacional que lo prevea o autorice [...]». La misma ley reconoce explícitamente que su finalidad es precisar: «[...] los límites positivos y negativos de la posible extensión de la jurisdicción española».

Con este planteamiento, era de esperar que la Sala Segunda del Tribunal Supremo se acomodara a la nueva norma, sin dar opción a interpretaciones *pro actione*, como expresaban las sentencias del Tribunal Constitucional en los casos Guatemala de 2005 y de Falun Gong de 2007.

El Tribunal Supremo, en el auto del 20 de abril de 2015, que resolvió la competencia en el caso de la masacre de los jesuitas españoles en El Salvador, afirmó, interpretando el nuevo texto del párrafo 5 del artículo 23 de la LOPJ, que los delitos de genocidio, lesa humanidad, guerra y terrorismo no serían perseguibles en España en los siguientes supuestos:

a) Cuando se haya iniciado un procedimiento para su investigación y enjuiciamiento en un tribunal internacional constituido conforme a los tratados y convenios en que España fuera parte; b) cuando se haya iniciado un procedimiento para su investigación y enjuiciamiento en el estado del lugar en que se hubieran cometido los hechos o en el estado de nacionalidad de la persona a que se impute su comisión, siempre que: 1.º la persona a la que se impute la comisión del hecho no se encontrara en territorio español; o, 2.º se hubiera iniciado un procedimiento para su extradición al país del lugar en que se hubieran cometido los hechos o de cuya nacionalidad fueran las víctimas, o para ponerlo a disposición de un tribunal internacional para que fuera juzgado por los mismos, salvo que la extradición no fuera autorizada.

Y se añade a continuación:

Lo dispuesto en este apartado b) no será de aplicación cuando el estado que ejerza su jurisdicción no esté dispuesto a llevar a cabo la investigación o no pueda realmente hacerlo, y así se valore por la Sala 2.ª del Tribunal Supremo, a la que elevará exposición razonada el juez o tribunal. A fin de determinar si hay o no disposición a actuar en un asunto determinado, se examinará, teniendo en cuenta los principios de un proceso con las debidas garantías reconocidos por el derecho internacional, si se da una o varias de las siguientes circunstancias, según el caso: a) Que el juicio ya haya estado o esté en marcha o que la decisión nacional haya sido adoptada con el propósito de sustraer a la persona de que se trate de su responsabilidad penal; b) que haya habido una demora injustificada en el juicio que, dadas las circunstancias, sea incompatible con la intención de hacer comparecer a la persona de que se trate ante la Justicia; c) que el proceso no haya sido o no esté siendo sustanciado de manera independiente o imparcial y haya sido o esté siendo sustanciado de forma en que, dadas las circunstancias, sea incompatible con la intención de hacer comparecer a la persona de que se trate ante la Justicia. A fin de determinar la incapacidad para investigar o enjuiciar en un asunto determinado, se examinará si el estado, debido al colapso total o sustancial de su administración nacional de Justicia o al hecho de que carece de ella, no puede hacer comparecer al acusado, no dispone de las pruebas y los testimonios necesarios o no está por otras razones en condiciones de llevar a cabo el juicio.

La Sala Segunda asumía su papel tuitivo, similar al que ejerce la Corte Penal Internacional (CPI), de acuerdo con lo dispuesto en el artículo 17 del Estatuto de Roma, respecto al principio de complementariedad por el que se rige la CPI en sus actuaciones para determinar los criterios de admisibilidad o inadmisibilidad respecto de los estados parte que no ejerzan jurisdicción dentro de los parámetros de ese precepto. Asimismo, en el artículo 20, el estatuto regula la institución de la cosa juzgada, con las excepciones que señala y que van en la línea del artículo. Es decir, que cuando se trata de jurisdicción universal se emite con carácter previo un juicio de ponderación para, bajo el amparo del principio de subsidiariedad más estricto y cuando proceda tramitar un caso de esa naturaleza, determinar cuándo se da la imposibilidad objetiva o la falta de intención del estado correspondiente para llevar a cabo la investigación de acuerdo con los parámetros fijados por el legislador. La diferencia entre uno (CPI) y otro caso (LOPJ) es que la primera tiene jurisdicción internacional en el marco estricto del Estatuto y el legislador español y la Sala Segunda, al regular e interpretar el principio de jurisdicción universal se refieren a un ámbito local, pero mucho más amplio (universal) que el del estatuto, por lo que aplicar los mismos criterios que éste, no es necesariamente la mejor opción, pues traslada al ámbito de la jurisdicción universal las mismas debilidades que pudiera tener aquel que tiene una posición jerárquicamente superior a la jurisdicción de los estados que hayan ratificado aquella norma. En cambio, el principio de jurisdicción universal se aplica bajo la máxima del principio de igualdad entre estados que sólo se ve afectada por aquellos crímenes específicos. Por tanto, según la propia naturaleza de la jurisdicción universal, el control previo impuesto por la ley española se contradice en sí mismo. La labor de «homogeneización» de los criterios para ejercer la jurisdicción universal asumida por la Sala Segunda del Tribunal Supremo, tras la entrada en vigor de la nueva ley, es una norma constitucionalmente cuestionable, por cuanto ataca la libertad de interpretación y la independencia judicial, al verse sometido de forma preventiva el juez competente al control de jurisdicción por parte del Tribunal Supremo que, en todo caso, debería actuar tras la presentación del recurso de casación correspondiente. Los límites actuales de la jurisdicción española para la aplicación del principio de jurisdicción universal son tan grandes que lo han vuelto inaplicable.

En este sentido, el caso de los jesuitas es paradigmático. De no haberse introducido el delito de terrorismo en la querella (y porque había víctimas españolas) el caso se habría cerrado, a pesar de que podría catalogarse como crimen de lesa humanidad y a pesar de que concurrían los demás requisitos que el juez de instrucción y el Tribunal Supremo expresan en su resolución respecto de la actitud de la Justicia salvadoreña que había realizado una «simulación de juicio». Entre otros obstáculos, se cuentan los siguientes: las dilaciones de la comisión investigadora en la obtención de documentos (parte de los cuales pudieron ser por ello destruidos) y otros medios probatorios; el hecho de que la propia comisión investigadora no recibiera la declaración de los implicados, como el coronel Benavides; el hecho de no revelar al juez instructor Zamora el nombre de los cinco militares y dos civiles que formaron parte de una anterior comisión ni explicarle su metodología de trabajo; la imposibilidad de contrastar judicialmente, ni mediante observadores internacionales, la validez de las 30 declaraciones extrajudiciales de miembros del ejército realizadas cerca de la fecha del crimen; la destrucción de pruebas clave, como los libros militares de registro de los días de los hechos; la obstaculización de la acción del juez respecto de los testigos militares, que no acudían a sus citaciones; la presentación deliberada de testigos erróneos y la decisión del ejército de destinar, «casualmente», a los testigos fundamentales al extranjero, así como la renuncia de los fiscales del caso (Campos y Blanco) debido a las presiones del fiscal general para que no impulsaran el procedimiento, el hecho de que se les prohibiera informar a la prensa, se les separara de su equipo trabajo y se opusieran a los interrogatorios de testigos militares importantes (Presa y Rivas); la denegación de todas las diligencias probatorias solicitadas por las víctimas; las diligencias probatorias obtenidas artificiosamente, todo ello en medio de un clima obstruccionista, bajo presión y en un ambiente de grave temor real a las consecuencias lesivas sobre quien investigaba; la emisión de comisiones rogatorias para tomar declaración a los militares norteamericanos, que rechazaron acudir personalmente al interrogatorio y contestaron sin profundizar a las preguntas formuladas; la falta de contradicción de la prueba en el juicio oral o las continuas injerencias y presiones exteriores (sobrevuelo de helicóptero, megafonía exterior, sirenas, música, manifestaciones) desplegadas durante el juicio oral para alterar el ánimo del jurado; la falta de publicidad por parte de la defensa que, al dirigirse al jurado, lo hacía de forma inaudible; la «falta de dudas» del jurado (ni preguntó ni quiso acudir a inspeccionar el lugar del crimen) y las amenazas proferidas contra sus miembros, según declararon posteriormente ellos mismos.[4]

Es decir, la nueva ley estableció una serie de requisitos para disfrazar lo que son en realidad meros criterios político-diplomáticos de atribución de competencia y señaló a la Sala Segunda del Tribunal Supremo como el órgano que deberá ejercer el control de los requisitos indicados y ponderar la falta de interés para llevar el caso adelante en la jurisdicción prevalente (en este caso, El Salvador). El auto del 20 de abril de 2015 de la Sala de lo Penal dice que:

> Habrá de tener en cuenta para ello los parámetros fijados por el legislador. Esta valoración, por otro lado, supone «enjuiciar» la actuación de la administración de Justicia de otro estado, no está exenta de dificultades y puede conllevar el análisis de cuestiones complejas, tanto desde el punto de vista jurídico, como desde el punto de vista político-diplomático e incluso histórico, que exigen a este Tribunal prudencia en su ejercicio [...]. Decíamos al respecto en la STS 1240/2006, del 11 de diciembre, que la intervención de los tribunales españoles, respecto de hechos cometidos fuera de su territorio, puede plantear indudables conflictos desde el punto de vista de las relaciones internacionales del estado español —competencia propia del Gobierno de la nación (v. art. 97 CE)—, materia, ajena a la función jurisdiccional, pero que, sin duda, los tribunales no pueden desconocer de modo absoluto...[5]

Por último, el párrafo sexto del artículo 23 de la LOPJ de 2014 exige, para que el juez español pueda ser competente en estos casos, que la acción penal se inicie a través de la querella por el agraviado o por el Ministerio Fiscal, dejando fuera a la acusación popular. Tampoco se podrán activar de oficio por el juez. En esta línea, en otros casos como la denuncia que yo mismo presenté contra Boko Haram en nombre de la FIBGAR, y que se tramita en el Juzgado Central de Instrucción n.º 4, ésta tuvo que formularse ciñendo los hechos a los delitos de terrorismo y no de lesa humanidad para lograr que el juez asumiera la competencia, porque, de no ser así, se corría el riesgo, como después sucedió con el caso de Siria, que, presentado por crímenes de lesa humanidad, terminara archivado por la Sala de lo Penal de la Audiencia Nacional. El desinterés o el interés en que existan en España estas limitaciones a la jurisdicción universal es sólo comparable al que manifestaron algunos países en los momentos más oscuros de sus dictaduras.

Por todo ello, el caso de los jesuitas de El Salvador sigue vivo en el Juzgado Central de Instrucción n.º 6, aunque sólo por el delito de terrorismo. A pesar de las restricciones, la insistencia de los abogados de la acusación popular ha conseguido que se haga efectiva la detención en

Estados Unidos y extradición y entrega a España, a finales de noviembre de 2017, del exviceministro de Defensa de El Salvador, Inocente Montano, para ser juzgado. Éste, tras declarar, reconoció que asistió a la reunión de la cúpula militar en la que supuestamente se planeó la matanza, pero se defendió indicando que no escuchó nunca esa orden.[6] Al menos, en algún momento se celebrará un juicio oral y público, con todas las garantías, que supla el juicio fraudulento celebrado en El Salvador por la masacre de los jesuitas. La jurisdicción universal, aún maltrecha por una ley como la de 2014, todavía es capaz de proteger a las víctimas y procurarles reparación. Quizá éste sea un buen ejemplo de por qué debe recuperarse la institución de la jurisdicción universal en su más amplia expresión, y no como ha propuesto el Partido Socialista, volver a la reforma de 2009. De nuevo, ahora de la mano de un gobierno, teóricamente progresista, se cede ante los intereses diplomáticos y económicos, que pasan por encima de los derechos de las víctimas.

Hay que recordar que el juzgado español solicitó a El Salvador, hasta en dos ocasiones, la extradición de todos los procesados. Sin embargo, los más altos tribunales salvadoreños, con el voto mayoritario de sus miembros, denegaron esas extradiciones. El Salvador incumplía nuevamente y por partida doble sus obligaciones internacionales: ni entregaba a España a los responsables de estos crímenes para que fueran juzgados, ni, una vez denegada la extradición, procedió, como impone el derecho internacional, a enjuiciarlos en su propio país. Es destacable la importante labor de la Procuraduría de Derechos Humanos de El Salvador, con su procurador al frente, David Morales, quien ha abogado por conseguir que el estado salvadoreño cumpla con sus obligaciones internacionales y entregue a España a todos los reclamados y, de esa forma, se haga Justicia con las abandonadas víctimas salvadoreñas.

Para concluir estas líneas sobre el proceso en España, es digno de recordar cómo los abogados de la acusación intentaron demostrar con contundentes argumentos jurídicos la responsabilidad penal del presidente Cristiani en el asesinato, al menos como encubridor. Después de muchas batallas jurídicas, los tribunales españoles, si bien no descartaron su posible participación, no encontraron suficientes elementos para poder imputarlo formalmente.

Este caso tuvo un recorrido judicial afable, a diferencia de otros investigados y enjuiciados en España bajo el principio de jurisdicción universal. Los representantes de los partidos políticos, de todos los colores, que formaron la comisión de investigación política desplazada desde España a El

Salvador cuando sucedieron los hechos, apoyaron con firmeza el procedimiento y aportaron datos muy relevantes. También fue importante el papel y la declaración judicial prestada en el procedimiento por Fernando Álvarez de Miranda, diplomático y ex presidente de las Cortes españolas, amigo de Ignacio Ellacuría, que falleció mientras se instruía el procedimiento.

Este proceso reveló el papel fundamental de los medios de comunicación en este tipo de procedimientos judiciales. El periodista Antonio Rubio, de *El Mundo*, realizó una exhaustiva investigación para esclarecer los hechos, que fue aportada,[7] con resultados muy positivos, al juzgado instructor.

De la locura a la esperanza

El alarmante panorama salvadoreño durante la década de 1970 fue denunciado por la CIDH en su informe de 1978 y fue avalado por la Asamblea General de la OEA[8] en noviembre de ese mismo año. El documento, resultado de su segunda visita a El Salvador en enero por invitación del Gobierno, incluía acusaciones al estado por el incumplimiento sistemático de los derechos humanos y hacía referencia a ultrajes contra la vida, la integridad personal, la libertad física, la Justicia y el debido proceso, entre otros. Por otro lado, con una perspectiva amplia e integradora, muy avanzada para la época, la CIDH incluyó en el capítulo previo a las conclusiones y recomendaciones del documento, un análisis del estado en el que se encontraban los derechos económicos, sociales y culturales. Esa parte del informe terminaba así: «Los datos anteriores revelan con la mayor claridad, el desequilibrio económico y social que afecta gravemente a la sociedad salvadoreña, y, en particular, a la inmensa mayoría de la población, con las consiguientes repercusiones negativas en el campo de la observancia de los derechos humanos».[9] Entre las conclusiones del documento, destacaba también que: «Numerosas personas, dentro y fuera del Gobierno, citan como una de las principales causas de esta tensión y polarización, las condiciones económicas y sociales que se han ido agravando a través de él (*sic*) por largo tiempo [...]. Entre las más graves está la tremenda concentración de la propiedad de la tierra y en general del poder económico, así como del poder político, en manos de unos pocos con la consiguiente desesperación y miseria de los campesinos, los que forman la gran mayoría de la población salvadoreña».[10]

Como era de esperar, el estado no asumió las conclusiones de la CIDH y obvió sus recomendaciones. No consideró su contenido para frenar la represión oficial y restar así argumentos a las acciones de las fuerzas insurgentes, permitiendo que la violación de derechos civiles y políticos continuara. Tampoco atendió a las causas más profundas del conflicto, que exigían promover el respeto de los derechos económicos y sociales.

Monseñor Óscar Arnulfo Romero y Galdámez, protagonista esencial en la defensa de los derechos humanos en el país y asesinado el 24 de marzo de 1980 (canonizado como santo de la Iglesia católica en 2018 por el papa Francisco), ya había denunciado en agosto de 1979 la concentración de la riqueza como el gran mal de El Salvador y se refirió específicamente a la propiedad privada como un absoluto intocable, como un «alambre de alta tensión» que quema a quien lo toca. En aquella homilía sentenció: «No es justo que unos pocos tengan todo y lo "absoluticen" de tal manera que nadie lo pueda tocar, la mayoría marginada se está muriendo de hambre».[11]

Las amenazas contra su vida por parte de la extrema derecha eran constantes y cada vez más explícitas. «La esvástica, símbolo del amargo enemigo del comunismo, es nuestro emblema. En respuesta a los traidores ataques en nuestra Patria, nos hemos [...] armado, y ahora comenzamos a erradicar las lesiones cancerígenas [...]. Usted, monseñor, está a la cabeza de un grupo de sacerdotes que en cualquier momento recibirá treinta proyectiles en la cara y en el pecho [...] LA FALANGE».[12]

El asesinato de monseñor Romero y los de otras figuras relevantes de la oposición política no combatiente, sumados a las atrocidades cometidas contra la población, desataron una prolongada confrontación armada que agudizó el grado de exclusión y desigualdad que afectaban a la calidad de vida de las mayorías populares.[13]

Con el fin de la guerra, en un marco de diversas limitaciones, se creó la Comisión de la Verdad para El Salvador, que recibió más de veintidós mil testimonios de atropellos a los derechos humanos, de los cuales el 85 por ciento de la responsabilidad se atribuyó a agentes estatales y grupos paramilitares, junto a escuadrones de la muerte vinculados al ejército. En su informe, titulado «De la locura a la esperanza: la guerra de 12 años en El Salvador»,[14] la comisión subrayó que los crímenes cometidos habían formado parte de una política estatal de violencia sistemática. Para ésta, los patrones de represión estatal asimilaban al opositor político con el subversivo y enemigo. Es decir, toda persona u organización que promoviera ideas que, de alguna manera, cuestionaran al Gobierno era considerada «delincuente terrorista» y, por tanto, debía ser eliminada o sometida.

En el marco del conflicto armado e incluso antes, los operativos militares llevaron a cabo numerosas masacres cuyo objetivo era exterminar masivamente a población civil no combatiente que incluía, sobre todo, a mujeres, niños y niñas y personas mayores de sesenta años. Con una estrategia tendente a liquidar la posible base social insurgente que esa población indefensa supuestamente representaba, se pretendía limpiar las zonas rurales que el mando de la milicia determinaba, eliminando a aquellos que pudieran brindar suministros, escondites e información a la insurgencia. Esta estrategia, que sería conocida como la estrategia de «tierra arrasada», se impulsó principalmente entre 1980 y 1982.[15]

LAS VÍCTIMAS BUSCAN JUSTICIA EN EL SALVADOR

En todos los conflictos, las víctimas responden a las armas, al asesinato, a la tortura y a la desaparición exigiendo Justicia. Es una lucha titánica. Es la lucha de los más débiles contra el monstruo de la impunidad y de la indiferencia. Pero, a veces, actitudes heroicas como las expuestas en este libro nos salvan a todos y nos reconcilian con el género humano.

Uno de los ejemplos más paradigmáticos de esta lucha desigual fueron las masacres de El Mozote y la respuesta final de la Justicia.

El Mozote

Con este nombre se conoce al conjunto de masacres cometidas entre el 10 y el 13 de diciembre de 1981 por el Batallón Atlacatl en los cantones de El Mozote, La Joya, Los Toriles, La Ranchería, el caserío Jacote Amarillo y el cantón Cerro Pando, al norte del departamento de Morazán, en las que fueron asesinadas más de 700 personas, campesinas y campesinos, mujeres y hombres, niñas y niños, de forma indiscriminada y también sistemática, después de ser torturados por este batallón, especializado en este tipo de acciones.[16]

Las víctimas sobrevivientes y los familiares de víctimas no denunciaron estos hechos hasta 1990 debido al apogeo del conflicto durante los años siguientes a las masacres y como resultado del temor y la desconfianza hacia las instituciones estatales. La petición inicial la hizo la Oficina de Tutela Legal del Arzobispado de San Salvador (OTLA) ante el Juzgado Segundo de Primera Instancia de San Francisco Gotera. El juzgado escuchó algunas declaraciones y el fiscal solicitó una serie de medidas de inspección y exhumación, como también que se solicitara de oficio al presidente y las fuerzas armadas una lista con los nombres de los responsables de las operaciones militares de los lugares en los que se cometieron los delitos. La petición fue denegada al considerar que el juzgado no disponía de pruebas suficientes de que los efectivos militares hubieran estado involucrados, planteando la posibilidad de que se hubiera tratado de un ataque terrorista. No obstante, el juzgado ordenó que se informara de las operaciones militares realizadas durante esas fechas en los lugares donde ocurrieron los delitos, así como los nombres de los militares al mando. No hubo respuesta a las solicitudes y cuando se reiteró, el ministro de la Presidencia negó que tales operaciones militares hubieran tenido lugar en la zona y tiempo indicados.[17] Se dictaminó entonces la práctica de diligencias previas (la inspección del lugar de los hechos y exhumación de cadáveres). Pero las prácticas obstruccionistas consiguieron suspenderlas repetidas veces, alegando distintos pretextos (falta de tiempo, grave riesgo para las personas que acudieran al lugar por la supuesta existencia de minas, etc.). El 13 de diciembre de 1991, el ministro de Defensa y Seguridad Pública informó que el lugar donde ocurrieron los hechos había estado poblado por terroristas y que numerosos militares habían resultado heridos por las minas durante las incursiones. Por ello concluyeron que no podían realizarse las diligencias hasta que no se limpiara la zona. Pocos meses después, el jefe de Observadores Militares y comandante de la División Militar de la Misión de Observadores de las Naciones Unidas en el Salvador (ONUSAL) certificó que, tras realizar una inspección de El Mozote sobre el terreno, no quedaban minas en la zona. La OTLA reaccionó denunciando las irregularidades de la investigación. Pese a ello, el juzgado sobreseyó la causa en septiembre de 1993 de acuerdo con la Ley de Amnistía General para la Consolidación de la Paz de ese mismo año. Ésta concedía una amnistía general y absoluta a quienes hubieran participado en graves hechos de violencia que hubieran tenido lugar a partir del 1 de enero de 1980.

Ante esta situación de bloqueo judicial, la OTLA de San Salvador interpuso una demanda ante la Comisión Interamericana de Derechos Humanos (CIDH) que, en 2006, admitió la causa a trámite. El informe de fondo, que no se publicó hasta 2010, concluía que el estado de El Salvador era responsable internacionalmente de la violación de los derechos a la vida, integridad y libertad personales en el caso de El Mozote[18] y exigió al Gobierno una exhaustiva investigación de los hechos y al ejército que abriese sus archivos militares para agilizar las investigaciones. Ante la inacción del estado, la CIDH sometió el asunto a la jurisdicción de la Corte Interamericana de Derechos Humanos. Durante el trámite del caso ante la corte, El Salvador cambió su actitud, aceptó el informe de fondo de la CIDH y empezó a impulsar las medidas de reparación necesarias en permanente diálogo con los representantes de las víctimas. En enero de 2012, el presidente de la República de El Salvador pronunció un discurso con ocasión del vigésimo aniversario de la firma de los Acuerdos de Paz, en el que pidió perdón a las víctimas de las masacres, con un alto valor simbólico en aras de impedir que se repitan hechos similares. La sentencia de la Corte Interamericana llegó poco después, en octubre de 2012. Ésta sostuvo que, según el derecho internacional humanitario, se puede justificar en ocasiones la emisión de leyes de amnistía tras el cese de las hostilidades en los conflictos armados de carácter no internacional para posibilitar el retorno de la paz. Sin embargo, esta norma no es absoluta, ya que también existe en el derecho internacional humanitario la obligación de los estados de investigar y juzgar los crímenes de guerra. La corte concluía que el estado tenía la obligación de investigar con la debida diligencia todos los hechos,[19] continuar con el «Registro Único de Víctimas y Familiares de Víctimas de Graves Violaciones a los Derechos Humanos» e impulsar las investigaciones de todos los delitos con el propósito de identificar y juzgar a los responsables. También se ordenaron indemnizaciones para los supervivientes y familiares de las víctimas.

La denuncia de María Ester[20]

El día 8 de noviembre de 2013, María Ester Hernández Hernández, de 49 años, costurera, domiciliada en Victoria, departamento de Cabañas, tomó una importante decisión, tanto como otras que ya había tomado en el pasado para enfrentarse a la impunidad en su país. Ese día se dirigió a la Fiscalía General del Estado en San Salvador para formular un denuncia por crímenes de lesa humanidad en relación con varios asesinatos en su localidad: Herculano Hernández, de 65 años de edad aproximadamente en el momento de su muerte, campesino; Magdalena Hernández, de 27 años de edad aproximadamente en el momento de su muerte, campesina; Alicia Hernández, de 18 años de edad aproximadamente en el momento de su muerte, campesina; Reina del Carmen Hernández, una niña de aproximadamente seis años en el momento de su muerte, y

Ricardo Hernández, que tenía solo dos años aproximadamente en el momento de su muerte. La denuncia iba dirigida en contra de Sigifredo Ochoa Pérez, presunto autor material de los hechos, militar retirado, diputado nacional por el departamento de San Salvador y miembro del Grupo Parlamentario Unidos por El Salvador en el momento de la denuncia. Los hechos se habían cometido en 1982, enmarcados en un contexto histórico muy concreto de guerra y anarquía, idóneo para la comisión de abusos y crímenes de la mayor gravedad desde el poder militar contra ciudadanos indefensos.

La masacre de Santa Marta

El ejército salvadoreño llevó a cabo acciones diseñadas de acuerdo con el concepto contrainsurgente estadounidense de «quitarle el agua al pez» ya mencionado en el caso de Guatemala y que se repitió en El Salvador. Así, el 11 de noviembre de 1981 dio inicio el operativo militar comandado por el coronel Sigifredo Ochoa Pérez sobre los poblados de San Jerónimo, San Felipe, La Pinte, Peñas Blancas, Santa Marta, Celaque y Jocotillo, todos pertenecientes al municipio de Victoria, en el departamento de Cabañas. La operación duró nueve días y se dio por terminada el 19 de noviembre.[21] Según un despacho de agencia citado por el periódico *El Mundo* el 13 de noviembre de 1981, durante la tarde del día 12 tropas del ejército salieron de Sensuntepeque hacia lugares en los que, según información de inteligencia, había importantes campamentos guerrilleros. La nota también hacía referencia a la llegada a la zona de efectivos militares procedentes de San Vicente y de San Miguel.[22]

Los testimonios de los supervivientes relatan que el operativo se inició durante la madrugada del 11 de noviembre. Philippe Bourgois, antropólogo estadounidense, en aquel momento estudiante de doctorado de la Universidad de Stanford, se encontraba realizando trabajo de campo en Honduras, en los campamentos de refugiados salvadoreños y había cruzado la frontera entre Honduras y El Salvador para conocer los lugares de origen de la mayoría de los refugiados. Una vez en territorio salvadoreño, Philippe tuvo la oportunidad de visitar los poblados de la zona norte del municipio de Victoria, en Cabañas. Tenía previsto quedarse únicamente 48 horas, pero el día que iba a volver a Honduras le sorprendió en El Salvador el operativo militar desplegado y se vio obligado a huir con centenares de civiles desarmados, habitantes de la zona. Según su declaración ante el Subcomité de Asuntos Interamericanos en febrero de 1982, durante la madrugada del 11 de noviembre, la zona de los campamentos de refugiados estaba rodeada por tropas del ejército salvadoreño y, a las orillas del río Lempa, el ejército hondureño había bloqueado el paso hacia allí.[23] A primera hora de la mañana comenzaron los bombardeos, los tiroteos de ametralladora desde helicópteros Huey y las explosiones de morteros. Toda la zona fue acribillada por la fuerza aérea salvadoreña, que parecía fijar su objetivo en las viviendas. De acuerdo con el testimonio de Bourgois los bombardeos duraron cuatro días y tres noches, durante los cuales el ejército hondureño además de bloquear el paso hacia los campamentos de refugiados, disparaba hacia el río Lempa para impedir que se pudiera cruzar, obligando a los civiles a permanecer en la zona de fuego.[24] Durante el tiempo que duró el operativo, los habitantes de al menos diez poblados, unos mil campesinos, huyeron despavoridos en todas direcciones, para luego ser cazados y asesinados por el ejército. La situación se repitió en los días siguientes al asalto, durante los cuales mujeres embarazadas, niños, niñas y personas mayores, todos ellos civiles desarmados, se vieron obligados a huir y esconderse donde fuera posible para evitar las balas, las bombas o granadas lanzadas por el ejército salvadoreño.[25] Phillipe Bourgois[26] explicó que durante las dos semanas que estuvo huyendo con la población civil del área de Santa Marta estuvieron rodeados por las tropas. Durante el día les atacaban por aire y por la noche, por tierra. Los helicópteros volaban tan bajo que era posible ver el rostro de los tiradores. A veces los soldados pasaban cerca de sus escondites, por lo que era indispensable mantenerse en silencio. Sin embargo, cuando había recién nacidos o niños pequeños la situación se volvía en extremo delicada, porque al escuchar el llanto de los niños, las tropas disparaban en esa dirección. Esto evidencia que se disparaba consciente y deliberadamente contra niños y recién nacidos, en momentos en los que no había «cruce de fuego» entre ejército y guerrilla. Philippe Bourgois vivió en carne propia un incidente así, pues en una ocasión en la que intentaba ocultarse del avance de las tropas, se escondió tras un arbusto sin saber que allí ya había una madre con su hijo recién nacido; cuando Bourgois apareció de improviso, el bebé se asustó y se puso a llorar. Philippe logró correr para poner distancia entre ellos y, a los pocos segundos, pudo ver cómo las tropas disparaban hacia el lugar donde se escuchaba el llanto del bebé, que cesó de forma inmediata.

La masacre de Santa Cruz

María Julia Ayala, en la denuncia que presentó ante la Fiscalía General de la República el 20 de marzo de 2013, manifestó que el 12 de noviembre de 1981 se encontraba en su casa, en el caserío Santa Cruz, del cantón de Santa Marta, en el municipio de Victoria, cuando por la mañana sus vecinos la urgieron a huir pues se encontraban rodeados por militares del destacamento militar n.° 2 de Sensuntepeque y por elementos paramilitares de orden.[27] María Julia huyó con sus hijos, pero el menor de ellos, de tan sólo dos años y medio, murió por una herida de bala. Mencionaba también en su denuncia que durante su huida habían pasado por San Jerónimo y por el río Lempa, logrando finalmente cruzar a Honduras y llegar a los campamentos de refugiados.

Otro testigo y superviviente de esta masacre, Francisco Hernández Hernández también presentó una denuncia ante la Fiscalía General de la República el 20 de marzo de 2013, en la que relataba la desaparición forzada de su madre y de su hermana menor, el 11 de noviembre de 1981. Él y su familia vivían en el caserío El Junquillo, del cantón Santa Marta, en el municipio de Victoria. Cuando se produjo el operativo tuvieron que abandonar sus viviendas y huir hacia Peñas Blancas, pasando por Copinolapa y Santa Cruz, pues se vieron rodeados por el ejército salvadoreño y fueron víctimas de continuos bombardeos, ametrallamientos y explosiones de morteros.

La fuerza armada salvadoreña, por el contrario, informó del asalto como una de las operaciones de limpieza más exitosas en la zona, que en los días siguientes se extendió a otro municipio del departamento de Cabañas: Cinquera.[28]

Las víctimas que lograron sobrevivir recuerdan esta masacre como la «guinda de mayo»,[29] en la cual participaron supuestamente alrededor de 14.000 miembros del ejército y de otras fuerzas estatales. La fuerza armada de El Salvador (FAES) llevó a cabo las tácticas denominadas «yunque y martillo» o «atarraya».

La desaparición forzada de personas se convirtió en una práctica sistemática perpetrada por agentes estatales y por particulares que contaban con la aquiescencia del Gobierno. Todas las desapariciones seguían un patrón similar, que se iniciaba con la detención violenta de la víctima, muchas veces a la luz del día y en lugares públicos, por hombres fuertemente armados vestidos de civil que operaban con absoluta impunidad. Tras la detención, se las conducía a cárceles clandestinas dentro y fuera de

430 NO A LA IMPUNIDAD

instalaciones militares o policiales. En muchas ocasiones, se las trasladaba constantemente de un lugar a otro. Se las sometía a interrogatorios entre vejaciones, malos tratos y torturas. En su mayoría, los detenidos fueron asesinados y sus cuerpos se enterraron en lugares desconocidos.

Las autoridades, ante las demandas de información, negaron sistemáticamente la detención, el paradero y la suerte de las víctimas. El rechazo oficial de su responsabilidad y la resistencia a dar información sobre los sucesos se agravaron exponencialmente cuando las personas afectadas empezaron a acudir al poder público e instituciones estatales. El sistema de Justicia ni investigaba ni sancionaba a los responsables de las atrocidades, tampoco atendía a quienes intentaban averiguar el paradero de sus familiares o amigos desaparecidos. El sistema judicial se debilitó, favoreciendo las violaciones de derechos humanos y la impunidad para sus autores mediatos e inmediatos, su independencia se vio severamente mermada y dejó a las víctimas en la más completa indefensión.

En su homilía del 16 de junio de 1979, monseñor Romero sintetizó todo lo anterior y la deuda aún pendiente con el pueblo salvadoreño: «Yo tengo fe, hermanos, en que un día saldrán a la luz todas esas tinieblas y que tantos desaparecidos y tantos asesinados y tantos cadáveres sin identificar y tantos secuestros que no se supo quién hizo tendrán que salir a la luz. Y entonces tal vez nos quedemos atónitos sabiendo quiénes fueron sus autores». Con esta homilía, monseñor Romero hacía referencia a las prácticas estatales, generalizadas y sistemáticas, de terror contra la población civil no combatiente; después, como en las denuncias que se presentarían 30 años más tarde, pedía que se persiguiera a los culpables desvelando la verdad y reclamando una reparación integral para las víctimas, por el daño causado hasta entonces y por los perjuicios que se les seguía infligiendo. Heroicamente, monseñor Romero, hasta el mismo momento de su muerte, aprovechó sus homilías para denunciar la muerte lenta y violenta imperante en el país, pues sabía que detrás de los datos objetivos había personas concretas con nombres y apellidos, con esperanzas y frustraciones, víctimas y familiares de víctimas que sufrieron repetidamente y sin justificación la vulneración de sus derechos humanos.

La relación de los hechos

En un ambiente cálido, acompañada de jóvenes abogados muy atentos, María Ester Hernández Hernández comenzó a hablar aquella mañana de noviembre de 2012, treinta años después de ocurridos los hechos: «Estábamos reunidos, la población civil, en San Justo, uno de los caseríos de Santa Marta. Yo iba con mi esposo Cruz y con mi hija de siete meses. De ahí nos llevaron hacia los talpetates; íbamos de etapa en etapa, nos deteníamos en un lugar, cuando lanzaban morteros nosotros nos metíamos en los agujeros que había en la tierra, a los que llamábamos "tatús" o en alguna casa [...]».

Los abogados tomaban nota de lo que María Ester decía y que después les serviría para redactar la denuncia. «Cuando fueron las seis de la tarde ya se había reunido a toda la gente y nos llevaron rumbo a la peña; llegando a ese lugar estaba una escuela donde ahí se concentró a la mayoría de la población y estuvieron dándole charlas a la gente sobre cómo podían hacer para protegerse; a las mamás que llevaban niños les enseñaban que los niños no debían de gritar o que debían darles pastillas para adormecerlos y que el niño no llorara por el camino. Algunos niños murieron por el camino porque les tapaban la boca y se asfixiaban», relató emocionada María Ester.

Los abogados ahogaron un grito de indignación. «Cuando íbamos llegando a Santa Cruz, había un cerrito desde el cual le gritaban a la población "avancen" como si fueran compañeros guerrilleros. En ese momento no había habido enfrentamiento, estaba calmado; únicamente le gritaban las cosas desde un cerro al otro los compañeros, hasta los soldados gritaban también, haciéndose pasar por guerrilleros, gritaban "avancen compañeros" y la gente salía corriendo a encontrar el camino y llegar rápido a los lugares. Así íbamos nosotros, en ese trayecto, al camino de Santa Cruz; cuando íbamos llegando a ese río empezaban a dispararle a la gente y ya llegando a esa escuela ya había gente muerta y herida, la escuela estaba arriba y había un camino angosto donde había un piñal a un lado y alambrado al otro y entonces la gente caminaba e iban cayendo, mamás más que todo, mujeres indefensas murieron ahí. Ya cuando estábamos en la escuela también había un montón de gente muerta, porque los soldados estaban encerrados en la escuela y a la gente que iba pasando le iban disparando. La escuela se llamaba Escuela de Santa Cruz.»

A estas alturas del relato las lágrimas inundaban los ojos de los presentes. A pesar de ello, María Ester continuó su historia, como si necesitara quitarse un gran peso de encima: «Cuando llegamos nosotros al lugar ya había pasado el primer grupo de gente, como a las tres de la mañana, a ese primer grupo no le dispararon. Cuando pasó el segundo grupo, que era donde íbamos nosotros, ya estaba por amanecer, salimos cerca de las cuatro y media de la mañana de la Escuela de Santa Cruz. Salimos y miramos a la calle trillada y el zacatal el rastro donde la gente había intentado pasar y no pudimos, perdimos el camino, no hallábamos qué camino tomar. Fue entonces que nos agarró el fuego, más balas no pudieron disparar. Hubo una gran mortandad de gente, niños, mujeres, ancianos, ahí fue esa masacre, los que nos libramos fue porque nos tiramos a los palos gruesos que estaban ahí, nos fuimos saliendo y en los momentos en que se detenía el fuego, como que estaban cargando o poniendo los cargadores a los fusiles, en ese momento avanzábamos a otro palo y era llegando al otro palo cuando empezaba de nuevo y en ese momento fue que Cruz, mi esposo, oyó que el papá de él tosía y que se estaba muriendo. Mi esposo quería ir a traerlo, decía: "Voy a traer a mi papá herido", pero yo le decía "no vayas", en eso venía el otro tío de nosotros que se llama Alvin, el papá de Alicia, y le dijo "no vayas hijo, porque ya murieron mis dos hijas y aquí nos toca a cada quien que nos libremos, así que vámonos, ya quedaron los que quedaron y sigamos adelante porque eso nos toca". Avanzamos a un cerrito, bajamos un alambrado y llegamos a una quebrada, la quebrada de Santa Cruz, y fue ahí que nos juntamos con María Julia Ayala».

La voz de María Ester continuaba firme: «Ahí nos quedamos, en un palo de almendro, nos sentamos sin temor a morir como si estuviéramos descansando y vimos que llegaba alguien vestido de rojo, "ahí viene tu papá" le decía yo a mi esposo, pero era Julia. Ella se acercó y nos dijo "ando buscando apoyo de ustedes, vengo porque ahí deje a mi niño muerto", ella estaba herida de un brazo y de una pierna también, las telas de la piel se le veían. Nos juntamos con ella, y comenzamos a caminar en medio del monte que estaba muy lleno de espinas y bejucos».

Las abogadas de FIBGAR Carlota, Pilar y Arantxa le preguntaron casi al unísono: «Pero ¿nadie podía parar esta masacre?». María Ester las miró con ternura y continuó: «Nosotras nos quedábamos atrás y mi esposo abría camino entre el monte, luego nos venía a traer, así pasamos un buen tiempo abriendo camino hasta que llegamos a un lugar cerca de un cerrito. Mientras se nos hizo la noche vimos cómo los soldados recogían a los muertos y los quemaban. [...] Nos fuimos caminando después de ver a toda la gente que se quemó, entre ellas, nuestra familia que fue quemada toda. Entre los muertos había un periodista extranjero que filmaba los hechos, desconozco su nombre, sólo sé que era extranjero; era un hombre blanco con barba; tenía una cámara que se la quitaron y a él le quemaron. Allí se veía sólo humo, como si estuviera nevando. Las granadas caían sin parar. No sabemos cómo nos libramos. Miembros de mi familia murieron a consecuencia de los disparos y fueron quemados: Herculano Hernández, mi suegro, Magdalena Hernández, mi cuñada y Alicia Hernández, Reina del Carmen Hernández y Ricardo Hernández, sobrinos. A mi familia la quemaron, ahí los recogieron y los quemaron. Nos llegaba el olor como a carne asada, así se sentía, como estábamos en lo alto del cerro, se miraban las camisas blancas, oscuras como la gente se vestía de cualquier color, y se miraban ropas de verde, de los soldados; estábamos cerca de donde los habían quemado».

La mujer continuó relatando los hechos con un dolor manifiesto: «Después de la masacre, los soldados siguieron ahí y luego volvieron a pasar rastreando por el suelo; después de que pasaban por suelo venía la aviación a terminar de matar a la gente. Sabíamos que eran los soldados porque se miraba que andaban vestidos de verde. Ahí llegaron a recoger a la gente y la quemaban. Los soldados seguían el llanto de los niños, cada niño que lloraba ellos llegaban y sólo les pegaban un machetazo en la cabeza, se oía como cuando se parte un ayote, así tronaba la cabecita de la criatura. Cuando venían hacia donde yo estaba, ellos me cubrieron, con el mismo fusil me tiraron el zacate encima y yo, a la niña, ya le había puesto el pecho y ella ya no lloraba; si me hubieran visto, ahí mismo me hubieran matado. Después nos fuimos caminando, luego de haber visto a toda esa gente que se quemó, bajamos y nos sentamos y mi esposo bajó naranjas de un palito que estaba cerca; ésa fue la única comida que probamos a los doce días de andar huyendo. Luego nos fuimos y pasamos el río, era el río de Santa Cruz o Copinolapa. El agua nos llegaba hasta el pecho; primero mi esposo nos pasó a la niña y a mí, luego a Julia. Así fue como logramos bajar a Copinolapa y luego a San Felipe. En esa quebrada me dejó mi esposo, él regresó a Mesa Grande, en la Virtud, en Honduras, para traerle comida a la niña, porque la niña venía sin leche ya, como yo no comía no me bajaba leche y no podía amamantarla. A los tres días regresó mi esposo con dos compañeros más, el esposo de la Julia y uno de primeros auxilios que andaba con botiquín de medicina. Me dieron comida y yo no podía tragar ya, porque tenía doce días sin comer, probé comida y agua y no me pasaba la comida, lo más duro fue estar con la niña chiquita de siete meses, y yo la andaba desnuda, solo con un pañalito, así pasamos varios días. Luego nos fuimos hacia el río Lempa, nos metimos en una bolsa de un hombre que nos iba a cruzar hacia el otro lado. Cuando yo me abracé para pasarme la bolsa, se dio vuelta y yo me sumí con todo y mi niña; y el hombre que iba pasando con nosotros agarró su bolsa y se brincó, no le importó la vida mía ni la de la niña. Una señora que estaba al otro lado se lanzó al agua y sacó a mi hija, así mi esposo me pudo ayudar a salir a mí. Así fue como demasiada gente murió ahogada en el río al tratar de cruzarlo. Luego de cruzar el río llegamos a Los Hernández, en Honduras, todo eso fue difícil para mí. Los helicópteros venían a tirar las bombas y, según el tamaño de la bomba, así eran los estragos que hacían; lanzaban bombas de 500 libras o de 1.000 libras, se podían observar bien, se balanceaban cuando casi venían hacia el suelo, unas caían enteras y no reventaban, quedaban enterradas, pero no explotaban. Las que explotaban hacían desastres. Los aviones que venían no discriminaban, le disparaban a la gente, o si no las "avispitas" se metían debajo de los palos y cazaban a la gente. No sé bien cuántas personas murieron en la masacre, pero fueron centenares, porque en la masacre murió gran parte, pero luego hubo gente que murió en el camino. Era una inmensa población que venía de distintos lugares: Santa Marta, El Junquillo, San Felipe, San Justo, La Peña, La Pinte, San Gerónimo, El Bosque, todos eran cantones...».

Las abogadas dejaron que María Ester concluyera su relato: «Quien venía cuando se hacían esos operativos era el teniente Gallegos, pero el que los coordinaba era Ochoa Pérez, el que está en la asamblea ahora. Eran del destacamento militar de Sensuntepeque. Pero yo creo que, cuando metían esas invasiones, no venía solo gente de Sensuntepeque, recogían de diferentes departamentos, hasta de San Salvador, me parece. Antes de llegar a Honduras, desde el mirador, delante de El Caracol, detectábamos al enemigo mientras atacaba. Contábamos las luces de las bombas, veinticuatro luces contábamos. Eran invasiones fuertes. Cuando terminaban las luces, avisábamos a las familias que venía la invasión y la gente buscaba donde se iba a colocar. Fueron dos o tres invasiones fuertes. Al final llegamos a los refugios y no regresamos a El Salvador hasta 1987. La vivencia de estos hechos me ha producido una gran depresión. Tenía pesadillas. Durante mi estancia en los refugios yo soñaba que me venía a El Salvador y que me capturaban. Gracias a Dios, estoy aquí contándolo, ya que los muertos nunca se reponen. Sólo espero justicia por todo lo que pasó».

Así finalizó esta valiente mujer su narración. Después de tanto sufrimiento, sólo pedía Justicia. Y se atrevió a exigirla. Por supuesto, el general Ochoa atacó su testimonio, a mí mismo y a todos los que habíamos participado en la presentación de la denuncia. Pero fue gracias al coraje de María Ester y de otras muchas víctimas que, sin ninguna protección del estado, dieron un paso adelante para luchar contra la impunidad y ponerle término. Así fue como finalmente avanzó la Justicia en ese país. Recoger su heroico relato es un humilde homenaje, al tiempo que una denuncia contra la parálisis oficial y contra aquellos que, teniendo la obligación de impartir Justicia y proteger a las víctimas, sólo se ocupan de proteger a los perpetradores. Para nosotros fue un honor acompañar a estas víctimas, a los veteranos y veteranas y a las jóvenes luchadoras y luchadores para que la Justicia fuera una realidad en ese país hermano.

La obligación de investigar

En 2013, tuve la ocasión de pasear en compañía del padre jesuita John Sobrino por la zona de los asesinatos. Recorrimos el campus de la UCA, del que guardo un recuerdo entrañable, oyendo sus explicaciones mientras escuchaba los testimonios de las víctimas de la guerra ante el Tribunal de Justicia Restaurativa[30] que, durante los 10 últimos años, viene desarrollando una labor encomiable, encabezada por el magistrado español José María Tomás y Tío, y otros tantos otros activistas, entre los que tengo la suerte de encontrarme y que han logrado sortear con eficacia las múltiples dificultades a las que han debido enfrentarse. Han aportado testimonios de valor incalculable y están contribuyendo al descubrimiento de la verdad. Pude participar en la presentación masiva de denuncias ante la fiscalía y, con Benjamín Cuéllar (activista incansable en defensa de los más vulnerables) y otros abogados, en la preparación y presentación ante el registro de la Corte Suprema de Justicia de la petición de nulidad e inconstitucionalidad de la Ley de Amnistía de 1993, que cerró toda posibilidad de Justicia por los crímenes de lesa humanidad y de guerra que la Comisión de la Verdad había identificado perfectamente poco antes. Tres años después de presentada la denuncia, en julio de 2016, la Sala de lo Constitucional de la Corte Suprema de Justicia declaró inconstitucional y nula esa ley, por considerarla «contraria al derecho de acceso a la Justicia, a la tutela judicial y al derecho a la reparación integral de las víctimas de los crímenes de lesa humanidad y crímenes de guerra». Se cumplía así lo dispuesto en la sentencia del 25 de octubre de 2012 de la Corte Interamericana de Derechos Humanos sobre el caso Masacres de El Mozote y lugares aledaños contra El Salvador, en la que se ordenaba que se investigaran tales masacres sin excusa ni pretexto:

> Ahora bien, la obligación de investigar, como elemento fundamental y condicionante para la protección de ciertos derechos afectados, adquiere una particular y determinante intensidad e importancia ante la grave-

dad de los delitos cometidos y la naturaleza de los derechos lesionados, como en casos de graves violaciones de los derechos humanos ocurridas como parte de un patrón sistemático o práctica aplicada o tolerada por el estado o en contextos de ataques masivos y sistemáticos o generalizados hacia algún sector de la población, pues la necesidad imperiosa de prevenir la repetición de tales hechos depende, en buena medida, de que se evite su impunidad y se satisfagan las expectativas de las víctimas y la sociedad en su conjunto de acceder al conocimiento de la verdad de lo sucedido. La eliminación de la impunidad, por todos los medios legales disponibles, es un elemento fundamental para la erradicación de las ejecuciones extrajudiciales, la tortura y otras graves violaciones a los derechos humanos.[31]

La obligación de investigar este tipo de crímenes contra los derechos humanos es *erga omnes* (frente a todos) y ha sido reafirmada por la Corte Interamericana de Derechos Humanos en diversas ocasiones.[32] «Los estados parte en la convención tienen obligaciones *erga omnes* de respetar y hacer respetar las normas de protección y de asegurar la efectividad de los derechos allí consagrados en toda circunstancia y respecto de toda persona.»

Esta obligación ya fue afirmada años antes por la Corte Interamericana en el caso Velásquez Rodríguez contra Honduras: «El estado está, por otra parte, obligado a investigar toda situación en la que se hayan violado los derechos humanos protegidos por la convención. Si el aparato del estado actúa de modo que tal violación quede impune y no se restablezca, en cuanto sea posible, a la víctima en la plenitud de sus derechos, puede afirmarse que ha incumplido el deber de garantizar su libre y pleno ejercicio a las personas sujetas a su jurisdicción. Lo mismo es válido cuando se tolere que los particulares o grupos de ellos actúen libre o impunemente en menoscabo de los derechos humanos reconocidos en la convención».[33]

Como obligación derivada de la de investigar, la Corte Interamericana declaró: «Los estados no pueden sustraerse del deber de investigar, determinar y sancionar a los responsables de los crímenes de lesa humanidad aplicando leyes de amnistía u otro tipo de normativa interna. Consecuentemente, los crímenes de lesa humanidad son delitos por los que no se puede conceder amnistía».[34]

La CIDH ha expresado: «El derecho a la Justicia es activo cuando busca obtener y lograr un castigo efectivo y una reparación cierta [...]. El hecho de reclamar y exigir Justicia pretende que se aplique sanción al responsable de la violación y se le pague reparación civil indemnizatoria al que recibió la violación o el daño. Este derecho es fundamentalmente de carácter civil e implica la vigencia del principio de que todo el que comete un daño está obligado a indemnizarlo y el que lo sufre a exigir el cumplimiento de su derecho».[35]

Esta misma posición ha sido reiterada por la Corte Interamericana, consolidando un estándar internacional en materia de Justicia cuya finalidad es impedir la impunidad. Ello implica no sólo permitir el acceso de las víctimas a las instancias judiciales sino también buscar por todos los medios disponibles el establecimiento de la verdad de los hechos y conseguir el procesamiento, enjuiciamiento y sanción de todos los responsables de las violaciones.[36]

En este sentido, el secretario general de las Naciones Unidas, en su informe sobre el establecimiento del Tribunal Especial para Sierra Leona, afirmó que: «Aunque se reconoce que la amnistía es un concepto jurídico aceptado y una muestra de paz y reconciliación al final de una guerra civil o de un conflicto armado interno, las Naciones Unidas mantienen sistemáticamente la posición de que la amnistía no puede concederse respecto de crímenes internacionales como el genocidio, los crímenes de lesa humanidad o las infracciones graves del derecho internacional humanitario,[37] dada su ilegalidad con arreglo al derecho internacional».[38]

En el mismo sentido, el relator especial de las Naciones Unidas sobre la cuestión de la impunidad destacó que: «Los autores de violaciones no podrán beneficiarse de la amnistía mientras las víctimas no hayan obtenido Justicia mediante un recurso efectivo».[39]

Por tanto, tal como ocurrió en el caso de El Mozote, debe exigirse Justicia. Es preciso continuar en esa línea. Y si ello no fuera posible, el recurso a la jurisdicción universal siempre debe estar abierto. No olvidemos que este tipo de crímenes son internacionales y además imprescriptibles.[40]

6

Genocidio en el Sáhara

LA PROVINCIA 53

«España se marchó de su provincia número 53, ocasionando la violenta invasión del Sáhara Occidental por parte del Reino de Marruecos.» Así lo exponía la querella presentada ante la Audiencia Nacional, por la Asociación de Familiares de Presos y Desaparecidos Saharauis (AFAPREDESA), la Federación de Asociaciones de Promoción de Defensa de los Derechos Humanos, la Asociación Pro Derechos Humanos de España (APDHE), la Federación Estatal de Instituciones Solidarias con el Pueblo Saharaui (FEDISSAH) y la Coordinadora Estatal de Asociaciones Solidarias con el Pueblo Saharaui (CEAS-SAHARA).[1]

Era el 14 de septiembre de 2006, apenas tres meses después de mi reincorporación al juzgado tras una estancia de 16 meses en la Universidad de Nueva York, y cuando hacía nueve años que se había rechazado, aplicando el convenio de Viena del 18 del abril de 1961 sobre relaciones diplomáticas, la admisión a trámite de una denuncia contra Hassan II por genocidio contra el pueblo saharaui.

El abogado Manuel Ollé patrocinaba la querella. A la salida de la Audiencia Nacional, declaró: «Los querellantes tienen contabilizados por el momento 542 desaparecidos, de los cuales la mayoría poseía documento nacional de identidad español cuando fueron expulsados de sus hogares en 1975». La querella se centraba en el período que va desde que España se retiró del Sáhara Occidental en 1975 hasta 1992, durante el cual se habrían cometido las peores violaciones a los derechos humanos, pero también afirmaba que hasta la actualidad «el ejército marroquí ha ejercido una permanente violencia contra el pueblo saharaui» tras una invasión que expulsó de sus hogares a 40.000 personas, que huyeron por el desierto mientras eran perseguidas y bombardeadas con napalm, fósforo blanco y bombas de fragmentación. Esta invasión perdura hasta hoy y les impide ejercer su derecho a la «libre determinación, reconocido por la Resolución 1.514 de la Asamblea General de la ONU de diciembre de 1960, implicando con ello una denegación de los derechos humanos fundamentales».[2] Los hechos denunciados en la querella poco difieren de lo sucedido en Argentina o Chile: detenciones ilegales, torturas, ejecuciones sumarias, desapariciones forzadas e incluso vuelos de la muerte. En sus declaraciones a la prensa, Manuel Ollé señaló que existía «constancia de que algunos de los perseguidos fueron arrojados al vacío desde helicópteros», en lo que calificó de «un plan sistemático de eliminación del pueblo saharaui», del cual serían responsables 31 personas, exgobernantes y ex responsables militares marroquíes, a quienes se acusaba de genocidio, asesinato, torturas y detenciones ilegales y lesiones.[3] Antonio López, secretario de FEDISSAH, declaró tras la presentación de la querella: «El Gobierno de España tiene una deuda histórica, política y moral con el pueblo saharaui».[4]

Las víctimas, en su mayoría ciudadanos españoles, describían en la querella los métodos de tortura, que incluían todo tipo de golpes, diferentes formas de asfixia, quemaduras, aplicación de electricidad, mantener posiciones forzadas durante horas, suspensiones en posiciones dolorosas por largo tiempo, aislamiento, interrupción del sueño, deprivación sensorial y también violaciones y abusos sexuales a mujeres, entre muchas otras.[5]

No fue posible admitir a trámite la querella inmediatamente, pues había que concretar los hechos que se atribuían a cada uno de los querellados, cuestión que solicité formalmente. Finalmente, el 30 de octubre de 2007, asumí la competencia para investigar a 13 responsables de la Gendarmería Real y de la policía marroquí denunciados por delitos de genocidio y tortura en el Sáhara Occidental. Ordené además librar una comisión rogatoria a Marruecos para que se notificara a todos los querellados, se informase si los hechos habían sido investigados en el país donde sucedieron y se obtuvieran datos sobre la identidad de las víctimas y su lugar de inhumación.[6]

La respuesta a la comisión rogatoria tardaría en llegar. La reacción del Gobierno de Marruecos, en cambio, fue casi inmediata, llena de descalificaciones hacia mi persona. Rabat me tildó de «juez que hace política». Khalid Naciri, portavoz del Gobierno marroquí, dijo: «No necesitamos que el juez español nos venga a decir lo que tenemos que hacer en esa materia. Los marroquíes son capaces de ocuparse de todo en materia de derechos humanos, emancipación, libertades públicas y lucha por la democracia».[7] Las víctimas no opinaban lo mismo.

Como pasaba el tiempo sin obtener respuesta oficial al requerimiento cursado al Gobierno marroquí, para no retrasar más el procedimiento, decidí tomar las primeras declaraciones a las víctimas. Cité a cuatro de ellas, que comparecieron ante mí el 17 de diciembre de 2007. Al salir de su comparecencia, la joven Houria Ahmed Lemaadel, hija de un soldado del ejército español, saharaui, al que nunca conoció, afirmó: «Es un día histórico para nuestro pueblo. Jamás pensamos que llegaríamos hasta aquí después de 32 años. Desapareció el día que nací. Nunca supo si había sido niña o niño».[8] Había nacido en 1975, en medio del desierto, mientras su madre huía de los bombardeos. Trajo la única foto que conservaba de su padre, la de su pasaporte español.[9] «Estaba muy nerviosa intentando aguantar las lágrimas, pero él [Garzón] fue muy amable. Se sentó frente a mí y me tranquilizó mucho», añadió Houria. Ali Oumar Bouzaid, otro de los querellantes y también hijo de desaparecido, dijo refiriéndose a Houria: «Es la primera vez que la veo contarlo sin llorar». Omar Heiba Meyara, al salir de su declaración comentó a la prensa que vivía en Bermeo (Vizcaya), y que al volver a casa tendría que darle la razón a su hijo de 11 años: «El otro día salió Garzón en la tele y mi hijo gritó: "¡Papá, corre, es tu amigo!". Y la verdad es que iba muy nervioso, pero en cuanto me he sentado delante del juez he tenido la sensación de estar delante de un amigo». Fatimetou Moustafá, otra hija de desaparecido, señaló: «Hoy, el juez nos ha regalado un poco de esperanza. Estaremos eternamente agradecidos a la Justicia española que investiga los genocidios. Todavía podemos encontrar a nuestros seres queridos».[10]

Siempre es duro oír estos testimonios, por muchas declaraciones que como juez haya tomado en investigaciones similares no deja de impresionarme el inmenso dolor que han padecido las víctimas. Por eso siempre he tratado de facilitar en la medida de lo posible el tránsito difícil, pero necesario, que supone relatar los hechos ante un tribunal. A la vez, me impacta hondamente el sentimiento de liberación de las víctimas cuando comparten ante un juez esa carga, sabiendo que su testimonio servirá para tomar decisiones que contribuirán a forjar la verdad procesal por medio de una resolución judicial que afirme que los hechos criminales sí se cometieron.

LA SITUACIÓN PREVIA

Contrariamente a lo que podría pensarse, el Sáhara Occidental no es un desierto. Aunque forma parte del Gran Sáhara, es un territorio rico en fauna y flora, donde se practican la agricultura y la ganadería.[11] A lo largo de su historia, el Sáhara Occidental ha sufrido numerosas tentativas de dominación por parte de europeos y marroquíes, cuyo único objetivo era poder comerciar libremente con oro y esclavos.[12]

España reclamó el Sáhara Occidental en la Conferencia de Berlín celebrada entre el 15 de noviembre 1884 y el 26 de febrero 1885,[13] en la que los países europeos se repartieron el dominio sobre África. En esos años, España ya había enviado las primeras expediciones y tropas a la zona y, en 1886, llegó a un acuerdo con el sultán, por el que éste reconocía la soberanía española sobre la región del Río de Oro, dando inicio a un proceso de colonización basado en acuerdos concretos con los líderes locales. En 1900, se firmó un acuerdo entre España y Francia que redujo a la mitad la extensión del territorio ocupado por la primera. En 1920, se establecieron los límites definitivos del protectorado español, pero la consolidación de su dominio en la zona llegó en 1934, cuando los notables de las tribus saharauis firmaron un acuerdo de sometimiento amistoso, pasando a formar el «Sáhara español».[14] La situación se mantuvo estable hasta que las colonias del norte de África comenzaron a buscar su independencia. Marruecos se independizó de Francia en 1956; Mauritania en 1960; y Argelia en 1962, después de una larga y sangrienta guerra. Para evitar las aspiraciones independentistas, España otorgó al Sáhara, en 1958, el estatus de «provincia»,[15] provocando un levantamiento de la población y una serie de ataques del Frente de Liberación del Sáhara,[16] que fueron sofocados por los ejércitos combinados de Francia y España.[17] Paralelamente, en 1958 comenzó la guerra de Ifni, entre España y Marruecos, que duró hasta 1959 y que concluyó con los acuerdos de Angra de Cintra, que fijaron nuevos límites al Sáhara español, cediendo a Marruecos los territorios septentrionales de la zona del Río de Oro.[18]

Para evitar ulteriores conflictos bélicos, Naciones Unidas se implicó en el proceso de descolonización. En primer término, la Asamblea General aprobó, el 14 de diciembre de 1960, la Resolución 1.514 (XV) que establecía la declaración sobre la concesión de la independencia a los países y pueblos coloniales,[19] que afirma el derecho de todos los pueblos a la libre determinación. Al día siguiente, mediante Resolución 1.541(XV),[20] estableció tres opciones para que las colonias obtuvieran la independencia. Un año después, en la Resolución 1.654, del 27 de noviembre de 1961,[21] se creó el Comité Especial para la Concesión de la Independencia a los Países y Pueblos Coloniales (el «Comité de 24» o el «Comité Especial de Descolonización»). En 1963, la ONU incluyó al Sáhara español en su lista de territorios no autónomos,[22] pasando a considerarlo un territorio por descolonizar.[23] Y el 16 de diciembre de 1965, mediante Resolución 2.072 (XX), la asamblea pidió «encarecidamente al Gobierno de España, como potencia administradora, que adopte inmediatamente todas las medidas necesarias para la liberación de los territorios de Ifni y del Sáhara español de la dominación colonial y que, con ese fin, emprenda negociaciones sobre los problemas relativos a la soberanía presentados por estos dos territorios».[24] En 1966, mediante Resolución 2.229 (XXI) del 20 de diciembre,[25] la asamblea reafirmó «el derecho inalienable de los pueblos de Ifni y el Sáhara español a la libre determinación» y pidió organizar «lo antes posible [...] en consulta con los gobiernos de Marruecos y de Mauritania y con cualquier otra parte interesada, los procedimientos para la celebración de un referéndum bajo los auspicios de las Naciones Unidas con miras a permitir a la población autóctona del territorio que ejerza sin trabas su derecho a la libre determinación». A esas alturas, el Sáhara español era el único territorio colonial de la región y, por ello, tanto Naciones Unidas como la entonces Organización de la Unidad Africana (hoy Unión Africana) comenzaron a presionar a España para que se retirase y permitiese que los habitantes nativos determinaran su futuro político a través de un referéndum.[26]

Durante todo este tiempo, España había sostenido que sus territorios africanos no eran territorios coloniales, pues tenían el estatus de provincia española y, por lo tanto, no estaban sujetos a la autodeterminación.[27] Ante el estancamiento de la situación, un grupo de jóvenes en 1973, reunidos en el autodenominado «Frente Popular de Liberación de Saguia el Hamra y Río de Oro» o «Frente Polisario», lanzó una campaña guerrillera contra los españoles.[28] A partir de 1974, España empezó a ceder a las presiones de la comunidad internacional y del movimiento de liberación saharaui, y realizó un primer censo de población, anunciando un referéndum para el primer semestre de 1975.[29]

Sin embargo, Marruecos y Mauritania, que reclamaban el territorio basándose en la presunta existencia de vínculos con la región y sus habitantes anteriores a la colonización española, solicitaron el aplazamiento del referéndum hasta que la Corte Internacional de Justicia se pronunciara sobre sus demandas.[30] La Asamblea General de la ONU, a través de la Resolución 3.292 (XXIX), del 13 de diciembre de 1974,[31] solicitó una opinión consultiva al Tribunal Internacional de Justicia de La Haya sobre el Sáhara Occidental (Río de Oro y Saguia el Hamra), en cuanto a si en el momento de su colonización por España era un territorio sin dueño (*terra nullius*); y, en el caso de que la respuesta fuera negativa (es decir, el Sáhara tenía dueño), expusiera qué vínculos jurídicos existían entre dicho territorio y el Reino de Marruecos y el complejo mauritano. El referéndum quedaba aplazado, pero la ONU envió una misión al Sáhara, encargada de obtener información de primera mano sobre las aspiraciones de la población saharaui respecto a su futuro.[32] La misión hizo público su informe el 15 de octubre de 1975, en el que concluía que existía «un consenso abrumador entre los nativos saharauis del territorio a favor de la independencia» de España o de cualquier otro país, incluidos Marruecos y Mauritania.[33] El 16 de octubre, el día siguiente de la publicación del informe de la misión, la Corte Internacional de Justicia emitió su dictamen, en el que concluía que no existía vínculo alguno de soberanía territorial entre el territorio del Sáhara Occidental y el Reino de Marruecos y el complejo mauritano, no existiendo impedimento para la descolonización del Sáhara Occidental y la aplicación en el territorio del principio de libre determinación de los pueblos.[34]

Dos días después, Marruecos, aprovechando la debilidad del estado español y el vacío de poder durante la agonía de Franco, ocupó civil y militarmente el Sáhara Occidental, en lo que se conoció como la «Marcha Verde». Al sur de Marruecos, se concentraron alrededor de 350.000 civiles en una manifestación masiva que, bajo la bandera de Marruecos y el Corán, entraron en el territorio del Sáhara. Todo estaba previamente pactado entre Marruecos y Mauritania, que ocuparon y se repartieron el Sáhara Occidental. El Consejo de Seguridad de la ONU reaccionó a la ocupación con las Resoluciones 377, del 22 de octubre,[35] y 379, del 2 de noviembre de 1975,[36] llamando a las partes involucradas a no adoptar decisiones unilaterales, y después deplorando la marcha e instando a Marruecos a retirarse inmediatamente, mediante la Resolución 380 (1975), del 6 de noviembre de 1975.[37]

El 14 de noviembre, los gobiernos de Marruecos, Mauritania y España emitieron un comunicado conjunto. En él informaban que habían llegado a diversos acuerdos conocidos como «Declaración de principios entre España, Marruecos y Mauritania sobre el Sáhara Occidental», el «Acuerdo Tripartito de Madrid» o el «Acuerdo de Madrid»,[38] mediante el cual España, «ratificaba su resolución, reiteradamente manifestada ante la ONU, de descolonizar el territorio del Sáhara Occidental poniendo término a las responsabilidades y poderes que tiene sobre dicho territorio como potencia administradora». El comunicado establecía también que España instituiría inmediatamente una «administración temporal en el territorio en la que participarán Marruecos y Mauritania, en colaboración con la Yemáa (la Asamblea de Notables de las tribus saharauis)» y a la que serían transmitidas las responsabilidades y poderes. En consecuencia, «se acuerda designar a dos gobernadores adjuntos, a propuesta de Marruecos y Mauritania, a fin de que auxilien en sus funciones al gobernador general del territorio». El documento señalaba además que: «La terminación de la presencia española en el territorio se llevará a efecto definitivamente antes del 28 de febrero de 1976». Tras este comunicado, se intensificó la presencia de tropas marroquíes y mauritanas en el territorio.[39]

A finales de 1975, tanto Argelia como Libia habían denunciado los intentos expansivos de Marruecos y defendían el derecho de autodeterminación del pueblo saharaui. Argelia, además, comenzó a colaborar con el Frente Polisario. Por su parte, la Yemáa no aceptó el Acuerdo de Madrid. España se retiró oficialmente del Sáhara el 26 de febrero de 1976 y, al día siguiente, el Frente Polisario proclamó la constitución de la República Árabe Saharaui Democrática (RASD).[40]

Marruecos se negó a reconocer la legitimidad de la RASD así como a negociar con el Frente Polisario, tildándolos de «simpatizantes comunistas» y meros peones de Argelia. A los pocos días de haberse hecho públicos los Acuerdos de Madrid, se intensificaron los combates entre las tropas marroquíes y el Polisario. Miles de ciudadanos saharauis emprendieron la huida de ciudades y poblados, escapando del avance de los ejércitos marroquí y mauritano. El Polisario logró que Argelia permitiera a la población civil asentarse en campos de refugiados en su territorio, donde muchos de ellos continúan a día de hoy.[41] La guerra entre el Polisario, Marruecos y Mauritania continuó. En 1979, esta última se retiró renunciando a sus reivindicaciones. El Polisario, ahora con un solo frente, recuperó terreno y logró controlar más de un tercio del territorio, pero Marruecos, con la ayuda de Estados Unidos y Francia, contuvo sus avances aunque sin conseguir una victoria decisiva, por lo que la situación quedó en punto muerto durante años. En 1988, bajo los auspicios de la ONU y la Organización de la Unidad Africana, Marruecos y el Polisario acordaron un alto al fuego y un Plan de Arreglo que contemplaba un «período transitorio» y la celebración del referéndum para que la población eligiera entre la independencia o la integración en Marruecos.[42] El plan contemplaba también la creación de una Misión de las Naciones Unidas para el Referéndum del Sáhara Occidental (MINURSO).[43]

En 1991, se firmó el alto el fuego definitivo entre Marruecos y el

Frente Polisario. Desde entonces y hasta ahora, se han sucedido las declaraciones sobre el Sáhara y el referéndum, que aún no se ha celebrado. La antigua colonia española sigue siendo un territorio en disputa y confrontación entre los que defienden la autodeterminación del Sáhara Occidental como derecho inalienable y Marruecos, que considera el Sáhara como propio, en contra de todas las resoluciones internacionales. Hoy, el Sáhara sigue incluido en la lista de territorios no autónomos,[44] es decir, pendiente de descolonización.

La Instancia Equidad y Reconciliación

El 7 de enero de 2004, el rey Mohamed VI de Marruecos formó una Comisión Marroquí de la Verdad, conocida como la «Instancia Equidad y Reconciliación» (IER), que entregó su informe final el 30 de noviembre de 2005.[45]

A esta comisión se le asignaron tres objetivos: 1) establecer la verdad sobre las graves violaciones de los derechos humanos ocurridas entre 1956 y 1999, determinando las responsabilidades institucionales; 2) indemnizar y rehabilitar a las víctimas, y 3) elaborar propuestas de reformas que garantizaran que no volverían a producirse este tipo de crímenes. La IER consideró como graves violaciones de los derechos humanos aquellas de carácter sistemático y/o masivo, en las que incluyó desapariciones forzosas, detenciones arbitrarias, tortura, violencia sexual, ataques contra el derecho a la vida ocasionados por el uso desproporcionado de la fuerza y exilio forzado.[46]

La IER logró esclarecer el destino de 742 personas desaparecidas, estableciendo las circunstancias de su muerte y, en muchas ocasiones, su identidad y el lugar donde fueron enterradas. El informe también determinaba el número de víctimas fallecidas en centros ilegales de detención, durante los enfrentamientos armados y durante los disturbios urbanos que tuvieron lugar en 1965, 1981, 1984 y 1990. Identificó además 66 nuevos casos de víctimas desaparecidas cuya suerte no ha podido ser establecida.[47] El informe establecía expresamente la responsabilidad de los aparatos de seguridad marroquíes en cerca de 10.000 casos de violaciones graves de derechos humanos (incluidos 1.018 muertos, frente a los 3.000 que alega la Asociación Marroquí de Derechos Humanos, AMDH) e instaba a ofrecer disculpas públicas a las víctimas, recomendando la lucha contra la impunidad, aunque sin establecer otro mecanismo que los tribunales de Justicia, que prontamente empezaron a recibir algunas querellas.[48]

Las conclusiones de la comisión han sido calificadas como claramente insuficientes e incluso equívocas, especialmente en el caso de las desapariciones forzosas de saharauis, que cifró en 211, un número sensiblemente inferior al barajado por las organizaciones de derechos humanos, así como en los sucesos en el territorio del Rif o en la represión de las manifestaciones de Casablanca en 1981.[49] Incluso antes de darse a conocer el informe, AFAPREDESA denunció que mientras la IER iniciaba sus actividades seguían cometiéndose graves violaciones de los derechos humanos en los territorios ocupados del Sáhara Occidental: decenas de presos políticos seguían encarcelados en condiciones infrahumanas, especialmente en la Cárcel Negra de El Aaiún. Las pocas organizaciones de defensa de los derechos humanos que se habían creado fueron disueltas y los integrantes de dichas entidades eran constantemente hostigados, intimidados, amenazados con represalias, deportados a Marruecos e incluso detenidos y juzgados sumariamente en juicios arbitrarios. Se dieron numerosos casos de muertes a consecuencia de la tortura infligida a los detenidos, como la de los ciudadanos saharauis Chuihi Slimane y Hassan Hadi, en 2004.[50]

AMPLIACIÓN DE LA QUERELLA

«Después de tantos años de espera, hoy es un día histórico, porque con vuestra ayuda hemos podido exhumar los cuerpos. Allí se han encontrado pruebas de que lo más probable es que sea nuestro padre, su DNI se ha encontrado encima del cuerpo. Esto, y la verificación de que hubo violencia en su muerte, es la demostración de las mentiras que ha dicho Marruecos y que tanto daño han hecho a las familias.» Así se expresaba Mohamed Fadel Abdalahe Ramdan tras el hallazgo y la exhumación de los restos encontrados en las fosas comunes de la zona de Fadret Leguiaa, en la región de Smara, en mitad del desierto, a 400 km de los campamentos de refugiados de Tinduf.[51]

A finales del mes de febrero de 2013, un pastor, Abderrahman Abaid Bay, encontró restos humanos esparcidos sobre la arena en esa zona, restos movidos por el agua, dispersados y degradados por la acción del sol.[52] En abril de 2013, AFAPREDESA contactó con el equipo de investigación forense de la Universidad del País Vasco, encabezado por Carlos Martín

Beristain y Francisco Etxeberria Gabilondo, y le solicitó la realización de una investigación en una zona del Sáhara Occidental al sospechar que los restos podrían ser de víctimas saharauis desaparecidas. En junio de 2013, un equipo formado por la Universidad del País Vasco, la Fundación Aranzadi y el Instituto Hegoa, junto a varios familiares y miembros de AFAPREDESA visitó el lugar. Durante la investigación pudo determinarse la identidad de todos los desaparecidos.[53]

La tarde del 12 de febrero de 1976, fuerzas militares marroquíes desplegadas en Amgala detuvieron a varios beduinos. Sus familiares fueron testigos de la detención. Algunos de los detenidos fueron liberados, otros lograron huir, pero otros no corrieron la misma suerte.[54]

El caso de las fosas de Amgala-Mehiris se refiere a ocho personas, entre ellas dos menores de edad, ejecutadas con armas de fuego y enterradas de forma superficial. Los hechos nunca habían sido investigados ni comprobados. No se sabía de la suerte o el paradero de estas personas, que estaban registradas como desaparecidas.[55] El informe de la IER no proporciona información ni sobre este caso[56] ni sobre las víctimas, algunas de las cuales portaban documentos de identidad españoles.[57] En noviembre de 2013, se presentó un escrito de ampliación de la querella inicial ante la Audiencia Nacional, en el que se incluía este caso.[58] Las expediciones en búsqueda de nuevas fosas han continuado y, hasta la fecha, se han encontrado otras tres, la última de las cuales se localizó en junio de 2018. Fadret Leguiaa se ha convertido en lugar de memoria de los desaparecidos en el Sáhara Occidental.[59]

Procesamiento

El 9 de abril de 2015, el juez Pablo Ruz, titular del Juzgado de Instrucción Central n.º 5 de la Audiencia Nacional en ese momento, dictó auto de procesamiento contra Ben Hachem, Abdelhak Lemdaour, Driss Sbai, Said Oussaou, Hassan Uychen, Brahim Ben Sami, Hariz El Arbi, Lamarti, Muley Ahmed Albourkadi, Bel Laarabi, Abdelghani Loudghiri, ampliándolo el 22 de mayo a una persona más, Lehsan Chaf Yeudan, por los delitos de genocidio y múltiples asesinatos consumados y en grado de tentativa, detención ilegal, agresión sexual y lesiones.

Los hechos que se relatan en esta resolución judicial son contundentes y se basan en la situación que se vivía *de facto* durante la ocupación:

Desde noviembre de 1975, fecha de la ocupación por Marruecos del Sáhara Occidental, territorio que había sido colonia española, y hasta 1991, fecha del alto el fuego entre Marruecos y el Frente Polisario, el grupo armado saharaui, se produjo de una manera generalizada un ataque sistemático contra la población civil saharaui por parte de las fuerzas militares y policiales marroquíes: bombardeos contra campamentos de población civil, desplazamientos forzados, asesinatos, detenciones y desapariciones de personas, todas ellas de origen saharaui y debido precisamente a su origen, con la finalidad de destruir total o parcialmente dicho grupo de población y para apoderarse del territorio del Sáhara Occidental. Además de las detenciones, tuvieron lugar encarcelamientos prolongados sin juicio, algunos durante años, y torturas a personas saharauis por parte de funcionarios militares y policiales marroquíes en diversos centros oficiales de detención ubicados tanto en territorio del Sáhara Occidental como en Marruecos. Tales ataques, producidos contra la población saharaui, a lo largo de toda la extensión del territorio del Sáhara Occidental, llevados a cabo por el ejército y la gendarmería marroquí, habrían sido impulsados por los altos mandos de tales cuerpos militares, ejecutándose con la finalidad de ocupar el territorio del Sáhara Occidental y tomar posesión del mismo.[60]

El relato de los hechos consignados en el auto de procesamiento resulta estremecedor.

EL NIÑO QUE LO VIO TODO[61]

Uno de los episodios que recoge el auto de procesamiento se refiere al hallazgo en 2013 de los restos humanos, y la subsiguiente investigación e identificación forense a cargo del equipo de la Universidad del País Vasco, en cuya labor fue determinante el relato de un testigo presencial.

Muy temprano, la mañana del 12 de febrero de 1976, Aba Ali Said Daf, que tenía entonces 13 años, se encontraba con sus camellos en las proximidades de un pozo de agua en la zona de Smara, cerca de Amgala. Unos soldados marroquíes le detuvieron y le llevaron hasta un lugar en el que se encontraba un convoy de vehículos del ejército marroquí. En uno de los vehículos pudo ver a dos de sus vecinos, Mohamed Moulud Mohamed Lamin Maimun y Mohamed Abdelahe Ramdan. Ambos eran nómadas saharauis y se dedicaban al pastoreo de cabras y camellos. Junto a ellos se encontraba detenido otro niño, Bachir Selma Daf, primo de

Aba Ali Said Daf, al que los soldados marroquíes llevaron hasta el lugar donde permanecían aparcados los vehículos marroquíes, tras lo cual nunca se le volvió a ver. Los tres detenidos estuvieron en el lugar hasta la tarde, cuando llegó un oficial del ejército marroquí. Aba Ali Said Daf lo relató así a los forenses: «Hacia las ocho de la tarde vino uno en un coche *jeep*. Llamó a Mohamed Mulud primero, le preguntó: "¿Dónde están los Polisario?" Ésa fue la primera pregunta que le hizo, la segunda pregunta fue: "Dame tu carné de identidad". Mohamed Mulud negó tener conocimiento del Polisario. Acto seguido el oficial le disparó directamente en pleno corazón. Luego llamó a Abdelahe Ramdan y le hizo la misma pregunta y le disparó de la misma manera. El hombre que les disparó tenía pistola, pero cogió un fusil para hacerlo». Luego llegó el turno de Aba Ali Said Daf. El oficial le hizo las mismas preguntas, pero Aba Ali logró salir corriendo y se escondió tras un soldado marroquí. El soldado le dijo: «Tienes que gritar "¡Viva el rey de Marruecos!"». Aba Ali gritó. Apiadándose del chico, el soldado pidió al oficial que le dejara tranquilo. El oficial le dio una patada arrojándole contra el camión donde Aba Ali se quedó inmóvil y escondido. El oficial regresó al lugar donde estaban los cuerpos de los dos saharauis ejecutados y los remató con un disparo en la cabeza. Los enterraron superficialmente, dejando al descubierto las manos y los pies para que los animales dieran cuenta de ellos. Aba Ali Said Daf permaneció escondido bajo una manta en el interior del vehículo y esa misma noche escuchó cómo los soldados marroquíes traían al campamento a seis personas que lloraban y clamaban piedad. En un momento dado escuchó una gran cantidad de disparos y los gritos cesaron. Los cadáveres de los asesinados fueron enterrados allí mismo, en una fosa común. Al día siguiente, el convoy de vehículos marroquíes emprendió la marcha hacia el oeste. El niño viajaba junto al soldado que le había salvado la vida. Durante el trayecto, el camión se atascó entre la arena y las raíces de un árbol de modo que los soldados marroquíes tuvieron que continuar a pie. Fue entonces cuando Aba Ali aprovechó para escapar. Esa misma noche, unos nómadas le cobijaron y el 16 de febrero consiguió reunirse con su familia. Su padre, Said Daf Sidi Salec, había sido detenido por los soldados marroquíes y permaneció preso durante un mes en la cárcel de El Aaiún (Sáhara Occidental). Fue liberado sin haberse celebrado juicio ni ser informado de los motivos concretos de su detención, salvo el hecho de ser saharaui.

En 2013 se encontraron dos fosas. En una de ellas estaban los restos de los asesinados la noche del 12 al 13 de febrero de 1976, cuyos gritos escuchó Aba Ali. Eran los saharauis Bachir Salma Daf, el primo de Aba Ali que desapareció entre los camiones marroquíes; Salma Daf Sidi Salec, padre de Bachir, Sidi Salec Salma, que tenía 14 años y era hijo de un saharaui con DNI español, Salama Mohamed-Ali Sidahmed Elkarcha, también con DNI español, trabajador de la empresa española de Cubiertas y Tejados S.A., Salma Mohamed Sidahmed y Sidahmed Segri Yumani. En la otra fosa, se encontraron los restos de Mohamed Mulud Mohamed Lamin Maimun y Mohamed Abdelahe Ramda, los beduinos a los que Aba Ali vio morir. Ambos tenían sus DNI españoles entre sus ropas. Mohamed Lamin llevaba además en la cartera dos billetes de 100 pesetas y varias monedas de 5 y 25 pesetas.

NAPALM Y FÓSFORO BLANCO

Otro de los sucesos recogidos por el auto de procesamiento tuvo lugar el 20 de febrero de 1976. Sobre las 11 horas, dos aviones del ejército marroquí bombardearon un campamento con napalm y fósforo blanco, ocasionando al menos 39 muertos, y más de 75 heridos de gravedad. Los saharauis murieron o fueron gravemente heridos al encontrarse en el interior de las jaimas, que se incendiaron como consecuencia de las bombas. Un artefacto explosivo cayó en la tienda-hospital, a pesar de que estaba señalizada con una media luna roja, matando a la mayoría de la gente que se encontraba en su interior e hiriendo a muchos otros, entre los que estaba una enfermera española y una mujer saharaui con DNI español, Mina Mabruc Emabrec, que tras el bombardeo logró huir hasta el campamento de refugiados saharauis de Tinduf (Argelia).

LA TEMIBLE DÉCADA DE 1980

Los hechos represivos no fueron solamente fruto de los enfrentamientos iniciales entre el Frente Polisario y Marruecos, sino que se prolongaron en el tiempo, tal y como recoge el auto de procesamiento. Durante los años ochenta del siglo XX, continuaron las detenciones de saharauis por el mero hecho de serlo, permaneciendo en ocasiones detenidos durante años sin juicio, sin asistencia alguna y sometidos a constantes torturas. En la zona de El Aaiún, las detenciones y torturas estuvieron a cargo del comisario de policía Brahim Ben Sami y su subordinado Hariz El Arbi.

Con motivo de la visita de la misión de la ONU al Sáhara Occidental se practicaron múltiples detenciones en noviembre de 1987, detenciones que fueron coordinadas por Hassan Uychen, gobernador («wali») de El Aaiún en aquel momento y, como superior de todos ellos, Abdelhafid Ben Hachem, director de seguridad de la administración territorial del Ministerio del Interior marroquí.

Entre otros casos de esta época, el auto de la Audiencia Nacional se refiere al de la estudiante de 20 años Aminatou Haidar, que fue detenida por el comisario Ben Sami y su oficial Hariz El Arbi el 21 de noviembre de 1987. Tras sacarla de su casa, la introdujeron en un vehículo y la llevaron al Puesto de Mando de las Compañías Móviles de Intervención (PCCMI) de El Aaiún. Le preguntaron por una mujer saharaui, El Ghalia Djimi. Aminatou Haidar negó conocerla para no involucrarla, pero había sido detenida ese mismo día y la llevaron ante Aminatou para que la reconocie-ra. No pudo hacerlo, El Ghalia Djimi había sido torturada hasta tal punto que tenía el rostro desfigurado, sólo cuando le habló pudo reconocerla. A continuación, la hicieron pasar a otra sala en la que se encontraba otro conocido, Sidati Salami, al que estaban torturando. Tuvo que soportar amenazas de tortura e intimidaciones constantes en las que hablaban de acabar con todos los saharauis. El oficial Bel Laarabi ordenó que la ataran de pies y manos sobre una mesa estrecha, dejándole la cabeza colgando. Le pegaron con cuerdas y le pusieron en la cara trapos empapados en orina y lejía hasta que perdió la conciencia, golpeándole entonces en la cara para que se recuperara. Le preguntaron por familiares, amigos y manifestantes a favor del Sáhara Occidental. Durante el interrogatorio estuvieron pre-sentes Brahim Ben Sami y Hariz El Arbi, que era quien la golpeaba. Sobre las 9.30 horas llegó al lugar Abdelhafid Ben Hachem, máximo dirigente de la seguridad del Ministerio del Interior marroquí. Ordenó que le qui-taran la venda de los ojos, se identificó y dijo ser amigo de su familia. Aña-dió que lo que le estaba pasando era culpa de un complot del Frente Poli-sario contra su familia y contra ella misma y que tenía que hablar y contar todo lo que sabía. Aminatou contestó que no tenía nada que decir, a lo que Ben Hachem contestó: «Entonces te van a volver a torturar». Los interro-gatorios duraron varios días en sesiones de mañana, tarde o a altas horas de la noche, alternando las torturas de Aminatou con las de otros tres deteni-dos. Más tarde, la trasladaron al antiguo Batallón español de Instrucción de Reclutas (BIR) en la costa de El Aaiún, donde permaneció una semana encerrada en una celda con otras 16 mujeres. Allí, Aminatou presenció las torturas infligidas a Mohamed Jalil Ayach, que murió a causa de las heridas.

Las torturas habían sido ordenadas por Hariz El Arbi, presente en el cuartel. La madre de Mohamed Jalil Ayach también estaba recluida allí y tuvo que escuchar durante ocho días cómo torturaban a su hijo.

Como consecuencia del maltrato y de las condiciones de vida en la prisión, la salud de Aminatou se resintió seriamente, por lo que en mayo de 1991 la llevaron a un hospital en el que permaneció durante 18 días, tras los cuales fue liberada, tres años y siete meses después de su detención, sin haberse celebrado juicio alguno y sin que su familia supiera su paradero durante todo ese tiempo. Días después de su liberación, Brahim Ben Sami y Hariz El Arbi la amenazaron diciéndole que no podía abandonar El Aaiún, que estaba siendo vigilada y que recibía demasiadas visitas de jóvenes.

En las mismas fechas de la detención de Aminatou, el 23 de noviembre de 1987 fue detenido en El Aaiún Abdulah Hader Suelem, de 23 años. Fue trasladado a un centro de detención en El Aaiún desde donde fue conducido por Hariz El Arbi a la casa del entonces gobernador de El Aaiún, que le dijo que si trabajaba para Marruecos quedaría en libertad. Hader Suelem contestó que no tenía información. Ante su respuesta le vendaron los ojos y lo condujeron a un lugar situado a unos 7 u 8 minutos de allí, en el que fue interrogado sobre el Frente Polisario, golpeado en todo el cuerpo y en la cabeza. Más tarde le colocaron una tabla de madera entre las piernas y le ataron las manos, obligándole a permanecer así durante dos días, tras los que fue liberado.

Otro joven, Sidi Mohamed Ali Brahim que había nacido en Smara, fue obligado por las autoridades marroquíes, como muchos otros saharauis, a irse a vivir al norte de Marruecos. En agosto de 1988, la policía marroquí le detuvo en su domicilio de Settat. Tenía tan sólo 18 años. Estuvo detenido al menos cinco días, durante los cuales fue torturado sin comida ni bebida. Hassan Uychen, responsable de Seguridad Nacional de El Aaiún dirigió los interrogatorios. Lo trasladaron primero a Rabat y luego a El Aaiún, donde sufrió todo tipo de torturas. Permaneció detenido en el PCCMI de El Aaiún hasta su liberación en Smara en abril de 1991, dos años y ocho meses después de su detención, sin haber recibido durante todo ese tiempo ningún tipo de asistencia médica, en condiciones de vida totalmente insalubres y sin que se hubiera celebrado juicio alguno. En las mismas condiciones, y en la misma planta de la prisión en la que Sidi Mohamed Ali Brahim estuvo retenido, había otros 36 presos saharauis.

El caso de Mohamed Salem Heiba Meyara se incluyó también en el auto de procesamiento. El 23 de abril de 1991, Meyara fue detenido por la policía marroquí en El Aaiún y fue torturado durante 17 días por Abdelghani Loudghiri y Hariz El Arbi. Tras su liberación, fue expulsado a Marruecos, a la localidad de Boulman.

LA SEGUNDA QUERELLA

En noviembre de 2010, la Liga Española de Derechos Humanos, como acusación popular, y Lahmad Mulud Ali, como acusación particular, presentaron querellas que fueron admitidas a trámite por el Juzgado Central de Instrucción n.° 2 de la Audiencia Nacional. Esto hizo activar en España el procedimiento contra autoridades marroquíes por los hechos ocurridos en el campamento Agdaym Izik, entre ellos la muerte del ciudadano español Baby Hamday Buyema.

En el año 2010 se fundó a doce kilómetros de El Aaiún, por aproximadamente 20.000 personas, la mayoría saharauis, el campamento Agdaym Izik, que significa «Campamento de la Dignidad». El objetivo era presentar ante las autoridades ocupantes marroquíes una serie de reivindicaciones de mejora de su calidad de vida. Dicho campamento fue asaltado el 8 de noviembre de 2010 por los Grupos Urbanos de Seguridad (cuerpo especial de la policía marroquí para el Sáhara Occidental) y por el ejército. Baby Hamday Buyema era ingeniero y trabajaba en aquel momento en El Aaiún, en la antigua sociedad española Fosfatos de Bucraa, SA, o FosBucraa. Viajaba en un autobús de camino a la empresa cuando fue interceptado por un control policial. Los agentes, tras identificarlo como saharaui, le hicieron bajar del vehículo. Acto seguido, lo atropellaron en repetidas ocasiones con el furgón policial dejándolo malherido. Poco después falleció. Como resultado de tal asalto, se detuvo a más de 2.000 personas, 600 desaparecieron, más de 4.500 resultaron heridos y aproximadamente un centenar fueron asesinados.

El juez del Juzgado Central de Instrucción n.° 2 de la Audiencia Nacional, Ismael Moreno Chamarro, inició la investigación basándose en dos puntos: la nacionalidad española de la víctima y el papel como potencia administradora del Reino de España en relación con el Sáhara Occidental. Se libraron entonces comisiones rogatorias al Reino de Marruecos con el objeto de recibir información de la posible existencia de actuaciones judiciales abiertas por estos hechos.

Lo novedoso de esta investigación fue cómo se planteó la cuestión de la jurisdicción española. Se exhortó al Reino de Marruecos para saber si estaba investigando los hechos. Al no recibir respuesta, el proceso se fue dilatando en el tiempo hasta que, por auto de mayo de 2011, la Sección Cuarta de la Sala de lo Penal de la Audiencia Nacional adujo el carácter preferente de la jurisdicción del lugar de comisión de los hechos o de la nacionalidad de los autores. La decisión fue recurrida ante el Tribunal Constitucional, que inadmitió el caso por falta de relevancia constitucional. Parecía entonces que debía primar la competencia de Marruecos, si bien éste seguía sin juzgar los hechos.

Ante esta situación, los querellantes presentaron demanda contra el Reino de España ante el Tribunal Europeo de Derechos Humanos por violación del derecho a un proceso dentro de un plazo razonable, el derecho a un proceso equitativo y el derecho de acceso a un tribunal. Tras un examen previo, el Tribunal de Estrasburgo no dio curso a la demanda.

En enero de 2013, las partes solicitaron la admisión a trámite de las querellas, recordando el derecho de acceso a un juicio justo y sin dilaciones indebidas. Por su parte, el juez Moreno Chamarro desestimó esta nueva petición, quedando a la espera de una nueva comisión rogatoria librada el 27 de diciembre de 2012. En abril de 2013, se presentó otra solicitud de admisión a trámite de las querellas que fue desestimada de nuevo por entenderse que el caso no podía continuar sin la respuesta de las autoridades de Marruecos. Contra esta última resolución, se presentó un recurso de reforma en el que se añadió como argumento que el silencio del Reino de Marruecos debía ser interpretado como silencio negativo, no pudiendo quedar el procedimiento en España paralizado a expensas de la falta de respuesta de las autoridades marroquíes. Dicho recurso de reforma fue también desestimado.

Con la reforma de la jurisdicción universal efectuada en 2014, el juez Ismael Moreno Chamarro acordó la conclusión del sumario elevándolo a la Sección Segunda de la Sala de lo Penal para que ésta estudiase la concurrencia de los nuevos requisitos de la ley. En dicha instancia, el fiscal argumentó que, debido a que el proceso de descolonización no había concluido, la administración *de iure* del Sáhara Occidental sigue hasta la fecha correspondiendo a España, lo que técnicamente habilitaba a ejercer jurisdicción sobre la base del principio de territorialidad. La Sección Segunda acogió la argumentación del fiscal y entendió que no procedía la aplicación de la jurisdicción universal, sino el principio de territorialidad, por ser España la potencia administradora *de iure* del Sáhara Occidental. El caso debía seguir adelante y el juez admitió finalmente a trámite las querellas cuatro años después, por auto de 19 de septiembre de 2014.

La tercera querella

Previamente, el juez Pablo Ruz, titular del Juzgado Central de Instrucción n.º 5 de la Audiencia Nacional, por auto de agosto de 2012, había admitido a trámite la querella de la Asociación Saharaui para la Defensa de los Derechos Humanos (ASADEH), en este caso, contra líderes del Frente Polisario en el Sáhara y Argelia, por torturas, desapariciones forzadas y graves violaciones a los derechos humanos en los campamentos de Tinduf. Con el precedente del Juzgado Central de Instrucción n.º 2, el caso no fue planteado en virtud del principio de jurisdicción universal, sino en aplicación del principio de territorialidad.

El núcleo del debate giró en torno al estatuto jurídico del Sáhara y de la legitimidad del Acuerdo Tripartito por el que España, Mauritania y Marruecos ultimaron la salida del primero y el reparto futuro del territorio autónomo. En cualquier caso, Naciones Unidas condicionó la validez de dicho acuerdo, por Resolución 3.458 B, a la celebración de un referéndum, que aún no se ha celebrado, aclarando definitivamente la cuestión mediante el dictamen de nulidad del mismo por parte del Consejo Jurídico de Naciones Unidas el 29 de enero de 2002. Así, se ha entendido que España *de iure* mantiene su responsabilidad como potencia administradora del Sáhara Occidental, por lo que ambos casos están presididos por el principio de territorialidad y su instrucción debe continuar.

El caso sigue abierto, con procesamientos firmes y con 11 órdenes internacionales de detención dictadas. En opinión del abogado Manuel Ollé: «El procesamiento de estas once personas es el acontecimiento más importante hasta la fecha, es un éxito para los derechos humanos, que pone fin a la impunidad que ha reinado durante los últimos 40 años, y que envía un mensaje de dignidad para las víctimas».[62] Sin duda, aunque la culminación del proceso será ver sentados en el banquillo a los responsables.

7

África: Ruanda, República Democrática del Congo, Zimbabue, Madagascar, Habré y Yerodia

> El genocidio en África no ha recibido la misma atención que el genocidio en Europa o el genocidio en Turquía o el genocidio en otras partes del mundo. Todavía existe este tipo de discriminación básica contra los africanos y los problemas africanos. Por eso, para mí, Ruanda es una especie de símbolo...
>
> BOUTROS-BOUTROS GHALI[1]

GENOCIDIO EN RUANDA[2]

El genocidio ocurrido en Ruanda en 1994 no fue otra cosa que la culminación de décadas de masacres y aún más años de tensión social. En ese pequeño reino de la región de los Grandes Lagos se desarrolló un pueblo con una estructura social que merece algunas observaciones. Ruanda, cuyo territorio es claramente inferior al de otros países del continente, bebe del lago Kivu y está flanqueada por los lagos Victoria y Tanganica. Limita al norte con Uganda, al oeste con la República Democrática del Congo, al este con Tanzania y al sur con Burundi, otro pequeño reino cuya historia es paralela a la de Ruanda. La población ruandesa estaba en apariencia dividida en tres grupos étnicos: una mayoría hutu, una minoría tutsi y una presencia testimonial de pigmeos twa o batwa (alrededor del 1 por ciento). Se ha escrito mucho sobre el origen de los tutsis. Las teorías clásicas sitúan sus orígenes en tierras del norte y su llegada a las regiones más meridionales en torno al siglo xv. Sin embargo, estudios más recientes niegan esta teoría y se inclinan a considerar la existencia de un solo pueblo con un mismo idioma y cultura que se disgregó en dos clases socioeconómicas bien diferenciadas. Históricamente se ha considerado agricultores a los hutus, mientras que los tutsis se habrían centrado en la ganadería, de modo que pudieron acceder a la élite económica del reino estableciendo una monarquía, una dinastía y una aristocracia. Durante siglos, este esquema social hizo que la minoría tutsi prevaleciese sobre la mayoría hutu.

En el siglo XIX, Europa se lanzó a la colonización de los territorios africanos aún no controlados por Occidente y se repartieron el continente como si de un pastel se tratase. Alemania tomó posesión de los reinos de Ruanda, Burundi, Tanganica y la gran explanada que hoy conforma Tanzania continental (Zanzíbar seguiría bajo el control del Sultanato de Omán y, después, del Imperio británico). La mentalidad sistemática occidental y su necesidad por esquematizar y clasificar toda realidad, por muy compleja o ajena que fuese, hizo estragos en la población africana. Se establecieron categorías de pobladores por razones étnicas, formalizando y hermetizando clasificaciones no escritas: la pertenencia al grupo tutsi o hutu. La derrota de Alemania en la Primera Guerra Mundial provocó la pérdida de sus colonias y su redistribución por la Sociedad de Naciones entre los vencedores: Tanganica pasó a manos de los ingleses y Ruanda y Burundi a los belgas. Fueron estos los que llevaron hasta el límite la categorización racial. Estudiaron la altura, la longitud de su nariz, la estrechez de sus dedos o la prominencia de sus pómulos para poder clasificarlos «adecuadamente». Sin embargo, esta obsesión por dividir a la población por razones étnicas se traicionó a sí misma al introducir, además, un elemento económico: si tienes tal número de vacas serás tutsi y si tienes menos, serás hutu.

«El legado más devastador del control europeo en Ruanda fue la transformación de las distinciones sociales. Fuimos clasificados de acuerdo con un marco inventado en otro lugar», diría veinte años más tarde el presidente de Ruanda, Paul Kagame.[3]

La obsesión por catalogar y dividir a los ruandeses llegó a su extremo en 1933, cuando «Bélgica decidió dotar a la población de una tarjeta de identidad en la que se especificaba la etnia [...]. La división había sido completada. Las identidades, fijadas. El odio, sembrado».[4]

Cuando Bélgica empezó a entrever su salida de África, comprendió que era necesario preparar a la población para hacerse dueña de su propio destino y eso pasaba por garantizar que los mandos militares, el Gobierno y el funcionariado representasen una imagen fiel de la población. Dado que el acceso a la educación y a los cargos de decisión había sido un privilegio de la minoría tutsi y los hutus habían quedado relegados, esta distribución proporcional se convirtió en una tarea imposible. De este modo se fue fraguando un odio intertribal que no tardó demasiado en estallar. Hacia finales de la década de 1950, los hutus comenzaron a tomar conciencia de que, a pesar de ser la mayoría de la población, estaban excluidos de las esferas de poder. Empezaron a formar en la clandestinidad agrupaciones y partidos políticos, mientras la élite tutsi continuaba gobernando el país al amparo de los colonizadores. En 1957, apareció un documento que exacerbaba las diferencias étnicas, El Manifiesto, y llamaba a los hutus a la rebelión: «Si somos distintos y además somos el 85 por ciento, ¿qué hacemos sometidos?».[5]

En 1959, Bélgica puso en marcha el programa de traspaso progresivo de competencias a las nuevas instituciones ruandesas, los denominados «gobiernos provisionales», un proceso que debía culminar con la elección de gobiernos democráticos como paso previo para la independencia. Sin embargo, la tensión entre grupos había ido en aumento y, en noviembre de ese año, se produjeron enfrentamientos y asesinatos.[6] El 1 de noviembre de 1959, un activista hutu, Dominique Mbonyumutwa, fue apaleado por un grupo de tutsis hasta dejarlo al borde la muerte. Este ataque se considera el primer suceso de violencia racial entre hutus y tutsis, y avala la tesis de que, antes del período colonial, este tipo de enfrentamientos no existían. Al día siguiente, en respuesta a esa agresión, miles de hutus salieron a la calle e incendiaron todos los hogares tutsis que encontraron a su paso. Según Naciones Unidas, esas dos semanas de altercados provocaron 200 muertos y 317 heridos, aunque la violencia alcanzó a miles de tutsis y otros muchos huyeron a Uganda.[7] En 1960, los hutus se alzaron victoriosos sobre los tutsis, se organizaron en partidos políticos y lograron el respaldo belga cuando ganaron unas elecciones sin participación de los tutsis. Con los hutus en el poder, los tutsis que no habían huido al exilio fueron sometidos y marginados y la antigua monarquía tutsi dio paso a una república de partido único, una auténtica dictadura de carácter racial. El país alcanzó la independencia el 1 de julio de 1962 en este contexto.[8] Ruanda se convirtió en un estado soberano con una sociedad polarizada. Gregori Kayibanda gobernó el país entre 1962 y 1973 hasta que el general Juvénal Habyarimana se hizo con el poder después de dar un golpe de Estado.[9] Durante las primeras décadas de independencia, la violencia, las masacres y el odio interracial fueron escalando de manera exponencial en el país. Los atropellos fueron arrinconando paulatinamente a los tutsis, provocando un multitudinario exilio hacia Uganda. Entre 1973 y 1990, bajo la dictadura del general Juvénal Habyarimana, el dominio hutu estaba consolidado, de modo que no se reprodujeron enfrentamientos intertribales, pues los tutsis estaban o sometidos o en el exilio. Los líderes tutsis en el exilio aprovecharon este período para rearmarse y reforzarse ideológicamente hasta que, en 1979, en Uganda nació el Frente Patriótico Ruandés (FPR), que empezó a preparar el retorno a Ruanda y la reconquista del poder.[10] El FPR comenzó a realizar incursiones en el norte del país para plantar cara al Gobierno de Kigali, desatándose finalmente en 1990 una guerra civil. La polarización de la sociedad se fue agudizando y empezaron a surgir emisoras de radio que difundían el discurso del odio e incitaban a los hutus a atacar a los tutsis, a los que en su discurso se deshumanizaba completamente. El Gobierno llamaba a la guerrilla del FPR «cucarachas», apelativo que perduró hasta el genocidio de 1994.[11]

La comunidad internacional reaccionó a la situación ruandesa de violencia, guerrillas, resistencia del ejército y radicalización de posturas y empezó a reclamar la apertura de negociaciones entre las partes. El dictador Habyarimana, que había representado el ala dura del poder hutu y el odio contra los tutsis, cedió y aceptó dialogar con sus enemigos y, en 1993, se firmaron los Acuerdos de Arusha entre el FPR y el Gobierno de Kigali, un importante paso hacia la paz que, no obstante, se vio truncado poco tiempo después. El 6 de abril de 1994, en el marco de una apretada agenda de viajes internacionales, el presidente Habyarimana llegó a Tanzania para participar en una cumbre regional de mandatarios. Cuando esa misma tarde regresaba a Kigali acompañado del presidente de Burundi, también hutu, el avión fue abatido cuando se disponía a aterrizar en el aeródromo de Kigali. Murieron todos los pasajeros incluyendo los dos presidentes. La autoría del atentado sigue sin estar clara, pero fue el detonante para que al día siguiente se desencadenara la violencia generalizada. Sin saber de dónde habían salido, de pronto toda la población contaba con machetes. Los radicales hutus se lanzaron a asesinar a miles de tutsis y hutus moderados mientras el Gobierno provisional, lejos de detenerlos, les dejaba el camino libre y se involucraba activamente en las matanzas al tiempo que lanzaba mensajes ambiguos a la comunidad internacional presentándose como víctima de una guerra civil descontrolada. El ejército y los cuerpos paramilitares se coordinaron para matar a tantos tutsis como pudieron. Bloqueaban las carreteras de entrada y salida a los poblados para garantizar la ejecución de quien se atreviera salir, se perpetraron violaciones, las iglesias se emplearon como trampas en las que encerrar y masacrar al mayor número posible de personas, mientras las radios seguían emitiendo sus mensajes de odio que incitaban al genocidio e indi caban dónde encontrar a los tutsis. La barbarie se prolongó desde el 7 de abril hasta el 15 de julio de 1994, cuando el FPR tomó Kigali. En sólo tres meses fueron asesinados más de ochocientos mil tutsis y hutus moderados ante los ojos de la comunidad internacional, que no supo cómo reaccionar y tardó demasiado en tomar decisiones. Para su vergüenza, sólo cuando los muertos se contaban por cientos de miles se reunió el Consejo de Seguridad de las Naciones Unidas.

VOTACIÓN EN EL CONSEJO DE SEGURIDAD[12]

El destino quiso que Ruanda fuera juez y parte en la decisión de constituir un tribunal internacional para juzgar el genocidio. Cuando el FPR tomó la capital, fueron ellos los que elevaron su solicitud a Naciones Unidas para crear un tribunal internacional. Desde el 1 de enero de 1994, Ruanda era miembro no permanente del Consejo de Seguridad, asiento que tenía asegurado hasta el 31 de diciembre de 1995.

Desde esa posición privilegiada, Ruanda abogó por la creación de un tribunal internacional, por lo que resulta paradójico que, finalmente, votara en contra de su establecimiento. Las razones respondían a su propia idea de Justicia. Para los ruandeses, el tribunal debía ser un híbrido, compuesto de jueces locales y apoyo internacional. Exigían que el estatuto del tribunal contemplara la pena de muerte entre los posibles castigos. Además, el tribunal debía situarse dentro de sus fronteras y su jurisdicción no debía tener primacía sobre la ruandesa y, en cualquier caso, no debía extenderse más allá de la fecha en que acabó el genocidio. En definitiva, y aunque no lo admitieran abiertamente, pretendían controlar los juicios, de modo que sólo se juzgara el genocidio perpetrado por los hutus, asegurándose de que los tutsis, que también habían cometido crímenes internacionales en su contraofensiva, salieran impunes.

Estados Unidos ocupaba entonces la presidencia rotativa del Consejo de Seguridad y fue el responsable de la iniciativa de crear el tribunal, a través de la Resolución 955 que era patrocinada por otros seis estados: Rusia, Reino Unido, Francia, Nueva Zelanda, Argentina y España. La negociación fue complicada debido a la actitud de Ruanda. Nueva Zelanda se opuso firmemente a la inclusión de la pena de muerte en el estatuto del tribunal, por considerarla impropia de las sociedades civilizadas. Estados Unidos, por el contrario, veía con más empatía la postura de Ruanda, que no alcanzaba a entender cómo los altos mandos y responsables del genocidio que fueran juzgados por el tribunal internacional gozarían de mejor trato que aquellos criminales de menor rango que se sometiesen a la ley ruandesa que sí contemplaba la pena capital. España tomó la palabra para señalar la importancia de que el tribunal fuese plenamente independiente. En palabras del embajador español, debía ser: «independiente de los gobiernos, de otros tribunales nacionales y de la propia ONU». Para salvaguardar esta independencia era preciso establecer el tribunal fuera de Ruanda, libre de injerencias. Aunque no se llegó a fijar la localización en aquella jornada, lo que sí quedó claro es que era improbable que Kigali acogiera al tribunal. El embajador de Ruanda, perplejo, resaltó el error de alejar la Justicia de la sensibilidad del pueblo y alegó que además tenía sentido desde un punto de vista económico: necesidad de recabar pruebas, traslado de testigos. Pero el peligro de contaminar a los jueces era insalvable. Unos meses más tarde se confirmó la ciudad elegida: Arusha, en el norte de Tanzania. Otro punto de debate fue si debía regir o no el principio de la concurrencia y supremacía del tribunal con respecto a los tribunales nacionales. El estatuto finalmente fue bien claro al respecto. Entre los estados y el nuevo organismo de Naciones Unidas habría una relación de concurrencia. Es decir, si conforme a sus propias leyes los juzgados nacionales eran competentes, podrían abrir investigaciones sobre cualquier caso relacionado con el genocidio de Ruanda, ya fuera en los tribunales de la propia Ruanda como en otros estados a través de la jurisdicción universal. Pero si el Tribunal Penal Internacional para Ruanda decidía hacerse cargo de la causa, su decisión prevalecería sobre la de los tribunales nacionales en virtud de su supremacía. El último punto parecía el más importante: el que cuestionaba la propia naturaleza y poder del Consejo de Seguridad. Se trataba de la legitimidad del consejo para crear un tribunal internacional sin el respaldo de un tratado y de apoyar lo que algunos llamaron «intervención judicial internacional». Era un tema complejo. Algunos de los pilares de la organización son la soberanía e igualdad formal de todos los estados, además del principio de no injerencia en los asuntos internos de los otros. Este conflicto se salvó con el mandato de combatir las amenazas contra la paz y seguridad internacionales, que persistían todavía en Ruanda, y que se recoge en artículo 41 de la Carta de las Naciones Unidas[13] que otorga facultades ejecutoras al Consejo de Seguridad para adoptar medidas que no impliquen el uso de la fuerza armada. Si bien la norma no recoge de manera específica la facultad de crear tribunales internacionales, tampoco la prohíbe, y todas las medidas que señala lo son a título meramente ejemplar. Asimismo, se tuvo en consideración que tan sólo un año y medio antes, con similares argumentos y aplicando las mismas disposiciones de la carta, el Consejo de Seguridad había decidido la creación del Tribunal Penal Internacional para la antigua Yugoslavia a través de la Resolución 827, de modo que muchos de los interrogantes y obstáculos ya habían sido afrontados entonces. España dio un paso al frente y afirmó la legitimidad del Consejo de Seguridad para la creación del tribunal internacional para Ruanda, estimando que, en virtud de la Carta de Naciones Unidas, tenía competencia para ello. También se expuso la necesidad de crear un tribunal de carácter permanente, en referencia al entonces proyecto de Corte Penal Internacional. Pero dada la urgencia de la situación en Ruanda, que exigía actuar con prontitud, apoyó la creación del tribunal internacional *ad hoc* para el país africano. Brasil y Argentina se opusieron en un principio a la creación del tribunal para Ruanda, aunque terminaron votando a favor, por lo que llamaron «conveniencia política». Es interesante detenerse en la coherencia argentina. En el país, que había sufrido crímenes internacionales en sus propias carnes, ya había tenido lugar el juicio a las Juntas, pero se encontraban en pleno vigor las leyes de punto final y obediencia debida. Es probable que no quisieran apoyar un precedente que, en algún momento, cuestionase su modelo de transición basado en el olvido y la impunidad. Nadie podía presagiar que el gran desafío a la impunidad en Argentina llegaría un año y medio más tarde, cuando admití a trámite en España la denuncia de la UPF contra los perpetradores de los crímenes de la dictadura. Sin embargo, Argentina finalmente votó a favor de la Resolución 955 porque consideraba que el tribunal podría convertirse en un instrumento legal y político que supondría un impacto positivo para Ruanda y para toda la comunidad internacional. Pero se mostró contraria a que éste aplicase más normas de derecho internacional de las que ya estaban vigentes y suficientemente consolidadas, postura que se vio contestada después cuando, años más tarde, el tribunal reconoció el delito de violación sexual como medio para la comisión de genocidio cuando los crímenes sexuales tienen intención genocida. La última palabra la tenía China, miembro permanente del consejo y, por tanto, con un poder de veto que condicionaba todo el proceso. En un primer momento, China se había mostrado propensa a la creación del tribunal, pues respondía a la petición del estado interesado. Pero visto el descontento de Ruanda cuando sus puntos de vista no fueron aceptados por el consejo, China se preguntaba si convenía seguir adelante y crear un tribunal que no satisfacía las expectativas ruandesas y expresó sus reticencias sobre la legitimidad del consejo para el establecimiento del tribunal. En la votación decidió finalmente abstenerse. Así, la Resolución 955 fue aprobada por trece votos a favor, una abstención (China) y un solo voto en contra, el de Ruanda. El Tribunal Penal Internacional para Ruanda había quedado formalmente constituido y se ponía sobre el tablero internacional otro mecanismo de lucha contra la impunidad que, sumado al tribunal para la antigua Yugoslavia, indirectamente alentaba el establecimiento de un tribunal internacional permanente, que llegaría algunos años más tarde con la creación en 1998 de la Corte Penal Internacional.

El Tribunal Penal Internacional para Ruanda[14] se creó con el «propósito exclusivo de enjuiciar a los responsables de genocidio y de otras graves violaciones del derecho internacional humanitario cometidas en el territorio de Ruanda y a los ciudadanos de Ruanda responsables de genocidio y otras violaciones de esa naturaleza cometidas en el territorio de sus estados vecinos entre el 1.° de enero de 1994 y el 31 de diciembre de 1994», según declara expresamente el punto número 1 de la Resolución 955, del 8 de noviembre de 1994,[15] anexa al Estatuto del Tribunal. Su sede quedó establecida en Arusha, Tanzania, el 22 de febrero de 1995, mediante Resolución 977 del Consejo de Seguridad,[16] sin perjuicio de mantener una oficina en Ruanda para facilitar el acceso a testigos y asuntos logísticos.[17] Desde su constitución, el tribunal ha juzgado a 80 individuos, condenando a la inmensa mayoría de ellos.[18] La labor jurisprudencial ha sido muy importante para el desarrollo del derecho penal internacional. Pero a pesar de sus innegables logros, el tribunal ha sido objeto de duras críticas, sobre todo en torno a dos argumentos: el coste económico global que ha supuesto y su duración (lleva ya 24 años de funcionamiento).

EL CASO NGIRABATWARE ANTE EL TPI

En aquella época, un extranjero que llegara a Arusha y quisiera llegar hasta la sede del Tribunal Penal Internacional para Ruanda (TPI) tenía que caminar por una carretera asfaltada de doble sentido flanqueada por casas a un lado y bosque al otro. Vería algún puesto de fruta sobre la acera, los surcos en la calzada para evitar las inundaciones en tiempos de lluvia y gente amable y sonriente gritando a lo lejos «Jambo mzungu!» («¡Hola, extranjero [o blanco]!»). Más adelante, encontraría el mercado

Masai, una rotonda, tiendas, algún restaurante, un par de hoteles y, finalmente, el edificio del TPI. Se trataba de un complejo de tres edificios
donde estaban los jueces y la secretaría, la fiscalía y la defensa. En la entrada era necesario solicitar un pase de visitante, atravesar el control de
metales y subir hasta la segunda planta de uno de los edificios para poder
asistir como público a las sesiones abiertas del juicio. Antes de entrar en
la sala, se efectuaba un nuevo control. Era obligatorio dejar fuera el teléfono móvil y recogerlo una vez se abandonaba la sala. La sala era austera,
decorada con moqueta y sillas de madera forradas de una tela celeste, el
color de Naciones Unidas, dispuestas frente a un cristal. Al otro lado, la
sala del juicio.

Augustin Ngirabatware había nacido en 1957 en Nyamyumba, en la
prefectura de Gisenyi, a la orilla del lago Kivu, cerca de la frontera con
la República Democrática del Congo. Doctor en economía y profesor en
la Universidad Nacional de Ruanda, fue director general del Ministerio
de Minas y Artesanía, y más tarde ministro de Planificación durante varios mandatos del Movimiento Republicano Nacional por la Democracia y el Desarrollo (MRND). Ngirabatware fue un miembro muy influ-
yente del MRND debido tanto a su cualificación académica, a su papel
en el Gobierno desde 1990 en un ministerio clave y a su relación familiar
con Félicien Kabuga, hombre de negocios muy importante y aliado del
presidente Juvénal Habyarimana. Entre las obligaciones de Ngirabatware,
estaba distribuir y administrar la ayuda enviada por la comunidad internacional, incluida la proveniente del Banco Mundial y la Unión Europea.[19]

Augustin Ngirabatware fue acusado de conspiración para cometer
genocidio durante el período comprendido entre 1990 y 1994, como
responsable de crear un plan para exterminar a los tutsis y eliminar a sus
oponentes políticos para permanecer en el poder. El plan involucró, entre
otras cosas, la instigación a la violencia étnica, la capacitación y el suministro de armas a las milicias y la elaboración de listas de las personas que
debían ser eliminadas. Se acusó a Ngirabatware de haber formado parte
en la implementación del plan, al organizar y ordenar las masacres, y también de haber tomado parte directamente en ellas. Se le acusó, además, de
incitación directa y pública para cometer genocidio y violaciones, como
crimen contra la humanidad. La fiscalía le imputaba haber asumido su
cartera ministerial en el Gobierno provisional pocas horas después del
atentado contra el avión de Habyarimana, posición desde la cual habría
distribuido las armas, bloqueado carreteras en su provincia natal para li-

quidar a los tutsis que trataran de escapar y animar a las hordas genocidas a lanzarse contra sus vecinos tutsis.[20] Durante la investigación, se obtuvo evidencia de la existencia de un proyecto cuyo objetivo era poner en peligro los Acuerdos de Paz de Arusha para permanecer en el poder, mediante el exterminio de los tutsis y sus aliados. El plan incluía la lista de opositores políticos que debían ser eliminados, algunos de los cuales fueron ejecutados la misma mañana del 7 de abril de 1994.[21]

La fiscalía del TPI para Ruanda presentó su escrito de acusación el 1 de octubre de 1999, pero no se le pudo arrestar hasta septiembre de 2007, cuando fue detenido en Frankfurt, Alemania. Un año después, se acordó su extradición y fue puesto a disposición del TPI para Ruanda en Arusha. La vista preliminar tuvo lugar el 10 de octubre de 2008, en la cual se declaró inocente. El juicio de Augustin Ngirabatware comenzó el 23 de septiembre de 2009. Después de un aplazamiento, se reanudó el 1 de febrero de 2010.

La estrategia de defensa tuvo como objetivo demostrar que, durante la campaña de genocidio, Ngirabatware estuvo fuera del país.

Los idiomas del juicio eran tres: inglés, francés y kinyarwanda (el idioma oficial de Ruanda).

El tribunal estaba formado por tres magistrados. El presidente, el juez Sekule, era tanzano. A su derecha se sentaba la jueza Bosse, de Uganda y, a su izquierda, se encontraba el juez Rajohnson, oriundo de Madagascar. Los dos primeros eran angloparlantes y representantes del sistema jurídico anglosajón (*common law*), mientras que Rajohnson bebía de la tradición del derecho europeo continental.

La destreza de los letrados de la defensa en el control de las normas procesales era muy llamativa. Sacaban partido a cada error de la fiscalía para ganar tiempo o anular pruebas. El fiscal buscaba cualquier incongruencia en el discurso del testigo para desbaratar toda su credibilidad. Los jueces tomaban nota en silencio de cada dato, de cada movimiento y resolvían las mociones o las quejas de las partes.

La abogada defensora, canadiense, continuaba con sus preguntas. Canadá se había convertido en una gran cantera de letrados internacionales, pues dominaban tanto el inglés como el francés, los idiomas oficiales en el tribunal. En un momento determinado, la letrada defensora solicitó pasar a sesión cerrada. El juez aceptó y enseguida cubrieron el cristal con una cortina y se desalojó la sala, para oír al testigo protegido que tenía que deponer ante el tribunal, garantizándose así su identidad con un número de referencia.

Durante algo más de dos años, la fiscalía y la defensa presentaron numerosas pruebas y, posteriormente, nueva prueba de refutación. La presentación de los argumentos finales de las partes tuvo lugar entre el 23 y el 25 de julio de 2012.[22]

El 20 de diciembre de 2012, los tres magistrados internacionales volvieron a entrar en una sala llena de expectación. El presidente de la Sala Segunda, el juez Sekule, dio lectura al resumen de la sentencia: introducción, hechos probados y fallo. Augustin Ngirabatware estaba de pie escuchando con atención el veredicto. Fue sentenciado a 35 años de prisión, culpable de genocidio, incitación pública y directa a cometer genocidio y violación como crimen de lesa humanidad. La defensa apeló el fallo pidiendo que anularan todas las condenas por los distintos cargos y reclamando su absolución. Alternativamente, también pidió que se redujera la pena de prisión. El 30 de junio de 2014, la Sala de Apelaciones escuchó los argumentos de cierre de las partes y el 18 de diciembre de ese mismo año los jueces emitieron su veredicto: la sala confirmó seis de los cargos y anuló uno, absolviendo a Ngirabatware de la acusación de «empresa criminal conjunta» (una suerte de asociación ilícita más amplia que en nuestro sistema) para cometer genocidio y, como consecuencia, la pena se redujo a 30 años de prisión.[23]

Mecanismo Residual

El llamado «Mecanismo Residual» de Naciones Unidas era un nuevo órgano creado por el Consejo de Seguridad para garantizar el legado de los tribunales internacionales *ad hoc*. Sus funciones se fueron concretando poco a poco. Entre ellas estaban: reabrir los casos contra los fugitivos que pudieran ser detenidos en el futuro, mantener y velar por el archivo, ofrecer protección permanente a los testigos y coordinarse en sus labores con el llamado «Monitoring Team» o equipo de supervisión de los casos transferidos a Ruanda.

A finales de 2011, empezaba a cuajar la idea de que era necesario cerrar por fin el tribunal para Ruanda y que algunos de los últimos casos fueran remitidos a los tribunales locales de Kigali. Era la primera vez que se transferían acusados de una jurisdicción internacional a una jurisdicción nacional. Así pues, el Monitoring Team estaba encargado de supervisar los procesos abiertos contra los acusados por el TPI retomados por Ruanda. Eran casos sin la suficiente entidad como para ser juzgados por tan alto tribunal. Por otro lado, se extendía el convencimiento de que Ruanda, después de haber reformado su legislación, abolido la pena capital y reconocido nuevos derechos procesales acordes con los estándares internacionales, era plenamente capaz de enjuiciarlos. Una lista con los nombres de los ocho casos elegidos para ser transferidos hacía referencia a presuntos genocidas.[24]

El primero en llegar a Ruanda fue Jean-Bosco Uwinkindi,[25] a quien se acusaba de genocidio. En su condición de pastor protestante, presuntamente habría utilizado su iglesia como ratonera para masacrar a cientos de tutsis y hutus moderados. Uwinkindi tendría que hacer frente ahora a la Justicia en su propio país.

Kigali es el escaparate de un país que convence al visitante de que ahí nada ha sucedido. Con la ayuda económica que recibió Ruanda por parte de la comunidad internacional para lavar su vergüenza, se construyeron buenas carreteras y se plantaron jardines. El FPR, en el Gobierno desde el fin del genocidio y liderado por Paul Kagame, ha hecho un buen trabajo a la hora de administrar los fondos. Ruanda es hoy uno de los países más estables de África y uno de los menos corruptos. Las calles y avenidas están limpias, las luces de las carreteras entre localidades alumbran las montañas en las que se cultivan bananas, mandioca, papayas o los campos de té que perfuman la noche, la policía patrulla las calles y lugares estratégicos convirtiendo el territorio en un oasis para los turistas. En lo político, Ruanda presume de tener el Parlamento con el mayor porcentaje de mujeres del mundo, el 61 por ciento, y una economía en expansión. Hay internet de alta velocidad instalado en todo el territorio, aunque la conexión en las zonas rurales es todavía irregular, mientras se posiciona como país ejemplar en el uso de energías renovables.[26]

Sin embargo, se acusa al presidente Kagame de propiciar una situación de constante inestabilidad en la región, especialmente en el país vecino, la República Democrática del Congo. Se denuncia que, tras el genocidio, la paz y estabilidad de Ruanda se ha construido a costa de las libertades civiles y de elecciones no competitivas. Human Rights Watch ha denunciado en repetidas ocasiones que algunos de los rivales políticos del FPR han desaparecido o han muerto. Se denuncia también la falta de libertad de prensa y la existencia de una censura velada contra los críticos con el Gobierno.[27]

En agosto de 2017, Paul Kagame, que gobierna el país desde el año 2000, fue elegido para un tercer mandato de otros siete años más, gracias a su narrativa del «ser ruandés» por encima de hutu o tutsi, que comienza a enraizar en las nuevas generaciones nacidas después de 1994.[28] Con una reforma de la Constitución, Kagame podría ser reelegido y permanecer en el cargo hasta 2034.[29]

RUANDA, REPÚBLICA DEMOCRÁTICA DEL CONGO Y LA JURISDICCIÓN UNIVERSAL EN ESPAÑA

El 23 de febrero de 2005, el Foro Internacional por la Verdad y la Justicia en el África de los Grandes Lagos[30] presentó una querella[31] ante la Audiencia Nacional para que se investigasen los hechos que afectaron a nueve cooperantes españoles en Ruanda y la República Democrática del Congo entre 1994 y 2000.[32] El caso fue admitido a trámite por el Juzgado Central de Instrucción n.º 4, dirigido por el juez Fernando Andreu, el 6 de abril del mismo año. Durante los tres años siguientes, el juez recibió los testimonios alrededor de cien víctimas y testigos que comparecieron ante la Audiencia Nacional. Muchos de ellos viajaron desde África y Europa para poder cumplir con lo que consideraban un deber moral: colaborar con la Justicia. El 6 de febrero de 2008, se dictó un auto de procesamiento en el que se concretaron los hechos objeto de la investigación, los nombres de los imputados, las normas aplicables al caso y los delitos de que se les acusaba: genocidio, crímenes de lesa humanidad, delitos contra las personas y bienes protegidos en caso de conflicto armado (crímenes de guerra), integración en organización terrorista y terrorismo; todos en relación concursal con los delitos de homicidio y sus formas, lesiones, contra la libertad, de torturas y otros contra la integridad moral, y contra el patrimonio y el orden socioeconómico. Además de abrir proceso a los imputados, el auto dispuso hasta cuarenta órdenes de detención y extradición contra numerosos altos mandos ruandeses.[33]

Es preciso recordar que desde 1994, con el fin del genocidio, la minoría tutsi recuperó el poder. Si bien es cierto que ha habido grandes progresos en términos sociales y se ha prohibido la distinción entre tutsi y hutu, y se han buscado sistemas alternativos de Justicia implantando tribunales consuetudinarios como los *gacaca* (tribunales de Justicia participativa, que no están exentos de deficiencias incluyendo corrupción e irregularidades procesales),[34] con posterioridad al genocidio se han seguido cometiendo vulneraciones de los derechos humanos. Los analistas aseguran que no podrá hablarse de verdadera democracia hasta que no cesen las persecuciones a la oposición, llegando a ser calificada la situación política por algunos como una «democracia de fachada».[35] Fuera de sus fronteras, las mayores críticas se han centrado hasta no hace mucho en la inestabilidad promovida en la República Democrática del Congo, debido a las incursiones del ejército ruandés desde el noreste del país.[36]

REPÚBLICA DEMOCRÁTICA DEL CONGO. LA GUERRA INTERMINABLE

Con la entrada en Kigali del FPR, en julio de 1994, el genocidio terminó formalmente, pero también provocó que dos millones de ruandeses hutus se refugiaran en países vecinos como Burundi, Tanzania o la República Democrática del Congo. En 1996, el nuevo Gobierno de Ruanda decidió hacer algo frente al problema de los refugiados en el Congo, concretamente en la región del lago Kivu, límite natural entre Ruanda y la República Democrática del Congo. Con la ayuda de Uganda se embarcó en una intervención militar. Aproximadamente 600.000 refugiados fueron repatriados mientras que otros 400.000 hutus escaparon hacia el interior y el oeste del Congo. La República Democrática del Congo, gobernada desde 1965 por Mobutu Sese Seko, se encontraba sumida en una gran crisis política. La rebelión ganaba posiciones, capitaneada por Laurent-Désiré Kabila, en lo que se llamó la Alianza de Fuerzas Democráticas por la Liberación del Congo (AFDLC). Ésta incluía a rebeldes congoleños, con el apoyo y participación de Ruanda, Uganda y Burundi, que partieron hacia Kinshasa para acabar con los hutus en fuga y «destronar» al propio Mobutu. Este conflicto fue conocido como la «Primera Guerra del Congo». La coalición tomó Kinshasa en 1997 y Kabila se convirtió en el nuevo presidente de la República Democrática del Congo, lo que, sin embargo, no fue en absoluto una garantía de estabilidad en la región.[37] En 1998, se produjo una nueva rebelión en la región del lago Kivu, desencadenando la Segunda Guerra del Congo, también llamada, con más propiedad, «la Gran Guerra de África». En ella, la alianza de Ruanda, Uganda y Burundi se enfrentó contra su antiguo aliado, Laurent-Désiré Kabila, que ya tenía su propia oposición interna levantada en armas contra él. Desde el otro lado, Angola, Zimbabue y Namibia salieron en auxilio de Kabila. El conflicto se prolongó durante años. Es importante destacar que esta región es muy rica en recursos naturales, por lo que los distintos grupos luchaban especialmente por controlar las zonas de explotación, dando incentivos para la prolongación del conflicto armado. A pesar de que la producción de la minería y la industria maderera habían disminuido considerablemente debido a la guerra, los ejércitos seguían cobrando las tasas de explotación. Las multinacionales solicitaron ayuda militar para proteger sus intereses comerciales, y hay constancia de que fuerzas ugandesas y ruandesas optaron por acudir a socorrerlas, desentendiéndose de sus objetivos militares.[38] El punto de inflexión tuvo lugar en enero de 2001, con el asesinato de Laurent-Désiré Kabila, al que sucedió su hijo Joseph Kabila. El nuevo presidente, más dispuesto a la negociación, reanudó las conversaciones en febrero de 2002, que fueron conocidas como «diálogo intercongoleño», y que tuvieron lugar en Sudáfrica.[39] La paz formal llegó en julio de 2003 con la creación de un Gobierno de unidad nacional en Kinshasa, pero el conflicto y la inestabilidad continuaron, especialmente en la región del Kivu, en la que el Gobierno de Ruanda sigue alimentando el desequilibrio para extraer sus recursos naturales.

Al finalizar la guerra, la región quedó bajo el control de grupos rebeldes que no aceptaron al Gobierno central, incluso tras la paz formal. Fue una constante en ambos bandos el empleo de niños soldado, que llegaron a ser 30.000 en los peores momentos del conflicto. Las mujeres también fueron especialmente castigadas. Durante un solo semestre, en 2006, fueron violadas 12.000 mujeres y niñas, alcanzando el espantoso récord de casi 70 violaciones diarias de promedio. Esta verdadera «guerra mundial» africana propició la puesta en marcha de la misión de paz más grande de la historia, que resultó ser completamente ineficaz.[40]

La paz lograda en 2003 duraría muy poco. Apenas un año más tarde, el conflicto armado se reactivó después del ataque a Bukavu por las recién creadas fuerzas rebeldes del Consejo Nacional para la Defensa de los Pueblos (CNDP) de Laurent Nkunda, que se había autoproclamado defensor de la comunidad tutsi congoleña. Tras diferentes procesos de paz fallidos, en enero de 2009 el ejército congoleño, apoyado por el ruandés, desplegó una ofensiva contra el CNDP, que se saldó con la división interna del grupo rebelde y la deposición de Nkunda, que fue sustituido por el general Bosco Ntaganda. Nkunda fue detenido en Ruanda el 22 de enero de 2009, y Ntaganda puso fin a las hostilidades firmando la paz con el Gobierno congoleño en marzo de ese mismo año. Paralelamente, en la región de Ituri, fronteriza con Uganda, las milicias locales y los grupos rebeldes extranjeros, sobre todo los ugandeses del Ejército de Resistencia del Señor (LRA, por sus siglas en inglés) de Joseph Kony y, en menor medida, las Fuerzas Aliadas Democráticas (ADF, por sus siglas en inglés) prosiguieron con las hostilidades. En 2008, después de la ruptura del Acuerdo de Paz de Yuba entre el Gobierno ugandés y el LRA, este último intensificó los ataques en el Congo dando lugar a la operación militar Lightning Thunder («Trueno Luminoso»), que atacó las bases del LRA en el país, generando un gran impacto en la población civil.[41]

La paz alcanzada en 2009 se prolongó hasta 2012, cuando exmiembros del CNDP, que se habían integrado en el ejército congoleño tras el acuerdo de paz, desertaron y crearon un nuevo grupo rebelde, el M23, en alusión a la fecha de implementación del acuerdo de paz, 23 de marzo de 2009, cuyo incumplimiento denunciaban. Esta rebelión contó con el apoyo indirecto de Uganda y Ruanda, según denunciaron Naciones Unidas y Human Rights Watch. El punto álgido de este nuevo rebrote de la violencia tuvo lugar en noviembre de 2013, cuando fuerzas rebeldes tomaron la ciudad de Goma, situada en la ribera norte del lago Kivu, fronteriza con Ruanda. Debido a importantes presiones de la comunidad internacional, en febrero de ese año se firmó un acuerdo entre los 11 países africanos de los Grandes Lagos para ayudar a estabilizar la región y retirar el apoyo a los grupos rebeldes. Mientras tanto, en Ituri, a principios de 2013, la guerrilla de origen ugandés ADF inició una oleada de reclutamiento forzado y secuestros en la región, generando una nueva escalada de ataques contra la población civil que se mantiene hasta la actualidad. El LRA, por su parte, con el tiempo fue perdiendo capacidad militar, y hoy es una fuerza residual.[42]

El conflicto congoleño es una realidad latente hasta la fecha, debido no sólo a la existencia de numerosos actores regionales y locales sino, principalmente, a los intereses internacionales en juego, que han hecho que la guerra sea mucho más lucrativa que la estabilidad y la democracia, lo que exige un plan de intervención integral para lograr una paz estable.[43] Asimismo, la comunidad internacional no debe permitir que quienes han cometido estos terribles crímenes y quienes los han instigado y financiado queden impunes, lo que incluye a las grandes corporaciones privadas con intereses económicos en la zona. De momento y a pesar de la intervención en algunos casos de la CPI, tampoco se ha conseguido contribuir a la estabilidad de la zona desde la Justicia internacional (casos Ituri-Kony y Kivu del Norte).

ESPAÑOLES EN RUANDA Y REPÚBLICA DEMOCRÁTICA DEL CONGO

La querella presentada en España, recaída en el juzgado Central de Instrucción n.º 4 de la Audiencia Nacional, tiene como contexto los hechos sucedidos en Ruanda y en la República Democrática del Congo, que no fueron incluidos ni investigados por el TPI para Ruanda. La querella en realidad se basa en el principio de personalidad pasiva, ya que está dirigida a que se investigue, juzgue y sancione a quienes sean responsables de los hechos que afectaron a nueve cooperantes españoles. Si bien la causa es única, para lograr mayor eficiencia en la investigación, ha sido dividida en cuatro acontecimientos separados, de acuerdo con el auto de procesamiento del 6 de febrero de 2008.

La historia de un valiente[44]

Joaquim Vallmajó i Sala, oriundo de Navata, Figueres (Girona), nació el 21 de marzo de 1941. El 27 de junio de 1965, a los 24 años se ordenó sacerdote, iniciando ese mismo año su trabajo como misionero en Ruanda, distinguiéndose desde sus inicios por su labor en defensa de los derechos humanos. Tras toda una vida en el país, había asumido la responsabilidad de dirigir las obras sociales y de desarrollo de la diócesis de Byumba, al norte de Ruanda, así como la atención a los desplazados por la guerra, organizada en los campos de refugiados de Rebero, Kabondo, Muhura y Bugarura. Fiel a sus convicciones, el padre Vallmajó señaló abiertamente las injusticias que sufría el pueblo, en particular los desplazados y refugiados, sin importar su origen étnico, ya fueran tutsis o hutus. Asimismo, denunció con vehemencia los graves hechos de violencia que cometían ambos bandos, presagiando lo que era difícil de prever en ese momento: «la zairización del conflicto». En alguna ocasión llegó a escribir que «los tutsis han lanzado una campaña mundial de desinformación para hacer creer que los asesinos son las víctimas y las víctimas, los asesinos». Ello, porque si bien el genocidio de los hutus contra los tutsis se organizó y planificó desde el estado, no quiere decir que los tutsis, y en particular el FPR, no cometieran también atrocidades durante la guerra en sus intentos por hacerse con el control del estado. En abril de 1994, el padre Vallmajó realizó una declaración a la prensa, denunciando que, en ocasiones, la televisión filmaba intencionadamente a cadáveres identificados como víctimas tutsis cuando en realidad se trataba de víctimas hutus, para dar así a entender que la violencia y atrocidades habían operado en un sólo sentido. Pocos días después de sus declaraciones, uno de los colaboradores del padre Vallmajó fue asesinado, por lo que el sacerdote pidió explicaciones a los militares del APR. Dos días más tarde, el 25 de abril, cuando acudía acompañado de otros tres sacerdotes, al rescate de unas jóvenes monjas atrapadas en una zona de combate, fue interceptado por un control del FPR, cuyo responsable le reconoció, le acusó de ser «discípulo de André Perraudin», y le amenazó: «en tus homilías has hablado mal de nosotros [...] tú has dicho que los del FPR se condenarían [...] pagarás esto algún día». Al día siguiente, el 26 de abril, militares del APR aprehendieron a Joaquim Vallmajó en Kageyo (Byumba). Nunca más se volvió a saber de él. Presuntamente muerto, su cuerpo tampoco ha sido recuperado. Con él desaparecieron también, sin dejar rastro, los tres religiosos hutus que el día anterior habían viajado para recoger a las monjas. Sus nombres eran Joseph Hitimana, Faustin Mulindwa y Fidèle Milinda. Hasta hoy, las autoridades ruandesas no han remitido contestación a la consulta realizada por el Juzgado Central de Instrucción n.º 4 de la Audiencia Nacional, pidiendo información sobre las diligencias de investigación que se hubieran podido realizar para descubrir a los autores de la desaparición y muerte del padre Joaquim Vallmajó.

Los hermanos maristas[45]

El auto de procesamiento del juez Fernando Andreu hace referencia a otras cuatro víctimas españolas, cuya situación conjunta corresponde a un acontecimiento con entidad propia. Se trata de cuatro hermanos maristas, Servando Mayor García, Julio Rodríguez Jorge, Miguel Ángel Isla Lucio y Fernando de La Fuente de La Fuente que formaban parte de la comunidad que la orden religiosa había implantado en el campo de refugiados de Nyamitangwe, a unos 20 kilómetros al oeste de la ciudad de Bukavu, en la parte oriental del Congo, en la ribera sur del lago Kivu fronteriza con Ruanda.

El campo de refugiados, administrado por la Cruz Roja Internacional bajo el patrocinio de ACNUR, acogía en condiciones extremas hasta unos 30.000 refugiados ruandeses, en su mayoría jóvenes menores de 25 años, sobre todo niños. Los cuatro religiosos vivían a unos tres kilómetros del campo, en el poblado de Bugobe, y habían organizado una escuela a la que acudían unos 5.000 niños, refugiados hutus y congoleños, donde cursaban su enseñanza primaria y secundaria. Esta iniciativa fue contestada por los gobiernos de la República Democrática del Congo y de Ruanda. Los religiosos españoles no se cansaban de denunciar la situación en la que vivían los refugiados, especialmente cuando en junio de 1996 ACNUR suspendió la ayuda alimentaria, dada la situación en la que quedaban los que se negaban a regresar a su país.

A finales de octubre de 1996, a pesar de las noticias del avance de los rebeldes banyamulenge (tutsis congoleños) apoyados por el FPR (tutsis de Ruanda), los religiosos españoles decidieron permanecer junto a los refugiados que no habían podido huir, en su mayoría hutus, prestándoles ayuda y asistencia.

A través de la cadena COPE, el 30 de octubre Servando Mayor García envió, en nombre de los refugiados, una urgente petición de auxilio, solicitando que se estableciera un corredor humanitario ante el exterminio que se estaba llevando a cabo. No habían pasado 24 horas cuando los militares rebeldes y del FPR llegaron al Campo de Nyamitangwe. La mañana de 31 de octubre, Servando Mayor consiguió comunicarse por teléfono, informando que el campo estaba vacío, que estaban solos y que esperaban el ataque de un momento a otro. Hacia las ocho de la tarde, el religioso contactó por teléfono con un primo suyo y, mientras hablaban, irrumpieron algunas personas en el lugar donde se encontraba. «Te dejo, tenemos visita...» «¿Buena o mala?» «Parece que mala...» Según recoge el auto de procesamiento de la Audiencia Nacional, algunos zaireños escucharon gritos y disparos. Unos días más tarde, el 9 de noviembre, a unos 20 metros de la casa de los maristas se encontraron los cuerpos sin vida de los cuatro misioneros con signos de haber sido torturados, con heridas de bala y de machete, en un pozo ciego de unos 12 metros de profundidad.

Médicos solidarios[46]

Tan estremecedora como las anteriores historias que el magistrado fue registrando en su auto, es la de los tres doctores de Médicos del Mundo: María Flors Sirera Fortuny, Manuel Madrazo Osuna y Luis Valtueña Gallego.

Los médicos trabajaron inicialmente en el campo de refugiados de Mugunga, que albergaba a unos 250.000 refugiados hutus, entre diciembre de 1996 y enero de 1997. Desde allí, trasladaron su proyecto de asistencia sanitaria a Ruhengeri. Tras complicadas negociaciones con las autoridades locales, se aprobó una iniciativa de apoyo sanitario en una circunscripción que comprendía una población de unas 200.000 personas, 45.000 de las cuales eran refugiadas retornadas a sus lugares de origen. El objetivo del proyecto era la formación y motivación del personal sanitario local, la mejora de las infraestructuras sanitarias esenciales y de las actividades curativas y preventivas en materia de salud. Además, intensificaron la distribución de medicamentos a los distintos dispensarios de la zona. El 16 de enero de 1997, viajaron al dispensario ubicado en Kabere para llevar medicinas. Llegaron pocas horas después de que hubiera tenido lugar una masacre que costó la vida a más de 50 personas. Entre escenas terribles, ayudaron a la población atendiendo a los heridos. Una persona se les acercó diciendo que conocía un lugar donde había más gente moribunda y donde había cadáveres que aún no habían sido retirados. Los cooperantes fueron con ella y comprobaron no sólo la presencia de heridos y muertos, sino también la existencia de una fosa común con cientos de fallecidos durante una masacre que habría tenido lugar el 14 de enero. Su presencia en el lugar y el hecho de que hubieran sido testigos del resultado de las masacres no pasaron desapercibidas para los agentes de la Dirección de Inteligencia Militar de Ruanda. Los médicos españoles regresaron a la sede de Médicos del Mundo en Ruhengeri, donde también trabajaban Save the Children y Médecins Sans Frontières. En esa misma zona y muy cerca de las sedes de las organizaciones humanitarias, estaban las dependencias de la Gendarmería Nacional, en la que trabajaban más de 250 policías y efectivos militares del FPR, que entonces ya gobernaba el país; la Escuela Militar, con más de 120 efectivos; varios destacamentos militares; el campo militar de Muhoza y también la oficina de Operación sobre el Terreno en Ruanda del Alto Comisionado para los Derechos Humanos (HRFOR, por sus siglas en inglés). Apenas cuatro días después de que los cooperantes españoles descubrieran la fosa clandestina, el 18 de enero, se produjeron los sucesos que afectaron a las organizaciones humanitarias internacionales de Ruhengeri.

A las siete de la tarde, pocos minutos después de iniciado el toque de queda, se escucharon disparos en la zona. Tras apagar las luces, cerrar puertas y ventanas y evitar espacios abiertos, Manuel Madrazo contactó vía telefónica con el campamento base de Médicos del Mundo en Nairobi (Kenia), y habló con Carmen Coll Capella y con Cristina Pardo, avisando de que habían escuchado disparos y estaban alerta. Sobre las 19.40 horas, la residencia de Save the Children recibió un primer asalto. Un número indeterminado de balas impactaron contra la puerta metálica de la casa. A continuación, se escucharon dos fuertes explosiones, una de ellas debida al lanzamiento de una granada, que provocó daños en la casa y en los vehículos aparcados en el exterior de la residencia. Pocos minutos después, se personaron militares que dijeron pertenecer al FPR, al parecer para darles protección. Sin embargo, los miembros de la ONG se negaron a abrir la puerta de la casa.

Veinte minutos después, un grupo de entre 8 y 12 hombres armados, la mayoría de ellos con uniformes militares, se presentaron en la residencia de Médicos del Mundo, que estaba cerrada y custodiada por un vigilante llamado Jean de Dieu Batuye. Cuatro hombres del FPR con uniformes de camuflaje, que llevaban tres armas largas y una corta, informaron al vigilante que acudían a garantizar la seguridad de los cooperantes españoles. El vigilante les dejó pasar mientras el resto de los militares permanecían fuera de la casa. Los cuatro hombres accedieron a la vivienda y hablaron con sus ocupantes, los doctores María Flors, Manuel Madrazo, Luis Valtueña y el estadounidense Nitin Madhav. Durante la conversación, uno de los hombres hurtó algunos efectos de escaso valor mientras inspeccionaba la casa y, después, el militar que parecía ser el jefe les solicitó los pasaportes y los examinó. Al encontrar todo en regla, ordenó a los demás militares que abandonaran la casa. Unos instantes después, los médicos oyeron disparos en el exterior. Manuel Madrazo y Nitin Madhav se tiraron al suelo, mientras María Flors y Luis Valtueña optaron por huir hacia la parte trasera de la casa. En cuestión de segundos, el mismo jefe militar volvió a entrar y, sin mediar palabra, disparó contra Manuel Madrazo y Nitin Madhav, mientras otro militar se adentraba en la vivienda y disparaba a María Flors. Desde el exterior de la casa dispararon contra la cocina donde se encontraba Luis Valtueña, que fue alcanzado por una ráfaga. Manuel Madrazo, María Flors y Luis Valtueña perdieron la vida. Nitin Madhav resultó gravemente herido en su pierna derecha, que hubo de ser amputada esa misma noche.

Sobre las 20.15 horas un grupo de unos 8 a 10 militares pertenecientes al FPR del destacamento del Ruhengeri dispararon en las proximidades de la sede de Médecins Sans Frontières. Intentaron en vano que los vigilantes les abrieran las puertas, hasta que cejaron en su empeño y abandonaron el lugar.

Fueron tres ataques sucesivos en contra de cada una de las entidades humanitarias que trabajaban en el sector en un lapso de dos horas, sin que se produjera reacción alguna por parte de los efectivos militares y policiales establecidos en la zona.

En el momento de concluir este libro, las autoridades ruandesas no han contestado a la petición de información formulada desde el Juzgado Central de Instrucción n.º 4 de la Audiencia Nacional, sobre alguna eventual investigación que hayan realizado las autoridades ruandesas de las circunstancias, naturaleza y posible autoría de estos hechos.

Un promotor de la paz[47]

El último caso de una víctima española que el juez Andreu incluyó en su instrucción es el de Isidro Uzcudun Pouso. Uzcudun se ordenó sacerdote en 1957 y viajó a Ruanda en 1963. Allí prestaba servicio en las parroquias de Kayensi y Mugina (Ruanda central). Era un reconocido promotor de la paz y de la reconciliación, firme defensor de los derechos humanos que destacó por su denuncia constante de la injusticia y la defensa de las personas ante los abusos, lo que le granjeó múltiples desencuentros con las autoridades ruandesas, en particular con el FPR, un grupo tildado de negacionista y genocida. Y no era para menos. Sólo en Mugina, el FPR asesinó a 1.325 personas entre mayo de 1994 y agosto de 1995. En 1996 y 1997, las autoridades del FPR llegaron a calificar a los sacerdotes de la localidad de «interahamwes» (extremistas hutus), contra los que dirigieron ataques verbales y amenazas con motivo de la exigencia de explicaciones de los sacerdotes sobre el estado de los refugiados que llegaban a Mugina. El día 10 de junio de 2000, un joven de nombre Sylvain Rulinda llegó a la parroquia sobre las diez de la mañana en un vehículo Toyota y preguntó en tres ocasiones por Isidro Uzcudun. Le acompañaban el sargento Marcel Kalisa y dos civiles no identificados. Hacia las 18.00 horas, el sargento Kalisa y uno de los civiles aprovecharon la llegada del ayudante del párroco, Janvier Ndayambaje, que entró en la iglesia por la puerta lateral, para acceder junto a él. Una vez dentro, lo inmovilizaron y fueron a buscar al padre Uzcudun que estaba en su despacho. El civil llevaba una pistola y el sargento un fusil kaláshnikov. Le pidieron las llaves del coche y dinero. Uzcudun les entregó el que tenía en un cajón. Cuando le reclamaron más dinero, el sacerdote se negó, diciéndoles que si habían venido a matarle que lo hicieran rápido. El sargento Kalisa le apuntó al rostro y disparó, causándole la muerte.

Como en los otros casos, no se ha recibido información alguna de las autoridades de Ruanda referente al procedimiento que se hubiera podido seguir para la determinación de los hechos que concluyeron en el asesinato de Isidro Uzcudun.

Los razonamientos jurídicos del instructor

El auto de procesamiento del instructor Fernando Andreu señala:

Aplicando dichas tesis al caso, de lo actuado existen indicios racionales y fundados de que los máximos responsables de la organización políti-
co/militar, FRONT PATRIOTIQUE RWANDAIS (FPR) - ARME PA-
TRIOTIQUE RWANDIASE (APR) entre los que se encuentran los aquí
procesados, han desplegado todo un abanico de metodología criminal,
primero operando desde el exterior de Ruanda, desde Uganda, y posteriormente desde y en el propio territorio de Ruanda, tomando el poder
por la fuerza mediante atentados terroristas estratégicos y operaciones bélicas abiertas, tomando el control absoluto de la estructura del estado,
generando a partir este momento un auténtico régimen de terror, no sólo
a partir de la propia estructura dictatorial de ese estado sino, sobre todo, a
partir de una compleja y jerárquica estructura paralela encargada de llevar
a cabo horrendos crímenes contra la población civil, tanto nacional como
extranjera, preseleccionada por motivos étnicos y/o políticos, culminan-
do dicho plan criminal, so pretexto simulado de seguridad, con la invasión
y conquista, por dos veces de la inmensa República Democrática del
Congo, en compañía de otros grupos político-militares creados al efecto
o aliados, exterminando, en esas dos fases, de forma sistemática, organizada y fuertemente jerarquizada, a un número indeterminado, y que según
algunas fuentes pudiera acercarse, en todo el período que comprenden los
hechos de este proceso, a los cuatro millones de personas tanto personas,
refugiadas hutus ruandesas como población civil congoleña, en su mayoría
hutus congoleños, realizando un pillaje y saqueo de enormes dimensiones, sobre todo de recursos naturales valiosos, madera y minerales valiosí-
simos y estratégicos, creando una red criminal de explotación y saqueo de
tales bienes, lo que le permite mantener el poder y dominación geoestra-
tégica en la zona, autofinanciar sus guerras, enriquecerse individualmente
y como grupo, y proseguir, extender y especializar su plan criminal de
exterminio y dominación.

Resulta evidente que en el estrecho marco procesal en que nos encontramos no se recogen todos los hechos que, desde 1990 y hasta la actualidad, han sucedido en Ruanda, enfocándose respecto de aquellos hechos que nunca han sido ni han podido hasta la fecha ser objeto de
persecución penal, por cuanto el Tribunal Penal Internacional para Ruanda vendría a ser el marco más adecuado para el enjuiciamiento de los hechos ocurridos durante 1994 y especialmente del tremendo exterminio
sufrido por los ruandeses de la etnia tutsi, tan criminalmente deplorable

como los hechos aquí enjuiciados, como lo es el hecho de que el presente procedimiento aún no se encuentra cerrado, habiéndose procedido a realizar aquellas imputaciones que, al día de la fecha, se han revelado en virtud de las pruebas hasta hoy practicadas, y ello sin perjuicio de aquellas que se encuentran aún pendientes y deban realizarse...[48]

DIFICULTADES

Estos eran los focos de investigación del juez Andreu, conexos con los crímenes de genocidio vividos en aquel período. Las dificultades eran obvias: las autoridades de Ruanda no respondían a ningunos de sus exhortos para comprobar que dichos sucesos estaban siendo o no investigados y tampoco se encontraba en territorio español ninguno de los cuarenta acusados. Aunque era complicado seguir adelante, merecía la pena intentarlo. La atmósfera de impunidad era insoportable y los delitos se encontraban en su mayoría fuera de la jurisdicción del TPI para Ruanda.

Sin embargo, una noticia dio un halo de esperanza a las víctimas. Uno de los acusados se encontraba en Sudáfrica. Era Faustin Kayumba Nyamwasa, general mayor, que había dirigido el servicio de inteligencia de Ruanda y llegó a ser embajador en la India, y a quien se le atribuía responsabilidad de los asesinatos del sacerdote Joaquim Vallmajó en 1994 y de los médicos María Flors, Manuel Madrazo y Luis Valtueña en 1997. Si bien Nyamwasa había estado muy cercano a Paul Kagame, su disidencia política le llevó a enfrentarse a él y a pasarse a la oposición, lo que le valió el exilio a Sudáfrica en 2010. En junio de ese mismo año resultó herido, víctima de un disparo en el estómago. Todo apuntaba a que se trataba de un atentado político. En septiembre, España solicitó a Sudáfrica su extradición, pero, desgraciadamente, Pretoria se negó a colaborar y nunca respondió a la solicitud española. El juez Andreu no fue el único en interesarse por el procesamiento de Nyamwasa, desde 2006 está también acusado en Francia por crímenes análogos.

LAS CONSECUENCIAS DE LA REFORMA DE LA LOPJ DE 2014 EN ESTE CASO

El caso de Ruanda fue uno de los que se vieron afectados por la reforma de la jurisdicción universal de 2014. Con desesperación, las víctimas vieron cómo sus esperanzas de Justicia se posponían, nuevamente, en aras de intereses económicos. La causa de Ruanda se archivó en 2015 por orden de la Sección Tercera de la Sala de lo Penal de la Audiencia Nacional con la oposición de la fiscalía. El Tribunal Supremo confirmaría poco después el archivo, si bien matizó que sería un archivo provisional.

No obstante, el mismo año que ordenó el sobreseimiento de estos casos, la misma Sección Tercera atendió las solicitudes de las acusaciones. En un auto, los jueces acordaban reabrir la causa contra el general ruandés Faustin Kayumba Nyamwasa y remitían tal decisión al juez Fernando Andreu. La fiscalía también mostraba su acuerdo. Al instructor le planteaban que valorase la oportunidad de reiterar la solicitud de extradición. Sudáfrica habían reconocido al general la condición de refugiado.

El derecho internacional y la legislación interna sudafricana establecen que no puede otorgarse el estatus de refugiado a presuntos responsables de crímenes internacionales. A pesar de ello, Nyamwasa gozaba de asilo en Sudáfrica. La organización Southern Africa Litigation Centre inició en ese momento una larga batalla judicial para impugnar el asilo de Nyamwasa ante la Corte Suprema sudafricana.[49] Para ello, se basaron en la investigación abierta con base en la jurisdicción universal en Francia y España. En este punto, desde la Fundación Internacional Baltasar Garzón (FIBGAR) colaboramos con Southern Africa Litigation Centre presentando un escrito (*amicus curiae*) en el que se daba constancia del proceso abierto en España contra el militar y aclarando que el archivo provisional de la causa se debía a la reforma de la LOPJ de 2014, que, si bien establecía obstáculos de carácter procesal, estos no afectaban en ningún modo a los indicios sólidos existentes contra Nyamwasa. Lo que pretendíamos con este dictamen era apoyar la revisión y revocación del estatus de refugiado concedido en 2010. A este *amicus curiae* el procesado contestó con virulencia. Alegaba que FIBGAR no había entendido el proceso, que España no tenía jurisdicción y que se trataba de una caza de brujas. Cuestionaba que el proceso abierto por la Audiencia Nacional fuera relevante para refutar su condición de refugiado y se permitía criticar nuestro sistema judicial. Añadía que se le había negado la participación en el proceso abierto en España y lanzaba acusaciones de neocolonialismo y abuso en el uso de la jurisdicción universal, aludiendo a intereses políticos de fondo. Desde FIGBAR contestamos que el juez ya se había pronunciado sobre este punto estableciendo que, dado que existía una orden internacional de arresto en su contra, sería parte una vez que se presentase ante el juzgado. El 24 de mayo de 2017, la Corte Suprema de Sudáfrica suspendió el estatus de refugiado del general ruandés Kayumba Nyamwasa.[50]

En diciembre de 2018, el caso seguía abierto y a la espera de la extradición, que continuaba pendiente de la sentencia en el Tribunal Supremo de Sudáfrica. La decisión de los jueces se retrasaba.

LONDRES OTRA VEZ

Uno de los cuarenta procesados por el Juzgado Central de Instrucción n.º 4 de la Audiencia Nacional es Emmanuel Karenzi Karake, teniente coronel en aquella época y jefe de los Servicios Secretos Militares (DMI) desde julio de 1994 hasta marzo de 1997, al que se imputa haber conocido y aprobado el asesinato de los cooperantes españoles María Flors, Manuel Madrazo y Luis Valtueña en enero de 1997.[51] Con posterioridad a estos hechos, Karenzi fue promovido a general de brigada y en el momento de ser procesado había sido designado, con la aprobación de Naciones Unidas, comandante adjunto del contingente híbrido de Naciones Unidas y Unión Africana enviado a Darfur, llamado UNAMID Force.[52] Como con los demás procesados, se emitió contra él una orden internacional de detención que quedó registrada y vigente en Interpol. Fue así como, en junio de 2015, cuando el caso estaba a punto de cerrarse debido a la reforma de la LOPJ de 2014, el juez Fernando Andreu fue notificado de la detención de Karenzi en Londres, el 20 de junio de 2015. El siguiente paso de la Audiencia Nacional era enviar una orden europea de detención a Reino Unido para su traslado a España. Sin embargo, la situación era incierta debido a las serias restricciones que había sufrido la justicia universal el año anterior. La Sala de lo Penal, aplicando dicha reforma legal, rechazó que pudiera juzgarse a los procesados por genocidio, crímenes de guerra y contra la humanidad, pero dejó subsistentes los delitos de terrorismo. Si entregaban a Karenzi, se encontraría físicamente en España, con lo que, en principio, tendría que responder también, después, por genocidio y crímenes de guerra al cumplir así con las exigencias de la nueva ley.[53] Sin embargo, Karake Karenzi fue liberado sin proceso contradictorio el 11 de agosto de 2015.[54]

IMPARTIR JUSTICIA

Jean-Marie Ndagijimana, embajador, autor del libro *Paul Kagame a sacrifié les Tutsi*, escribió en 2011 un artículo sobre una cuestión no exenta de importancia. El título era: «¿Hubo uno o dos genocidios en Ruanda?».[55] Destaco aquí sólo unos párrafos:

> Los asesinos son conocidos y no representan a su etnia de origen, de ningún modo. Deberían pagar el precio de su bestialidad. No se trata de que toda una etnia o todo un pueblo pague en vez de unos cuantos excitados extremistas cuyo único objetivo era y sigue siendo dividir para reinar. Han matado tanto los extremistas hutus como los extremistas tutsis. Su pertenencia a la etnia mayoritaria o a la etnia minoritaria en nada cambia respecto de sus responsabilidades. La diferencia fundamental reside en que la Justicia internacional y la Justicia ruandesa hasta ahora sólo han perseguido a los criminales hutus, dejando por razones políticas para el futuro el juicio a los criminales de la etnia tutsi. Cada genocidio debe ser aprehendido separadamente. Reconozcamos al menos los hechos, exijamos que la Justicia se encargue de ellos sin discriminación, dejémosle la tarea de calificarlos. Entre tanto, reafirmamos que un grupo de hutus ha cometido un genocidio destruyendo intencionadamente la vida de centenares de miles de ruandeses de etnia tutsi, y que un grupo de tutsis ha cometido un genocidio destruyendo intencionadamente la vida de centenares de miles de ruandeses de etnia hutu. Por lo que eran y no por lo que habían hecho. Tenemos derecho a decirlo sin ser tildados de revisionistas y a exigir la memoria y la Justicia para todos. La paz futura en nuestro país depende de ello. Si algunos no se sienten protegidos por la ley y la Justicia, harán su ley e impartirán ellos mismos la Justicia. Y ya se sabe a dónde ello conduce. Debe hacerse todo lo posible para que este guion catastrófico se convierta en realidad.

JURISDICCIÓN UNIVERSAL EN SUDÁFRICA

Alrededor de 2012, Sudáfrica empezó a aplicar criterios de jurisdicción universal como instrumento para combatir la impunidad. Algunos ejemplos lo acreditan y merece la pena citarlos, siquiera someramente.

Caso Zimbabue

El primero de los casos de la jurisdicción universal sudafricana pretende juzgar unos hechos que tuvieron lugar en el país vecino, Zimbabue. La actual República de Zimbabue coincide con el territorio de la antigua

República de Rodesia, que declaró su independencia del Reino Unido en 1965. Sin embargo, sólo a partir de 1980 se reconoció su emancipación a escala internacional. Durante 37 años fue su presidente Robert Mugabe, cabeza del partido ZANU-PF. Éstas son las siglas de la Unión Nacional Africana de Zimbabue, partido fundado con un ideario comunista-maoísta para luchar contra la minoría blanca que gobernaba Rodesia. El todopoderoso Mugabe gobernó con mano de hierro el país, primero como primer ministro y luego como presidente, hasta su derrocamiento en noviembre de 2017.

En marzo de 2007, la policía estatal de Zimbabue asaltó la sede central del Movimiento para el Cambio Democrático (MDC, por sus siglas en inglés), el principal partido de la oposición. En aquella redada, se detuvo y presuntamente se torturó a diversas personas sospechosas de ser miembros o activistas del partido.

El Southern Africa Litigation Center (SALC) es una organización que lucha por el respeto de los derechos humanos y el Estado de derecho en el África austral.[56] El caso respondía a su objeto fundacional y decidieron dar un paso al frente y solicitar por primera vez la activación de la jurisdicción universal en ese país. En 2008, con el Foro de Exiliados de Zimbabue (ZEF), presentaron un escrito ante la policía sudafricana con evidencias de la participación de oficiales zimbabuenses en diversos casos de tortura sistemática constitutivos de crímenes contra la humanidad. Con la entrega del informe se solicitaba la apertura de una investigación de los hechos. La reacción de la policía sudafricana fue negarse alegando falta de competencia.[57] Ante esta negativa, el SALC y el ZEF denunciaron a los principales responsables de la policía y la fiscalía sudafricanas. La sentencia se dictó en mayo de 2012. Tras un análisis de la legislación aplicable, y en especial de la Ley de Implementación del Estatuto de Roma de la Corte Penal Internacional (ICC ACT),[58] el juez de la High Court de North Gauteng determinó que la negativa a investigar era ilegal e inconstitucional, estableciendo la obligación de abrir la investigación, así como todas las derivadas de ésta, a efectos de cooperación entre las instituciones y de protección de los testigos zimbabuenses. No obstante, la sentencia fue recurrida ante la Corte Suprema de Apelación. En noviembre de 2013, la sentencia de la corte mantuvo la obligación de las autoridades sudafricanas de reabrir la investigación, aunque motivando su decisión de forma distinta a la del tribunal anterior,[59] fruto de una notable interpretación de la legislación interna. Según la Corte Suprema, puede entenderse que los requisitos competenciales son diferentes si se trata de investigar o de juzgar y condenar. Para la simple instrucción no se precisan vínculos de conexión, por lo que la obligación de instruir existe de todas formas. Esta construcción teórica permite conciliar la idea de lucha contra las violaciones graves de derechos humanos con las limitaciones prácticas coyunturales, como la infrecuente presencia del acusado en el país donde se le juzga en virtud de la jurisdicción universal. Pese a ello, la policía de Sudáfrica (ya sin el apoyo de la fiscalía) presentó un recurso ante la Corte Constitucional. En octubre de 2014, la Corte Constitucional de Sudáfrica decidió por unanimidad en una sentencia histórica que la policía sudafricana debía investigar los crímenes de lesa humanidad perpetrados en Zimbabue en 2007.[60] La policía no tuvo más remedio que iniciar su investigación.

Caso Madagascar. Marc Ravalomanana[61]

Zimbabue no fue el único caso de jurisdicción universal que se dirimió en Sudáfrica. Unos acontecimientos en la gran isla de Madagascar, antigua colonia francesa, también fueron y siguen siendo objeto de análisis de los jueces sudafricanos.

Marc Ravalomanana fue el presidente de Madagascar entre 2002 y 2009. Mientras era alcalde de Antananarivo, entre 1999 y 2001, Ravalomanana emprendió una serie de modificaciones para transitar hacia el mercado global tras décadas de socialismo, y llegaron a la isla multinacionales como Río Tinto o Exxon Mobil. En este contexto, Andry Rajoelina, que también había sido alcalde de la capital, comenzó a acusar a Ravalomanana de que su mandato era autoritario y confundía los intereses públicos y privados en el uso de los fondos públicos. Rajoelina se convirtió en la personalización del malestar de los malgaches por la situación económica del país, dando pie a una serie de manifestaciones. En febrero de 2009, las fuerzas de seguridad abrieron fuego en una manifestación en la capital, provocando la muerte de al menos una treintena de personas, lo que desencadenó los sucesos posteriores.[62] Parte del ejército se rebeló contra el presidente Ravalomanana, que se exilió en Sudáfrica y Rajoelina quedó como cabeza de un órgano de transición hasta 2014, cuando tuvieron lugar las elecciones presidenciales en las que salió elegido el actual presidente, Hery Rajaonarimampianina, antiguo ministro de finanzas con Rajoelina. Tras su ascenso al poder, Rajoelina comenzó las acciones legales contra Ravalomanana, personándose en el procedimiento penal que tuvo lugar en la Corte Penal de Antananarivo. El proceso que se celebró *in absentia*, ya que el expresidente se encontraba exiliado en Sudáfrica, se fundamentó en la acusación de asesinato por las víctimas mortales en las manifestaciones de 2009. En agosto de 2010, la Corte Penal dictó condena a cadena perpetua con trabajos forzados contra Ravalomanana. Sus abogados se ausentaron del proceso, alegando que se trataba de un juicio político manipulado por Rajoelina. Amnistía Internacional también criticó las dudosas condiciones en las que se había desarrollado.

En Sudáfrica, donde residía Ravalomanana, una serie de supervivientes de la manifestación se organizaron en la Asociación de Mártires de la Plaza de Antarinarenina y denunciaron los hechos ante las autoridades sudafricanas. En mayo de 2012, comenzaron las investigaciones contra el expresidente por crímenes contra la humanidad. Así las cosas, las autoridades sudafricanas decidieron retirarle el pasaporte para evitar su huida. Ravalomanana ya había intentado salir del país cuando se interpuso la querella, pero su avión fue interceptado y tuvo que regresar al país. No obstante, el 13 de octubre de 2014, tras cinco años de exilio, Ravalomanana regresó a Madagascar en un gesto que desestabilizó la política insular que parecía en recuperación. Pocas horas después de su arribo, el expresidente fue detenido por su propia seguridad, según el actual presidente Rajaonarimampianina.

CASO HISSÈNE HABRÉ[63]

Hissène Habré llegó al poder en el Chad en 1982, tras un golpe de Estado que contó con el apoyo de Francia y Estados Unidos, dos países que veían con temor el expansionismo libio en la región y que se apoyaron en Habré para contrarrestarlo. Pero como suele pasar cuando se presta ayuda a un golpista, éste termina tomando las riendas. Así, Habré no sólo expulsó al ejército libio del norte del Chad, sino que comenzó una brutal campaña de represión contra opositores y miembros de otras etnias.

Tal y como ocurriría durante las dictaduras de Argentina y Chile, Habré llevó a cabo su plan de aniquilación a través de una ramificación secreta de la policía, la Dirección de Documentación y Seguridad (DDS), un cuerpo dedicado a la tortura y ejecución de los opositores del dictador. El método de tortura más utilizado era el *arbatachar*,[64] mediante el cual ataban los brazos y las piernas de la víctima por detrás de su cuerpo durante días, provocando pérdida de circulación sanguínea, parálisis y gangrena. También promovió ataques periódicos contra los pueblos Sara, Hadjerai y Zaghawa. Organizaciones como Amnistía Internacional y Human Rights Watch aseguran que durante su dictadura 40.000 personas fueron asesinadas por motivos políticos y étnicos.

En enero del año 2000, Reed Brody, uno de los más importantes y comprometidos activistas de derechos humanos del mundo, integrado en Human Rights Watch,[65] asumió el desafío de organizar a las víctimas y promover la persecución del dictador del Chad, Hissène Habré. Siete personas del Chad y algunas asociaciones de víctimas decidieron presentar una demanda en Senegal, donde el dictador había buscado refugio. Se le señaló como responsable directo de las acciones criminales de la DDS durante su mandato.

Conscientes de que el demandado no tenía la nacionalidad senegalesa y de que los hechos no ocurrieron en Senegal, los demandantes estudiaron la competencia del tribunal de Dakar en relación con los delitos que se le imputaban. En cuanto a los crímenes de tortura, Senegal había ratificado la Convención contra la Tortura en 1986 y los demandantes se refirieron en concreto a una de sus provisiones, la que contenía el principio denominado *aut dedere aut judicare* («o entregar o juzgar»). Como ya se ha dicho en capítulos anteriores, este principio establece que todo estado tomará las medidas necesarias para establecer su jurisdicción sobre los delitos de tortura en los casos en que el presunto delincuente se halle en su territorio y se rehúse conceder la extradición a otro estado que lo reclame. La demanda se remitía a otros casos de jurisdicción universal en relación con hechos similares como el caso Pinochet y, finalmente, argumentaba la competencia de los jueces gracias a los Convenios de Ginebra, ratificados por Senegal en 1963.

El 3 de febrero, el tribunal de Dakar procesó al expresidente por haber cooperado en la comisión de crímenes de lesa humanidad y actos de tortura, poniéndolo bajo arresto domiciliario. La defensa de Habré apeló la decisión alegando la falta de competencia de los tribunales senegaleses, pues el Código del Procedimiento Penal senegalés prevé la persecución de extranjeros sólo en caso de crímenes contra la seguridad del estado, falsificación de sello del estado o de la moneda nacional en curso. De este modo, en el derecho senegalés no habría normas ni sustantivas ni procesales para la persecución de los delitos imputados: crímenes contra la humanidad, tortura y desapariciones forzadas, por lo que no habría lugar al enjuiciamiento en dicho país. Por su parte, los denunciantes entendieron que el derecho interno debía interpretarse junto con el derecho internacional y que, por lo tanto, la ratificación de los convenios internacionales era fuente de derecho suficiente para predicar la competencia senegalesa. La Sala de Apelación se encargó del análisis de la apelación y concluyó la falta de competencia de Senegal para enjuiciar al exdictador, sentencia confirmada por la Corte de Casación al entender que, según la Constitución senegalesa, era necesaria la adopción de medidas legislativas internas anteriores a los hechos para poder perseguirlos, no existiendo normativa procesal alguna en el ordenamiento senegalés que determinara la jurisdicción universal contra casos de tortura o crímenes de lesa humanidad cometidos por extranjeros fuera de Senegal. Así, si bien es cierto que el Código Penal traspuso la Convención contra la Tortura en 1996, no ocurrió lo mismo con la Ley de Procedimiento Penal.

Simultáneamente, en 2000 se abrió un proceso análogo en Bélgica, bajo los auspicios de la ley de jurisdicción universal de 1993. La instrucción se prolongó hasta el 2005. Bélgica emitió una histórica orden de detención y petición de extradición a Senegal. Sin embargo, el Gobierno de Dakar decidió no acceder a dicha solicitud a la espera de la reunión de la Unión Africana al año siguiente, cuando se estudió el caso. Fue entonces cuando, tras el encuentro de jefes de estado y de gobierno en Sudán, y ante la concurrencia de diversas jurisdicciones interesadas en el caso Habré (Chad, Senegal y Bélgica), la Unión Africana nombró un comité de expertos para que analizasen los distintos modos de continuar con el proceso. Dicho informe recomendó que el caso fuera llevado ante un país africano, preferentemente Senegal, aunque dejó la puerta abierta a la creación de un tribunal *ad hoc* para la causa. En relación con la jurisdicción, el hecho de ser parte de la Convención contra la Tortura parecía suficiente para señalar no sólo la obligación de impulsar el procedimiento contra Habré, sino también la necesidad de adaptar la legislación interna a dicho instrumento. Finalmente, la Unión Africana ordenó a Senegal juzgar a Habré en nombre de África, y exhortó al resto de estados parte de la Unión y de la comunidad internacional a cooperar con el proceso. Tras la resolución de la Unión Africana, Senegal modificó su legislación interna eliminando todas las trabas aducidas en el año 2000 para juzgar a Habré. Igualmente, realizó un estudio económico sobre el caso y estableció las necesidades de financiación. Senegal condicionó la continuación del caso a la obtención de los fondos necesarios, incluso amenazando el entonces presidente senegalés Wade con expulsar a Habré del país. Ante esta situación, Bélgica llevó a Senegal ante el Tribunal Internacional de Justicia para determinar su obligación de juzgar o extraditar. El proceso se extendió desde 2009 hasta 2012. La sentencia estableció que Habré debía ser juzgado y que, realizadas las modificaciones legislativas pertinentes, el conflicto entre Bélgica y Senegal se centraba sólo en la dilación indebida del proceso. El tribunal declaró además que las vicisitudes de financiación no podían ser pretexto para dicho retraso. Así, entendió que el *impasse* en el procedimiento suponía una violación por parte de Senegal de la Convención contra la Tortura y mandaba, en virtud del principio *aut dedere aut iudicare*, que se le juzgase sin mayor dilación o que se procediese a la extradición a favor del Reino de Bélgica.

El procedimiento continuó y, entre 2015 y 2016, pasaron por la sala principal del Palacio de Justicia de Dakar 69 víctimas, 23 testigos y 10 peritos, y se aportaron miles de documentos. Así, tuvo lugar en Dakar el juicio contra el dictador, que asistió hierático a todas y cada una de las sesiones del juicio. El tribunal internacional, constituido por jueces de Burkina Faso y Senegal, emitió sentencia en 2016, en un acto memorable al que tuve el privilegio de asistir. El presidente del tribunal pronunció solemnemente la sentencia condenando a perpetuidad a Hissène Habré por crímenes de lesa humanidad. La sentencia sería confirmada al año siguiente.

Cuando se pronunció la sentencia, FIBGAR emitió un comunicado que quiero reproducir aquí: «Hoy las víctimas han sido reparadas de todo el sufrimiento producido por la barbarie del dictador, ha sido su perseverancia la que ha hecho posible este resultado [...]. Los crímenes de Habré son similares a los de Pinochet, que no fue condenado porque falleció. La jurisdicción universal ha demostrado que es un instrumento fundamental contra la impunidad al que no se puede ni se debe renunciar por intereses extraños a la propia Justicia».[66]

En el caso de Hissène Habré, la represión contra los miles de chadianos y chadianas tuvo lugar entre 1982 y 1990. El proceso judicial duró más. Pasaron trece años hasta que se abrió finalmente el procedimiento y su desenlace no llegó hasta mayo de 2016. La sentencia condenatoria por delitos de lesa humanidad (tortura, violación, tratamiento inhumano, esclavitud forzada y ejecución sumaria durante su mandato) reparó a las víctimas y les dio esperanza, así como refuerza la labor humanitaria de las ONG y confirma la importante tarea de los expertos en derecho penal internacional, como el incansable Reed Brody, que tanto trabajó por el éxito de este proceso. Pero también ofrece la seguridad de que los equivocados no somos quienes creemos en la fuerza del Estado de derecho, la fuerza de la Justicia y la importancia de la jurisdicción universal, como el primer juez instructor del caso en Senegal, Demba Kandji de la Corte Suprema, que derrochó valor cuando otros no lo tuvieron. Los que están errados son los que defienden la impunidad, poniéndose de parte de los perpetradores o simplemente mostrándose indiferentes ante el sufrimiento de las víctimas.

Hissène Habré, conocido como el «Pinochet africano» pasará a la historia, no como un dictador más, sino como el primer ex jefe de estado africano que fue juzgado por un tribunal por crímenes de lesa humanidad y de guerra con base en el principio de jurisdicción universal. Este caso se incorporará a la historia judicial de condenas como la de Eichmann en Israel por genocidio o la de Adolfo Scilingo en España, y varias condenas, en ausencia, contra represores argentinos, uruguayos y chilenos, en Italia, entre otros.

El júbilo de los afectados y los abrazos compartidos fueron el resultado de muchos años de esfuerzos de las víctimas y de activistas de derechos humanos como Reed Brody, William Bourdon, Evelyn A. Ankumah... Viéndolos, pensé que había merecido la pena todo lo que hasta ese momento habíamos luchado. Estábamos obligados a seguir haciéndolo.

El caso Abdoulaye Yerodia Ndombasi

Los crímenes de Ruanda de finales del siglo xx no pueden entenderse sin esta historia oscura y de difícil explicación, que se inicia cuando sir Henry Morton Stanley exploró el centro de África en la década de 1870, comisionado por Leopoldo II, rey de los belgas, que reclamó para sí toda el área de la actual Ruanda, Congo y Burundi, iniciando la que probablemente fue una de las colonizaciones más sangrientas que jamás se han realizado. En la Conferencia de Berlín de 1885, el rey Leopoldo se adjudicó a título personal esta parte de África y comenzó la ocupación despiadada de dichas tierras. Está documentado que entre 1885 y 1908 murieron ocho millones de personas en las «propiedades del rey Leopoldo», aproximadamente la mitad de la población.[67] En este período, se iniciaron atrocidades que un siglo después continuarían sin erradicarse del todo. La mutilación de manos y brazos se había convertido en una práctica habitual para el control de la población en un clima de profundo terror. En 1908, el rey Leopoldo transfirió la propiedad del Congo al estado belga, y la colonización se humanizó en unos pocos grados. El dominio belga se prolongó hasta 1960, año en que los países de la zona se independizaron de su metrópolis. La falta de conciencia de fronteras herméticas y el esquema de estado importado por Europa ayudan a entender la permeabilidad de los países africanos ante los conflictos de sus vecinos. Tal y como he mencionado en páginas anteriores, la Primera Guerra Mundial y su consecuencia, la llegada de los belgas, unieron el devenir de la historia de la República Democrática del Congo y de Ruanda. En el contexto del genocidio de Ruanda, se produjo un desplazamiento masivo de personas hacia campos de refugiados situados en la frontera con los países vecinos, en especial Zaire (hoy República Democrática del Congo). Pero la situación en este país no era mejor. Desde 1993 la región del Kivu del Norte, división política en el noreste del antiguo Zaire, sufría la guerra entre etnias autóctonas y grupos de origen ruandés llegados del exilio, los banyaruandas. El conflicto llegó a su punto álgido con la llegada en 1994 de más de un 1.200.000 refugiados hutus que huían de Ruanda.[68] En Kivu del Sur, las autoridades locales se negaban a conceder la nacionalidad zaireña a los banyamulenges, tutsis de origen ruandés que vivían en el Zaire desde hacía generaciones,[69] lo que incitó a estos últimos a organizarse para defender sus derechos fuera como fuera.[70] En agosto de 1995, las tropas zaireñas expulsaron a Ruanda a 14.000 personas y otras 150.000 se refugiaron en las montañas. Estos fueron los antecedentes de lo que se llamó la «guerra de liberación» en Zaire. Ruanda vio su seguridad amenazada por la presencia de los refugiados hutus en su frontera oeste y su principal objetivo fue que sus hermanos tutsis congoleños vieran sus derechos reconocidos. Además de estos conflictos interétnicos, el pueblo del Zaire estaba sufriendo la asfixia del régimen del presidente Mobutu Sese Seko, por todo lo cual se creó la Alianza de las Fuerzas Diplomáticas para la Liberación de El Congo (AFDL).[71] En resumen, en esta «guerra de liberación», hubo hechos atribuibles a dos conflictos: por una parte, los ruandeses (incluidos los banyamulenges) atacaban a los refugiados hutus, a quienes consideraban implicados en el genocidio de Ruanda. Por otra parte, Laurent-Désiré Kabila,[72] líder de la AFDL y los suyos querían derrocar al presidente Mobutu y su régimen,[73] y ello sin olvidar el papel del FPR. El 17 de mayo de 1997, Laurent-Désiré Kabila, a la cabeza de la coalición AFDL, derrocó al presidente Mobutu y tomó el poder en la República Democrática de Congo (Zaire en aquel momento). El nuevo Gobierno estuvo caracterizado por una fuerte presencia tutsi y provocó un profundo malestar entre la población congoleña. Además, la falta de puesta en marcha de un sistema representativo y democrático agravó el descontento de la gente. De esta forma surgieron tensiones entre el Gobierno del presidente Laurent-Désiré Kabila y sus antiguos aliados tutsis[74] que dieron lugar a los graves disturbios en el Kivu del Norte, a principios de 1998. En febrero de 1998, los soldados banyamulenges se negaron a obedecer las órdenes de Kabila de abandonar las armas. El dirigente Ruhimbika Muller[75] declaró ese mismo mes que Kabila era peor que Mobutu y que, a partir de ese momento, después del fin de la «guerra de liberación», daría comienzo la «guerra de ocupación».[76] Hasta entonces había habido en el país presencia de tropas internacionales, pero con el aumento de las tensiones, en julio de 1998, Kabila ordenó su retirada. Detrás de esta medida existía obviamente un deseo de ocultar a la comunidad los acontecimientos que se sucederían en el país. Según el ministro de Justicia, el señor Kongolo, determinadas personas estaban intentando avivar los conflictos tribales y llevaron a una población congoleña pacífica y ajena al odio étnico a enfrentarse entre sí. El ministro precisó que, con motivo de estos conflictos, toda persona que atentara a la integridad física de congoleños o extranjeros sería gravemente castigada y que no había espacio para la discriminación o la xenofobia.

Después de la orden de retirada de las tropas extranjeras, los militares banyamulenges y ruandeses se sublevaron en Kinshasa y destituyeron a Kabila por corrupción, nepotismo y conducta dictatorial. Los rebeldes transportaron tropas hacia el oeste del país para atacar Kinshasa en dos frentes simultáneos y se apropiaron de diversas ciudades y de las centrales eléctricas que aprovisionaban la capital, que fueron desalojadas por fuerzas gubernamentales con el apoyo de militares angoleños.[77] Este nuevo conflicto enfrentó por una parte a algunas secciones de las Fuerzas Armadas Congoleñas (FAC) apoyadas por tropas gubernamentales de Uganda, Ruanda y Burundi que se agruparon en la coalición Concentración Congoleña para la Democracia (CDC)[78] y, por otra, a las fuerzas congoleñas fieles al presidente Kabila que contaban con el apoyo militar de Angola, Namibia, Zimbabue y, al parecer, de Sudán.[79] A pesar de las agresiones contra los derechos humanos que se produjeron en estos territorios, el relator especial de Naciones Unidas lo calificó de «conflicto armado interno», según el artículo 3 común a los Convenios de Ginebra de 1949.[80] Se produjeron graves violaciones de derecho humanitario tanto por parte de las fuerzas gubernamentales y de sus aliados como de las fuerzas rebeldes y de sus aliados.[81] Entre esas vulneraciones figuran las ejecuciones sumarias y los encarcelamientos de tutsis o de supuestos tutsis, en particular por motivos étnicos, así como la incitación al odio racial contra los tutsis por parte de los dirigentes congoleños, sobre todo después del 23 de agosto de 1998 tras los ataques rebeldes contra civiles, acompañados de la destrucción y del pillaje de iglesias. La población atacaba de forma sistemática a los tutsis y a las personas de «morfología tutsi».[82] Por otro lado, en las regiones dirigidas por la oposición armada, la CDC y el FPR perpetraron también masacres de civiles.

En 2000, el juez de instrucción del Tribunal de Primera Instancia de Bruselas emitió una orden de captura internacional contra Abdoulaye Yerodia Ndombasi, que entonces ocupaba el cargo de ministro de Asuntos Exteriores del Congo y que había sido jefe de gabinete del presidente Laurent-Désiré Kabila. El juez lo imputaba como autor o coautor de crímenes de derecho internacional y crímenes contra la humanidad. Entre las diferentes infracciones de derecho internacional, se le culpaba de incitación al odio racial[83] hacia los tutsis con los discursos que pronunció en el marco de una política gubernamental general xenófoba y que tuvieron como consecuencia la muerte de miles de tutsis en Kinshasa: operaciones de rastreo, persecución al enemigo tutsi, ejecuciones sumarias, arrestos arbitrarios, juicios injustos y linchamientos.[84] En concreto, el auto se refería a unas declaraciones particularmente virulentas durante unas intervenciones públicas retransmitidas por los medios de comunicación los días 4 y 27 de agosto de 1998. En la primera ocasión, el procesado, que en su momento era director del gabinete del presidente Kabila, hizo una declaración en televisión en la que se expresó en kilongo (el idioma del Bajo Congo) utilizando términos nítidos para llamar a los habitantes de esta región a atacar a los tutsis. Yerodia pidió a «sus hermanos» que se levantaran «como un solo hombre para echar fuera del país al enemigo común». Afirmó también que la población debía para ello utilizar todas las armas a su disposición.[85] El siguiente discurso tuvo lugar en el marco de las operaciones de «rastreo» y se adelantó a las masacres de civiles y de supuestos rebeldes. Las consecuencias de sus palabras eran algo que el procesado no podía ignorar. En vez de calmar esas operaciones de «rastreo», Yerodia las azuzó deliberadamente. «Para nosotros son basura y además microbios que deben de ser erradicados con método. Estamos decididos a utilizar la medicación más eficaz».[86] A este discurso siguieron nuevas masacres cometidas en consonancia con las palabras pronunciadas.

Yerodia se defendió sosteniendo que no pronunció la palabra «tutsi», sino que se refería a los rebeldes. En una entrevista posterior, no se retractó de sus declaraciones y justificó sus mensajes haciendo referencia al contexto, diciendo que había reaccionado de manera violenta a la noticia de una masacre cometida al sur de Kivu, en el pueblo de Kasika. Es cierto que ésa había sido una masacre particularmente atroz: fueron asesinadas 600 personas, entre ellas el jefe tribal, el cura, además de mujeres y niños. Explicó que, efectivamente, había insultado a los autores de estas atrocidades y que no se retractaba.[87] De hecho, Yerodia no intentó limitar esas masacres ni esas operaciones de rastreo ni intentó explicar que sus declaraciones tenían otro significado.[88] Estas operaciones de rastreo tenían lugar con la aprobación de las autoridades, bajo la mirada del ejército e incluso con la participación de la población.[89] Algunos responsables, conscientes del peligro que corrían los civiles tutsis, intervinieron para protegerles. A finales del mes de julio, el ministro de Justicia, el señor Kongolo, había advertido a la población de las consecuencias de la discriminación y la xenofobia. También el ministro de Derechos Humanos, Oktitundu, tomó medidas para poner a los tutsis a salvo de las acciones de la población.[90]

Para la solicitud de extradición por parte de Bélgica, el juez belga aplicó la ley de jurisdicción universal del 16 de junio de 1993 que define las infracciones que constituyen un crimen de derecho internacional.[91] Ésta se refiere explícitamente a las infracciones establecidas en los Convenios de Ginebra de 1949 y los Protocolos I y II de 1977. Para que pudiera aplicarse el artículo, era necesario que se tratara de un conflicto armado internacional o que las infracciones se hubieran cometido en el marco de un enfrentamiento armado interno. Y ello con independencia de que el autor de los hechos fuera o no belga, que se hubiera o no cometido en el territorio nacional o de que el inculpado se encontrara en el territorio belga. Aunque Bélgica no fuera parte del conflicto, este artículo era de aplicación.[92] Es decir, una jurisdicción universal sin límites para la persecución de las infracciones de los derechos protegidos internacionalmente.

El caso se enfrentó a numerosos obstáculos, más allá de los estrictamente derivados de la competencia de Bélgica para juzgar a Yerodia, tales como los relativos a la inmunidad inherente al cargo oficial del imputado. La ley belga establece que la inmunidad relacionada con el cargo oficial de una persona no impide que ésta pueda ser inculpada por crímenes de derecho humanitario.[93] Sin embargo, el 17 de octubre de 2000, la República Democrática del Congo demandó a Bélgica ante la Corte Internacional de Justicia por la emisión de una orden de detención internacional contra el ministro de Asuntos Exteriores, Yerodia, que en el momento de la emisión de la orden estaba en el cargo. Para la República Democrática del Congo, Bélgica estaba violando el principio según el cual un estado no puede ejercer su poder sobre el territorio de otro estado, el principio de igualdad soberana entre todos los estados miembros de las Naciones Unidas y señalaba que la jurisdicción universal no podía aplicarse de un modo absoluto, sino que debía cumplir unas condiciones que limitasen su aplicación.[94] Además, el Gobierno de Kinshasa invocó una violación del Convenio de Viena de 1961[95] sobre relaciones diplomáticas, al no respetar la inmunidad soberana.[96] En su defensa, Bélgica sostuvo que Yerodia ya no era ministro de Asuntos Exteriores, puesto que se había realizado un cambio de Gobierno y había pasado a ser ministro de Educación. De este modo, la solicitud de la República Democrática del Congo no estaba suficientemente motivada para impedir que Yerodia fuera juzgado. Además, Bélgica sostenía que los ministros en ejercicio se benefician de la inmunidad solamente respecto a los actos oficiales y no los privados[97] y que, aun así, la orden de captura internacional no debía interpretarse en el momento de su emisión, sino en el momento del juicio.[98] El 14 de febrero de 2002, la Corte Internacional de Justicia falló a favor de la República Democrática del Congo y estableció que los altos cargos y los jefes de estado tienen inmunidad de jurisdicción, tanto civil como penal, más allá de sus fronteras.[99] La sentencia explicaba además que el ministro de Asuntos Exteriores, en el libre ejercicio de su cargo en el extranjero, tiene inmunidad penal y civil absoluta[100] y que, en consecuencia, no puede diferenciarse entre los actos a título oficial y los actos a título privado, ni entre los actos anteriores a su cargo y los actos realizados durante el mismo.[101] En cuanto a la jurisprudencia que invocaba Bélgica en sus alegaciones (los estatutos del Tribunal de Núremberg o los del TPI para Ruanda), el Tribunal Internacional de Justicia señaló que en estas sentencias dichos tribunales no declaraban la existencia de excepciones en el derecho internacional consuetudinario a la inviolabilidad y a la inmunidad de los ministros de Asuntos Exteriores en el ejercicio de su cargo, aun cuando estos fueran sospechosos de haber cometido crímenes de guerra.[102] Asimismo, argumentó que la inmunidad de un alto cargo no significaba que no pudiera ser juzgado por estos crímenes, sino que podría ser juzgado ante los tribunales del estado del cual es nacional o de un tercer estado, siempre que el estado de origen levantase la inmunidad.[103] Con esta fundamentación, la Corte Internacional de Justicia rechazó los argumentos de Bélgica en cuanto a la excepción de inmunidad de los ministros de Asuntos Exteriores e insistió en el hecho de que el mandato emitido por el juez belga violaba los derechos del ministro congoleño.[104]

Esta decisión fue considerada por los defensores de derechos humanos un atentado contra la jurisdicción universal. En consecuencia, la Corte de Apelación de Bruselas, en sentencia del 16 de abril de 2002, tuvo que declarar inválidas las diligencias contra Yerodia y concluir que, al no encontrarse el imputado en Bélgica en el momento de su acusación, las investigaciones no podían continuar. Ante dicha resolución, las partes civiles presentaron un recurso ante la Corte de Casación belga pidiendo que se tuviera en cuenta una nota añadida con posterioridad a la instrucción, en la que se trataban las inmunidades en el derecho internacional. Esta nota no fue tenida en cuenta por la Corte de Apelación y hubiera podido influir en su decisión. Según la ley belga, si un documento se añade a la instrucción después de finalizados los debates, el juez puede decidir reabrir los debates para respetar los derechos de la defensa o puede no tenerlo en cuenta. En ambos casos debe quedar indicado en la sentencia.[105]

Sin embargo, posteriormente, la Corte de Casación admitió este argumento y remitió el caso a la Corte de Apelación de Bruselas, con distintos jueces.[106] A día de hoy, aún no se conocen las consecuencias de esa apelación.

8

Estados Unidos. Casos Couso, Guantánamo y vuelos de la CIA

El caso Couso

La segunda guerra del Golfo, o guerra de Irak, comenzó en marzo de 2003 con el objetivo declarado de acabar con las armas de destrucción masiva que supuestamente almacenaba y fabricaba el Gobierno de Sadam Husein. Armas que, aunque ya en ese tiempo se sabía que no existían, eran la excusa perfecta para justificar una guerra ilegal, contraria al derecho internacional. La mentira fue tan burda que nadie la creyó y quedó al descubierto durante las discusiones del Consejo de Seguridad y la Asamblea General de Naciones Unidas. El presidente George W. Bush debía compensar de alguna manera el fracaso de la seguridad de Estados Unidos que los ataques terroristas de Al Qaeda en suelo norteamericano habían evidenciado. Se declaró primero la «guerra al terror» y se invadió Afganistán, iniciando una contienda que se libra hasta hoy, con una recuperación de posiciones estratégicas de los talibanes y con sucesivos gobiernos en Kabul que no han sido capaces de hacerse con el control del país ni superar mínimamente la corrupción 15 años después. Pero eso no era suficiente. Estados Unidos necesitaba una guerra mayor, mas próxima y visible, una guerra distinta de la de Afganistán. Ésta había sido una reacción. La nueva guerra debía ser de aniquilación y de dominación total, para instaurar un nuevo orden mundial (*new global order*). Había que invadir Irak. Para lograrlo, y ante la falta de consenso internacional, se propició una coalición y se dio comienzo a los preparativos de un nuevo conflicto basado en mentiras y medias verdades. Entre los países que apoyaron la invasión estadounidense de Irak, destacaron especialmente Gran Bretaña y España, una alianza que se escenificó en febrero de 2003 con el pacto entre los presidentes Bush, Blair y Aznar en la «cumbre de las Azores», firmado en presencia de Durão Barroso, que ejerció de anfitrión.

Para justificar la invasión, se adujeron también las sistemáticas violaciones de los derechos humanos cometidas por el Gobierno iraquí o su posible cooperación con Al Qaeda. Es verdad que el régimen de Sadam Husein violaba derechos humanos, tal y como hacían (y hacen) otros muchos dictadores y dirigentes en el mundo y no por ello se invaden sus territorios. Por lo que respecta a la relación entre Al Qaeda y el régimen iraquí, lo cierto es que Al Qaeda no tenía en aquel momento presencia en Irak. Fue a partir de la invasión cuando la organización se instaló en el país, generando con sus atentados indiscriminados un nuevo tipo de terror que se unió al de la propia guerra, que desembocaría después en el nacimiento del Estado Islámico, contra el que hoy se continúa combatiendo en Irak y en Siria.

Pero el terror no sólo provino del terrorismo yihadista, sino también de la mano de las fuerzas militares de ocupación. Así lo han puesto de manifiesto numerosas pruebas: la revelación de las torturas en la prisión de Abu Ghraib, en Guantánamo o las rendiciones y los vuelos de la CIA, o los documentos publicados por WikiLeaks en 2010.

Los hechos

Las tropas estadounidenses y británicas atravesaron la frontera desde Kuwait el jueves 20 de marzo de 2003. A principios de abril, los soldados estadounidenses cruzaron la zona occidental de Bagdad hasta el Tigris e iniciaron las incursiones en la capital del país. La mañana del 8 de abril, blindados de 64.º Regimiento del 4.º Batallón de la Compañía Alpha de la 3.ª División de Infantería del ejército estadounidense se situaron en la mitad occidental del Puente de la República (جـ سر الـ جمهوريـة — Jisr Al Jumariya) que separa la zona oriental, mayormente residencial, de la occidental, en la que se encuentran edificios gubernativos como el Parlamento iraquí o el Ministerio de Asuntos Exteriores y otros sitios de interés como las sedes de medios como Al Yazira (Al Jazeera) (الـ جزيـرة) o Abu Dhabi TV (TV أبو ظ بي), desde donde atacaron objetivos gubernamentales y militares iraquíes. En la ribera oriental, a poco menos de dos kilómetros del puente, se levanta el Hotel Internacional Palestina (فـ ندق فـ لـ سطـ ين الـ دولـي), donde, por recomendación del Pentágono, se habían concentrado los medios internacionales tras haber sido trasladados desde el Hotel Al Rasheed (فـ ندق الـ رشـ يد), situado en la orilla occidental al lado del Parlamento.

A las once de la mañana del 8 de abril de 2003, uno de los tanques

Abrams M1 de la Compañía Alpha disparó con precisión un proyectil de 120 mm a la altura de la planta 15.ª del Hotel Internacional Palestina. El cámara ferrolano José Couso Permuy, que se encontraba en la habitación 1.403, fue alcanzado por la metralla y trasladado al Hospital Ibn Al-Nafees (مـس دَش فى ن اَل ذ فيس), donde más tarde falleció. También murió en el ataque el reportero de Reuters Taras Protsyuk y resultaron heridos graves al menos otros tres periodistas (Samia Najul, Paul Pasquale y Faleh Kheiber). La orden directa de efectuar el disparo la dio el teniente coronel Philip DeCamp, le fue transmitida al capitán Philip Wolford y éste autorizó al sargento Thomas (Shawn) Gibson a realizar el disparo. Al día de hoy y como consecuencia de la falta de investigación efectiva se desconoce quién más pudo participar en el hecho como autoridad superior militar o política, por lo que solo fueron procesados los tres militares citados en el procedimiento abierto en España.[1]

En 2008, tuve ocasión de visitar el lugar de los hechos y pude comprobar que el disparo del artillero había sido absolutamente voluntario, que había contado con un campo de tiro perfecto y un objetivo certero. El disparo que ocasionó la muerte de los periodistas no fue casual; de alguna forma, buscaba intimidar a la prensa que se negaba a transmitir la información propagandística acerca de las acciones del ejército norteamericano y a ocultar las atrocidades que se cometieron durante la invasión.

La actuación del Juzgado Central de Instrucción n.º 1 de la Audiencia Nacional[2]

El procedimiento comenzó a finales de mayo de 2003, cuando la familia de José Couso interpuso dos querellas: la madre y hermanos del cámara, por un lado, y su viuda e hijos, por otro. Las querellas recayeron de acuerdo con el reparto en el Juzgado Central de Instrucción n.º 1 de la Audiencia Nacional, cuyo titular era el juez Santiago Pedraz.

Durante el proceso se suscitaron varias cuestiones controvertidas que están interrelacionadas, pero para que puedan comprenderse mejor, estos debates jurídicos pueden ser agrupados en dos epígrafes, referidos a la competencia de la Justicia española en el caso, como debate general, y, como cuestión más particular, a la tipicidad de los hechos.

Competencia de los tribunales españoles

La primera cuestión a dilucidar en todo proceso, y en especial los incoados bajo la aplicación del principio de jurisdicción universal es la competencia de los tribunales españoles para juzgar los hechos, de acuerdo con lo establecido en el artículo 23.4 de la LOPJ. En este caso, una vez que el juzgado admitió a trámite las querellas, la fiscalía se opuso a la admisión y recurrió el auto del juez ante la Sala de lo Penal de la Audiencia Nacional. La postura de la Sección Segunda de la Sala implicó un salto argumentativo de acuerdo con el cual si el hecho era penalmente atípico (véase el punto siguiente) no había lugar a la aplicación del artículo 23.4 por lo cual no había jurisdicción.[3] Pero más tarde el Tribunal Supremo recordó la doctrina del Tribunal Constitucional en su caracterización de la jurisdicción universal que, en aquel momento, se encontraba limitada únicamente por la existencia de la cosa juzgada, y mostró además su desacuerdo con la posible atipicidad de los hechos. Nos encontramos aquí con las dos posturas principales que a lo largo de esta obra hemos visto reflejadas en diferentes capítulos: en primer término, la limitación de la jurisdicción universal, que llevó incluso a la Audiencia Nacional a insinuar la necesidad de una modificación legislativa (auto del 8 de marzo de 2006), y la de la extensión de dicha jurisdicción, de acuerdo con la legislación e interpretación que hizo de la misma el Tribunal Constitucional en 2005, que imponía la continuación del procedimiento.

Relación de la calificación jurídica con la continuación de la investigación

Éste era el punto central del debate y de su resolución dependía poder avanzar por el camino de la jurisdicción universal o no. El capítulo tercero del título XXIV del Código Penal (CP), dentro de los delitos contra la comunidad internacional, regula aquellos perpetrados contra las personas y bienes protegidos en caso de conflicto armado. ¿Quiénes son «personas protegidas»? El artículo 608 establece un listado que, sin embargo, ha de leerse en concordancia con los instrumentos internacionales que regulan dichos conflictos, en especial los Convenios de Ginebra de 1949. En lo que a este caso interesa, el punto tercero del artículo 608 del CP español establece que son personas protegidas: «La población y las personas civiles protegidas por el IV Convenio de Ginebra del 12 de agosto de 1949 o por el Protocolo I Adicional del 8 de junio de 1977». Una revisión de estos tratados internacionales permite afirmar que los periodistas son personas protegidas en los conflictos armados.

El Código Penal prevé otro delito contra la comunidad internacional, previsto en el artículo 611.1 del CP, según el cual se perseguirá al que, con ocasión de un conflicto armado: 1.º «Realice u ordene realizar ataques indiscriminados o excesivos o haga objeto a la población civil de ataques, represalias o actos o amenazas de violencia cuya finalidad principal sea aterrorizarla», bajo cuya letra, según el juez de instrucción, podría tener encaje la actuación de los militares estadounidenses contra el Hotel Internacional Palestina y los periodistas, entre los que estaba José Couso. También podría ser constitutivo de un delito de asesinato de acuerdo con el artículo 139 del CP.

No se discutía que el fallecido era periodista y, por ello, persona protegida tanto por el ordenamiento jurídico español como por el internacional. Tampoco se debatía el carácter civil del Hotel Internacional Palestina. El núcleo del debate jurídico estaba en la «intencionalidad» o no del acto atribuido a los procesados. Mientras el juez de instrucción y el Tribunal Supremo entendieron que existían elementos suficientes para llevar a cabo una investigación dirigida a esclarecer y en su caso juzgar estos hechos, el Ministerio Fiscal y la Sección Segunda de la Sala de lo Penal de la Audiencia Nacional defendían que no cabía duda de la ausencia de «intencionalidad» de acuerdo con los informes llegados desde Estados Unidos. Los informes indicaron, en primer término, que las tropas estadounidenses habrían sido atacadas desde el hotel, pero, más tarde, se dijo que habrían creído identificar un objetivo militar, un francotirador o un observador, apostado allí. Para la fiscalía y la Sección Segunda de la Audiencia Nacional estos informes serían suficientes para entender que: «no se trata de un acto intencional doloso de causar la muerte de dos personas civiles protegidas, sino de un acto de guerra realizado contra un enemigo aparente, erróneamente identificado, y no concurre en los hechos el requisito de intencionalidad dolosa o "adrede" en las muertes de personas civiles, o como es de requerir respecto de la figura del asesinato en el CP español, el dolo directo de matar a personas civiles, que lo hace incompatible con la imprudencia».[4]

Pero como bien explicaba el catedrático de derecho internacional público Carlos Fernández Liesa: «La cuestión central es, sin embargo, la de esclarecer si hubo intencionalidad en el ataque y si, por tanto, el mismo tenía por objeto influir sobre la prensa internacional y tratarse de un crimen de guerra tipificado en el derecho internacional humanitario y en el

Código Penal español. El largo *iter* político-judicial que se inicia en 2003 ha dado lugar a diversas posiciones jurídicas tanto del instructor como de la Sala de lo Penal de la Audiencia Nacional, del Tribunal Supremo y de la fiscalía, además de la movilización de la sociedad civil a favor de Couso, que se está convirtiendo en un símbolo de la libertad de información».[5]

La trascendencia del caso

Al margen de las vicisitudes jurídicas, dos factores contribuyeron a que los medios siguieran muy de cerca el caso Couso: por una parte, las distintas explicaciones que dio el Gobierno de Estados Unidos sobre los hechos y, por otra, las posibles presiones ejercidas desde Washington para lograr el cierre del caso. En cuanto a esto último, entre las filtraciones de documentos diplomáticos norteamericanos que WikiLeaks[6] hizo en 2010, aparecieron una serie de cables a la embajada estadounidense que atestiguan estas presiones, así como los contactos directos de la embajada de Estados Unidos con el fiscal general del Estado español de entonces, Cándido Conde-Pumpido y los fiscales Javier Zaragoza y Vicente González Mota. (Un par de años más tarde tuve ocasión de revisar personalmente esos cables.)[7]

Evolución del proceso

Tras la descripción de los hechos y su calificación preliminar como posibles delitos contra las personas y bienes protegidos en caso de conflicto armado (previsto en el artículo 611.1 del CP), y asesinato (previsto en el 139 del CP), el 19 de octubre de 2005 el juez Pedraz ordenó la búsqueda, captura y detención a efectos de extradición del sargento Thomas Gibson, el capitán Philip Wolford y el teniente coronel Philip DeCamp. Esta resolución sería revocada por la Sección Segunda de la Sala de lo Penal de la Audiencia Nacional el 8 de marzo de 2006, cuando resolvió el recurso de apelación planteado por el fiscal y decretó el archivo de la causa. La Audiencia Nacional, de entre todos los elementos tipológicos centró su análisis en la intencionalidad, que relacionó con lo que denominó la «mecánica delictiva», es decir, realizar u ordenar realizar ataques indiscriminados o excesivos, o hacer objeto de ataque a la población civil. En el fundamento de derecho sexto la sala se expresaba así: «(E)n este contexto de guerra violenta y peligrosa, la intervención de las comunicaciones iraquíes pone en alerta al ejército americano de que desde el Hotel Palestina, situado al otro lado del río Tigris, existe una unidad iraquí desde la que se dirige el tiro de su artillería contra las unidades norteamericanas, de modo que tras su aparente localización, realizada a gran distancia, se dirige un único y directo disparo contra lo que parece ser un puesto de observación y dirección de tiro, con tan mala fortuna que en el punto al que se dirigió el proyectil se encontraban los dos camarógrafos fallecidos».

Según el planteamiento del tribunal, de ello se desprendería que, habiéndose producido un único disparo dirigido contra un supuesto objetivo erróneamente identificado, la acción militar habría sido proporcional y no indiscriminada, y las muertes eran fruto tan sólo de la «mala fortuna».

Este análisis de la Audiencia Nacional no era convincente, porque tanto el informe pericial como la propia inspección ocular que realizó el juez en terreno hacían caer esa interpretación.

Esta decisión de la Sala Penal de la Audiencia Nacional fue recurrida. La Sala Segunda del Tribunal Supremo en su sentencia 1240/2006 del 11 de diciembre de 2006, destacaba la paradoja argumentativa del auto de la Audiencia Nacional en relación con el orden de estudio de las cuestiones. Si la Audiencia indicaba que era necesario resolver sobre la existencia o no de jurisdicción como requisito previo para estudiar el fondo del asunto, el Supremo encontraba llamativo que se negase la existencia de la jurisdicción por la atipicidad de los hechos, algo que sólo podría afirmarse tras estudiar el fondo del asunto. El Supremo se centró entonces en determinar si existía jurisdicción sobre la base de la normativa vigente, es decir, del artículo 23.4 de la LOPJ en su relación con el IV Convenio de Ginebra y su Protocolo Adicional I. En este sentido, hasta aquel momento la doctrina del Supremo exigía la existencia de un punto de conexión que legitimase la apertura de diligencias, algo que en este caso era indiscutible ya que la víctima era de nacionalidad española. Por ello, el Supremo concluyó que, al existir indicios que justificaban una investigación de los hechos, ésta debía proseguir hasta concretar si, finalmente, se daban o no elementos que justificasen su continuación. De esta forma, el Supremo atendía al deber de investigar que exigían tanto la LOPJ como los tratados internacionales y la jurisprudencia nacional e internacional en materia de derechos humanos.

En efecto, los hechos denunciados, tal y como se relataban en las querellas, daban cuenta de un hecho delictivo que acreditaba el ejercicio de la jurisdicción universal, por lo que sólo una vez recabadas y debidamente valoradas las pruebas podría establecerse si lo que realmente había ocurrido habían sido hechos delictivos o bien atípicos. No antes.

Procesamiento

El juez, partiendo de los indicios racionales de criminalidad en su poder, dictó auto de procesamiento en abril de 2007, fijando los hechos en tres líneas argumentales convergentes: 1.- El contexto, pues era de general conocimiento que el Hotel Internacional Palestina era el lugar de trabajo de los medios internacionales de prensa. 2.- Los hechos, que determinaron la existencia de tiempo suficiente para comprobar la información recibida desde el supuesto aviso de la posible presencia de un objetivo militar y la ejecución del disparo. Y 3.- La intencionalidad, entendiendo que podía existir la finalidad de aterrorizar a los periodistas toda vez que anteriormente se habían atacado los edificios de las televisiones Al Yazira (الجزيرة) y Abu Dhabi TV (TV أبوظبي), claramente identificados.

El Ministerio Fiscal no se aquietó con esta resolución y, continuando con su postura obstruccionista, formuló el 11 de mayo de 2007 un recurso de reforma ante el mismo Pedraz, sosteniendo de nuevo la tesis de que el disparo se había realizado contra un objetivo erróneamente identificado como militar. Fundamentaba esta afirmación, que contradecía todos los indicios acumulados, basándose en la teoría de que los actos de un militar en tiempo de guerra están justificados, pretendiendo invertir la carga de la prueba: «(N)o se ha probado, ni siquiera de manera indiciaria que los procesados no vieran lo que dijeron ver». La novedad introducida por la fiscalía tras la decisión del Supremo era que ya no se ponía en duda la competencia para conocer el tipo penal, pero sí el encaje en el mismo de los hechos. El juez Pedraz desestimó este recurso mediante auto de 24 de mayo de 2007, en primer término, por considerarlo extemporáneo, pues entendía que la fiscalía podía haber expuesto ese argumento cuando se reactivó la orden de busca y captura tras la sentencia del Supremo de diciembre de 2006, y en segundo término porque la función del auto de procesamiento es fijar los indicios de delito y así concretar las imputaciones, que no son definitivas.

Apelación

El Ministerio Fiscal, como era de esperar, recurrió en apelación. En esta ocasión, la Sección Segunda de la Sala de lo Penal dictó en mayo de 2008 un auto de revocación del procesamiento de abril de 2007, con el voto particular del magistrado José Ricardo de Prada. En términos de la propia Sala de lo Penal, ésta no compartía el «salto» argumentativo del juez de instrucción de haber pasado desde unos indicios a suponer la intencionalidad cierta de los investigados de atemorizar a los periodistas. La sala además acusaba al juez de acudir únicamente a datos perjudiciales para los procesados, obviando aquellos otros que podrían favorecerlos. En su argumentación, la sala afirmaba que, si bien es cierto que en la generalidad de los casos la intencionalidad se estudia en un momento posterior del proceso, en caso de guerra, el disparo por sí solo no es suficiente para justificar el procesamiento, debiendo anticiparse el estudio del elemento subjetivo. En este sentido, disponía que el informe enviado por Estados Unidos debería ser suficiente para determinar la falta de intencionalidad del disparo añadiendo que, el hecho de no estar acreditada la existencia: «de amenaza alguna (franco tirador o disparo), como dice la resolución recurrida (R.J 2.°), no es suficiente para dar un salto más y llegar a afirmar que no existiese en realidad tal amenaza [...] esa no constancia no resulta incompatible con la creencia de que desde el Hotel Palestina hubiese un francotirador, un observador, o cualquier elemento enemigo». En suma, había que dar por buenas, sin cuestionarlas, las explicaciones de Estados Unidos sobre lo que «creyeron» que ocurría y concluía afirmando que, al no existir intencionalidad, sólo cabía estimar el recurso de apelación del Ministerio Fiscal, dejando sin efecto el auto de procesamiento.

Así resolvió la mayoría de la Sala de lo Penal de la Audiencia Nacional, pero no de forma unánime. En su voto particular, el magistrado José Ricardo de Prada entendía que existían indicios suficientes de criminalidad y que la sala había utilizado criterios insólitos, *ad hoc*, para afirmar lo contrario justificándose en la «situación excepcional de grave crisis en el marco de una guerra». Según De Prada, la sala habría obviado en su análisis sobre la concurrencia de los elementos típicos (del delito recogido en el artículo 611.1 del CP) efectuar una lectura conjunta con los instrumentos internacionales vigentes. La sala también había omitido considerar las obligaciones que recaen sobre los militares para preservar la vida de la población civil, recogidas principalmente en el Protocolo Adicional I de los Convenios de Ginebra de 1949, entre las que están las obligaciones de proporcionalidad y discriminación de objetivos militares y no militares. Por ello, De Prada entendía que sí concurría el elemento subjetivo y que, por lo tanto, existían indicios suficientes para sostener el procesamiento.

Nuevo procesamiento

Tras la revocación del auto de procesamiento, el juez Pedraz practicó una serie de diligencias de investigación que, un año después, en mayo de 2009, le llevaron a decretar, una vez más, el procesamiento de los tres militares estadounidenses. En dicha resolución hizo un exhaustivo análisis del tipo contenido en nuestro Código Penal en relación con la normativa internacional, incluyendo el estudio de los principios de precaución, proporcionalidad y distinción, y el estudio detallado de todos los posibles estados mentales en que pudieran encontrarse los soldados norteamericanos en el momento de realizar el disparo. El juez Pedraz concluyó que, en todos ellos, concurrirían indicios suficientes para decretar el procesamiento.[8]

Evidentemente, la resolución fue apelada. Sobre la base argumental que ya había empleado en 2008, y entendiendo que los nuevos elementos aportados por el juez Pedraz no eran suficientes para motivar el procesamiento, la Sección Segunda de la Sala de lo Penal de la Audiencia Nacional dictó en julio de 2009 una resolución por la cual revocaba el nuevo auto de procesamiento y ordenaba, además, la conclusión del sumario. Una vez que la resolución de conclusión del sumario fue firme, la Sección Tercera de la Sala de lo Penal de la Audiencia Nacional, que hizo suyos los mismos argumentos de la Sala Segunda, dictó el auto de sobreseimiento provisional en octubre de 2009.

La magistrada Clara Bayarri emitió un voto particular al auto de la Sección Tercera en el que manifestaba su discrepancia, basándose en que, de acuerdo con la sentencia anterior del Tribunal Supremo de diciembre de 2006, para poder calificar jurídicamente los hechos era necesario practicar las diligencias de investigación mínimas. En opinión de la magistrada, dentro de estas diligencias mínimas estaba la de tomar declaración a los procesados para así poder apreciar adecuadamente el posible error en el cual hubieran podido incurrir al disparar al Hotel Internacional Palestina, o si por el contrario se trató de un acto intencional. Para ella, la mera alegación del error, sin haber realizado actividad probatoria para descartarlo o confirmarlo, no podía ser suficiente para disponer la conclusión del sumario.

El caso llegó finalmente al Tribunal Supremo. De nuevo el debate se centró en la atipicidad o no de los hechos y en la posible existencia de un error (lamentable y excusable) de los tres militares estadounidenses al efectuar el disparo. La Sala Segunda del Tribunal Supremo, en su sentencia de julio de 2010, con respecto al «error» consideró: desde una perspectiva sustantiva, los indicios recogidos hasta el momento por la investigación apuntaban en dirección opuesta, esto es, hacia la inexistencia de un error; desde una perspectiva procesal, el eventual error debía ser alegado y probado por los procesados. Por ello, el Supremo ordenó la reapertura del caso.

Esta decisión, determinó que el juzgado volviera a decretar la prisión y la búsqueda y captura de los tres militares mediante auto del 29 de julio de 2010; y que dictara nuevo procesamiento contra los mismos, el 4 de octubre de 2011, y librara una comisión rogatoria a las autoridades norteamericanas para que tomaran declaración al comandante Buford Blount y al coronel David Perkins, para conocer el papel de la autoridad superior norteamericana en los hechos.

La Ley Orgánica 1/2014 y el auto del juez Pedraz

Cuando entró en vigor la Ley Orgánica 1/2014, tal como ya he resaltado, los jueces centrales de instrucción debieron plantearse cómo afectaba la nueva norma al caso o casos concretos que tenían en tramitación en virtud del principio de jurisdicción universal. Santiago Pedraz fue el primer juez en hacer frente a la reforma de 2014, y lo hizo a propósito del caso Couso.

A pesar de que, de acuerdo con la nueva redacción del artículo 23 y de la disposición transitoria única de la Ley Orgánica 1/2014, se disponía el sobreseimiento del caso hasta que no se acreditara el cumplimiento de los nuevos requisitos introducidos por dicha ley,[9] y al contrario que otros jueces, Pedraz decidió no archivar la causa y continuar con las diligencias del caso Couso, argumentando que las disposiciones de la nueva ley orgánica atentaban directamente contra el derecho internacional, concretamente contra lo establecido en el artículo 146 de la IV Convención de Ginebra, ratificada por el Reino de España. Mediante auto del 17 de marzo de 2014, y en contra del informe de la fiscalía que exigía la conclusión del sumario, el juez decidió dar aplicación preferente al derecho internacional sobre lo dispuesto en el derecho interno, ya que, según indicaba: «(d)e otro modo estaríamos admitiendo la posibilidad de que una norma interna modifique o derogue una disposición de un tratado o convenio internacional vigente para España, lo cual está proscrito».

La nueva normativa exigía que, para que los extranjeros pudieran ser perseguidos penalmente, debían residir en España. El auto indicaba que el estado «al suscribir el tratado se obliga a perseguir el delito (buscar a las personas y hacerlas comparecer) sea cual sea la nacionalidad de los autores y estén donde estén. La obligación es clara y terminante, sin que se reduzca, como en otros tratados, a una facultad del estado parte». Añadía que el artículo 146 de la IV Convención de Ginebra se contradecía con el nuevo artículo 23.4.a LOPJ y, por lo tanto, «no debe proceder el archivo de la causa», estimando que un veredicto contrario implicaría violar el artículo 96.1 de la Constitución española, así como disposiciones elementales de la Convención de Viena sobre el Derecho de los Tratados, particularmente los artículos 26 (*pacta sunt servanda*) y 27, referente a la prohibición de invocar el derecho interno para justificar el incumplimiento de un tratado.[10] El auto indicaba además que:

> El Estado de derecho exige la existencia de órganos independientes que velen por los derechos y libertades de los ciudadanos, aplicando imparcialmente las normas que expresan la voluntad popular y controlando la actuación de los poderes públicos. Al conjunto de estos órganos jurisdiccionales a los que se atribuye este cometido se los llama «Poder Judicial». Y en la Constitución española el Poder Judicial, además de ostentar en exclusiva el ejercicio de la función jurisdiccional, ejerce un control de los poderes ejecutivo y legislativo a través de los tribunales ordinarios (aparte de la jurisdicción constitucional). Y, así, mediante la inaplicación de una norma interna contraria a una disposición de un tratado el juez está ejerciendo ese control.[11]

Este auto es sin duda un homenaje a la independencia judicial, y no deja de emocionarme cada vez que lo leo, pues representa lo mejor de nuestra tradición jurídica y resume perfectamente la esencia de lo que significa ser, verdaderamente, juez.

Creo que, por desgracia, a nadie le sorprenderá saber que el Ministerio Fiscal no compartió esta interpretación garantista y *pro actione*, y presentó un recurso de reforma en marzo de 2014, dando prioridad a la aplicación de la Ley Orgánica 1/2014 y a los nuevos requisitos que había introducido, por encima de las normas y principios que impone el derecho internacional. Consecuentemente, el fiscal estimó que la decisión sobre el sobreseimiento o continuación del caso no correspondía al juez instructor, sino exclusivamente a la Sala de lo Penal de la Audiencia Nacional.

El 27 de marzo, el juez, fiel a su postura favorable a la jurisdicción universal, decidió desestimar la pretensión de la fiscalía, argumentando que la resolución por la que denegaba el sobreseimiento no estaba fundamentada en las normas de reparto establecidas en la Ley de Enjuiciamiento Criminal (en cuyo caso sí sería competencia de la Sala de lo Penal), sino que derivaba exclusivamente de la interpretación y aplicación de la disposición transitoria única de la Ley Orgánica 1/2014, que sería de imposible aplicación si no se concluía antes un sumario cuyas actuaciones aún no habían terminado en aras a su elevación a la Sala de lo Penal para que fuera ésta la que finalmente decidiera sobre el sobreseimiento. Alegaba que cualquier otra interpretación daría lugar a una situación en la que el juez «porque le está vedado (al tratarse de un sumario) no puede pronunciarse sobre el sobreseimiento y tampoco se establece un trámite para que el juez pueda remitir a la sala las actuaciones para que resuelva sobre el sobreseimiento».

Final del caso

En 2002, el Consejo de la Unión Europea creó Genocide Network, una red de puntos de contacto para casos relacionados con el genocidio, crímenes contra la humanidad y crímenes de guerra, en el seno de Eurojust. Para agotar todas las vías de lucha contra la impunidad, el juez Pedraz dispuso que las circunstancias del caso se pusieran en conocimiento de dicha red para que los procesados pudieran finalmente comparecer, ante la inoperancia tanto de la vía bilateral con Estados Unidos como de la vía Interpol. Desde 2003, la familia del cámara ferrolano no ha dejado de emprender acciones que se han visto marcadas por la falta de colaboración de Estados Unidos y la persistente actuación del Ministerio Fiscal en pro del cierre de la causa.

En junio de 2015, la Audiencia Nacional, ante la imposibilidad de mantener abierta la investigación debido a la Ley 1/2014, cerró el caso. En noviembre, la Sala Penal de la Audiencia Nacional acordó que no había lugar a la promoción de una cuestión de inconstitucionalidad y confirmó el auto de conclusión de sumario.

Por su parte, el Tribunal Supremo cerró el caso mediante sentencia del 25 de octubre de 2016. En palabras del ponente, el magistrado Carlos

Granados: «En definitiva, el modelo inicial de la LOPJ consagraba un sistema de jurisdicción universal absoluta e incondicionada. Pero este sistema, con independencia de la opinión particular que pueda sostenerse sobre él, no viene impuesto imperativamente con carácter general por los tratados internacionales o por el derecho internacional penal consuetudinario, ni tampoco viene impuesto específicamente por la Convención de Ginebra para los delitos contra las personas y bienes protegidos en caso de conflicto armado». La sentencia continúa: «(en consecuencia) el legislador puede limitarlo, como lo ha hecho la Ley Orgánica 1/2014, a supuestos en que el procedimiento se dirija contra un español o contra un ciudadano extranjero que se encuentre en España, sin que esta limitación constituya una violación de la Convención de Ginebra. Por todo ello, y para que quede claro en éste y en otros procedimientos con similar fundamento, conforme a la vigente Ley Orgánica 1/2014, los tribunales españoles carecen de jurisdicción para investigar y enjuiciar delitos contra las personas y bienes protegidos en caso de conflicto armado cometidos en el extranjero, salvo en los supuestos en que el procedimiento se dirija contra un español o contra un ciudadano extranjero que resida habitualmente en España, o contra un extranjero que se encontrara en España y cuya extradición hubiera sido denegada por las autoridades españolas. Sin que pueda extenderse dicha jurisdicción *in absentia* en función de la nacionalidad de la víctima o de cualquier otra circunstancia...».

Así concluyó el caso Couso y, una vez más, la Justicia desde y para las víctimas quedó marginada. El blindaje anti-jurisdicción universal sigue en la actualidad.

Fue éste un triste final para una batalla que se había prolongado largos años durante los que se han podido ver más trabas que progresos y en los que, en momentos clave, se hizo notar la larga mano de Estados Unidos, imponiéndonos unas decisiones que carecían de naturaleza jurisdiccional.

Pero en algún momento, más tarde o más temprano, quienes no se rinden tan fácilmente encontrarán (encontraremos) la forma de seguir luchando contra la impunidad. Hoy hay un nuevo Gobierno en España, hay ahora una oportunidad de volver a modificar la ley y reponer la jurisdicción universal.

GUANTÁNAMO

La palabra «Guantánamo» solía traernos a la memoria los aromas y sabores del cacao, la caña de azúcar y el café, o los sonidos de los acordes del son cubano *Guantamera* o la resistencia estoica de Cuba a los intentos de Estados Unidos por recuperar su poder e influencia sobre la isla durante la Guerra Fría. Hoy y desde hace 17 años, «Guantánamo» es sinónimo de tortura permanente, de detenidos sin orden judicial, sin cargos y sin juicio, de abuso criminal del poder, ese mismo abuso que los ideólogos y ejecutores de tanta barbarie dicen combatir.

No puede aceptarse la existencia de la prisión estadounidense de Guantánamo sabiendo lo que allí ocurrió y ocurre. Daña a las víctimas, provoca un dolor inmenso en ellas y en sus familias, muchas veces irreparable y deslegitima el combate contra el terrorismo. Pero, como dije antes y creo necesario reiterar aquí, la tortura no degrada nunca a las víctimas, que se mantienen siempre dignas a pesar de tanto tormento y de tanto sufrimiento. Estos actos criminales degradan a los torturadores, a quienes legitiman dichas conductas o simplemente las ignoran porque les incomodan, y en este caso, degradan a Estados Unidos y a la humanidad entera.

Desde el derecho penal internacional, el derecho internacional humanitario y el derecho internacional de los derechos humanos resulta completamente inaceptable la existencia misma de este centro de detención en el que, como relata el informe de 2014 redactado por el propio Senado de Estados Unidos,[12] se legitima la práctica de la tortura. Resulta igualmente inasumible que allí todavía haya decenas de personas privadas de libertad sin que pese sobre ellas acusación alguna ni perspectivas de que la haya en el futuro, por lo que no cabe la posibilidad de que se celebre un juicio contra ellas. Y, en todo caso, éste jamás podría ser considerado un juicio justo. En este caso, el poder y la razón de estado se han consolidado por encima de cualquier garantía, consumándose el «limbo» jurídico al que aludió el Tribunal Supremo español, el primer órgano judicial que así lo explicitó en una sentencia y que ennobleció, en ese momento, a nuestro sistema jurídico, como veremos más adelante.

La doctrina que ha permitido el establecimiento deliberado de lugares que no se encuentran bajo el amparo de la legislación estadounidense, en la que parece hallarse el origen de la insólita situación de Guantánamo, proviene de la Corte Suprema de los Estados Unidos de América, y puede sintetizarse en el aforismo «The Supreme Court has decided the constitution don't follow the flag» (La Corte Suprema ha decidido que la

Constitución no siga a la bandera), lo que quiere decir que, aunque en un territorio ondee la bandera de Estados Unidos, no necesariamente éste tendrá que regirse por la Constitución, y por tanto de las garantías que se derivan de ella. Esta doctrina proviene de decisiones jurisprudenciales anteriores, los llamados «Insular cases»: *Delim vs. Bidwell* (1901); *Dodey vs. United States* (1901) o *Door vs. United States* (1904). Como puede apreciarse se trata de casos de principios del siglo xx y, ciertamente, más de un siglo después, ha pasado suficiente tiempo como para que Estados Unidos se hubiera planteado la revisión de esta doctrina que permite que se cometan todo tipo de atrocidades en un territorio bajo bandera norteamericana, por funcionarios norteamericanos y en nombre de la seguridad de los ciudadanos norteamericanos.

El 17 de septiembre de 2001, el presidente George W. Bush firmó un memorando en el que autorizó a la Agencia Central de Inteligencia (CIA) a crear centros de detención fuera del territorio estadounidense, evitando así la aplicación de la legislación penal interna y despreciando la de aquellos otros países donde se ubicaran. Según la querella presentada en la Audiencia Nacional, este memorando fue obra de los querellados Addington, Haynes y Gonzales, tres abogados sin cuyos trabajos «jurídicos» hubiese sido imposible estructurar el marco legal que amparase las intenciones estadounidenses. El 13 de noviembre del mismo año, el presidente firmó y autorizó una orden ejecutiva para la «detención, tratamiento y enjuiciamiento de ciertos extranjeros en la guerra contra el terrorismo», en la que autorizaba al Pentágono a tener bajo cuidado y custodia indefinida y sin cargos a ciudadanos no estadounidenses hipotéticamente implicados en acciones extremistas, privándoles de una serie de garantías procesales, propias de cualquier Estado de derecho, y en caso de que les sometiese a juicio, éste debía practicarse ante una comisión militar sin carácter judicial. Para la consolidación de este sistema, el Departamento de Justicia remitió en diciembre al Pentágono un memorando que detallaba qué tipo de prisioneros y qué características debían reunir para ser ingresados en la base estadounidense de Guantánamo. Éste era un lugar idóneo para los fines que se perseguían, pues al no ser territorio norteamericano estaba fuera de la jurisdicción de los Tribunales Federales de Estados Unidos y no había posibilidad de cursar peticiones de *habeas corpus* de los detenidos que pasarían a denominarse, «combatientes ilegales».[13]

Lo más grave es que todo esto estaba sucediendo a la vista, ciencia y paciencia de instituciones nacionales e internacionales sin que ninguna hiciera nada al respecto. Probablemente aún impactadas por los ataques terroristas del 11 de septiembre en Nueva York y otros objetivos en suelo estadounidense, estas instituciones consintieron la creación de este sistema brutal e inhumano que subsiste 17 años después y que no ha sido posible clausurar (el único presidente que prometió, y no cumplió, cerrar Guantánamo, fue Barack Obama).

Inevitablemente el paso del tiempo nos hace menos sensibles y tendemos a olvidar acontecimientos especialmente traumáticos, minimizando sus consecuencias. Incluso llega a sernos indiferente y dejamos de indignarnos ante el hecho de que seres humanos, sin juicio ni acusación, sigan presos después de más de 17 años. Probablemente los menores de 30 o 35 años apenas lo recuerden vagamente o ni siquiera sepan que existe un centro de detención llamado Guantánamo que incumple la legalidad internacional. Hemos aceptado esta situación *de facto*. Más allá de aquellos que tienen responsabilidades en los casos penales abiertos, pocos en Occidente se preocupan y ocupan de esta cuestión. Y si esto resulta grave, lo es mucho más el hecho de que cualquier intento por aplicar la jurisdicción universal para perseguir y sancionar estos delitos se haya visto obligado a decaer, ya sea debido a la complacencia de los estados con la «gran potencia de Occidente», ya sea debido al peso de acuerdos económicos bilaterales o, como desveló WikiLeaks en 2010 y publicaron los medios españoles, a través de acuerdos extraños, ajenos al correcto funcionamiento de la Justicia, permitiendo graves interferencias de las autoridades estadounidenses en el desempeño de funcionarios judiciales españoles con el objetivo de paralizar las investigaciones emprendidas por la comisión de estos hechos.

Yo mismo, como juez instructor, me vi sometido a intentos de ser apartado de la investigación para conseguir el archivo de los procedimientos que seguían tramitándose, a pesar de la reforma de la jurisdicción universal de 2009, cuyo objetivo fue precisamente el de acabar con ellos.[14]

A lo largo de estos últimos años, han visto la luz diversos informes sobre Guantánamo y las acciones ilícitas de la CIA.[15] Investigaciones periodísticas, como las derivadas de la filtración de los cables por parte de WikiLeaks,[16] han puesto de manifiesto que tanto Guantánamo como las prisiones de Bagram y Abu Ghraib, además de otros centros clandestinos, han sido escenario, en ocasiones contando con el apoyo y ayuda de terceros países, de una política de la administración estadounidense del presidente George W. Bush, cuyo único límite ha sido la voluntad de quienes han actuado no sólo en los bordes sino claramente fuera de la legalidad. El mero hecho de que Guantánamo siga existiendo, y que en él estén aún recluidas personas por más de 18 años sin juicio, es tan inadmisible en un Estado de derecho como lo es la comisión sistemática de crímenes de lesa humanidad ante la conformidad de todos.

La causa por terrorismo

Cuando se supo que había un ciudadano español y otras tres personas vinculadas con España en Guantánamo, mi primer objetivo fue sacar a los cuatro de allí. Para lograrlo, reclamé de las autoridades judiciales de Estados Unidos la extradición de todos ellos ante la ausencia de cargos en ese país. En ese momento instruía, como titular del Juzgado Central de Instrucción n.° 5, una causa por el presunto delito de integración en organización terrorista, respecto de Al Qaeda, conocida como «Operación Dátil», que me permitía pedir su extradición y al menos ofrecerles aquí la posibilidad de un juicio justo, con las debidas garantías.

Las autoridades norteamericanas jamás dieron curso a la petición de extradición, pero estuvieron dispuestas a entregar al ciudadano español en 2004, en virtud de las buenas relaciones que mantenían las administraciones estadounidense y española por el apoyo del Gobierno del Partido Popular a la guerra de Irak. En 2005, entregaron a un segundo detenido, porque había tenido residencia en España. Los otros dos habían tenido residencia en el Reino Unido y no me serían puestos a disposición hasta mucho después por las autoridades británicas. Por supuesto, toda prueba ilegalmente obtenida fue excluida del proceso, de modo que sólo quedó la que se había obtenido previamente en España, y la producida una vez viajaron a nuestro país. Las historias de cómo llegaron a Guantánamo y el recorrido procesal en España de estos detenidos siguió un camino propio.

Hamed Abderrahman Ahmed, ciudadano ceutí, de nacionalidad española, fue detenido en noviembre de 2001 en Pakistán por el ejército pakistaní, donde permaneció dos meses. Posteriormente, fue entregado a efectivos del ejército estadounidense que lo trasladaron desde Peshawar hasta un campo de prisioneros en Kandahar (Afganistán), en donde estuvo un mes aproximadamente hasta su traslado, a finales de enero de 2002, al campo de detención en la base militar estadounidense en Guantánamo. Allí quedó recluido sin cargos hasta que fue puesto a disposición del Juzgado Central de Instrucción n.° 5 de la Audiencia Nacional, el 13 de febrero de 2004. Posteriormente fue juzgado y condenado por la Sala Penal de la Audiencia Nacional a la pena de seis años de prisión por su pertenencia a la organización terrorista Al Qaeda.

Lahcen Ikassrien, ciudadano marroquí, residente durante más de 13 años en España, fue detenido en Afganistán en noviembre de 2001 y trasladado desde Kandahar hasta Guantánamo por fuerzas militares estadounidenses en febrero de 2002. Fue puesto a disposición del Juzgado Central de Instrucción n.º 5 de la Audiencia Nacional el 18 de julio de 2005, acusado de supuesta pertenencia a la organización Al Qaeda. Una vez terminada la instrucción, Lahcen Ikassrien fue juzgado y absuelto por la Sala de lo Penal de la Audiencia Nacional.

Jamiel Abdul Latif Al Banna, ciudadano palestino, detenido en 2002 por militares estadounidenses en Gambia, fue trasladado a Afganistán. Desde enero de 2003 hasta diciembre de 2007, estuvo detenido en la base militar estadounidense de Guantánamo. Omar Deghayes, ciudadano libio, fue detenido en 2002 en Lahore (Pakistán), donde permaneció recluido durante un mes. Posteriormente fue trasladado a Islamabad y a continuación a Afganistán, a la ciudad de Bagram y desde ahí a Guantánamo. Ambos habían sido procesados por el presunto delito de integración en organización terrorista, por su supuesta pertenencia a Al Qaeda, en España. Aunque nunca fueron detenidos al hallarse en paradero desconocido, sí se habían librado órdenes de detención con fines de extradición contra ellos desde la Audiencia Nacional. Desde Guantánamo fueron enviados al Reino Unido, donde habían tenido residencia.

Sentencia del Tribunal Supremo de 2006

El 20 de julio de 2006, el Tribunal Supremo español resolvió el recurso de casación presentado por Hamed Abderrahman Ahmed contra la sentencia dictada contra él por la Audiencia Nacional por pertenencia a banda armada (Al Qaeda), que lo condenó a la pena de seis años de prisión. Esta resolución, sin duda, ha pasado a la historia judicial de nuestro país.

> La detención de cientos de personas, entre ellas el recurrente, sin cargos, sin garantías y, por tanto, sin control y sin límites, en la base de Guantánamo, custodiados por el ejército de Estados Unidos, constituye una situación de imposible explicación y menos justificación desde la realidad

jurídica y política en la que se encuentra enclavada. Bien pudiera decirse que Guantánamo es un verdadero «limbo» en la comunidad jurídica que queda definida por una multitud de tratados y convenciones firmados por la comunidad internacional, constituyendo un acabado ejemplo de lo que alguna doctrina científica ha definido como «derecho penal del enemigo». Ese derecho penal del enemigo opuesto al derecho penal de los ciudadanos quedaría reservado para aquéllos a los que se les consideraría responsables de atacar o poner en peligro las bases de la convivencia y del Estado de derecho.[17]

Así, de forma tan categórica, se pronunciaba el Tribunal Supremo, que casó la sentencia de la Audiencia Nacional y absolvió a Hamed Abderrahman Ahmed. Una vez anuladas las pruebas, obtenidas con infracción de garantías y derechos fundamentales, la única prueba válida eran las declaraciones prestadas en España, de las que, según el Supremo, no se desprendía una confesión del procesado. Más allá de esto, interesa destacar el repudio categórico de la sentencia a lo que ocurría (y aún hoy ocurre) en Guantánamo y el rechazo contundente a la doctrina jurídico-penal que intenta legitimarlo.

Refiriéndose al «derecho penal del enemigo», en relación con los ataques terroristas, la sentencia indicaba: «Precisamente esos ataques los convertirían en extraños a la "polis", a la comunidad de ciudadanos y como tales, enemigos, es decir, excluidos de la comunidad y perseguidos si es preciso con la guerra. Por ello, las grandes líneas de esta singular construcción se encontrarían en: a) Frente al derecho penal del hecho, hecho concreto, propio de la sociedad democrática, el derecho penal del enemigo es un derecho de autor que se centra no en lo que éste haya hecho, sino en lo que pueda hacer en su condición de supuesto terrorista. b) Hay un decaimiento generalizado o anulación de las garantías procesales propias del proceso debido. c) Las penas previstas para esa actitud —que no los actos cometidos—, pues el acento se pone en la puesta en riesgo, son de una gravedad y desproporción que desbordan la idea de ponderación, mesura y límite anudados a la idea de derecho, y más concretamente de derecho penal».[18] Y, continuando con el razonamiento, ponía de manifiesto la contradicción inherente a los postulados de esta doctrina: «Se trata de una construcción jurídica que parte de una contradicción en sus argumentos que contamina hasta la propia denominación de la doctrina. No se pueden defender desde el estado los valores de la libertad, convivencia, pluralidad y derechos humanos, con iniciativas caracterizadas por la vulneración de los valores que se dicen defender». Es perfectamente legítimo que la sociedad se defienda de aquellos que siembran el terror, pero «esta defensa sólo puede llevarse a cabo desde el respeto de los valores que definen el Estado de derecho, y por tanto sin violar lo que se afirma defender...». Concluyendo sin margen de duda que «el derecho penal del enemigo vendría a ser, más propiamente, la negación del derecho penal en la medida en que trata de desposeer a sus posibles destinatarios de algo que les es propio e inderogable: su condición de ciudadanos de la "polis"».[19]

El valor de la sentencia del Tribunal Supremo es indudable y representó un hito jurisprudencial, pues en ella se constata: 1) Una valoración de Guantánamo y del tratamiento que allí reciben los detenidos, que llega a etiquetar de «derecho penal del enemigo». 2) La anulación de todas las pruebas relacionadas con Guantánamo por considerar que no respeta las garantías mínimas. 3) La asunción de que el resto de las pruebas autónomas e independientes, aunque sí pueden ser válidas como elementos de cargo, en este caso resultaban insuficientes.

La sentencia, además, fue de especial relevancia por el efecto que tuvo en los demás casos enjuiciados o instruidos con posterioridad con algún punto de conexión con Guantánamo.

El caso de Lahcen Ikassrien experimentó la repercusión de esta histórica sentencia del Tribunal Supremo. Siguiendo la estela de esta jurisprudencia, la Sección Cuarta de la Sala de lo Penal de la Audiencia Nacional, mediante sentencia 36/06 del 10 de octubre de 2006, absolvió a Ikassrien recogiendo además en el cuerpo de su resolución una larga serie de denuncias por maltrato y torturas esgrimidas por el acusado. La sentencia comienza con unos escuetos hechos probados: «[En] noviembre del año 2000, el acusado [...] se trasladó a Estambul (Turquía), donde permaneció durante unos dos meses, al cabo de los cuales marchó a la capital de Afganistán (Kabul), dirigiéndose después a un pueblo situado en el sur del país. De dicho pueblo intentó huir cuando, a principios de noviembre del año 2001, fue bombardeado en el curso de la guerra que mantenía el gobernante régimen talibán, de carácter islamista fundamentalista, con las fuerzas de la denominada "Alianza del Norte", ayudadas estas últimas por tropas norteamericanas. Durante los combates, el acusado fue capturado y entregado al ejército de los Estados Unidos de Norteamérica, quedando internado en una prisión ubicada en la ciudad afgana de Kandahar, hasta que el 6 de febrero de 2002 fue trasladado, con otros prisioneros, a la base militar norteamericana de Guantánamo

(Cuba). En ella permaneció, sin ser juzgado, hasta que el 18 de julio de 2005 fue entregado a las autoridades españolas en la base militar de Torrejón de Ardoz (Madrid)».

En cuanto al trato inhumano padecido por el procesado desde el momento de su detención y durante su cautiverio en Guantánamo, la sentencia señala: fue trasladado «a la ciudad de Kandahar, donde fue llevado a una prisión ocupada por más de 5.000 personas, en la que durante casi dos meses sufrió torturas consistentes en castigos físicos, amenazas y vejaciones, como tirarle porquería y orines, teniendo heridas en un brazo y en una pierna por los bombardeos y sufriendo quemaduras de cigarrillos durante el cautiverio, a pesar de que era visitado por miembros de la Cruz Roja, que le aconsejaron que no firmara papel alguno autorizando la amputación de un pie y un brazo que tenía gangrenado [...] luego le trasladaron a Guantánamo (Cuba), donde nunca le explicaron por qué se hallaba privado de libertad y donde prosiguieron los malos tratos y las amenazas y se sucedieron los interrogatorios sin presencia de abogado y la inasistencia de forenses y de intérpretes. Allí recibió la visita de unos policías españoles, que le ofrecieron la posibilidad de convertirse en confidente, prometiéndole que si colaboraba sería traído a España, a lo que el declarante se negó, porque si accedía a ello les tendría que mentir. En Guantánamo nunca le comunicaron que desde 2004 existía una petición de extradición. Un día lo pusieron en una celda solo y le llevaron en coche a otro sitio, en cuyo trayecto le ofrecieron mucho dinero y el traslado al país que quisiera a cambio de colaboración, negándose el declarante a firmar el papel que le dieron».[20]

Asimismo, el palestino Jamiel Adbul Latif Al Banna y el libio Omar Deghayes, inmersos en la misma investigación previa por presunto delito de integración en organización terrorista, fueron también beneficiados con la doctrina emanada por el Tribunal Supremo, que cerró la investigación.

En 2007, las autoridades del Reino Unido me preguntaron si estaban vigentes las órdenes de detención y si tenía intención de continuar el proceso contra ellos. Contesté que sí para facilitar su salida de Guantánamo, pero, una vez que Estados Unidos entregó a los presos a Gran Bretaña (sin que mediase extradición) y tras ser examinados, a petición mía, por los peritos médicos, renuncié tajantemente a la reclamación de entrega y cerré el sumario abierto en su contra, en diciembre 2007, para que la Sala de lo Penal decidiera sobre su archivo, lo que posteriormente hizo.

Guantánamo en el Juzgado Central de Instrucción n.º 5

Una vez cerrado el caso para las cuatro personas recluidas en Guantánamo por presunto delito de integración en organización terrorista, ordené la incoación de diligencias previas, previa denuncia de Hamed Abderrahman Ahmed, por presuntos delitos contra personas y bienes protegidos en caso de conflicto armado (crímenes de guerra), en relación con crímenes de lesa humanidad y torturas durante su permanencia en Guantánamo, en contra de las autoridades que correspondieran.[21] Entre éstas estaban las personas que tuvieron bajo su guarda y custodia a los detenidos, las que autorizaron o practicaron los actos que se han descrito, miembros todos ellos del ejército norteamericano o de la inteligencia militar, y todos aquellos que ejecutaron y/o diseñaron un plan sistemático de torturas o malos tratos, inhumanos y degradantes en contra de los prisioneros.

En el auto de incoación, del 27 de abril de 2009, se recoge el relato de los padecimientos de las víctimas,[22] que, además de ser de suma gravedad en sí, contaban con la agravante de haberse cometido por autoridades y con el consentimiento de otras y dentro de un sistema institucionalizado para someter o rendir a los detenidos.

Hamed Abderrahman Ahmed

Ciudadano español, ceutí. En sus declaraciones judiciales refirió cómo desde su captura había sido objeto de golpes y trato vejatorio e inhumano. La celda en la que fue recluido en el denominado «Campo de Rayos X» de Guantánamo le dejaba poco más de medio metro por medio metro de espacio para moverse; durante casi un año, sólo le permitieron salir de su celda (a él y a los demás internos, varios cientos en aquel momento) dos veces por semana durante 15 minutos. Sufrió interrogatorios constantes sin asistencia letrada. En el llamado «Delta Camp», las celdas eran de hierro. En el de Rayos X, las celdas eran de malla metálica, tipo gallinero, lo cual potenciaba el calor sobre los detenidos. Se mantenía la luz de las celdas encendida permanentemente (día y noche) lo que le produjo trastornos de visión y de sueño. A través de altavoces les obligaban a escuchar constantemente y a altísimo volumen canciones patrióticas estadounidenses. Fue entregado a España el 13 de febrero de 2004, condenado por la Audiencia Nacional y absuelto por el Tribunal Supremo.

Lahcen Ikassrien

Ciudadano marroquí, residente en España. Según manifestó en sus declaraciones judiciales en España, nunca le explicaron las razones de su encarcelamiento. Durante su estancia en la base militar norteamericana de Guantánamo, fue presuntamente objeto de malos tratos y amenazas, sometido a interrogatorios sin presencia letrada, se le mantuvo aislado, en una celda durante largos períodos, le golpearon en los testículos, y, según refiere, le inocularon un inyectable con «una enfermedad para los quistes de los perros». La celda en la que permaneció estaba pintada de blanco intenso y mantenían la luz encendida de forma constante, lo que le impedía conciliar el sueño y afectó a su vista. Además, introducían en su celda aire muy frío y, con él, sustancias químicas que afectaron a su respiración y sus articulaciones. Fue entregado a España el 18 de julio de 2005 y absuelto por la Sala de lo Penal de la Audiencia Nacional.

Jamiel Abdul Latif Al Banna

Ciudadano palestino. Durante todo este tiempo (casi cinco años), no tuvo acceso a ninguna de las garantías que se reconocen a los detenidos. En Afganistán, antes de llegar a Guantánamo, fue objeto de agresiones y malos tratos físicos y psíquicos, insultos y humillaciones, recibió golpes fuertes en la cabeza que le provocaron pérdida de conciencia, estuvo detenido a oscuras en un subterráneo durante tres semanas, se le privó de alimentos y de sueño y se le obligó a presenciar las torturas infligidas a otros prisioneros. Una vez en Guantánamo, fue presuntamente sometido a unos mil interrogatorios en sesiones de 2 a 10 horas, a diario e incluso dos veces al día, a cualquier hora del día o de la noche, en condiciones extremas de calor o frío, sujeto por grilletes en muñecas y tobillos, en posiciones forzadas, sentado en el suelo con el cuerpo doblado hacia adelante y con los interrogadores ejerciendo presión en su espalda para acentuar el dolor hasta hacerle gritar, lo que le impedía luego poder mantenerse en pie durante horas. Durante meses, en los continuos interrogatorios tan sólo recibió castigos, sin que se le formularan preguntas y se le amenazó de muerte, produciéndole una situación de desamparo y desesperación. Fue sometido a tratos humillantes y denigrantes tales como, y en contra de lo que ordena su religión, despojarlo de sus ropas hasta la desnudez, o provocarle sexualmente durante los interrogatorios. Estuvo un año en régi-

men de aislamiento total, sujeto con grilletes permanentemente, sometido a acoso y alteraciones continuas en intervalos de 10 minutos, día y
noche, mediante golpes fuertes y repetidos en la puerta de su celda o
activando máquinas que emitían un ruido constante junto a la misma.
Fue expuesto a condiciones extremas de frío y calor mediante el aire
acondicionado, así como a volúmenes insoportables de música, y a olores
insoportables a través de los conductos del aire acondicionado. Cualquier
acto de resistencia o falta de cooperación por su parte era respondido con
las llamadas «Fuerzas de Reacción de Emergencia» (ERF, por sus siglas en
inglés), que aplicaron una fuerza brutal contra él. En uno de estos ataques,
sufrió lesiones en el dedo anular de la mano derecha, en el lado izquierdo
de la frente y en la parte de atrás de la rodilla izquierda. Su encierro en
jaulas de malla galvanizada le produjo graves daños en la vista. Entregado
a las autoridades británicas, revoqué la orden de detención y se archivó el
caso abierto contra él en España.

Omar Deghayes

Ciudadano libio, detenido en 2002 en Lahore (Pakistán), donde permaneció recluido durante un mes, atado, bajo amenazas de muerte hacia él y su
familia. Allí sufrió palizas constantes, fue torturado con látigos de madera y
con *shocks* eléctricos mientras se le mantenía atado a una mesa, se le obligó
a presenciar la tortura a otros prisioneros y la muerte de uno de ellos. Posteriormente fue trasladado a Islamabad, donde fue víctima de tratos similares. A continuación, le trasladaron a Afganistán, a la ciudad de Bagram,
que estaba bajo control estadounidense. Allí se vio privado de alimentos,
luz y movilidad durante días, fue sometido a interrogatorios prolongados
bajo tortura y fue objeto de prácticas vejatorias especialmente destinadas a
humillarle a través de su fe. Una vez en Guantánamo, donde estuvo prisionero entre septiembre de 2002 y diciembre de 2007, sufrió una presunta
agresión sexual de las Fuerzas de Reacción de Emergencia (ERF), le rociaron los ojos con un spray de nuez moscada que provocó que perdiera la
visión del ojo derecho, fue objeto de tratos denigrantes por los soldados
de custodia y golpeado y torturado por los miembros de las ERF en presencia, al menos en tres ocasiones, de personal médico. Fue sometido a
múltiples interrogatorios sin asistencia letrada en situaciones extremas,
permaneció incomunicado durante largo tiempo en condiciones insoportables y se le continuó denigrando, empleando para ello su religión.

Entregado a las autoridades británicas, revoqué la orden de detención y se archivó la causa, como en el caso anterior.

Hasta 15 personas intentaron quitarse la vida en Campo Delta, debido a los abusos de los funcionarios de las ERF.[23]

A pesar de todas las dificultades que tuve que enfrentar, el caso se mantendría activo. Las previsiones de los diplomáticos norteamericanos sobre el cierre de la causa tras la reforma de 2009, asesorados por el fiscal jefe de la Audiencia Nacional Javier Zaragoza, según WikiLeaks,[24] erraron. En el auto de enero de 2010, con la reforma de la Ley Orgánica 1/2009 ya vigente, hice una recopilación de los hitos procesales desde el comienzo del procedimiento en marzo de 2009, interpretando la nueva norma de acuerdo con la doctrina fijada por el Tribunal Constitucional en los casos Guatemala y Falun Gong, en beneficio de la investigación y de las víctimas, tomando la decisión de continuar. En esta resolución argumentaba que, en los casos de jurisdicción universal, el impulso procesal no puede recaer sobre: «quien demanda la actuación sino sobre quien se opone a ella. Es decir, la limitación derivada de una posible competencia en otro país o tribunal internacional deberá ser acreditada en el procedimiento por quien la alegue, pero no puede aceptarse que el órgano judicial o la víctima se dediquen a hacer una labor detectivesca para saber dónde existe un procedimiento abierto y tratar de establecer un hecho negativo». Y, en todo caso, de corresponder a alguien lo sería a quien alega el derecho extranjero o al órgano judicial, casos ambos que comportan la investigación del caso, pues en ningún lugar se dice que ésta deba estar suspendida hasta que se compruebe la inexistencia de actividad de otros órganos.[25]

Tras la reforma de 2009, la nueva redacción del artículo 23.4 de la LOPJ establecía que debían existir o víctimas españolas, o algún punto de conexión relevante y que ningún otro país estuviera llevando a cabo una investigación efectiva. En este caso, existía una víctima española (Hamed Abderrahman Ahmed), había además puntos de conexión relevantes (las cuatro víctimas habían estado sometidas a proceso en España y una de ellas, Lahcen Ikassrien, había residido aquí durante 13 años) y, desde luego, las investigaciones que Estados Unidos pudiera estar realizando no eran judiciales y estarían manchadas por la falta absoluta de garantías del sistema artificial de derecho creado por la administración norteamericana. Es importante señalar que las autoridades estadounidenses nunca contestaron los requerimientos de información que les solicité en mayo de 2009,[26] razón por la cual era mi deber activar la instrucción y no detenerla hasta la fase de enjuiciamiento. En la resolución de enero de 2010 reafirmé la competencia de la justicia española y admití a trámite las querellas de la acción popular, representadas por la Asociación Pro-Dignidad de los Presos y Presas de España, la Asociación Libre de Abogados, Izquierda Unida y la Asociación Pro-Derechos Humanos de España.

En una resolución de 19 de enero de 2010 el Defensor del Pueblo, al desestimar la posibilidad de recurrir la constitucionalidad de la reforma de 2009, interpretaba que: «Las condiciones que establece el artículo 23.4 de la LOPJ han de interpretarse de forma favorable al principio *pro actione* (art. 24.2 CE) como ha establecido el propio tribunal constitucional, entre otras, en las sentencias del 26 de septiembre de 2005 (caso Guatemala) y del 22 de octubre de 2007» (caso Falun Gong).

Querella de la Asociación Pro-Dignidad de los Presos y Presas de España

Por su parte, el 17 de marzo de 2009, la Asociación Pro-Dignidad de los Presos y Presas de España presentó una querella por delitos de lesa humanidad y tortura, aunque de manera general, sin referirse a las víctimas que ya eran objeto de atención de la Audiencia Nacional en el Juzgado Central de Instrucción n.º 5. Habiéndola presentado en mi juzgado, dada su generalidad —que excedía del objeto de las víctimas concretas a las que se ceñía la de este último juzgado—, la remití al juez decano, quien, tras el correspondiente turno, la envió al Juzgado Central de Instrucción n.º 6.

La querella estaba dirigida contra David Addington, Jay S. Bybee, Douglas Feith, William J. Haynes, John Yoo y Alberto R. Gonzales. De acuerdo con la querella, eran los responsables de la elaboración, aprobación y puesta en marcha de los mecanismos legales necesarios para la creación de una especie de «espacio jurídico» que en realidad era un espacio sin derecho, por cuanto quebrantaba todas las normas nacionales e internacionales en materia de derechos humanos. De acuerdo con los planes elaborados por los querellados, en este espacio sería perfectamente legal la privación de libertad por tiempo indefinido y la práctica de interrogatorios que incluían, sin ningún eufemismo, la tortura pura y dura para obtener información o para, simplemente, denigrar y degradar de su condición humana a los detenidos. El objetivo real de estos resortes legales era proteger a quienes se encargarían de llevar a cabo estos delitos, garantizando así su impunidad.

Prosigue la tramitación de las causas

La tramitación de los dos procedimientos, el del Juzgado Central de Instrucción n.° 5 y el del n.° 6, continuaron con diversas incidencias, como los recursos formulados por la fiscalía oponiéndose a su continuación. El planteamiento del Ministerio fiscal fue desestimado tanto por el pleno de la Sala de lo Penal que, en auto de 6 de abril de 2011, confirmó la admisión de una nueva querella interpuesta por Lahcen Ikassrien en 2009, como, en 2010, por el juez Velasco, respecto de la querella seguida en el Central de Instrucción n.° 6.

Sin embargo, el 13 de abril de 2011, este magistrado decidió: «Acordar el sobreseimiento provisional de la presente causa, inadmitiendo a trámite la querella, sobre cuyos ulteriores intentos de personación por otras partes no procede pronunciarse, dándose oportuno traslado de la misma, debidamente traducida, al Departamento de Justicia de EEUU para su continuación, recabando del mismo que en su día indique las medidas finalmente adoptadas en virtud de este traspaso de procedimiento».

Bajo la decisión del juez Velasco subyace su interpretación de la reforma de la Ley Orgánica 1/2009 por la que se modificó el art. 23.4 de la LOPJ y la decisión del Tribunal Supremo sobre el caso Gaza. En síntesis, los argumentos expuestos en el razonamiento jurídico segundo de la resolución se referían al informe del Departamento de Justicia de Estados Unidos que afirmaba que había una investigación abierta en dicho país, aunque la realizaran órganos que no eran judiciales, cuestión que el magistrado trataba de paliar afirmando que: «El artículo 23.4 LOPJ no exige que en el país de jurisdicción preferente se haya iniciado un procedimiento judicial (aunque en el caso presente los hay), sino sólo, pero determinantemente ("en todo caso"), que se haya iniciado un procedimiento (sin calificar, ya que en derecho comparado surgen también alternativas administrativas a la tutela jurisdiccional) "que suponga una investigación y una persecución efectiva" de los hechos encartados (asesoramiento jurídico justificativo del presunto maltrato dispensado a prisioneros de guerra), como se deriva del informe contestación de la CRI, en que se citan: Informe-decisión de 5/01/2010 del secretario de Justicia Auxiliar adjunto de la Oficina de Responsabilidad Profesional del Departamento de Justicia de EEUU sobre los aquí querellados señores Jay Bybee y John Yoo, concluyendo no haber base jurídica para procesarles penalmente y acordando que no procedía entablar procedimientos penales en relación con ningún otro funcionario del poder ejecutivo, incluidos los que nom-

bra la querella; procedimientos penales federales concluidos (David Passa-
ro, Don Ayala) y otros pendientes iniciados a instancias del Departamento
de Justicia referidos a malos tratos a prisioneros; procedimientos administrativos y penales del Departamento de Defensa de EEUU: programa para
detenidos del Departamento de Defensa, más de 100 enjuiciamientos al
amparo del Código de Justicia Militar con sanciones penales (v. gr. *US vs.
Graner, US vs. Maynulet, US vs. Clagett...*), estudios internos de la CIA sobre
trato dispensado a detenidos, etc.; investigaciones pendientes de la fiscalía
federal de EEUU para el distrito Este de Virginia sobre abusos a detenidos;
estudio de la fiscalía federal para el distrito de Connecticut en curso sobre
acusaciones previamente declaradas improcedentes, para la revisión preliminar de la posible violación del derecho federal en relación con el interrogatorio de determinados detenidos en emplazamientos en el extranjero; medidas e informes del Congreso de EEUU sobre el trato dispensado
a los detenidos privados de libertad por los EEUU».

Sin lugar a dudas estos argumentos merecen una dura crítica, porque
ninguno de los mecanismos administrativos o judiciales se refería a los
querellados, salvo el referido a Jay Bybee y John Yoo, que era un documento administrativo de carácter interno. Además, ninguno de estos procedimientos podía llenar mínimamente el concepto «investigación efectiva»
que debe ser nutrido con los requisitos de ser «judicial» e «independiente»,
lo que no se daba en la investigación administrativa interna que desarrollaban los mismos departamentos que podrían verse cuestionados por la querella, y que además, de acuerdo con lo exigido en la reforma de 2009, situa-
ba los hechos fuera del territorio nacional amparados por la excepcionalidad
de las disposiciones dictadas por el presidente de Estados Unidos. Por otra
parte, el traslado del procedimiento a Estados Unidos fue inútil porque
no se ha llevado a cabo ninguna investigación de carácter criminal.

Evidentemente los querellantes recurrieron esta resolución en abril
de 2011, empleando sólidos argumentos que develaron la inconsistencia de
la resolución impugnada y la influencia que en todos estos casos habían
tenido las tácticas de presión y los contactos diplomáticos entre la embajada norteamericana y la fiscalía, denunciadas por WikiLeaks.

El auto de la sala del 23 de marzo de 2012

El pleno de la Sala de lo Penal de la Audiencia Nacional decidió en este
caso, por mayoría, confirmar la resolución del juez Velasco (juez central

n.º 6) recurriendo a unas valoraciones muy elementales y someras de las supuestas investigaciones que las autoridades estadounidenses afirmaban haber hecho.

La sala consideró que revestía el carácter de una investigación penal: «Informe-decisión de 5/1/2010 del secretario de Justicia Auxiliar adjunto de la Oficina de Responsabilidad Profesional del Departamento de Justicia de EEUU sobre los aquí querellados señores Jay Bybee y John Yoo, concluyendo no haber base jurídica para procesarles penalmente y acordando que no procedía entablar procedimientos penales en relación con ningún otro funcionario del poder ejecutivo, incluidos los que nombra la querella».

Si se analiza la cuestión y las investigaciones desarrolladas, en ningún caso puede concluirse, como desafortunadamente hizo la Sala de lo Penal, que sea «evidente que del detalle de las actuaciones se desprende la existencia de dos exoneraciones de responsabilidad penal respecto de los querellados Jay Bybee y John Yoo»;[27] porque, lo que se desprende de la afirmación estadounidense es, precisamente, lo contrario, es decir, que se decidió por orden administrativa no abrir una causa penal.

La ausencia de indicios alegada por la administración norteamericana casa mal con el contenido del informe del Senado norteamericano de 2014, en el que se reconocen estas prácticas. Es decir, parece que sí había causa suficiente para investigar, pero no se hizo en ningún momento.

Los magistrados Ramón Sáez, Clara Bayarri y José Ricardo de Prada, en un contundente voto particular, del 30 de marzo de 2012,[28] dejaron en evidencia la endeblez de los argumentos de la mayoría del pleno de la sala: «El TEDH ha establecido que la investigación efectiva no supone en todo caso la apertura de una instrucción penal, pero sí que deberá estimarse vulnerado el derecho a la tutela judicial efectiva si no se abre o se clausura la investigación (instrucción) "cuando existan sospechas razonables de que se ha podido cometer el delito y cuando tales sospechas se revelen como susceptibles de ser despejadas" y que, en el caso de que lo denunciado fuesen torturas o tratos inhumanos o degradantes, se constituye un deber de tutela judicial "reforzado" al ser la tutela de los tribunales la última salvaguarda de los derechos del individuo frente a las arbitrariedades del poder».[29] Tampoco podía olvidarse que: «El propio artículo 23.4 de la Ley Orgánica del Poder Judicial se refiere a "un procedimiento que suponga una investigación y una persecución efectiva, en su caso, de tales hechos punibles"» y con una clara protección de los derechos de las víctimas. Pues bien, sólo si se cierran todos los sentidos jurídicos podría afirmarse que el documento remitido al juez español responde a los estándares mínimos de un procedimiento penal.

Según el voto particular, lo hecho en Estados Unidos no guardaba: «ni identidad objetiva ni subjetiva con los hechos aquí denunciados —salvo parcialmente uno, de naturaleza deontológico profesional de los abogados—, al margen, como se desprende del propio informe, de que las denuncias han sido archivadas sin dar lugar a investigación». Se omitió cualquier tipo de control judicial, ni siquiera se llegó a enviar el resultado a esa autoridad y tampoco se remitió a la autoridad judicial española para que hiciera la evaluación en aras de comprobar si había habido «una investigación efectiva».

«Pero, aún más, concluido el informe de la Oficina de Responsabilidad Profesional del Departamento de Justicia, fue revisado por el fiscal general delegado, David Margolis, quien, con carácter previo a la resolución, trasladó dicho dictamen a informe de los afectados Yoo y Bybee, aquí querellados, quienes participaron directamente en el proceso de revisión del informe.» Nada podría estar más lejos de una investigación independiente. El voto particular destacaba también que: «Al final, el memorándum del fiscal delegado David Margolis de enero de 2010, dirigido al fiscal general de la nación Eric Holder, desestimaba la posibilidad de que la conducta de Yoo y Bybee fuese trasladada al Colegio de Abogados para la depuración de responsabilidad profesional». Y, entonces, se preguntaban los jueces disidentes del voto de mayoría: «¿Persecución efectiva de hechos punibles? [...] El Departamento de Justicia de los Estados Unidos de Norteamérica decidió no acometer persecución de ninguna clase contra Yoo y Bybee, los dos juristas que asesoraron y justificaron la decisión del presidente de no aplicar el derecho internacional humanitario ni el derecho internacional de los derechos humanos a los prisioneros de Guantánamo, y que recomendaron en informes vinculantes el empleo de métodos y técnicas de tortura en el interrogatorio de los detenidos».

En suma, tanto el juez Velasco, como la Sala de lo Penal, a excepción de los tres magistrados discrepantes, a la vista de los elementos concurrentes y de lo que posteriormente había sucedido, adoptaron una decisión de apoyo irrestricto a una decisión política del Gobierno de Estados Unidos, cuando lo que se debatía era la comisión de crímenes de tortura ejecutados de forma sistemática contra una generalidad de personas recluidas en Guantánamo. Pero, lo que es peor aún, dejaron impunes a quienes presuntamente habían creado la estructura jurídica de rendición utilizada no sólo en aquel centro, sino en otros lugares como la prisión de Abu Ghraib y resto de centros clandestinos.[30]

La suerte del caso de JCI 5 tras la reforma de 2014

Tras la entrada en vigor de la Ley 1/2014 de reforma de la LOPJ, el juez Pablo Ruz, que me sucedió en el Juzgado Central de Instrucción n.° 5, decidió a través de un auto del 15 de abril de 2014 no concluir ni archivar la causa, como pedía el Ministerio Fiscal, sino, por el contrario, proseguir la tramitación y pasar de las diligencias previas a incoar sumario por los presuntos delitos de torturas y contra la integridad moral, en concurso con uno o varios delitos contra las personas y bienes protegidos en caso de conflicto armado (crímenes de guerra). El sumario, con el número 2/2014, dio continuidad a la instrucción de la causa. Los hechos seguían siendo los contenidos en las querellas de 2009 y también lo era la calificación jurídica de los mismos.[31] Asimismo, dispuso elevar exposición razonada a la Sala Segunda del Tribunal Supremo, de conformidad con la nueva redacción del artículo 23.5 LOPJ (requisito introducido por la reforma de 2014) y reiteró la petición a Estados Unidos de urgente cumplimiento de la comisión rogatoria enviada el 23 de enero de 2014. El magistrado juez sostuvo en su resolución, con mayor o menor alcance, que se había producido una investigación en Estados Unidos, lo que se compadecía mal con el hecho de que no se hubiera obtenido ninguna respuesta a las solicitudes de información enviadas.

La Sección Tercera de la Audiencia Nacional cerró el caso el 8 de enero de 2016, en línea con los razonamientos del instructor y la jurisprudencia del Tribunal Supremo posterior a la entrada en vigor de la reforma de 2014, desestimando las pretensiones de los querellantes de que se reabriera la causa y continuara la investigación.

Sentencia del Tribunal Supremo

Las acusaciones ejercidas por las entidades Center for Constitutional Rights de Nueva York (Estados Unidos), del European Center For Constitutional and Human Rights de Berlín (Alemania) y de la Asociación Pro-Dignidad de los Presos y Presas de España plantearon recurso de casación ante la Sala Segunda del Tribunal Supremo contra el auto de 8 de enero de 2016 de la Sección Tercera de la Sala de lo Penal de la Audiencia Nacional, al que debe sumarse el auto del 15 de enero de 2016, que desestimaba las pretensiones de las partes contra el auto de conclusión del sumario sin procesamiento, presentadas el 17 de julio de 2015.

La sala pronunció su sentencia el día 18 de noviembre de 2016. Su fundamento de derecho quinto afirma de forma tajante, en la línea de otras resoluciones de la misma sala sobre casos de jurisdicción universal: «Por todo ello, y para que quede claro en éste y en otros procedimientos con similar fundamento, conforme a la vigente Ley Orgánica 1/2014, los tribunales españoles carecen de jurisdicción para investigar y enjuiciar delitos contra las personas y bienes protegidos en caso de conflicto armado cometidos en el extranjero, salvo en los supuestos en que el procedimiento se dirija contra un español o contra un ciudadano extranjero que resida habitualmente en España, o contra un extranjero que se encontrara en España y cuya extradición hubiera sido denegada por las autoridades españolas. Sin que pueda extenderse dicha jurisdicción *in absentia* en función de la nacionalidad de la víctima o de cualquier otra circunstancia».

Las partes querellantes plantearon recurso de amparo ante el Tribunal Constitucional que, actualmente, está en tramitación.

Este capítulo pretende ser un homenaje a quienes han hecho todo lo posible para que el margen de impunidad de los poderosos sea un poco menor. Todos los que han intervenido en esta historia han quedado retratados. Aquellos que lo han dado todo deben estar orgullosos, los que no lo han hecho quedan en deuda con las víctimas de todos los crímenes que asolan de forma sistemática a miles y miles de personas en cualquier parte del mundo. Quienes en España contribuyeron a cegar el faro de la jurisdicción universal serán recordados como aquellos que no estuvieron a la altura de lo que debe significar el derecho cuando se trata de combatir crímenes internacionales: un instrumento para que la Justicia sea una realidad y no una farsa, en la defensa de las víctimas.

VUELOS DE LA CIA

El reportaje

«La CIA usa Mallorca como base para sus secuestros por avión.»[32] El *Diario de Mallorca* recogía en su portada del 12 de marzo de 2005 los resultados de la investigación que Matías Vallés, Felipe Armendáriz y Marisa Goñi habían realizado sobre el paso por el aeropuerto mallorquín de Son Sant Joan de vuelos organizados por la CIA para el traslado de prisioneros detenidos sin garantías (mejor dicho «secuestrados»). Este reportaje recibió en 2006 el Premio Ortega y Gasset de periodismo como el Mejor Trabajo Periodístico de 2005.[33] En su concesión, el jurado resaltaba que había sido capaz «de llevar a la opinión pública internacional una agresión de tal naturaleza a los derechos humanos».[34]

La publicación del reportaje de Vallés, Armendáriz y Goñi se adelantó a la aparición en la prensa mundial de informaciones sobre el modo en que la CIA trasladaba a sus prisioneros en aviones que hacían escalas (secretas) en terceros países. El semanario irlandés *Village* publicó, también en marzo de 2005, una noticia sobre estas prácticas. Luego siguieron las investigaciones de los grandes medios como el *Washington Post*, la BBC o la revista *New Yorker*. Entrevistado años después sobre este reportaje, el periodista Matías Vallés explicó que la investigación comenzó a raíz de una pista que encontró en la revista *Newsweek*.[35] En la misma entrevista se hablaba de las investigaciones posteriores realizadas por el *Washington Post* que llegó a sufrir presiones tanto del Gobierno como del Congreso estadounidenses, que lo acusaban de colaborar con el enemigo.

A partir del reportaje del diario mallorquín nada resultaría fácil, pero la verdad ya había sido desvelada.

La causa fue instruida inicialmente por el juez balear Antonio García, en respuesta a la presentación de varias denuncias. La fiscalía había abierto diligencias que sobreseyó provisionalmente tras el estudio de un informe de la Guardia Civil. Pero nuevas denuncias provocarían la reapertura del caso en las mismas instancias. Después de una serie de incidencias y de idas y venidas, el caso recaló en la Audiencia Nacional, ante lo cual la fiscalía mostró desde el primer momento su oposición. La admisión a trámite del caso por el titular del Juzgado Central de Instrucción n.º 2 de la Audiencia Nacional, Ismael Moreno, y la incoación de procedimiento penal, tuvo lugar tras hacerse público un informe del Consejo de Europa que concluía que 14 países europeos, entre los que se encontraba España, habían participado de forma activa o pasiva en la red de vuelos organizada por la CIA para trasladar ilegalmente a cárceles secretas a presuntos terroristas.[36]

El origen

«Si quieres que los torturen, los mandas a Siria; si quieres que desaparezcan y no verlos nunca más, los envías a Egipto.» Con esta crudeza hablaba Bob Baer, antiguo agente de la CIA, en una entrevista concedida a un semanario británico.[37]

Creo que no hay mejor fuente para conocer los orígenes de este caso[38] que las palabras que el magistrado Ricardo de Prada vertió en su voto particular al auto de la Sección Segunda de la Sala de lo Penal del 17 de noviembre de 2014 que archivó la causa por decisión de la mayoría de sus miembros:

«Tras el ataque terrorista contra las Torres Gemelas de Nueva York el 11 de septiembre de 2001, el Gobierno de EEUU inició un programa de detención e interrogatorio de sospechosos de ser terroristas. El 17 de septiembre de 2001 el Presidente Bush firmó una orden presidencial confiriendo a la Agencia Central de Inteligencia (CIA) amplias competencias para realizar acciones encubiertas, particularmente detener a personas a las que consideraba elementos claves o relevantes de la llamada red Al Qaeda o relacionados con Bin Laden o los talibanes de Afganistán, con la finalidad de internarlos en centros de detención secretos fuera de Estados Unidos, obteniendo cooperación para ello de terceros países, y ello para obtener información que les pudiera servir para evitar nuevos atentados terroristas, como también la captura del propio Bin Laden y sus colaboradores u otras personas a los que se consideraba máximos responsables del atentado terrorista, y debilitar la estructura de Al Qaeda, entre otras finalidades.

»Para ello, inmediatamente la CIA creó un programa antiterrorista, denominado "The CTC Program" en documentos oficiales, que posteriormente pasó a denominarse de detenidos de alto valor. "The High-Value Detainees Program" ("HVD Programme") o también "Rendition Detention Interrogation Program" ("RDI Programme").[39]

»Para la ejecución de estos programas, además de la utilización de medios legales y legítimos, también se usaron otros en absoluto acordes con la legalidad internacional, utilizando, para aparentar legalidad, ciertas formas [de] manipulación del derecho, como el etiquetado de las personas privadas de libertad bajo la categoría jurídica inexistente en derecho internacional humanitario de "enemigos combatientes ilegales", mediante la que se les despojaba de cualquier derecho e incluso de su posible estatus jurídico de "prisioneros de guerra", de personas protegidas en caso de conflicto armado o del correlativo a simples civiles sospechosos de la comisión de un delito, por lo que no quedaban bajo ninguna jurisdicción ni se les aplicaban los derechos ni el trato previsto en los Convenios de Ginebra, ni en la legislación penal y procesal común, quedando en definitiva fuera del derecho, en un especie de limbo legal, sin protección ni garantía judicial alguna. También se elaboraron memorándums oficiales sobre "técnicas de interrogatorio mejoradas",[40] con los que se pretendía legalizar determinadas prácticas de tortura sistemática sobre los detenidos. Para la deslocalización de las prácticas, la elusión de posibles responsabilidades y dejarlas fuera de los controles convencionales democráticos se utilizaron centros de detención fuera de Estados Unidos, se crearon espacios extraterritoriales de no derecho, como la base militar de Guantánamo en Cuba, que empezó a operar como centro de detención a partir de enero de 2002, además de otros como el Bagram Airfield en Kabul (Afganistán) y el de Abu Ghraib en Bagdad (Irak). Y especialmente se creó una red de prisiones y centros de detención secretos (*black sites*),[41] como por ejemplo "Detention Site Cobalt" o "Stare Kiejkuty", ubicados en el territorio de terceros estados colaboradores con sistemas democráticos débiles, incluso algunos dentro de la Unión Europea (Polonia[42] y Rumania).[43] Estos últimos lugares que se convirtieron, además de en centros de confinamiento o detención ilegal, en laboratorios de variadas prácticas de tortura sobre personas sospechosas de ser valiosas para los servicios secretos norteamericanos, por entender que podían aportar alguna clase de información que les fuera útil, lo que, con el paso del tiempo, ha quedado demostrado que en ningún momento fue así, que las torturas y tratos inhumanos y degradantes fueron mucho más graves y brutales de lo que había sido reconocido por los responsables de la CIA en sus informes y que los resultados de dichas prácticas ocasionaron gravísimas secuelas físicas y psíquicas en decenas de personas e incluso la muerte de al menos una de ellas en noviembre de 2002.[44]

»Además de la privación de libertad (en algunos casos durante varios años, en ocasiones sin conocerse sus paraderos durante el tiempo de su detención, e incluso sin que se sepa en la actualidad,[45] sin ser sometidos, en muchas situaciones y pese a permanecer privados de libertad durante años, a ninguna clase de juicio o procedimiento penal para dilucidar sus posibles responsabilidades penales, o siendo en todo caso enjuiciados por comisiones militares,[46] a través de un procedimiento *ad hoc* desprovisto de las más elementales garantías penales, procesales ni de prueba) en un número sustancial de casos se llevaron a cabo un variado elenco de técnicas de interrogatorio coercitivo que se aplicaban durante días e incluso semanas seguidas, en combinación con las condiciones de extremo rigor en que se desarrollaba la detención».

A continuación, el juez De Prada describe en su voto particular y con todo detalle una larga serie de métodos de tortura espeluznantes que se sumaban a las condiciones extremas de la reclusión en celdas de aislamiento, en las que los presos permanecían incluso maniatados.

«Las torturas fueron aplicadas al menos [a] 39 de las 119 personas conocidamente incursas en el programa de interrogatorios de la CIA.[47] Sin embargo, no es posible establecer el número exacto de personas que fueron recluidas en la base de Guantánamo ni de las que fueron objeto de "entregas extraordinarias", previsiblemente varios centenares,[48] ni el número exacto de las que permanecen desaparecidas desde que fueron objeto de detención, cuando éstas se iniciaron a partir de 2002.

»Para la ejecución del programa de detención y traslado de las personas detenidas desde los lugares donde eran capturadas a los centros de detención secretos donde se practicaron los interrogatorios en las condiciones descritas, resultaba necesaria, por diversas razones, tanto técnicas como políticas y diplomáticas, la colaboración de terceros estados, incluidos de la Unión Europea. La implicación de los estados concernidos, de dentro y de fuera de la UE, se realizó de diversas maneras, con diferentes grados de intensidad y alcance. Desde los casos en que simplemente se toleró el sobrevuelo del espacio aéreo de terceros estados y la utilización esporádica de sus aeropuertos civiles y militares por razones técnicas, a la de aquellos otros estados que abiertamente cooperaron [con] el programa de la CIA y que permitieron incluso el secuestro de personas en su interior, la detención con "entregas extraordinarias" o incluso la ubicación en el interior de su territorio de centros secretos de detención, pasando por los que, como España, sin involucrarse abiertamente en las operaciones de la CIA, colaboraron con ellas, permitiendo la utilización intensiva de su espacio aéreo y de sus infraestructuras aeroportuarias civiles y militares para la realización de escalas técnicas o de repostaje o como puntos base rutinarios de operaciones de traslado de personas privadas de libertad en tránsito desde lugares de captura a centros de detención secretos o conocidos.»

El magistrado indicaba en su voto particular incluso el tipo de aeronaves utilizadas, en ocasiones pertenecientes a empresas civiles reales y, en otros casos, a empresas pantalla, a veces con la numeración cambiada para evitar su identificación, y la entrega de falsos planes de vuelo.

«Las rutas utilizadas entre Afganistán, Guantánamo y otros países con centros secretos de detención o en los que se efectuaron entregas extraordinarias con frecuencia cruzaban el espacio aéreo europeo e incluso tuvieron como base o utilizaron para su aprovisionamiento, o por otras razones técnicas o logísticas, varios aeropuertos europeos, entre ellos los españoles. También estaba en el interés de las autoridades norteamericanas legitimar sus actividades mediante la implicación en las mismas de aquellos países que se mostraban abiertamente aliados con sus intereses. Para ello, las autoridades norteamericanas establecieron un programa intensivo de contactos políticos y diplomáticos para obtener la colaboración de estos países,[49] entre ellos España, que pusieron a su disposición de una manera amplia su espacio aéreo, permitieron el uso alternativo de aviones civiles y militares, con amplias autorizaciones de uso de aeropuertos civiles y militares, sin establecer controles, en los que además los aviones hicieron escalas en ocasiones incluso durante días, para su aprovisionamiento o para otros fines desconocidos, produciéndose incluso situaciones de interrogatorios bajo tortura en el interior de los aviones durante las escalas.»

Por lo que respecta al papel de la comunidad internacional, De Prada señalaba:

«Desde enero del año 2002 existen multitud de declaraciones e informes de organismos internacionales que ponen de manifiesto las irregularidades de las detenciones en Afganistán y en terceros países, la incompatibilidad con el derecho internacional de las privaciones de libertad y del confinamiento de los detenidos en la base de Guantánamo en Cuba o de Bagram en Afganistán, las privaciones de derechos consustanciales con su condición de personas protegidas en los Convenios de Ginebra e igualmente se terminó constatando y haciendo pública la existencia de malos tratos y abusos inferidos a los sospechosos de terrorismo capturados e ingresados en diversos lugares, incluso en centros de detención secretos.[50]

»El Parlamento Europeo (PE) en una resolución del 7 de febrero de 2002 exteriorizó su solidaridad con Estados Unidos en la lucha contra el terrorismo, pero expresó su preocupación ante las condiciones de detención de los prisioneros detenidos en la base estadounidense de Guantánamo. El PE consideró que estos presos no reunían las condiciones prescritas por los Convenios de Ginebra y que los estándares establecidos en esos convenios deberían revisarse con el fin de hacer frente a situaciones nuevas generadas por el desarrollo del terrorismo internacional. El Parlamento invitó a las Naciones Unidas y a su Consejo de Seguridad a adoptar una resolución con miras a la instauración de un tribunal competente para las cuestiones relacionadas con Afganistán y cuyo objetivo fuera esclarecer el estatuto jurídico de los presos. El 25 de abril de 2002 el Parlamento Europeo aprobó otra resolución en la que hacía un llamamiento a que el estatus de los prisioneros de Guantánamo fuera clarificado, e indicaba además que el establecimiento de comisiones militares representaba una clara violación de las obligaciones internacionales de Estados Unidos, en particular del Pacto Internacional de Derechos Civiles y Políticos.

»En el mismo sentido se manifestó el alto representante para la Política Exterior y de Seguridad de la Unión Europea, afirmando incluso que los detenidos en Guantánamo deberían gozar del estatus de prisioneros de guerra. [...] [También] las declaraciones del Alto Comisionado de Naciones Unidas del 16 de enero de 2002, referidas a las detenciones de prisioneros talibanes y de Al Qaeda en la base de Guantánamo en un sentido incluso mucho más crítico, manifestando sus sospechas sobre la existencia de malos [tratos] y torturas. [En el mismo sentido] se pronunciaron las más conocidas ONG (entre otras Amnistía Internacional y Human Right Watch) en sus informes hechos públicos, ampliamente recogidos en la prensa internacional. Igualmente se produjeron comunicados oficiales norteamericanos (del presidente Bush, el 13 de noviembre de 2001) donde se ponían de manifiesto algunas características de su programa de detenciones, de privaciones de libertad y traslado internacional a centros de detención, sin derechos o garantías judiciales y la creación de comisiones militares al margen de cualquier clase de garantía procesal. En junio de 2003 había sido ampliamente divulgado, por lo que era perfectamente público y conocido que existían alrededor de 670 detenidos en Guantánamo, algunos de ellos capturados en Afganistán».

Lo que pasaba en España

Según el informe de junio 2006 que Claudio Fava elaboró para el Parlamento Europeo,[51] de acuerdo con Eurocontrol, entre 2001 y 2005 se realizaron en Europa más de mil escalas de aviones vinculados a la CIA y al transporte ilegal de presos. De acuerdo con un informe posterior, 68 de ellos hicieron escala en territorio español: en Palma de Mallorca (18), Ibiza (2), Madrid (3), Barcelona (4), Tenerife (17), Málaga (6), Alicante

(1), Vigo (1), Sevilla (8) y Valencia (8).[52] Según pudo establecerse, algunas de las víctimas de estas «entregas extraordinarias» que pasaron por España fueron: Khaled El-Masri (Skopje-Bagdad-Kabul, 24/1/2004), Binyam Mohammed (Rabat-Kabul, 22/1/2004), Abu Omar (Ramstein-El Cairo, 17/2/2003), Ahmed Agiza y Mohammed al-Zari (Estocolmo-El Cairo, 18/12/2001), Abu Al Kassem Britel (Islamabad-Rabat, 25/5/2002), Benyamin Mohammed (Islamabad-Rabat, 21/7/2002), Bisher Al Rawi y Jamil El Banna (Banjul-Kabul, 9/2/2002) y Maher Arar (Roma-Amman, 8/10/2002).[53]

La investigación realizada en España recoge también los rastros informáticos encontrados en la base de datos Picasso de la Dirección de Navegación Aérea española (f. 2856 y ss.), que contenían datos relativos a unos 53 vuelos con origen o destino en Guantánamo, así como registros en el sistema de control aéreo portugués de, al menos, 10 vuelos procedentes de aeropuertos civiles y militares (Morón, Rota y Torrejón) españoles (f. 2895 y ss.), con datos y referencias concretas del vuelo realizado a las 10.01 h del 11 de enero de 2002 del avión C 141 RCH7502, de Richmor Aviation, que partió de la base aérea de Morón con destino a Guantánamo y con el que se habría inaugurado el envío de personas ilegalmente privadas de libertad a ese centro de detención.[54]

El magistrado José Ricardo de Prada también incluyó en su voto particular el caso de un hombre que estaba bastante lejos de poder ser considerado un supuesto terrorista:

«Un caso significativo, perfectamente descrito y estudiado por el Tribunal Europeo de Derechos Humanos,[55] es el del ciudadano alemán Khaled El-Masri, secuestrado el 23 de enero de 2004 en Macedonia y transportado en un avión Boeing 737, matrícula N313P, que pasó por el aeropuerto de Palma de Mallorca antes de recoger a El-Masri en Macedonia para dirigirse después a Kabul para ser torturado, siendo liberado el 28 de mayo, por habérsele confundido con otra persona de igual nombre. Este avión hizo escala en el aeropuerto de Palma de Mallorca y la identidad de los 13 tripulantes de nacionalidad norteamericana, supuestos agentes de la CIA, permanece oculta. Las personas que secuestraron a El-Masri entraron en territorio español usando pasaportes británicos falsos bajo la denominación de James Fairing, Jason Franklin, Michael Grady, Lyle Edgar Lumsen III, Eric Matthew Fain, Charles Goldman Bryson, Kirk James Bird, Walter Richard Greensbore, Patricia O'Riley, Jane Payne, James O'Hale, John Richard Deckard y Héctor Lorenzo, de acuerdo con el informe emitido por la Guardia Civil».

Estas personas eran señaladas por la acusación. También se pedía la imputación de diferentes responsables de la administración española: Miguel Aguirre de Cárcer, diplomático y director general de Política Exterior para Norteamérica, la Seguridad y el Desarme en el Ministerio de Asuntos Exteriores entre 2000 y 2003; Javier Jiménez-Ugarte, diplomático y secretario general de Política de Defensa en el Ministerio de Defensa entre 2001 y 2004; Miquel Nadal Segalà, secretario de Estado de Política Exterior del Ministerio de Exteriores y Ramón Gil-Casares Satrústegui, director del Gabinete de Política Exterior de la Presidencia del Gobierno.

Lo que opinaba España

Recurro de nuevo a la elocuencia desplegada por el juez De Prada en su voto particular:

«En 2002 España tenía la consideración de país aliado de Estados Unidos. La política exterior española estaba enfocada en ese sentido. Las autoridades norteamericanas entraron en contacto diplomático directo con las autoridades españolas en relación con este tema sin utilizar el procedimiento ordinario, a través del Comité Permanente Hispano Norteamericano, previsto en el Convenio bilateral de Defensa existente entre ambos países.[56] El consejero político-militar de la embajada de Estados Unidos en Madrid estableció contacto con el director general de Política Exterior para América del Norte del Ministerio de Asuntos Exteriores, comunicándole que Estados Unidos iba a iniciar muy próximamente vuelos para trasladar prisioneros talibanes y de Al Qaeda desde Afganistán hasta [la] base de Guantánamo, en Cuba y que, para tal fin, querían disponer de autorización del Gobierno español para utilizar algún aeropuerto de nuestro país. El contenido de este encuentro fue puesto inmediatamente en conocimiento del ministro y del secretario de Estado de Asuntos Exteriores, así como también del Ministerio de Defensa, a través del secretario general de Política de Defensa. El Consejo de Ministros se reunió el día 11 de enero de 2002 y se comunicó al Ministro de Asuntos Exteriores que la Secretaría de Estado y la Dirección General de Política Exterior para América del Norte eran partidarias de contestar afirmativamente en esa misma fecha a las autoridades norteamericanas.

»Desde el Gobierno español se dio luz verde el 11 de enero de 2002 a la utilización intensiva y sin ninguna clase de restricción por parte española, tanto del espacio aéreo español como de aeropuertos militares y civiles, eligiendo de los militares aquellos que se consideraron más discretos y autorizando ampliamente, sin establecer ninguna clase de control, aeropuertos civiles donde hicieron escala varias decenas de vuelos, necesariamente sospechosos por la frecuencia de destino, las características de los aviones, etc., sin llevarse a cabo control alguno sobre los mismos.

»La aquiescencia del Gobierno español con estos traslados de personas, de características perfectamente conocidas, llevó incluso a la reforma del convenio bilateral, pactada en abril[57] de aquel año por el Gobierno de José María Aznar con la Administración de Bush, a través del cual se instauraron autorizaciones genéricas de carácter trimestral,[58] en lugar de las individuales caso a caso y se suprimió la necesidad de "notificación previa del tipo y la finalidad de la misión" de las aeronaves en tránsito.

»Tampoco hubo ninguna reacción ni restricción de la autorización por parte del Gobierno español cuando hubo no sólo sospechas fundadas sino incluso plena certeza del ejercicio, por parte de las autoridades norteamericanas, no sólo de una situación sistemática de prácticas radicalmente incompatibles con los derechos humanos más elementales reconocidos en los convenios, sino también que eran actuaciones constitutivas de crímenes internacionales, para cuya realización se estaban utilizando espacio aéreo e infraestructuras aeroportuarias españolas, con plena autorización de las autoridades españolas».

El minucioso relato del caso que el magistrado realizó en su voto particular concluía con una fundamentada argumentación jurídica acerca de la necesidad de proseguir con la investigación. Era la respuesta individual a la decisión de sus colegas de la Sección Segunda de la Sala de lo Penal de la Audiencia Nacional, los magistrados Concepción Espejel (presidenta) y Enrique López López (ponente), de refrendar la decisión del Juzgado Central de Instrucción n.º 2, que en auto de septiembre de 2014 había acordado, entre otros extremos, el sobreseimiento y archivo de las actuaciones. Las acusaciones formadas por la Asociación Libre de Abogados, Izquierda Unida y la Asociación Pro-Derechos Humanos de España habían apelado el auto del instructor.

La sala, con la salvedad del voto particular, consideró que debía dejar claro que: «No es objeto de esta resolución la investigación de los hechos cometidos en Guantánamo u otros centros de detención hasta ahora desconocidos más allá de un mero y provisorio análisis de su posible relevancia penal a los efectos de poder determinar la posible responsabilidad penal de las autoridades españolas denunciadas por los hechos acaecidos en territorio español. Los hechos previos han sido objeto de investigación en Estados Unidos, no importando, a efectos de este recurso, la naturaleza de estas investigaciones, realizadas en otros países y, hasta la actualidad, también en España, con resultados que tampoco son relevantes a los efectos de resolver el presente recurso».

En relación con los funcionarios españoles, se les eximía de responsabilidad, considerando que: «Una mera sospecha de la irregularidad en las detenciones y una mera presunción de que se podrían haber cometido torturas no es suficiente para poder imputar objetivamente el delito a los denunciados».

Sobre los imputados estadounidenses, la sala consideró que: «Tales personas no han podido ser identificadas hasta el presente momento lo cual determina, según el juez, el sobreseimiento provisional respecto de estas personas [...] y por ello es de aplicación lo dispuesto en el art. 641.2 de la LECrim. mas no lo previsto en el art. 643. Este sobreseimiento, por su naturaleza, tiene carácter provisional y no es incompatible con que la policía judicial siga generando esfuerzos en pos de su identificación, momento en el cual deberá proseguirse el procedimiento. Por ello cuando, aun estimando el juez que el hecho es constitutivo de delito "no hubiere autor conocido" (artículo 779.1.1.º *in fine*) acordará el sobreseimiento provisional y ordenará el archivo».

La acusación popular consideraba que no se había agotado la instrucción y que, en consecuencia, al cerrarse se había vulnerado el derecho a la tutela judicial efectiva en relación con el derecho a utilizar los medios de prueba pertinentes. Sobre esto, la sala afirmó que: «De todo lo instruido podemos concluir que la única forma de obtener la identidad de las diferentes tripulaciones es mediante la oportuna información de la CIA norteamericana y de los informes que al recepto obren en el CNI español y todo esto se ha intentado, como expresamente se constata en las págs. 2666 y 2677, informe del MF y auto ordenando diligencias del juez, cuyo resultado se conoce y ha sido valorado por el propio juez. Por ello la sala entendía adecuada a nuestro canon de constitucionalidad con respeto a lo establecido en el art. 24 CE la investigación desarrollada por el juez instructor y, ante la falta de información suficiente hasta el momento para poder seguir la acción penal contra personas debidamente identificadas, se debía estar al sobreseimiento provisional acordado, lo cual no era incompatible, por su propia naturaleza, con una reapertura del procedimiento si resultare más información al respecto». Obviamente no existió intención alguna posterior de investigar, por lo que, de hecho, el archivo provisional se convirtió en definitivo.

Se rechazaba la aplicación a este asunto de la jurisdicción universal, pues los hechos denunciados se habían producido en España.

Así pues, la sala desestimó el recurso de apelación y archivó el procedimiento contra los funcionarios españoles.

El que fuera fiscal anticorrupción, Carlos Jiménez Villarejo, en un artículo publicado en el blog periodístico *La lamentable* el 15 de febrero de 2015, decía sobre este auto: «Los dos magistrados mayoritarios, en su resolución, no describen aquellos hechos ni los analizan jurídicamente. Ni valoran si hubiera sido procedente que declarasen como imputados, lo que era perfectamente exigible, o al menos como testigos las autoridades citadas. Se limitan a justificar su decisión de excluir cualquier responsabilidad penal de las autoridades españolas con diversos argumentos jurídicos sobre la culpabilidad para, finalmente, concluir que dada "la dificultad del caso" y "la naturaleza de los hechos" está justificado que la investigación no haya logrado plenamente sus objetivos. En todo caso, ni se refieren a posibles responsabilidades penales por crímenes de guerra».[59]

En opinión del exfiscal anticorrupción de España, el auto de la sala resultaba completamente inaudito, pues en pocas ocasiones se había podido contar con tanta información como en este proceso. Y es que ya en enero de 2002 Naciones Unidas empezó a denunciar la detención de talibanes y miembros de Al Qaeda en Guantánamo. También el Parlamento Europeo había emitido numerosas resoluciones sobre ello, particularmente el Informe Fava, que estableció con certeza que entre 2001 y 2005 unos 1.245 vuelos de la CIA habían atravesado el espacio aéreo europeo para el transporte y la detención ilegal de presos.[60]

La verdad sea dicha, no era necesario modificar la Convención de Ginebra de 1949, ni mucho menos las declaraciones y convenciones internacionales sobre derechos humanos. Es posible que lo realmente asumido por todos, respecto de las personas a las que Estados Unidos considera relacionadas con el terrorismo, sea la creación de un «limbo» jurídico, pero desde la perspectiva del derecho internacional humanitario y del derecho internacional de los derechos humanos. Pero los presos ilegalmente trasladados son personas, seres humanos, y o bien revisten la condición de civiles o bien, en el caso de haber sido combatientes, la de prisioneros de guerra y, en ambos casos, se trata de personas protegidas por el derecho internacional humanitario, que rige los conflictos armados, y que considera igualmente inadmisible que cualquiera de ellos pueda ser impunemente torturado.

En opinión de Jiménez Villarejo, el estado español estaba obligado a indagar en estos hechos, pues era evidente que la investigación estaba lejos de haberse agotado, ya que no se han practicado algunas diligencias indispensables para concretar tanto los hechos como los altos cargos españoles que podrían haber colaborado a sabiendas con la CIA. Además de los mencionados, en opinión de Jiménez Villarejo, debería haberse investigado: «de forma muy especial e ineludible a los sres. Aznar, Piqué y Trillo-Figueroa». Sin embargo, la Audiencia Nacional, a excepción del magistrado De Prada, acordó un «cierre prematuro y en falso» que impide que el estado español cumpla con sus obligaciones internacionales investigando plenamente crímenes internacionales en estricta aplicación de la Convención de Ginebra.[61]

El recurso de casación presentado ante el Tribunal Supremo no obtuvo mejor resultado. La sentencia de su Sala de lo Penal, del 28 de julio de 2015, de la que fue ponente el magistrado Julián Artemio Sánchez Melgar, confirmó la decisión de la Audiencia Nacional, y llegó al extremo de condenar en costas a los recurrentes. Junto a Sánchez Melgar firmaron esta resolución los magistrados Cándido Conde-Pumpido, José Manuel Maza Martín, Juan Ramón Berdugo Gómez de la Torre y Antonio del Moral García. Para fundamentar su decisión, la Sala de lo Penal del Tribunal Supremo señalaba que: «Si todos los órganos judiciales no han tenido duda acerca de que los hechos investigados (hechos sumariales, dice concretamente la ley) no son constitutivos de delito, no puede acceder al Tribunal Supremo mediante un recurso extraordinario de casación. En suma, la condición legal fijada es bien clara: que alguien se hallare procesado como culpable de un delito (art. 848), pues en caso contrario no es posible el recurso de casación. Y para determinar si alguien "se hallare procesado" en el procedimiento abreviado, esta sala ha declarado que debe haber "recaído imputación judicial equivalente a procesamiento, entendiéndose por tal la resolución judicial en que se describe el hecho, el derecho aplicable y las personas responsables". Obsérvese que el acuerdo es coincidente al contenido del art. 779.1.4.ª de la Ley de Enjuiciamiento Criminal, es decir, una resolución que ordena impulsar el procedimiento mediante la apertura de la fase intermedia, o lo que es lo mismo, seguir con los trámites ordenados en el capítulo IV del Libro IV, tomando en consideración que esta decisión ha de contener la determinación de los hechos punibles y la identificación de la persona a la que se le imputan. En modo alguno se ha dictado una resolución judicial similar en estos autos. En consecuencia, no cabe recurso de casación, como postula el Ministerio Fiscal ante esta instancia casacional».[62]

En Estados Unidos el procedimiento fue archivado aplicando la normativa sobre secretos oficiales. Sin embargo, en 2009 se dictó en Italia una sentencia histórica: el juez de Milán, Oscar Magi, condenó en rebeldía a 23 agentes de la CIA a penas de entre cinco y ocho años de cárcel por el secuestro de Abu Omar, ex imán de Milán que había sido raptado en 2003 en dicha ciudad. A causa del secreto de Estado, no se consideró el procesamiento del exdirector del SISMI (los servicios secretos italianos) Nicolò Pollari y de cinco de sus hombres. La fiscalía había solicitado 13 años para Pollari y 10 para su segundo, Marco Mancini.[63] Finalmente, la sentencia sería revocada al aplicarle una instancia judicial superior la normativa sobre secretos de Estado. Por ello, el Tribunal Europeo de Derechos Humanos condenó a Italia en febrero de 2016, pues para este tribunal, el Gobierno italiano había aplicado el legítimo principio del «secreto de Estado» con una finalidad ilegítima, como era que los responsables no tuvieran que dar cuenta de sus actos, lo que dio lugar a la «impunidad» de los agentes estadounidenses declarados «en fuga».[64]

Antes de esta sentencia, en 2012, el Tribunal de Estrasburgo ya había condenado a Macedonia por las torturas al ciudadano alemán de origen libanés Khaled El-Masri, que fue detenido en ese país y trasladado a Afganistán y allí encarcelado erróneamente durante cinco meses. En julio de 2014, la misma corte europea dictaminó que Polonia había violado la Convención Europea de Derechos Humanos, al permitir que la CIA retuviera y torturara en territorio polaco a Abu Zubaydah y Abd al-Rahim al-Nashiri en los años 2002 y 2003. Más recientemente, en mayo de 2018, el Tribunal Europeo de Derechos Humanos condenó a Rumanía y a Lituania por complicidad, durante 2004 y 2005, con el programa de cárceles secretas de la CIA y por permitir que los detenidos sufrieran tratos inhumanos y sus derechos humanos fueran vulnerados. Para el tribunal, ambos países «tuvieron conocimiento de las actividades de la CIA en su territorio y cooperaron en ellas».[65] Sin embargo, para la Justicia española nada de esto tiene relevancia y el archivo de la causa se mantiene.

Los responsables políticos de nuestro país durante aquella época tampoco han rendido cuentas; apenas han sido molestados por autorizar a sabiendas los vuelos a través del espacio aéreo español. Si lo hubieran hecho sin pleno conocimiento de los hechos, mal, porque tenían un deber especial de diligencia, al ser sólo ellos quienes podían autorizar y exigir la inspección de los aviones y no lo hicieron. Y si lo hicieron conscientemente, podrían haber sido cómplices de crímenes de guerra y contra la humanidad. En todo caso, nuestros gobernantes nos hicieron partícipes involuntarios de un ilícito y de un ataque directo a los derechos humanos al sumar a nuestro país a la invasión de Irak. Reabrir este caso debería considerarse un ejercicio imprescindible para impartir la Justicia que antes se negó a las víctimas.

9

La dictadura más larga de América Latina
y una de las más cruentas: Paraguay

Mi interés por Paraguay viene de antiguo. Mi afición por la historia y por cómo los movimientos revolucionarios y contrarrevolucionarios influyen en la formación de los países y sus regímenes políticos me llevó a estudiar la de este pequeño país sin salida al mar, enclavado en el corazón de América del Sur. Tras la independencia *de facto* de España en 1810, Paraguay se negó a someterse a Argentina, y luego de vencer en la guerra con el vecino país adoptó la forma de una república, cayendo posteriormente en manos de un primer dictador, José Gaspar Rodríguez, que gobernó esta joven nación hasta su muerte en 1840. En 1842, Paraguay declaró formalmente su independencia de todo poder extranjero, en particular de la Confederación Argentina.

Durante la guerra de la Triple Alianza (1864-1870), debido a antiguas disputas fronterizas, Paraguay se enfrentó a la coalición de Uruguay, Brasil y Argentina. La guerra dejó un país tremendamente mermado. La masiva amputación territorial sufrida fue acompañada por una catástrofe demográfica, en la que el país perdió el 90 por ciento de la población masculina. Paraguay había luchado las últimas batallas con niños, menores de edad a los que se les pintaba un bigote y, en ocasiones, debido a la falta de armamento, se les hacía empuñar un palo pintado de negro. La Guerra de la Triple Alianza dejó a Paraguay aislado, mirando hacia sí mismo, en cierta medida taponado por los grandes estados de su entorno, principalmente Argentina y Brasil.

Poco después, el país se vio envuelto en un nuevo conflicto bélico, la guerra del Chaco, entre 1932 y 1935, contra la vecina Bolivia. Esta vez, Paraguay consiguió dominar la región del Chaco, una de las zonas más pobres del continente, y salir victoriosa de la contienda. Sin embargo, el enfrentamiento supuso un nuevo sacrificio para el país que aún no se había recuperado de la catástrofe sufrida en el conflicto anterior con la Triple Alianza.

En este contexto de histórico desgaste militar y creciente nacionalismo, surgió la figura de un militar que había adquirido cierta relevancia en algunas de las batallas del Chaco, Alfredo Stroessner, quien a la postre se convertiría en dictador del país.

LA DICTADURA

El régimen del general Alfredo Stroessner se prolongó durante 35 años, entre 1954 y 1989, una dictadura cívico-militar que pivotó sobre una tríada de poder que incluía al Gobierno, al ejército y al Partido Colorado, conocida como la «unidad granítica» de la dictadura paraguaya. En la cúspide de ese andamiaje totalitario se erigía el todopoderoso Stroessner, a quien nadie se atrevió jamás a cuestionar.[1] La dictadura paraguaya fue especialmente cruenta. Bajo las órdenes del general se cometieron sistemáticamente brutales violaciones de los derechos humanos. Al margen del control judicial, se desplegó un sistema de detenciones arbitrarias de cualquier individuo sospechoso de la más mínima oposición al régimen. En la mayor parte de los casos, los detenidos eran salvajemente torturados en centros especializados para ello. Muchos de ellos fueron ejecutados extrajudicialmente, aunque la mayoría fueron víctimas de desapariciones forzadas que se prolongan hasta hoy, sin que el régimen haya dejado constancia de su paradero. A ello se suman, además, otros muchos crímenes especialmente atroces, como la violación sistemática por parte de autoridades del régimen de niñas menores de edad, cautivas en centros clandestinos para el disfrute sexual castrense, además de la brutal represión desatada contra las tribus indígenas del país, que estaban en una situación de especial vulnerabilidad al no tener acceso a recursos institucionales de protección y que quedaron al arbitrio de las autoridades de la dictadura, como fue el caso de los achés.[2]

Las veces que he estado en Paraguay me ha llamado la atención que el miedo a la dictadura y sus métodos sigue vigente en las capas más humildes de la sociedad. La población paraguaya aún recuerda con terror los paseos nocturnos de la «caperucita», un singular vehículo de color rojo utilizado por la policía política del régimen, que actualmente se conserva en el Museo de las Memorias en Asunción.[3] Los paseos de la caperucita significaban la detención arbitraria de los opositores políticos al régimen de Stroessner, que no sólo eran los miembros del Partido Comunista —principal objetivo del stronismo como forma de ganarse los favores de

Estados Unidos en la Guerra Fría—, sino también estudiantes, artistas, homosexuales y, en definitiva, cualquier persona que a criterio del régimen pudiera suponer una mínima actitud contestataria.

El desamparo

Los detenidos y detenidas eran trasladados hasta el Departamento de Investigaciones, donde la policía, siguiendo una especie de protocolo, los golpeaba sistemáticamente en todo el cuerpo. Una vez identificados, se les derivaba a otros centros, aunque algunos de ellos, como mi buen amigo y actual dirigente liberal, Luis Alberto Wagner, fueron alojados en esos calabozos durante más tiempo. El peor destino que un detenido podía tener era la reclusión en el centro de detención clandestino conocido como «La Técnica»,[4] en la Dirección General de Asuntos Técnicos, donde hoy se alberga el Museo de las Memorias. El personal de este centro había sido preparado para la práctica de la tortura por especialistas de Estados Unidos, en concreto por el coronel Robert K. Thierry, que viajó a Paraguay en mayo de 1956 para instruir y asesorar a las autoridades del país en la creación de este recinto, donde los instrumentos de tortura esperaban a los arrestados.[5] Una vez más aparece la sombra de Estados Unidos, cuyos «expertos» asesoraron a un régimen totalitario sobre cómo utilizar sistemáticamente diversas técnicas para deshumanizar a los que se alejaban de la doctrina oficial.

Después de aplicar las más variadas técnicas de tormento, si los detenidos no tenían interés para el régimen, eran trasladados a la prisión de Emboscada, una cárcel política en la que terminaron muchos de los actuales dirigentes de Paraguay. Esta cárcel carecía de las mínimas condiciones para albergar a los reclusos.[6] En ella se dejaron muchos años grandes luchadores sociales, algunos de los cuales se desempeñan políticamente en el actual Paraguay democrático, como Adolfo Ferreiro o Miguel López Perito.

La represión más brutal del régimen se desató contra los miembros del Partido Comunista, sin olvidar a los opositores de otras adscripciones políticas, como la facción disidente del Partido Colorado, el denominado Movimiento Popular Colorado (MOPOCO), el Partido Revolucionario Febrerista o el Partido Liberal, considerados un verdadero peligro para la estabilidad del régimen. Normalmente, este tipo de detenidos eran hacinados en los zulos subterráneos que existían en las comisarías distribuidas por toda la capital, donde permanecían por prolongados períodos de tiempo, sin ser posteriormente derivados a prisiones regulares. Un ejemplo de ello fue el conocido como «Panteón de los Vivos», situado en la Comisaría Tercera, donde los detenidos permanecieron hacinados por varias décadas sin recibir luz solar y sin ventilación, en celdas de 1,7 metros por 4,7 metros, en condiciones infrahumanas, que incluían entre otras cosas defecar en la misma celda. Paraguay tiene el triste récord de contar con los presos políticos de más larga duración de toda América Latina, recluidos en estas infectas dependencias policiales. De entre muchos de los héroes paraguayos que sufrieron estas condiciones de reclusión, no puedo dejar de recordar el caso del comunista Ananías Maidana, encarcelado durante más de dos décadas, fallecido en 2010, cuya figura sigue siendo hoy un ejemplo de valor y compromiso en la lucha por recuperar y consolidar las libertades de su país.

Muchas de las personas detenidas en estas condiciones fueron posteriormente ejecutadas, si bien la práctica más extendida del stronismo consistió en la desaparición forzada, que fue continuada y sistemática durante todos los años que duró la dictadura.[7] Todavía hoy, 30 años después del final del régimen, el país cuenta con centenares de desaparecidos, negándose los responsables a dar información sobre su paradero, con lo que el delito sigue vigente, como presente también está la constante revictimización de sus familiares, que siguen sin tener respuesta oficial sobre el destino de sus seres queridos.

Niñas esclavas

Pero, entre todo el macabro repertorio de crímenes y sistemáticas violaciones a los derechos humanos del régimen de Stroessner, un elemento característico, por su extrema crueldad y aberración, fue sin duda lo sucedido con las niñas secuestradas y mantenidas en régimen de esclavitud para disfrute sexual de los torturadores y funcionarios de la dictadura.[8] El secuestro de menores de edad, encerradas en casas destinadas a fiestas sexuales de los mandos militares y otras autoridades, se convirtió en práctica habitual del régimen. Después de haber sido violadas durante años, eran generalmente expulsadas al cumplir la mayoría de edad y amenazadas para que guardaran silencio sobre lo sucedido. Muchas de esas niñas se vieron obligadas a emigrar a países vecinos debido tanto al estigma social con el que cargaban como por el enorme trauma sufrido. Entre ellas está el caso de Julia Ozorio, hoy adulta, que emigró a Argentina y tuvo el valor de arrojar luz sobre esta execrable práctica en su obra *Una rosa y mil soldados*.[9]

La Pascua Dolorosa

Al margen de esta represión «ordinaria» que duró 35 años, durante la dictadura se produjeron episodios puntuales de especial salvajismo. Uno de ellos, conocido como «Pascua Dolorosa», ocurrió en 1976, en el interior rural del país.[10] En un Paraguay prácticamente sin clase obrera, el principal núcleo organizado de trabajadores se encontraba en el mundo agrario. Durante la dictadura nacieron, con clara inspiración cristiana, las Ligas Agrarias Campesinas, una experiencia pionera de propiedad comunitaria de la tierra y trabajo cooperativo, que llegó incluso a crear escuelas alternativas inspiradas en el brasileño Paulo Freire, uno de los teóricos más influyentes de la educación del siglo XX. El régimen vio esta iniciativa como una amenaza, por lo que el 15 de abril de 1976 comenzó la represión en el departamento de Misiones, hasta donde se desplazó un escuadrón de la muerte. El dirigente Silvano Ortellado Flores fue sacado de su casa, atado a un árbol, golpeado y finalmente asesinado frente a su mujer e hijos. Uno de ellos, Carlos Ortellado, a quien he tenido la fortuna de conocer, es hoy un incansable luchador por los derechos humanos. Pero no fue el único represaliado, otros muchos campesinos de la zona fueron ejecutados o detenidos y trasladados a la prisión de Abraham Cué, donde fueron salvajemente torturados. La familia Rolón fue también víctima de la represión y, aunque arrastra aún hoy un legado de dolor, sus miembros no dejan de combatir judicialmente la impunidad. Entre ellos están Yudith, Domingo y Santiago Rolón, incansables luchadores con los que he compartido grandes momentos en estos años.

La represión de los indígenas

Otro de los grandes abusos de la dictadura fue su política de opresión hacia los indígenas. Durante gran parte de la segunda mitad del siglo XX, grandes extensiones territoriales de Paraguay eran salvajes y allí residían, desde tiempos inmemoriales, comunidades originarias, sin contacto con la cultura occidental. El régimen stronista integró los asuntos indígenas en las competencias del Ministerio de Defensa, por lo que, a medida que el país ampliaba sus núcleos poblacionales y los indígenas chocaban con los nuevos asentamientos, el régimen respondía con la intervención del ejército. Se produjeron gravísimas persecuciones de comunidades originarias, de entre las que destaca la perpetrada contra la comunidad aché, cuyos integrantes fueron literalmente «cazados» en los bosques de Canindeyú y sometidos a un proceso de sedentarización forzada, en una especie de reserva denominada «Colonia Nacional Guayakí», al mando del sargento Pereira, que prácticamente diezmó a los achés. Esta política etnocida fue perpetrada por los militares, a cargo de los asuntos indígenas, y patrocinada por los terratenientes de la zona.

El caso fue revelado a la comunidad internacional por un valeroso antropólogo alemán, Mark Münzel,[11] que había viajado a Paraguay para estudiar la lengua aché. Fue al país esperando encontrar a una comunidad indígena nómada, libremente asentada en los bosques de Canindeyú, pero al llegar a la zona se encontró con las montañas vacías y a los achés concentrados en una colonia dirigida por el sargento Pereira. Münzel se armó de valor y accedió a la colonia, amparándose en su condición de antropólogo. Allí grabó los testimonios de los miembros de la comunidad, en los que relataban las cacerías en los montes. Münzel reportó la venta de niños a familias paraguayas con supresión de su identidad, relató con todo detalle la venta de niñas para la prostitución, identificó las epidemias que no habían sido combatidas y que causaron la muerte masiva de los indígenas, y registró el nombre de las autoridades que habían participado en los hechos. Todo el material que acopió fue publicado por el Grupo de Trabajo Internacional para Asuntos Indígenas (IWGIA, por sus siglas en inglés), con sede en Dinamarca,[12] y entregado a instancias internacionales, llegando incluso a ser portada en *The New York Times*. Las instituciones internacionales y medios de comunicación exigieron a Paraguay una investigación efectiva de los hechos, algo que jamás sucedió. Münzel tuvo que salir del país debido a las amenazas de muerte públicas del sargento Pereira.

EL FIN DE LA DICTADURA Y LA CONTINUACIÓN DE LA IMPUNIDAD

El 3 de febrero de 1989, Alfredo Stroessner fue derrocado mediante un golpe de Estado encabezado por el general Andrés Rodríguez, a la sazón consuegro del propio Stroessner, poniendo fin así a la dictadura más larga de América Latina. Comenzó entonces la transición hacia la democracia, con la aprobación de la Constitución Nacional de 1992 y el establecimiento de un sistema de libertades públicas y concurrencia electoral.

Sin embargo, esta transición no conllevó la depuración de los poderes públicos gestados en el régimen anterior. El Partido Colorado, uno de los pilares del régimen de Stroessner, ha continuado en el poder durante toda la democracia. De hecho, esta formación ostentó el poder en el país desde 1947 hasta que se produjo la sorpresiva victoria de Fernando Lugo en 2008, es decir, más de 60 años seguidos de ejercicio del poder. En 2014, el Partido Colorado recuperó el Gobierno, que hoy sigue monopolizando. El Poder Judicial ha continuado en manos del mismo cuerpo de jueces que avaló, cuando no participó, en la represión. El ejército sigue articulado prácticamente sobre los mismos mandos militares que fueron cómplices del régimen, un continuismo que también se produce en la policía.

La falta de depuración de las estructuras stronistas del estado, durante la transición y la democracia, ha favorecido el clima de impunidad que reina en el país. Aunque las víctimas comenzaron a presentar denuncias contra los represores, en la mayoría de los casos se procedía al «cajoneo» (término con el que las propias víctimas se refieren al hecho de incoar un expediente, ponerle una carátula y dejarlo dormir el sueño de los justos en el cajón de un escritorio judicial). La falta de voluntad para investigar y sancionar a los responsables de las violaciones de los derechos humanos durante la dictadura era evidente, por lo que durante los primeros años de la democracia las víctimas se encontraron con un verdadero muro de impunidad.

No obstante, hubo heroicas excepciones. En algunos casos, las víctimas, con tesón y estoicismo, consiguieron la condena de un pequeño puñado de policías, como Pastor Coronel, Camilo Almada Morel, Alberto Cantero, Nicolás Lucilo Benítez o Juan Aniceto Martínez. Ejemplo de estas luchadoras fue Guillermina Kanonnikoff, que logró la condena de un grupo de policías por el asesinato de su marido, Mario Schaerer Prono, durante la dictadura. La noche del 4 de marzo de 1976, una brigada de la policía asaltó su casa persiguiendo a la Organización Primero de Marzo (OPM), un grupo estudiantil de resistencia al régimen militar. Guillermina, en aquel momento una joven adolescente con siete meses de embarazo, estaba con su esposo, Mario Schaerer Prono, y un compañero de ambos, Juan Carlos da Costa. Da Costa murió en el asalto, pero Guillermina y Mario huyeron y se refugiaron en una iglesia cercana. Tras entregarse, fueron conducidos al Departamento de Investigaciones, donde golpearon a Guillermina, a pesar de estar encinta, mientras pudo ver cómo desplazaban a su marido por las diferentes dependencias del recinto en las que fue sometido a múltiples torturas. Posteriormente, las autoridades informarían de que el marido de Guillermina había muerto en el asalto al inmueble como consecuencia de un intercambio de disparos. Guillermina fue enviada a la prisión de Emboscada, donde nació su hijo, viviendo sus primeros tiempos en cautiverio. Una vez acabada la dictadura, desatendiendo los consejos de quienes le recomendaban que no se expusiera, se armó de valor y se enfrentó a todo el sistema judicial paraguayo para pedir Justicia, reclamando que su marido había muerto producto de las torturas padecidas en sede policial y no en un intercambio de disparos. Guillermina se define a sí misma como «una luchadora, no una víctima». Durante el proceso judicial, las autoridades policiales negaron la versión de Guillermina, que finalmente pudo demostrar que su esposo había ingresado en las dependencias policiales. La autopsia acreditó que su cónyuge había sido sometido a constantes torturas durante su detención. En 1992, cuando el caso estaba en segunda instancia, fueron descubiertos los denominados «Archivos del Terror», con documentación del régimen de Stroessner y el Plan Cóndor, incluida la ficha policial de la detención de su marido, Mario Schaerer.

He tenido el honor de conocer a Guillermina Kanonnikoff y puedo afirmar que, gracias a su coraje y valentía al enfrentarse a las autoridades del país en un momento muy complejo, consiguió dar un golpe al muro de impunidad y abrió un camino para conseguir activar la Justicia en Paraguay.

Pero, al margen de los contados casos que terminaron en condenas de unos pocos policías, causas en las que batallaron como nadie el Comité de Iglesias para Ayudas de Emergencia (CIPAE) y su abogado, Rodolfo Aseretto, la tónica general del país siguió siendo la impunidad.

Los Archivos del Terror

Fue en este clima de impunidad en el que fueron descubiertos los Archivos del Terror, una especie de «caja negra» de la dictadura, compuesta por tres toneladas de material probatorio, formado por documentos, fichas policiales, reportes e informes de autoridades, grabaciones de audio e información registrada en todo tipo de soportes, en los que se documentó la represión del régimen. Este conjunto de evidencias podría haber sustentado la apertura de una verdadera investigación sobre los hechos y la sanción de los responsables de los crímenes cometidos durante la dictadura, con el más absoluto rigor procesal. Sin embargo, en lugar de verlo como una fuente de evidencias, indicios o pruebas para hacer Justicia, el archivo fue tratado como una pieza de museo, un vestigio de la historia. La verdad estaba ahí, frente a todos, pero también la impunidad.

La forma en que se descubrieron los Archivos del Terror es una historia ligada a un nombre propio, Martín Almada, un ferviente luchador paraguayo por los derechos humanos.[13]

Almada había viajado a Argentina para elaborar su tesis doctoral «Paraguay, educación y dependencia», en la Universidad de La Plata. La obra, inspirada en la metodología de Paulo Freire, fue considerada subversiva en Argentina, por lo que a su regreso a Paraguay fue detenido y sometido a un interrogatorio, en el que participó un mando policial argentino. En el interrogatorio, se le preguntó por su tesis doctoral, que había defendido en Argentina, lo que le llevó al convencimiento de que las dictaduras del Cono Sur habían articulado algún mecanismo de coordinación de sus actividades represivas, vislumbrando la posible existencia de lo que después se conocería como la «Operación Cóndor». Martín Almada fue torturado y encarcelado entre 1974 y 1977, pero, a pesar de su figura frágil y quebradiza, demostró ser mucho más fuerte de lo que imaginaban sus torturadores. Tras una huelga de hambre y gracias a las presiones de Amnistía Internacional, Almada fue liberado y se exilió en Panamá. Cuando regresó a su país tras la caída de la dictadura, comenzó un proceso de *habeas data*, mediante el cual solicitó la entrega de todos los documentos relativos a su detención y cautiverio. Almada quería acceder a su expediente, convencido de que su detención había sido producto de la colaboración entre dictaduras vecinas. Sin embargo, la respuesta de la Administración fue que no existían antecedentes de su detención. Fue entonces cuando este pedagogo descubrió que se estaba haciendo acopio de toda la documentación de inteligencia de la dictadura —principalmente sobre el Departamento de Investigaciones, «La Técnica», y comisarías policiales—, incluida la que demostraba la cooperación mantenida con otros países como Estados Unidos, con la previsible finalidad de hacerla desaparecer para siempre. Inmediatamente y a pesar del riesgo, Martín Almada tomó la decisión que desvelaría al mundo los entresijos del Plan Cóndor. El 22 de diciembre de 1992, Almada acudió ante el juez José Agustín Fernández, por aquel entonces muy joven, para instarle a que le acompañara a un inmueble de la ciudad de Lambaré, en el que se estaba concentrando toda la documentación. Es en este punto donde comienza el reportaje gráfico que pasaría a la historia, en el que Martín Almada y el juez Fernández se presentaron en el almacén, ordenando al policía que lo custodiaba que les permitiera la entrada, algo a lo que, con cierto temor, se negaba el uniformado. Las cámaras grabaron la histórica conversación del juez con el policía que custodiaba la entrada al lugar donde se encontraban los secretos mejor guardados de gran parte de las dictaduras sudamericanas:[14]

—Soy el juez José Agustín Fernández —dijo con firmeza—. Tenemos un procedimiento en el caso del *habeas data* del Dr. Martín Almada. Tenemos conocimiento cierto de que por aquí estarían algunos documentos. Vamos a proceder a la búsqueda de ellos. Por lo tanto, en virtud de la majestad que yo invisto, le ordeno a usted que me facilite los medios para ello.

El agente de policía, asustado, contestó entrecortadamente:

—Yo quisiera, señor juez, pedirle a ver si podríamos esperar a mi jefe.

El juez contestó:

—No, no, no, yo estoy investido por la ley, por lo que yo le ordeno a usted para que, como corresponda y sin ningún problema, actúe. Yo soy quien está ordenando esto, por lo que usted no va a tener ningún problema. Simplemente se está cumpliendo la ley y punto. Estamos en democracia y en democracia la ley tiene que imperar.

Sin embargo, el agente, demostrando un evidente temor por lo que sucedería si permitía la entrada, respondió:

—Sólo que yo soy un subalterno y yo he recibido instrucciones de mi superior directo.

En ese momento el juez, de forma tajante y cortando al agente de policía, dijo:

—Ahora yo le ordeno a usted. No quiero ser desagradable con usted, ni quiero hacer las cosas a la fuerza. Usted tiene todas las garantías. Yo soy su mayor garantía.

Tras el asentimiento del policía, el juez Fernández miró a Almada y le preguntó:

—¿Dónde?

Almada, que había obtenido la valiosa información, indicó a la comitiva:

—Por favor, acompáñenme.

Después de forzar una puerta para poder entrar, los medios de comunicación pudieron grabar cómo se desmoronaba un bloque enorme de documentación tras el marco de la puerta. Al tirar, apareció una habitación llena de documentos. María Stella Cáceres, esposa de Almada, sacaba documentación y la exhibía a la prensa. Libros del opositor Domingo Laíno que habían sido secuestrados, fichas de detenidos desaparecidos, informes de inteligencia, en suma, un material fundamental para la persecución de responsables de crímenes en todo el Cono Sur de América Latina. Las imágenes posteriores hablan por sí solas. Habitaciones llenas de documentos de la represión, familiares de víctimas recogiendo las fichas de detención de sus allegados, otros buscando el rastro documental de un desaparecido. Gracias a su hallazgo, Martín Almada fue galardonado con el «Premio Nobel alternativo» de la Fundación The Right Livelihood Award en el año 2002.

En 1997, viajé por primera vez a Paraguay para hablar de la lucha contra la corrupción. Martín Almada se me presentó y fue mi guía en el archivo. Allí pude ver con mis propios ojos la documentación que necesitaba para las investigaciones del caso Argentina que llevaba en el Juzgado Central de Instrucción n.º 5 de la Audiencia Nacional. Lo que vi me pareció increíble, como increíble me pareció que, ocho años antes, nadie se hubiera ocupado de judicializar aquel material. Debo decir que sentí envidia. Al volver a España, cursé de forma inmediata una comisión rogatoria a las autoridades judiciales paraguayas, a la que no contestaron jamás. Sería Martín Almada el que, unos años después, me aportaría las fotocopias de aquellos documentos. Era evidente que el sistema judicial paraguayo, salvo contadas excepciones, nunca tuvo interés en investigar los crímenes cometidos. No obstante, no perdí la oportunidad de recoger abundantes datos del archivo: la lista de los países asistentes a las primeras reuniones, el acta constitutiva de la Operación Cóndor, ¡incluso el menú de una de sus primeras reuniones!

Con ese acervo —a pesar de la falta de cooperación judicial de Paraguay—, la ayuda que entonces y después me brindó Martín Almada y los demás documentos que conseguí ir acumulando, incoé la «Pieza Separada sobre el Plan Cóndor», que daría lugar, un año después, a la detención de Pinochet en Londres.

A pesar de las dificultades que los estados nos ponen, de una forma u otra siempre encontramos la brecha por la que debilitar los muros de impunidad que se levantan para proteger a los perpetradores. En este caso, fue gracias a la valentía de Martín Almada y del juez José Agustín Fernández.

A pesar de contar con un ingente material incriminatorio que colocaba al Poder Judicial de Paraguay en una inmejorable posición para hacer Justicia, la impunidad se asumió como norma durante toda la democracia, convirtiéndose en una Justicia silente y cómplice de los peores crímenes que ha sufrido su propio país.

La Comisión de Verdad y Justicia

Era necesario revertir la situación, pues a medida que pasaba el tiempo muchos de los responsables iban muriendo impunes, como Campos Alum, que fuera responsable de «La Técnica», mientras la comunidad internacional reclamaba con insistencia a Paraguay el cumplimiento de sus obligaciones internacionales de persecución de los crímenes de la dictadura. La Comisión Interamericana de Derechos Humanos (CIDH) y el Comité de Derechos Humanos de Naciones Unidas recordaban al país en sus recomendaciones la necesidad de cumplir con la obligación internacional de persecución de esos delitos. La sordera oficial ante la impunidad llegó hasta tal punto que la comunidad internacional solicitó que se abriera una comisión de la verdad en Paraguay, que analizara toda la documentación obrante en el Archivo del Terror, accediera a información desclasificada y tomara declaración a las víctimas.

Como consecuencia de esta presión internacional, en 2003 finalmente se aprobó la Ley 2.225 por la que se creaba la Comisión de Verdad y Justicia (CVJ). He de decir que la CVJ hizo una labor brillante durante los años en los que desarrolló sus trabajos, entre 2003 y 2008. Recogió miles de testimonios de víctimas, realizó un profundo análisis de la información reunida en el Archivo del Terror y accedió a documentación clasificada, todo ello con mucho tesón, a pesar de contar con pocas facilidades. Finalmente, la CVJ terminó sus trabajos y publicó su Informe final, de ocho tomos, en los que se detallaba todo el mecanismo de represión.[15] Lo más relevante del mandato de la CVJ era que la Ley 2.225 le otorgaba competencias para determinar los presuntos responsables de violaciones a los derechos humanos, pues tenía competencias para realizar un listado de represores que debía entregar posteriormente a las autoridades estatales. La CVJ recopiló una lista de casi 500 represores que debían ser investigados, al haberse encontrado indicios suficientes en las declaraciones de las víctimas y la documentación analizada. El informe de la CVJ se entregó en 2008 a todos los poderes del estado, incluida la fiscalía, que, desde ese momento, tenía la obligación de perseguir esos crímenes y a sus presuntos responsables de manera efectiva. Sin embargo, desde la entrega del informe de la CVJ, el impulso penal fue nulo, por lo que las víctimas se encontraron de nuevo con la impunidad judicial, siendo evidente que no existía voluntad para dar salida por la vía penal al brillante trabajo realizado por la CVJ.

LA JURISDICCIÓN UNIVERSAL COMO ALTERNATIVA

En el año 2008, un joven abogado español, Aitor Martínez, había sido destinado a la embajada de España en Asunción desde la Escuela Diplomática del Ministerio de Asuntos Exteriores. Su llegada coincidió con la publicación del Informe final de la CVJ y con la victoria electoral de Fernando Lugo, que consiguió derrocar al Partido Colorado tras más de 60 años en el poder. El propio Lugo, al recibir el Informe final como presidente de la República, pidió perdón en nombre del estado. Todo hacía prever que el contexto era más favorable para que la fiscalía avanzara en las causas penales contra los represores, sobre la base de lo actuado por la CVJ, de la mano del compromiso de Fernando Lugo para impulsar el Informe final.

Años después, Aitor Martínez regresó a Paraguay en el marco del conocido caso Curuguaty, un proceso irregular de desalojo que tuvo lugar el 15 de junio de 2012 y que terminó con la muerte de 17 personas: 12 campesinos y 5 policías. El caso fue utilizado para lograr la destitución de Fernando Lugo siete días más tarde, mediante un juicio político exprés, tildado de golpe de Estado institucional por parte de la comunidad internacional y que conllevó incluso la suspensión de Paraguay de varios organismos internacionales. Tuve la ocasión de participar en este caso como *amicus curiae* («amigo de la corte») ante la CIDH, denunciando las irregularidades en el proceso que había investigado esa masacre y la situación límite de los detenidos en prisión preventiva a todas luces injustamente dictada. Finalmente, el 26 de julio de 2018 los campesinos fueron absueltos por la Corte Suprema de Justicia, principalmente debido a las presiones internacionales, dejando en evidencia la arbitraria destitución del presidente Lugo.

En diciembre de 2012, y en el marco de la causa Curuguaty, Aitor Martínez se encontraba en Asunción. Había conocido a Martín Almada en 2008 en la embajada de España. Si bien hablaron principalmente de la dramática situación política que vivía el país como consecuencia de lo sucedido en Curuguaty, Martínez preguntó a Almada sobre los avances de las causas penales por los crímenes cometidos en la dictadura, pues habían pasado más de cuatro años desde la entrega de todo el acervo probatorio de la CVJ a la fiscalía. Almada le confirmó que no se había progresado nada, pues había un bloqueo absoluto. Fue entonces cuando ambos juristas hablaron de la posibilidad de activar la jurisdicción universal para poner un límite a la impunidad en Paraguay.

El trabajo desarrollado por la Audiencia Nacional en el ámbito de la jurisdicción universal había dejado una enorme impronta en la comunidad internacional y había logrado cristalizar como una referencia paradigmática para la persecución de crímenes internacionales. Pero también este trabajo logró impregnar a toda una generación de jóvenes abogados interesados en los derechos humanos, convenciéndoles de que era posible defenderlos por la vía jurisdiccional, siempre que se tuvieran las ganas y el valor para intentarlo. Éste fue el caso de Aitor Martínez, que había crecido profesionalmente al calor de las causas de Argentina y Chile, por lo que el ejercicio de la jurisdicción universal, en aquel momento desconocida por los operadores jurídicos de Paraguay, le pareció una alternativa viable para lograr activar la Justicia en aquel país.

En diciembre de 2012, se produjo una primera reunión en la Dirección General de Verdad y Justicia (DGVJ), el órgano encargado de dar seguimiento a las recomendaciones del Informe final de la CVJ. A ella asistieron Yudith Rolón, que había formado parte de la CVJ y dirigía en aquel momento la DGVJ, el propio Martín Almada y otras víctimas vinculadas al Movimiento Nacional de Víctimas de la Dictadura Stronista. En esta reunión, se les planteó recurrir a una tercera jurisdicción para conseguir que se abrieran investigaciones sobre los crímenes cometidos en Paraguay. De esa forma, se presionaría judicialmente al país que ostentaba la competencia territorial de los crímenes, para que o bien extraditara o bien juzgara a los criminales a través del principio *aut dedere aut iudicare*. Este legítimo impulso contra la impunidad ya había dado frutos en los casos de Argentina y Chile.

En un primer momento, la propuesta del letrado español fue presentar la acción por jurisdicción universal ante los tribunales españoles. Pero en 2009 se había reformado el artículo 23.4 de la LOPJ que exigía que existieran víctimas españolas para que España pudiera conocer de esos crímenes por jurisdicción universal. Por ello, en diciembre de 2012 la estrategia consistió en buscar víctimas españolas del régimen de Stroessner. En principio no parecía una tarea difícil encontrar hispano-paraguayos, descendientes de españoles nacidos en Paraguay. Sin embargo, en medio del proceso de búsqueda empezaron a escucharse los primeros rumores sobre un posible segundo recorte del principio de jurisdicción universal en España. La polémica provocada por el caso del Tíbet, además de otros casos sensibles, hacía prever un nuevo recorte, por lo que la estrategia procesal en la que se trabajaba en Paraguay a comienzos de 2013 se redirigió hacia la búsqueda de una tercera jurisdicción diferente a la española. Una decisión que con el tiempo se demostró acertada, pues pocos meses después, en febrero de 2014, se produjo el segundo y más dramático recorte de la jurisdicción universal en España, con la reforma radical del artículo 23 de la LOPJ mediante la cual se cercenaba, prácticamente, la aplicación extraterritorial de la ley penal española. Si, a comienzos de 2013, el litigio estratégico que se diseñaba en Paraguay hubiera continuado con los planes de judicialización en España, la causa habría sido archivada poco después.

En las siguientes reuniones con las víctimas Aitor Martínez les presentó la posibilidad de acudir a la jurisdicción argentina a través del principio de jurisdicción universal. El motivo de mirar hacia Argentina era la visibilidad que había adquirido la jurisdicción universal como consecuencia de la causa abierta contra el franquismo en el Juzgado Federal n.º 1 o la causa sobre Falun Gong que residía en el Juzgado Federal n.º 9. De hecho, para asegurar la estrategia, Martínez se puso en contacto con los abogados de la querella sobre el franquismo, Carlos Slepoy y Ana Messuti, para recabar sus impresiones sobre la jurisdicción universal en Argentina y la posibilidad de presentar allí de la querella.

La querella

El escrito incluía un abanico de casos que recogía la práctica totalidad del *modus operandi* represivo de la dictadura. Se presentaron como querellantes víctimas o familiares de víctimas que representaban casos emblemáticos de ejecuciones extrajudiciales, desapariciones forzadas, detenciones arbitrarias de larga duración, torturas sistemáticas o exilios forzosos, entre otros. Pretendía judicializarse toda la tipología delictiva del régimen.

La querella comenzaba con el relato pormenorizado de los casos de 14 querellantes. Eran hechos duros, que relataban el sufrimiento infligido a las víctimas y que obligaban a la autoridad judicial a dar pronta respuesta.

Una de las querellantes y amiga personal, Yudith Rolón, explicaba cómo siendo un bebé, en 1976, en el marco de las actuaciones contra las

Ligas Agrarias, veinte policías sin orden judicial entraron en su casa y se llevaron a toda la familia. El registro del domicilio estuvo dirigido por el director de Vigilancia y Delito, a cuyo cargo quedó el padre de Yudith, que hasta hoy sigue desaparecido. El resto de la familia, incluida ella, estuvo detenida durante meses en el Departamento de Investigaciones. Su madre fue víctima de torturas, y se la amenazaba con quitarle a sus hijos. Terminó por enfermar gravemente y la ingresaron en el Policlínico Policial Rigoberto Caballero. A Yudith, a quien aún amamantaba, la llevaron con su madre al Policlínico, pero sus dos hermanos, también menores, se quedaron en Investigaciones. A su madre, modista, intentaron obligarla a confeccionar los uniformes de los policías, algo a lo que ella se negó. La familia Rolón había intentado encontrar Justicia durante años. Ahora lo iban a probar en Argentina, valiéndose de la jurisdicción universal.

Otro estremecedor relato recogido en la querella es el de Celsa Ramírez Rodas, de la etnia aché, quien con una fuerza impresionante expuso: «El 29 de noviembre de 1975, la Policía Nacional entró repentinamente en mi domicilio, estando yo embarazada de cuatro meses de mi hijo, también querellante. Los policías buscaban a mi marido, Derlis Villagra, desaparecido a día de hoy. Fui llevada al Departamento de Investigaciones. Me subieron esposada a la oficina del jefe del Departamento de Investigaciones. Allí empezaron a golpearme mientras me preguntaban por Derlis Villagra y otros miembros del Partido Comunista. Me llevaron a la pileta, donde me torturaron introduciéndome en agua de manera intermitente. Durante el tiempo de tortura, estaba presente el médico, Óscar Gómez, quien suspendía la tortura cuando veía que estaba a punto de desfallecer. Mientras me torturaban, los policías ponían la música de José Asunción Flores, un conocido compositor paraguayo de adscripción comunista». Celsa Ramírez pasó tres meses esposada bajo una escalera en el Departamento de Investigaciones. Sin contacto con persona alguna, los agentes que circulaban por las dependencias la golpeaban al pasar. El 21 de abril de 1976, la trasladaron al Policlínico Policial para que diera a luz. Terminó en la prisión de Emboscada, donde estuvo presa hasta julio de 1978. Allí supo que habían matado a su marido, aunque hoy sigue formalmente desaparecido. Al ser puesta en libertad, le informaron de que el régimen quería eliminarla tanto a ella como a su nueva pareja, por lo que decidieron exiliarse en Brasil. Estando ya allí, el diario O Estado de São Paulo publicó el 5 de septiembre de 1980: «Por error de expedición de una correspondencia reservada, llegó a la Orden de Abogados de Río de Janeiro un oficio de la Policía Federal, dirigido a otra repartición del mismo órgano, en Brasilia, donde eran solicitadas mayores informaciones sobre la localización de Celsa Ramírez y Carlos Jorge Salaverra (Salaberry), de nacionalidades paraguayas, acusados de participar de actividades comunistas, contra los cuales existe una orden de búsqueda». La noticia causó escándalo en Brasil, y sobre ella se pronunciaron la Orden de Abogados de Brasil y el arzobispo de São Paulo, Evaristo Arns. Quedaba en evidencia que el Plan Cóndor había tratado de alcanzarla en Brasil, pero, por error, la solicitud terminó en la Orden de Abogados, que la hizo pública, dejando al descubierto la intención de las autoridades paraguayas. Celsa volvió a Paraguay en 1990, tras la caída de la dictadura, y presentó una denuncia, sin lograr que la Justicia paraguaya emprendiera acción alguna, por lo que se sumó a la querella presentada en Argentina.

Otro caso incluido en la querella es el de Margarita Mbywangi, también de la etnia aché: «En el marco del procedimiento de sedentarización forzada de la comunidad aché, cuando tenía cinco años, fui secuestrada junto a otros dos niños achés, una niña y un varón. Fuimos vendidos a diferentes familias. A mí me llevaron al pueblo de Itakyry, en el departamento de Alto Paraná. La familia nunca me reconoció como hija ni me expidió documentos de identidad. Me ocupaba de las tareas domésticas como la limpieza de la casa, cocinar o lavar la ropa. Si bien nunca me dijeron que no era su hija, yo presentía, por la diferencia de trato con los otros hijos que me daban, que mi llegada a la familia respondía a un proceso distinto al natural. Decidí escapar y con la ayuda de un sacerdote de Hernandarias comencé a buscar a mis parientes. Dos años después de mi fuga, contacté con mis parientes de la Comunidad Chupa Pou, en el departamento de Canindeyú. Desde que lo conseguí en 1980, vivo con ellos en nuestro pueblo». En 1985, finalmente tuvo un documento de identidad. Su familia paraguaya le había puesto el nombre de Margarita, mientras que Mbywangi era el nombre que le habían dado sus padres.

Igualmente duros fueron los detalles aportados por Martín Almada en la querella relativos a sus torturas. «Mientras me sumergían en la pileta, una bañera llena de agua fétida, excrementos y orina, otros me asestaban golpes constantes y contundentes. Un agente de policía, con una botella de caña Aristócrata (aguardiente paraguayo) en una mano, y en la otra un alambre trenzado, se ensañaba golpeándome en la espalda. Tras los golpes, nuevamente me sumergían en la pileta y me pisaban el pecho para mantenerme en el fondo de la bañera. Cuando me sacaban de ésta, volvían los golpes. Mientras tanto, un sargento armero indicaba a los policías que debían hacerme "cantar". Después de las sesiones de pileta, vomitaba sin poder controlarme por la ingesta de excrementos. Las sesiones de tortura eran sistemáticas en el tiempo, a diario. Normalmente iban acompañadas de música brasileña, la forma que tenían los torturadores de amortiguar los gritos para que no se oyeran en el resto de las celdas. Cuando comenzaba la música brasileña, todos sabíamos que alguien estaba siendo torturado. De hecho, en la mayoría de los casos, los gritos no se podían camuflar». Como relata Almada en la querella, fue torturado con la intención de que confesara quiénes eran los comunistas que le habían hecho escribir su tesis doctoral en Argentina. Le acusaban incluso de haber criticado en su tesis al general Bernardino Caballero, fundador del Partido Colorado, a quien responsabilizaba de la venta de tierras públicas, lo que generó una fuerte dependencia. «Estás conspirando contra el Partido», le repetían durante las torturas. Martín Almada fue llevado ante un tribunal militar que tipificó su tesis doctoral como un delito de «terrorismo intelectual».

Otro relato sobrecogedor es el de Evaristo González, argentino, que estuvo cuatro años prisionero en la Comisaría Octava, dos de ellos engrillado. Compartió un espacio de 4 × 5 metros con otras once personas. «Las torturas fueron constantes. Hacíamos nuestras necesidades en latas de leche que sacaban solamente cada ocho días.» En 1971, por intermediación de la diplomacia argentina, consiguió salir del país en un vehículo diplomático.

Otros relatos igualmente escalofriantes incluidos en la querella son los de Carlos Luis Casabianca, a quien literalmente tiraron a un calabozo en el que descargaban paladas de excremento de un pozo ciego reventado; o el de Carlos Ortellado, a cuyo padre, militante de las Ligas Agrarias, asesinaron siendo él un niño y que, poco después, escuchó cómo dirigentes del Partido Colorado decían haber acabado con su padre, pero que los «tenemos que liquidar a todos», algo que Ortellado repitió en su casa, en la que vivieron aterrorizados prácticamente sin salir, pensando que en cualquier momento podían sufrir otro ataque; o las picanas eléctricas que tuvo que soportar Domingo Rolón, la incomunicación absoluta de Santiago Rolón, o el exilio forzado de Domingo Laíno y toda su familia.

En 2013, tras pasar por Asunción, recorrí el departamento de Misiones y las localidades en las que habían operado las Ligas Agrarias. Los supervivientes me contaron la persecución, el terror y las torturas que padecieron, y supe entonces que nunca dejarían de impulsar la acción de la Justicia. Decidí apoyar la causa sin reservas.

En lo relativo a la estrategia jurídica, la querella buscaba que los casos presentaran conexiones con la jurisdicción argentina, para así ampliar la base jurisdiccional, incluyendo no sólo casos de jurisdicción universal,

LA DICTADURA MÁS LARGA DE AMÉRICA LATINA

sino también alimentando una conexión jurisdiccional con base en el principio de personalidad pasiva, por lo que se presentaron algunos casos de secuestro de ciudadanos paraguayos que habían comenzado en Argentina para ser posteriormente entregados a Paraguay. Del mismo modo, se incluyeron casos en los que la tortura en territorio paraguayo fue cometida por nacionales argentinos, para plantear la conexión jurisdiccional por personalidad activa. Finalmente, se identificaron además algunos casos en el marco del Plan Cóndor, para reforzar la conexión de interés legítimo del estado, al haberse producido los hechos en un acuerdo criminal entre ambos países. De esta forma, si bien la querella se planteaba en términos de jurisdicción universal, ofrecía a Argentina otros puntos de conexión que enriquecían su vínculo jurisdiccional con los hechos. De esta forma se justificaba la competencia argentina *ratione materiae* sobre la base del principio de concurrencia de jurisdicciones. Resultaba igualmente esencial la denuncia de Margarita Mbywangi, ya que, a través de su caso, la querella abría el espectro de la investigación hacia el genocidio o etnocidio, cometido contra los achés a finales de la década de 1960, durante el proceso de sedentarización forzada.

La querella se dirigió contra las casi 500 personas determinadas como presuntos responsables por la CVJ; nombres y apellidos a los que acompañaba todo el acervo documental del Informe final. Se argumentaba también, con todo detalle, la situación de impunidad que se vivía en el país, adjuntando para demostrarlo evidencias de la entrega del Informe final de la CVJ a la fiscalía y la nula persecución penal que se había dado desde su entrega. También se adjuntaban resoluciones de diversos organismos internacionales, como el Comité de Derechos Humanos de Naciones Unidas, en los que se indicaba que el país no estaba cumpliendo con los estándares internacionales de persecución penal de estos crímenes internacionales.

La querella se presentó finalmente el 6 de agosto de 2013 ante los Juzgados Federales argentinos.[16] El día de la presentación acudieron en representación de las víctimas Martín Almada, Yudith Rolón y Carlos Ortellado, acompañados por el abogado español Aitor Martínez y su colega argentino, Juan Artigau. Tras la presentación se anunció que el reparto había recaído en el Juzgado Federal n.º 5, a cargo del juez Norberto Oyarbide. En ese momento, el juez invitó a los querellantes y a sus representantes legales a entrar a su despacho. Tras una breve reunión en la que escuchó el relato de las víctimas y los argumentos jurídicos de los abogados, decidió ratificar inmediatamente la querella para proceder a su tramitación.

Lo cierto es que la acción de los tribunales argentinos no se hizo esperar y el 21 de agosto de 2013, en el marco de la causa 7300/2013, el Juzgado Federal n.º 5 de Buenos Aires libró un exhorto a las autoridades paraguayas,[17] para que declarasen si se estaban desarrollando investigaciones efectivas y solicitando tuviera a bien informar si existían procesos penales ante el órgano jurisdiccional de ese país en orden a los hechos denunciados en el marco de la causa.

El silencio

El exhorto internacional librado desde Argentina fue un misil en la línea de flotación de una Justicia paraguaya acostumbrada a ignorar de manera casi obscena a las víctimas de la dictadura. Ahora la Justicia argentina cuestionaba el cumplimiento efectivo de sus obligaciones internacionales de persecución penal e informaba que, en caso de haber hecho dejación de sus competencias judiciales, sería Argentina quien investigaría los hechos. Las víctimas vieron por primera vez cómo el poder judicial paraguayo, que les había ignorado durante tanto tiempo, estaba obligado ahora a responder ante el poder judicial de otro país y que, gracias al principio de jurisdicción universal, se abría para ellos la oportunidad de poder canalizar sus demandas.

Sin embargo, tras la recepción del exhorto, las autoridades paraguayas optaron por guardar silencio sobre la solicitud de información de Argentina y no contestar a sus reclamaciones. Durante toda la segunda mitad del año 2013 y gran parte del 2014, las autoridades judiciales paraguayas se negaron a responder a las cuestiones remitidas por la Justicia argentina.[18]

Primer contacto

Fue en ese momento cuando entré en contacto con la querella y las víctimas. No dudé en brindarles todo mi apoyo y reclamar contundentemente a las autoridades paraguayas su obligación de cooperar con la Justicia argentina, pues de lo contrario su silencio no podría entenderse más que como una cesión tácita de jurisdicción a Argentina. Hice un primer viaje de tres días a Paraguay en noviembre de 2013, para mantener encuentros institucionales con el Poder Judicial —entre ellos con el fiscal general del Estado—, reunirme con defensores de derechos humanos en el marco del caso Curuguaty, y participar en un panel titulado «Evolución de la jurisdicción universal en el marco del terrorismo de Estado en el Cono Sur. Avance de la persecución penal por crímenes de lesa humanidad en la región».[19] Entre 2013 y 2015, estuve al frente del Centro Internacional para la Promoción de los Derechos Humanos (CIPDH) de la UNESCO, con sede en Buenos Aires. Con esa responsabilidad viajé hasta Asunción para mantener varias reuniones con los componentes de la DGVJ y con las víctimas y autoridades paraguayas, especialmente con el fiscal general, para saber cuál era la posición de las autoridades de investigación y averiguar si existía verdadero interés para abordar la cooperación que demandaba Argentina o si existía intención alguna de activar casos que llevaban años paralizados. La reunión fue correcta desde el punto de vista formal y las autoridades paraguayas se comprometieron a dar las instrucciones correspondientes para que los casos se actualizaran, pero estaba convencido de que no existía verdad en sus palabras y que era una forma de salir del paso. Así, acompañado por la directora general del CIPDH, Adriana Arce, y la directora de la DGVJ, Yudith Rolón, hablamos de las diferentes vías de colaboración, de los mecanismos necesarios para proteger los Archivos del Terror y de cómo establecer fórmulas de colaboración para lograr una mayor y mejor protección de las víctimas. Finalmente, y de viva voz, las víctimas me pidieron ayuda para avanzar en la querella y en la denuncia internacional de sus crímenes y combatir la impunidad. El encuentro en el Museo de las Memorias se prolongó por más de dos horas y me permitió confirmar la existencia de problemas similares en la persecución de este tipo de crímenes que ya se habían detectado en otros países. Los diferentes sistemas judiciales, quebrantando el principio sagrado de protección de las víctimas, optan por abandonarlas y evitan por cualquier medio continuar con las investigaciones. Aquel día me comprometí a prestarles toda la ayuda que fuera posible y viable desde el CIPDH. Además de brindar públicamente mi apoyo a la querella presentada en Argentina sobre hechos ocurridos en Paraguay y presentados ante jueces paraguayos, aproveché para denunciar ante la prensa que esas causas se encontraban paralizadas desde hacía años.[20]

La ampliación

Poco después, me informaron de que la querella sería ampliada mediante la personación de la Federación Nacional Aché en bloque. Con Remo

Carlotto, acompañamos a los líderes del pueblo aché en la ampliación y mantuvimos una reunión pública en la sede del Congreso Nacional argentino, donde pudimos escuchar de primera mano los testimonios de los representantes de la comunidad, Ceferino Kreigi y Marciano Chevugi. Uno y otro relataron con todo detalle la crueldad de las cacerías sufridas por su comunidad, el encierro en esa especie de campo de concentración en el que se les sedentarizó forzosamente, la venta de niños y la muerte de gran parte de su comunidad, aún hoy muy mermada por aquellos traumáticos acontecimientos.[21]

Después de la ampliación de la querella por los hechos sufridos por la comunidad aché, el proceso quedó bloqueado en Argentina debido a la negativa de Paraguay a contestar el exhorto. Como había intuido durante mi visita a Paraguay, las autoridades judiciales no tenían el más mínimo deseo de colaborar y consideraban el asunto como una intromisión de la Justicia del país vecino en sus asuntos internos. Nuevamente, ni cooperaban ni investigaban. Paraguay tenía toda la capacidad competencial para investigar los hechos, juzgarlos y eventualmente condenar a los responsables, y había sido precisamente esa dejadez competencial la que había impulsado la intervención de la jurisdicción universal argentina. Por lo tanto, si Paraguay quería reactivar su competencia debía comenzar a procesar a los responsables, taponando así el agujero por el que se fugaba su competencia hacia Argentina.

Ante la falta de respuesta al exhorto, la defensa de las víctimas, a cargo de Aitor Martínez, elevó la falta de cooperación ante numerosos mecanismos internacionales de protección de derechos humanos. Se buscaba generar presión internacional para forzar a Paraguay a contestar o a iniciar investigaciones efectivas. Ejemplo de esta presión fue la dura condena del Comité contra la Desaparición Forzada de Naciones Unidas en septiembre de 2014, que indicaba la obligación del país de perseguir los crímenes o cooperar con las terceras jurisdicciones para superar la impunidad existente.[22]

Nueva estrategia

Pero, aun así, la Justicia paraguaya seguía negándose a dar contestación, por lo que diseñamos una nueva estrategia de presión. El CIPDH, que entonces yo presidía, junto con la DGVJ de Paraguay organizaron un encuentro en Asunción, los días 6 y 7 de octubre de 2014, con el que se buscaba generar espacios de capacitación relativos a la lucha contra la impunidad de miembros del Poder Judicial paraguayo y otras autoridades políticas. En las ponencias, participarían el Defensor del Pueblo de la República del Paraguay, Páez Monges; la ministra de Justicia paraguaya, Sheila Abed; la asesora en derechos humanos de la Oficina del Alto Comisionado de las Naciones Unidas, Liliana Valiña; la ministra (magistrada) de la Corte Suprema de Justicia de la República del Paraguay, Alicia Pucheta y el fiscal general del Estado paraguayo, Javier Díaz Verón. Por su parte, desde Argentina viajamos el diputado nacional y presidente de la Comisión de Derechos y Garantías de la Cámara de Diputados de la República Argentina, Remo Carlotto; el juez federal Sergio Torres; el fiscal federal Pablo Enrique Ouviña y la directora nacional de Asuntos Jurídicos de la Secretaría de Derechos Humanos de Argentina, Ana Oberlin.[23] El objetivo del seminario era doble. Por un lado, buscaba activar la cooperación de Paraguay mediante la aportación de documentación relevante del Archivo del Terror para la causa argentina relativa al Plan Cóndor, por lo que la participación del fiscal Pablo Ouviña era clave. Pero, además, el encuentro nos daba la posibilidad de reclamar a las autoridades paraguayas la necesaria cooperación con el exhorto remitido por las autoridades argentinas y desbloquear así el *impasse* en el que se encontraba la causa por los crímenes de lesa humanidad y genocidio que atendía el Juzgado Federal n.º 5 de Buenos Aires. Propuse la creación de un protocolo entre los diferentes países afectados por la Operación Cóndor para abrir con él una vía no estrictamente procesal, pero que facilitara la circulación e intercambio de documentación de forma ágil y efectiva de modo que el mutuo beneficio fuera inmediato. Asimismo, pactamos con la DGVJ la posible custodia de los documentos sobre Cóndor en el CIPDH, como parte de un proyecto mayor para lograr que fueran declarados Patrimonio Inmaterial de la Humanidad.

Recuerdo que en mi intervención me centré en las obligaciones de las naciones de investigar crímenes cuya consideración es internacional, pues afectan a la humanidad en su conjunto. Alerté acerca de su imprescriptibilidad, por lo que esa obligación aún estaba vigente. Pero, sobre todo, hice especial referencia al hecho de que hacer dejación de la propia competencia para investigar los crímenes de la dictadura habilitaba a un tercer estado, cumpliendo con su obligación de persecución universal, para entrar a conocer de esos crímenes, acreditando el estrepitoso fracaso del sistema judicial que había incumplido su obligación. Es decir, toda mi disquisición estuvo dirigida a recordar a las autoridades paraguayas que había sido la impunidad generada por ellas mismas la que había habilitado la aparición de la Justicia argentina y que, en ningún caso, se trataba de una maniobra jurídica invasiva por parte de autoridades extranjeras, como reclamaban desde la llegada del exhorto argentino.

Al terminar mi intervención me dirigí a la ministra de Justicia, Sheila Abed, ya que las víctimas, y en concreto Yudith Rolón, a cargo de la DGVJ, me habían indicado los problemas en materia presupuestaria, pues el ministerio se negaba a destinar unos 100.000 dólares a la identificación de restos de desaparecidos. La Agrupación Especializada de la Policía Nacional había descubierto un cementerio clandestino de represaliados de la dictadura que habían sido desaparecidos, gracias al incansable trabajo de Rogelio Goiburú, hijo de un desaparecido que ha dedicado su vida a la búsqueda de sus compatriotas. Pero una vez exhumados los restos, el ministerio de Justicia no libraba los fondos necesarios para proceder a la identificación de las víctimas. Recordé a la ministra Abed que era obligación del estado paraguayo cerrar el ciclo del delito permanente de desaparición forzada identificando a las víctimas y acabando así con el duelo de las familias. La ministra se comprometió verbalmente conmigo, compromiso que cumplió cabalmente sólo un par de días después, el 9 de octubre, acordando que se libraran los fondos necesarios para la identificación de los restos óseos.[24] Ese mismo día, al terminar el seminario, fui invitado a una entrevista en Radio Ñandutí, uno de los principales medios de comunicación del país, conducida por Leo Rubín (que posteriormente sería candidato a la vicepresidencia de la República en las elecciones de 2018). Durante la entrevista me preguntó por la querella presentada en Argentina. Recuerdo haber sido muy duro y contundente, reclamando expresamente al fiscal general del Estado el cumplimiento de sus obligaciones internacionales y recordándole su deber, de acuerdo con la legislación internacional en materia penal, de cooperar con las autoridades judiciales en Argentina. En concreto, hice referencia a que la actitud del fiscal general entorpecía el trabajo jurídico y que la decisión de Paraguay de no contestar el exhorto de la Justicia argentina constituía una dejación inaceptable que afectaba seriamente a la calidad de la democracia paraguaya. Recuerdo que terminé diciendo que la cooperación internacional es una obligación y que Paraguay no estaba cooperando. La prensa del país recogió aquella dura entrevista con gran contundencia.[25] Curiosamente, quien era entonces fiscal general del Estado, Javier Díaz Verón, se encuentra, mientras redacto estas líneas, en prisión preventiva en el penal de Tacumbú, procesado por enriquecimiento ilícito.[26]

Aquellas jornadas en Paraguay terminaron el 8 de octubre con la entrega de reconocimientos a las víctimas de la dictadura frente al Departamento de Investigaciones, aquel lugar de detención y tortura usado por el régimen de Stroessner. Ese sencillo acto por el que el CIPDH reconocía a todas las víctimas y líderes de organismos, políticos demócratas e intelectuales, que lo habían dado todo por un Paraguay libre de impunidad, fue un momento maravilloso. El CIPDH, con este pequeño gesto, el primero que se hacía, reparaba simbólicamente a las víctimas, en lo que suponía un gran avance y acompañamiento para continuar abriendo sendas a la Justicia. La jurisdicción universal cumplió, y lo sigue haciendo, con su naturaleza de instrumento de las víctimas contra la impunidad.[27]

La concreción

Mientras tanto, Aitor Martínez, que en esa época ya trabajaba conmigo en mi despacho profesional, y yo decidimos que la mejor estrategia para que la querella de Argentina avanzara era dar un paso adelante y concretar los indicios contra un número más reducido de perpetradores. De esta forma, se pasó de la generalidad de los responsables determinados por la CVJ a una querella expresa contra 18 represores claramente identificados por las víctimas. Contra ellos se aportó un enorme volumen de documentación procedente del Archivo del Terror, en el que se acreditaba su participación en los crímenes relatados por los querellantes. Además, se pedía expresamente que se libraran órdenes de detención internacional contra ellos, en caso de que no se presentasen ante la Justicia argentina. De este modo el cerco se estrechaba y se hacía más palpable en Paraguay, pues existía una petición expresa de procesamiento contra 18 personas claramente determinadas y que seguían vivas.[28]

A partir de ese momento, empezaron en Paraguay las presiones a las víctimas. Desde causas judiciales de dudosa credibilidad, como la que abrieron contra Yudith Rolón, hasta presuntas intromisiones en los teléfonos de los abogados querellantes. Finalmente, gracias a la presión que se estaba ejerciendo, a finales de 2014 la Justicia paraguaya se vio forzada a contestar al exhorto, probablemente temiendo que desde Argentina comenzaran a librarse órdenes de detención internacional contra los 18 querellados. Sin embargo, la respuesta paraguaya al exhorto era inaceptable en términos jurídicos. En tan sólo nueve páginas, la fiscalía paraguaya se arrogaba la competencia exclusiva para la investigación de los hechos, que habían sido cometidos en su territorio, ignorando la aplicación extraterritorial de la ley penal de los estados en los casos de lucha contra la impunidad. Pero, además, en su breve respuesta, la fiscalía paraguaya afirmaba que los hechos estaban siendo investigados basándose en la existencia de causas abiertas desde hacía décadas, sin que se hubiera practicado ni siquiera una diligencia de investigación en todo ese tiempo, lo que causaba rubor. El escrito confirmaba haber recibido todo el acervo de evidencias de la CVJ en 2008, indicando que, más de seis años después, seguían trabajando en él, sin que se hubiera producido ningún avance sustancial.

Ante esta respuesta, las autoridades judiciales argentinas no dudaron en librar un nuevo exhorto en el que reclamaban el traslado de los expedientes íntegros para poder cotejar si efectivamente eran investigaciones reales o un fraude procesal. Se reclamó, además, un pronunciamiento expreso sobre lo sucedido con el pueblo aché, pues no se había dado respuesta a este hecho en concreto.

La situación se tornó insostenible para las autoridades paraguayas y procedieron a hacer movimientos desesperados. En un primer momento, abrieron una carpeta fiscal (investigación penal) de urgencia en relación con el presunto genocidio cometido contra la etnia aché. De igual forma, llamaron a testificar a los querellantes en Argentina para abrir causas con sus declaraciones. Sobre la base de esas actuaciones, contestaron el segundo exhorto argentino, argumentando que lo referente a los aché estaba siendo investigado y que los querellantes habían sido citados para tomarles declaración e impulsar la investigación de los hechos alegados. Pese a ello, Argentina libró un tercer exhorto aún más contundente, pues era evidente que los movimientos procesales realizados por Paraguay no respondían más que a una estrategia para garantizar su competencia. En ese escenario, Paraguay se vio forzado a suscribir un compromiso efectivo de procesamiento. Desde la fiscalía general del Estado se convocó al abogado de las víctimas, Aitor Martínez, para indicarle que se había tomado la determinación de proceder penalmente contra los querellados en Argentina. Requirieron que se paralizaran las acciones en Argentina, y se celebraron reuniones en las que la fiscalía paraguaya se comprometió con las víctimas a procesar a los responsables, en lo que suponía un hecho histórico pues, a través del principio de jurisdicción universal, se había logrado que el país no encontrara más salida que el cumplimiento de sus obligaciones de persecución, pues de no haberlo hecho habrían empezado a llegar órdenes de detención desde Argentina.

El 27 de junio de 2017, la fiscalía paraguaya anunció la imputación y detención de 10 represores (algunos de los 18 querellados ya habían fallecido) por su participación en la detención y tortura de Domingo Rolón, uno de los querellantes en Argentina. Algunos de los represores quedaron en prisión preventiva y otros, dada su avanzada edad, en arresto domiciliario. Posteriormente, fueron acusados y elevados a la etapa previa a su juicio oral.[29]

Aunque aún está por ver si el compromiso de la fiscalía paraguaya sigue vigente, el caso de Paraguay ha sido un ejemplo de lucha contra la impunidad, a través de la presión que la jurisdicción universal puede ejercer sobre un país que no tiene voluntad de investigar graves violaciones a los derechos humanos cometidas en su territorio.

El caso sigue abierto en Argentina, a la espera de que las decisiones de la Justicia paraguaya sean reales y efectivas y que los perpetradores respondan en un juicio oral y público, con todas las garantías, por los crímenes internacionales que se les imputan.

10

La memoria histórica. La sombra del franquismo

«En este país no se puede hablar de restituir a las víctimas, parece que queremos desmembrar España. No es normal que el primer condenado por los crímenes franquistas sea el juez que los investiga. Eso internacionalmente no se entendió. Fuera de España nadie se explica lo que ha ocurrido. Quisieron cargarse a una figura, pero han conseguido lo contrario. Han convertido a mi padre en una especie de mártir.»[1] Así se expresaba mi hija María en una entrevista en noviembre de 2012. Habían pasado nueve meses desde el final de los tres juicios con los que el Tribunal Supremo tendió el puente a mi inhabilitación temporal como juez. Después de aquello, María había escrito un libro, *Suprema injusticia*, resultado de su rebelión personal ante lo que estaba viviendo, algo que ya había anunciado en una carta a la opinión pública que redactó el mismo día de mi inhabilitación. Pero además, y ahí radicó para mí el valor de su gesto, suponía la toma de postura activa de una mujer joven que no había conocido el franquismo, perteneciente a una generación criada en la democracia y la libertad, frente a unos hechos que afectaban a decenas de miles de víctimas. A partir de entonces, María, cuya lucha por los derechos de la mujer y contra la desigualdad es ejemplo diario para mí, como directora de la Fundación Internacional Baltasar Garzón, FIBGAR, que impulsa la reivindicación de la memoria histórica, los derechos de las víctimas, la creación de una comisión de la verdad y las exigencias de verdad, Justicia, reparación y garantías de no repetición para acabar con el silencio.

Un silencio al que habían estado sometidos durante décadas casi ciento cincuenta mil desaparecidos, asesinados y represaliados, hasta que, el 14 de diciembre de 2006, tras ser turnadas por el Decanato de los Juzgados Centrales de Instrucción de la Audiencia Nacional, distintas denuncias llegaron a mi juzgado, el Central de Instrucción n.º 5. Aquel día, un grupo de abogados, representantes de asociaciones para la recuperación de la memoria histórica, y un diputado socialista presentaron ocho denuncias en las que solicitaban una investigación sobre las desapariciones, asesinatos, torturas y exilios forzosos cometidos desde 1936, año en que comenzó la Guerra Civil. Unos meses después, el 18 de julio de 2007, diversas asociaciones de familiares de desaparecidos durante la dictadura de Franco plantearon ante la Audiencia Nacional nuevas denuncias penales por crímenes contra la humanidad.

Fue ese año también cuando se estrenó la Ley 52/2007, de 26 de diciembre, por la que se reconocen y amplían derechos y se establecen medidas en favor de quienes padecieron persecución o violencia durante la Guerra Civil y la dictadura. Conocida como «Ley de Memoria Histórica», señala en su exposición de motivos: «El espíritu de reconciliación y concordia y de respeto al pluralismo y a la defensa pacífica de todas las ideas que guió la Transición nos permitió dotarnos de una Constitución, la de 1978, que tradujo jurídicamente esa voluntad de reencuentro de los españoles, articulando un estado social y democrático de derecho con clara vocación integradora. [...] Pese a ese esfuerzo legislativo, quedan aún iniciativas por adoptar para dar cumplida y definitiva respuesta a las demandas de esos ciudadanos, planteadas tanto en el ámbito parlamentario como por distintas asociaciones cívicas. Se trata de peticiones legítimas y justas que nuestra democracia, apelando de nuevo a su espíritu fundacional de concordia y en el marco de la Constitución, no puede dejar de atender».[2]

La Ley de Memoria Histórica (ninguneada en la práctica desde 2011 hasta junio de 2018, años durante los cuales el Partido Popular estuvo al frente del Gobierno) obliga a las administraciones a elaborar y poner a disposición de las familias de los fusilados y desaparecidos «mapas en los que consten los terrenos en que se localicen los restos», del mismo modo que dicta la norma de que tales localizaciones deben realizarse en todo el estado español. Y, si bien es cierto que no contiene previsión alguna de cara a la aplicación de normas penales o procesales para la investigación de los crímenes franquistas, no lo es menos que, en su disposición adicional segunda, establece explícitamente que: «Las previsiones contenidas en la presente ley son compatibles con el ejercicio de las acciones y el acceso a los procedimientos judiciales ordinarios y extraordinarios establecidos en las leyes o en los tratados y convenios internacionales suscritos por España».

No obstante, la ley no daba cumplida respuesta a todas las necesidades que planteaba la recuperación de la memoria histórica en España. Aquellas denuncias marcaron un inicio y hoy, mirando atrás y a pesar de todo lo ocurrido, sé que volvería a hacer lo mismo: escuchar a las víctimas e iniciar la instrucción. Mientras yo realizaba diligencias de comprobación previa buscando indicios de delito e identificando el potencial número de víctimas, dos periodistas, Eduardo Martín de Pozuelo y Jordi Bordas publicaron en el diario *La Vanguardia* una serie de informaciones sobre las denuncias que se habían presentado. Me llamaron: «No es de imaginar la cantidad de lectores que nos están escribiendo, relatando las historias de sus familiares. Estamos abrumados, la situación nos desborda».

Lo mismo sucedió en el juzgado durante los casi dos años en que, a requerimiento mío y con el fin de documentar suficientemente la sistematicidad de los crímenes, llegaron denuncias y documentación remitida por particulares y asociaciones de víctimas, con la clara voluntad de dejar constancia de los hechos referidos a estos delitos.

En un principio, la fiscalía aceptó la investigación, pero algo cambió, porque el 29 de enero de 2008 emitió un informe contrario a la competencia del Juzgado Central de Instrucción n.° 5 sobre dichas denuncias. El Ministerio Fiscal esgrimía la Ley de Amnistía de 1977 como argumento fundamental para paralizar la investigación de estos crímenes. Para formar el criterio sobre la competencia del juzgado, me basé en los precedentes que mi propio juzgado había tramitado sobre los delitos cometidos en las dictaduras de Argentina y Chile, los de Guatemala y todos aquellos de características similares debido a la sistematicidad de la agresión, es decir, el *modus operandi* de la represión: las detenciones ilegales, las ejecuciones sumarias, las desapariciones, los procesos sumarísimos sin garantías de tipo alguno, así como toda la legislación internacional de derecho penal, derecho humanitario y la jurisprudencia de los tribunales internacionales y de derechos humanos, las resoluciones de los diferentes comités y organismos de Naciones Unidas, que se habían pronunciado en reiteradas ocasiones condenando la impunidad de estos crímenes y, por supuesto, la interpretación del Tribunal Supremo fijada por su Sala Segunda en el caso Scilingo. Asimismo, en la interpretación de la Ley de Amnistía y su inaplicabilidad cuando se trata de crímenes internacionales, contra la humanidad, los denominados «crímenes horrendos», partí de la Ley de Memoria Histórica y de la doctrina más avanzada y protectora de las víctimas con una visión anamnética, de la que siempre se ha prescindido en este país por parte de la judicatura. Reconozco que me basé también en la jurisprudencia y resoluciones de la Corte y la Comisión, respectivamente, dictadas en el Sistema Interamericano de Derechos Humanos, muy protector frente a las violaciones sistemáticas de los derechos de las víctimas. Probablemente quienes valoraron y juzgaron negativamente la investigación ni las habían leído, ni les importaban, ya que aplicaron una mirada absolutamente cerrada y nacionalista en la que primó la impunidad sobre la verdad, la Justicia y la reparación.

El número de víctimas documentado por las asociaciones denunciantes iba en aumento. Unas doscientas personas colaboraban en esta documentación, realizando un impresionante trabajo de recopilación y cruce de nombres y lugares para determinar una cifra aproximada. Pienso ahora en el abogado Fernando Magán, en los demás letrados, víctimas y asociaciones y organizaciones de memoria histórica y su recuperación, Emilio Silva, Marisa de la Peña, María Martín López, Pino Sosa, Fausto Canales, Cecilio Gordillo, por nombrar a algunos de entre la multitud de personas que se esforzaron en sacar la verdad a la luz. Con su ayuda, consiguió elaborarse el «primer censo» de víctimas, que identificaba a 114.266. Fue confeccionado exclusivamente por las víctimas entre los meses de septiembre y octubre de 2008, en una tarea titánica que avergonzará para siempre a las instituciones del estado español, sean del color político que sean, que, hasta ese momento, solamente habían hecho gala de su dejación y olvido de las víctimas. Cuando creía que iba a encontrar sistematizada toda la información en los archivos —todos los nombres, toda la documentación—, no encontré nada: ningún listado de asesinados, juzgados sumariamente, desaparecidos o torturados. ¡No se había hecho nada al respecto desde la muerte del dictador! ¡33 años después! Ni siquiera hoy existe un listado de este tipo de ámbito general. El cruce de datos pudo realizarse gracias a una herramienta informática que, siguiendo las indicaciones que expuse en la correspondiente resolución, crearon los peritos. Con ella pudimos identificar a un número aún mayor de víctimas: 140.000 desaparecidos, de los cuales 130.137 lo fueron en España y al menos otros 7.000 fuera de nuestras fronteras, en campos de concentración en el extranjero, así como ciudadanos de otras nacionalidades. Los censos se realizaron de forma profesional y con gran seriedad por parte de unas personas que luchaban contra el miedo de las familias, acostumbradas a una vida callada y presidida por el temor a las represalias que tan duramente habían sufrido desde el momento en que sus seres más queridos habían sido «sacados» a dar el «paseo» mortal por la Guardia Civil o la Falange que, como una fuerza paramilitar, actuó de verdugo desde el final de la Guerra Civil hasta más allá de 1950. Fernando Magán resaltaba este extremo: «Se cometieron todos los crímenes que se pueden dar contra la humanidad: genocidio, desapariciones forzadas, e incluso crímenes de guerra.Y la situación se prolongó hasta los años cincuenta, tras los juicios de Núremberg y la Declaración Universal de los Derechos Humanos».[3] Magán representaba al mayor número de asociaciones personadas. Siempre recuerda que, para ellas, éste era el último paso, su última esperanza para localizar y recuperar los restos de tantas personas que se atuvieron a la legalidad, que obedecieron al Gobierno democráticamente elegido o que fueran señaladas y eliminadas por culpa del rencor o la codicia ajena. Todas las víctimas, las del primer censo y también las de los siguientes, así como las que, poco a poco, se fueron identificando en localidades y comunidades autónomas con el esfuerzo de las diferentes organizaciones memorialistas y la sociedad civil, y en algunos territorios con el apoyo decidido de las instituciones (aunque, a partir de 2011, sin apoyo económico del Gobierno), habían sido enterradas en fosas anónimas, en cunetas al borde de las carreteras, en los campos, en barrancos, en lugares recónditos, lejos de las miradas y la atención de cualquiera. Un informe de la Comisión Interministerial para el estudio de la situación de las víctimas de la Guerra Civil concluía que había «enterramientos por toda la geografía de España, cuyo número y ubicación precisos aún se desconocen», señalando además la «inexistencia de un censo de personas desaparecidas».Y así era.Y así es. ¡Insisto!

El 16 de octubre de 2008 me declaré competente para investigar la causa de los más de 114.000 (hasta ese momento) desaparecidos durante el franquismo y enterrados en fosas comunes. En septiembre, había solicitado a instituciones como el Valle de los Caídos, la Conferencia Episcopal Española (CEE), el Centro Documental de Memoria Histórica y a los alcaldes de Madrid, Sevilla, Granada y Córdoba la elaboración de listados de víctimas y que aportasen datos sobre los desaparecidos tanto durante la contienda como al término de la misma. Solicité asimismo información de los tribunales republicanos creados durante la defensa de Madrid, y pedí a la CEE que instara a los obispos a que enviaran la información requerida. Definí el espacio temporal de la represión masiva a través de los bandos militares del 17 de julio de 1936 al mes de febrero de 1937, los consejos de guerra, desde marzo de 1937 hasta los primeros meses de 1945, y la acción represiva desde 1945 hasta 1952. En el auto, describía los hechos delictivos que, en función de las denuncias, deberían enjuiciarse: «Todas ellas por presuntos delitos de detención ilegal sin dar razón sobre el paradero de la víctima, basadas en los hechos que se describen en las mismas, fundamentalmente por la existencia de un plan sistemático y preconcebido de eliminación de oponentes políticos a través de múltiples muertes, torturas, exilio y desapariciones forzadas (detenciones ilegales) de personas a partir de 1936, durante los años de Guerra Civil y los siguientes de la posguerra, producidos en diferentes puntos geográficos del territorio español». En el auto, incluí textos históricos, de los cuales recuerdo algunos como especialmente dolorosos: «Ya iniciada la insurrección, el 19 de julio de 1936, el general Mola afirmaba: "Es necesario propagar una imagen de terror [...]. Cualquiera que sea, abierta o secretamente, defensor del Frente Popular debe ser fusilado". Dicho general, en una alocución en Radio Burgos, el 31 de julio de 1936, dijo: "Yo podría aprovechar nuestras circunstancias favorables para ofrecer una transacción a los enemigos, pero no quiero. Quiero derrotarlos para imponerles mi voluntad. Y para aniquilarlos". El general Queipo de Llano, en declaraciones a Radio Sevilla por las mismas fechas, decía: "Yo os autorizo a matar, como a un perro, a cualquiera que se atreva a ejercer coacción ante vosotros: Que si lo hiciereis así, quedaréis exentos de toda responsabilidad. ¿Qué haré? Pues imponer un durísimo castigo para callar a esos idiotas congéneres de Azaña. Por ello faculto a todos los ciudadanos a que, cuando se tropiecen con uno de esos sujetos, lo callen de un tiro. O me lo traigan a mí, que yo se lo pegaré. Nuestros valientes legionarios y regulares han enseñado a los rojos lo que es ser hombre. De paso, también a las mujeres de los rojos que ahora, por fin, han conocido hombres de verdad y no castrados milicianos. Dar patadas y berrear no las salvará"».[4]

En el auto reclamaba, entre otras cosas, que se realizaran exhumaciones determinadas, entre ellas la del poeta Federico García Lorca, que también fue ejecutado por la represión franquista en Granada.

Pero era evidente que este tema seguía levantando ampollas; la oposición era manifiesta. La sombra del franquismo seguía oscureciendo la vida política española.

El titular de la fiscalía de la Audiencia Nacional, Javier Zaragoza, anunció de inmediato que recurriría el auto. Consideraba que no podían perseguirse los crímenes debido a la Ley de Amnistía de octubre de 1977 y que, en caso contrario, deberían hacerse cargo los juzgados de los lugares en los que se hubieran cometido los hechos. Argumentaba que dichas actuaciones no eran constitutivas de delitos contra la humanidad y que el delito contra Altos Organismos de la Nación, que habría determinado la competencia de la Audiencia Nacional, ya había prescrito. La reacción del fiscal de la Audiencia fue desproporcionada, como también lo fue la del fiscal general del Estado. Se presentó un recurso de apelación directa sugiriendo que podrían derivárseme responsabilidades. El mensaje quedaba meridianamente claro, el caso no podía seguir adelante. La confrontación entre la fiscalía y el juzgado fue muy dura, y sólo se interrumpió por mi ingreso hospitalario para una intervención quirúrgica en las cuerdas vocales y una posterior baja médica que me mantuvo alejado del juzgado hasta mediados del mes de noviembre. La decisión que despertó más susceptibilidades fue la orden de exhumar los restos de Federico García Lorca, hasta el punto de que la Sala de lo Penal de la Audiencia Nacional decidió (de conformidad con el fiscal y el presidente de la sala, Javier Gómez Bermúdez, algo insólito en esta fase del proceso) suspender la práctica de la diligencia, quebrantando claramente la ley que, desde luego, no permitía aquella paralización.

Pero no todo iban a ser ataques. En aquellos momentos, recibí apoyos emocionantes por parte de escritores de la talla de José Saramago, de Ernesto Sábato, Antonio Gamoneda, José Luis Sampedro, Juan Goytisolo o José Manuel Caballero Bonald. Todos ellos, junto con otros intelectuales y juristas, redactaron un manifiesto de apoyo. Ian Gibson, autor de una biografía ya clásica de Federico García Lorca, dijo al presentar el manifiesto que mi auto era el documento «más escalofriante» que había leído en muchos años.[5] El manifiesto sentó muy mal en el Partido Popular, pero también en el propio Gobierno del Partido Socialista. Esto último es curioso, porque el mismo 16 de octubre, día en que dicté el auto por la que asumía la competencia, había tenido una reunión en el palacio de la Moncloa con el presidente del Gobierno para un tema distinto y le había llevado una copia del auto, frente a la cual me reconoció emocionado que su padre estaría sumamente contento por la historia de su abuelo, fusilado en las primeras semanas después del golpe de Estado de 1936.

A escala internacional, las reacciones al auto fueron casi unánimemente favorables. El Comité de Derechos Humanos de Naciones Unidas afirmó en noviembre de 2008, especialmente sobre la Ley de Amnistía: «El comité, aunque ha tomado nota de la decisión reciente de la Audiencia Nacional de examinar la cuestión de los desaparecidos, está preocupado por el mantenimiento en vigor de la Ley de Amnistía de 1977. El comité recuerda que los delitos de lesa humanidad son imprescriptibles y señala a la atención del estado parte sus observaciones generales núm. 20, según las cuales las amnistías relativas a las violaciones graves de los derechos humanos son incompatibles con el pacto, y núm. 31, sobre la naturaleza de la obligación jurídica general impuesta a los estados partes en el pacto. [...] El estado parte debe: a) considerar la derogación de la Ley de Amnistía de 1977; b) tomar las medidas legislativas necesarias para garantizar el reconocimiento de la imprescriptibilidad de los crímenes de lesa humanidad por los tribunales nacionales; c) prever la creación de una comisión de expertos independientes encargada de restablecer la verdad histórica sobre las violaciones de los derechos humanos cometidas durante la Guerra Civil y la dictadura, y d) permitir que las familias identifiquen y exhumen los cuerpos de las víctimas y, en su caso, indemnizarlas».[6]

Pero estas recomendaciones aún no han sido tomadas en consideración.

La Sala de lo Penal cierra el caso

A mediados de noviembre, me incorporé antes de recibir el alta médica, en contra de la opinión del especialista; pero el tiempo urgía. Eran evidentes los movimientos que se estaban produciendo en la Sala de lo Penal de la Audiencia Nacional con la intención de dar el caso por finiquitado. Recuerdo que el ministro del Interior, Alfredo Pérez Rubalcaba, me sugirió que cerrara el caso cuanto antes, porque estaba ocasionando mucha tensión y además poniendo en riesgo mi candidatura a la presidencia de la Audiencia Nacional. Le dije que no sólo no cerraría el caso, sino que ampliaría los razonamientos del auto para demostrar con más contundencia la necesidad de investigar estos crímenes y que también deberían hacerlo los jueces titulares de los lugares donde habían sido inhumadas ilegalmente las víctimas. Reconozco que guió mi determinación la intención de que la sala tuviera en cuenta mi inhibición y resolviese que eran otros los juzgados los que tenían que resolver sobre la cuestión. Pese a ello, la decisión de cerrar el procedimiento, de forma que no pudiera hacerse nada, ya estaba tomada.

Con mi siguiente auto, de 18 de noviembre de 2008, profundicé mucho más en los argumentos, de modo que fuera difícil prescindir de ellos a la hora de cerrar el proceso. El propio presidente del tribunal me sugirió por teléfono que, por mi bien, no debía continuar. Nuevamente me indigné. Parecía existir un concierto generalizado para que cerrara el caso, pero, a poco que se me conociera, no iban a conseguir que lo hiciese, sencillamente porque seguir con la instrucción era lo que correspondía en derecho y lo que exigían los derechos de las víctimas. Así las cosas, en el nuevo auto abundé en algunos hechos, como el caso de los niños robados del franquismo; la necesidad de formar una comisión de expertos juristas, antropólogos e historiadores; la urgencia de crear una comisión policial para investigar los hechos; solicité nuevas exhumaciones y realicé numerosas diligencias a través de exhortos a otros juzgados de España, ante los cuales me inhibí. Mi estrategia, sin embargo, no sirvió de mucho: la decisión de sepultar el procedimiento y extender el manto de silencio estaba tomada. El auto del Pleno de la Sala, cuya ponencia asumió el magistrado presidente Gómez Bermúdez, era previsible. Catorce votos a favor del archivo y tres votos discrepantes: los magistrados José Ricardo de Prada, Ramón Sáez y Clara Bayarri. Según el auto del 2 de diciembre de 2008, lo ocurrido no fue un delito contra la forma de gobierno (delito contra Altos Organismos de la Nación, según el artículo 65 de la LOPJ), sino un delito de rebelión que no sólo estaba fuera de las competencias de la Audiencia Nacional, sino que además ya había prescrito porque la Ley de Amnistía de 1977 operaba a todos los efectos. (Curiosamente, nueve años después, en 2017, esta doctrina cambiaría para dar cabida en las competencia de la Audiencia al delito de sedición y, a mayores, de rebelión, en el marco del caso sobre el «Procés» independentista de Cataluña que, cuando escribo estas líneas, se halla pendiente de juicio en la Audiencia Nacional y en el Tribunal Supremo.)

Inmediatamente después, a finales de ese mes, dicté el auto de inhibición, testimoniando la causa y remitiéndola a los juzgados territorialmente competentes por el lugar de inhumación de las víctimas, para evitar el cierre del caso debido a la resolución del pleno. El fiscal se opuso, pero las copias ya habían salido y continuaron haciéndolo en los meses siguientes. Dos de los juzgados que recibieron la inhibición, uno de Granada y otro de San Lorenzo de El Escorial, donde se ubica el Valle de los Caídos, rechazaron la competencia, con lo cual me emplazaban a que el superior común (la Sala Segunda del Tribunal Supremo) dilucidara la cuestión. La decisión del Supremo se tomaría mucho tiempo después, con incidencias importantes en 2010 y 2012. Durante los primeros meses de 2009, se fue concretando la remisión de los antecedentes testimoniados a los juzgados correspondientes, acompañados de la herramienta informática que contenía todo el proceso digitalizado y su documentación, para que los diferentes órganos judiciales pudieran trabajar con más facilidad. Una mínima parte de ellos lo intentaron, pero las fiscalías se opusieron a acoger las causas y las diferentes audiencias provinciales fueron cerrrando los casos sin realizar investigación alguna, recurriendo a la Ley de Amnistía e incluso al auto de admisión de la querella que contra mí ya había presentado Manos Limpias ante el Tribunal Supremo a finales de mayo de 2009, y después al auto de imputación y práctica de diligencias que Luciano Varela, magistrado de la Sala Segunda del Tribunal Supremo, dictó contra mí a principios de febrero de 2010. Era la primera causa en mi contra, luego vendrían otras.

LOS ATAQUES

Ni que decir tiene que las familias de la víctimas, que con tanta esperanza habían iniciado el trámite judicial, recibieron con gran angustia la noticia, lo mismo que los juristas, escritores e intelectuales que habían apoyado públicamente el proceso.

Los ataques y amenazas contra mí y los míos tampoco tardaron en llegar. Era evidente que la prensa más ultraconservadora no se iba a guardar nada, pero lo cierto es que las críticas procedían también de sectores progresistas que consideraban inaceptable que alguien se atreviese a poner en tela de juicio algún aspecto de la Transición política española. Cuando el franquismo se debatía en público por primera vez, más se hacían ver sus tenebrosos y silenciados efectos. Además de inhibirme, en el auto del 18 de noviembre acordé la extinción de la responsabilidad penal de Franco y la de otros 35 altos cargos de la dictadura denunciados que habían ya fallecido. Sólo hice lo que manda la ley, constatar judicialmente el fallecimiento y luego decretar la extinción de la responsabilidad penal. Sin embargo, esta comprobación se utilizó como mofa entre aquellos que no querían que se tocara nuestro pasado de impunidad. ¿Es que acaso este juez no sabe que Franco ha muerto? Los que se burlaban no querían entenderlo ni aceptarlo, en absoluto. Por primera vez en una resolución judicial quedaba constancia de su responsabilidad penal y que ésta se había extinguido sólo a causa del fallecimiento. Y quienes, de entre aquellos, lo habían comprendido perfectamente no me lo perdonarían. Ver en una resolución judicial a sus figuras de referencia identificadas como presuntos responsables de crímenes contra la humanidad, señalados en un auto judicial, era demasiado para ellos.

En todo caso, ratifiqué la necesidad de haber iniciado este proceso «al tratarse de delitos permanentes cuya comisión o efectos jurídicos son actuales». La causa quedaba abierta para los individuos que aún estuvieran vivos. En particular, destaqué la necesidad de proseguir la búsqueda de los

30.000 niños robados por el régimen franquista (una cifra derivada de los datos que se habían aportado a la causa), porque, en ningún caso podía interpretarse que estos crímenes hubieran prescrito ni que pudiera aplicárseles la Ley de Amnistía. Como cuestión fundamental, planteé la derogación de la Ley de Amnistía de 1977, de acuerdo con la recomendación del Comité de Derechos Humanos de Naciones Unidas, que proponía la creación de una comisión de expertos para «restablecer la verdad histórica sobre las violaciones de los derechos humanos durante la Guerra Civil y la dictadura, y permitir que las familias identifiquen y exhumen a sus víctimas», ley que en ningún caso podía oponerse a los crímenes de lesa humanidad, como los descritos en la resolución.[7]

Cuando la sala anuló dos de mis resoluciones, dejó subsistentes las investigaciones previas al 16 de octubre, al considerarlas medidas preliminares o preventivas para decidir sobre la competencia. Los tres magistrados que se opusieron a la anulación destacaron la importancia histórica de un caso que afectaba a más de 100.000 personas desaparecidas y 30.000 niños secuestrados. Opinaban que el tribunal debía dar respuesta a las circunstancias excepcionales ofreciendo una protección efectiva de los derechos de las víctimas, conforme al derecho internacional, y consideraban que el caso debía seguir investigándose en esa jurisdicción. Asentando su opinión jurídica en el derecho internacional, incluyendo la jurisprudencia del Tribunal Europeo de Derechos Humanos (TEDH), en línea con mis argumentaciones de las resoluciones de octubre y noviembre de 2008, destacaban que los estados están obligados a investigar los crímenes contra la humanidad, pues lo contrario significa privar a las víctimas de su derecho a la Justicia.

El memorialista Emilio Silva, pionero en la búsqueda de desaparecidos, puso el dedo en la llaga al manifestar su decepción por «vivir en un país donde los principales órganos de la Justicia han trabajado para impedir un juicio a los perpetradores de gravísimas violaciones de derechos humanos». Calificaba la actuación del fiscal como «inquisitorial y perjudicial para las familias». No pudo evitar afirmar que el Gobierno «ha formado parte activa del proceso».[8]

Un día, almorzando en un restaurante de la zona norte de Madrid, un señor se me acercó y, en voz alta, me dijo: «Soy nieto de uno de los que usted ha señalado como imputados; y no tiene derecho a ensuciar la memoria de mi abuelo». Le contesté que tan sólo se había acordado la investigación de crímenes muy graves contra decenas de miles de victimas, cuya memoria nadie había reivindicado desde la Justicia y que la decisión de la sala había impedido continuar con la investigación y que, por eso, siempre quedaría esa duda, que podría haber sido resuelta de haberse podido proseguir con el proceso. Creo que más tarde ese mismo hombre intentó personarse en la causa seguida contra mí en el Tribunal Supremo. En otra ocasión, al salir de un restaurante, se me encararon dos individuos diciéndome que dejara a los muertos en paz, porque, si no, serían ellos los que no me dejarían en paz a mí. Fueron muchas las agresiones verbales y de hecho, como los daños contra uno de los vehículos familiares, pintándole una esvástica en los cristales, las cartas amenazantes y descalificatorias sobre mi trabajo, los insultos reiterados (incluso se abrieron sitios web para hacerlo), los «buenos consejos» de «amigos» que me decían que tenía que detenerme porque que me estaba jugando mi futuro judicial y acabarían conmigo, e incluso algún proyecto de extremistas de ultraderecha españoles y europeos para acabar conmigo cuando estaba en la fiscalía de la CPI en La Haya.

Ahora, diez años después, echo la vista atrás y pienso que efectivamente estaban en lo cierto. Desde la judicatura se mostraron implacables. Pero mereció la pena. Nunca dudé de que mi sitio como juez se encontraba al lado de la defensa de los derechos de las víctimas y contra la impunidad. Nunca podría ponerme en el otro frente. Buena parte de todo lo que me tocó soportar en esa época ya lo relaté en mi libro *En el punto de mira* y no tiene sentido abundar en ello. Sólo agregaré aquí que llevaban razón, pero sólo en parte. Puede que acabaran con mi futuro judicial, pero no acabarían conmigo, ni con mis convicciones, a pesar de que seguirían intentándolo, como en efecto ha ocurrido.

A veces me he parado a pensar sobre la cobardía de España y sus instituciones a la hora de abordar la responsabilidad del dictador Franco y sus correligionarios en los crímenes cometidos. ¿Qué hubiera ocurrido si aquel hubiera sobrevivido para afrontar un proceso penal? ¿Habríamos sido capaces de seguir un proceso contra el dictador y los demás perpetradores, como se hizo en Argentina, Chile, Guatemala, Senegal, Francia, y otros lugares? Visto lo visto, creo que las instituciones españolas, especialmente el Tribunal Supremo, habrían impedido ese proceso. Incluso 35 años después de la muerte del dictador, a lo que se llegó fue a la suspensión por dos años y el sometimiento a juicio del único juez que se atrevió a intentarlo. No, realmente no creo que un proceso así hubiera visto la luz. De hecho, desde su muerte el 20 de noviembre de 1975 y hasta el 16 de octubre de 2008, nadie se atrevió. Y, estamos viendo las dificultades para la exhumación de sus restos.

El día en que el Supremo bendijo la impunidad

Ésta es la razón por la que, a partir de entonces, nos acompaña el bochorno de ser el segundo país con mayor número de desaparecidos del mundo, sólo superados por Camboya, y además, uno de los estados que menos ha trabajado para reparar la situación, pudiendo haberlo hecho. Hablamos de una nación que fue pionera en la lucha contra la impunidad, gracias a la jurisdicción universal —Pinochet, Scilingo, Cavallo, etc.—, y que ayudó a otros países para que después sus propios tribunales pudieran hacer Justicia en este tipo de crímenes. Sin embargo, en España no ha sido posible. La mano larga y siniestra que acuna el franquismo y lo protege obligaría años después a las víctimas a viajar a Argentina para pedir la Justicia que aquí no encontraban y a que los relatores y comités de Naciones Unidas reprochen constantemente a España su falta de sensibilidad con las víctimas.

No quedan tantos años (18 en el momento en el que escribo) para que se cumpla un siglo del golpe de Estado de Franco de julio de 1936 y parece mentira que, en tal tesitura, la idea de recuperar los cuerpos de los asesinados, o que se ponga en cuestión que algunas calles continúen ostentando el nombre de los victimarios, despierte una crispación tan intensa en determinados sectores de nuestra sociedad. Como igualmente asombroso es que, en septiembre de 2018, aún fueran secretos algunos archivos de la Guerra Civil (leo ahora que el Ministerio de Defensa del Gobierno de Pedro Sánchez hará pública la documentación relativa a ese período). O que, aunque cueste creerlo (y decirlo), el estado lleve años subvencionando una fundación que glosa la figura del dictador o que, en el corazón de la sierra madrileña, exista un enorme mausoleo edificado en espacio público, regentado por la Iglesia católica, en el que Franco recibe el homenaje de los nostálgicos y del grueso de un *lobby* de poder que nunca ha dejado de estar presente. Allí está, en el Valle de los Caídos, rodeado de los restos de sus fieles y reinando sobre los cadáveres de sus enemigos. Por mucho que quieran los políticos trasnochados, por más que se empeñen los verdugos, lo cierto es que las víctimas siguen vivas en el corazón y en el pensamiento de quienes las recordamos, de quienes las reconocemos, de aquellos que no nos resignamos a que su presencia se desdibuje amparando la impunidad.

A lo largo de mis años como juez, pude comprobar que si bien las pasiones violentas pueden trastornar a un ser humano y convertirlo en un monstruo, la bondad, el amor y la necesidad de alcanzar Justicia son sentimientos capaces de romper la barrera del miedo y conseguir que una persona vaya más allá de lo que nunca se hubiera atrevido a imaginar. Eso es lo que sucedió con las víctimas de los crímenes del franquismo. A pesar de encontrarnos en pleno siglo XXI, la costumbre de bajar la voz o de ocultar lo sucedido estaba tan arraigada entre quienes lo habían sufrido que el hecho de hablar en voz alta y clara ante un tribunal, exponiendo lo ocurrido, supuso una catarsis. Contarlo afirmaba su convicción de que esos hechos habían sido reales y algo aún más importante: la certeza de que quien había padecido la persecución no era culpable de ello. El grado de represión que habían sufrido había provocado un auténtico complejo de culpa entre las víctimas. Creo que sólo por esto mereció la pena pasar por el juicio organizado contra mí a instancias del sindicato ultraderechista Manos Limpias y con la colaboración del Tribunal Supremo. Una querella arbitrada por su líder, que fue el promotor de mi proceso y que hoy está en libertad bajo fianza después de cumplir prisión provisional por un presunto delito de extorsión del sindicato que dirigía, exigiendo supuestamente dinero por retirar las querellas que previamente había interpuesto. También la asociación Libertad e Identidad, de ideología de extrema derecha, presentó una querella contra mí por supuesta prevaricación. Y se incorporó a la causa Falange Española de las JONS, ni más ni menos, pidiendo para mí 20 años de inhabilitación.

A mi hija María le impresionó la decisión de admitir a trámite una querella de ese tipo y se le quedaron grabadas las palabras que le dije. Más tarde lo contaría en su libro: «El 26 de mayo de 2009, de forma sorprendente para todo el mundo, los amigos y los enemigos, ante el disparate de la querella de Manos Limpias y de los hechos en sí, la Sala Segunda del Tribunal Supremo, actuando como ponente el magistrado Adolfo Prego, se despachó con un auto en el que, inverosímilmente, el tribunal admitía a trámite la querella. En ese momento, mi padre nos dijo: "Han comenzado, han reventado el dique de contención y han provocado la inundación. No pararán hasta el final"».[9]

María no daba crédito a lo que estaba ocurriendo, a la catadura ideológica de mis acusadores y del propio magistrado ponente, que no era ajeno a opinar en la revista *Altar Mayor* (el órgano informativo de la Hermandad del Valle de los Caídos). Como María, muchos ciudadanos observaban atónitos lo que estaba sucediendo. El Tribunal Supremo, el órgano que debe juzgar a los aforados, algo que yo como magistrado de la Audiencia Nacional era, admitió otras dos querellas contra mí, una por mi investigación sobre la corrupción del caso Gürtel, que afectaba a personajes del Partido Popular, y otra sobre un asunto que pretendía involucrarme en una financiación interesada a una universidad y que sólo se mantuvo de forma instrumental hasta que se me condenó en otra, a sabiendas de que ya había sido desestimada y que se trataba, en todo caso, de unos hechos prescritos.

El juicio comenzó el 31 de enero de 2012. Acudió prensa de todo el mundo para cubrir las sesiones que se televisaron. Gracias a ello, las víctimas recobraron la visibilidad ante el mundo entero. No hubo pruebas diferentes ni se expresaron argumentos distintos. El fiscal estaba en contra de aquel despropósito, si bien poco interesó su postura a los jueces. El debate no variaba, se empleaba la Ley de Amnistía como muralla de choque y se mantenía la negativa a entender aquellos delitos como crímenes contra la humanidad y, por tanto, imprescriptibles. Me acusaban de prevaricación, es decir, de hacer algo injusto a sabiendas. La respuesta dentro y fuera de nuestra fronteras fue impresionante. Si la cantidad de muestras de apoyo por parte de las víctimas había sido enorme cuando admití a trámite las denuncias, la reacción general ante el proceso que pretendía cerrar por completo el asunto de los crímenes del franquismo tuvo una dimensión colosal. *The New York Times*, *Le Monde*, *The Guardian*, *Il Corriere della Sera*, los periódicos más importantes de Latinoamérica y prácticamente todos los medios audiovisuales del mundo ofrecieron imágenes de las víctimas entrando en el Tribunal Supremo, y de la multitud de personas que se apiñaba en los aledaños del tribunal. Sólo por eso merecía la pena seguir luchando.

Sin embargo, y a pesar de todo ese apoyo, no puedo negar que me afectó, y mucho. Como dije en su momento: «La acusación de prevaricación contra un juez es la más grave que se puede hacer. Por tanto, el dolor que de partida lleva eso consigo es muy grande, sobre todo cuando uno tiene la conciencia y la seguridad de no haber cometido ningún delito, de haber hecho sólo lo que tenía que hacer como juez, como el juez competente al que, por sorteo riguroso, le correspondió esta investigación. Porque incluso se ha llegado a dudar de la limpieza del reparto, diciendo que se podía haber alterado para que me tocara a mí».[10] Por fortuna, contaba con el apoyo de toda mi familia, mis amigos, mis compañeros... Pero tal vez lo más reconfortante fue la llegada de mi primera nieta, Aurora. Como bien dijo mi hija María, poder disfrutar de ella y poder abrazarla, cuando más daño intentaban hacerme, nos reconfortó a todos.[11]

UNA CARTA DESDE EL CORAZÓN

«A mi madre se la llevaron a declarar, pero la mataron por el camino, mataron a 27 hombres y tres mujeres...» Menuda, emocionada pero valiente y con la convicción de quien dice la verdad, María Martín López declaró ante el Supremo a los 81 años. Contó a aquellos jueces que apenas tenía seis años la última vez que vio a su madre, Faustina López González. Y que ella y su familia llevaban a sus espaldas una larga y desalentadora lucha por recuperar sus restos en el cementerio abulense de Pedro Bernardo. «Hasta que murió en 1977, mi padre escribió a las autoridades locales para intentar recuperar el cuerpo. Le dijeron: "Márchate, déjanos en paz, no nos reclames, no vayamos a hacer contigo lo que hicimos con ella".» María ya se había dirigido al juez instructor del Supremo en abril de 2010, en una carta en la que les decía a los magistrados del Alto Tribunal: «No sean malos y envíenme la autorización para recoger los restos [...]; si fuera la madre de cualquiera de ustedes, hubieran movido cielo y tierra para recoger los restos tan queridos como los de una madre, que no hay palabra más dulce».

María fue mi primera testigo. Y después de ella, desfilaron otras personas, humildes, tranquilas y deseosas de compartir la enorme losa que cargaban, con la esperanza de que aquellos togados que impartían Justicia hicieran algo para respaldar su pretensión de que la verdad se abriera camino.

El testimonio de esta mujer sigue siendo para mí especialmente emotivo. Me acompaña su imagen vestida de negro, tan pequeña en la butaca recamada de las declaraciones, pero tan firme y decidida. De María Martín guardo como un tesoro una carta que dirigió a mi abogado, Gonzalo Martínez Fresneda. Habíamos dispuesto una discreta provisión de fondos para solventar los gastos de desplazamiento de los testigos y María Martín acababa de recibir este dinero.

Sr. D. GONZALO MARTÍNEZ-FRESNEDA ORTIZ
DE SOLORZANO
Su despacho. Madrid

Muy señor mío.
He recibido el importe de 300 euros del dinero por asistir como testigo al juicio del excelentísimo Sr. Baltasar Garzón, porque para nosotros sigue siendo una persona excelente, y seguirá siendo necesario en la causa contra el franquismo, que aún hoy nos niegan para exhumarlos.

Pues acudiría a testificar tantas veces como hiciera falta, y nunca recibiría dinero que no fuera del Tribunal Supremo, que me fue quien me llamó.

Aunque, ante todo, lo que quiero recibir de ese tribunal es la reparación que se me debe para recuperar los restos de mi madre, lo que de nuevo la jueza de Arenas de San Pedro ha vuelto a archivar (aunque ya se le tiene puesta denuncia por esto).

Y que hágame el favor de hacerle llegar a D. Baltasar que mi casa está a su disposición y así como a la de usted mismo, de quienes estoy muy agradecida.

Reciba un cordial saludo de esta anciana que no pierde el anhelo de juntar a mi Madre con mi Padre.

María Martín López
Buenaventura, 1 de junio de 2012

Ni que decir tiene que acompañaba el escrito con el certificado de devolución de los 300 euros...

María murió no hace mucho. Una víctima más que no ha recibido la reparación mínima, en este caso, el hallazgo de los restos de su madre por parte de las instituciones judiciales de un estado insolidario que ha olvidado la reparación de las víctimas del franquismo.

LA VERDAD SALE A LA LUZ

El juicio en mi contra por este caso sirvió para que la realidad del franquismo sacara a la luz su fea cara y también para que tantas Marías perdidas en tantos lugares de toda España, frente a los augurios de venganza que se les achacaban, se identificaran con aquella mujer que, aún temerosa de que se conocieran los hechos, sólo quería aliviar el corazón del terrible secreto tantos años soportado. Y fueron declarando uno tras otro:

«Acudimos por Justicia: se los llevaron de casa, los apalearon, los tuvieron presos», narró ante la sala María del Pino Sosa, de 75 años, llegada del pueblo canario de Aruca para dar su testimonio. «Con mi padre, se llevaron el pan y la sal de nuestras casas [...] mi madre lo buscaba, no quería firmar el acta de defunción porque decía que se lo habían llevado vivo y vivo lo reclamaba.»

Mi proceso sirvió para conceder la palabra a personas que nunca habían podido ejercer ese derecho. El memorialista Emilio Silva lo resumió con acierto: «Para las familias de las víctimas, ver cómo criminalizan al juez que los ha intentado ayudar es terrible».[12]

Mientras, en la calle, las manifestaciones se sucedían. Ciudadanos, intelectuales, artistas y juristas elevaban su protesta por el juicio, hacia lo que interpretaban como un intento de acallar la investigación sobre los crímenes de la dictadura. Los nombres de quienes expresaron su apoyo son tantos que es difícil no dejarse alguno en el tintero. Sin embargo hubo una persona, un jurista, que estuvo siempre allí con su presencia, con sus artículos, con sus debates y discusiones, sin arredrarse ni dar un paso atrás en sus convicciones. Hablo de Carlos Jiménez Villarejo, que fuera fiscal anticorrupción y que nunca ha dejado de combatir desde la izquierda cualquier atisbo de involución, cualquier planteamiento retrógrado que pudiera suponer un retroceso para las libertades conseguidas. Esto es lo que sucedió con la sentencia. Al margen de mi absolución, esta sentencia tuvo unos efectos irreparables. Respecto a mí, esta causa, sumada a los otros dos procesos, supuso mi inhabilitación como juez, algo que no dudo que se buscaba. Pero la decisión del Tribunal Supremo se utilizó para cerrar definitivamente cualquier vía a través de la cual las víctimas pudieran iniciar cualquier otro proceso. El Supremo realmente a quien absolvió no fue a mí, sino al franquismo, y, con ello, bendijo la impunidad del mismo.

Como las víctimas, yo también hablé ante el tribunal. Sabía que, para los miles de familias que seguían la causa descorazonadas, era fundamental que se dijera la verdad. Eso intenté hacer en mi alegato.

«La impunidad de hechos gravísimos como los que se investigaban no puede ser justificada por el tiempo transcurrido cuando los efectos permanecen, ni amparada por leyes de perdón o amnistía inaplicables a delitos de naturaleza internacional y en contra de la humanidad.

»Las víctimas siguen sin ser resarcidas y la obligación de todo juez es dar cumplimiento a lo que la Constitución le exige y a lo que los principios o leyes en los que se asienta la civilización humana y que rigen al hombre, vigentes entonces y ahora, le imponen como protector de las mismas. Excmo. Sr., termino. "El tribunal del hombre es su conciencia", decía Immanuel Kant, yo puedo decir que mi conciencia está tranquila porque he procurado aplicar la ley en defensa de las víctimas, para investigar unos hechos criminales permanentes, cuya permanencia ofende a la dignidad humana y su impunidad transforma a las instituciones en enemigas del derecho y a la sociedad en cómplice del olvido y la falta de memoria.»[13]

Frente a todo esto, el Supremo sentenció:

El Tribunal Supremo afirma la vigencia de la Ley de Amnistía de 1977. Dicha ley se enmarca en un proceso de transición desde un estado autoritario [nótese que ni siquiera denomina al régimen por su nombre, ni afirma que fuera puro fascismo] hasta la actual democracia. Esta transición se considera modélica y fue fruto del abrazo entre las «dos Españas» enfrentadas en la Guerra Civil [con olvido consciente de las víctimas de una de ellas, que, de nuevo eran ninguneadas]. De manera que no es una norma que los vencedores del conflicto impusieran para obtener la impunidad por sus actos [resulta increíble que se hable de que no hubo impunidad cuando no se abrió ningún proceso por crímenes franquistas. La ley de Amnistía se impuso a las víctimas en beneficio de los agresores, fueron las víctimas las que tuvieron que pedir perdón]. En ningún caso fue una ley aprobada por los vencedores, detentadores del poder, para encubrir sus propios crímenes, sino que es una ley que se promulgó con el acuerdo de todas las fuerzas políticas, con un evidente sentido de reconciliación [esto es manifiestamente erróneo. El acuerdo de las fuerzas políticas fue decidir la impunidad por omisión, en ningún artículo se habla de crímenes franquistas como los descritos en mis autos de 1 de octubre y 18 de noviembre. ¿Acaso se habló de los niños robados, o de las torturas, o de los desaparecidos?].

Por ello, porque la «Transición» fue voluntad del pueblo español, articulada en una ley, es por lo que ningún juez o tribunal, en modo alguno, puede cuestionar la legitimidad de tal proceso. Se trata de una ley vigente cuya eventual derogación correspondería, en exclusiva, al Parlamento.

Arrogarse la supuesta representación del pueblo para justificar la impunidad de crímenes contra la humanidad es inaceptable y contrario a derecho aunque, como advertencia para cualquier juez que se atreviera en el futuro a tocar este tema, fue contundente.

Pero faltaba aún algo más.

Todavía quedaba un golpe todavía más duro para las víctimas por parte del Tribunal Supremo. El 28 de marzo de 2012, la Sala Segunda, actuando como ponente Perfecto Andrés Ibáñez, otrora magistrado progresista en la judicatura, se mostró, como el resto del tribunal, a favor de la impunidad y la consagró. La sala, durante la tramitación del procedimiento contra mí, de manera inverosímil, decidió confundir mi causa con la tramitada en la Audiencia Nacional y suspendió durante casi dos años, a expensas del resultado del juicio, la resolución de la cuestión de competencia negativa planteada por mí para que la sala resolviera cual de los tres juzgados (Central de Instrucción n.º 5, de Instrucción de San Lorenzo de El Escorial y Granada). Sólo después de la sentencia, resolvió. La única explicación que encuentro a este dislate es que, desde el primer momento la cuestión estaba prejuzgada. Su resultado: cerrar cualquier posibilidad a las víctimas de acudir a la vía penal, o a cualquier otra vía judicial en nuestro país, como ha sucedido hasta el día de hoy.

La indignación

Antes y durante el transcurso del juicio, la indignación y las críticas fueron generalizadas. Los reproches no se limitaban al posible impacto de una condena en el caso, sino que cuestionaban incluso la iniciación y desarrollo del proceso en mi contra. Organismos internacionales, ONG y colectivos de todo tipo expresaron su estupefacción. La sentencia incrementó aún más la reprobación generalizada. España volvía a sonrojar al mundo debido a la dictadura franquista, aún tan lesiva, anclada como un tumor en el corazón de nuestra sociedad. Todos quedaron atónitos ante la decisión del Supremo. El alto comisionado de Naciones Unidas para los Derechos Humanos, el relator especial para la independencia de jueces y abogados y el Grupo de Trabajo de Naciones Unidas sobre las Desapariciones Forzadas son unos pocos ejemplos. No sólo cuestionaban la incompatibilidad de procesar a un juez por sus decisiones judiciales en cumplimiento de sus obligaciones internacionales en materia de derechos humanos, también resaltaban la obligación de investigar el caso y ponían gravemente en duda la independencia del poder judicial español.

Mientras, la defensa de los valores de la Justicia, que otros habían abandonado, era ejercida por el fiscal Carlos Jiménez Villarejo, que brillaba con luz propia.

El valor de Carlos Jiménez Villarejo

Sus acciones fueron notables y valientes durante todo el proceso. Él y un conjunto de intelectuales, artistas, sindicalistas, juristas, organismos de derechos humanos y personas de todo tipo se movilizaron por toda España. Se celebraron actos en el extranjero, en universidades, se convocaron vigilias en lugares emblemáticos... El fiscal Jiménez Villarejo participó en gran número de éstas. Tras la sentencia, se prodigó en escritos y manifiestos denunciando la indefensión a la que los magistrados del Tribunal Supremo habían condenado a las víctimas. Porque ése fue el verdadero sentido de esa sentencia, lo que con más claridad nos hizo entender en qué terreno y con quiénes nos movíamos.

En 2013, como presidente de FIBGAR, tuve ocasión de hablar ante el Comité contra la Desaparición Forzada de Personas en la sede de Naciones Unidas en Ginebra, con motivo del examen a España en relación con el cumplimiento de la Convención Internacional para la protección de todas las personas contra las desapariciones forzadas. Informé de forma objetiva sobre la impunidad y el desprecio que las instituciones españolas, sin excepción, mantenían sobre los crímenes franquistas, en especial, con respecto a las decenas de miles de personas desaparecidas. Mis palabras se vieron confirmadas al día siguiente. El comité pudo comprobar por sí mismo el desinterés y menosprecio de la legación española. En el alegato final ante el comité, la embajadora española se limitó a leer un documento elaborado en Madrid por el Ministerio de Asuntos Exteriores que descalificaba el trabajo del comité y transmitía toda la prepotencia del Gobierno español. En noviembre de ese mismo año, el comité hizo público su informe, en el cual recomendaba al estado español: «la creación de una comisión de expertos independientes encargada de determinar la verdad sobre las violaciones a los derechos humanos ocurridas en el pasado, en particular las desapariciones forzadas». Además, instaba a España a que «adopte todas las medidas necesarias, incluyendo la asignación de los recursos de personal, técnicos y financieros suficientes, para la búsqueda y esclarecimiento de la suerte de las personas desaparecidas. Al respecto, el estado parte debería considerar la posibilidad de establecer un órgano específico encargado de la búsqueda de las personas sometidas a desaparición forzada, que posea facultades y recursos suficientes para llevar adelante sus funciones de manera efectiva». Se trataba, en definitiva, de la creación de dos órganos, una comisión de la verdad y una entidad pública dedicada a la búsqueda de las personas desaparecidas.[14] El mismo comité tomó nota de las observaciones preliminares del Grupo de Trabajo sobre las Desapariciones Forzadas o Involuntarias, que serían publicadas a mediados del año siguiente en su versión definitiva. Este informe fue categórico:[15] «En España se cometieron graves y masivas violaciones a los derechos humanos durante la Guerra Civil (1936-1939) y la dictadura (1939-1975) [...]. El grupo de trabajo se encuentra especialmente preocupado por el efecto del juicio al juez de la Audiencia Nacional, la sentencia del Tribunal Supremo y su decisión en materia de competencia de los juzgados. Estos hechos han significado en la práctica el cierre, archivo, paralización o mínima investigación de cualquier proceso para esclarecer y juzgar los miles de casos de desapariciones forzadas cometidas durante la Guerra Civil española y la dictadura». Y, en otro párrafo, el grupo de trabajo concluye: «El Tribunal Supremo en sus sentencias de absolución y competencia estableció expresamente que no procede la investigación penal por casos de desapariciones forzadas durante la Guerra Civil dado que estarían prescritos, los presuntos responsables estarían muertos, el carácter permanente de las desapariciones sería una ficción inaceptable jurídicamente y, de todas maneras, sería aplicable a ellos la Ley de Amnistía de 1977. Esta combinación de factores es contraria a los principios que emergen de las obligaciones internacionales de España, incluida la Declaración [Universal de Derechos Humanos]».

Con motivo del informe del comité, Carlos Jiménez Villarejo publicó un notable artículo en el que señalaba: «La desprotección [de las víctimas] se hizo más intensa cuando el Tribunal Supremo, por sentencia 101/2012 que absuelve al juez Baltasar Garzón, clausura definitivamente las puertas de los tribunales para investigar los crímenes de la dictadura. Porque, con una completa vulneración del derecho internacional humanitario, declara que no pueden ser perseguidos penalmente cuando ha sido una constante de este derecho que ciertos delitos, por su gravedad y dimensiones cualitativas y cuantitativas, eran siempre perseguibles, con independencia de su codificación. [...] Este desamparo es ya antiguo, pero se agudizó cuando, tras la denuncia presentada en 2006 ante el Juzgado Central de Instrucción n.º 5, el proceso fue cerrado, dividido y repartido entre más de 60 juzgados de instrucción por razón de la localización de las fosas. La inmensa mayoría de los juzgados archivaron las actuaciones, sin personarse siquiera en la fosa donde pudieran hallarse los restos para practicar las diligencias a que les obliga la ley. [...] Las víctimas de la dictadura ya no pueden esperar más. Llevan 35 años esperando saber, ser auténticamente reparadas por el inmenso daño sufrido y, en la medida de lo posible, que se haga Justicia como lo está haciendo la jueza argentina. El estado, las administraciones y, particularmente, los jueces no pueden continuar quebrantando el derecho internacional que regula las obligaciones de los estados ante las desapariciones forzadas e incumpliendo el deber legal de proteger a las víctimas y proporcionarles la satisfacción adecuada. Debe cumplirse definitivamente lo que expresaba la citada ley catalana. Acabar con el "olvido de las víctimas de la represión franquista". Las víctimas más "invisibilizadas", según Reyes Mate. Ya es hora».[16]

Desde entonces hasta hoy, se han sucedido los informes y las admoniciones a España por parte de diferentes organismos de Naciones Unidas. El Gobierno de Mariano Rajoy, que dejó claro antes de su llegada al poder que no pensaba dedicar ni un sólo euro a la memoria histórica (aunque sí se destinaron fondos a la fundación que mantiene el cuidado del Valle de los Caídos, donde aún reposan los restos del dictador, hasta que se ejecute lo dispuesto en el decreto-ley, ratificado en el Congreso de los Diputados, el día 13 de septiembre de 2018), hizo oídos sordos a las recriminaciones que llegaban desde las más altas instancias en derechos humanos, pero, sobre todo, no quiso escuchar a tantas personas que seguían buscando a sus seres queridos a pesar de los obstáculos. Ese asombro ante la falta de interés del estado español por proteger a sus ciudadanos, a los desaparecidos del franquismo, formó parte de mi alocución ante el Comité contra la Desaparición Forzada en Ginebra, donde planteé la necesidad de crear una comisión de la verdad. «Lo que me parece terrible es la indiferencia del Gobierno de España por la suerte de las víctimas de Franco y el sufrimiento de los familiares que dejaron atrás.»[17] Un dolor que, en muchos casos, se ha agudizado debido a la indiferencia judicial. Como bien remarcó Jiménez Villarejo en uno de sus artículos: «Cuando las víctimas han pretendido comparecer como perjudicados civiles en dicho proceso, en aplicación de los arts. 100 y concordantes de la LECrim. sobre el ejercicio de acciones civiles, el TS ha rechazado sus pretensiones cerrándoles el acceso al proceso. Con resoluciones carentes de un fundamento riguroso y hasta de motivación e incluso reprochándoles de forma ofensiva "un manifiesto abuso de derecho" y exigiéndoles que se "abstengan de perturbar la jurisdicción del Tribunal Supremo" (providencias del 18 de mayo de 2010, en relación con otra del 8 de junio de 2009). ¡Qué muestra radicalmente incompatible con la actitud de un servidor público de arrogancia! Y que contrasta con la magnanimidad y benevolencia que han mostrado hacia la representación de la extrema derecha en dicho proceso».[18]

Tras mi inhabilitación por el caso Gürtel —por los mismos jueces que habían decidido, en única instancia y en contra de lo que marca el derecho, que sus interpretaciones, y no las de ningún otro juez, eran las únicas correctas—, tomé dos decisiones. Una fue dedicar FIBGAR, fundación que había constituido en diciembre de 2011 y que comenzó a funcionar en junio de 2012, entre otros fines, a dos objetivos prioritarios: restablecer la jurisdicción universal y apoyar la persecución de los crímenes de lesa humanidad. En definitiva, seguir luchando por aquellos millares de personas indefensas que un día llegaron a mi juzgado pidiendo Justicia y que ahora se encontraban con que, de nuevo, se les revictimizaba, se les volvía a vencer mediante un nuevo «golpe de Estado», esta vez realizado a través de decisiones judiciales que eliminaban cualquier posibilidad de respuesta judicial a sus justas exigencias. Se trataba de luchar mediante FIBGAR contra la desmemoria y su influencia negativa en la conciencia de los pueblos. En España y en otros países, en especial, en Latinoamérica. Las nuevas generaciones necesitan conocer la historia de la lucha de sus conciudadanos para construir una sociedad democrática en la que imperen valores como la libertad y la igualdad y en la que se den las garantías para que las violaciones de los derechos humanos no puedan repetirse. Por eso FIBGAR pone su foco en los jóvenes, en la imperiosa necesidad de que conozcan la historia que se les ha ocultado, que hagan suyo el dolor de las víctimas y no las dejen de lado como tantas veces ha ocurrido en nuestro país.

En segundo lugar, decidí que debía abordar, con las armas del derecho, la defensa de las víctimas. Para lograrlo, dediqué un espacio específico de ILOCAD, el despacho de abogados que fundé en 2012, para actuar *pro bono* y defender a víctimas de estas agresiones masivas que son los crímenes contra la humanidad, a quienes las instituciones habían negado sus derechos por la represión franquista sufrida, entre otros casos que afectasen a la violación de derechos fundamentales. Apoyado en un excelente equipo propio, liderado en este campo por Pedro Javier Díaz, y con la colaboración puntual de abogados externos expertos en derechos humanos y memoria histórica, como Manuel Ollé, Eduardo Ranz o José Luis Fuertes, nos pusimos a la tarea. Una labor en la que han sido y son fundamentales memorialistas como Matías Alonso, coordinador del Grupo para la Recuperación de la Memoria Histórica de Valencia, un hombre incansable en la defensa los derechos de las víctimas. Y así hemos ido aportando algo a esta historia.

El padre del guerrillero

Si resolví obrar así fue porque a pesar de los jueces, a pesar de la interpretación restrictiva de unas leyes que no amparaban suficientemente a las víctimas y que destilaban un sabor añejo y agrio, con un evidente poso franquista, los familiares de los desaparecidos no claudicaban en su búsqueda. Me enternecía y me enternece abrazar a estas personas de edad tan avanzada que, con coraje, han resuelto dedicar lo que les queda de vida a localizar los restos de aquellos que les fueron arrebatados con violencia y arbitrariedad.

El memorialista Matías Alonso es una de esas valiosas personas entregadas a una causa y que, a pesar de las dificultades, no cejan en su empeño. Es un hombre preparado para llevar adelante una investigación por compleja que sea, y ello con una humanidad desbordante. Matías es capaz de preocuparse sinceramente por las víctimas, de prestarles su apoyo y llorar con ellas. A través de él supe de la estremecedora historia de Teófilo Alcorisa, el padre del guerrillero. Una historia que mantuvieron viva Pilar y Pedro, sus hijos.

Fue el 14 de abril de 1947. Pilar tenía seis años. La niña corrió a abrir cuando llamaron a la puerta de su casa de Higueruelas, una pequeña aldea conquense. Era la Guardia Civil, buscaban a su hermano Pedro que tenía entonces 26 años. Pedro pertenecía a la Agrupación Guerrillera de Levante y Aragón. No estaba en casa. Al no encontrarle, los agentes se llevaron al cuartelillo a su padre, Teófilo Alcorisa. Le trasladaron a Valencia, al conocido como «calabozo de Arrancapinos». Eso lo supo su familia por un vecino detenido junto con él. Allí murió Teófilo Alcorisa, una persona de 51 años que nunca se había visto implicada en partido ni movimiento político alguno.

La familia de Teófilo nunca fue informada ni del lugar de la detención, ni de su fallecimiento ni del lugar donde había sido enterrado, pese a que sus sospechas habían ganado consistencia hacía tiempo, cuando aún era peligroso preguntar a la Guardia Civil acerca de la detención. Un guardia civil se apiadó un día de la mujer de Teófilo y le dijo: «No busques más, que tu marido está muerto». Para explicar su fallecimiento, dijeron a la familia que se había ahorcado con los cordones de los zapatos. Teófilo, agricultor, no conocía más calzado que las albarcas, sin atadura alguna. Su muerte fue registrada como muerte por asfixia. Casualmente, aquel día figuran más asfixiados en el registro de defunciones. Al padre del guerrillero lo enterraron de cualquier modo en un pedazo de tierra del cementerio civil de Valencia, próximo al nicho de Blasco Ibáñez. Según la documentación que consiguió la familia, debía de estar debajo del todo, con otros tres cuerpos por encima. Y es que, en 2000, a través de la asociación La Gavilla Verde (Santa Cruz de Moya, Cuenca), se iniciaron las investigaciones sobre el paradero de Teófilo Alcorisa, impulsadas por sus hijos Pedro y Pilar. Su trabajo lo continuaron Matías Alonso y el Grupo para la Recuperación de la Memoria Histórica de Valencia, cuyo esfuerzo conjunto logró, en 2006, la localización registral de la tumba de Teófilo.

A partir de entonces y de la mano del Grupo Memorialista de Matías Alonso, comenzó un auténtico calvario de búsqueda de documentación, papeleo y solicitudes, de acuerdo con lo estipulado en la Ley de Memoria Histórica. En 2009, llegó una buena noticia: les habían dado una subvención para poder financiar los trabajos del equipo forense y paleontológico necesarios para exhumar el cuerpo. De economía humilde, la familia no podía financiar los gastos por sus propios medios. Pero, en diciembre de 2011, el Ayuntamiento valenciano, administrador del camposanto, con la alcaldesa Rita Barberá al frente, les exigió nueva documentación. La entregaron, sin respuesta. La demora administrativa llegó a tal punto que se vieron obligados a devolver el dinero concedido. Las idas y venidas administrativas fueron incesantes y no se les daba solución alguna. Pronto fue evidente que el Ayuntamiento de Barberá no tenía la más mínima intención de permitir que los Alcorisa recuperasen el cuerpo de su padre. Alonso, increíblemente tenaz, consiguió llegar al Grupo de Trabajo sobre las Desapariciones Forzadas o Involuntarias de Naciones Unidas en septiembre de 2013. Desde éste se pidió la intervención directa del Gobierno sin éxito alguno. El caso era tan flagrante que decidí tomar cartas en el asunto, ejercitando la acción penal a través de mi despacho de abogados. Tras la apertura de diligencias por parte del juzgado de instrucción, el consistorio, con Barberá al frente, dio un giro de nuevo lesivo, imponiendo nuevas condiciones a la familia, como pedirles 45.000 euros para redactar un proyecto arqueológico como requisito *sine qua non* para llevar a cabo la exhumación. Ni los recursos presentados ni la mediación del Síndic de Greuges tuvieron efecto alguno. Tampoco la denuncia penal, archivada por la jueza y cuyo archivo confirmó la Audiencia Provincial de Valencia. Cómo serían las cosas que el 11 de noviembre de 2014 tuvimos que presentar una demanda de amparo ante el Tribunal Constitucional. Alegábamos la vulneración del artículo 24 de la Constitución española, del derecho a la tutela judicial efectiva por indefensión, pues las resoluciones judiciales penales contravenían la normativa internacional en materia de derechos humanos aplicable en España. Además, las resoluciones no estaban motivadas expresamente en cuanto a los derechos fundamentales que entraban en juego y la no realización de diligencias de investigación suponía la vulneración del derecho a la tutela judicial efectiva de las víctimas. Fueron las elecciones municipales y el cambio de signo político en el Ayuntamiento lo que hizo que todo cambiase. En el pleno de febrero de 2014, la Junta de Gobierno del Ayuntamiento de Valencia, compuesta por el tripartito Compromís, PSPV y València en Comú, acordó iniciar el procedimiento para la exhumación de Teófilo Alcorisa, cuyo coste asumiría el consistorio. Recuerdo que, en 2014, con la decisión de Barberá de negar la petición, Pedro Alcorisa, el guerrillero, decía con amargura: «Lleva 67 años en esta fosa. Tengo 93. ¿Cuánto tiempo más tenemos que esperar para recuperar a mi padre? [...] Llevo ocho años pidiéndolo, no voy a vivir ocho más». Toda su vida llevó la carga de que Teófilo, su padre, le hubiera sustituido en la muerte. Por eso me alegra sobremanera que la exhumación se hiciera cuando aún vivía, aunque su delicado estado de salud no le permitió acudir al cementerio. A pesar de todo, su hermana y él habían conseguido sacar a la luz lo ocurrido y cerrar el círculo de la vida y la muerte del padre, como los buenos hijos que eran. Estar con ellos en el momento en que les entregaron sus restos en una pequeña caja en el cementerio civil fue uno de esos momentos que recompensan todo el esfuerzo realizado y que dejan aún más al descubierto la impunidad y el abandono de las víctimas del franquismo. Los restos de Teófilo Alcorisa tuvieron reposo definitivo en abril de 2016. ¡Descanse en paz!

Dos años más tarde, su hijo, Pedro Alcorisa, falleció. Él ahora también podría descansar en paz.[19]

Como la de los Alcorisa, son innumerables las historias de dolor y angustia que he ido conociendo con el paso del tiempo. Tal vez el caso de los Alcorisa me haya afectado de manera especial por haberlo conocido más de cerca o por las connotaciones tan terribles que tiene. Pero no es sino una muestra más de la represión que practicó sistemáticamente el franquismo durante muchos años después de la guerra, con la idea de exterminar al oponente, sembrando un terror entre la población no exento de intereses económicos. En los primeros años, denunciar a alguien por «rojo» podía suponer hacerse con sus tierras, con su casa, con su empleo. Se consiguió nuevo patrimonio y se ventilaron rencores viejos. Viudas y huérfanos quedaron al albur de los vencedores, humillados, sufriendo vejaciones, a expensas de la caridad. En ciudades en las que la guerra no estuvo presente, los efectos de la dictadura fueron feroces. Cuanto más pequeña era la localidad en que residían los vencidos, mayor era la impunidad y más denso el silencio. Creo que nunca conoceremos la magnitud de lo que sufrieron los desaparecidos y sus seres queridos. Tanta juventud perdida, tanta infancia destrozada, tanto odio y tanto temor.

La comisión de la verdad

Suelen venir a mi memoria las palabras que escribió Miguel Hernández sobre la rendición del Santuario de la Cabeza en Jaén, en las que subrayaba el drama entre ciudadanos enfrentados por una mera ubicación geográfica: «Unos ciento cincuenta guardias civiles vinieron hacia nosotros con los brazos en alto. Un soldado se encontró con un hermano suyo guardia civil y se abrazaron llorando. Pude comprobar en aquellos momentos la grandeza del corazón popular: ni un insulto, ni una ofensa salió de la boca de los soldados que ayudaban a curar a los heridos y sentaban a los niños sobre sus hombros. Muchos se conocían y se estrechaban la mano con emoción».[20]

¡Estas líneas contienen tantas cosas! Demasiadas.

Desde el principio estuve seguro de que España necesita una comisión de la verdad, un marco en el que podamos poner en común los relatos de cada uno para establecer lo ocurrido, para que nuestra historia reciente no quede exclusivamente en lo que dispusieron aquellos que, con el dictador, expoliaron la inocencia, la vida y los sueños de millones de españoles.

María, al frente de FIBGAR, puso manos a la obra. Levantábamos así una de las banderas que nos caracterizan, actuar en lugares que han sufrido guerras, conflictos armados o dictaduras en los que la impunidad sigue reinando. Una de nuestras máximas es trabajar por el establecimiento de comisiones de la verdad, como instrumentos imprescindibles para el cumplimiento del derecho de las víctimas a la verdad, la Justicia, la reparación y las garantías de no repetición. Sobre estas bases fundamos en España un movimiento que engloba a más de 100 asociaciones memorialistas e individuos llamado «Plataforma por la Comisión de la Verdad», que, con Jaime Ruiz a la cabeza, tiene el objetivo de conseguir que el Gobierno español impulse y el Parlamento apruebe la creación de una comisión de la verdad sobre los crímenes franquistas que, en el caso de España, continúan impunes. Se trata de dar voz a las más de 150.000 personas desaparecidas, a los 30.000 niños robados, a aquellos que se vieron abocados al exilio del que se cumplen 70 años, fueron torturados y deportados, en definitiva, a una parte de la sociedad a la que la memoria le ha sido negada. Es la manera de lograr una verdadera transición hacia una sociedad democrática, inclusiva, participativa y con futuro. Durante estos años, hemos trabajado intensamente para lograr mediante actos de denuncia, reuniones con los grupos parlamentarios y otras acciones, que se constituya esta comisión. Cada una de las asociaciones y particulares que forman parte de la plataforma han remado para tratar que el barco llegue por fin a puerto. Cuando nos dimos cuenta de que el Gobierno del Partido Popular era implacable en su negativa, optamos por trabajar sobre las leyes autonómicas, consiguiendo éxitos, como la inclusión de la Comisión de la Verdad en la Ley de Memoria Democrática de Andalucía, que ahora la nueva coalición de derechas que gobierna la Comunidad andaluza quiere derogar y en la de la Comunidad Valenciana. Manuel Vergara y Claudia Cano como abogados especialistas y María Garzón para aportar una visión más política, siempre desde la firme convicción de la necesidad de verdad para todo el país, acudieron a reuniones en los parlamentos de ambas comunidades, reuniones auspiciadas por los miembros locales de la plataforma para debatir, aportar datos y explicar por qué esta Comisión de la Verdad es tan necesaria. Dicen que los progresistas no saben trabajar unidos, pero lo cierto es que durante estos siete años de andadura de la plataforma hemos podido percibir cómo, dentro de la pluralidad, el hecho de tener un único fin común, justo y democrático es suficiente para mantenernos unidos.

Para el logro de sus fines, la acción de FIBGAR es multifocal, por lo que trabaja en diferentes líneas de acción, intentando abordar una misma situación desde varios campos que contribuyan a la consecución del objetivo final. Por ello, además del activismo que se ejerce desde la Plataforma por la Comisión de la Verdad, FIBGAR hace un trabajo jurídico serio y profundo en este campo; durante estos años hemos elaborado informes dirigidos a organizaciones internacionales como el Grupo de Trabajo sobre las Desapariciones Forzadas y el Comité contra la Desaparición Forzada o el relator especial sobre la promoción de la verdad, la justicia, la reparación y las garantías de no repetición de Naciones Unidas. Estos informes, elaborados con base en la investigación que la fundación realiza, describen objetivamente la situación de desamparo que sufren las víctimas en España. También hemos elaborado investigaciones en forma de *working papers* que pueden encontrarse en la página web de la fundación (www.fibgar.org/publicaciones) acerca de cuestiones como la Comisión de la Verdad (*Las Comisiones de la Verdad: El pasado frente al espejo*, de Covadonga Fernández García) o los niños robados del franquismo (*Estructura del sistema de capturas, deportaciones y pérdidas infantiles establecido por la dictadura del general Francisco Franco. 1938-1949*, de Ricard Vinyes Ribas) o libros como *El exterminio de la memoria*, de Fernando I. Lizundia, coeditado con Catarata.

Lo que hacemos en FIBGAR es trabajar por la verdad, la Justicia y la reparación y, sobre todo, por la no repetición, con todas las herramientas a nuestro alcance, desde una visión de Justicia transicional progresiva, buscando la universalización como el mecanismo más adecuado de aproximación, no sólo desde el ámbito de la Justicia, sino especialmente desde la construcción de la verdad, promoviendo espacios de diálogo con representantes de instituciones locales, nacionales y europeas; trabajando codo con codo con otras organizaciones nacionales e internacionales y centros de memoria, fundaciones, sindicatos, organizaciones empresariales, medios de comunicación, fondos editoriales, universidades, institutos y escuelas; buscando ante todo la transformación social. Por ello, el tercer ámbito de actuación de FIBGAR es la educación. Desde una formación no reglada, pero promoviendo la idea de que es necesario que la enseñanza de nuestra historia incluya un estudio maduro y no sesgado de la Guerra Civil y el franquismo dentro de las aulas de educación reglada.

Desde 2014, año en el que comenzamos en Jaén con nuestro proyecto «Y tú, ¿qué sabes de los Derechos Humanos?», María ha impartido talleres sobre los derechos de las víctimas a jóvenes de entre 14 y 18 años, en Jaén, y en otros lugares como Cádiz o Huelva. Como antecedente de estos talleres, la fundación trabajó con jóvenes madrileños a través de Booooo Iniciativa Social. María me cuenta con orgullo cómo durante estos años ha podido comprobar que los jóvenes «por lo general, son páginas en blanco» en lo referente a la Guerra Civil y el franquismo algo que, si bien podría parecer negativo *a priori*, tiene algo bueno, «porque también son esponjas», por lo que si se abordan estos hechos como crímenes de lesa humanidad y desde la importancia de «hacer valer los derechos de las víctimas [...] se genera en ellos una necesidad de acción que es lo que realmente puede hacer que cambien las cosas».[21]

Con el afán de ordenar la información, facilitar el acceso a la misma y mostrar una imagen de lo que sucedió en nuestro país para honrar a las víctimas y lograr que las nuevas generaciones conozcan lo que pasó, para entender lo que es y construir lo que será, FIBGAR ha creado «Memorízate»,[22] un proyecto ambicioso que pretende reunir el mayor censo estatal de víctimas, una plataforma abierta, participativa, en la que se van integrando miles de datos, testimonios y referencias documentales en un solo portal. La intención es no quedarse sólo en los datos, sino dotarlos de vida a través de las aportaciones de los usuarios y de los testimonios vivos que aún nos quedan, abriendo un espacio de encuentro y diálogo que recupere nuestra historia. Gracias al programa *Hoy por Hoy*, con el que mi hija y yo colaboramos desde 2017, Memorízate está recibiendo testimonios que luego conformarán ese mapa sonoro que, junto con las fotografías y documentos que iremos recabando, construirá un relato interactivo contra la desmemoria y su negativa influencia en la conciencia de los pueblos.

Las nuevas generaciones necesitan conocer la historia de la lucha de sus conciudadanos para construir una sociedad democrática en la que imperen valores como la libertad y la igualdad y en la que existan garantías para que la violación de los derechos humanos no pueda repetirse.

Éste es el reto que afrontamos. Ojalá el cambio de signo político en España se mantenga el tiempo suficiente y permita recuperar la verdad negada tantos años por la derecha en el poder. Hay muchas personas comprometidas en este viaje que quieren saber y desean que las futuras generaciones también conozcan de la realidad de la historia de nuestro país.

DINERO ROJO

Hay muchos asuntos en los que profundizar para tener un conocimiento cabal sobre nuestro pasado. Una de las cuestiones de las que menos se sabe, pero que es ciertamente importante, tiene que ver con el denominado «dinero rojo».

Un año después del golpe de Estado contra el Gobierno legítimo de la República, con el mal llamado «Alzamiento Nacional», Franco dejó sin valor los billetes puestos en circulación por el Gobierno republicano a partir del 18 de julio de 1936 y, en abril de 1938, se dictaron normas de carácter general para obligar al canje del papel moneda emitido antes de esa fecha por los billetes que se empezaron a acuñar en Burgos, sede del Gobierno del general. El objetivo de esta medida era poner fuera de circulación el «dinero rojo» y devaluarlo en el mercado exterior. En definitiva, una guerra económica pensada para debilitar tanto a las autoridades como a los ciudadanos de la zona republicana. Los habitantes de los pueblos y ciudades que iban siendo «liberados» por las tropas nacionales estaban obligados a depositar sus ahorros en el Banco de España, en cualquier entidad bancaria privada, ante las autoridades militares o en los ayuntamientos, bajo amenaza de ser detenidos y juzgados por contrabando si no lo hacían. Como justificante del importe depositado, se les entregaba un recibo con el que podrían solicitar su posterior restitución por la otra moneda de curso legal. Sin embargo, los afectados no lograron recuperar el dinero que les fue arrebatado. Muchos guardan como recuerdo aquellos recibos que nunca sirvieron para nada.

En enero de 2015, ILOCAD y Amparo Legal, el despacho de abogados que dirige José Luis Fuertes, presentamos una reclamación administrativa de responsabilidad patrimonial ante el Consejo de Ministros para solicitar la devolución del dinero de la República incautado por Franco, que hoy equivaldría a más de tres mil millones de euros. A esta reclamación administrativa le siguieron otras tres más, dos en julio de 2015 y otra en enero de 2016. Los vencidos lo perdieron todo, incluyendo el dinero de la República, el papel moneda que Franco incautó dejando empobrecidos a miles de españoles. Por esta razón planteamos esta petición, abriendo la caja de Pandora del aspecto económico de la memoria histórica, completamente olvidado pero fundamental para las víctimas.

La reclamación iba firmada por ambos despachos en nombre de un grupo de perjudicados por el Decreto-Ley del 12 de noviembre de 1936,[23] y también, entre otras normas, por el Decreto del 27 de agosto de 1938,[24] disposiciones mediante las cuales primero se dejó sin validez y posteriormente se consideró un delito de contrabando la tenencia de papel moneda (billetes, pesetas), certificados de plata, papel moneda del Tesoro y los llamados «talones especiales», puestos en circulación con posterioridad al día 18 de julio de ese año 1936, fecha del Alzamiento Nacional, papel moneda que hasta ese momento había sido de curso legal y que continuó siéndolo para la República.[25] Las demandas se presentaron mediante reclamación administrativa individualizada de responsabilidad patrimonial del estado legislador, al amparo del art. 106.2 de la Constitución española, y de los arts. 139 a 146 de la Ley 30/1992, del 30 de noviembre, de Régimen Jurídico de las Administraciones Públicas y del Procedimiento Administrativo Común, solicitando que el estado hiciera efectiva la indemnización que correspondiera al valor del papel moneda de titularidad de los perjudicados a los que representábamos y que ascendía a la suma de 2.334.409,90 pesetas (unos 201 millones de euros).

La normativa de 1936 a la que antes he hecho referencia entró en vigor de forma inmediata por decisión de la Junta de Defensa Nacional constituida en Burgos el 24 de julio de 1936. A partir de aquel momento coexistieron dos monedas (pesetas) diferentes, según la zona de España y quien gobernara en ella, si bien, por decisión de la Junta, la peseta republicana dejó de tener curso legal a partir de aquella norma. Para que los billetes emitidos con anterioridad fueran considerados legítimos, tendrían que estar estampillados con los requisitos legales correspondientes. Como arma de guerra, esta estrategia pretendía introducir un sistema de pagos que rompiera con la República, que forzara los precios y la velocidad monetaria en la zona enemiga. Esta decisión afectó de lleno a la población civil por cuanto la privaba de medios de pago legítimos, según fuera territorio conquistado o no. El cúmulo de requisitos que se establecían hacía casi imposible la entrega y ponía en grave riesgo a las personas que se identificaran como titulares del que se conocía como «papel moneda puesto en circulación por el enemigo». Nuestras demandas destacaban que la privación del dinero legítimo emitido por las autoridades republicanas a sus titulares se realizó de forma coactiva, pues su mera tenencia era constitutiva del delito de contrabando. La moneda incautada no se destruyó y su valor fue reconocido más adelante por la Administración, no sólo en los informes del Banco de España, sino además constituyendo con este dinero un fondo denominado «Papel Moneda» con diferentes apuntes sobre el mismo recogidos en la contabilidad. El monto total del dinero republicano confiscado durante la Guerra Civil ascendió, según consta en el informe del Banco de España de fecha 11 de marzo de 1938, a 35.047.500 pesetas. Su valor actualizado, más los intereses de una peseta de entonces (que equivaldría aproximadamente a 86,24 €), nos permite calcular el valor del dinero del que se apropió el Gobierno de la zona nacional en unos 3.022.496.400 euros. Esta moneda, aunque privada formalmente de valor en virtud de las disposiciones dictadas en la zona nacional, tenía valor tanto en el extranjero como en la zona republicana y además, como señalamos en las demandas, debían tenerse en cuenta las leyes posteriores, dictadas 50 años después de las incautaciones, en las cuales se han reconocido los derechos de otros perjudicados por hechos similares acaecidos durante la Guerra Civil. Sin embargo, esas mismas leyes no han abierto nunca una vía para que los particulares perjudicados por incautaciones franquistas pudieran recuperar su dinero. Los demandantes, a título particular pero actuando de forma colectiva, reclamaban que se solucionara su contencioso, porque la Ley de Memoria Histórica les había dejado fuera. Aquella mañana de otoño, el 31 de octubre de 2007, en la que a la Carrera de San Jerónimo acudieron víctimas del franquismo y familiares para ver cómo se aprobaba la Ley de Memoria Histórica, hubo incluso quien afirmó que, entonces sí, la guerra «había acabado». Hoy, cuando han pasado más de 40 años de la muerte del dictador, es imprescindible recordar que los crímenes contra el patrimonio no han sido reparados.[26] La suma del importe del total de los recibos reclamados asciende a 2.334.409,90 pesetas, cantidad cuyo pago se solicitaba actualizada en euros, más los intereses. El 18 de noviembre de 2015, notificamos a los interesados el primero de los acuerdos del Consejo de Ministros, del 13 de noviembre de 2015, al que sucedieron otros dos del 1 de abril y 1 de julio de 2016, en los que, si bien el Ejecutivo reconocía la existencia de un daño antijurídico, desestimaba la reclamación, alegando el paso del tiempo, pues consideraba que ésta tendría que haberse efectuado en el plazo de un año desde que se publicó la Constitución española, es decir, que el plazo para reclamar había expirado el 29 de diciembre de 1979. Tras la desestimación de la reclamación administrativa, en clara lógica procesal, presentamos los consiguientes recursos contencioso-administrativos, el 18 de enero, 9 de junio y 5 de septiembre del 2016. Y una vez evacuados los trámites procedimentales, los días 20 de junio, 3 de octubre y 7 de noviembre de 2016 se presentaron los escritos de demanda, por medio de los cuales exponíamos nuestros argumentos a la Sala Tercera de lo Contencioso-Administrativo del Tribunal Supremo, en aras del reconocimiento de una privación patrimonial individual que no fue compensada y la imprescriptibilidad de las acciones, basadas en unas disposiciones legislativas de los años 1936 y 1938 que contravenían claramente el artículo 14 de la Constitución española de 1978. El número de reclamantes superaba las 100 personas, sin perjuicio de que hubiera más afectados interesados en la presentación de nuevas reclamaciones administrativas. Pero el Tribunal Supremo desestimó la reclamación del dinero de la República incautado por Franco, consumando la impunidad al emitir sendas sentencias,[27] todas ellas desestimatorias de los recursos presentados por los despachos de abogados ILOCAD y Amparo Legal. El Tribunal Supremo desamparaba una vez más a los afectados, ciudadanos españoles que, con motivo de la Guerra Civil, sufrieron un perjuicio patrimonial al ser despojados de papel moneda y otros signos fiduciarios puestos en circulación por el Gobierno republicano con posterioridad al 18 de julio del año 1936.

La sentencia evitó entrar en las cuestiones jurídicas formuladas, especialmente en la nulidad de pleno derecho de las normas de incautación, reduciéndose a afirmar que no existía inconstitucionalidad sobrevenida de las normas preconstitucionales, dado que las normas de incautación habían agotado sus efectos muchos años antes de la Constitución. Asimismo, la sala afirmó que la vulneración del principio de igualdad (artículo 14 de la Constitución), por tratarse de normas discriminatorias, no estaba suficientemente justificada con la doctrina jurisprudencial que se argumentaba en la demanda. El Supremo eludió también pronunciarse sobre la gravedad y antijuridicidad de los hechos de la incautación, llegando incluso a decir que si estos eran tan graves como se denunciaba (los recurrentes afirman que se trata de un crimen de lesa humanidad), tendría que haberse acudido a la vía penal. Sin embargo, la utilización de la vía penal era entonces imposible, tras haberla cerrado el propio Supremo en el caso del franquismo, como yo sé perfectamente, pues fue uno de los tres juicios que acabaron con mi carrera en la Audiencia Nacional. La indemnización reclamada, decía la sentencia, no era una exigencia derivada inmediatamente de la Constitución española, sino que dependía de la voluntad del legislador en cada momento. Como dicha previsión legislativa no había existido (ni existe), no procedía la indemnización. Sin embargo, el Tribunal Supremo no se pronunció sobre las disposiciones de derecho transitorio expuestas por los reclamantes, ni sobre el nacimiento del derecho a ser indemnizados desde la publicación de la Constitución española, pese a que el Consejo de Ministros reconoció la antijuridicidad de las incautaciones (aunque no así el derecho a ser indemnizados).

Una vez dictada la primera de las sentencias del Tribunal Supremo, se interpuso incidente de nulidad de actuaciones que, finalmente, fue desestimado por esta sala. En las sentencias de los restantes procedimientos judiciales, se hizo referencia a la desestimación de dicho incidente de nulidad, por lo que no resultó jurídicamente conveniente su interposición en los procedimientos judiciales restantes. Posteriormente presentamos seis recursos de amparo ante el Tribunal Constitucional, tres de los cuales resultaron inadmitidos por «inexistencia de violación de derechos fundamentales», que han sido seguidos por las demandas ante el Tribunal Europeo de Derechos Humanos.

No quiero dejar de mencionar aquí el arduo trabajo de investigación y gestión documental, fruto de la colaboración de ILOCAD, con Pedro Javier Díaz al frente del caso, y de José Luis Fuertes director de Amparo Legal, que a lo largo de esos años nos ha llevado a no tirar la toalla en ningún momento, hasta llegar al Tribunal Europeo de Derechos Humanos, donde se encuentran actualmente las demandas.

Los fundamentos jurídicos en los que se basaba la reclamación administrativa (reproducidos también, aunque no exclusivamente, en la fase contencioso-administrativa ante el Tribunal Supremo) eran los siguientes:

1) Inconstitucionalidad de las normas de incautación, al introducir como elemento diferenciador el 18 de julio de 1936, supuesto de infracción del artículo 14 de la Constitución española, por tratarse de un crimen de lesa humanidad, en virtud de los principios generales del derecho de las naciones civilizadas y en la aplicación del derecho a la igualdad respecto de las normas de amnistía.

2) Nulidad e imprescriptibilidad de la incautación, por tratarse de un crimen de lesa humanidad al ser utilizado como arma de guerra contra la población civil y por ser contrario a la doctrina asentada por el Tribunal Europeo de Derechos Humanos en interpretación del artículo 7 del Convenio Europeo de Derechos Humanos.

3) Concurrencia de los requisitos previstos legal, jurisprudencial y doctrinalmente, en materia de responsabilidad patrimonial de la Administración, fundada en la inconstitucionalidad sobrevenida de las normas expropiatorias y en el ejercicio de la teoría de la *actio nata*.[28]

Es esta pues otra historia irresoluta del franquismo que también exige restitución y que, en su día, llevó a la desesperación y a la ruina a miles de familias. De haber triunfado, por lo menos habríamos podido contribuir a los programas y proyectos acerca de la memoria y la verdad que sigue enterrada en los archivos y las cunetas de este país y siempre presente en el recuerdo de quienes soportaron el horror de la dictadura.

Perpetuo homenaje al dictador

El responsable de toda esa desolación tiene un lugar de veneración en pleno corazón de la sierra madrileña, donde se erige un monumento en perpetuo homenaje al dictador. Por decisión personal no he pisado nunca el Valle de los Caídos y no iré allí hasta que no sea lugar de memoria donde los distintos ámbitos y sensibilidades puedan encontrarse. Un espacio de memoria no es un espacio de confrontación y olvido de una de las partes, es un lugar de conciliación, de reconocimiento, de verdad, Justicia y reparación. Se trata simplemente de cumplir la Ley de Memoria Histórica, pero ésta es una obligación a la que desgraciadamente muchos se siguen resistiendo. Y no hablo sólo de ciudadanos, sino de los gobernantes, que no pueden dejar de cumplir la ley, y los magistrados, que no deben prevaricar.

Defiendo que el traslado de los restos de Franco del Valle de los Caídos sí es una necesidad urgente, porque lleva décadas de retraso; y defiendo también que no debe hacerse a escondidas, porque es un acto de reparación a las víctimas que debe tener la trascendencia jurídica necesaria. Obviamente, el lugar al cual estos restos sean trasladados no puede convertirse en un nuevo lugar de culto fascista, como pretenden algunos, sino que debe ser un lugar privado donde puedan recordarlo sus familiares.

Tres abogados, Manuel Ollé, Eduardo Ranz y yo mismo, decidimos, en noviembre de 2015, llevar el asunto del Valle de los Caídos y el traslado de los restos de Francisco Franco y José Antonio Primo de Rivera ante el Consejo de Ministros, en virtud del derecho de petición que consagra la Constitución. Tras la desestimación por el Gobierno, presentamos un recurso ante la Sala Tercera del Tribunal Supremo, que terminó siendo desestimado también.

Pero muchas veces, debo decir que afortunadamente, la historia y los acontecimientos se precipitan y la sociedad camina por delante, como un ariete que va derribando muros que parecían infranqueables. Lo estamos viendo ahora con el Valle, con la iniciativa del Gobierno socialista de sacar al dictador del lugar preminente que ocupa entre sus víctimas, y trasladarlo a un sitio más discreto y después decidir qué hacer con el monumento, uno de los más siniestros de la historia del fascismo en Europa, que debería convertirse en un lugar de memoria.

Un poco de historia

El 2 de abril de 1940, se publicó en el Boletín Oficial del Estado el decreto del 1 de abril, dictado por el presidente del Gobierno (Francisco Franco), por el que se dispuso que «se alcen basílica, monasterio y cuartel de juventudes, en la finca situada en las vertientes de la Sierra de Guadarrama (El Escorial), conocida por Cuelgamuros, para perpetuar la memoria de los caídos en nuestra Gloriosa Cruzada».[29] Para ello, se tramitó un expediente de expropiación forzosa de la finca «Cuelgamuros», que finalizó por orden de la Presidencia del Gobierno, del 26 de febrero de 1941, en virtud de la cual se desestimó un recurso administrativo interpuesto ante una decisión previa del gobernador civil de Madrid del 27 de diciembre de 1940, por la que se acordaba la expropiación de la finca conocida como «Cuelgamuros» y en la que habrían de construirse la basílica, el monasterio y el cuartel de juventudes indicados en el Decreto del 1 de abril de 1940. Mediante Decreto de la Presidencia del Gobierno, del 31 de julio de 1941,[30] una vez terminados los proyectos y ya iniciados los trabajos, se creó el Consejo de las Obras del Monumento a los Caídos, con personalidad jurídica propia y bajo la dependencia directa de la Presidencia del Gobierno, cuya función principal fue la de «realizar los proyectos aprobados en el mínimo plazo posible, proveyendo las soluciones de los problemas que pudieran surgir en la ejecución de las obras».[31]

Mediante Decreto-Ley del 23 de agosto de 1957, se estableció la Fundación de la Santa Cruz del Valle de los Caídos,[32] puesto que, tal y como establece esta disposición normativa en su parte expositiva, «próximas a su terminación las obras de construcción del monumento, y fieles al espíritu fundador de los mejores tiempos españoles, es llegado el momento de crear una fundación que, colocada bajo el Alto Patronazgo de Jefe del Estado, ejerza la titularidad del monumento, con todos sus bienes y pertenencias, asegure su conservación, vele por el cumplimiento de los fines religiosos y sociales a que está destinado y celebre el oportuno convenio con la Abadía Benedictina de Silos, según las normas de derecho canónico y con arreglo a las bases establecidas por el presente decreto-ley». Así, el día 29 de mayo de 1958 tuvo lugar la firma del convenio entre la Fundación de la Santa Cruz del Valle de los Caídos y la Abadía Benedictina de Silos, con la participación del Luis Carrero Blanco, en representación del jefe del estado y patrono de la fundación, e Isaac María Toribios, como abad de la Abadía Benedictina de Silos.

En este convenio se acordó que:

1) Conforme a la legislación canónica, la Abadía Benedictina de Silos realizará las gestiones pertinentes para el establecimiento de una Abadía Benedictina independiente que residirá en el Valle de los Caídos de Cuelgamuros, que será la encargada del cumplimiento de los fines de la fundación.

2) El convenio comenzará a regir cuando la Abadía Benedictina independiente sea creada y se instale en el Valle de los Caídos.

3) La duración de la Abadía Benedictina del Valle de los Caídos será indefinida.

4) La Abadía Benedictina del Valle de los Caídos tendrá derecho a percibir los productos de los bienes fundacionales, así como a permanecer en la fundación.

5) Con carácter general, la abadía levantará las cargas espirituales impuestas por el Fundador, con carácter especial ofrecerá todos los días Oficio Divino y demás funciones litúrgicas, aplicará misa diaria, todos los años, el día 17 de julio, aplicará como propia y titular la fiesta del Triunfo de la Santa Cruz, cantará misa solemne de acción de gracias y un *Te Deum* todos los primeros de abril, día en que terminó la «Cruzada», entre otras actividades de similar contenido.

6) La abadía atenderá cuanto se refiere a la finalidad social de la Fundación, en particular en cuanto a lo indicado en el artículo 5 del De-

creto-Ley de 23 de agosto de 1957, entre las que se encuentran la dirección del Centro de Estudios Sociales, su biblioteca, publicaciones y becarios o pensionados, la recopilación de la doctrina de los pontífices y pensadores católicos sobre la materia, la dirección y adiestramiento de una escolanía, cuidar la hospedería y huéspedes, realizar tandas de ejercicios espirituales, así como la preparación de trabajos e informes que les encargue el patronato —entre otras—.

La administración [por el abad] de la basílica y edificios
existentes en el Valle de Cuelgamuros, con el auxilio
del administrador del Patrimonio Nacional de San Lorenzo
de El Escorial

La Fundación de la Santa Cruz del Valle de los Caídos es de titularidad pública y fue creada por una disposición normativa específica, a saber, el Decreto-Ley del 23 de agosto de 1957, con un conjunto dotacional de bienes de dominio público cuyo patronato se encuentra actualmente en el Consejo de Administración de Patrimonio Nacional. La Fundación de la Santa Cruz del Valle de los Caídos está regulada, además, por el reglamento aprobado por el jefe del Estado, del 15 de enero de 1959, por el convenio entre la fundación y la Abadía Benedictina de Silos, del 29 de mayo de 1958, por la Ley de Patrimonio Nacional del 16 de junio de 1982 y por la Ley 52/2007 (Ley de Memoria Histórica), del 26 de diciembre, por la que se reconocen y amplían derechos y se establecen medidas en favor de quienes padecieron persecuciones o violencia durante la Guerra Civil y la dictadura. La naturaleza jurídica de la fundación se especifica en el artículo 2 del Decreto-Ley del 23 de agosto de 1957, que establece que «la Fundación tendrá plena personalidad jurídica para administrar sus bienes con la única limitación de que las rentas habrán de ser invertidas, necesariamente, en los fines fundacionales»; a su vez, el artículo 3 del reglamento del 15 de enero de 1959, además de reiterar la norma antes citada, añade: «La fundación tiene, además de la plena personalidad jurídica para administrar sus bienes, la capacidad de obrar necesaria para la enajenación de alguno de sus bienes, debiendo aplicarse el fruto obtenido, en tal caso, al cumplimiento de los fines fundacionales». El artículo 2 del reglamento del 15 de enero de 1959 especifica que las funciones del patronato (que corresponde al jefe del Estado) «se ejercerán, bajo su directa dependencia, por el Consejo de Administración del Patrimonio Nacional, en forma similar a como ejerce la Administración en los restantes patronatos, conforme a lo dispuesto en la ley de marzo, día 7 de 1940». Pero tras la publicación de la Ley de Patrimonio Nacional del 16 de junio de 1982, el patronato reside directamente en el Consejo de Administración de Patrimonio Nacional, pues esta disposición normativa señala en su disposición final 3.ª que «las funciones atribuidas al jefe del Estado por el Decreto-Ley del 23 de agosto de 1957, en el patronato de la fundación que constituye, se entenderán referidas al Consejo de Administración del Patrimonio Nacional». El artículo 1 de la Ley de Patrimonio Nacional de 1982 establece que «el Consejo de Administración del Patrimonio Nacional se configura como una entidad de derecho público, con personalidad jurídica y capacidad de obrar, orgánicamente dependiente de la Presidencia del Gobierno y excluida de la aplicación de la Ley de Entidades Autónomas», disposición esta última derogada y sustituida por la Ley de Organización y Funcionamiento de la Administración General del Estado. En cuanto a los bienes fundacionales, la dotación de la Fundación de la Santa Cruz del Valle de los Caídos está constituida por bienes de dominio público y de titularidad de la fundación, tal y como se establece en el artículo 2 del Decreto-Ley del 23 de agosto de 1957, y en este mismo sentido, la disposición final 3.ª de la Ley de Patrimonio Nacional de 1982 se refiere a los mismos cuando reconoce la necesidad de «establecer el nuevo régimen jurídico de sus bienes» [de la fundación].

Derecho de petición

Tras esta necesaria introducción jurídica, continúo con el relato. El 19 de noviembre de 2015, Manuel Ollé Sesé, Eduardo Ranz Alonso y yo mismo formulamos una solicitud en ejercicio del derecho de petición ante el Consejo de Ministros,[33] en la que pedíamos la anulación del Decreto del 1 de abril de 1940 y del Decreto-Ley del 23 de agosto de 1957, por contradecir la letra y el espíritu de la Constitución española de 1978 y la Ley de Memoria Histórica. Dicha anulación, especificábamos, debería extenderse, expresamente, al preámbulo y a todos aquellos preceptos que se refieren a la naturaleza y justificación del monumento y del lugar, así como a la utilización y destino del mismo que imposibiliten su consideración como instrumento de reconciliación. Pedíamos también la aprobación de una disposición de carácter general que estableciera un nuevo marco jurídico para el lugar, especificando el régimen jurídico de carácter general por el cual debiera regirse el Valle de los Caídos y la institución que lo dirige, sus bienes y cuantas otras relaciones y situaciones jurídicas pudieran verse afectadas, siempre con el mecanismo de consulta pertinente para que las víctimas pudieran participar en la formulación y desarrollo de dicha normativa. El contenido de la nueva normativa debería incluir la transformación del Valle de los Caídos en un espacio de memoria en el que las víctimas de la Guerra Civil y la dictadura y sus familiares, así como la sociedad en su conjunto pudieran ejercitar su derecho a la verdad y a la reparación incluyendo: un lugar de identificación, dignificación y homenaje de quienes se encuentran allí inhumados, la publicación oficial del nombre de todas las víctimas, información suficiente para que quienes acudan a visitar este nuevo espacio puedan conocer su sentido original y actual, la creación de un Centro Ocupacional de Memoria y mecanismos que garanticen el más amplio acceso a los archivos e información del Valle de los Caídos, con sujeción expresa a las normas aprobadas en la Ley de Transparencia del 9 de diciembre de 2013. Un punto importante de la petición era el traslado de los restos de Francisco Franco Bahamonde y de José Antonio Primo de Rivera al lugar designado por sus respectivas familias. Ello sin olvidar una dotación económica suficiente a cargo del estado para la exhumación e identificación de los restos de las víctimas inhumadas en el lugar, previa solicitud al efecto, la convocatoria de un acto público en sede parlamentaria para que la autoridad competente de la nación pidiera perdón a las víctimas del franquismo y a sus familiares, como manifestación del pleno reconocimiento y reparación moral.

El 1 de marzo de 2016, ante la ausencia de respuesta a la solicitud planteada en ejercicio del derecho de petición, formulamos un recurso contencioso-administrativo ante la Sala de lo Contencioso-Administrativo del Tribunal Supremo, con base en el incumplimiento del artículo 12.b de la Ley Orgánica 4/2001, del 12 de noviembre, del Derecho de Petición.

Sin embargo, el 16 de septiembre de 2016, el Consejo de Ministros adoptó y comunicó un acuerdo «por el que se da contestación al escrito de petición de don Baltasar Garzón Real y otros, instando a la realización de determinadas actuaciones en relación con lo previsto en la Ley 52/2007, del 26 de diciembre, por la que se reconocen y se establecen medidas a favor de quienes padecieron persecuciones y violencia durante la Guerra Civil y la dictadura». En este acuerdo, el Consejo de Ministros desatendió las concretas peticiones expresadas en el escrito de petición del 19 de noviembre de 2015. Después llegó un largo periplo judicial, con presentación de alegaciones, desestimación del recurso contencioso-administrativo 4266/2016, sin imposición de costas procesales, incidente de nulidad de las actuaciones (también inadmitido) y demanda de amparo ante el Tribunal Constitucional, que finalmente también fue inadmitida mediante resolución de la Sección Cuarta de la Sala Segunda del Tribunal Constitucional, por no apreciar especial trascendencia constitucional del recurso.

El actual Gobierno socialista está siguiendo algunas de nuestras recomendaciones en relación con el Valle de los Caídos, como lo es tratar la exhumación de Francisco Franco como un hecho aislado y anterior a la reforma íntegra de la Ley de Memoria Histórica, la exhumación del dictador, la necesidad de un amplio consenso social y político que implique un pronunciamiento de la Iglesia católica y la implicación de la Casa Real. Sólo será posible resignificar el Valle si en su interior se encuentran víctimas, como era su idea original. No es el caso de Francisco Franco: el dictador falleció de muerte natural.

La dura realidad de los bebés y niños robados

El 8 de diciembre de 2016, mi hija María, representando a FIBGAR, intervino ante el Parlamento Europeo en el Working Group on Child Welfare Issues of the European Parliament para hablar sobre unos de los asuntos más terribles y emotivos relacionados con la memoria histórica: el robo de bebés y de niños y niñas durante la dictadura y que se prolongó hasta bien entrada la democracia, convertido entonces en un negocio de compraventa de recién nacidos a cuyos progenitores se les comunicaba que habían fallecido tras el parto. En esta importante intervención, María, madre de dos hijos de corta edad, afirmó con rotundidad: «Las familias se encuentran en un total desamparo ante las instituciones sobre esta cuestión, que compone una práctica proveniente de la época franquista y que el Gobierno no quiere asumir». Solicitó ante los parlamentarios que: «emitan una declaración contundente que respalde a esas familias que buscan a sus hijos, y a esos hijos que buscan su identidad. Sólo la presión internacional puede hacer que las cosas cambien en mi país». También resaltó la importancia de poner en marcha mecanismos pedagógicos: «La sociedad no conoce bien la realidad más allá de las víctimas y las organizaciones que trabajamos en esta causa. [...] En FIBGAR sabemos que se están haciendo cosas, hay parlamentos autonómicos trabajando en ello, pero el problema debería ser resuelto por el estado, pues son crímenes provocados por el estado y porque son sus ciudadanos los afectados». Apeló también a la propuesta ya aprobada en el mes de abril por la Comisión de Justicia del Congreso de España: «que aún no ha sido ejecutada por nuestro Gobierno y las víctimas españolas siguen esperando. [...] Estamos caminando contrarreloj. Se trata de un colectivo que ni siquiera es reconocido como tal por el Estatuto de la Víctima, habiendo tenido que acudir a la Justicia argentina incluso a pesar de ser el colectivo de víctimas más numeroso en nuestro país».[34]

La sustracción y tráfico de recién nacidos, comúnmente conocidos como «robo de bebés», se encuentran sancionados en el artículo 221 del Código Penal que, precisamente, busca dar respuesta al fenómeno que se vigorizó, sistematizó y generalizó envuelto de tintes políticos y clasistas durante la dictadura franquista y que prosiguió en democracia hasta la década de 1990. Si bien el robo de bebés, se desarrolló a partir de la década de 1959, tuvo un antecedente inmediato durante la Guerra Civil, afectando a las hijas e hijos de las madres republicanas sustraídos a sus familias de origen exclusivamente por razones ideológicas. Según los datos oficiales que conseguí incorporar a la investigación de los crímenes franquistas, su número, hasta 1952, era de 30.000 menores sustraídos.

Ricard Vinyes, catedrático de Historia Contemporánea de la Universidad de Barcelona, analiza este fenómeno en varias de sus obras. Durante la Guerra Civil se hicieron esfuerzos para dar una respuesta científica, cultural o incluso biológica a la actuación de aquellos que compartían posiciones ideológicas de izquierdas (socialistas, anarquistas, comunistas). En un informe en octubre de 1939, el psiquiatra del régimen Vallejo Nájera afirmaba que «la militancia marxista recogía en sus filas tan sólo enfermos sociales tendentes a la criminalidad, especialmente las mujeres». Sin embargo, Vallejo se desligó de las tesis puramente biológicas para terminar acuñando un concepto de raza española que «no procedía ni se fundaba en realidades genéticas, sino en un espíritu cultural».[35] Ricard Vinyes explica cómo, «en consecuencia, era preciso imponer una eugenesia, una política de protección y mejora de la Hispanidad o raza española. Sin embargo, esa mejora no precisaba un tratamiento biológico sino una transformación del ambiente, puesto que el origen de todo el Mal no provenía de los genes, sino del entorno democrático, un tratamiento eugenésico no debía basarse en actuaciones de agresión biológica, como la esterilización, "pues produce sujetos libidinosos", sino en una adecuada política de segregación de los hijos de aquellas mujeres que habían participado en la política republicana en grados diversos».[36] De este caldo de cultivo surgió y se mantuvo en España un sistema criminal de robo de bebés: toda una autoproclamada labor pseudomesiánica mediante la cual el estado salvaba a los menores o a los recién nacidos del «demonio rojo», arrancándolos del entorno familiar para criarlos en instituciones católicas o falangistas o entregándolos a familias afines al régimen que representaran mejor el ideal de la raza española. Los mecanismos para hacerlo eran diversos y se adaptaban a cada circunstancia: desde la repatriación de hijos de exiliados o tutelados por exiliados, que los cuidaban ante la ausencia de sus padres, hasta la sustracción de menores de los brazos de sus propias madres presas, pasando por un auténtico tráfico de recién nacidos. «Se dieron asimismo muchos casos de embarazadas, en múltiples ocasiones como consecuencia de violaciones después de su detención, condenadas a muerte a las que se mantenía con vida hasta el alumbramiento e inmediatamente después eran ejecutadas. Los hijos eran entregados a centros religiosos o del estado a pesar de que las madres, antes de morir, se habían negado explícitamente a ello.»[37]

En mi auto del 18 de noviembre de 2008, en el marco de la investigación de los crímenes de franquismo, analicé en profundidad tanto la cuestión de los niños robados como cuál había sido el destino de los hijos de mujeres presas tutelados por el estado y los casos de alteración de los datos de nacimiento para impedir que los padres, una vez en libertad o reintegrados a la vida civil, recuperaran a sus hijos, perjudicando así las adopciones consumadas; en suma, toda esta peculiar forma española de desaparición «legal» de personas durante la guerra y, especialmente, en la posguerra, hasta la década de 1950, mediante un andamiaje pseudojurídico que, presuntamente, dio cobertura a la sustracción sistemática de niños.

Como indicaba en este auto: «Con estos estudios como base se comprenden bien las actuaciones que el régimen franquista desarrollaría después en el ámbito de los derechos de la mujer y específicamente en relación con la sustracción o eliminación de custodia sobre sus hijos, es decir, acometió una segregación infantil que alcanzaría unos límites preocupantes y que, bajo todo un entramado de normas legales, pudo haber propiciado la pérdida de identidad de miles de niños en la década de 1940, situación que, en gran medida, podría haberse prolongado hasta hoy. Es decir, se habría privado de su identidad a miles de personas en contra de los derechos de las propias víctimas inmediatas y de sus familiares, en aras de una más adecuada "preparación ideológica y la afección al régimen"».[38]

Esta situación, a pesar de lo terrible que puede parecer hoy día y de que a la gran mayoría de los ciudadanos les pueda resultar casi increíble, «Lo cierto es que ocurrió y tuvo un claro carácter sistemático, preconcebido y desarrollado con verdadera voluntad criminal para que las familias de aquellos niños a las que no se les consideraba idóneas para tenerlos porque no encajaban en el nuevo régimen, no pudieran volver a tener contacto con ellos. De esta forma se propició una desaparición "legalizada" de menores de edad, con pérdida de su identidad, cuyo número indeterminado dura hasta la fecha, correspondiendo al Poder Judicial, y a ningún otro, la obligación de investigar el alcance delictivo de unos hechos que, por su carácter permanente y contextualizados como crímenes contra la humanidad, hasta el día de hoy, no están prescritos ni amnistiados y sus víctimas (los hijos y algunos progenitores) podrían estar vivas, y por ende sus efectos seguirían perpetuándose sobre éstas, ante la inacción de las instituciones del estado».[39]

El dictador murió, pero el sistema instaurado desde décadas anteriores no murió con él, sino que continuó operando durante la Transición e incluso durante los primeros años de democracia. Así, lo que había sido una acción «ideológica», por llamarlo de alguna manera, se convirtió con toda la naturalidad en un negocio corrupto, una práctica lucrativa que contó con la connivencia de médicos, hospitales, enfermeras, sacerdotes y monjas de la Iglesia católica, que decidían sobre la suerte y el futuro de niños, madres y padres, familias enteras mediante el engaño, la mentira y la ocultación, cometiendo un delito horrible que no puede ni debe quedar impune en una sociedad que aspire a un mínimo de salud mental colectiva. Es paradigmático que los últimos casos de los que se tiene constancia daten de 1992, poco antes de que se introdujera el tipo penal del artículo 221 del Código Penal de 1995.

EL CALVARIO DE RUTH APPLEBY

¿Quiénes eran las víctimas de este negocio? Pues, además de los propios bebés, madres solteras, madres de clase necesitada con otros hijos o madres extranjeras que no dominaban el idioma ni el sistema sanitario o la burocracia española. Ese último fue el caso de Ruth Appleby, una joven inglesa casada que dio a luz en 1992 en Galicia a una niña supuestamente muerta y en cuyo caso hemos trabajado.

Ruth nunca llegó a ver a su bebé, el parto fue por cesárea y cuando despertó de la anestesia le dijeron que había nacido muerta. Enterraron a la pequeña y años más tarde, cuando se separó de su marido Howard, después de haber tenido otros dos hijos, decidió volver a Gran Bretaña, pero con los restos incinerados de su primera hija, Rebecca. Al remover los restos, descubrieron que el esqueleto no se correspondía con el de una bebé recién nacida. Ruth, tremendamente afectada, incineró los restos y volvió a su país donde, años después, una amiga le contó acerca de las investigaciones en España sobre bebés robados. Ruth empezó a atar cabos y decidió denunciar el robo de su bebé en una comisaría de su país, en North Yorkshire. Ruth se reunió por primera vez con mi hija María en Londres, tras compartir un panel sobre la necesidad de crear una comisión de la verdad en España, impartido en la Cámara de los Lores, en diciembre de 2013. Después de la conferencia y de una comida con varios miembros del Parlamento, fueron a una cafetería donde le contó su historia a María, entre lágrimas, medio en inglés medio en español, despertando en ella una gran empatía. Escuchar a una madre que sospecha que le robaron a su bebé al que creía muerto es una experiencia estremecedora, y es exactamente lo que pudo suceder en miles de casos en toda España durante décadas. Un hecho así no debe quedar impune. Pero, a pesar de sus esfuerzos por hallar una respuesta judicial, los tribunales ordinarios no realizaron indagación o investigación sustancial alguna, obviando incluso tomarle testimonio. Ante esta situación en la que se vulneraba de manera tan flagrante el derecho fundamental a la tutela judicial efectiva y después de agotar la posibilidad de recurrir al Tribunal Constitucional en amparo, desde ILOCAD presentamos una demanda ante el Tribunal Europeo de Derechos Humanos en abril de 2017. El TEDH le asignó un número de caso, pero finalmente se inadmitió. Valoramos presentar demanda ante el Comité Internacional de Derechos Humanos pero añadiendo algún elemento nuevo como, por ejemplo, los posibles resultados positivos del análisis de ADN de las cenizas. Desafortunadamente, no se obtuvieron restos de ADN que poder analizar. En este contexto y debido al tiempo transcurrido, decayó la posibilidad de presentar demanda ante el comité. Me despedí de Ruth y le dije que el camino jurídico había llegado a su fin por el momento, pero que estábamos a su disposición si aparecían elementos nuevos que pudieran sustentar un recurso de revisión.

En el campo judicial, muchas veces no hallamos las respuestas que buscamos e incluso, a veces, no puede hacerse nada para encontrarlas. La única opción en estos casos es seguir denunciando la impunidad y que los ejemplos negativos del sistema se conviertan en una reafirmación del esfuerzo de las víctimas para hallar esas respuestas a través de los medios de comunicación, las redes sociales y todos aquellos mecanismos que impidan el olvido.

Éste es sólo uno de los muchos casos de robo de bebés en España. Hay casos sangrantes, como el Ascensión López, una bebé robada que fue condenada por injurias y calumnias a pagar una indemnización de 40.000 euros a la monja que tramitó su adopción, además de una multa de 3.000 euros más y cinco meses de cárcel aunque, finalmente, el Juzgado de lo Penal n.º 3 de Almería decretó en un auto frenar la sentencia que tenía pendiente.[40] O la historia de María Bueno, presidenta de la Asociación por la Lucha de Madres de Bebés Robados de Andalucía (Alumbra), una entidad que nació en memoria de su hija María, la primogénita que le fue arrebatada cuando dio a luz en la soledad de un paritorio el 24 de diciembre de 1981.[41] María, una mujer ejemplar y una luchadora nata, preside también la Coordinadora X24,[42] la federación nacional de asociaciones de toda España que buscan a niños robados, y desde esta posición ha hecho suya la lucha de madres, padres, hijos e hijas que no se resignan a aceptar un «no hay documentación», un «no sabemos» o un «no se puede hacer nada» por respuesta. María Bueno nos ha enseñado mucho y, desde su activismo, desde su perseverancia y desde su profesionalidad, impulsa cada día el deseo de encontrar Justicia para estas mujeres, cuyos derechos se vieron y se ven vulnerados doblemente por sus ideas o situación personal y por su condición de mujer.

INÉS MADRIGAL Y EL DOCTOR VELA

Cuando estas páginas estaban ya a punto de entrar en imprenta se hizo pública la sentencia del juicio contra el ginecólogo Eduardo Vela, que trabajó en numerosas clínicas y hospitales madrileños y fue director médico de la clínica San Ramón. A pesar de tener los hechos por establecidos, la Audiencia Provincial de Madrid decretaba la absolución por prescripción. «Culpable, pero impune», dijo acertadamente la prensa.[43] El facultativo había sido acusado de ser el máximo responsable del robo de una bebé, Inés Madrigal, en el sanatorio San Ramón de Madrid, en el verano de 1969.

Inés inició su búsqueda solicitando su partida de nacimiento y el legajo de nacimiento, constatando que ambos documentos estaban falsificados y que era Eduardo Vela quien los firmaba y declaraba que había asistido el parto de su madre adoptiva. Ante la incongruencia, presentó una denuncia ante la fiscalía en 2011, pero fue archivada. En 2012, se puso en contacto con el letrado Guillermo Peña Salsamendi y decidieron denunciar ante el juzgado. En febrero de 2017, el Juzgado de Instrucción n.º 46 de Madrid abrió juicio oral contra el doctor. El juez le impuso una fianza de 465.000 euros por responsabilidad pecuniaria y el fiscal solicitó una pena de 11 años para el ginecólogo, por los delitos de sustracción de menores, suposición de parto y falsedad documental. Eduardo Vela se convirtió en el primer acusado y juzgado por el robo de bebés en España. La clínica San Ramón, donde trabajó el doctor Vela, es el epicentro de las denuncias por robo de bebés entre 1961 y 1981. Su mano derecha era María Gómez Valbuena, la monja imputada en una causa similar, fallecida en 2013, cuatro días después de ser citada a declarar ante el juez. En 1981, la policía llegó a detener a seis personas por un posible tráfico de recién nacidos que apuntaba a la clínica San Ramón, pero las investigaciones no prosperaron, aunque el centro fue clausurado.

La sentencia del caso de Inés Madrigal, del 27 de septiembre de 2018, dictada por la sección 7.ª de la Audiencia Provincial de Madrid, pese a reconocer que el médico habría sido responsable de los hechos, concluyó: «Debemos absolver y absolvemos a Eduardo Vela Vela de los delitos de detención ilegal, suposición de parto y falsedad en documento oficial de que venía siendo acusado por operar el instituto de la prescripción».[44] Al haber delitos conexos, la prescripción se fijaba a partir del delito más grave, el de detención ilegal, con un plazo de diez años. Con base en este criterio, los delitos habrían prescrito cuando Inés Madrigal alcanzó la mayoría de edad, en 1987, quince años antes de que la víctima presentara denuncia. Esta argumentación es, cuando menos, muy arriesgada, porque desde que nació Inés Madrigal hasta que el estado, a través de la judicatura, inició la persecución e investigación efectiva e independiente de un delito permanente de sustracción de identidad y todos sus conexos, no podría iniciarse el cómputo de prescripción. No puede dejarse a las víctimas la carga de activar la jurisdicción cuando se trata de delitos públicos que, además, tienen todas las características de delitos de lesa humanidad y, por ello, son imprescriptibles de acuerdo con las normas del derecho penal internacional, que de forma reiterada se desconocen en España por quienes optan por una interpretación de la prescripción contraria al principio de defensa de las víctimas. El estado es el responsable de la omisión y ésta no puede convertirse en una pérdida de derechos de la víctima. Debería ser, por tanto, el estado el que actuara de oficio.

La denunciante decidió recurrir en casación ante la Sala Segunda del Tribunal Supremo. Asimismo, la Fiscalía Provincial de Madrid presentó recurso contra esta sentencia absolutoria. El Ministerio Público anunció que solicitaría revisar la aplicación que efectuó la resolución judicial de la figura de la prescripción, «por constituir una infracción de ley».[45]

Muchos otros bebés robados aguardan Justicia. En algunos casos, la perseverancia lleva a una conclusión feliz en la que la familia biológica se reúne con su hija o hijo. Así ocurrió con Ana Belén Pintado, cuyo caso presenta el mismo mecanismo de compra de bebé. Nació el 10 de julio de 1973 en la clínica Santa Cristina. Sus padres adoptivos nunca le dijeron que era una niña robada. Tuvo certeza de su situación familiar en 2017. Por fin, el 11 de septiembre de 2018 se encontró con su madre biológica, Pilar, a quien le habían dicho en la clínica que su hija había nacido muerta. Ana Belén ha anunciado acciones legales. Esperemos que ahora la Justicia se pronuncie.[46]

LA IGLESIA DE POR MEDIO

En febrero de 2017, saltó a la prensa el caso de la ciudadana mexicana Ligia Ceballos, a quien, después de creer durante toda su vida que había nacido en México, hija biológica de sus padres, le fue revelada su adopción en Madrid. De acuerdo con sus investigaciones, el arzobispo de Mérida (en Yucatán), presunto artífice del robo, era amigo del matrimonio Ceballos Franco, que utilizó sus contactos con el arzobispo de Madrid para que le fuera entregada una niña. Los padres adoptivos de Ligia le contaron que en realidad se llamaba Diana Ortiz. Con ese dato acudió al Ministerio de Justicia español para solicitar su partida de nacimiento y, efectivamente, pudo comprobar que Diana Ortiz había nacido en Madrid, en la calle donde estaba el Arzobispado, lo que la llevó a confirmar que había sido una «bebé robada». La tramitación del caso en México lleva poco menos de un año de investigación en la Procuraduría, pero podemos anotar un importante apoyo para que siga un buen curso: el Grupo de Trabajo sobre las Desapariciones Forzadas de Naciones Unidas, en su informe de seguimiento sobre los casos de Chile y España remitido al Consejo de Derechos Humanos, hace referencia al caso de Lily Ceballos con el siguiente tenor literal: «La apertura reciente de una investigación en México por un caso de desaparición forzada cometido en España durante el franquismo representa otra oportunidad para que España preste y fortalezca el auxilio judicial, incluyendo el suministro de todas las pruebas que obren en su poder, en lo que respecta a cualquier procedimiento penal relativo a delitos de desaparición forzada que se lleve a cabo en cualquier país por casos de desapariciones forzadas en España». [47]

El abogado defensor de Ligia Ceballos en la causa, Ignacio Jovtis, de Amnistía Internacional México, mantiene la tesis que yo siempre he defendido: que los hechos relacionados con los bebés robados pueden encuadrarse y encajar como delito de lesa humanidad. Es más, según Jovtis, la investigación sobre cómo pudo gestarse esta adopción ilegal podría suponer un plus para la efectiva implantación del ejercicio de la jurisdicción universal en México.

CONDENAS INTERNACIONALES

En este contexto, y ante la inacción de los tribunales españoles, son numerosas las condenas acumuladas contra España provenientes de organismos de Naciones Unidas. Como el informe del Grupo de Trabajo sobre las Desapariciones Forzadas o Involuntarias sobre su misión en España, del 23 al 30 de septiembre de 2013, [48] o el informe de Pablo de Greiff, relator especial sobre la promoción de la verdad, la justicia, la reparación y las garantías de no repetición, del 22 de julio de 2014. [49] También las observaciones finales del Comité contra la Desaparición Forzada sobre el informe presentado por España del 12 de diciembre de 2013. [50] En estas últimas, se recomendaba de forma expresa que España «considere revisar su legislación penal con miras a incorporar como delitos específicos las conductas descritas en el artículo 25, párrafo 1, de la convención que prevean penas apropiadas que tengan en cuenta su extrema gravedad. Asimismo, el comité insta al estado parte a que intensifique sus esfuerzos con miras a buscar e identificar a los niños que podrían haber sido víctimas de apropiación, desaparición forzada y/o sustitución de su identidad de conformidad con el artículo 25, párrafo 2, de la convención. Al respecto, le recomienda que intensifique también sus esfuerzos a fin de garantizar que el Banco Nacional de ADN integre muestras genéticas de todos los casos que hayan sido denunciados, tanto por vía administrativa como judicial». La reacción de España sigue haciéndose esperar.

En el ámbito europeo, quiero destacar la declaración de condena de la dictadura franquista, de fecha 17 de marzo de 2006 (Recomendación 1.736), emitida por la Asamblea Parlamentaria del Consejo de Europa. [51] Los puntos 72 a 75 de la misma afirman que «Los "niños perdidos" son también parte de las víctimas del franquismo: se trata de hijos de presos cuyos apellidos fueron modificados para permitir su adopción por familias adeptas al régimen.[...] Varios miles de hijos de obreros fueron también enviados a instituciones del estado porque el régimen consideraba su familia republicana como "inadecuada" para su formación. [...] Niños refugiados fueron también secuestrados en Francia por el servicio exterior de "repatriación" del régimen y situados posteriormente en instituciones franquistas del estado.[...] El régimen franquista invocaba la "protección de menores" pero la idea que aplicaba de esta protección no se distinguía de un régimen punitivo. Los niños debían expiar activamente "los pecados de su padre" y se les repetía que ellos también eran irrecuperables. Frecuentemente eran separados de las demás categorías de niños internados en las instituciones del estado y sometidos a malos tratos físicos y psicológicos».

Pero la fiscalización internacional no se agota ahí. El 22 de mayo de 2017 se constituyó una misión europea encabezada por la europarlamentaria Jude Kirton-Darling a raíz de las denuncias recibidas en la Comisión de Peticiones del Parlamento Europeo por parte de varios afectados. Esta misión ya ha viajado a España y se ha entrevistado con víctimas, con la Iglesia católica y la fiscalía.[52]

La querella argentina

Cuando te hartas de buscar Justicia sin éxito en tu propio país te lanzas en busca del amparo de instrumentos internacionales o tribunales extranjeros dispuestos a aplicar el principio de jurisdicción universal. Lo hicieron las víctimas en todos los casos que trata este libro, y lo tuvieron que hacer también en éste. Si España cerraba sus puertas a la Justicia contra los crímenes franquistas, quizá las abriera Argentina. Y lo hicieron. Varias víctimas españolas interpusieron una querella ante la Justicia federal argentina. El caso se turnó y recayó en la jueza María Romilda Servini de Cubría, que sería la que decidiría si daba curso o no a la querella. Así, entre exhortos, tomas de declaración y autos de procesamiento, salió a relucir este infame capítulo de nuestra historia y hasta el nombre de un posible responsable del tráfico de niños recién nacidos, Abelardo García Balaguer, doctor en La Línea de la Concepción.

Constatando la impunidad reinante en España, tuvo que dar un paso al frente la jurisdicción universal como principio por el cual cualquier estado tiene la facultad o la obligación de investigar y, en su caso, enjuiciar delitos internacionales, sin que exista ningún punto de conexión entre el estado del foro y el del delito. Es decir, la acción criminal se comete en el extranjero, por extranjeros y contra extranjeros. La jueza federal argentina, María Servini, admitió la querella y comenzó a dar pasos firmes para ofrecer Justicia, verdad y reparación a las víctimas que eran ignoradas en España. En 2016, la organización Women's Link Worldwide solicitó a la jueza que ampliara la causa para incorporar e investigar los crímenes de género cometidos durante la dictadura franquista. La querella relata los hechos sufridos por seis mujeres. Entre los delitos, figuran la violencia sexual, descargas eléctricas en zonas genitales, abortos forzados, purgas con aceite de ricino, humillaciones públicas y robo de bebés.[53]

TRIBUNALES ESPAÑOLES

¿Y qué han hecho las autoridades y tribunales españoles? Nada durante toda la dictadura y la democracia hasta la incoación, el 14 de diciembre de 2006 en el Juzgado Central de Instrucción n.° 5 de la Audiencia Nacional, de unas diligencias previas en averiguación de los crímenes franquistas, entre ellos, el caso de los niños perdidos del franquismo. Dicha investigación, como ya he mencionado, fue abortada por el Ministerio Fiscal y la Audiencia Nacional y posteriormente por la Sala Segunda del Tribunal Supremo. Con posterioridad, y ante las varias denuncias presentadas y el escándalo suscitado en 2011 por los bebés robados, la Fiscalía General del Estado, con Cándido Conde-Pumpido al frente, acordó encomendar a las fiscalías provinciales las investigaciones relativas a los bebés robados, sin resultados aparentes hasta ahora y con claras deficiencias, hasta el punto de poder hablar de que no se ha realizado una verdadera investigación o judicialización de los casos. Por lo demás, a día de hoy, mediados de noviembre de 2018, cuando estoy terminando de escribir este capítulo, no se ha cumplimentado el anuncio hecho por el ministro de Justicia de nombrar un fiscal coordinador especializado.[54] Se ha habilitado un servicio de información para las personas interesadas, coordinado por el Ministerio de Justicia, en aras de facilitar los datos y la información administrativa disponible sobre la filiación natural, que actúa siempre a instancias del interesado, bien entregando los datos que estén a disposición de las administraciones y que el servicio considere convenientes (se señala expresamente que «la oficina del servicio de información y documentación, a la vista de los datos facilitados, solicitará la información que considere pertinente a las distintas administraciones e instituciones públicas que pudieran tener algún antecedente, Registro Civil, hospitales, fiscalías, cuerpos y fuerzas de seguridad del estado, etc.») o bien con la elaboración de un fichero de perfiles genéticos, alimentado con los datos genéticos enviados por los propios interesados: «el Instituto Nacional de Toxicología y Ciencias Forenses centralizará los perfiles obtenidos a partir de los informes genéticos aportados por las personas afectadas o a partir de los archivos electrónicos obtenidos por laboratorios ajenos al INTCF, con el propósito de incorporarlos a una base de datos única que permita que todas las personas implicadas puedan ser cotejadas para verificar la existencia de compatibilidades genéticas de las que puedan revelarse indicios de relaciones familiares biológicas —procedimiento de actuación sin coste alguno para la persona afectada—».[55]

Estas actuaciones administrativas son a todas luces insuficientes y, de hecho, bastante inoperantes, en opinión de las asociaciones afectadas. Una vez más son las víctimas las que están impulsando las investigaciones y las acciones para que nada quede en el olvido.

EL TRIBUNAL EUROPEO DE DERECHOS HUMANOS

En 2013, el abogado y presidente de la Asociación SOS Bebés Robados, Enrique Vila, presentó ante el Tribunal Europeo de Derechos Humanos la primera denuncia por un caso de bebé robado, después de que el asunto hubiera llegado hasta el Constitucional para ser archivado por prescripción del delito. Se trataba de una niña nacida en el Hospital Civil de Málaga el 12 de octubre de 1964. Su hermana mantiene que ninguno de sus familiares vio el cuerpo del bebé que, según les informaron, había fallecido y que no consta más información. Antes de llegar a Europa, el asunto pasó por los juzgados de instrucción de Málaga, la Audiencia Provincial y el Constitucional. En cada instancia se fue archivando por prescripción de los delitos y en el Constitucional por defecto de forma, «incluso con el reconocimiento de los delitos de suposición de parto y detención ilegal».

«Ningún tribunal, tampoco el Constitucional, ha entrado en el fondo del asunto, por eso alegamos ante el Europeo de Derechos Humanos la falta de recursos efectivos, la nula protección jurisdiccional de mi cliente y la falta de tutela judicial efectiva», explicó entonces Vila. La demanda no prosperó. En la actualidad, las miradas de las víctimas están puestas en Naciones Unidas.[56]

Más tarde, en 2015, la Asociación Nacional de Afectados por Adopciones Irregulares (ANADIR) presentó una demanda contra el estado español ante el TEDH por el caso de niños robados durante la dictadura franquista y los primeros años de la democracia. La organización denunció que el estado español había incumplido varios artículos de la Convención Europea de Derechos Humanos, además de señalar irregularidades en las investigaciones y el archivo masivo de denuncias por parte de la Justicia española.[57] Como la anterior, esta denuncia tampoco tuvo recorrido.

EXHUMACIONES EN EL CEMENTERIO DE SAN JOSÉ, CÁDIZ

Si todas las exhumaciones son traumáticas y personalmente conmovedoras para los familiares, las de bebés son especialmente aterradoras. En octubre de 2017, se inició la exhumación de 46 posibles bebés robados enterrados en fosas comunes en el cementerio de San José (Cádiz), en lo que constituye la mayor búsqueda realizada hasta ahora en España. Se produjeron por vía extrajudicial, pues casi todos los casos están archivados por prescripción de los delitos y falta de pruebas. En febrero de 2018, la asociación SOS Bebés Robados de Cádiz denunció la aparición de la sepultura vacía de un bebé dado por muerto al nacer. Además, la organización informó de un segundo caso referido a un bebé registrado como enterrado en una de las fosas, pero del que no aparecieron ni sus restos ni caja alguna. La organización entiende que ambos hechos pueden ser indicios de que los recién nacidos no murieron en el parto y de que fueron dados a otras familias. En el verano de 2018, los trabajos de exhumación avanzaban a buen ritmo. Se habían abierto 23 de las 44 sepulturas según las solicitudes.[58]

PARLAMENTO EUROPEO

En mayo de 2017, la Comisión de Peticiones del Parlamento Europeo realizó una visita a España para recoger información sobre la respuesta del estado frente a los delitos de desaparición forzada infantil. Fruto de esa visita, la comisión elaboró un informe con 31 recomendaciones a las autoridades españolas en relación con la trama de bebés robados en el franquismo.[59] Esta visita se produjo después de un largo proceso de incidencia política y de reivindicación de las organizaciones de víctimas, que fueron hasta Bruselas a informar a la comisión sobre la situación de impunidad que se estaba produciendo en España. En este encuentro participó también la fundación que presido.

PROPUESTA DE LEY ESTATAL SOBRE LOS BEBÉS ROBADOS

Desde finales de 2017, la plataforma Te Estamos Buscando, liderada por María Bueno y de la que FIBGAR forma parte,[60] ha pedido a los diferentes parlamentos autonómicos que soliciten al Gobierno central que apruebe un proyecto de ley para que se reconozca como víctimas a los bebés robados en España y puedan así ser reparados. Pero no se queda sólo ahí, pues la plataforma adjunta en su propuesta un borrador de proyecto de ley que propone que las víctimas tengan el derecho a retornar a sus lugares de origen y puedan ser indemnizadas por los daños físicos y psíquicos y los gastos que supongan los trámites legales del proceso. El objetivo es amparar a las víctimas de desapariciones forzadas infantiles y de adopciones ilegales sin límite de fechas ni marcos temporales, bajo la premisa de que se trata de crímenes de lesa humanidad.

SOLICITUD DE PACTO DE ESTADO

El día 4 de enero de 2018, esta misma plataforma internacional recibió respuesta a una petición que había presentado en 2017 a la Mesa de Peticiones del Congreso de los Diputados acerca de un pacto de estado en amparo de todas las víctimas afectadas por las desapariciones forzadas y las adopciones ilegales. La respuesta informaba de que: «Vista la solicitud de un pacto de estado contra la impunidad de los casos de bebés robados y adopciones ilegales en España, se acuerda dar traslado de la misma a los Excmos. Sres. Portavoces de los Grupos Parlamentarios en el Congreso de los Diputados».[61]

AVANCES

El 20 de noviembre de 2018, cuando estas páginas ya estaban en galeradas, se ha hecho pública la aprobación, por unanimidad, de una proposición de ley estatal para investigar los casos de sustracción de menores y juzgar a los presuntos culpables de la trama que comenzó con el golpe de Estado franquista, según indica el proyecto, y que se extendió durante la democracia. Este proyecto apenas comienza su tramitación, por lo que es posible que sufra enmiendas, pero su texto es sin duda prometedor. La iniciativa propone que el delito de secuestro de menores quede definido «en un contexto de crímenes contra la humanidad» en el que se cometieron, prevé la creación de una «Comisión Estatal por el Derecho a la Identidad», la creación de una base de datos nacional de ADN, una unidad policial y una fiscalía especializadas, así como la obligación que tendrán todos los registros, públicos y privados (incluida la Iglesia católica) de responder en menos de tres meses a las consultas de los posibles afectados o interesados. Se establece también la concesión de indemnizaciones extraordinarias en favor de aquellas personas a quienes se les reconozca la condición de víctimas.[63]

OTROS AVANCES

Gracias al trabajo de los familiares y las asociaciones, se están produciendo algunos reencuentros de víctimas del robo de bebés y sus familiares, como ha sido el caso de Mercedes Soler, que fue localizada a través de Facebook por una de sus hermanas. Mercedes había sido adoptada por un matrimonio chileno.

Poco a poco se va logrando la progresiva visibilización de la trama de robo de bebés, con aprobación de leyes de memoria en la mayor parte de las comunidades autónomas, que incluyen medidas para garantizar los derechos a la verdad, la Justicia y la reparación a las víctimas de desapariciones forzadas, así como para su identificación y localización. Estas previsiones han sido posibles gracias, en muchos casos, a las enmiendas presentadas por las asociaciones de víctimas.

No quiero dejar de destacar el trabajo de numerosas organizaciones, como SOS Bebés Robados,[64] Adelante Bebés Robados o Todos los niños robados son también mis niños.

A modo de conclusión, y tal y como expresaba en el auto del 18 de noviembre de 2008, «estos son los hechos y desde las instituciones, específicamente el Ministerio Fiscal y los jueces competentes, se deben desarrollar todas y cada una de las acciones necesarias para que los mismos se investiguen, se sancione a los culpables y se repare a las víctimas o se ofrezca la posibilidad de que aquellos que están vivos puedan obtener la recuperación de su identidad. Olvidar esta realidad por más tiempo y poner trabas a la investigación sería tanto como contribuir a la perpetuación de los efectos del delito y ello, además de injusto, sería cruel para las víctimas y contrario a los más elementales derechos humanos de toda la sociedad española y de la comunidad internacional. El Poder Judicial ante este caso se enfrenta a un reto único e insoslayable: setenta años de olvido no deben ni pueden inducir al juez y tribunal competentes a incumplir con el mandato constitucional (artículo 117 de la Constitución española) de juzgar y hacer ejecutar lo juzgado, y del artículo 1.7 del Código Civil según el cual "los jueces y tribunales tienen el deber inexcusable de resolver, en todo caso, los asuntos de que conozcan atendiendo al sistema de fuentes establecidas". No hacerlo así podría incluso llegar más allá de una simple falta de responsabilidad moral, y, esa obligación no puede ser sustituida con el recurso a la Ley de Memoria Histórica, que, siendo compatible con la investigación penal, no puede ocupar su lugar. La jurisdicción penal debe pronunciarse y tiene la obligación legal de establecer "la verdad judicial" a la que las víctimas directas y la sociedad en su conjunto, como víctima también, tienen derecho».[65]

Justicia al otro lado del charco

Frente a la postura negacionista de los gobiernos de la derecha, que achacan motivos de venganza o de rencor o que utilizan la eterna excusa de que se van a «abrir heridas», lo cierto es que lo único que reclaman las víctimas es el alivio de poder cerrar definitivamente una historia de horror que se vuelve más dura aún al no poder ser concluida y mantenerse en un bucle infinito. Ese punto final que pasa por saber qué ocurrió y conseguir recuperar el cuerpo del ser querido. Todo ello nos lleva a un concepto muy importante: el de superar la idea inculcada de que los desaparecidos habían cometido delitos y que ésa fue la justa causa de su muerte, del mismo modo que aquellos a quienes dejaban tuvieron que soportar una vida marcada por el estigma y la culpa que conllevó el sometimiento a aquellos que habían ejecutado los crímenes contra la humanidad. En estos casos la verdad es que sus familiares eran personas leales a la democracia, que, en muchos casos desde su papel de alcaldes, concejales, maestros o médicos eran hombres y mujeres solidarios e interesados en ayudar a su comunidad. O, simplemente, buena gente que no estaba de acuerdo con los golpistas. Incluso ni siquiera eso, simplemente personas a las que habían arrebatado la vida por una denuncia interesada cualquiera. La convicción de que la culpa era inexistente trae descanso y paz al alma de las víctimas. Y esta reparación es la que trae la verdad que la Justicia debe hacer prevalecer.

Por todo ello, no puedo más que admirar a todas estas personas que no cejan en su empeño de buscar o de exigir Justicia. Por ello me parece ejemplar el esfuerzo de aquellos que protagonizan la conocida como «querella argentina». Entre ellas hay alguien muy especial para mí. Empiezo la historia por el final, cuando, en noviembre de 2017, el Club de las 25, un colectivo integrado por mujeres de todos los ámbitos que trabajan por la igualdad, me invitó a entregar un premio. Cuando supe quién era la destinataria acepté de inmediato y con sumo placer. Se trataba de Ascensión Mendieta, de 92 años, víctima de la represión franquista que había pasado toda su vida reprochándose haber abierto de pequeña la puerta de su casa aquella tarde sin saber que iban a matar a su padre, que se lanzó a buscar sus restos y tuvo el valor de cruzar el charco para lograr Justicia. Así lo expliqué aquella noche de homenaje a una mujer muy valiente:

> Entregar este premio me produce una especial emoción. Ascensión Mendieta es una hija coraje. La niña de 13 años que vio cómo se llevaban a su padre Timoteo; que no entendió por qué le ejecutaron, culpable del delito de ser presidente de la UGT de Sacedón y republicano leal al Gobierno electo en las urnas. La adolescente que sufrió las consecuencias de ser hija de rojo y la mujer que nunca olvidó hasta el punto de buscar fuera la ayuda que no pudo encontrar en su país y cumplir 88 años en un avión rumbo a Argentina adonde viajó para pedir a la jueza de Buenos Aires, María Servini de Cubría, la verdad, la Justicia y la reparación que en España le negaban. Cuatro años después, el 2 de julio de este año, Timoteo Mendieta, ya exhumado, recibía sepultura y Ascensión, con 92 cumplidos, culminaba su empeño. Para lograrlo, se habían conjugado un tribunal argentino, la Asociación para la Recuperación de la Memoria Histórica, la solidaridad de muchas personas y, sobre todo, su tesón y su fuerza de voluntad. Atrás quedan el miedo, la impotencia y la desesperación. Has dado sentido al esfuerzo de todos quienes creemos que hay que luchar por la memoria. Muchas gracias, Ascensión.

El periplo de Ascensión para lograr la localización de su padre Timoteo Mendieta fue arduo y desesperante. Fue una de las primeras firmantes de la querella argentina que instruye en Buenos Aires la jueza María Servini, que abrió una puerta a los tribunales cuando en España los jueces la negaban. Como explica Matías Bailone, uno de los letrados que representa a las víctimas en dicha querella:

> El caso de Ascensión se convirtió en emblemático, los restos de su padre Timoteo estaban enterrados en una fosa común en el cementerio de Guadalajara y se convirtió en el primer caso de exhumación de una víctima del franquismo bajo tutela judicial internacional. En este caso particular, la pericia y la tarea de Ana Messuti fueron incalculables. Los varios días que duraron las tareas de excavaciones para buscar a Timoteo pudieron desenterrarse muchísimos huesos correspondientes a otras víctimas que no estaban reclamadas y que fueron encontrando identificación y entrega de los restos a sus familiares, a través de la orden judicial de la jueza argentina. Después, al año siguiente, la jueza pudo viajar en visita oficial a España y llevar a cabo acciones procesales en la causa, tomando testimoniales en varias ciudades españolas y presenciando la apertura de una fosa común en Málaga por parte del Equipo Argentino de Antropología Forense.[66]

LOS «PADRES» DE LA QUERELLA ARGENTINA

Matías Bailone, como uno de los «padres» que es de esta querella, cuenta así su origen:

> La idea de la querella argentina contra los crímenes del franquismo nació en una mesa de café de la plaza de Oriente de Madrid en el año 2008. Emilio Silva, presidente de la Asociación de Recuperación para la Memoria Histórica, había citado al jurista argentino Eugenio Raúl Zaffaroni, que se encontraba de visita en España, para consultarle acerca de la posibilidad de hacer en Argentina una querella por los crímenes del franquismo, ya que la causa abierta en el juzgado de instrucción de Baltasar Garzón de la Audiencia Nacional estaba a punto de cerrarse por parte del Tribunal Supremo. A esa reunión asistimos Silva, Zaffaroni, Ariel Jerez y yo. Desde ese momento, quedé comisionado para trabajar en el armado de los documentos jurídicos, así como de la causa en sí misma, y del equipo de abogados que trabajarían a ambas orillas del Atlántico. En esa reunión, Emilio Silva nos preguntó a Zaffaroni y a mí si era posible hacer lo que Baltasar Garzón hizo para Argentina, Chile, etc., pero ahora con un juez de Argentina respecto a las víctimas españolas. Le contestamos que el artículo 118 de la Constitución argentina reconoce la jurisdicción universal para el orden jurídico nacional, admitiendo la jurisdicción de los jueces de la capital para los delitos contra el derecho de gentes, es decir los crí-

menes internacionales. Me puse inmediatamente a trabajar desde mi oficina académica en Ciudad Real, en la Universidad de Castilla-La Mancha,
desde donde pude contactar a Darío Rivas Cando, el primer querellante.
Y en España pude contar con la asistencia y colaboración de toda la Asociación para la Recuperación de la Memoria Histórica (ARMH) y del
gran jurista Joan Garcés. Con Zaffaroni elegimos un equipo jurídico impecable, que estaba conformado inicialmente por dos grandes abogados
de derechos humanos: el gran penalista David Baigún y el famoso abogado Beinusz Szmukler. Después sumamos a la profesora Ana Messuti, que
estaba viviendo en Salamanca y que estaba trabajando una tesis doctoral
sobre la jurisdicción universal. Junto con David Baigún, se sumaron dos
abogados de su estudio, Ricardo Huñis y Máximo Castex. Especialmente
este último fue quien llevó sobre sus espaldas el día a día de la querella y
el contacto con la prensa. Con el tiempo, los organismos de derechos humanos sumaron a los prestigiosos abogados Héctor Trajtemberg y Carlos
Zamorano. Pero la incorporación más importante fue la del gran abogado
y activista Carlos Slepoy, que ya venía trabajando en esta línea, y a quien
pudimos sumar un mes antes de la presentación de la querella. Formamos
un equipo de redacción jurídica integrado por Slepoy, Messuti y yo (Bailone). Con permanentes consultas a Garcés, Manuel Maroto Calatayud, el
propio Zaffaroni y varios abogados de derechos humanos. La incorporación de Slepoy fue muy importante para activar la querella en el mundo
de los derechos humanos y en la prensa internacional. Asimismo, Carlos
fue el más activo propulsor de la calificación de genocidio en los casos que
se sometían a investigación, y a ampliar el ámbito temporal hacia los años
siguientes a la muerte del dictador.[67]

Empezaron pues gracias al primer querellante, Darío Rivas Cando,
un emigrante gallego de 95 años que, desde 1952, buscaba los restos de su
padre, fusilado por la Falange el 29 de octubre de 1936, por haber sido
alcalde republicano en Castro de Rei (Lugo). Hacía años que había con-
tactado con Emilio Silva de la ARMH para lograrlo. Una vecina de Por-
tomarín le había indicado dónde estaba la fosa común en que se hallaban.
Bailone, en el particular relato que ha tenido la bondad de preparar para
el mejor conocimiento de este hito histórico en la jurisdicción universal
y en la investigación de los delitos franquistas, recuerda cómo se presentó
la querella:

> El 14 de abril de 2010, en el año del Bicentenario de la Revolución
> de Mayo y a 79 años de la proclamación de la Segunda República espa-
> ñola, con el grupo de abogados y con muchos militantes de derechos hu-

manos, presentamos una querella ante la Cámara Federal de la Capital para entregar a sorteo la querella para investigar, en virtud del principio de jurisdicción universal, los crímenes de genocidio y lesa humanidad del franquismo en España. Además del equipo jurídico, estaban presentes Adolfo Pérez Esquivel, Horacio Verbitsky, Estela de Carlotto, Norita Cortiñas y varios periodistas españoles. Las asociaciones de derechos humanos de Argentina se presentaron como querellantes: Abuelas de Plaza de Mayo, Madres de Plaza de Mayo Línea Fundadora, el Centro de Estudios Legales y Sociales (CELS), el Servicio de Paz y Justicia (SERPAJ), la Asociación de Ex Detenidos Desaparecidos, la Liga por los Derechos del Hombre, la Comisión Provincial de la Memoria, el Instituto de Estudios Comparados en Ciencias Penales y Sociales (INECIP), entre otras. La participación de estas organizaciones como querellantes fue posible por una ley argentina de 2009, por la que se legitima como querellantes a las asociaciones de derechos humanos cuando se trate de procesos en los que se investiguen crímenes de lesa humanidad.[68]

LO QUE INVESTIGA LA JUEZA SERVINI

En la querella, se describen los hechos relacionados con los familiares represaliados de los querellantes y luego se indica que «todas estas circunstancias narradas son extensibles a decenas de miles de personas asesinadas en las semanas que siguen al 17 de julio de 1936 por el grupo de oficiales militares alzados, la Falange Española y otras organizaciones afines de apoyo a la insurrección, en lo que constituyó un plan sistemático, generalizado, deliberado y planificado de aterrorizar a los españoles partidarios de la forma representativa de gobierno, a través de la eliminación física de sus más representativos exponentes». La querella se presentó «por los delitos de genocidio y/o de lesa humanidad en ejercicio del principio de jurisdicción universal».[69] La formulación «y/o» se consideró necesaria por los debates que actualmente se sostienen en algunos juicios contra represores argentinos sobre la calificación legal de los crímenes, que se remite al debate de casi todos los fueros en donde se juzgan este tipo de delitos. De esa forma, si el juez estimaba que debía ser una y no otra la calificación, tenía la posibilidad de optar. Sin embargo, en las conclusiones se optó por calificar los hechos denunciados como «genocidio» y emplear la calificación de «lesa humanidad» con carácter subsidiario. Vale la pena citar el texto mismo de la querella: «Estimamos por todo lo expuesto que los hechos a los que se contrae la presente querella deben ser calificados como "genocidio", [...] sin perjuicio de que el instructor provisionalmente y, en su caso, el tribunal sentenciador puedan estimar que constituyen crímenes de lesa humanidad. [...] A dicho efecto, y con carácter subsidiario, formulamos acusación por delitos de lesa humanidad y desarrollamos algunas reflexiones al respecto».[70]

Los instrumentos internacionales a los que se remite la querella en este punto son el Estatuto del Tribunal Militar de Núremberg, la Convención sobre la imprescriptibilidad de los crímenes de guerra y de los crímenes de lesa humanidad, la Convención Interamericana sobre Desaparición Forzada de Personas y el Estatuto de Roma de la Corte Penal Internacional.

La denominación judicial de la causa es 4591/10 caratulada «NN s / genocidio», que cayó sorteada en el Juzgado Nacional en lo Criminal y Correccional Federal n.° 1 - secretaría n.° 1, de la ciudad de Buenos Aires, a cargo de María Romilda Servini de Cubría.[71]

Refiere también Bailone que uno de los debates más intensos en el momento de presentación de la primera querella fue el espacio temporal que abarcaba. «Si bien nuestros primeros querellantes fueron familiares de víctimas de la Guerra Civil, de la represión del frente nacional y de la inmediata posguerra, también queríamos referenciar como víctimas de la misma violencia genocida a los que sufrieron el tardofranquismo. Por eso mismo se consensuó como fecha de cierre la realización de las elecciones democráticas de 1977, principalmente porque se querían incorporar esos hechos abominablemente criminales producidos durante el franquismo sin Franco, después de la muerte del dictador, como la matanza de Vitoria-Gasteiz. El período comprendido fue entre el 17 de julio de 1936 y el 15 de junio de 1977.»[72]

Desde la presentación de los dos primeros querellantes directos (Darío Rivas e Inés García Holgado), abogados y querellantes se lanzaron a contactar con las víctimas de los casos más emblemáticos de la represión franquista: los familiares de Salvador Puig Antich y Julián Grimau. También tuvieron en cuenta los casos de robos de bebés y los represaliados por la tortura, sistemáticamente instalada en el estado español franquista a través de la Brigada Político-Social y del Tribunal de Orden Público. Por lo tanto, siguiendo la explicación del abogado, las víctimas se reunieron alrededor de la siguiente clasificación: familiares de víctimas fallecidas como consecuencia de la represión del estado español y de la Guerra Civil, víctimas de la represión vivas en la actualidad (secuestradas, encarceladas, torturadas, golpeadas en espacios públicos o privados, sometidas a esclavitud en campos de reclusión, a trabajos forzados, que hubieran sido expatriados, sometidos a escarnio público, expolio de bienes culturales, personales o inmuebles, que fueron sometidos a represalias y arrestos domiciliarios, deportados o desplazados forzosamente, personas o entidades sometidas a persecución cultural, étnica, religiosa o de otra índole, etc.). También los casos de secuestros continuados por suplantación de la identidad como consecuencia de una adopción fraudulenta, cometidos por el estado dictatorial o sus representantes, aquellas personas o sus familiares que se vieron obligadas a trabajar al servicio de empresas privadas para redimir días de reclusión, para denunciar a las empresas que se beneficiaron de este trabajo calificado como «trabajo por reducción a la esclavitud». El listado de afectados continúa: las víctimas supervivientes o familiares de los deportados a los campos de concentración, tanto dentro del estado español como de aquellas personas que lo fueron desde otros países de Europa, por la denegación del reconocimiento del carácter de españoles/as por el gobierno del estado, las entidades jurídicas que padecieron la represión y que hayan sido perseguidas, disueltas, expoliadas en sus bienes muebles o inmuebles, saqueados sus fondos documentales, o patrimonio cultural o artístico o cuyos miembros hayan sido perseguidos y o asesinados, de manera clandestina o mediante juicios, civiles o militares.

«Claramente hubo una resignificación del concepto "víctima del franquismo", que esencialmente estuvo asociado a la idea de cunetas, fosas comunes y crímenes durante la Guerra Civil y la represión posterior, a pasar a significar un colectivo mucho más amplio y heterogéneo, conformado por generaciones posteriores. Personas que fueron represaliadas y torturadas por la policía política del tardofranquismo. Para ello ayudó mucho la creación de CEAQUA (Coordinadora Estatal de Apoyo a la Querella Argentina contra crímenes del franquismo) que comenzó a insistir en la presentación de querellas de los torturados de los años sesenta y setenta. Con victimarios aún vivos y supérstites en las estructuras estatales de represión, las querellas comenzaron a dirigirse contra imputados conocidos y posibles de responsabilización penal.»[73]

Este colectivo agrupó a más de cinco asociaciones de cierta dimensión, creadas después de 2010 para ayudar a las víctimas del franquismo, tanto en España como en Argentina. Además de la CEAQUA,[74] varios organismos, fundaciones y asociaciones de trabajadores se dedicaron a dar sustento social y político a la querella argentina. La diversidad de las querellas, de los puntos de vista, los debates acerca de la peculiaridad o no de ciertas persecuciones nacionalistas, así como la existencia de genocidios diferenciados como el vasco, el catalán o el gallego fueron puntos de confrontación interna desde prismas jurídicos, sociológicos e históricos. Muchos historiadores participaron de la querella mediante dictámenes periciales, informes especiales o participaciones testimoniales como Pedro Oliver Olmo, Julián Casanova, Juan José del Águila, Mario Amorós, José Babiano, Antonio Míguez, Javier Tébar, Gutmaro Gómez, entre otros.

«Entre los expertos sobre el tema que declararon como testigos o como peritos, se destaca sobremanera la testimonial brindada por el juez Baltasar Garzón, que fue el primer magistrado en enjuiciar al franquismo y, por ello, fue apartado injustamente de la función judicial. La larga declaración testimonial de Garzón ante Servini de Cubría fue el evento más importante en cuanto a poner la investigación de la causa argentina en la línea judicial de lo que había sido la importantísima instrucción que Garzón hizo de los hechos investigados.»[75] Agradeciendo a Matías Bailone sus palabras, en efecto, en mayo de 2012, acudí a declarar como testigo en la causa que se sigue en el juzgado federal argentino por los crímenes franquistas cometidos en España y lo hice sin dudarlo, con plena convicción y conciencia de lo que hacía. Mi testimonio iba a tratar sobre unos hechos que habían formado el núcleo de mi investigación de los crímenes franquistas en territorio español, y, *prima facie*, pareciera que no debía emitir testimonio o valoraciones sobre los mismos. Pero esa reflexión me condujo al único lugar al que podía llegar, a colaborar con la Justicia. Es decir, exactamente lo contrario de lo que había hecho la Justicia española dejando abandonadas a las víctimas de los crímenes de genocidio y/o contra la humanidad del franquismo. No tuve ninguna duda de que debía dar un testimonio lo más amplio y exhaustivo posible para contribuir al esclarecimiento de la verdad y la Justicia como derechos inalienables de las víctimas. Prometí decir verdad y, por ello, tuve que afirmar, tras leer un informe inverosímil e incierto de la Fiscalía General del Estado español en el que se afirmaba que existían investigaciones abiertas, que se había investigado en mi juzgado, que se habían agotado adecuadamente las vías de investigación o que en diversos juzgados había investigaciones abiertas, cuando todas se habían archivado. Es decir, una vez más, desde la fiscalía española se apostaba —con un «prietas las filas» de aquella canción franquista, *Montañas Nevadas*, que nos obligaban a cantar en las escuelas de los años sesenta— por la mentira y la impunidad más rampantes y, además, haciéndolo en un documento oficial que, por cierto, en ese tiempo fue la única colaboración prestada por España. Cuando terminé mi larga comparecencia ante la jueza, a la que no había vuelto a ver desde el año 1991 cuando la conocí a propósito de la cooperación judicial que se produjo en un caso muy famoso en aquella época, conocido como el «Yomagate»[76] y con la sentencia dictada en mi caso aún reciente, absolviéndome pero cargando contra todo lo que significara la investigación penal del franquismo, me sentí en paz conmigo mismo. En la medida de mis posibilidades, había contribuido a que esa mala especie que se llama franquismo y que anida todavía en muchas mentes, al menos por esta vez tuviera un contraargumento que descubría las falacias de quienes se ocultaban tras una supuesta razón de estado que contradice los derechos de los ciudadanos y especialmente los de las víctimas, optando por su abandono frente a la impunidad que desde su posición sostienen.

España no colabora

¿Qué ocurrió a partir de ese punto?

Con respecto a los casos de tortura y privaciones de libertad producidos en el tardofranquismo y el posfranquismo, en el año 2013 la jueza pidió la detención preventiva internacional de Jesús Muñecas Aguilar, Celso Galván Abascal, José Ignacio Giralte González y Juan Antonio González Pacheco («Billy el Niño») con fines de extradición para poder tomarles declaración indagatoria. La Cancillería argentina tramitó los pedidos, no sin antes poner algunas trabas burocráticas. Y después fue la negativa del Gobierno español del Partido Popular la que impidió el tratamiento del pedido de extradición. Las órdenes de detención internacional están aún vigentes en Interpol. En el mismo año 2013, la jueza argentina pidió a la Corte Suprema de Justicia de la Nación la autorización para viajar a España para tomar las indagatorias y las testimoniales pedidas por la querella, pero la corte no le permitió el viaje en el primer intento. Por eso, las asociaciones que estaban apoyando las acciones de la querella decidieron financiar un viaje de muchos querellantes para que vinieran a declarar al juzgado de Servini de Cubría. Así vinieron a declarar el colectivo de los niños robados del franquismo, los miembros de La Comuna de activistas y estudiantes que fueron torturados en los años setenta, la hermana de Salvador Puig Antich y Ascensión Mendieta, de 91 años, en nombre de su padre sindicalista de UGT fusilado al finalizar la Guerra Civil.[77]

Por parte del Gobierno español, los obstáculos han sido enormes.

Dice Bailone:

> Todos los pedidos de cooperación jurídica internacional relacionados
> con esta causa y expedidos por las vías diplomáticas ordinarias fueron en un
> primer momento demorados por indicaciones directas del entonces emba-
> jador argentino en España Carlos Bettini, pero después permitidos y pro-
> mocionados por indicación directa de la Cancillería argentina y por la tarea
> denodada de los funcionarios y empleados de los consulados argentinos en
> Madrid, Barcelona, etc. Por esa misma vía, se ordenó que no se pagara tasa
> diplomática o consular en todos los trámites vinculados a la querella argen-
> tina. Así, con posterioridad, en los consulados de Madrid y Barcelona, mu-
> chas víctimas pudieron declarar ante la jueza argentina a través del sistema
> de videoconferencias. La querella contra el franquismo se convirtió en un
> hito de la Justicia penal internacional y en el resultado de una larga lucha de
> la España soterrada durante cuarenta años de posgenocidio y casi el mismo
> tiempo de democracia. Es la única causa formalmente abierta en todo el
> mundo para juzgar este genocidio en particular. Con el tiempo, y a pesar de
> los problemas y trabas experimentados, el orden político español de izquier-
> das, a través de los ayuntamientos y los parlamentos locales, aprobaron reso-
> luciones de adhesión o de ayuda a los españoles que quieran declarar ante la
> jueza argentina en el marco de la querella. La causa 4591/2010 ha tenido
> una vida jurisdiccional compleja, pero muy buena acogida entre los grupos
> de derechos humanos y en la prensa nacional e internacional. La única for-
> ma de hacer caer los procesos abiertos por jurisdicción universal es que el
> país de los jueces naturales genuinamente juzgue y condene a los perpetra-
> dores. Que dignifique los tribunales de Justicia nacionales. Que se comien-
> ce a andar el largo proceso de instauración de memoria, verdad y Justicia.[78]

LO QUE NOS ENSEÑAN LAS VÍCTIMAS

Sin duda, este caso ha agrupado a un grupo de abogados que significan la
excelencia en el terreno de los derechos humanos. Igual que me había
interesado por la historia de Matías Bailone, quería conocer las reflexiones de Ana Messuti, su visión sobre el proceso, pero, sobre todo, su mirada
hacia las víctimas. Esto es lo que ella nos aporta:

> Desde la presentación de esta querella, desde la apertura de esta causa,
> el 14 de abril de 2010, nos hemos ocupado, los abogados que la llevamos
> adelante, de diversas cosas propias de la práctica jurídica: la vinculación con
> los querellantes, la recopilación de las pruebas, la elaboración, presentación

al juzgado y ratificación de las querellas; la petición a la jueza de diversas diligencias, por ejemplo, su viaje a España para tomar declaración a querellantes y testigos, y, cuando supimos que ese viaje no era posible, la toma de esas declaraciones por videoconferencias. Las dificultades que hemos estado y estamos enfrentando para que se concreten esas declaraciones y se continúe luego con las imputaciones pertinentes ya han sido objeto de atención por los medios. Sin embargo, esas dificultades merecen además otro tipo de atención, una atención más reflexiva, que trascienda la inmediatez de la noticia y detenga la mirada en la infinita paciencia de los declarantes frustrados y en el significado de los obstáculos que se les imponen. Con respecto a la paciencia. Quienes trabajamos con los querellantes en esta causa siempre les preguntamos qué intentan conseguir a través de esta querella. Hay una contestación que pretende uniformizar las respuestas a esa pregunta y pretende connotar lo que piden todas las víctimas: verdad, Justicia y reparación. Si bien son tres palabras cargadas de significado, su repetición, como sucede con tantas expresiones acuñadas para decir muchas cosas, puede ir vaciándolas de sentido y es necesario hacer un alto en el camino y analizarlas a la luz de los hechos que se van presentando.

Una de las cosas que se ha mantenido durante el tiempo transcurrido es el silencio: el silencio impuesto, el silencio fortalecido por las amenazas, el peligro real, el miedo. Una de las querellantes me contaba que se enteró de que su abuelo había sido fusilado cuando ella ya tenía 50 años. Fue precisamente a raíz de la querella argentina: cuando su madre supo de esa querella, le contó lo ocurrido y no quiso perder esa única oportunidad de denunciar el asesinato de su padre ante un tribunal. ¿Qué persigue esa mujer, ya mayor, con nietos y bisnietos, pero siempre consciente de que es hija de un fusilado, al presentarse en la querella argentina? Los responsables ya han muerto. Ya no pueden ser juzgados: por lo que no podemos decir que pida Justicia, tal como suele entenderse. Sabe que la Justicia argentina no indemnizará a las víctimas del franquismo, por lo que no podemos decir que pida reparación, tal como suele entenderse. Sabe cómo sucedieron los hechos, tiene documentos que demuestran que su padre fue sometido a un tribunal militar y condenado en un juicio sumarísimo sin ninguna garantía procesal. Por lo que no podemos decir que pida verdad. Sin embargo, nadie podrá sostener que esa mujer no esté pidiendo esas tres cosas. Pero la verdad que pide no es la verdad de los historiadores o la verdad, que ya bien conoce, de cómo pasaron las cosas; la Justicia que pide no es la Justicia retributiva, que castigará a los culpables con la pena impuesta, porque esa Justicia no será posible cuando ha transcurrido tanto tiempo que cabe presumir que los culpables han muerto o, cuando no hayan muerto (como en los casos de los criminales nazis descubiertos en los últimos tiempos), jamás será proporcional al crimen cometido y la reparación que pide a la Justicia argentina no es la indemnización económica, ni siquiera la reparación de la memoria de la víctima en un país donde no ha sido agraviada. Lo que pide es decir lo que tiene que decir, y que se diga lo que ha de decirse, en el lugar donde debe decirse.

Lo primero que buscan los querellantes-víctimas es denunciar. Y denunciar es hablar, decir nuestra palabra. Mucho se ha dicho sobre la relación íntima entre derecho y lenguaje. El derecho sirve para darnos voz, pero no en cualquier sitio. Para el derecho el lugar es determinante. Cuando vamos a denunciar la pérdida de un objeto, iremos a una oficina determinada, cuando denunciamos un accidente, iremos a otra. En los casos de los que estamos hablando, se trata de denunciar crímenes y de los más graves. Y los crímenes han de denunciarse en un lugar bien preciso: un tribunal penal. Porque sólo ante un juez penal puede hablarse de crímenes y de víctimas. Con respecto a los obstáculos. ¿Por qué se interpusieron obstáculos a la toma de declaraciones? Parecía que el transcurso del tiempo iba a hacer innecesario molestarse en interponer obstáculos. Y se confiaba en que el tiempo iría borrando poco a poco los recuerdos y los deseos. Para darnos cuenta de lo falsa que es esta creencia basta escuchar a las víctimas. El crimen queda arraigado en la memoria, incluso cuando todo lo demás se ha olvidado. Recuerdo el caso de una señora enferma de Alzheimer, que se había olvidado hasta del nombre de su hija, de que su hija era su hija, pero sabía responder muy bien qué había pasado con su padre. Cuando se le preguntaba, decía: «se lo llevaron "los francos", lo arrojaron a un pozo...» (y los vecinos confirmaban lo que decía). Cuando se interponen obstáculos injustificados, hay que preguntarse qué razones habrá para interponerlos. Mucho se ha especulado sobre esas razones, pero lo que me interesa aquí es la importancia que tienen esas declaraciones para que se las obstaculice de esa manera. Cuando nos interponen obstáculos para que declaremos en el único tribunal que por ahora nos ha abierto las puertas, nos están diciendo que nuestra palabra importa mucho. Que lo que diremos pondrá en tela de juicio más de una cosa. Por ejemplo, pondrá en cuestión la validez misma de un sistema judicial que les ha negado incluso la posibilidad de denunciar que fueron secuestrados, torturados, asesinados, que les robaron a su hijos, que los sometieron al trabajo esclavo, que, cuando se los juzgaba, los juicios eran una parodia de lo que se entiende por juicio, pero que, no obstante, concluían con una condena a muerte que no parodiaba la muerte. La validez misma de un sistema judicial que no se pronuncia sobre esos crímenes gravísimos, pero que se ocupa muy pormenorizadamente del robo de un automóvil. Un sistema que consiente que los juicios parodiados sigan considerándose parte del mismo ordenamiento jurídico que se nos obliga a respetar. Al dirigirse los querellantes-víctimas a la Justicia argentina están cuestionando y haciendo vacilar los cimientos

mismos de todo el sistema jurídico que les cierra las puertas. Puede decirse que, por ello, entre otras razones, se interponen obstáculos. Las vícti-
mas-querellantes, al recurrir a un tribunal extranjero y ampararse en el
derecho penal internacional, están poniendo en marcha la jurisdicción internacional. Le están dando sentido. Nos están dando, al fin de cuentas, una
lección a los juristas del mundo entero: no importa el lugar ni el tiempo, la
impunidad de crímenes de tal magnitud no es admisible. Y cuando se ha
dejado que el tiempo transcurra para que queden impunes, al menos en
algún tribunal del mundo debe reconocerse la criminalidad del régimen
bajo el que fueron cometidos, favorecidos, amparados.

Las víctimas nos están enseñando a hacer Justicia del derecho.[79]

Quizá sea este tipo de Justicia anamnética y restaurativa la única que
nos quede incluso aquí en España, pero es una Justicia legítima y necesaria
y a la que no sólo las víctimas, sino toda la sociedad, tienen derecho. Por
eso, es necesario seguir construyendo esa Justicia y esa memoria que no
prescribe mientras no se restablezca la verdad, una verdad compartida,
integral, que es presente y especialmente futuro; que, finalmente, esta vez
sí, contribuirá decisivamente a superar los sectarismos de quienes se niegan a asumir lo sucedido e insisten en que sus efectos sean la única narrativa que se imponga. Cuando en una exhumación se pide que esté un juez
presente para dar fe de que allí hubo una acción violenta contra una o
varias personas, se está buscando la dignificación del acto de exhumación,
pero también el reconocimiento por parte del estado de que incumplió
sus obligaciones institucionales con sus ciudadanos, que ahora repara.

SLEPOY

Otro de los abogados de esta monumental causa fue el abogado y defensor de derechos humanos Carlos Slepoy, que falleció en 2017 dejándonos
un poco más huérfanos a quienes creemos en un mundo mejor. Transcri-
bo parte de un artículo que Carlos Slepoy, «Carli», publicó en su día, pues
creo que es un excelente resumen de cómo la memoria histórica se implica en la jurisdicción universal y como ésta es una herramienta básica
para luchar contra la impunidad:

El 14 de abril de 2010, se interpuso una querella ante los tribunales
de Justicia de la República Argentina con el objetivo de que se investiguen los crímenes cometidos por los integrantes de la dictadura franquis-

ta, se identifique a sus responsables y se los sancione penalmente. Amparados en la legislación internacional de la ONU sobre justicia universal, las víctimas del franquismo presentamos en el Juzgado Nacional en lo Criminal y Correccional Federal n.° 1, de Buenos Aires, República Argentina, a cargo de la jueza María Servini de Cubría, la querella 4591/2010, nominada «N.N. por genocidio y/o crímenes de lesa humanidad cometidos en España por la dictadura franquista entre el 17 de julio de 1936, comienzo del golpe cívico-militar, y el 15 de junio de 1977, fecha de celebración de las primeras elecciones democráticas». Fue presentada por familiares de asesinados y desaparecidos durante dicha dictadura y diversas asociaciones españolas y argentinas. [...] Tengo el honor de ser uno de los abogados en esta causa como lo fui en las que, con igual propósito, se instruyeron en España en relación con los crímenes cometidos por la dictadura argentina. Ambos procedimientos fueron instruidos en virtud del principio de Justicia universal que habilita a los órganos judiciales de un estado para la investigación de crímenes cometidos fuera de sus fronteras, sin que sea necesario que los mismos afecten a sus intereses, o sean cometidos por o contra sus ciudadanos en el extranjero o que los autores de los delitos se encuentren en su territorio. Su único límite es que los responsables de los ilícitos hubieran sido ya juzgados en otro país, en el del crimen o en cualquier otro. Se aplica exclusivamente en relación con crímenes internacionales, es decir, aquellos que han sido objeto de tratados o estatutos de carácter internacional y, de modo especial, respecto de crímenes contra la humanidad. Dado que estos se cometen normalmente por un gran número de personas contra una parte sustancial de una sociedad, todas las víctimas pueden ser parte de los procedimientos y éstos se dirigen contra todos los victimarios. Queda garantizado de este modo que todos los afectados pueden hacer oír su voz y su denuncia y que la vocación de los procesos es la de enjuiciar y castigar a todos los responsables. Es la naturaleza internacional del crimen lo que determina el carácter universal de la jurisdicción. El tribunal de Justicia actúa en nombre y representación de la comunidad internacional. Su proclamado objetivo es impedir la impunidad de los causantes de aquellos crímenes que la conciencia universal y el derecho internacional han elevado a la categoría de imprescriptibles, inamnistiables, inindultables y sujetos a persecución judicial en todo tiempo y lugar. Se aplica generalmente cuando en el país en que se cometió el crimen se exonera de responsabilidad a sus autores a través de leyes y/o prácticas de impunidad, aunque nada impide, antes bien todo aconseja, que tribunales de Justicia de distintos países lo pongan en práctica simultáneamente, como modo de mejor garantizar que sean perseguidos con efectividad quienes han sido calificados como enemigos del género humano. Su más acabada implementación, hasta ahora, fue llevada adelante, paradójicamente, por la administración de Justicia española que hoy se niega con falaces argumentos a investigar los crímenes del franquismo y juzgar a sus responsables. No hay espacio en este artículo para reseñar la extraordinaria riqueza de este procedimiento. Basten señalar logros como la detención de Pinochet en Londres durante más de quinientos días; la del marino argentino Ricardo Miguel Cavallo detenido en México, extraditado a España y luego entregado a Argentina donde ha sido juzgado y condenado a reclusión perpetua; el juicio y condena a Adolfo Scilingo, que cumple en cárceles españolas la pena de 1.084 años de prisión que le fue impuesta por el Tribunal Supremo; las cientos de órdenes de busca y captura internacional y las múltiples incidencias procesales que desnudaron los inauditos beneficios con los que los poderes democráticos habían agraciado a los grandes violadores de los derechos humanos. Estas medidas abrieron definitivamente un nuevo camino en el derecho penal internacional y en el derecho internacional de los derechos humanos y colaboraron decisivamente para poner fin a la impunidad en Argentina y Chile, países en los que hay actualmente cientos de condenados. En España se abrieron otros procesos judiciales de similar tenor y, ante la vacilación de distintos tribunales, se pronunció el Tribunal Constitucional declarando la competencia de la jurisdicción española para investigar el genocidio cometido en Guatemala y aclaró definitivamente que la competencia de la jurisdicción española para la persecución de responsables de crímenes que lesionan a la humanidad es parte de la que cabe a todos los estados que se comprometen universalmente con dicha tarea y que, para hacer más efectiva y real dicha persecución, los tribunales de todos los estados están en igualdad de condiciones sin que existan a priori primacías entre ellos. Estos procesos judiciales demostraron que acabar con la impunidad era posible. Los represores, que en sus países se habían visto favorecidos por leyes y prácticas que dejaban sus crímenes sin sanción, se encontraron con que ya no sólo no podían desplazarse libremente por el mundo, sino que empezaba a peligrar su situación aún en los propios países donde habían cometido los delitos y en los que, durante décadas, habían permanecido impunes. La enorme presión social, alentada por la actuación de tribunales extranjeros, determinó que se empezaran a derrumbar los muros de impunidad en las sociedades afectadas y que las justicias locales empezaran a cumplir su función receptando denuncias y querellas, procesando a los responsables y emitiendo las primeras condenas. La aplicación efectiva del principio de jurisdicción universal se reveló entonces como un instrumento formidable para combatir mundialmente la impunidad. Toca ahora su aplicación a los responsables de los crímenes cometidos por y durante el franquismo.

Es sabido que el mismo Tribunal Supremo que condenó a Scilingo por sus delitos (dado el contexto de crímenes contra la humanidad en que estos se perpetraron aunque los mismos no estuvieran previstos como tales en la legislación, como afirma expresamente en su sentencia) ha decidido

en una bochornosa resolución que los crímenes del franquismo no pueden
ser investigados por la Justicia española. Esta lacerante realidad es así descrita en uno de los escritos presentados en la querella argentina: «Tras cuarenta años de dictadura y treinta y cinco de democracia, en España no sólo no
existe siquiera una comisión de la verdad a modo de las que se instituyeron
en numerosos países, incluido el nuestro, no hay un sólo niño a quien se
haya restituido su identidad; un sólo victimario que haya sido identificado;
uno sólo siquiera al que un juzgado le haya tomado declaración; un sólo
imputado por la comisión de alguno, al menos, de los múltiples, masivos,
generalizados crímenes cometidos».Tengo la convicción de que la querella
argentina ha de cumplir un importante papel en la lucha contra la impunidad del franquismo y que ésta no podrá resistir el embate de una sociedad
cada vez más consciente del pasado que se ha pretendido hurtarle. Llegará
para el pueblo español la hora de la verdad, la Justicia y la reparación.Y millones de personas en todo el mundo lo celebrarán.[78]

DIGNIDAD Y TERNURA

Espero y deseo que, en este caso, en el que tantos esfuerzos se han empleado y tantas esperanzas despierta, se continúe hasta el final en defensa
de las víctimas de los crímenes de lesa humanidad cometidos durante el
régimen fascista del general Franco en España.

Como resumen de tanta iniquidad sin respuesta, no puedo más que
recordar al poeta Marcos Ana, que fue encarcelado en 1939 con apenas
19 años, condenado a muerte, conmutada por 30 años de condena. Fue
el preso que más tiempo pasó en las cárceles franquistas, 23 años. De Marcos Ana tuve el honor de recibir solidaridad en aquellos momentos de
angustia para mí, pero sobre todo en tiempos de inquietud por la indefensión en que quedaban las víctimas mientras los jueces del Supremo
decidían anular la revisión de nuestro pasado cegando nuestro futuro.
Junto a Almudena Grandes, Pedro Almodóvar, Juan Diego Botto, José
María Mena, Cándido Méndez, Caballero Bonald, Paco Ibáñez y tantos
y tantos conocidos y anónimos ciudadanos, Marcos Ana tomó la palabra
«contra quienes pretendían devolver a la noche oscura de los asesinos».
Junto a él, con otros grandes como el escritor y amigo José Saramago,
comparto su mensaje: Resurgir de las cenizas de la opresión, luchar contra la impunidad y ser capaz de llevar como bandera un mensaje de dignidad, de memoria y de ternura.[80]

11

El genocidio palestino. Líbano y Gaza

EL ORIGEN DE UN CONFLICTO INTERMINABLE

Después de la Segunda Guerra Mundial y del Holocausto, la comunidad internacional no podía sino aceptar la constitución de un estado para los judíos supervivientes del exterminio nazi. El lugar elegido no podía ser otro que Eretz Israel, la «tierra prometida», que entonces se encontraba bajo el protectorado británico.

Casi en el momento mismo del nacimiento de las Naciones Unidas, en abril de 1947, el Reino Unido sometió a la consideración de la Asamblea General la cuestión de Palestina, que dispuso la creación de una Comisión Especial para Palestina (UNSCOP). La mayoría de los miembros de esta comisión recomendaron que Palestina se dividiera en un estado árabe y un estado judío, con un estatuto internacional especial para la ciudad de Jerusalén, bajo la autoridad administrativa de las Naciones Unidas. En noviembre de ese mismo año, la Asamblea General, a través de la Resolución 181 (II), aprobó un plan para la creación de los dos estados, la fijación de sus fronteras y la retirada progresiva del ejército británico. El Organismo Judío aceptó la resolución, a pesar de sus discrepancias con algunos aspectos del plan, en especial sobre la fijación de las fronteras. En cambio, los árabes palestinos y los estados árabes de la región lo rechazaron, oponiéndose firmemente a la división del país. El plan de Naciones Unidas provocó estallidos de violencia en Palestina, que fueron agravándose con el paso del tiempo. El Consejo de Seguridad se vio obligado a intervenir en abril de 1948, creando una «Comisión de la Tregua», al tiempo que la Asamblea General disolvía la UNSCOP.[1]

La finalización del protectorado británico y la retirada de sus tropas estaban previstas para el 14 de mayo de 1948. A pesar del clima de violencia que se vivía en la zona, a pesar de que los estados árabes circundantes se aprestaban para la guerra, a pesar de que el Organismo Judío anunció que declararía unilateralmente la independencia y la constitución del estado de Israel y a pesar de las palabras de su líder, David Ben Gurion, que había dicho que el nuevo estado «tendría los límites que fueran capaces de trazar sus soldados», las tropas británicas se retiraron el día previsto. «Entretanto, árabes e israelíes libraban una frenética carrera para apoderarse de las instalaciones y posiciones abandonadas, por su importancia estratégica y porque se había abandonado algún armamento. Esa madrugada arreciaron los combates por Jerusalén y comenzaron a llegar a Palestina los ejércitos árabes más tempraneros. La primera guerra árabe-israelí había comenzado».[2]

Desde entonces no hay paz en la región, se han sucedido una guerra tras otra, hechos de violencia entre unos y otros, aunque Israel haya conseguido afirmar cada vez más su dominio y extenderlo progresivamente, a costa de nuevas guerras, más violencia y de la expulsión de los palestinos a otros lugares de Palestina y a los países vecinos.

El Líbano

El éxodo palestino

En 1948, muchos habitantes de las regiones septentrionales y costeras de Palestina huyeron hacia el Líbano, donde se instalaron en campamentos de refugiados en los alrededores de las ciudades de Tiro, Sidón y Beirut. En 1970, llegó una nueva oleada de refugiados palestinos, esta vez procedentes de Jordania. La situación en la frontera entre Israel y el Líbano comenzó a ser fuente de conflicto, debido a las incursiones de comandos palestinos en territorio israelí. Como represalia, Israel respondió atacando los campos de refugiados del Líbano.[3] En marzo de 1978, tras una de estas incursiones de un comando palestino, las tropas israelíes no sólo atacaron el sur del Líbano, sino que esta vez lo invadieron y lo ocuparon militarmente,[4] en la que se denominó «Operación Litani», asentándose en una franja situada al sur del río del mismo nombre. La invasión dejó más de 1.000 civiles muertos. El Consejo de Seguridad de Naciones Unidas aprobó sendas resoluciones en las que instaba a Israel a abandonar los territorios ocupados y creó una fuerza internacional de paz,[5] la Fuerza Provisional de las Naciones Unidas en el Líbano (FPNUL). Las tropas israelíes se retiraron del Líbano en junio de ese año, pero en lugar de hacer entrega del territorio a la FPNUL, lo dejaron en manos de milicias cristianas y de otras milicias vinculadas con Israel. La situación en el sur del Líbano continuó siendo inestable, con frecuentes escaramuzas entre las milicias cristianas junto con las fuerzas israelíes, y elementos armados de la Organización para la Liberación de Palestina (OLP) y del Movimiento Nacional Libanés.[6] A esas alturas, el éxodo palestino hacia el Líbano alcanzaba una cifra estimada en casi 300.000 refugiados. La OLP, liderada por Yasser Arafat, empezó a armarse, al igual que la minoría cristiana libanesa que, al llegar al poder, pidió el apoyo de la Liga Árabe, que desplegó una fuerza siria para apoyar a las milicias cristianas y palestinas. El país se dividió así en función de las comunidades religiosas.[7] El alto al fuego llegó en julio de 1981, permitiendo que la zona viviera en calma hasta mayo de 1982. Entonces, y a raíz de los ataques contra diplomáticos israelíes en Londres y París, Israel empezó a realizar incursiones aéreas contra objetivos de la OLP en el Líbano, lo que hizo estallar de nuevo las hostilidades.[8] Ante la gravedad de la situación, el 5 de junio de 1982 el Consejo de Seguridad de Naciones Unidas pidió a ambas partes, a través de la Resolución 508, el fin inmediato de las hostilidades y si bien la OLP no dudó en asumir este compromiso, Israel informó que la petición sería examinada por su Consejo de Ministros. En contra de lo esperado, las fuerzas israelíes no sólo no detuvieron las hostilidades sino que al día siguiente invadieron nuevamente el Líbano.[9] Aunque en un principio el Gobierno israelí había anunciado su intención de penetrar *únicamente* 40 kilómetros en el territorio libanés, el mando militar, bajo la dirección del ministro de Defensa, el general Ariel Sharon, decidió llevar a cabo un proyecto más ambicioso.[10] En su Resolución 509 (1982), el Consejo de Seguridad reiteró sus llamamientos y pidió a Israel que se retirara «inmediata e incondicionalmente» del Líbano. Pese a ello, Israel prosiguió con la invasión, y las fuerzas israelíes lograron llegar hasta Beirut, que durante dos meses estuvo sitiada[11] y bajo constantes bombardeos, una operación que el Gobierno israelí denominó «Paz para Galilea».[12] Esta operación no sólo supuso el cerco y la destrucción de Beirut, sino también la ocupación efectiva de casi la mitad del Líbano, lo que desencadenó la intervención de distintas potencias regionales y mundiales, y se convirtió en el conflicto bélico más largo en el que las Fuerzas de Defensa de Israel (FDI) se han visto envueltas desde su creación.[13] La ofensiva israelí y, sobre todo, los bombardeos intensivos de Beirut habrían ocasionado, según datos libaneses, unos 18.000 muertos y 30.000 heridos, en su mayoría civiles.[14] Al cabo de dos meses de combates, se negoció un alto al fuego con la mediación del emisario de Estados Unidos, Philippe Habib. Se acordó que la OLP desalojaría Beirut, bajo supervisión de fuerzas multinacionales que se desplegarían en la parte evacuada de la ciudad. Los Acuerdos Habib suponían que Beirut occidental quedaría bajo la supervisión del ejército libanés y Estados Unidos daría garantías al liderazgo palestino respecto a la seguridad de la población civil en los campamentos de refugiados después de su retirada.[15] La fuerza multinacional para garantizar la salida ordenada y segura de Beirut de los combatientes palestinos estaba formada por Francia, Italia y Estados Unidos. La evacuación terminó el 1 de septiembre de 1982 y el día 10 la fuerza multinacional se retiró. Cuando todo indicaba que la situación empezaría a calmarse, apenas cuatro días después se produjo el asesinato del presidente electo del Líbano, Bashir Gemayel, lo que provocó un incremento notable de la tensión. El 15 de septiembre, las fuerzas israelíes avanzaron sobre Beirut occidental,[16] «rodeando y bloqueando» los campamentos de Sabra y Chatila, que, tras la salida de los combatientes, sólo estaban habitados por población civil palestina y libanesa.[17] A pesar de ello, Ariel Sharon anunció que aún quedaban en los campamentos unos «dos mil terroristas».[18]

Sabra y Chatila

Es francamente difícil narrar lo sucedido durante las siguientes horas. La prensa española lo tituló: «Matanza de civiles palestinos en los campos de refugiados de Beirut».[19] Al recordar estos hechos con la calma que sólo puede dar el tiempo, el periodista español que cubrió la noticia sobre el terreno, recordaba treinta años después lo que allí se vivió:[20]

> El hedor era insoportable. Ahí, a mi derecha, yacían los cuerpos amontonados de decenas de mujeres y niños, muchos de ellos bebés, tirados en el suelo. Los habían matado disparándoles o acribillados a navajazos. Antes de morir, las madres habían intentado salvar a sus hijos. De ahí que algunos bebés estuviesen sepultados bajo el cuerpo de su progenitora o incrustados entre sus pechos, como para que no pudiesen ver el horror [...]. Eran las nueve de la mañana del sábado 18 de septiembre de 1982 [...]. Recuerdo que conté más de sesenta cadáveres, aunque el número total de muertos rondaría finalmente los dos mil, según las estimaciones más fidedignas. Eran casi todas mujeres, algunas, las más jóvenes, con las faldas levantadas o desnudas de cintura para abajo porque probablemente habían sido violadas [...]. Tapándonos la nariz, nos adentramos por alguna calle-

juela del campamento con las paredes salpicadas de sangre y ahí sí que encontramos a un puñado de hombres muertos, la mayoría ancianos [...]. Narrar lo que había sucedido en los campamentos de refugiados fue una odisea. Líbano se había quedado esos días sin teléfono, sin télex. Solo se podía conectar con el exterior a través del centro de prensa del ejército israelí instalado en Baabda, cerca del palacio presidencial, que cerraba a las cinco. Llegar hasta allí era una aventura porque había que franquear decenas de controles israelíes, de milicias cristianas libanesas [...]. Una vez allí, en comunicación con Madrid a través de la central de teléfonos de Tel Aviv, el siguiente problema fue convencer a la redacción del periódico de que algo grave había ocurrido en Líbano. Las agencias de prensa internacionales tampoco habían podido dar a conocer la noticia. «¿De qué me estás hablando?», me preguntaba sorprendido el redactor-jefe con el que hablé. «Si las agencias no han dado nada de esto», añadía.

No debí de ser el único que se topó con el escepticismo de su redacción. Por eso, cuando a las cuatro de la tarde de aquel sábado, el servicio mundial de la BBC abrió su boletín de noticias con la matanza, la docena de corresponsales que en aquel momento estábamos en el centro de prensa israelí nos abrazamos bajo la mirada atónita de los soldados que nos rodeaban. Por fin el mundo se iba a enterar.

Dicté la crónica a gritos por teléfono porque la calidad de la línea era deficiente. Apunté a que la masacre había sido perpetrada por la miliciana libanesa cristiana de Saad Haddad, creada por Israel en 1976, y «con la complicidad pasiva del ejército israelí» cuyos carros de combate rodeaban los campamentos. Cuando acabé, dos soldados israelíes, originarios de Argentina y Uruguay, se dirigieron a mí en tono educado. «Pensamos que está equivocado; nuestro ejército no ha podido actuar como usted dice», me dijeron.

No lo estaba. En su libro *Sabra y Chatila: Investigación sobre una matanza* (París, Seuil, 1982), mi amigo, el periodista israelí Amnon Kapeliouk, recoge una conversación telefónica que el general Amir Drori, el artífice de la toma de Beirut, mantuvo el 16 de septiembre de 1982 con Ariel Sharon, ministro de Defensa. «Nuestros amigos avanzan en los campamentos. Hemos coordinado su entrada», le comentó Drori. «Enhorabuena, la operación de nuestros amigos ha sido aprobada», le contestó Sharon. Esa noche empezó la matanza que duró 40 horas. Entre sus víctimas hubo nueve mujeres judías casadas con palestinos. Siguieron a sus maridos en el éxodo de 1948.

Un superviviente de la matanza, Mohamed Srur, que entonces tenía 19 años, lo recuerda así: «Era 16 de septiembre, a las seis de la mañana vi cómo los milicianos venían desde el estadio, ¡eran tantos!, comenzaron a disparar a la gente, se lo dije a mi padre, pero no me creyó, se quedó en casa, no pensaba que iban a matar a la gente, sino a arrestarla». Su padre y cinco de sus hermanos fueron acribillados justo en la entrada del campo de refugiados de Chatila.[21]

Abu Maher, otra superviviente relató años más tarde: «Estuvimos rodeados [por los israelíes] durante seis o siete días, no podíamos salir [...]. El segundo día mi madre le dijo a mi hermana pequeña que fuese a por leche, habíamos oído de la gente que no querían matar a mujeres y niños [...] cuando mi hermana salió, vio a una mujer muerta en la calle, entonces huimos hacia el hospital Kaza, en Sabra, vinieron tras nosotros disparando, cuando llegamos encontré a mi padre y mi hermano llorando porque pensaban que nos habían matado».[22] A medida que pasaban los días se iba conociendo mejor la dimensión de la matanza. Las decenas de muertos pasaron a ser centenares. «Madres abrazadas a sus recién nacidos, asesinadas junto con sus hijos de un disparo en la sien o en la nuca; niños adolescentes mutilados y torturados antes de ser fusilados; hombres maduros atados de pies y manos y aplastados en un garaje por una camioneta; niños, otra vez, muertos en las camas en las que dormían junto a sus pobres juguetes; mujeres decapitadas probablemente con hachas; ancianos con impactos de bala en la espalda, muertos probablemente cuando intentaban huir; jóvenes reunidos ante una pared y fusilados; personas acuchilladas o degolladas.»[23]

Um Chawki, también superviviente, contaría muchos años más tarde: «Estaban irreconocibles. Tenían la cara deformada, estaban hinchados... Vi 28 cadáveres de una misma familia libanesa, dos de los cuales eran de dos mujeres con el vientre destripado... Intenté localizar las ropas de mi hijo y de mi marido. Busqué durante todo el día. Volví al día siguiente... No reconocí ningún cadáver de la gente de Bir Hassán». Esta mujer nunca encontró los restos de su marido y su hijo. En su ausencia, una de sus hijas fue violada por un grupo de falangistas en retirada. Al quedarse sola, se vio obligada a mendigar para alimentar a lo que quedó de su familia.[24]

Según documentos oficiales de Naciones Unidas: «Centenares de civiles palestinos, entre los que figuraban mujeres y niños, fueron asesinados en los campamentos de refugiados de Sabra y Chatila por milicias cristianas libanesas que habían entrado en Beirut occidental con las fuerzas israelíes».[25] De acuerdo con distintos informes, tras el asesinato de Bashir Gemayel, el Ejército israelí, comandado por Ariel Sharon, que dirigía a distancia los operativos, rodeó y cercó la ciudad mientras sus aliados en el Líbano, los falangistas cristianos, tomaban represalias cometiendo una matanza que se prolongó entre el 16 y el 18 de septiembre de 1982. Las milicias de la Falange, una formación maronita de extrema derecha, entraron en los campamentos de Sabra y Chatila, donde torturaron, violaron y mataron a un número indeterminado de personas, que se estima entre 800 y 3.500, todas civiles palestinas y libanesas. La masacre contó con la connivencia del ejército israelí.[26] Los hechos fueron tan escandalosos y causaron tal conmoción en la comunidad internacional que el día 19 de septiembre de 1982 el Consejo de Seguridad de Naciones Unidas los condenó abiertamente. «El Consejo de Seguridad [...] condena la matanza criminal de civiles palestinos en Beirut»,[27] reza el documento. Por su parte, la Asamblea General, a través de la Resolución 37/123 letra D, de 16 de diciembre del 1982, además de condenar la matanza la calificó como un «acto de genocidio».[28] 145 países votaron a favor de la resolución. Sólo votaron en contra Israel y Estados Unidos.[29] En el propio Israel, el 25 de septiembre de 1982, tuvo lugar en Tel Aviv una concentración masiva a la que asistieron no menos de 300.000 personas[30] exigiendo la retirada del ejército israelí de Beirut y la renuncia del primer ministro, Menájem Beguín, y del ministro de Defensa, Ariel Sharon.[31] Cediendo a las presiones internas e internacionales, en septiembre de 1982, el Gobierno israelí creó una comisión de investigación sobre lo ocurrido, llamada «Comisión de investigación sobre los acontecimientos en los campos de refugiados de Beirut», más comúnmente conocida como «Comisión Kahan», en honor a su presidente Yitzhak Kahan. En su informe final, emitido el 8 de febrero de 1983, la comisión concluyó que el ministro de Defensa Ariel Sharon era responsable de las masacres, aunque no de manera directa por haberlas ordenado, sino por haber ignorado el peligro que suponía para la población permitir la entrada en los campos de los falangistas y por no haber adoptado medidas para prevenir o reducir el peligro de una masacre.[32] La comisión tenía un carácter meramente político, no judicial. Tres días después de publicarse el informe de la comisión, el 11 de febrero de 1983, Ariel Sharon presentó su dimisión como ministro de Defensa.[33] La comisión exoneró de cualquier responsabilidad al primer ministro. Su coartada era perfecta. Ese mismo año, Beguín había dicho ante el Parlamento israelí: «En Chatila, en Sabra, unos no-judíos han masacrado a unos no-judíos, ¿en qué nos concierne eso a nosotros?».[34]

La querella en Bélgica

El 18 de junio de 2001, 23 supervivientes de las masacres de Sabra y Chatila interpusieron ante los tribunales belgas una querella por delitos de genocidio, crímenes de lesa humanidad y crímenes de guerra contra Ariel Sharon, ministro de Defensa, Amos Yaron, director general del Ministerio de Defensa nacional israelí y otros responsables del ejército de Israel y miembros de la Falange cristiana libanesa. La jurisdicción universal, aplicada esta vez en el pequeño país europeo, era la última esperanza de las víctimas.

Historiadores y periodistas admiten de forma unánime, tal y como sostiene la querella, que es probablemente el 12 de septiembre, durante un encuentro entre Ariel Sharon y Bashir Gemayel en Bikfaya, que se llegó a un acuerdo que autorizaba a las «fuerzas libanesas» a «limpiar» los campamentos palestinos. De hecho, la intención de enviar a las falanges libanesas a Beirut occidental ya había sido anunciada por Sharon en julio. Según las declaraciones que éste realizó ante la Knesset (Parlamento israelí) unos días después de la matanza, el 22 de septiembre de 1982, la entrada de las falanges libanesas en los campamentos de refugiados de Beirut se decidió el 15 de septiembre. Según Sharon, le habrían dado la siguiente instrucción: «Está prohibido a las fuerzas de Tsahal [fuerzas armadas israelíes] la entrada en los campamentos de refugiados. El rastreo y la limpieza de los campamentos serán efectuados por las falanges libanesas o por el ejército libanés».[35] Todo indica que existió un acuerdo previo entre las tropas de Ariel Sharon y la milicia cristiano-falangista libanesa para realizar una acción de «limpieza» en los campos de Sabra y Chatila, para lo cual se estableció que la milicia entrara en los campos y detuviera a todos aquellos miembros de la OLP que pudieran identificar, para después entregarlos al ejército israelí para su custodia y eventual juicio. Pero, como era previsible, los odios latentes en el conflicto se desataron y la milicia entró en los campos desencadenando una borrachera de sangre y terror.

Según relata la querella, al amanecer del 15 de septiembre del 1982, bombarderos israelíes empezaron a sobrevolar Beirut occidental a poca altitud y las tropas israelíes efectuaron su entrada en Beirut occidental. A partir de las nueve de la mañana, el general Sharon estuvo en las posiciones israelíes para dirigir personalmente la ofensiva y se instaló en el cuartel general del ejército en el cruce de la embajada de Kuwait, situada en los límites de Chatila. Desde la azotea de este edificio de seis plantas, se podía observar perfectamente la ciudad y los campamentos Sabra y Chatila.[36] La querella continúa señalando que, durante toda la mañana, se dispararon los obuses desde los altos cercanos y francotiradores israelíes, apostados alrededor de la zona, abrieron fuego contra las personas que se encontraban en las calles. En torno al mediodía, el mando militar israelí dio permiso a las falanges libanesas para entrar en los campamentos. Poco después de las cinco de la tarde, una unidad de unos 150 falangistas liba-neses entró por el sur y por el suroeste del campamento de Chatila.[37]

La querella afirma que hasta el 18 de septiembre el ejército israelí, aun sabiendo lo que sucedía, no sólo se abstuvo de intervenir, sino que estuvo en contacto permanente con las falanges libanesas durante la ma-sacre y les proporcionaron ayuda directa iluminando el lugar mediante los cohetes lanzados por los helicópteros y los morteros e impidiendo huir de los campamentos a los civiles.[38]

EL PROCESO BELGA

En julio de 2001, tras estudiar la querella, el juez de instrucción belga Patrick Collignon abrió una investigación.[39] Sin embargo, tan sólo un mes más tarde, dictó un auto de suspensión del procedimiento a raíz de las argumentaciones de la defensa de Sharon.[40] El 7 de septiembre inter-vino en el proceso el abogado representante del estado de Israel, que alegó que Ariel Sharon gozaba de inmunidad procesal en Bélgica, que su enjuiciamiento era contrario al principio *non bis in idem*, que la legisla-ción belga violaba el principio de irretroactividad penal y que no existía vínculo alguno entre el inculpado y Bélgica, tal y como lo exigía la ley belga sobre jurisdicción universal. En un primer momento, el instructor suspendió la investigación, pero finalmente, a solicitud de los querellantes, accedió a reactivar el caso, decisión que contó con el apoyo de la fiscalía, y se impidió al abogado del estado de Israel actuar en defensa del incul-pado.[41] En efecto, los hechos no habían ocurrido en territorio israelí sino en el Líbano e Israel no estaba implicado en el proceso como estado, ya que el juicio penal se dirigía a determinar la eventual responsabilidad de los inculpados a título individual. En octubre, Ariel Sharon y Amos Yaron designaron abogado privado para su defensa que alegó, además de los argumentos ya sostenidos por el abogado del Gobierno israelí, que la ley belga trataba de igual manera la inmunidad de las autoridades guberna-mentales belgas y extranjeras. La fiscalía, representada por el fiscal general de Bélgica en funciones, Pierre Morlet, se sirvió de una disposición del procedimiento penal belga que permite realizar un examen preliminar de aquellas cuestiones que puedan guardar relación con la admisibilidad de un asunto antes de remitirlas a la Sala de Acusación del Tribunal de Apelación de Bruselas. Esta sala es la encargada de decidir sobre las apelaciones interlocutorias presentadas en las distintas etapas de la investigación criminal.[42] Se celebraron varias vistas preliminares para examinar las cuestiones debatidas y, en marzo de 2002, el caso quedó «visto» para que la sala se pronunciase sobre la admisibilidad de la querella. Sin embargo, antes de esa fecha, tanto el fiscal general como los abogados de los 23 supervivientes habían solicitado a la Sala de Acusación la reapertura del procedimiento para poder debatir sobre la sentencia dictada en el ínterin por la Corte Internacional de Justicia en el caso de la República Democrática del Congo contra Bélgica (caso Yerodia). La Sala de Acusación accedió a la petición y fijó una vista sobre esta cuestión para el 15 de mayo de 2002.[43]

El 26 de junio, el Tribunal de Apelaciones de Bruselas declaró inadmisible la querella, al considerar que los procedimientos sólo podrían llevarse a cabo en Bélgica si los perpetradores «viven en su territorio nacional».[44] Conviene aclarar que, en el momento de la interposición de la querella, Ariel Sharon se encontraba en territorio belga, aunque no tenía en el país su residencia, como exigía el fallo. Las autoridades israelíes saludaron de inmediato la decisión.[45] El embajador de Israel en Bruselas, Saúl Amor, declaró que la sentencia «disipa los nubarrones que durante un año han enturbiado las relaciones bilaterales con Bélgica». La abogada de Sharon, Michèle Hirsch, manifestó su satisfacción e indicó que «Bélgica podía convertirse en el juez del mundo sin ningún tipo de limitación, una competencia que corresponde a los estados en su conjunto».[46] Las víctimas y varias asociaciones de defensa de los derechos humanos manifestaron su decepción, en tanto sus abogados anunciaron que recurrirían ante el Tribunal Supremo belga.[47] El 12 de febrero de 2003, la Corte de Casación refutó los argumentos del Tribunal de Apelaciones, afirmando que estar físicamente presente en territorio belga no era un requisito exigido por la ley de jurisdicción universal de Bélgica, por lo que no existía impedimento alguno para abrir un procedimiento por crímenes de guerra, crímenes de lesa humanidad y genocidio. Sin embargo, se daba la circunstancia de que en ese momento Ariel Sharon ya era el primer ministro de Israel. La corte indicó que el derecho internacional prohíbe a los estados juzgar a un primer ministro en ejercicio de otro estado, por lo que no era posible continuar con el procedimiento mientras se mantuviera el cargo de primer ministro.[48] De momento, el caso quedaba zanjado. Sin embargo, tanto las autoridades políticas belgas como las israelíes tuvieron muy en cuenta lo sucedido y, apenas unos meses más tarde, el 5 de agosto de 2003, como resultado de una fuerte presión internacional —escenificada por el secretario de Defensa norteamericano Donald Rumsfeld, que «amenazó» con el cambio de sede de la OTAN si Bélgica seguía admitiendo casos de jurisdicción universal contra autoridades estadounidenses—, el Parlamento belga modificó su ley de jurisdicción universal,[49] imponiendo restricciones que impedían abrir procedimientos si no existía conexión directa con el país.[50]

En 2006, Ariel Sharon sufrió un infarto cerebral y estuvo en coma hasta su fallecimiento en 2014, sin haber sido juzgado por los crímenes que se le imputaban.

GAZA Y LA JURISDICCIÓN ESPAÑOLA

Al hablar de la aplicación del principio de la jurisdicción universal, debemos reflexionar sobre el precio que cada uno está dispuesto a pagar tanto profesional como personalmente, porque si perseguir a la gran delincuencia es difícil, hacerlo cuando concurren intereses tan poderosos que pueden aniquilar cualquier iniciativa y a quienes la impulsan se convierte en una meta casi inalcanzable. De alguna forma es lo que ha ocurrido y sigue ocurriendo cuando los que controlan grandes potencias, sean líderes formales o no, deciden consumar, *de facto* o *de lege*, la impunidad dentro y fuera de sus fronteras, acudiendo incluso a la fuerza de las armas si las presiones diplomáticas, políticas o económicas no fueran suficientes. No deben olvidarse las amenazas estadounidenses contra la Corte Penal Internacional (CPI), en el momento en que el secretario de Estado Colin Powell levantó la firma de Estados Unidos del Estatuto de Roma, si aquella actuaba contra militares o civiles norteamericanos en misiones en el extranjero; o cuando, más recientemente, John Bolton, asesor de Seguridad Nacional del Gobierno de Trump amenazó, en septiembre de 2018, con tomar represalias contra los magistrados de la CPI si se investigaba a estadounidenses por supuestos crímenes internacionales de su competencia cometidos en Afganistán (país que sí es miembro de la CPI). Tampoco deben quedar en el olvido las amenazas del Gobierno chino durante el caso sobre el Tíbet, relatadas en este libro,[51] o las presiones concretas de Estados Unidos en los casos Guantánamo, Couso y el de los vuelos de la CIA.[52] Con ello pretendo decir que debemos ser conscientes de que ninguno de estos países, como tampoco los poderes fácticos, van a asumir la persecución de sus criminales, porque supondría poner de manifiesto sus vergüenzas más oscuras. Pero, a pesar de ello, no podemos abandonar ese combate contra la impunidad que aquellos quieren imponer, abandonando a su suerte a las víctimas. Desafortunadamente, en casi todos los países, incluso en aquellos con gobiernos progresistas, siguen existiendo dobles lenguajes y trampas constantes que dejan espacios de impunidad, como ocurrió en España con las sucesivas restricciones a la jurisdicción universal realizadas por las leyes orgánicas 1/2009 y 1/2014. Para mí, la cuestión es diferente. Cada vez que me he enfrentado a un caso de jurisdicción universal, a su análisis o a su investigación, me he preguntado cuáles son las consecuencias de dejarnos influenciar al cambiar aquella ley y mancillar así nuestra dignidad como país. Nos vendimos dos veces, quizá lo hagamos una tercera si el Gobierno y el Grupo Parlamentario Socialista actual no acometen una reforma en profundidad de esta normativa (no parece que vaya a ser así, ya que dicho grupo parlamentario, desatendiendo la propuesta de la ministra de Justicia, Dolores Delgado, y del grupo de expertos, plantea solamente la opción de retornar a la normativa de 2009, renunciando a la defensa universal y definitiva de las víctimas, esencia del principio de jurisdicción universal y que había recibido el respaldo constitucional en 2005 y 2007). ¡Ojalá otros grupos suplan esta tremenda deserción! Hemos dejado que países extranjeros, preocupados por salvar a sus presuntos criminales internacionales, se conviertan en nuestra tercera cámara legislativa. Nuestro Gobierno y nuestro Parlamento se desprestigian con esta actitud, y sobre todo fallan a las víctimas. España ha faltado a sus obligaciones internacionales para otorgar impunidad a genocidas, criminales de guerra y torturadores. Los argumentos empleados en su día, y que aún se hacen valer, de que nuestro país no puede convertirse en el gendarme universal o en una especie de tribunal internacional, o de que el colapso de la Administración de Justicia se debe a este tipo de casos (cuyo porcentaje en la Audiencia Nacional no llegó al 0,4 por ciento entre 1996 y 2018), son falsos, como también lo es que la escasez de sentencias condenatorias en estos casos no se corresponda con los «perjuicios» que comportan al país su regulación y desarrollo. Afirmar algo así es demostrar no haber entendido lo que supone para un Estado de derecho la jurisdicción universal y es también empeñarse en desconocer sus beneficios como instrumento idóneo para el reconocimiento de las víctimas, para la investigación rigurosa de los hechos delictivos y su impacto sobre los estados donde se cometieron los delitos, favoreciendo que ellos mismos inicien su propia lucha contra la impunidad. En definitiva, la jurisdicción universal es una especie de cláusula de cierre o disuasión (casos Argentina, Chile, Guatemala, etc.) cuyos beneficios van más allá de las propias resoluciones y que abarca todo el espectro de las relaciones humanas, políticas y económicas, como ampliaré en el último capítulo de este libro.

Posiblemente estos asuntos se hayan planteado con especial intensidad en los casos relacionados con China, Estados Unidos e Israel. De hecho, fue el primero de los casos relacionados con Gaza el que motivó la primera reforma restrictiva de la Ley de Jurisdicción Universal en 2009.

SALAH SHEHADEH

El 22 de julio de 2002, entre las 23.30 y las 24.00 horas, un avión de combate israelí F16 lanzó una bomba de una tonelada sobre el barrio de Al Daraj de la ciudad de Gaza. Su objetivo principal era el hogar de Salah Shehadeh, sospechoso de ser uno de los comandantes de Hamás. La misión consistía nada menos que en acabar con su vida. La vivienda se encontraba situada en uno de los lugares residenciales con mayor densidad de población en el mundo. Cerca de ella, a menos de dos metros, se encontraba la casa familiar del señor Mattar. Debido al bombardeo, la casa de la familia Mattar fue totalmente destruida y asesinados siete de sus miembros. A consecuencia de la explosión murieron quince personas, la mayoría niños de corta edad, ciento cincuenta resultaron heridas, algunas de gravedad y con secuelas permanentes, y ocho viviendas quedaron totalmente destruidas, nueve parcialmente y otra veintena sufrió daños moderados.

La familia Mattar buscó Justicia llamando a todas las puertas que pudieron: Israel, Estados Unidos y también España. En Estados Unidos impulsaron el caso en diciembre de 2008, pero no tuvo demasiado recorrido y se desestimó en segunda instancia en abril de 2009. En Israel hubo intervención estatal en el procedimiento, pero no de carácter jurisdiccional, ni se llegó a tratar el fondo del asunto. Las discusiones giraron en torno a la conveniencia de abrir una investigación y juzgar, y su análisis de oportunidad fue confiado a un «comité de revisión» que desechó esta posibilidad. Este tipo de comité, el más débil y menos reglado de los que prevé la legislación israelí, no tiene naturaleza jurisdiccional ni es independiente, no tiene capacidad para compeler a los testigos a declarar o recabar pruebas y sus conclusiones no son vinculantes. De su resolución bebió la fiscalía israelí cuando se negó a abrir el caso. Pero la insistencia de la familia Mattar los llevó a exigir al Tribunal de Apelaciones que se pronunciase sobre la idoneidad de la decisión de la fiscalía. Los jueces dieron por buenos tanto el informe del fiscal como la versión oficial de las fuerzas armadas, lo que impidió la apertura de ningún proceso judicial. Para el ejército, el desenlace de la ofensiva cumplía con el principio de proporcionalidad, aunque lamentaban las muertes no intencionadas de civiles.[53]

LA QUERELLA Y EL JUEZ ANDREU

España representaba la última esperanza de los Mattar para obtener Justicia. La querella fue presentada por seis asociaciones y el Comité de Solidaridad con la Causa Árabe en nombre de Raed Mohammed Ibrahim Mattar, Mohammed Ibrahim Mohammed Mattar, Rami Mohammed Ibrahim Mattar, Khalil Khader Mohammed Al Seadi, Mahmoud Sobhi Mohammed El Houweit y Mahassel Ali Hasan Al Sahwwa. La querella iba dirigida contra diferentes funcionarios israelíes que en el momento de la comisión de los hechos denunciados detentaban los cargos indicados: Dan Halutz, comandante de la fuerzas aéreas israelíes; Benjamín Ben-Eliezer, ministro de Defensa de Israel; Doron Almog, general a cargo del Mando Sur de las Fuerzas de Defensa israelíes; Giora Eiland, presidente del Consejo Nacional de Seguridad y asesor nacional de Seguridad; Michael Herzog, secretario militar del ministro de Defensa de Israel; Moshe Ya'alon, jefe de Estado Mayor de las Fuerzas de Defensa de Israel y Abraham Dichter, director del Servicio General de Seguridad de Israel.

La querella recayó en el Juzgado Central de Instrucción n.º 4 de la Audiencia Nacional. Antes de pronunciarse sobre la admisión de la querella, el juez acordó el 25 de agosto de 2008 remitir con carácter previo una comisión rogatoria internacional al amparo de lo dispuesto en el Convenio Europeo de Asistencia Judicial de Materia Penal, de 1959, ratificado tanto por España como por Israel, para que se informase sobre la tramitación en territorio israelí de algún procedimiento judicial sobre los hechos. Después de cuatro meses, a través del auto del 9 de enero de 2009, y tras haber constatado que: «Al día de la fecha las autoridades del estado de Israel no han dado cumplimiento a la solicitud de cooperación jurídica internacional solicitada»,[54] el magistrado Fernando Andreu admitió a trámite la querella.

El magistrado argumentaba que: «Nos encontraríamos ante la existencia de un ataque contra la población civil, ya de inicio ilegítimo, pues el mismo tendría con objeto la comisión de un asesinato, el de Salah Shehadeh, que se torna en un hecho que ha de ser perseguido en virtud del principio de jurisdicción universal desde el momento en que el ataque es producto de una acción que se adivina como claramente desproporcionada o excesiva, y que si en el curso de este procedimiento se prueba [que] responde a una estrategia preconcebida o predeterminada, podría dar lugar a una calificación de los hechos distinta y aún más grave de la que inicialmente puede considerarse.

»En definitiva, los hechos pueden y deben ser investigados por la jurisdicción española, máxime cuando no se ha recibido respuesta alguna a la solicitud formulada por este juzgado en cuanto a la información interesada al estado de Israel, ni existe constancia de que se haya abierto procedimiento alguno para su investigación.

»De conformidad con lo dispuesto en el Convenio Europeo de Asistencia Judicial en Materia Penal, de 20 de abril de 1959, procede solicitar de las autoridades del estado de Israel se dé traslado, a los querellados, del escrito de querella contra ellos presentado, citándoles de comparecencia ante este juzgado en las fechas que se señalarán, así como para que se autorice a la comisión judicial de este juzgado a desplazarse a la Franja de Gaza a fin de recibir declaración a los querellantes, en condición de perjudicados y testigos de los hechos objeto del presente procedimiento».[55]

Enseguida, la fiscalía procuró bloquear la resolución y tanto la Sala de lo Penal de la Audiencia Nacional como el Tribunal Supremo también se posicionaron en contra. El excelente razonamiento jurídico que los querellantes ofrecieron no fue suficiente para convencerles, pero sí dio argumentos al juez Andreu para defender su incoación e instrucción. De nuevo se alegaba la comisión de crímenes de guerra que obligaban a activar la jurisdicción universal en virtud del IV Convenio de Ginebra de 1949, que protege a los civiles en los conflictos armados. La fiscalía, dirigida por Javier Zaragoza (cuyo nombre saldría en los papeles de Wiki-Leaks por el caso Guantánamo y otros, en 2010)[56] tenía la misión de anular cualquier posibilidad de que el caso prosperara, por lo que alegó que el proceso en España debía dar el valor de cosa juzgada a lo decidido por el «comité de revisión» israelí y que, en cualquier caso, no podían mantenerse dos causas abiertas simultáneamente. La respuesta de los querellantes fue sensacional: por un lado, aludieron al caso de Guatemala, en el que el Tribunal Constitucional había dejado claro que en España la jurisdicción universal se aplicaba conforme al principio de concurrencia, es decir, que varios tribunales podían coincidir en la investigación. Por otro lado, cuestionaron que el proceso en Israel obstaculizase la apertura de otro en España, porque los crímenes no se habían cometido en tierra israelí, sino en territorio palestino que no está bajo jurisdicción de Israel, tal y como está reconocido por Naciones Unidas, que reconoce que la Franja Autónoma de Gaza se encuentra bajo la administración de la Autoridad Palestina. Su último argumento atacaba el proceso de investigación realizado por el ejército y que sirvió de apoyo a los argumentos de la fiscalía israelí.

Vistos los argumentos de la fiscalía, el Juzgado Central de Instrucción n.º 4 respondió en un auto del 4 de mayo de 2009 desestimando la petición de archivo de la causa: «El Ministerio Fiscal presenta escrito, interesando dejar sin efecto la competencia para el conocimiento de los hechos objeto de la misma, debido al carácter preferente de la jurisdicción del estado donde tales hechos fueron cometidos, así como cuantas diligencias hayan sido ordenadas y el consiguiente archivo provisional de las actuaciones». A decir del fiscal, la solicitud se basaba en el examen de la documentación que el estado de Israel había aportado a la causa con posterioridad al auto de admisión de la querella según la cual estaban en curso en Israel dos procedimientos: (1) La revisión por el fiscal general militar y el fiscal general del Estado de Israel de la investigación militar del incidente, tras la presentación de diversas querellas ante este último. (2) La revisión judicial por el Tribunal Supremo de Israel sobre el plan de selección de objetivos terroristas. En opinión del fiscal, se trataba de investigaciones que respondían: «a los cánones mínimamente exigibles en un Estado de derecho: las autoridades judiciales en sus diferentes niveles, muy singularmente a través del sistema de recursos que su ordenamiento jurídico prescribe, han adoptado decisiones que satisfacen plenamente, desde la perspectiva constitucional, las exigencias derivadas de la aplicación del derecho a la tutela judicial efectiva por una Justicia independiente».[57] La tesis del fiscal se apartaba por completo de la doctrina constitucional española, pues pretendía otorgar estatus jurisdiccional (y con ello hacer aplicable la cosa juzgada) a una investigación gubernativa con revisión judicial posterior. Tras responder detalladamente a los argumentos del fiscal, Fernando Andreu fundamentó su decisión en el hecho de que el caso trataba de un crimen de guerra y que tanto el IV Convenio de Ginebra (art. 146) como la Convención de 1948 para la Prevención y la Sanción del Delito de Genocidio (art. 6), disponían que estos delitos debían ser juzgados por un tribunal competente y no por una instancia administrativa o gubernamental. En todo caso, y aun cuando se estimara que tales investigaciones eran de carácter jurisdiccional: «cabría interpretar la competencia concurrente de la jurisdicción española para llevar a cabo la presente instrucción pero en el caso que nos ocupa no ha existido, ni existe en Israel ningún procedimiento judicial dirigido a la investigación de los hechos denunciados», pues únicamente se había producido una decisión administrativa, refrendada *a posteriori* judicialmente, de «no abrir una investigación criminal» por los hechos denunciados. Y concluía categóricamente: «Ninguna investigación criminal, que pudiera llevar a la concurrencia de jurisdicciones y a la posibilidad de un conflicto de jurisdicciones, hasta la fecha, se ha producido». Por todo ello, el juez rechazó declarar la incompetencia de la jurisdicción española y el archivo provisional del procedimiento.[58]

ISRAEL Y LA PRIMERA REDUCCIÓN DE LA JURISDICCIÓN UNIVERSAL

Como ya hemos anticipado, esta resolución incomodó sobremanera a las autoridades israelíes. Su ministra de Exteriores hizo afirmaciones muy duras y descalificadoras acerca de la actuación judicial española y exigió que el Gobierno español tomara las decisiones oportunas para «atajar» el caso. Según trascendió a los medios, Tzipi Livni llamó por teléfono a su homólogo español, Miguel Ángel Moratinos, para transmitirle que: «Israel considera muy grave la decisión del juez, tomada sin recibir antes toda la documentación relevante. Demuestra que es una decisión política y no judicial».[59] Al día siguiente, Livni reveló el contenido de su conversación telefónica con el titular de Exteriores español: «El ministro Moratinos me acaba de decir que España ha decidido cambiar su legislación relativa a la jurisdicción universal y que esto puede evitar los abusos del sistema legal español... Creo que es una noticia muy importante y espero que otros países europeos hagan lo mismo», y agregó en una declaración a los diarios israelíes que: «Sistemas legales de distintas partes del mundo han sido aprovechados por cínicos con el único propósito de dañar a Israel. Es bueno que España haya decidido poner fin a este fenómeno», asegurando que el Gobierno español se había comprometido a hacer «todo lo necesario para que [la decisión judicial] tenga el menor impacto [en las relaciones bilaterales] y pueda tener una solución satisfactoria» para ambos países.[60]

La interferencia del poder ejecutivo israelí fue grosera y el Gobierno español, con su presidente José Luis Rodríguez Zapatero al frente, se doblegó sin ningún tipo de oposición y, de forma tan drástica como en su día ocurriera en Bélgica, se propuso al Congreso la reforma de la Ley Orgánica del Poder Judicial (LOPJ) sin previo debate parlamentario y con el acuerdo entre PSOE y PP. La reforma, hecha con «nocturnidad y alevosía», se publicó en el BOE el 4 de noviembre de 2009 mediante la Ley Orgánica 1/2009, de 3 de noviembre. En realidad, esta ley modificaba la legislación procesal para la implantación de la nueva Oficina Judicial, pero mediante una enmienda complementaria de último minuto se introdujo una disposición que modificaba el artículo 23.4 de la LOPJ, la disposición que hasta entonces consagraba en la legislación española el principio de jurisdicción universal. A todas luces un lugar poco digno para una reforma de esta categoría, que muestra la cobardía de un Gobierno que marcaría el camino de la debacle de la jurisdicción universal en el año 2014, a manos del Partido Popular. El nuevo texto exigía nexos de conexión tales como la existencia de víctimas españolas o la existencia de intereses relevantes para España, contradiciendo la doctrina establecida por el Tribunal Constitucional en las sentencias de los casos Guatemala y Falun Gong.

El cierre del caso

El auto de 4 de mayo de 2009, que rechazó la petición del Ministerio Fiscal y dio la razón a las víctimas, ratificando la jurisdicción española en este caso, fue recurrido de apelación por el fiscal, que nuevamente solicitaba «dejar sin efecto la competencia para el conocimiento de los hechos objeto de la querella debido al carácter preferente de la jurisdicción del estado que está conociendo de los hechos, y acordar el archivo de las actuaciones».[61] El recurso fue impugnado por los querellantes y la acusación popular. El 9 de julio de 2009, la Sala de lo Penal de la Audiencia Nacional se reunió para deliberar sobre el recurso de apelación y acogió el recurso de apelación, por lo que revocó el auto de admisión y acordó el archivo de las actuaciones.

Los querellantes recurrieron en casación ante la Sala Segunda del

Tribunal Supremo, tras lo cual se produjo la modificación que restringió la jurisdicción universal en España. Con estos antecedentes, en marzo de 2010, el Alto Tribunal inadmitió el recurso de casación.[62] Y refiriéndose a la Justicia israelí, señaló: «... ha habido real y verdadera actuación para comprobar una posible comisión delictiva, y existe *litis pendencia*». Concluye pues, respecto del auto de la Audiencia Nacional que rechazó la jurisdicción española sobre el caso y dispuso el archivo de las actuaciones que: «Es palmario que el auto por el que la Audiencia acordó el archivo de las actuaciones ofrece una respuesta fundada, razonada y en modo alguno vulneradora del derecho fundamental que invocan los recurrentes».

Y así, han quedado impunes los crímenes fruto de aquel bombardeo en Gaza, hasta hoy.

La Flotilla de la Libertad

En una acción humanitaria coordinada por activistas de derechos humanos y propalestinos de al menos 40 nacionalidades, entre ellos tres españoles, dos diputadas alemanas y el escritor sueco Henning Mankell, el 27 de mayo de 2010 unas 750 personas salieron de Turquía rumbo a Gaza formando la llamada «Flotilla de la Libertad». El convoy de ayuda internacional estaba compuesto por seis barcos, tres de ellos turcos y transportaba 10.000 toneladas de ayuda humanitaria, entre las que se encontraban materiales de construcción, equipos médicos y productos de necesidad básica.[63] El día 31 de mayo, con una agresividad inusitada, como si de una acción de guerra se tratara, el ejército israelí abordó violentamente, en aguas internacionales, a los seis barcos. La actuación israelí se saldó con la muerte de nueve activistas que viajaban a bordo de la embarcación *Mavi Marmara*, 38 heridos y otros tantos desaparecidos. Todos los integrantes de la flotilla fueron detenidos y traslados por la fuerza hasta el puerto de Ashdot, en territorio israelí, y posteriormente encarcelados en la prisión de Beer Sheva, para luego ser deportados y expulsados a Estambul desde el aeropuerto Ben Gurión.[64]

Esta acción había sido previamente planificada por las más altas autoridades israelíes. Unos días antes se habían reunido el primer ministro israelí Benjamín Netanyahu; el ministro de Defensa, Ehud Barak; el ministro de Asuntos Exteriores, Avigdor Lieberman; el ministro de Inteligencia y Asuntos Atómicos, Dan Meridor; el ministro de Asuntos Estratégicos, Moshe Ya'alon; el ministro del Interior, Eli Yishai, y el ministro sin cartera Benny Begin. Estos siete ministros planificaron la operación y ordenaron el ataque, realizado desde dos barcos de guerra con el apoyo aéreo de helicópteros. Sobre las 4.15 horas del día 31 de mayo, los soldados israelíes comenzaron el ataque.[65] El asalto causó perplejidad e indignación entre la mayor parte de la comunidad internacional y las reacciones no se hicieron esperar. Varios países, entre ellos Turquía, España y Grecia, convocaron a los embajadores de Israel en sus territorios para pedirles explicaciones;[66] el entonces secretario general de Naciones Unidas, Ban Ki-moon, afirmó que estaba «impresionado» por lo sucedido; Mahmud Abbas, presidente de la Autoridad Nacional Palestina (ANP) lo calificó de «masacre» y pidió una reunión de urgencia del Consejo de Seguridad de Naciones Unidas; la Liga Árabe estudiaba convocar una reunión de emergencia para analizar el incidente y Estados Unidos lamentó la pérdida de vidas humanas y la existencia de heridos, añadiendo que trabajarían para comprender lo sucedido.[67] El 7 de junio, Turquía anunció la suspensión de todos los acuerdos vigentes con Israel, incluida la amplia cooperación estratégica y militar, en vigor desde 1996. En julio, para reanudar sus relaciones diplomáticas, Turquía exigió una disculpa oficial de Israel por el ataque a la flotilla, algo que Israel rechazó.[68] El 2 de septiembre, un informe del Consejo de Derechos Humanos de la ONU calificó el violento asalto al barco turco en aguas internacionales como un crimen de lesa humanidad.[69]

El 21 de julio de 2010, se presentó una querella en la Audiencia Nacional contra el primer ministro israelí, los seis ministros y el vicealmirante responsables del asalto a la Flotilla de la Libertad.[70] El 16 de noviembre de 2012, el fiscal de la Audiencia Nacional estuvo de acuerdo con la apertura del procedimiento en el Juzgado Central de Instrucción n.º 5 y con la definición de crimen de lesa humanidad realizada por Naciones Unidas, pero consideró que el Gobierno debía remitir el caso a la Corte Penal Internacional. La posición del Gobierno, en ese momento en manos del Partido Popular, era favorable a Israel. Poco importaba que hubiera víctimas españolas.

La Ley Orgánica 1/2014, de 13 de marzo de 2014, reformó nuevamente la LOPJ e hizo desaparecer prácticamente la jurisdicción universal en España. El Gobierno del Partido Popular, con su mayoría absoluta en el Congreso, logró la rápida aprobación de la ley, cediendo sin miramientos a las presiones recibidas por parte de diferentes países, concretamente de Estados Unidos, Israel y China. A pesar de ello, el 17 de junio de 2014, el titular del Juzgado Central de Instrucción n.º 5, el juez Pablo

Ruz, emitió un auto en el que decidía que no había lugar para el sobreseimiento y archivo provisional de la causa. Ruz fue sustituido por el juez De la Mata que, en junio de 2015, acordó el archivo provisional de la causa y remitió las actuaciones al Ministerio de Justicia, por si estimaba conveniente iniciar los mecanismos contemplados en el artículo 7.1 de la Ley de Cooperación con la Corte Penal Internacional. Asimismo, remitió a las fuerzas de seguridad del estado los datos de Benjamín Netanyahu y los otros seis denunciados en la querella. Estas órdenes quedaron suspendidas por un auto de nulidad emitido por la Sala de lo Penal de la Audiencia Nacional compuesta por los magistrados Concepción Espejel, Ángel Hurtado y Enrique López López. Para adoptar su decisión, la sala se remitió a la jurisprudencia del Tribunal Supremo: «En consecuencia, y para que quede claro en éste y en otros procedimientos con similar fundamento, conforme a la vigente Ley Orgánica 1/2014, los tribunales españoles carecen de jurisdicción para investigar y enjuiciar delitos contra las personas y bienes protegidos en caso de conflicto armado cometidos en el extranjero, salvo en los supuestos en que el procedimiento se dirija contra un español o contra un ciudadano extranjero que resida habitualmente en España, o contra un extranjero que se encontrara en España y cuya extradición hubiera sido denegada por las autoridades españolas».[71]

Aunque el proceso concluyó en España, el caso continuó en la fiscalía de la CPI, a petición del Gobierno de Comoras, estado parte del Estatuto de Roma y bajo cuya bandera navegaba el buque *Mavi Marmara*. En mayo de 2013, la fiscalía de la CPI inició un examen preliminar basado en el informe del Consejo de Derechos humanos de Naciones Unidas. El 6 de noviembre de 2014, el tribunal, a instancias del fiscal Fatou Bensouda, concluyó que los actos cometidos contra la Flotilla de la Libertad por los soldados israelíes constituían un crimen de guerra, pues los agredidos eran civiles. Israel había aducido defensa propia, pero la fiscalía desechó esta afirmación señalando que: «A las personas que perdieron la vida se les disparó repetidamente en la cabeza, cuello y pies, y a cinco personas por lo menos las mataron disparándoles desde muy corta distancia, según quedó reflejado en los informes de las autopsias». Para la fiscal, los tribunales de los países cuyos ciudadanos habían sido víctimas de esta agresión eran quienes deberían juzgar a los responsables. Esta afirmación fue recurrida por Comoras, reclamación que prosperó, de manera que el proceso legal contra Israel continúa actualmente en la CPI.[72] Asimismo, se celebraron juicios sobre el asalto en Turquía y Estados Unidos, en Los Ángeles y Washington DC.

Los niños de la Operación Plomo Fundido

En 2008, comenzó una ofensiva israelí sobre Gaza que pretendía destruir la infraestructura terrorista de Hamás. Esta ofensiva duró 25 días y produjo la muerte a 1.400 palestinos y 14 israelíes y fue conocida como «Operación Plomo Fundido». El relator de Naciones Unidas para Palestina, Richard Falk, acusó a Israel de crímenes contra la humanidad, y Javier Solana, en aquel momento cabeza de la diplomacia europea, supeditó un acuerdo de alto el fuego al regreso de la Autoridad Nacional Palestina a Gaza. El ministro de Exteriores español, Miguel Ángel Moratinos, emprendió en El Cairo una gira de tres días para intentar relanzar la iniciativa de paz franco-egipcia.

En junio de 2009, el abogado Alberto Revuelta Lucerga presentó una querella en la Audiencia Nacional en nombre del Comité René Cassin. El escrito decía: «El estado de Israel ha producido la muerte de civiles menores de edad en la Franja de Gaza, violando el derecho internacional humanitario que exige a las partes distinguir entre civiles y objetivos militares».[73] De acuerdo con la querella, el 27 de diciembre de 2008, Israel inició un ataque militar sin precedentes contra la población civil palestina de la Franja de Gaza, planificado durante los meses anteriores, según afirmaron fuentes militares no desmentidas. El diseño y planificación incluía también la decisión de iniciar el ataque poco antes de mediodía, sabiendo que a esa hora los niños volvían de las escuelas y la gente se acumulaba en las calles de la superpoblada Gaza. En pocos minutos, el ejército israelí mató a más de 225 personas e hirió a 700. Los ataques continuaron hasta el 18 de enero de 2009 y, según la prensa internacional, provocaron la muerte a 450 niños. El abogado denunciaba, incluyendo sus nombres y edades, la muerte de 191 bebés, niños y adolescentes. La muerte de los niños y otras personas civiles había sido planificada y decidida como parte de la estrategia de la acción militar israelí de destrucción del pueblo palestino afincado en la Franja de Gaza. Según el diario israelí *Haaretz* la operación militar de invasión de la Franja de Gaza se comenzó a preparar dos años antes, tras la constatación política y militar del fracaso de la invasión al Líbano. Se trató de una ofensiva cuidadosamente pergeñada. Shlomo Ben-Ami, excanciller israelí, declaró a *El País* que «la operación actual no es una reacción impulsiva desencadenada por un inesperado *casus belli*: es una decisión que pretende cambiar la ecuación estratégica entre Israel y el régimen de Hamás en Gaza». La querella indicaba además que el Alto Mando israelí entrenó a sus soldados para combatir cuerpo a cuerpo en Gaza, construyendo réplicas de sus calles en el desierto de Negev, y recogiendo «información de inteligencia» por medio de satélites, aviones espía y en el propio terreno, acerca de los grupos palestinos, sus instalaciones, depósitos y domicilios de sus dirigentes. Se denunciaba también que: «La meticulosa planificación también incluyó presumiblemente la terminación del ataque, programado cuidadosamente para que tuviera lugar justo antes de la investidura de Obama como presidente de los Estados Unidos». Señalaba como responsables de los hechos a treinta personas, en su mayoría militares, en una lista encabezada por el primer ministro israelí, Ehud Olmert; el ministro de la Guerra y Tzipi Livni, ministra de Exteriores. Calificaba los hechos como genocidio apoyándose en la ley de jurisdicción universal y en los convenios internacionales firmados por España.[74]

Esta querella terminó archivada en enero de 2011 por el Juzgado Central de Instrucción n.º 2, a cargo del juez Ismael Moreno, que consideró que los hechos denunciados «no guardan una conexión relevante con España» ni con «intereses españoles», tal y como exigía la nueva redacción de la LOPJ tras la reforma de noviembre de 2009. El juez admitía «con carácter provisionalísimo, sin que ello implique prejuicio alguno respecto al fondo, que los hechos denunciados pueden ser constitutivos de un delito de genocidio». Pero no constaba que los presuntos culpables se encontrasen en territorio español ni se denunciaba un delito de genocidio sobre víctimas de nacionalidad española. «No se aprecia la existencia de una conexión relevante con España en relación directa con este delito. Tampoco se conecta directamente con otros intereses españoles relevantes», concluía el auto.

En diciembre de 2009, la Justicia británica, a instancias de abogados palestinos que representaban a las víctimas, también indagó las circunstancias de estos crímenes y emitió una orden de detención contra Tzipi Livni, ministra de Exteriores durante la Operación Plomo Fundido. El primer ministro Gordon Brown y la oposición conservadora terminaron por coincidir en sus críticas a la jurisdicción universal y, hasta 2011, una vez modificada la ley, Livni no pudo viajar al Reino Unido. En este caso, se justificó la modificación con el argumento de «evitar que los tribunales fueran utilizados con fines políticos».[75]

Los argumentos son más o menos similares en unos y otros países y siempre dejan en la conciencia el sabor agrio de la impunidad. Duele especialmente que se instrumentalice, una y otra vez, a las víctimas, a las que se niega la Justicia en su propio país, y, simultáneamente, se las acusa de utilizar la Justicia con fines políticos, cuando son precisamente razones políticas las que llevan a los gobiernos a impedir que se haga una mínima Justicia, sea del tipo que sea. La jurisdicción universal es el mecanismo equilibrador. Pero, para sacarla adelante, es preciso ser valiente y la valentía y coherencia no abundan en los gobiernos actuales, para los que, en muchos casos, las víctimas representan un estorbo y su sufrimiento, sus pérdidas y su frustración suponen meros «daños colaterales». Frente a todo esto, tenemos la obligación de continuar luchando para impedir que se consolide la tendencia a minimizar la jurisdicción universal y debemos dedicar todo nuestro esfuerzo a pelear con las armas del derecho, y en todos los frentes, contra la impunidad.

12

El futuro de la jurisdicción universal

A lo largo de este libro he intentado desgranar la vida de la jurisdicción universal durante los últimos veintidós años, durante los cuales se ha producido una aplicación fluida de este principio, en España y también en otros países, analizando sus avances y retrocesos, al hilo de los relatos de las víctimas de los casos analizados y del examen de las resoluciones judiciales que han ido configurando su campo de actuación.

Quiero ahora dedicar algunas líneas, que en ningún caso pretenden ser dogmas, para que aquellos lectores legos en materia de derecho puedan constatar la relevancia de este criterio jurisdiccional que se ha convertido en uno de los principales instrumentos de protección de las víctimas de crímenes internacionales, haciendo más próximo un principio jurídico que en algunas ocasiones puede parecer ajeno.

CONCEPTO

La jurisdicción universal faculta a los jueces y, en su caso a los fiscales, para investigar crímenes internacionales. Esta facultad se convierte en una verdadera obligación cuando la jurisdicción universal se encuentra incorporada en la legislación interna del país. Una vez concluida la investigación, los tribunales de Justicia están obligados a juzgar y, en su caso, sancionar a los responsables de estos crímenes, de conformidad no sólo con su derecho interno, sino también de acuerdo con el derecho internacional. El único requisito indispensable para aplicar la jurisdicción internacional es que los hechos sobre los que se pretende conocer no hayan sido investigados y juzgados previamente en el país en el que se cometieron, salvo que se demuestre suficientemente que no existió un juicio real, sino uno simulado cuya finalidad y resultado último haya sido amparar situaciones de impunidad. Esto sucede cuando no se respetan los estándares de derecho interno y se ignora la legislación internacional sobre derechos humanos y derecho humanitario o cuando en el país donde se hayan cometido los delitos estén vigentes leyes de amnistía, autoamnistía, de obediencia debida, de punto final o cualquier otro tipo de mecanismo legal destinado a favorecer la impunidad.

Como ya hemos visto en otros pasajes de este libro, la jurisdicción universal no exige la existencia de punto de conexión alguno entre el delito y el estado que se declara competente para conocer de él: ni la comisión del crimen dentro de su territorio (principio de territorialidad), ni la nacionalidad de las víctimas (principio de personalidad pasiva), ni el pasaporte del presunto autor (principio de personalidad activa), ni tampoco la existencia de un interés legítimo del estado (principio de protección). En virtud de lo anterior, la jurisdicción universal se nos presenta como un instrumento con clara vocación de defender a las víctimas de crímenes internacionales y de luchar contra la impunidad de los perpetradores, en aquellos casos en los que los damnificados por la barbarie no pueden encontrar Justicia en sus propios países.

Vista de este modo, la jurisdicción universal representa el triunfo de las víctimas frente a la impunidad. Es el reconocimiento de que existe un mecanismo judicial de defensa de los derechos cercenados a las víctimas frente a los sistemas de protección establecidos a favor de los perpetradores, válido tanto en el ámbito de la Justicia ordinaria o retributiva como en el de la Justicia transicional o restaurativa. Desentrañar la verdad, lograr Justicia y reparación y tener garantías de no repetición además de ser un derecho de las víctimas forma parte de las obligaciones del estado, de cualquier estado democrático. Dentro de esta dinámica de acción de la Justicia, la aplicación de la jurisdicción universal resulta fundamental, pues representa la resiliencia de las instituciones judiciales frente a la obstrucción y la voluntad de anularla o eliminarla.

A la hora de investigar y juzgar este tipo de crímenes, los órganos judiciales están obligados a respetar las normas del debido proceso en todas las instancias en las que éste pueda llegar a desarrollarse, pero siempre aplicando un enfoque anamnético o de empoderamiento de las víctimas perfectamente definido, que recorte o elimine, si es posible, el desfase entre los perpetradores —y aquellos que les protegen— y quienes han sufrido las consecuencias de las acciones criminales sobre las que se actúa.

Frente a esta posición, hay autores y estados que, en aras de garantizar una supuesta paz social (apoyada en el olvido y la desmemoria), han adoptado una postura opuesta, más próxima a favorecer la impunidad que a garantizar la protección de quienes han visto sus derechos vulnerados. Éste es, lamentablemente, el caso de España tras la reforma del artículo 23.4 de la LOPJ, en vigor desde 2014, impulsada y aprobada solo con los votos del Partido Popular. Lo más llamativo es que no ocultan su empeño en mantener esta posición restrictiva. La opción más protectora habría sido aplicar en forma integral las normas locales, internacionales y el mecanismo residual que representa la jurisdicción universal, que funciona a modo de cláusula de cierre por si falla todo lo anterior. Se anuló este último resorte y, de ello, lo único que ha quedado claro es que su restricción obedeció a la decisión consciente de garantizar jurídicamente la impunidad de aquellos que hubieran tenido que rendir cuentas ante la Justicia, anulando cualquier otra instancia que pudiera aplicarla. Así como la entrada en vigor de esta ley supuso la desaparición *de facto* de la jurisdicción universal en nuestro país, la llegada de Pedro Sánchez, del Partido Socialista, a la presidencia del Gobierno significa una puerta a la esperanza de conseguir devolver a la jurisdicción universal al lugar que le corresponde y que nunca debió perder. Durante su primera comparecencia ante el Congreso de los Diputados, en julio de 2018, la ministra de Justicia, Dolores Delgado, que fuera fiscal del caso Scilingo y que, en 1996, presentó físicamente la primera denuncia del caso Argentina en el Juzgado Central de Instrucción n.º 5, afirmó que uno de los objetivos del nuevo Gobierno sería la recuperación de la jurisdicción universal en su fórmula originaria, la prevista en la Ley Orgánica del Poder Judicial en su redacción de 1985. Es decir, volver a la forma más amplia de aplicación de la norma, basada en el principio *pro actione* o de acción en favor de la víctima. Poco después, el 28 de agosto, la ministra constituyó un comité de expertos para que la asesoraran sobre la reforma que se incorporaría como enmienda a la proposición de ley presentada por Esquerra Republicana de Catalunya. El texto que ha trascendido es muy avanzado. Pese a ello, hay que seguir luchando para conseguir que la esperanza de este avance legislativo se convierta en realidad y se plasme en norma vigente, y que se dé por finiquitada la ignominiosa Ley Orgánica 1/2014. Sin embargo, cuando estoy terminando de redactar este último capítulo, la propuesta del Grupo Parlamentario Socialista en el Congreso de los Diputados, en contra del dictamen de la comisión de expertos designados por la ministra de Justicia y sometiéndose al criterio del Ministerio de Asuntos Exteriores, parece que no irá más allá de volver al estado definido por la ley de 2009, que supuso la primera reducción del ámbito de aplicación en

España de la jurisdicción universal y que realizó el Gobierno socialista de Rodríguez Zapatero con el apoyo del Partido Popular. Así lo ha anunciado el Gobierno de Pedro Sánchez, contraviniendo con ello la esencia y finalidad de la jurisdicción universal y la propuesta de la ministra de Justicia apoyada por el comité de expertos antes citado, que optaba por una reforma más profunda y coherente con la defensa de las víctimas. Renuncia así el Partido Socialista a una breve pero intensa historia de lucha contra la impunidad desde España, respecto de los más graves crímenes internacionales, algo que tuvo trascendencia en todo el mundo. Pero aún no está dicha la última palabra y siempre queda la esperanza de que otros grupos del arco parlamentario corrijan, aunque sea mínimamente, ese rumbo y se obtenga una ley que verdaderamente ponga en el núcleo la defensa universal de las víctimas. Es de esperar que así sea, porque de no hacerlo, estaríamos ante una nueva traición a las víctimas, ahora más grave que la anterior, porque ya hemos visto los efectos devastadores de recortar la jurisdicción universal.

El informe

Los avances que pretendemos no van a resultar fáciles. La aplicación de la jurisdicción universal es un asunto sumamente ideologizado, respecto del cual, en la mayoría de los casos, se adopta una u otra postura sin saber bien qué es ni en qué consiste.

Ejemplo claro de ello fue la última reforma de la LOPJ. La cuestión era restringir lo más posible la aplicabilidad de la jurisdicción universal y acabar con ella como fuera, debido a las exigencias y presiones de China tras la emisión de una orden de detención contra altos cargos del Partido Comunista que estaban en el poder durante el genocidio tibetano, las protestas de las autoridades estadounidenses por el caso Couso, el de los vuelos de la CIA y el de Guantánamo y las quejas de las autoridades israelíes por el desarrollo de casos que afectaban a las actuaciones represivas del ejército israelí en Gaza (quejas que ya se tradujeron en la primera reforma de la LOPJ en 2009).

El segundo y definitivo recorte de la jurisdicción universal en España, el de 2014, fue hecho a la ligera, mediante una ley mal pensada y peor ejecutada, cuya única finalidad era cerrar, de cualquier manera y lo antes posible, los procedimientos abiertos en la Audiencia Nacional e impedir que nuevos casos llegaran a España. Por eso no deben extrañarnos las graves consecuencias que esta ley improvisada tuvo sobre determinadas figuras delictivas y que obligaron a los tribunales a decretar la libertad de varias decenas de narcotraficantes aprehendidos en alta mar y que, con la entrada en vigor de la nueva ley, quedaban impunes. Pero eso era lo de menos para ellos, apenas un daño colateral, que pudo subsanarse después. Lo que les importaba era que el objetivo principal de la reforma, acabar con la jurisdicción universal, se había cumplido; algo que se mantiene hasta la fecha.

La jurisdicción universal está constantemente presente en numerosos foros internacionales, aunque no sea particularmente noticiable en los medios. Desde la detención de Pinochet en Londres, antiguos y nuevos dictadores y otros presuntos responsables de crímenes de lesa humanidad se cuidan mucho de informarse previamente de si existen órdenes de detención en su contra antes de salir de su país de forma segura, sin temor a ser detenidos. Pero también son abundantes las voces que, sin profundizar demasiado, discrepan de esta figura de derecho internacional, aunque somos legión los que de manera más fundamentada la apoyamos.

Entre los argumentos contrarios a la jurisdicción universal, los hay de todo tipo, desde los más peregrinos —como cuando se sostiene que responde a un supuesto neocolonialismo—, pasando por aquellos que muestran un desconocimiento absoluto —al sostener, por ejemplo, que sería innecesaria al ya existir la Corte Penal Internacional (CPI) (que sólo puede conocer de crímenes cometidos a partir del 1 de julio de 2002)— o los que pretenden subordinarla a otros principios de atribución de competencia (como los de personalidad activa, pasiva, real o de defensa, ya mencionados), confundiendo el principio de subsidiariedad, el de complementariedad y el de concurrencia, hasta aquellos que la consideran una afectación intolerable a la soberanía o a la integridad territorial. En todos ellos, se echa en falta un estudio más mesurado que incorpore conceptos del actual derecho internacional, como el de cesión de soberanía o el de soberanía compartida, cuando la jurisdicción universal esté reconocida en convenios internacionales ratificados por las partes afectadas.

Entre las tesis contrarias a la jurisdicción universal, hace un par de años, me llamó la atención la sustentada por el comisionado designado por el Directorio General de Políticas Externas del Parlamento Europeo para el estudio de la jurisdicción universal, Luc Reydams, profesor de Derecho en la Universidad Católica de Lublin, Polonia, y profesional especialista asociado en el Departamento de Ciencias Políticas de la Universidad de Notre Dame, en Estados Unidos, pero creo que, con escasa experiencia práctica en esta materia. En marzo de 2016, el Parlamento

Europeo hizo público el informe titulado *The application of universal juris-diction in the fight against impunity (La aplicación del principio de jurisdicción universal en la lucha contra la impunidad)*. Poniendo por delante mi respeto al comisionado Reymans y su trabajo, me temo que ni la fundación que presido (FIBGAR), especializada en el trabajo a favor de la jurisdicción universal, ni yo mismo, ni todos los que hemos trabajado en casos en los que intervino esta figura jurídica, podemos asumir los contenidos de este informe,[2] cuyo resultado final ignoro, aunque espero que fuera rechazado por su inconsistencia y su falta de rigor científico.

En dicho texto, Reymans realiza un análisis del estado de la jurisdic-ción universal, la definición del concepto, su historia y desarrollo, la po-lítica y posición de la Unión Europea al respecto, las provisiones conte-nidas en los tratados multilaterales que la avalan, la práctica legislativa y fiscal en distintos países, sus supuestos excesos, la cuestión de las inmuni-dades y su complementariedad con la CPI.

Las conclusiones alcanzadas por el autor en relación con la jurisdic-ción universal pueden resumirse como sigue: La jurisdicción univer-sal se funda sobre premisas históricas falsas; la versión del *global enforcers* («justicieros globales») promovida por las ONG ha fracasado; la versión de la jurisdicción universal como *no safe haven* (un «refugio no seguro») es realista, no es un concepto controvertido y parece que se consolida; en menos de dos docenas de casos en los que se ha alcanzado la fase oral, las ONG han jugado un papel menor o ninguno. Ante la situación expuesta ofrecía a los donantes tres opciones: (1) redoblar sus esfuerzos y gastar más dinero, que en opinión del autor no parecía lo más sensato; (2) aceptar el *statu quo*, o (3) recortar pérdidas y redirigir sus energías y financiación hacia otras direcciones.

Tras su análisis, hacía las siguientes recomendaciones:

a. La Unión Europea (UE) debería supervisar el cumplimiento por sus estados miembros de la Decisión del Consejo 2003/335/JHA, de 8 de mayo de 2003, en relación con los migrantes y solicitantes de asilo sos-pechosos de haber cometido crímenes internacionales (ya que la Unión Europea y sus estados miembros tienen un claro interés en no convertirse en un refugio seguro para criminales).

b. La Unión Europea y sus estados miembros deberían estar dispuestos a apoyar los juicios de jurisdicción universal en terceros países, si así se les solicita.

c. La Unión Europea debe reconsiderar su apoyo a la jurisdicción univer-sal como *global enforcer*, ya que esta versión ha fracasado y en la práctica ha sido abandonada por los pocos estados que la practicaban. El papel de *global enforcer* debería dejarse en manos del Consejo de Seguridad de Naciones Unidas y la CPI.

Visto todo lo anterior, desde FIBGAR nos propusimos responder a la Subcomisión de Derechos Humanos del Parlamento Europeo, porque a pesar del tiempo transcurrido desde la publicación del Informe Reymans no debemos permitir esta reiterada visión reduccionista, de signo economicista, sesgada e incluso alejada de la realidad, llena de juicios parciales y críticas infundadas que sólo conducen a una aproximación distorsionada de la jurisdicción universal.

Uno de los principales vicios de análisis académicos en que suele incurrirse, como lo hace el informe que aquí comento, es que, a pesar de su título, en su realización el autor prescindió de la naturaleza, utilidad y objetivo principal de la jurisdicción universal como instrumento de lucha contra la impunidad. No es cierto que la jurisdicción universal sea un concepto equívoco. Se trata de un concepto sobre cuyos elementos principales existe un consenso transversal.

La jurisdicción universal es un concepto jurídico sometido a un intenso debate, no obstante, su existencia no suele ponerse en duda. Este principio viene de tan antiguo y está tan arraigado en la tradición internacional que no puede ser negado. Las discrepancias, más bien, comienzan a aflorar al analizar si se trata de una facultad o una obligación de los estados, así como las fuentes que lo consagran (*ius cogens*, derecho consuetudinario o tratados internacionales); si debe concurrir, o no, algún otro elemento circunstancial para aplicarlo (como puede ser la presencia del presunto perpetrador en el territorio del estado del foro); los delitos específicos que permiten ponerlo en marcha (genocidio, crímenes de guerra, lesa humanidad, piratería, etc.) o su concreto origen o su finalidad (la protección de los intereses de la comunidad internacional, la protección de la humanidad en su conjunto o ambas).

La existencia de distintos criterios, lejos de debilitar la constatación de la jurisdicción universal, ha sido siempre fuente de fructíferos debates doctrinales, consustanciales, por otra parte, a todo concepto de derecho. Además, este debate demuestra el vivo interés que los expertos han mostrado durante las últimas décadas para llegar a entender y desarrollar la jurisdicción universal, consolidándola como un instrumento accesible para el ejercicio efectivo de la Justicia.

Que el origen de la jurisdicción universal se remonta a la piratería es uno de los postulados que cuenta con más apoyo doctrinal. Incluso hoy la piratería es uno de los delitos de persecución universal menos cuestionado por los estados. Para la mayoría de los expertos, la piratería fue el primer delito que abrió la puerta a la aplicación extraterritorial de la legislación penal, gozando desde entonces de un alto grado de consenso internacional. Sobre esta base, fundamentada principalmente en la protección de intereses de la comunidad internacional y en una vocación probablemente mercantilista, se fueron agregando más tarde otros delitos internacionales que admitían la persecución universal (crímenes de guerra, genocidio, crímenes de lesa humanidad, torturas, etc.), con una finalidad más cercana a la protección de la humanidad en su conjunto y a la lucha contra la impunidad que a los meros intereses económicos de los estados.

Reydams hace referencia en su informe a otros académicos, para intentar desmentir que la jurisdicción universal se hubiera utilizado en los procesos abiertos contra los criminales de guerra tras la Segunda Guerra Mundial, lo cual es obviamente falso. Si se admitiera esta tesis, se estaría entrando en contradicción con los informes de la Comisión de Crímenes de Guerra de las Naciones Unidas y de su presidente lord Wright. El razonamiento que subyace al realizar esta afirmación es el hecho de que los tribunales de las grandes potencias que juzgaron a no nacionales por delitos cometidos fuera de su territorio y contra no nacionales eran en realidad un reflejo de la aplicación de un principio de protección ampliado a través del cual varios juzgaban a un enemigo común. Sin embargo, este punto de vista no es convincente debido a varias razones: la jurisdicción universal se sustenta, entre otros fundamentos, en la protección de los intereses de la comunidad internacional; la protección de intereses comunes de los estados no debe ser confundida con la existencia de un punto de conexión concreto, como puede ser el legítimo interés del estado del foro; la lectura que hace de los juicios que tuvieron lugar tras la Segunda Guerra Mundial puede entenderse tanto como una aplicación restringida de la jurisdicción universal como de una versión ampliada del principio de protección, sin embargo, este análisis presenta una imagen desvirtuada de ambos criterios de jurisdicción y, en ningún caso, permite concluir *per se* que tales juicios no fueron desarrollados en aplicación de la jurisdicción universal.

El problema del doble concepto: *GLOBAL ENFORCER* a *NO SAFE HAVEN*

Algunos autores como Luc Reymans ofrecen una aproximación dual al concepto de jurisdicción universal. En su opinión, puede distinguirse entre aquellos estados que se comportan como *global enforcers* («justicieros globales») cuando aplican el principio de jurisdicción universal de manera pura, absoluta y sin restricciones y los estados que se decantan por la simple vocación de evitar convertirse en *safe haven*, un «refugio seguro» para los autores de delitos internacionales.

Global enforcer («el justiciero global»)

En este caso, el estado abre las puertas de sus juzgados y tribunales a víctimas de crímenes internacionales de todo el mundo que quieran solicitar la apertura de una investigación y, en su caso, el enjuiciamiento, sin necesidad de que el presunto responsable del delito se encuentre en el territorio del tribunal del foro, siendo incluso posible solicitar la extradición.

Ningún estado debería ser etiquetado como «justiciero global», al menos no en términos peyorativos, ya que la jurisdicción universal no está pensada para recaer en un único estado comprometido con la Justicia, sino para ser aplicada por la comunidad internacional en su conjunto. Si una multitud de estados, como debiera ser, compartieran esta responsabilidad, se lograría disipar la visión negativa que en ocasiones se ha tenido y se sigue teniendo de aquellos estados que ofrecen asistencia a las víctimas de delitos internacionales. Esta posición sobre la jurisdicción universal, abierta y sin restricciones, fue adoptada por el Tribunal Constitucional español en su sentencia del 26 de septiembre de 2005 (caso Guatemala) y 1 de octubre de 2007 (caso Falun Gong).

La jurisdicción universal no tiene por naturaleza una vocación expansiva, antes bien, es restrictiva, ya que se ejerce respecto de un número bastante acotado de delitos internacionales. No todos, no cualquiera, sino únicamente los más graves. Asimismo, posee una vocación de cierre, en cuanto que mecanismo residual, que se activa para evitar la consolidación de la impunidad cuando la Justicia del país donde se cometieron los crímenes internacionales no quiere o no puede hacerlo o, de hacerlo, lo hace en falso. Por ello, si se tiene en cuenta la finalidad de la jurisdicción universal (evitar la impunidad) y el efecto disuasorio que posee su sola existencia en un número amplio de estados, su eficacia no puede medirse en términos cuantitativos, como si de cualquier delito se tratase, sino todo lo contrario, cualitativos, ya que, mientras menos se recurra a ella quiere decir que los demás criterios de atribución de competencia están funcionando adecuadamente, criterios que, por lo demás, son de aplicación preferente a la jurisdicción universal (que debe considerarse como el último recurso contra la impunidad). En el mejor de los casos, un bajo número de procesos por jurisdicción universal también puede significar que su efecto disuasorio está funcionando adecuadamente y se cometen menos o ninguno de los delitos internacionales que autorizan a su ejercicio. En cualquier caso, medir la eficacia de la jurisdicción universal en términos cuantitativos sin considerar estos factores (finalidad y efecto disuasorio) es a todas luces un error.

Adicionalmente, el informe Reymans también olvida otro punto esencial, como es que la jurisdicción universal tiene un ámbito de aplicación mucho mayor que la jurisdicción de la CPI. Esta última se restringe a los delitos contemplados en su estatuto y cometidos en el territorio de alguno de los estados parte con posterioridad a julio de 2002. La jurisdicción universal, en cambio, puede remontarse mucho más atrás en el tiempo, al tratarse de delitos imprescriptibles, y además actuar sobre delitos cometidos en países que no sean parte del Estatuto de Roma. Los casos Pinochet, Argentina, Guatemala, entre muchos otros, no eran competencia de la CPI.

Safe haven («refugio seguro»)

Evitar que un estado se convierta en un «refugio seguro» supondría limitarse a la aplicación del principio *aut dedere aut iudicare* («o extraditar o juzgar»). Esto obligaría al estado a activar su maquinaria judicial sólo en el caso de que se constate que el presunto perpetrador de crímenes internacionales se encuentra dentro de su territorio, aunque se permite cumplir al estado del foro con su obligación internacional, alternativamente, extraditando al presunto autor de crímenes internacionales a otro país que así lo solicitase y evitar de esta forma juzgarlo él mismo.

Esta visión reduccionista fue la que eligió el legislador español cuando en 2014 se produjo la reforma del artículo 23.4 de la LOPJ y también la de Bélgica en 2003, cuando reformó su ley de jurisdicción universal de

1993, que había sido la más amplia hasta ese momento. Esta modificación se realizó tras las expresas advertencias que Donald Rumsfeld, secretario de Defensa de Estados Unidos, realizó en Bruselas en junio de 2003, cuando, ante varios casos contra autoridades estadounidenses por hechos cometidos durante la guerra de Irak, los tribunales belgas señalaron como imputados al propio presidente Bush, Dick Cheney, Colin Powell, al general Norman Schwarzkopf y al general Tommy Franks. «Con leyes de esta clase, Bélgica ha convertido su sistema judicial en plataforma para aceptar querellas contra sus aliados en la OTAN. [...] No es una amenaza, simplemente constato una realidad: ningún alto funcionario ni militar de mi país o de cualquier otro puede sentirse seguro con leyes así. No pretendemos injerir en la soberanía de esta nación, pero es un asunto que deben resolver. [...] Estados Unidos prefiere en estas condiciones no seguir financiando el proyecto (de la sede de la OTAN en Bruselas) y bloquearlo hasta que se llegue a una solución».[3]

La amenaza no podía ser más explícita y, como es obvio, las autoridades belgas captaron el mensaje: dos meses después entraron en vigor las restricciones a su ley de jurisdicción universal, introduciendo la exigencia de un nexo de conexión y la presencia del implicado, que se sumaron a las ya existentes acerca de la inmunidad diplomática, introducida por la Corte Internacional de Justicia en el caso de la República Democrática del Congo contra Bélgica, a propósito de las acusaciones de genocidio contra el ministro congoleño de Asuntos Exteriores, Yerodia Ndombasi.

La elección de una legislación del tipo «no ser un refugio seguro» es una opción de mínimos y no de máximos, que es de una eficacia considerablemente menor si se atiende a la finalidad perseguida (evitar la impunidad) y al efecto disuasorio de la jurisdicción universal. Por lo demás, esta opción de mínimos ya es imperativa para un gran número de estados que han ratificado alguno de los numerosos tratados internacionales que prescriben el principio *aut dedere aut iudicare*.

Suelen mencionarse como ejemplos los Convenios de Ginebra de 1949, que contemplan una obligación pura en la aplicación de la jurisdicción universal en lugar de señalar un deber general de extraditar o juzgar; la Convención contra la Tortura o el intento, que terminó en fracaso, de incluir esta cláusula en la Convención del Genocidio. Pese a ello, este principio se encuentra reconocido en muchas convenciones para algunos delitos, a saber:

- Desapariciones forzadas: Convención Internacional para la protección de todas las Personas contra las Desapariciones Forzadas de 2006 (art. 9.2).
- *Apartheid*: Convención Internacional sobre la Represión y el Castigo del Crimen de *Apartheid* de 1973 (art. 5).
- Actos de terrorismo: Convenio para la Represión del Apoderamiento Ilícito de Aeronaves de 1970 (art. 4.2); Convención Internacional contra la Toma de Rehenes de 1979 (art. 5.2); Convenio Internacional para la Represión de Atentados Terroristas Cometidos con Bombas de 1997 (art. 6.4); Convenio Internacional para la Represión de la Financiación del Terrorismo de 1999 (art. 7.4); Convenio Internacional para la Represión de los Actos de Terrorismo Nuclear (arts. 9-11).
- Protección del patrimonio cultural: Convención de La Haya para la Protección de los Bienes Culturales en caso de Conflicto Armado, aprobada el 14 de mayo de 1954, complementado por dos protocolos, el segundo de los cuales, aprobado en 1999, aclara algunas de las condiciones necesarias para ejercer la jurisdicción universal. Éste especifica cuáles son violaciones graves, entre las que se encuentra la destrucción importante en bienes culturales protegidos y establece la obligación de los estados de adoptar leyes que extiendan su jurisdicción universal a los casos en los que el acusado se encuentre en su territorio.
- Crímenes contra diplomáticos: Convención de las Naciones Unidas sobre Prevención y Castigo de Delitos contra Personas Internacionalmente Protegidas de 1973 (art. 7).
- Bienes culturales en conflicto armado: Convención para la Protección de los Bienes Culturales en caso de Conflicto Armado (art. 28).
- Narcotráfico: Convención de las Naciones Unidas contra el Tráfico Ilícito de Estupefacientes y Sustancias Psicotrópicas (art. 4.2).
- Delincuencia transnacional: Convención de las Naciones Unidas contra la Delincuencia Organizada Transnacional (art. 15.4).

En todos ellos, el hecho de que se encuentre el perpetrador en el estado del foro será el elemento circunstancial que convertirá la posibilidad de investigar y enjuiciar en la obligación de hacerlo. Como puede apreciarse, la lista es bastante más amplia que el reducido número de delitos para los que se plantea una jurisdicción universal sin restricciones, como son el genocidio, los crímenes de guerra, contra la humanidad, y en general aquellos que implican una violación masiva y sistemática de derechos humanos, es decir, los más graves de entre los crímenes internacionales.

Que la jurisdicción universal se establezca como regla de mínimos y no de máximos condiciona el éxito del mecanismo. Uno de los ejemplos más elocuentes, además del caso Pinochet, fue el iniciado ante la Justicia belga que, aplicando la jurisdicción universal, acusó al exdictador del Chad Hissène Habré, que promovió la apertura de un proceso en Senegal en su contra, por el cual fue finalmente condenado. Ni el caso Pinochet ni el caso Habré hubiesen sido posibles si España y Bélgica hubiesen tenido establecido en su legislación un principio de jurisdicción universal de mínimos.

EVALUACIÓN DEL ÉXITO O EL FRACASO DE LA JURISDICCIÓN UNIVERSAL

La crítica que a veces se hace a la jurisdicción universal de ser un instrumento del neocolonialismo europeo no es real. Es cierto que el desenvolvimiento inicial de la jurisdicción universal tuvo su origen en Europa, y más específicamente en España, que junto a Bélgica han sido los países más activos en su aplicación. Sin embargo, otras naciones, como Argentina (caso contra el franquismo, caso Paraguay) o Sudáfrica (caso Zimbabue, caso del *Mavi Marmara*, caso Madagascar) están adoptando el denominado enfoque de *global enforcer* de la jurisdicción universal. En ninguno de estos casos encontramos elementos neocoloniales, sino una realidad que demuestra la urgencia de conseguir la consolidación, recuperación o instauración de este principio en el mayor número posible de países de la comunidad internacional, para emplearlo como elemento estabilizador entre sus componentes ante los desafíos a los que tendrá que enfrentarse la humanidad en los próximos años.

En un mundo en el que la inmensa mayoría de países, si no todos, tuvieran consagrado el principio de jurisdicción universal en términos amplios, no habría espacio para la impunidad. El país que lleve a cabo la investigación y enjuiciamiento de estos crímenes debería ser el mejor posicionado para ello, de entre los que estuvieran trabajando simultáneamente en el mismo caso, y a éste deberían enviar los demás todo el material probatorio del que dispusieran para dotar de la máxima seguridad y garantías al caso en cuestión.

Al margen de otras consideraciones —como puedan ser las órdenes internacionales de detención, las solicitudes de extradición, el procesamiento y condena de los perpetradores o la activación o reactivación del caso en el sistema judicial del país en el que hayan tenido lugar los hechos—, y además de su finalidad —evitar la impunidad— y de su efecto disuasorio por el sólo hecho de existir y ponerse en funcionamiento, al medir el impacto de la jurisdicción universal hay un factor más que debe valorarse.

Cuando evaluamos la utilidad o la bondad de la jurisdicción universal debemos tener en cuenta, sobre todo, el empoderamiento y la reparación moral que su aplicación supone para las víctimas. Parece innegable que las verdaderas protagonistas detrás de cualquier causa de jurisdicción universal son las propias víctimas. Éstas, tras ver negado el acceso a la Justicia en sus propios países, deciden buscar amparo judicial fuera de sus fronteras. Saben y asumen que iniciar esta andadura supone un largo camino procesal que puede prolongarse durante años. No obstante, los testimonios de muchas de ellas coinciden en el elemento reparador que supone poder dar su versión de los hechos y poner en común pruebas e indicios ante un juez, sea de la nacionalidad que sea. Un ejemplo tangible de esta reparación directa puede encontrarse en el caso de la dictadura franquista en Argentina, durante cuya instrucción la jueza ordenó la apertura de una fosa común en España para exhumar los restos de Timoteo Mendieta, fusilado el 15 de noviembre de 1939, víctima de la Guerra Civil española, y entregárselos a su hija Ascensión Mendieta.

Otro efecto de la jurisdicción universal es que reduce los espacios de libre tránsito de presuntos criminales internacionales. Si los acusados no rinden cuentas ante la Justicia se debe precisamente a que gozan de un «refugio seguro» en su propio país o en un tercer país amigo. La jurisdicción universal ayuda a concienciar a la comunidad internacional sobre la necesidad de perseguir a este tipo de criminales, activando sus redes de cooperación judicial y extradición, para reducir su margen de maniobra para evadir a la Justicia. Que un genocida pueda moverse libremente por el mundo sin miedo a la acción de la Justicia, sabiendo que los demás estados mirarán para otro lado, es una imagen que resulta verdaderamente grotesca, ya que de alguna manera convierte a la comunidad internacional en su conjunto en un cómplice pasivo de la impunidad, que no sólo daña a las víctimas, sino que nos hace a todos menos justos y menos humanos.

No está de más insistir en el efecto disuasorio o preventivo de la jurisdicción universal. La paulatina proliferación de países que la han implementado en su legislación interna en América, África y Europa hace posible que se extienda la convicción de que cometer este tipo de delitos y escapar a la Justicia es cada vez más difícil. La tradicional impunidad de la que antaño gozaron los peores criminales que ha conocido la humanidad ya no está garantizada, gracias a que ahora hay estados que no la permiten. La expansión de la jurisdicción universal hacia un número cada vez mayor de países conduciría a una reducción casi absoluta de la impunidad, que quedaría limitada a unos escasos «refugios seguros». Este escenario despliega un enorme efecto preventivo que obliga a los eventuales perpetradores de crímenes internacionales a sopesar las posibles consecuencias judiciales de sus actos antes de cometerlos.

La ampliación de la jurisdicción universal tiene también un efecto positivo en la prevención general de los crímenes internacionales, ya que promueve la capacitación y aprendizaje en derecho internacional humanitario, derechos humanos y derecho penal internacional, de los responsables de las estructuras estatales, como policías, militares, funcionarios públicos y operadores jurídicos locales. La jurisprudencia en torno a ella está proliferando en Europa, Latinoamérica y África, posibilitando que muchas víctimas, abogados, jueces y fiscales accedan a mecanismos judiciales hasta ahora desconocidos para ellos.

FUNDACIÓN INTERNACIONAL BALTASAR GARZÓN (FIBGAR)
PRO-DERECHOS HUMANOS Y JURISDICCIÓN UNIVERSAL

Mi idea de crear una fundación tiene unos orígenes remotos, que fueron madurando al hilo de la suspensión de la que fui objeto en 2010 por investigar los crímenes franquistas. De hecho, los primeros fondos con los que contó FIBGAR provinieron de un premio de derechos humanos que me otorgó la Abraham Lincoln Brigade Archives (ALBA), una asociación norteamericana que defiende los valores de la Brigada Lincoln, con el patrocinio de la fundación Puffin de Estados Unidos, y que recibí en Nueva York en 2011.

El principal objetivo de FIBGAR es defender los derechos humanos y abogar en pro de la jurisdicción universal. Creí que una institución de este tipo era necesaria y así arrancamos, contando con el esfuerzo de un grupo de personas jóvenes a las que quise involucrar no sólo en el proyecto, sino también en el activismo de derechos humanos. Mi hija María aceptó el desafío de ser la directora de FIBGAR, para lo cual se preparó concienzudamente, para así poder actuar con la solvencia y dedicación que estos temas exigen. Al proyecto se fueron incorporando otros jóvenes abogados y profesionales de otras disciplinas, tanto en España como en Colombia, Argentina y México, países en los cuales hoy FIBGAR tiene presencia.

Los principios de FIBGAR debían estar bien definidos. Más allá de la defensa de los derechos humanos era crucial que tuviese una identidad propia que pudiese concretarse en cuatro o cinco puntos. Entre ellos debía estar la firme intención de combatir la corrupción, promover la paz y la democracia y, por supuesto, la lucha contra la impunidad, con especial atención en la defensa de los derechos de las víctimas. Dimos además una especial relevancia a la educación en materia de memoria, verdad, y la enseñanza en derechos humanos desde la infancia, aprovechando así todos los escenarios para generar conciencia en la sociedad en su conjunto sobre la importancia de estos valores.

Uno de los propósitos principales de la fundación desde su inicio, intuyendo los vientos contrarios que estaban por venir, fue también y lo sigue siendo defender y promocionar la jurisdicción universal, porque era necesario proteger el acervo de conocimientos y experiencia acumulados durante los 15 años anteriores aplicando este principio en la Audiencia Nacional. Afortunadamente, desde el principio pudimos contar con el apoyo de jueces, fiscales, abogados, víctimas, intelectuales, profesores universitarios, jóvenes estudiantes, psicólogos, sociólogos, antropólogos, de dentro y fuera de España, con cuyo esfuerzo conjunto fuimos avanzando, conscientes de que nuestro trabajo de compromiso y pedagógico era necesario.

Así se constituyó FIBGAR, y con esos valores, principios y objetivos sigue trabajando hoy.

Los Principios Madrid-Buenos Aires de jurisdicción universal

A finales de 2013, empezaban a escucharse rumores sobre las tentaciones y presiones políticas de eliminar la jurisdicción universal en España. El artículo 23.4 de nuestra LOPJ, que tanto había ayudado a víctimas de tantos países y que tantas lecciones había dado a la comunidad internacional, ya había sido restringido en 2009, pero esta vez la estocada se anunciaba como definitiva. El peligro de reforma era inminente. En enero de 2014, ya se podía acceder al texto de la reforma que finalmente se aprobó en marzo de ese año. El escenario no podía ser más desalentador. Uno de los instrumentos por los que había trabajado tanto y que alimentaban una verdadera y útil «marca España», digna de destacar fuera de nuestras fronteras, de la que el ciudadano podía sentirse orgulloso, quedaba mutilado hasta el punto de que su aplicación era virtualmente imposible.

Ante semejante contexto, decidí que había llegado el momento de actuar desde la fundación e ir más allá de la crítica, los informes y las denuncias. Era el momento de ser propositivos. La simple defensa de aquello que estaban dispuestos a aniquilar tendría como resultado el nacimiento de algo igual o mejor si cabe. La promoción constante, la ampliación y el fortalecimiento de aquello que algunos querían hacer desaparecer dio lugar a la ilusión de un nuevo proyecto, un ente vivo con su propia historia: los Principios de jurisdicción universal de Madrid-Buenos Aires.

FIBGAR no fue la primera en poner por escrito una propuesta de articulación del principio de jurisdicción universal. Precisamente la categoría intelectual de nuestros predecesores nos ponía el listón muy alto. En el año 2000, con el gran académico Mahmoud Cherif Bassiouni a la cabeza, un grupo de expertos internacionales trabajó en la codificación de los ejes rectores de la jurisdicción universal. Este esfuerzo dio como resultado una definición, un listado de delitos y las herramientas necesarias para un primer acercamiento al funcionamiento de este instrumento jurídico, los denominados «Principios de Princeton sobre jurisdicción universal». Fue el suyo un trabajo valiente y digno de alabanza. Pero, como en todo, con el tiempo nos fue posible apreciar qué puntos merecían ser nuevamente abordados, para revisarlos y ampliarlos teniendo en cuenta la experiencia acumulada. Fue así como, lejos de rendirnos a la crisis de la jurisdicción universal que había empezado en Bélgica en 2003 y que llegaba a España, decidimos ir aún más lejos y proponer nuevos principios que recogieran ese trabajo con el objetivo de consolidarlos, actualizarlos y avanzar sobre los cimientos de Princeton.

Teníamos claro que la idea de redactarlos no podría hacerse en solitario ni ser el producto de tres o cuatro mentes. Debía ser fruto de un gran encuentro en el que expertos de todo el mundo reflexionaran sobre el contenido y alcance que debía tener la jurisdicción universal, una iniciativa que, en ese momento, nos parecía ciclópea. Fue así como nació en 2014 el Primer Congreso Internacional de jurisdicción universal de Madrid. Este encuentro duró cuatro días y en su última jornada pudo presentarse el primer borrador de propuesta de lo que momentáneamente se llamarían «Principios de Madrid».

Pero es preciso retroceder hasta la génesis del texto. Para conseguir que el encuentro fuera operativo, era imprescindible contar con un texto preliminar sobre el que discutir en el Congreso. Creamos un comité científico compuesto por la entonces fiscal de la Audiencia Nacional Dolores Delgado, el abogado penalista y profesor universitario Manuel Ollé, el catedrático chileno-español Hernán Hormazábal y yo mismo, reforzado por el equipo jurídico de la fundación que en aquel momento estaba integrado por Carlota Catalán y Manuel Miguel Vergara. Sobre la base de los Principios de Princeton, informes de Amnistía Internacional, resoluciones e informes de la Asamblea General de Naciones Unidas y los principales textos doctrinales sobre la materia, Carlota Catalán redactó las primeras líneas de ese documento de trabajo. Con un desmesurado apetito por trabajar y sacar adelante esta quijotesca tarea, el comité se reunió por primera vez en abril de 2014. Pronto empezamos a desgranar los puntos que considerábamos más importantes.

Sobre este texto se trabajó en el Congreso de Madrid. Pero en ese encuentro el proyecto adquirió vida propia y se amplió, celebrándose al año siguiente un II Congreso Internacional en Buenos Aires. Antes de esto, y hasta que se aprobaron, organizamos diferentes talleres de trabajo en los cinco continentes, dirigidos por Manuel Vergara, asesor legal de la fundación, en los que participamos en numerosos debates, en comisión y plenario, junto a más de 100 expertos juristas, jueces, fiscales, abogados, miembros de ONG, equipos de organizaciones internacionales, diplomáticos, académicos, catedráticos de derecho internacional, derecho penal internacional o derechos humanos, víctimas, activistas y premios nobeles (de la paz y de otras disciplinas). En estos talleres de trabajo se debatió arduamente en todos los niveles. El fruto de esta labor, que culminó en el II Congreso Internacional en Buenos Aires, son los Principios Madrid-Buenos Aires de jurisdicción universal.[4]

La finalidad del trabajo doctrinal que emprendió la fundación era desarrollar unos principios rectores que definieran la jurisdicción universal, establecieran su contenido y extensión y facilitaran su aplicación práctica por los operadores jurídicos.

Las principales novedades que se plasman en los Principios Madrid-Buenos Aires son:

a) La persecución universal de crímenes económicos y medioambientales.
b) El reconocimiento de la responsabilidad penal de las personas jurídicas.
c) El impulso a la jurisdicción universal civil.

d) Aclarar la relación que debe existir entre la CPI y la jurisdicción universal.
e) El fortalecimiento de la cooperación judicial internacional.
f) Facilitar las medidas cautelares que impidan la «fuga de empresas» que explotan abusivamente recursos naturales.
g) La protección especial de víctimas y testigos.
h) Encontrar el equilibrio entre la jurisdicción universal y los procesos de justicia transicional.
i) La progresiva difusión y consolidación de los principios como referente doctrinal, con citas doctrinales y a Naciones Unidas.

En este sentido, merece la pena resaltar que Agnès Callamard, relatora especial de Naciones Unidas sobre las ejecuciones extrajudiciales, sumarias o arbitrarias, el 17 de agosto de 2017, presentó su informe a la Asamblea General y, en su punto 54, hizo una referencia a los Principios Madrid-Buenos Aires de jurisdicción universal: «El principio de la jurisdicción universal amplía el alcance de la jurisdicción nacional a cualquier acto que se considere de interés universal. Estos incluyen el genocidio, los crímenes de lesa humanidad y los crímenes de guerra, pero también pueden incluir homicidios ilegítimos cuando están estrechamente relacionados con la trata de personas, la tortura y las desapariciones forzadas (véase A/71/111). En cuanto al alcance y aplicación de la jurisdicción universal sobre la base de las normas jurídicas nacionales, los tratados internacionales aplicables y la práctica judicial, los principios de jurisdicción universal de Madrid-Buenos Aires de 2015 refuerzan el entendimiento del *ratione materiae* de la jurisdicción universal, incluyendo ejecuciones extrajudiciales como delito sujeto a jurisdicción universal. La aplicación del principio de jurisdicción universal, en el contexto de los homicidios ilegítimos de refugiados y migrantes, podría abordar algunas de las cuestiones señaladas en el presente informe».[5]

La ampliación del listado de delitos

En aquel entonces, y mucho más hoy, estaba convencido de que, precisamente cuando la jurisdicción universal estaba siendo cuestionada, debíamos redoblar nuestros esfuerzos. Era imprescindible renovarla y concebirla como un instrumento dinámico, que debía ser revisado para hacer frente a las nuevas amenazas de la humanidad, adaptarse a la aparición de nuevos delitos y, cómo no, de nuevas fuentes de impunidad.

Revisar la lista de crímenes de persecución universal era probablemente una de las cuestiones más novedosas y perentorias. Pero ¿cómo hacerlo? Una breve explicación previa parece necesaria.

La consagración de los derechos humanos en el ámbito internacional, y de los derechos fundamentales en el interno, conllevan una serie de obligaciones para los estados y las autoridades y funcionarios que actúan en nombre del estado. Algunas de aquéllas están vinculadas a la prevención, donde la capacitación y dotación de mecanismos que desarrollen los estándares aplicables se convierte en una necesidad. Cuando la prevención no ha funcionado y se comete una infracción, ésta puede tener consecuencias civiles, administrativas e incluso penales en algunos casos. Es obligación de cada estado dar una respuesta punitiva adecuada, de acuerdo con su derecho interno; el problema viene cuando estas violaciones adquieren rango internacional y no están definidas suficientemente.

Como ya he dicho, tradicionalmente se ha entendido que la génesis de la jurisdicción universal está en la piratería. A principios del siglo xix, la esclavitud empezó a considerarse una actividad deleznable y el comercio de esclavos se equiparó a la piratería, dando lugar a su persecución universal. A principios del siglo xx, se consolidó la idea de lo que hoy llamamos «crímenes de guerra». A mediados de siglo pasado, los crímenes de lesa humanidad y de agresión o contra la paz cristalizaron tras los juicios de Núremberg y Tokio. Unos años más tarde, se sumó el delito de genocidio. Todos ellos fueron dotados de una garantía para impedir la impunidad: su persecución universal. En el último tercio del siglo xx, se firmaron una serie de convenciones internacionales de naturaleza penal que definían crímenes internacionales o delitos internacionalizados cuya persecución universal quedaba avalada en ciertas circunstancias: la tortura, diferentes actos terroristas y, poco después, la desaparición forzada. De esta forma se fue formando el denominado núcleo duro del derecho penal internacional, cuyos delitos eran perseguibles universalmente. No obstante, ya situados en el siglo xxi era urgente revisar esa lista. El reto para los Principios de Madrid-Buenos Aires era obtener el acuerdo entre los expertos de los diferentes continentes y consensuar la ampliación de la lista. Porque no se trataba sólo de la inclusión de delitos bien definidos, asentados y aceptados internacionalmente, con mayor o menor éxito, sino que era el momento de dar un paso más y plantear la persecución internacional de crímenes de naturaleza económica y medioambiental, cuando la envergadura de la agresión fuera sistemática y generalizada sobre un conjunto de personas o poblaciones.

Pero ¿qué vinculación existe entre la empresa y los derechos humanos, entre medioambiente y delitos económicos?

Desde hace tiempo se viene planteando la necesidad del respeto a los derechos humanos y a la naturaleza por parte de las corporaciones, enmarcados en el propio proceso productivo. Cada vez hay más conciencia de ello, porque el no hacerlo afecta a la credibilidad de la compañía y puede acarrear el descrédito de la marca, lo que tiene un indudable valor económico.

Comienza a crecer la conciencia ciudadana sobre la urgencia de un control humanitario de la producción. Postular que la empresa es ajena al mundo de los derechos humanos y a su respeto es desconocer la realidad y no asumir que las cosas están cambiando y que cada vez más se exigirán estándares más exhaustivos y completos.

Por tanto, la promoción del diálogo entre las firmas, los trabajadores y las comunidades cercanas a los lugares de producción y distribución, respetando su idiosincrasia cultural y su cosmovisión, se traducirá en beneficios tangibles entre ellos para mejorar su imagen y la responsabilidad respecto al propio entorno natural en el que se desarrolla su actividad.

Si esto es cierto para todos en general, lo es todavía más tratándose de comunidades indígenas, cuyo hábitat resulta muchas veces devastado por las empresas que explotan los recursos naturales hasta agotarlos. Al respecto, la OIT junto con otras grandes ONG y algunos estados han invertido sus esfuerzos en profundizar en la protección de los pueblos indígenas en el contexto de las actividades empresariales a través, principalmente, del Convenio 169 y de la llamada «consulta previa». En ella pretende reconocerse el papel fundamental de los pueblos indígenas en la negociación, cesión y explotación de recursos y territorios ancestrales de aquéllos. Esta consulta previa permite compatibilizar los derechos e intereses en juego, poniendo por encima los principios básicos y derechos que protegen la naturaleza como el contexto en el que el ser humano se desarrolla en su integralidad.

Cada vez los ciudadanos estamos menos dispuestos a adquirir productos de una empresa que sabemos que quebranta los derechos humanos. Al respecto, cito por ejemplo lo que ha dicho el papa Francisco: «Constatamos que con frecuencia las empresas que obran así son multinacionales, que hacen aquí lo que no se les permite en países desarrollados o del llamado primer mundo. Generalmente, al cesar sus actividades y al retirarse, dejan grandes pasivos humanos y ambientales, como la desocupación, pueblos sin vida, agotamiento de algunas reservas naturales, deforestación, empobrecimiento de la agricultura y ganadería local, cráteres, cerros triturados, ríos contaminados y algunas pocas obras sociales que ya no se pueden sostener».[6]

Por tanto, es urgente definir un ámbito de responsabilidad penal internacional respecto a los crímenes económicos y financieros relacionados con los daños medioambientales, privación de recursos, riesgos generalizados contra la población, sometimiento extremo a condiciones de vida, cuando estos factores vengan de la mano de las acciones corporativas de las empresas.

Cada vez más estados reconocen la responsabilidad penal de personas jurídicas, que puede conducir a la suspensión de la actividad de la compañía afectada, su disolución, la imposición de multas y la eventual depuración de responsabilidad penal subsidiaria de las personas físicas responsables de las acciones emprendidas por la firma.

Ahora bien, una vez establecida la necesidad y urgencia de proteger el medioambiente tanto a escala nacional como internacional, cabe preguntarnos si existen fundamentos jurídicos que permitan hablar de crímenes económicos y medioambientales como verdaderos ilícitos internacionales.

La jurisdicción penal internacional, o en su caso universal, para que sea legitimada sin que suponga una injerencia en la soberanía o asuntos internos de otro estado, debe aparecer contemplada en alguna de las fuentes de derecho internacional: derecho consuetudinario o derecho convencional, como fuentes primarias, y la jurisprudencia y la doctrina como fuentes auxiliares.

a) El derecho consuetudinario y el derecho internacional imperativo o *ius cogens* se presentan como la clásica fuente que habilita el uso de la jurisdicción universal. Se trata de crímenes internacionales como el genocidio, los crímenes de lesa humanidad, los crímenes de guerra, el crimen de agresión, la tortura, las desapariciones forzadas, el tráfico de personas, el *apartheid*, la esclavitud o el comercio de esclavos.

Son acciones tan aberrantes que atentan contra la humanidad en su conjunto hasta el punto de que es derecho y deber de cualquier estado perseguir y juzgar los crímenes perpetrados independientemente de que exista o no un punto de conexión directo entre la acción delictiva y el estado del foro.

En el caso de los crímenes económicos y medioambientales, podemos comprobar cómo pueden estar presentes en los delitos antes mencionados:

a.1) El comercio de esclavos, la esclavitud y el tráfico de personas: se trata de una actividad de espíritu económico que mercantiliza la vida de seres humanos suponiendo uno de los más graves atentados contra su dignidad.

a.2) El *apartheid*: supone un sistema político de segregación racial que construye los pilares de explotación y aprovechamiento económico de un grupo o raza sobre otro. La connotación económica es obvia.

a.3) El genocidio: si bien es más difícil de asimilar este tipo internacional debido al dolo directo que supone la intención de acabar en todo o en parte con una comunidad racial, étnica, nacional o religiosa, es indudable que en el marco de graves agresiones de orden económico o medioambiental puede producirse un genocidio.

a.4) Crímenes de guerra: a pesar de formar también parte del acervo del *ius cogens*, los crímenes de guerra están bien recogidos en el derecho convencional. Por ellos se analizará este caso posteriormente.

a.5) Crímenes de lesa humanidad: el ataque sistemático o general de carácter medioambiental o económico contra la población civil puede desembocar de manera clara en crímenes de lesa humanidad.

El artículo 7 del Estatuto de Roma da cabida a un desarrollo estableciendo un *numerus apertus* en su listado de delitos subyacentes en el apartado «k»: otros actos inhumanos de carácter similar que causen intencionalmente grandes sufrimientos o atenten gravemente contra la integridad física o la salud mental o física.

b) El derecho convencional. Además de las fuentes consuetudinarias, existe un acervo convencional que aglutina disposiciones de persecución universal de delitos de naturaleza económica y medioambiental:

b.1) Crímenes medioambientales: el protocolo adicional al Convenio de Ginebra del 12 de agosto de 1949 (art. 35.3): «3. Queda prohibido el empleo de métodos o medios de hacer la guerra que hayan sido concebidos para causar, o de los que quepa prever que causen, daños extensos, duraderos y graves al medioambiente natural».

Se trata de un crimen de guerra donde el interés jurídico protegido no es la vida de seres humanos, sino el medioambiente en sí.

b.2) Crímenes económicos:

  i. Convención contra la Corrupción (art. 42.4).

  ii. Convención contra la Financiación del Terrorismo (art. 7.4).

iii. Convención sobre el Tráfico Ilícito de Narcóticos y Estupefacientes (art. 4.2).

iv. Falsificación de moneda.

c) Precedentes jurisprudenciales. También existen ejemplos jurisprudenciales en los que se avanza en la persecución de crímenes internacionales que tienen naturaleza económica o medioambiental. Se trata de los juicios conducidos ante el Tribunal Militar Internacional de Núremberg en los casos: Krupp, Flick, IG Farben.

d) Doctrina. Han existido esfuerzos doctrinales por extender la jurisdicción universal hacia crímenes económicos y medioambientales. Es el caso de los Principios de jurisdicción universal de El Cairo-Arusha que entre 2001 y 2002 buscaron articular los ejes rectores de la jurisdicción universal desde un punto de vista africano. En su preámbulo puede leerse: «En el particular contexto del continente africano, sin embargo, hay consideraciones adicionales, incluyendo aquéllas económicas, sociales y culturales, que deberían ser tenidas en cuenta al tratar de asegurar un ejercicio efectivo de la jurisdicción universal». A su vez, el principio 4 reza: «Además de los crímenes que actualmente se reconocen bajo el derecho internacional como objeto de jurisdicción universal, otros crímenes que supongan grandes consecuencias negativas económicas, sociales y culturales —tales como actos de expolio e importante apropiación indebida de recursos públicos, tráfico de seres humanos y graves crímenes medioambientales— deberían recibir el mismo estatus».

¿Cómo definir los crímenes económicos y medioambientales y cuáles podrían ser ejemplos de éstos?

Los Principios de jurisdicción universal de Madrid–Buenos Aires pretenden dar una respuesta a esta pregunta. El principio número 2 aclara el carácter económico o medioambiental que puede concurrir en todos los crímenes clásicos de derecho internacional, y el principio 3 propone un nuevo tipo penal internacional.

Principio 2 – Crímenes de persecución universal: La jurisdicción universal será aplicable a los crímenes de derecho internacional, tales como: genocidio, crímenes de lesa humanidad, crímenes de guerra, piratería, esclavitud, desaparición forzada, tortura, tráfico de seres humanos, ejecuciones extrajudiciales y crimen de agresión. Estos delitos pueden ser cometidos de múltiples formas, incluyendo las actividades económicas y que puedan afectar al medioambiente.

Principio 3 – Crímenes económicos y medioambientales de persecución universal: La jurisdicción universal también será aplicable a los crímenes económicos y contra el medioambiente que por su extensión y escala afectan gravemente a los derechos humanos de grupos o colectividades o supongan la destrucción irreversible de ecosistemas.

En este último caso, el crimen medioambiental propuesto exige varios elementos:

- El interés jurídico protegido no tiene que restringirse sólo a los derechos humanos de grupos o colectividades, sino que también cabe incluir al ecosistema en su conjunto.
- La afectación debe ser grave.
- La acción tiene que reflejar cierta entidad en términos de extensión y escala, aunque ésta no viene concretada.
- La destrucción del ecosistema ha de ser irreversible.

Además, los principios también ofrecen en su anexo todo un listado de posibles crímenes que cabrían en esta definición de ilícitos penales internacionales de carácter económico y medioambiental: Anexo a los Principios de Madrid-Buenos Aires de jurisdicción universal: Entre los posibles crímenes que se ajustan a la categoría introducida en el principio 3, cabe destacar los siguientes:

- los fraudes alimentarios,
- la especulación de precios sobre productos de primera necesidad de los que dependan la supervivencia o la salud de una generalidad de personas,
- la explotación laboral de menores y el incumplimiento de los derechos de los trabajadores reconocidos a escala internacional,
- la desviación ilícita de fondos internacionales aprobados para paliar catástrofes humanitarias,
- el tráfico ilícito de armas hacia lugares o zonas de conflicto o con prohibición expresa de exportación por Naciones Unidas,
- la fuga de corporaciones o extracciones masivas de fondos que traten de eludir las responsabilidades pecuniarias derivadas de la comisión de los crímenes contenidos en estos principios,
- el aprovechamiento ilícito de bienes de las víctimas de los delitos identificados en estos principios,

- traslados forzosos de comunidades con fines de explotar los recursos naturales de sus tierras ancestrales,
- obstrucción ilegal del disfrute de recursos transfronterizos como la contaminación severa de ríos internacionales,
- la explotación ilícita de recursos naturales que afecten gravemente a la salud, la vida o la convivencia pacífica de las personas con el entorno natural en el espacio donde se produzca la explotación,
- o la destrucción irreversible de ecosistemas.

Han pasado casi veintidós años desde que recayó en mí la responsabilidad de comenzar la instrucción del caso por los crímenes cometidos por los perpetradores de la dictadura argentina y de Pinochet y, después del tiempo y los vaivenes vividos, seguimos buscando la forma de avanzar y consolidar lo conquistado, ampliando nuestro horizonte hacia nuevos espacios cuya protección integral, incluida la protección jurídico-penal, se ha convertido en algo inaplazable, a pesar de que los gobiernos en su mayoría se tornan reacios, cuando no irascibles, a estos avances. Pero, antes o después, comprenderán, y esperemos que no sea demasiado tarde, que los ámbitos de protección deben internacionalizarse aún más.

Unas breves notas adicionales sobre la necesidad de protección del medioambiente y los esfuerzos realizados para ello resultan indispensables para comprender este urgente problema en su total dimensión.

Los nuevos desafíos de la Justicia en defensa del medioambiente

Esto, que en una primera impresión parece revolucionario o ilusorio, puede convertirse en realidad si somos capaces de interpretar y adaptar los principios que rigen el derecho internacional de los derechos humanos y el derecho humanitario a una realidad en la que las agresiones medioambientales afectan a gran parte de la humanidad. Éstas son ataques intencionados que, directa o indirectamente, son consecuencia de intereses económicos o políticos espurios y que inciden directamente sobre la población y su supervivencia. Esta protección debe darse tanto en el ámbito local como internacional y, por ello, debe definir espacios jurídicos locales o universales de aplicación. La cuestión es cómo conseguir que esos espacios se interconecten y poder ofrecer así respuestas globales a los ataques que se perpetran en cualquier territorio y que afectan a todo el género humano y al resto de especies y, por ende, a la propia subsistencia del planeta.

La Asamblea General de Naciones Unidas, en su resolución 37/7 de 28 de octubre de 1982, aprobó la Carta Mundial de la Naturaleza, que ya destacaba la trascendencia de los procesos naturales y ciclos evolutivos dentro de los cuales la especie humana es un elemento importante, pero cuya supervivencia depende del respeto e interacción con el mantenimiento y regeneración de los procesos constitutivos de la naturaleza.

En la Conferencia Mundial de los Pueblos sobre el cambio Climático de 2010, celebrada en Cochabamba (Bolivia), Leonardo Boff compartió en su conferencia una reflexión certera que hago íntegramente mía y que partía de la certeza universalmente aceptada de que, si los seres humanos poseen dignidad y derechos, y la tierra y los seres humanos constituyen la única realidad indivisible, podemos decir que: «La Tierra participa de la dignidad de los derechos de los seres humanos. Por eso no puede sufrir una agresión sistemática, la explotación y depredación por un proyecto de civilización que apenas la ve como algo sin inteligencia y por eso la trata sin ningún respeto, negándole valor autónomo e intrínseco, en función de la acumulación de bienes materiales. Es una ofensa a su dignidad y una violación de su derecho de poder continuar entera, limpia y con capacidad de reproducción y de regeneración».[7]

El enfoque que debe darse a este tipo de atentados al medioambiente debe ser no solamente de compensaciones económicas, sino principal, aunque no exclusivamente, de Justicia restaurativa. Es decir, debe restituirse integralmente a las personas y a los miembros que forman una comunidad de vida en la Tierra y, cuando las agresiones sean de tal calibre y sistematicidad que afecten a toda una generalidad de seres humanos, deben considerarse como crímenes de lesa humanidad o ecocidio. En el marco de la Conferencia Río+20 auspiciada por la ONU varios países secundaron la propuesta de Ecuador de aprobar una Declaración Universal de los Derechos de la Naturaleza que, lamentablemente, no resultó ratificada. En su encíclica *Laudatio Sí*, el papa Francisco advierte, en esa misma línea, de la gran deuda que tenemos con la naturaleza y el riesgo de su degradación si continuamos con los actuales modelos de producción y de consumo.[8]

Un verdadero planteamiento ecológico se convierte siempre en una exigencia social, que debe incluir la aplicación de la Justicia en las discusiones sobre el medioambiente, escuchando tanto el clamor de la Tierra como el de los más vulnerables. En este nuevo contexto, junto a los actores estatales, comparten responsabilidad otros protagonistas, como los transnacionales y los corporativos que, aliándose estratégicamente en función de intereses político-económicos, pueden provocar consecuencias que afectan a millones de personas. Los crímenes contra la Madre Naturaleza muestran un elemento eminentemente económico. Por tanto, cuando se producen agresiones contra el medioambiente, la humanidad en su conjunto es una víctima directa que, tarde o temprano, sufrirá de manera tangible las consecuencias.

Algunos países han planteado la necesidad de crear un Tribunal Internacional de los Derechos de la Naturaleza con la finalidad de protegerla de las agresiones que ponen en riesgo la propia supervivencia de la humanidad. Según cifras de Naciones Unidas, se prevé que en 2050 habiten nuestro planeta algo más de 9.000 millones de personas, de las que las dos terceras partes vivirá en las ciudades. Esto implica la necesidad de intensificar los esfuerzos orientados a lograr un desarrollo sostenible y, especialmente, la erradicación de la pobreza, el hambre y las enfermedades evitables. Para desarrollar los principios alcanzados en la Conferencia de Cochabamba de 2010, siguieron la Cumbre Antiimperialista y Anticolonial de 2013 y la Cumbre de los Pueblos por un Mundo sin Muros de 2017, que culminaron en la propuesta de creación de sendos tribunales internacionales, el Tribunal Ético de los Pueblos sobre Justicia Climática, que actúe basado en la Justicia restaurativa, y un Tribunal Internacional de Justicia Climática y Ambiental, con capacidad jurídica vinculante de prevenir, juzgar y sancionar a estados, empresas y personas que contaminen y provoquen el cambio climático por acción u omisión.

«El tribunal juzgará penal y civilmente a las naciones, estados, así como a las transnacionales, multinacionales y a toda aquella persona natural o jurídica responsable de agravar los impactos del cambio climático y que realicen actividades destructivas ambientales para la Madre Tierra. Las demandas las podrán formular todos los pueblos, naciones, nacionalidades, estados o personas naturales y jurídicas que hayan sido o no afectadas, sin la necesidad de haber agotado las instancias nacionales. [...] El Tribunal Internacional de Justicia Climática y Ambiental estará constituido por representantes de los pueblos, naciones, nacionalidades y estados comprometidos en respetar y cumplir los principios de este tribunal, con jurisdicción y competencia internacional.»[9]

De esta forma, podríamos avanzar mediante la actualización, combinación, el fortalecimiento y la creación de instrumentos para combatir los daños derivados de este tipo de actos ilícitos. Para la persecución de este tipo de conductas, lo habitual es la aplicación del principio de territorialidad por parte de las autoridades judiciales del lugar en el que se cometen. Pero existen otros principios de jurisdicción extraterritorial, que, unidos al principio de jurisdicción universal, pueden transformarse en herramientas útiles para hacer frente a estas nuevas amenazas a la humanidad con las armas del derecho.

Algunos ejemplos nos ayudarían a comprender mejor la urgente necesidad de avanzar en la definición de nuevos modelos de sanción y enjuiciamiento.

1. Si una multinacional española comete graves delitos medioambientales en Brasil, ¿podríamos buscar justicia en España basándonos en la nacionalidad de los directivos o en el lugar donde esté registrada la sociedad? Esto supondría aplicar el principio de personalidad activa.

2. Si una gran industria británica que explota materias primas en Níger contamina ríos que dañan gravemente la salud a la población de Níger, se puede aplicar el tradicional principio de territorialidad. En cambio, si afecta a la población de la vecina Nigeria, que bebe de esos ríos, ¿podríamos buscar también Justicia en Nigeria? Éste sería un ejemplo del principio de personalidad pasiva.

3. Si la industria del aceite de palma promueve la quema descontrolada en Borneo, provocando cada año nubes tóxicas que cubren el cielo de Singapur, Malasia o Vietnam, ¿no podría Singapur aplicar su Haze Act para depurar responsabilidades conforme a un legítimo uso de su jurisdicción? Éste sería el principio de protección.

4. Si los estados del Pacífico ven su territorio sumergirse, hundirse y desaparecer a consecuencia del cambio climático capitaneado por las grandes industrias del mundo, ¿no se estaría atentando contra un interés tan legítimo como su integridad territorial y su seguridad nacional? ¿No es éste el momento de plantearse ampliar la aplicación del principio de protección?

5. Si alguien introduce en el medioambiente un nuevo virus o utiliza armas nucleares dañando a todo el planeta y afecta a la salud de la humanidad entera, ¿acaso no estaríamos ante un nuevo ámbito de aplicación para el principio de jurisdicción universal?

El delito de ecocidio: ¿un nuevo crimen de la competencia de la CPI?

Polly Higgins propone la siguiente definición de «ecocidio»:[10] «La destrucción extensiva, daño o pérdida de ecosistema(s) de un territorio determinado, sea por agencia humana o por otras causas, de modo que el gozo pacífico de los habitantes de dicho territorio se vea severamente disminuido».

Pese a que «ecocidio» pueda parecer un término nuevo, lleva décadas siendo objeto de debate, que no ha estado exento de resistencia, presiones y también de manipulación.

En la Conferencia del Congreso de Estados Unidos sobre Guerra y Responsabilidad, celebrada en Washington DC, en 1970, el biólogo estadounidense Arthur Galston utilizó por primera vez ante un foro público la palabra «ecocidio», calificando así el daño y destrucción masiva de la selva vietnamita.[11] En 1973, el jurista Richard A. Falk propuso a Naciones Unidas un proyecto de convención sobre ecocidio, reconociendo desde el principio que: «el hombre ha infligido, consciente e inconscientemente, daños irreparables al medioambiente, en tiempos de guerra y de paz».[12] Sin embargo, la mayor parte de la propuesta de Falk se centraba en el ecocidio en tiempos de guerra y no sugería previsiones para el ecocidio en tiempos de paz.

Durante las décadas de 1970 y 1980, la Comisión de Derecho Internacional y el Comité de Derechos Humanos de Naciones Unidas debatieron sobre la posibilidad de incluir el ecocidio como parte del crimen de genocidio y si éste debería acarrear responsabilidad objetiva a los estados. En las discusiones de la Comisión de Derecho Internacional (en adelante CDI), en 1991, sobre el proyecto de código de crímenes contra la paz y seguridad de la humanidad, se reemplazó el término «ecocidio», sorprendentemente y sin debate, por la frase «daños intencionales y graves al medioambiente», y así fue remitido a los estados miembros para que emitieran observaciones y comentarios. Para marzo de 1993, sólo tres estados habían emitido comentarios negativos a su inclusión dentro de dicho código como crimen internacional: Reino Unido, argumentando que el crimen medioambiental no tenía reconocimiento internacional y que su incorporación extendería demasiado el derecho internacional; Estados Unidos, argumentando que este crimen era el de más «vaguedad» de todo el proyecto; y Países Bajos que sólo apoyaba la inclusión de cuatro crímenes internacionales. En 1996, la CDI remitió al Comité de Redacción el texto únicamente para que se incluyera entre los crímenes de guerra. El anuario de 1996 de la CDI[13] señala que fueron diecinueve los estados que se pronunciaron a favor de la inclusión del ecocidio o de crímenes contra el medioambiente en el proyecto. Incluso que se discutió y se «lamentó» que estos daños no se abordaran desde una perspectiva más amplia que fuera más allá de los casos acaecidos en el contexto de los conflictos armados.[14] En el anuario también consta que, nueve días más tarde, se aprobó el proyecto de artículos en segunda lectura en el cual se habían reducido a cuatro los crímenes internacionales sin previa votación. Ni el ecocidio, ni los daños intencionales y graves causados al medioambiente se recogían ya. De acuerdo con el estudio del Consorcio de Derechos Humanos de la Universidad de Londres, el crimen de ecocidio fue removido de toda la documentación y se adoptaron decisiones contrarias a la opinión predominante, excluyendo de forma repentina el crimen por daños al medioambiente durante tiempos de paz. No hay un registro que documente las razones de esta exclusión, aunque, personalmente, me caben pocas dudas de que la causa estuvo en oscuros intereses económicos.[15] En el Estatuto de Roma de la Corte Penal Internacional (ECPI), los delitos contra el medioambiente se incluyeron en el artículo 8 dentro de los crímenes de guerra, es decir, como una violación grave de las leyes y usos aplicables en los conflictos armados internacionales: «En caso de lanzar un ataque intencionalmente, a sabiendas de que causará pérdidas de vidas, lesiones a civiles o daños a bienes de carácter civil o daños extensos, duraderos y graves al medioambiente natural que serían manifiestamente excesivos en relación con la ventaja militar concreta y directa de conjunto que se prevea».[16]

Aunque el artículo 8 del ECPI recoge el concepto de «ecocidio» y supone un adelanto importante al tipificar el primer crimen «ecocéntrico» (es decir que reconoce el valor *per se* que tiene la naturaleza), presenta serias limitaciones:

1. Exigencia de un elevado umbral de daño: se exige lanzar un ataque a sabiendas que causará daños extensos, duraderos y graves al medioambiente natural. Es de destacar que los tres términos se emplean de manera conjuntiva, es decir, que deben concurrir simultáneamente.
2. Vaguedad en la terminología: en ninguna parte del ECPI o de los «Elementos de los Crímenes» se definen estos tres términos recogidos en (1), «extenso», «duradero» y «grave», en relación con los crímenes de guerra.
3. Sujeción al *test* de proporcionalidad: no solamente crea confusión al exigir, en primer lugar, que el daño sea «excesivo», sino que además exige que sea «manifiestamente excesivo».
4. Exige una intencionalidad específica, un elemento subjetivo consistente en el conocimiento previo del autor y su intención de producir el daño, sabiendo, además, que sus consecuencias serán daños extensos, duraderos y graves al medioambiente, que además deben ser manifies-

tamente excesivos. En los Elementos de los Crímenes, la ventaja militar exigida es la que sea previsible por el perpetrador. Por su parte, no se precisa si el requisito de que el daño sea «manifiestamente excesivo» debe basarse en estándares objetivos o subjetivos. Se requiere, por tanto, que el perpetrador haga un juicio de valor, que deberá ser ponderado conforme a la información disponible por él mismo, en el momento de los hechos. Por tanto, excluye la comisión negligente de daños medioambientales, como fue el caso de los incendios de los pozos petrolíferos kuwaitíes durante la primera guerra del Golfo (1991).

Iniciativas de la sociedad civil

1. La iniciativa de FIBGAR, los Principios de jurisdicción universal Madrid-Buenos Aires (2015), que disponen expresamente, en su artículo 3: «La jurisdicción universal también será aplicable a [...] los crímenes contra el medioambiente, que por su extensión y escala afecten a los derechos humanos de grupos o colectividades o supongan la destrucción irreversible de ecosistemas».[17]

2. La iniciativa que dio lugar a la sentencia del Tribunal Internacional contra Monsanto (2017). Un juicio simbólico contra la multinacional Monsanto por crímenes de ecocidio que tuvo lugar en La Haya con el objetivo de visibilizar el grave problema de la degradación medioambiental, dar relevancia política y desarrollar antecedentes para que se produzcan cuanto antes avances en el reconocimiento del ecocidio como delito internacional. Para esta iniciativa se invitó a jueces de reconocido prestigio de diferentes partes del mundo y también a testigos para celebrar un juicio simbólico, pero creíble. Otro de sus objetivos era dar argumentos jurídicos a las víctimas para que pudieran presentar denuncias contra Monsanto en sus respectivos países.

La iniciativa de la Fiscalía de la CPI

El documento emitido por la Oficina del Fiscal de la Corte Penal Internacional el 15 de septiembre de 2016, sobre priorización y selección de casos que ser investigados, supuso un avance importantísimo y tuvo una gran repercusión entre los defensores del medioambiente. Los párrafos 40 y 41 del documento abren la puerta a la focalización de la investigación y persecución de crímenes medioambientales en el contexto de la CPI.

Aunque es necesario un mayor desarrollo doctrinal, éste es un gran paso hacia el fin de la impunidad del delito de ecocidio. El documento de la fiscalía, al tratar de la gravedad de los crímenes como criterio de selección de casos, afirma que «el modo de comisión de los delitos puede ser valorado a la luz de, entre otros, [...] la existencia de elementos de particular crueldad, incluyendo [...] los crímenes cometidos por medio de, o que resulten en, la destrucción del medioambiente o de bienes protegidos. [...] El impacto de los crímenes puede ser valorado a la luz de, entre otros, el daño social, económico o medioambiental infligido en las comunidades afectadas».[18]

Las dos posibilidades abiertas por este documento evidencian la división entre una perspectiva antropocéntrica, cuando la comisión de crímenes del ECPI se produce mediante la destrucción del medioambiente, la explotación ilegal de recursos naturales o el despojo ilegal de tierras, entre otros, y una perspectiva ecocéntrica, cuando en la comisión de los crímenes del ECPI que causan la destrucción del medioambiente se toma en consideración la destrucción de aquel en sí mismo. De acuerdo con este documento, las pautas de la fiscalía para la priorización de los casos serán: la vulnerabilidad de las víctimas, el terror inculcado y el daño social, económico y ambiental infligido a las comunidades afectadas. Así, la fiscalía pondrá especial énfasis en perseguir los crímenes del ECPI que se cometan por medio de, o que tengan como resultado la destrucción del medioambiente, la explotación ilegal de recursos naturales o el despojo ilegal de tierras, entre otros. No debe pasarnos desapercibido el hecho de que la fiscalía haya elegido el término «destrucción del medioambiente», por encima de otros tales como «degradación» o «contaminación». El término empleado parece indicar que la fiscalía de la CPI prestará mayor atención a los casos en los cuales el daño al medioambiente sea a largo plazo o que su reparación sea imposible o de extrema complejidad, lo cual representa un avance decidido a favor de la consideración del ecocidio como algo mucho más próximo. Por lo demás, para la valoración de la gravedad de los delitos, la fiscalía de la CPI tomará en cuenta la escala, naturaleza, la forma de comisión e impacto de los crímenes en cuestión:

1. La escala podrá ser valorada por el número de víctimas directas e indirectas y la extensión del daño causado por los crímenes, particularmente en lo que atañe a integridad física y psicológica de las personas afectadas.

2. Se tendrá en cuenta la extensión geográfica del daño, así como su duración. Así, por ejemplo, los crímenes pueden ser de alta intensidad y durante un período breve o de baja intensidad durante un período prolongado.

El impacto de los crímenes podrá ser valorado, entre otros, por el
incremento de la aumentada vulnerabilidad de las víctimas, por el terror
subsecuentemente inculcado y el daño social, económico y ambiental
infligido a las comunidades afectadas.

La destrucción ambiental como medio para perpetrar crímenes internacionales

Ya hemos visto que el artículo 2 de los Principios de la jurisdicción universal Madrid-Buenos Aires, recoge específicamente que los crímenes de
genocidio, lesa humanidad o guerra: «se podrán cometer también mediante la destrucción del medioambiente».

El ECPI no protege al medioambiente o a la naturaleza como bien
jurídico en sí mismo (perspectiva ecocéntrica) y la posición de la fiscalía
de la CPI sostiene que los tipos de genocidio y de crímenes de lesa humanidad pueden ser empleados para perseguir episodios de degradación
ambiental, cuando éstos han sido instrumentalizados para perpetrar atrocidades humanitarias (perspectiva antropocéntrica). Convendría recordar
en este punto el precedente del caso Akayesu, cuando el Tribunal Penal
Internacional para Ruanda consideró la violación como un medio para
perpetrar el genocidio. Igualmente, la destrucción ambiental podría perseguirse como catalizador del genocidio o de crímenes de lesa humanidad. El proceso de la Corte Penal Internacional en contra de Al Bashir
(presidente de Sudán) también aporta luces sobre cómo puede perpetrar-
se un genocidio por medio de la destrucción ambiental. La fiscalía de la
CPI sostenía que el acusado había acabado con todos los medios de supervivencia de las etnias fur, masalit y zaghawa: envenenamiento de fuentes de agua (incluyendo pozos comunitarios), destrucción de bombas de
agua, abigeato (hurto de ganado) y despojo de viviendas y de otros bienes.[19] La mayoría de la Primera Sala de Cuestiones Preliminares desechó
estas afirmaciones opinando que no existían fundamentos para considerar la contaminación como elemento central de los ataques perpetrados.
En una decisión posterior, sobre la aplicación de la orden de detención, la
sala sostuvo que el acto de contaminación de pozos y la destrucción de

bombas de agua acompañado por los traslados forzosos se realizaron para implementar una política genocida y que las condiciones de vida impuestas a los grupos fur, masalt y zaghawa iban encaminadas a la destrucción física de estas etnias. De este modo, quedó establecida la relación entre los daños al medioambiente y el crimen de genocidio.

El elemento interno del crimen de genocidio es seguramente el más difícil de acreditar, ya que conlleva demostrar la existencia de *dolus specialis* (intención específica de producir el daño), en la intención de destruir total o parcialmente a un grupo nacional, étnico, racial o religioso como tal. En lo que respecta a la destrucción del medioambiente, el acto en que podría subsumirse más adecuadamente sería en el de sometimiento intencional del grupo a condiciones de existencia que hayan de acarrear su destrucción física, total o parcial. En el caso Al Bashir, éste podría ser un ejercicio menos complicado, debido a los hechos puntuales del caso, pero esta facilidad (si puede llamársela así) no está presente en la gran mayoría de casos que ocurren en tiempos de paz, fuera del contexto de conflictos armados. En estos casos, en los cuales probablemente los gobiernos alegarían razones de desarrollo, la sustentación del dolo especial será mucho más complicada.

La destrucción del medioambiente también puede ser instrumentalizada para la perpetración de crímenes de lesa humanidad. De los actos incluidos en el artículo 7 del ECPI llaman poderosamente la atención la posibilidad de: exterminar (art. 7.b); trasladar forzosamente a la población (art. 7.d); perseguir a un grupo o colectividad con identidad propia fundada en motivos políticos, raciales, nacionales, étnicos, culturales, religiosos, de género u otros motivos universalmente reconocidos como inaceptables con arreglo al derecho internacional (art. 7.h); perpetrar otros actos inhumanos de carácter similar que causen intencionalmente grandes sufrimientos o atenten gravemente contra la integridad física o la salud mental o física (art. 7 k), mediante la destrucción de su medioambiente. Pero la mayor dificultad al subsumir hechos de destrucción medioambiental en el tipo de crímenes de lesa humanidad la representarán los elementos contextuales: el ataque sistemático o generalizado, y que se lleve a cabo con conocimiento de las consecuencias de dicho ataque (art 7.1).

A estas dificultades, se añade el hecho de que los países más vulnerables y afectados por los delitos medioambientales son precisamente aquéllos con menos poder en el ámbito internacional, con frecuencia están poco representados en los grandes encuentros políticos y, sobre todo, no tienen una representación apropiada en los encuentros de la CPI. Éste es el caso, por ejemplo, de algunas pequeñas islas del Pacífico.

El ecocidio no es reconocido como crimen internacional

A pesar de los avances que acabamos de ver, el ecocidio aún no es un crimen internacional, aunque se asemeja de forma notable a los crímenes internacionales aceptados por la comunidad internacional, por lo que podemos esperar que en el futuro cercano se le otorgue dicha categoría. Pese a la reticencia de la comunidad internacional de crear nuevos delitos internacionales, el ecocidio amenaza de tal manera a los derechos humanos fundamentales, a la paz internacional y a la seguridad que tendrá que ser tratado con la misma severidad que el genocidio, los crímenes de lesa humanidad, los de guerra y el delito de agresión.

Aun sin estar prohibido por la legislación internacional ni doméstica, el ecocidio constituiría una violación del deber de cuidado a la humanidad amparado por tratados y derecho internacional consuetudinario. Sin embargo, no toda actividad de desarrollo industrial, aun cuando implique «destrucción ecológica», acarrea responsabilidad por ecocidio. Las circunstancias económicas y políticas de los países menos desarrollados limitan en posibilidad la toma de decisiones sobre proyectos de desarrollo. Puede haber responsabilidad debido a las actividades o políticas públicas de los estados o a la falta irrazonable de regulación de aquellas actividades que permitan o directamente causen daños ambientales.

Desde la sociedad civil debemos ejercer una especial labor de vigilancia en algunos casos de flagrante comisión de agresiones medioambientales que podrían representar figuras delictivas perseguibles mediante la aplicación del principio de jurisdicción universal. Y es que existen países que merecen una atención especial en este sentido. Desde hace décadas, Indonesia está siendo arrasada por los incendios masivos provocados por la fabricación intensiva de aceite de palma. Los incendios incontrolados en Indonesia han llegado a producir un verdadero ecocidio cuando provocaron la llegada de una nube tóxica a los países de la región del Sudeste Asiático, que impuso a sus habitantes condiciones de vida insalubres. FIBGAR trabaja con la organización Forensic Architecture para analizar qué foros nacionales e internacionales podrían dar respuesta judicial a este ataque general y sistemático contra el medioambiente que tiene un impacto directo sobre los derechos humanos. La mina Grasberg, en funcionamiento desde 1984, es una de las explotaciones más rentables del mundo y está ubicada en la sierra de Mimika, en la provincia indonesia de Papúa, tierra ancestral de las etnias amungme y komoro. Su accionista principal es la multinacional Freeport-McMoRan Inc., aunque al parecer la mina está operada por PT Freeport Indonesia, subsidiaria de Freeport Inc., con la empresa Rio Tinto como accionista minoritaria. Desde su concepción, la mina de Grasberg ha estado vinculada a las fuerzas armadas de Indonesia, a las cuales se paga para que defiendan los intereses de la compañía y, en consecuencia y frecuentemente, es responsable de casos de violaciones de derechos humanos. PT Freeport Indonesia ha arrojado los desechos tóxicos de la mina al sistema fluvial Ajkwa–Otomina, provocando un impacto medioambiental grave, extensivo y duradero en bosques, ríos, arroyos y en el mar. Pese al interés de varias personas y organizaciones, plantear un caso penal contra la mina Grasberg ha resultado una tarea tremendamente compleja, pues la compañía se rige primordialmente por las leyes indonesias, lo cual implica que, desde la perspectiva local, Freeport actúa con total impunidad. Lo que sucede en esta mina no es ajeno a nuestro país. Como hemos visto, Freeport-Mc-MoRan tiene relación con España: el cobre proveniente de la mina de Grasberg es fundido y refinado, en su mayor parte, por Atlantic Copper, una compañía propiedad de Freeport-McMoRan. La refinería de Atlantic Copper está en Huelva y su sede principal en Madrid. Varios altos directivos de Atlantic Copper son o han sido altos directivos de PT Freeport Indonesia y de Freeport-McMoRan Inc.

THE CODE: POR UNA GLOBALIZACIÓN HUMANA

Entre los proyectos que FIBGAR ha llevado a cabo desde su constitución para visibilizar la jurisdicción universal y ponerla en valor está el documental *The Code*.

Este documental, producido por Grupo Máster, hace un repaso por la historia de la jurisdicción universal hasta nuestros días y plantea la necesidad de construir un nuevo código, que permita que hechos como la especulación con alimentos de primera necesidad, la emisión de bonos basura, el despilfarro de dinero público o la contaminación a gran escala sean perseguibles internacionalmente y se consideren crímenes contra la humanidad.

Durante más de tres años, el equipo de *The Code*, liderado por su director, Carles Caparrós, siguió las actividades de FIBGAR en torno a la jurisdicción universal y la formulación de los Principios de Madrid-Buenos Aires, y entrevistó a personas como la actual ministra de Justicia española, Dolores Delgado; Reed Brody, abogado estadounidense, consejero jurídico y portavoz de Human Rights Watch; Naomi Roht-Arria-za, experta mundial en impunidad, justicia transicional y derecho inter-nacional humanitario; William Bourdon, abogado francés fundador y presidente de Sherpa, la organización en defensa de las víctimas de crí-menes cometidos por operadores económicos o delitos de cuello blan-co; Polly Higgins, abogada británica internacional de origen escocés, experta en la ley del ecocidio; o Luis Moreno Ocampo, abogado argen-tino y primer fiscal jefe de la Corte Penal Internacional (2003-2012) entre otros.

The Code contó con el apoyo de más de 350 mecenas y está actualmente en el circuito de festivales.[20]

El esfuerzo de todos

Cuando estaba en las últimas revisiones de éste, el último capítulo, y poco antes de ingresar a imprenta, han sucedido tres acontecimientos relevan-tes a los cuales no puedo dejar de referirme brevemente en estas palabras finales, porque ellos nos demuestran que la Justicia es dinámica y avanza, a pesar de la impunidad de largos años, y también que está siempre ex-puesta a posibles retrocesos. Nuevamente, los avances han sido posibles gracias al tesón de las víctimas y de los operadores jurídicos y activistas que se ponen de su lado, y los retrocesos provienen de presiones políticas o bien de la incomprensión y el formalismo de los jueces de los más altos tribunales.

La primera noticia nos viene desde Chile. En el caso sobre la Cara-vana de la Muerte se ha dictado sentencia de primera instancia en el úl-timo episodio que estaba aún pendiente, el episodio La Serena. Entre otros condenados, se encuentra Juan Emilio Cheyre Espinosa, un joven teniente en 1973, que posteriormente llegaría a ser, en 2002, ya en la transición, comandante en jefe del ejército chileno. Durante muchos años gozó de la protección transversal del mundo político, incluso de sectores progresistas, por haber hecho gestos de reconciliación. Los gestos son importantes, pero ellos no pueden hacerse a cambio de impunidad. Así lo resolvió la Justicia chilena el 9 de noviembre de 2018.[21]

La segunda actualización nos llega desde Camboya. Las Cámaras Extraordinarias en la Corte de Camboya, salas especiales auspiciadas por

Naciones Unidas, han condenado por genocidio y crímenes contra la humanidad al ideólogo del régimen Nuon Chea, de 92 años, y a Khieu Samphan, de 87, conocido como el «Hermano Número Dos» (siendo Pol Pot el «Hermano Número Uno»). Se trata de los dos máximos líderes aún vivos del régimen maoísta de los jemeres rojos, responsable de la aniquilación de cerca de dos millones de personas (la cuarta parte de la población camboyana) entre 1975 y 1979, en su intento por construir una sociedad atea y homogénea, suprimiendo todas las diferencias étnicas, nacionales, religiosas, raciales, de clase y culturales.[22] La particularidad de este caso es que la mayoría de las víctimas pertenecían al grupo étnico jemer, el mismo que el del régimen, lo que planteaba una serie de dificultades técnicas para su calificación como genocidio. Sin embargo, existían varios informes que consideraban esta situación como un verdadero genocidio, entre otros el informe Whitaker, que cité en el capítulo primero de este libro sobre Argentina, donde consideré los hechos de Camboya como un «autogenocidio», y que me sirvieron de base para la misma calificación de los hechos acontecidos durante «el Proceso» en Argentina. El viernes 16 de noviembre de 2018, este tribunal especial para Camboya, un híbrido entre un tribunal internacional y uno interno, con apoyo de Naciones Unidas, sentenció finalmente que los hechos constituyen un delito de genocidio, la misma calificación que sostuve en mis diversas resoluciones 20 años atrás, en el Juzgado Central de Instrucción n.º 5 de la Audiencia Nacional.

Estos avances son importantes y han sido posibles con mucho esfuerzo. Sin embargo, en otras latitudes, como en España, hemos retrocedido. Además de la renuncia del Gobierno actual del Partido Socialista a reposicionar el principio de jurisdicción universal sin restricciones, como proponían la ministra de Justicia y el comité de expertos y optar por el regreso a la Ley Orgánica 1/2009, exigiendo así un vínculo de conexión con España, el 20 de diciembre de 2018 el Tribunal Constitucional desestimó el recurso de inconstitucionalidad interpuesto por el Grupo Parlamentario Socialista en contra de la Ley Orgánica 1/2014, bendiciendo esta reforma. El Constitucional, en un análisis bastante formalista y muy alejado de la defensa de las víctimas, concluyó que en España no existe el control de convencionalidad (como sí lo existe en Latinoamérica, gracias a la jurisprudencia de la Corte Interamericana de Derechos Humanos), que la jurisdicción universal no tiene reconocimiento constitucional siendo su configuración de carácter legal, y que, por todo ello, «no puede deducirse de los pronunciamientos de la Asamblea General de Naciones

Unidas, de la Corte Internacional de Justicia o del Tribunal Europeo de Derechos Humanos la configuración de un principio absoluto y general de jurisdicción universal que sea de obligatoria aplicación por los estados firmantes de los tratados incluidos en dichos sistemas», que impida que el legislador pueda regular este principio de manera restrictiva.[23]

En todos los países e instancias hay siempre una constante amenaza de involución, negacionismo y regreso a la impunidad. Precisamente por ello, los esfuerzos deben ser renovados y constantes. No va a ser fácil, nunca lo fue. Este libro da buena prueba de ello. Los retos son inmensos, pero con la fuerza de las víctimas y de todas aquellas y aquellos que creemos que es necesario proteger a la comunidad internacional con instrumentos jurídicos eficaces seguiremos combatiendo, para que la jurisdicción universal sea un instrumento que se refuerce y se expanda, porque estoy seguro de que ésta es una herramienta de la que no debe prescindirse tan gratuitamente y con tan escasas miras de futuro como se hace en los debates políticos.

En dichos debates sigue primando el interés económico de las grandes corporaciones, que se ven acompañadas de derivas políticas hacia extremos que pareciera que ya estaban superados. Vivimos tiempos complejos en los que la vulnerabilidad de grandes masas de ciudadanos se agranda por la acción de algunos líderes mundiales que pretenden crear nuevos espacios de impunidad, localizando las respuestas en vez de universalizándolas.

Por eso debemos ser muy críticos con quienes, teniendo la oportunidad de cambiar las cosas en beneficio de todos, no alcanzan a ver que nuestra mirada debe ser mucho más abierta hacia el futuro, para defender los logros de la humanidad, entre los que se encuentra, sin la menor duda, el principio de jurisdicción universal. Si no somos capaces de imponernos sobre criterios utilitaristas de corto alcance, estaremos traicionando a las víctimas actuales y futuras y, por ende, a toda la humanidad. El no a la impunidad que titula este libro es un grito y una esperanza en defensa de todas y todos.

Notas

1. LA JUSTICIA FRENTE AL TERROR DE LA DICTADURA CÍVICO-MILITAR ARGENTINA

1. En: <https://elpais.com/diario/2007/07/05/espana/1183586418_850215.html>.

2. En: <https://www.casarosada.gob.ar/informacion/archivo/24549-blank-79665064>.

3. *Ibid.*

4. En: <http://listadoesma.blogspot.com/> y <http://www.espaciomemoria.ar/megacausa_juicio.php?ju_ID=223&cabezal=megacausa&barra=megacausa&titulo=megacausa>.

5. En: <https://elpais.com/internacional/2011/10/27/actualidad/1319713563_524024.html>.

6. *Ibid.*

7. En: <https://www.eldiario.es/internacional/Sobrevivir-ESMA_0_714278846.html>.

8. Horacio Verbitsky, *El vuelo*, Planeta, Buenos Aires, 1995.

9. En: <http://www.cronicaerratica.com/Especiales/Esma_el_simbolo_de_la_infamia2.html>.

10. En: <https://www.abuelas.org.ar/caso/buscar?tipo=3>.

11. En: <http://www.desaparecidos.org/nuncamas/web/document/decreto_261_75.htm>.

12. En: <http://www.desaparecidos.org/nuncamas/web/document/nacional/decr2770.htm>.

13. En: <http://www.desaparecidos.org/nuncamas/web/document/nacional/decr2771.htm>.

14. En: <http://www.desaparecidos.org/nuncamas/web/document/nacional/decr2772.htm>.

15. En: <https://www.clarin.com/ediciones-anteriores/decretos-aniquilamiento_0_HynmEMJRFx.html>.

16. Paloma Aguilar, Iosif Kovras, «Explaining disappearances as a tool of political terror», *International Political Science Review*, 2018, pp. 1-16.

17. Marie Monique Robin, *Cómo la batalla de Argel enseñó a torturar a los militares argentinos*, 2011. En: <http://www.diasdehistoria.com.ar/content/c%C3%B3mo-la-batalla-de-argel-ense%C3%B1%C3%B3-torturar-los-militares-argentinos>.

18. *Documentos Básicos y Bases Políticas de las Fuerzas Armadas para el Proceso de Reorganización Nacional*, Buenos Aires, 1980, pp. 25 y ss. En: <http://www.bnm.me.gov.ar/giga1/documentos/EL000162.pdf>.

19. Discurso disponible en: <http://www.diariojunio.com.ar/noticia.php?noticia=12157>.

20. Amnesty International, *Political Killings by Governments*, Nueva York, 1983.

21. En: <http://www.desaparecidos.org/arg/victimas/listas/>.

22. En: <http://www.desaparecidos.org/arg/doc/secretos/orden.html>.

23. En: <http://www.jus.gob.ar/media/1129178/41-anm-documentos_del_estado_terrorista.pdf>.

24. Para un análisis en profundidad, véanse: <http://cdsa.aacademica.org/000-108/714.pdf> y <http://www.scielo.org.ar/scielo.php?script=sci_arttext&pid=S1851-3123 2016000300003>.

25. Para un análisis en profundidad, véanse: <http://eppa.com.ar/las-condiciones-socioeconomicas-en-la-dictadura-civico-militar-el-inicio-del-fin/>, <http://www.ambito.com/917114-consecuencias-economicas-de-la-dictadura-militar> y <https://www.politicargentina.com/notas/201503/5088-implicancias-economicas-de-la-ultima-dictadura-civico-militar.html>.

26. Elie Wiesel, «Trilogía de la noche». *La Noche, El alba, El día*, trad. Fina Warschaver, Muchnik-El Aleph, Barcelona, 2008.

27. Auto de procesamiento del 2 de noviembre de 1999, Sumario 19/97-L, Juzgado Central de Instrucción n.° 5 de la Audiencia Nacional.

28. Esteban Damián Pontoriero, *El tratamiento de los prisioneros de «guerra subversiva» en los reglamentos de contrainsurgencia del Ejército argentino (1955-1976)*, XIV Jornadas Interescuelas/Departamentos de Historia, Departamento de Historia de la Facultad de Filosofía y Letras, Universidad Nacional de Cuyo, Mendoza, 2013, pp. 10-11. Disponible en: <http://cdsa.aacademica.org/000-010/823.pdf>.

Véase también: «El Batallón de Inteligencia 601». Programa verdad y justicia, Ministerio de Justicia y Derechos Humanos e Infojus, p. 3. Disponible en: <http://www.saij.gob.ar/docs-f/ediciones/libros/Batallon_inteligencia_601.pdf>.

29. Entre los miembros de las fuerzas armadas o personas relacionadas con ellas que se identificaron en diferentes investigaciones como vinculadas a estas actividades destacan: Pablo García Velazco, Jorge Acosta, Alberto González Menotti, Antonio Pernías, Enrique Yon, Raúl Scheller, Miguel Ángel Benazzi Berisso, Jorge Perrén, Miguel Ángel Cavallo, Jorge Vildoza, Francis William Whamond, Héctor Antonio Febres, Alejandro Spinelli y el subprefecto Carnot.

30. En: <http://www.desaparecidos.org/nuncamas/web/ccd/e/esma13.htm>.

31. En: <https://elpais.com/diario/1985/08/10/internacional/492472819_850 215.html>.

32. Avelino Alarcón (padre), Argentina Adelaida Sosa de Alarcón (madre), Hugo Marcelo Alarcón (hijo), Virginia Rosa Olivera de Alarcón (esposa de Hugo), Arcelia del Carmen Alarcón (hija), Miguel Avelino Alarcón (hijo), Argentina Alarcón (hija) y Mónica Silvia Alarcón (hija de Hugo y Virginia, de año y medio de edad).

33. Auto de procesamiento del 2 de noviembre de 1999, Sumario 19/97-L, Juzgado Central de Instrucción n.º 5 de la Audiencia Nacional. Un listado que incluye algunos de estos centros está disponible en: <http://www.desaparecidos.org/nuncamas/web/ccd/z2/>.

34. El listado puede ser consultado en: <http://www.desaparecidos.org/nuncamas/web/ccd/z3/ccd3_31.htm>, <http://www.desaparecidos.org/nuncamas/web/ccd/z3/ccd3_32.htm> y <http://www.desaparecidos.org/nuncamas/web/ccd/z3/ccd3_33.htm>.

35. El relato original del auto de procesamiento ha sido complementado con otra información disponible en las fuentes que se indican a continuación, con las cuales se ha reconstruido la historia de la familia Labrador: <http://www.desaparecidos.org/arg/victimas/l/labradorm/>, <https://elpais.com/diario/1996/09/23/espana/843429621_850215.html>, <https://www.lacapital.com.ar/politica/murioacute-esperanza-labrador-siacutembolo-las-madres-plaza-mayo-n400015.html>, <http://victoramela.com/2011/09/la-contra-esperanza-perez-labrador-madre-de-la-plaza-de-mayo-daria-mi-vida-para-que-garzon-volviese-a-ser-juez/> y <http://www.desaparecidos.org/nuncamas/web/investig/frade04/frade04_21.htm>.

36. En: <http://victoramela.com/2011/09/la-contra-esperanza-perez-labrador-madre-de-la-plaza-de-mayo-daria-mi-vida-para-que-garzon-volviese-a-ser-juez/>.

37. En: <https://www.lacapital.com.ar/politica/murioacute-esperanza-labrador-siacutembolo-las-madres-plaza-mayo-n400015.html>.

38. En: <http://www.heroinas.net/2012/12/azucena-villaflor-de-vincenti.html>.

39. En: <https://elpais.com/internacional/2012/10/31/actualidad/1351640458_298134.html>.

40. En: <https://www.clarin.com/ediciones-anteriores/dia-madres-encararon-harguindeguy-desaparecidos_0_SJTWp8e1RKl.html>.

41. En: <http://www.heroinas.net/2012/12/azucena-villaflor-de-vincenti.html>.

42. Este relato ha sido reconstruido con la información disponible en las siguientes fuentes: <http://www.elortiba.org/old/teruggi.html>, <http://www.robertobaschetti.com/biografia/m/59.html>, <http://www.resumenlatinoamericano.org/2015/12/24/argentina-la-historia-de-diana-teruggi-hasta-decir-la-patria/> y <http://www.analisisdigital.com.ar/noticias.php?ed=1&di=0&no=216743>. La información proveniente de otras fuentes se indica en cada caso en la respectiva nota al final.

43. En: <https://www.suteba.org.ar/chicha-mariani-cree-que-su-nieta-es-marcela-noble-6136.html>.

44. En: <http://www.infobaires24.com.ar/el-hijo-de-chicha-mariani-ya-no-sera-un-nn-y-se-lo-identifico-con-su-nombre/>.

45. Baltasar Garzón, Vicente Romero, *El alma de los verdugos*, Barcelona, RBA, 2008, pp. 258-268.

46. En: <https://asociacionanahi.org>.

47. Publicada en el diario *Pueblo*, ya desaparecido, el 1 de febrero de 1983.

48. Secretario de Estado estadounidense entre 1977 y 1980.

49. Las doce primeras integrantes de Abuelas fueron Chicha Mariani, Licha de la Cuadra, Mirta Baravalle, Ketty Neuhaus, Eva Castillo Barrios, Vilma Gutiérrez, Haydée Lemos, Leontina Puebla de Pérez, Raquel Marizcurrena, Clara Jurado, María Eugenia Casinelli de García Irureta Goyena y Delia Califano.

50. En 1980, Adolfo Pérez Esquivel, premio Nobel de la Paz, entregó personalmente a Juan Pablo II un detallado informe sobre la desaparición de niños en Argentina. El Vaticano guardó absoluto mutismo al respecto.

51. Trece casos descubiertos eran adopciones de buena fe y los niños permanecieron en el mismo marco familiar, aunque iniciaron una relación con sus familias biológicas. Otras siete criaturas habían muerto.

52. En: <https://www.abuelas.org.ar/caso/buscar?tipo=3>.

53. En: <https://asociacionanahi.org/archivo-documental/>.

54. En: <https://www.abuelas.org.ar/noticia/adios-querida-chicha-mariani-1026>.

55. En: <https://www.abuelas.org.ar/caso/buscar?tipo=3%3E>.

56. En: <https://www.fiscales.gob.ar/lesa-humanidad/comienza-un-nuevo-juicio-por-los-crimenes-en-el-centro-clandestino-automotores-orletti/>.

57. En: <https://www.argentina.gob.ar/sitiosdememoria/espacios/orletti>.

58. En: <http://www.desaparecidos.org/arg/centros/orletti/>.

59. En: <https://www.bigbangnews.com/politica/El-horror-por-dentro-como-operaban-los-cuatro-demonios-de-Automotores-Orletti-20161005-0021.html>.

60. En: <https://www.argentina.gob.ar/sitiosdememoria/espacios/orletti/ccorletti>.

61. En: <https://www.lanacion.com.ar/852551-detuvieron-a-un-represor-y-ex-agente-de-la-side y https://www.pagina12.com.ar/diario/elpais/1-75135-2006-10-26.html>.

62. En: <https://www.abuelas.org.ar/noticia/hasta-siempre-querida-carla-767>.

63. En: <https://www.cij.gov.ar/nota-6516-Lesa-humanidad--condenaron-a-cuatro-acusados-por-cr-menes-cometidos-en-Automotores-Orletti.html>.

64. En: <https://www.cij.gov.ar/nota-12361-Lesa-humanidad--la-C-mara-Federal-de-Casaci-n-Penal-confirm--condena-en-la-causa--Automotores-Orletti-.html>.

65. En: <https://www.abuelas.org.ar/noticia/hasta-siempre-querida-carla-767>.

66. En: <http://www.agenciapacourondo.com.ar/ddhh/vientos-de-impunidad-el-genocida-ruffo-esta-libre>.

67. En: <https://www.publico.es/politica/gobierno-deja-historica-abuela-plaza.html>.

68. En: <http://papelitos.com.ar/nota/las-noticias-durante-el-mundial-78>.

69. El texto de la «solicitada» se encuentra disponible en: <http://papelitos.com.ar/assets/files/nota_f1e6ee5f33f76c586997df0af201360f.JPG> y en <https://studylib.es/doc/6888161/primera-solicitada-de-madres-y-esposas-de>.

70. Entrevista en el diario *Miradas al Sur.* «Taty Almeida. Una asignatura pendiente», 13 de noviembre de 2011, en: <http://archive.li/viveN>.

71. En: <http://www.heroinas.net/2012/12/azucena-villaflor-de-vincenti.html>.

72. En: <https://elpais.com/internacional/2017/12/09/argentina/1512826383_129100.html>.

73. *Ibid.*

74. En: <http://www.heroinas.net/2012/12/azucena-villaflor-de-vincenti.html>.

75. En: <http://www.cels.org.ar/especiales/correspondenciamignone/>.

76. En: <https://elpais.com/internacional/2017/12/09/argentina/15128263 83_129100.html>.

77. *Ibid.*

78. En: <https://elpais.com/internacional/2017/12/09/argentina/1512826383_129100.html>.

79. En: <http://revistaharoldo.com.ar/nota.php?id=183>.

80. En: <http://www.heroinas.net/2012/12/azucena-villaflor-de-vincenti.html>.

81. En: <http://revistaharoldo.com.ar/nota.php?id=183>.

82. En: <https://elpais.com/internacional/2017/12/09/argentina/1512826383_129100.html>.

83. En: <https://www.clarin.com/ediciones-anteriores/hallaron-restos-fundado ra-madres-plaza-mayo_0_Sk8DdJCFe.html>.

84. En: <http://www.heroinas.net/2012/12/azucena-villaflor-de-vincenti.html>.

85. En: <https://elpais.com/internacional/2017/12/09/argentina/1512826383_129100.html>.

86. *Ibid.*

87. *Ibid.*

88. En: <https://elpais.com/internacional/2017/12/09/argentina/1512826383_129100.html>.

89. En: <http://www.telam.com.ar/notas/201612/173011-homenaje-desapare cido-siglesia-santa-cruz.html>.

90. En: <http://www.heroinas.net/2012/12/azucena-villaflor-de-vincenti.html>.

91. En: <https://elpais.com/internacional/2017/12/09/argentina/1512826383_129100.html>.

92. *Ibid.*

93. En: <http://www.telam.com.ar/notas/201612/173011-homenaje-desapare cidos-iglesia-santa-cruz.html>.

94. En: <http://www.heroinas.net/2012/12/azucena-villaflor-de-vincenti.html>.

95. *Ibid.*

96. En: <https://www.clarin.com/ediciones-anteriores/hallaron-restos-funda dora-madres-plaza-mayo_0_Sk8DdJCFe.html>.

97. En: <http://www.heroinas.net/2012/12/azucena-villaflor-de-vincenti.html>.

98. En: <https://www.pagina12.com.ar/diario/elpais/1-167634-2011-05-06. html>.

99. En: <https://elpais.com/internacional/2017/12/09/argentina/1512826383_ 129100.html>.

100. En: <https://www.pagina12.com.ar/diario/elpais/1-167634-2011-05-06. html>.

101. En: <https://elpais.com/internacional/2017/12/09/argentina/1512826383_ 129100.html>.

102. En: <http://www.heroinas.net/2012/12/azucena-villaflor-de-vincenti.html>.

103. Informe disponible en: <http://www.cidh.org/countryrep/Argentina80sp/ indice.htm>.

104. En CELS, *Informe sobre la situación de los derechos humanos en Argentina* (octubre de 1979 - octubre de 1980), párr. 11. En: <https://www.cels.org.ar/web/wp-content/ uploads/2016/10/1980CELSInforme-sobre-la-situacion-de-los-DDHH-1979-1980. pdf>.

105. En: <http://eaaf.typepad.com/founding_sp/>.

106. En: <http://eaaf.typepad.com/investigative_training_sp/>.

107. En: <http://www.conicet.gov.ar/se-realizo-una-jornada-de-genetica-foren se-en-el-c3-por-el-30o-aniversario-del-banco-nacional-de-datos-geneticos/>.

108. En: <https://www.youtube.com/watch?v=aSSXT2RkrKY> (parte 1) <https://www.youtube.com/watch?v=KyP7LOFQoFE> (parte 2).

109. Ceferino Reato, *Disposición Final*, Editorial Sudamericana, Buenos Aires, 2012.

110. En: <http://www.ruinasdigitales.com/revistas/dictadura/Dictadura%20 -%20Documento%20Final.pdf>.

111. En: <https://elpais.com/diario/1996/09/23/espana/843429621_850215. html>.

112. Específicamente en el artículo 336 de la «Ley provisional sobre organización del Poder judicial, del 15 de septiembre de 1870», disponible en: <http://www.poder judicial.es/cgpj/es/Temas/Compendio-de-Derecho-Judicial/Normativa-historica/ Ley-provisional-sobre-organizacion-del-Poder-judicial--de-15-de-Septiembre-de-1870>.

113. Raphael Lemkin, *Totalmente Extraoficial. Autobiografía de Raphael Lemkin*, traducción al español, edición y presentación de Joaquín González Ibáñez, Berg Institute, España, 2018, p. 13. En: <http://www.berg-institute.org/wp-content/uploads/lemkin. pdf>.

114. Véase Cherif Bassiouni, *International Criminal Law: Crimes*, Nueva York, Transnational Publishers, 1986, p. 291.

115. El informe Whitaker fue aprobado el 2 de julio de 1985 por la Subcomisión de Prevención de la Discriminación y Protección de las Minorías, perteneciente a la

Comisión de Derechos Humanos de Naciones Unidas. El informe contiene una reseña histórica, se refiere al concepto de «genocidio» y analiza exhaustivamente la Convención de 1948. Una versión oficial del informe en español se encuentra disponible en: <http://undocs.org/es/E/CN.4/Sub.2/1985/6>.

116. Informe Whitaker, párrafo 14.

117. *Ibid.*, párrafo 29.

118. *Ibid.*, párrafo 31.

119. *Ibid.* Véase además E/CN.4/SR.1510, párrafo 21 y 22, en: <http://www.legal-tools.org/doc/c27a4a/pdf/>.

120. Pieter Drost, *The Crime of State: Penal Protection for Fundamental Freedoms of Persons and Peoples. Vol. 2: Genocide,* A. W. Sythoff, 1959, en: <http://www.legal-tools.org/en/doc/359e82/>.

121. Informe Whitaker, párrafo 38.

122. José Manuel Gómez Benítez, «Genocidio e inmunidad», *El País,* 3 de noviembre de 1998. Disponible en: <https://elpais.com/diario/1998/11/03/opinion/910047602_850215.html>.

123. *Ibid.*

124. Irving Horowitz, *Taking Lives: Genocide and State Power,* New Jersey, Transaction Books, 1980.

125. Auto propuesta de extradición, del 19 de agosto de 2003, Sumario 19/97-L, razonamiento jurídico tercero, del Juzgado Central de Instrucción n.º 5 de la Audiencia Nacional.

126. *Ibid.*

127. *Nunca más,* Informe de la Comisión Nacional sobre la Desaparición de Personas (CONADEP), p. 347, disponible en: <http://www.desaparecidos.org/arg/conadep/nuncamas/347b.html>.

128. Auto de procesamiento y detención del almirante Luis Eduardo Massera y nueve más, del 10 de octubre de 1997. Juzgado Central de Instrucción n.º 5, Audiencia Nacional, Madrid. Disponible en: <http://www.derechos.org/nizkor/arg/espana/auto.htm>. La frase también aparece recogida en la sentencia del Tribunal Supremo, STS 9099/2007.

129. Auto propuesta de extradición, del 19 de agosto de 2003. Sumario 19/97-L, razonamiento jurídico cuarto, del Juzgado Central de Instrucción n.º 5 de la Audiencia Nacional.

130. En: <http://www.desaparecidos.org/arg/conadep/nuncamas/347b.html>.

131. En: <https://www.legal-tools.org/doc/d9c132/pdf/>.

132. *Ibid.*

133. El texto «Lo nacional. El Nacionalismo» se encuentra reproducido en el libro de Enrique Vázquez, *PRN. La última. Origen, apogeo y caída de la dictadura militar,* Buenos Aires, EUDEBA, 1985, pp. 83-90.

134. Auto del Juzgado de Instrucción n.º 5 de la Audiencia Nacional. Sumario 19/97-L por genocidio, terrorismo y torturas, 19 de agosto de 2003.

135. Auto del Juzgado de Instrucción n.º 5 de la Audiencia Nacional, en el caso de los ciudadanos españoles desaparecidos en la República Argentina, del 11 de mayo de 1998. Disponible en: <http://www.derechos.org/nizkor/arg/espana/juri.html>.

136. *Ibid.*

137. *Ibid.*

138. *Ibid.*

139. *Ibid.*

140. Horacio Verbitsky, *La última batalla de la Tercera Guerra Mundial*, Buenos Aires, Legasa, 1984, p. 15, citado por Emilio Fermín Mignone, *Iglesia y dictadura. El papel de la Iglesia a la luz de sus relaciones con el régimen militar*, Buenos Aires, Ediciones Colihue, 2006, p. 25.

141. Auto del Juzgado de Instrucción n.º 5 de la Audiencia Nacional, en el caso de los ciudadanos españoles desaparecidos en la República Argentina, del 11 de mayo de 1998, *op. cit.*

142. *Ibid.*

143. *Ibid.*

144. *Ibid.*

145. *Ibid.*

146. *Ibid.*

147. *Ibid.*

148. *Ibid.*

149. Asociación Internacional para la Defensa de los Artistas Víctimas de la Represión en el Mundo (AIDA), *Argentina. Cómo matar la cultura. Testimonios 1976-1981*, Madrid, Editorial Revolución, 1981, citado por Estela Patricia Scipioni, *Dissertation*, Kassel, Edition Reichenberger, 2000, p. 69.

150. Auto del Juzgado de Instrucción n.º 5 de la Audiencia Nacional, en el caso de los ciudadanos españoles desaparecidos en la República Argentina, del 11 de mayo de 1998, *op. cit.*

151. «Le Tibet et la République Populaire de Chine», *Revue de Droit Pénal et de Criminologie*, febrero de 1961, p. 541; *La cuestión del Tíbet y el Imperio de la Ley*, Comisión Internacional de Juristas, Ginebra, 1959; ambos citados por Javier Sáenz de Pipaón y Mengs, *Delincuencia política internacional. Especial consideración del delito de genocidio*, Madrid, Instituto de Criminología de la Universidad Complutense, 1973, p. 152.

152. Véase: <http://www.diariocontexto.com.ar/2017/06/17/con-un-sentido-homenaje-entregaron-el-honoris-causa-postumo-a-hugo-canon/>.

153. En: <http://www.revistacabal.coop/actualidad/hugo-canon-defensor-inclau dicable-por-los-derechos-humanos>.

2. PINOCHET O LA TRAICIÓN A LA REVOLUCIÓN

1. En: <https://www.cooperativa.cl/noticias/pais/augusto-pinochet/nieto-del-general-carlos-prats-escupio-el-ataud-de-pinochet/2006-12-12/214109.html>.

2. En: <https://elpais.com/diario/2006/12/14/internacional/1166050816_850215.html>.

3. En: <https://www.20minutos.es/noticia/185231/0/pinochet/muerte/escupi tajo/>.

4. En: <http://m.educarchile.cl/portal/mobile/efemeride.xhtml?id=225444>.

5. En: <http://www.elmostrador.cl/noticias/opinion/2017/09/10/el-rol-de-es tados-unidos-en-el-golpe-militar/>.

6. En: <https://www.memoriaviva.com/Ejecutados/Ejecutados_A/salvador_ allende_gossens.htm>.

7. En: <http://www.elmostrador.cl/noticias/pais/2013/09/11/a-sangre-y-fuego-el-dia-que-comenzo-la-dictadura-civico-militar/>.

8. Esto quedaría corroborado en el informe emitido en 2003 por la segunda comisión de la verdad de Chile, la Comisión Nacional sobre Prisión Política y Tortura (conocida también como «Comisión Valech»).Disponible en: <http://bibliotecadigital. indh.cl/handle/123456789/455>. Véanse en especial las pp. 177-178.

9. Disponible en: <http://bibliotecadigital.indh.cl/handle/123456789/170>.

10. Texto disponible en: <https://www.leychile.cl/Navegar?idNorma=6849>.

11. Véanse en detalle, del Informe de la Comisión Nacional de Verdad y Reconciliación (en adelante «Informe Rettig»): el capítulo I, pp. 45 y ss; el volumen I, tomo 2, pp. 718 y ss.; e *ibid.*, pp. 977 y ss. Véase además, Andrés Domínguez, «La verdad es la fuerza de la dignidad de los oprimidos», en Gilda Pacheco, Lorena Acevedo, Guido Galli (eds.), *Verdad, justicia y reparación. Desafíos para la democracia y la convivencia social*, San José de Costa Rica, Instituto Internacional para la Democracia y la Asistencia Electoral / Instituto Interamericano de Derechos Humanos, 2005, pp. 120-121. Disponible en: <https://www.iidh.ed.cr/IIDH/media/2126/desafios-para-la-democracia-2005.pdf>.

12. Informe Rettig, vol. I, tomo 1, p. 51.

13. Informe de la Comisión Nacional sobre Prisión Política y Tortura (en adelante «Informe Valech»), pp. 439-440.

14. Véanse: <https://www.kienyke.com/historias/el-gol-mas-triste-de-la-histo ria>.

15. En: <http://www.miguelgarciavega.com/chile-urss-1973-la-cara-negra-del-futbol/>.

16. Informe Valech, p. 440.

17. El vídeo está disponible en: <https://www.youtube.com/watch?time_conti nue=31&v=Fb5KpkSajpw>.

18. En: <https://www.bbc.com/mundo/deportes-40301910>.

19. Véanse: <http://www.estadionacionalmemorianacional.cl/> y <http://www. elmostrador.cl/noticias/pais/2015/06/11/diario-el-pais-sobre-el-estadio-nacional-la-memoria-del-horror-en-un-campo-de-futbol/>.

20. Para una visión general de la Caravana de la Muerte, pueden consultarse los siguientes documentos: Jorge Escalante Hidalgo, *La misión era matar. El juicio a la Caravana Pinochet-Arellano*, Santiago de Chile, LOM Ediciones, 2000; Patricia Verdugo, *Pruebas a la vista. La Caravana de la Muerte*, Santiago de Chile, Editorial Sudamericana Chilena, 2000; y de la misma autora: *Los zarpazos del Puma. La Caravana de la Muerte*, Santiago de

Chile, Catalonia, 2015. Véanse también las siguientes páginas web: <http://www.me moriayjusticia.cl/espanol/sp_enfoque-caravana.html>, <http://caravanadelamuerte. blogspot.com/> y <http://www.t13.cl/noticia/politica/carroza-confirma-procesa miento-ex-comandante-jefe-del-ejercito-juan-emilio-cheyre>.

21. Stella Calloni, *Operación cóndor, pacto criminal*, Caracas, El perro y la rana, 2016, pp. 65, 68 y 69. En: <http://www.elperroylarana.gob.ve/wp-content/uploads/2016/12/ operacion_condor_pacto_criminal1.pdf>.

22. Paloma Aguilar, Iosif Kovras: «Explaining disappearances as a tool of political terror», *International Political Science Review*, (2018), pp. 1-16.

23. Francisco Leal Buitrago, «La Doctrina de Seguridad Nacional. Materialización de la Guerra Fría en América del Sur», *Revista de Estudios Sociales*, n.º 15 (junio de 2003), p. 75. Disponible en: <http://www.redalyc.org/html/815/81501506/>.

24. Stella Calloni, *op. cit.*, 2016.

25. Francisco Leal Buitrago, *op. cit.*

26. *Clarín*, 10 de noviembre de 1995. Cita recogida por: <http://www.theclinic. cl/2013/09/03/para-los-que-celebran-las-40-frases-macabras-del-tirano/>.

27. En: <https://citas.in/autores/jose-toribio-merino/>.

28. Documento disponible en: <http://www.bibliotecamuseodelamemoria.cl/ gsdl/collect/textosym/index/assoc/HASH019e/e0be38fe.dir/00000094000002 000001.pdf>.

29. Acta de la formación del Plan Cóndor, obtenida del Museo de la Memoria y Derechos Humanos de Chile, disponible en: <http://www.bibliotecamuseodelamemoria. cl/gsdl/collect/textosym/index/assoc/HASH01b8.dir/00000031000012000019.pdf>.

30. Stella Calloni, *Operación Cóndor. 40 años después*, Centro Internacional para la Promoción de los Derechos Humanos, Categoría II UNESCO, 2015, en: <http://elortiba. org/operacion-condor-40-anos-despues/>.

31. Stella Calloni, *op. cit.*, 2016, p. 41 y <http://www.elperroylarana.gob.ve/ wp-content/uploads/2016/12/operacion_condor_pacto_criminal1.pdf>.

32. En: <http://cnv.memoriasreveladas.gov.br/index.php/2-uncategorised/417- operacao-condor-e-a-ditadura-no-brasil-analise-de-documentos-desclassificados> y <http://www.dhnet.org.br/direitos/militantes/krichke/jair_krischke_operacion_con dor.pdf>.

33. Stella Calloni, *op. cit.*, 2015.

34. *Ibid.*

35. Heraldo Muñoz, *The Dictator's Shadow: Life under Augusto Pinochet*, Nueva York, Basic Books, 2008.

36. Stella Calloni, *op. cit.*, 2016.

37. Acta de la formación del Plan Cóndor, *op. cit.*

38. En: <http://www.pj.gov.py/images/contenido/m-cdya/archivo_terror1.pdf>.

39. En: <http://arainfo.org/25-anos-de-los-archivos-del-plan-condor-piezas- fundamentales-de-memoria-y-justicia-universal/>.

40. Consideración tercera, auto del Juzgado Central de Instrucción n.º 5 (España), del 10 de diciembre de 1998, por el que se procesa a Augusto Pinochet por delitos de

genocidio, terrorismo y torturas. En: <http://www.derechoshumanos.net/jurisprudencia/1998-12-10-JCI5-(Pinochet)-Auto-Procesamiento-Pinochet.htm>.

41. *Ibid.*

42. Stella Calloni, *op. cit.*, 2015.

43. Franck Gaudichaud, «La sombra del Cóndor. Terrorismo de Estado Internacional y Contra-Revolución en el Cono Sur», revista *Dissidences* (2003), pp. 2 y 3. Disponible en: <http://www.archivochile.com/Ideas_Autores/gaudif/gaudif0004.pdf>.

44. *Ibid.*

45. Informe Rettig, Tomo I, vol. 1, p. 29. En: <http://pdh.minjusticia.gob.cl/wp-content/uploads/2015/12/tomo1.pdf>.

46. Franck Gaudichaud, *op. cit.*, p. 3.

47. Consideración tercera, auto del Juzgado Central de Instrucción n.º 5 (España), del 10 de diciembre de 1998, por el que se procesa a Augusto Pinochet por delitos de genocidio, terrorismo y torturas, *op. cit.*

48. Stella Calloni, *Operación Cóndor. 40 años después, op. cit.*

49. Franck Gaudichaud, *op. cit.*, p. 2. Es importante recalcar que estas cifras se refieren a todas las víctimas en conjunto, algunas de las cuales fueron parte de la Operación Cóndor.

50. Este apartado se basa fundamentalmente en la información contenida en: Francisco Artaza y Alejandra Matus, *Crimen en Washington DC, La Nación*, 1995. Disponible en: <https://biblioteca.iidh-jurisprudencia.ac.cr/index.php/documentos-en-es panol/prevencion-de-la-tortura/1874-crimen-en-washington-d-c-especial/file>. La información extraída de otras fuentes se encuentra destacada en cada caso en una nota al final.

51. Biografía resumida tomada de «Orlando Letelier. Apuntes para una biografía», en: <http://www.memoriachilena.cl/602/articles-122475_recurso_2.pdf>.

52. En: <https://elpais.com/internacional/2016/09/20/estados_unidos/147 4406135_394649.html>.

53. Orlando Letelier, «The Chicago Boys in Chile: Economic Freedom's Awful Toll», *The Nation*, 223, n.º 28 (1976), pp. 137-142. El artículo se encuentra disponible en: <https://www.thenation.com/article/the-chicago-boys-in-chile-economic-freedo ms-awful-toll/>.

54. En: <https://www.nytimes.com/es/2016/09/21/la-memoria-de-orlando-le telier-no-solo-es-chilena/>.

55. Declaración de Armando Fernández Larios ante la Corte del Distrito de Columbia, Washington, Estados Unidos, citado por el ministro de la Corte Suprema Adolfo Bañados en su sentencia de primera instancia, dictada el 11 de noviembre de 1993, p. 153. Cita tomada de Francisco Artaza y Alejandra Matus, *op. cit.*

56. En: <https://www.leychile.cl/Navegar?idNorma=241203&idVersion=1971-10-25>.

57. Saul Landau y John Dinges, *Asesinato en Washington*, México, Lasser Press, 1982.

58. Relato de Isabel Morel en una entrevista concedida al programa *Mundo en Acción*, de la cadena Estación Weta, transmitida el 18 de febrero de 1977, y declaraciones

a la policía de Michael Moffitt, el 21 de septiembre de 1976. Citado por Francisco Arta-za y Alejandra Matus, *op. cit.*

59. Saul Landau y John Dinges, *op. cit.*

60. En: <https://elpais.com/diario/1976/09/22/portada/212191204_850215.html>.

61. *El Mercurio*, 11 de marzo de 1978, citado por Francisco Artaza y Alejandra Matus, *op. cit.*

62. Véase: <http://www.derecho.uchile.cl/noticias/48055/profesor-alfredo-et cheberry-recibe-distincion-de-la-universidad>.

63. En: <http://www2.latercera.com/noticia/alfredo-etcheberry-aborto/>.

64. En: <https://www.biografiasyvidas.com/biografia/b/bachelet.htm>.

65. En: <https://news.un.org/es/story/2018/08/1439432>.

66. Eugene Propper y Taylor Branch, *Laberinto*, Buenos Aires, Vergara, 1990, p. 454, citado por Francisco Artaza y Alejandra Matus, *op. cit.*

67. En: <http://www.vicariadelasolidaridad.cl/sites/default/files/1977-1980.pdf>.

68. Diario *La Tercera*, 6 de julio de 1978, citado por Francisco Artaza y Alejandra Matus, *op. cit.*

69. En: <http://www.vicariadelasolidaridad.cl/sites/default/files/1977-1980.pdf>.

70. Texto disponible en: <https://www.leychile.cl/Navegar?idNorma=6849>.

71. En: <http://www.ipsnoticias.net/2014/09/fin-de-la-ley-amnistia-en-chile-mas-alla-de-lo-simbolico/>.

72. *Abogados & Transición en Chile*, Economic & Social Research Council, Queen's University de Belfast, Universidad de Ulster, Transitional Justice Institute, marzo de 2015, p. 4, nota 13. Disponible en: <https://lawyersconflictandtransition.org/themainevent/wp-content/uploads/2014/07/abogados-y-transicion-en-chile-march-2015.pdf>.

73. En: <http://www.vicariadelasolidaridad.cl/sites/default/files/1977-1980.pdf>.

74. Recreación basada en la primera confesión de Armando Fernández Larios ante los agentes del FBI publicada en *La Nación*, el 13 de noviembre de 1991. En Fran-cisco Artaza y Alejandra Matus, *op. cit.*

75. En: <https://elpais.com/diario/1978/06/24/portada/267487201_850215.html>.

76. Primera confesión de Armando Fernández Larios ante los agentes del FBI publicada en *La Nación*, el 13 de noviembre de 1991. En Francisco Artaza y Alejandra Matus, *op. cit.*

77. En: <https://www.bcn.cl/historiapolitica/resenas_parlamentarias/wiki/Juan _Jos%C3%A9_Bustos_Ram%C3%ADrez>.

78. En: <http://cuestionpenal.blogspot.com/2008/08/llueven-peces-eduardo-galeano-nos-habla.html>.

79. Disponible en: <https://www.youtube.com/watch?v=jQNakQRjV2M>.

80. En: <https://elpais.com/diario/1995/05/31/internacional/801871207_850 215.html>.

81. *Ibid.* Véase además: <https://www.leychile.cl/Navegar?idNorma=14394>.

82. En: <https://www.nytimes.com/es/2016/09/21/la-memoria-de-orlando-le telier-no-solo-es-chilena/>.

83. En: <https://www.newsweek.com/2015/10/30/bombshell-pinochets-guilt-delivered-too-late-383121.html>.

84. *Ibid.* y <https://www.thenation.com/article/washington-knew-pinochet-or dered-an-act-of-terrorism-on-us-soil-but-did-nothing-about-it/>.

85. Stella Calloni, *op. cit.*, 2016.

86. *Ibid.*

87. La historia ha sido reconstruida básicamente a través de noticias de prensa recopiladas en Memoria Viva, el archivo digital de las violaciones a los derechos humanos por la dictadura militar en Chile, disponible en el siguiente enlace: <http://www.memo riaviva.com/Ejecutados/Ejecutados_S/soria_espinoza_carmelo_luis.htm>, y complementada con una recopilación similar efectuada por el diario *El País*, disponible en el siguiente enlace: <https://elpais.com/tag/carmelo_soria/a>. En todos los demás casos se indica la fuente en una nota al final.

88. Revista *Qué Pasa*, 14 de octubre de 1989, en: <http://www.theclinic.cl/2013/09/03/para-los-que-celebran-las-40-frases-macabras-del-tirano/>.

89. En:<https://elpais.com/diario/1995/11/09/internacional/815871624_8502 15.html>.

90. En: <http://www.derechos.org/nizkor/chile/juicio/denu.html>.

91. En: <http://www.derechos.org/koaga/iii/5/garces.html>.

92. En:<https://elpais.com/diario/2000/01/13/internacional/947718015_8502 15.html>.

93. En: <http://archivo.cepal.org/pdfs/1973/S7300478.pdf>.

94. En: <http://www.cidh.org/annualrep/99span/De%20Fondo/Chile11.725. htm>.

95. En: <https://ultimahora.es/noticias/internacional/2002/07/29/773655/ identificados-los-restos-del-espanol-carmelo-soria-asesinado-en-chile.html>.

96. En: <https://elpais.com/diario/2002/06/03/espana/1023055213_850215. html>.

97. Informe Rettig, tomo I, pp. 106-107.

98. En: <https://www.cepal.org/cgi-bin/getProd.asp?xml=/prensa/noticias/co municados/5/30235/P30235.xml&xsl=/prensa/tpl/p6f.xsl&base=/prensa/tpl/top-bottom.xsl>.

99. En: <https://www.cepal.org/es/noticias/edificio-la-cepal-abre-nuevamente-al-publico-dia-patrimonio-cultural-chile-2017>.

100. En: <https://www.cepal.org/en/node/37772>.

101. En: <http://www.memoriaviva.com/Ejecutados/Ejecutados_S/soria_espi noza_carmelo_luis.htm>.

102. En: <http://www.elmostrador.cl/noticias/pais/2011/11/02/ministro-ale jandro-madrid-dicta-condenas-por-asociacion-ilicita-y-falsificacion-en-causa-anexa-al-caso-soria/>.

103. En: <http://www.t13.cl/noticia/nacional/caso-soria-suprema-ordena-rea brir-investigacion-encubrimiento>.

104. En: <http://www.elmostrador.cl/ahora/2010/03/30/magistrado-hector-carreno-desestima-reapertura-de-investigacion-por-crimen-de-carmelo-soria/>.

105. En: <http://www2.latercera.com/noticia/ministro-cisternas-reabre-sumario-de-caso-soria-y-solicita-nuevas-diligencias/>.

106. En: <https://www.cooperativa.cl/noticias/pais/judicial/corte-suprema/juez-de-la-corte-suprema-ordeno-reapertura-del-caso-soria/2013-01-21/132635.html>.

107. En: <https://ep00.epimg.net/descargables/2012/10/30/3bd157e7b3bc7a d37e29d2c36160126e.pdf?rel=mas>.

108. En: <https://www.cooperativa.cl/noticias/pais/dd-hh/judicial/corte-supre ma-procesa-a-15-ex-agentes-de-la-dina-por-el-crimen-de/2015-08-19/155308.html>.

109. En: <https://www.cooperativa.cl/noticias/pais/dd-hh/hija-de-carmelo-soria-confio-mas-en-el-tribunal-espanol-que-en-el-de/2015-11-10/211605.html>.

110. En: <https://www.cooperativa.cl/noticias/pais/dd-hh/judicial/justicia-pi dio-a-ee-uu-extradicion-de-townley-y-fernandez-larios-por/2016-05-17/112106. html>.

111. En: <http://www.pjud.cl/documents/396729/0/ACUSACION+2016+-SORIA.pdf/8afbb9c1-3aef-4f35-b534-d0c95768ad92>.

112. En: <http://www.3y4alamos.cl/?p=3364>.

113. En: <http://www.adnradio.cl/noticias/nacional/fallecio-el-abogado-de-ddhh-alfonso-insunza-bascunan/20160722/nota/3195713.aspx>.

114. En: <https://www.gpo.gov/fdsys/pkg/USCOURTS-caDC-05-05017/con tent-detail.html>.

115. Sonia Cárdenas, *Conflict and Compliance. State Responses to International Human Rights Pressure*, Filadelfia, University of Pennsylvania Press, 2007, pp. 42, 44, 47-48.

116. En: <https://www.leychile.cl/Navegar?idNorma=6764&idParte=>.

117. En: <http://www.vicariadelasolidaridad.cl/sites/default/files/1977-1980.pdf>.

118. En:<https://elpais.com/diario/1977/08/14/internacional/240357602_850 215.html>.

119. En: <https://www.leychile.cl/Navegar?idNorma=6766&tipoVersion=0# 18760>.

120. Francisco Artaza y Alejandra Matus, *op. cit.*

121. En: <https://www.leychile.cl/Navegar?idNorma=6765&tipoVersion=0>.

122. Informe Rettig, tomo I, cap. I, p. 61.

123. En: <http://www.vicariadelasolidaridad.cl/sites/default/files/1977-1980. pdf>.

124. En: <http://www.presidency.ucsb.edu/ws/?pid=6582>.

125. En: <http://www.vicariadelasolidaridad.cl/sites/default/files/1977-1980. pdf>.

126. Informe Rettig, vol. I, tomo 2, pp. 982-988.

127. Informe Rettig, vol. I, tomo 2, p. 1.040.

128. En: <https://www.memoriaviva.com/Ejecutados/presentacion_codepu_explosionados.htm>.

129. En: <http://radio.uchile.cl/2011/08/12/organizaciones-de-dd-hh-criti can-que-reparacion-a-victimas-de-la-dictadura-se-limite-a-lo-economico/>.

130. Informe Rettig, vol. I, tomo 2, pp. 1.010-1.011.

131. En: <http://www.cidh.org/countryrep/Chile85sp/cap3.htm>.

132. En: <http://www.archivochile.com/Derechos_humanos/dego/ddhh_dego 0012.pdf> y <https://elpais.com/diario/1995/10/28/internacional/814834807_850 215.html>.

133. Informe Retting, vol. I, tomo 2, pp. 1.108-1.109.

134. Véase Informe Rettig, vol. I, tomo 2, pp. 1.076 y ss., en: < http://pdh.minjus ticia.gob.cl/wp-content/uploads/2015/12/tomo2.pdf>.

135. Véase Informe Rettig, vol. I, tomo 2, pp. 1.108-1.109, en: <http://pdh.min justicia.gob.cl/wp-content/uploads/2015/12/tomo2.pdf>.

136. En: <http://www.pjud.cl/documents/396729/0/PROCESO+ROJAS+ Y+QUINTANA.pdf/c8551503-2324-498e-89cf-660e5ec55f7f>.

137. En: <https://www.cooperativa.cl/noticias/pais/dd-hh/caso-quemados-mi nistro-carroza-dicto-acusacion-contra-13-militares-en/2017-09-22/151050.html>.

138. En: <http://chileddhh.blogspot.com/p/agrupacion-de-detenidos-desapare cidos.html>.

139. En: <http://www.24horas.cl/nacional/las-comodas-condiciones-en-que-vi ven-los-reos-de-punta-peuco-866422>.

140. Agencia DPA, 21 de septiembre de 1995. Citado en: <http://www.theclinic. cl/2013/09/03/para-los-que-celebran-las-40-frases-macabras-del-tirano/>.

141. Agencia DPA, 26 de junio de 1997. Citado en *ibid.*

142. *La Nación*, 3 de septiembre de 1991. Citado en *ibid.*

143. Véase: <http://defensoresydefensoras.indh.cl/premio-nacional-de-ddhh/ premio-nacional-2011/ana-gonzalez-gonzalez/>.

144. En: <http://www.vicariadelasolidaridad.cl/sites/default/files/1977-1980.pdf>.

145. *Ibid.*

146. *Ibid.*

147. Hernán Vidal, *Dar la vida por la vida. Agrupación Chilena de Familiares de Dete nidos Desaparecidos*, Mosquito Editores, Santiago de Chile, 1996, pp. 20-21, 159-160.

148. En: <http://www.elmundo.es/la-aventura-de-la-historia/2015/11/05/563b 72d522601dcc448b45c7.html>.

149. Patricio Guzmán, *La batalla de Chile*, Madrid, Editorial Ayuso, 1977. Véase en detalle la segunda parte, cap. 4.

150. En: <http://www.vicariadelasolidaridad.cl/sites/default/files/1977-1980. pdf>.

151. En: <http://justicianadamasperonadamenos.blogspot.com/2018/06/dos- anos-dando-vueltas-frente-el.html>.

152. Véase: <http://www.afepchile.cl/>.

153. En: <https://notascect.files.wordpress.com/2013/04/alicialira.pdf>.

154. Cath Collins, «Chile a más de dos décadas de justicia de transición», *Revista de Ciencia Política*, Universidad de Chile, vol. 51, n.º 2 (2013), pp. 79-113. Disponible en: <https://revistapolitica.uchile.cl/index.php/RP/article/view/30160>.

155. Roberto Garretón, «Los tribunales con jurisdicción penal durante la transición a la democracia en Chile», en Jessica Almqvist, Carlos Espósito (coords.), *Justicia transicional en Iberoamérica*, Madrid, Centro de Estudios Políticos y Constitucionales, 2009, p. 71.

156. Informe de la Comisión Nacional de Verdad y Reconciliación, vol. I, tomo 1, p. 86.

157. *Ibid.*, p. 93.

158. *Ibid.*, p. 69.

159. Roberto Garretón, *op. cit.*, pp. 71-72.

160. Artículo primero del Decreto Supremo 355, del 25 de abril de 1990. Disponible en: <http://www.indh.cl/wp-content/uploads/2010/10/ds355.pdf>.

161. De acuerdo con el artículo quinto del citado decreto supremo, el cual dispone: «La Comisión tendrá un plazo de seis meses para cumplir su cometido. Si dentro de ese lapso no alcanzara a hacerlo podrá prorrogar ese plazo mediante resolución fundada por un máximo de tres meses más».

162. Roberto Garretón, *op. cit.*, p. 75.

163. Cath Collins, *op. cit.*, p. 87.

164. *Ibid.*

165. En una extensa respuesta, entre muchas otras consideraciones, el ejército de Chile señala que el informe «revela un desconocimiento imperdonable» de las causas que motivaron «la restauración nacional emprendida a partir del 11 de septiembre de 1973», y acusa al informe de ser una «verdad unilateral» que no reconoce el «uso legítimo de la fuerza», que desconoce la situación de «guerra subversiva» que existió en el país, tergiversa la «realidad histórica» con un equivocado concepto de la «seguridad nacional» y efectúa imputaciones «imperdonables». Texto íntegro disponible en: <http://www.archivo chile.com/Derechos_humanos/Com_Rettig/hhddrettig0016.pdf>.

166. Roberto Garretón, *op. cit.*, p. 76.

167. Véase en detalle la «Respuesta de la Corte Suprema al Informe de la Comisión Nacional de Verdad y Reconciliación», en *Estudios Públicos*, n.º 42 (1991), pp. 237-250.

168. En: <http://www.vicariadelasolidaridad.cl/sites/default/files/1990-1992.pdf>.

169. Estas cifras, así como los informes de la Comisión Rettig y la corporación, se encuentran disponibles en: <http://www.ddhh.gob.cl/comisiones/>.

170. En: <http://pdh.minjusticia.gob.cl/comisiones/>.

171. Véase: <http://www.ddhh.gob.cl/wp-content/uploads/2015/12/nominaD DEPfase2.pdf>.

172. Véase Universidad Diego Portales, Centro de Derechos Humanos, Observatorio, *Cifras de víctimas y sobrevivientes de violaciones masivas a los DDHH oficialmente reconocidas por el Estado chileno*, 2011. Disponible en: <http://www.derechoshumanos.udp.cl/derechoshumanos/index.php/observatorio/func-startdown/362/>.

173. Roberto Garretón, *op. cit.*, p. 76.

174. *Ibid.*

175. *Ibid.*, p. 77.

176. *Ibid.*

177. *Ibid.*, pp. 77-78.

178. *Ibid.*, p. 78.

179. En: <https://www.elmostrador.cl/noticias/pais/2015/07/23/carmen-glo ria-quintana-apunta-a-enrique-correa-por-falta-de-voluntad-politica-para-investi gar-el-caso-quemados/>.

180. En:<https://elpais.com/diario/1991/07/03/internacional/678492011_850 215.html>.

181. En: <http://www.memoriachilena.cl/602/w3-article-92406.html>.

182. *Qué Pasa*, 14 de octubre de 1989, en: <http://www.theclinic.cl/2013/09/03/ para-los-que-celebran-las-40-frases-macabras-del-tirano/>.

183. En:<https://elpais.com/diario/1995/05/23/internacional/801180025_850 215.html>.

184. En: <https://elpais.com/diario/1995/05/26/internacional/801439219_ 850215.htm>.

185. En: <http://www.archivochile.com/Dictadura_militar/muertepin8/muer tepin8_0031.pdf>.

186. En: <https://elpais.com/diario/1998/01/21/internacional/885337204_ 850215.html>, <http://radio.uchile.cl/2018/01/12/la-querella-que-bajo-a-pinochet-del-olimpo-de-impunidad/> y <http://www.archivochile.com/Dictadura_militar/ muertepin8/muertepin8_0031.pdf>.

187. En: <https://web.ua.es/up/pinochet/noticias/tercera-julio/desafuero-ter cera/querellas/querellas.html>.

188. Véase: <https://elpais.com/diario/2001/02/04/domingo/981258390_ 850215.html>.

189. Enrique Gimbernat, *Autor y cómplice en derecho penal*, Madrid, 1966, pp. 151 y ss. y 167 y ss.

190. En: <https://www.clarin.com/ediciones-anteriores/thatcher-dio-gracias-pinochet-malvinas_0_S1bbPgAlRKg.html>.

191. En: <https://www.biobiochile.cl/noticias/2013/04/08/la-amistad-de-mar garet-thatcher-y-pinochet-usted-trajo-de-regreso-la-democracia-en-chile.shtml>.

192. En: <http://www.elmundo.es/elmundo/1999/enero/18/internacional/lo res.html>.

193. *Ibid.*

194. En: <http://www.memoriaviva.com/503/dic1998.htm>.

195. En:<https://elpais.com/diario/2000/01/12/internacional/947631601_850 215.html>.

196. *Ibid.*

197. En: <https://www.lanacion.com.ar/3747-pinochet-mas-cerca-de-ser-libe-rado>.

198. En: <https://elpais.com/diario/2000/02/17/internacional/950742021_850 215.html>.

199. En: <https://www1.wsws.org/es/articles/2000/mar2000/sp4-m08.shtml>.

200. Ibid.

201. Ibid.

202. En: <https://www.lanacion.com.ar/7721-pinochet-volvio-a-chile-con-lla mativa-vitalidad>.

203. En: <https://elpais.com/diario/2000/03/04/internacional/952124401_ 850215.html>.

204. En: <https://www.nacion.com/el-mundo/pinochet-recibido-como-heroe-por-sus-partidarios-en-chile/NRFPJYDVJRBGTBR4KONC44OHRE/story/>.

205. En: <https://www.bbc.com/mundo/noticias-america-latina-38142598>.

206. En: <http://www.emol.com/noticias/nacional/2013/10/14/624426/jack-straw-habla-de-su-decepcion-tras-detencion-de-pinochet-en-londres.html>.

207. En: <https://elpais.com/diario/2000/03/03/internacional/952038012_850 215.html>.

208. En: <https://elpais.com/diario/2000/01/12/internacional/947631601_85 0215.html>.

209. Roberto Garretón, op. cit., p. 79.

210. Ibid.

211. En: <http://www.derechos.org/nizkor/chile/juicio/desafuero.html>.

212. En: <http://www.derechos.org/nizkor/chile/juicio/desafuero2.html>.

213. En: <http://www.derechos.org/nizkor/chile/juicio/reo.html>.

214. En: <http://www.archivochile.com/Dictadura_militar/muertepin8/muer tepin8_0031.pdf>.

215. En: <http://www.theclinic.cl/2013/09/03/para-los-que-celebran-las-40-frases-macabras-del-tirano/>.

216. En: <http://www.archivochile.com/Dictadura_militar/muertepin8/muer tepin8_0031.pdf>.

217. Cath Collins et al, Verdad, justicia y memoria por violaciones de derechos humanos en tiempos de dictadura, a 40 años del golpe militar, Informe Anual sobre Derechos Humanos en Chile 2013, Universidad Diego Portales, p. 29. En: <http://www.derechoshumanos.udp. cl/derechoshumanos/index.php/informe-ddhh-2013>.

3. GUATEMALA. EL GENOCIDIO MAYA

1. El huipil es una prenda de uso común entre los grupos étnicos que han habitado en Mesoamérica desde la época prehispánica. Véase en detalle: <http://magazineguate mala.com/significado-del-huipil>.

2. En: <https://elpais.com/diario/1999/12/03/internacional/944175615_ 850215.html>.

3. Baltasar Garzón, *La línea del horizonte*, Debate, Barcelona, 2008, pp. 172 y 173.

4. En: <https://elpais.com/diario/1999/12/03/internacional/944175615_8502 15.html>.

5. En: <https://elpais.com/internacional/2016/12/29/america/1483033827_90 1522.html>.

6. Incluida la Asociación Argentina Pro-Derechos Humanos – Madrid.

7. En: <https://elpais.com/diario/1999/12/03/internacional/944175615_850 215.html>.

8. Querella de Rigoberta Menchú ante el Juzgado Central de Instrucción de guardia de la Audiencia Nacional, 2 de diciembre de 1999.

9. Querella de Rigoberta Menchú, *op. cit.*

10. En: <https://elpais.com/diario/1999/12/03/internacional/944175615_850 215.html>.

11. En: <http://www.elmundo.es/elmundo/2006/05/30/espana/1149014806. html>.

12. Elisabeth Burgos-Debray, *Me llamo Rigoberta Menchú y así nació mi conciencia*, Seix Barral, Barcelona, 1992.

13. Carlos Amézquita, *Guatemala: de Vicente Menchú a Juan Gerardi, 20 años de lucha por los derechos humanos*, Universidad de Deusto, 2000, p. 15.

14. En: <https://www.nobelprize.org/nobel_prizes/peace/laureates/1992/tum-lecture-sp.html>.

15. Auto de prisión, diligencias previas 331/1999-10, del Juzgado Central de Instrucción n.º 1 de la Audiencia Nacional, 7 de julio de 2006; auto de extradición del Juzgado Central de Instrucción n.º 1 de la Audiencia Nacional, 22 de noviembre de 2006.

16. *Ibid.*

17. *Ibid.*

18. Véase Informe CEH, *Guatemala. Memoria del Silencio*, cap. 4, párr. 1, 2, 82, 87, 116 y 128. Disponible en: <http://www.undp.org/content/dam/guatemala/docs/publica tions/UNDP_gt_PrevyRecu_MemoriadelSilencio.pdf>.

19. En: <https://www.proceso.com.mx/194152/las-cuentas-pendientes-de-lucas-garcia>.

20. En: <https://www.biografiasyvidas.com/biografia/l/lucas_garcia.htm>.

21. Querella de Rigoberta Menchú, *op. cit.*

22. En: <https://www.biografiasyvidas.com/biografia/l/lucas_garcia.htm>.

23. En: <https://www.biografiasyvidas.com/biografia/r/rios_montt.htm>.

24. En: <https://www.cidob.org/biografias_lideres_politicos/america_central_ y_caribe/guatemala/efrain_rios_montt>.

25. Auto de prisión, *op. cit.*, auto de extradición, *op. cit.*

26. En: <https://www.biografiasyvidas.com/biografia/m/mejia_victores.htm>.

27. Auto de prisión, *op. cit.*, auto de extradición, *op. cit.*

28. *Ibid.*

29. Querella de Rigoberta Menchú, *op. cit.*

30. Informe CEH, *op. cit.*, cap. 4, párr. 87 y 88.

31. Informe CEH, *op. cit.*, cap.4, párr. 83 y 84.

32. En: <https://www.prensalibre.com/hemeroteca/quema-de-la-embajada-de-espaa-en-guatemala-1980>.

33. En: <https://www.prensalibre.com/noticias/justicia/Nacionales-Quema-Embajada-Espana-Maximo-Cajal-revelo-PN-llevaba-hachas_0_1248475153.html>.

34. Carlos Amézquita, *op. cit.*, p. 26.

35. En: <https://nomada.gt/pais/la-respuesta-a-saber-quien-puso-fuego-ahi-en-la-embajada-de-espana/>.

36. *Ibid.*

37. Elisabeth Burgos-Debray, *op. cit.*, p. 131.

38. *Ibid.*, p. 181.

39. *Ibid.*, p. 138.

40. Querella de Rigoberta Menchú, *op. cit.*

41. Elisabeth Burgos-Debray, *op. cit.*, p.135.

42 Querella de Rigoberta Menchú, *op. cit.*

43. Carlos Amézquita, *op. cit.*, p. 31

44. Querella de Rigoberta Menchú, *op. cit.*

45. En: <https://nomada.gt/pais/la-otra-toma-de-la-embajada-2/>.

46. En: <https://elpais.com/politica/2014/04/03/actualidad/1396555530_446897.html>.

47. Carlos Amézquita, *op. cit.*, p. 31

48. En: <https://elpais.com/politica/2014/04/13/actualidad/1397340628_852785.html>.

49. En: <https://nomada.gt/pais/la-respuesta-a-saber-quien-puso-fuego-ahi-en-la-embajada-de-espana/>.

50. En: <https://elpais.com/diario/1981/01/25/internacional/349225201_850215.html>.

51. En: <https://nomada.gt/pais/la-respuesta-a-saber-quien-puso-fuego-ahi-en-la-embajada-de-espana/>.

52. En: <https://www.prensalibre.com/noticias/justicia/Nacionales-Quema-Embajada-Espana-Maximo-Cajal-revelo-PN-llevaba-hachas_0_1248475153.html>.

53. Carlos Amézquita, *op. cit.*, p. 32

54. *Ibid.*

55. En: <https://nomada.gt/pais/la-respuesta-a-saber-quien-puso-fuego-ahi-en-la-embajada-de-espana/>.

56. *Ibid.*

57. En: <https://elpais.com/politica/2014/04/13/actualidad/1397340628_852785.html>.

58. En: <https://nomada.gt/pais/la-respuesta-a-saber-quien-puso-fuego-ahi-en-la-embajada-de-espana/>.

59. En: <https://www.lainformacion.com/policia-y-justicia/crimen-de-guerra/maximo-cajal-dice-que-la-quema-de-la-embajada-espanola-en-guatemala-fue-una-pelicula-de-horror_M4b56Bf89Ow7QxrVDvUzV4/>.

60. En: <http://www.exteriores.gob.es/Portal/es/SalaDePrensa/Articulos/Paginas/Articulos/20150131_articuloministro.aspx>.

61. En: <https://www.france24.com/es/20180131-denuncian-represion-indigenas-al-conmemorar-masacre-en-embajada-de-espana-en-guatemala>.

62. En: <https://www.lainformacion.com/policia-y-justicia/crimen-de-guerra/maximo-cajal-dice-que-la-quema-de-la-embajada-espanola-en-guatemala-fue-una-pelicula-de-horror_M4b56Bf89Ow7QxrVDvUzV4/>.

63. Elisabeth Burgos-Debray, *op. cit.*, p. 210.

64. En: <https://www.france24.com/es/20180131-denuncian-represion-indigenas-al-conmemorar-masacre-en-embajada-de-espana-en-guatemala>.

65. En: <https://www.prensalibre.com/hemeroteca/quema-de-la-embajada-de-espaa-en-guatemala-1980>.

66. En: <https://www.france24.com/es/20180131-denuncian-represion-indigenas-al-conmemorar-masacre-en-embajada-de-espana-en-guatemala>.

67. Carlos Amézquita, *op. cit.*, p. 32.

68. En: <http://www.exteriores.gob.es/Portal/es/SalaDePrensa/Articulos/Paginas/Articulos/20150131_articuloministro.aspx>.

69. En: <https://nomada.gt/pais/la-respuesta-a-saber-quien-puso-fuego-ahi-en-la-embajada-de-espana/>.

70. *Ibid.*

71. En: <https://elpais.com/politica/2014/04/13/actualidad/1397340628_852785.html>.

72. En: <https://elpais.com/diario/1981/01/25/internacional/349225201_850215.html>.

73. Querella de Rigoberta Menchú, *op. cit.*

74. *Ibid.*

75. En: <https://elpais.com/diario/1981/01/25/internacional/349225201_850215.html>.

76. En: <http://www.jorgepalmieri.com/2012/04/27/trampa-del-embajador-cajal/>.

77. En: <https://elpais.com/diario/1981/01/25/internacional/349225201_850215.html>.

78. En: <https://nomada.gt/pais/la-respuesta-a-saber-quien-puso-fuego-ahi-en-la-embajada-de-espana/>.

79. En: <https://elpais.com/politica/2014/04/13/actualidad/1397340628_852785.html>.

80. En: <http://www.exteriores.gob.es/Portal/es/SalaDePrensa/Articulos/Paginas/Articulos/20150131_articuloministro.aspx>.

81. En: <https://elpais.com/diario/1981/01/25/internacional/349225201_850215.html>.

82. En: <https://elpais.com/diario/2000/01/28/espana/949014006_850215.html>.

83. En: <http://www.elmundo.es/espana/2014/04/03/533d818aca4741466b8b457e.html>.

84. En: <https://nomada.gt/pais/la-respuesta-a-saber-quien-puso-fuego-ahi-en-la-embajada-de-espana/>.

85. En: <https://www.lainformacion.com/policia-y-justicia/crimen-de-guerra/maximo-cajal-dice-que-la-quema-de-la-embajada-espanola-en-guatemala-fue-una-pelicula-de-horror_M4b56Bf89Ow7QxrVDvUzV4/>.

86. (1) *Ibid.*;   (2) <https://www.plazapublica.com.gt/content/muere-maximo-cajal-el-ultimo-sobreviviente>;   (3) <https://www.prensalibre.com/hemeroteca/quema-de-la-embajada-de-espaa-en-guatemala-1980/>.

87. En: <https://www.prensalibre.com/hemeroteca/quema-de-la-embajada-de-espaa-en-guatemala-1980>.

88. En: <https://nomada.gt/pais/la-respuesta-a-saber-quien-puso-fuego-ahi-en-la-embajada-de-espana/>.

89. *Ibid.*

90. En: <https://www.prensalibre.com/hemeroteca/quema-de-la-embajada-de-espaa-en-guatemala-1980>.

91. En: <https://nomada.gt/pais/la-respuesta-a-saber-quien-puso-fuego-ahi-en-la-embajada-de-espana/>.

92. En: <http://www.exteriores.gob.es/Portal/es/SalaDePrensa/Articulos/Paginas/Articulos/20150131_articuloministro.aspx>.

93. Carlos Amézquita, *op. cit.*, p. 79.

94. *Ibid.*, p. 81.

95. *Ibid.*, pp. 81-82.

96. *Ibid.*, p. 82.

97. *Ibid.*, p. 83.

98. Informe CEH, «Mandato y procedimiento de trabajo», *op. cit.* p. 24, en: <http://www.centrodememoriahistorica.gov.co/descargas/guatemala-memoria-silencio/guatemala-memoria-del-silencio.pdf>.

99. Informe CEH, «Mandato y procedimiento de trabajo», *op. cit.*, pp. 26-27.

100. Auto de prisión, *op. cit.*; auto de extradición, *op. cit.*

101. Auto del Juzgado Central n.º 1, del 27 de marzo de 2000.

102. Auto del Pleno de la Sala de lo Penal de la Audiencia Nacional, del 13 de diciembre de 2000.

103. *Ibid.*

104. Sentencia n.º 327/2003 del Tribunal Supremo, Sala Segunda de lo Penal, del 25 de febrero de 2003, fundamento de derecho quinto.

105. *Ibid.*, fundamento noveno.

106. *Ibid.*, fundamento undécimo.

107. *Ibid.*, fundamento de derecho duodécimo.

108. *Ibid.*, fundamento de derecho duodécimo.

109. *Ibid.*, fundamento de derecho duodécimo.

110. Recursos de amparo n.⁰ˢ 1744-2003, 1755-2003 y 1773-2003.

111. Sentencia n.º 327/2005 del Tribunal Constitucional, del 26 de septiembre, Sala Segunda, fundamento jurídico décimo.

112. En: <https://www.laprensa.com.ni/2005/10/07/internacionales/966533-una-sentencia-contra-la-impunidad-internacional>.

113. En: <https://elpais.com/diario/2005/04/06/ultima/1112738401_850215.html>.

114. *Ibid.*

115. En: <https://www.20minutos.es/noticia/14715/0/GUATEMALA/MENCHU/>.

116. En: <https://elpais.com/diario/2005/04/06/ultima/1112738401_850215.html>.

117. En: <https://www.20minutos.es/noticia/14715/0/GUATEMALA/MENCHU/#xtor=AD-15&xts=467263>.

118. En: <https://elpais.com/diario/2005/04/06/ultima/1112738401_850215.html>.

119. *Ibid.*

120. *Ibid.*

121. En: <https://www.20minutos.es/noticia/14715/0/GUATEMALA/MENCHU/>.

122. Auto de prisión, *op. cit.*

123. En: <https://elpais.com/diario/2006/06/24/espana/1151100026_850215.html>.

124. *Ibid.*

125. *Ibid.*

126. *Ibid.*

127. Auto de prisión, *op. cit.*

128. En: <https://elpais.com/diario/2006/06/24/espana/1151100026_850215.html>.

129. Auto de prisión, *op. cit.*

130. En: <https://elpais.com/diario/2006/06/27/espana/1151359221_850215.html>.

131. En: <https://elpais.com/diario/2006/06/28/espana/1151445608_850215.html>.

132. En: <https://elpais.com/diario/2006/06/29/espana/1151532008_850215.html>.

133. *Ibid.*

134. *Ibid.*

135. Auto de prisión, *op. cit.*

136. Auto de prisión, *op. cit.*

137. Auto de extradición del Juzgado Central de Instrucción n.º 1, del 22 de noviembre de 2006.

138. Expediente n.º 3380/2007, del 12 de diciembre de 2007, Corte de Constitucionalidad de Guatemala.

139. Considerando VI, pp. 50 y 53. Expediente n.º 3380/2007, del 12 de diciembre de 2007, Corte de Constitucionalidad de Guatemala.

140. Considerando V, p. 36. Expediente n.º 3380/2007, del 12 de diciembre de 2007, Corte de Constitucionalidad de Guatemala.

141. Considerando VI, p. 58. Expediente n.º 3380/2007, del 12 de diciembre de 2007, Corte de Constitucionalidad de Guatemala.

142. Razonamiento jurídico sexto, auto del 16 de enero de 2008, Juzgado Central de Instrucción n.º 1, Audiencia Nacional.

143. Auto del 16 de enero de 2008, Juzgado Central de Instrucción n.º 1, Audiencia Nacional.

144. En: <https://e-mujeres.net/manuel-olle-presidente-de-la-asociacion-pro-derechos-humanos-de-espana/>.

145. Informe de la alta comisionada de las Naciones Unidas para los Derechos Humanos, sobre las actividades de su oficina en Guatemala, A/HRC/7/38/Add.1, 29 de enero de 2008.

146. Auto del Juzgado Central de Instrucción n.º 1 de la Audiencia Nacional, del 14 de marzo de 2008.

147. Almudena Bernabeu, «El día en que se va a juzgar a Efraín Ríos Montt», en *Al revés y al derecho*, 19 de marzo de 2013, en: <http://blogs.infolibre.es/alrevesyaldere cho/?p=348>.

148. *Ibid.*

149. *Ibid.*

150. En: <https://www.bbc.com/mundo/noticias/2013/05/130510_guatema la_semblanza_rios_montt_jcps>.

151. *Ibid.*

152. En: <https://archive.org/details/SentenciaPorGenocidioVsRiosMontt> (escúchese la sentencia).

153. C-01076-2011-00015 0F.2º, sentencia del Tribunal Primero de Sentencia Penal, Narcoactividad y Delitos contra el Ambiente, Guatemala, 10 de mayo de 2013.

154. *Ibid.*

155. *Ibid.*

156. En: <http://www.rtve.es/noticias/20130515/rigoberta-menchu-senten cia-rios-montt-reparacion-del-dolor-negaron/664040.shtml>.

157. En: <https://www.eldiario.es/internacional/importante-Guatemala-pusie ra-palabra-genocidio_0_133686865.html>.

158. En: <https://laopinion.com/2018/04/01/muere-a-los-91-anos-efrain-rios-montt-el-exmandatario-de-facto-de-guatemala-juzgado-por-genocidio/>.

159. *Ibid.*

160. En: <http://www.europapress.es/internacional/noticia-muere-91-anos-edad-dictador-guatemalteco-jose-efrain-rios-montt-20180401194513.html>.

161. *Ibid.*

162. En: <http://www.lrmcidii.org/wp-content/uploads/2011/08/Press_kit_20110607_Guatemala_esp.pdf>.

163. Paloma Soria Montañez, *Obligaciones de los Estados frente al derecho internacional en materia de violencia de género*, ponencia presentada en el seminario «Foro sobre violencia sexual y feminicidio durante el conflicto armado en Guatemala», Guatemala, 14 de junio de 2012. Disponible en: <https://d3n8a8pro7vhmx.cloudfront.net/stoprapeinconflict/pages/115/attachments/original/1343399060/Derecho_internacional-violencia_genero_-_Paloma_Soria.pdf?1343399060>.

164. Auto del Juzgado Central de Instrucción n.º 1, del 26 de julio de 2011.

165. Resolución 1820 (2008), Consejo de Seguridad de Naciones Unidas, 19 de junio de 2008, en: <http://www.un.org/ga/search/view_doc.asp?symbol=S/RES/1820%282008%29&lang=S>; Resolución 1889 (2009), Consejo de Seguridad de Naciones Unidas, 5 de octubre de 2009, en: <http://www.un.org/ga/search/view_doc.asp?symbol=S/RES/1889(2009)&Lang=S>.

166. CEDAW/C/GC/30, Recomendación general n.º 30 sobre las mujeres en la prevención de conflictos y en situaciones de conflicto y posteriores a conflictos, en: <https://tbinternet.ohchr.org/_layouts/treatybodyexternal/Download.aspx?symbolno=CEDAW/C/GC/30&Lang=en>.

167. Informe CEH, *op. cit.*, cap. 2, p. 23.

168. Informe CEH, *op. cit.*, cap. 2, párr. 1738, p. 320.

169. Auto del Juzgado Central de Instrucción n.º 1, de 26 del julio de 2011.

170. *Ibid.*

171. Impunity Watch, Alianza Rompiendo el Silencio y la Impunidad, ECAP, MTM y UNAMG, «Cambiando el rostro de la justicia. Las claves del litigio estratégico del caso Sepur Zarco», en: <https://www.impunitywatch.org/docs/Las_claves_del_litigio_estrategico_del_caso_Sepur_Zarco.pdf>.

172. *Ibid.*

173. En: <https://www.womenslinkworldwide.org/observatorio/base-de-datos/caso-sepur-zarco>.

174. En: <https://www.proceso.com.mx/518237/las-abuelas-de-sepur-zarco-del-+infierno-la-justicia>.

175. C-01076-2012-00021 OF.2°, Tribunal Primero de Sentencia Penal, Narcoactividad y Delitos contra el Ambiente, Guatemala, 26 de febrero de 2016. Disponible en: <https://www.womenslinkworldwide.org/files/3003/sepur-zarco-sentenicia.pdf>.

176. En: <http://cadenaser.com/programa/2018/07/02/punto_de_fuga/1530521297_051150.html>.

177. C-01076-2012-00021, *op. cit.*

178. En: <http://unamg.org/sites/default/files/publicaciones/SEPARATA%20A%20SEIS%20MESES%20DE%20DICTADA%20LA%20SENTENCIA%202_0.pdf>.

179. En: <https://www.womenslinkworldwide.org/observatorio/base-de-datos/caso-sepur-zarco>.

180. En: <https://www.proceso.com.mx/518237/las-abuelas-de-sepur-zarco-del-infierno-la-justicia>.

181. C-01076-2012-00021, *op. cit.*

182. En: <http://unamg.org/sites/default/files/publicaciones/SEPARATA%20 A%20SEIS%20MESES%20DE%20DICTADA%20LA%20SENTENCIA%202_0.pdf>.

183. En: <https://www.impunitywatch.org/docs/Las_claves_del_litigio_estrate gico_del_caso_Sepur_Zarco.pdf>.

184. C-01076-2012-00021, *op. cit.*

185. En: <https://www.proceso.com.mx/518237/las-abuelas-de-sepur-zarco-del-infierno-la-justicia>.

186. C-01076-2012-00021, *op. cit.*

187. C-01076-2012-00021, *op. cit.*

188. En: <http://unamg.org/sites/default/files/publicaciones/SEPARATA%20 A%20SEIS%20MESES%20DE%20DICTADA%20LA%20SENTENCIA%202_0. pdf>.

189. *Ibid.*

190. (1) <https://www.impunitywatch.org/docs/Las_claves_del_litigio_estrate gico_del_caso_Sepur_Zarco.pdf>; (2) <http://unamg.org/sites/default/files/publica ciones/SEPARATA%20A%20SEIS%20MESES%20DE%20DICTADA%20LA%20 SENTENCIA%202_0.pdf>.

191. En: <http://unamg.org/sites/default/files/publicaciones/SEPARATA%20 A%20SEIS%20MESES%20DE%20DICTADA%20LA%20SENTENCIA%202_0. pdf>.

192. En: <https://www.impunitywatch.org/docs/Las_claves_del_litigio_estrate gico_del_caso_Sepur_Zarco.pdf>.

193. *Ibid.*

194. *Ibid.*

195. En: <http://www.unitedexplanations.org/2016/04/05/caso-sepur-zar co-el-largo-camino-a-la-justicia/>.

196. En: <https://www.impunitywatch.org/docs/Las_claves_del_litigio_estrate gico_del_caso_Sepur_Zarco.pdf>.

197. Ley Orgánica 1/2009, del 3 de noviembre. Disponible en: <https://www.boe. es/buscar/doc.php?id=BOE-A-2009-17492>.

198. Disponible en:<https://www.boe.es/buscar/doc.php?id=BOE-A-2014-2709>.

199. En: <https://elpais.com/politica/2014/04/01/actualidad/1396380908_ 874847.html>.

200. *Ibid.*

201. Auto del Juzgado Central de Instrucción n.º 1 de la Audiencia Nacional, del 20 de mayo de 2014, diligencias previas 331/99.

202. *Ibid.*

203. En: <https://elpais.com/diario/2010/10/15/espana/1287093609_850215. html>.

204. En: <https://www.cicig.org/info_casos/fiscal-espanol-pide-procesar-a-car los-vielmann-por-muerte-de-presos/>.

205. STS 392/2018, del 26 de julio de 2018.

206. *Ibid.*

207. *Ibid.*

208. *Ibid.*

209. A/HRC/4/20/Add.2. Disponible en: <http://ap.ohchr.org/documents/alldocs.aspx?doc_id=12900>.

210. Véase en detalle: A/HRC/4/20/Add.2, párr. 15 a 21. Disponible en: <http://ap.ohchr.org/documents/alldocs.aspx?doc_id=12900>.

211. En: <https://elpais.com/diario/2010/10/15/espana/1287093609_850215.html>.

212. *Ibid.*

213. En: <https://elpais.com/elpais/2010/10/15/actualidad/1287130647_850215.html#>.

214. En: <https://www.prensalibre.com/noticias/justicia/Vielmann-ira-juicio-muerte-reos_0_1109289089.html>.

215. *Ibid.*

216. En: <https://elpais.com/diario/2010/10/15/espana/1287093609_850215.html>.

217. En: <https://www.prensalibre.com/noticias/justicia/Vielmann-ira-juicio-muerte-reos_0_1109289089.html>.

218. En: <https://elpais.com/elpais/2010/10/15/actualidad/1287130647_850215.html#>.

219. En: <https://www.cicig.org/info_casos/fiscal-espanol-pide-procesar-a-carlos-vielmann-por-muerte-de-presos/>.

220. En: <https://www.eldiario.es/politica/procesa-exministro-guatemalteco-asesinato-presos_0_193181175.html>.

221. En: <http://www.poderjudicial.es/cgpj/es/Poder-Judicial/Noticias-Judiciales/La-Audiencia-Nacional-absuelve-al-exministro-de-Guatemala-Carlos-Vielmann-de-autorizar-una-ejecucion-de-presos->.

222. En: <http://www.elmundo.es/espana/2015/11/15/56479d69268e3ee6518b45f3.html>.

223. En: <http://www.poderjudicial.es/cgpj/es/Poder-Judicial/Noticias-Judiciales/La-Audiencia-Nacional-absuelve-al-exministro-de-Guatemala-Carlos-Vielmann-de-autorizar-una-ejecucion-de-presos->.

224. *Ibid.*

225. En: <https://www.prensalibre.com/guatemala/justicia/carlos-vielmann-vuelve-al-pais-luego-de-ser-absuelto>.

226. En: <http://www.rtve.es/noticias/20130515/rigoberta-menchu-sentencia-rios-montt-reparacion-del-dolor-negaron/664040.shtml>.

4. Asia: Armenia, Tíbet, Falun Gong y Ashraf

1. En: <https://www.historiaeweb.com/2016/04/05/historia-de-urartu/>.

2. «Antes de nuestra era», alternativo a «antes de Cristo».

3. Documentos consulares del Imperio alemán, acompañados por los querellantes e incluidos en la resolución declarativa de los sucesos históricos conocidos como «el genocidio del pueblo armenio – años 1915/1923», Argentina, proceso n.º 2.610/2001 caratulado «Imp. n.n. s/ su denuncia. Querellante: Hairabedian, Gregorio», dictada el 1 de abril de 2011.

4. Documental *El genocidio armenio*, Andrew Goldberg, Two Cats Production, 2006, incluido en la resolución declarativa de los sucesos históricos conocidos como «el genocidio del pueblo armenio – años 1915/1923», Argentina, proceso n.º 2.610/2001, caratulado «Imp. n.n. s/ su denuncia. Querellante: Hairabedian, Gregorio», dictada el 1 de abril de 2011.

5. Documentos consulares del Imperio alemán, *op. cit.*

6. *Ibid.*

7. *Ibid.*

8. *Ibid.*

9. La lista de los países que reconocen el genocidio armenio y los que no lo hacen, ha sido construida con base en la información disponible en las siguientes fuentes: (1) <https://www.alainet.org/pt/node/171660>; (2) <https://elpais.com/internacio nal/2015/04/22/actualidad/1429730591_041092.html>; (3) <https://mundo.sputnik news.com/opinion/20120126152553828/>; (4) <https://www.bbc.com/mundo/no ticias/2012/01/120124_armenia_uruguay_ar>; (5) <https://www.bbc.com/mundo/ noticias/2015/04/150423_armenia_genocidio_paises_aceptan_egn.shtml>.

10. Según informes de Naciones Unidas y organismos de derechos humanos como Amnistía Internacional, esto ocurrió con frecuencia hasta el año 2005, cuando Turquía adoptó un nuevo Código Penal. Sin embargo, la derogada figura contra la libertad de expresión reapareció en el artículo 301 del nuevo Código Penal, por el cual varias personas más fueron condenadas. Con posterioridad, se introdujo una modificación al artículo 301 del Código Penal que establece una garantía doble para su aplicación, de modo tal que sólo podrá iniciarse una investigación penal con la autorización del ministro de Justicia, e incluso después de otorgada dicha autorización, el fiscal posee facultades discrecionales para no incoar acción penal. Véase en detalle (CCPR/C/TUR/1) Comité de Derechos Humanos, Examen de los informes presentados por los estados partes en virtud del artículo 40 del pacto, Informe inicial de los estados partes, Turquía, párrafos 248 y 249. Disponible en: <https://tbinternet.ohchr.org/_layouts/treatybodyexternal/ Download.aspx?symbolno=CCPR%2FC%2FTUR%2F1&Lang=en>. Véanse además: Resolución del Parlamento Europeo sobre la situación actual de los derechos humanos en Turquía (2018/2527(RSP)), en: <http://www.europarl.europa.eu/sides/getDoc. do?pubRef=-//EP//TEXT+MOTION+B8-2018-0091+0+DOC+XML+V0// ES>; Amnistía Internacional: <https://www.es.amnesty.org/en-que-estamos/noticias/

noticia/articulo/se-deben-examinar-los-aspectos-del-nuevo-codigo-penal-que-son-motivo-de-preocupacion/>; Reporteros sin fronteras: <https://rsf.org/es/noticias/re forma-del-articulo-301-la-libertad-de-expresion-sigue-peligrando-en-turquia>.

11. En: <http://genocidioarmenio.org/el-genocidio-intelectual-en-la-turquia-moderna/>.

12. En: <http://www.elmundo.es/elmundo/2010/09/15/espana/1284578708. html>.

13. En: <https://elpais.com/elpais/2015/04/24/opinion/1429895373_661704. html>.

14. Arts. 226-230 del Tratado de Sèvres de 10 de agosto de 1920. Hay una versión en inglés disponible en: <https://www.dipublico.org/3680/tratado-de-sevres-1920/>.

15. Declaración conjunta de Francia, Gran Bretaña y Rusia, 29 de mayo de 1915. Disponible en: <http://www.armenian-genocide.org/Affirmation.160/current_cate gory.7/affirmation_detail.html>.

16. William A. Schabas, *Genocide in International Law, The Crime of Crimes*, Cambridge, Cambridge University Press, 2000, p. 21.

17. Un resumen del recorrido procesal de la causa puede ser consultado en: <http:// verdadyjusticia.org.ar/fundacion/>.

18. En: <https://www.clarin.com/sociedad/Justicia-argentina-reconocio-genoci dio-armenio_0_HyL9FS4awQx.html>.

19. El texto de la resolución judicial puede ser consultado en: <http://www.cij. gov.ar/nota-6524-Declaran-que-el-Estado-turco-cometi--el-delito-de-genocidio-en-perjuicio-del-pueblo-armenio.html>.

20. Jean Sellier, *Atlas de los pueblos de Asia*, Paidós, Barcelona, 2001, pp. 170-171.

21. En: <http://www.historyworld.net/wrldhis/PlainTextHistories.asp?historyi d=aa71>.

22. *Ibid.*

23. En: <http://spanish.tibetoffice.org/sobre-tibet/historia-tibetana>.

24. Disponible en: <http://foto.archivalware.co.uk/data/Library2/pdf/1906-TS 0009.pdf>.

25. (1) <https://www.thoughtco.com/tibet-and-china-history-195217>; (2) <http://www.historyworld.net/wrldhis/PlainTextHistories.asp?historyid=aa71>.

26. (1) <https://www.nytimes.com/2008/04/13/opinion/13sperling.html>; (2) <https://www.thoughtco.com/tibet-and-china-history-195217>; (3) <http://spanish. tibetoffice.org/sobre-tibet/historia-tibetana>.

27. Consuelo Ramón Chornet y José Elías Esteve Moltó, «El "status" jurídico internacional del Tíbet en el 50.º aniversario del Acuerdo chino-tibetano de 1951», *Anuario español de Derecho Internacional*, vol. 17 (2001), pp. 175-176. En: <https://www.unav. edu/publicaciones/revistas/index.php/anuario-esp-dcho-internacional/article/view/ 28460>.

28. *Ibid.*, p. 176.

29. *Ibid.*, pp. 176-177.

30. *Ibid.*, pp. 179-180.

31. Véase en detalle: <https://studylib.es/doc/412867/detalles-sobre-el-%E2%80%9Cacuerdo%E2%80%9D-de-17-puntos>.

32. Consuelo Ramón Chornet y José Elías Esteve Moltó, *op. cit.*, p. 180.

33. *Ibid.*, pp. 182-183.

34. Véanse arts. 227 a 230. Versión en español disponible en: <http://www.cervan tesvirtual.com/descargaPdf/tratado-de-versalles/>.

35. Véase art. 6. Disponible en: <http://www.cruzroja.es/principal/documents/1750782/1852538/estatuto_del_tribunal_de_nuremberg.pdf/20090fa2-e5bf-447a-aa96-612403df2a66>.

36. Véase art. 5.

37. Ju-ao Mei. «China and the Rule of Law», *Pacific Affairs*, vol. 5, n.º 10 (octubre de 1932), pp. 863-872. Véase: <https://www.jstor.org/stable/i328265>.

38. Película *Tokyo Trial*, Dōngjīng Shěnpàn, 2006.

39. Art. 5 del Estatuto de Roma.

40. Art. 8 bis del Estatuto de Roma.

41. UN Doc. A/1534, 18 de noviembre de 1950, «La invasión del Tíbet por fuerzas extranjeras».

42. En: <http://spanish.tibetoffice.org/sobre-tibet/historia-tibetana>.

43. Department of Information and International Relations, Central Tibetan Administration: *Tibet, proving truth from the facts*, Dharamsala, 1993, p. 34, [en español: *Tíbet, probando la verdad desde los hechos*, traducción la Casa del Tíbet, Barcelona, 1996].

44. Comité de encuesta jurídica sobre el Tíbet de la Comisión Internacional de Juristas, *El Tíbet y la República Popular de China*, Ginebra, 1960, pp. 47-48. Hay una versión en español disponible en: <https://www.icj.org/wp-content/uploads/1960/07/Tibet-and-China-Tibet-fact-finding-mission-report-1960-spa.pdf>.

45. Department of Information and International Relations, Central Tibetan Administration, *op. cit.*, p. 41. Informe del relator especial, Nigel S. Rodley, remitido sobre la base de la resolución 1992/32 de la Comisión de los Derechos Humanos, UN, Doc. E/CN.4/1995/34, 12 de enero de 1995. Los distintos casos se describen en los párrafos 107-121. Informe del relator especial, Nigel S. Rodley, remitido sobre la base de la resolución 1995/37 de la Comisión de los Derechos Humanos, UN, Doc. E/CN.4/1996/35, Add. 1, 16 de enero de 1996. El relator incluso describió los métodos de tortura empleados: «The methods of such torture reportedly include beatings, electric shocks, deperivation of food and drink, exposure to cold, hand cuffing or shackling for long periods and denial medical treatment». Entre los numerosos casos que cita, destaca el de la tortura de una monja de 12 años, Sherab Ngawang, que según se informó murió en abril de 1995, tras las duras palizas recibidas, TCHRD: *Tales of terror: torture in Tibet*, Dharamsala, 1999, p. 32, caso 34. De nuevo, el relator especial ha insistido sobre la tortura en el Tíbet, citando nuevos casos, cfr. UN, Doc. E/CN.4/1998/38 y Add. 1, Informe de la Comisión contra la Tortura, Asamblea General, 55.ª sesión, suplemento n.º 44, UN, Doc. A/51/44 (1996), párrafos 148-149, UN, Doc.E/CN.4/1996/35, Add. 1, párrafo 104.

46. En: <https://elpais.com/diario/2008/05/19/ultima/1211148002_850215.html>.

47. En: <http://www.revistafusion.com/2002/enero/entrev100-2.htm>.

48. Ngawang Sangdrol ante la Asia-Pacific Initiative. Al Santoli y Mahlet Geta-chew, *An interview with former Tibetan political prisoner, Ms. Ngawang Sangdrol*, Washington, DC, abril de 2003. Disponible en: <http://www.phayul.com/news/article.aspx?id=275&t=1>.

49. Ngawang Sangdrol ante la Reunión sobre Derechos Humanos del Congreso, Estados Unidos, 2003. Disponible en: <https://www.savetibet.org/ngawang-sangdrol-testifies-on-human-rights-before-us-congress/>.

50. Véanse: (1) <http://www.europarl.europa.eu/pdf/cardoc/14402_CARDOC_11_INLAY_EN_7.pdf>; (2) <http://www.europarl.europa.eu/sides/getDoc.do?pubRef=-//EP//TEXT+WQ+E-2001-0084+0+DOC+XML+V0//ES>.

51. En: <https://www.savetibet.org/ngawang-sangdrol-nominated-for-international-woman-of-the-year-award/>.

52. Ngawang Sangdrol ante la Reunión sobre Derechos Humanos del Congreso, Estados Unidos, 2003. *op. cit.*

53. *Ibid.*

54. Informe del relator especial, Nigel S. Rodley, remitido sobre la base de la resolución 1992/32 de la Comisión de los Derechos Humanos, UN, Doc. E/CN.4/1995/34, 12 de enero de 1995. Los distintos casos se describen en los párrafos 107-121.

55. Informe del relator especial, Nigel S. Rodley, remitido sobre la base de la resolución 1995/37 de la Comisión de los Derechos Humanos, UN, Doc. E/CN.4/1996/35, Add. 1, 16 de enero de 1996. El relator incluso describió los métodos de tortura emplea-dos: «The methods of such torture reportedly include beatings, electric shocks, deperivation of food and drink, exposure to cold, hand cuffing or shackling for long periods and denial medical treatment.» Entre los numerosos casos que cita destaca el de la tortu-ra de una monja de 12 años, Sherab Ngawang, que según se informó murió en abril de 1995, tras las duras palizas recibidas, TCHRD: *Tales of terror: torture in Tibet, op. cit.*, p. 32, caso 34. De nuevo, el relator especial ha insistido sobre la tortura en el Tíbet, citando nuevos casos, cfr. UN. Doc. E/CN.4/1998/38 y Add. 1.

56. Informe de la Comisión contra la Tortura, Asamblea General, 55.ª sesión, su-plemento n.º 44, UN, Doc. A/51/44 (1996), párrafos 148-149.

57. UN, Doc. E/CN.4/1996/35, Add. 1, párrafo 104. Véase: <http://ap.ohchr.org/documents/alldocs.aspx?doc_id=689>.

58. José Elías Esteve Moltó, «*Dossier de jurisprudencia n.º 5 Penal*», Cátedra de dere-chos humanos Manuel de Lardizábal, Tirant lo Blanch, Valencia, 2015, p. 26. Disponible en: <http://www.tirant.com/mailing/DossierN5.pdf>.

59. Auto de inadmisión del 5 de septiembre de 2005, diligencias previas 237/2005, Juzgado Central de Instrucción n.º 2, Audiencia Nacional.

60. Auto del 16 de enero de 2006, Sección Cuarta de la Sala de lo Penal de la Au-diencia Nacional, rollo de apelación 196/05, diligencias previas 237/05.

61. En: <http://www.elmundo.es/elmundo/2006/06/05/espana/1149512513. html>.

62. «Pekín convoca al embajador español para quejarse de las imputaciones de genocidio», *El País*, 9 de junio de 2006. Disponible en: <https://elpais.com/diario/2006/06/09/espana/1149804016_850215.html>.

63. «China cita a un representante de la embajada española por la investigación sobre genocidio en el Tíbet», Cadena Ser, 9 de junio de 2006. Disponible en: <http://cadenaser.com/ser/2006/06/09/espana/1149810612_850215.html>.

64. «China califica de calumnias las acusaciones contra varios de sus líderes», *El País*, 10 de junio de 2006. Disponible en: <https://elpais.com/diario/2006/06/10/espa na/1149890413_850215.html>.

65. *Ibid.*

66. José Elías Esteve, «Evolución de la justicia universal en España: del caso Pinochet a la actualidad», en *La justicia universal en el derecho internacional: mesa redonda de expertos*, Asociación pro Derechos Humanos de España (APDHE), Madrid, 2015, pp. 11-12. Disponible en: <http://www.apdhe.org/wp-content/uploads/2015/07/justicia_uni versal_derecho_internacional_apdhe.pdf>.

67. Auto del 5 de agosto de 2008, diligencias previas 242/2008-10, Juzgado Central de Instrucción n.º 1, Audiencia Nacional.

68. Providencia del 5 de mayo de 2009, diligencias previas 242/2008-10, Juzgado Central de Instrucción n.º 1, Audiencia Nacional.

69. «China pide medidas efectivas para que la Audiencia Nacional abandone el caso sobre el Tíbet», *El País*, 7 de mayo de 2009. Disponible en: <https://elpais.com/elpais/2009/05/07/actualidad/1241684227_850215.html>.

70. José Elías Esteve, «Evolución de la justicia universal en España: del caso Pinochet a la actualidad», *op. cit.*, p. 12.

71. *Ibid.*

72. Ley Orgánica 1/2009, de 3 de noviembre. Disponible en: <https://www.boe.es/buscar/doc.php?id=BOE-A-2009-17492>.

73. Auto de archivo del 26 de febrero de 2010, diligencias previas 242/2008, Juzgado Central de Instrucción n.º 1, Audiencia Nacional. En especial, véanse los razonamientos jurídicos 1.º y 2.º.

74. José Elías Esteve Moltó, «La Ley Orgánica 1/2014 de reforma de la jurisdicción universal: entre el progresivo avance de la globalización comercial y de la deuda y la no injerencia en los asuntos internos de China», *Anuario español de Derecho Internacional*, vol. 30, 2014, p. 162. Disponible en: <https://www.unav.edu/publicaciones/revistas/index. php/anuario-esp-dcho-internacional/article/viewFile/912/777>.

75. José Elías Esteve Moltó, «*Dossier de jurisprudencia n.º 5 Penal*», *op. cit.*, pp. 29-30.

76. «Spanish High Court's acceptance of Tibet as 'occupied country' groundless», *China Tibet Online*, 14 de abril de 2011.

77. Auto 246/13 del 9 de octubre de 2013, Sección Cuarta, Audiencia Nacional, procedimiento sumario, 63/08. Los jueces que componían esta Sección Cuarta fueron

　　　　　　　　741

la ponente Ángela Murillo Bordallo, Carmen Paloma González Pastor y Juan Francisco Martel Rivero. Véase en detalle José Elías Esteve Moltó, «*Dossier de jurisprudencia n.° 5 Penal*», Cátedra de derechos humanos Manuel de Lardizábal, Tirant lo Blanch, Valencia, 2015, p. 30. Disponible en: <http://www.tirant.com/mailing/DossierN5.pdf>.

78. Véase en detalle José Elías Esteve Moltó, «*Dossier de jurisprudencia n.° 5 Penal*», *op. cit.*, p. 30.

79. «China califica de absurdas las órdenes de arresto en España por el Tíbet», *Reuters*, 20 de noviembre de 2013, véase: <http://es.reuters.com/article/topNews/idESM AE9AJ01H20131120>.

80. «China expresa descontento por órdenes de arresto españolas» *La Hora*, 20 de noviembre de 2013. Véase: <https://lahora.gt/hemeroteca-lh/china-expresa-descon tento-por-ordenes-de-arresto-espanolas/>.

81. (1) «A 'death blow to democracy': Spanish lawyers challenge new ruling that may close down Tibet lawsuits after Chinese pressure», *International Campaign For Tibet*, 26 de diciembre de 2013, en: <https://www.savetibet.org/a-death-blow-to-democracy-spanish-lawyers-challenge-new-ruling-that-may-close-down-tibet-lawsuits-after-chi nese-pressure/>; (2) «El Tíbet ante la justicia universal: crónica de una impunidad anunciada», *El País,* 11 de febrero de 2014. Véase: <https://elpais.com/elpais/2014/02/11/planeta_futuro/1392113038_599851.html>.

82. José Elías Esteve Moltó, «*Dossier de jurisprudencia n.° 5 Penal*», *op. cit.*, p. 30.

83. «El oasis de la impunidad. La reforma de la jurisdicción universal del PP es un ejemplo de cinismo político», *El País*, 3 de febrero de 2014. Disponible en: <https://elpais.com/elpais/2014/01/30/opinion/1391092128_686290.html>.

84. José Elías Esteve Moltó, «*Dossier de jurisprudencia n.° 5 Penal*», *op. cit.*, p. 30.

85. «China amenaza de forma velada a España por la orden de detención de Jiang Zemin», *El País,* 11 de febrero de 2014. Véase: <https://elpais.com/politica/2014/02/11/actualidad/1392131808_608370.html>.

86. Javier de Lucas: «Todo por la Marca. También los derechos humanos», *Al revés y al derecho*, 28 de enero de 2014. Véase: <http://blogs.infolibre.es/alrevesyaldere cho/?m=201401>.

87. Disponible en: <https://www.boe.es/buscar/doc.php?id=BOE-A-2014-2709>.

88. «El PP fuerza una reforma para archivar la causa contra la cúpula china», *El País*, 22 de enero de 2014. Disponible en: <https://elpais.com/politica/2014/01/22/actuali dad/1390418719_906409.html>.

89. Véase: <http://www.rtve.es/alacarta/videos/el-debate-de-la-1/justicia-uni versal-brindis-sol/2501835/>.

90. José Elías Esteve Moltó, «*Dossier de jurisprudencia n.° 5 Penal*», *op. cit.*, p. 30.

91. *Ibid.*

92. *Ibid.*, pp. 30-31.

93. *Ibid.*, p. 31.

94. Fibgar, *Informe sobre el estado de la jurisdicción universal en España 2016*, p. 9. Disponible en: <https://www.fibgar.org/upload/publicaciones/27/es/informe-sobre-el-estado-de-la-jurisdiccion-universal-en-espana-2016-.pdf>.

95. Escrito de alegaciones en el recurso de amparo en el caso Tíbet, pendiente de resolución ante el Tribunal Constitucional.

96. Disponible en: <https://www.unwatch.org/evil-cult-china-slams-falungong-activist-u-n-rights-debate/>.

97. *Ibid.*

98. Véase en detalle: <http://es.falundafa.org/introduction.html>.

99. «Falun Gong: historia de una persecución», *20 minutos*, 30 de noviembre de 2006. Disponible en: <https://www.20minutos.es/noticia/178312/0/falun/gong/his toria/>.

100. Fibgar, *Informe sobre el estado de la jurisdicción universal en España 2016*, p. 33. Disponible en: <https://www.fibgar.org/upload/publicaciones/27/es/informe-sobreel-estado-de-la-jurisdiccion-universal-en-espana-2016-.pdf>.

101. «Falun Gong: historia de una persecución», *op.cit.*; «Falun Gong pide ayuda a Occidente para defenderse de la represión china», *El País*, 29 de octubre de 1999. Disponible en: <https://elpais.com/diario/1999/10/29/internacional/941148010_850215. html>.

102. Fibgar, *Informe sobre el estado de la jurisdicción universal en España 2016*, *op. cit.*, p. 33.

103. En: <https://www.20minutos.es/noticia/178312/0/falun/gong/historia/>.

104. Véase en detalle: <https://www.amnesty.org/en/countries/asia-and-the-paci fic/china/report-china/>.

105. Véase en detalle: <https://www.hrw.org/reports/2002/china/>.

106. En: <http://www.upholdjustice.org/>.

107. En: <http://organharvestinvestigation.net/>.

108. En: <http://www.europarl.europa.eu/sides/getDoc.do?pubRef=-//EP// TEXT+TA+P7-TA-2013-0603+0+DOC+XML+V0//ES>.

109. En: <http://www.europarl.europa.eu/sides/getDoc.do?type=WDECL&re ference=P8-DCL-2016-0048&format=PDF&language=ES>.

110. En: <https://www.20minutos.es/noticia/178312/0/falun/gong/historia/>.

111. (1) <https://vimeo.com/233780571>; (2) <https://www.youtube.com/ watch?v=2HNnTRcyo1A>; (3) <https://endtransplantabuse.org/an-update/>.

112. Fibgar, *Informe sobre el estado de la jurisdicción universal en España 2016*, *op. cit.*, p. 34.

113. *Ibid.*

114. *Ibid.*, pp. 34–35.

115. *Ibid.*

116. *Ibid.*, p. 35.

117. Párrafos elaborados de acuerdo a las piezas del sumario facilitadas por la Justicia argentina y a la información contenida en el sitio web de la Asociación Argentina Falun Dafa, disponible en: <https://www.asociacionfalundafa.org.ar/wp-content/ uploads/2016/09/2016-02-02-Resumen-Causas-de-Falun-Gong-en-Argentina.pdf>.

118. (1) <https://elpais.com/internacional/2009/12/31/actualidad/1262

214005_850215.html>; (2) <https://www.lainformacion.com/politica/defensa/tres-proyectiles-impactan-en-el-campo-de-refugiados-de-ashraf-en-irak_p0XUtUSws0X HWQh5iniPQ1/>; (3) <https://www.ncr-iran.org/en/camp-ashraf-liberty>.

119. (1) <https://www.ncr-iran.org/en/camp-ashraf-liberty>; (2) <https://el pais.com/internacional/2009/12/31/actualidad/1262214005_850215.html>.

120. Así lo afirma la querella presentada en el año 2009 en la Audiencia Nacional, p. 4.

121. Véase la querella presentada en el año 2009 en la Audiencia Nacional, pp. 4-5. Véase además: <https://www.lavanguardia.com/internacional/20120928/54352034 308/ee-uu-retira-muyahidines-iranies-lista-terroristas.html>.

122. En: <https://www.lainformacion.com/politica/defensa/tres-proyectiles-impactan-en-el-campo-de-refugiados-de-ashraf-en-irak_p0XUtUSws0XHWQh5ini PQ1/>.

123. Véase la querella presentada en el año 2009 en la Audiencia Nacional, p. 15.

124. En: <https://elpais.com/internacional/2009/12/31/actualidad/12622140 05_850215.html>.

125. *Ibid.*

126. *Ibid.*

127. En: <https://www.es.amnesty.org/en-que-estamos/noticias/noticia/articulo/ amnistia-internacional-insta-a-que-se-libere-de-inmediato-a-36-iranies-detenidos/>.

128. En: <https://elpais.com/internacional/2009/12/31/actualidad/126221 4005_850215.html>.

129. En: <http://www.eluniversal.com.co/mundo/espan-investigara-ataque-ira qui-refugiados-iranies-en-2009-2830-KQEU79693>.

130. En: <https://www.ncr-iran.org/en/camp-ashraf-liberty>.

5. EL CASO DE LOS JESUITAS DE EL SALVADOR. EL COSTO DE LA PAZ

1. El siguiente relato ha sido elaborado sobre la base del auto de procesamiento del 30 de mayo de 2011, sumario 97/10, del Juzgado Central de Instrucción n.º 6, Audiencia Nacional.

2. En: <http://www.uca.edu.sv/martires/CasoJesuitas/ultimoescritoellacuria.php>.

3. En: <http://www.cidh.org/annualrep/99span/de%20fondo/el%20salvador10. 488.htm>.

4. Auto del Tribunal Supremo del 20 de abril de 2015, recurso n.º: 20962/2014.

5. *Ibid.*

6. En: <https://www.elmundo.es/internacional/2017/12/04/5a258be5e2704 e4a248b4652.html>.

7. En: <https://www.elmundo.es/elmundo/2009/11/21/espana/1258830475. html>.

8. Comisión Interamericana de Derechos Humanos (CIDH), Informe sobre la si-

tuación de los derechos humanos en El Salvador, OEA/Ser.L/V/II.46, doc. 23 rev. 1, 17 de noviembre de 1978. Véase: <http://www.cidh.oas.org/countryrep/ElSalvador78sp/indice.htm>.

9. CIDH, *op. cit.*, p.150.

10. CIDH, *op. cit.*, p.152.

11. Homilía del 12 de agosto de 1979.

12. Informe n.° 37/00, caso 11.481, Monseñor Óscar Arnulfo Romero y Galdámez vs. El Salvador del 13 de abril de 2000, párr. 107, nota 109. Disponible en: <https://www.cidh.oas.org/annualrep/99span/De%20Fondo/ElSalvador11481.htm#_ftn ref109>.

13. Término acuñado por Ignacio Ellacuría.

14. En: <http://www.derechoshumanos.net/lesahumanidad/informes/elsalva dor/informe-de-la-locura-a-la-esperanza.htm>.

15. Informe especial de la señora procuradora para la Defensa de los Derechos Humanos sobre masacres de población civil ejecutadas por agentes del estado, en el contexto del conflicto armado interno ocurrido en El Salvador entre 1980 y 1992, p. 2, véase: <https://www.marxists.org/espanol/tematica/elsalvador/organizaciones/go bierno/pddh/informe_especial_sobre_masacres_durante_el_conflicto.pdf>.

16. Sentencia de la Corte Interamericana de Derechos Humanos del 25 de octubre de 2012, caso Masacres de El Mozote y lugares aledaños vs. El Salvador, párr. 75. Disponible en: <http://corteidh.or.cr/docs/casos/articulos/seriec_252_esp.pdf>.

17. *Ibid.*, párr. 1-5 y 209-299.

18. Consagrados en los artículos 4, 5, 7 de la Convención Americana, en relación con el artículo 1.1 del mismo instrumento.

19. Sentencia Corte IDH, caso Masacres de El Mozote, *op. cit.*, párr. 246.

20. Los hechos de este apartado corresponden en esencia a la denuncia formulada por María Ester Hernández Hernández, el día 8 de noviembre de 2013. La denuncia fue impulsada y acompañada por el Instituto de Derechos Humanos de la Universidad Centroamericana José Simeón Cañas y la fundación que presido, FIBGAR, en un trabajo conjunto con la Universidad de Washington de Seattle. Destacando el trabajo de Benjamín Cuéllar, como responsable del primero; Carlota Catalán, Pilar Ibáñez y Arantxa Geijo por FIBGAR y Angelina Sondgras y su equipo de la Clínica de DDHH de aquella universidad con la que colaboré durante los años 2012 a 2014.

21. «Limpieza total de la guerrilla en Cabañas», en *Diario Latino,* San Salvador, 20 de noviembre de 1981, p. 2; «Ejército empeñado en desalojo de subversión», en *Diario latino*, San Salvador, 13 de noviembre de 1981, p. 2; «Grandes enfrentamientos en sector de Victoria», en *Diario Latino*, San Salvador, 17 de noviembre de 1981, p. 2.

22. «Muere soldado en finca del volcán Chinchontepec», en *El Mundo*, San Salvador, 13 de noviembre de 1981, p. 3.

23. Entrevista a Philippe Bourgois, antropólogo estadounidense, realizada por Angelina Godoy, Clare Morrison, Arantxa Geijo, Pilar Ibáñez y Carlota Catalán el 19 de septiembre de 2013, por Skype. Véase además: (1) <https://unfinishedsentences.org/

wp-content/uploads/2015/02/SoloDiosConNosotros.pdf>; (2) <http://elfaro.net/
es/201504/noticias/16904/Investigaci%C3%B3n-se%C3%B1ala-responsabili
dad-de-coronel-Ochoa-P%C3%A9rez-en-masacre-en-Caba%C3%B1as.htm?st-full_
text=all&tpl=11>.

24. *Ibid.*

25. *Ibid.*

26. Entrevista a Philippe Bourgois, antropólogo estadounidense, realizada por Angelina Godoy, Clare Morrison, Arantxa Geijo, Pilar Ibáñez y Carlota Catalán el 19 de septiembre de 2013, por Skype.

27. Organización Democrática Nacionalista.

28. «F. A. controla Depto. Cabañas», en *El Diario de Hoy*, San Salvador, 26 de noviembre de 1981, p. 3; Eugenio C. Anaya, *op. cit.*, pp. 1143-1148.

29. «Guinda»: huida; se refiere a las largas caminatas de amplios grupos de personas civiles para evitar ser víctimas en los operativos de la FAES.

30. En: <https://www.fundacionporlajusticia.org/es/que-hacemos/cooperacion/justicia-restaurativa-en-el-salvador>.

31. Corte IDH, caso Masacres de El Mozote, *op. cit.*, párr. 244.

32. Corte Interamericana de Derechos Humanos, caso de la Masacre de Mapiripán vs. Colombia, sentencia del 15 de septiembre de 2005, párr. 111.

33. Corte Interamericana de Derechos Humanos, caso Velásquez Rodríguez vs. Honduras, sentencia del 20 de julio de 1988, párr. 176. Véase también caso Almonacid Arellano y otros vs. Chile, sentencia del 26 de septiembre de 2006, párr. 110.

34. Corte Interamericana de Derechos Humanos, caso Almonacid Arellano y otros vs. Chile, sentencia del 26 de septiembre de 2006, párr. 114. Véase también caso Barrios Altos, sentencia del 14 de marzo de 2001, párr. 41.

35. Comisión Interamericana de Derechos Humanos, Organización de los Estados Americanos. Segundo Informe sobre la Situación de los Derechos Humanos en Colombia, capítulo IV, Derecho a la Justicia, OEA/Ser.L/V/II.84. Doc. 39, rev. 14 de octubre de 1993.

36. Corte Interamericana de Derechos Humanos, caso La Cantuta vs. Perú, sentencia del 29 de noviembre de 2006, párr. 160.

37. Informe del Secretario General sobre el establecimiento de un tribunal para Sierra Leona, S/2000/915 del 4 de octubre de 2000, párr. 22.

38. *Ibid.*, párr. 24.

39. Comisión de Derechos Humanos, Informe final acerca de la cuestión de la impunidad de los autores de violaciones de los derechos humanos (derechos civiles y políticos) preparado por el Sr. L. Joinet de conformidad con la resolución 1996/119 de la subcomisión, Doc. ONU E/CN.4/Sub.2/1997/20, 26 de junio de 1997, párr. 32.

40. Sobre este punto, existen numerosas resoluciones, jurisprudencia y doctrina. Por citar sólo algunos de estos antecedentes, señalo los siguientes: Carta abierta de titulares de mandatos de los procedimientos especiales del Consejo de Derechos Humanos al Gobierno y a los representantes del Congreso de la República de Colombia; Corte In-

teramericana de Derechos Humanos, caso de Castillo Páez vs. Perú, sentencia del 3 de noviembre de 1997, párr. 82; Corte Interamericana de Derechos Humanos, caso Palamara Iribarne vs. Chile, sentencia del 22 de noviembre de 2005, párr. 124; Corte Interamericana de Derechos Humanos, caso Durand y Ugarte vs. Perú, sentencia del 16 de agosto de 2000, párr. 117; caso de la Masacre de Mapiripán vs. Colombia, sentencia del 15 de septiembre de 2005; caso de la Masacre de la Rochela vs. Colombia, sentencia del 11 de mayo de 2007, párr. 200; caso Almonacid Arellano y otros vs. Chile, sentencia del 26 de septiembre de 2006, párr. 131; caso La Cantuta vs. Perú, sentencia del 29 de noviembre de 2006, párr. 142; y caso de la Masacre de Pueblo Bello vs. Colombia, sentencia del 31 de enero de 2006, párr. 189; Rosa Ana Alija Fernández, *La persecución como crimen contra la humanidad*, Universitat 50, 2011; Corte Interamericana de Derechos Humanos, sentencia del 26 de septiembre de 2006, caso Almonacid Arellano y otros vs. Chile, párr. 153; Comisión de Derechos Humanos, Conjunto de Principios para la Protección y la Promoción de los Derechos Humanos mediante la lucha contra la impunidad, Doc. ONU E/CN.4/2005/102/Add.1., 8 de febrero de 2005, principio 23; Corte Interamericana de Derechos Humanos, caso Barrios Altos vs. Perú, sentencia del 14 de marzo de 2001 (fondo), párr. 41.

6. Genocidio en el Sáhara

1. En: <http://www.elmundo.es/elmundo/2006/09/14/solidaridad/1158254679.html>.
2. *Ibid.*
3. *Ibid.*
4. *Ibid.*
5. En: <http://www.revistaelobservador.com/images/stories/REVISTAS/52/13EOBSAHARA5456garzon.pdf>.
6. En: <https://elpais.com/diario/2007/10/31/espana/1193785214_850215.html>.
7. En: <http://www.revistaelobservador.com/images/stories/REVISTAS/52/13EOBSAHARA5456garzon.pdf>.
8. En: <https://elpais.com/diario/2007/12/18/espana/1197932413_850215.html>.
9. En: <http://www.revistaelobservador.com/images/stories/REVISTAS/52/13EOBSAHARA5456garzon.pdf>.
10. En: <https://elpais.com/diario/2007/12/18/espana/1197932413_850215.html>.
11. Mohamed-Fadel uld Ismail Uld Es-Sweyih, *El primer Estado del Sáhara Occidental*, trad. por Nathanaël Raballand y Carmen Astiaso, edición electrónica arso.org., p. 9. Disponible en: <http://www.arso.org/rep.saharaui.htm>. [Versión original, en francés: *La République sahraouie*, Éditions L'Harmattan, París, febrero de 2001.]
12. *Ibid.*

13. Fibgar, *Informe sobre el estado de la Jurisdicción Universal en España 2016*, p. 38. Disponible en: <https://www.fibgar.org/upload/publicaciones/27/es/informe-sobre-el-estado-de-la-jurisdiccion-universal-en-espana-2016-.pdf>.

14. En: <http://www.mundoarabe.org/sahara_occidental_historia.htm>.

15. Committee on The United Nations, *The Legal Issues Involved In The Western Sahara Dispute The Principle of Self-Determination and the Legal Claims of Morocco*, New York City Bar Association, Nueva York, 2012, p. 6. Disponible en: <https://www2.ny cbar.org/pdf/report/uploads/20072264-WesternSaharaDispute--SelfDetermination MoroccosLegalClaims.pdf>.

16. En: <http://www.mundoarabe.org/sahara_occidental_historia.htm>.

17. Committee on The United Nations, *op. cit.*

18. En: <http://www.mundoarabe.org/sahara_occidental_historia.htm>.

19. Disponible en: <http://www.un.org/es/decolonization/declaration.shtml>.

20. Disponible en: <http://www.un.org/es/decolonization/ga_resolutions.shtml>.

21. *Ibid.*

22. Véase: <http://www.un.org/en/decolonization/pdf/Western-Sahara2017.pdf>.

23. Committee on The United Nations, *op. cit.*, p. 7.

24. En: <http://asoc.umdraiga.com/documentos/ONU_resolucionesasamblea general/A_RES_2072_1965_es.htm>.

25. Disponible en: <http://www.gloobal.net/iepala/gloobal/fichas/ficha.php?en tidad=Textos&id=6390>.

26. Committee on The United Nations, *op. cit.*, p. 7.

27. Thomas Franck, «El Robo del Sáhara», *The American Journal of International Law*, vol. 70, n.º 4 (octubre de 1976), p. 13. Disponible en: <http://arso.org/TMFranc k1976s.pdf>.

28. Committee on The United Nations, *op. cit.*, p. 7.

29. Según da cuenta la carta, de fecha 20 de agosto de 1974, del representante permanente de España ante las Naciones Unidas al secretario general, U.N. Doc. A/9714. Antecedentes citados por Committee on The United Nations, *op. cit.* p. 8.

30. Committee on The United Nations, *op. cit.* p. 8.

31. Disponible en: <http://www.umdraiga.com/documentos/ONU_resolucio nesasambleageneral/A_RES_3292_1974_es.htm>.

32. Committee on The United Nations, *op. cit.*, p. 10.

33. *Ibid.*, p. 11.

34. Sentencia disponible en: <https://www.icj-cij.org/files/case-related/61/061-19751016-ADV-01-00-EN.pdf>.

35. En: <http://www.un.org/es/sc/documents/resolutions/1975.shtml>.

36. *Ibid.*

37. *Ibid.*

38. En: <http://www.amalesperanza.org/wp-content/uploads/2010/08/Acuerdo-Tripartito-de-Madrid.pdf>.

39. Committee on The United Nations, *op. cit.*, pp. 12-13.

40. *Ibid.*, pp. 13-14.

41. *Ibid.*, p. 14.

42. *Ibid.*, pp. 15-16.

43. En: <https://peacekeeping.un.org/es/mission/minurso>.

44. En: <http://www.un.org/es/decolonization/nonselfgovterritories.shtml>.

45. El informe se encuentra disponible en árabe en el sitio web oficial de la IER: <www.ier.ma>.

46. Driss Yazami, *La Comisión Marroquí de la Verdad: el momento de los primeros balances*, AFKAR Ideas Políticas, primavera/verano 2006, p. 48. Disponible en: <http://www.iemed.org/observatori/arees-danalisi/arxius-adjunts/afkar/afkar-ideas-10/La_comision_marroqui_de_la_verdad__el_momento_de_hacer_balance__Driss_Yazami>.

47. *Ibid.*, p. 49.

48. En: <https://www.iecah.org/index.php/articulos/745-la-instancia-equidad-y-reconciliacion-marroqui-y-sus-recomendaciones>.

49. Laura Feliu i Martínez, «Balance provisional de la Instancia Equidad y Reconciliación», *Políticas mediterráneas, Magreb*, Med. 2006, p. 126. Disponible en: <http://www.iemed.org/anuari/2006/earticles/eFeliu.pdf>.

50. En: <http://www.arso.org/afaujs170205.htm>.

51. Carlos Martín Beristain y Francisco Etxeberria Gabilondo, *MEHERIS. La esperanza posible. Fosas comunes y primeros desaparecidos saharauis identificados. Resumen*, Hegoa-Aranzadi, Bilbao, Donostia-San Sebastián, Vitoria-Gasteiz, 2013, pp. 3-4.

52. Carlos Martín Beristain y Francisco Etxeberria Gabilondo, *op. cit.*, p. 11.

53. *Ibid.*, pp. 4-5.

54. *Ibid.*, pp. 8-9.

55. *Ibid.*, p. 13.

56. *Ibid.*, p. 10.

57. Fibgar, *Informe sobre el estado de la Jurisdicción Universal en España 2016, op. cit.*, p. 39.

58. *Ibid.*

59. En: <http://pdf2.hegoa.efaber.net/entry/content/1967/Nota_de_Prensa_AFAPREDESA_Es.pdf>.

60. Auto de procesamiento del 9 de abril de 2015, Juzgado Central de Instrucción n.° 5 de la Audiencia Nacional, Sumario 1/2015, segundo antecedente de hecho.

61. Relato reconstruido con base en el auto de procesamiento del 9 de abril de 2015, Juzgado Central de Instrucción n.° 5 de la Audiencia Nacional, sumario 1/2015; y en el texto ya citado, Carlos Martín Beristain y Francisco Etxeberria Gabilondo, *MEHERIS. La esperanza posible. Fosas comunes y primeros desaparecidos saharauis identificados. Resumen*, Hegoa-Aranzadi, Bilbao, Donostia-San Sebastián, Vitoria-Gasteiz, 2013.

62. En: <https://www.eldiario.es/aragon/elprismatico/procesamiento-marroquiesgenocidio-Sahara-Occidental_6_375922409.html>.

7. ÁFRICA: RUANDA, REPÚBLICA DEMOCRÁTICA DEL CONGO, ZIMBABUE, MADAGASCAR, HABRÉ Y YERODIA

1. Entrevista a Boutros-Boutros Ghali, año 2004. En: <https://www.pbs.org/wgbh/pages/frontline/shows/ghosts/interviews/ghali.html>.

2. Este apartado ha sido elaborado sobre la base de la información contenida en: Sellier Jean, *Atlas de los pueblos de África*, Paidós, Barcelona, 2005, pp. 178-179, 183-185. Las fuentes adicionales se indican en la respectiva nota al final.

3. En: <https://www.lavanguardia.com/internacional/20140407/54404796946/ruanda-culpa-colonizacion-europea-odio-etnico-llevo-genocidio.html>.

4. En: <http://www.fronterad.com/?q=descenso-a-ruanda-genealogia-genoci dio-%E2%80%9Ctodo-estaba-preparado-y-nadie-hizo-nada%E2%80%9D>.

5. *Ibid.*

6. En: <http://www.solidaritat.ub.edu/observatori/esp/lagos/analisis/aproxrwan burundi.htm#ppolitics61>.

7. En: <http://www.fronterad.com/?q=descenso-a-ruanda-genealogia-genocidio-%E2%80%9Ctodo-estaba-preparado-y-nadie-hizo-nada%E2%80%9D>.

8. *Ibid.*

9. En: <http://www.solidaritat.ub.edu/observatori/esp/lagos/analisis/aproxrwan burundi.htm#ppolitics61>.

10. *Ibid.*

11. En: <http://www.fronterad.com/?q=descenso-a-ruanda-genealogia-genoci dio-%E2%80%9Ctodo-estaba-preparado-y-nadie-hizo-nada%E2%80%9D>.

12. Este apartado ha sido elaborado sobre la base de la información contenida en: Kingsley Moghalu, *Rwanda's Genocide: The Politics of Global Justice*, Palgrave Macmillan, Nueva York, 2005, pp. 28-48. Las fuentes adicionales se indican en la respectiva nota al final.

13. El artículo 41 de la Carta de Naciones Unidas dispone: «El Consejo de Seguridad podrá decidir qué medidas que no impliquen el uso de la fuerza armada han de emplearse para hacer efectivas sus decisiones, y podrá instar a los miembros de las Naciones Unidas a que apliquen dichas medidas, que podrán comprender la interrupción total o parcial de las relaciones económicas y de las comunicaciones ferroviarias, marítimas, aéreas, postales, telegráficas, radioeléctricas, y otros medios de comunicación, así como la ruptura de relaciones diplomáticas». Véase: <http://www.un.org/es/sections/un-charter/chapter-vii/index.html>.

14. En: <http://unictr.irmct.org/>.

15. Disponible en: <http://unscr.com/en/resolutions/955>.

16. En: <http://www.irmct.org/specials/ictr-remembers/docs/res977-1995_en.pdf?q=ictr-remembers/docs/res977-1995_en.pdf>.

17. Punto 6 de la Resolución 955 de 1994 del Consejo de Seguridad.

18. Véase en detalle: <http://unictr.irmct.org/en/cases>.

19. (1) Acusación de la fiscalía del Tribunal Internacional para Ruanda, del 27 de

septiembre de 1999. Disponible en: <http://unictr.irmct.org/sites/unictr.org/files/case-documents/ictr-99-54/indictments/en/990927.pdf>; (2) Véase además una síntesis del caso en: <https://trialinternational.org/latest-post/augustin-ngirabatware/>.

20. *Ibid.*

21. En: <https://trialinternational.org/latest-post/augustin-ngirabatware/>.

22. *Ibid.*

23. (1) <http://unictr.irmct.org/en/cases/ictr-99-54>; (2) <https://trialinterna tional.org/latest-post/augustin-ngirabatware/>.

24. Los casos transferidos, de imputados fugitivos, así como los ya concluidos por el Tribunal Penal Internacional para Ruanda pueden ser consultados en: <http://unictr.irmct.org/en/cases>.

25. Véase: <http://unictr.irmct.org/en/cases/ictr-01-75>.

26. En: <https://elpais.com/internacional/2017/08/03/actualidad/1501766 341_719776.html>.

27. *Ibid.*

28. En: <https://elpais.com/internacional/2017/08/05/actualidad/15018950 87_375480.html>.

29. En: <https://elpais.com/internacional/2017/08/03/actualidad/15017663 41_719776.html>.

30. En: <http://www.veritasrwandaforum.org/querellantes.htm>.

31. En: <http://www.veritasrwandaforum.org/material/extracte_querella.pdf>.

32. En: <http://www.elmundo.es/elmundo/2005/02/17/solidaridad/11086 41468.html>.

33. Auto de procesamiento del Juzgado Central de Instrucción n.º 4, de fecha 6 de febrero de 2008. Disponible en: <http://www.veritasrwandaforum.org/dosier/resol_ auto_esp_06022008.pdf>.

34. De acuerdo con Daniel Bekele, director de Human Rights Watch en África: «Los tribunales han ayudado a los ruandeses a entender mejor lo que sucedió en 1994, pero en muchos casos juicios deficientes han dado lugar a errores en la administración de justicia». Véase en detalle: <https://www.hrw.org/es/news/2011/05/31/ruanda-el-legado-mixto-de-los-tribunales-comunitarios-para-el-genocidio>.

35. Hilda Varela Barraza, «En el laberinto de una transición fallida: Rwanda c. 1994-2014», *Estudios Internacionales,* Universidad de Chile, vol. 46, n.º 179, Santiago, septiembre de 2014, pp. 109-115. Disponible en: <https://scielo.conicyt.cl/pdf/rei/ v46n179/art04.pdf>.

36. (1) <https://solidaridad.net/rdc-20-anos-de-inestabilidad-en-la-region/>; (2) <https://elpais.com/elpais/2018/08/01/africa_no_es_un_pais/1533123026_6468 56.html>.

37. Jean Sellier, *Atlas de los pueblos de África, op. cit.,* 2005, pp. 175-176, 184.

38. Ana Amador Aguilera, *La segunda guerra de la República Democrática del Congo. Causas, evolución e internacionalización del conflicto étnico,* tesis de máster en Política Interna-cional, Universidad Complutense de Madrid, 2013, p. 69. Disponible en: <https://

eprints.ucm.es/24809/1/MEMORIA%20Ana%20Amador%20Aguilera%20_final_.
pdf>.

39. Jesús Alonso Blanco, *et al.*, «El conflicto en el Congo», *Boletín de Información*, Ministerio de Defensa, Centro Superior de Estudios de la Defensa Nacional, n.º 310, 2009, p. 21. Disponible en: <https://dialnet.unirioja.es/servlet/articulo?codigo=3116444>.

40. En: <https://elpais.com/elpais/2018/08/01/africa_no_es_un_pais/153312 3026_646856.html>.

41. En: <https://solidaridad.net/rdc-20-anos-de-inestabilidad-en-la-region/>.

42. *Ibid.*

43. *Ibid.*

44. Relato basado en la información contenida en el auto de procesamiento del Juzgado Central de Instrucción n.º 4, de fecha 6 de febrero de 2008. Disponible en: <http://www.veritasrwandaforum.org/dosier/resol_auto_esp_06022008.pdf>.

45. *Ibid.*

46. *Ibid.*

47. *Ibid.*

48. *Ibid.*

49. Véase en detalle: <http://www.southernafricalitigationcentre.org/tag/nya mwasa/>.

50. (1) <https://www.fibgar.org/actualidad/suspenden-el-estatus-de-refugiado-del-general-ruandes-imputado-en-espana-por-genocidio>; (2) <https://confilegal.com/20170528-la-corte-suprema-sudafricana-suspende-estatus-refugiado-del-general-ruandes-imputado-espana-genocidio/>.

51. Auto de procesamiento del Juzgado Central de Instrucción n.º 4, *op. cit.*

52. *Ibid.*

53. En: <https://elpais.com/politica/2015/06/22/actualidad/1434996635_5898 44.html>.

54. Informe sobre el estado de la jurisdicción universal en España 2016. Fundación Internacional Baltasar Garzón Real (FIBGAR), p. 24. Disponible en: <https://www.fibgar.org/upload/publicaciones/27/es/informe-sobre-el-estado-de-la-jurisdiccion-universal-en-espana-2016-.pdf>.

55. Una versión en español se encuentra disponible en: <https://umoya.org/2011/05/07/ruanda-ihubo-uno-o-dos-genocidios-en-ruanda/#more-49561>.

56. En: <http://www.southernafricalitigationcentre.org/>.

57. En: <http://www.hrforumzim.org/news/south-african-court-orders-investiga tion-of-zimbabwean-crimes/>.

58. Artículo 4 ICC Act (julio de 2002):

«(1) A pesar de cualquier disposición en contrario establecida por otra ley de la República, cualquier persona que cometa un crimen, es culpable de la comisión de ilícito y susceptible de ser condenado a pena de multa o prisión, incluida la cadena perpetua, o pena de prisión sin fianza, o ambas, fianza y la susodicha pena de prisión.

»(2) [...]

»(3) Con el objeto de asegurar la jurisdicción de los tribunales de Suráfrica a los efectos de este capítulo, cualquier persona que cometa un crimen contemplado en la subsección (I) fuera del territorio de la República, se considerará haber cometido el crimen en el territorio de la República si

»i. dicha persona es un ciudadano surafricano; o

»ii. dicha persona no es un ciudadano surafricano pero es residente en la República; o

»iii. dicha persona, tras la comisión del crimen, está presente en el territorio de la República; o

»iv. dicha persona ha cometido susodicho crimen contra un ciudadano surafricano o contra persona que resida en la República».

59. En: <http://www.hrforumzim.org/news/south-african-court-orders-investigation-of-zimbabwean-crimes/>.

60. En: <https://www.zimbabwesituation.com/news/zimsit_w_constitutional-court-to-rule-on-zimbabwe-torture-case/>.

61. En: <https://www.britannica.com/biography/Marc-Ravalomanana>.

62. En: <https://elpais.com/diario/2009/02/08/internacional/1234047606_850215.html>.

63. (1) <https://www.brot-fuer-die-welt.de/fileadmin/mediapool/2_Downloads/Fachinformationen/Analyse/Analysis70-The_Habre_Case.pdf>; (2) <https://trialinternational.org/latest-post/hissene-habre/>.

64. En: <https://www.straitstimes.com/world/africa/senegal-trial-hears-grimarbatachar-torture-methods-of-hissene-habre-regime>.

65. En: <https://www.hrw.org/es/about/people/reed-brody>.

66. En: <https://www.lawyerpress.com/news/2016_05/3105_16_003.html>.

67. Michiko Kakutani, *'King Leopold's Ghost': Genocide With Spin Control, The New York Times* (1 de septiembre de 1998). Disponible en: <https://archive.nytimes.com/www.nytimes.com/books/98/08/30/daily/leopold-book-review.html>.

68. «Las tensiones se dan entre estas minorías y los banyaruandas, a los que se les percibe como una amenaza ante una posible victoria en las elecciones de 1997, si se les reconoce la nacionalidad y los derechos políticos. Las tensiones fueron constantes en los años 90. Desde 1992, se han sucedido diversos episodios de violencia, especialmente graves en 1993, cuando el gobernador provincial exhortó a las fuerzas armadas zaireñas a que ayudaran a los hundes y nyangas a exterminar a los banyaruandas.» Mariano Aguirre, *Las guerras modernas: pobreza, recursos, religión*, Centro de Investigación para la Paz, Madrid, 1997, p. 110.

69. «Banyamulenges: tutsis de origen ruandés, que toman su nombre de su asentamiento en las montañas Mulenge en la provincia zaireña de Kivu Sur desde hace 200 años. Constituyen una comunidad de 400.000 personas, a las que el Gobierno zaireño ha negado la nacionalidad, ha confiscado sus tierras e intenta expulsar a Ruanda. Los banyamulenges, bien entrenados y provistos de armas modernas, cuentan con el respaldo del Ejército Patriótico Ruandés [...].» Mariano Aguirre, *op. cit.*, p. 106.

70. Informe de la Comisión de los Derechos Humanos de Naciones Unidas del 8 de febrero de 1999, E/CN.4/1999/31, p. 12. Disponible en: <http://ap.ohchr.org/docu ments/alldocs.aspx?doc_id=1460>. La diferencia entre banyaruanda y banyamulenges «Pris au sens restreint, le terme "Banyarwanda" pluriel de "Munyarwanda" est un nom générique donné à ceux qui parlent les Kinyarwanda habitant le Nord – Kivu [...] alors que les "Banyamulenge", concept forgé dit-on, en 1976 par GISABO, désigne les populations d'expression Kinyarwanda qui habitent l'Itombwe (Mwenga), Minembwe (FIZI) et Bijombo (Uvira)». Espérant Matumaini Sausy, *La question Banyarwanda du local au national: une problématique nouvelle en RD*, Université de Kisangani, 2004. Disponible en: <https://www.memoireonline.com/07/10/3755/m_La-question-Banyarwan da-du-local-au-national-une-problematique-nouvelle-en-RDC2.html>.

71. Alliance des Forces Démocratiques pour la Libération du Congo, AFDL.

72. «El líder de los rebeldes, Laurent Kabila, sostiene que la sublevación se basa en el objetivo común de una coalición formada por diversos grupos sociales y partidos políticos de derrocar al presidente Mobutu, con motivo de su política de represión de las demandas de derechos políticos y de mejora de las condiciones de vida.» Mariano Aguirre, *op. cit.*, p.110

73. Informe de la Comisión de los Derechos Humanos de Naciones Unidas, *op. cit.*

74. «Laurent-Désiré Kabila s'est distingué par sa faculté de se mettre à dos les puissances qui l'avaient fait roi. À partir du début de l'année 1998, la tension n'a cessé de croître entre Laurent-Désiré Kabila et ses alliés rwandais et ougandais. [...] Mais ces tensions de voisinage ne sont en réalité pas uniquement dues aux questions de sécurité dans l'Est du pays. Outre ces problèmes de sécurité, le président Kabila est également tributaire des espoirs et des attentes du peuple congolais. Il apparaît ainsi très vite que le président Kabila ne peut prétendre vouloir régner sur le Congo avec le soutien du Rwanda et de l'Ouganda tout en conversant la confiance des Congolais.» Éric Remacle, *et al.*, *L'Afrique des Grands Lacs: Des conflits à la paix?* (Geopolitique et resolution des conflits), PIE-Peter Lang, Bruselas, Nueva York, 2007, p. 48.

75. «The Alliance Démocratique des Peuples (ADP) supposedly represented the Zairean Tutsi, and both the Banyamulenge of the South Kivu and the Banyarwanda from North Kivu [...] Muller Ruhimbika, acting as the spokesman for the ADP.» Filip Reyntjens, *The Great African War Congo and Regional Geopolitics, 1996-2006*, Cambridge University Press, Cambridge, 2009, p. 105.

76. Informe de la Comisión de los Derechos Humanos de Naciones Unidas, *op. cit.*

77. *Ibid.*

78. Rassemblement Congolais pour la Démocratie.

79. Informe de Amnistía Internacional, del 23 de noviembre de 1998, p. 3. Disponible en: <https://www.amnesty.org/download/Documents/148000/afr620361998es. pdf>.

80. Informe de la Comisión de los Derechos Humanos de Naciones Unidas, *op.cit.*

81. *Ibid.*; «Les deux parties impliquées dans le conflit, obnubilées par la prise de pouvoir ou leur maintien aux commandes de l'Etat, se montrèrent incapables de proté-

ger les civils des abus et se rendirent parfois coupables de graves violations de leurs droits. Lorsque le gouvernement congolais fut attaqué au mois d'août, certains officiels de haut rang encouragèrent les comportements de haine raciale et firent naître parmi la population un sentiment de peur vis- à-vis des congolais d'origine tutsi».

82. Informe de la Comisión de los Derechos Humanos de Naciones Unidas, *op. cit.*; «[...] the colonists created a strict system of racial classification. Both the Belgians and the Germans, influenced by racist ideas, thought that the Tutsi were a superior group because they were more "white" looking». *A History of Violence: Division of Rwanda Hutus and Tutsis.* Disponible en: <https://www.livingston.org/cms/lib9/NJ01000562/Centricity/Domain/1214/Rwandan%20Genocide%20Worksheet.pdf>.

83. Dentro de las violaciones de derecho internacional humanitario imputables a las fuerzas gubernamentales y a sus aliados, el relator especial de Naciones Unidas puso de relieve, primero, la incitación al odio racial contra los tutsis: «La respuesta del Gobierno a la rebelión fue violenta. Especial gravedad tuvo la incitación al odio contra los tutsi (considerados "virus, mosquitos, basura" que deben eliminarse) que indujo a la población civil a involucrarse en el conflicto con el serio riesgo de transformarse en objetivo militar». Informe de la Comisión de los Derechos Humanos de Naciones Unidas del 8 de febrero de 1999, E/CN.4/1999/31, pp. 15. Disponible en: <http://ap.ohchr.org/documents/alldocs.aspx?doc_id=1460>. Igualmente, un informe Amnistía Internacional del 23 de noviembre de 1998 va en la misma dirección, denunciando las incitaciones al odio étnico y a la violencia. Véase p. 3: «Como parte de una campaña encaminada a obtener el apoyo y la ayuda de la población civil local para contrarrestar las victorias de la RCD en el campo de batalla, las autoridades congoleñas han pronunciado exaltados discursos equivalentes a una incitación al odio étnico, en los que se ha alentado a los ciudadanos corrientes a matar a civiles indefensos y a combatientes capturados». Disponible en: <https://www.amnesty.org/download/Documents/148000/afr620361998es.pdf>.

84. Informe de Human Right Watch, febrero de 1999, p. 2: «A partir du mois d'août, les membres du gouvernement, particulièrement, le directeur de cabinet du chef de l'Etat, M. Yerodia, ainsi que le ministre de l'information, Didier Mumengi, ont usé des média nationaux pour appeler au meurtre des tutsi à Kinshasa».

85. Informe de Human Right Watch, febrero de 1999, *op. cit.*

86. «Scène de lynchage à Kinshasa. [...] C'est une chasse aux rebelles, aux tutsis, aux Rwandais, c'est une chasse à l'homme. Hier l'armée a proposé à une équipe de journalistes de venir voir les opérations de ratissage qu'elle mène en collaboration avec la population», Billet d'information passé au journal de la RTBF le 28 août 1998.

87. «Je n'ai jamais parlé de tutsi. J'ai dit que ces gens sont des microbes, sont des insectes, c'est de la vermine qu'il faut éradiquer. Je remaintiens cela. [...] Je n'ai jamais prononcé, moi, moi, jamais les tutsi, je n'ai jamais sorti ce mot de ma bouche», audiencia de C.B, PV. 23809/99.

88. Numerosos testigos confirmaron la existencia de estos discursos y de que sólo había una interpretación posible del discurso pronunciado cuando habla de miseria, de microbios que hay que erradicar con método: «Il a prononcé un discours bien "connu",

en parlant des "gens", des microbes, de vermines qu'il faut qu'on éradique avec méthode. Je ne me souviens pas qu'il ait parlé de tutsi mais lorsqu'il a parlé des "gens", il a fait référence aux Rwandais. [...] Suite à ce discours, tout ce que j'ai pu voir depuis les locaux de l'ambassade, c'est une augmentation des manifestations anti-tutsi» (audición de M. K.-PV. 31000/99). «Abdoulaye Yerodia Ndombasi a également tenu un discours qui disait qu'il fallait éradiquer la vermine avec méthode. Il parlait de la guerre en général, ensuite des tutsi comme ennemi du peuple congolais, et par après, il parlait de vermine qu'il fallait éradiquer avec méthode. Donc, pour la population, le message était très clair, on pouvait pas se tromper» (audición de N.B.A.-PV. 31.037/99).

89. Extractos retomados anteriormente, audiencia de C.MJ, PV 21235/99.

90. Audiencia de C.B, PV. 23809/99.

91. «Aux termes de l'article 1er, § 3, de la loi du 16 juin 1993, constituent des crimes de droit international: [...] 3.º le fait de causer intentionnellement de grandes souffrances ou de porter des atteintes graves à l'intégrité physique, à la santé.»

92. «Aux termes de l'article 7 de la loi du 16 juin 1993, les auteurs d'un des crimes de droit international humanitaire visés par la loi relèvent de la compétence des juridictions belges, quelles que soient leur nationalité et celle des victimes: le fait que l'inculpé soit un civil ou un membre d'une force étrangère, nationale ou multinationale, n'affecte pas la compétence du juge belge. Cette règle s'applique même si la Belgique n'est pas impliquée dans le conflit au cours duquel les crimes de droit international ont été commis.» Artículo 5.3: «l'immunité attachée à la qualité officielle d'une personne n'empêche pas l'application de la présente loi». Artículo 7: «las jurisdicciones belgas son competentes para conocer de las infracciones previstas en la presente ley, independientemente del lugar donde se cometieron». Artículo 5.3: «la inmunidad relacionada con la calidad oficial de una persona no impide la aplicación de la presente ley».

93. «Aux termes de l'article 5, § 3 de la loi du 16 juin 1993 telle que modifiée par la loi du 10 février 1999, l'immunité attachée à la qualité officielle d'une personne n'empêche pas les poursuites du chef de crime de droit humanitaire. Cette disposition est une règle de compétences et de procédure pénale qui est d'application immédiate.»

94. «Les seuls cas dans lesquels le droit international commun admet exceptionnellement qu'un Etat puisse connaître pénalement de faits commis sur le territoire d'un autre Etat par un étranger sont, en premier lieu, celui d'atteinte à la sûreté ou au crédit de cet Etat-là, en second lieu, celui d'infractions graves commises au préjudice de ses ressortissants.» «Il est vrai que plusieurs conventions multilatérales pour la répression d'infractions spécialement définies (torture et autres peines ou traitements cruels, inhumains ou dégradants; terrorisme; infractions aux règles relatives à la protection physique des matières nucléaires; actes illicites contre la sécurité de la navigation maritime; capture illicite d'aéronefs; actes illicites de violence dans les aéroports) prévoient la compétence universelle des Etats parties. Mais, précision capitale, elles la subordonnent à la condition que le coupable se trouve sur le territoire de l'Etat qui exerce les poursuites.»

95. Específicamente del artículo 4.2 de la Convención de Viena de 1961.

96. «L'exclusion, qui découle de l'article 5, paragraphe 2, de la loi belge, de l'im-

munité du ministre des affaires étrangères en exercice est contraire à la jurisprudence internationale (CPJI, 5 avril 1933, Statut juridique du Groënland oriental, documents, série A, 1933), le droit coutumier et la courtoisie internationale conférant au ministre des affaires étrangères, représentant de l'Etat au nom duquel il s'exprime, les privilèges et immunités diplomatiques.

»Cette jurisprudence trouve appui, aujourd'hui, dans l'article 41, paragraphe 2, de la convention de Vienne du 18 avril 1961 qui porte codification des relations diplomatiques, lequel stipule: "Toutes les affaires officielles traitées avec l'Etat accréditaire confiées à la mission par l'Etat accréditant, doivent être traitées avec le ministre des affaires étrangères de l'Etat accréditaire, ou par son intermédiaire, ou avec tel autre ministère dont il aura été convenu".»

97. «49. La Belgique soutient quant à elle que, alors que les ministres des affaires étrangères en exercice jouissent en général d'une immunité de juridiction devant les tribunaux d'un Etat étranger, cette immunité en s'applique qu'aux actes accomplis dans le cadre de leurs fonctions officielles, et qu'une telle immunité en saurait protéger ces personnes dans leurs actions privées ou lorsqu'elles agissent autrement en dehors de l'exercice de leurs fonctions officielles.

»50. La Belgique fait par ailleurs valoir qu'en l'espèce M. Yerodia en bénéficiait d'aucune immunité à la date à laquelle il aurait commis les actes qui lui sont reprochés, et que rien n'indique qu'il ait alors agi à titre officiel. Elle fait remarquer que le mandat d'arrêt a été émis à l'encontre de M. Yerodia à titre personnel.»

98. «Elle soutient toutefois que la question n'est pas de savoir si un différend juridique existait à l'époque, mais de savoir si un différend juridique existe présentement.» [...] La Belgique soutient que la fonction de ministre des affaires étrangères exercée par M. Yerodia était au centre de la requête introductive d'instance du Congo. Or, souligne-t-elle, des changements sont intervenus dans les circonstances qui étaient au cœur même de l'affaire, puisqu'il a été mis fin aux fonctions de ministre des affaires étrangères de M. Yerodia au mois de novembre 2000 et que, depuis le 15 avril 2001, celui-ci n'occupe plus aucune fonction au sein du Gouvernement du Congo (voir paragraphes 18 et 19 ci-dessus).»

99. La RDC y Bélgica forman parte del Convenio de Viena de 1961 sobre relaciones diplomáticas.

100. «54. La Cour en conclut que les fonctions d'un ministre des affaires étrangères sont telles que, pour toute la durée de sa charge, il bénéficie d'une immunité de juridiction pénale et d'une inviolabilité totales a l'étranger. Cette immunité et cette inviolabilité protègent l'intéressé contre tout acte d'autorité de la part d'un autre Etat qui ferait obstacle à l'exercice de ses fonctions.»

101. «55. A cet égard, il n'est pas possible d'opérer de distinction entre les actes accomplis par un ministre des affaires étrangères à titre "officiel" et ceux qui l'auraient été à titre "privé", pas plus qu'entre les actes accomplis par l'intéressé avant qu'il n'occupe les fonctions de ministre des affaires étrangères et ceux accomplis durant l'exercice de ces fonctions. C'est ainsi que, si un ministre des affaires étrangères est arrêté dans un

autre Etat a la suite d'une quelconque inculpation, il se trouvera à l'évidence empêché de s'acquitter des tâches inhérentes à ses fonctions. Les obstacles ainsi apportés à l'exercice de telles fonctions officielles ont des conséquences aussi graves, que le ministre des affaires étrangères, au moment de son arrestation, ait été présent à titre officiel ou privé sur le territoire de l'Etat ayant procédé à cette arrestation, que celle-ci concerne des actes qu'il aurait accomplis avant d'occuper le poste de ministre des affaires étrangères ou des actes accomplis dans le cadre de ses fonctions, ou encore qu'elle concerne des actes qu'il aurait accompli a titre "officiel" ou des actes qu'il aurait accompli a titre "privé". En outre, le simple fait qu'en se rendant dans un autre Etat ou qu'en traversant celui-ci un ministre des affaires étrangères puisse être exposé à une procédure judiciaire peut le dissuader de se déplacer à l'étranger lorsqu'il est dans l'obligation de le faire pour s'acquitter de ses fonctions.»

102. «58. [...] La Cour a par ailleurs examiné les règles afférentes à l'immunité ou à la responsabilité pénale des personnes possédant une qualité officielle contenues dans les instruments juridiques créant des juridictions pénales internationales et applicables spécifiquement à celles-ci (voir statut du Tribunal militaire international de Nuremberg, art. 7; statut du Tribunal militaire international de Tokyo, art. 6; statut du Tribunal pénal international pour l'ex-Yougoslavie, art. 7, par. 2; statut du Tribunal pénal international pour le Rwanda, art. 6, par. 2; statut de la Cour pénale internationale, art. 27). Elle a constaté que ces règles ne lui permettaient pas davantage de conclure à l'existence, en droit international coutumier, d'une telle exception en ce qui concerne les juridictions nationales.»

103. «61. Les immunités dont bénéficie en droit international un ministre ou un ancien ministre des affaires étrangères ne font en effet pas obstacle à ce que leur responsabilité pénale soit recherchée dans certaines circonstances. Ils ne bénéficient, en premier lieu, en vertu du droit international d'aucune immunité de juridiction pénale dans leur propre pays et peuvent par suite être traduits devant les juridictions de ce pays conformément aux règles fixées en droit interne. En deuxième lieu, ils ne bénéficient plus de l'immunité de juridiction a l'étranger si l'Etat qu'ils représentent ou ont représenté décide de lever cette immunité.»

104. «71. [...] Par voie de conséquence, la Cour conclut que la diffusion dudit mandat, qu'elle ait ou non entravé en fait l'activité diplomatique de M. Yerodia, a constitué une violation d'une obligation de la Belgique à l'égard du Congo, en ce qu'elle a méconnu l'immunité du ministre des affaires étrangères en exercice du Congo et, plus particulièrement, violé l'immunité de juridiction pénale et l'inviolabilité dont il jouissait alors en vertu du droit international.»

105. «Il résulte donc du dossier de la procédure, tel que composé, qu'une lettre ou note en date du 15 mars 2002 du juge d'instruction a été versée au dossier après la clôture des débats. Le juge, saisi d'une telle pièce pendant le délibéré, peut estimer soit y avoir égard, dans quel cas il doit en vertu du principe général des droits de la défense rouvrir les débats, soit l'écarter, dans quel cas aussi il doit le déclarer dans l'arrêt attaqué. En l'absence d'indication quant au sort réservé par le juge à une note arrivée après la

clôture des débats, [la] Cour est dans l'impossibilité de vérifier si lejuge a oui ou non écarté ladite note et s'il a oui ou non respecté les droits de la défense des parties.»

106. «Attendu que, lorsqu'une nouvelle pièce est produite après la clôture des débats et que le juge n'estime pas devoir rouvrir ceux-ci, il doit écarter cette pièce de la procédure; qu'en effet, le juge ne peut fonder sa conviction sur des renseignements acquis en dehors de l'instruction ou des débats et que, partant, les parties n'ont pu contredire; [...] Que, contenant des considérations relatives à l'étendue de la protection liée aux immunités de droit international susceptibles d'être invoquées en la cause ainsi que des développements consacrés à l'incidence de ces immunités sur la légalité des actes de l'instruction préparatoire, cette pièce pouvait contribuer à former la conviction des juges appelés à statuer en application de l'article 235bis du Code d'instruction criminelle».

«[LA COUR] Casse l'arrêt attaqué en tant qu'il statue en cause des autres demandeurs. [...] Renvoie la cause ainsi limitée à la cour d'appel de Bruxelles, chambre des mises en accusation, autrement composée.»

8. Estados Unidos. Casos Couso, Guantánamo y vuelos de la CIA

1. Véase en detalle: auto del 19 de octubre de 2005, orden de detención; auto del 27 de abril de 2007, procesamiento; auto del 21 de mayo de 2009, procesamiento; auto del 29 de julio de 2010, orden de busca y captura; auto del 4 de octubre de 2011, procesamiento.

2. El presente párrafo ha sido elaborado con base en las principales resoluciones dictadas en las diligencias previas n.° 99/03, elevadas posteriormente al sumario n.° 27/2007, seguidos ante el Juzgado Central de Instrucción n.° 1 de la Audiencia Nacional. Relación de documentos: auto del Juzgado Central de Instrucción n.° 1 del 19 de octubre de 2005, orden de detención; auto de la Sala de lo Penal, sección 2.ª, Audiencia Nacional del 8 de marzo de 2006, revocación del auto del 19 de octubre de 2005 y decreto de archivo de las diligencias previas; sentencia 1240/2006 de la Sala de lo Penal del Tribunal Supremo del 11 de diciembre de 2006, casación contra el auto del 8 de marzo de 2006; auto del Juzgado Central de Instrucción n.° 1 del 27 de abril de 2007, procesamiento; recurso de reforma del Ministerio Fiscal del 11 de mayo de 2007 contra el auto del 27 de abril de 2007; auto del Juzgado Central de Instrucción n.° 1 del 24 de mayo de 2007, desestimando el recurso de reforma del 18 de mayo de 2007; auto de la Sala de lo Penal, sección 2.ª, Audiencia Nacional del 13 de mayo de 2008, revocación de la orden de procesamiento del 27 de abril de 2007; voto particular del magistrado José Ricardo de Prada Solaesa; auto del Juzgado Central de Instrucción n.° 1 del 21 de mayo de 2009, procesamiento; auto de la Sala de lo Penal, sección 2.ª, Audiencia Nacional, del 14 de julio de 2009, revocación de la orden de procesamiento del 21 de mayo de 2009 y orden de conclusión del sumario; auto de la Sala de lo Penal, sección 3.ª, Audiencia Nacional, del 23 de octubre de 2009, confirmatorio del auto de conclusión del sumario; voto particular de la magistrada Clara Eugenia Bayarri García al auto del 23 de octubre de 2009; sentencia 691/2010

de la Sala de lo Penal del Tribunal Supremo del 13 de julio de 2010, casación contra el auto del 23 de octubre de 2009; auto del Juzgado Central de Instrucción n.° 1 del 29 de julio de 2010, orden de busca y captura; auto del Juzgado Central de Instrucción n.° 1 del 4 de octubre de 2011, procesamiento; auto del Juzgado Central de Instrucción n.° 1 del 17 de marzo de 2014, revisión a la luz de la LO 1/2014; recurso de reforma del Ministerio Fiscal del 19 de marzo de 2014 contra el auto del 17 de marzo de 2014; auto del Juzgado Central de Instrucción n.° 1 del 27 de marzo de 2014, desestimando el recurso de reforma del 17 de marzo de 2014; auto de la Audiencia Nacional del 23 de junio de 2014, desestimando el recurso de queja interpuesto por el Ministerio Fiscal contra el auto del 27 de marzo de 2014, dictado por el JCI n.° 1; auto del Juzgado Central de Instrucción n.° 1 del 24 de julio de 2014, de comunicación con la red Genocide Network; providencia de la Audiencia Nacional del 6 octubre de 2015; auto de la Audiencia Nacional del 25 de noviembre de 2015, rechazando plantear una cuestión de inconstitucionalidad sobre la reforma y decretando el archivo provisional; auto de la Audiencia Nacional del 9 junio de 2015, cerrando el caso por imposibilidad de mantener abierta la investigación debido a la reforma de la jurisdicción universal; auto de la Audiencia Nacional del 25 de noviembre de 2015 acuerda que no hay lugar a promover cuestión de inconstitucionalidad y confirma el auto de conclusión de sumario. La información proveniente de otras fuentes se indica en cada caso con la respectiva nota final.

3. Fundamento jurídico octavo del auto del 8 de marzo de 2006.

4. Fundamento sexto del auto del 8 marzo de 2006, de la Sección Segunda de la Sala de lo Penal de la Audiencia Nacional.

5. Carlos R. Fernández Liesa, «El asunto Couso en los tribunales nacionales y en las relaciones internacionales», *Revista española de derecho internacional*, vol. 63, n.° 2, 2011, p. 146. Disponible en: <http://www.revista-redi.es/es/articulos/el-asunto-couso-en-los-tribunales-nacionales-y-en-las-relaciones-internacionales/>.

6. «Cable sobre el seguimiento del Gobierno español del "caso Couso"», *El País*, 30 de noviembre de 2010. Disponible en: <http://elpais.com/elpais/2010/11/30/actualidad/1291108630_850215.html>.

7. Véase en detalle Baltasar Garzón, *En el punto de mira*, Planeta, Barcelona, 2016, pp. 812-817. Los cables aparecen íntegramente publicados entre las páginas 818 y 823.

8. Muy recomendable es la lectura de los razonamientos jurídicos primero a cuarto del auto de procesamiento.

9. Disposición transitoria única: «Las causas que en el momento de entrada en vigor de esta ley se encuentren en tramitación por los delitos a los que se hace referencia en la misma quedarán sobreseídas hasta que no se acredite el cumplimiento de los requisitos establecidos en ella».

10. Auto del 17 de marzo de 2014, sumario 27/2007, Juzgado Central de Instrucción n.° 1, Audiencia Nacional, primer fundamento de derecho. Véase en detalle: José Elías Esteve Moltó, «La Ley Orgánica 1/2014 de reforma de la jurisdicción universal: entre el progresivo avance de la globalización comercial y de la deuda y la no injerencia en los asuntos internos de China», *Anuario español de Derecho Internacional*, vol. 30, 2014,

pp. 187-188. Disponible en: <https://www.unav.edu/publicaciones/revistas/index. php/anuario-esp-dcho-internacional/article/viewFile/912/777>.

11. Auto del 17 de marzo de 2014, sumario 27/2007, Juzgado Central de Instrucción n.º 1, Audiencia Nacional, segundo fundamento de derecho.

12. Disponible en: <https://ep00.epimg.net/descargables/2014/12/09/cce7a 160cfbeeb86dcd1087d818d6b6c.pdf>.

13. Apartados III y IV de la querella de la asociación Pro-Dignidad de los presos y presas de España, de 17 de marzo de 2009, presentada ante la Audiencia Nacional.

14. Véase en detalle: Baltasar Garzón, *En el punto de mira*, *op. cit.*, pp. 810-828. En estas páginas, además de estas incidencias, se reproduce el texto literal de los cables de la embajada norteamericana en Madrid (publicados el 28 de noviembre de 2010 por WikiLeaks), así como los contactos de diplomáticos con funcionarios judiciales para conseguir el archivo del caso.

15. (1) Comisión Interamericana de Derechos Humanos, «Hacia el cierre de Guantánamo», OEA/Ser.L/V/II. Doc. 20/15, 3 de junio de 2015. Disponible en: <http://www.oas.org/es/cidh/informes/pdfs/Hacia-cierre-Guantanamo.pdf>; (2) Amnesty International, «USA: After 16 years, close Guantánamo's detention center once and for all», 11 de enero de 2018. Disponible en: <https://www.amnesty.org/en/latest/ news/2018/01/usa-after-16-years-close-guantanamos-detention-center-once-and-for-all/>; (3) Informe del Senado de los EEUU de 2014. Disponible en: <https://ep00. epimg.net/descargables/2014/12/09/cce7a160cfbeeb86dcd1087d818d6b6c.pdf>; (4) así como varios informes de Naciones Unidas.

16. (1) <https://wikileaks.org/gitmo/>; (2) <https://www.20minutos.es/noticia/ 1629034/0/wikileaks-difunde/documentos-presos/guantanamo/>; (3) <https://elpais. com/internacional/2011/04/25/actualidad/1303682404_850215.html>; (4) <https:// www.24horas.cl/internacional/wikileaks-revela-documentos-secretos-de-guantana mo-369413>; (5) <https://www.telegraph.co.uk/news/worldnews/wikileaks/847 1907/WikiLeaks-Guantanamo-Bay-terrorist-secrets-revealed.html>; (6) <https:// www.lanacion.com.ar/1368261-wikileaks-revela-documentos-sobre-abusos-en-guan tanamo>; (7) <https://elpais.com/internacional/2014/12/09/actualidad/1418144 432_841703.html>; (8) <https://www.iustel.com/diario_del_derecho/noticia.asp? ref_iustel=1035368>; (9) <https://elpais.com/internacional/2014/08/06/actualidad/ 1407348485_375342.html>.

17. Fundamento jurídico sexto, STS 829/2006, del 20 de julio de 2006. Texto disponible en: <http://www.juecesdemocracia.es/Sentencias/LOTUSSupremo8292006. pdf>.

18. *Ibid.*

19. *Ibid.*

20. Fundamento jurídico segundo letra A, de la sentencia 36/06, del 10 de octubre de 2006, de la Sección Cuarta de la Sala de lo Penal de la Audiencia Nacional.

21. Auto del 27 de abril de 2009, diligencias previas 150/09 del Juzgado Central de Instrucción n.º 5 de la Audiencia Nacional. Véase también Baltasar Garzón, *En el punto de mira*, *op. cit.*, pp. 809-810.

22. Auto del 27 de abril de 2009, diligencias previas 150/09 del Juzgado Central de Instrucción n.º 5 de la Audiencia Nacional. Véase también Baltasar Garzón, *En el punto de mira, op. cit.*, pp. 807 y ss.

23. Hechos, fundamento segundo a cuarto del auto del 27 de abril de 2009, diligencias previas 150/09 del Juzgado Central de Instrucción n.º 5 de la Audiencia Nacional.

24. Baltasar Garzón, *En el punto de mira, op. cit.*, pp. 818-823.

25. Razonamiento jurídico tercero, auto del 27 de enero de 2010, diligencias previas 150/09 del Juzgado Central de Instrucción n.º 5 de la Audiencia Nacional.

26. La parte dispositiva del auto señala: «Cursar comisión rogatoria internacional, a las autoridades judiciales de Gran Bretaña para que informen a este juzgado si existe alguna investigación penal en averiguación de las supuestas torturas, tratos inhumanos y degradantes sufridos por Jamiel Abdul Latif Al Banna y Omar Deghayes durante su reclusión en la base militar de Guantánamo (Cuba) hasta su entrega a las autoridades británicas. Cursar comisión rogatoria internacional a las autoridades judiciales de los Estados Unidos de Norteamérica competentes para que: a) informen a este juzgado si existe alguna investigación judicial abierta en ese país para la averiguación de las supuestas torturas, malos tratos, inhumanos y degradantes sufridos desde su detención por el ciudadano español Ahmed Abderrahman Hamed, el ciudadano palestino Jamiel Abdul Latif Al Banna, el ciudadano libio Omar Deghayes y Lahcen Ikassrien de nacionalidad marroquí, con permiso de residencia en España, hasta sus respectivas puestas en libertad en la base militar de Guantánamo (Cuba); b) si existe posibilidad legal de que las víctimas impulsen tal investigación, al margen de la que, en su caso, inicie o rechace el Ministerio Fiscal. Así lo acuerda, manda y firma D. Baltasar Garzón Real».

27. Razonamiento jurídico cuarto del auto del 23 de marzo de 2012, en el recurso de apelación interpuesto en el procedimiento DP 134/2009 del Juzgado Central de Instrucción n.º 6 de la Audiencia Nacional.

28. Voto particular que formulan los magistrados Clara Bayarri García, Ramón Sáez Valcárcel y José Ricardo de Prada Solaesa, contra el auto del Pleno de la Sala de lo Penal de fecha 23 de marzo de 2012, en el recurso de apelación interpuesto en el procedimiento DP 134/2009 del Juzgado Central de Instrucción n.º 6 de la Audiencia Nacional de fecha 30 de marzo de 2012.

29. *Ibid.* La cita es del Tribunal Europeo de Derechos Humanos, sentencias del 16 de diciembre de 2003 (Kmetty vs. Hungría ap. 37) y 2 de noviembre de 2004 (Martínez Sala y otros vs. España ap. 156).

30. *Ibid.*

31. Los delitos de tortura están previstos en los artículos 173 y siguientes del Código Penal; los demás, previstos y penados en el Capítulo III del Título XIV —Delitos contra la Comunidad Internacional— del Código Penal, en concreto en los arts. 608.2.º y 3.º (que considera personas protegidas a los efectos del código a «los prisioneros de guerra protegidos por el III Convenio de Ginebra del 12 de agosto de 1949 o por el Protocolo I Adicional del 8 de junio de 1977» y a «la población civil y las personas civiles

protegidas por el IV Convenio de Ginebra del 12 de agosto de 1949 o por el Protocolo I Adicional del 8 de junio de 1977»), art. 609 (que sanciona con pena de 4 a 8 años de prisión al «que, con ocasión de un conflicto armado, maltrate de obra o ponga en grave peligro la vida, la salud o la integridad de cualquier persona protegida, la haga objeto de tortura o tratos inhumanos, incluidos los experimentos biológicos, le cause grandes sufrimientos o la someta a cualquier acto médico que no esté indicado por su estado de salud ni de acuerdo con las normas médicas generalmente reconocidas que la parte responsable de la actuación aplicaría, en análogas circunstancias médicas, a sus propios nacionales no privados de libertad»), y art. 611.6.º del mismo texto legal (que castiga con pena de 10 a 15 años de prisión al que, con ocasión de un conflicto armado, «realice, ordene realizar o mantenga, respecto de cualquier persona protegida [...] prácticas inhumanas y degradantes basadas en otras distinciones de carácter desfavorable, que entrañen un ultraje contra la dignidad personal»). Esta última tipificación viene a coincidir con la contenida en el Estatuto de Roma de la Corte Penal Internacional aprobado el 17 de julio de 1998, que en su artículo 8 tipifica como «crímenes de guerra» —cuando se cometan como parte de un plan o política o como parte de la comisión en gran escala de tales crímenes— las infracciones graves de los Convenios de Ginebra del 12 de agosto de 1949, incluyendo entre tales actos el «someter a tortura o a otros tratos inhumanos» (apartado ii) o el «infligir deliberadamente grandes sufrimientos o atentar gravemente contra la integridad física o la salud» (apartado iii), cuando los mismos se dirijan «contra personas o bienes protegidos por las disposiciones del Convenio de Ginebra pertinente», razonamiento jurídico tercero, p. 16, auto del 15 de abril de 2014 del JCI 5.

32. En: <https://elpais.com/diario/2006/04/08/sociedad/1144447210_850215.html>.

33. En: <https://elpais.com/elpais/2018/12/03/premios_ortega_y_gasset/1543 840278_314402.html>.

34. En: <https://cincodias.elpais.com/cincodias/2006/04/08/sentidos/1144 463240_850215.html>.

35. El documental se encuentra disponible en: <https://www.atresplayer.com/la sexta/programas/scoop/temporada-1/programa-2-los-vuelos-de-la-cia_5b977c1b7e d1a807f5b344b2/>.

36. En: <https://elpais.com/diario/2006/06/08/portada/1149717612_850215.html>. Sobre el Consejo de Europa en relación con los vuelos de la CIA, véase: <http://assembly.coe.int/nw/xml/News/News-View-en.asp?newsid=5722&lang=2>.

37. Documento de trabajo n.º 4, del 1 de junio de 2006, sobre los vuelos de la CIA en Europa. Comisión Temporal sobre la Presunta Utilización de Países Europeos por la CIA para el Transporte y la Detención Ilegal de Presos. Ponente: Giovanni Claudio Fava, Parlamento Europeo, DT\617722ES.doc, p. 8. Disponible en: <http://www.europarl.europa.eu/meetdocs/2004_2009/documents/dt/617/617722/617722es.pdf>.

38. Voto particular del magistrado José Ricardo de Prada Solaesa, en relación con el auto del 17 de noviembre de 2014, Sección Segunda de la Sala de lo Penal de la Audiencia Nacional, dictado en recurso de apelación contra autos n.º 336/2014, diligencias previas 109/2006, del Juzgado Central de Instrucción n.º 2.

39. Informe de la CIA del 7 de mayo de 2004 elaborado por John Helgerson, hecho público el 24 de agosto de 2009, titulado: «Special Review Counterterrorism Detention and Interrogation Activities September 2001-October 2003».

40. Según el doc. de la nota anterior, en agosto de 2002 el Departamento de Justicia de Estados Unidos (US Department of Justice) había dado a la CIA una opinión legal de que las llamadas 10 técnicas específicas de interrogatorio «Enhanced Interrogation Techniques» («EITs»), aplicadas a los sospechosos terroristas no violarían la prohibición de la tortura, siendo este documento el que sirve de fundamento a las decisiones políticas y administrativas que guiaron el «CTC Program». (Parra 51 Caso Husayn [Abu Zubaydah] vs. Poland del TEDH, STEDH del 24 de julio de 2014.)

41. Declaración del presidente estadounidense George W. Bush, del 6 de septiembre de 2006, en la que éste afirma que «un pequeño número de presuntos líderes o agentes terroristas, capturados durante la guerra, han sido sometidos a arresto e interrogados fuera de Estados Unidos, en un programa separado operado por la CIA» y que numerosas personas así detenidas fueron trasladadas después a Guantánamo. The White House, Office of the Press Secretary, «Remarks by the President on the Global War on Terror» («War against terrorism is a struggle for freedom and liberty», Bush says). Discurso pronunciado desde la East Room de la Casa Blanca, el 6 de septiembre de 2006.

42. Sentencias del TEDH: Husayn (Abu Zubaydah) y Al Nashiri, ambas contra Polonia, decisiones del 24 de julio de 2014.

43. Declaraciones del asesor jurídico del Departamento de Estado de Estados Unidos efectuadas el 3 de mayo de 2006, durante una reunión con los representantes de los estados miembros reunidos en el seno del Consejo de la UE, según las cuales el programa de entregas extraordinarias, cuya existencia confirmaba, se realizaba siempre en el pleno respeto de la soberanía de los países afectados.

44. Conclusiones del informe del Comité de Inteligencia del Senado de los Estados Unidos sobre el programa de detenciones e interrogatorios de la CIA hecho público el 9 de diciembre de 2014.

45. Se plantea como hipótesis en relación con estas desapariciones que una cifra de aproximadamente 30 detenidos que son considerados los presuntos terroristas más peligrosos e importantes permanecen detenidos bajo control de la CIA en centros de detención (*black sites*) bajo el régimen más secreto. Un segundo grupo de más de 70 detenidos, que inicialmente estuvieron internados en «lugares negros», posteriormente fueron entregados por la CIA a agencias de inteligencia de los aliados de Oriente Medio y los países asiáticos, como Afganistán, Siria, Marruecos y Egipto.

46. Orden militar del 13 de noviembre de 2001 del presidente Bush, relativa a la Detention, Treatment, and Trial of Certain Non-Citizens in the War Against Terrorism. Publicada en el Federal Register el 16 de noviembre de 2001 y orden sobre comisiones militares de D. Rumsfeld del 21 de marzo de 2002 estableciendo las comisiones militares. Por decisión del 29 de junio de 2006, la Corte Suprema de Estados Unidos en Hamdam vs. Rumsfeld 548 US, 557, 635 (2006) establecía que, aparte de ir en contra de la normativa interna norteamericana (Código Militar), violaba el art. 3 común a las Convenciones

de Ginebra. El 17 de octubre de 2006 siguiente, se aprobó el «Acta sobre Comisiones Militares de 2006 (MCA 2006)».

47. Así expresamente aparecen descritas tanto las torturas como las personas sobre las que se aplicó el programa, en las conclusiones del informe del Comité de Inteligencia del Senado de Estados Unidos sobre el programa de detenciones e interrogatorios de la CIA hecho público el 9 de diciembre de 2014.

48. El 15 de mayo de 2006, el Departamento de Defensa de Estados Unidos divulgó una lista con 759 prisioneros que habían pasado por la base desde su apertura en 2002.

49. Nota 5.

50. Párrafos 439, 214-228 y 389-390 del caso Al Nashiri vs. Polonia.

51. Documento de trabajo n.º 4, del 1 de junio de 2006, sobre los vuelos de la CIA en Europa, *op. cit.*, p. 8.

52. Voto particular del magistrado José Ricardo de Prada Solaesa, en relación con el auto del 17 de noviembre de 2014, Sección Segunda de la Sala de lo Penal de la Audiencia Nacional, dictado en recurso de apelación contra autos n.º 336/2014, diligencias previas 109/2006, del Juzgado Central de Instrucción n.º 2. Cita el documento de trabajo n.º 8 del Informe de C. Fava al Parlamento Europeo que recoge los datos que constan en la base de Eurocontrol.

53. *Ibíd.*, cita el documento P6_TA(2007)0032, resolución del Parlamento Europeo adoptada el 14 de febrero de 2007 sobre la supuesta utilización de países europeos por la CIA para el transporte y la detención ilegal de presos (2006/2200(INI)). «Señala las 68 escalas en aeropuertos españoles realizadas por aviones operados por la CIA y expresa su profunda preocupación por la finalidad de esos vuelos que, en numerosos casos, procedían o se dirigían a países vinculados a los circuitos de entregas extraordinarias o de transporte de detenidos; lamenta las escalas en aeropuertos españoles de aeronaves que, según se ha probado, fueron utilizadas por la CIA en otros países para las entregas extraordinarias de Ahmed Agiza, Mohammed El-Zari, Bisher Al-Rawi, Jamil El-Banna, Abou Elkassim Britel, Khaled El-Masri, Binyam Mohammed, Abu Omar y Maher Arar, según las investigaciones judiciales en curso en España y en Italia; manifiesta su preocupación, en particular, por el hecho de que, entre los vuelos mencionados, tres procedían de Guantánamo o tenían este destino; alienta firmemente a los fiscales españoles a que continúen la investigación sobre estos vuelos.»

54. *Ibíd.*

55. STDH en el caso El-Masri contra Ex-República Yugoslava de Macedonia del 13 de diciembre de 2012.

56. El texto vigente era el del Convenio entre el Reino de España y los Estados Unidos de América sobre cooperación para la defensa, del 1 de diciembre de 1988.

57. El texto fue revisado por protocolo de enmienda del 10 de abril de 2002.

58. SPAIN 01 en apoyo de las operaciones *Iraqui Freedom* y *Enduring Freedom*.

59. Carlos Jiménez Villarejo, «Los "vuelos de la CIA", una afrenta a la justicia», *La lamentable*, 15 de febrero de 2015. Disponible en: <https://lamentable.org/los-vuelos-de-la-cia-una-afrenta-a-la-justicia/>.

60. (1) «El PE critica a algunos países de la UE "por admitir" vuelos ilegales de la CIA», <http://www.europarl.europa.eu/sides/getDoc.do?pubRef=-//EP//NONSG ML+IM-PRESS+20070209IPR02947+0+DOC+PDF+V0//ES&language=ES>; (2) «El informe previo de la Eurocámara avala que los vuelos de la CIA trasladaron a secuestrados», *El País*, 16 de junio de 2006, <https://elpais.com/diario/2006/06/16/espana/1150408801_850215.html>; (3) Carlos Jiménez Villarejo, *op. cit.*

61. Carlos Jiménez Villarejo, *op. cit.*

62. Sentencia del Tribunal Supremo, Sala de lo Penal, resolución n.º 507/2015 del 28 de julio de 2015.

63. En: <https://elpais.com/internacional/2009/11/04/actualidad/12572892 15_850215.html>.

64. En: <http://www.rtve.es/noticias/20160223/condena-italia-encubrir-se cuestro-durante-escandalo-vuelos-cia/1306740.shtml>.

65. En: <https://www.efe.com/efe/espana/mundo/nueva-condena-de-estras burgo-por-las-carceles-secretas-la-cia-en-europa/10001-3633727>.

9. LA DICTADURA MÁS LARGA DE AMÉRICA LATINA Y UNA DE LAS MÁS CRUENTAS: PARAGUAY

1. Informe final de la Comisión de Verdad y Justicia del Paraguay (en adelante, Informe CVJ), conclusiones y recomendaciones, párr. 12-16. Disponible en: <http://www.derechoshumanos.net/lesahumanidad/informes/paraguay/Informe_Comision_Verdad_y_Justicia_Paraguay_Conclusiones_y_Recomendaciones.pdf>.

2. *Ibid.*, párr. 25-44.

3. En: <http://www.elmundo.es/internacional/2014/04/23/5358005d268e3ef 2048b4582.html>.

4. Informe CVJ, conclusiones y recomendaciones, *op. cit.*, párr. 102.

5. En: <http://www.abc.com.py/edicion-impresa/suplementos/cultural/tecni cos-norteamericanos-asesoraron-creacion-de-la-tecnica-762659.html>.

6. Informe CVJ, conclusiones y recomendaciones, *op. cit.*, párr. 83-90.

7. *Ibid.*, párr. 105-117.

8. *Ibid.*, párr. 189.

9. (1) <http://www.abc.com.py/edicion-impresa/politica/desgarradora-histo ria-de-una-esclava-sexual-en-los-tiempos-de-stroessner-1085515.html>; (2) <http://www.portalguarani.com/3448_libros_paraguayos/33872_una_rosa_y_mil_soldados_autora_julia_ozorio_gamecho__ano_2008.html>.

10. En: <http://www.cultura.gov.py/2011/05/la-pascua-dolorosa-de-1976/>.

11. En: <http://www.linaje.org/v1/leer_noticias.php?id=35>.

12. En: <https://www.iwgia.org/es/recursos/publicaciones/305-books/2730-the-ach-indians-genocide-in-paraguay>.

13. En: <http://www.martinalmada.org/>.

14. Fragmentos del vídeo disponibles en: <https://www.youtube.com/watch?v =wOFrP0JdcZ4>.

15. Véase Informe CVJ, conclusiones y recomendaciones, *op. cit.*

16. (1) <http://www.abc.com.py/edicion-impresa/politica/presentan-quere lla-criminal-contra-dictadura-de-stroessner-en-argentina-605355.html>; (2) <https:// www.ultimahora.com/victimas-la-dictadura-querellan-la-argentina-n752361.html>; (3) <https://www.pagina12.com.ar/diario/elmundo/4-226506-2013-08-11.html>; (4) <http://www.infojusnoticias.gov.ar/nacionales/victimas-de-la-dictadura-de-stroess ner-presentan-querella-en-argentina-1124.html>; (5) <http://www.uypress.net/auc. aspx?43370>.

17. (1) <https://www.hoy.com.py/nacionales/piden-a-paraguay-que-infor me-sobre-victimas-de-dictadura>; (2) <http://www.eleconomistaamerica.com/politi ca-eAm/noticias/5231869/10/13/Argentina-exhorta-a-Paraguay-tras-recibir-una-querella-de-las-victimas-de-Stroessner.html>.

18. (1) <http://ea.com.py/v2/justicia-paraguaya-no-procesa-ni-deja-procesar-a-criminales-de-la-dictadura/>; (2) <http://www.elclarin.cl/web/noticias/internacio nal/13367-paraguay-no-responde-por-violaciones-a-los-ddhh-durante-dictadura-de-stroessner.html>; (3) <http://www.abc.com.py/nacionales/gobierno-retrasa-inves tigacion-por-crimenes-de-dictadura-1332774.html>.

19. (1) <http://ea.com.py/v2/baltasar-garzon-arriba-manana-a-paraguay/>; (2) <https://www.ultimahora.com/baltasar-garzon-vendra-paraguay-conversar-derechos-humanos-n744351.html>; (3) <http://demoinfo.com.py/baltasar-garzon-en-para guay/>; (4) <http://www.abc.com.py/nacionales/baltazar-garzon-visitara-el-para guay-643476.html>.

20. En: <http://www.serpajpy.org.py/baltasar-garzon-se-reunio-con-victimas-de-la-dictadura/>.

21. (1) <https://www.excelsior.com.mx/global/2014/04/08/953050>; (2) <https://www.lavanguardia.com/vida/20140408/54405570539/garzon-respalda-querella-en-argentina-por-genocidio-de-etnia-ache-en-paraguay.html>; (3) <https:// www.pagina12.com.ar/diario/elmundo/4-243694-2014-04-09.html>; (4) <http:// ea.com.py/v2/baltasar-garzon-acompanara-denuncia-de-genocidio-ache-perpetra da-por-dictadura-paraguaya/>.

22. (1) <https://www.ultimahora.com/onu-pide-paraguay-que-investigue-y-juzgue-torturadores-la-dictadura-n833357.html>; (2) <https://www.montevideo. com.uy/Noticias/Comite-de-la-ONU-pide-a-Paraguay-que-juzgue-crime nes-de-dictadura-de-Stroessner-uc248178?plantilla=1391>; (3) <https://escritosdede recho.blogspot.com/2014/09/jurisdiccion-universal-caso-desaparacion-forzada-stro nismo.html>.

23. (1) <http://www.unesco.org/new/es/office-in-montevideo/about-this-offi ce/single-view/news/cipdh_organizes_the_international_training_seminar_on_cri mes/>; (2) <http://www.unesco.org/new/es/office-in-montevideo/about-this-offi ce/single-view/news/the_direction_of_truth_justice_and_reparation_of_paraguay_

t/>; (3) <https://maximokinast.blogia.com/2014/101201-paraguay-seminario-inter nacional-de-formaci-n-en-cr-menes-de-lesa-humanidad.php>.

24. En: <http://www.abc.com.py/nacionales/desaparecidos-tendran-rostro-1294148.html>.

25. En: <https://www.ultimahora.com/garzon-critica-falta-investigacion-cri menes-dictadura-paraguay-n836147.html>.

26. En: <https://www.ultimahora.com/javier-diaz-veron-preso-3582-tacum bu-n2703509.html>.

27. En: <https://www.ultimahora.com/jurista-hizo-reconocimiento-las-victi mas-la-dictadura-n836535.html>.

28. (1) <https://www.eldiario.es/politica/Victimas-policias-torturas-dictadura-Paraguay_0_297820219.html>; (2) <http://www.nanduti.com.py/2015/09/09/conozca-los-nombres-de-los-18-represores-stronistas-querellados-en-argentina/>; (3) <http://www.paraguay.com/judiciales-policiales/senalan-a-18-torturadores-de-la-dictadura-stronista-114750>; (4) <http://www.notimerica.com/politica/noti cia-paraguay-victimas-stronismo-confian-pronto-comiencen-ordenes-internaciona les-busqueda-captura-20131220224119.html>.

29. (1) <https://www.ultimahora.com/fiscalia-imputo-10-hechos-tortura-la-dic tadura-stronista-n1093215.html>; (2) <https://www.lanacion.com.py/pais/2017/06/26/imputan-a-10-personas-por-tortura-durante-la-dictadura/>; (3) <http://www.abc.com.py/edicion-impresa/judiciales-y-policiales/imputan-a-10-torturado res-1607388.html>; (4) <http://www.telam.com.ar/notas/201707/194432-dictadu ra-paraguay-avances-derechos-humanos-abogado-aitor-martinez.html>; (5) <http://www.nanduti.com.py/2017/07/01/la-justicia-tardo-mas-20-anos-imputar-los-repre sores-stronistas/>.

10. La memoria histórica. La sombra del franquismo

1. Entrevista a María Garzón, Pontevedra viva. Disponible en: <http://ponteve draviva.com/cultura/1258/maria-garzon-ya-esta-bien-estar-callada-aguantar-co mo-hemos-hecho-hasta-ahora/>.

2. Ley 52/2007, del 26 de diciembre, por la que se reconocen y amplían derechos y se establecen medidas en favor de quienes padecieron persecución o violencia durante la Guerra Civil y la dictadura.

3. En: <https://elpais.com/diario/2008/09/22/espana/1222034408_850215.html>.

4. Auto del Juzgado n.º 5 de la Audiencia Nacional del 16 de octubre 2008.

5. En: <https://elpais.com/diario/2008/11/21/espana/1227222004_850215.html>.

6. CCPR/C/ESP/CO/5. Disponible en: <http://undocs.org/sp/CCPR/C/ESP/CO/5>.

7. *Ibid.*, Véase párr. 9.

8. En: <https://elpais.com/elpais/2008/11/19/actualidad/1227086222_850215. html>.

9. María Garzón, *Suprema Injusticia*, Editorial Planeta, Barcelona, 2012.

10. Baltasar Garzón, *La fuerza de la razón*, Debate, Penguin Random House, Barcelona, 2011, p. 109.

11. María Garzón, *Suprema Injusticia. op. cit.*, p. 91.

12. En: <https://www.clarin.com/mundo/desgarradores-testimonios-victimas-franquismo-garzon_0_By4eQ0v3vXg.html>.

13. Baltasar Garzón, *En el punto de mira*, Planeta, Barcelona, 2016, p. 895.

14. CED/C/ESP/CO/1., véanse los párrafos 32 y 33. Disponible en: <https://tbinternet.ohchr.org/_layouts/treatybodyexternal/Download.aspx?symbolno=CED/C/ESP/CO/1&Lang=Sp>.

15. A/HRC/27/49/Add.1., véanse: resumen inicial y párr. 6, 39 y 40. Disponible en: <http://ap.ohchr.org/documents/dpage_s.aspx?si=A/HRC/27/49/Add.1>.

16. Carlos Jiménez Villarejo (exfiscal anticorrupción), «Desaparecidos. Las víctimas de la dictadura llevan 35 años esperando saber y ser auténticamente reparados por el inmenso daño sufrido», *El País*, 23 de noviembre de 2013. Disponible en: <https://elpais.com/ccaa/2013/11/22/catalunya/1385145909_024452.html>.

17. En: <https://www.elplural.com/sociedad/tribunales/garzon-ante-la-onu-es-terrible-la-indiferencia-del-gobierno-espanol-por-la-suerte-de-las-victimas-del-fran quismo_64015102>.

18. Publicado en: <http://memoriarecuperada.ua.es/memoria-historica/repara cion-victimas-del-franquismo/>.

19. En: <https://www.levante-emv.com/comunitat-valenciana/2018/07/22/muere-pedro-alcorisa-ultimo-maquis/1747593.html>.

20. Miguel Hernández, *Poesía y prosa de la guerra y otros textos olvidados*, Editorial Ayuso, Madrid, 1977, p. 154. Citado por Miguel Maroto, *Miguel Hernández en el Santuario de la Cabeza*, p. 3. Disponible en: <http://www.ciudadanosporelcambio.com/manteni miento/ficheros/miguelhernandez.pdf>.

21. Entrevista a María Garzón en Canal Sur Noticias, Huelva, 9 de abril de 2018, <https://www.youtube.com/watch?v=dMyJ4eungW8>.

22. En: <http://www.memorizate.org/>.

23. BOE del 13 de noviembre de 1936.

24. BOE del 17 de septiembre de 1938, pp. 1280-1281.

25. Véanse: José Ángel Sánchez Asiaín, *La financiación de la Guerra Civil española*, Crítica, Barcelona, 2012; José Ángel Sánchez Asiaín, *La banca española en la Guerra Civil 1936-1939*, Real Academia de la Historia, Madrid, 1992; José Ángel Sánchez Asiaín, *Economía y finanzas en la Guerra Civil española (1936-1939)*, Real Academia de la Historia, Madrid, 1999; Pablo Martín Aceña y Elena Martínez Ruiz, *La economía de la Guerra Civil*, Marcial Pons Historia, Madrid, 2006.

26. En: <http://ctxt.es/es/20151118/Politica/3090/memoria-hist%C3%B3ri

ca-dinero-rojo-reposici%C3%B3n-patrimonio-republicano-nulidad-sentencias-fran
quismo.htm>.

27. La número 1470/2017, del 29 de septiembre de 2017, dictada por la Sección 5.ª
de la Sala Tercera de lo Contencioso-Administrativo y las 512/2018 y 513/2018, dictadas por la Sección 4.ª del mismo órgano.

28. La teoría de la *actio nata*, de origen doctrinal y consagrada en el artículo 1969
del Código Civil español, se refiere al comienzo del cómputo del plazo de prescripción
extintiva de las acciones, situándolo en el momento en el que sea posible el ejercicio de
las misma (STS, Sala Tercera, del 22 de febrero de 2005, entre otras más).

29. Esta norma y las siguientes sobre el Valle de los Caídos se encuentran disponibles en la siguiente recopilación: <http://www.memoriahistorica.gob.es/es-es/vallecai
dos/Documents/NormativaVALLECAIDOS19401960.pdf>.

30. BOE del 6 de agosto de 1941.

31. Artículo primero del decreto del 31 de julio de 1941.

32. BOE del 5 de septiembre de 1957.

33. El «derecho de petición» se encuentra recogido en el artículo 29 de la Constitución española, que señala: «1. Todos los españoles tendrán el derecho de petición individual y colectiva, por escrito, en la forma y con los efectos que determine la ley». Está
desarrollado legislativamente en la Ley Orgánica 4/2001, del 12 de noviembre; se caracteriza por ser un derecho fundamental, cuya titularidad corresponde a toda persona natural o jurídica, con independencia de su nacionalidad, que se ejerce de forma individualizada o colectiva, ante los órganos del poder público y en el ámbito de la discrecionalidad.

34. En: <http://lawyerpress.com/2016/12/12/la-fundacion-internacional-balta
sar-garzon-solicita-en-bruselas-una-declaracion-contundente-de-la-eurocamara-pa
ra-respaldar-a-las-familias-que-buscan-a-sus-hijos/>.

35. Ricard Vinyes, *Estructura del sistema de capturas, deportaciones y pérdidas infantiles
establecido por la dictadura del general Francisco Franco. 1938-1949*, Serie Working Papers
04/2015, FIBGAR, 2015, pp. 2-3. Disponible en: <https://www.fibgar.org/upload/pu
blicaciones/9/es/estructura-del-sistema-de-capturas---deportaciones-y-perdidas-in
fantiles---establecido-por-la-dictadura-del-general---francisco-franco--1938-1949.
pdf>. Un más extenso tratamiento de las tesis de Vallejo Nágera, sus antecedentes y consecuencias puede consultarse en Ricard Vinyes, *Irredentas. Las presas políticas y sus hijos en
las cárceles de Franco*, Temas de Hoy, Madrid, 2002.

36. *Ibid.*

37. Auto del Juzgado Central de Instrucción n.º 5, del 18 de noviembre de 2008.

38. *Ibid.*

39. *Ibid.*

40. (1) <https://www.elperiodico.com/es/sucesos-y-tribunales/20171111/bebe-
robada-ira-prision-injurias-monja-adopcion-6417002>; (2) <https://www.publico.es/
sociedad/monja-denuncio-bebe-robada-ascension-lopez-no-quiere-oir-hablar-per
don.html>; (3) <https://www.20minutos.es/noticia/3391721/0/tribunales-bebe-roba
da-absuelta-prision-con-rebaja-multa-monja-que-tramito-su-adopcion/>; (4) <http://

www.europapress.es/andalucia/almeria-00350/noticia-bebe-robada-ascension-lo
pez-absuelta-prision-rebaja-multa-monja-tramito-adopcion-20180710214148.html>.

41. (1) <https://www.elconfidencial.com/espana/andalucia/2015-10-25/los-ni
nos-robados-pisan-los-despachos-politicos-desesperados-por-saber-la-verdad_
1071200/>; (2) <https://www.laopiniondemalaga.es/malaga/2017/09/03/ademas-hija-
mes-ginecologo-robo/953342.html>; (3) <https://www.laopiniondemalaga.es/malaga/
2017/03/18/madres-bebes-robados-quieren-reabrir/917291.html>.

42. En: <http://coordinadorax24.org/wordpress/>.

43. En: <https://elpais.com/sociedad/2018/10/08/actualidad/1538976030_17
2023.html>.

44. Sentencia n.° 640/2018, sección 7, Audiencia Provincial de Madrid.

45. En: <https://confilegal.com/20181009-la-fiscalia-recurrira-ante-el-supre
mo-la-sentencia-de-los-bebes-robados/>.

46. En: <https://www.publico.es/sociedad/entrevista-ana-belen-pintado-be
be-robada-me-he-encontrado-madre-padre-hermanos-hemos-perdido-45-anos.
html>.

47. A/HRC/36/39/Add. 3, véase párr. 45. Disponible en: <http://ap.ohchr.org/
documents/dpage_s.aspx?si=A/HRC/36/39/Add.3>.

48. A/HRC/27/49/Add.1. Disponible en: <http://ap.ohchr.org/documents/
dpage_s.aspx?si=A/HRC/27/49/Add.1>.

49. A/HRC/27/56/Add.1. Disponible en: <http://ap.ohchr.org/documents/
dpage_s.aspx?si=A/HRC/27/56/Add.1>.

50. CED/C/ESP/CO/1. Disponible en: <https://tbinternet.ohchr.org/_la
youts/treatybodyexternal/Download.aspx?symbolno=CED/C/ESP/CO/1&Lan
g=En>.

51. Recomendación 1.736 (2006). Disponible en: <http://assembly.coe.int/nw/
xml/XRef/X2H-Xref-ViewHTML.asp?FileID=11217&lang=EN>. Una versión en
español puede consultarse en: <https://www.nodo50.org/republica/docs/condena-
franquismo.pdf>.

52. Véase: <http://www.europarl.europa.eu/spain/es/sala_de_prensa/communi
cados_de_prensa/pr-2017/05-2017/17052017.html>.

53. En: <https://womenslinkworldwide.org/informate/sala-de-prensa/la-prime
ra-querella-sobre-los-crimenes-de-genero-cometidos-en-el-franquismo-se-presen
ta-hoy-en-argentina>.

54. En: <http://www.elmundo.es/espana/2015/07/07/559c096d268e3e091c
8b4588.html>.

55. En: <http://www.mjusticia.gob.es/cs/Satellite/Portal/es/servicios-ciudada
no/servicio-informacion>.

56. En: <https://www.lasexta.com/noticias/sociedad/llega-tribunal-euro
peo-derechos-humanos-primer-caso-bebes-robados_201308125729e0376584a8e
744e2d9f7.html>.

57. En: <https://mundo.sputniknews.com/espana/201511271054179902-ni
nos-robados-dictadura-franquista-tribunal/>.

58. (1) <https://www.publico.es/sociedad/memoria-publica-continua-mayor-ex humacion-bebes-robados-espana-viejo-cementerio-cadiz.html>; (2) <https://www.dia riodecadiz.es/cadiz/bebes-robados-sos-cadiz_0_1247275860.html>; (3) <https://www.eldiario.es/andalucia/cadiz/Bebes-robados_0_740526257.html>; (4) <https://www.elespanol.com/reportajes/20180603/ana-trama-robados-cadiz-nacian-vivos-ven dian/311719740_0.html>.

59. En: <http://iueuropa.org/wp-content/uploads/2017/12/Recomendacio nes-del-informe-oficial-de-la-mision-de-investigaci%C3%B3n-sobre-beb%C3% A9s-robados.pdf>.

60. En: <https://teestamosbuscando.wordpress.com/>.

61. En: <http://coordinadorax24.org/wordpress/wp-content/uploads/2018/ 01/01.-Boletin-Informativo-2018-01-15-Plataforma-TEB.pdf>.

62. (1) <https://www.eldiario.es/sociedad/Espana-ley-bebes-robados-franquis mo_0_837817185.html>; (2) <https://elpais.com/sociedad/2018/11/20/actualidad/ 1542742546_774358.html>; (3) <https://www.europapress.es/sociedad/noticia-con greso-tramita-ley-ayudara-investigar-trama-bebes-robados-reparar-victimas-201811 20173928.html>.

63. En: <http://www.sosbebesrobados.es/>.

64. Auto del Juzgado n.º 5 de la Audiencia Nacional, del 18 de noviembre de 2008.

65. Texto de Matías Bailone, preparado especialmente para esta publicación.

66. *Ibid.*

67. *Ibid.*

68. El texto íntegro de la querella interpuesta en Argentina contra los crímenes del franquismo se encuentra disponible en: (1) <http://www.lacomunapresxsdelfranquis mo.org/2013/02/19/texto-completo-de-la-querella-argentina-contra-los-crime nes-del-franquismo/>; (2) <http://www.cadenaser.com/csermedia/cadenaser/me dia/201004/14/espana/20100414csrcsrnac_1_Pes_PDF.pdf>.

69. *Ibid.*

70. En: <https://drive.google.com/file/d/0B77RiAcnumBVNGd0RlNuMnl ZQ0k/view>.

71. Texto de Matías Bailone, preparado especialmente para esta publicación.

72. *Ibid.*

73. En: <http://www.ceaqua.org/>.

74. Texto de Matías Bailone, preparado especialmente para esta publicación.

75. La operación Yomagare corresponde a un caso de tráfico de drogas y lavado de dinero, que implicó al entorno del presidente argentino Carlos Menem, cuya investigación tuvo su origen en España, a propósito de la detención de un ciudadano cubano. A propósito de ello, se abrió también una investigación en Argentina. La jueza Servini viajó a Madrid y se entrvistó conmigo para recabar antecedentes probatorios. El caso se encuentra relatado en detalle en: Baltasar Garzón, *En el punto de mira, op. cit.*, pp. 158-163.

76. Texto de Matías Bailone, preparado especialmente para esta publicación.

77. *Ibid.*

78. Texto de Ana Messuti, preparado especialmente para esta publicación.

79. En: <http://www.lacomunapresxsdelfranquismo.org/2013/03/09/la-quere lla-argentina-contra-los-crimenes-del-franquismo-2/>.

80. En: <https://elpais.com/cultura/2016/11/24/actualidad/1480024724_73 4703.html>.

11. El genocidio palestino. Líbano y Gaza

1. Naciones Unidas, *La cuestión palestina y las Naciones Unidas*, Departamento de Información Pública de las Naciones Unidas, DIP/2276, cap. 2, marzo de 2003, pp. 9-11. Disponible en: <http://www.un.org/es/peace/palestine/2003/ch2.pdf>.

2. David Solar, «1948: Ben Gurion proclama el Estado de Israel (I)», *El Mundo*, 2014. Disponible en: <http://www.elmundo.es/la-aventura-de-la-historia/2014/07/24/53d0bedbe2704eb4108b457a.html>.

3. Naciones Unidas, *La cuestión palestina y las Naciones Unidas*, op. cit., cap. 4, p. 25.

4. *Ibid.*, p. 26.

5. En: <http://www.elmundo.es/elmundo/2006/07/12/internacional/11 52725551.html>.

6. Naciones Unidas, *La cuestión palestina y las Naciones Unidas*, op. cit., cap. 4, p. 26.

7. Véase en detalle Khatchik Derghougassian, «Los palestinos en el Líbano: de refugiados a guerreros, de guerreros a ¿excluidos?», *I Jornadas de Medio Oriente,* Departamento de Medio Oriente, Instituto de Relaciones Internacionales, Facultad de Ciencias Jurídicas y Sociales (UNLP), 1997, pp. 3-6. Disponible en: <http://sedici.unlp.edu.ar/bitstream/handle/10915/40614/Documento_completo.pdf?sequence=1>.

8. Naciones Unidas, *La cuestión palestina y las Naciones Unidas*, op. cit., cap. 4, p. 26.

9. *Ibid.*, pp. 26-27.

10. Demanda presentada ante la jueza de instrucción, Sophie Huguet, de Bélgica, el 18 de junio de 2001, p. 3. Disponible en: <https://www.nodo50.org/csca/palestina/demanda-contra-sharon.pdf>.

11. Naciones Unidas, *La cuestión palestina y las Naciones Unidas*, op. cit., cap. 4, pp. 26-27.

12. En: <http://www.elmundo.es/elmundo/2006/07/12/internacional/11527 25551.html>.

13. Javier Lion Bustillo, «Operación Paz en Galilea: ¿Cómo crear a su peor enemigo?», *Revista Universitaria de Historia Militar*, vol. 1, n.º 1 (2012), p. 10. Disponible en: <http://ruhm.es/index.php/RUHM/article/view/3/1>.

14. Demanda presentada ante la jueza de instrucción, Sophie Huguet, de Bélgica, el 18 de junio de 2001, p. 3. Disponible en: <https://www.nodo50.org/csca/palestina/demanda-contra-sharon.pdf>.

15. *Ibid.*

16. Naciones Unidas, *La cuestión palestina y las Naciones Unidas*, op. cit., cap. 4, p. 27.

17. Demanda presentada ante la jueza de instrucción, Sophie Huguet, de Bélgica, *op. cit.*, p. 3.

18. *Ibid.*

19. Ignacio Cembrero, «Matanza de civiles palestinos en los campos de refugiados de Beirut», *El País*, 19 de septiembre de 1982. Disponible en: <https://elpais.com/dia rio/1982/09/19/internacional/401234404_850215.html>.

20. Ignacio Cembrero, «Recuerdos de Sabra y Chatila, la mayor matanza de civiles palestinos». *El País*, 17 de septiembre de 2012. Disponible en: <http://blogs.elpais.com/ orilla-sur/2012/09/recuerdos-de-sabra-y-chatila-la-mayor-matanza-de-civiles-palesti nos.html>.

21. En: <https://elpais.com/internacional/2014/01/12/actualidad/1389542 069_079714.html>.

22. *Ibid.*

23. Ignacio Cembrero, «Decenas de nuevos cadáveres aparecen en los rincones más insospechados de los campamentos palestinos», *El País*, 20 de septiembre de 2012. Disponible en: <https://elpais.com/diario/1982/09/20/internacional/401320807_8502 15.html>.

24. En: <http://www.palestinalibre.org/articulo.php?a=46866>.

25. Naciones Unidas, *La cuestión palestina y las Naciones Unidas*, *op. cit.*, cap. 4, p. 27.

26. (1) <https://elpais.com/internacional/2014/01/12/actualidad/13895420 69_079714.html>; (2) <http://www.elmundo.es/elmundo/2012/09/15/internacio nal/1347745066.html>.

27. Resolución 521, del 19 de septiembre de 1982. Véase: <https://undocs.org/ es/S/RES/521%20(1982)>.

28. En: <http://www.un.org/documents/ga/res/37/a37r123.htm>.

29. En: <https://elpais.com/diario/1982/09/26/internacional/401839201_ 850215.html>.

30. En: <https://www.jewishvirtuallibrary.org/massacres-at-sabra-and-shatila>.

31. En: <https://elpais.com/diario/1982/09/26/internacional/401839203_ 850215.html>.

32. El informe en inglés se encuentra disponible en: <http://www.mfa.gov.il/ mfa/foreignpolicy/mfadocuments/yearbook6/pages/104%20report%20of%20the%20 commission%20of%20inquiry%20into%20the%20e.aspx>.

33. En: <https://elpais.com/diario/1983/02/12/internacional/413852402_ 850215.html>.

34. Jean Genet, *Cuatro horas en Chatila*, versión electrónica, p. 11. Disponible en: <http://palestinalibre.org/upload/cuatro-horas-en-chatila-jean-genet.pdf>.

35. Demanda presentada ante la jueza de instrucción, Sophie Huguet, de Bélgica, *op. cit.*, p. 3.

36. *Ibid.*

37. *Ibid.*, p. 4.

38. *Ibid.*, p. 4.

39. (1) <https://www.nodo50.org/csca/palestina/sharon-10-12-01.html>; (2) <https://www.webislam.com/noticias/41816-comenzo_en_bruselas_el_proceso_contra_ariel_sharon_por_las_matanzas_en_1982_de_s.html>.

40. En: <https://elpais.com/internacional/2001/11/28/actualidad/1006902008_850215.html>.

41. Amnistía Internacional, «Jurisdicción universal: los tribunales belgas tienen competencia para investigar en el caso Sharon los homicidios cometidos en Sabra y Chatila en 1982», mayo de 2002. Índice AI: IOR 53/001/2002/s, p. 3. Disponible en: <https://www.amnesty.org/download/Documents/120000/ior530012002es.pdf>.

42. Ibid.

43. Ibid.

44. En: <https://trialinternational.org/latest-post/ariel-sharon/>.

45. En: <https://www.clarin.com/ediciones-anteriores/fallo-favor-sharon-belgica_0_HJpeQi4e0Fe.html>.

46. En: <https://elpais.com/diario/2002/06/27/internacional/1025128805_850215.html>.

47. En: <https://www.clarin.com/ediciones-anteriores/fallo-favor-sharon-belgica_0_HJpeQi4e0Fe.html>.

48. En: <https://trialinternational.org/latest-post/ariel-sharon/>.

49. Acta del 5 de agosto de 2003 sobre violaciones serias del derecho internacional humanitario. Disponible en: <https://www.legal-tools.org/doc/e0b76d/pdf/>.

50. En: <https://trialinternational.org/latest-post/ariel-sharon/>.

51. Véase el capítulo IV.

52. Baltasar Garzón, En el punto de mira, Planeta, Barcelona, 2016, pp. 811-817 (relato sobre las presiones de Estados Unidos) y 818-823 (los papeles de WikiLeaks).

53. Auto del 4 de mayo de 2009, diligencias previas n.º 157/2008, Juzgado Central de Instrucción n.º 4, Audiencia Nacional, razonamiento tercero.

54. Ibid.

55. Ibid.

56. Baltasar Garzón, En el punto de mira, Planeta, Barcelona, 2016, pp. 811-817 (relato sobre las presiones de Estados Unidos) y 818-823 (los papeles de WikiLeaks).

57. Auto del 4 de mayo de 2009, diligencias previas n.º 157/2008, op. cit.

58. Ibid.

59. En: <http://www.elmundo.es/elmundo/2009/01/29/internacional/1233240036.html>.

60. En: <https://elpais.com/diario/2009/01/31/espana/1233356413_850215.html>.

61. Auto del 9 de julio de 2009, Sala Penal de la Audiencia Nacional.

62. Auto del 4 de marzo de 2010, Sala de lo Penal del Tribunal Supremo.

63. En: <https://www.publico.es/internacional/israel-asesina-decena-personas-llevaban.html>.

64. Auto del Juzgado Central de Instrucción n.º 5 de la Audiencia Nacional, del 10 de junio de 2015.

65. *Ibid.*

66. En: <https://www.publico.es/internacional/israel-asesina-decena-personas-llevaban.html>.

67. En: <https://www.bbc.com/mundo/internacional/2010/05/100531_0416_israel_ataca_flotilla_gaza_lav.shtml>.

68. En: <https://www.lavanguardia.com/politica/20160627/402795711753/cronologia-del-conflicto-diplomatico-entre-israel-y-turquia.html>.

69. En: <https://www.rumboagaza.org/la-lucha-legal/>.

70. *Ibid.*

71. Auto del 22 de diciembre de 2015 de la Sala de lo Penal, Sección Segunda, de la Audiencia Nacional.

72. Corte Penal Internacional, comunicado de prensa, 6 de noviembre de 2015, «Comoros situation: Dismissal of the Prosecutor's appeal against decision requesting reconsideration of the decision not to initiate an investigation».

73. Querella ante la Audiencia Nacional, presentada por Alberto J. Revuelta Lucerga, abogado, el 5 de junio de 2009. Existe una versión electrónica disponible en: <http://badajozporpalestina.blogspot.com/2009/06/denuncia-en-la-audiencia-nacional-junio.html>.

74. *Ibid.*

75. Sylvia Blanco e Isabel Ferrer, «Justicia universal, sí. Hasta que afecta al amigo», *El País*, 17 de febrero de 2014. Véase: <https://elpais.com/sociedad/2014/02/17/actualidad/1392664575_087062.html>.

12. El futuro de la jurisdicción universal

1. En: <https://www.eldiario.es/politica/Gobierno-renuncia-Justicia-Universal-expertos_0_846215621.html>.

2. Disponible en: <http://statewatch.org/news/2016/apr/ep-study-universal-jurisdiction-fight-against-impunity-4-16.pdf>.

3. En: <https://elpais.com/diario/2003/06/13/internacional/1055455205_850215.html>.

4. En: <http://fibgar.org/upload/proyectos/35/es/principios-de-jurisdiccion-universal.pdf>.

5. A/72/335. Disponible en: <https://undocs.org/es/A/72/335>.

6. En: <http://www.vidanuevadigital.com/wp-content/uploads/2015/06/Laudato-Si-ES.pdf>.

7. Leonardo Boff, «La Tierra: sujeto de dignidad y derechos», en Conferencia Mundial de los pueblos sobre el cambio climático y los derechos de la Madre Tierra, 19-22 de abril de 2010, Cochabamba (Bolivia), América Latina en movimiento. Disponible en: <https://www.alainet.org/es/active/37598>.

8. En: <http://www.vidanuevadigital.com/wp-content/uploads/2015/06/Laudato-Si-ES.pdf>.

9. (1) <https://cmpcc.wordpress.com/2010/04/28/conclusiones-finales-grupo-de-trabajo-5-tribunal-internacional-de-justicia/>; (2) <https://www.alainet.org/es/ac tive/66173>; (3) <http://www.resumenlatinoamericano.org/2017/06/22/bolivia-de claracion-de-la-conferencia-mundial-de-pueblos-por-un-mundo-sin-muros-hacia-la-ciudadania-universal/>.

10. Polly Higgins, *Eradicating Ecocide*, Shepheard-Walwyn, Londres, 2010.

11. En la década de 1950, Galston fue parte del equipo que colaboró en la preparación del componente químico que —posteriormente y sin su conocimiento— sirvió de base para el defoliante Agente Naranja, el cual fuera utilizado masivamente por los militares de Estados Unidos en la década de 1960 durante la guerra de Vietnam. Se estima que 400.000 personas fueron asesinadas o mutiladas, y 500.000 niños y niñas nacieron con malformaciones congénitas como resultado directo del Agente Naranja.

12. Richard A. Falk, «Environmental Warfare and Ecocide – Facts, Appraisal, and Proposals», en: Marek Thee, (ed.), *Bulletin of Peace Proposals*, Vol. 1, 1973. Disponible en: <https://www.deepdyve.com/lp/sage/environmental-warfare-and-ecocide-facts-appraisal-and-proposals-c2vAUe7Un6>. Véase además: <http://eradicatingecocide.com/es/resumen/#_ftnref9>.

13. CDI, «Anuario de la Comisión de Derecho Internacional 1996», vol. II, segunda parte, A/CN.4/SER.A/1996/Add.1 (Part 2), p. 118. Disponible en: <http://legal.un.org/docs/?path=../ilc/publications/yearbooks/spanish/ilc_1996_v2_p2.pdf&lang=EFSRAC>.

14. El delegado de Guatemala afirmó: «Sin duda los juristas de los países desarrollados tienen preocupaciones diferentes de las de los juristas del tercer mundo, a quienes consterna el hecho de que se puedan causar en tiempo de paz daños al medio ambiente asimilables a verdaderos crímenes contra la humanidad».

15. Anja Gauger, Mai Pouye Rabatel-Fernel, Louise Kulbicki, Damien Short y Polly Higgins, «Ecocide is the Missing 5th Crime Against Peace», *The Ecocide Project*, Human Rights Consortium, University of London, 2012.

16. Artículo 8.2.b) iv) del Estatuto de Roma de la Corte Penal Internacional.

17. Disponibles en: <http://fibgar.org/upload/proyectos/35/es/principios-de-jurisdiccion-universal.pdf>.

18. Office of the Prosecutor, Policy Paper on Case Selection and Priorisation, International Criminal Court, 15 de septiembre de 2016.

19. Véase, Public Redacted Version of the Prosecutor's Application under Article 58, situación en Darfur (ICC-02/05-157-AnxA), OTP, 14 de julio de 2008, párr. 14.

20. Más información disponible en: <www.thecodedoc.com>.

21. En: <https://elpais.com/internacional/2018/11/09/america/1541799241_699946.html>.

22. En: <https://elpais.com/internacional/2018/11/16/actualidad/15423483 18_945614.html>.

23. Sentencia del Tribunal Constitucional STC 140/2018, del 20 de diciembre. Existe además una nota informativa en el siguiente enlace: <https://www.tribunalcons titucional.es/NotasDePrensaDocumentos/NP_2018_132/NOTA%20INFORMATI VA%20N%C2%BA%20132-2018.pdf>.